16세기 문화혁명

16SEIKI BUNKA KAKUMEI 1·2

copyright ⓒ2007 by Yoshitaka Yamamoto
All rights reserved.

No part of this book may be used of reproduced in any manner
whatever without written permission except in the case of brief quotations
embodied in critical articles or reviews.

Originally published in Japan by MISUZU SHOBO
Korean Translation Copyright ⓒ2010 by EAST-ASIA Publishing Co.
Korean edition is published by arrangement with MISUZU SHOBO
through BC Agency.

이 책의 한국어판 저작권은 BC AGENCY를 통해 (株)みすず書房와
독점계약한 동아시아출판사에 있습니다. 저작권법에 의해 한국 내에서 보호를 받는
저작물이므로 무단전재와 무단복제를 금합니다.

16세기 문화혁명

ⓒ 야마모토 요시타카, 2007. Printed in Seoul, Korea.

초판 1쇄 찍은날 2010년 3월 5일 | **초판 8쇄 펴낸날** 2025년 9월 15일

지은이 야마모토 요시타카 | **옮긴이** 남윤호 | **펴낸이** 한성봉
편집 서영주·박래선 | **디자인** 정애경 | **마케팅** 오주형 | **경영지원** 국지연
펴낸곳 도서출판 동아시아 | **등록** 1998년 3월 5일 제1998-000243호
주소 서울시 중구 필동로8길 73 [예장동 1-42] 동아시아빌딩
페이스북 www.facebook.com/dongasiabooks | **전자우편** dongasiabook@naver.com
블로그 blog.naver.com/dongasiabook | **인스타그램** www.instagram.com/dongasiabook
전화 02) 757-9724, 5 | **팩스** 02) 757-9726

ISBN 978-89-6262-018-4 03900

잘못된 책은 구입하신 서점에서 바꿔드립니다.

16세기
문화혁명

야마모토 요시타카 지음 | 남윤호 옮김

동아시아

한국어판 출간에 부쳐

『16세기 문화혁명』이 한국어판으로 출간된다니 무엇보다 반가움과 기쁨이 앞섭니다. 전작인 『자력과 중력의 발견』(한국어판 제목은 『과학의 탄생』)부터 번역 출간해 준 동아시아출판사에 진심으로 감사드립니다.

처음부터 제 과학사 연구는 근대 과학이 왜 유럽에서 시작했는가 하는 문제의식에서 시작되었습니다. 그 과정에서 서양 과학사의 가장 큰 변화는 16세기에 있지 않았나 하는 생각과 만나게 되었습니다. 일반적으로 과학혁명은 우리에게 천재들의 세기로 알려진 17세기에 초점이 맞춰져 있어서, 16세기는 르네상스와 17세기 과학혁명 사이에 끼어 있는 골짜기처럼 비유되어 왔습니다. 그러나 16세기 서구의 지식 세계에는 커다란 지각 변동이 일어났고 17세기의 갈릴레오, 데카르트, 뉴턴 등 천재들의 활약도 이러한 변동된 지각 위에서 가능하지 않았나 생각합니다. 이 변동은 직인 기술자, 예술가, 상인, 선원, 군인들에 의해 축적된 경험과 실천적 지식 그리고 대학 아카데미즘 내부에서 배양된 사변과 논증에 기초한 지식의 융합이라 할 것입니다.

지금까지 16세기가 저평가되었다면, 그것은 오직 이론적 측면의 변혁에만 관심이 있었기 때문이라 생각합니다. 그러나 실제의 근대 초기에는 기술이 과학보다 먼저였으며, 그때까지 지식의 세계에서 소외되었던 직인 기술자나 상인이 새로운 과학의 형성에 기여한 역할은 상상 이상의 것입니다. 저는 그들에 의해 일구어진 변혁을 '16세기 문화혁명'이라 이름 붙였습니다. 이는 분명 하나의 근대 과학 탄생의 필요조건이었다고 생각합니다.

물론 '16세기 문화혁명'은 하나의 가설로서 그 타당성 여부는 이 책을 읽고 판단해 주시리라 믿습니다. 어찌 됐든 산업혁명 이후 근대 과학은 기술을 최대한 발전시켜, 우리의 생활환경을 크게 변모시키고 인류 생존의 조건마저도 좌우할 정도가 되었습니다. 그래서 근대 과학의 성립 과정을 새삼 처음부터 되새겨 보는 것이 의미 있는 일이라 생각했습니다. 그런 측면에서 이 책이 조금이라도 도움이 된다면 좋겠습니다.

번역에 노고를 다해 주신 남윤호 선생님 그리고 출판을 맡아 준 동아시아출판사에 감사를 드립니다.

2010년 2월

야마모토 요시타카

□차례

한국어판 출간에 부쳐　4

서문　전체를 조망하다　9
제1장　예술가에서 시작되다　41
제2장　외과의의 대두와 외과학의 발전　125
제3장　해부학과 식물학의 도상 표현　205
제4장　광산업 · 야금술 · 시금법　277
제5장　상업수학과 16세기 수학혁명　347
제6장　군사기술혁명과 기계학 · 역학의 발흥　433
제7장　천문학, 지리학 그리고 연구의 조직화　495
제8장　16세기 후반의 잉글랜드　559
제9장　16세기 유럽의 언어혁명　615
제10장　16세기 문화혁명과 17세기 과학혁명　687

저자 후기　795
역자 후기　813
미주　819
참고문헌　877
인명 찾아보기　925

□ 서문
전체를 조망하다

　르네상스에 대한 책은 수없이 많다. 그러나 그 가운데 특히 미술사, 문학사, 사상사의 입장에서 쓴 책들을 과학사나 기술사의 관점에서 읽다 보면 왠지 위화감이 느껴진다는 점을 부정하기 어렵다.

　여기서 말하는 '르네상스'는 일반적으로 말해 14세기 프란체스코 페트라르카Francesco Petrarca쯤에서 시작돼 16세기 스페인의 후안 루이스 비베스Juan Luis Vives나 네덜란드의 에라스무스Desiderius Erasmus 등 코스모폴리탄적 인문주의자들로 이어진 고전 문예 부흥 운동을 가리킨다. 물론 초기에는 이탈리아 미술가들의 활동을 거쳐 15세기 도시국가 피렌체의 레오나르도 브루니Leonardo Bruni, 콜루치오 살루타티Lino Coluccio di Piero Salutati와 같은 인문주의자들의 활약으로 계승됐으며, 마르실리오 피치노Marsilio Ficino 등 신플라톤주의자들도 큰 기여를 했다. 르네상스는 16세기 들어 고전 문예의 부흥을 통한 인간성 해방 ― 고전 문예를 모범으로 삼은 생生의 긍정 ― 운동을 가리킨다. 이렇게 보면 르네상스는 문화사의 거대한 흐름이었으며, 종교개혁과 함께 유럽이 중세에서 탈각해 가는 중요한 계기의 하나였다는 점을 누구도 부정할 수 없다.

그러나 그렇게 정리하는 데 그칠 경우 16세기에 일었던 과학사적·기술사적 사건들이 제대로 조명되지 못하곤 한다. 아니, 그 정도가 아니라 경우에 따라서는 아예 빼놓고 넘어가기도 한다. 앞에서 말한 '위화감'은 바로 여기에서 비롯한다.

예를 들어 하야시 다쓰오林達夫, 일본의 철학자 겸 문명사가_역주는 『문예부흥』에서 인문주의를 이렇게 규정한다. '14세기 이탈리아에서 나타나 고대문학의 부흥에 진력하면서 고대 작가의 연구, 고전의 모방, 나아가 고대 문화 일반에 대한 관심 등을 강령으로 삼은 운동'. 또 '고대의 문헌과 서적을 과도하게 존중'하는 경향이 있던 인문주의자의 운동을 '르네상스의 가장 강력한 동인'이자 '르네상스의 전제'로 파악했다.[1] 그런데 하야시는 그 후 "여기에도 물론 큰 예외가 있다"고 말한다. 그 '예외'로 세 사람을 들었다. 수기手記를 인쇄물로 남겼더라면 '경험적 방법론의 아버지'로 칭송됐을 레오나르도 다 빈치, '책 속의 지식을 상대로 한 투쟁과 자연의 경험에 대한 충동으로 가득 찬' 일생을 보낸 독일인 의사 파라켈수스Paracelsus, 그리고 '스스로 시도한 인체 해부를 토대로 해부칼 한 번 잡아 본 적 없는 고대 의학자 갈레노스의 권위를 감히 공박한' 플랑드르의 베살리우스Andreas Vesalius가 바로 그들이다.[2] 실제 베살리우스는 갈레노스의 권위를 어느 정도 받아들이긴 했지만 다 빈치나 파라켈수스에겐 고대에 대한 동경심이 보이지 않는다. 어쨌든 인문주의라는 좌표축에 따라 살펴본다면, 이런 인물들의 업적은 분명 '예외'라고밖에 말할 수 없을 것이다.

또한 제이콥 브로노프스키Jacob Bronowski와 브루스 마즐리시Bruce Mazlish는 『유럽의 지적 전통The Western Intellectual Tradition』에서 '귀족적

르네상스'와 '민중적 르네상스'를 대비시킨다.³ 전자는 '그리스-로마 시대 저작물의 필사본을 섭렵하고, 피렌체의 플라톤 아카데미에서 논의될 법한 고상한 이데아론을 파고들었다'며 후자를 '한층 더 과학적이며 전향적'으로 평가한다. 귀족적 르네상스를 대체하면서 등장한 민중적 르네상스는 경험주의적 특성을 지녔지만, 전통이나 계층 또는 위계질서를 그리 존중하는 편은 아니었다. 두 저자에 따르면, 피렌체의 기준으로 본다면 '교육 받지 못한 사람'인 레오나르도 다 빈치가 문화 도시 피렌체를 떠나 용병대장 출신의 스포르차Francesco Sforza가 지배하는 수공업 도시 밀라노로 이주한 것은 르네상스의 그 같은 추이를 상징한다.

여기서 브로노프스키 들이 말하는 '민중적 르네상스'는 하야시 다쓰오가 가리키는 '예외'를 어디까지나 르네상스의 틀 속에서 파악하려 한 것이다. 그러나 그 '민중적 르네상스'라는 것을 인문주의에서 파생했다고 보기는 어려울 뿐 아니라 재생이나 부흥의 의미를 담고 있는 르네상스의 한 조류로 보기도 곤란하다. 오히려 별개 흐름의 존재를 인정할 수밖에 없다.

이는 피렌체에 국한된 현상이 아니다. 예를 들어 잉글랜드의 인문주의 운동은 이탈리아에서 그리스어를 익힌 윌리엄 그로신William Grocyn과 토머스 리너커Thomas Linacre가 15세기 말 귀국해 옥스퍼드에 그리스어 강좌를 개설한 데서부터 시작한다. 중세의 '야만적' 라틴어로 스콜라철학을 가르치던 대학에서 그들은 우아한 그리스어와 순수한 라틴어로 고대문학을 소개했다. 리너커는 갈레노스의 책을 번역해 고대 헬레니즘 의학을 부활시켰다. 피렌체에서 수학하고 온 존 콜릿John Colet은 옥스퍼드대학교에서 바울신학을 강의

하며 성서와 복음서를 신학의 원점으로 삼자고 주장했다. 그리스도교를, 그 창시자의 가르침으로 충실하게 회귀시키려고 한 것이다. 이런 움직임은 그리스어를 수학하기 위해 그로신을 찾아온 에라스무스, 리너커에게 그리스어를 배운 토머스 모어에 의해 크게 확대돼 갔다. 결국 16세기엔 케임브리지대학교에서도 그리스어 강좌가 열리게 된다. 이렇게 해서 인문주의는 잉글랜드의 대학에서 '신학문the new learning'의 조류를 만들어냈다는 평가를 받는다.[4]

실제 이는 사회적으로는 극소수 엘리트 지식인의 움직임이다. 그렇다고 해서 그 밖의 사람들이 모두 무지몽매했다고 할 수는 없다. 그때부터 반세기 뒤의 잉글랜드의 상황을 역사가 크리스토퍼 힐Christopher Hill은 이렇게 기록했다.

> 엘리자베스1세 시대(16세기 후반)에 과학은 학자들의 일이 아니라 오로지 상인과 장인의 일이었다. 그것도 옥스퍼드나 케임브리지에서가 아니라 런던의 저자거리에서, 게다가 라틴어도 아닌 속어를 사용해 행해졌다.[5]

힐은 상공업에 관련한 사람들이 영어로 과학을 연구하던 것을 가리켜 "베이컨이 저작 활동을 시작하기 이전(즉, 16세기)에 지식혁명intellectual revolution이 진행되고 있었다"고 해석했다.[6] 중세 스콜라 철학과 다를 뿐 아니라 고전어에 의거하던 인문주의의 '신학문'과도 다른, 속어(영어)에 의한 '신과학'이 상업 도시인 런던에서 태동하고 있었던 것이다.

물론 인문주의만이 르네상스는 아니다. 고대 미술을 예로 들자면, 중세 종교미술 양식에서 탈피한 15세기 조형미술의 개화는 가위 르네상스라고 불러도 충분할 것이다. 그러나 요즘 말하는 화가나 조각가와 같은 예술가는 당시는 한마디로 장인이나 기술자였다. 이와 관련해 중세사상가 시모무라 도라타로下村寅太郞는 다음과 같이 설명했다. "휴머니스트(인문주의자)는 부유한 상류층 시민이 중심을 이뤘으며, 문학적이고 보수적이며 전통적인 성향을 보였다. 이에 비해 예술가는 일반적으로 신분이 낮은 서민 계층 출신으로 기술적이고 진보적이고 진취적이었다. 양자는 자연스럽게 관심과 성향이 달랐다."[7]

그런데 이들 예술가 가운데 몇몇은 과학의 영역에 발을 들여놓고 있었다. 그들의 과학 활동을 부흥의 의미를 지닌 르네상스의 일환으로 인식하는 것도 역시 어렵다. 16세기 프랑스의 도예공 베르나르 팔리시Bernard Palissy는 지질학과 광물학을 연구했다고 알려져 있다. 네덜란드의 역사가 요한 호이징가Johan Huizinga, 1872~1945는 '실증적인 자연과학의 길을 준비해 준 선구적 정신의 동료'인 팔리시의 그 같은 활동을 이렇게 파악했다. "예컨대 그게 르네상스 정신에서 싹튼 것이라고 해도 본질적으로는 르네상스 예술과 아무 관계가 없는 정신적 조류의 대변자였다"고.[8]

이처럼 르네상스 시대엔 중세 이후의 스콜라철학과도 다르고 르네상스 예술이나 인문주의와도 다른 새로운 문화 조류가 서유럽에 등장하고 있었다. 그 명확한 증거를 우리는 이 시대의 교육에서 찾아볼 수 있다.

인문주의는 분명 폐색 상태에 빠져 있던 스콜라철학이나 억압적인 그리스도교 신학의 교조주의를 비판했지만, 그를 대체할 만한 새로운 학문을 제창한 것은 아니었다. 초기 인문주의자가 힘을 기울인 결과 실제 커다란 영향을 남긴 것은 뭐니 뭐니 해도 교육이었다. 형식적이고 현실과 동떨어진 논증 기술을 교육함으로써 지성을 되레 질식시키던 중세 고등교육, 그리고 체벌과 단순 암기를 통해 인간성을 왜곡시키던 당시의 강압적인 초·중등교육을, 인문주의는 전인적 인간 형성 교육으로 대치시켰다. 인문주의는 보편적 교양이라는 개념을 '발명'했던 것이다.[9] 그러나 고대로 눈을 돌린 인문주의는 고대 작가들이 묘사한 인간상을 이상으로 삼고 키케로나 베르길리우스의 수사학과 논리학에서 가르침을 구했다.

그런 연유로 인문주의 교육이 한층 힘을 기울인 것은 고대 작가의 작품에 의존한 라틴어 교육이었다. 이는 대학 입학 전의 소년들이 배우는 '문법학교 scuola di grammatica', 즉 '라틴어 학교'에서 실시됐다. 하지만 인문주의자 자신들이 엘리트였고, 고전을 바탕으로 한 교육은 오로지 소수 상류계급의 자제들을 위한 것이었다. 14세기부터 16세기에 걸쳐 이탈리아의 '문법학교'는 도시국가의 고위 관료나 의사, 법률가, 대학교수 등 전문직 양성을 목적으로 삼고 있었던 것이다.[10] 이 엘리트주의적인 인문주의 교육은 16세기 들어 알프스를 넘어 퍼져 나갔다. 그 뒤 독일의 김나지움이나 프랑스의 콜레주, 잉글랜드의 그래머 스쿨의 원형이 됐다.

보통 '르네상스 교육'이라고 하면 이 같은 인문주의 교육만 논의의 대상이 돼 왔다. 그러나 르네상스 시대엔 그와 전혀 다른 교육이 병행해 이뤄지고 있었다. 그 배경에는 '13세기 상업혁명'[11]이 있다. 즉, 상인이 직접 상품을 싸 들고 해외를 편력하던 종래의 상업에서, 도시에 정주한 채 각지의 대리인을 통해 외국환 어음과 서류로 거래하는 상업으로 이행하는 상업 구조의 변화가 나타났다. 이렇게 해서 상업은 문서화한다. 장사에서 제대로 셈을 하려면 반드시 읽기와 쓰기를 할 줄 알아야 했다. 14세기 이후 이탈리아의 도시국가에선 초등 수준의 견습 학교를 나온 아이들이 다음으로 진학하는 학교로서 엘리트를 위한 '문법학교'와 나란히 상인과 직인들의 자제가 공부하는 '산수교실bottega d'abaco'이 자리를 잡고 있었다. 당시의 이탈리아 학교 교육을 깊이 연구한 폴 그렌들러Paul E. Grendler의 저술에 따르면, "14세기에서 16세기에 걸쳐 산수교실은 북이탈리아 전역에서 찾아볼 수 있다"고 한다. 이곳에선 속어(즉 이탈리아어)로 실용산술을 가르쳤다.[12] 물론 이 같은 학교는 나중에 알프스 이북의 도시에서도 만들어졌다.

상인이나 직인의 자제는 '산수교실', 다시 말해 '속어 학교'에서 공부한 뒤, 몇 년 동안 도제로서 현장 수업을 거치고 나서야 실제 노동 생활을 시작했다. 이렇게 라틴어 학교와 속어 학교는 개별적인 존재로 서로 '구분'돼 있었다. 당시 현존하는 사회적 분화에 대응해 교육 현장에서는 두 개의, 서로 겹칠 일이 없는 조류가 병존하고 있었던 것이다. 그렌들러의 조사에 따르면, 1587~1588년 베네치아에서 라틴어 문법학교의 학생 수가 2,160명인 데 비해 속어 산수교실의 학생 수는 2,465명이었다. 속어로 교육 받던 학생 수가 더 많았던 것이다. 15세기 말의 피렌체에서도 같은 현상을 찾아볼 수 있다. 이런 경향은 16세기에 알프스 이북의 도시로도 번져 갔다.[13]

이렇게 이 시대엔 상인이나 직인들의 문자 해독 능력이 급속히 높아졌다. 성직자와 소수 엘리트 지식인들이 독점하던 당시의 문자 문화가 상인과 직인들 사이에도 침투되기 시작한 것이다. 그런 흐름은 15세기 중반 인쇄 서적의 등장에 의해 16세기 들어 더욱 가속화된다. 예를 들어 독일에서 가장 널리 읽힌 산술 서적은 1522년 아담 리제Adam Riese가 쓴 『선과 펜에 의한 계산』이었다. 또 기하학 서적으로는 1525년 알브레히트 뒤러Albrecht Dürer가 펴낸 『측정을 위한 지침』이 가장 유명했다. 리제는 광부로 일하면서 수학을 배운 산술학 교사였고, 뒤러는 도제 수업으로 교육 받은 화가였다. 둘 다 대학 문턱도 넘어 보지 못한 노동자이자 예술가였다. 또 그들은 당시엔 학술 언어로 인정받지 못하던 속어(독일어)로 모든 저술을 펴냈다.

유럽에서 근대 수학의 출발은 대학이나 교회에서 사용하던 불편한 라틴 숫자 대신 인도·아라비아 숫자와 십진법의 사용에서 찾을 수 있다. 하지만 그 기원은 아라비아에서 수학을 섭렵한 13세기 레오나르도 피보나치Leonardo Fibonacci의 『계산판에 대한 책』으로 거슬러 올라간다. '피사의 레오나르도 다 빈치'로 불리는 피보나치의 이 책은 대학 사회의 아카데미즘에서 거의 무시당했다. 하지만 14세기 이후 이탈리아 산수교실 교과서의 절반이 이 책을 바탕으로 만들어졌다. 그 교과서들은 사실상 피보나치의 책을 축약해 놓은 것이었다. 그리고 대수학(방정식론)이 비약적으로 발전한 것은 16세기 이탈리아에서였다. 수학사에서 '16세기 수학혁명'[14]으로 불리는 이 획기적 도약은 산수교실에서 가르치던 상업 수학으로부터 발전한 것이었다.

물론 산수교실의 실용 수학 교육이 낳은 것은 대수학뿐이 아니다. 상업 수학의 보급과 더불어 탄생한 복식 부기는 매일매일 이뤄지는 자본과 상품의 이동을 완벽하게 수량화해 파악하고 기록하는 습관을 상인 계층에 심어 주었다. 이는 또 일상생활 전반에도 계량과 계산의 습관을 전파시켰다. 이렇게 해서 "복식 부기의 기법은 세계를 눈에 보이는 것으로, 또 수학적으로 파악할 수 있는 것으로 환원시키고 그를 통해 세계를 이해할 수 있는 — 아마도 제어할 수 있는 — 존재로 변화시켰다."[15] 요컨대, 세계를 바라보는 눈을 변화시켰던 것이다.

이 시대가 돼 속어로 교육을 받고 쓰기와 읽기 그리고 계산 능력을 몸에 익힌 상인과 직인들은 자신이 종사하는 일을 합리적으로 파악하고 거기서 일어나는 여러 문제를 이론적으로 고찰하기에 이르렀다. 또 그렇게 해서 얻은 결과나 그때까지 문서화되지 못한 채 구전으로 축적돼 온 지식을 문서로 기록해 공개하기 시작했다. 하야시 다쓰오가 여러 생각 끝에 말한 '인문주의의 예외', 그리고 브로노프스키와 마즐리시가 말한 '민중적 르네상스'라는 개념은 그 시대에 일어났던 현상을 다소 부적절하게 이해한 것이며, 또 불편하기도 한 표현이다. 중세 기술사 연구가 린 화이트Lynn White Jr.가 적절하게 지적했듯이 "과학과 기술의 역사에서 르네상스라는 관념이 당시의 현상을 해석하는 데 유익하다고 생각되진 않는다".[16] 갈릴레오 연구로 유명한 과학사가 스틸만 드레이크Stillman Drake는 이렇게 말한다.

(15세기 중반 인쇄 서적의 출현 이래) 거의 1세기 반에 걸쳐 과학계에선

실질적으로 두 개의 조류가 존재했다. 하나는 대학 내부에서 일어났으며, 이는 '중세 과학'과 구별해 말하기 어려운 것이었다. 다른 하나는 대학 밖의 것으로서 당시까지의 분류로는 거의 과학이라고 인정받지도 못한 조류였다.[17]

후자의 조류가 바로 스콜라철학을 대신해 새로운 과학을 탄생시킨 하나의 원류였다. 그만큼 과학사에선 매우 중요한 현상이다. 같은 문화사의 범주에서 일어난 현상이지만, 역사 인식과 역사 기술의 좌표축을 미술사나 사상사로부터 과학사나 기술사로 변환하면 전자에선 '예외'로 보이는 것이야말로 주류의 위치를 점하게 된다.

구체적인 예를 하나 들어 보자.

17세기 과학혁명의 큰 획을 그은 것은 지동설의 수용과 천체 사이에 작용하는 중력이라는 관념의 확립이다. 그리고 이에 이르는 데 결정적 기여를 한 역사적 업적을 들자면 당시까지만 해도 비활성화된 흙덩어리로 간주되던 지구를 자기운동自己運動 원리와 외부에 대한 작용 능력을 지닌 거대한 자석이라고 주장한 윌리엄 길버트William Gilbert의 『자석론—자석, 자성체, 거대한 지구 자석에 관하여』(1600년)였다. 통상 길버트는 잉글랜드 과학혁명의 제1인자처럼 일컬어진다. 그러나 길버트가 그런 발견을 할 수 있도록 기초를 제공한 것은 20년 동안의 뱃사람 생활을 접고 항해용 기구를 만들며 먹고살던 런던의 기술자 로버트 노먼Robert Norman이었다. 그는 북쪽을 가리키는 자침의 끝이 수평보다 아래쪽을 향하고 있다는 '복각伏角'을 발견하고 이를 측정했다.[18]

로버트 노먼이 복각을 발견하게 된 것은 자기磁氣 나침반을 만드는 과정에서 수평에 맞춰진 철침을 자석에 문지르면 반드시 북쪽 끝이 기운다는 것을 수없이 경험했기 때문이다. 이처럼 노먼의 발견은 기술상의 문제점을 해결하려는 과정에서 이뤄진 것이다. 당시까지만 해도 아카데미즘의 학자들은 일고의 가치도 없다고 생각한 문제가 새로운 지구상地球像을 탄생시킨 단서가 됐다. 이는 인간이 특정한 자연현상을 관찰하기 위해 특별히 제작한 장치로 지구상의 자연현상을 계량적으로 측정한 첫 사례이기도 하다. 노먼은 그 측정 과정과 결과 그리고 자석에 대한 몇몇 실험 및 그와 관련한 이론적 고찰을 집대성해 대중의 언어인 속어(영어)로 책을 펴냈다. 바로 1581년 공표된 『새로운 인력』이었다.

노먼의 『새로운 인력』의 특징을 무엇보다 잘 보여 주는 것은 다음의 한 구절이다.

서재에서 책에 둘러싸인 사람들은 "자고로 구둣방 주인은 구두 만드는 일 이외에는 나서면 안 된다"는 라틴 격언을 들먹이면서 (자석의) 문제는 직인職人이나 뱃사람이 끼어들 문제가 아니라고 말하곤 한다. 경도經度의 문제에 대해서도 그렇다. 그들은 이를 기하학적 증명이나 수학적 계산에 의해 정밀히 다뤄야 할 문제라고 한다. 그런 학문에 대해 직인이나 뱃사람은 모두 무지하거나, 아니면 적어도 그런 연구를 할 만큼의 교양이 없기 때문이라고 말하는지도 모른다. … 그러나 나는 이 나라에는 그런 직업을 가진 사람들 가운데도 이 분야의 학문에 정통할 뿐 아니라 자질도 충분한 사람이 있다고 생각한다. 오히려 그들은 자신을 비난하는 사람들 이상으로 효과적이며 용이하게 그 학문적 지식을 원래의 목적에 맞게 적용하는 능력을 지니고 있다. … 이에 따라 오랜 탐구 끝에 얻은 자신의 기술과 직업 비밀을 누구나 사용할 수 있도록 세상에 공표하려는 사람들을 명망 있는 학자들이 경멸하거나 비난하는 일이 없기를 바란다.[19]

노먼은 자연의 비밀을 해명하는 데 있어서 아카데미즘에 빠진 학자들이 책과 씨름하면서 하는 연구보다 직인이나 기술자의 실천적 탐구가 훨씬 유효하고 의미 있다는 점을 알고 있었던 것이다. 이는 노먼 혼자만의 사례가 아니라 그 시대 서유럽 전체의 특징이기도 하다. 크리스토퍼 힐이 말하듯, "16세기는 종교에서처럼 과학에서도, 겉으로 드러나지 않은 채 수공기술자들 사이에 오랫동안 소용돌이치던 온갖 관념들이 분출해 세상 사람들에게 존중을 받아내던 시대였다."[20]

당시엔 항해 기술이 급속히 진보해 지구의 실상이 나날이 새롭게 파헤쳐지고 있었다. 엘리트 지식인들이 라틴어를 중얼거리며 책에만 파묻혀 해오던 종래의 학문을 대신해 경험을 중시하는 새로운 지식의 형태가 등장하고 있었다. 그 당시 학문 세계에 몸담은 사람들은 생각하지도 못했던 예술가, 직인 또는 상인들 사이에서 그 새로운 지식이 나오기 시작했던 것이다. 더 자세히 말하면, 이는 단순히 경험 일반을 중시하자는 시각이 아니다. 예술가가 자연을 표현하는 기법, 직인이나 기술자가 자연 이치를 응용하는 방법이나 기술 그리고 상인이 상품과 자본을 관리하는 기법은 세계와 자연에 대한 인식에서도 유효하게 적용될 뿐 아니라 매우 커다란 가치를 지니고 있다는 주장이다.

16세기는 직인이나 기술자가 목소리를 높이면서 문자 문화와 학문 세계의 경계를 넘나들기 시작했다는 점이 특징이라고 할 수 있다. 그러나 그러기 위해서 그들은 우선 육체노동에 대한 편견을 이겨내지 않으면 안 됐다. 실제 유럽에선 두뇌 노동이나 지적 작업이 고급 직업인 데 비해 육체노동이나 기계적 작업은 천하다는 시각이 예로부터 사람들의 인식을 강하게 지배하고 있었다. 문자 문화의 세례를 받은 지식 계층의 사람이 육체노동을 하는 직인들의 일에 관심을 갖는 것 자체가 극히 드물었다.

육체노동에 대한 멸시는 중세 서유럽의 대학 커리큘럼에서도 찾아볼 수 있다. 중세 대학에선 지금의 교양학부에 해당하는 '학예학부' 위에 전문 학부로서 신학부, 법학부, 의학부가 설치돼 있었다. 즉, '학문'이란 신학·법학·의학을 의미했다. 그동안 '학예학부'에서 가르치던 것, 다시 말해 당시의 학문과 교양의 기초는 문법·수사학·변증법의 '삼학', 즉 라틴어 학습을 중심으로 하는 논술·논증의 기법과, 수학·기하학·천문학·음악의 '4과'였다. 이들은 '자유학예artes liberales'로 불렸는데, 그 '자유'라는 것은 무릇 '자유인'이 몸에 익혀야 할 학예를 의미했다. 따라서 이것에 대치되는 '기계적 기예artes mechanicae'는 원래 노예들이나 하는 비천한 일을 가리키며, 모멸의 대상이 됐다. 12세기 생 빅토르의 위그Hugues de Saint-Victor는 자신의 저서 『디다스칼리콘Didascalicon』에서 이렇게 기술했다. '7개의 학예가 '자유'라고 불리는 것은 그것들이 자유의 정신을 요구하기 때문이며, 또 고대에는 자유롭고 고귀한 인간들만이 배웠기 때문이다. 이에 대해 백성이나 천출의 자식들은 기계적 기예에 힘썼다."[21]

속어에서도 이탈리아어의 'meccanico', 프랑스어의 'mecanique'는 형용사로서 '기계의, 기계적'이라는 뜻 이외에도 '손으로 하는' 혹은 '머리를 사용하지 않는'의 의미를 담고 있다. 예를 들어 레오나르도 다 빈치가 쓴 원고를 보면 "회화는 손의 움직임으로 만들어지는 이유에서 기계적meccanico이라고 음악가들은 말한다"고 돼 있다.[22] 또 도예공 베르나르 팔리시가 1580년에 프랑스어로 쓴 책에선 도예의 기술에 관해 이런 대목이 나온다. "이 기술에는 점토를 반죽하는 기계적인 부분partis mécanique이 있다. 보통 주방에서 쓰는 그릇을 정확한 크기도 생각하지 않고 만드는 사람이 있으니, 그런 경우를 기계적mécanique이라고 부를 수 있다."[23] 필경 '기계적 기예'란 '머리를 사용하지 않는 수작업'을 가리켰으며, '기계적 기예'와 '자유학예'와의 대비는 기능과 지능의 대비였으며, 육체와 정신의 대비였다.

물론 그렇게 대비하는 데에는 두뇌 활동은 고급이고, 손으로 하는 일은 하등하다는 우열의 개념이 따라다녔다. 실제 이탈리아의 군사학자이자 수학자인 구이도발도 델 몬테Guidobaldo del Monte의 『기계의 서』를 1588년 이탈리아어로 번역한 필리포 피가페타Filippo Pigafetta는 서문에서 "이탈리아의 많은 지방에선 기계공meccanico이라는 단어가 사람을 조롱하거나 비웃을 때 쓰는 말"이라고 설명했다.[24] 프랑스에서도 중세의 직인에 관한 책에는 "기계적 직업métiers mécaniques은 당시 평민계급의 직업이었으며 멸시 받았다"고 나와 있다.[25] 잉글랜드에서는 1605년 프랜시스 베이컨Francis Bacon이 "몸을 움직이며 기계적인 일matters mechanical에 대해 탐구나 관찰을 하는 것은 어쩌면 점잖지 못하게 비친다"고 말하기도 했다.[26] '기계적'이란 표현에는 비속적인 뉘앙스가 붙어 다녔던 것이다.

이 점은 고대 노예제 사회에서 분명히 드러난다. 플라톤은 "시민은 어느 한 사람도 직인의 일에 종사하면 안 된다"고 기술하고 있다.[27] 아리스토텔레스도 노예와 직인은 한 사람(주인)을 섬기는가, 일반 대중을 섬기는가의 차이일 뿐, 직인의 일도 일종의 노예 상태에서 행해진다고 말했다.[28] 그리고 플루타르코스의 『영웅전』에도 "아르키메데스는 … 기계학의 응용을 비롯해 일반적으로 실생활에 적용되는 모든 기술을 비천한 것으로 간주했다"고 나온다.[29] 고대 그리스에선 이마에 맺힌 땀방울을 훔치며 하는 노동, 그리고 손에 흙을 묻히며 하는 일은 사회적 지위나 교양 있는 사람이 할 만한 일이 아니었으며, 관심을 가질 대상조차 되지 않는다고 간주했던 것이다.

고대 로마에서도 육체노동은 멸시의 대상이었다. 기원전 1세기 로마의 문인이자 르네상스 시대 인문주의자의 찬미 대상이 됐던 키케로Marcus Tullius Cicero, BC106~BC43는 직설적으로 이렇게 말했다. "직인과 그 밖의 다른 직업 가운데 누가 자유인으로 적합해 보이고, 누가 비천하게 보이는가. 우리들은 대체로 다음과 같이 배웠다. … 수공 직인은 모두 비천한 기술에 종사하고 있다. 왜냐하면 그들의 작업장엔 고귀한 가문 출신에 어울리는 게 무엇 하나 있을 수 없기 때문이다."[30] 그리고 타키투스Tacitus, 56경~120경가 『게르마니아Germania』에 기록했듯이 전투와 수렵을 주업으로 하는 야만족(게르만인, 프랑크인)의 지배계급도 그런 관념을 매우 자연스럽게 받아들이게 된다.[31] 그 결과 그런 인식이 중세로 이어져 내려간 것이다.

12세기 유럽인이 그리스 철학과 과학을 재발견했던 것은 잘 알려져 있다. 하지만 이는 모두 책 속의 세계에 국한된 이야기다. 손으로 하는 일을 멸시했던 데 대한 반성을 촉구하는 일이란 있을 수가 없었다. 14세기 파리대학의 철학자 장 드 장뎅Jean de Jandun은 파리의 직인— '자기 기술로 밥 먹고사는 직인들' — 에 대해 언급하면서 "그런 사람들에게 생각이 미치는 게 독자 여러분의 비위를 거스르지 않았으면 하는데"라고 토를 달았다. 몸을 움직이고 손을 사용하며 일하는 직인들을 화제로 삼는 것 자체를 주저하거나 수치스럽게 생각했다는 사실이 행간에 잘 나타나 있다.[32] 이 같은 멸시의 대상에는 돈벌이를 목적으로 하는 상업이 포함돼 있었다고 봐도 좋다.

르네상스도 "그리스나 라틴의 작가들로부터 육체노동을 경멸하는 풍습을 이어받았다."[33] 특이한 공산주의 사상의 소유자인 톰마소 캄파넬라Tommaso Campanella가 17세기 초 옥중에서 쓴 『태양의 나라』를 잠시 들춰 보자. 이 책은 유토피아 이야기를 통해 이탈리아의 현실을 비판한 것이다. 거기엔 제노바 사람들이 "직인을 하천민으로 부르고 있다"는 구절이 나온다.[34] 실제 이탈리아의 건축가 레온 바티스타 알베르티Leon Battista Alberti, 프랑스의 문학가 프랑수아 라블레François Rabelais, 스페인의 철학자 후안 루이스 비베스, 그리고 독일의 광물학자 게오르크 아그리콜라Georg Agricola 등 몇몇을 빼고, 대부분의 인문주의자들이 고전에 정통하고 고대 문예에 박식함을 과시할 때는 늘 그와 대조적인 육체노동에 대한 경멸감이 숨어 있었던 것이다.[35] 그리고 수공업과 상업에 대한 그 같은 멸시에는 직인이나 상인의 언어인 속어에 대한 경멸도 뒤따랐다.

원래 무지한 대중의 구어인 속어는 고급 학문이나 고상한 사상을 기술하기에 불충분한 것으로 여겨지는 데 그치지 않았다. '속어(영어 vernacular, 프랑스어 vernaculaire, 이탈리아어 vernàcolo')의 어원은 라틴어 'verna'다. '집에서 태어난 노예'라는 뜻이었던 만큼, 그 자체가 '천한 말'로 받아들여졌던 것이다. 광부의 아들로 태어난 마르틴 루터Martin Luther가 속어(독일어)로 된 책을 활발하게 집필해 대중에 호소한 것은 물론, 성서를 독일어로 번역했던 것도 널리 알려져 있다. 그러나 그 루터조차도 "나는 배우지 못한 민중에게 독일어로 설교하거나, 독일어로 책을 쓰는 것을 결코 부끄럽다고는 생각하지 않는다"고 말했다.[36] 이 말은 거꾸로 신학박사 학위를 지닌 사람이라면 속어를 공공연히 사용하는 걸 수치스럽게 생각해야 한다는 사회적 통념이 존재했음을 보여 준다. 그때부터 한 세기가 더 지난 다음 『방법서설』을 프랑스어로 쓴 데카르트René Descartes도 굳이 루터와 비슷한 해명을 하고 있다.[37]

따라서 라틴어를 모르는 직인이나 기술자 또는 예술가가 속어로 학술 서적을 펴내고, 이것이 인쇄본으로서 대량 유통된 것은 그 자체가 혁명적인 변화였다. 이는 16세기에 시작된 현상이다. 또한 그와 동시에 수작업과 기술이 학문적 가치를 인정받고, '기계적'이란 말이 긍정적 의미로 전환돼 가는 과정의 시작이기도 했다.

직인이나 기술자들이 자연현상을 연구하기 시작하자 학문의 내용이 커다란 변화를 맞게 됐다. 한마디로 말해 도서관에서 책만 파면서 연구하던 학문에서 현실적 경험을 중시하는 지식으로의 전환이 일어난 것이다. 이는 자연학으로 말하면, 논증과 분류를 통해 사물의 성분이나 성질을 밝혀내는 정성적定性的 자연학에서 실험과 측정에 근거한 정량적定量的 물리학으로의 전환이라고 할 수 있다.

그렇다고 해서 중세에는 실험적 자연 연구가 전혀 없었다는 얘기가 아니다. 13세기엔 프랑스의 천문학자 페레그리누스Petrus Peregrinus de Maharncuria가 자석에 대한 실험을 한 적이 있다. 시칠리아에선 마이클 스콧Michael Scot, 1175경~1235경과 페데리코 2세Federico II, 1272~1337가 갖가지 실험을 하고 있었다. 게다가 당시의 연금술은 전부 실험에 의거한 것이었다. 그러나 학문 세계에서 그들은 주변적 존재에 불과했다. 아카데미즘의 세계에서 실험과 경험은 저급한 인식 수단으로 간주되고 있었던 것이다.

레오나르도 다 빈치의 『회화론』에는 "경험에서 나온 지식은 기계적meccanica이고, 정신에서 나온 지식은 과학적scientifica이다"[38]는 구절이 나온다. 즉 기계적 기예技藝와 자유학예를 대비하는 개념으로써 경험과 정신을 대비한 것이다. 당시 '경험'이란 두뇌의 작용을 수반하지 않는 것, 또 이론을 결여한 것으로 여겨졌다. 즉 '정신(사변)'의 하위로 치부됐던 것이다. 예컨대 그 당시 의료계에서 '경험주의자'라는 말은 무학의 의료 종사자를 가리키는 말로서, 돌팔이 의사나 가짜 의사와 거의 동의어로 사용되었다. 다시 말해 아리스토텔레스 철학이나 갈레노스의 의학을 배워야 비로소 의사의 본질과 진수를 깨우칠 수 있다고 봤던 것이다. 경험적 치료란 그 같은 '원리적 인식'에 기초하지 않은 엉터리 처치를 의미했다. "이성이 기준이며, 감각은 정확하지 않다"[39]는 관점은 고대 그리스의 파르메니데스Parmenidēs, BC 515경~? 이후 유럽 철학자들이 지니고 있던 일관적 시각이었다. 불안정하고 주관적인 감각에 의거한 경험보다는 근본원리에서 출발한 논증이 훨씬 뛰어나다고 본 것이다. 이것은 길드에서 현장 교육을 받은 직인이나 외과의사에 비해, 대학에서 철학과 논리학을 배운 학자나 의사들이 우월하다는 인식의 기본적 근거가 됐다.

그 때문에 실험조차도 스콜라학파에게 정당한 연구 방법으로 인정받지 못하고 있었다. 고대의 학문은 무조건 옳다는 '제1의 원리'로부터 출발해 모든 것이 엄밀히 논증되는 체계로 성립하지 않으면 안 됐다. 스콜라철학의 관점에선 사물의 본질이 판명되기만 한다면, 그에 속하는 모든 속성과 양태는 그 본질로부터 논리적으로 연역할 수 있다고 여겨졌다. 이에 비해 실험은 마술사나 연금술사가 자연에 감춰져 있는 힘을 활용하는 노하우를 찾아내기 위한 시행착오적 과정, 또는 이론 공부를 하지 못한 직인 계층이 자신들의 기술이 유효하다는 점을 확인하기 위해 사용하는 수단에 불과하다고 간주됐다. 그래서 실험을 통해 얻은 지식엔 원리적 근거가 없으며 신뢰성도 낮다고 봤던 것이다. 15세기 말 이탈리아 사르디니아의 주교 페드로 가르시아Pedro Garcia는 이렇게 단언했다. "실험적 지식이 과학이며 나아가 자연학의 일부라고 하는 주장은 정말 어리석은 것이다. 그렇기 때문에 마술사들은 과학자라기보다는 실험가로 불러야 마땅한 족속들이다. 마술은 실용적 지식이긴 하다. 그러나 그에 비해 자연학은 그 자체만으로도, 또 그 일부로서도 사변적 과학이 된다."[40] 그런 이유로 "자연을 직접 관찰해야 하는, 그리고 실험이 필요한 학문은 대학에서 적합한 대접을 받지 못했으며, 그러한 학문은 이 시대(후기 중세)의 교양인들에게 실제로는 존재조차 하지 않았다고 할 수 있다".[41]

이에 비해 런던의 기술자 로버트 노먼은 이렇게 선언했다. "나는 경험이 이 같은 기예를 다루는 저술가의 지침이 돼야 하며, 이성은 그를 기술하는 규칙이 돼야 한다고 기대하는 사람이다. 이를 준수한다면 지금까지 종종 봐 왔던 오류에 빠지지 않을 수 있을 것이다." 나아가 그는 "나는 정확한 시험과 완전한 실험exacte triall and perfect experimentes에 의해 도출될 수 있는 것을 기록했다"고 말했다. 그 결과물이 담긴 저서 『새로운 인력』은 그야말로 한 시대를 구분 짓는 저술인 것이다.[42] 이는 새로운 인식에 대한 이상론을 표명한 것이었다. 그뿐 아니다. 노먼은 복각 현상을 발견하는 데 그치지 않고 특별한 장치를 제작해 그 값을 정량적으로 측정했다. 지금이라면 당연한 것처럼 생각되지만, 과학사가 테일러E. G. R. Taylor가 말하듯, "로버트 노먼은 학교에서나 대학에서나 무엇인가를 관측해 연구하는 습관이 길러지지 못했던 시대에 매우 이채로운 과학자적 기질을 보여 주었다".[43]

예술의 세계에서 정밀한 측정은 인체의 이상적인 아름다움을 추구하는 레온 바티스타 알베르티나 알브레히트 뒤러 등에 의해 시작됐다. 또 측량이나 야금에 종사하는 기술자나 대형 기계의 설계와 제작을 담당하던 직인들 사이에선 정밀한 측정이 특히 중시되고 있었다. 예를 들어 보자. 물질의 연소가 가연성의 원질原質인 '플로지스톤Phlogiston, 18세기 초에 연소를 설명하기 위해 상정했던 물질. 물질이 타는 것은 그 물질에서 이것이 빠져나가는 현상이라고 보았다_ 역주'의 방출에 의한 것이 아니라, 한 물질이 대기 중에 있는 물질(산소)과 결합하는 것이라는 18세기 라부아지에Antoinne Laurent Lavoisier의 이론은 근대 화학의 출발점이다. 이는 연소 현상을 전후해 물질의 질량이 증가한다는 사실을 발견함으로써 나온 것이다. 그런 현상을 처음 주목해 그 효과를 실제 정량적으로 측정하고 기록했던 사람은 대학과는 인연이 없었던, 16세기 이탈리아의 기술자 반노초 비링구초Vannoccio Biringuccio였다. 그가 1540년 이탈리아 속어(토스카나어)로 출간한 『피로테크니아De la Pirotechnia』에는 다음과 같은 대목이 나온다.

> 반사로에서 이루어지는 납의 연소가 내게는 극히 미묘하고 중요한 현상으로 생각되기에 그냥 넘어갈 수가 없다. 이는 납이라는 금속의 무게가, 연소하기 전과 비교하면 100에 대해 8에서 10까지도 증가하고 있기 때문이다. 불의 본질이 모든 물질의 소비에 있고, 그 과정에서 실체의 감소를 수반하므로 그 중량은 감소할 것이라는 점을 고려한다면 이는 주목할 만한 현상이다.[44]

나중에 밝혀진 원리에 따르면, 납의 연소, 즉 산소(원자량 16)와 납(원자량 207)으로부터 일산화납(PbO)이 만들어지는 반응 $2Pb + O_2 = 2PbO$에서의 질량 증가는, 정확히 따지면 납 100에 대해 $(16 \div 207) \times 100 = 7.7$이다. 하지만 실제로는 이 과정에서 이산화납(PbO_2)으로 변하는 반응도 미세하게 섞여 일어나기 때문에 비링구초가 얻은 측정값은 꽤 정확한 것이다. 보헤미아의 야금 기술자 라자루스 에르커Lazarus Ercker가 1574년 독일어로 쓴 기술책에도 같은 현상이 기록돼 있다. 2세기 뒤 화학혁명이 규명한 연소의 비밀 일부를 16세기 현장 기술자들의 후각은 이미 포착하고 있었던 것이다.

참고로 군사기술사의 권위자 제프리 파커Geoffrey Parker에 따르면, 대포가 주력 병기가 되면서 일어난 유럽의 군사기술혁명은 16세기의 일이다.⁴⁵ 그리고 근대 역학의 형성으로 이어지는 수학적 역학과 기계학이 등장한 것은 군사기술혁명 과정에서 제기된 갖가지 문제의식에서 비롯했다. 이에 대한 연구는 역시 대학과는 관계없는 기술자나 군인들이 담당했다. 그리고 16세기에 형성된 역학과 기계학을 이어받아 등가속도운동(자유낙하)과 포물선운동의 엄밀한 수학적 이론을 만들어낸 갈릴레오는 『두 새 과학에 관한 논의와 수학적 논증』(이하 『신과학대화』)에서 "가속도의 원인은 따지지 않는다"고 조건을 두면서도, 다른 한편으로 『두 가지 주요한 우주 체계에 관한 대화』(이하 『천문대화』)에서 아리스토텔레스주의자로 등장하는 심플리초의 입을 빌려 다음과 같이 말한다.

> 철학자는 오직 보편적인 현상을 다룹니다. … 가속도에 대해 아리스토텔레스는 그 원인을 설명하는 데 만족하고, 가속의 정도라든가 그 밖의 더 상세한 특징에 대해선 기계공이나 신분이 낮은 기술자들에게 맡겼던 것입니다.⁴⁶

그렇다면 가속도의 원인 규명을 내버려 둔 채 그 수학적 효과만 파고든 갈릴레오는 스콜라철학자들의 학문으로부터 기계공과 직인들의 연구로 눈을 돌림으로써 신과학의 서막을 열었던 셈이다. 17세기 과학혁명에서 물질의 본질과 원인을 규명하는 종래의 정성적 자연학은 수학적 법칙의 도출과 확인을 목표로 삼는 정량적 물리학으로 변모하게 된다. 하지만 이는 16세기의 예술가와 기술자 그리고 상인들의 실천적 행동에서 시작됐던 것이다.

커트 멘델스존Kurt Mendelssohn은 저서 『과학과 서양의 세계 제패Science and Western Domination』(1977)에서 다음과 같이 설명했다. "과학 사상의 많은 부분은 지식 수집의 전 단계를 형성하는 '숙련된 기량'과 같은 확실한 기초 없이는 탄생하지 못했을 것이다. 르네상스부터 산업혁명에 이르기까지 수많은 걸출한 발명들이 주로 독학으로 공부한 장인 기술자들에 의해 이뤄졌다는 사실은 의미심장하다. 르네상스의 위대한 업적의 하나는 이런 부류의 사람들에게 기회를 주었다는 점이다."47 그러나 장인 기술자의 발명 그 자체는 실제론 그 이전의 시대에도 있었다. 그런 기술은 중세 시대 학문 세계와는 전혀 관계가 없는 분야에서 영위되고 있었으며, 학문이 기술로부터 자극을 받는 일도 없었다. 16세기에 현저하게 나타난 현상은 '그런 부류의 사람들'이 자신의 기술적 내용과 성과를 자신의 언어로 표현하고, 그를 통해 당시 폐쇄적이던 문자 문화와 학문 세계로 월경해 들어가기 시작했다는 점이다.

중세에는 미술가나 직인이 저마다 직종별 길드에 소속돼 길드 내부에서 교육 받았다. 대학도 교회 권력과 지배계급이라는 든든한 배경을 지님으로써 상당한 특권을 누리고는 있었지만, 일종의 길드 조직이었다는 점에서는 차이가 없었다. 학업을 수료할 때 수여되는 다양한 등급의 학위가 고위 성직자나 법률가 그리고 의사가 되기 위한 라이선스였다는 점은, 도제 수업을 마친 뒤 장인 시험에 합격해 장인 기술자가 되는 것과 기본적으로 다르지 않았다. 장인 길드는 그 지식을 구성원 내부에 한해 전승하고 그 비밀을 유지함으로써 기술의 독점권을 지켜 왔다. 대학 길드도 라틴어를 전문적으로 구사하면서 스콜라 의학과 스콜라 신학을 배타적으로 독점해 온 것이다.

이처럼 중세에는 상당수의 지식이 각각 특정한 구성원들에게만 전수되는 형식으로 외부에 공개되지 않은 채 공존하며 영위됐다. 과학사학자 윌리엄 이먼William Eamon은 16세기를 타인이 손대면 안 되는 것으로 여겨지며 유지돼 오던 여러 비밀들이 벗겨지기 시작하던 시대라고 지적했다.[48] 실제 1513년에 나온 마키아벨리Niccolo Machiavelli의 『군주론』은 몇몇 정치적 신화에 의해 은폐돼 왔던 권력의 비밀 ― 통치 기술 ― 을 폭로한 것이었다. 그 직후 시작된 종교개혁도 역시 가톨릭교회의 비밀을 폭로했다. 마르틴 루터는 "모든 그리스도교도는 종교가이며, 그리스도교도 사이에는 차이가 없어 구두장이나 대장장이나 농사꾼이나 모두 똑같이 신성한 사제이자 주교다"[49]고 갈파했다. 이는 가톨릭교회의 권위라는 게 결국은 교회 조직이라는 배타적 종교 길드의 비밀 유지를 통해 지켜져 온 데 불과하다는 점을 분명히 한 것이다. 마찬가지로 이 시대의 의욕적이고 선진적인 미술가나 장인들은 당시 대학과 성직자들이 문자 문화를 독점하고 있는 데 대해 도전하기 시작했다. 그들은 자신이 속한 길드의 속박에 저항해 스스로의 언어로 발언함으로써 지식의 분단 상황을 와해시키고 있었다.

프랑스어로 저술 활동을 한 16세기 도예공 베르나르 팔리시의 다음과 같은 발언은 이를 명확히 보여 준다.

> 질병이나 기타 해로운 질환에 듣는 훌륭한 치료법은 비밀로 다뤄져서는 안 됩니다. 농업의 비법도 감춰져서는 안 됩니다. 항해의 장애물이나 위험도 은폐되면 안 됩니다. 하느님의 말씀도 비밀이 되어서는 안

됩니다. 국가에 도움이 되는 모든 과학도 비밀로 취급되어서는 안 됩니다.[50]

그때까지 문자 문화의 세계에서 소외당하던 직인, 예술가, 외과의들이 자신들의 언어로 발언함으로써 배타적인 대학 길드나 성직자 길드에 의한 지知의 독점에 바람구멍을 뚫으려 했던 것이다. 이 같은 움직임을 미술사학자 에르빈 파노프스키Erwin Panofsky는 '탈분리decompartmentalization'라고 이름 붙였다.[51] 이것은 동시에 언어혁명과 시각혁명으로 이뤄진 커뮤니케이션 혁명을 불러일으켰다.

커뮤니케이션 혁명의 실상은 첫째로는 직인들이 속어를 사용해 집필하는 활동으로 나타난다. 이는 경험을 중시하던 그들의 자세와 밀접하게 관련돼 있으며, 동시에 학문의 공개성을 보증하고, 연구 활동에 많은 사람들의 참여를 촉발시키기도 했다. 이것은 17세기 초반 네덜란드의 기술자 시몬 스테빈Simon Stevin이 한 말에서 분명히 드러난다.

과학이 탄탄하게 구축되기 위해선 실험적 경험을 통해 나온 대량의 데이터가 있어야 하는데, 지금 우리에겐 여전히 그런 데이터가 결여돼 있다. 그 데이터를 확보하는 일에 많은 사람들이 힘을 합쳐 참여해야 할 것이다. 필요한 만큼 많은 사람들의 참여를 이끌어내기 위해선, 어느 나라에서나 경험과 과학을 추구하는 활동은 그 나라의 언어로 행해져야만 한다.[52]

그리고 실제로 직인과 기술자들은 소수 엘리트 학자의 언어인 라틴어가 아니라 속어로 기술함으로써 그때까지 길드 내부에 감춰져 전승돼 온 기술을 공개했으며, 자신의 연구와 고찰의 성과를 동업자에게 피력해 나갔다. 노먼 · 팔리시 · 비링구초 · 에르커가 각각 영어 · 프랑스어 · 이탈리아어 · 독일어로 저술한 것은 라틴어를 몰라서 부득이 그렇게 한 면이 물론 없지 않다. 하지만 그럼에도 불구하고, 그런 활동은 그 이상의 적극적 의미를 지니고 있었다. 속어에 의한 저술은 "그 자체로서 하나의 주장으로서 성격을 지녔다".[53]

  덧붙이자면 인문주의자들이 고대 라틴어 문헌을 문헌학적으로 엄밀하게 복원했고, 또 이들을 그리스어에서 정확한 라틴어로 번역했으며, 나아가 그런 문헌들이 15세기에서 16세기 전반에 걸쳐 잇따라 인쇄돼 나왔다는 것은 문화사 분야에서 널리 알려진 사실이다. 그러나 그런 움직임이 일단락된 다음, 16세기 중반 이후에 인쇄업자가 새로운 시장을 찾아 그런 책들을 속어(각국의 언어)로 번역해 출판한 것은 사상사와 문화사에서 그리 주목 받지 못했다. 하지만 현실적으로 이는 정확한 고전어 복원 작업과 동등하거나 그 이상의 중요성을 지닌다. 실제 그리스 과학의 고전이 근대 화학이 형성되는 데 영향을 준 것은 속어 번역본이 인쇄되기 시작했던 1530년 이후였다.[54] 속어판 학술 서적의 출판은 16세기에 일어난 언어혁명, 즉 국어 형성의 일환으로 볼 수 있다. 이 점에 대해선 제9장에서 상세히 다루겠다.

  커뮤니케이션 혁명의 또 하나의 측면은 건축사학자 새뮤얼 에드거턴Samuel Edgerton Jr.이 '16세기 지각혁명the sixteenth-century perceptual revolution'[55]이라고 부른 도상圖上 표현의 각종 신기술 개발에서 찾을 수 있다. 3차원 공간의 풍경을 2차원 평면에 비추는 투시도법(원근법)의 발견은 르네상스 시대의 화가와 건축가들의 손에서 이뤄진 것으로 알려져 있다. 그와 동시에 공학·기계학·건축 설계에 필요한 분해조립도법·단면도법·투명도법, 혹은 뒤에 화법기하학畵法幾何學, descriptive geometry으로 불리게 된 기술의 원형도 15~16세기 화가와 직인들이 고안한 것이다.

그런 기법들이 목판이나 동판 제작에 사용돼 인쇄본(책)에 삽화를 넣을 수 있게 됐다. 이는 16세기에 그 잠재력을 본격적으로 발휘하게 된다. 실제 복잡한 기계나 미묘한 생체 기관 그리고 인체 각 부위의 구조나 동식물에 대한 정밀하고 정확한 도판이 캡션(도판에 대한 설명문)과 함께 만들어진 다음, 똑같은 크기의 복사본으로 수백 부, 수천 부씩 제작됐다. 이것이 각종 학문 연구와 교육에 얼마나 큰 영향을 주었는지는 이루 다 말하기 어려울 정도다. 기계공학은 물론, 말로 설명하기 어려운 장치를 사용하는 실험, 관측을 중시하는 물리학과 화학, 연구자들 사이에 공통의 용어가 확실히 형성되지 못했던 해부학과 생물학, 그리고 대항해 시대의 도래와 함께 등장한 근대 지도학과 지리학 등……. 이탈리아의 과학사학자 파올로 로시Paolo Rossi는 이를 다음과 같이 평가했다. "식물학·해부학·동물학 교과서에 들어 있는 삽화는 본문에 딸린 단순한 첨가물이 아니라 적절한 기술 용어가 존재하지 않던 상태에선 매우 가치 있는 부가물이었다. 과학적 기술記述에서 예술가의 협력은 혁명적 효과를 가져왔다."[56]

학문에서 새로운 주도 세력의 등장은 필연적으로 학문의 새로운 대상과 새로운 방법, 새로운 전달 매체와 표현 수단을 수반하게 됐다. 이는 '16세기 문화혁명'이라고 부르기에 충분한 가치가 있는, 학문 세계를 대대적으로 뒤흔든 근본적인 지각변동이었다.

서양사나 과학사에서, 예컨대 '12세기 르네상스'나 '17세기 과학혁명'이란 용어는 이미 널리 알려져 있다. 그러나 이 책의 제목인 '16세기 문화혁명'이라는 말은 귀에 익숙지 않을 것이다. 아니, 애초부터 종래의 과학사에서 16세기, 특히 그 후반부는 별다른 성과가 없고 이렇다 할 특색도 없는 시대로 간주돼 왔다. 실제 1534년 코페르니쿠스의 『천체의 회전에 대하여』와 베살리우스의 『인체 구조에 관한 7권의 책』 출판이라는 '대사건'이 일어났을 때부터 1600년 길버트의 『자석론』에 이르기까지 반세기 남짓한 기간 중 과학혁명에서 시대를 구분 지을 정도의 획기적 사건은 눈에 띄지 않는다. 그 뒤의 케플러·갈릴레오·데카르트·윌리엄 하비·뉴턴의 화려한 등장에 비하면 분명 존재감이 약하다.

그러나 이는 수면 위로 드러난 현상에 불과하다. 과학사학자 마리 보어스Marie Boas Hall는 자신의 저서 『과학적 르네상스The Scientific Renaissance 1450~1630』에서 "1450년에서 1630년 사이의 가장 현저한 특징 중 하나는 고대에 대한 태도 변화에 있다"[57]고 했다. 그 변화를 르네상스 연구의 태두인 에우제니오 가린Eugenio Garin은 다음과 같이 보다 상세히 기록하고 있다.

위대한 고전적 저술들은 15세기 초기만 해도 주로 신학 분야의 중세 저술에 비하면 여전히 완성도 높은 문헌집으로서 지위를 누리고 있었다. 문제 설정, 탐구 방법, 데이터 처리의 측면에서 전체적으로 고전이 훨씬 더 앞서 있었던 것이다. 그러던 것이 17세기 초반이 되면서 역전되고 말았다. … 고대의 저술가들은 더 이상 도움이 되지 않게 된 것이다. 입문적 교과서로도 쓸모가 없어졌다.[58]

15세기에 인문주의자들이 상찬해 마지않던 고전들은 17세기 초반에는 이미 버림받은 존재로 전락했다. 이는 진리 추구의 대상이 '머나먼 과거'의 '권위 있는 문헌'에서 일상적인 생산 활동과 하루가 다르게 지평이 열리고 있던 지구로 바뀌었음을 의미한다. 여기에서 마리 보어스의 또 하나의 지적을 되새겨 보자. "16세기엔 상대적으로 못 배운 사람들 사이에서 과학에 대한 관심이 높아졌던 데 비해, 학식 있는 사람들에게서는 그에 비할 만큼의 영향력을 찾아볼 수 없다."[59] 이를 앞서 말한 학문의 변화와 연장선상에서 생각한다면 그 변화의 주도자가 누구인지, 그 변화의 내용이 무엇인지도 저절로 드러나지 않는가.

과학사학자 존 헨리John Henry는 『17세기 과학혁명The Scientific Revolution and the Origins of Modern Science』의 모두에서 "16세기는 여러 측면에서 과학혁명이 준비됐던 시기"라고 했다.[60] 이 시각에 따른다면, 그 준비 작업은 당시 문자 문화에서 소외당했던 예술가나 직인들이 주도했다고 말할 수 있을 것이다. 그들이 저술 활동과 학문 세계의 경계를 뛰어넘은 것은 세 가지 의미를 지닌다. 첫째로 라틴어를 구사하는 엘리트들의 지식 독점을 무너뜨렸다는 점이고, 둘째로는 중세 이후의 전통이었던 자유 학과와 기계적 학과의 분리·단절을 극복했다는 점이다. 그리고 셋째로 순수한 지적 작업으로 간주되던 이론적 연구와, 손기술 좋은 사람이 하는 일 정도로 치부되던 실험적 연구의 결합을 촉진시켰다는 점이다. 결국 이는 인식의 전환을 불러일으켜 수작업과 기계에 대한 긍정적인 가치평가를 이끌어냈다. 보카치오Giovanni Boccaccio나 라파엘로Sanzio Raffaello가 활동한 14~15세기의 르네상스와, 갈릴레오나 뉴턴으로 대표되는 17세기 과학혁명 사이의 계곡처럼 보이는 16세기. 이 시기에는 그야말로 별처럼 빛나는 천재의 이름은 보이지 않는다. 하지만 17세기를 준비하는 지식 세계의 지각변동, 다시 말해 '16세기 문화혁명'이 진행되고 있었던 것이다. 여기에서 '지각변동'은 지질학 용어의 직접적 전용轉用으로 이해해도 된다.

'세계의 지붕'이라고 하는 히말라야 산맥에는 초모랑마(에베레스트)나 다울라기리, 안나푸르나를 필두로 해발 7,000~8,000m급 고봉들이 우뚝 솟아 있다. 그러나 그들은 저마다 고립된 상태에서 그처럼 높은 봉우리를 자랑하고 있는 게 아니다. 인도아시아대륙이 유라시아대륙과 충돌해 대규모 지각변동이 일어난 결과, 그때까지 바다 밑에 있던 지반이 평균 표고 5,000미터 이상의 광대한 티베트 고원으로 밀려 올라갔고, 그 위에 2,000~3,000미터급의 융기가 생겨난 것이 히말라야 산맥의 고봉들이다. 마찬가지로, 케플러·갈릴레오·뉴턴·하비를 필두로 한 17세기 신과학의 천재들이 남긴 혁혁한 업적은 16세기 문화혁명이 밀어올린 지반 위에서 태어난 것이었다.

이 책에서는 처음엔 예술 이론, 외과학·해부학·식물학, 야금술과 광산업, 산술과 대수학, 역학과 기계학 그리고 천문학·항해술·지도학에서 일어난 '16세기 문화혁명'의 양상을 개별적으로 훑어볼 것이다. 이어 특수한 성격을 지닌 잉글랜드에 대해 고찰하고, 전체적 배경으로서 언어혁명의 추이를 검토한 뒤, '16세기 문화혁명'의 의의와 한계를 살펴볼 것이다.

사적인 얘기를 하자면, 이 책은 필자의 전작인 『과학의 탄생』(이영기 옮김, 동아시아, 2005)을 보완한 것이다. 17세기 새로운 과학의 출현에 다대한 영향을 준 16세기 마술 사상에 대해선 전작에서 상세하게 다뤘으므로 이번엔 삼가기로 한다. 그에 대한 언급은 필요한 부분에서 최소한으로 하였다. 덧붙이자면, 16세기 문화혁명은 17세기 과학혁명에는 필요조건이었지만 그 자체로 충분한 것은 아니었다. 실험적이고 정량적인 새로운 자연과학의 등장을 촉발시킨 것은 직인들의 작업 현장에서 나온 실험과 측정에 바탕을 둔 연구와 함께, 『과학의 탄생』에서 언급한 거의 '실험마술'이라고도 할 수 있는 자연마술이 아니었나 생각된다. 게다가 후자는 17세기 물리학의 핵심 개념이라고도 할 수 있는 원격력遠隔力의 개념을 준비했다. 과학사학자 휴 커니Hugh Kearney가 말하듯 "16세기를 통해 마술과 기술의 전통은 과학에 폭넓은 공간을 열어 주었다"[61]고 할 수 있는 것이다.

'16세기 문화혁명'은 하나의 가설이다. 그것이 충분히 논증될 수 있을지 여부는 독자의 판단에 맡기고 싶다.

제1장

예술가에서 시작되다

| 지각변동의 전조

　　　　　　　　　서문에서 언급한, 고대 이래 수작업과 노동에 대한 천시 풍조는 르네상스기에 이르기까지 화가나 조각가에 대해서도 마찬가지였다. 고대 그리스와 로마는 뛰어난 조각품을 수없이 배출했지만, 그렇다고 조각가 자체가 존경 받았던 것은 아니다. 플루타르코스의 『영웅전 Bioi Paralleloi』에는 이런 대목이 나온다. "집안이 좋은 젊은이들은 피사에 있는 제우스의 상을 봐도 (조각가) 페이디아스가 되고 싶다거나, 아르고스에 있는 헤라의 상을 보고 (조각가) 폴리클레이토스가 되고 싶다는 생각은 하지 않는다. … 아름다운 작품이 우리를 즐겁게 해 주어도 그 작가가 존경 받을 가치가 있는 것은 아니다."[1]

　그리스도교가 지배하던 유럽 중세 전기에는 "미술의 유일한 존재 이유는 … 종교 사상을 반영하는 데 있었다."[2] 성화 숭배를 공식적으로 인정했던 787년의 니케아 공의회는 "종교화는 예술가의 발상이 아니라 가톨릭교회와 종교적 전통에 의해 설정된 원리에 의거해 구성된다. 화가의 권한에 속하는 것은 기술뿐이며, 구성은 교부敎父의 권한이다"³고 규정했다. 르네상스가 시작됐던 14세기의 피렌체에서도 "예술가가 단순히 자신의 취향에 따라 제작한 회화 작품은 일절 없었다". 요컨대 오늘날 예술가로 불리는 사람들은 그 시대에는 길드(업종별 수공업 조합)의 관리를 받는 직인 신분에 속했고, 회화나 조각의 제작도 직인의 직종으로 간주됐던 것이다.⁴ 화가라고 해도 칠장이와 구별됐던 것도 아니고, 조각은 석공이나 금은세공사가 하는 일이었다. 실제 15세기경까지 화가는 교회의 제단에 사용하는 그림이나 초상화 이외에 가구나 무기류 등 실용품 장식 제작과 같은 일도 하고 있었다. 따라서 전자를 '예술 작품', 후자를 단순한 '공예품'으로 구별 짓는 일은 당시에는 있을 수 없었다. 또 그런 물건들은 모두 의뢰인의 주문을 받아 제작됐다. 공방이 제단화 제작을 하청 받을 경우 양식·구도·안료까지 시시콜콜 지정 받았다. 대개의 경우 그 제작 아닌 제작은 마스터의 지휘 아래 정해진 양식에 따라 여러 명의 직인이 공동으로 수행했다.⁵ 직인으로서 화공과 석공은 길드의 완전한 통제하에 놓여 있었고, 또 그럼으로써 직업과 생활을 보장 받았던 것이다.

예술가를 집단적인 공방이나 길드 체제에 속박당하지 않는, 천직으로서의 창조자로 바라보는 인식이 등장한 것은 16세기이다.⁶ 물론 그 배경엔 벼락부자가 된 거상巨商이나 도시 귀족들이 자신의 경제력을 과시할 목적으로 예술가를 후원하고, 고급 미술품을 수집했다는 점도 있다. 또 각 도시국가가 대규모 건축물의 건설을 시도했다는 것도 배경이 된다. 이렇게 점차 '직인artiere'으로서 미술가가 화가나 조각가로서 '예술가artista'로 인정받게 되면서, 무명의 직인들이 만들던 '공예품'은 예술가들이 각자 자기 이름을 달고 제작하는 '예술 작품'으로 변모했다.

그러나 미술가의 지위가 크게 향상됐던 르네상스기의 이탈리아에서조차 수많은 미술가들은 수공업이나 소매업을 영위하는 못 배운 직인으로 천시 받고 있었다. 여전히 "미술가는 직인이나 가겟방의 자제인 경우가 많았고 저술가는 귀족이나 전문직 집안 출신인 경우가 많았다. 이런 대조적 현상은 확연했다".[7] 1478년에 태어난 미켈란젤로 부오나로티Michelangelo Buonarroti는 예외적으로 귀족 출신이지만, 제자인 아스카니오 콘디비Ascanio Condivi가 쓴 전기에 따르면 그의 부친과 형은 미켈란젤로가 그림에 빠진 것을 '부끄러운 일'로 여겼다. 그 때문에 "그는 자주 얻어맞아 끔찍한 꼴을 당하곤 했다".[8] 유서 깊은 부오나로티가에서는 집안에서 그림쟁이가 나왔다는 것을 대단한 가문의 수치로 여겼던 것이다.

르네상스의 발상지에서 이 정도였다면 알프스 이북 지역에선 말할 것도 없다. 14세기 뉘른베르크에서 화공畵工은 제빵업자, 푸주한, 재단사, 피혁공, 제화공, 금속 세공사, 유리 세공사와 동급의 직인이었다고 한다.[9] 독일의 화가 알브레히트 뒤러가 1520년 네덜란드를 여행하면서 쓴 일기에는 안트웨르펜(지금의 안트워프)의 축제에서 시민들이 저마다의 계급에 따라 모여 퍼레이드를 하는 모습이 기록돼 있다. 그에 따르면 맨 처음 행진하는 가장 낮은 계급의 무리로 '금세공사, 화가, 석공, 직물 자수공, 조각가, 수예공, 목수, 선원, 어부, 푸주한, 피혁공, 포목업자, 제빵업자, 재단사, 제화공, 기타 갖가지 직인과 일상생활에 관련된 갖가지 직공과 점원들'이라고 했다. 그다음으로 상인·군인·공무원이 따라갔고, 그 뒤에 '장엄하고 화려한 의상을 입은 상류계층'이 등장했다. 마지막으로는 성직자들이 행진함으로써 퍼레이드가 끝났다.[10] 여기에서 화가나 조각가의 사회적 지위와 서열을 확실히 읽을 수 있다.

아카데미즘과 아무런 인연 없이 성장한 직인들이 자신의 직업을 이론화하고, 이를 스스로의 언어로 공표함으로써 일어난 16세기 문화혁명은 원래 그처럼 직인으로 천대 받던 화가와 조각가에서 출발한다. 역사학자 피터 버크Peter Burke는 "그 당시 이탈리아에는 두 개의 문화와 두 개의 전문적 훈련 방식이 존재했다. 다시 말해 직인 문화와 지적 문화, 이탈리아어 문화와 라틴어 문화, 공방에 기초를 둔 문화와 대학에 기초를 둔 문화이다"고 말한다.[11] 당시의 선진적 미술가는 회화나 건축에 학문적 근거를 부여함으로써 두 문화의 경계를 뛰어넘어, 문화의 이중구조를 타파하려고 노력했던 것이다. 이는 그들이 길드의 속박을 벗어나 자립적 예술가로 스스로의 지위를 확립해 가는 과정과 평행하게 진행됐다.

그 선구자들의 모습은 14세기 후반부터 15세기 전반에 활동했던 첸니노와 기베르티에서 찾을 수 있다. 첸니노 첸니니Cennino Cennini, 1370?~1440?는 화가로서 이렇다 할 작품을 남기진 않았으나 1400년경 『예술의 서Il libro dell'arte』를 출간했다.[12] 회화를 위한 기술서적인 이 책은 묘사 기법뿐 아니라 프레스코화나 유채화 기법 그리고 당시엔 모두 손으로 직접 만들던 안료의 제법 등을 상세하게 기록하고 있다. 여기에 소개된 노하우는 당시까지 공방의 도제에 한해서만 구술과 현장 교육으로 전수돼 오던 것들이었다. 길드는 도제 제도에 의해 기술을 보존·계승했고, 동시에 외부 사람에게 누설되지 않도록 독점을 지켜 왔다. 그러나 첸니노가 필사본이긴 하지만 이를 속어로 문장화하고, 교과 서적으로 정리해 공표했다는 것은 길드와 직인의 관계가 변화하기 시작했음을 시사한다. 첸니노 자신은 기밀 누설이라고 자각하지 않았을지도 모른다. 그러나 적어도 회화는 일정한 커리큘럼에 따라 가르치는 것 — 학예 — 이라는 그의 인식은 새로운 것이었다. 또한 이것은 당시의 몰이론적이고 경험주의적인 도제 교육에 변혁을 촉발시켰다.

첸니노는 화가가 되기 위한 공부를 설명하면서 '탁월한 장인들의 손에 의한 가장 훌륭한 작품'을 묘사해 '그 사람의 기법과 화풍'을 몸에 익히도록 권했다. 그런 면에서 그는 도제 제도의 효용을 인정했다.Ch. 27 그러나 동시에 다른 한편으론 "네가 얻을 수 있는 가장 완벽한 안내인이자 가장 훌륭한 길잡이는 영광스럽다고밖에 할 수 없는 자연물의 사생寫生이라는 점을 잘 알아 둬라. 자연물은 다른 어떠한 교본보다 훌륭하므로 이를 대담하게 믿고 사생을 계속해야 한다"고 말했다.Ch. 28 이는 자연주의에 바탕을 둔 인식으로, 전통으로부터의 이탈을 촉구하는 것이기도 했다. 또한 동시에 회화에 대한 시각의 변화를 수반했다. 그의 책 제1장엔 다음과 같은 대목이 나온다.

> 가장 가치 있는 것이 지혜이며, 그로부터 파생하는 몇몇 기법이 바로 그다음을 잇는다. 그 가운데 손놀림에 의해 행하면서도 지혜를 기본으로 삼아야 하는 것이 있는데, 그게 바로 회화라는 기술이다. 이 기술에 필요한 것은 상상력과 손놀림이다. 그것이 눈에 보이지 않는 대상에게 자연물과 같은 외관을 부여한다. 즉 손의 움직임에 의해 그 대상물들을 정착시켜, 없는 것을 있는 듯 보여 주는 것이다. … 시인은 스스로 지니고 있는 지혜에 따라, 또는 생각이 미치는 대로, 아무렇게나 자기

내키는 대로 말을 만들거나 결합하는 게 자유롭다. 마찬가지로 화가에게도 입상·좌상·반인반마상 등을 마음대로, 상상력이 뻗어 나가는 대로 빚어낼 자유가 주어져 있는 것이다.Ch. 1

회화 제작은 더 이상 클라이언트의 지시에 따라 직인이 밥벌이로 하는 일이 아니라, '지혜' 즉 회화의 기초가 되는 학문 이외에는 그 어느 것에도 속박 받지 않은 채 화가의 상상력이 주도해 행하는 주체적 행위라고 본 것이다. 회화에 대한 새로운 시각이 여기에서 모습을 살짝 드러내고 있다.

금속 세공사 로렌초 기베르티Lorenzo Ghiberti, 1378~1455는 피렌체의 성 조반니 세례당의 부조물 제작자를 결정하는 콩쿠르에서 우승해 청동문을 제작한 것으로 잘 알려져 있다. 피렌체 시가 개최한 1401년의 이 '전대미문'의 콩쿠르는 "본격적인 피렌체 르네상스의 개막을 알리는 일대 이벤트"였다.[13] 실제 여기에서 처음으로 '작자' 개인의 이름을 붙인 '예술 작품'이 제작됐다. 기베르티는 1447년 속어로 『코멘타리Commentarii』를 펴냈는데, 이 책은 3권으로 구성돼 있다. 제1권에는 로마 시대의 건축가 비트루비우스Marcus Vitruvius와 같은 로마인이자 『박물지』의 저자 플리니우스Gaius Plinius Secundus의 기록에 의존해 고대 미술가들에 대한 설명을 해 놓았다. 제2권은 14세기 미술사와 미술 평론 그리고 자서전으로 구성돼 있고, 제3권은 시각예술의 기초로서 광학과 인체 비례론 등으로 이뤄져 있지만 미완성으로 전해 내려온다.

직인 기베르티가 피렌체의 인문주의 운동에 감화를 받아 쓴 『코멘타리』의 전체를 일관하는 사상을 요약하자면 이렇다. 회화나 조각의 제작에는 수작업의 숙련뿐 아니라 '학식'이 필요하며, 시각예술은 학문적으로 뒷받침돼야 한다는 것이다. 이는 그가 자주 사용하던 'docto'(현대 이탈리아어의 'dotto', 즉 '학식 있는' '이론에 정통한')라는 말이 그의 미술비평의 키워드였다는 점에서 알 수 있다. 또한 제2권의 자서전에 나오는 다음과 같은 대목에서도 읽을 수 있다.

> 문학적 소양이나 각종 이론적 지식을 확실하게 지니지 못하면 행할 수 없는 이 예술에 내가 정통해질 수 있도록 배려해 준 부모에게 무한한 감사를 드린다. 그렇게 부모의 배려와 이론적 지식에 대한 (여러 교본의) 가르침에 의해 문학작품과 언어 그리고 기술에 관한 학문(의 지식)이 풍부해졌다. 그리하여 나는 (그와 관련한) 책에서 희열을 느꼈고, (거기에서 얻은 지식은) 영혼의 소유물이 됐으며, 그럼으로써 그 최종적 성과인 이 책을 준비했다. … 나는 금전에 구애 받지 않고 예술에 헌신했다. 소년 시대부터 언제나 헌신과 수련을 통해 예술을 탐구해 왔다. 자연은 어떤 이치로 움직이는 것일까, 어떻게 해야 자연에 근접할 수 있을까, 사물의 표면은 어떤 원리로 눈에 와 닿는 것일까, 시력은 어떻게 작용하는 것일까, 눈에 보이는 '형태'는 어떻게 해서 생겨나는 것일까, 그리고 주조예술이나 회화예술의 이론은 어떻게 완성해야 하는 것일까, 나는 항상 그 같은 예술의 기본 원리를 터득하기 위해 연구해 왔다.[14]

미술사 분야에서 『코멘타리』 제2권은 14세기 미술사의 정확한 자료이자, 나아가 서구 미술가의 최초의 자서전이면서 동시에 미술가에 의한 최초의 미술비평으로 높이 평가되고 있다. 그에 비해 제1권과 제3권은 고대와 중세의 저술가로부터 정확한 이해도 없이 단순히 차용한 데 불과하다는 이유로, 평가도 낮고 자료적 가치도 인정받지 못한다. 그러나 『코멘타리』에 대한 그 같은 시각은 누구나 책을 쓸 수 있고, 그래서 책의 홍수로부터 무가치한 책을 도태시켜야 하는 현대인의 입장에서 본 것이다. 그렇다면 이것도 이른바 '휘그 사관'이라고 해야 하지 않을까.휘그 사관은 목적론적 사관의 하나로 과거 그 자체보다는 현재와의 관계에서 연구함을 특징으로 한다. 사회·경제적 요인을 도외시하고 역사의 과정을 지나치게 단순화한다는 비판을 받기도 한다_역주 15세기 직인의 세계는 지금과는 달랐다. 우선 독서 인구가 적었다. 게다가 책을 쓴다는 것 자체가 매우 드문 일이었다. 따라서 그의 책을 현대인의 가치 기준으로 평가하기보다 오히려 제1권과 제3권까지 포함해 당시 직인 미술가가 고대 문헌을 독학해 책으로 남겼다는 사실 자체에 비중을 두고, 거기에서 어떤 시대정신이 싹트고 있었는지 파악해 사회변동의 조짐을 읽어내야 마땅할 것이다.

고등교육과는 인연이 없이 문자 문화로부터 소외당하던 직인 미술가가 앞 시대의 작품을 자신의 언어로 평론한 것은 물론이고, 자신의 생애와 작품에 대한 기록을 남기고, 자신의 직업에 이론적 기초의 필요성을 제창하며 자력으로 그 학문적 기초가 될 저술을 시도했던 것이다. 예를 들어 그의 이론이 오류를 담고 있고, 소화가 덜 된 차용물에 불과하며, 독창성과 우아함을 결여했다 치더라도, 자신의 한계를 벗어나려는 향상심의 존재 그 자체는 지知의 세계에 커다란 지각변동이 준비되고 있었음을 보여 준다. 기베르티는 수작업으로 만들어진 공예품을 자유학예에 바탕을 둔 예술작품으로 승화시켜야겠다는 야심을 표명하며 직인의 세계에서 지식인의 세계로 월경을 시도한 최초의 직인 미술가의 한 사람이었다. 바로 첸니노와 기베르티는 16세기 문화혁명의 선구자였던 것이다.

| 레온 바티스타 알베르티

시모무라 도라타로下村寅太郎는 『르네상스 연구』에서 르네상스의 화가들이 '직인'에서 '예술가'가 된 것을 "비례론·원근법과 같은 수학을 스스로 개척함으로써 회화를 '학문'으로 만들었다는 점"의 결과로 간주했다.[15] 실제 회화에 과학적 기반을 제공한 선구자는 금세공 직인이자 건축가인 필리포 브루넬레스키Filippo Brunelleschi, 1377~1446와 고등교육을 받은 레온 바티스타 알베르티Leon Battista Alberti, 1404경~1472였다. 금세공 직인이라고 해도 도시 지식 계층인 공증인의 아들로 태어나 나름대로 교육을 받은 브루넬레스키는 투시도법(원근법)을 발견 ─ 또는 재발견 ─ 해, 요절했던 화가 마사초Masaccio, 1401경~1428와 함께 작품에 응용했다고 전해진다. 그러나 뒤에 설명하겠지만, 그는 비밀주의자로 자신의 발견을 공표하지 않았기 때문에 그 영향은 제한적이었다. 그에 비해 스스로 집필한 『회화론De Pictura』에서 투시도법에 기하학적 기초를 부여하고 처음으로 회화를 학문으로 만든 것은 화가도 직인도 아닌 지식인 알베르티였다.

알베르티는 서자 출신이긴 하지만 은행가 아버지를 둔 귀족으로 파도바와 볼로냐의 대학에서 공부한 엘리트 교양인이었다. 정치적 이유에서 알베르티 가문이 피렌체에서 추방당하는 바람에 그는 제노바에서 태어났지만 1428년 추방령이 해제된 뒤에 다시 피렌체로 돌아왔다. 그는 자연과학자이자 수학자인 동시에 천문학자이기도 했으며, 또 음악가이자 조각가 겸 건축가였다. 시인이자 문학자였으며, 게다가 뛰어난 운동선수였다. 다시 말해, 르네상스 이탈리아가 배출한 '만능인' 가운데 제1급의 인물이었다.

알베르티는 1432년 교황청 서기관이 돼 로마로 이주했다. 거기서 로마의 건축 유적을 조사해 3년 뒤 『회화론De Pictura』을, 그리고 추정컨대 그다음엔 『조각론De Statua』을 집필했다.[16] 그는 『회화론』 제2권의 모두에서 "회화는 우리의 모든 노동과 학습을 경주할 만한 가치가 있다"고 했다.25 (p.31) 나아가 "회화는 모든 기예ars의 주인이다. … 의미 있는 기예인 회화를 무시할 만한 사람은 없다"고 주장한다.26(p.32f) 그에게 회화는 수공예 일반과는 달리, 특별한 지위를 차지했다. 그 점이 그가 『회화론』을 집필하게 된 주요 동기였다.

그런데 그의 『회화론』은 고대 문화에 대한 해박한 지식을 배경으로 기술돼 있지만, 제2권엔 "여기서는 플리니우스처럼 회화의 역사를 다루는 대신, … 회화의 기법을 검토하겠다"고 조건을 달고 있다.26(p.33) 즉 『회화론』은 선대의 업적을 평론하는 책이 아니었다. 또 그렇다고 해서 그림쟁이 직인을 위한 단순한 기술 편람도 아니었다. 『회화론』은 회화의 기법을 일반 원리에 근거해 학문적으로 논하려 한 책이었다. 실제 제3권에선 "화가는 모든 자유학예에 정통해야 하는 게 바람직하지만 다른 건 제쳐 두고라도 기하학을 알아 둘 필요가 있다"고 나온다.53(p.63) 여기엔 미술을 '경험주의적으로 습득하는 기예'로부터 '학문적 기초를 지닌 학예'로 만들어 보려는 명백한 의도가 표명돼 있다.

이는 동시에 회화 그 자체에 대해서도 중세의 것과는 다른 새로운 시각을 제기했다. 알베르티는 눈에 보이는 물체의 윤곽 위의 점과 눈을 잇는 선을 '주연광선周緣光線 radius extremus'이라고 명명했다. "이 주연광선(의 집합)은 하나의 선이 다른 선에 서로 닿아 얽히면서 면을 감싸고 있으므로 이름 그대로 시선뿔체pyramis radiosa를 형성한다. … 이 뿔체의 밑면은 눈에 보이는 면의 하나이고, 뿔체의 측면은 주연광선으로 이뤄지고, 정점 즉 뿔체의 맨 앞부분은 눈의 뒤편에 놓인다."7[p.15] 그리고 "각각의 면은 색 또는 빛의 뿔체를 지닌다. 물체란 면으로 둘러싸여 있으므로 하나의 눈으로 볼 수 있는 물체의 모든 면은 면의 수와 동수의 소뿔체로 가득 찬 하나의 뿔체를 이룬다."12[p.19] 시각과 대상 물체의 관계를 이렇게 파악한 다음, 알베르티는 회화를 "주어진 거리와 시점視點과 빛에 대응해 어떤 면 위의 선과 색채를 보다 인위적으로 표현한 뿔체의 횡단면"이라고 정의한다.13[p.20] 즉 2차원의 화면 위에 그려진 3차원의 물체란 물체와 눈 사이에 있는 평면(화면)에 시선뿔체의 집합을 잘라 놓은 단면이라는 것이다.

이것만 읽어 보면 다 알고 있는 것을 좀 어려운 말로 바꿔 놓은 것뿐인 듯하다. 하지만 중세의 회화와 비교한다면, 그 참신성이 잘 드러난다. 원래 중세 그리스도교 사회에선 세상의 온갖 사물은 신심 깊은 인간에게 하느님이 보낸 메시지이며, 눈에 보이는 사물은 상징으로서 의미밖엔 없었다. 플라톤에게도 가시적 세계는 진실성(이데아)의 부정확한 반영에 불과하며, 그 자체가 중요성을 지니지는 못했다. 그런 까닭에 현실 세계에 관련해선 그에 감춰진 의미를 탐구하는 것만 요구됐으며, 세상의 충실한 묘사라는 뜻의 사실寫實이 강조된 적은 원래 없었다. 실제로도 중세 회화는 도덕적 또는 종교적 교훈을 전하기 위한 스토리를 담고 있으며, 묘사해야 할 대상은 자연물이 아니라 굳이 말하자면 영혼의 이미지다. 중세 회화에서 인물이나 사물의 대소 관계나 공간적 관계는 오로지 상징적이거나 우의적인 의미로 정해졌다. 그랬기 때문에 여러 가지 시점에서 본 정경이나 서로 다른 시각時刻에 일어난 장면이 단일 화면상에 표현되는 경우도 드물지 않았다.

그에 비해 알베르티에게 회화는 하나의 점으로부터 바라본 가시적 세계를 묘사하는 것이었다. 이는 "나는 자신이 그리고자 생각한 것만 한 크기의 사각 테두리를 그린다. 이것이 내가 그리려고 하는 것을 바라보기 위한 열린 창finestra aperta이다"는 표현에서 쉽게 알 수 있다.19[p.26] 즉 회화란 창 저편으로 보이는 한 구획의 세계에 있는 물체 주변 위의 무수한 점과, 창의 이쪽 한 점에 위치한 눈을 잇는 직선의 다발(시선뿔체)을, 창틀이 둘러싼 평면(유리창)으로 잘라낸 것이다. 그 과정에서 창 저편의 공간은 입체감이 있는 3차원 공간이기 때문에 그 입체감을 2차원 평면인 화면(유리창)에 어떻게 표현하느냐가 문제였다. 이 문제의식이야말로 투시도법(원근법)의 발전을 촉발시켰다. 이처럼 원근법의 이론적 기초는 실질적으로는 알베르티의 『회화론』에서 시작된 것이다.

알베르티의 책은 도판도 없는 데다 읽기가 쉽지 않다. 이쯤 해서 그의 이론을 정리해 그림을 곁들여 설명한다면 다음과 같다.

같은 크기의 물체라 해도 눈에서 멀리 있으면 시선뿔체의 정점은 작아지기 때문에 화면에 의한 이 뿔체의 단면도 작아지고, 물체

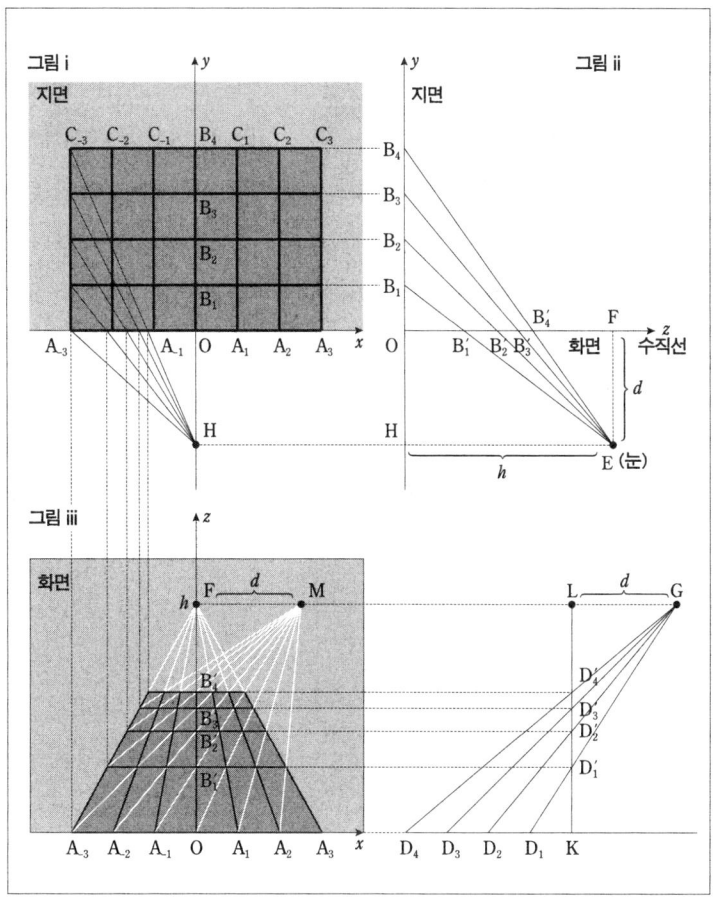

그림 1.1 레온 바티스타 알베르티의 투시도법(원근법).
$\overline{HE}=\overline{OF}=b$, $\overline{OH}=\overline{FE}=\overline{LG}=\overline{FM}=d$ 로 할 때, 지면 상의 격자점 $(na, ma, 0)$은 화면 상의 점 $\left(\dfrac{na}{ma+d}d, 0, \dfrac{ma}{ma+d}b\right)$ 로 옮겨진다(n, m은 정수).

가 무한대로 멀어진다면 양각은 제로에 가까우며, 그 단면은 점에 수렴한다. 따라서 화면 저편을 향한 평행선은 화면 상으론 한 점에서 만나야 한다. 수평한 지면(x, y 평면) 상에 한 변이 a인 정사각형 돌로 만든 바둑판의 눈을, 수직의 화면에 그리는 것을 예로 들어 보자. 그림1.1 이 돌의 앞 가장자리 $A_{-i}A_{+i}$에 따라 x축을 긋는다. 화면은 x축 상의 지면에 수직(x, z평면)으로 세워져 있다고 치자. 화면에 수직인 세로줄의 다발(그림에서 점 AC_i ; $i=0, \pm1, \pm2, \pm3$를 연장한 y축에 평행으로 멀어지는 직선 다발)은 무한원無限遠에서 만난다. 그 무한원점과 화가의 눈 E를 잇는 직선(화가가 화면에 수직으로 무한원을 바라보는 시선)도 y축에 평행이기 때문에 그 시선이 화면을 통과하는 점 F는 눈 E와 화면을 잇는 수직선의 접점이다. 바둑판의 세로줄 다발이 화면 상으로 수렴하는 것도 바로 이 점이다. 이 점 F를 알베르티는 '중심점'이라고 했다. 지금은 '소실점'으로 불리는 이 점에서는 화면과 수직을 이루며 무한원으로 멀어지는 직선 다발이 화면 상에 수렴한다. EF는 화면으로부터 눈까지의 거리 d다. 단, OF가 지면에서 눈까지의 높이 b와 같다는 지적을 알베르티가 명시적으로 하진 않았다.

　여기까지는 이전부터 알려져 있던 것이다. 알베르티가 해결한 것은 원근, 즉 멀리 떨어져 있는 사물의 존재감을 화면 상에 어떻게 표현하느냐에 대한 문제였다. 지금의 사례에선 지상의 x축에서부터 같은 간격으로 멀어져 가는 점 $B_i(i=1,2,3)$를 가로로 지나는 선들, 즉 화면과 평행을 이루는 이 선들을 화면 상에서 어떤 간격으로 그려 넣으면 되느냐의 문제다.

　알베르티는 화면(x, z면) 상에서 x축(직선 $A_{-i}A_{+i}$의 연장선) 위에

$\overline{OF}=b$와 같은 길이의 수직선 KL($\overline{KL}=b$)을 세웠다. OK 위엔 K에서부터 등간격 a로 점 D_i($i=1,2,3,4$)를 표시한다.(그림 ⅲ) 그다음 L에서부터 D_iK에 평행이 되면서 D_i와는 반대편으로 $\overline{LG}=\overline{FE}=d$가 되는 점 G를 찍는다. G와 D_i를 잇는 직선이 KL과 만나는 점들을 D'_i로 표시한다. 이들과 K와의 거리는 B_i의 화면 상의 투영점 B'_i와 O 사이의 거리(화면상에 B'_i를 지나는 좌우 평행선과 x축 사이의 거리)를 부여한다. 이는 원래의 공간을 옆에서 바라본 y, z평면(그림 ⅱ)에서 눈 E가 점 B_i를 바라보는 시선 EB_i가 직선 GD_i에 해당하는 것임을 고려한다면 분명해질 것이다.

이때 화면 상에서 각각의 사각형의 대각선은 일직선으로 이어진다. 수학적으로 말하면 직선의 아핀변환affine tranasformation은 직선이 되므로 당연한 일이다. 이를 두고 알베르티는 "하나의 직선이 그림에 묘사된 몇 개의 사각형의 대각선 상에 놓여 있다면, 이것은 그 선이 정확히 그어졌음을 의미한다"고 기록했다.[20(p.28)] 즉 이를 통해 OB'_i의 거리가 정확히 주어졌는지 확인할 수 있다는 것이다.

실제로는 이 대각선들도 모두 서로 평행이므로 화면 상에선 역시 한 점 M으로 수렴한다. 게다가 그것은 눈높이에 있으므로 M은 직선 FLG 위에 놓인다. 이때 직선 A_iM과 D_iG는 평행을 이루므로 $\overline{FM}=\overline{LG}=d$가 성립해야 한다. 다시 말해 소실점 F에서부터 x축에 평행으로 눈과 화면 사이의 거리와 같은 점 M('거리점'이라 불린다)을 정해, 이 점과 A_i를 이음으로써 B'_i의 위치를 정할 수 있다. 요컨대 굳이 보조선인 직선 KL을 긋지 않더라도 B'_i의 위치 결정은 z축에서 끝낼 수 있다는 얘기다. 알베르티는 이를 깨닫지 못했던 모양이다. 그리하여 거리점(소실점)에 대한 정확한 이해는 알베르티 이후로 넘어간다.

　어쨌든 알베르티의 『회화론』은 브루넬레스키와 마사초의 작품 활동을 배경으로 그들의 새로운 회화를 옹호하고, 그 지도 원리인 투시도법(원근법)의 기하학적 기초를 확립하려 했던 최초의 근대적 회화론이었다. "회화는 과학"이라는 주장에 근거를 제공해, 이탈리아 르네상스 화가들이 직인의 수준에서 예술가로 상승할 수 있도록 지원한 것이 바로 이 알베르티의 저서였다.

| 16세기 문화혁명의 선구자

　　　　　　　　앞서 기술한 문제의식을 지니고 16세기를 고찰할 때 한 가지 눈여겨봐야 할 사실은 알베르티가 『회화론』에서 "나는 무엇보다 먼저 사람들에게 이해 받기를 원한다"고 기록했다는 점이다.22[p.29] 그의 『건축론 De re aedificatoria』도 라틴어로 쓰이긴 했지만, 그 기술記述은 "가능한 한 명료하고 평이하며 바로 써먹을 수 있도록 한다"는 원칙으로 일관하고 있다.p.9 실제 그는 자기 책의 토대로 삼은 비트루비우스의 『건축 십서 De architectura』의 기술이 불명료하고 "우리에겐 이해할 수 없게 쓰여 있다"고 비판한 다음, "나는 웅변을 하기보다 평이하게 읽히길 바란다"고 했다.p.157f

　그 같은 알베르티의 자세는 1435년 라틴어로 출간한 『회화론』을 이듬해 직접 속어(토스카나어)로 번역했다는 사실에서 특히 잘 드러난다(인쇄된 것은 그가 사망한 뒤인 1540년이었다). 친구인 브루넬레스키에게 보내는 편지 형식의 서문에는 "자네를 위해 토스카나어로 썼네"라고 명기했다. 라틴어에 능숙한 인문주의자로서 고대 로마 문화와 예술을 높이 평가한 알베르티였지만, 속어를 사용해 과학·기술 서적을 집필하는 데 선두를 달렸던 것이다. 그는 한편으론 고전을 존중할 뿐 아니라 스스로 고문 작가로서 탁월한 라틴어 문학작품을 집필했다. 그러면서 다른 한편으로는 이처럼 속어 서적의 개척자이자 추진자이기도 했다. 이 점에서 알베르티는 오로지 라틴어만을 사용하며 속어를 경멸하던 당시 대다수의 인문주의자들과는 차원을 달리했다.

실제 알베르티는 1441년 속어 보급을 목적으로 속어의 계관시인 콩쿠르를 직접 개최하기도 했다. 그뿐 아니라 1437년 속어로 쓴 『가족에 관하여Della famiglia』에선 다음과 같이 말함으로써 속어 사용의 의도를 표명했다.

> 나는 고대 라틴어가 풍요롭고 아름답다는 점은 쌍수를 들어 인정한다. 그러나 아무리 훌륭한 작품이라 해도 그것이 토스카나어로 쓰였다는 이유만으로 눈살을 찌푸리게 되는 이유는 무엇인가. 오늘날 이 정도까지 우리 토스카나어la nostra toscana가 천시 받는 것은 납득하기 어렵다. 나는 내가 전달하고 싶은 것을 이해하기 쉬운 방법으로 말할 수만 있다면 그것으로 족하다고 생각한다. … 나는 자신이 말하는 언어를 경시하고, 읽어도 잘 이해되지 않는 언어를 칭송하는 다른 많은 사람들에겐 동조할 수 없다.[17]

이것은 물론 "학식 있는 사람은 소수이기 때문에 모두가 이해하도록 씀으로써 소수만을 만족시키기보다 더 많은 사람을 교육시키려고 노력했다"고 했듯이, 주로 계몽적 입장에서 나온 것이었다.

그뿐만이 아니다. 알베르티는 "우리 자신의 언어는 학식 있는 사람들이 열심히 노력해 세련되고 풍요롭게 만들겠다고 결의만 한다면, 매우 힘 있는 언어가 될 것이다"고 말했다. 속어가 그 잠재 능력에서 라틴어 못지않다고 생각했던 것이다. 실제로 1450년경 그는 『토스카나어 문법Grammatica della Lingua Toscana』을 완성했다. 당시 '문법'이라고 말하면 예외 없이 라틴어 문법을 의미했다. 아니, 말하는 데 쓰는 조야한 속어에는 원래 고도의 문법적 규칙이 있을 리 없고, 게다가 속어는 일상생활 속에서 자연스럽게 몸에 익히는 것이므로 문법이 필요치 않다고 인식됐다. 알베르티의 책은 속어를 대상으로 한 최초의 문법책이었다. 유럽에서 속어 문법책으로 다음에 등장한 것이 1492년 스페인의 안토니오 드 네브리하Antonio de Nebrija의 『카스티아어 문법』이었다는 점을 생각한다면 알베르티의 시도가 얼마나 선구적이었는지를 알 수 있다. 그는 속어 자체를 학술적 기술에도 충분히 사용할 수 있는 언어로 정비할 의도를 지니고 있었던 것이다.

그리고 알베르티가 인쇄 서적에 일찌감치 주목한 사실도 그가 속어 사용을 장려한 것과 밀접히 관련돼 있다. 1466년의 『암호론De componendis cifris』에서 알베르티는 "당대에 활자 인쇄 기술을 사용해 겨우 100일 만에, 그것도 겨우 세 사람만으로, 책 한 권을 200권 이상의 제본으로 만들어낼 수 있도록 한 독일 발명가에게 우리는 커다란 찬사를 보낸다"고 썼다.[18] 이탈리아에 처음 인쇄 공방이 등장한 것은 1464년 로마에서였다. 또 피렌체를 포함해 그 밖의 이탈리아 도시에서 인쇄 공방이 출현한 것이 1469년 이후였음을 감안한다면, 인쇄 서적의 가능성에 대한 알베르티의 평가는 어쩌면 대단한 선견先見이라고 할 수 있을 것이다.

속어 사용과 인쇄 서적에 대한 알베르티의 이 같은 열린 자세에서 당시 지식이 대중에게 보급되는 것을 막으려는 지식의 비닉秘匿 체질을 타파하려는 일관된 의지를 찾아볼 수 있다.[19] 알베르티에 대해 익명의 저자 — 실제론 그 자신이 썼다고 생각되는 — 가 쓴 『위인에 관하여De iciarchia』에는 "그는 배우고 싶어 하는 타인들에게 늘 자신의 지식을 나눠 줄 용의가 있었고, 그들이 알고 싶어 하는 것을 가르쳐 주려고 했다"고 나온다. 거기엔 또 거꾸로 "그는 대장장이, 건축 기사, 배 만드는 목수, 제화공에 이르기까지 어느 누구로부터도 뭔가를 배우려 했다", "문밖을 산책하며 기분 전환을 할 때도 공방에서 일하는 직인들을 보며 시간을 보냈다"는 기록도 나온다.[20]

그러나 동시에 알베르티의 공화주의적 사상이 어디까지나 그 시대 도시국가의 지배 엘리트들의 것이었다는 점을 잊으면 곤란하다. 『건축론』에선 교회의 보살핌이 닿지 않는 시민들을 위해 공공시설이 중요하다는 점을 설파하면서, 다음과 같이 말했다.

모든 천부의 재능을 타고난 소수의 인간은 동시에 타인을 지도할 탁월한 인간이다. 이에 따라 여기에 대중 가운데 소수자를 식별하는 제일의 구분법을 밝혀 두겠다. 그 소수자에 해당하는 어떤 사람은 총명하고 통찰력 있는 천재로 평판이 자자할 것이고, 또 어떤 사람은 사물을 이용하는 데 숙련돼 있어 칭찬을 받을 터이고, 또 다른 사람은 풍부한 재력과 많은 행운으로 이름을 날릴 것이다. 국사를 맡기기에 부족함이 없는 이 탁월한 인걸들을 누가 부정할 것인가. p.97f.

그리고 여기에서 알베르티는 도시의 공공시설에 있어서 "시민계급 전체의 공용, 소수 제일급 시민용 그리고 다수의 시민용"을 구별해 건설할 것을 제언했다. p.98 그의 도시계획에선 더 이상 종교상의 문제가 중시되지 않았지만, 세속적인 지배 기구와 사회적 계층 구조는 명확히 고려돼 있었다. 따라서 알베르티가 직인의 일과 기술을 중시했다고 해도 그것이 바로 그런 일에 종사하는 직인이나 기술자 자체에 대한 평가로 이어지진 않았다. 그러기는커녕 알베르티에게 존경 받아야 할 대상은 직인보다 높은 위치에 있는 화가와 건축가로 국한됐다. 건축가에 대해선 『건축론』의 서문에 이렇게 썼다.

앞의 이야기를 진전시키기 전에 도대체 누구를 건축가로 봐야 할 것인지에 대해 설명해야 할 듯하다. 물론 나는 목수를 머리에 떠올리진 않는다. 건축가를 다른 최고 수준의 교양과 대비시키는 사람도 있는데, 사실 직인의 손은 건축가에게는 도구에 불과하다. 나는 건축가를 다음과 같은 사람으로 간주하려 한다. 즉 경탄해 마지않을 정도의 확실한 이론적 방법과 절차를 거쳐 지적·정신적으로 결정을 내리고, 그로부터 작품을 만들어내는 사람. 무엇을 만들든 중량의 이동, 물체의 결합 그리고 구조화를 통해 그 작품을 인간에게 있어서 가장 권위 있는 용도에 맞춰 헌정할 수 있는 사람, 이것이 바로 건축가다. 이를 해낼 수 있다면 그 건축가의 작업은 최선, 최고의 권위를 지닌 지식을 바탕으

로 행해진 것이다.p.5

알베르티에게는 석공이나 목수와 구별되는 지적이고 정신적인 일에 종사하는 건축가야말로 존경할 가치가 있었다. 마찬가지로 화가에 대해서도 『회화론』에 나오듯 "그림을 그리는 기술은 늘 자유로운 정신과 고귀한 영혼에 어울리는 일이다"고 했고, 그런 연유로 "회화는 자유인에 걸맞다"고도 했다.28,29 (p.36f.) 결국 알베르티가 수공예나 기술을 중시한 것은 곧 이어 등장할 지배계급으로서 부르주아 그리고 도시국가 지도자로서 지식인에게 실천적 생산에 관한 지식이 중요했기 때문이지, 직인이나 기술자 자체의 사회적 지위 향상을 목적으로 한 것은 아니었다.

알베르티의 직접적인 영향은 그와 거의 동시대에 활동하던 금속 세공사이자 건축가인 필라레테Filarete, 즉 안토니오 아베를리노 Antonio Averlino, 1400~1469에서 볼 수 있다. 필라레테는 피렌체에서 태어나 처음엔 로마에서 활약했으나 1451년부터 1465년까지 밀라노 공 프란체스코 스포르차Francesco Sforza의 초대를 받아 밀라노의 마조레Maggiore 요양원 등을 설계했다. 1461년부터 1464년에 이르기까지 역시 토스카나어로 저술된 그의 『건축론Trattato d'architettura』은 필사본으로 유통되다 20세기 들어서야 비로소 영어로 번역 출판됐다. 이 책은 속어로 쓰인 이탈리아 최초의 건축서였다. 이에 대해 기술사학자 베르트랑 질Bertrand Gille은 "필라레테는 학식이 없었기 때문에 책을 속어로 썼다"고 평가했으나, 영역자는 필라레테가 라틴어를 알았다고 기록하고 있다.[21] 회화 이론에서 알베르티에게 커다란 영향을 받고 있던 필라레테가 속어를 사용한 것은 역시

의도적이라고 봐야 마땅하다. 실제 필라레테의 이 책은 건축과 도시 계획에 대한 책이지만, 회화를 논한 제12~14권은 기본적으로 알베르티의 이론에 바탕을 두었다. 대화체로 돼 있어 유토피아적 도시 이야기와 같은 측면도 있지만, 특히 어린이들의 교육 시설을 둘러싼 대화가 흥미롭다. 그는 유토피아적 도시에서 의학과 법학, 수사학이나 작시법을 가르쳤다고 기술하면서, 이렇게 쓰고 있다.

여기서 나는 몇몇 수작업 기술이 그 기능 보유자에 의해 전수되도록 배려할 계획입니다. 따라서 다음과 같은 사람들이 반드시 필요합니다. 바로 화공, 은세공사, 대리석이나 목재 조각공, 선반공, 야금공, 자수공, 재단사, 약제사, 유리 기술자, 도예공 들입니다. 이 외에 검술이나 가창 그리고 악기의 명수도 없어선 안 됩니다.[22]

그리고 필라레테는 이 나라에선 대학들이 서지학적 교육을 시키고 있지만 "그 밖의 기술도 역시 필요하며 가치 있다"고 주장했다. 스페인 출신의 인문주의자 후안 루이스 비베스Juan Luis Vives, 1492~1540가 "상점과 공방에 틀어박힌 직인들에게 물어가며 그들의 일에 대해 자세히 배우는 것을 학생들은 부끄럽게 여기면 안 된다. 그런 일들을 이해하고 기억하는 것이 매우 중요함에도 불구하고 이전에는 교양 있는 사람들이 그를 배우는 것조차 경멸했다"고 말한 것이 1531년이었다.[23] 마찬가지로 프랑스의 라블레François Rabelais, 1494경~1553가 『가르강튀아와 팡타그뤼엘 이야기』에서 화폐 주조나 보석 가공·인쇄·염색·직물·금속 세공 등의 직인 기술에 대한 연구가 교육에서 얼마나 중요한지에 대해 언급한 것이 1534년이다.[24]

이들에 비해 필라레테의 『건축론』에 나오는 이 발언은 약 80년 앞선다. 이 점은 필라레테의 책과 관련해 지금까지 거의 주목 받지 못했다. 하지만 우리는 이 대목에서 '16세기 문화혁명'의 배경을 엿볼 수 있지 않을까.

그러나 이들 선진적 지식인들이 수작업의 중요성을 말할 때는 알베르티와 마찬가지로 어디까지나 지식인에게 그런 지식이 가치 있다고 주장한 것이었지, 직인이나 기술자 자체가 사회의 중심에 서서 지도 세력이 돼야 한다고 말한 것은 아니었다. 16세기 문화혁명은 선진적인 직인·기술자와 알베르티와 같은 소수 엘리트 지식인이라는 양 진영의 긴장감을 내포한 채 진행됐던 것이다. 하지만 17세기에 들어서는 결국 그 두 흐름이 다시 분리해 가는 것을 볼 수 있을 것이다.

| 과학서와 기술서의 도판화

알베르티는 『회화론』에서 원근법의 기초를 논할 뿐 아니라, 주요 저서인 『건축론』에선 건축의 설계도와 회화의 차이점을 다음과 같이 설명하고 있다.

화가의 화면(회화)과 건축가의 화면(설계도)은 다음과 같은 점이 다르다. 회화의 선묘線描는 평판 위에 음영 또는 선과 각의 축약에 따라 요철凹凸의 형태로 표현하고자 하는 것이다. 이와 달리 건축가는 음영 대신 요철을 기초적인 약도(평면도)에 그리고, 각 정면의 형태나 크기 또는 측면을 별개의 그림(입면도)에서 구체적인 선과 실제적인 각도에 의해 표시한다. 이는 눈에 보이는 대로의 형상을 그림으로 보여 주려는 것이 아니라, 확실하게 계산해 나온 치수를 기입하려는 화면이다.p.38

3차원 물체를 2차원 평면에 그린다는 점에선 동일하지만 회화에선 시각에 의한 왜곡을 표현하기 위해 원근법이 적용되는 데 비해, 건축의 설계도는 똑바로 위에서부터 내려다본 평면도와 정면·측면·배면의 입면도, 즉 원형을 그대로 복수의 평면에 투영한 것을 사용한다는 것이다. 이는 건축에서 설계도가 필요하다는 것을 명기한 최초의 문서다. 여기에 나오는 직교하는 세 평면에 대한 평행투영은 화법畵法기하학으로 발전하는 첫걸음이라고 볼 수 있다. 화법기하학은 제도공에서 수학자가 된 가스파르 몽주Gaspard Monge, 1746~1818가 프랑스 혁명 후 완성한다.

결국 알베르티의 이론은 협의의 원근법에 머무르지 않고 3차원의 공간과 물체를 2차원 도상으로서 평면 상에 표현하는 과학적 방법을 일반적으로 고찰한 것이었다. 이는 근대 기술과 과학에서 매우 중요한 한 걸음이었다. 그러나 알베르티는 『회화론』에 도판을 첨부하지는 않았다. 문자 문화에 속해 있던 알베르티는 기술서에서 도상 표현이 지니는 중요성을 아직 충분히 이해하지 못했다. 그 때문에 예컨대 그의 원근법에 대한 기술은 매우 불명료하고, 지금도 여러 해석이 나오고 있다.

3차원 구조물에 대한 2차원적 표현 기법은 동시대 화가와 기술자의 손에 의해 한층 진보했다. 그리고 그들은 알베르티와 달리 기술서에서 삽화가 얼마나 유용하고 중요한지 충분히 이해하고 있었다.

　브루넬레스키와 같은 세대의 인물인 타콜라Taccola는 토스카나 중부의 시에나 태생으로서 시에나의 도로와 수도 공사에 종사한 기술자로 알려져 있다. 본명은 마리아노 디 야코포Mariano di Jacopo, 1381~1450경. 상인 집안에서 태어난 그는 원래 공증인이 되기 위한 교육을 받았으나, 기술에 흠뻑 빠져 갖가지 기계 장치를 고찰·고안한 끝에 '시에나의 아르키메데스'라고 불렸다. 그 기계 장치의 많은 부분을 그는 『엔진에 대하여De ingeneis』 또는 『군사에 대하여De rebus militaribus』(일명 『기계에 대하여De mechanics』)에서 기록해 뒀다. 전자는 1420년대와 1430년대 초반, 후자는 1440년대에 쓰였다. 이 책들은 라틴어로 쓰였는데, 자필로 그린 200장 가까운 삽화가 들어 있다. 거기에 그려진 기계나 기기는 그 자체만으로도 매우 흥미롭다. 하지만 그에 대한 논의는 기술사가 베르트랑 질의 『르네상스의 공학자들Les ingénieurs de la Renaissance』에 맡기고, 여기에선 도상 표현의 기법에만 주목하기로 한다. 타콜라는 복잡한 기계 부품이 어떻게 결합해 작동하는지를 보여 주는 '분해조립도exploded view', 내부를 보여 주기 위해 외부의 일부를 잘라낸 '단면도cut-away view', 그리고 역시 내부를 보여 주기 위해 외부의 일부를 투명하게 하는 '투명도transparent view'[†]를 많이 사용하고 있다. 이들 작도 기법은 당시까지만 해도 없었거나, 아니면 직인의 세계에선 사용됐지만

[†] 'transparent view'는 공학에선 통상 '투시도'로 번역되지만 '원근법'을 의미해 '투시도법'으로 번역되는 'perspectiva'와 구별하기 위해 이 책에선 '투명도'라고 쓴다. 그러는 게 원어에 충실한 동시에 실태를 잘 나타내 준다.

일반엔 공개되지 않았던 것이다. 타콜라는 예술적 관점에선 평범한 그림쟁이였을지 몰라도 기계공학을 위한 도상 표현의 창시자 중 한 사람이 됐다.[25]

남토스카나의 지방 도시 산세폴크로의 제화 기술자의 아들로 태어난 화가 피에로 델라 프란체스카Piero della Francesca, 1410~1492는 수학자로도 알려져 있다. 조르조 바사리Giorgio Vasari, 1511~1574의 『이탈리아의 뛰어난 건축가 · 화가 · 조각가의 생애Le vite de'piu eccellenti architetti, pittori, et scultori italiani…』(이하 『화가열전』)에 의하면 피에로는 어릴 때부터 수학을 좋아했고, 15세가 넘어 그림 그리는 일에 종사한 뒤부터 독학으로 수학 공부를 계속했다고 한다. 1470년대엔 회화보다 수학에 몰두했고, 특히 1480년 이후엔 거의 수학에 전념했다. 순수한 수학적 이론가가 탁월한 화가와 양립한 괄목할 만한 사례다.[26]

피에로 델라 프란체스카는 1470년경 원근법을 수학적으로 뒷받침한 『회화에서 원근법에 관하여De prospectiva pingendi』를 펴냈다. 피에로는 시골 학교에서 초등교육을 받는 데 그쳤지만 알베르티와 친교가 있었다고 전해진다. 그러나 피에로가 '진정한 과학versa scientia'으로 생각했던 원근법의 중요성에 도달한 것은 주로 직인 화가로서 실천과 경험을 통해서였을 것이다.[27]

피에로는 "나는 이 과학(원근법)이 회화에서 얼마나 필요한지를 보여 줘야겠다고 생각한다"고 기록했다.[28] 그러나 엘리트 지식인으로서 알베르티가 쓴 『회화론』과 달리, 피에로의 책은 직인들이 쉽게 이해할 수 있도록 잘 배려하고 있다. 예를 들어 다음과 같은 표현에서 잘 나타난다.

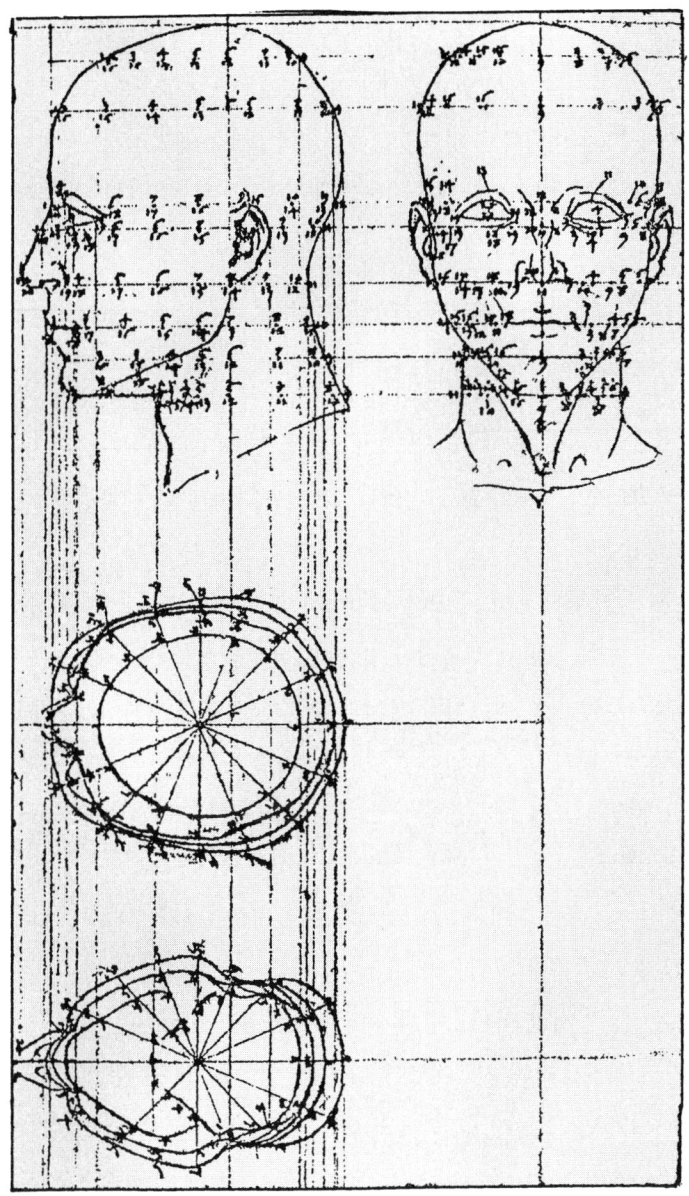

그림 1.2 피에로 델라 브란체스카의 평행사영.

점은 부분이 없는 것으로, 기하학자의 말에 따르면 상상 속의 존재다. 또 그들은 선은 폭이 없고 길이만 있다고 말한다. 이것만으로는 머릿속에서밖에 이해할 수 없으므로 나는 눈에 보이는 표현으로 원근법을 말하려 한다. 이에 따라 다른 정의를 내릴 필요가 있다. 여기서 점은 눈으로 식별할 수 있을 정도의 작은 것 그리고 선은 한 점에서부터 다른 점으로 이동하는 것으로 그 폭은 점과 같은 성질이다.[29]

그는 또 예컨대 인간의 두부와 같이 3차원 입체를 평면 또는 서로 직교하는 수직의 두 면에 직각으로 투영하는 화법기하학의 도법도 기록하고 있다.그림1.2 알베르티가 건축설계도에 제창했던 평행투영법과 동일한 것이다. 회화에 이론적 기초를 부여하려는 움직임은 고등교육을 받지 않은 직인이나 예술가로부터 생겨나고 있었던 것이다. 그리고 주목해야 할 점은 피에로 델라 프란체스카의 책에는 손으로 쓴 원고이긴 하지만 본문의 설명을 보충하기 위해 몇 개의 도판이 첨부돼 있다는 것이다. 문자 문화에서 자라난 알베르티와 달리 직인 화가인 피에로는 도상의 표현 능력과 설명 능력의 중요성을 이해하고 있었던 것이다.

같은 산세폴크로에선 피에로 델라 프란체스카보다 거의 한 세대 늦게 수학자 루카 파치올리Luca Pacioli, 1445경~1517가 태어났다. 파치올리는 소년 시절 피에로에게 수학을 배웠다고 전해진다. 또 파치올리도 알베르티와 친교가 있었다. 나중에 얘기하겠지만, 파치올리는 1495년 그 당시 수학 대사전이라고 할 수 있는 두툼한 『산술집성Summa de arithmetica, geometrica, proportioni et proportionalita』을 속어로써 인쇄본으로 출간했다. 바로 그 당시 파치올리에게 책을 속어로

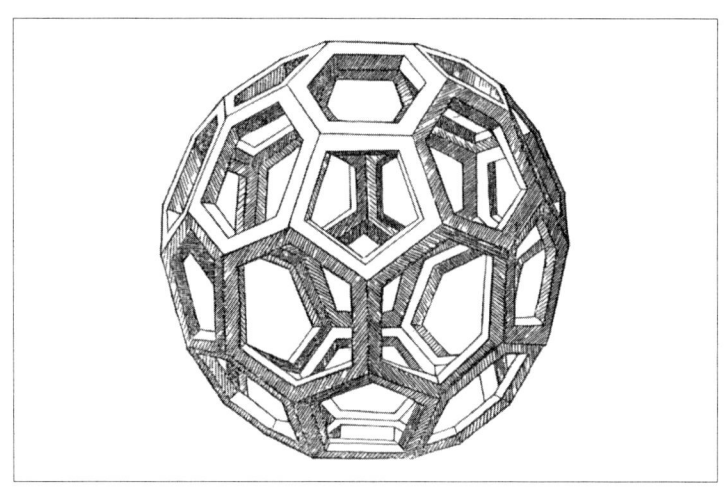

그림 1.3 루카 파치올리의 『신성한 비례』에는 레오나르도 다 빈치가 그린 다면체의 도판이 수록돼 있다.

쓰라고 권한 것도 역시 알베르티였다.[30] 마찬가지로 피에로 델라 프란체스카가 토스카나어로 원근법 서적과 『주판에 관하여De abaco』 그리고 기하학 서적인 『5개의 정다면체에 관하여De quinque corporibus regularibus』의 원고를 탈고할 수 있었던 것도 역시 알베르티가 속어 사용을 장려했던 데서 큰 영향을 받았다고 볼 수 있다. 『5개의 정다면체에 관하여』는 라틴어로 된 것만 전해 내려오지만 이는 속어로 쓰인 것을 번역한 것으로 보인다.[31]

루카 파치올리는 『신성한 비례Divina proportione』를 썼다. 바사리에 따르면 그것은 피에로의 『5개의 정다면체에 관하여』를 표절한 것이라지만,[32] 그 진위와 관계없이 그 책에는 레오나르도 다 빈치가 그린 다면체의 도판이 게재돼 있다.그림 1.3 3차원 입체로서 요철의 윤곽을 지닌 입체를 펜으로만 정교하게 묘사한 것인데, 이 기법은

71
제1장 : 예술가에서 시작되다

나중에 요하네스 케플러Johannes Kepler, 1571~1630가 사용한다.³³ 이것은 과학서의 일러스트레이션에 예술가가 관여한 최초의 사례이며, 도판이 지닌 중요성이 인식되기 시작했음을 보여 준다.

그리고 역시 시에나 출신으로 화가 공방에서 교육을 받은 조각가이자 건축가 겸 군사기술자이기도 했던 프란체스코 디 조르조Francesco di Giorgio, 1439~1502는 『일반 건축물과 군용 건축물 연구Trattato di architettura civile e militare』를 남겼다. 그가 이 책을 속어로 썼다는 사실에서도 알베르티의 영향을 찾아볼 수 있다. 프란체스코는 또 이탈리아어로 쓰인 갖가지 기계 장치 그림 수백 점을 담은 노트를 남겼다. 이것은 기계에서도, 그림 그 자체에서도 타콜라의 것보다 훨씬 뛰어나다. 그의 기계 디자인의 많은 부분이 레오나르도 다 빈치에 의해 채용됐으며, 다음 세대에도 계속 경탄의 대상이 됐다고 한다. 프란체스코 역시 기계공학과 기술에서 도상이 지닌 중요성을 잘 인식하고 있었다.³⁴

원근법과 공학적 기술을 위한 도해 기법의 개발 그리고 생물의 정밀한 묘사가 회화에서 어떤 의미가 있는지에 대해 과학사학자 파올로 로시Paolo Rossi는 이렇게 말한다. "15세기부터 17세기에 걸쳐 나타난 회화나 판화에서 자연적 세계의 정밀 묘사는 기술記述 과학에 대해, 17세기의 망원경과 현미경의 발명이 천문학과 생명과학에 대해 지닌 것과 같은 수준의 중요성을 지니고 있다."³⁵ 분명 그렇긴 하지만, 과학서와 기술서에서 정밀하고 정확한 도상이 그 진정한 힘을 발휘하게 된 것은 인쇄 서적의 삽화로 사용되고 난 다음부터였다. 프란체스코 디 조르조는 인쇄술이 이미 발명돼 있었음에도 불구하고 그 힘을 이해하지 못했다. 이탈리아에선 판화 인쇄 기술이 아직 그다지 진보하지 못했던 듯하다. 그리고 수고본手稿本에 기록된 기계에 관한 그의 아이디어는 레오나르도 다 빈치를 포함해 많은 화가와 직인에 의해 표절되기에 이르렀다.[36]

수고본의 문제점은 표절에만 그치는 게 아니다. 기술사가인 유진 퍼거슨Eugene S. Ferguson의 저서 『기술자들의 심안Engineering and the Minds Eye』에는 1470년경 프란체스코가 직접 제작한 몇 장의 기계 도판과 1540년경 시에나의 화가가 이를 모사한 것이 비교돼 있다.[37] 이를 보면 손으로 베낀 모사는 원화와 조금씩 차이가 있기 때문에 모사본에 나온 기계는 정상적으로 작동하지 않을 것이라는 사실을 쉽게 알 수 있다. 손으로 베껴 쓴 책(수사본)은 복사할 때마다 오류가 뒤섞이고 만다는 결함이 있는데, 이는 문자 정보의 경우와 달리 도상 정보에선 치명적이다. 알베르티·피에로의 투시도법(원근법)과 타콜라·프란체스코의 기계공학용 정밀 도법은 목판화나 동판화로 삽도를 제작하는 인쇄 서적이 등장해, 원화와 한 치도 어긋나지 않는 복제품을 대량 생산할 수 있게 된 다음에서야 비로소 그 진정한 위력을 발휘하게 된다. 이것이 이뤄진 때가 15세기 말이었다. 이는 16세기 이후 과학과 기술이 급속히 발전할 수 있었던 배경의 하나가 된다.

요한네스 비아토르Johannes Viator로 더 잘 알려진 프랑스인 장 펠르랭Jian Pélerin, 1440경~1524이 1505년 투르에서 『인위적 투시도법De artificiali perspectiva』†을 출판하는데, 이는 원근법 이론을 주제로 한 최초의 인쇄 서적이었다. 라틴어판과 프랑스어판이 있으나, 프랑스어판 모두에 "완성된 책을 보고 성직자가 아닌 사람도 내용을 이해할 수 있도록 속어로 번역하는 게 바람직하다고 말하는 사람이 있었다"³⁸고 돼 있는 점으로 미뤄 먼저 라틴어로 쓴 뒤 곧장 프랑스어로 번역한 듯하다. 저자인 비아토르에 대해선 루이 11세의 비서였다든가, 노트르담 수도원의 원장이었다든가 하는 점을 제외하면 상세한 내용이 전해지지 않는다. 이탈리아에서 발전하고 있던 원근법 이론을 그가 어디서 습득했는지도 분명치 않다. 본문에서는 "투시도법의 중심이 되는 점(소실점)은 눈높이에 있어야 한다"³⁹고 명기돼 있다. 이를 명확히 지적했다는 것은 비아토르의 책이 최초인 것으로 알려져 있다. 수많은 목판화 도판을 첨부한 이 책은 1508년 슈트라스부르크(지금의 프랑스령 스트라스부르)에서 해적판이, 그리고 1509년에는 투르에서 제2판이, 뉘른베르크에선 독일어로 출판됐다. 그 뒤에도 1521년과 1635년 중판을 거듭해 16세기에 원근법 이론의 보급과 완성에 크게 기여한다. 이 책에도 그의 도판을 두 장 싣는다.그림1.4 오른쪽의 마차 그림은 분해조립도, 왼쪽의 실내도는 건물의 투명도다. 투명도 바로 밑의 포장석 그림에는 돌의 세로선이 확실하게 한 점(소실점)에 수렴하고, 돌의 대각선도 직선을 이루면서 한 점(거리점)에 수렴하도록 묘사돼 있다.

뉴욕 메트로폴리탄 박물관의 학예원 윌리엄 아이빈스William Ivins는 "1505년에 비아토르는 … 투시도법에 대한 삽화가 딸린 최초의 인쇄 서적을 출판했다. … 공간의 표현 문제가 처음으로 해결됐던

---

† 중세에 'perspectiva'는 '광학·시각 이론'을 의미했다. 르네상스기가 되자 시각을 2차원 평면 상에 재현하는 방법으로서 '투시도법(원근법)'을 가리키는 말로도 쓰였다. 그 뒤부터 '광학'을 나타내는 '자연시각이론perspectiva naturalis'과 구별해 '원근법'을 나타내기 위한 '인위적 투시도법perspectiva artificialis' 또는 '화가의 투시도법 perspectiva pingendi'이라는 말이 사용됐다.

그림 1.4 요하네스 비아토르의 『인위적 투시도법』(1505).

것이다. 이 책으로써 우리는 구시대를 확실히 벗어나 근대에 도달했음을 알 수 있다"[40]고 썼다. 원근법 이론에 대한 이 같은 평가는 참작하기에 조금 지나친 면이 없지 않다. 하지만 그것이 인쇄 서적으로 출판됐다는 점은 분명히 시대의 한 획을 그었다고 말해도 좋을 것이다.

레오나르도 다 빈치

르네상스기의 과학과 기술을 논할 때, 역시 레오나르도 다 빈치를 피해 갈 수는 없다. 이미 다 알려지긴 했지만 투시도법에서 기계공학 그리고 수학·물리학에서부터 해부학·지질학에 이르기까지 다방면에 걸친 그의 관심은 분명 경탄의 대상이 될 만하다. 그러나 그가 남긴 것은 유명한 〈모나리자〉를 포함해 그리 많지 않은 회화 작품 이외엔 방대한 양의 — 현재 남아 있는 것만 수천 매로 실제로는 그 두 배 정도가 이미 소실됐다고 추산된다 — 소묘와 비망록과 같은 메모뿐이다. 이들 육필 원고류는 매우 가까운 지인이 열람한 것 외에는 동시대인에게 알려지지 않았다. 그나마 속어(토스카나어)라고는 해도 좌우를 반전시킨 독특한 문자를 사용해 오른쪽부터 왼쪽으로 쓰인 괴상한 문서들이라서 동시대의 이탈리아인이라 해도 간단히 읽을 수 있는 물건이 아니었다.

다 빈치의 수고手稿의 극히 일부가 처음 공표된 것은 그의 유산을 상속한 프란체스코 멜치Francesco Melci가 16세기 중반, 그 방대한 분량 가운데 회화에 관한 초고들을 선별해 『회화론』으로 엮어 냈을 때였다. 그러나 그 초고 자체가 미완성 수고본이었고, 널리 읽혔던 흔적은 보이지 않는다. 『회화론』이 최초로 활자 인쇄로 출판된 것은 그로부터 1세기 뒤인 1651년이었는데, 이때는 축약본으로 나왔다. 그리고 1570년 멜치가 죽은 직후부터 다 빈치의 수고들은 사방으로 흩어지기 시작해 서유럽 각지의 왕족·귀족의 서고에서 사장되기에 이른다. 이 때문에 다 빈치는 생전부터 유명하긴 했지만 그가 행했던 과학과 기술의 연구가 동시대에 미친 영향은 제한됐던 것이다.

레오나르도 다 빈치가 남긴 문서들이 조금씩 밝혀진 것은 한참 뒤의 일이었으며, 그에 대한 본격적인 연구는 20세기 들어서야 시작됐다. 이 과정에서 한편으로 그의 자연 연구가 경탄할 정도로 폭넓게 이뤄졌다는 게 밝혀졌다. 그와 동시에 많은 부분이, 말하자면 호기심 닿는 대로 손댄 개별적 관찰이나 그때그때 퍼뜩 생각난 것을 급히 휘갈겨 써 둔 것에 불과하다는 점이 드러났다. 즉 체계화나 종합화를 하려는 의사가 무척 희박했다는 것이다. 게다가 그가 역학과 수학 분야에선 반드시 독창적 사상가라고 할 수 없다는 점, 다시 말해 그가 남긴 것 모두가 전부 그의 독창적인 사색의 결과는 아니었다는 사실도 현재 판명돼 있다. 역학에 대해 남긴 메모의 많은 부분은 고대 아르키메데스부터 중세 말기 파리의 학자들에 이르기까지의 이론을 학습하는 과정에서 쓴 노트와 같은 것이다. 여기에서 그가 14세기 파리 대학 그리고 같은 시대 북이탈리아 대학의 아리스토텔레스주의로부터도 영향을 받고 있었음을 알 수 있다.[41] 그뿐 아니라 몇몇 날카로운 경우 가운데는 자신이 읽은 책 가운데 마음에 드는 부분을 그대로 기입한 데 불과한 것도 있으며, 또 기계류나 요새 건축 스케치의 많은 부분도 동시대인에게 잘 알려져 있던 타콜라나 프란체스코 디 조르조 등에게서 차용한 것이었던 듯하다. "순수하게 예술적인 측면과 … 건축의 두세 부분을 제외하면 다 빈치의 (기술)연구에는 독창성이 거의 보이지 않는다"는 것이다.[42] 어쨌든 이 수고류에 대해서는 지금도 세계적으로 수많은 논문과 연구 서적이 새롭게 간행되고 있다. 여기에 비전문가가 끼어들 여지는 전혀 없어 보인다.

 그런 이유로 여기선 다 빈치의 과학 연구를 하나하나 검토·음미하는 작업에 발을 들여놓지는 않겠다. 오히려 이탈리아 르네상스에 있어서 당시까지 직인이었던 예술가가 새로운 과학의 주도자로 변신해 새로운 과학을 제창해 나아가는 과정에서 다 빈치가 어떤 위치를 점하고 있었는지 살펴보도록 하자.

앞서 보았듯이, 사후에 편집된 것이긴 하지만 다 빈치도 『회화론Libro di pittura』⁴³을 남겼다. 그 『회화론』에서 주목해야 할 것은 '회화의 과학scienza della pittura'이라는 말이 빈번하게 나오지만 '회화의 기법arte della pittura'이라는 말은 사용되지 않았다는 점이다.⁴⁴ 게다가 "음악을 자유학예에 포함시킨 이상, 회화도 당연히 그에 포함시켜야 한다"고도 기술돼 있다.McM. 26 다 빈치는 또한 회화를 단순히 직인의 기술arte이 아니라 정신적 활동을 요구하는 학문scienza으로 예우해 줘야 한다고 생각하고 있었다.

그러나 다 빈치는 알베르티와 달리 회화나 조각, 금속 세공 공예품을 제작하던, 피렌체의 안드레아 베로키오Andrea Verrocchio 1435~1488의 공방에서 잔뼈가 굵은 직인이었다. 다 빈치는 한 사람 몫을 하는 화가가 된 뒤, 1482년부터 1499년까지 17년간 밀라노의 로도비코 스포르차Lodovico Sforza 밑에서 일했다. 30세의 다 빈치가 밀라노에 '취직'을 하면서 로도비코에게 보낸 자기소개서에는 자신의 '세일즈 포인트'로 10개 항목을 들고 있다. 그 모두가 기술자로서 능력과 발명의 재능이었고, 회화나 조각은 말미에 첨부하는 정도로 기입한 데 불과했다.⁴⁵ 1502년 그가 체사레 보르자Cesare Borgia, 1475/76경~1507 밑에서 일했던 것도 군사기술자로서였다. 그는 화가·예술가라기보다 직인·기술자였다. 그런 까닭에 과학 자체를 경험주의적인 직인의 눈으로 봤다. 아니, 그보다 원래 레오나르도 다 빈치는 그 정도로 엄밀한 과학도, 체계적인 이론도 갖추지 못하고 있었다. 이 점에서 알베르티와 마찬가지로 이론을 존중하자고 주장했지만 그 스탠스는 결정적으로 다르다.

예를 들어 다 빈치는 『파리수고』[46]에서 이렇게 썼다. "학문도 없이 실천에 열중하는 사람은 키도 나침반도 없는 배에 올라탄 선장과 같아서 어디로 갈지 전혀 알 수가 없다. 실천은 늘 좋은 이론의 토대 위에서 이뤄져야 한다. 원근법은 그를 인도하는 입구다. 회화의 경우 이것 없이 무엇 하나 훌륭하게 제작할 수 없다."G. 8r 다 빈치도 알베르티의 사실적 회화 이론을 답습해 투시도법(원근법)을 회화의 이론적 기초로 삼았다. 그뿐 아니라 『회화론』에선 "회화는 3개의 과학(기하학·수학·천문학)에 복속하는 것이 아니라 역으로 회화가 세 가지 과학에 작용한다"고까지 말했다.McM, 33 그러나 실제로 그의 논의는 그리 수학적이지도 논증적이지도 못했다.

원근법에 대해 말하자면, 레오나르도 다 빈치는 원근 감각을 화면 상에 표현하는 수법이라는 넓은 의미로 파악하고 있다. 그는 『파리수고』에서 다음과 같이 기록했다. "원근법은 3개의 중요 부분으로 나뉜다. 첫째는 여러 거리에 있어서 생겨나는 물체의 양의 감소에 대한 것이다. 둘째는 그 물체의 색의 감속을 논하는 것이다. 셋째는 여러 거리에 있어서 물체의 형태와 윤곽의 정보의 감소에 대한 것이다."G. 53v, Cf. E. 80v 그 첫째는 멀리 떨어진 물체는 작게 보인다는, 알베르티나 피에로 또는 비아토르가 기하학적으로 논한 이른바 '선원근법(축소원근법)'이다. 하지만 다 빈치는 (적어도 남아 있는 수고에선) 선행 연구자들과 같이 기하학적으로 치밀한 논의에 이르지 못하고 있다. 이에 비해 그의 독창성은 제2, 제3 원근법의 제창에 있다. 실제 멀리 떨어진 물체는 색채의 콘트라스트가 빛을 바래 윤곽도 희미해진다는 제2와 제3의 원근법은 그가 창안해낸 것이다. '공기원근법'이라고 총칭되는 이 두 가지 원근법은 공기의 층을 통해 물체를 바라본 결과라고는 하지만, 오직 감각적으로 파악된 것이며 그 이상의 것은 아니다. 다 빈치가 의존했던 것은 논리적·수학적으로만 파악할 수 없는 자기 자신의 감각적 경험이었다.

이 점에 관련해 예를 들어 『회화론』에서 다음과 같은 대목을 찾을 수 있다.

> 소묘를 하는 사람이 효과적으로 제대로 배우고 싶다면 소묘를 할 때 시간을 들이는 게 좋다. 밝은 것 가운데 더욱 밝은 것은 무엇이고 그것이 어느 정도 있는지를 식별하고, 마찬가지로 그림자 가운데 어떤 것이 다른 것보다 더 어두운지, 어떻게 서로 뒤섞여 있는지를 파악해 그림자의 양을 관찰하고 비교해야 한다. 윤곽에 대해 말하자면, 그것이 어느 방향을 향하고 있는지, 선은 어느 쪽으로 휘어져 있는지, 그게 선명한지 어떤지, 굵직한지 가느다란지에 주의해야 한다. 마지막으로 그림자와 빛이 서로 맞부딪치는 게 아니라 오히려 연기처럼 하나가 되는 현상을 보길 바란다.McM, 63

실제 그는 빛과 그림자의 교차를 둘러싼 정교한 관찰을 여러 군데에서 전개하고 있다.[47] 현실적으로도 〈모나리자〉로 대표되는 그의 회화의 특색은 음영의 절묘한 구사를 통한 탁월한 입체감과 물질감의 표현에 있다. 이처럼 관찰을 중시하는 그의 자세는 회화에서뿐만 아니라 그의 자연 연구 일반에서도 일관성 있게 지켜진다. 그의 실증적이고 경험주의적 연구 스타일은 바로 거기에서부터 나온다.

앞으로 나아가기 전에 몇몇 경험의 예를 들기로 하겠다. 내 의도는 우선 경험의 결과를 따르고, 그다음에 왜 그 경험이 그런 식으로밖에 나오지 않는가를 이법理法에 따라 증명하는 데 있기 때문이다. 이것이야말로 여러 형태의 자연현상을 관측하는 사람들이 취해야 할 진정한 규칙이다. 자연은 이법에서 시작해 경험으로 끝나지만, 우리는 그 역으로 거슬러 올라갈 필요가 있다. 즉 경험에서 시작해 그에 따라 이법을 탐구하지 않으면 안 된다.E,55r

이렇게 해서 레오나르도 다 빈치는 회화를 기술에서 학문으로 승화시키려고 노력하는 가운데 귀납적인 자연 연구 방법을 제시할 수 있었다. 그러나 그는 어디까지나 손을 움직이는 직인이자 기술자였다. 그러므로 경험이라고 해도 그의 경우에는 수동적인 게 아니라 손과 도구를 사용한 계획적 실험과 정량적 측정을 염두에 둔 것이다. 그 점에서 다 빈치는 아리스토텔레스 자연학을 뛰어넘는 근대의 정량적이고 실증적인 자연 연구를 제시했던 셈이다.

앞서 말했듯, 자연 연구에 관한 레오나르도 다 빈치의 수고가 어디부터 그의 독창성에서 기인하는지에 대해서는 잘 알려지지 않은 부분도 있다. 그러나 현재 재료역학이나 구조역학이라고 불리는 건축 구조물의 강도에 대한 실증적 연구나 유체역학에 대한 실험과 관찰 기록은 토목공학자·수리공학자로서 레오나르도 다 빈치 본인의 것으로 생각된다. 재료역학에 대해선 "2브라치오(braccio, 길이의 단위)의 막대가 10리브라(Libra, 무게의 단위)를 지탱할 때, 같은 굵기의 1브라치오의 막대는 20리브라를 지탱할 것이다"A. 49r며 기둥의 강도가 길이에 반비례한다는 정량적 법칙을 기술하고 있다. 또 인장력에 대한 침금의 강도를 정량적으로 측정하는 장치도 그가 고안한 것이다. 유체역학에 대해서도 착색한 물을 수조에 흘려보내는 실험을 했다거나, 유리판을 깔아 두고 수류를 관찰했다는 기록 등이 있다. 소박하지만 계획적인 실험과 목적의식이 있는 정량적 측정을 하고 있었다는 것은 괄목할 만하다. 그리고 버팀목의 강도 측정에 대한 논의에선 "두 개의 사례로부터 일반적 법칙을 도출하기 전에 같은 실험을 두세 번 시도해 동일한 결과가 나오는지 여부를 관찰하는 게 좋다"며 반복 실험의 의미에 대해서도 언급하고 있다.A. 47r 적극적으로 실험을 통해 문제를 해결하려는 그 같은 직인 기질적인 자세는, 시모무라 도라타로가 말했듯 피렌체 공방의 교육 덕택이라 할 수 있을 것이다.[48]

그리고 관찰 기록에 곁들인 수류 그림이나 소용돌이 스케치는 레오나르도 다 빈치의 데생 실력만이 아니라 그의 예리한 관찰력을 잘 보여 준다. 실제로 자연에 대한 그의 관찰력은 탁월했다. 예를 들어 푸른 하늘이란 우주공간의 암흑과 같은 어둠을 배경으로 태양광이 공기 중의 입자에 난반사돼 일어난 산란 현상이라는 사실을 처음 지적한 것은 다 빈치였다. 이에 대해 그는 다음과 같이 잇고 있다.

> 공기가 푸르게 보이는 것은 배경이 어둡기 때문이라는 것을 증명하기 위해 다음의 실험을 할 수 있다. 건조한 나무토막 몇 개에서 연기를 일으켜 태양광에 닿게 한다. 연기가 피어오르는 뒤편에는 태양 광선이 닿지 않도록 검은색 벨벳 천을 쳐 둔다. 그러면 눈과 벨벳 사이에 있는 연기는 깜짝 놀랄 만큼 아름다운 청색으로 보일 것이다. 그러나 검은

색 벨벳 대신 흰색 천을 쳐 놓으면 연기는 회색으로 보인다. 증류수의 경우도 검은색을 배경으로 미립자 형태의 부드러운 증기로 피어올라 태양광에 닿게 하면 청색으로 보인다. 이것으로 공기의 청색은 그 위 또는 그 뒤편에 있는 검은색 어둠에 의해 생겨나는 것임이 증명된다.[49]

태양과 빛의 관찰만으로 이런 결론을 이끌어내고, 이 같은 실험을 고안한 것은 정말 눈이 휘둥그레질 만한 일이다. 기계공학자로서 레오나르도 다 빈치의 독창성에 대해 야박하게 평가하는 베르트랑 질도 관찰력만큼은 아무런 이의 없이 인정해 주고 있다.[50] 이처럼 그의 주장이 빛을 발하게 된 것은 타인의 추종을 불허하는 탁월한 관찰력과 천재적 데생력 그리고 고대의 권위에 기대거나 복잡한 논증에 호소하기에 앞서 손을 움직여 문제 해결을 위한 장치를 제작해 실험하려는 장인 기질 덕분이었다. 그 최대의 성과를 그의 해부학 연구에서 찾아볼 수 있지만, 이는 제3장에서 다루기로 하자. 여기에선 그의 데생력의 사례로서 톱니바퀴를 조합한 윈치 winch, 권양기捲揚機라고도 함. 원통형의 드럼에 줄을 감고 도르래의 원리를 이용해 물건을 들어 올리도록 고안된 기계_역주 그림과 골격도를 싣는다.그림1.5, 1.6 윈치 그림은 타콜라가 창안한 분해조립도인데, 알파벳으로 각 부위에 대한 지시문이 표시돼 있다. 골격도는 피에로 델라 프란체스카가 고안한 직교하는 세 평면에 인체 골격이 평행으로 투영돼 있는 그림이다.

레오나르도 다 빈치는 그 같은 관찰과 고찰을 수많은 메모로 남겼지만 그것들을 정리해 종합적 형식의 논문이나 책으로 완성시킨 적은 없다. 원래 다 빈치는 개개의 관찰력에선 무척 뛰어났지만, 많은 다 빈치 연구자가 입을 모아 지적하듯이 이를 일반화하고 정

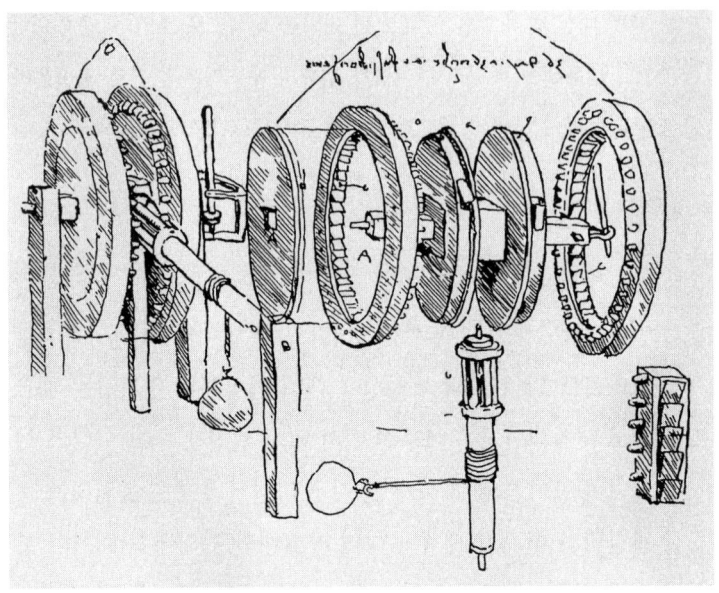

그림 1.5 레오나르도 다 빈치의 스케치. 톱니바퀴를 이용한 윈치의 분해조립도.

식화하는 능력과 정열은 결정적으로 결여돼 있었다.[51]

이와 함께 "그는 자신의 발견을 다른 사람에게 전달해 설명하는 것에 대해 아무런 뜻이 없었다"는 파올로 로시의 지적도 정곡을 찌른다.[52] 그의 원고는 앞뒤가 뒤집힌 기괴한 모양의 문자로 쓰여 있을 뿐 아니라, 그가 사용한 용어도 애매한 데다 기호도 본인밖에는 알 수 없는 게 많다. 다른 사람과의 커뮤니케이션이나 불특정 다수를 상대로 한 내용 공개는 대체로 염두에 두지 않은 듯하다. 또한 다 빈치는 당시 등장한 지 얼마 되지 않은 인쇄술의 잠재 능력을 이해하지 못했다.† 아니, "활자와 인쇄를 완전히 바보 취급했다."[53]

미술 직인으로서 새로운 과학의 존재 양식을 모색했던 레오나르

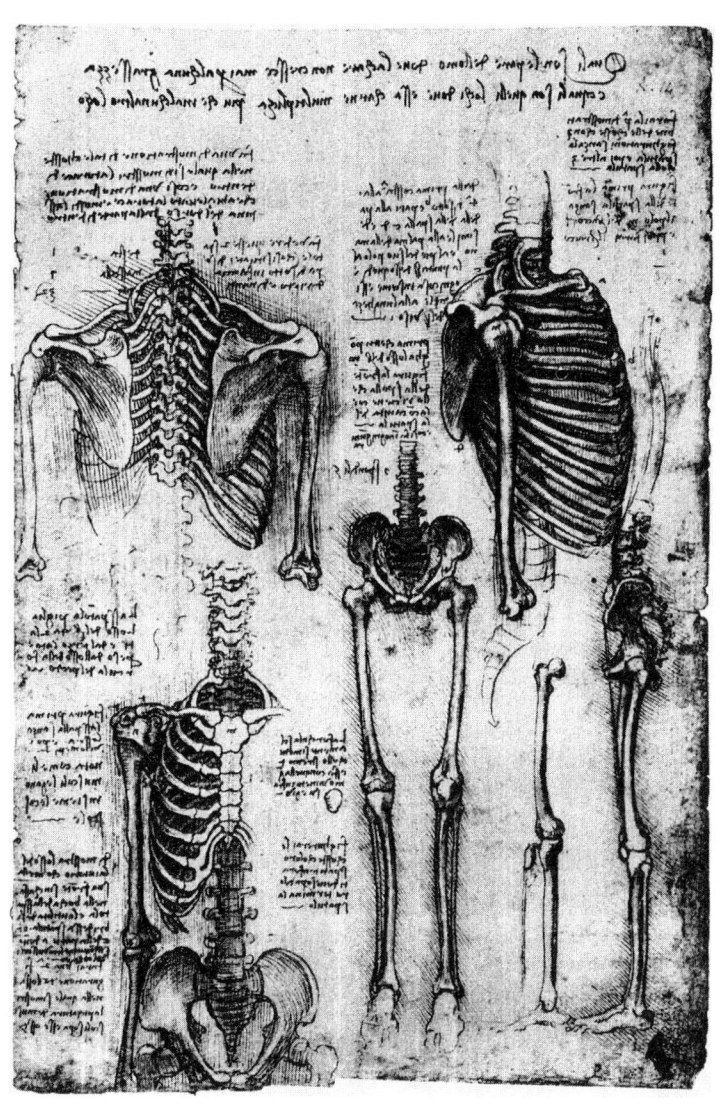

그림 1.6 레오나르도 다 빈치의 골격도.

도 다 빈치이지만 스스로의 사색과 연구 성과를 공표하려는 의지와 열의는 겸비하지 못했다고 할 수밖에 없다. 여러 곳에서 "레오나르도의 연구는 자신을 위해서만 이뤄졌을 뿐, 널리 동시대인을 계몽시키려는 목적은 없었다"는 것을 알 수 있다.[57]

게다가 회화가 과학이라고 믿은 그는 한편으론 "화가는 보편적이기 위해 노력하지 않으면 안 된다"고 쓰고[G.5v], 나아가 "소묘하기를 원하고 좋아하는 사람은 많지만 그 소질이 있는 사람은 적다"고도 말해[G.25r] 화가를 엘리트로 인식하고 있었음을 알 수 있다. 결국 다 빈치도 뛰어난 예술가로서 밀라노 군주나 프랑스 국왕에게 초대를 받음으로써 개인적으로 사회적 신분상승을 실현한 셈이다. 그러나 그가 직인 계층의 총체적 지위 향상을 생각하고 있었던 것은 아니었다. 그런 점에서 그는 16세기 문화혁명의 바로 한 발짝

---

† 시모무라 도라타로는 『르네상스 연구』에서 레오나르도 다 빈치가 서양 인쇄술의 등장과 거의 같은 시기에 태어났음에도 불구하고 "스스로 엔지니어이자 갖가지 기계와 부품에 관심을 지녔던 다 빈치가 거의 전무하다 싶을 만큼 인쇄술에 관심을 보인 흔적이 없다"고 지적했다. 그런 점에서 "인쇄술의 의의를 등한시한 것은 다 빈치 자신의 적극적 의지였고 거부이기도 하다"고 결론짓는다.[54] 실은 그의 유고 가운데 당시 한 장씩 수동으로 세팅하도록 돼 있던 인쇄기를 자동 세팅 방식으로 개조한 게 아닌가 생각되는 기계의 스케치가 발견됐다.[55] 그런데 다 빈치는 1482년부터 20년 가까이 30~40대의 거의 대부분을 밀라노에서 지내고 있었다. 그 밀라노에 인쇄 공방이 생긴 것이 1471~1472년이며, 이미 1480년대 이탈리아는 독일과 어깨를 나란히 하는 인쇄 선진국이었다. 또 1480~1482년의 도시별 인쇄물 제작 건수는 베네치아가 156점으로 가장 많았고, 이어 밀라노 82점, 아우크스부르크 67점의 순이었다.[56] 즉 그가 인생에서 가장 활동적인 시대를 보냈던 밀라노는 유럽 전체로 봐도 유수의 인쇄 도시였다. 이를 고려한다면, 타고난 기계 마니아였던 다 빈치가 인쇄술에 대해 제로까지는 아니지만 겨우 이 정도밖에 메모를 남기지 않았다는 것은 역시 인쇄 서적에 대한 무관심을 보여 주는 것이라고 할 수 있다. 그의 인쇄기 스케치는 인쇄 그 자체에 흥미가 있어서라기보다는 다른 곳에서도 볼 수 있듯 단순히 기계 취미의 한 사례인 듯하다.

앞에서 걸음을 멈췄던 셈이다. 그 다 빈치의 한계를 초월한 사람이 독일의 화가 뒤러였다.

| 알브레히트 뒤러

이탈리아 르네상스에서 발전된 회화 이론을 알프스 이북으로 전파한 인물, 직인에게 과학 교육의 기회를 주려 했던 인물, 나아가 직인의 작업에 대한 세간의 평판을 향상시키기 위해 집필 활동에 몰두한 인물, 이를 통해 결과적으로 이탈리아 르네상스를 뛰어넘은 인물. 바로 알브레히트 뒤러Albrecht Dürer, 1471~1528를 가리킨다.

15세기 말부터 16세기 전반에 걸쳐 독일을 대표하는 화가 뒤러는 남부 독일 최대의 제국 도시 뉘른베르크에서 금세공 직인의 아들로 태어났다. 당초 부친을 따라 금속 세공을 배웠으나 열다섯 살 때 회화에 빠져 그 지역의 화가 미카엘 볼게무트Michael Wohlgemuth, 1434~1519의 공방에 제자로 들어가 3년간 도제 수업을 받았다. 그 뒤에도 바젤, 슈투트가르트 등의 도시에서 실력을 한층 닦았다. 그는 뉘른베르크에서 화가로 일하면서 목판화·동판화·소묘를 포함한 방대한 양의 작품을 남기고 1528년 세상을 떠났다. 뒤러가 미술사에서 이탈리아 르네상스에 눈을 떠 북구 르네상스의 단초를 제공한 것이나 목판화를 예술의 경지로 승화시킨 것은 특필할 만한 일이다.

뒤러는 물론 종교적 주제의 회화를 몇 점인가 그렸으나, 그 외에는 수많은 초상화와 더불어 화면에 인물이 전혀 나오지 않는 '순수 풍경화'를 그렸다. 레오나르도 다 빈치의 소묘를 제외하면 뒤러가 1490년대에 묘사한 풍경화는 유럽 미술사상 최초의 풍경화로 일컬어진다. 또한 '예술 이념의 근본적 전환'으로 이어지는 '역사적 사건'이었다.[58] 인물이 나오지 않는 풍경화의 등장은 미술이 종교에 대한 종속에서 해방되는 첫걸음이었다. 그와 동시에 자연을 인간으로부터 독립된 객관적 세계로 바라보려는 인식의 탄생을 의미했다. 나아가 이것은 인간이 내부 중심에 서 있는 세계에서 인간이 밖에서 조망하는 세계로의 의식 전환, 즉 세계관의 전환으로 연결돼 갔다. 실제 뒤러는 1515년 수학자와 협력해 세계지도와 천구도를 제작해, 학술 문헌 발전에 기여하기도 했다.(제7장 참조) 뒤러의 세계지도는 지도라기보다는 구체球體로서 지구를 문자 그대로 지구 밖의 한 점에서 바라보며 사생한 지구도다. 그림7.4 또 뒤러는 식물화나 동물화를 그렸는데, 이들은 16세기 중기에 등장하는 식물학과 동물학 서적의 정밀한 삽화의 선구가 됐다.

그러나 뒤러는 단순히 그림을 그리기만 하는 화가는 아니었다. "투시도법의 면에서 이탈리아인을 매우 칭찬하고 싶다"[59]고 말한 그는 두 차례에 걸친 이탈리아 여행에서 이탈리아 회화 이론에 커다란 영향을 받는다. 또한 회화가 합리적이고 과학적인 이론에 바탕을 둬야 한다고 확신하고 회화를 위한 이론을 추구했다. 그의 유고 『회화론 Die Lehrbuch der Malerei』의 초고에는 "인간은 생래적으로 일체의 올바른 진리를 터득하기 위해 많은 것을 알아보려는 성향을 지니고 있다"고 기록돼 있다.[60] 왕성한 향상심을 지닌 그는 예술에서 학문 세계로 월경을 시도했던 것이다.

뒤러는 1525년 독일어로 『측정을 위한 지침Underweysung der Messung mit den Zirkel und Richtscheit』을 출간한다. 그 헌사는 다음과 같은 문구로 시작한다. "지금까지 우리 독일에선 많은 유능한 젊은이가 기초를 제대로 알지 못한 채 그저 일상적인 습관 속에서 몸에 익힌 회화 기교에 따라 작업해 왔다. 그들은, … 가지치기가 되지 않은 야생의 나무처럼 무지 속에서 자라, 능숙하긴 하지만 아무 생각 없이, 게다가 자기 좋은 대로 작품을 만들고 있다."[61] 마찬가지로 사후에 출판된 유고인 『인체균형론Vier Bücher von Menschlicher proportion』의 헌사에는 "독일 화가들에겐 측정의 이론이나 투시도법 및 기타 유사한 사항에 대해 예전부터 결함이 발견된다"고 썼다. 『회화론』의 초고에도 "오늘날 독일이란 나라를 보면, 대형 작품을 여러 개 만들어야 하는 몇몇 화가들에게도 진정한 회화 이론이 크게 결여돼 있음을 나는 인정한다"고 기술하고 있다.[62] 이는 아직도 중세 고딕미술의 영향에 질질 끌려다니던 독일 미술의 전통적 도제 교육에 대한 통렬한 비판과 반성이다. 이미 회화를 학예 수준으로 승화시킨 이탈리아 예술과 대조적으로 후진성에서 벗어나지 못하고 있던 독일 회화에 대한 현실 인식이야말로 뒤러가 이론 연구에 몰두하게 된 내면적 동기였을 것이다.

화가의 지위에 있어서도 당시 독일이나 네덜란드는 이탈리아에 비해 상당한 차이가 있었다. 이탈리아에선 14~15세기에 몇몇 천재적 화가가 등장한 덕분에 이미 일부 화가는 '예술가'로서 나름대로 사회적 지위에 이르고 있었다. 뒤러가 이탈리아를 방문했을 시절엔 경제력을 과시하는 도시국가나 벼락부자가 된 전제군주가 그런 예술가들을 초빙해 거느리고 있었다. 그러나 북유럽에서 화가는 여전히 '자영 직인'이었다. 뒤러는 두 번째로 이탈리아를 여행하던 중인 1506년 베네치아에서 "이곳에서 나는 신사지만, 고향에 돌아가면 기생적 존재일세Hier bin ich ein Herr, doheim ein Schmarotzer"라며 독일에 있는 친구에게 편지를 보냈다.[63] 실제 그의 아내는 시장에서 그의 작품을 팔아 생계를 꾸리고 있었다. 즉 뒤러는 자영 소매업자였던 것이다. 1520년부터 이듬해에 걸쳐 황제 카를 5세에게 연금을 계속 받게 해 달라고 청원하기 위해 네덜란드에 갔을 때에도 작품을 대량으로 갖고 가 직접 판매하는 데 열을 올렸다. 그의 『네덜란드 여행기Tagebuch der Reise in die Niederlande』에는 세세한 여행 경비에 이르기까지 금전 출납이 명확히 기록돼 있어, 그가 그림을 얼마나 파느냐에 온통 관심을 쏟고 있었음을 알 수 있다. 여행이 끝날 무렵 "네덜란드 체재 중 나는 모든 제작, 지불, 판매, 기타 거래 … 에서 손실을 입었다"[64]고 기록한 그의 일기는 꿈꾸는 예술가의 감상록이라기보다 꼼꼼한 상인의 비망록이었다. 밀라노 군주나 프랑스 국왕에게 생활을 보장 받으며 얼마 안 되는 작품을 그려냈던 레오나르도 다 빈치와는 전혀 달랐다.

뒤러가 집필 생활에 힘을 기울여 독일 회화에 이론적 기초를 제공하면서, 이를 학예의 수준으로 승화시키려고 분투하고 노력했던 배경에는 이탈리아 예술가들에 대한 동경과 선망이 있었다. 그러나 그보다 앞선 이탈리아 화가들과의 결정적 차이는 뒤러가 자신의 이론을 속어로 집필했을 뿐 아니라 이를 인쇄 서적으로서 출판해 널리 일반에 전파시켰다는 점이다.

피렌체의 산타 마리아 피오레S. Maria Fiore 성당이 완성된 것은 15세기였지만 당초 성당의 돔 건설은 기술적으로 불가능하지 않을까 생각됐다. 이를 보기 좋게 건설해낸 것이 천재적 기술자 필리포 브루넬레스키Filippo Brunelleschi, 1377~1446였다. 브루넬레스키는 그 과정에서 갖가지 기술혁신·기술 개혁을 이뤄냈다. 그러나 그는 자기가 고안해낸 모든 것을 비밀로 했다. 몇 톤이나 되는 석재를 높은 곳으로 들어 올리기 위해 사용한 크레인의 구조라든가, 스스로 고안한 거대 돔의 신공법 등 그는 무엇 하나 세상에 알리지 않았다. 스케치도 남기지 않았다. 또한 15세기 원근법의 발견자로 알려져 있지만, 그의 이론이나 그가 했다고 전해지는 투시도 실험에 대해서도 전혀 기록을 남기지 않았다. 그의 비밀주의는 꽤 철저했던 듯하다. 사적인 메모조차 자기밖에 판독할 수 없도록 암호와 같은 문자를 사용했다. 같은 시대 시에나 출신의 기술자 타콜라는 브루넬레스키와 대화하는 동안 "당신의 발명을 많은 사람들에게 알려야 한다"고 충고했다는 기록도 있다.[65]

이탈리아선 15세기 전반에 화가 첸니노가 『예술의 서』를, 그리고 1447년 조각가 기베르티가 『코멘타리』를 이탈리아어 필사본으로 펴냈지만, 다른 지방에선 브루넬레스키처럼 비밀주의 체질이 여전히 강하게 뿌리박고 있었다. 레오나르도 다 빈치도 "중세 직인의 비밀주의적 습관을 지니고 있었다".[66] 이 때문에 뒤러 자신도 이탈리아에서 원근법의 비밀을 배우기 위해 나름대로 어려움을 겪었던 듯하다. 1506년 베네치아에서 보낸 편지에는 "나는 어떤 사람이 비밀의 원근법heimlicher perspectiva에 관한 이론을 가르쳐 주겠다고 해 볼로냐에 가 보려고 한다"[67]고 기록돼 있다. 원근법의 경우 비아토르의 저서가 이미 프랑스에서 인쇄 출판돼 있었음에도 불구하고, 이탈리아의 많은 화가들 사이에선 여전히 화가와 공방의 비전秘傳이었다.[68] 그리고 뒤러는 인체의 비례 법칙 탐구를 생애의 테마로 삼았지만, 이를 가르쳐 준 베네치아의 화가 야코포 데 바르바리Jacopo de' Barbari에 대해선 "야코부스Jacobus, 야코포 데 바르바리의 별칭_역주가 그의 논거를 밝히기 꺼린다는 것을 알게 됐다"고 썼다.[69] 거기에서도 이론은 베일에 가려져 있었다.

이에 비해 뒤러는 지식의 적극적 공개를 주장하고 실천했다. 저서 『측정을 위한 지침』 제4권에선 어떤 정육면체의 n배의 체적을 지닌 정육면체의 작도법 ─ 한 선분에 대해 그 $\sqrt[3]{n}$배의 길이의 선분을 긋는 법(뒤러의 논의는 $n=2, 3, 4$의 경우를 상정) ─ 을 논하고 있는데, 거기엔 이런 기록도 있다.

> 이 방법은 모든 직인에게 매우 유용한 기법이지만 학식 있는 사람들은 이를 엄중히 감춰 왔다von den gelerten im grossen gehirn und verborgenheit gehalten. 그러나 나는 이를 만천하에 드러내 가르치고 싶다. … 내가 알고 있는 한 지금까지 이를 독일어로 기술한 사람은 없다.[70]

게다가 뒤러는 『회화론』의 한 초고에서 당시의 상황을 이렇게 설명했다. "누군가 미술 이론에 대해 뭔가 새로운 것을 펴내, 나보다 훌륭하게 미술의 수준 향상에 참고가 될 만한 내용을 공표했다는 얘기를 들어 보지 못했다. 미술 이론을 습득한 사람은 몇 명인가 있지만, 그들은 자신의 이론을 비밀로 하고 있다."[71] 그리고 다음과 같이 선언했다.

> 몇몇 사람들은 갖가지 지식을 배울 수 있겠지만, 이는 누구에게나 허

용된 것이 아니다. … 공동의 이익을 위해서 우리는 배운 것을 숨기지 않고 후세에 정확히 전해 줄 필요가 있다. … 나는 가능한 한 알기 쉽게, 그리고 감추지 않고 내 의견을 개진하려 한다. 그리고 가능하다면 금은보다 이런 지식을 사랑하는 젊은이들을 위해 내가 아는 모든 것을 공개하련다.[72]

또한 뒤러는 이탈리아 예술가와 마찬가지로 회화에 과학적 기초를 부여하려 했지만, 그보다 앞선 이탈리아 예술가들의 엘리트주의와는 다른 점이 있었다. 그는 회화와 건축만을 자유학예로 보거나, 화가와 건축가에게만 우월적 지위를 부여하려 하지 않았다. 원래 그의 저서는 지식층에게 기술 지식을 제공하기 위한 것이 아니라 직인과 기술자에게 스스로의 기술에 필요한 지식을 가르치고, 나아가 그 과학적 기초를 분명히 하기 위한 것이었다. 실제 『측정을 위한 지침』의 '서문'에는 "이 책은 화가뿐 아니라 모든 금속 세공사, 조각가, 석공, 목수 그리고 기술을 배우려는 모든 사람들을 위해 쓰인 것이다"고 돼 있다. 마찬가지로 『인체균형론』의 한 초고에도 "화가, 목조공, 석공들은 물론, 금속 주조공, 금세공사, 자수공, 요업공, 도공들도 … 내가 앞서 펴낸 책(『측정을 위한 지침』)을 이용할 수 있다"고 나온다. 1523년에 쓴 편지도 같은 내용을 담고 있다.[73] 뒤러는 모든 수공예와 모든 기술에 수학적 기초를 부여함으로써, 모든 직종의 직인들을 교화시키고 향상시키는 일을 목표로 삼고 있었던 것이다.

덧붙인다면 뒤러는 한편으로 직인·기술자의 뿌리 깊은 비밀주의에 항거해 지식의 공개를 실천했지만, 그와 동시에 오늘날 말하는 '지적 소유권'을 일찍부터 인정하고 있었다. 1523년의 편지에는 『인체균형론』에 대해 언급하면서 "(이 책에는) 다른 책에서 훔쳐 온 것은 아무것도 없다"고 명언하고 있다. 그리고 그가 사망한 뒤 미망인의 손으로 출간된 『인체균형론』의 말미에는 신성로마제국 행정장관 대리의 이름으로 뒤러 미망인에 대해 책의 저작권을 10년간 보증하며, 나아가 위반자에게는 벌금을 부과한다는 내용이 기록돼 있다. 1538년에 나온 『측정을 위한 지침』 제2판에도 같은 취지의 내용이 기재돼 있다. 이게 어느 정도 실효성이 있었는지는 불분명하지만, 저작권의 공적 보증이 명기된 매우 초기의 사례임은 분명하다.[74]

| 뒤러와 판화 그리고 인쇄 서적

지식의 공개와 밀접한 관련이 있는 것이지만, 뒤러는 또한 "인쇄술의 혁명적 중요성을 잘 이해하고 있었다."[75] 이 점에서 뒤러는 이탈리아의 선행 연구자들, 특히 레오나르도 다 빈치와는 — 겨우 열아홉 살 아래에 불과하지만 — 결정적으로 달랐다. 그 배경으로 독일 인쇄업의 발전과 중세 직인 교육의 기본이던 길드 제도의 변화를 들 수 있다. 여기에서 뒤러의 생애가 지리적으로나 시대적으로나 15세기 중반에 탄생한 인쇄 출판업의 발전의 한가운데 있었다는 점을 간과할 수 없다.

뒤러의 출생지 뉘른베르크는 16세기 초반에는 영방領邦 군주에 종속되지 않은 채 제국에 직속돼 있었다. 따라서 뉘른베르크는 거의 완전한 정치적 독립을 누리고 있었다. 그리고 풍부한 금속 광산이 있는 보헤미아 산지와 가까워 화포나 도검류와 같은 병기 생산을 주로 하는 금속 산업의 중심지였다. 뉘른베르크 시의 검인이 찍힌 금속 공예품은 독일 각지는 물론 외국에서도 높은 평가를 받고 있었다고 전해진다. 또한 15세기 베네치아에 상륙한 동방무역 상품은 북쪽으로 올라가 아우크스부르크, 뉘른베르크로 보내졌고, 거기에서 다시 네덜란드, 잉글랜드로 흘러 들어갔다. 뉘른베르크는 1500년경에는 '독일의 상품 거래에서 지도적 지위'를 차지한 풍요로운 도시였다.[76]

이와 동시에 뉘른베르크는 인쇄술의 발명 이전부터 서적에 대한 관심이 높은 문화적 도시이기도 했다.[77] 그렇다고 해서 대학이 있었던 것도 아니고, 또한 피렌체의 메디치Medici나 아우크스부르크의 푸거Fugger, 한스 푸거가 일으킨 독일의 상업·금융 가문으로 15·16세기 유럽의 상업계를 독점하며 자본주의 경제 개념을 발전시키고 유럽의 정치에 영향력을 행사했다_역주와 같은 유력한 후원자가 있었던 것도 아니다. 뉘른베르크는 민중 단위에서 문화적이었다. 실제 뉘른베르크에서는 15세기 사육제극 작가로서 오늘날에 전해지는 금속 세공사 출신의 한스 로젠플뤼트Hans Rosenplüt와 이발사 겸 외과의 한스 폴츠Hans Folz가 활약했다. 이어 16세기에는 사육제극을 근대 희극으로 끌어올린 제화 직인이자 마이스터징거Meistersinger인 한스 작스Hans Sachs, 1494~1576가 등장했다.

그리고 인쇄술의 출현과 함께 뉘른베르크는 대형 인쇄 출판업자 안톤 코베르거Anton Koberger, 1445~1513를 배출해 인쇄 출판업의 중심지가 됐다. 뉘른베르크에서 인쇄업이 급속히 발전했던 요인 가운데 하나는 금속을 자유자재로 다루는 직인들의 존재였다고 생각된다. 주조 활자를 위한 부형父型. 강판 스탬프 제작은 금속과 조각칼 다루는 기술이 출중한 이들 금속 세공사들이 도맡아 했기 때문이다. 이탈리아의 유수한 인쇄 도시 밀라노 또한 도검이나 갑옷의 제조지로 유명했다는 점을 그 방증으로 들 수 있다.

그리고 나중에 얘기하겠지만, 15세기의 천문학자 레기오몬타누스Regiomontanus가 인쇄 공방이 딸린 천체 관측 시설을 건설하기 위해 선택한 곳이 바로 뉘른베르크였다.(제7장 참조) 이는 뒤러가 태어난 1472년의 일이었다. 또 뉘른베르크에 인쇄 공방이 출현한 것은 그보다 한 해 앞선다.[78] 그뿐 아니라 뒤러의 세례에 입회해 그의 '대부Gevatter'가 된 사람은 서적 판매로도 사업을 확장하고 있었던 저 위대한 인쇄 출판업자 안톤 코베르거, 바로 그였다. 당시 유럽 최대 규모라고 일컬어지던 코베르거의 공방에는 24대의 인쇄기가 설치돼 있었다. 거기엔 사용인, 식자공, 인쇄공, 교정공, 제본공, 채색공 등 100명이 넘는 직인이 일하고 있었다.[79] 그 근처에서 어린 시절을 보낸 뒤러는 활기 넘치는 인쇄 공방을 자주 들락거리면서 인쇄 과정을 가까이 지켜보며 자랐다. 코베르거의 공방에서 당시 출판된 유명한 작품 중 하나가 그 지역 인문주의자 하르트만 셰델Hartmann Schedel이 쓴 『세계연대기』 — 원제목은 『그림과 초상을 곁들인 천지창조에서부터 출발한 연대기』 — 였다. 이는 당시 인쇄된 이른바 인큐내뷸러incunabula, 유럽에서 인쇄술이 사용된 초기인 15세기 후반 간행된 책들을 가리키는 말. 요람기 인쇄본이라는 뜻_역주 가운데 목판 삽화가 많은 — 600여 장의 판화를 반복적으로 사용함으로써 약 2,000점을 게재한 — 것으로 잘 알려져 있다. 이 수준 높은 목판화는 다름 아닌 뒤러가 수업을 듣고 있던 미카엘 볼게무트의 공방에서 제작된 것이었다. 출판된 해는 1493년이지만, 그 정도 수준의 판화를 제작하는 데는 몇 년이나 걸렸을 것이다. 이 점을 감안한다면 1486년 12월부터 3년간 같은 공방에서 수학하던 뒤러가 적어도 그 제작 과정의 일부를 지켜봤을 뿐 아니라 어떤 식으로든 조수 역할을 하지 않았을까 추측된다.[80] 이것이 판화에 대한 뒤러의 정열을 키워 주었다는 점은 상상하기 그리 어렵지 않다.

도제 수업을 마친 뒤인 1492년 뒤러가 찾아간 바젤 또한 당시 유럽 굴지의 출판 도시였다. 안톤 코베르거 밑에서 인쇄술을 배운 인문주의자 요한 아머바흐Johann Amerbach가 바젤에 인쇄소를 연 것이 1475년이었다. 아머바흐가 바젤에 체류하던 뒤러를 지원했다는 사실도 잘 알려져 있다. 뒤러가 오기 전해에는 훗날 유럽 출판계에 이름을 떨친 요한 프로벤Johann Froben, 1460경~1527이 바젤에 인쇄 공방을 열었다. 바젤에서 뒤러는 서적용 삽화를 제작하는 판화가로 활동을 시작했다.

종이에 인쇄된 목판화가 유럽에 등장한 것은 제지 기술이 전파된 조금 뒤의 일로 인쇄술이 발명되기 직전인 14세기 말부터 15세기 초반으로 보인다. 목판화는 볼록판으로 돼 있었기 때문에 15세기 중반에 발명된 인쇄술 — 가동可動활자에 의한 철판凸版 인쇄술 — 과 자연스럽게 합쳐져 목판화가 들어간 인쇄본이 빛을 보게 된다. 14세기에 콘라트Konrad von Megenberg가 쓴 『자연의 서』 — 독일어로 쓰인 매우 초기의 자연학 서적 — 는 1475년과 1481년 아우크스부르크에서 인쇄됐는데, 삽화를 장식으로서가 아니라 본문에 대한 도해로서 처음 사용한 인쇄본으로 알려져 있다.[81] 그림1.7 이렇게 해서 독일에서 목판화 삽화본은 1480년부터 1490년대에 걸쳐 융

그림 1.7 『자연의 서』의 삽화.

성기를 맞이한다. 이것은 뒤러가 목판화의 밑그림을 그리는 직인으로서 기술을 닦기 시작했던 시기와 딱 일치한다. 실제로 뒤러의 스승인 볼게무트는 목판화 인쇄본의 창시자 가운데 한 사람이다.[82] 그리고 코베르거의 공방에서 출판된 책들도 목판화를 곁들인 인쇄본의 평가를 높이 끌어올렸다고 한다. 참고로 인쇄본용 목판화 제작이 조직화된 업무로 확대된 것은 1470년에서 1475년에 걸쳐서이며, 그 밑그림이 독립적 직능으로 발전한 것은 1480년대였다.[83] 바젤에서 뒤러가 손댄 작품 중에는 당시 베스트셀러였던 제바스티안 브란트Sebastian Brant, 1458?~1521의 『바보들의 배Das Narenschiff』의 삽화가 있다. 또한 뒤러의 출세작으로 뒤러 판화의 대표작이라고 일컬어지는 15매짜리 연작 목판화 『요한의 묵시록Die Apokalypse』은 '서적' — 판화가 주主고, 텍스트는 종從인 서적 — 으로서 1498년에 간행됐다. 그리하여 뒤러는 "(목판화라는) 조잡하고 구식의 도상 매체를 미술fine art로 격상시켰다".[84] 뒤러는 인쇄 서적, 특히 판화에 의한 삽화가 첨부된 인쇄 서적의 힘을 눈으로 지켜보면서 자랐고, 거기에서 커다란 가능성을 발견했던 것이다.

한편 중세의 수공예 길드의 교육 제도가 이 시대에 접어들면서 흔들리기 시작했다는 배경도 있다. 예를 들어 중세에는 건축가라는 직업이 없었으며, 건축 작업은 석공이나 목수들이 도맡아 했다. 석공은 길드에서 교육 받고, 직인(자유공인)이 돼 수업을 쌓은 다음 장인(석공공장)으로 승격하는 식의 위계 체계 속에 놓여 있었다. 도제의 교육은 오로지 장인이 직접 맡아 기술을 전수해 주는 현장 교육에 의존하고 있었다. 그 과정에서 길드에서 전승되는 기법은 외부에 공개할 수 없는 기밀에 부쳐졌다. 그러나 그 기밀 유지가 실제로 얼마나 엄격했는지에 대해선 반드시 확실치만은 않다.

어떤 건축사 서적에 의하면 중세 잉글랜드의 한 석공조합 규약에는 "직인은 현장 작업소, 휴게소, 기타 석공이 있는 모든 장소에서 실시하는 강의를 외부에 누설해서는 안 된다"[85]고 기록돼 있다. 또 1459년 레겐스부르크에서 열린 독일 석공들의 집회에서는 "어떠한 공인werkmann, 공장工匠, meister, 부공장parlier, 자유공인gesell도 우리들의 수공예와 관련이 없는 그 어느 누구에게도 평면도에서 〔입면도를〕 이끌어내는 방법을 가르쳐 주어서는 안 된다"[86]고 결의했다. 그런 한에서는 기밀은 꽤 엄격히 유지되고 있었다고 생각된다. 그러나 다른 한편으로 중세 기술사 전문가 론 셸비Lon K. Shelby는 한 논문에서 "중세 잉글랜드와 독일의 석공들은 적어도 15세기 후반까지는 기술상의 비밀이나 자신들의 수공예의 비밀을 지키기 위한 제도적 수단을 갖고 있지 않았다"고도 한다.[87]

그러나 비밀 유지의 실상이 어찌됐건 중세의 기술자나 직인들 사이에선 직종별로 전해지는 갖가지 기법들이 장인으로부터 구전을 통해 전수됐으며, 이를 문서화하는 습관은 일반적으로 없었다. 그리고 "교과서가 없다는 점과 비밀 유지라는 두 가지 요소는 동일 현상의 표리 관계"[88]였다. 그러므로 오로지 구전에 의존했던 후계자 양성과 기술 전승이 나름대로 기술 지식의 독점을 유지하고 그 누설을 막는 기능을 하고 있었다는 것은 사실인 듯하다.

이 같은 길드의 관행이 처음 깨진 것은 레겐스부르크의 석공 공장工匠으로 그 지역 대성당 건설의 주임 공장이던 마테스 로리처Mathes Roritzer가 건축 매뉴얼을 독일어로 공표했을 때였다. 로리처는 1486년 『피너클의 올바른 취급에 관한 소책자』와 『독일 기하학』을 직접 인쇄했다. 그 조금 뒤에는 뉘른베르크의 한스 슈무터마이어 Hanns Schmuttermayer가 『피너클에 관한 소책자』를 인쇄 출판했다. 이들은 피너클(첨탑) 설계와 같이 그 당시까지 길드 내부에서만 전해져 내려오던 건축 기법 그리고 석공에 필요한 기하학적 지식을 공표한 것이다. "15세기 후반 독일에서 왜 이처럼 태도가 급변했던가는 밝혀지지 않고 있다"[89]는 견해도 있다. 하지만 이들을 편집 출간했던 론 셸비에 따르면, 그것은 기밀 누설이라고 할 만한 것은 아니었고 오히려 길드 내부의 도제 교육을 보완하기 위한 것이었다. 당시의 상황에 비춰 종래의 석공 교육은 변화를 겪을 수밖에 없었다. 즉, 새로운 건축 양식이 이탈리아로부터 전파돼 나갔고, 석공에 비해 사회적 지위가 한층 높은 건축가들이 등장함으로써 이 분야의 전문성이 높아졌다는 게 그 같은 변화의 배경이 된 것이다.[90]

엘리자베스 에이젠스타인Elizabeth L. Eisenstein은 『인쇄혁명The Printing Revolution in Early Modern Europe』에서 "필사 문화 시대에는 갖가지 지식이 살아남기 위해 비전秘傳에 의존하지 않으면 안 됐다"고 했다.[91] 무슨 뜻이냐 하면 기술 지식의 전수와 전달에는 정확한 도상圖像을 갖춘 안내서가 반드시 있어야 하지만, 필사본에 의존하는 한 도상 표현을 정확히 재현할 수 없다는 것이다(물론 실물을 사용한 현장 훈련의 경우에는 얘기가 다르다). 그렇다면 직인 교육이 맨투맨에 의한 구두 전수에서 인쇄된 텍스트에 의한 교수로 전환된 것은 매우 커다란 변화인 셈이다. 길드의 속박이 느슨해진 것도, 도제 교육이 변화한 것도, 인쇄술의 발명과 관계가 없지 않다. 인쇄술은 발명 직후 한동안은 중세 필사 문화의 연장선상에 있었다. 그러다 인쇄술이 목판화와 합쳐지면서 서적이 기술 지식의 정확한 전달을 가능하게 만들었다. 15세기 말 이후의 일이었다. 이때에 이르자 당시까지 각 직종 내부에서 비전으로 전승되던 각종 노하우를 인쇄한 팸플릿이 여러 개 발행되기 시작했다고 알려져 있다.[92]

바로 이 시대에 뒤러는 집필 활동을 하고 있었다. 뒤러의 생애와 인쇄술의 발전은 서로에게 버팀목이 됐던 것이다.

| 뒤러의 『측정을 위한 지침』

이리하여 뒤러는 1525년 『측정을 위한 지침』을, 1527년에는 『도시 · 성곽 · 소도시의 건축에 대하여 Etiliche Underricht zu Befestigung der Statt, Schloss und Flecken』를 완성했다. 또 1528년 그가 사망하고 나서 반년 뒤에는 남은 유고들에서 편집된 『인체균형론』이 출판됐다. 이 외에도 당초 계획했던 『회화론』에 쓰기 위한 초고도 상당량 남겨졌다. 모두 속어(신고新高독일어)Neuhochdeutsch, 현대 독일어를 뜻하는데 그 전단계로는 고고古高 · 중고中高 · 초기신고初期新高 독일어가 있음_역주로 쓰였으며, 목판화 삽화가 많이 첨부된 당당한 대저서였다. 직인 화가가 속어로 쓴 과학 기술서가 대대적으로 인쇄 출판됐다는 것은 문자 문화와 학술 서적에서 매우 커다란 변화였다. 이는 '문화혁명'이라고 부를 만한 가치가 있다.

『측정을 위한 지침』이 어떤 책인지 알아보기 위해 제4권에 쓰인 $\sqrt[3]{n}$ (n의 세제곱근)의 작도법을 예로 들어 보자. 그림1.8 이것에 따르면 이론적으로는 분명히 엄밀한 세제곱근 값이 구해진다. 하지만 이것를 작도할 때 눈금자를 사용하는 사람이 눈으로 봐 가면서 조작을 해야 하므로 엄밀한 의미에서 유클리드 기하학에서 말하는 '작도법'은 아니다.

뒤러는 또한 정5각형, 정9각형의 작도법을 기술하고 있지만 이들은 모두 엄밀히 말해 근사치다. 특히, 예컨대 정5각형에 대해 단순히 '이렇게 하면 정5각형을 그릴 수 있다'고만 할 뿐, 그에 대한 증명이 있는 것도 아니고 어느 정도로 근사치가 나오는가에 대해 따져 보지도 않았다. 원래부터 그는 근삿값이라는 점을 염두에 두지도 않았다. 사실 정5각형의 이 작도법은 마테스 로리처가 『독일 기하학』에서 설명한 것으로, 정9각형의 작도법을 포함해 아마도 석공 직인 사이에 전승돼 오던 것이었으리라고 추측된다. 마찬가지로 제4권에는 5개의 정다면체 이외에 몇 종류의 준정다면체의 전개도가 기술돼 있다. 뒤러의 표현으로는 이것은 '모든 꼭짓점이 구球에 내접하고 불규칙한 면을 지닌' 다면체라고 한다. 하지만 엄밀히 말해 각 면이 정다각형이고, 각 꼭짓점 주변이 합동인 다각뿔 형태의 볼록한 다면체다. 아마 이것들도 석공 직인들 사이에서 구전돼 오던 것인 듯하다.

『측정을 위한 지침』에 나오는 원뿔곡선의 작도법도 원뿔을 평면으로 절단했을 때 절단면의 평행사영平行射影을 통해 보여 주는 실제적인 방법을 사용하고 있다. 그림1.9 그러나 여기에서도 예를 들어 타원이란 정해진 두 점으로부터 거리의 합이 일정한 점들의 궤적이라는 정의도 없는가 하면, 그려진 그림이 분명 타원의 정의를 충족시킨다는 증명도 없다. 그런 의미에서 『측정을 위한 지침』은 공리 · 정의 · 증명이라는 논리적으로 일관된 구성을 지닌 유클리드

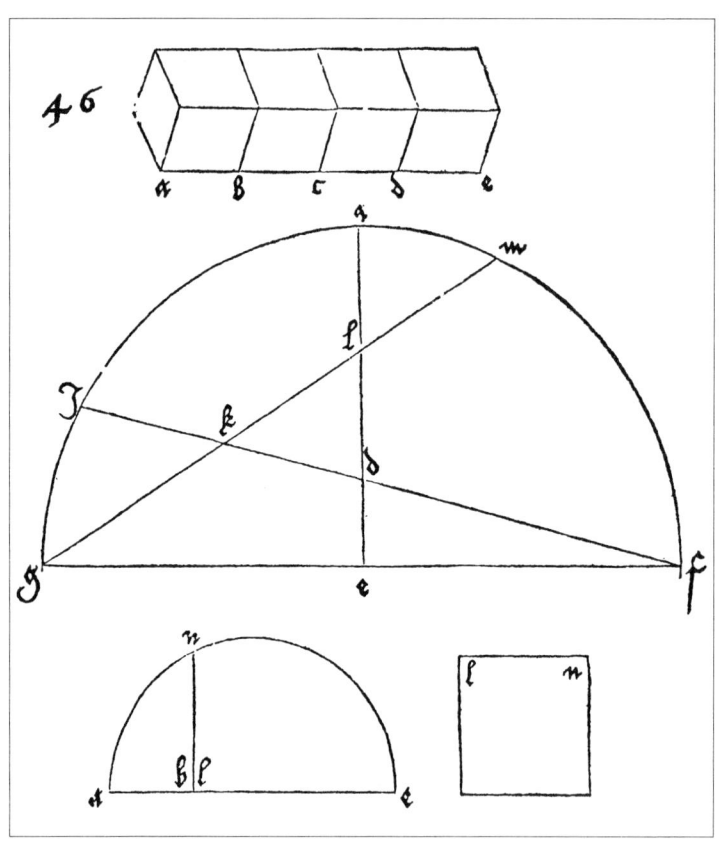

그림 1.8 『측정을 위한 지침』에 나온 $\sqrt[3]{n}$의 작도법(그림은 $n=4$의 경우).
그림에서 $\overline{ab}=\overline{bc}=\overline{cd}=\overline{de}=l$이라고 한다. e를 중심으로 반지름 n의 원을 그린다(그림 중앙). 그 지름을 fg로 하고, fg에 수직인 반지름 ea 위에 $\overline{ed}=l$이 되는 점(ea를 n등분하는 점) d를 잡는다. fd를 이어 반원으로 연장해 긋고 원주와의 교점을 j로 한다. g를 지나는 직선을 반원 내에 긋고 fj, ea 및 원주와의 교점을 각각 k, l, m이라 한다. 이 직선을 g에 고정시킨 채 위치를 움직여 l이 km의 중점이 되도록 한다. 이때 $\overline{le}=\sqrt[3]{n^2}$. 여기서 $\overline{ab}+\overline{le}=l+\sqrt[3]{n^2}$을 지름으로 삼는 반원(왼쪽 아래 그림)을 그린다. 점 b에서 ae(반원의 지름)에 수직선을 세워 원주와 만나는 점을 n이라고 하면 $\overline{ln}=\sqrt[3]{n}$이다.

기하학서와는 다르다. 뒤러는 기하학에서 유클리드의 탄탄한 논리의 철갑을 벗겨내, 실용적으로 도움이 되는 기법으로서 직인과 기술자에게 제공했던 것이다. 원래 논리적 엄밀성을 중시하는 유클리드 기하학에선 작도 문제의 실용적 근삿값 따위는 아무런 의미가 없다. 뒤러의 『측정을 위한 지침』은 어디까지나 직인이나 기술자를 위한 실용 수학책이자 응용기하학 안내서였다.

중요한 것은 뒤러가 현실 세계에 대한 수학의 광범위한 적용 그리고 근대적 수학의 유용성을 공공연히 논했다는 점이다. 그러나 당시 아카데미즘의 세계에선 그렇지가 않았다. 플라톤의 이데아론에서 기하학은 이데아의 세계 ― 인간의 감각으로 느끼는 외형적 세계의 배후에 있는 영원히 변치 않는 진실적 존재의 세계 ― 에 대해서만 적용되는 것이었다. 아리스토텔레스도 "목수와 기하학자가 직각을 구하는 방법은 다르다. 목수는 제작에 도움이 되는 정도로 직각을 구하지만, 기하학자는 그것이 무엇인지, 그 본질이 어떤 것인지를 구한다"고 말했다. 『니코마커스 윤리학』1098a30 직인의 실용기하학과 학문으로서 기하학을 분명히 구별했던 것이다. 그런 의미에서 뒤러의 기하학은 다름 아닌 '목수의 기하학' 이다. 이는 그 이전엔 학문적 고찰의 대상에서 제외됐던 분야이며, 문장으로 기술된 적도 없었다. 그러나 뒤러는 '목수의 기하학' 을 저서로 펴냄으로써 그것이 현실 인식에 매우 유용한 존재임을 보여 주었다.

그런 의미에서 뒤러의 이 책이 그 뒤의 자연과학에 미친 영향은 매우 크다. 진정한 의미에서 근대 천문학은 독일인 요하네스 케플러Johannes Kepler가 고대부터 전해 내려오던 원궤도의 속박을 깨부수고 타원궤도라는 결론에 도달했을 때부터 시작한다. 케플러는

1605년 친구에게 타원궤도의 발견을 알리는 편지에서 "행성의 완전한 궤도는 뒤러가 달걀 모양이라고 불렀던 타원이다. 그 타원과의 차이는 거의 무시할 수 있을 정도다"고 했다.[93] 중세기술사 연구가 린 화이트Lynn White Jr.에 따르면, 케플러의 과학적 돌파는 미켈란젤로와 그 제자들로부터 준비된 것이라고 한다. 즉, 유럽 미술사에서 난형卵形의 설계는 1535년의 미켈란젤로에서 시작됐고, 그와 그 제자들이 그 뒤 50년 동안 난형이 일반에 수용되도록 분위기를 조성했는데, 이것이 케플러 이론의 토대가 됐다는 것이다.[94] 그러나 이와 관련해서는 뒤러 쪽이 더 빨랐으며 케플러에 대한 영향도 직접적이었다. 또한 케플러의 증언에는 뒤러가 사용했던 용어의 영향이 담겨 있다. 이와 함께 자연법칙의 정확성이란 어디까지나 측정의 정밀도 한계 내에서 제한 받는다는 자각이 담겨 있다. 자연학에서 근삿값이 시민권을 획득한 것은 케플러가 측정 정밀도의 범위 내라는 점을 감안해 행성의 궤도를 결정한 때부터였다. 이렇게 해 뒤러는 자연에 수학을 적용할 수 있는 길을 닦았으며, 수학자가 요구하는 엄밀한 증명에 굳이 얽매이지 않는 물리수학의 선구자가 됐다.

『측정을 위한 지침』의 의의와 영향을 고려할 때 단순히 내용뿐 아니라 그 사용 언어의 역할을 무시할 수 없다. 뒤러가 저서를 속어(신고독일어)로 썼다는 점은 이미 설명했다. 그러나 그것은 이미 존재하고 있는 독일어를 사용했다는 단순한 사실을 의미하지 않는다. "뒤러 시대의 독일어는 학문적 단계라고 부를 만한 수준에 아직 이르지 못했"으며 "뒤러는 루터와 마찬가지로 자신의 독일어를 만들어낼 수밖에 없었다"는 것이다.[95] 뒤러는 "나는 타원elipse을 달

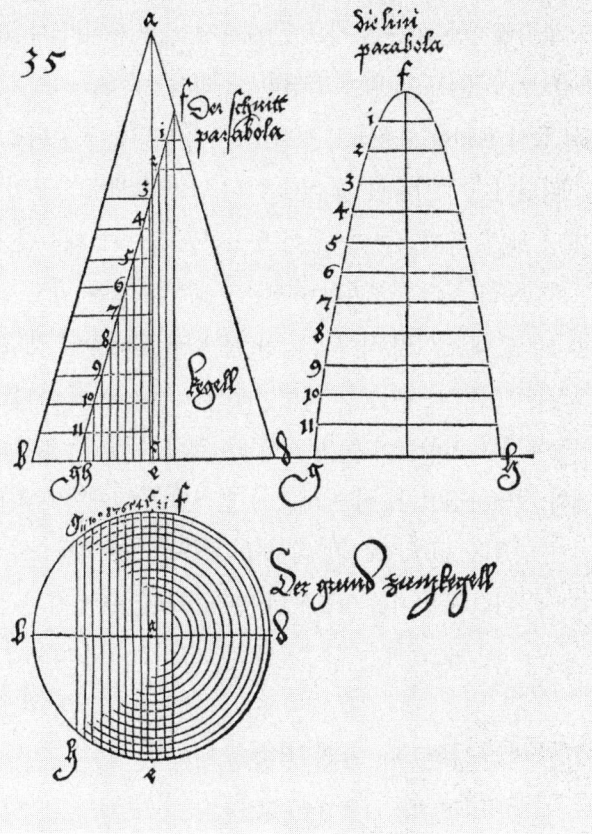

그림 1.9 뒤러의 『측정을 위한 지침』(1525)에 나오는 원뿔곡선의 작도법.

걀과 같은 형태를 하고 있으므로 '난형곡선eyer lini'으로, 그리고 포물선parabola은 그런 형태의 볼록거울이 (태양 광선을 집중시켜) 불을 일으킬 수 있으므로 '연선brenn lini'으로, 그리고 쌍곡선hyperbola을 '포크형 곡선gable lini'으로 부른다"[96]고 기록하고 있다[뒤러는 타원은 좌우가 비대칭이라고 오해하고 있었기 때문에 이를 '난형(계란형)'이라고 불렀다]. 케플러가 뒤러의 이 용어를 언급했다는 점은 앞에서도 살펴봤지만, 이는 당시 독일 내에서 이들 용어가 사용되고 있었음을 보여 준다. 그 밖에도 뒤러는 '파형선schlangen lini' '평행선parr lini' 등의 용어를 사용하고 있다. 이처럼 뒤러는 독일어로 저술하면서 라틴어에서 차용한 것 외에 여러 단어를 새로 만들어내지 않으면 안 됐다. 교차하는 두 원이 형성하는 도형에 대해선 '물고기의 부레fischblase'나 '멧돼지의 이빨eberzahne'과 같은 말도 있다. 이들 용어 가운데는 직인 사이에서 이전부터 사용되었던 것도 있으리라 짐작된다. 어쨌든 이들은 라틴어에서 가져온 것이 아니었으며, 직인들에게는 저항감이 적은 표현들이었다. 나중에(제9장) 좀 더 자세히 설명하겠지만, 이는 때마침 일어난 종교개혁에서 마르틴 루터가 민중을 대상으로 한 성서를 독일어로 번역함으로써 사상과 종교를 위한 독일어를 창출했던 것에 비교할 수 있다.

『인체균형론』과 미의 기준

알브레히트 뒤러가 『인체균형론』에서 전개한 인체비례 연구는 이상적인 인체상의 규준을 확립하기 위해 여러 해 동안 연구에 연구를 거듭해 나온 성과였다. 그 출발점을 찾자면 야코포 데 바르바리에 자극 받고, 레온 바티스타 알베르티의 연구에 이끌린 것이기도 하다.

알베르티가 창틀을 통해 본 정경을 유리창 위에 실사하는 것을 회화로 정의했다는 것은 이미 설명했다. 그러나 알베르티의 사실주의는 있는 그대로의 자연을 단순히 재현하려는 것이 아니었다. 『회화론』에서 그가 말하기를, 고대의 화가 데메트리우스Demetrius는 "대상을 아름답게 그리기보다 자연 그대로와 비슷하게 그릴 것을 희망했다." 그에 대해 알베르티는 최고의 상찬을 아끼지 않았다.55 〔p.67〕 알베르티의 자연주의는 '자연의 불완전한 형태 속에 가려져 잠재하고 있는 이상적인 미' 97를 탐구하려는 플라톤주의적 이념에 바탕을 두고 있었다. 그러나 그 '이상미'를 어디까지나 자연의 관찰을 통해 찾아내려 했다는 점에서 그가 자연주의에 일관했다고 보는 것이다. 따라서 알베르티의 경우, 이상적 인체미의 탐구라고 간주할 수 있다.

알베르티는 『건축론』을 저술하면서 비트루비우스의 『건축 십서』와 고대 로마 건축을 소개한 다음, 고대 건축을 모범으로 삼아 상세한 건축 이론을 전개했다. 이 책에서 알베르티는 '미'를 '모든 구성 부분의 균형'p.159, 즉 그 어느 한 부분의 증감이라도 더해질 경우 아름다움의 수준을 떨어뜨리고 마는 비율로 정의하고 있다. 그 같은 논의 자체는 오랜 역사를 지닌다. 비트루비우스 이래 유럽에선 이상적 인체미가 인체 각부의 수적인 비례와 조화에 의해 표현된다는 관념이 이어져 내려오고 있었다. 비트루비우스의 『건축 십서』는 "자연은 인간의 신체를 다음과 같이 구성했다"고 하면서,

신체 각부의 수적 비율을 상세히 기록하고 있다. 마찬가지로 첸니노의 책에서도 '완벽하게 그려진 인체가 지녀야 할 척도'로 8과 3분의 2등신이 제시됐으며, 얼굴의 길이를 단위로 해 신체 각부의 상세한 길이도 매겨져 있다.[98] 그러나 이런 논의에서 이상적 인체미의 비례는 어떠한 근거도 없이 선험적으로 주어진 것이었다.

이에 대해 알베르티는 현실의 인간을 측정해 이상적 비례를 구하려 했다. 즉 그의 『회화론』에 따르면, '완성된 미'는 희소한 것이며, 단 하나의 신체 속이 아니라 수많은 신체에 흩어져 있으므로 "온갖 아름다운 신체로부터 감탄할 만한 부분을 각각 찾아내야 한다."[55(p.67)] 에르빈 파노프스키 Erwin Panofsky가 말하듯, 알베르티는 "비례 이론을 실험 과학의 수준으로 끌어올리려고 결의했다"는 것이다.[99] 그 구체적인 방법을 알베르티는 『조각론』에서 "안목 있는 사람들의 판단에 따라 가장 아름답게 보이는 많은 인체"를 골라낸 다음, 특별히 고안된 도구로 그들의 각 부위를 측정해 극값을 버리고 중간값을 취한다고 설명했다. 그리고 그는 "사지의 중요하고 두드러진 길이나 폭이나 두께를 계측해 그 수치를 다음과 같이 찾아냈다"며 '지면에서 발등까지의 최대 높이'로부터 '위팔의 두께'에 이르기까지 수십 항목에 걸친 수치를 실제 기입했다.[100]

이런 시도를 하도록 처음 동기를 부여한 것은 눈으로 볼 수 있는 현실의 다양한 인간을 초월한 진실성(이데아)으로서 '인간'에서야말로 그 이상미의 규준(캐넌)이 존재한다는 플라톤주의적 이념이다. 그러나 이 '이상미'가 현실의 여러 인간들을 측정하고 평균치를 냄으로써 도출될 수 있을 것이라는 알베르티의 자연주의는 플라톤주의로부터 이반하기 시작했음을 의미한다. 알베르티는 이데

아직 이상미를 자연계에서 현실적으로 나타나는 통계 법칙의 개념으로 치환했다고 말할 수 있다. 이 사상적 전환은, 『회화론』의 서두에 알베르티 자신이 분명하게 기록하고 있다.

> 우리들의 주장을 우선 수학자처럼 설명해 보자. … 그러나 나는 수학자로서가 아니라 화가로서 이를 기술하고 있다. 수학자는 그들의 이해력만으로 일체의 질료質料, matter를 버리고 사물의 형상形相, eidos을 측정한다. … [이에 대해] 화가는 눈에 보이지 않는 것에는 관심이 없다. 화가는 오직 눈에 보이는 것을 그리는 데 전념하면 된다.1-2[p.9f.]

그때까지 수학은 관념의 세계에서만 적용되는 것이었다. 유클리드 기하학으로 말하자면, 삼각형은 현실의 잡다한 모양의 삼각형을 초월한 존재다. 삼각형의 모든 성질은 정의만으로 도출되는 것이지, 종이 위에 그려진 현실의 삼각형들을 측정해 귀납적으로 얻어지는 게 아니다. 정의와 공리로부터 증명된 삼각형에 관한 모든 정리定理는 현실의 삼각형을 통해 확인할 것까지도 없이 참이다. 이에 비해 알베르티는 현실의 가시적 세계에 집착했고, 그에 수학을 적용하려 했다. 여기에서 자연의 사물을 관측용 기구를 사용해 정량적으로 측정한다는, 당시까지 자연학에는 존재하지 않았던 사상이 태어났다. 수학에 대한 관심을 형이하학적 현실 세계로 향하게 한 알베르티의 자세야말로 16세기 직인이나 기술자에게로 이어져 17세기 근대 자연과학을 낳게 한 하나의 결정적 계기가 된 것이다.

알베르티의 『조각론』에 나온 측정법을 알고 있었던 뒤러는 그를 본떠 스스로 인체 측정을 시작한다. 그러나 이탈리아의 르네상스 예술가들과 달리 뒤러는 얼마 지나지 않아 보편적 이상미로서 일의적一義的 인체 비례라는 것은 존재하지 않는다는 입장에 이른다. 이미 1508~1509년의 초고에서 "인간의 가장 아름다운 형태가 어떠한 것인지 말하거나 보여 줄 수 있는 사람은 지상에 존재하지 않는다. 신 이외에 미를 판단하는 일은 누구에게도 가능하지 않다"고 술회했다.[101] 그리고 『인체균형론』 제3권의 '심미론 보론'에는 다음과 같은 대목이 나온다.

> 어떠한 비례를 사용해야 진정한 미에 가까워질 수 있을까 하는 문제에 대해서도 나는 최종적으로 충분한 기술을 할 수가 없다. … 같은 사람이라 해도 어떤 때는 특정한 모습을 아름답다고 보고, 다른 때에는 또 다른 것을 [아름다운 것으로] 택하는 경우도 있다. … 사람 모습의 가장 훌륭한 비례를 보여 주는 것은 … 불가능하다고 생각한다.[102]

이렇게 뒤러는 절대적이고 보편적인 인체미의 관념을 벗어던진다. 미는 결국 주관적이고 상대적일 수밖에 없으므로 미의 다양성을 받아들였다. 즉 현실의 인간을 초월하는 이상적 인체미의 규준規準 탐구를 포기했다는 것이다. 그것은 또한 "미에 대한 판단이 사람마다 각양각색이라는 견해는 '무지'에서 유래하는 것"으로 단정한 알베르티[103]로부터의 이반이기도 했다. 그 대신 뒤러가 설정한 것은 유아에서 노인에 이르기까지 각각의 구체적 인간의 현실을 어떻게 파악할 것인가 하는 문제였으며, 이를 위한 수단으로서 측정을 사용했던 것이다. 이는 다음과 같은 말로 표현된다.

살아 있는 수많은 인체의 비례를 배우는 것이야말로 훨씬 유익하다고 나는 생각한다. … 다종다양한 인체상을 위해서는 다종다양한 인간부터 그려내야 한다.[104]

알베르티는 수많은 인체를 측정했지만, 거기에서 비교적 쉽게 표준치로서 미의 단일 기준을 도출했다. 그의 책에는 그 표준치만 기록돼 있다. '자연을 있는 그대로 따라 그리려는 것'은 회화에서 칭찬 받을 일이 못 된다고 본 알베르티의 이상주의는 측정치로부터 억지로라도 일의적 기준을 도출할 것을 요구했던 것이다.

그에 비해 뒤러는 "자연과 정확하게 닮을수록 회화는 더 훌륭하게 보인다", "자연을 세밀히 관찰해 이를 지표로 삼아 보다 훌륭한 것을 스스로 찾아내려는 생각 끝에 자연으로부터 벗어나는 일이 있어서는 안 된다"고 말했다.[105] 사실주의·자연주의에 철저히 입각했던 것이다. 그런 이유로 뒤러는 측정을 통해 현실의 인간이 보여 주는 갖가지 유형을 포착해 그 비례를 부여하려고 했지만, 모든 유형을 초월한 이상적 인체라는 것을 추구하지는 않았다. 다만 그런 유형들에 따라 다양한 특성을 구분해 그렸을 뿐이다.

오랜 시간에 걸친 뒤러의 연구 성과는 그의 사후 유고집인 『인체균형론』으로 결실을 맺는다. 이 책은 남녀의 전신상 141매, 두부상 68매, 유아 그림 3매, 기타 도판과 인체 각 부위에 대한 측정치가 빼곡히 들어찬 일종의 기서奇書라 할 수 있다. 남녀노소의 온갖 체형의 몸뚱이가 여러 장 그려져 있는데, 각 부위가 철저히 수량화돼 있다. 이를 통해 인체는 단적으로 말해 각 부위의 크기를 보여 주는 수치로 표시돼 있다.그림1.10 이는 이미 미술을 위한 연구가 아니었다. 파노프스키가 말하듯, 뒤러는 "인체 비례 그 자체를 목적으로 연구해야겠다는 유혹에 어느 정도 굴복했다". 그런 이유로『인체균형론』은 "(인체의) 비례 이론이 그 이전에도 이후에도 도달하지 못했던 최고 절정을 보여 주고 있다"고 평가 받는다. 그러나 "그가 기대한 대로 미술이라는 큰 목적에 기여하지는 못했던 반면 인류학, 범죄학 그리고 ― 더 놀랍게도 ― 생물학과 같은 신과학의 발달에서 이루 말할 수 없는 가치를 지니게 됐다".[106]

어쨌든 "진정한 것을 만들려고 생각한다면 자연에 있는 것을 무시하지 말고, 자연이 허용하지 않는 것을 그에 덧붙여서는 안 된다"는 절대적 사실주의를 표방한 뒤러는 종전에 아름답다고 보지 않던 인물이나 사물도 표현할 가치가 있는 정당한 대상이라고 생각했다.[107] 실제 그는 무명의 농부나 노인 그리고 흑인 시녀의 초상화를 그렸다. 초상화라고 하면 귀족이나 고관대작의 초상에 국한돼 있던 이탈리아 르네상스에선 거의 생각할 수 없는 일이었다. 신분이 낮은 흑인 여성을 단독 초상화로 그린 것도, 아무 특징 없는 풀숲을 한 장의 그림에 묘사한 것도, 아마도 뒤러가 최초일 것이다. 『회화론』에서 "우리는 그릴 대상을 자연 속에서 구하면서 가장 아름다운 것을 찾아내려 한다"고 말한 알베르티에게서 뒤러는 한참이나 떨어져 있다. 그 거리는 또한 알베르티의 엘리트주의와의 거리이기도 하다.

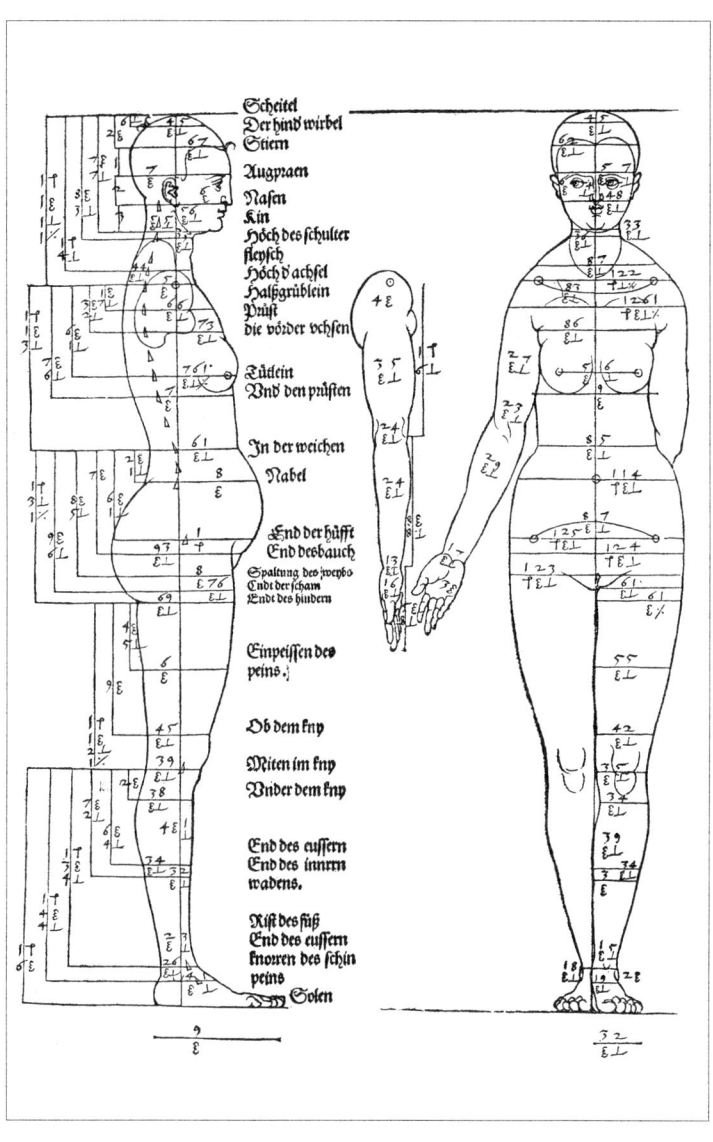

그림 1.10 알브레히트 뒤러의 『인체균형론』의 여성상.

| 계측의 정신과 도상 표현

새로운 과학에서 뒤러의 저서가 지닌 의미는 속어로 저술했다거나 수학의 실용성을 고집했다는 데에만 있는 게 아니다. 그와 함께 계측의 정신과 도상 표현의 중요성을 강조했다는 점에서도 주목해 평가할 필요가 있다.

뒤러의 회화 이론은 회화가 기하학에 바탕을 둬야 한다는 주장에서는 이탈리아 르네상스의 미술 이론, 특히 원근법 이론을 계승하고 있다. "보이는 대상과 눈 사이에 투명한 재단면裁斷面, ebene durchsichitige abschneydung을 두고 그것이 눈에서 나오는 모든 시선을 재단한다고 생각하라"는 뒤러의 표현에서 알베르티의 영향을 선명하게 읽을 수 있다.[108] 또한 뒤러의 몇몇 회화 작품의 구도에는 분명히 비아토르의 『인위적 투시도법』의 삽화를 기초로 삼은 것이 눈에 띈다.

뒤러의 『측정을 위한 지침』에는 이런 말이 나온다. "회화의 기법kunst은 모든 척도의 근원인 기하학과 산술을 필요로 한다. 그뿐 아니라 다른 이론 이상으로, 착시 현상을 유도하는 투시도법, 반사광, 측량술, 지리학 등 척도와 관련한 이론에 의존한다." 그럼에도 불구하고 "우리들(독일인) 가운데는 이론에 정통한 장인이 매우 드물다"는 게 뒤러의 인식이었다.[109] 바로 그런 현실 인식이 그가 『측정을 위한 지침』을 집필한 배경이 된다. 그는 독일의 그 같은 후진성의 직접적 원인을 화가들이 '계측의 기법'을 배우지 않는다는 점에서 찾고는 집필 동기에 대해 다음과 같이 말했다.

이 계측 기법이야말로 모든 회화의 진정한 기초가 되므로 이 기법을 갈망하는 모든 젊은이들을 위해 그 초보적 내용을 가르쳐 주련다. 그들이 컴퍼스와 자로 측정을 하고 그로부터 타당한 진리를 인식하고 분명히 인지할 수 있도록, 그리고 그들이 단순히 이론만 열심히 파는 게 아니라 보다 위대한 참 지성에 이르게 하기 위해, 그 기회를 부여해야겠다고 나는 결심했다.[110]

여기서 '계측의 기법'의 어원은 'kunst der messung'이다. 전문 연구자에 따르면 뒤러에게 'kunst'는 '경험적으로 습득된 지식이나 기량'에 대비되는 '대상물의 과학적 취급'의 의미로 사용됐다.[111] 분명 뒤러에게 회화는 '기계적 기예'로서 경험적으로 습득하는 게 아니라, 원근법이나 인체 비례 이론을 중심으로 한 기하학적·수학적 이론에 바탕한 '자유학예'로서 학습해야 하는 것이었다. 그런데 그 기법을 '계측messung'이라고 표현했던 것은 의미가 깊다. 실제 뒤러의 『인체균형론』은 일관성 있게 '계측의 정신'에 철저히 입각한 정량적 인체 연구 — 인체에 대한 철저한 수량화와 측정의 시도 — 였다. 잘 알다시피 르네상스 예술이 인체미에 커다란 관심을 보였고, 그것이 레오나르도 다 빈치 등 이탈리아 예술가들의 해부학 연구를 촉진시켰던 반면, 뒤러의 경우는 인체 계측에 몰두했다고 말할 수 있다.

그리고 이『인체균형론』은 수많은 도판이 첨부된 것이 특징이다. 이 책에서 도판은 더 이상 텍스트(본문)를 보완하는 것이 아니었다. 오히려 도판이야말로 주가 되고, 텍스트가 종의 위치에 있었다. 이 책은 정밀한 도판이 첨부된 서적의 설명 능력과 전달 능

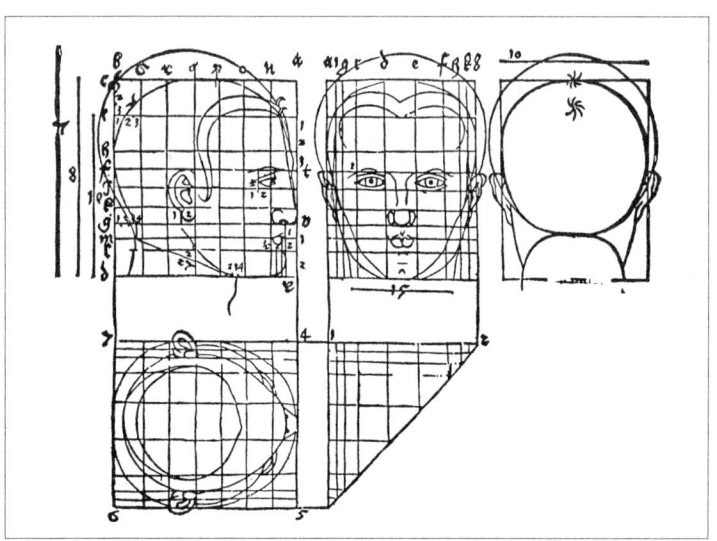

그림 1.11 직교3평면의 평행사영.

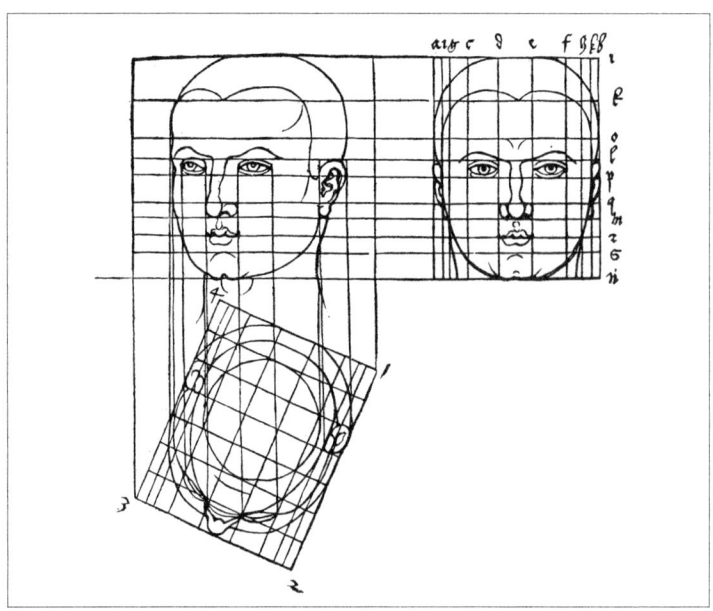

그림 1.12 도상의 회전변환.

력을 100% 발휘한 것이었다. 인체는 옆면과 앞면 그리고 뒷면에서 그려졌다. 두부의 경우 앞면에서 본 그림, 옆면에서 본 그림, 위에서 본 그림이 실려 있다.그림1.11 그 기법은 알베르티가 건축 설계도에 이용하고, 피에로가 인체 두부에 대해 기술했던 것보다 정확하게 표현돼 있다. 직교하는 세 평면에 평행사영한 이 기법은 300년 뒤 가스파르 몽주Gaspard Monge, 1746~1818의 화법기하학을 확실히 앞선 것이다. 이는 또한 3차원 데카르트 좌표의 원형이자 해석기하학의 맹아였다고도 평가할 수 있다. 이에 더해 그 물체를 일정 각도 회전시켰을 때의 그림그림 1.12, 또 부위별 비율을 바꾸어 변형시켰을 때의 그림도 게재하고 있다. 이렇게 해서 뒤러는 기하학적 변환에 의해 다른 시점의 그림뿐 아니라 다른 체형과 자세도 만들어낼 수 있음을 보여 주었다. 이는 수학사에서는 "뒤러의 가장 독창적인 기하학상의 업적"으로 평가되고 있다.[112] 또한 수학에서 말하는 좌표회전(직교변환)과 아핀변환affine transformation의 기법이며, 동시에 현대 컴퓨터 그래픽스 기법을 방불케 하는 것이었다. 어쨌든 이 그림들은 그 자체만으로도 저자의 의도를 충분히 설명하고 있다.

이처럼 뒤러의 저서가 지닌 특색 가운데 하나는 도판을 풍부하게 사용했다는 점이다. 이는 "인간의 최고의 감각은 시각이다. … 무엇이든 눈으로 보는 게 귀로 듣는 것보다 믿을 만하다. 보고 듣는다면 훨씬 확실하게 파악할 수 있다. 그래서 사람들이 더 잘 이해할 수 있도록 본문과 삽화를 함께 곁들인 것이다"는 그의 명확한 의도에 따른 것이었다.[113]

1515년 뒤러는 수학자 요한 슈타비우스Johannes Stabius와 천문학자 콘라트 하인포겔Conrad Heinvogel과 협력해 목판화로 정밀한 세계지도그림7.4와 천구도를 제작했다. 특히 이 천구도는 처음으로 인쇄된 천구도이자 그 뒤에 등장한 천구도의 원형이 됐다. 이 점에 대해선 제7장에서 다시 다루겠지만, 이는 예술성을 지닌 과학 자료라는 새 장르를 개척한 것이었다.[114]

마찬가지로 『측정을 위한 지침』에도 본문과 대등하거나 경우에 따라서는 그 이상의 설명 능력을 지닌 정밀한 목판화 도판이 빽빽이 — 본문의 설명과 거의 일대일로 대응해서 — 첨부돼 있다. $\sqrt[3]{n}$이나 정5각형의 작도법에선 그림이 없으면 그 설명이 거의 이해하기 어려울 것이다. 해시계 제작도 몇 장이나 되는 도판을 사용해 설명하고 있다.그림 7.5 그 설명도 도판을 곁들이지 않으면 역시 난해한 대목이 되고 말았을 것이다. 거꾸로 원뿔곡선의 작도법에 이르러서는 거의 그림만으로도 이해할 수 있게 돼 있다.그림 1.9

원근법(투시도법)의 설명에 대해서도 그림을 사용하지 않고 추상적인 이론만을 서술했던 알베르티와 달리 뒤러는 『측정을 위한 지침』에서 사실적인 도판을 사용해 설명하고 있다.그림 1.13 책의 재판을 찍을 때는 그림의 수를 더욱 늘렸다. 뒤러의 투시도법에 대한 본문 설명은 그 자체도 상세하지만 설명 바로 옆에 실린 그림이 보다 더 웅변적으로 그 방법을 말해 준다. 비아토르와 같은 선구자가 있었다고는 하지만 뒤러는 새로운 과학에서 도판이 지닌 의의, 무엇보다 목판화 인쇄를 통해 정밀하고 정확한 도판을 몇 장이라도 복제할 수 있다는 점의 중요성을 최초로 이해한 사람들 가운데 한 명이었다.

이와 관련해 파노프스키는 다음과 같이 설명한다. "뒤에 '자연

그림 1.13 뒤러의 『측정을 위한 지침』에 나오는 투시도법의 설명. 위가 초판(1525)에 나온 것이며, 아래가 제2판(1538)의 것. 뒤러는 "'투시도법Perspectiva'이라는 말은 라틴어인데, '투과해 본다Durchsehung'는 의미다"고 설명했다.

과학'으로 분리된 것의 대부분이 (르네상스기) 예술가의 작업장에서 탄생했다. 그리고 아마도 훨씬 중요한 것은 관찰적 내지 기술적이라 불러도 좋을 자연과학의 특수한 부문 — 동물학, 식물학, 고생물학, 물리학의 몇몇 분야 그리고 무엇보다도 특히 해부학 — 의 탄생이 구상 묘사 기술의 출현에 직접적 기반을 두고 있다는 점이다."[115] 하지만 이는 실제로는 목판화 삽화를 넣은 인쇄본의 출현에 의해 처음으로 가능하게 된 것이었다. 또 이는 목판화 전문가이자 인쇄술을 습득했던 예술가로서 뒤러에 의해 처음으로 현실화된 것이었다. 어쨌든 뒤러는 자연과학서, 공학서, 기술 안내서에 있어서 비아토르 다음가는 창시자였다. 미술사에서 이 같은 점은 평가되고 있지 않지만, 후세의 문명에서 그것이 지니는 의의는 결코 예술 작품에 뒤지지 않는다.

"르네상스 미술의 역사를 그 양상에서 과학사의 한 장으로 고찰하는 것은 정당한 일일 것이다"고 말한 사람은 역사학자 허버트 버터필드Herbert Butterfield였다.[116] 실제 공간과 사물을 수학적·기하학적으로 파악하는 것을 근대 물리학 성립의 전제라고 한다. 그렇다면 레온 바티스타 알베르티, 피에로 델라 프란체스카, 레오나르도 다 빈치, 나아가 타콜라와 프란체스코 디 조르조 등 이탈리아 르네상스 예술가와 직인·기술자들이 과학적 자연주의를 제창하고 원근법을 필두로 3차원 물체의 2차원 평면투영법과 구조물의 도해 기법을 개발했던 것은 근대 과학과 공학의 발전으로 이어지는 첫

걸음이라고 할 수 있다.

그러나 독일의 알브레히트 뒤러는 이탈리아 예술가들의 성과를 알프스 산맥 이북으로 전달했을 뿐 아니라 이탈리아 예술가들의 엘리트주의를 배제함으로써 기하학을 실용화해 모든 직인에게 개방했다. 특히 르네상스 자연주의에 철저히 입각했고, 계측의 정신을 더욱 갈고 닦아 시각적 표현을 중시했다. 그리고 무엇보다도 자신의 논지를 인쇄 서적이라는 무대 위로 올려 보냈다는 점에서 결정적 일보를 내딛었다. 뒤러는 이탈리아에서 수학하고, 미술 직인으로서 자신의 연구를 독일어 책으로 인쇄 출판하는 것의 의의를 충분히 이해하고 있었다. 인쇄에 대해서 뒤러는 정확하고 정밀한 도판이 과학과 기술에서 지니는 중요성뿐 아니라, 원화와 한 치의 오차도 없이 도판을 몇 장이고 다시 찍어낼 수 있는 인쇄술의 결정적 능력을 명확히 꿰뚫어 본 최초의 예술가였다. 이와 함께 뒤러는 당시 직인 세계에 만연하던 비밀주의 그리고 그와 동전의 앞뒷면과 같은 표절이라는 악습에 대항해 선구적으로 지知의 공개를 실천함과 동시에 근대적인 지적 소유권의 개념을 후세에 남겼다.

이렇게 해서 뒤러는 직인 미술가의 측면에서 새로운 과학으로 향하는 길을 열게 됐다. 이는 이탈리아 르네상스 미술의 자연주의·사실주의의 조류가 15세기 말 독일에 들어와 인쇄본의 융성과 문자 문화의 발흥이라는 새 시대의 공기와 맞닿음으로써 개화한 것이라고 볼 수 있다. 여기서 인쇄본이란 목판 삽화가 딸린 책을, 문자 문화는 속어(독일어)의 사용을 가리킨다.

그러나 뒤러는 『측정을 위한 지침』의 헌사에 "나의 시도와 교시를 학식 있는 사람들이 비난하는 일이 없기를 바란다"고 썼다. 또

『인체균형론』의 헌사에서도 "무학이자 지성이 결여된 데다 학식도 별로 없는 내가 스스로 공부하지도 않고, 타인으로부터 배우지도 않은 것을 쓰거나 가르친다는 데 대해 어떤 사람들은 분명 비난할 것이다"고 기술하고 있다. 여기에서 '무학ungelehrt'이라는 것은 단적으로 말해 라틴어를 할 줄 모른다는 뜻이다. 다시 말해 대학 교육을 받지 않았다는 것을 의미한다.[117]

파노프스키는 르네상스기의 예술가들이 과학에 기여한 것을 '구분-철거decompartmentalization'라고 부른다.[118] 여기서 철거돼야 할 구분이란 예술과 과학의 영역적 구분만이 아니다. 오히려 문헌에 의거한 이론적 연구로서 자유학예와 수공예적 숙련도에 의지하던 기계적 기예 사이의 사회적 장벽을 가리킨다고 봐야 할 것이다. 즉 '구분-철거'란 수평적 직종 사이의 월경뿐 아니라, 수직적이고 계급적인 장벽을 타파하는 것도 함의한다는 뜻이다.

『인체균형론』의 헌사에서 뒤러는 "중상의 위험에 노출될 각오로 집필했다"고 했다. 고등교육을 받지 않은 화가와 직인이 이론서를 써서 학자의 영역에 발을 들여놓는 것 그리고 무엇보다 그것을 속어로 집필한다는 것, 이는 역시 당시로선 상당한 압력이 예상되는 일이었다. 그럼에도 "나의 견해와 발견을 저술로 발표했지만 그런 일로 내가 비판 받을 만한 이유는 없다"고 단언함으로써 뒤러는 16세기 문화혁명의 의식적인 전위가 됐다. 실제로 속어를 사용한 수학서·기술서의 집필은 라틴어로 지켜져 오던 학자와 성직자들의 지적 독점에 바람구멍을 뚫는 것이었다.

제2장

외과의의 대두와 외과학의 발전

| 대학 의학부의 형성과 특이점

직인이 멸시당했다는 점에 관해선 의학·의료 세계에서도 사정이 다르지 않았다. 아니, 대학 의학부라는 권위적 존재가 있었기에 더욱 심했다. 대학 교육을 받은 의사가 도제 제도로 수련한 외과의나 이발외과의를 멸시함으로써 그런 현상이 나타난 것이다.

1543년에 나온 안드레아스 베살리우스Andreas Vesalius, 1514~1564의 『인체 구조에 관한 7권의 책De humani corporis fabrica libri septem』(통칭 『파브리카』)의 서문에는 "상류계급의 의사들은 고대 로마인을 흉내 내 손으로 하는 일을 경멸하고, … 조제는 약종상에게, 수술은 이발사에게 맡겨 버린다"고 나온다. 『파브리카』는 근대 해부학의 단초가 되는 책이다. 여기서 '의사'는 대학에서 교육을 받은 내과의를 가리킨다. "그들은 마치 페스트라도 본 것처럼 손으로 하는 일을 기피하며", 약의 처방과 식사 지시만 할 뿐, 수술을 포함해 손으로 하는 모든 치료를 "그들이 외과의로 부르며 거의 노예처럼 깔보던 사람들에게 맡겼다".[1] 그리고 아카데미즘 세계와는 무관하게 의료에 종사하던 16세기의 방랑 독일인 파라켈수스Paracelsus, 1493~1541는 세상 사람들이 자신을 "외과의이지 의사는 아니다ein chirurgus sein und kein physicus"고 말하며 비방했다고 기록하고 있다.² 즉 중세 후기부터 이 시대에 이르기까지 외과는 의학의 범주에 속하지 않았으며, 외과의는 의사로 쳐주지도 않았던 것이다.

원래 영어의 '외과surgery'도 프랑스어나 독일어의 '외과'를 가리키는 chirurgie와 함께 그리스어의 '수작업'을 어원으로 하는 '손을 사용한 치료manuum operatio' 일반을 의미한다. 또 '외과의'는 수작업에 종사하는 '의료 직인'을 가리켰다. 그리고 "긴 옷을 걸친 의사들은 외과의나 약사를 자기들보다 열등한 존재로 생각해 의사라는 명예로운 직업에서 몰아내려 했다".³ 참고로 앞에서 인용한 베살리우스의 책에 나오는 '이발사'라는 직업은 사실상 외과의의 역할을 맡고 있었다. 실제 그들은 이발이나 세안뿐 아니라 절개 수술과 헤르니아 교정에서 발치, 매독 치료에 이르기까지 광범하게 담당하는 '이발외과의'로서 외과의보다 한참 아래로 간주됐다.

사실 외과의나 이발사에 대한 멸시는 단순히 수작업에 종사한다는 데서만 유래하는 게 아니었다. 거기엔 "교회는 피를 싫어한다ecclesia abhorret a sanguine"는 그리스도교 사회의 독특한 사정이 있었다. 1215년 라테라노 공의회Council of Laterano는 성직자의 의료 행위를 금지하진 않았지만 칼로 째거나 불로 지지는 등 외과 처치에 손대는 것을 금지했다.⁴ 칼이나 메스로 인체를 절개하는 일은 의료 행위라고는 해도 성직자가 해서는 안 될 일로 치부됐던 것이다. 게다가 중세사가 자크 르 고프Jacques Le Goff에 따르면, 중세 서유럽에선 피에 대한 금기가 있었다.⁵ 이래저래 손에 피 칠갑을 하는 외과 처치는 기피와 천시의 대상으로 간주되었다.

의학의 세계에서 16세기 문화혁명은 그 같은 차별 구조 자체와 그런 구조에 의존하던 의학·의료의 존재 방식을 근저에서부터 타파하려는 것이었다. 중세에서 르네상스에 걸쳐 서유럽 의학·의료의 실태와 그 교육의 역사부터 간단히 살펴보자.

군사 국가 로마제국은 고대 그리스의 문화적·학문적 유산을 완전히 흡수해 계승할 만한 능력도 관심도 갖추지 못했다. 그리스 의학에 로마가 새롭게 쌓아 올린 것이라곤 공중위생 사상과 야전의학을 제외하면 거의 없다. 로마제국 최고의 의사, 클라우디오스 갈레노스Claudios Galenos, 129~216경는 황제의 시의侍醫에까지 올랐으나 태어난 곳은 소아시아의 페르가뭄이고 수학한 곳은 알렉산드리아였다. 그는 저서도 그리스어로 남겼다. 그런 점에서 로마라기보다 헬레니즘 문화에 속했던 갈레노스는 역시 '고대 그리스 의학의 총결산'이라고 봐야 할 것이다.[6] 같은 시기 코르넬리우스 켈수스Cornelius Celsus가 『의학De medicina』 8권을 포함한 백과전서를 펴냈지만, 15세기에 발견될 때까지 후세에는 거의 영향을 남기지 못했다. 다른 한편으로 중세에서도 애독된 플리니우스Gaius Plinius의 『박물지』에 나오는 의학의 대부분은 로마의 민간 의료였다.

어쨌든 서기 476년 서로마제국이 붕괴했을 때 히포크라테스에서 갈레노스에 이르기까지 축적된 고대 그리스와 헬레니즘 의학은 이미 대부분 소실되고 만 상태였다. 6세기에는 카시오도루스Cassiodorus, 490경~585경가 남부 이탈리아 수도원에 헬레니즘 의학을 전해 주었다. 7세기 전반 스페인 세비야의 이시도루스Isidorus, 560경~636가 쓴 『어원Etymologies』에도 의학과 의약에 대한 기록이 나온다.

또한 카롤링거 왕조 때 학교에서도 나름대로 의학을 가르쳤던 듯하지만, 전문적인 의학 교육과는 거리가 먼 것이었다.[7]

한편 그리스도교 본래의 입장에서 본다면 병고란 인간의 원죄에 대해 신이 내린 벌이다. 그런 의미에서 진정한 치료는 기적을 통해 나타나는 신의 구제로만 실현될 뿐이다. 이런 상황에서 무엇보다도 이교도의 이론인 그리스 의학은 호의적으로 받아들여지지 못했다. 그런 원리주의는 언제까지나 유지될 수 있는 게 아니었고 조만간 타협이 시작되긴 했지만, 그리스도교 고유의 의학 이론이 극히 빈약했음은 부정할 수가 없다. 실제로도 중세에 교회와 수도원의 부속 시설로 설립된 치료원(호스피탈)은 원래 사후 세계의 영적 구제를 보장해 주는 시설이었다. 이곳에서 근대적 의미의 의료 행위는 오랫동안 시행되지 않았다.[8]

당시 각지의 수도원에서는 수도사들이 알음알음으로 전해 내려온 단편적인 갈레노스 의학이나 디오스코리데스Pedanius Dioscorides, 40경~90경와 플리니우스 그리고 이시도루스의 책에 기록된 로마 시대 의학과 약학을 바탕으로 의료 행위를 하고 있었다. 하지만 이를 제외한다면 중세 전반기 ― 11세기 중반까지 ― 서구 사회에서 의료는 실질적으로는 갈리아나 게르만 민족에 전승되던, 주술과 별로 다르지 않은 토착적 의학 지식에 의존하고 있었다. 민중에 대한 의료 서비스의 대부분은 주술사나 지역 장로 또는 조산부들이 담당했다. 그리스도교 내부에서도 성물聖物에 의한 기적적 치료라는 비합리적 행위가 정말 효과가 있는 것이라도 되는 듯 공공연히 전해 내려오고 있었다.

변화는 11세기 시칠리아와 남부 이탈리아에서 시작됐다. 9세기경 남부 이탈리아의 휴양지 살레르모에 등장한 의학교가 직업으로서 의업醫業을 가르치는 첫 교육기관으로 인정받고 있다. 살레르모 인근의 몬테카시노 수도원에서는 카르타고 출신이면서 그리스도교로 개종한 아라비아인 콘스탄티누스 아프리카누스Constantinus Africanus, ?~1087가 아라비아 의학서를 라틴어로 번역했다. 이를 통해 그는 아라비아 의학뿐 아니라 이슬람 사회에 계승돼 있던 히포크라테스와 갈레노스의 의학을 유럽 세계에 소개했다. 이것이 헬레니즘 의학의 부활이자 서구 의학 부흥의 출발점이었다.

이는 11세기 후반의 일이지만 서유럽이 의학뿐 아니라 그리스 철학과 과학 — 특히 아리스토텔레스의 저술 — 을 재발견한 것은 12세기에 들어선 뒤였다. 소수 계몽된 선진적 유럽인들이 아라비아어로 옮겨져 이슬람 사회에 전해진 그리스 학술서와 이슬람 과학서를 의욕적으로 라틴어로 번역하기 시작한 것이다. 특히 1187년 사망한 크레모나의 게라르도Gerardo of Cremona와 그 제자들은 이베리아 반도의 톨레도에서 수많은 의학서와 철학서를 번역했다. 이렇게 해서 아비세나Avicenna, 또는 이븐 시나Ibn Sīnā 와 라제스Rhazes, 또는 알 라지 ar-Rāzī 와 같은 이슬람 학자들의 의학과, 그들을 통해 전수돼 온 고대 그리스 의학이 자연학·철학과 함께 서유럽에 알려지게 됐다.

이 과정을 '12세기 르네상스'라고 부르는데, 이를 통해 서유럽은 지적 이륙기를 맞는다. 12세기부터 13세기에 걸쳐 볼로냐, 몽펠리에, 파리, 살라망카, 파도바, 옥스퍼드에 고등교육기관으로 창설된 대학은 유럽 사회에서 엄청난 양의 신지식을 집약하고 보존하고 계승하기 위한 시스템으로 기능했다. 당연한 일이지만, 이렇게 '발견된 학문'으로서 의학은 새롭게 설립된 대학에서 가르쳐졌다. 그러나 이는 출발점부터 중대한 문제를 일으키는 원인이 됐다. 무슨 뜻이냐 하면, 이렇게 시작된 학문은 현실과의 격투에서 배태된 것이 아니라 고대 문헌 속에서 발견된 전적典籍 학문이었다는 것이다. 그뿐 아니라 대학 자체가 지적 노동과 육체노동의 분리를 전제로 삼은 데다, '자유학예'를 존중하고 '기계적 학예'를 멸시하는 고대 이래의 지적 풍토에 물들어 있었다.[9]

고대 그리스 의학은 사실 그리스 철학과 달리 경험주의적 측면을 지니고 있었다. 의성醫聖이라 불리는 히포크라테스Hippokrates, BC 460경~350경는 사변 과잉에 빠지는 것을 경계했다. BC 300년 전후의 알렉산드리아에선 인체 해부도 실시되었던 듯하다. 고대 의사들은 가업을 잇기 위해 부친으로부터 또는 도제 제도를 통해 현장에서 의학·의료 교육을 받았으므로 그리스 지식인들처럼 손작업을 멸시하지 않았다. 이처럼 원래 의학은 경험적 지식이었고, 의료는 현장 직인들이 하듯 경험에서 배우는 기술이었다.[10]

그런데 12세기 이후에 형성된 대학에서 의학부는 자유학예를 교육하는 교양 과정인 학예 학부의 상위 전문 과정으로서 신학부·법학부와 나란히 설치됐다. 의학이 신학이나 법학과 어깨를 나란히 하는 이론 과학으로서 지위를 얻게 된 것이다. 이는 '의사'를 가리키는 말로 고전 라틴어에 기원을 둔 medicus를 대신해 12세기 이후에는 physicus가 사용된 데서도 잘 나타난다. 실제 로마시대 플리니우스의 『박물지』에는 "마술은 처음엔 의료medicina에서 나왔다"는 표현이 있다.[11] 실제 라틴어의 동사 medicare는 '치료하다' '약초를 투여하다' 뿐 아니라 '마술을 쓰다'는 의미도 지니며, 명사 medicus는 주술적 의미를 지닌 치료자healer를 가리킨다. 이에 비해 physicus는 본래 '자연철학자'를 가리키는 것으로 이것이 '의사'를 지칭할 때는 '자연철학을 배운 학자로서 의사'라는 뜻을 함축하고 있다.[12] 이 같은 의미의 의사를 양성하는 곳인 대학에서 의학 교육은 신학이나 법학과 마찬가지로 고대 문헌의 강독에 바탕을 두고 실시됐다.

신학은 성서와 교부敎父의 저작물에 대한 해석을 유일한 연구 대상으로 하며, 법학 또한 로마법과 교회법의 연구에서 발전한 것이었다. 둘 다 문서에 의존한 탁상 학문이긴 했지만, 그렇다고 별 문제가 되지는 않았다. 그러나 의학은 본래 의료 행위와 밀접하게 관련된 실용 학문이다. 대학이 형성되기 직전인 1123년경 생 빅토르Saint Victor 수도원 학교의 교수 위그Hugues가 필요한 커리큘럼을 확립할 목적으로 쓴 『디다스칼리콘Didascalicon, 학습론』에는 학예가 '사변적theorica' · '논리적logica' · '실천적practica' · '기계적mechanica'인 것으로 분류돼 있다. 이 가운데 의학은 병기학 · 기계학 · 상학 · 농학 · 수렵학과 함께 '기계적 기예'에 속했다.[13] 손을 사용하는 의학은 사변적이고 이론적인 자유학예의 테두리에서 벗어나 있었으며, 자유학예보다 한 단계 열등한 것으로 간주되었다. 이에 더해 "영혼은 육체보다 훨씬 존엄하다"(제4회 라테라노 공의회)[14]고 본 그리스도교 사회에서 육체를 구제하는 의료는 당연히 영혼을 구제하는 신앙에 대한 보완으로서, 신앙의 하위에 놓여 있었다.

그런 까닭에 의학부는 신학이나 법학과 함께 전문 학부로서 대학에 설치된 뒤에도 여전히 저급한 존재로 간주되었다. 1389년 빈 대학에서는 그리스도교의 성배 축제 퍼레이드를 할 때 의학부 교수가 하급 귀족과 함께 행진했다. 그다음으로 법학부 교수가 상급 귀족과 함께, 그리고 마지막으로 신학자는 공작이나 백작과 같은 대귀족과 함께 행진하도록 정해져 있었다. 세 학부 사이에는 매우 역력한 격차가 있었던 것이다.[15] 또한 법률 학교에서 출발한 볼로냐대학에선 15세기가 돼서도 의학부를 법학부와 동등하게 볼 것인지 말 것인지에 대해 진지한 논의가 이뤄졌다. 발단은 14세기 말 인문주의자 콜루키오 살루타티Lino Coluccio di Piero Salutati, 1331~1406가 쓴 『법과 의학의 고귀함에 대하여』였다. 이 책에선 영원한 신적神的 지혜에 관련한 학식으로서 법학에 대비해, 지상의 생성·소멸에 관련한 기예로서 의학을 그 하위 학문으로 규정했다.[16] 이런 경향은 이탈리아의 다른 대학에서도 비슷하게 나타난다. 요컨대 스콜라 문화의 서열 순서를 따지자면 위에서부터 신학, 법학, 의학의 순이었다.[17]

그런 이유에서 애초부터 의학부 교수들은 신학이나 법학이 타당하게 여기는 진리 개념이나 교수 방법을 의학에도 적용함으로써 의학부의 위신을 신학부나 법학부에 가깝게 만들려고 했다. 이는 이론적으로는 자연철학과 논리학에 근거해 '질병의 원인'을 사변적으로 탐구하는 자세로 나타났다. 또 형식적으로는 '설문·증명·반론·답변 그리고 결론이라는 일련의 과정을 밟아 엄밀한 삼단논법적 논증의 축적을 통해 의학을 체계화하려는 노력'[18]으로 진행됐다. 의학 교육도 텍스트의 해석을 주로 하는 강의와, 그와 관련한 토론이 중심이었다. 그 과정에서 근거가 되는 것은 오로지 갈레노스나 아비세나의 권위 있는 문헌이었다. 신학부나 법학부에 필적할 만한 위신을 의학부에 부여하려는 이 같은 노력은 한편으로는 의학의 '스콜라학화'를 촉진했고, 다른 한편으로는 의료 행위와 임상 경험을 짐짓 경시하도록 만들었다.

대학에서 영위되던 이 같은 이론 편중의 스콜라 의학이 수작업에 간여하는 일을 업신여기며 손에 피를 묻히는 외과를 소홀히 하는 방향으로 나아간 것은 매우 자연스러운 결과였다. 대학 의학부의 출현은 의학의 이론 부문을 '학문'으로 순화시킨 반면, 외과를 학문의 테두리 밖으로 밀어내고 말았다. 대학에서 외과학을 강의하긴 했지만 그것은 '이론'으로서 외과학 지식이었지, 현실의 치료나 수술 작업 — 환자와의 접촉 — 은 오직 외과 직인인 외과의나 이발사에게 맡겨졌다.

| 볼로냐, 몽펠리에 그리고 파리

그래도 이탈리아에선 — 살레르노 의학교의 영향도 있었기에 — 의학 이론뿐 아니라 임상 의료 행위도 중시되고 있었다.[19] 13세기 볼로냐의 의사 타데오 알데로티 Taddeo Alderotti는 의학의 이론화 — 스콜라학화 — 의 선봉으로 알려져 있지만, 그렇다고 해서 임상을 소홀히 하지는 않았다.[20] 특히 볼로냐 대학은 애초부터 외과를 중시해 이를 커리큘럼에 포함시켰다. 실제 볼로냐는 루카의 후고 Hugh of Lucca, ?~13세기 중반와 그의 아들 테오도리크 Theodoric, 그리고 테오도리크와 같은 시대의 굴리엘모 다 살리체토 Guglielmo da Saliceto, ?~1280와 그의 제자인 밀라노의 랑프랑코 Lanfranco of Milan, ?~14세기 초, 다시 랑프랑코의 제자인 앙리 드 몽드빌

Henri de Mondeville, 1260~1320과 같은 몇 명의 탁월한 외과의를 배출했다. 볼로냐대학의 의학 교육에 대한 상세한 내용은[21] 14세기 초 볼로냐의 해부 교육이 부활했던 것과 관련해 다음 장에서 살펴보자.

후고는 상처 치료에 있어서 화농하도록 두는 게 좋다는 고대의 미신을 부정하고 상처 부위를 건조시키는 것이 일차적 치료 조건임을 발견했다. 쓸데없이 연고를 붙이면 오히려 치료를 방해한다고 보고, 이를 사용하지 않은 채 와인으로 부위를 씻어내 화농을 방지했다. 현재 알려진 바에 따르면 후고는 책을 남기지 않았지만, 그의 주장은 아들인 테오도리크의 『외과학』에 기록돼 있다.[22] 후고의 시대에는 의료업이 부모가 자식에게 물려주는 가업의 성격이 강했던 듯하다. 그러나 테오도리크의 저서는 대학에서 교육되는 학문에서는 벗어나 있었다고 할 수 있다. 굴리엘모도 『외과학』(초판 1268년, 재판 1275년)을 남겼다. 라틴어로 쓰인 책이지만 속어판 사본도 나돌았고, 15~16세기에는 몇몇 언어로 번역돼 여러 차례 인쇄됐다. 그는 상창傷創의 화농에 대해서는 후고와 견해가 달랐다. 하지만 경험을 중시하며, 비판적이고 합리적인 정신을 지니고 있었다. 헌사에는 "나의 목적은 … 오랜 경험으로 익힌 지식을 바탕으로 손으로 하는 처치에 대한 책을 편집해 내 스스로 직접 행했던 치료 사례를 보여 주는 데 있다"고 썼다.[23] 그런 이유로 "굴리엘모가 철학 쪽으로 과도하게 기울지 않았던 것은 그가 이론 의학보다 외과학에 종사하고 있었기 때문일 것이다"고 말하는 학자도 있다.[24] 한편 랑프랑코는 이탈리아에서 교황파와 황제파의 싸움에 휘말려 프랑스로 망명, 필리프 4세의 왕실 의사가 됐다. 1296년 그는 임상 경험을 담은 『대외과학』을 펴내 이탈리아 외과학을 프랑스에

소개했다. 이 때문에 그는 '프랑스 외과학의 창시자'로 불린다.[25]

경험을 담았다고는 하지만 중세의 대학에서 학문은 기본적으로 문서에 편중돼 있었다. 이는 외과의 기 드 숄리아크Guy de Chauliac, ?~1368경가 1363년 완성한 『외과학총론Chirurgia magna』에서 찾아볼 수 있다. 숄리아크는 프랑스 농민의 아들로 태어났지만 관대한 영주 덕분에 교육을 받을 수 있었다고 전해진다. 사회적 유동성이 극히 낮았던 시대치고는 매우 드문 일이었다. 그는 몽펠리에, 볼로냐, 파리에서 수학하고 아비뇽에 유폐돼 있던 교황 클레멘스 6세(재위 1342~1352)의 시의侍醫에까지 오른다. 그는 운만 좋았던 것이 아니라 역시 재능을 타고난 데다 인품도 훌륭했다. 1348년 흑사병으로 불리던 페스트가 유행했을 때 많은 의사들이 피난을 떠난 뒤에도 그는 아비뇽에 남았다. 스스로 페스트에 걸렸으나 기적적으로 목숨을 건졌다. 그 과정에서 겪은 경험을 바탕으로 페스트의 증상을 정확히 기록했다. 그는 페스트에 대한 예방 조치로서 환자의 격리가 얼마나 중요한지 일찌감치 강조한 것으로 알려져 있다. 이처럼 스스로 실천적 외과의였던 숄리아크는 헤르니아나 백내장 수술도 했으며, 골절이나 탈구 치료에도 뛰어난 솜씨를 보였다. 또한 그는 외과의에게 해부학 지식이 중요하다고 주장했다. 그러나 라틴어로 쓰인 그의 저서를 보면 외과학은 의학의 한 분야이며, 그 이론은 의학의 일반 원리로부터 도출될 수 있다는 기조로 일관하고 있다. 히포크라테스, 아리스토텔레스, 갈레노스 그리고 이슬람 의사들의 수많은 저서를 바탕으로 한 것이다. 그는 이처럼 외과학에 이론적 근거를 제공함으로써 권위를 높이려고 했던 것이다. 그리고 실제로 그의 저서는 16세기 중반까지 외과학의 가장 권위 있는 교과서로 간주돼, 필사본의 시대부터 초기 인쇄본 시대에 걸쳐 계속 중판에 중판을 거듭하면서 많은 언어로 번역됐다.[26]

살레르노 의학교는 서유럽에서 대학이 형성되기 전에 먼저 자리를 잡았는데, 이와 어깨를 나란히 하는 또 하나의 의학 교육의 발상지가 이탈리아 국경 부근의 몽펠리에였다. 12세기 솔즈베리의 존John of Salisbury이 쓴 『메탈로기콘Metalogicon』에는 몽펠리에와 살레르노에서 의학을 배우는 학생들에 대한 기록이 나온다. 또 같은 시기 독일 슈바벤의 작가 하르트만Hartman von Aue의 『가엾은 하인리히 Der arme Heinrich』에도 살레르노와 나란히 몽펠리에의 의사가 등장한다. 몽펠리에 의학교는 대학으로 공식 승격하던 13세기 이전부터 존재하고 있었다. 남부 프랑스 랭독 지방의 중심 도시로서 여러 문화의 합류 지점이었던 몽펠리에의 의학은 이탈리아뿐 아니라 이베리아 반도의 이슬람교도와 남프랑스 유대인들의 의학에서도 영향을 받고 있었다. 몽펠리에대학은 처음으로 의학을 교육한 대학으로, 13세기 말부터 14세기에 걸쳐 앙리 드 몽드빌이 강단에 섰으며 숄리아크도 거기서 수학했다고 알려져 있다. 13세기 외과학은 대학의 공식 커리큘럼에는 없었지만 실제로 교습이 이뤄지고 있었다. 교육에서는 임상 실습이 의무화돼 의료 행위와 의학 이론이 비교적 통일돼 있었다.[27]

이와 달리 신학부 중심의 파리대학에선 13세기와 14세기를 통틀어 외과학이 교육된 적이 없다. 파리대학은 가톨릭교회의 헤게모니가 철저히 관철되던 서구 그리스도교 사회에서 가장 높은 권위를 지니고 있었던 곳이다. 1271년 파리대학 의학부의 학칙은 치료의 처방은 숙련의만이 할 수 있으며, 외과의나 약종상은 그 영역을 벗어나서는 안 된다고 규정하고 있었다. 외과의와 약종상이 의사의 업무 영역에 발을 들여놓는 것, 즉 의료에 간여하거나 조언하는 것은 금지되었다. 의사의 지시에 따라, 외과의는 손을 써서 하는 처치만 하고, 약종상은 의약의 조제에만 종사할 수 있었던 것이다. 뒤집어 말하면 의사는 진단하고 지시만 할 뿐이며, 직접 손을 움직이진 않았던 것이다. 1350년 파리대학은 이런 조항도 의학부 학칙에 추가했다. 모든 신입생은 외과 처치와 같은 일에 손을 대지 않겠다는 취지의 서약을 해야 한다는 것이다. 또한 실제로도 파리대학은 1408년 손을 사용하는 치료에는 두 번 다시 간여하지 않을 것을 서약하는 조건으로 외과의 한 명을 의학부에 받아들였다. 파리에선 "손을 사용하는 직업으로서 외과는 14·15세기를 통해 의학부와 엄격히 분리돼 있었다".[28]

그러나 파리대학의 그 같은 방침은 의사에게서 실무자로서 필요한 기술을 박탈하는 결과를 낳았다. 실제 의사는 치료 기술에서는 외과의나 이발외과의에게, 그리고 의약 지식에서는 약종상에게 뒤떨어졌다. 게다가 불행하게도 파리대학의 조직과 교육은 나중에 옥스퍼드나 케임브리지를 포함한 유럽 대학들의 규범이 됐다.[29] 14세기 후반 몽펠리에에서 쓰인 문서에는 파리나 북유럽 의사들이 학예에 정통해 논리학과 변증법에 대해선 훌륭한 지식을 지녔을지 몰라도, 환자의 관장을 어떻게 하는지도 모른다고 기록돼 있다.[30] 앞서 살펴본 랑프랑코도 이렇게 탄식했다.

오늘날 의사와 외과의 사이에 왜 이리도 커다란 장벽이 생겨난 것일까. 의사는 모든 처치 operatio를 아무것도 모르는 초짜에게 내맡긴 채 손을 움직이려 하지 않는다. 누군가가 말했듯, 손을 쓰는 일을 하면 체면을 구기기라도 한다고 보기 때문일까. 아니면 아예 치료 방법을 모르기 때문일까 — 나는 그렇다고 믿는다. 지금은 이 같은 악습 탓에 한 사람이 의학과 외과학 양쪽을 다 아는 것은 불가능하다고 생각될 것이다. 그게 아무것도 모르는 일반 대중들의 생각일 것이다. 그러나 외과학을 알지 못하면 훌륭한 의사가 될 수 없으며, 거꾸로 의학을 알지 못하면 훌륭한 외과의가 될 수 없다는 점을 명심해야 한다.[31]

잉글랜드에서도 14세기 런던의 성직자로서 세인트 바솔로뮤 병원St. Bartholomew's Hospital의 의사이던 머필드의 존John of Mirfield, ?~1407은 의사와 외과의의 분열에 대해 이렇게 기록했다. "이는 의사의 편견 때문에 일어난 게 아닌가 하고 생각한다. 의사는 손을 쓰는 일을 아랫것이나 하는 일로 얕잡아 본다. 실제로 그들은 개별 증상에 대한 처방을 전혀 모르는 게 아닌지 의심이 간다".[32] 파리대학에서는 물론, 옥스퍼드나 케임브리지에서도 걸출한 의사는 나오지 않았다.

중세 후기의 의료와 의학

대학이 처음 출현했을 때부터 이 시기(중세 후기)에 이르기까지 대학 교육을 받은 의사의 수는 극히 적었다. 자크 베르제Jacques Verger의 저서에 따르면, "이탈리아나 프랑스나 잉글랜드의 여러 도시에 관한 연구들은 인구 1,000명당 약 한

명의 의사가 있었다는 일치된 결론에 이르고 있다". 하지만 다른 연구에서는 그보다 훨씬 적었던 것으로 나타난다. 도시 인구 1만 명당 흑사병이 창궐하기 전(14세기 전반)에는 3명, 16세기조차 그보다 조금 많은 수 정도였던 듯하다.[33] 이것도 도시에 국한된 얘기다. 실제 "대학에서 교육을 받은 의사는 다치고 병든 사람의 극히 일부밖에 진료하지 않았다. 그들은 국왕이나 교황 또는 명문 귀족과 사제의 의학적 조언자였다. 개업한다 하더라도 시장성이 큰 도시에 한정돼 있었다. 농촌은 말할 것도 없고, 소도시에서조차 대학 물을 먹은 의사를 만나는 것은 매우 드문 일이었다".[34] 결국 그들은 왕후장상이나 도시의 유력층 또는 유복한 상인과 같이 극소수의 지배층을 위한 의사였다. 압도적 다수인 대중과는 아무 관계가 없는 존재였다. "주민의 일차 진료는 주로 대학 문턱에도 가 보지 못한 의료 전문가에게 맡겨졌다"는 것이다.[35] 후미진 농촌이나 산간벽지는 물론, 도시에서 사는 대부분의 주민조차도 진료를 받으려면 의사가 아닌 다른 사람을 찾아갔다. 이발외과의나 약종상 또는 조산부, 아니면 공중목욕탕에서 흡각吸角이나 사혈瀉血과 같은 의료 행위를 하는 욕탕 주인, 그 밖에 경험 많은 노인과 약초사나 주술사, 나아가 무자격 의사나, 심지어는 이 마을 저 마을 떠돌아다니는 야바위꾼 같은 돌팔이 의사들이 바로 그들이었다.

여기서 말하는 '무자격 의사'에는 쉽게 상상이 가는 돌팔이 의사나 수상한 냄새가 나는 기도사·주술사뿐 아니라 유대인 사회에서 교육을 받은 유대인 의사나 조산부, 기타 여성 의료 종사자도 포함된다. 당시 유럽에서 유대인은 의학박사 학위를 취득할 수 없었다.[36]

여기에서 여성 의료 종사자에 대해 좀 더 알아 보자. 1271년 파리대학 의학부의 규칙은 '외과의 또는 여자 외과의, 약종상 또는 여자 약종상, 약초사 또는 여자 약초사cirurgicus seu cirurgica, apothecarius seu apothecaria, herbarius seu herbaria'에 대한 명령으로 돼 있다. 또 당시엔 조산부 이외에도 여러 부문에서 여성이 일하고 있었다고 추정된다.[37] 중세 후기 독일에서도 도시의 의사는 겨우 한두 명이었고, "시민은 대개 민간 의료에 의존하고 있었으며, 거기엔 여성이 의료·약제 종사자로서 깊이 관여하고 있었다".[38] 실제 중세 시대엔 빙겐 수녀원의 힐데가르트Hildegard, 1097~1179처럼 약초에 해박한 여성도 적잖이 활동하고 있었다. 또 민중 의료 현장에서 여성이 했던 역할은 일반적 의학사 서적에 나오는 것보다 훨씬 비중이 컸다.

이는 당시 문학작품에서도 읽을 수 있다. 독일에서 12세기 말 하르트만Hartmann von Aue의 『에레크Erec』나 『이바인Iwein』, 13세기 초반 볼프람Wolfram von Eschenbach의 『파르치발Parzival』, 잉글랜드에서도 15세기 초의 운문문학 『이거와 그라임Eger & Grime』 등에 의료 기술을 지닌 여성이 진료하는 장면이 묘사돼 있다. 고트프리트Gottfried von Strassburg의 『트리스탄과 이졸데』에선 약물학 지식이 있는 아일랜드 여왕이 등장한다.[39] 15세기 말 스페인의 희곡 『라 셀레스티나La Celestina』의 여주인공은 '성격 나쁘고 교활한 여자'이자 '마법사'로 나오지만 동시에 "약초에 도가 텄고 아이들의 병을 낫게 한다"고 묘사된다. 16세기 전반의 의사 라블레François Rabelais가 쓴 『가르강튀아와 팡타그뤼엘』에서도 '용한 의사로 소문이 자자한 한 쭈그렁바가지 노파'가 나온다. 역시 16세기 에드먼드 스펜서Edmund Spenser의 『요정여왕The Faerie Queene』에는 약초에 도통하고 의술을 익힌 지체 높은 여성이 등장한다.⁴⁰ 이들은 극히 일부의 예다. 이 시대의 문학에 등장하는 의술을 아는 여성은 깜짝 놀랄 만큼 높은 신분, 아니면 사악하고 마법을 부리는 사람으로 묘사돼 있다. 어느 쪽이든 범상치 않은 여성으로 간주되었다.

참고로 이 시대에 요술을 부렸다고 고발된 피고의 80%가 여성(마녀)이었다. 그런 여성들은 조산부나 기도사(특히 병에 효능이 있는 비술에 능통한 사람)로서 일반 대중에 영향력을 지니고 있었다. 여성이 마녀로 많이 고발된 것은 조산부나 기도사들이 교구 사제의 라이벌이 됐기 때문이라는 지적도 있다.⁴¹ 조산부가 영업하려면 그 지방의 사제가 발급한 면허증이 있어야 하는 지역이 있었다. 의료 기술이나 의학 지식을 문제 삼기보다 오히려 여성의 도덕적·종교적 독실함을 심사하는 것이었다. 신생아의 사망률이 높은 시대였던 만큼 사제가 자리를 비웠을 때 조산부가 대신 긴급 세례를 해 줘야 하는(그렇게라도 하지 않으면 사망한 유아는 영원히 천국에 갈 수 없다고 여겨졌고, 현실적으로 그리스도교도의 묘지에 매장되지도 못했다) 경우가 있었기 때문이다. 또 한편으로는 거꾸로 조산부가 낙태를 해 주거나 혼외정사로 태어난 영아를 살해하도록 방조하기 쉽다고 여겨졌기 때문에 그들의 도덕심이나 신앙이 중시됐던 것이다.⁴²

프랑스에선 대학에서 문전박대를 당하던 외과의가 독자적으로 길드를 조직함으로써 자신들의 이익을 보호하고 있었다. 파리에는 외과의들의 길드가 13세기 중반께 형성되었다. 결국 이 길드는 파리 시 당국의 인가를 획득했으며, 이로써 힘을 얻은 외과의가 13세기 말 대학 의학부에 대항하여 '생 콤 Saint Cosme 학원'을 조직해 자체적인 교육과 면허 체계를 창설하기에 이른다. 여기엔 무자격 의료 종사자가 증가하고 통제 불능의 의료 행위가 만연하는 현실을 규제하겠다는, 이른바 세속적 권력을 쥐어 보려는 뜻이 있었다. 또한 외과의 기술 수준을 유지하는 동시에 도시 의료 시장의 점유율을 확보해 생활 기반을 안정시키려는 외과의 집단의 이해와 맞아떨어진 것이었다.[43] 이처럼 14세기 전반 파리 외과의 단체는 의료와 교육 양면에서 유력한 존재로 떠올랐다. 1364년에는 프랑스 국왕의 법률에 따라 생 콤 학원이 국가 공인을 받았다. 또 궁정 외과의사단, 파리시장과 공동으로 외과의를 심사, 인가해 주는 권한도 부여 받았다. 외과의 길드는 외과의 자격 심사의 공인 단체가 될 정도로 세력이 커졌던 것이다.

한편 이발외과의 조합도 거의 동시에 형성돼 있었다. 그들의 존재를 확인할 수 있는 최초의 증거는 1371년 샤를 5세가 파리 이발사조합 법령을 승인한 데서 찾을 수 있다. 그리고 외과의 조합과 이발외과의 조합 사이에 벌어진 알력에 대해 1372년 법정은 "(이발외과의는) 종양이나 궤양, 기타 절개된 상처에 대해선 외과의의 간섭을 받지 않고 고약이나 연고 기타 유사한 처치를 할 수 있다"는 판결을 내림으로써 이발외과의 조합의 독립성을 인정했다.[44] 또 1360년 중단됐던 영국과 프랑스의 백년전쟁이 1369년 재개되자 왕실은 외과 치료 기능자로 편성된 부대가 전쟁 수행에 반드시 필요하다는 사실을 인식하게 되었다.

그 결과 14세기 말에는 우선 대학 의학부에서 수학할 자격을 지닌 소수 엘리트 의사, 그다음으로 생 콤 학원에서 교육 받은 비교적 소수 집단으로서 외과의(장인 외과의), 이어 도제 제도를 통해 기술을 익힌 뒤 병원에서 숙식하면서 솜씨를 닦은 이발외과의 그리고 그 밑에 약종상, 나아가 무자격 의료 종사자로 이뤄진 위계질서가 형성됐던 것이다. 의사는 극소수 상류계급 환자를 진단해 약종상에게 약의 처방을 내려 주었다. 환자가 특별한 수술을 원할 때는 외과의에게 시켰고, 외과의는 독자적으로 돈 많은 환자에 대해 외과 처지를 실시했다. 이발외과의는 병원에서 외과의의 감독하에, 또는 독립해서 일반적인 치료를 함으로써 일반 시민의 의료 수요에 부응했다. 그래도 이들의 의료 서비스를 받지 못하는 많은 빈민과 농민들이 존재했다. 무지몽매한 시대였던 만큼, 유복한 귀족이라고 해도 엉터리 같은 주술사나 기도사와 같은 부류들에게 매달리는 사례도 적지 않았다.

그러나 이 시대 의료의 최대 문제점은 의사의 절대 수가 부족하고 특정 지역에 편재돼 있었다는 점이 아니라, 의학·의료가 원래부터 힘이 없었다는 점이었다. 실제 질병이란 네 가지 체액(혈액·점액·흑담즙·황담즙)의 균형이 깨진 데서 비롯한다는 갈레노스의 이론은 물론, 당시 흔히 행해지던 소변의 색깔로 병을 진단하는 기술이나 치료 목적으로 피를 뽑는 사혈 등도 모두 병리학적 근거가 취약했다. 또 대학 의학부에서 가르치던 하제下劑나 식이요법에 의한 치료도 효능이 보증된 것은 아니었다. 대학에서 배운 의사들은 철학과 논리학에 정통했지만, 인간의 몸에 대해선 사실 거의 아무것도 알지 못했다.

16세기 말 대학에서 의학을 공부한 벨기에 의사 헬몬트 Jan Baptista van Helmont는 다음과 같은 매우 흥미로운 회상기를 남겼다.

나는 갈레노스의 책들을 두 번 통독하고, 히포크라테스도 엔간히 읽었으며, 아비세나도 모조리 읽었다. 그리스인과 아라비아인이 쓴 책 그리고 동시대인들이 쓴 책도 600권 정도 모두 열심히 꼼꼼히 읽어 나가면서 따로 써 둘 만한 가치가 있는 중요한 대목들을 하나씩 기입해 뒀다. 나중에 그 기록들을 모아 훑어봤을 때, 그 내용의 빈약함에 입이 다물어지지 않았다. 이 따위에 왜 그리도 많은 노력과 세월을 들였는지 진저리가 날 정도였다. … 그리고 개업의에게 얘기해 환자를 진료하는 데 함께 가 봤다. 직접 눈으로 보자 불쾌한 느낌이 들었다. 치료 방법이 불확실한 데다 대충 짐작으로 하는 것이었다. 후회가 됐다. 갖가지 질병에 대해 논하는 일은 능숙하게 할 수 있게 됐지만, 단순한 치통이나 옴조차 근본적인 치료를 할 수 없었다. … 의술이란 그저 가짜나 사기가 아닌가 하는 생각이 들었다.[45]

그런데 이 같은 실정은 대학의 울타리 밖에 있던 사람들의 눈에도 들어오고 있었다. 이미 14세기에는 이탈리아 학자 페트라르카 Francesco Petrarca가 의학에 대한 불신을 표시했다. 16세기 초반에 쓰였다고 생각되는 레오나르도 다 빈치의 수기에는 "건강, 그것은 의사에게서 몸을 지키면 지킬수록 좋아질 것이다. 의약의 조제라는 것은 연금술쯤에 불과하다"는 신랄한 기록이 나온다.[46] 또한 16세기 후반에는 지병으로 고생하던 몽테뉴Montaigne가 "그들(의사들)은 갈레노스를 잘 알고 있지만, 환자에 대해선 아무것도 모른다", "대부분의 사람들은 의사를 믿기보다는 달리 방법이 없어서 의사에게 기대고 있다"고 공언했을 정도다.[47] 그런 까닭에 "의사들의 처방과 처치를 잘 살펴보면, 어느 하나 제대로 된 진단과 계획이 없이 그날그날 생각 닿는 대로 해치우는 데 불과하다는 것을 알 수 있다"[48]고 한 1605년 프랜시스 베이컨Francis Bacon의 지적은 당시 의료 현실을 잘 표현해 준다. 의학의 변혁은 실제로 환자와 매일 접하던 외과의와 이발외과의가 시동을 걸지 않으면 달리 기대할 수가 없었던 것이다.

그럼 외과의와 이발외과의의 관계는 어떠했을까. 외과의는 이발외과의에게 수작업을 시키고 스스로는 감독하는 입장에 섬으로써 자신의 사회적 지위를 강화하려는 경향이 있었다. 이미 앙리 드 몽드빌이 "이전부터 의사들은 사혈을 자신의 신분에 어울리지 않는다는 이유로 외과의에게 맡겼으나, 결국 외과의는 이를 이발사에게 떠넘겼다"고 기록했다. 그뿐 아니라 14세기 말 파리의 외과의들은 생 콤 학원을 대학과 유사한 조직으로 개편해 모든 도제에게 라틴어를 읽고 말할 수 있는 능력을 입학 조건으로 내걸었다. 스스로 의사 신분에 가까워지려고 했던 것이다.[49] 그 같은 공허한 개혁 — 의사擬似 대학화 — 으로 환자와의 거리를 벌려 놓음으로써 외과의가 지녔던 실천 의료인으로서 진정한 이점을 포기한 것이다. 결과적으로 외과의들은 자신들의 기반을 스스로 취약하게 만들고 말았다.

한편 이발외과의들은 전혀 다른 길을 가고 있었다. 직인으로 고용돼 있던[50] 대학에선 강단의 교수들의 지시에 따라 시체 해부에 종사했고, 병원에선 외과의의 감독하에 절개나 사지절단 수술에서 간단한 상처 치료에 이르기까지 손에 피를 묻히는 작업 전반을 떠맡았다. 빈발하는 전쟁에도 종군해, 결과적으로 많은 경험을 쌓았다. 뉘른베르크의 마이스터 시인 한스 작스Hans Sachs, 1494~1576는 이

발사의 일을 이렇게 노래했다.

> 나에 대한 칭송은 어디에서나 들려오네. 신의 은총에 감사하리. 찢어진 상처, 오래된 상처, 부러진 뼈를 고쳐 주네. 척척 듣는 고약도 내가 만들고, 매독도 내가 낫게 하지. 백내장·녹내장도 내가 수술하고, 화상을 낫게 하는가 하면, 이도 뽑아준다네. 그뿐이랴. 면도도 말끔히 해주고, 머리도 감겨 주고, 이발도 해 주질 않나. 사혈 솜씨도 그만이지.[51]

이는 16세기 독일의 이야기지만 다른 곳에서도 별 차이가 없었다. 이발외과의는 여러 분야에서 기량을 자랑하고 있었던 것이다. 그런 이유에서 "외과의는 반드시 이발외과의보다 뛰어난 외과의라고 할 수는 없다. 다른 점은 입고 다니는 옷과 지위에서 나오는 것이었다"는 게 현실이었다. 수적으로도 이발외과의는 외과의를 웃돌았다. 그리고 "프랑스와 잉글랜드의 일부 대도시를 제외하면 합법적인 의료 종사자의 대부분이 이발외과의였다는 점은 거의 의심할 여지가 없었다".[52] 결국 프랑스에서 외과의가 쓸데없이 잘난 척하면서 의사들과 경쟁에 몰두했던 데 비해 임상의로서 실력을 쌓아가고 있었던 것은 이발외과의였다. 르네상스기 과학에 관한, 마리 보어스Marie Boas의 책에는 "이 시기의 모든 저명한 프랑스인 외과의는 이발외과의다"고 기록하고 있다.[53] 얼마 안 있어 이발외과의 가운데에서 앙브루아즈 파레Ambroise Paré가 출현한 것도 결코 이상한 일이 아니다.

| 흑사병이 가져온 것

중세 이래 의료 종사자들 사이의 그 같은 역학 관계에 커다란 영향을 준 요인 중 하나가 흑사병이었다. 흑사병은 1347년부터 1351년에 걸쳐 유럽 전역을 유린하고, 그 뒤에도 계속 맹위를 떨쳤다. 통설에 따르면 유럽에서 인구의 4분의 1 또는 30% 가까이, 즉 2,000만~2,500만 명 정도를 잃었다고 추정된다.[54] 이 숫자의 신빙성이 어느 정도인지는 알 수 없다. 특히 최근엔 그 피해와 영향이 과대평가돼 왔다며 이를 바로잡으려는 경향이 있는 듯하지만,[55] 흑사병이 무시무시한 참화였다는 사실은 틀림없다. 흑사병의 대유행 앞에서 짧게는 500년, 길게는 2,000년이나 묵은 아라비아나 그리스의 이론에 매달려 임상을 경시하던 당시의 아카데미즘 의사는 전혀 무기력했다. 1348년 필리프 6세는 대학 의학부에 흑사병에 대한 대책을 자문했지만 의사들의 답변은 사실상 도움이 되지 못했다. 창궐하는 역병 앞에서 갈레노스의 체액병리학의 무력함이 드러났을 때, 의사들이 기댄 것은 점성술이었다.[56] 흑사병이 유행하는 곳에 남아 치료 활동을 하다 스스로 감염되기도 했던 외과의 기 드 숄리아크의 기록에 따르면 "의사는 아무런 도움이 되지 못했고, 감염을 두려워해 환자 집에는 아예 발을 들여놓으려 하지 않는 몰염치한 지경에 이르렀다".[57] 의사들은 어찌할 줄을 몰랐던 것이다.

그에 비해 주로 현장에서 경험을 통해 의료를 배웠던 외과의나 이발외과의는 이 새로운 사태에 나름대로 과감히 대처할 수 있었다. 원래 당시 의학의 주요한 목적은 예방과 진단이었고, 실제 치료는 대개 외과의와 이발외과의에 맡겨져 있었기 때문에 어찌 보면 당연한 일이다.[58] 페스트는 1349년 봄 빈에까지 들이닥쳤는데, 현대의 저널리스트 힐데 슈묄처Hilde Schmölzer가 쓴 『빈 페스트 연대기Die Pest in Wien』에는 다음과 같은 대목이 나온다.

> 기록에 따르면 외과의가 사람들의 호감을 샀는데, 이는 외과의가 페스트가 휩쓸고 있는 마을에 계속 남아 있었기 때문이다. 실제 저명한 의사들은 대부분 자기들의 고객, 즉 왕가나 상류 귀족과 함께 마을을 떠나 버렸다. 가난한 민중을 상대로 하던 외과의는 마을에 남아 있을 만한 이유가 있었다.

여기에서 인용된 '기록'이 무엇인지는 모르지만, 실제로 외과의 — 독일에서 외과의는 사실상 이발외과의였다 — 가 모두 마을에 남아 있었던 것은 아니었을 게다. 그러나 15세기 독일에서도 1473년 페스트가 한창이던 시기에 의사들이 도주하자 마을에 남은 외과의가 치료 활동을 했다고 외과의사 브룬슈비히Alexander Brunschwig는 기록하고 있다. 16세기 리옹에서도 페스트 치료에 나선 것은 외과의와 이발외과의였다고 돼 있다.[59] 14세기의 사정도 거의 같았다고 보인다.

그런데 그들이 마을에 남아서 무엇을 할 수 있었을까. 당시의 기록에 나름대로 효험이 있다고 확인된 유일한 치료법은 종양(페스트, 腺腫)의 절개로 나와 있다. 이탈리아에서 흑사병의 생존자인 가브리엘 데 무시스Gabriele de' Mussis가 1350년에 출간한 『질병의 역사Historia de Morbus』에는 "(겨드랑이 밑이나 서경부의) 종양을 화농시켜

환부로부터 체액을 짜내면 환자는 건강의 축복을 받는 셈이다"고 돼 있다.⁶⁰ 또 1347년 콘스탄티노플을 덮친 페스트로 자식을 잃은 비잔틴제국의 황제 칸타쿠제노스Ioannes Cantacuzenos는 1355년 퇴위한 뒤 비잔틴제국의 연대기를 집필했는데, 그 가운데 페스트의 맹위를 냉정히 묘사하고 있다. 그는 의학을 공부하지는 않았으나 선腺페스트와 폐肺페스트의 증상을 명확히 구분하고 있는 것으로 미뤄 그의 설명은 매우 정확해 보인다.

많은 사람들이 쓰러져 가는 가운데서도 목숨을 건졌던 극소수의 사람들은 두 번 다시 감염되지 않았다. 이 병이 그런 사람들을 재차 습격해 죽이는 일은 없었다. 사타구니나 겨드랑이 밑에 검은 종창이 생겨나, 이를 절개하면 끔찍한 악취가 나는 고름이 대량으로 흘러나와 독성 물질이 방출됐다. 그럼으로써 병에 변화가 생겼다. 이렇게 해서 누가 봐도 그 병에 걸려 살아남을 것 같지 않던 사람들 가운데 많은 이가 예상을 뒤엎고 목숨을 건졌던 것이다.⁶¹

전반부의 면역에 대한 기술을 보면 칸타쿠제노스의 관찰 기록이 매우 정확함을 알 수 있다. 종창의 절개가 효과적인 치료법이라는 후반부의 소견도 스스로 감염됐다 살아남은 외과의 기 드 숄리아크의 증언과 비교해 보면 역시 정확하다고 추정할 수 있다.

극히 일부의 사람들이 예외적으로 살아남았는데, 이는 종창이 화농해 상처가 벌어졌기 때문일 것이다. … 이 대역병이 겨우 끝나갈 무렵, 나는 마침내 페스트에 걸려 버렸다. … 그렇지만 다행히도 종창이 째지

는 덕에, 신의 가호를 얻어, 회복할 수 있었다.[62]

페스트는 그 뒤 1세기 이상에 걸쳐 유럽 각지에 파상공격을 가했다. 그렇게 되풀이되는 경험을 통해 유럽 사회는 대응 방법을 확립해 나갔다. 그 기본은 예방을 위한 공중위생의 향상과 발병한 환자의 격리였다. 환자의 격리는 치료가 아니라, 실제로는 환자를 내버려 둠으로써 건강한 사람을 보호하는 것을 의미했다.

그래도 종창의 절개로 목숨을 건진 경우가 있었다는 칸타쿠제노스 등의 기록은 환자에 대한 유일한 적극적 치료법으로서, 언제부터인지는 불분명하지만 실제 실시되고 있었던 듯하다. 1365년에는 페스트를 유독한 공기에 의해 전염되는 것으로 이해했던 부르군디의 존John of Burgundy에 의한 치료법이 전해지고 있다. 그에 따르면 기본 장기인 심장과 간장은 유독한 공기에 오염된 혈액을 각각 겨드랑이 밑과 서경부로 뿜어낸다. 그런 까닭에 "오염된 혈액이 겨드랑이 밑으로 밀려가면 같은 편의 심장 혈관에서 즉시 혈액을 뽑아내야 한다. … 간장이 유독 물질을 서경부로 밀어내, 다리 안쪽의 음부 옆으로 부풀어 올라 보이게 됐을 때에는 그쪽 다리의 혈관을 절개해야 한다"[63]고 했다. 이 치료법은 사혈의 일종으로 이해되었을지 모르지만, 기본적으로는 칸타쿠제노스가 말했던 것과 같다. 15세기의 기록에도 "만약 강한 체질을 지닌 사람이라면, 종창에서 독을 짜낸 뒤 그 종창이 짜부라져 완전히 없어지면 병이 낫는다"고 돼 있다.[64] 그리고 이 외과적 치료법이 실시되고 있었다는 증거가 그림 2.1이다. 이 그림은 뉘른베르크의 이발외과의 한스 폴츠 Hans Folz가 편찬해 1482년에 출판한 『페스트 환자의 귀중한 증언Ein

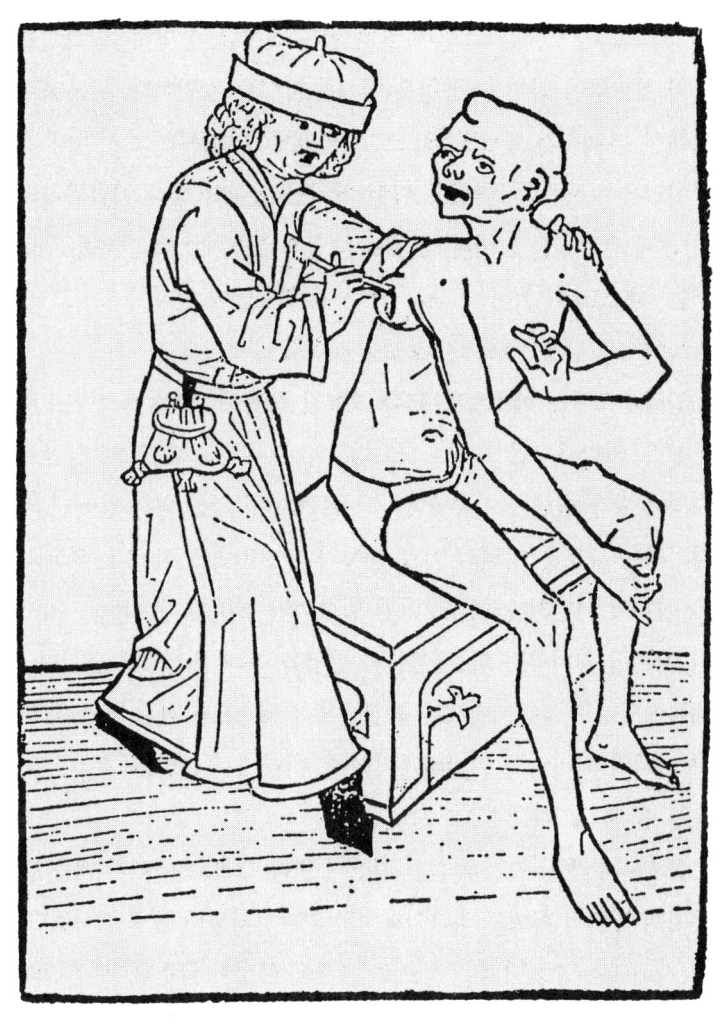

그림 2.1 '페스트 이발사'의 치료. 이발외과의 한스 폴츠의 『페스트 환자의 귀중한 증언』(뉘른베르크, 1482)에서.

fast köstlicher Spruch von Pestilen』에 실려 있는 것이다. 분명히 페스트 환자의 겨드랑이 밑에 난 종창을 절개하고 있는 장면이다. 뉘른베르크에선 15세기가 돼서도 페스트가 발생했기 때문에 그 시기의 그림이었을지 모른다. 어쨌든 이런 처치는 확실히 하급 이발외과의의 손에 맡겨졌을 것이다. 실제로 독일어에는 페스트 환자를 치료하는 '페스트 이발사Pest-Barbier'라는 단어가 남아 있다.[65] 그리고 프랑스에서도 상황은 다르지 않았을 것이다.

잉글랜드에는 페스트가 1348년 8월 상륙해, 11월엔 런던으로 퍼졌다. 의학사가인 로버트 갓프리드Robert S. Gottfried는 당시 잉글랜드의 상황을 이렇게 기술했다. "1348년 이후 가끔 의사가 아닌 외과의라는 새로운 형태의 의료 종사자가 전면에 등장했다. 외과의와 심지어 이발외과의들도 마치 일상적인 질병에 대처하듯, 의사의 이론적 처치와는 다른 실천적 방법을 통해 페스트에 맞섰다." 대륙에서나 잉글랜드에서나 최전선에서 페스트와 싸운 것은 의사가 아니라 외과의와 이발외과의였다. 이렇게 흑사병은 '외과의의 융성'을 불러왔다.[66]

15세기부터 16세기에 걸친 전쟁의 변화 그리고 16세기 매독 감염자의 폭발적 확대도 외과의와 이발외과의의 대두를 촉진시켰다. 이 시대에는 중화기의 등장으로 전쟁의 양상이 급변했다. 총탄과 포탄에 의한 화상을 동반한 깊고 복잡한 상처는 당시까지는 듣도 보도 못한 것이었다. 16세기 들어 급속히 퍼진 매독도 마찬가지였다. 고대인의 책에 파묻혀 교육 받은 의사들로서는 어떻게 손을 써야 할지 모르는 문제였다. 그래서 매독의 치료도 이발외과의에게 맡겨졌다. 페스트의 경우 마을에서 도망치지도 못한 채 열악한 환경에서 생활하던 하층계급의 감염률이 높았지만, 매독의 경우는 더 방탕한 생활을 하였던 상류층 사람들의 환자 비율이 높았다. 그래서 매독 환자가 된 귀족들이 이발외과의의 치료를 받게 된 것 또한 이발외과의의 사회적 지위를 향상시키는 효과를 가져왔던 듯하다.[67]

"나는 늘 의술을 바보 취급해 왔다"고 말하며 의학에 대한 불신감을 표시하던 몽테뉴는 이런 기록을 남겼다. "병의 진단에 대해 그들(의사들) 사이에 그토록 많은 논쟁이 벌어지는 것을 뭐라고 설명해야 하는가. … 지금까지 나는 여러 병을 앓았지만 조금이라도 어려운 증상이 나타날 때 세 의사의 의견이 일치한 적이 없다." 몽테뉴는 의사의 진단을 신용하지 않았다. 그러나 다른 한편으로는 "외과의는 자신이 하는 일을 눈으로 보고 손을 사용하기 때문에 훨씬 확실하다고 생각한다. 거기엔 억측이나 추측의 여지가 적다"고 평가했다.[68] 말만 앞서는 의사들에 대한 불신이 증폭된 반면, 의료 현장에서 활동하는 외과의와 이발외과의에 대한 신뢰가 높아졌던 것이다.

한 의학사 전문가는 중세 후기 파리대학의 스콜라 의학을 다음과 같이 설명한다. 12세기부터 13세기에 걸쳐 도시화가 급속히 진전됨에 따라 종래의 무학 농민층 대신 교육 수준도 높고 합리적 사고를 하는 속인 지식층으로서 도시 상류 시민이 증가했다. 하지만 스콜라학의 총본산인 파리대학은 그런 가운데서도 여전히 교회의 영향력을 유지하는 기관으로 남아 있었다. 즉 중세 후기에 파리대학 의학부의 존재 이유는 도시 상류계급의 의료 수요를 만족시킴으로써 의학 영역에서 그리스도교의 헤게모니를 확립하는 것이었다. 이를 위해 대학 의학부는 철학과 논리학을 기반으로 한 학문적 의학을 가르치고 실천한다고 표방함으로써 스스로의 권위를 내세웠다. 또 이로써 역시 수많은 대학의 학예 학부에서 공부한 지식 계층의 환자들을 안심시키려고 했다. 요컨대 의사는 자유학예를 습득하고 철학과 논리학에 정통했으며, 질환의 원인을 정확히 파악해 차질 없이 진료할 수 있기 때문에 경험에만 의존하던 무학의 외과의나 이발외과의보다 신용할 만했다는 것이다.[69]

그러나 당대 내로라는 지식인이던 몽테뉴의 그 같은 감상은 16세기 스콜라 의학의 자부심의 감춰진 이면을 들춰낸 것이었다. 그뿐 아니라 지식인의 신뢰가 공허한 이론을 만지작거리는 아카데미즘 의학으로부터 경험 중시의 실천적 외과학으로 기울고 있었다는 것을 웅변적으로 말해 준다.

이렇게 권위주의가 지배하고 경험에서는 무엇 하나 배우려 하지 않던 대학 의학부와 달리, 실제 의료 행위에 종사하던 외과의와 이발외과의 사이에서는 임상 경험이 쌓여 갔다. 그 괴리 상태는 르네상스기에 점점 차이를 확연히 드러냈다. 게다가 '무학' 이발외과의는 고대와 중세의 의학 이론에 얽매이지 않았던 만큼 의사보다 혁신적이었다. 그렇다면 뒤이어 의학의 진보에 기여했을 뿐 아니라 의학의 개혁을 선도했던 집단이 외과의와 이발외과의였다는 점은 극히 자연스러운 결과일 것이다. 이를 두고 가와키타 요시오川喜田愛郎는 이렇게 평가했다. "상처나 골절이나 종창, 헤르니아, 방광결석과 같이 눈에 보이는 일상적인 질병과 늘 대면하면서 적절하고 구체적인 처치를 해야 했던 외과의들은 스콜라적 사변에 휘둘릴 틈이나 계기가 없었으므로, 직업에 대한 세간의 평가와는 별도로 실질적으로 오늘날 우리들이 이해하는 — 즉, 'surgery'를 'medicine'에 통합시켰다는 의미로 — 의학에 크게 공헌했다."[70] 물론 당시 외과의나 이발외과의 가운데는 무지하고 사기꾼 같은 사람도 많았을 것이다. 게다가 외과의가 실제로 의사와 대등한 지위를 획득한 것은 소독의 개념과 마취 기술이 확립된 19세기에 이르러서였다. 그러나 16세기 선진적인 이발외과의와 외과의가 의학·의료의 변혁 과정에서 행한 역할은 적지 않다.

| 히에로니무스 브룬슈비히

외과와 외과의는 하급이고, 의학과 의사는 상급이라는 차별 구조는 중세에서 근대에 걸쳐 유럽 전역에 퍼져 있었다. 물론 독일에서도 상황은 다르지 않았다. 아니, 독일에서는 차별이 한층 더 심했다.

독일에는 유력한 대학 의학부가 존재하지 않았고, 이탈리아나 프랑스에 필적할 아카데믹한 의학 교육이 육성되지 않았다. 빈대학에 의학부가 생긴 것은 14세기 말이지만, 그 뒤에도 독일 대학의 의학부는 중요한 역할을 하지 못하고 있었다.[71] 그런 까닭에 "유럽의 북부나 중부 지역 출신의 의학도들은 의학 교육을 받기 위해 파리나 이탈리아의 대학에까지 찾아갔다".[72] 멀리 외국에서 배워 왔다는 점이 의사들의 우월감을 한층 높여 주었을지도 모른다.

그런데 그 차별은 사회적인 것이었다. 독일에선 생 콤 학원과 같은 시설이 없었다. 외과의는 이발사나 욕탕 주인 사이에 가업으로 이어지던 직업이었지만 13·14세기 이후 이발사와 욕탕 주인은 가죽공이나 양치기, 산지기, 제분 기사, 청소부, 포졸, 묘지기, 무두공, 창부, 도공, 광대 등과 함께 차별의 대상, 즉 천민이었다. 독일 사회에서 본래 그 차별이 생겨난 이유에 대해선 몇 가지 설이 있지만, 어쨌든 차별의 실태는 상당히 심각했다. 예를 들어 직인의 도제가 되는 데는 이발사나 욕탕 주인의 자식이 아니라는 증명이 필요했다.[73] 즉 그들은 직인 이하였던 셈이다. 그런데 이 시대에는 "각각의 신분과 교단과 직업에 따라 복장에 구별이 있었다"고 하므로,[74] 그 차별은 일상생활의 구석구석에까지 스며들어 있었다고 여겨진다.

그러나 15세기 후반에는 독일인 외과의가 독일어로 쓴 외과학 서적이 등장한다. 최초의 책은 하인리히 폰 폴스포인트Heinrich von Pfolspeundt가 1460년 수고본으로 펴낸 『외과서』다. 독일 기사단 소속 군의관이던 그는 이탈리아와 프랑스의 학자들에게 멸시당하고, 심지어 양배추 쪼가리와 주문呪文만으로 병을 고치려 한다는 야유까지 들었지만,[75] 폴란드와의 전투에서 3,000명 또는 4,000명의 부상병을 치료했다고 전해진다. 이발사 출신의 솜씨 좋은 군의관이었던 그는 책에서 경험에 근거한 일반적인 처치법을 다루며 당시 야전 외과학의 실제를 명확히 기록하고 있다. 다만 수고본이었던 탓에 세상에 널리 영향을 미치기에는 한계가 있었던 듯하다. 또 경험과 상식에 의거한 책이었으므로 독창성이 별로 없다고 보는 사람도 있다. 하지만 그의 책은 독일에서 독자적으로 나온 첫 외과 문헌이었다.

독일에서 그 같은 의학서가 나온 것이 이상한 일만도 아니다. 이미 14세기에 메겐베르크의 콘라트Konrad von Megenberg, 1309~1374가 독일어로 자연사와 의학·본초학 서적인 『자연의 서Buch der Natur』를 썼다. 게다가 중세에는 '부상자Wundenmann'로 불리는 갖가지 상처를 입은 사람들의 도판을 첨부한 소책자들이 몇 종류씩 제작되기도 했다. 손으로 일일이 써서 만든 이 책자들은 자상이나 타박상 또는 교상咬傷 등 각각의 외상에 대한 처치와 약 처방을 기록하고 있다. 책자에 나오는 용어 중 독일어나 체코어를 기원으로 하는 것이 몇 개 있는데, 그 발상지가 독일이라는 주장이 있다. 지금은 당시의 중고독일어로 기록된 것도 전해진다.[76] 이탈리아와 파리의 대학에까지 가 볼 수 없었던 독일 외과의들은 당시부터 자연스럽게 속어로 기록하는 습관이 있었던 것 같다. 그런 면에서 독일에 권위 있는 대학 의학부가 존재하지 않았다는 점이 오히려 다행이었는지도 모른다.

여기에서 등장하는 것이 1497년 슈트라스부르크의 인쇄업자 요한 그뤼닝거Johann Grüninger가 출판한 『외과학서Buch der Cirurgia, Handwirckung der Wundarztny』다. 저자인 히에로니무스 브룬슈비히Hieronymus Brunschwig는 1450년경 슈트라스부르크에서 태어나 외과의의 도제로서 서부 독일 각지를 여행하면서 경험을 쌓은 이발외과다. 대학 교육을 받지 못했지만 이탈리아와 프랑스의 문헌을 널리 읽었다. 그런 학습의 성과는 그의 책에 충분히 반영돼 있다. 하지만 그는 일차적으로 '실천형 인간'이었으며, 실제 그의 책에서 자신의 관찰과 경험을 되풀이해 말하고 있다.[77]

내용을 보면 외상·골절·탈구의 치료부터 외과에서 사용하고 있는 의약과 해독제에 이르는 설명 외에도 사지절단 수술이 기록돼 있다. 도제를 위한 지침서이자 일반적인 처치의 개설서로서 성격이 강하다. 의학적으로 주목할 만한 것은 우선 인쇄 서적으로 처음 총상에 대해 상세하게 기술했다는 점이다. 그리고 둘째로 외과학에서 해부학 지식이 중요하다는 점을 누차 주장하고 있다는 점이다. 총상과 관련하여 그는 화약이 독성을 품고 있다고 생각했다. 그의 화약독성설은 당시 수많은 사람들이 입에 올렸던 것이다. 일설에 의하면 전장에서 다발하는 파상풍을 화약의 독성에 의한 것으로 오해했던 데 따른 것이라고 한다.[78] 이처럼 이 책의 기술은 대체로 그 시대의 통설에 입각한 것이다. 그런 면에 국한해 본다면 "브룬슈비히는 천재가 아니다. 그의 이름은 어떠한 발견과도 연결지을 수 없다. … 그는 중세 사람이지 르네상스기의 사람이 아니다"는 평가도 무리는 아니다.[79]

그러나 이른바 인큐내뷸러(요람기 인쇄본) 시대 최후의 서적인 브룬슈비히의 『외과학서』가 '독일에서 최초로 인쇄된 중요한 외과학 서적'[80]이라는 점은 인정할 수밖에 없다. 게다가 이 책은 독일어(슈트라스부르크 방언)로 쓰여 커다란 영향력을 발휘했다. 1923년 이 『외과학서』의 복각판을 출간한 헨리 시거리스트Henry Sigerist는 이렇게 기록했다. "그는 당시의 의학 수준을 크게 뛰어넘은 중요한 안내서를 집필해 막 발명된 인쇄술을 이용, 심대한 영향을 미쳤던 최초의 독일인 외과의다. 게다가 이탈리아와 프랑스의 원전을 풍부히 이용했던 최초의 인물이기도 하다."[81]

브룬슈비히의 이 책은 또한 '인쇄된 삽화가 딸린 이 분야 최초의 교과서'[82]로서도 역사적 의미를 지닌다. "(르네상스기의) 진정한 독일 예술은 판화에 있다"고도 하는데, 이 책은 목판화 삽화를 사용

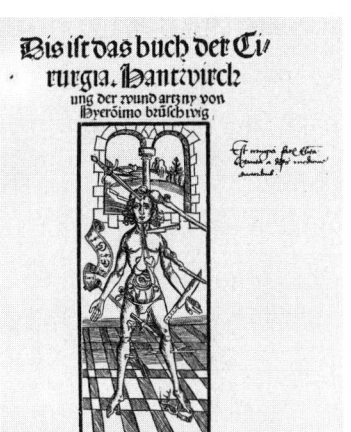
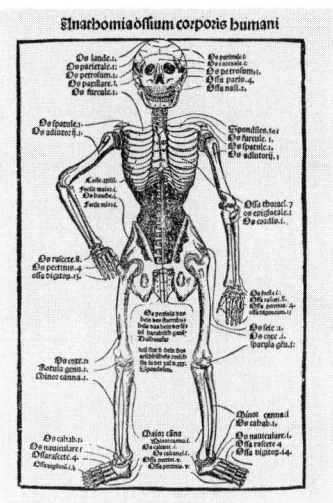

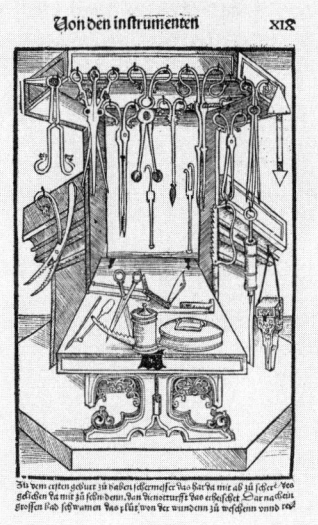

그림 2.2 히에로니무스 브룬슈비히가 쓴 『외과학서』에 들어 있는 목판화 삽화.

한 초기 인쇄본의 탁월한 작품이다. 이 책에선 부분적으로 제작된 조각들의 조합을 뒤바꾸거나, 목판의 일부에 작은 공간을 내 거기에 다른 조각을 삽입함으로써 여러 장의 서로 다른 그림들을 교묘하게 만들어내는 기법을 개발해 사용하고 있다. 속어로 쓰였을 뿐 아니라, 전체 300쪽 가까운 책에 표지를 포함해 50장에 이르는 전면 그림이 실려 있다. 그 밖에도 작은 삽화가 여러 장 들어가 있는데, 그 아름다운 그림을 보는 것만으로도 눈이 즐거워 매우 널리 읽혔다고 한다.

삽화의 예로서 부상자가 그려진 표지, 진료 장면과 외과의의 도구 그림 그리고 말미에 나오는 골격도를 살펴보자.그림 2.2 골격도는 중세의 양식적이고 평면적인 그림으로부터 레오나르도 다 빈치의 데생과 16세기 중반 베살리우스의 책에 나오는 사실적이고 입체감 있는 도판으로 진화하는 과도기적 특징을 보이고 있다. 다리의 상처를 진단하는 장면의 그림은 사실적이긴 하지만, 설명적이라기보다 장식적 요소가 강하다. 그런 의미에서 아직도 학술서에서 도판의 역할이나 의의가 충분히 이해되지 못했던 셈이다. 이들 목판화는 묘사가 사실적이었기 때문에 지금은 당시의 의상이나 실내장식을 연구하는 역사 자료로도 평가 받고 있다.[83] 또한 몇몇 그림에서는 당시의 병실이나 약국 또는 분만실 모습을 엿볼 수 있다.

이 『외과학서』의 출판은 상업적으로도 성공을 거뒀다. 1539년까지 5판을 찍었으며, 영어와 네덜란드어로 번역되기도 했다. 저자 브룬슈비히는 그 뒤에도 같은 출판사에서 계속해 의학이나 약물학, 증류법에 관한 서적을 출판했다. 이에 대해서는 나중에 살펴보자.

이같이 대학 문턱에도 가 보지 못한 채 도제 수업으로 교육 받은 사람들이 길드 내부에서 전승되던 기술과 이론을 속어로 기록하고, 이를 인쇄 서적으로 펴내 대량 판매했다. 또 이 책들은 외국어로도 번역돼 라틴어를 읽지 못하는 사람들을 포함해 많은 독자를 확보했다. 그 결과 국제적 영향력을 발휘하게 된 것이다. 이는 유럽에서 문자 문화의 양상을 크게 바꿔 놓았다.

1517년 한스 폰 게르스도르프Hans von Gerssdorff, 1455~1529가 40년간의 군의관 경험을 바탕으로 슈트라스부르크에서 독일어로 『야전외과서Feldbuch der Wundartzney』를 출판할 수 있었던 것도 브룬슈비히의 성공에 힘입은 것이라 할 수 있다. 내용은 기본적으로 종군 경험에서 얻은 의료 지식으로 이뤄져 있다. 제1권은 해부학에서 시작한다. 이 책에도 목판화 삽화가 여러 장 딸려 있다. 그중에서도 외과 처치를 위한 기구의 얼개와 사용법을 명쾌하게 보여 주는 도판이 많이 들어 있는 게 큰 특징이다. 한 예로, 두개골 함몰 골절의 치료를 묘사한 그림을 부상자의 그림과 함께 싣는다.그림 2.3 이 책의 삽화는 브룬슈비히의 그림에 비해 훨씬 설명적이다. 또 부상자 그림에는 대포탄에 입은 상처가 묘사돼 있는데, 브룬슈비히의 책에는 없는 것이다. 뒷장에서 살펴보겠지만, 15세기 후반에는 이미 전쟁에서 대포가 사용되고 있었다. 이에 대한 언급이 있느냐 없느냐의 차이는 종군 경험의 유무에서 비롯된 것이라 할 수 있다. 이 책은 의료 현장에서 활동하던 사람들 사이에서 높이 평가돼, 17세기 초반에 이르기까지 중판을 거듭했으며 라틴어로도 번역됐다.[84]

이듬해인 1518년에는 역시 슈트라스부르크에서 로렌츠 프리스Lorenz Fries가 독일어로 『약제총람Spiegel der Artznei』을 출판했다. 의사

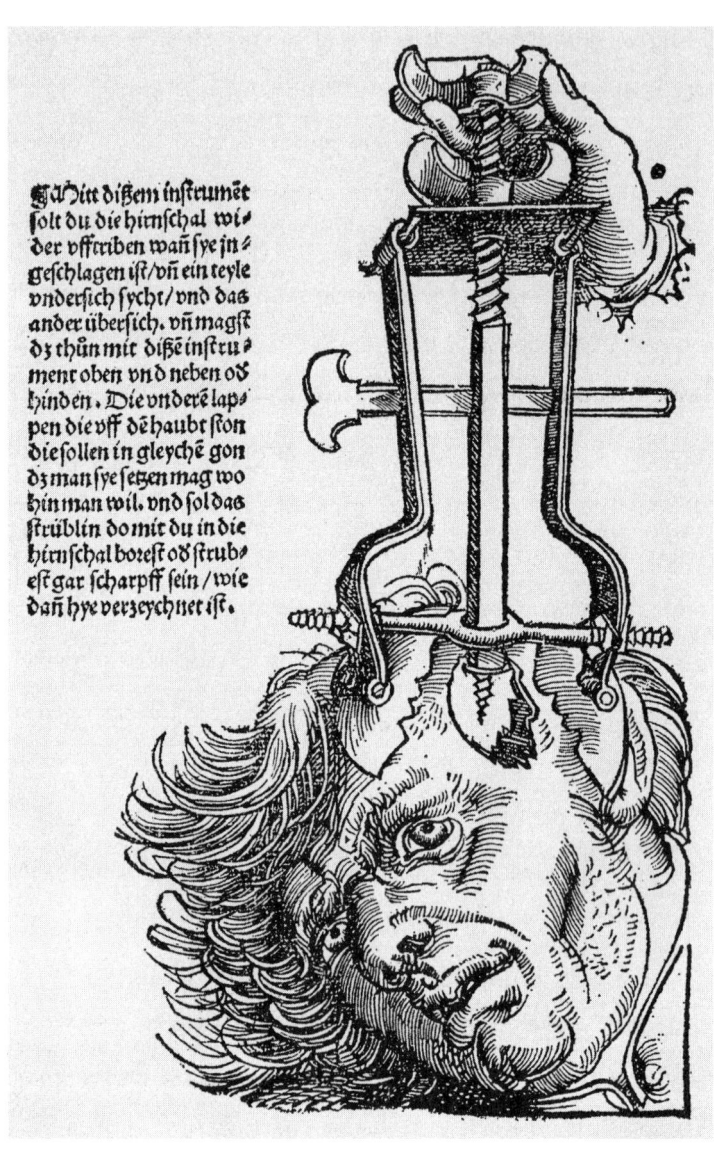

그림 2.3 한스 폰 게르스도르프의 『야전외과서』(1517)에 삽입된 목판화. 두개골 함몰 골절 환자의 치료. 옆 그림은 부상자.

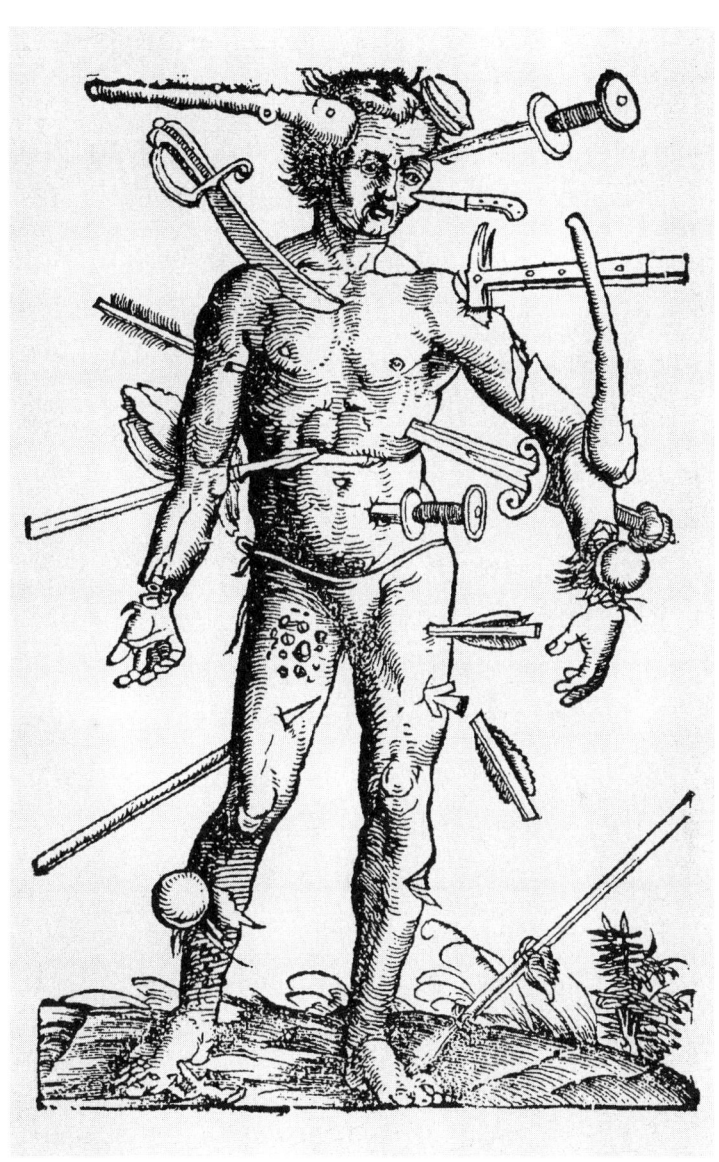

와 환자의 대화 형식을 빌린 이 책은 속어로 쓰인 최초의 내과 서적으로 알려져 있다. 저자인 프리스는 빈과 몽펠리에, 파도바에서 수학한 의사이자 지도 제작자로 유명하다. 프리스는 이 책을 "보통의 가난한 환자를 위해" 썼다고 기록하고, 서문에서 일반인들이 사용하는 언어(독일어)로 '아폴론의 과학(의학)'을 논하자고 지식층에 호소했다. 프리스의 책에는 인체의 흉복부와 뇌의 해부도가 실려 있는데, 이것에 대해서는 다음 장에서 다루기로 하자. 그런데 이 책은 아카데미즘의 입장에서 쓰인 것이었다. 해부학에서 출발한 게르스도르프의 책과 대조적으로 체액 이론에 바탕을 둔 철학적 기술로 일관하고 있다. 실제 이 책에 기술된 내용은 모두 이전에 출간된 서적들 속에 나와 있는 것들이지, 프리스 자신의 관찰이나 경험에 근거한 것은 아니다.[85]

프리스에 따르면, 정말 신용할 만한 의사란 학위가 있고 문법·논리학·천문학·산술·기하학·음악·우주론 그리고 무엇보다 자연철학의 지식을 지녀야 하며, 시비를 분별할 줄 알아야 한다. 그는 이 책을 집필한 목적이 오로지 오류를 근절하려는 데 있다고 주장하면서, 독자들에게 돌팔이 의사나 '경험주의자'를 조심하라고 경각심을 촉구했다. 프리스가 지적한, 이론이 없는 그 '경험주의자'에는 브룬슈비히가 포함돼 있다. 이처럼 프리스는 사상적으로나 사회적으로나 정식 교육을 못 받은 외과의의 대척점에 선 의사였다. 그러나 중세과학사 연구가 린 손다이크Lynn Thorndike는 프리스가 독일어로 책을 쓸 생각을 한 것은 전적으로 브룬슈비히의 성공에 자극 받았기 때문일 것이라고 보고 있다.[86] 브룬슈비히가 직접 또는 간접적으로 했던 역할은 역시 대단한 것이었다.

여하튼 슈트라스부르크는 15세기 말부터 16세기 초반에 걸쳐 목판화 삽화가 딸린 의학 서적 출판의 중심지가 됐다. 얼마 안 있어 1530년엔 이곳에서 오토 브룬펠스Otto Brunfels, 1488~1534의 명저 『식물 생태도Herbarum vivae eicones』가 탄생했다.

| 파라켈수스와 외과학

굳이 말하자면 독일은 중세부터 르네상스에 이르기까지 의학의 후진국이었다. 그런 독일에서 16세기에 파격적인 인물이 등장했으니, 바로 파라켈수스Paracelsus, 1493~1541였다. 그의 생전에 인쇄된 얼마 안 되는 저서의 하나인 『대외과서Die grosse Wundartzney』는 1536년 아우크스부르크에서 출판됐다. 브룬슈비히와 한스 폰 게르스도르프의 저서에 이어 인쇄된, 독일어로 쓰인 외과학 서적이었다.

파라켈수스는 1493년 스위스의 순례 도시 아인지델른에서 태어나, 어린 시절을 케른텐의 광산 지대 필라흐에서 보냈다. 그곳에서 연금술 — 초보적인 야금술과 금속 정련법 — 을 배웠다. 또 수도원의 신부에게 신비 사상을 배우기도 했다. 그 뒤 이탈리아 대학에서 수학한 파라켈수스는 피치노Marsilio Ficino를 필두로 한 1400년대 피렌체 인문주의자들, 특히 신플라톤주의의 영향을 받았다. 그는 페라라에서 의학박사 학위를 땄다고 전해지나, 확증이 있는 건 아니어서 이에 부정적 입장을 취하는 연구자도 있다.[87] 그러나 학위를 땄느냐 못 땄느냐와 관계없이 파라켈수스는 사실상 — 매우 단기간 바젤의 시의市醫 자리를 얻어 바젤대학에서 강의한 것을 제외하고는 — 아카데미즘의 경계 밖에 속하던 사람이었다. 사실 그는 대학을 마친 뒤에도 자리를 잡지 못해 종군 외과의로 유럽 각지를 편력하며 경험을 쌓은 이력도 있다. 방랑 기간 중에도 몇몇 의학서를 계속 써내다 1541년 48세의 나이로 객사했다.

중세 유랑 외과의 가운데는 헤르니아나 백내장 또는 결석 수술 전문가로서 훌륭한 솜씨를 지닌 사람도 있었다. 하지만 의료 서비스가 절대적으로 부족한 농촌 지역에서는 의학에 대해 조금만 아는 척해도 솔깃해하는 무지한 대중을 파고들어 엉터리 같은 치료를 일삼는 돌팔이 의사도 적지 않았다. 많은 도시에서 이 같은 유랑자들의 진료 행위를 금지하고 있었다.[88] 그렇다면 방랑자 파라켈수스도 그가 찾은 도시에서 어떤 대우를 받았을지 어느 정도 상상이 간다. 그런데 파라켈수스는 1526년 바젤에서 저명한 출판업자 요한 프로벤Johann Froben의 괴저증을 치료하는데, 이게 그의 인생행로에 큰 전환점이 된다. 당시 그는 프로벤의 다리를 절단하지 않고 낫게 해 주위를 놀라게 했다. 이로써 그는 에라스무스Desiderius Erasmus나 외콜람파디우스Johann Oecolampadius 등 현지의 인문주의자와 종교개혁 지도자들에게 인정받아 후한 대접을 받게 된다. 1527년 파라켈수스는 그들의 후원으로 대학교수를 겸임하는 바젤 시의에 임명된다. 대학에서 강의를 하게 될 만큼 실력을 인정받은 것이다. 강의 프로그램에서 그는 자신의 교육 방침을 다음과 같이 표명했다.

이 시대 의사들이 파렴치한 방법으로 환자들에게 피해를 주고 있다는 것은 주지의 사실 아닌가. 그들은 무슨 종이라도 되듯이 히포크라테스, 갈레노스, 아비세나의 말을 따르면서 마치 하나라도 토를 달면 안 되는 아폴로 신의 신탁처럼 떠받들고 있다. … 그러나 그렇게 해서는 진정한 의사가 될 수 없다. 의사에게 요구되는 것은 학위도, 언변도, 어학 실력도 그리고 만 권의 책을 독파한 독서량도 아니다. 오히려 자연의 사물과 그 비밀에 대한 깊은 지식이야말로 의사에게 요구되는 것이며, 그것만이 다른 모든 것보다 훨씬 더 가치가 있다. … 의사들의 과제는 질병의 종류와 원인과 증상을 인식해 명료하고 신속한 처방을 내리고, 상황과 특수성에 따라 갖가지 치료를 행하는 것이다. … 나는 하루두 시간씩 내과의 실제와 이론 그리고 내가 쓴 외과 교과서를 공개 강의에서 해설하겠다. 이들은 히포크라테스나 갈레노스 또는 기타 교과서에서 끌어모은 게 아니다. 가장 훌륭한 교사인 경험 그리고 나 스스로의 연구가 가르쳐 준 것을 전해 주겠다는 뜻이다.[89]

파라켈수스는 당시 대학 의학부의 병폐를 날카롭게 지적했다. 그러나 바로 그 점에서 이는 대학 당국에 대한 공공연한 도전이기도 했다. 더구나 파라켈수스는 강의를 독일어로 하려 했다. 그의 신념에 따르면 "의학은 순수하고 명료하게 모국어로 가르쳐야 하는 것"이었다.[90] 1530년에 쓴 『파라그라눔Paragranum』에서도 "나는 … 의사란 무엇이어야 하는가에 대해 독일어로 설명하겠다"[91]고 선언하고 있다. 그것만으로도 라틴어라는 장막의 보호를 받고 있던 의사 길드에 정면으로 대립하는 셈이었다. 더욱이 그는 자신의 강의 프로그램에 "나는 옛사람들이 거론하던 체질과 체액은 다루지 않을 생각이다. 이게 잘못돼 갖가지 질환의 원인이 되고……"라고 잇고 있다. 대학에서 금과옥조로 여기던 갈레노스의 체액병리학을 헛된 이론으로 부정했던 것이다. 결국 대학 당국은 그의 강의를 수용하지 않았다. 그의 거침없는 언변이나 까칠한 성격도 화근이 됐다. 바람막이가 돼 주던 프로벤이 사망한 탓도 있어, 그는 2년이 채 지나지 않아 시의 자리를 버리고 바젤을 떠나는 신세가 됐다.

강의 계획에서 볼 수 있듯이, 그의 글은 대학교수나 체제에 안주한 의사들에 대한 매도와 도발로 가득 차 있다. 파라켈수스는 대학에서 받은 교육이나 그가 듣고 본 대학의 현상에 실망했던 것이다. 『파라그라눔』에는 "수련을 쌓아 숙련된 사부를 빈이나 라이프치히의 대학에서는 찾아볼 수 없다. … (대학은) 한 사람의 숙련된 의사조차 키워내지 못한다"[92]고 나온다. 파라켈수스가 의학 교육을 비판하고, 나아가 대학에서 가르치는 의학 그 자체에 의문을 표시한 것은 이론적이기에 앞서 의학이 현실에 너무나 무력했다는 엄연한 사실에서 촉발됐다.

불모화한 대학 교육 대신 파라켈수스가 도입하려 했던 것은, 첫째로 임상 경험과 환자의 현상을 연구와 교육의 기본으로 삼는다는 입장과 둘째로 민간의 전승 의료에서 겸허하게 배우겠다는 자세였다. 첫 번째와 관련해서는, 광산 노동자에게 나타나는 폐질환 — 갱부병 — 의 발견과 매독에 대한 파라켈수스의 임상 관찰 기록을 그 성과로 꼽을 수 있다. 그는 1533년 티롤 지방의 광산 지대에 간 적이 있다. 여기에서 그는 광산과 정련소의 위험하고 열악한 노동 환경과 거기에서 일하는 노동자에게 흔히 나타나는 질병에 주목해 갱부병을 발견했다. 또 만성 호흡기 질환의 증상을 기록함으로써 진폐塵肺, 또는 비소나 수은이나 납의 증기에 의한 것임을 발견했다. 의학사상 처음으로 직업병을 발견한 것이다. 이런 점에서 그는 '말 그대로의 임상의 clinician' 라는 평가를 받을 만하다.[93]

파라켈수스는 자신이 내세운 두 번째 노선과 관련하여 『대외과서』에 자신의 구도자적 수련 시대를 다음과 같이 회고하고 있다.

> 나는 여러 지역과 장소에서 열심히 그리고 끈기 있게 확실하고 신뢰할 만한 의학 기술에 대해 질문하고 연구했다. 나는 의학박사들뿐 아니라 이발사나 욕탕 주인 그리고 학식 있는 내과의, 심지어 조산부나 주술사를 찾아가기도 했다. 치료 기술이 있는 사람이라면 그가 연금술사건 수도승이건, 귀족이건 평민이건, 숙련자건 초보자건, 어디든 찾아갔다.[94]

이처럼 파라켈수스는 편견에 사로잡히지 않고 갖가지 종류와 수준의 의료 종사자에게 배워 나갔다. 실제 그는 이렇게 쓰기도 했다. "의사는 습득해야 할 모든 것을 대학에서 배우는 게 아니다. 의사는 노파나 집시나 마술사나 부랑자나 농민이나 기타 갖가지 사람들을 찾아가 이런저런 일을 배워야 한다. 그들이 병에 대해선 대학보다 훨씬 많은 지식을 지니고 있기 때문이다."[95] 이것이 평생 변하지 않은 파라켈수스의 신념이었다.

그뿐 아니다. 『대외과서』에는 나아가 다음과 같이 소개돼 있다. "직인들은 자기가 평소 가까이 두고 쓰는 도구로 처치를 한다. 주조공은 구리 슬래그(광재鑛滓)로 지혈하고, 화농한 상처도 슬래그로 건조시킨다. 대장장이는 '화성의 크로커스'라 불리는 산화철 가루로 상처를 치료하고, 도공은 일산화납(금밀타, 은밀타)을 사용한다."[96]

직인의 세계에선 직종별로 특유의 치료법이 전승돼 행해지고 있었던 것이다. 아카데미즘의 의사들이 상대도 하지 않으려던 이들 민간요법을 파라켈수스는 여기저기 방랑하는 동안 열심히 찾아가 배우고 기록해 두었다. 화학적으로 제조된 약제에 탁월한 효능이 있다고 확신한 그의 의학은 특히 광물성 의약을 중시했다. 이는 광산지대에서 갱부들과 교류하던 그의 경험에 뿌리를 두고 있는 듯하다. 의학적 관점에서 본다면 『대외과서』는 인체가 지닌 자연치유력에 신뢰를 두고 있다. 이 책은 위생 관념이 부족했던 당시 다쳤을 때 통상 행해지던 불결하고 위험한 처치를 가급적 피하고, 상처 부위를 청결히 유지하도록 주의했다는 점에서 현대에 이르러서도 높이 평가되고 있다.[97]

그러나 파라켈수스의 의학 사상에서 무엇보다 중요한 것은 의학과 외과학이 하나이자 불가분의 관계에 있다고 명언했다는 점이다. 『파라그라눔』에서 그는 "내과의든 외과의든, … 그 근본엔 차이가 없다. … 내과의도 외과의도 각각 내과와 외과 양쪽을 다 진료해야 하며, 의료 활동에 구분을 두어서는 안 된다"[98]고 했다. 게다가 그는 이것을 환자의 입장에서 말했다. 외과의에 대해선 다음과 같이 명확하게 주장했다.

흔히 말하길, 질병의 원인을 통찰하는 사람이 의사이며, 외과의는 실제로 처치하는 사람이라고 한다. 여러분은 진단에 있어서는 의사이며, 치료에 있어서는 외과의인 것이다. … 환자는 치료, 즉 '외과'를 원하며, 이론, 즉 '의학'을 구하는 게 아니다. 이론을 추구하는 것은 의사다. 결국 의사가 아닌 사람은 외과의가 될 수 없다. … (역으로) 의사이자 동시에 외과의가 되지 못하면 그림 속의 원숭이처럼 아무것도 할 수 없는 무능한 존재다."[99]

이처럼 "파라켈수스는 오랜 경험에 근거해 의학과 외과는 단순히 하나라는 최종적 결론에 도달했다".[100] 의사와 외과의가 서로 멀찌감치 떨어져 있던 당시 유럽에선 매우 혁명적인 사상이었다.

실제로 파라켈수스의 의학 사상은 특유의 그리스도교적 박애주의와 신플라톤주의 사상을 배경으로 하고 있다. 점성술과 연금술을 소화하고 있는 데다, 일부는 자연마술로도 통하고 있다. 이처럼 매우 복잡하고 신비주의적인 요소를 지니고 있기 때문에 그의 의학 사상을 반드시 근대적이라고만 단정 짓기는 어렵다. 파라켈수스의 의학은 철학(자연철학), 점성술(천문학), 연금술(의화학), 덕목(의료윤리)이라는 네 기둥을 기본으로 삼으면서 특이한 체계를 이루고 있다. 그러나 여기에선 이 문제를 다룰 여유가 없으니 고대 문헌의 권위에 의존해 라틴어의 우산 속에서 보호 받고 있던 특권적 아카데미즘 의학에 대해 파라켈수스가 어떻게 맞섰는지만 살펴보자. 『파라그라눔』 서문의 다음 한 구절은 파라켈수스의 자세를 단적으로 보여 준다. "그들(대학의 의사들)은 내가 잘못이라고 욕한다. 하지만 그들은 의사가 당연히 해야 하는 것을 배우지도, 이해하지도 못하고 있다. 그래서 내 주장이 끼리끼리 뭉치려는 그들에게 타격이 된 것이다. 나는 그들 학파 출신이 아니다. 또 그런 학파 안에서만 통용되는 말을 쓰려고도 하지 않는다."[101]

참고로 독일어의 역사를 다룬 전문 서적들은 뒤러의 『측정을 위한 지침』, 프리스의 『약제총람』, 파라켈수스의 『대외과서』, 이 세권을 독일 학문의 세계에서 속어(독일어) 사용의 효시로 꼽는다.[102] 중세에서 유일하게 보편적 학술 언어였던 라틴어를 대신해 속어를 학술 연구에 사용한 것은 파라켈수스 연구자가 말하듯, "중세의 보편적 문화의 종언을 뜻했다".[103]

| 앙브루아즈 파레

16세기 외과학의 세계에서 프랑스 태생의 앙브루아즈 파레Ambroise Paré, 1510~1590의 공적을 보면 군계일학이라는 말이 딱 어울린다. 파레는 1510년경 부르타뉴의 작은 마을에서 태어났다. 마을에서 초등교육을 받았을 뿐, 1532년께 파리로 나와 이발외과의의 도제가 됐다. 그 뒤 가난한 환자들을 위한 시설인 호텔 디외Hôtel Dieu에 기거하면서 외과 수업을 쌓았다. 그리고 1537년[104], 아직 장인 자격을 취득하지 못한 파레는 프랑스 국왕 프랑수아 1세와 신성로마제국 카를 5세의 전쟁에 외과의로 종군한다. 이발외과의로서 제 몫을 다하지 못하던 파레는 이때 큰 발견을 하는데, 이것이 일찌감치 외과학으로 전공을 바꾸는 계기가 됐다. 이는 파레의 날카로운 관찰력, 선입견에 얽매이지 않는 사고 그리고 무엇보다 왕성한 실증 정신과 부상자를 배려하는 인도주의 정신이 있었기에 가능했던 것이다. 그 전말은 1545년의 논문『화승총이나 기타 총으로 인한 상처 치료법La Méthod de traicter les playes faites par les arguebuses et aultres bastons à feu』과 말년의『변명과 여행기』에 기록돼 있다. 둘 다 비슷한 내용이고 흥미로운 것이므로 좀 길지만

그림 2.4 45세의 앙브루아즈 파레(1561).

앞의 것부터 인용해 보자.

나는 장 드 비고의 책에서 총상에 의해 생긴 상처에는 화약의 독이 퍼져 있기 때문에 화상을 입을 정도로 뜨겁게 끓인 엘더베리 기름에 소량의 테리아카(theriaca, 해독제)를 섞은 것으로 지져 치료하는 것이 좋다고 읽었다. 그러나 그 말을 믿기 어려워 그 치료법을 그대로 따라 할 수가 없었다. 왜냐하면 상처를 지질 때 엄청난 고통이 따르기 때문이다. 그래서 그 같은 위험을 감수하기 전에 함께 종군하고 있던 외과의들이 다른 방법으로 치료하고 있지는 않은지 알아보기로 했다. 그런데 그들 모두가 비고의 치료법에 따라 일차 처치 때부터 지혈대와 압박붕대로 묶고 끓는 기름을 상처에 들이부었다. 이를 보고 나서 나도 치료를 받으러 찾아온 환자들에게 용기를 내 같은 치료를 해 주었다. 어느 날 부상자의 수가 너무나 많아 기름이 동이 났다. 아직 치료를 받지 못한 병사가 약간 남아 있었는데 그대로 방치해 둘 수가 없었다. 하는 수 없이 달걀노른자와 장미 기름과 테레빈유로 만든 화농약을 발라 주었다. 그날 밤 나는 그 처치가 마음에 걸려 밤새 잠을 이룰 수 없었다. 끓는 기름으로 치료를 받지 못한 환자들이 상처의 독 때문에 이미 죽은 것은 아닐까, 아니면 지금쯤 숨이 끊어질 지경은 아닌가 하며 걱정이 됐기 때문이다. 그래서 아침 일찍 일어나자마자 환자들을 돌아봤다. 그런데 놀랍게도 화농약만으로 치료를 받은 환자들은 격통도 없고 상처에 염증이나 붓기도 없이 잘 누워 있었다. 반면 끓는 기름으로 지진 다른 환자들은 고열과 격통에 시달리며, 상처 부위가 부어올라 있었다. 나는 이를 여러 기회에 몇 번이나 시험해 보고는 충격에 의한 상처는 절대 지지면 안 된다고 생각하기에 이르렀다.[105]

여기에서 '장 드 비고의 책'은 교황 율리우스 2세의 시의였던, 이탈리아 이름으로 조반니 데 비고Giovanni de Vigo, 1460~1525가 1514년 쓴 『외과실제Practica in arte chirurgia copiosa』를 가리킨다. 기 드 숄리아크의 『외과학총론』 이후 나온 제대로 된 외과의학서로서, 이 책에는 브룬슈비히의 책과 마찬가지로 화약에는 독성이 있기 때문에 총상의 치료는 총탄에 의해 생긴 상처를 아물게 하는 것뿐 아니라 끓는 기름으로 해독해야 한다고 기술돼 있다. 화약독성설은 이전부터 전해 내려왔지만, 일설에는 해독을 위해 끓는 기름으로 지지는 처치법을 제창한 사람이 조반니 데 비고라고도 한다.[106] 이 책은 유럽에서 각국어로 번역돼 의료 현장에 커다란 영향을 미치고 있었다. 1525년에는 프랑스어판이 출간됐는데, 파레의 기록을 보면 프랑스군의 외과의는 완전히 그 영향하에 놓여 있었음을 알 수 있다.

마취라는 게 존재하지 않던 시대였으므로 병사에게는 총에 맞는 것은 물론, 그 치료마저도 공포의 대상이 됐을 것이다. 그런 처치를 함으로써 회복에도 불필요하게 많은 시간이 걸렸음은 말할 나위도 없다. 앙브루아즈 파레가 이 학설에 의문을 품게 된 첫 출발점도 그 치료 방법이 너무나 참혹하다는 임상가로서의 건전한 감성이었다. 게다가 밑에서부터 배워 올라간 파레는 권위 있는 책보다 현장에서의 경험을 중시했다. 파레는 '정규 의학 교육'과는 인연이 없는 인물이었기에 전통 의학의 권위에 얽매이는 일이 적었다. 그만큼 자유롭게 경험을 쌓고, 아무 데도 구애 받지 않고 현상을 바라볼 수 있었다. 이렇게 해서 파레는 끓는 기름을 상처에 들이붓는 상상만으로도 끔찍한 치료법은 물론, 화약 자체가 유독하다는 '잘못된 독성설'까지 일소할 수 있었다. 그때 이후 외과의로서 그의 생애는 '부상자의 고통을 경감시킨다'는 인도주의적 원칙에 일관한다. 참고로 볼로냐의 외과의 바르톨로메오 마지 Bartolomeo Maggi, 1516~1552도 파레와 독립적으로 총상독성설을 부정했으며, 적어도 1544년에는 그 연장선에서 총상 치료를 하고 있었다고 전해진다.[107]

그런데 위에서 설명했듯이 끓는 기름으로 지지는 방법과 통상의 유성연고를 바르는 두 가지 치료법의 효능을 놓고 파레는 당시에는 생각지도 못한 대조 실험을 했다. 그것도 반복적인 실험을 거쳐 후자의 효능이 우월하다는 것을 확인했다고 알려져 있다. 파레는 이처럼 합리적인 실험 계획을 누구에게 배운 것도 아니지만, 스스로 실행해 갔다. 전쟁터에서 전해지는 또 하나의 에피소드에서도 파레의 실험 정신은 잘 나타난다. 전쟁 경험을 쓴 1545년의 논문에는 이런 구절이 있다.

(취사병 한 명이 끓는 기름에 화상을 입자) 화상 치료에 흔히 사용하는 찜질약을 가지러 약 보관소로 갔다. 마침 거기에 나이 든 아낙네가 있었는데, 내가 화상약을 찾는 것을 보고는 소금을 약간 뿌린 생양파를 썰어 상처에 갖다 대는 게 초기 처치에 좋다고 가르쳐 주었다. 가끔 실제로 경험은 했던 것이지만, 그렇게 하면 물집이 터지거나 곪는 것을 막을 수 있을 것 같았다. 그래서 그 아낙이 말한 치료법을 기름 범벅이 된 취사병에게 시험해 보는 게 좋겠다고 생각했다. 다음 날 양파를 붙인 부위의 물집은 가라앉았지만, 그러지 않은 부위엔 큼직한 물집이 잡혀 있었다.

게다가 파레는 다음 기회에 한 번 더 같은 실험을 시도했다.

(한 병사가 화약으로 얼굴과 손에 화상을 입었을 때) 또 호출돼 이전에 말했던 것처럼 그의 얼굴 한쪽에 양파 조각을 붙이고, 다른 한쪽에는 흔히 쓰이는 화상 연고를 발랐다. 다음 치료 때 양파 조각을 붙여 둔 부위에선 물집도 없고 피부의 파괴 현상도 나타나지 않았다. 반대편의 경우 물집이 생겨 퉁퉁 붓고 피부도 뭉개져 있었다. 이렇게 해서 나는 이 치료 방식에 대해 믿음을 가지게 됐다.[108]

이 일화에는 몇 가지 특징이 있다. 첫째로, 민간에 전해 내려오던 치료법을 무시하지 않고 실제로 확인해 봤다는 것이다. 둘째, 새로운 치료법을 적용하는 경우와 그렇지 않은 경우를 비교해 어느 것이 더 효과적인지 판단하는 근대적인 대조 실험을 했다는 것이다. 셋째, 한 번의 시험으로 조급하게 결론을 내리지 않고 반복 실험을 실시했다는 점이다. 이 세 가지 모두 당시 대학에서 행해지던 스콜라 의학의 연구 방법과는 이질적인 것이었다. 물론 파레가 그런 실험을 반복해 실시할 수 있는 야전병원에서 일했기 때문에 가능했던 면도 있다. 하지만 이는 어디까지나 외적인 조건에 불과하다. 그 이상으로 중요한 것은 파레가 경험을 통해 의욕적으로 배우고 적극적으로 연구하려는 주체적인 자세를 지니고 있었다는 점이다. 이와 함께 파레가 몰이론적인 경험주의에 빠지지 않고 비판적 실증주의와 합리적 사고방식을 따랐다는 점은 주목할 만하다.

그 뒤 1541년 파레는 이발외과의 시험에 합격해 개업 자격을 딴 다음 결혼한다. 그러나 파리에 살림을 차린 뒤에도 당국의 요청으로 여러 차례 전쟁터에 종군의로 불려 나가게 된다. 1542년 페르피냥에 부임했을 때 파레는 총에 맞았지만 총알이 몸속 어디에 박혀 있는지 몰라 치료를 받지 못하는 병사들을 봤다. 그는 병사에게 피격 당시의 자세를 취하게 함으로써 총알의 위치를 정확히 찾아내 병영에서 명성이 자자해졌다. 이로써 야전외과에 대한 그의 경험은 한층 더 깊어졌다.

1543년엔 브르타뉴 원정에 참가했고, 이듬해 랑도르지 전투에 종군했다. 그 뒤 수 년 동안은 해부학에 몰두했는데, 1552년 다시 종군의로 나섰다. 30대로 한창 때이던 파레는 먼저 독일 원정에 따라 나섰고, 나바르Navarre, 중세 이베리아 반도에서 성했던 왕국으로 1589년 프랑스에 병합됨_역주의 국왕을 따라 피카르디 원정에 종군했다. 그해 겨울에는 메츠에서 5만여 명의 신성로마 황제군에 포위돼 있던 프랑스군의 부상자 치료에 나섰다. 이듬해엔 에댕의 요새에서 스페인군의 포로가 되었고, 독일 원정에선 더 이상 가망이 없다고 내버려진 환자를 혼신의 힘을 기울여 치료해 목숨을 구해내기도 했다. 훗날 그는 "나는 의사와 약제사와 외과의와 조리사의 일을 혼자 해치웠다"고 술회했다. 그는 군 상층부에서 일반 병사에 이르기까지 칭송의 대상이 됐다.p.132[33] 또한 포위된 메츠에 잠입하기 위해 이탈리아인 대위와 둘이서 적진을 가로지르는, 소설 속에서나 나올 법한 모험을 감행하고, 스페인군의 포로가 됐을 때는 적군 장교를 치료해 줘 풀려나기도 했다. 현장을 헤집고 다니며 의사로서 활동했던 것이다. 이는 대학의 의사들은 절대 할 수 없는 일이었다.

앙브루아즈 파레는 1553년 '국왕 외과의Chirurgien de Roi'의 일원으로 임명된다. 그 이듬해 이발외과의로서는 매우 이례적으로 생콤 학원이 그를 조합원으로 받아들인다. 그 배경에는 '국왕 외과의'로서 절대적 권위를 누리던 파레를 자기편으로 끌어들여 학교 자체의 권위를 높이려는 속셈이 깔려 있었다. 이는 대학 의학부에 대항해 보려는 외과의들의 정치적 계산에 따른 것이었다. 하지만 그 이상으로 파레의 기량과 실적과 인망은 누구도 무시할 수 없는 경지에 이르렀다. 1558년에 파레는 교전 상태이던 둘랭에 파견된다. 그리고 1562년에는 루앙 원정에 종군한다. 그해 샤를 9세의 '수석 외과의premier Chirurgien'에 임명돼 1564~1566년 왕실의 순행을 수행한다. 1567년에는 다시 생드니 전투에 참가했고, 1569년엔 몽콩투르 전투의 부상자 치료에 나섰다.

파레는 프랑스에서 최고위 외과의에 오른 인물이었다. 그러나 서재 의자에 편히 앉아 있던 학자가 아니라 어디까지나 현장의 의료 종사자로 활동하다 1590년 생애를 마쳤다.

| 앙브루아즈 파레와 파리대학 의학부

종군에 종군을 거듭하며 놀랄 만큼 정력적인 생애를 보내면서도 파레는 1545년의 논문에서 시작해 1550년에 『해부실시 초록Briefve collection de l'administration anatomique』, 1552년에는 7년 전에 쓴 논문의 제2판을 펴냈다. 이어 1561년에는 『인체의 해부L'anatomie unverlelle du corps humain』『두부의 외상과 골절 치료법』, 1564년 『외과학 10권』, 1572년 『외과학 5권』, 1573년 『외과학 2권』 등을 출간했다. 『해부실시 초록』에는 "나는 그리스어나 라틴어로 갈레노스를 읽었다는 등 거짓말은 하고 싶지 않다. 왜냐하면 하느님이 젊은 시절 나에게 그 두 언어 중 어느 것 하나 배울 기회를 주시지 않았기 때문이다"[109]고 했다. 실제 그의 책들은 모두 프랑스어로 쓰였는데, 1575년에는 『앙브루아즈 파레 전집』으로 새롭게 인쇄됐다.

'속어 의학의 금자탑'[110]으로 불리는 이 『파레 전집』에 대해 사계의 권위자였던 파리대학 의학부의 의사들은 격렬한 비판을 퍼부으며 출판을 방해했다. 의학의 내용 가운데 특히 공격의 대상이 된 것은 파레가 창안한 결찰법結紮法이었다. 당시까지는 사지 절단 후의 지혈을 위해 절단부에 불에 달군 인두를 갖다 대는 참혹한 처치가 행해지고 있었다. 이에 비해 파레는 1552년 처음으로 결찰, 즉 혈관을 실로 묶어 혈류를 차단하는 방법을 사용했고, 이를 1564년 『외과학 10권』에 공표했다. 이를 파리대학 의학부장 에티엔 구르멜랑Etienne Gourmelen은 1580년 공공연하게 비판했다.

앞서 말한 1585년 파레의 『변명과 여행기』(원제는 『여러 다양한 지역의 여행기를 포함한 변명과 논고』)는 이 비판에 대한 반론을 담은 책이었다. 그 서두는 '동맥과 정맥을 결찰하는 내 지혈법에 대해 부끄러운 줄도 모르고 공격하고 모욕하는 사람들'이 있기 때문에 하는 수 없이 펜을 들었다, 하는 격렬한 어투로 시작한다.p.111[3] 파레가 인용한 구르멜랑의 비판은 이렇게 시작한다. "괴사한 사지를 절단한 뒤 (지혈을 위해) 혈관을 불에 지지는 오래전부터 인정되고 권장돼 오던 방법을, 한 인물(파레)이 비난하고 있다. 나아가 근거와 판단과 경험도 없이 혈관을 결찰하는 기이한 방법을 새롭게 가르치려 하고 있는데, 이는 고대의 의사 모두의 견해에 거스르는 것이다." 이것만으로 그 비판의 내용이 대충 상상이 된다. 게다가 구르멜랑은 다음과 같이 상술한다. "결찰에 의한 지혈법의 경우 혈관을 찾아내는 동안 침이 신경을 찌르면서 새로운 염증을 유발한다. 또 혈관을 끌어당기기 위해 겸자로 근육을 찢는데 이는 인두로 지지는 것보다 고통이 더 심하다. 그렇기 때문에 파레의 결찰법은 '끔찍한 방법'이다." 마취가 없었던 시절이어서 신체의 절단부를 벌겋게 달군 인두로 지지는 것이나 그 부위의 혈관을 실로 묶는 것이나, 어느 것이 더 통증이 심하고 어느 것이 더 끔찍한가는 다소의 상상력만 있으면 문외한이라도 판단할 수 있다. 이것만으로도 '유식한' 비판자, 즉 파리대학 의학부 교수들은 아마도 외과 치료의 현실을 잘 알지 못했을 뿐 아니라 이를 상상하는 감성조차 결여하고 있었음을 알 수 있다. 원래부터 환자는 그들의 염두에도 없었던 것이다.

소작법燒灼法에 맞서 파레가 결찰법을 내세웠던 근거는 말할 것도 없이 '신속하고 안전하고 가급적 고통을 줄이며 치료한다'는 인도주의였다.p.114[7] 다시 말해 소작법은 주변 조직을 파괴해 난치성 궤양을 남기는 등 합병증을 일으킬 가능성이 높은 데 비해, 결찰법은 위험이 훨씬 적고 덜 아픈 데다 치유가 빨랐다. 하지만 파레는 처음에는 비판 세력에 대항하기 위해 문헌학상의 논의를 전개했다. 고대 히포크라테스부터 중세의 기 드 숄리아크 그리고 같은 시대의 베살리우스에 이르기까지, 선행 연구자들이 결찰법을 부정하지 않았음은 물론 장려하기도 했다는 것을 보여 주었다. 특히 대학 의학부에서 최고 권위를 지니던 갈레노스 자신이 지혈을 위해서는 "혈관의 근원, 즉 간장이나 심장에 가장 가깝다고 생각되는 부분을 결찰하는 것이 제일 확실하다"고 기록했다는 점을 지적하고, "(과거의) 권위자들도 혈관의 결찰을 장려했다"고 결론지었다.p.112f.[5f.] 당시는 인쇄 서적이 출현하고 나서 1세기 이상이 지난 시점이었다. 이미 학술서의 속어 번역판이 몇 종류나 나돌고 있었기 때문에 파레 자신도 고대 이래의 의학 문헌을 숙지하고 있었다. 서적이라고 해야 극소수 라틴어 필사본밖에 없던 시대는 물론이고, 사본의 리메이크가 주류를 이루던 요람기인쇄본 시대도 이미 예전의 일이 돼 버린 때였다.

파레는 이처럼 비판자의 논점과 근거를 흔들어 놓은 다음 "나는 혈관 결찰이 행해져 순조롭게 성공한 사례를 내 눈으로 많이 봐 왔다"고 공언하며 논쟁을 다음과 같이 자기편으로 유리하게 이끌었다. "우리들은 사지 절단 후 혈관 결찰이 성공한 사례를 매일처럼 보았다. 그 같은 경험과 결찰 요법을 받은 뒤 생존한 사람들의 실례를 바탕으로 이를 실증해 보이려 한다."p.114f.(8f.) 그는 8개의 치료 사례를 들고 "실례를 이 정도 제시했으면 정맥과 동맥의 출혈은 소작하지 않고도 멈추게 할 수 있다는 점을 이젠 믿을 만하지 않느냐"며 글을 마쳤다.p.118(12f.) 파레는 과거에 있었던 권위자들의 주장을 바탕으로 삼았지만, 그 이상으로 경험을 중시했으며 사실이 가르쳐 주는 것을 배우려 했다. 이에 비해 그를 비판하던 사람들의 책에 대해서는 "자기 힘으로 찾아낸 것은 아무것도 없다"고 공박했다. 또 자신을 비판하는 사람들은 "옛날 책에 나와 있다는 사실만으로 도움도 안 되는 처치 방법을 몇 개씩이나 인용하고 있는데, 자신이 알아낸 것도 아니고 또 그게 얼마나 바보 같은 짓인지도 모르고 있다"고 했다.p.120f.(16)

파레의 말은 자신감에 차 있다. 그 자신감은 그의 풍부한 임상 경험과 종군 실적에 근거하고 있다.

여러분은 외과 처치를 나에게 가르쳐 준다고 말하지만 내가 보기엔 무리일 듯합니다. 내가 배운 것은 서재에서 공부하거나 의학박사들에게 몇 년씩 강의를 들어 익힌 게 아닙니다. 나는 파리의 호텔 디외에 3년간 기숙하면서 수많은 시체를 해부해 봤고, 셀 수 없을 만큼 많은 환자들에게 외과 치료를 하면서 관찰하고 공부할 기회를 얻었습니다. … 또한 운 좋게도 많은 것을 보고 다녔습니다. 다시 말해 프랑스 국왕께 봉사하라는 명령을 받아(나는 네 명의 국왕을 모셨습니다), 작은 전투는 물론 큰 전쟁에도 나갔습니다. 도시나 요새의 포위 공격에 종군한 적도 있었고, 포위된 도시에 갇혀 버린 부상병들의 치료에 나선 적도 있습니다. … (이를 이해한다면) 자기만의 서재에서 나와 본 적도 없는 여러분이 그래도 외과학의 실기를 내게 가르치겠다고 말할 수 있는 겁니까?p.121[16f.]

이렇게 해서 파레는 선언한다. "외과 처치는 눈으로 보고, 손으로 만지며 배우는 것입니다. … 여러분들은 의자에 앉아 입으로 말하는 것밖에 모릅니다. 그래도 나는 건반을 두드려 오르간을 연주해 보이겠소. 서재와 학교 외에는 가 본 적이 없는 여러분은 할 수가 없는 외과 치료를, 나는 행동으로 보여 주려는 것입니다" p.122[18]

파레는 개별적인 외과 치료법의 개량을 넘어섰다. 그는 의학을 문서에 편중된 책상물림의 학문에서 임상 중시의 실천적 지식으로, 그리고 환자 부재의 의학에서 환자를 위한 치료로 전환시켰다. 이미 1550년의 『해부실시 초록』에서 파레는 "이 책에는 나 자신의 활동으로 터득한 것, 나 스스로 해 본 것 아니면 담지 않았다"고 언명하고 있다.[111] 그 뒤 파레가 집필한 일련의 외과학 서적들은 인쇄 서적 덕분에 쉽게 접근할 수 있게 된 고대의 지식과 이론을 충분히 소화하면서도 외과 의료 현장의 풍부한 경험에 근거한 것들이었다. 게다가 그는 인도주의와 합리적 정신에도 투철했다. 이처럼 손을 더럽히며 일하는 외과 직인 — 최하층 이발외과의 — 이었던 앙브루아즈 파레는 바로 그 때문에 합리적이고 실증적인 근대 외과학의 가능성을 열었던 것이다.

파레의 외과학상의 공적으로는 총상독성설의 부정, 결찰에 의한 지혈법 제창 말고도 이상분만 태아의 만출법娩出法과 의지義肢의 발명도 들 수 있다. 이와 함께 파레가 속어(프랑스어)로 책을 쓴 것 자체의 의미도 결코 작지 않다. 파레는 '어학을 모르는elinguis' 외과의들도 읽을 수 있도록 책을 씀으로써 대학 의학부의 지식 독점 체제에 바람구멍을 냈다. 고등교육을 받지 못한 현장 외과의와 이발외과의들도 노력과 능력만 있으면 과학으로서 외과학에 평등하게 접근할 수 있도록 길을 열었던 것이다.

그와 동시에 그는 직인 사이에 뿌리 깊게 남아 있던 비밀주의적 체질을 타파하기도 했다. 실제 파레는 1537년 토리노에서의 경험을 이렇게 기록하고 있다. "나는 특히 총상 치료에 대해 평판이 높은 외과의를 알게 됐다. 나는 그와 가까이 하면서 그가 상처 치료에 늘 사용한다던 진통제 처방을 배웠는데, 그에게 처방을 알아내는 데는 2년이나 걸렸다."p.126[24] 직인 신분의 외과의나 이발외과의들은 스스로 고안한 치료법이나 약품 제조법을 꼭꼭 숨기고 있었던 것이다.

몽펠리에의 교수이자 선구자적인 프로테스탄트 의사 로랑 주베르Laurent Joubert는 1578년 기 드 숄리아크의 저서를 편찬하면서 의욕은 있지만 라틴어를 못 배운 외과의를 위해 프랑스어 번역을 붙였다. 아들인 이삭 주베르Isaac Joubert는 부친이 한 일에 대해 의사뿐 아니라 외과의들도 비판했다고 증언한다. 이는 라틴어를 아는 일부 외과의들로부터 나온 비판이었다. 그들은 "그 같은 훌륭한 기술의 비밀을 읽고 쓸 줄도 모르는 이발사 녀석들에게 가르쳐 주는 것은 부적절하다고 불만스러워했다."[112] 일부 '글속이 트인' 외과의들은 다른 '못 배운' 외과의나 이발외과의들을 일부러 더 경멸했던 것이다. 파레가 프랑스어로 외과학 서적을 집필한 데 대해서는 생 콤 학원 외과의들의 일부도 외과학 지식을 누구에게나 개방하는 것이라 하여 비판했다고 한다.[113] 대학 의학부의 엘리트주의가 일부 외과의에게 굴절된 형태로 전염돼 있었던 것이다.

어쨌든 직인의 편협한 비밀주의와 대학의 권위주의적 폐쇄성은 한편으론 근대 의학의 탄생에 장애가 됐고, 다른 한편으론 야바위꾼 의사나 돌팔이 의료 행위가 횡행하게 된 간접 원인이 됐다. 속어에 의한 전문 학술서의 출판과 그에 바탕한 외과의 교육이야말로 그 같은 폐해를 타파할 수 있는 매우 유효한 수단이었다. 이는 또한 외과학을 직인적 기술로부터 근대 과학으로 탈피할 수 있도록 만드는 단서가 되기도 했다. 물론 속어로 의학서를 쓴 것은 파레만이 아니었다. 파레의 공적이 높이 평가 받고 그의 저서가 지금까지도 화제가 되고는 있지만, 실제로 1540년부터 1580년에 걸쳐 파레 이외에도 외과의 몇 명이 프랑스어로 책을 출판했다. 속어(프랑스어)로 학술 서적을 출간함으로써 라틴어의 장벽에 바람구멍을 내기 시작한 것은 외과학과 약학이었다.[114]

잉글랜드의 사정

잉글랜드 의학계에선 파라켈수스나 앙브루아즈 파레와 같은 걸출한 인물이 등장하지 않았다. 하지만 잉글랜드의 이발외과의들도 속어로 의학서를 펴냈다는 점에서 당시 상황을 소홀히 다룰 수는 없다. 잉글랜드 속어 의학의 전통은 서유럽에서 매우 오래됐기 때문이다. 실제 잉글랜드에선 이미 14세기 말부터 속어로 된 실용서가 급속히 증가했다. 그 가운데도 의학과 외과학 책이 다수를 점했다.[115] 물론 옥스퍼드와 케임브리지의 의학부에서도 파리대학과 동일한 폐해가 나타났다. 원래 '옥스브리지'의 교육은 파리를 모델로 한 것이었다. 따라서 의사가 외과 처치나 조제에 손을 대지 않는다는 것은 잉글랜드에서도 똑같이 불문율이었다. 게다가 대학 출신의 의사, 외과의, 이발외과의, 약종상, 무자격 의사로 구성되는 위계질서도 엄연히 존재하고 있었다.

그러나 역시 14세기의 흑사병과 그 뒤 여러 차례 유행한 전염병 그리고 영국과 프랑스의 백년전쟁을 계기로 상황은 크게 바뀐다. 흑사병이 아카데미즘 의학의 무력함을 폭로했다는 점은 이미 서술한 바 있다. 실제 페스트가 창궐한 지 20년 정도 뒤에 잉글랜드에서 쓰여진 『농부 피어스Piers Plowman』에는 "의사만 한 거짓말쟁이는 없다"고 나온다.[116] 14세기부터 15세기에 걸친 백년전쟁도 이 변화를 촉진시켰다. 화기의 사용으로 전쟁의 양상이 급변하던 이 시대에 총상을 입은 병사에게 예전의 아카데미즘 의학은 무력하기만 했다. 여기에서도 현장을 맡은 것은 종군 외과의였다. 1339년 에드워드 3세의 원정에서부터 1513~1514년 헨리 8세의 원정에 이르기까지 잉글랜드군이 군사 행동을 할 때마다 국왕은 대부분 외과의들로 구성된 의사단을 대동시켰다. 이로써 외과의들은 위신을 높일 수 있었던 동시에 일상 업무에서는 얻을 수 없는 귀중한 경험을 많이 쌓았던 것이다.[117] 원래 15세기 100년 동안 옥스퍼드와 케임브리지를 나온 의사의 수는 모두 합해 75명도 채 안 된다. 외국의 대학에 유학한 사람을 포함해도 의사는 100명을 밑돌았다고 한다.[118] 그만큼 외과의에 대한 수요는 컸다.

그런데 잉글랜드에선 외과의 조합과 이발외과의 조합이 프랑스에서처럼 격렬히 대립하지 않았다. 잉글랜드에 생 콤 학원 같은 게 존재하지 않았기 때문에 외과의 길드가 그리 큰 힘을 지니지 못했는지도 모른다. 런던의 외과의 조합과 이발외과의 조합은 이미 14세기에 존재했다고 확인되는데, 두 조합은 1493년 제휴에 합의했다. 이에 따라 외과의와 이발외과의는 도시 주민에게 의료 서비스를 제공하는 데 보다 큰 역할을 하게 됐다. 그러나 이것도 런던을 비롯한 몇몇 도시의 이야기이지, 농촌 지대에는 천차만별의 의료 종사자가 민중의 수요에 맞춰 활동하고 있었다.

17세기 헬몬트의 책에는 다음과 같은 이야기가 나온다. 아일랜드에서는 영주의 가신 가운데 한 명이 대학을 나온 것도 아니면서 영내의 환자를 도맡아 치료해 주었다고 한다. 그는 온갖 질병과 치료법 및 약제법을 그 지역 말로 기록해 둔 책을 대대로 물려받은 사람이었다.[119] 의료를 가업으로 삼던 영주의 공인 세습 의사가 존재했다는 것이다. 이는 아일랜드의 이야기이지만, 이보다 좀 더 개화되었던 잉글랜드에서도 큰 차이는 없었다. 서적이 다소 보급돼 있었다는 점을 제외하면 말이다. 즉 잉글랜드의 시골에서도 속어 의학서로 독학한 지방 지식인이 그 지역의 의료 활동에 종사하던 사례가 있었던 것이다.

중세 잉글랜드의 지방 의료에 관한 한 논문[120]은 그 실례로 15세기 에섹스의 '의료 종사자' 존 크로필John Crophill이라는 인물을 소개하고 있다. 의료 활동에 관련한 수고본을 남긴 그의 본업은 작은 수녀원의 농원 관리인이었다. 반경 약 30킬로미터 이내에 있는 수도원 소유지를 순회하면서 임대료를 징수하거나 농작이나 수확을 지도하는 게 주 업무였다. 그는 영어로 글을 읽을 수 있을 정도의 '시골 지식인'이어서 본업을 하는 사이사이에 그 지역의 환자를 돌봤다. 요컨대 무슨 면허를 지닌 것은 아니지만 지역 공동체 사회 내부에서 엄연히 의료 종사자로 받아들여지고 있었던 것이다. 이 같은 사례는 다른 지역에서도 나타난 듯하다. 그 활동의 바탕이 된 것이 바로 당시 잉글랜드에 보급되고 있던 몇몇 종류의 속어 의학 편람이었다. 이 논문에는 "15세기에는 속어 의학서가 많이 보급되어, 의료 종사자들에게 의료 실무에 사용할 수 있는 많은 사항을 가르쳐 주었다"고 돼 있다. 논문은 또 "크로필과 같은 인물들이 이용할 만한 속어 의학 문헌들이 상당량 유통되었다"고 기술하고 있다.

그런데 당초 이들 속어 문헌들의 많은 수는 원래 라틴어로 쓰인 대학 교재용 학술서를 영어로 옮긴 것들이었다. 하지만 외과의가 사회적 지위를 획득함에 따라 의학서 출판 시장의 판도도 바뀌어 간다. 즉, 무면허라고는 하지만 실제 의료에 종사하는 사람들은 고전 철학이나 논리학에 대한 소양이 없으면 ― 비록 영어로 번역됐다 하더라도 ― 이해하기 어려운 심오한 의학서보다, 실천적 외과의들이 쓴 직접 도움이 되는 안내서를 더 선호했다. 이 때문에 전자의 출판이 저조해진 데 반해 후자의 출판이 활발해졌다. 속어로 번역된 의학 서적의 등장은 흑사병이 유행한 이후의 일이다. 그런데 그런 책들도 갈레노스나 히포크라테스의 전통적이고 원리적인 저술로부터, 기 드 숄리아크와 랑프랑코와 같은 대륙의 외과의나

14세기 잉글랜드의 외과의 존 아던John Ardern의 실용적 저술 등으로 무게중심이 옮아갔다.¹²¹

의학서 출판에 나타난 이 같은 변화는 인쇄 서적의 등장과 함께 가속화했다. 1475년에 시작해 1500년경 두드러진 현상으로서 잉글랜드의 인쇄업자들은 속어 의학서, 특히 외과학 서적을 제작하기 시작했다. 출판 부수가 많은 이들 인쇄 서적은 의학 전문가뿐 아니라 지적 관심이 많은 일반인들도 독자가 됐다. 많은 경우 의사보다 오히려 외과의가 쓰고 편찬한 내용을 다룬 것으로, 때로는 가정용 치료 편람의 구실을 해 주었다.

이렇게 16세기 초기엔 사회적 위신 측면에서나 출판 시장 상황에서나 대학 출신의 의사들이 외과의에 비해 수세적 입장에 처했다. 그런데 1518년 런던 왕립의사협회에 대한 헨리 8세의 칙허로 의사들이 공세를 취하게 된다. 이 협회는 옥스퍼드와 케임브리지 출신의 의사만으로 구성된 독점 단체로 런던에서 반경 약 10킬로미터 이내에 있는 의사들을 감독하고 개업 인허가를 내주는 기능을 하고 있었다. 이를 위반한 사람에 대해선 벌금을 부과하거나 투옥할 수 있는 권한까지 지니고 있었다.¹²² 그렇다 해도 협회 발족 당시 런던의 추정 인구가 6만 명인 데 비해 협회 회원은 불과 12명이었다. 16세기 말에는 50명 가까이로 늘었다고는 하지만, 런던 인구도 두 배 이상으로 증가했다. 결과적으로 의사협회는 의사의 수를 소수로 억제함으로써 상류계급의 극히 한정된 부유층 환자를 고객으로 독차지하고 있었던 것이다. 그런 의미에서 당시 의사들은 대다수 민중과는 거의 관계가 없는 존재였다. 잉글랜드의 한 주교는 1525년 "의술은 부자들을 위해서만 준비된 치료법이지, 서민

을 위한 게 아니다. 왜냐하면 서민은 의사를 고용할 수 없기 때문이다"고 분명히 말했다.[123]

한편 1540년 외과의 조합과 이발외과의 조합이 의회에서 제정된 법률에 따라 통합됐다. 이에 따라 외과의의 자격 심사는 더 엄격해졌다. 제 몫을 하는 외과의가 돼 조합에 가입하려면 통상 7년이나 수련이 필요했다. 이 이발외과의·외과의의 통합 조합에서 토머스 게일Thomas Gale이나 윌리엄 클로스William Clowes와 같은 걸출한 외과의가 배출됐다. 앙브루아즈 파레와 거의 같은 세대인 토머스 게일(1507~1587)은 역시 도제 수업을 통해 교육 받은 이발외과의였다. 헨리 8세와 엘리자베스 1세의 군의관으로 일한 그는 명의로서 칭송이 자자했다. 그는 1563년 『외과의의 직무Certain Works of Chriurgerie』를 영어로 펴내면서 총상독성설을 부정했다. 이 책은 '영국 외과학의 랜드마크'라 불리며, '영국 외과학 르네상스의 최초의 과실'로 평가된다.[124] 그리고 그는 이발사·외과의 조합 회관에서 젊은 도제를 위해 외과학을 강의했다. 이발사와 외과의 조합은 독자적인 교육 시스템을 구축하고 있었던 것이다. 특히 속어 교과서의 인쇄 출판과 강의식 교육은 종래의 도제 수업에 배어 있던 길드 체질을 극복하고 외과학을 직인적 기술로부터 근대 과학으로 전환시킨 첫걸음이었다.

'엘리자베스 왕조의 최대 거물 외과의'[125]로 불리는 윌리엄 클로스(1544~1604)는 게일보다 한 세대 뒤에 등장한 외과의다. 당시 외과의의 수업이 어떤 것이었는지 알아보기 위해 그의 생애를 좀 더 자세히 살펴보자. 그는 열두 살 때 런던으로 올라가 이발사·외과의 조합원의 도제로 수련 받기 시작했다. 1563년 열아홉의 나이에 도제 수업을 마친 뒤, 프랑스 신교도를 지원하기 위해 노르망디에 원정했던 잉글랜드군의 종군 외과의가 된다. 이듬해 전염병과 괴혈병 그리고 영국해협의 폭풍우로 비참한 패배를 당한 원정군과 함께 잉글랜드로 돌아온 후 플리머스에 머물며 몇 년간 해군에서 복무한다. 이렇게 해 1569년 드디어 이발사·외과의 조합으로부터 개업 자격을 부여 받지만, 몇 년 더 해군에 머물면서 야전 치료의 전문가가 된다. 그 뒤 1576년 매독에 관한 책을 발표한다. 이 책은 1579년과 1585년에 개정판이 나왔다. 1579년에는 세인트 바솔로뮤 병원의 외과의 조수로 근무했고, 그 뒤 크라이스트 병원의 외과의로 부임한다. 두 병원은 모두 빈민이나 가난한 집안의 어린 이들을 위한 시설이었다. 1580년 윌리엄 클로스는 장인master이 되고, 다음해 세인트 바솔로뮤 병원의 정외과의에 임명된다. 1586년에는 엘리자베스 1세가 지명해 잉글랜드군의 네덜란드 원정에 따라간다. 이 원정은 비참한 종말을 맞지만, 그는 이듬해 1587년 잉글랜드 함대에 군의관으로 승선한다. 그리고 1588년 잉글랜드 함대가 스페인의 무적함대를 격파한 뒤, 44세로 '여왕 외과의'의 한 사람으로 임명된다. 이렇게 해서 클로스는 육전과 해전에서 모두 충분한 경험을 쌓은 제1급 외과의로서 공인 받는다. 그 역시 이발사·외과의 조합 회관에서 도제들에게 강의했으며, 1588년 젊은 외과의들을 위한 안내서를 영어로 집필했다. 이는 1591년과 1596년 중판을 거듭했다. 그리고 1595년에는 기사 작위를 받은 데 이어, 이듬해에는 『관찰의 서 A profitable and necessary Books of Observations』를 영어로 써냈다.그림 2.5 그리고 엘리자베스 1세가 사망한 지 1년 뒤인 1604년 향년 60세로 눈을 감았다.

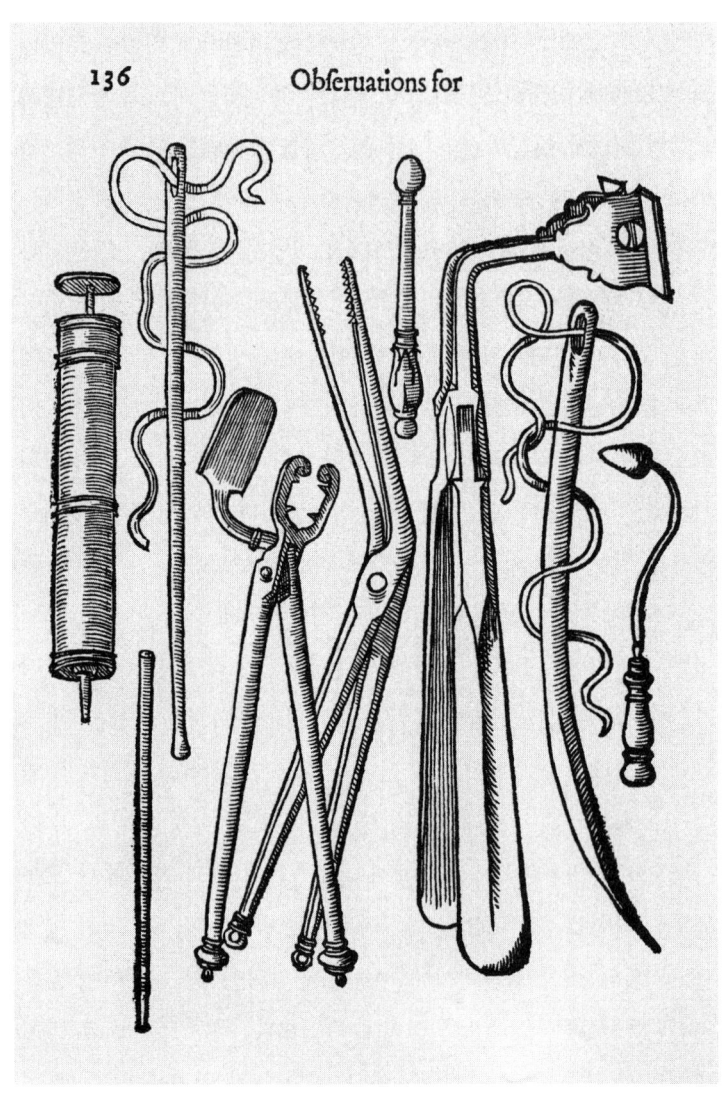

그림 2.5 윌리엄 클로스의 『관찰의 서』(1596)에 나오는 외과 치료 도구들.

윌리엄 클로스의 『관찰의 서』를 읽어 보면 그 자신은 대학을 나오지 않았지만 라틴어와 프랑스어에 능통해 고대 갈레노스부터 당대 앙브루아즈 파레의 저술까지 통독하고 있었음을 알 수 있다. 그럼에도 그가 속어로 책을 집필한 것은 오로지 젊은 외과의 지망생들을 위해서였다. 그는 외과의 도제가 고전어 습득을 위해 시간과 에너지를 쏟는 것을 낭비라고 보았다. 또한 파라켈수스의 외과학을 좇아 "나는 그의 외과적 발명을 치료에 도입했는데 달리 견줄 곳이 없을 정도로 효과가 있어, 모두에게 권장할 만하다"고 말했다.[126] 클로스는 앙브루아즈 파레를 따라 환자의 지혈에 결찰법을 사용했을 뿐 아니라 파리대학 의사들이 파레를 공격했을 때 파레를 옹호하는 입장을 표명하기도 했다.

의학에서 속어 사용의 문제

서유럽의 많은 나라에서 대학 의학부가 종래의 전적典籍 의학을 고집하는 사이, 대학 교육을 받지는 못했지만 풍부한 임상 경험을 쌓은 외과의와 이발외과의들이 새로운 의학 교육과 연구에 나섰다. 그 성과는 그들이 속어로 쓴 서적을 통해 발표됐다. 게다가 이들 서적은 다른 나라 말로 번역돼 국제적 영향력도 지니게 됐다. 그러나 이에 이르기까지 평탄한 길만 있었던 것은 아니다.

윌리엄 클로스는 『관찰의 서』의 말미에 '간행의 변명'이라는 항목을 덧붙이고 다음과 같이 기술한다. 이는 당시 영어로 의학 서적을 집필하는 데 강한 저항감이 있었음을 보여 준다.

어떤 사람들은 악의에서 그런 건지, 제대로 된 판단 능력이 없어서 그런 건지, 아니면 자기도취나 허영심 탓인지, 타인이 훌륭한 지식을 지니는 것을 시기한다. 사적 자리에서나 공적 자리에서나 내가 펴낸 대수롭지 않은 책에 비난을 퍼붓는다. 내 책에 대해서뿐 아니라 영어로 간행된 의학과 외과학의 다른 서적들에 대해서도 노골적인 반감을 보여 왔다.[127]

마찬가지로 클로스는 프랑스에서도 앙브루아즈 파레에 대한 비판과 중상이 있었다고 기록했다. "그(파레)는 하느님으로부터 문법이나 수사학이라는 선물을 받지 못했고, 철학의 샘에서 나오는 향기로운 물을 맛본 적도 없는 까닭에 훌륭한 외과의가 될 수 없다"는 게 비판의 요지였다고 한다. 실제 앙브루아즈 파레 스스로도 속어로 책을 쓴 데 대한 공격이 있었음을 시사하고 있다. "나는 내 책이 속어로 쓰였다고 해서 남에게 해를 끼친다고 생각하지는 않는다. 예를 들어 성스러운 히포크라테스는 다른 언어를 모르는 여자아이들도 깨우치고 이해할 수 있게 그들의 말로 쓰지 않았는가. 나로 말하자면 오로지 젊은 외과의를 교육시키기 위해 쓴 것이다".[128]

잉글랜드에서 속어로 된 의학서가 중세 후기 이후 보급되고 있었다는 것은 이미 서술한 바 있다. 프랑스에서도 파레 이전에 프랑스어 의학서가 없었던 것은 아니다. 이미 14세기 초 앙리 드 몽드빌의 『외과학』이 프랑스어로 번역돼 있었다. 그리고 인쇄 출판이 시작됐던 초기에는 고대·중세의 유명 필사본들을 인쇄 서적으로

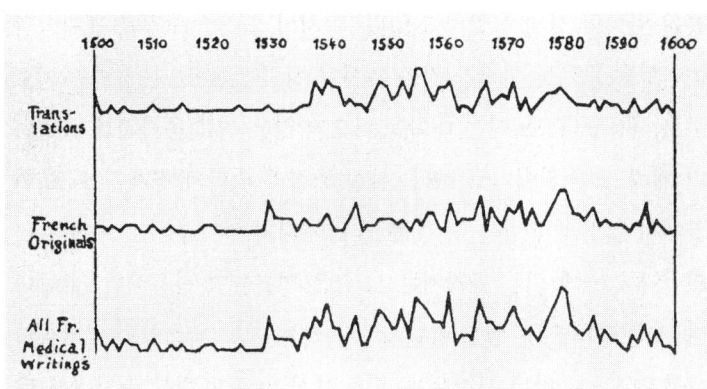

그림 2.6 16세기 프랑스에서 프랑스어로 출판된 의학서의 수. 맨 위는 프랑스어 번역, 가운데는 프랑스어 집필, 맨 아래는 합계다.

제작하는 작업이 진행되고 있었다. 16세기에 이르자 이 작업도 거의 마무리 단계에 접어들어 출판업자들은 새로운 시장을 찾아 나섰다. 즉 그런 서적들의 속어 번역본을 출판하기 시작한 것이다. 역사학자 나탈리 데이비스Natalie Davis에 따르면, 1530년대에는 고대·중세의 의학서 번역 이외에 "대체로 의사보다 근면한 외과 직인들의 수요에 따라 프랑스어로 된 체계적인 의학서와 외과학 서적이 출판되고 있었다"[129]고 한다.그림 2.6

그렇다 하더라도 외과의들이 속어 서적을 출판하는 데 대해 아카데미즘 의학은 저항을 계속했다. 1532년 기 드 숄리아크의 외과학서를 프랑스어로 번역한 장 카나프Jean Canappe는 자신이 한 일에 대해 의사들에게 집요하게 비난 받았다고 증언하고 있다.[130] 그 배경에는 고전 철학에 정통하고 질병의 원인을 자연학과 논리학에 기초해 규명할 수 있는 의사만이 올바른 의료를 행할 수 있다는 스콜라 의학의 전제가 깔려 있었다. 이처럼 교만한 주장은 철학이나 논리학을 모르는 사람은 진짜 의사가 될 수 없다는 부정적 의미로 주로 사용됐다. 또 이는 대학을 나오지 않은 의료 종사자를 차별하기 위해 쓰인 말이기도 했다. 사실 스콜라 의학의 전제는 의료 현장에서 실질적 역할을 하지 못했다. 게다가 앙브루아즈 파레나 윌리엄 클로스에 대한 공격에는 그 같은 명분론만 작용했던 게 아니다. 고등교육도 못 받고 라틴어도 못하는 직인 계층의 이발외과의 나부랭이들이 전문 서적을 쓴다는 사실 자체가 대학 출신 의사들의 눈에는 주제넘고 허용하기 어려운 일로 비쳤다. 여기엔 의사들의 뿌리 깊은 차별 의식이 배어 있었다고 여겨진다. 그 차별 의식은 고대부터 내려온 신성한 학문의 심오한 의미는 선택된 사람만이 해석하고 전파해야 하며, 자격 없는 사람이 어설프게 건드려서는 안 된다는 논리에 의해 합리화되고 있었다.

그 신성한 학문의 비밀을 지켜 주었던 것이 라틴어였다. 중세 후기 속어는 이미 도시의 공문서나 상업 문서 또는 문학작품에서 기록용 언어로 사용되고 있었다. 또 속어라면 읽고 쓰기가 가능한 시민층도 늘고 있었다. 그런 상황에서 라틴어만 유일한 언어로 사용하는 학계의 관행은, 단순히 속어가 학문에 부적합하고 부적절한 언어라는 소극적 이유에서만이 아니었다. 라틴어의 사용은 오히려 민중과의 사이에 높은 장벽을 쌓아, 민중을 학문 세계에서 몰아내려는 수단으로서 성격이 강했다. "성직자와 의사 모두에게 라틴어는 내부의 직업적 비밀을 유지시켜 주었다".[131]

물론 법학이나 철학, 신학의 경우 원래 일반 대중이 큰 관심을 지니고 있었던 것은 아니다. 따라서 이들 분야에서 라틴어만 썼다고 해서 이를 학문의 비닉이라고까지 말하기는 어렵다. 하지만 의학은 환자와 직접 접촉해야 하는 현장 의료 행위와 떼려야 뗄 수 없는 관계를 지닌 학문이다. 그런데도 환자들이 항상 의료의 신뢰성에 대해 궁금해 했기 때문에 의사는 엄격하게 자신의 학문적 비밀을 감춰 두려 해 왔다. 13세기 후반 대학 의학부가 형성되기 시작하던 시절 북이탈리아의 훌륭한 의사였던 굴리엘모 다 살리체토의 저서에는 다음과 같은 기록이 나온다.

> 환자나 일반인 앞에서 병의 원인이 무엇이고 처치는 어떻게 해야 하는지에 대해 강의하는 것은 염치없는 일이며 부적절한 것이기도 하다. … 동료와 행하는 모든 연구는 남들이 모르게 in secreto 해야 한다.[132]

당시 의료 행위에 간여하고 있었던 것은 대학 출신의 의사들만이 아니었다. 외과의, 조산부, 이발사, 욕탕 업주들도 저마다 의료 행위에 종사하면서 의료 시장에서 서로 경쟁 관계에 있었다. 게다가 16세기에는 임상 경험을 쌓아 실력을 갖춘 외과의와 이발외과의 길드가 성장하면서 대학 의학부가 누리고 있던 의료 시장에서의 권위와 지위를 위협하게 됐다. 이 같은 상황에서 배우기 까다로운 라틴어를 사용한다는 것은 대학 의학부, 즉 의사들의 길드가 다른 의료 종사자들에 대해 우월적 권위를 유지하는 수단이었다. 각각의 수공업 길드들이 특유의 은어를 사용함으로써 다른 길드와 서로 구별되듯이, 의사 길드는 라틴어를 학문 세계의 은어로 사용함으로써 다른 의료 종사자와 스스로를 차별화해 왔던 것이다. 그러나 그처럼 꼭꼭 감추고 동여매고 있던 지식의 내용은 의학이라기보다는 오히려 고전철학과 논리학이었다. '질병의 진짜 원인을 알아내는 게 의사'라는 직업적 자부심은 의료 현장에서는 효력이 없었다. 즉 라틴어에 의해 지켜졌던 것은 전문적 지식이 아니라 마치 진짜 전문성이라도 있는 듯 포장된 실체 없는 허구였다. 그 허구성을 상실한다는 것은 곧 길드의 존재 이유의 상실을 의미했다.

이처럼 의학에서 비밀주의 체질이 철저히 유지되고, 라틴어 사용이 엄격히 준수됐던 데는 세 가지 요인이 있다. 첫째로 환자들이 늘 의료의 신뢰성을 확인하려 했고, 둘째로 의사들은 시장에서 다른 의료 종사자 길드와 경합하고 있었으며, 셋째로 대외비로 감춰오던 지식이 실제로는 의료에 직접 도움이 되지도 않았기 때문이다. 16세기 파리대학 의학부에서 수학한 장 페르넬Jean Fernel, 1497경~1556경은 학생 시절 식사 중에 라틴어로 말하지 않으면 벌을 받았다고 기록했을 정도다.[133]

잉글랜드에서도 의사들의 과점 단체인 런던왕립의사협회가 파리대학과 마찬가지로 그리스·로마 학문을 배우지 않고 경험에만 의존하는 의료는 도움이 되지 않는다고 주장하고 있었다. 또 라틴어 문법과 수사학을 공부하지 않은 사람들이 영어로 쓴 서적은 위험하다고도 비판하고 있었다. "논리학과 자연철학을 몰라서야 도대체 어떻게 의학을 제대로 이해할 수 있다고 하겠는가. … 의학에 입문하기 전에 먼저 자연철학에 통달해야 한다". 이렇게 말한 것은 정통 스콜라 의학의 총본산인 파리대학에서 수학한 16세기 잉글랜드의 의사 존 시큐리스John Securis였다.[134]

그런데 1534년 의학서 『건강의 성 The Castle of Health』을 영어로 쓴 잉글랜드의 귀족 토머스 엘리엇 Thomas Elyot, 1490경~1546은 1541년 제

2판에서 "내가 의학을 영어로 쓴 데 대해 의사들이 분개한다면……"이라고 기술하고 있다.[135] 엘리엇은 대학을 나오지 않았으나 가정에서 충분한 교육을 받아 라틴어와 그리스어를 익힌 훌륭한 지식인이었다. 그는 의학을 토머스 리너커 Thomas Linacre, 1460~1524 에게 배웠다. 리너커는 파도바에서 수학한 뒤 헨리 8세의 시의가 된 인물이었다. 그런 까닭에 엘리엇은 임상 경험은 없었지만 갈레노스나 히포크라테스, 아비세나의 저술 등에 대해 잘 알고 있었다. 다시 말해 엘리엇의 의학은 실은 체액병리학에 기초한 갈레노스 의학이었으며, 대학에서 가르치던 의학과 내용이나 수준이 똑같은 스콜라 의학이자 전적典籍 의학이었다.[136] 그렇다면 엘리엇의 책에 쓰인 것은 의사협회가 비판하던 '그리스와 로마 학문도 배우지 못하고 경험에만 의존하는 의료'에 해당하지 않는다. 물론 엘리엇은 '라틴어 문법이나 수사학을 배우지 못한 자'에도 포함되지 않는다. 결국 의사들의 분노는 대학에서 가르치던 것과 똑같은 내용의 의학을 엘리엇이 영어로 펴냈기 때문에 폭발한 것이었다. 그들은 엘리엇이 자기들 길드의 비밀을 민중에 폭로한 행위를 용서할 수 없었던 것이다.

케임브리지대학을 나온 의학박사이자 웨일스의 주교이기도 했던 윌리엄 터너 William Turner, 1510경~1568는 1551년부터 1568년에 걸쳐 모두 3권에 이르는 체계적이고 학문적인 본초학 서적인 『신식물지 A New Herball』를 영어로 저술했다. 잉글랜드 식물학의 시발점으로 평가되는 책이다. 터너는 프로테스탄트 교도였기 때문에 메리 1세(재위 1553~1558) 시대엔 대륙으로 망명해 현지 식물학자들과 교유했다. 그는 이 책의 서문에 다음과 같이 썼다. "이처럼 많은 의학 지식을 영어로 공표하는 것은 내가 업으로 삼고 있는 기술의 명예에 반하는 것이자 공공의 이익에 위배되는 것이며, 또 이런 일을 하면 모든 사람every man이, 아니 모든 노파every old wyfe까지도 의술을 행하게 될 것이다, 라고 사람들은 말한다."[137] 여기에서도 책의 내용 자체가 아니라 영어를 사용해 전문 지식을 공중에 누설하는 것 자체가 문제시됨을 알 수 있다.

  실제로 의학서 보급에 찬성하던 영국인 토머스 페이어Thomas Phayer는 이에 저항하는 의사들에게 1550년 이렇게 일갈했다. "도대체 언제까지 그들은 사람들을 무지한 상태로 붙잡아 두려 하는가. 왜 그들은 의학서가 영어로 쓰이는 것을 백안시하는가. 왜 지식을 자기들만의 것으로 두려 하는가".[138] 그의 항변은 일리 있는 것이었다. 그야말로 "성직자 계급이 깊숙한 비밀에 이르는 열쇠를 독점한 채 다른 사람들을 지배하는 것과 마찬가지로 의사는 라틴어를 무기로 지니고 있었다".[139]

  그렇다면 대학 아카데미즘 밖의 도제 제도로 교육 받은 외과의와 이발외과의가 속어로 의학서를 집필하고 출판하게 된 상황은 가위 '문화혁명'으로 불릴 만한 근본적 변화였음을 알 수 있다.

  중세 후기부터 르네상스기에 이르기까지 서유럽 대학 의학부에서 의학이란 단적으로 책상 위의 학문이었다. 동시에 치료법이기 이전에 아리스토텔레스 자연학에 바탕한 이론적 지식이었다. 또한 그 해석은 갈레노스나 아비세나의 것을 따르고 있었다. 그 고전 철학과 고전 의학적 지식을 소유한다는 것 자체가 의사 길드로서 대학 의학부에 권위를 부여했으며, 그 구성원의 품질을 보증했다. 의사들이 현장의 의료 행위에서 무력하다 하더라도 말이다.

그들의 시각에 따르자면, 의사는 철학도 모르면서 경험에만 의존하는 무학자들과는 당연히 구별돼야 하는 존재였다. 스콜라 의학이 권위의 대상으로 받들던 고대 갈레노스는 '개별적인 질병의 본질'을 알지 못한 채 의료에 종사하는 사람을 '경험주의자'로 불렀다.[140] 그 이후 의료계에서는 '경험주의자'라는 말이 서구 어느 나라 말이건 간에 돌팔이와 거의 동의어로 사용되고 말았다. 『옥스퍼드 영어사전OED』에서 'empiric'이라는 항에는 '가짜 의사' 또는 '돌팔이 의사'를 가리키는 'a quack doctor'라는 뜻이 실려 있다. 이런 시각은 실제 치료에 종사하는 외과의와 기타 의료 종사자를 아래로 봤기 때문에 나온 것이었다. 이는 의사 사회의 통제하에 놓인 의사들의 기본자세를 보여 준다. 의사와 경험주의자를 식별해 주는 표지는 라틴어를 할 줄 아느냐 모르느냐에 있었던 것이다.

그러나 갈레노스나 아비세나의 책과 같은 구시대의 전적을 성스러운 경전처럼 떠받든 대학의 의학은 새로운 상황을 맞이해 완전히 무력함을 드러내고 말았다. 흑사병과 같은 미증유의 참극이나 중화기에 의한 총상, 그리고 매독의 유행이 바로 그런 상황을 만들어냈다. 그럼에도 불구하고 임상 경험에서 배운 기술도, 임상에서 배우려는 자세도 지니지 못한 아카데미즘 의학은 자기 변혁을 이뤄내지 못한 채 막다른 골목으로 들어서고 있었다. 이것이 16세기 초 대학 의학부가 처한 상황이었다.

한편 병원에서 매일 환자를 치료하고 전장에서 수많은 부상병을 접하던 외과의와 이발외과의들은 임상 경험을 축적하고, 의료 종사자로서 기술을 닦음으로써 새로운 상황에 나름대로 적응해 갈 수 있었다. 특히 이발외과의는 천한 직업으로 경멸 받으면서도 흑사병에 과감히 대처했다. 이것이 결과적으로 그들의 사회적 평판을 높여 주었다. 외과의와 이발외과의는 의사를 보완하는 존재에서 의사와 경쟁하는 라이벌로 변모해 갔던 것이다.[141] 게다가 외과의와 이발외과의는 그 과정에서 많은 새로운 발견을 하고, 이를 속어로 기록해 후진 교육에 사용했다. 속어 교과서를 사용한 외과 교육 강의가 이뤄진 것은 종래의 길드적 체질을 극복하고 외과학이 직인 기술로부터 근대 과학으로 탈피해 가는 전제가 됐다. 그리고 이는 의학 세계의 지각변동을 의미했다. 실제 16세기의 의학·의료의 변혁은 외과의·이발외과의의 실천과 연구에서부터 비롯했다. 이 같은 외부로부터의 자극과 압력이 16세기 중반에 이르면 대학에서 의학 교육, 특히 해부 교육과 해부 연구에 변혁을 촉진하게 된다. 다음 장은 여기에 대한 것이다.

제3장

해부학과 식물학의 도상 표현

르네상스기 대학의 해부학

중세 후기부터 르네상스기에 걸쳐 유럽에서 대학 의학부의 학문적 기초가 됐던 것은 이론적인 면에서는 아비세나와 갈레노스, 히포크라테스와 같은 중세·고대 학자들의 저서였다. 또 현실적인 면에서는 해부학과 식물학(본초학), 천문학(점성술)이 그 기초가 됐다.[1] 따라서 대학 의학 교육이 변화를 보이려면, 당시 거의 문헌에만 기대고 있던 해부학과 식물학 자체가 현실과 어우러지면서 변하지 않으면 안 되는 형국이었다. 물론 제2장에서 다룬 외과의와 이발외과의의 대두에 따른 압력을 제외하고 말한다면 그렇다는 얘기다. 그 변화는 16세기에 시작되는데, 여기에서도 문서 편중의 학문에서 경험 중시의 지식으로 명확하게 전환되는 양상이 나타난다. 그 과정에서 예술가와 직인이 커다란 역할을 했음을 알 수 있다.

제2장에서 살펴봤던 것처럼 중세 유럽의 대학 의학부에서는 외과학이 소홀히 취급되고 있었다. 또 해부학도 시체를 구하기 어렵다는 당시의 현실적인 제약까지 얽혀 그리 중시되지 않았다.

인체 해부는 헬레니즘 전성기(BC 3세기경)에 알렉산드리아에서 실제 실시되었던 듯하지만, 그 상세한 실상은 직접 전해지지 않는다. 다만 BC 2세기 갈레노스가 쓴 해부학 교과서 『해부기법De anatomicis adminstrationibus』과 『인체 각 부분의 역할De usu partium corporis humani』이 남아 있을 뿐이다. 갈레노스는 고대 그리스 체액병리학의 계승자였지만, 다른 한편으로는 알렉산드리아 학파의 영향을 받아 정기론精氣論에 근거한 생리학을 완성했다. 이와 동시에 그는 해부에 의한 인체 연구를 부활시켰다. 그러나 갈레노스는, 스스로도 선을 긋고 있듯이, 홍수로 떠내려간 묘지에 남은 유해나 새가 쪼아 먹은 변사체의 골격을 연구한 것 외에는 인체 해부를 행하지 않았다. 그는 구조적으로 인간에 가깝다고 생각되는 포유류의 해부 결과를 유추해 인간에 적용하는 데 그쳤다. 어쨌든 갈레노스가 사망하자 유럽의 해부 연구는 다시 한 번 종말을 고하게 됐다.

서구에서 인체 해부는 외과학이 중시되던 볼로냐대학에서 부활했다. 이곳은 원래 법학부가 중심인 대학인데, 해부는 범죄 수사나 법정 변론을 위한 검시에서 비롯한 것으로 보인다. 1275년 굴리엘모 다 살리체토Guglielmo da Saliceto가 쓴 외과학서에 해부가 기록돼 있는 것으로 미뤄 당시 해부가 실시되지 않았나 추측된다.[2] 14세기 초반에는 볼로냐대학의 몬디노 데 루치Mondino de' Luzzi, ?~1326가 공개적으로 인체 해부를 실시했다. 몬디노는 1316년 인체 해부를 기초로 『문디니 해부학Anatomia Mundini』을 출판했다. 그리하여 해부학 교육은 다시 성해졌고, 볼로냐대학은 그 거점이 됐다. 볼로냐에서 수학한 기 드 숄리아크는 1363년 "외과의는 특히 해부를 배울 필요가 있다. 외과에서 해부학은 없어서는 안 된다"고 기록했다.[3] 그 뒤 인체 해부는 14세기부터 15세기에 걸쳐 이탈리아를 비롯해 서구의 여러 대학에서 실시되면서 의학 교육에 편입된다.[4] 그리고 의학 교육에 처음으로 체계적인 해부 교육을 도입한 몬디노의 책은 해부 실기의 표준 교과서로 인정받게 된다. 이 책은 이탈리아어와 프랑스어로도 번역됐으며, 1476년 파도바에서 인쇄된 이후 중판에 중판을 거듭했다. 이 책이 유럽의 대학에서 해부 교육을 부활시키는 데 미친 영향은 실로 지대하다. 몬디노의 해부학 책은 1520년 알레산드로 아킬리니Alessandro Achillini의 『해부학 주해Annotationes Anatomicae』, 그리고 이듬해 베렝가리오 다 카르피Berengario da Carpi의 『몬디노 주해Commentaria super anatomia Mundini』가 나오기까지 거의 200년 동안 유일한 해부학 교과서였다.

그러나 당시의 학문은 기본적으로 문헌에 의거한 것이었음을 잊어서는 곤란하다. 따라서 해부도 갈레노스나 아비세나의 책에 쓰인 내용을 검증하고 확인하는 게 주된 목적이었다. 몬디노의 책에도 갈레노스나 아비세나 의학 이후의 새로운 발견은 담겨 있지 않다. 예를 들어 갈레노스는 개나 원숭이의 해부를 통해 인간의 간장이 오엽五葉 구조로 돼 있다고 주장했는데, 이게 그 이후 줄곧 통설로 자리 잡았다. 몬디노의 책도 그 오류를 답습하고 있다.[5] 눈앞의 사실보다 과거의 문서가 중시되었던 것이다. 이 같은 정체 현상은 그 뒤 200년 가까이 지속되었다. 게다가 원래 몬디노의 책에는 도판이 딸려 있지 않았다. 그 자체가 당시 문서 편중의 자세를 상징하고 있다.

최초의 변화 조짐은 이탈리아에 살고 있던 독일인 요하네스 드 케탐Johannes de Ketham이 시중에 돌아다니던 몇몇 의학서를 편집해

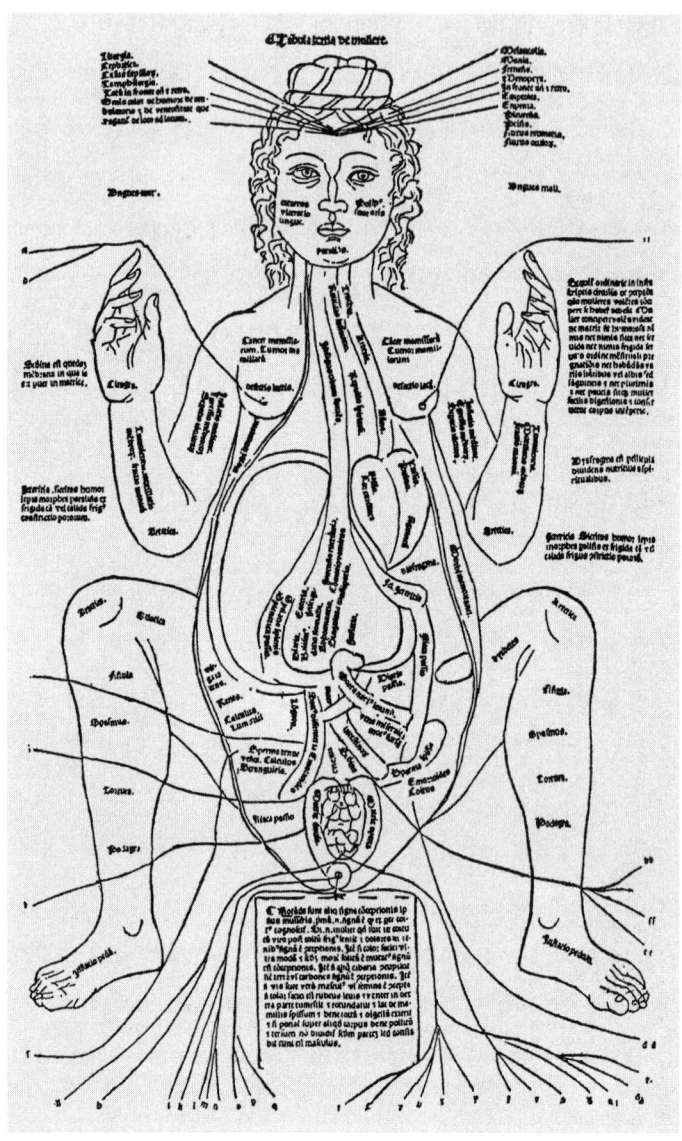

그림 3.1 요하네스 드 케탐의 『의학총서』(초판, 1491)의 해부도.

1491년『의학총서Fasciculus Medicinae』라는 제목으로 출판한 데서 찾을 수 있다. 내용상으로는 참신하다고 할 수 없지만, 처음으로 목판화로 제작된 해부도가 게재되었다.그림3.1 물론 그 배경에는 목판화가 딸린 인쇄본의 출현이라는 기술적 진보가 작용했다. 앉아 있는 여성(임산부)의 절개된 흉복부에 각각의 장기를 배치하고 명칭 등을 기록한 그림으로, 전체가 입체감 없는 평판으로 그려져 있다. 게다가 각각의 장기의 모습도 어설프게 그려져 있고 크기나 위치도 대충대충 정해져 사실성이 떨어진다.

그 뒤 해부도가 첨부된 서적이 몇 종류 인쇄됐다. 그 가운데 1501년 라이프치히에서 출판된 마그누스 훈트Magnus Hundt, 1449~1519의『인간학Antropologium』의 흉복부 그림을 살펴보자.그림3.2 이 그림은 도식적인 데다 오류도 들어 있다. 간장이 오엽으로 된 것이나 비장이 위와 연결돼 있다는 설명은 이 그림이 실제의 해부 관찰에 근거한 게 아니라 몬디노의 책에 의존했다는 점을 시사한다. 갈레노스의 학설에서는 비장에서 흑담즙이 분비돼 상상 속의 통로를 따라 위장으로 흘러 들어가는 것으로 돼 있기 때문에 그런 그림이 나온 듯하다. 실제 몬디노를 포함해 당시 사람들은 그렇게 믿었다.[6] 아킬리니가 1520년 펴낸『해부학 주해』에서도 "위는 흑담즙을 운반하는 혈관을 통해 비장과 연결돼 있다"고 나온다. 베렝가리오 다 카르피가 1522년 쓴『이사고게Isagogae Breves』에서도 마찬가지의 기술이 나온다.[7] 그래도 훈트의 그림은 이 시대의 것 치고는 가장 완성도가 높았으며[8], 그 뒤 이를 모방한 그림이 몇 종류나 만들어졌다. 하지만 요하네스 드 케탐의 그림이든, 훈트의 그림이든, 하드웨어(인쇄와 목판화 기술)의 진보를 소프트웨어(의학 이론과 해부

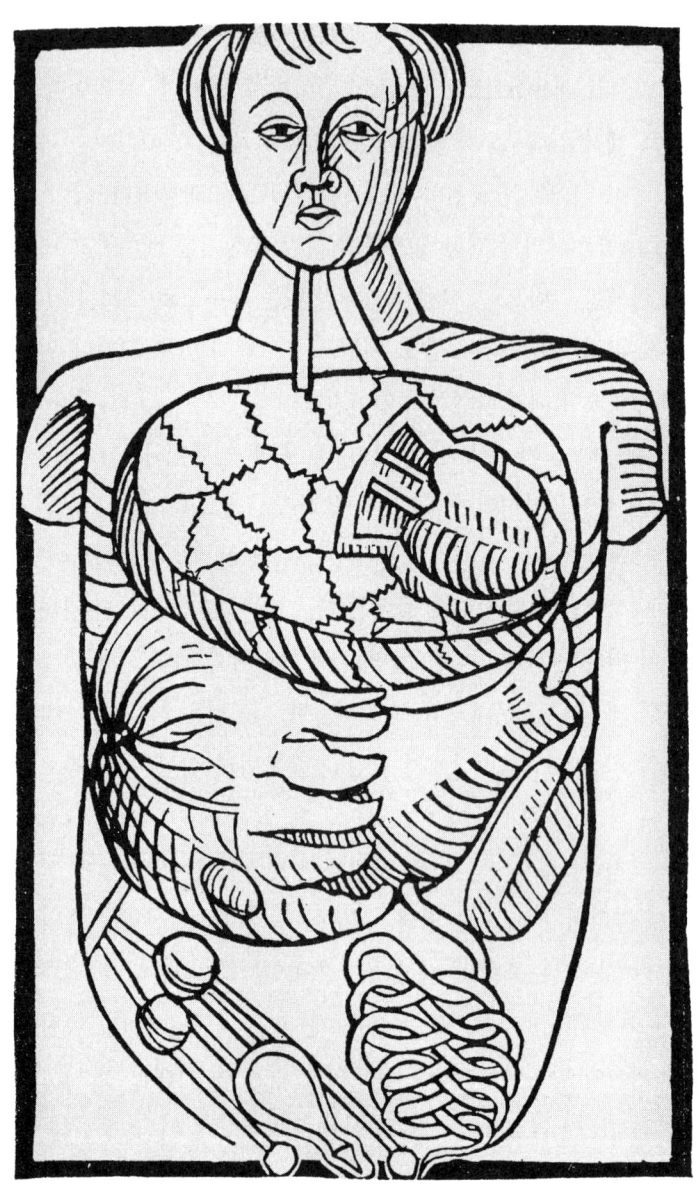

그림 3.2 마그누스 훈트의 『인간학』(1501)의 해부도.

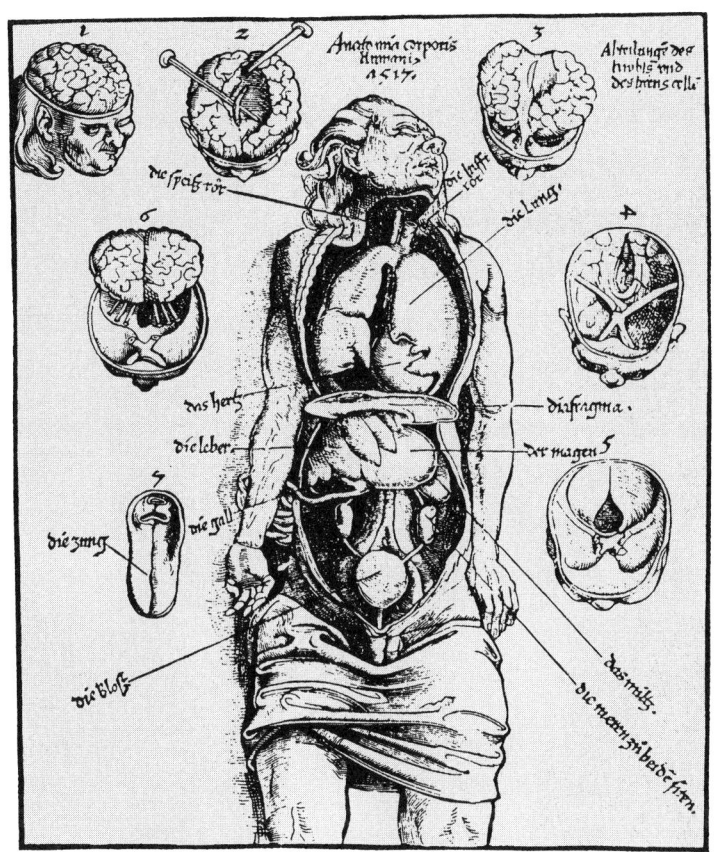

그림 3.3 로렌츠 프리스의 『약제총람』(1518)의 해부도.

도)가 따라가지 못하고 있었다고 할 수 있다.

도판에 대해서만 논하자면 앞 장에서 살펴본 1518년 로렌츠 프리스의 『약제총람』이 변화의 전환점이었다. 여기에는 당시까지의 중세적이고 양식적인 그림을 벗어나 사실적인 인간 흉복부의 해부도와 뇌의 해부를 묘사한 그림이 게재돼 있다. 그림3.3 훈트의 그림과는 불과 십수 년밖에 시차가 나지 않지만, 이 인물상은 결정적 차이를 보여 준다. 프리스의 그림은 브룬슈비히와 게르스도르프로 이어지는 슈트라스부르크의 사실주의 목판화의 전통이 만들어낸 것이라 할 수 있다. 그러나 뇌의 그림과는 별개로 그 내용은 역시 몬디노에 의거한 상상도와 같은 것이었다. 예컨대 사람의 간장은 여기서도 다섯 장의 잎으로 그려져 있다.

해부학 연구의 또 하나의 변화는 해부 관찰에 근거해 갈레노스 의학을 수정하려는 방향으로 나타난 게 아니라, 오히려 인문주의자들이 순수 갈레노스주의에 복귀하는 형태로 시작됐다. 12세기 유럽이 이슬람 사회를 경유해 고대 그리스의 학예를 재발견했고, 아라비아어로 번역돼 있던 고대 철학서와 과학서들을 앞다퉈 라틴어로 옮겼다는 사실은 이미 잘 알려져 있다. 그런 물결을 타고 의학 분야에서도 수많은 번역서가 나왔다. 그러나 무슨 이유에서인지 이 번역 붐에 갈레노스의 해부학 책은 빠져 있었다. "그의 탁월한 해부학서 가운데 이용할 수 있었던 것은 『모든 기관의 기능에 대하여 De juvamentis membrorum』라는 소책자가 전부였다"[9]. 그러나 이는 이슬람에 전해졌던 갈레노스의 『인체 전 부분의 역할』을 추려 새로 편집한 것으로, 해부학에 대한 올바른 접근에는 별 도움이 되지 않았다. 몬디노의 해부학서도 갈레노스주의에 의거한 것이라곤 하지만, 이슬람을 경유해 전해진 갈레노스 이론(아라보 갈레니즘)이었던 셈이다. 게다가 같은 인체 기관에 서로 다른 명칭을 붙이거나, 거꾸로 같은 용어를 몇 개의 다른 기관에 사용하거나 하는 혼란을 보이고 있다.[10]

르네상스의 인문주의자들은 고대 문예에 의거해 스콜라학을 비판했던 것으로 알려져 있다. 언어 표현에서도 그랬다. 중세 스콜라학의 라틴어에는 아라비아어에 기원을 둔 어휘들이 포함돼 있었는데, 인문주의자들은 그런 라틴어를 '야만'이라고 간주해 멀리했다. 그 대신 고대의 순수한 라틴어를 사용했다. 당시 기준으로 몬디노의 『문디니 해부학』은 아라보 갈레니즘에 오염된 것으로, 아라비아어나 베두인어에서 흘러 들어온 말이 많이 사용되고 있었다. 인문주의자들의 입장에서 본다면 이는 배척 대상이었다. 그들은 순수한 갈레노스의 원전으로 이를 대치해야 한다고 봤다. 파리대학에서 의학박사 학위를 딴 16세기 스페인인 안드레아스 데 라구나Andreas de Laguna가 "야만이긴 하지만 글속이 없지는 않은 몬디노"라는 표현[11]을 쓴 데에서 당시 몬디노가 어떻게 받아들여졌는지가 잘 알 수가 있다.

이렇게 해서 새롭게 발견된 갈레노스 해부학 가운데 가장 중요한 비중을 지닌 『해부기법』이 1531년 라틴어 번역판으로 인쇄됐다. 분명 이는 몬디노의 책보다 훨씬 훌륭한 것이었다. 이 출판을 계기로 갈레노스 찬미, 나아가 갈레노스 숭배가 시작됐다.[12] 그러나 이는 당시까지의 문서 편중적 자세를 강화하기만 했지, 실제로 해부를 통해 갈레노스와 몬디노를 비판적으로 검증해 보려는 방향으로는 나아가지 못했다. "1530년대의 의학은 1330년대의 의학과 똑같이 스콜라적이었다".[13]

물론 해부가 아예 행해지지 않은 것은 아니었다. 보수적인 파리대학에서도 1478년에는 공식적으로 해부가 용인됐다.[14] 그러나 실제 해부는 가뭄에 콩 나듯 이뤄졌으며, 그나마 형식에 그치고 말았다. 독일에서는 해부가 훨씬 늦게 행해진 듯하다. 1551년이 돼서도 당시 튀빙겐대학 의학부 교수 레온하르트 푹스Leonhard Fuchs는 이렇게 말했다. "주지의 사실이지만 현재에 이르기까지 독일에서는 해부학 수업을 행할 공적인 학교가 거의 없다. … 내가 믿기에, 그 이유는 다름 아니라 그런 학과에 관심을 가지고 인체의 전 부분에 대해 강의할 만한 교수가 극소수이거나 거의 없기 때문이다. 솔직히 말해 그들에겐 지식이 없거나, 아니면 강의하면서 수강생들에게 보여 줄 만한 교과서가 없기 때문이기도 하다."[15]

어쨌든 대학의 해부학 연구는 실제 해부를 통해 장기의 모습이나 구조, 위치를 면밀히 관찰하고 그 결과를 정확히 스케치하려는 기본자세조차 보여 주지 못했다. 당시 대학에서 해부 연구와 해부 교육은 크게 지체돼 있었다.

| 레오나르도 다 빈치의 해부도

이런 상황에 전환점을 찍은 것이 르네상스 예술에서 꽃핀 자연주의였다. 르네상스 예술의 큰 특징은 인간의 재발견과 자연에 대한 개안開眼이다. 그런 흐름을 인체 묘사에 처음 받아들인 것은 15세기 북이탈리아의 화가와 조각가였다. 제1장에서 본 것처럼 이 시기 이탈리아 예술가들은 이상적인 인체미의 표현을 추구했는데, 그 과정에서 인체 해부에도 높은 관심을 보였다.

이미 15세기 전반 레온 바티스타 알베르티는 『조각론』에서 조각 제작에서 "뼈의 수와 근육, 그리고 힘줄의 융기를 잘 알고 있는 것도 매우 유익하다"고 했다. 또 『회화론』에서는 "나체를 그리는 데는 우선 골격과 근육musclus을 그려 놓은 다음, 피부와 살caro로 덮는다"고 했다.[16] 실제로 이탈리아의 몇몇 공방에선 인체를 묘사하기 위해 해부학적 지식을 응용하려 하고 있었다. 조르조 바사리Giorgio Vasari의 『화가열전』에는 15세기 피렌체의 화가이자 조각가 겸 금세공사였던 안토니오 델 폴라이우올로Antonio del Pollaiuollo, 1429~1498가 인체의 표층 해부를 실시해 "근육이 인간의 몸속에서 어떤 순서와 위치로 놓여 있고, 어떤 모습을 하고 있는지 알아보는 근육 연구 방법을 처음 보여 주었다"고 나온다. 또한 화가 라파엘로Raffaello Sanzio, 1483~1520 역시 나체를 연구하기 위해 해부에 관여했다고 기록돼 있다.[17] 레오나르도 다 빈치의 스승이었던 베로키오Andrea del Verrocchio, 1435~1488와 젊은 라이벌 미켈란젤로Michelangelo Buonarroti, 1478~1564도 인체 해부에 깊은 관심을 보였고, 실제로도 해부를 했다. 미켈란젤로는 해부학자 레알도 콜롬보Realdo Colombo와 가깝게 지냈는데, 피렌체의 산 스피리트 성당의 목제 그리스도상을 제작하기 위해 성당에서 제공 받은 시체로 연구했다고 전해진다.[18] 가와키타 요시오川喜田愛郎가 말하듯, "그들의 직인적 기질이 해부학을 이끈 것이다".[19] 16세기 초기 알브레히트 뒤러가 쓴 『인체균형론』의 초고에는 인체 운동의 표현 방법을 기술하면서 "사지의 각 부위가 놀랄 만큼 상호 연관성을 지니며 움직이고 있다는 점에 대해 논해야 하지만, 이는 해부학에 관련된 지식이므로 전문가에게 맡기도록 하자"는 구절이 있다.[20] 많은 예술가들이 스스로 직접 해부에 손대진 않았더라도 그 지식이 필요하다는 점은 인식하고 있었던 것이다.

그리고 실제로 그들은 인체에 대한 날카로운 관찰력을 지니고 있었다. 예를 들어, 의학 전문가가 지적하듯이 당시 화가들이 묘사한 아기 예수에는 엄지발가락이 위를 향해 굽어 있는 모습이 많이 눈에 띈다. 이는 대뇌의 운동중추에서 말초신경에 이르기까지 신경의 전달로가 미완성 상태인 유아에게 나타나는 현상 ― 바빈스키 반사 ― 이다. 프랑스 신경학자 조세프 바빈스키Joseph Babinski, 1857~1932가 이를 발견한 것이 19세기 말이었다.[21] 이와 비교할 때 르네상스 화가들이 현실의 인간을 얼마나 주의 깊게 관찰했는지 보여 주는 인상적인 사례가 아닐 수 없다.

따라서 레오나르도 다 빈치가 의욕적으로 해부에 열중한 것 자체는 그리 놀랄 만한 일이 아니다. 다 빈치는 밀라노에 이주한 뒤 1487년까지 몇 장의 해부 스케치를 남겼다. 이는 부정확하긴 하지만, 당시 그가 이미 해부에 관심이 있었음을 보여 주는 자료다. 다 빈치는 1498년경 두개골의 그림을 그렸는데, 이번에는 수준이 매우 높아졌다. 이때는 갈레노스나 아비세나 또는 몬디노의 책을 읽고 영향을 받았던 듯하다. 그의 해부 연구는 제2차 밀라노 시대(1502~1512)에 산타마리아 누오바 병원에서 시체 해부를 하면서부터 본격화했다. 그리고 1510년에는 파도바대학의 교수 마르칸토니오 델라 토레Marcantonio della Torre, 1473~1512와 만나면서 열기를 더했다.

다 빈치는 회화에서 인체 해부 연구가 갖는 의의를 『회화론』에서 이렇게 말한다.

근육이나 힘줄에 대해 잘 아는 화가는 사지가 움직일 때 어느 힘줄이 얼마나 움직여 동작을 일으키는지 잘 안다. 또 수축할 때엔 어떤 근육이 힘줄을 수축시키는지, 나아가 어떤 힘줄이 얇은 연골로 변해 근육을 덮고 보호해 주는지도 잘 안다. 이를 아는 화가는 갖가지 정교한 방법으로 인체의 여러 자세나 동작 속에서 각종 근육을 표현하려고 한다. 인체가 어떤 동작을 취하든 팔이나 등, 가슴과 다리의 근육을 똑같은 식으로 처리하는 화가가 많은데, 근육과 힘줄을 잘 아는 화가는 그렇게 하지 않는다. 이는 사소한 잘못으로 넘어갈 문제가 아니다.[22]

레오나르도 다 빈치의 『파리수고』에는 또한 "벗은 몸이 한껏 보여 주는 자세와 동작을 충분히 묘사할 수 있으려면 신경, 골격, 근육, 힘줄에 정통해야 한다"고 쓰여 있다.[23] 그런 한에서는 알베르티나 라파엘로의 입장과 기본적으로 다를 게 없다. 하지만 다 빈치에게 해부학 연구는 회화를 위해서만 필요한 게 아니었다. 현실적으로 회화나 조각만을 위한 것이라면 골격과 표층 근육, 그 밖에 기껏해야 신경이나 힘줄을 이해하면 된다. 다 빈치가 한 것처럼 뇌실의 형상이나 심장의 구조, 나아가 내장과 기관지, 혈관과 신경의 상세한 부분까지 연구할 필요는 없다. 다 빈치의 해부학 연구는 회화를 위한 연구에서 연구를 위한 연구로 발전했다. 현재 234장에 남아 있는 776건의 해부도와 관련 메모는 예술보다는 과학에 속한 것이었다.[24] 이는 뒤러의 인체 비례 연구가 미술을 위한 목적을 넘어섰던 것에 비견할 수 있다.

실제 『해부수고』[25]에서는 산타마리아 누오바 병원에서 침대에 앉은 채 평안하게 숨을 거둔 한 노인의 해부에 대해 "이다지도 감미로운 죽음의 원인을 알고 싶어 나는 그의 사체를 해부해 봤다"고 그 동기를 설명했다. 그리고 그 뒤 실제의 해부 관찰에 근거해 다음과 같은 기록을 한다. "거기에서 발견한 것은 심장을 보해 주는 (정맥의) 혈액과 동맥(혈)의 결핍에 의한 쇠약증이다. … 건강하게 생활해 온 노인은 영양분의 결핍으로 사망한다. 그리고 이는 장간막 혈관의 껍질이 비대해짐에 따라 혈액이 통과하기가 점차 어려워지기 때문에 나타나는 현상이다. 이런 현상은 점점 모세혈관에까지 퍼져 가는데, 혈관의 완전 폐색은 모세혈관 부위에서 처음 일어난다."69v 이는 최초로 '모세혈관vene capillari'을 관찰한 것이다. 또한 그다음 페이지에 "노인의 두터워진 정맥(동맥) 껍질이 혈액 통과를 제약한다"고 썼는데, 이는 동맥경화의 발견이다.70v 다 빈치가 화가로서가 아니라 인체 연구자로서 해부에 열중했다는 점을 알 수 있는 사례들이다. 다 빈치의 해부 연구는 인체 구조와 생리 작용의 해명 그 자체로 발전해 갔던 것이다.

다 빈치의 해부도에 대한 의학적 평가와 관련해서는 이미 20세기 초반 노르웨이의 홉스토크Halfdan Hopstock가 상세하게 검토했다. 다 빈치는 예컨대 골반의 위치와 경사, 그리고 이에 대응한 척추의 만곡을 처음으로 정확히, 그것도 역학적 원리에 의거해 묘사했다. 즉, 살아 움직이는 인간이 직립해 있는 모습 그대로 그렸다는 것이다.26 그림3.4 그리고 당시의 통설에 반해 심장이 네 개의 방으로 이뤄져 있음을 발견했다.155r, 174v 나아가 정맥이 간장에서 시작된다고 본 갈레노스의 이론과 달리, 정맥은 심장에서 시작한다고 지적했다.60v, 70r 물론 소소한 발견은 이보다 훨씬 많으며, 그와 동시에 현대의 지식에 비춰 보면 오류도 눈에 많이 띈다.

그러나 사실상 해부학이란 것이 존재하지도 않았던 시대에 거의

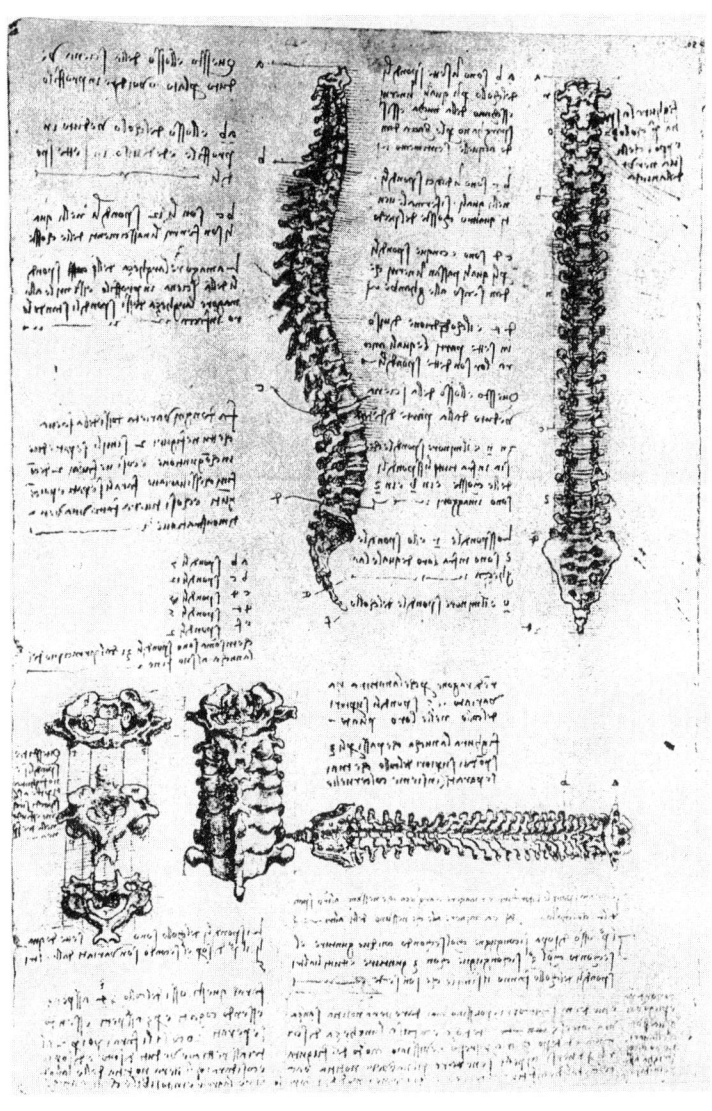

그림 3.4 레오나르도 다 빈치의 척추와 경추 스케치.

독학으로 이 정도의 사실을 알아낸 것은 역시 경탄할 만한 일이다. 오류가 있다고 해서 그 의의가 줄어드는 것은 아니다. 그의 해부 연구는 단순히 사체를 절개해 관찰한 데 그치지 않는다. 다 빈치는 폐에 공기를 불어넣어 봄으로써 공기가 심장으로 들어가지 않는다는 중요한 발견을 했다. 기관氣管이 심장에 접속돼 있다는 갈레노스 이래의 통설에 의문을 던진 것이다. 또한 동물의 흉부를 절개해 와인 따개의 앞부분을 심장에까지 꽂아 넣어 외부에서 보이는 와인 따개의 움직임을 통해 심장의 운동을 관찰하거나, 안구의 흰자위를 끓는 물에 익혀 절개한 다음 내부를 관찰하기도 했다. 또 뇌실에 파라핀을 녹여 부어 주형을 뜬 다음 뇌실의 얼개를 조사하는 것과 같은 갖가지 직인적 연구 방법을 고안해냈다.[27] 직인 화가 레오나르도 다 빈치는 19세기의 연구자 루드비히 숄랑Ludwig Choulant이 말하듯, '생리학적 해부학의 창시자'였다. 또 홉스토크가 말하듯, 그는 '독립적 연구와 사체 해부에 의해 방법론적이고 과학적인 방식으로 해부학 연구를 행했던 최초의 근대인'이었다.[28] 다 빈치의 '독창성'을 부정하는 과학사가 허먼 랜덜Herman Randall도 해부학만큼은 예외로 친다.[29]

그렇다고 해도 다 빈치가 인체에 대한 새로운 과학을 창조해낸 것은 아니다. 해부학에 대한 다 빈치의 최대 공헌은 해부도라는 것의 의미와 중요성을 분명히 하고, 그 제작을 위해 갖가지 방법을 고안해냈다는 데 있다. 잉글랜드의 원저 성에 1세기 이상 잠자고 있던 다 빈치의 해부도를 발견한 지 6년 뒤인 1784년, 이를 조사한 잉글랜드의 해부학자 윌리엄 헌터William Hunter는 "레오나르도가 당시 세계 최고의 해부학자였음을 나는 추호도 의심치 않는다"고 선언했다.³⁰ 하지만 판독이 곤란한 다 빈치의 육필 이탈리아어 메모를 헌터가 해독했다고는 믿기 어렵다. 『해부수고』는 무엇보다도 '소묘의 집대성'³¹이었다. 헌터는 다 빈치의 해부도에 압도됐던 것이다. 시모무라 도라타로下村寅太郎의 말을 빌리면, "레오나르도에게 … 그림이 본문이었고, 문자에 의한 서술은 그 부가 설명에 지나지 않았다"³². 물론 전문가의 눈을 빌려 학술적으로 따진다면 그림의 세세한 부분에는 오류도 보였을 것이다. 그러나 다 빈치의 해부도는 미적 수준이 뛰어날 뿐 아니라, 해부도에 반영된 이념과 사용된 기법에서도 시대의 한 획을 긋는 것이었다.

스스로 메모장을 들고 시체 해부를 직접 해 가면서 관찰 결과를 자기 손으로 분명하게 스케치한 것도 다 빈치가 처음이었다. 이와 동시에 다 빈치는 화가로서, 또한 기계 기술자로서 익힌 기술 모두를 해부도 제작에 쏟아 부었다. 그럼으로써 해부도 제작과 관련한 기술적 문제의 많은 부분을 해결했다.³³ 골격도 제작 과정을 예로 들면, 그는 사선으로 음영을 줘 입체감을 표현하는 기법을 사용했을 뿐 아니라, 앞면·옆면·뒷면을 나란히 표시하는 근대적인 레이아웃도 창안했다.³⁴ 그림 1.6, 3.4, 3.5 그래픽 디자인으로서도 시대를 앞섰다고 말할 수 있다. 실은 이 기법은 기본적으로는 피에로 델라 프란체스카가 앞서 고안하고, 뒤러가 이어받아 발전시킨 직교 3평면에 대한 3차원 물체의 투영법과 똑같은 것이다. 레오나르도 다 빈치는 그 의의를 명확히 이해하고 『해부수고』에 다음과 같이 거듭 설명했다.

나의 그림은 각각의 부위를 서로 다른 세 방향에서 관찰해 표현함으로

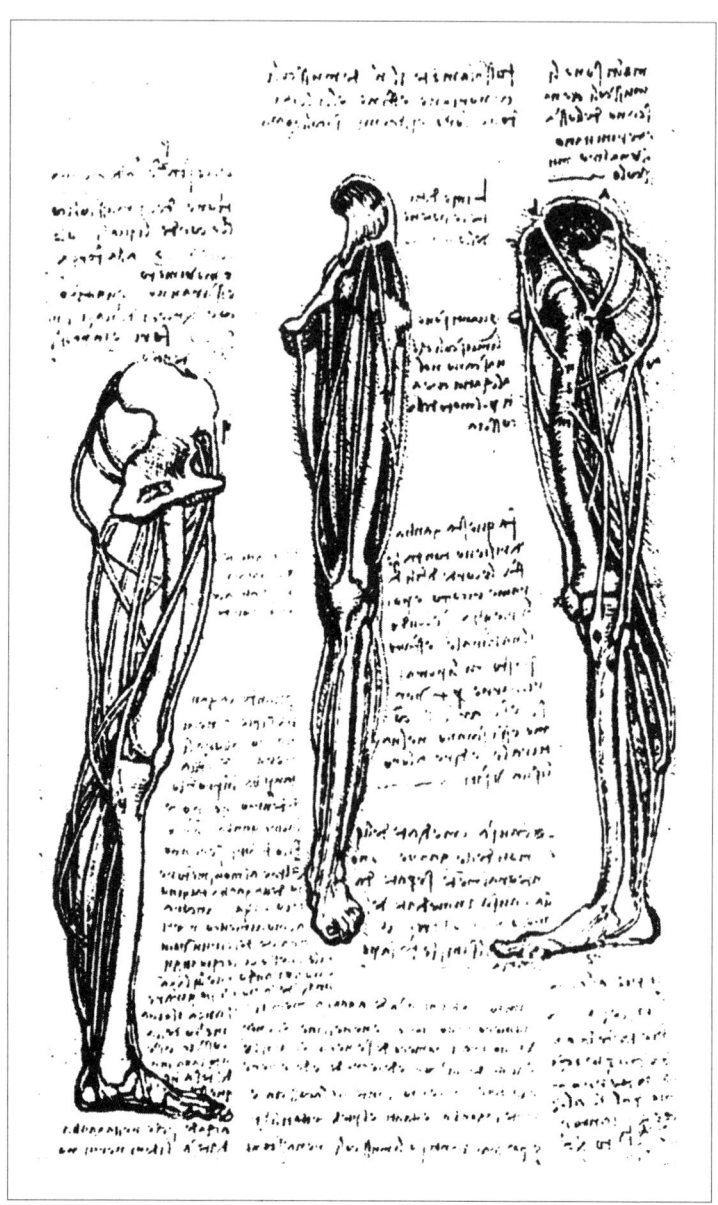

그림 3.5 레오나르도 다 빈치의 다리 세부 모형도.

써 부분과 전체의 모습을 동시에 이해할 수 있도록 할 것이다.154r

어떤 물체의 형태를 정확히 안다는 것은 그 물체를 여러 방향에서 관찰한다는 뜻이다. 그런 이유로 … 인체의 정확한 형태에 관한 지식을 갖추기 위해서 나는 위에서 말한 원칙에 입각해 각각의 사지에 대해 네 방향에서 그림을 제작하겠다. 또 뼈의 경우 중앙 부위의 절단면을 추가해 다섯 장의 그림을 만들겠다.135v

레오나르도 다 빈치는 입체감을 지닌 구조물의 외형을 파악해 그 내부까지 정확히 표현하기 위해 15세기에 창안된 회화의 원근법과 기계공학의 제도법을 인체 해부도에 응용했다. 원래 다 빈치는 기계광이었을 뿐 아니라, 인간을 '이 기계tal machina'라든가 '우리 기계nosstra machina'라는 식으로 불렀다.179r 나아가 "자연은 기계적 도구 없이 동물을 작동시킬 수는 없다"고도 했다.153r 그가 인체 해부도에 타콜라와 프란체스코 디 조르조에게 배운 기계 제도 기법을 적용한 건 자연스러운 귀결이었을 것이다. 다 빈치의 유명한 여성 해부도는 피부와 내장이나 혈관을 동시에 묘사한 투명도transparent view이며그림 3.6, 두개골을 반으로 잘라낸 그림은 단면도cut-away view라고 하면 딱 맞다. 또한 "목뼈의 경우 결합 상태로 세 방향에서 그리고, 분리 상태로 다시 세 방향에서 그리는 게 좋다"고 설명을 붙인 경추도(그림 3.4의 왼쪽 아래 그림)는 분해조립도exploded view에 해당한다.139r

또 근육도의 경우 다음과 같이 설명하고 있다.그림 3.7 "근육의 모양을 그리기 전에, 근육이 있는 자리에 그 위치가 표시되도록 끈을

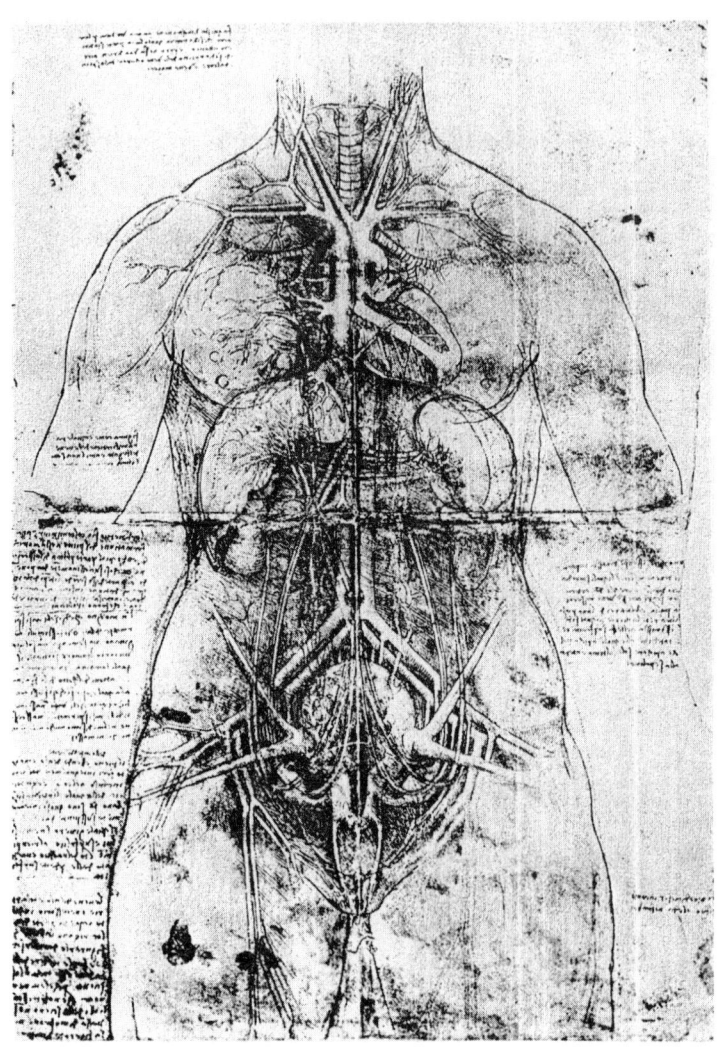

그림 3.6 레오나르도 다 빈치의 해부도.

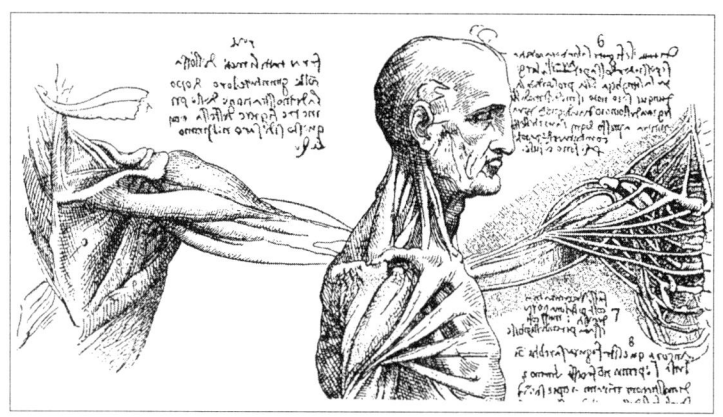

그림 3.7 레오나르도 다 빈치의 근육도 일부.

매 보자. 끈의 양 끝은 근육이 뼈에 부착된 곳의 정중앙에 닿도록 하자. 지금 여러분이 중첩된 모든 근육의 형태를 그림으로 표시하려 할 때는 이런 식으로 그리는 게 훨씬 빠르고 알기 쉬울 것이다. 그 외의 방법으로는 잘 되지 않을 것이다."137v 맨 오른쪽 스케치는 전면에서 바라본 것으로 끈을 이용한 모식도模式圖로 근육의 결합 상태를 나타냈다. 입체 효과를 강조함과 동시에 흉부 뒤편의 견갑골의 위치도 보여 주고 있다. 가운데 스케치는 측면도로 내부 깊숙한 부위가 보이도록 대흉근을 갈라진 모습으로 묘사했으며, 동시에 소흉근의 모습도 보이도록 해 놓았다. 중층적 구조를 지닌 근육 다발에 대한 교묘한 표현 방법이다. 물론 이것은 다 빈치가 창안한 것이다.

원래 자연의 사물을 이해하는 데에서 시각이 가장 뛰어난 감각이라는 게 레오나르도 다 빈치의 기본적 생각이었다. 척추의 그림에선 "세 방향에서 바라본 것을 그려 보자"고 한 다음 이렇게 덧붙였다. "저술가들은 많은 시간을 들여 방대한 양의 번거롭고 복잡한 기록을 남겼지만 척추의 형태에 대해 정확히 알려줄 수가 없었다. 그 정도로 인체 구조에 대한 이해와 지식은 어렵고도 어려운 것이다. 하지만 이렇게 여러 방향에서 관찰한 그림으로 표현하는 것처럼 간결한 방법을 쓴다면, 완전하고 정확한 지식을 얻을 수 있을 것이다."139v 이리하여 레오나르도는 단언한다.

> 인간의 모습과 사지의 형상에 대한 모든 것을 말로 설명하려 하는가. 그렇다면 당신은 그런 생각을 버리는 게 좋다.144v

> 여러 저술가들이여, 도대체 어떠한 문자를 사용해야 여러분은 이 그림이 보여 주는 것과 똑같이 완벽하게 전체의 형상을 기술할 수 있을 것인가. … 눈으로 봐야 하는 것을 귀로 집어넣으려고 고심해서는 안 된다. 왜냐하면 여러분의 책 따위는 화가가 만든 작품의 발끝에도 미치지 못하기 때문이다.162r

이 같은 다 빈치의 선언은 시각 정보보다 문자 정보를 중시하는 대학 해부학자들에 대한 충고이자 '무학無學, sanza lettere'의 예술가와 직인의 우월성을 선언한 것이기도 하다. 이는 또한 해부학 연구가 문서 편중의 학문에서 경험 중시의 지식으로 전환하고 있음을 보여 준다.
 그러나 경험 중시라고 해도 다 빈치가 눈으로 본 그대로를 즉물적·수동적으로 묘사한 것은 아니다. 실제로 해부하는 사람의 눈에 보이는 것은 부분적으로 부패와 훼손이 진행된 장기, 그리고 근육 조각이나 혈관과 신경이 한데 뭉친 핏덩이이다. 다 빈치는 이를 있는 그대로 그린 게 아니다. 몇 차례의 해부를 거듭하면서 머릿속에서 정리하고 재구성해 표본 개체의 우연성에 좌우되지 않는 인체 해부도를 그려냈던 것이다. 철학자 에른스트 카시러Ernst Cassirer가 말한 '정밀한 상상exakte Phantasie'35이라는 지적이 다 빈치가 그린 해부도의 성격을 잘 표현해 준다.

『해부수고』에는 다음과 같이 기술돼 있다.

> 이런 그림을 볼 것이라면 차라리 실제의 해부를 보는 게 낫겠다고 말하는 사람도 있을 듯하다. 이 그림이 나타내 주는 모든 것을 단 한 번의 해부에서 직접 눈으로 볼 수 있다면, 그 말에도 일리가 있을 것이다. 그러나 한 번의 해부로는 여러분이 어떤 능력을 발휘하더라도 그러기가 어렵다. 여러분은 극히 일부의 정맥밖에 볼 수 없으며, 극히 일부의 지식밖에 얻지 못할 것이다. 나는 올바른 지식을 얻기 위해 불필요한 다른 기관을 모두 해체했고, 정맥 주위에 있는 모든 근육을 작은 조각까지 남기지 않고 제거했다. 게다가 눈에 보이지 않는 모세혈관을 제외하고는 조금도 출혈을 일으키지 않고 10구 이상의 인체를 해부했다. 그것도 작업이 조금씩 진행되어 인체 한 구를 한 번에 해부하기에는 시간이 부족했기에 완전한 지식을 얻기 위해 몇 차례나 거듭해 해부해야 했다.113r

이는 다 빈치가 해부도를 제작하면서 보편적인 해부도를 완성하려는 학문적 자세로 일관했음을 잘 말해 준다. 그리고 그런 자세는 『파리수고』에 기록된 "자연은 그 내부 깊숙한 곳에서 살아 움직이는 법칙의 원리에 의해 강제되고 있다"는 그의 자연관에 바탕을 두고 있다.[36] 레오나르도 다 빈치의 회화에서 자연주의란 자연의 배후에 필연적인 법칙성과 질서가 있다고 전제하면서, 겉으로 드러난 자연의 모사模寫를 추구한 것이다. 즉 다 빈치의 해부 연구는 피투성이인 채 뭉그러지기 시작한 사체와 격투를 벌여 가며 '감춰진 자연법칙의 현현顯現'으로서 미를 추출해 정착시키려 한 것이었다.

그러나 이는 뒤집어 말하면 다 빈치의 해부도가 그 자신의 생리학 패러다임에 의해 제약을 받고, 인체에 관한 선입관이나 미적 관념에 의해 왜곡될 위험을 함께 지니고 있었음을 의미한다. 그 자신의 인간관이 도상에 투영되는 것은 피할 수 없는 일이다. 실제로 그는 기관지의 그림에서 부자연스럽게 대칭적 묘사를 하고 있는가 하면, 폐와 심장의 관계에서도 폐가 심장을 둘러싸 냉각시킨다는 몬디노의 이론을 답습하고 있다. 그러나 그 자체는 가설과 검증의 부단한 반복에 의해 성립하는, 논증적이고 실증적인 근대 과학의 특징을 그대로 보여 주고 있는 셈이다. 레오나르도 다 빈치는 사실적이면서 동시에 이념적이기도 한, 학문으로서 해부학의 필수 요소인 해부도의 이상형을 제시했던 것이다.

어쨌든 레오나르도 다 빈치의 해부도는 르네상스 미술을 관통하는 예술 이념인 자연주의를 배경으로 그의 비상한 관찰력과 천재적인 묘사력이 탄생시킨 것이었다. 바로 그런 이유에서 그의 작품들은 타의 추종을 불허한다. 그러나 다 빈치는 도상 표현에 그 정도로 출중한 능력을 지녔고, 나아가 시각 정보의 힘을 그처럼 분명히 확신하고 있었음에도 불구하고 제1장에서 본 것처럼 자신의 잠재 능력을 최대한 발휘할 수 있는 인쇄 기술을 사용하지 않았다.

그 때문에 그는 본래 지녔을 법한 영향력을 실제로 세상에 미치지는 못했다.

해부도와 관련해 의사 측에선 하드웨어(인쇄 기술)의 진보에 소프트웨어(해부도)가 따라가지 못했다. 이에 비해 소프트웨어의 혁신자인 레오나르도 다 빈치가 진화된 하드웨어의 수혜를 입지 못했던 것은 얼마나 아이러니한가. 하지만 레오나르도 다 빈치의 해부도는 비록 인쇄되진 못했지만 그가 사망한 뒤 제자인 멜치Francesco Melci가 보관한 덕분에 생전부터 다 빈치와 알고 지내던 사람들은 익히 볼 수 있었던 듯하다. 알브레히트 뒤러도 다 빈치의 해부도 일부를 보고 옮겨 그렸다고 한다.[37] 그런 의미로 본다면 다 빈치가 동시대에 전혀 영향을 주지 못한 것은 아니었다. 이 점에 대해선 나중에 다시 살펴보도록 하자.

| 본초학과 식물학 서적에 대하여

뉴욕 메트로폴리탄 미술관의 학예원 윌리엄 아이빈스William Ivins는 비주얼 커뮤니케이션의 역사를 다룬 저서에서 "기술과 공학은 적절히 구체화한 도해가 있는 경우에 한해 활자 텍스트로 효과적인 설명을 할 수 있다"고 했다. 그런 의미에서 "문자의 발명 이래 원화를 그대로 복제할 수 있는 도판만큼 중요한 발명은 없었다고 해도 과언이 아니다"고 주장했다.[38] 그처럼 인쇄된 도상의 힘이 가장 먼저, 그리고 두드러지게 발휘됐던 것은 16세기 식물학에서였다. 실제 하드웨어로서 목판화 인쇄 기술과 소프트웨어로서 사실적 회화를 훨씬 빠르게 결합시켰던 것은 인쇄 기술의 발상지인 독일의 식물학·본초학이었다.

그런 까닭에 잠시 옆길로 새, 이 시대 본초학과 식물학 서적의 등장을 살펴보도록 하자. 지금까지 의학사에서 그다지 중시되지 않았던 분야다. 약제사나 약종상이 의사에 비해 천하게 평가된 탓이었던지, 아니면 약초학이 원래 중세 이래 민간전승에 많이 의거했기 때문일 것이다. 그러나 15세기 말에서 16세기 중기에 걸쳐 발행된 몇몇 약초학 서적의 식물도감은 삽화가 딸린 과학 서적의 발전에 크게 기여했으며, 그 발전의 전형이기도 했다. 이 때문에 우리의 문제의식으로 본다면 무시할 수가 없다.

앞서 예술가의 자연주의·사실주의는 인체로 향하고 있었다고 말했다. 물론 이는 자연 그 자체로 향했던 것이다. 조르조 바사리의 『화가열전』에서는 마사초Masaccio가 "회화의 본질은 살아 있는 자연을 있는 그대로 데생과 색채로 꾸밈없이, 가능한 한 정확히 재현하는 것 이외엔 아무것도 아니라고 본다"고 했다. 하지만 조토Giotto di Bondone, 1267경~1337에서 시작된 그 같은 사상은 그 뒤 르네상스 회화 전반을 꿰뚫는다.[39] 보티첼리Sandro Botticelli, 1445~1510의 〈봄〉에 묘사된 꽃 가운데 적어도 30종이 특정한 현실의 식물이라는 점은 잘 알려진 사실이다.[40] 레오나르도 다 빈치와 알브레히트 뒤러도 인물상의 배경에 사실적인 나무나 화초들을 곁들였을 뿐 아니라 동물이나 식물 자체의 훌륭한 스케치와 수채화 또는 판화를 남기고 있다. 그리고 레오나르도 다 빈치의 『파리수고(G)』에는 식물의 묘사법에 대한 메모가 기록돼 있다. 『윈저수고』에는 몇몇 식물의 아름다운 스케치도 남겨져 있다. 그림 3.8

그림 3.8 레오나르도 다 빈치의 식물화.

다 빈치가 사망한 때가 1519년. 그때부터 16년 뒤에 신대륙의 자연사를 쓴 스페인의 역사학자 오비에도Gonzalo Fernandez de Oviedo는 이렇게 말했다.

내가 알게 된 것을 가능한 범위 내에서 서술하겠지만, 중요한 작업은 가장 능숙하게 그림을 그려 설명할 수 있는 사람에게 맡기고 싶다. [신대륙에서 발견한 기묘한 모습의] 수목에 대해 말로 설명하는 것은 무리가 있다. 모름지기 [스페인의] 페드로 베루게테Pedro Berruguete나 그에 버금가는 화가, 아니면 레오나르도 다 빈치나 안드레아 만테냐Andrea Mantegna처럼 내가 이탈리아에서 알게 된 저명한 화가의 손으로 그려진 것을 봐야 이해할 수 있을 것이다.[41]

오비에도는 다 빈치가 식물화에 열중했다는 것을 알고 있었을 뿐 아니라 당시까지 사람 눈에 띄지 않던 식물을 말로만 설명해 봤자 세상에 이해시키기가 절망적일 정도로 불가능하다는 것, 그리고 이를 위해선 훌륭한 화가가 그린 사실적 도상이 불가결하다는 점을 통감하고 있었다. 이것은 이미 고대인들도 이해하고 있었다. 실제 고대에도 식물에 대한 도상 표현이 존재했다. BC 1세기 플리니우스의 『박물지』에는 다음과 같은 기술이 나온다. "크라테우아스Krateuas, 디오니시우스Dionysius, 메트로도루스Metrodorus는 매우 매력적인 방법을 사용했다. … 그들은 식물의 개관을 묘사해 그 밑에 성질을 기록했다." 그러나 서적이 모두 필사본이었던 시대에 도상 표현은 나름의 단점을 지니고 있었다. 플리니우스는 이어 설명한다. "그림이란 것은 색채가 매우 많을 때는, 특히 자연을 옮겨 그리는 게 목적인 경우에는, 오류를 저지르는 것 외에도 그리는 사람의 정확성에도 겹겹이 위험이 도사리고 있어, 이로부터 수많은 불완전성이 초래된다."[42] 엄밀히 말해, 자연을 똑같이 그릴 수 없을 뿐 아니라 그린 것을 또다시 옮겨 그릴 때마다 조금씩 왜곡이 더해지는 법이라는 얘기다. 필사본 도판의 경우 이런 게 쌓여 부정확해진다는 숙명적 결함을, 플리니우스는 이미 간파하고 있었던 것이다.

구체적인 예를 들어 보자. 플리니우스가 말한 크라테우아스의 저서는 실제로 존재했던 듯하다. 그 가운데 몇 개는 네로 황제의 군의였던 BC 1세기의 디오스코리데스Pedanius Dioscorides의 『약물에 대하여De materia medica』에 전해지고 있다. 이 『약물에 대하여』는 600종의 약용식물 외에 동물성 약물과 광물에 대해 기록한, 당시 약학의 대백과사전이라고 할 만한 책이다. 실로 16세기에 이르기까지 서구 약물학의 권위서로서 물론 몇 번이나 필사돼 보급되었는데, 6

세기 초반 만들어진 빈Wien 판본이 잘 알려져 있다. 빈 판본은 엄밀히는 디오스코리데스의 책을 포함해 기타 본초학 원고들을 편집한 것이었다.[43] 이 책은 서로마제국 황제의 딸 아니키아 율리아나Anicia Juliana에게 바쳐진 400쪽에 이르는 채색 식물도감이 딸려 있는 것으로 특히 유명하다. 그림의 많은 부분은 실사에 의한 것으로 식물도감에 대한 역사서에서는 "거의 1,000년 동안 이를 능가할 만한 게 나올 수 없을 만큼 훌륭한 식물도감의 모범"[44]이라는 평가를 받고 있다. 그러나 중세 내내 디오스코리데스의 책을 읽는 사람들이 계속 늘자 그 그림도 거듭 복사됐다. 이 과정에서 결과적으로 그림의 질이 점점 열악해지고 말았다.

얘기를 플리니우스로 다시 되돌리자. 그는 이렇게 말을 이었다. "그런 이유로 다른 저술가들은 말로 설명하는 데 그쳤다. 어떤 사람들은 식물의 형태에 대한 설명조차 하지 않고, 그 이름을 쓰는 것에만 만족했다."[45] 그런데 식물학에서는 같은 식물도 지역에 따라 상이한 이름으로 불린다는 '또 하나의 난점'이 있었다. 언어에만 의한 전달 역시 커다란 한계를 지니고 있었던 것이다. 복제에 따라 품질이 떨어지는 도상 표현과, 질이 떨어지진 않지만 전달력에 한계를 지닌 언어 표현. 이것이 플리니우스가 지적한 딜레마였다. 이 문제가 해결된 것은 목판화가 가동可動 활자 인쇄술과 결합해 목판화 삽화가 딸린 서적이 제작되면서부터였다.

하지만 문제는 그뿐만이 아니었다. 당시는 중세 그리스도교 사회였던 만큼 사람들은 자연 속에서 상징을 찾아내 그 우의寓意를 읽어내려 했다. 따라서 있는 그대로의 자연과 대면하려는 자세도, 자연을 충실히 재현하겠다는 지향점도 매우 희박한 상태였다. 풀꽃의 그림도 저절로 양식적이고 상징적인 형태로 변모해 갔다. 이렇게 필사본으로 제작된 뒤 계속 모사돼 내려온 중세 본초학 서적의 도판은 대부분 식물의 종을 특정하기가 거의 불가능할 정도로까지 변질되고 퇴보해 있었다. 목판화 인쇄본 시대가 도래한 다음에도 인습적인 양식화·상징화를 벗어나 도판이 자연주의·사실주의를 획득하는 데는 상당한 시간이 필요했던 것이다.

본문을 보완하기 위한 분명한 의도에 따라 목판화를 사용한 책으로서 처음 인쇄된 것은 메겐베르크의 콘라트Konrad von Megenberg가 14세기에 쓴 『자연의 서Buch der Natur』다. 여기엔 식물의 그림도 포함돼 있다.그림 1.7 이 책은 1475년 아우크스부르크에서 인쇄됐는데, 이전부터 사본으로 많이 나돌던 것을 그대로 인쇄본으로 다시 만든 것이다. 몇 안 되는 도판도 사본의 그림을 옮겨 놓은 소박한 것이었다. 식물학 서적으로서 최초로 인쇄된 것은 아플레이우스 플라토니쿠스Apleius Platonicus의 『본초지Herbarium』로, 1481년 로마에서 제작됐다.그림 3.9 플리니우스와 디오스코리데스를 인용하는 수준의 내용이며, 9세기에 나온 본초학서의 필사본을 모사한 것이다. 인쇄본 제작의 원본으로 사용된 것도 그 이전의 필사본들을 몇 번이나 복제한 것이었다고 여겨진다. 이처럼 인큐내뷸러 시대의 인쇄 서적은 중세의 필사본을 그대로 인쇄본으로 제작한 것이 많았다. 도판도 당시까지 필사본으로 전해지던 것을 아주 무신경하게 베낀 듯, 치졸하기도 하고 조잡하다. 이 시대 식물도의 역사를 쓴 아그네스 아버Agnes Arber는 아플레이우스의 책을 '수천 년간 계속돼 왔다고도 볼 수 있는 모사의 역사 속에서 가장 끝 무렵에 만들어진 것'으로 간주했다. 그리고 그 책에 대해 "형식적이고 장식

그림 3.9 아플레이우스의 『본초지』.

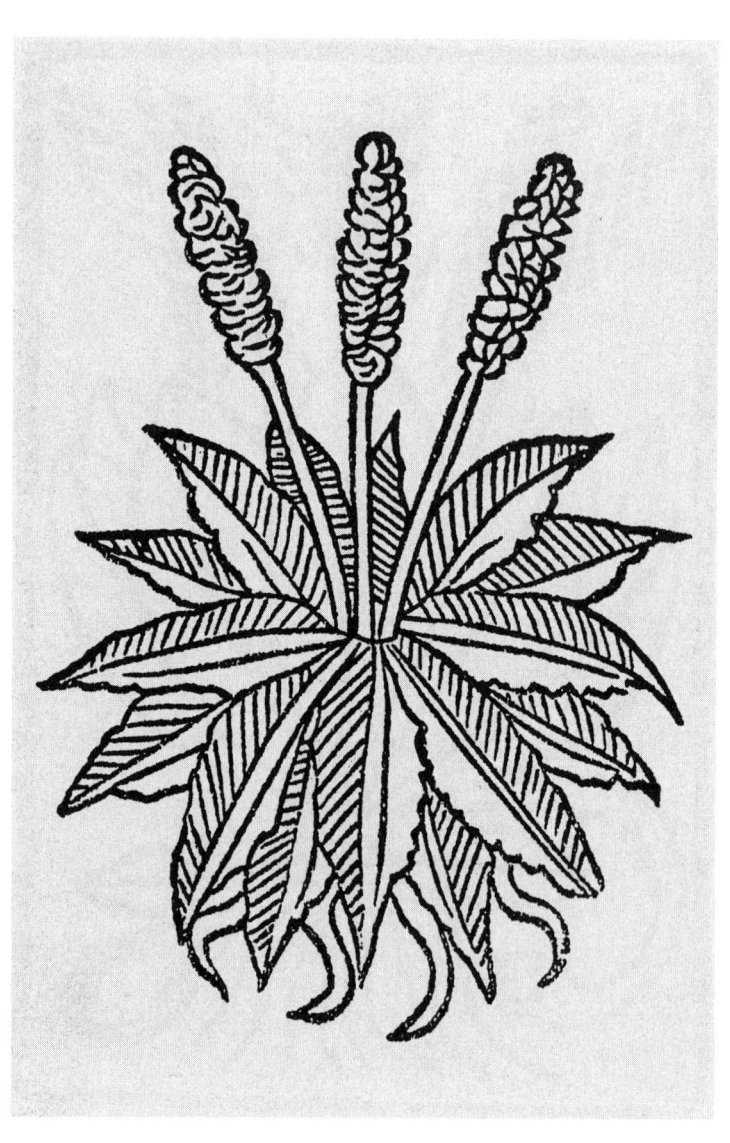

그림 3.10 『라틴 본초』.

적이다. 사본에 의한 오랜 전승에 기초한 것으로 거의 자연의 감촉을 상실하고 있다"고 평가했다.[46]

그다음에 나온 것이 구텐베르크 밑에서 일하며 인쇄술을 익힌 페터 쇠퍼Peter Schöffer가 인쇄술의 발상지인 마인츠에서 만든 두 권의 본초학서다. 구텐베르크의 작품이라고도 하는『42행 성서』는 실은 구텐베르크와 사이가 벌어진 공동경영자 요한 푸스트Johan Fust와, 푸스트가 데리고 나간 쇠퍼가 완성한 것이다. 쇠퍼가 만든 1484년의『라틴 본초Herbarius latinus』는 고대와 중세, 아라비아 작가들의 저작물을 바탕으로 편찬한 것이다. 식물의 배열은 알파벳순으로 돼 있는데, 내용상으로는 새로운 게 없었다. 첨부된 150장 정도의 그림에 대해선 다시 아버의 평을 빌려 보자. "이들 도감은 아플레이우스의『본초지』에 나오는 것보다 훨씬 뛰어나지만 대략적으로 말해 형식적이며 인습적이다. 전혀 뭐가 뭔지 특정할 수 없는 경우가 많다. … 몇몇 그림은 특별한 매력을 지니고 있고 장식적인 효과도 있다. 이 때문에 채색 사본의 외관을 꾸미기 위해 중세에서 흔히 사용하던 식물 도안을 연상케 한다."[47] 실제 그림을 한 장만 예로 들었지만, 사실성이 결여돼 있다. 이 경우에만 해도 부자연스럽게 좌우대칭으로 도안돼 있다.그림 3.10 그런데도 이 책은 이후 80년 가까이 중판을 거듭했을 뿐 아니라 해적판까지 만들어지기도 했다. 독일 이외에 네덜란드, 프랑스, 이탈리아에서도 널리 읽혔다.

페터 쇠퍼의 또 하나의 야심작은 이듬해인 1485년에 나온『독일본초Herbarius zu Teusch』(별명『건강의 정원』)다. 350종의 식물이 그림으로 묘사된 이 책의 서문에는 "배운 사람이건 아니건 누구에게나 도움이 되도록, 독일어로 편찬했다"고 돼 있다.⁴⁸ 그는 독일에 서식하지 않는 식물을 묘사하기 위해 화가를 데리고 여행에 나서기도 했다. 실제 이 책에서 처음으로 실사實寫에 의거한 식물 도판이 등장한다. 획기적인 일이었다. 약 380매의 도판 가운데 상당량이 사실적이며, 당시까지의 양식적인 도판과는 차원을 달리할 만큼 우수하다. 그러나 도판 가운데는 완전히 공상적인 것도 섞여 있다. 일례로 사실적인 글라디올러스와 공상적인 만드라고라의 그림을 보자.그림 3.11 그 현격한 대조에 우리들은 시대의 전환점을 가로막고 선 높다란 벽을 실감할 수 있다. 실제로 인간이 그 벽을 뛰어넘는 데는 거의 반세기 가까운 시간이 필요했다. 식물학에서도 해부학의 경우와 마찬가지로 하드웨어(목판 기술)의 진보가 소프트웨어(도상 표현)의 혁신을 앞지르고 있었던 것이다.

아플레이우스의 『본초지』가 나온 이후 반세기 가까이 흐르는 동안 유럽 각지에서 비슷한 서적이 몇 종류 제작됐다. 하지만 이들은 주로 쇠퍼의 두 책을 바탕으로 한 것으로 수준은 오히려 떨어졌다. 식물도감에서 자연주의가 되살아난 것은 오토 브룬펠스의 『식물생태도』 제1권이 1530년 슈트라스부르크에서 출판됐을 때였다(독일어판은 1532년). 브룬펠스는 처음엔 마인츠대학에서 수학한 수도사였지만, 루터파로 전향해 바젤대학에서 의학을 공부했다. 슈트라스부르크의 학교 교사로서 신학서도 많이 집필했다. 만년엔 베른에서 시의市醫로 일하다 1535년 사망한다. 브룬펠스는 근대 식물학의 개척자 가운데 한 사람으로 일컬어지지만, 식물에 대한 그의 지식은 고대나 중세의 기록에서 배운 것들이어서 시야가 좁다. 『식물 생태도』의 내용도 과거의 문헌을 편집한 것이었다. 원래 그는

 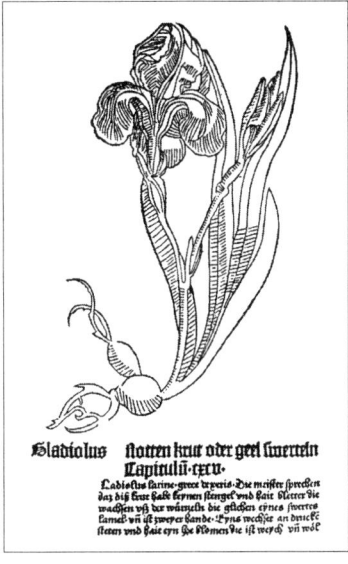

그림 3.11 페터 쇠퍼의 『독일 본초』(1485). 왼쪽 만드라고라의 그림은 공상적인 반면, 오른쪽 글라디올러스의 그림은 사실적이다.

이탈리아 반도의 식물상이 알자스 지방의 것과 다르다는 것조차 이해하지 못했다. 그래서 슈트라스부르크 근교에서 채집한 식물을 1,000년이나 먼저 지중해 동쪽 해안 지방에서 쓰인 디오스코리데스의 책을 바탕으로 특정하려고 했던 것이다. 그 같은 치명적 결함에도 불구하고 이 책이 특별한 주목을 받을 만하다고 보는 것은 그 도판 때문이다. 그림 3.12 아그네스 아버가 말했듯, "『식물 생태도』의 그림은 본문과 비교가 안 될 정도로 탁월하다".[49] 그런 까닭에 이 책을 계기로 "식물도의 역사에 새로운 시대가 열렸다"고 말하는 것이다.[50]

15세기에는 침체를 거듭했던 식물도감이 16세기 독일에서 새롭고 급속하게 발전하게 된 배경으로는 역시 당시 예술계에 등장한 자연주의를 들 수 있다. 이 점에 대한 아버지의 지적은 일반론으로서 지당하다 할 수 있다. "레오나르도와 뒤러의 작품은 본초학 서적의 전성기로 향하는 길을 제시했다는 점에서 중대한 역할을 했음이 틀림없다. 그들이 분명한 모범을 제시한 뒤에는 식물학자들이 요람기 서적에 나오는 조야하고 인습적인 양식의 그림에 안주할 수가 없게 됐기 때문이다."[51] 분명 다 빈치나 뒤러 모두 몇몇 식물화 습작을 남겼다. 그러나 그들의 발자취는 여기에서 그치지 않는다. 특히 독일의 일류 화가인 뒤러는 의욕적으로 판화에 몰두했다. 나아가 이를 예술로 승화시켰으며, 동시에 도판이 딸린 학술서를 직접 저술했다. 또 지구도와 천구도를 직접 제작하기도 했다. 이로써 학문적 도판을 예술의 수준으로 끌어올리는 데 미친 그의 직접적인 영향은 무시할 수가 없다. 해부도에서 사실화를 촉진시킨 것이 이탈리아 예술가들이었다면, 식물도에서 그 역할을 했던 것은 독일의 알브레히트 뒤러였다.

실제로 『식물 생태도』의 식물도를 그린 뉘른베르크의 화가 한스 바이디츠Hans Weiditz, 1495~1537는 뒤러의 영향을 크게 받았다. 바이디츠는 "뒤러와 같은 유파에 속하는 화가로 그의 작품 가운데 몇 점은 이전엔 뒤러의 것으로 여겨졌다"고까지 전해진다.[52] 아마도 이는 역시 화가였던 같은 이름의 부친과 혼동된 것인지도 모른다. 어쨌든 예리한 관찰력을 지녔던 바이디츠의 그림은 자연주의의 리얼리즘에 투철한 것이었다. 그 사실성은 종래의 양식적이고 장식적인 그림에 대한 반동이기도 했다. 하지만 바로 그 점 때문에 바이디츠는 '어떤 의미에선 너무 지나치게 나아갔다'. 즉 바이디츠

그림 3.12 오토 브룬펠스의 『식물 생태도』(1530). 그리스어, 라틴어, 독일어로 식물 이름이 기록돼 있다.

의 그림은 때때로 특정한 표본 식물의 찌그러진 모양이나 말라비틀어진 잎사귀 또는 벌레가 파먹은 모습까지 충실히 재현했다. 이는 뒤러의 절대사실주의를 엄격히 따른 결과였다. 뒤러는 "자연을 열심히 관찰하고, 이를 지표로 삼아 그보다도 훨씬 훌륭한 것을 스스로 발견하고 싶다는 생각 끝에 자연으로부터 벗어나는 일이 있어서는 안 된다"고 말했다. 따라서 인체상에서도 "하찮은 주름이나 검버섯이라 하더라도 가능한 한 빼놓지 않고 그려야 한다"고 주장했다.[53] 하지만 그 같은 과도한 사실성이 학술적인 식물학 서적에서는 되레 적합지 않은 면도 있었다.

이를 뛰어넘은 것이 1542년 바젤에서 출판된 레온하르트 푹스 Leonhard Fuchs의 『식물사 De historia stirpium』였다(독일어 번역본은 1543년 출간). 이는 약 400종의 독일 토종 식물과 약 100종의 외래종 식물을 기록한 본초학서다. 푹스는 1501년에 태어나 10대 초반에 에르푸르트대학에 입학해, 열여섯의 어린 나이에 학위를 취득하였다. 그리고 문법학교의 교사로 잠시 일하다가 잉골슈타트대학에서 수학한 뒤 의사가 되었다. 잉골슈타트에서 공부하던 시절에는 멜란히톤 Philipp Melanchthon, 루터와 절친한 동료였던 중세의 신학자_역주과 알게 되면서 그의 영향을 받아 루터파로 전향한다. 의사로서 1529년 독일을 휩쓴 영국발 오한증 Sudor Anglicus — 악성 인플루엔자로 추정된다 — 에 잘 대처해 1533년 튀빙겐대학의 교수가 돼 명성을 얻었다. 또한 그는 대학 의학 교육 과정에 야외 식물 관찰을 처음 채택했다고도 알려져 있다.[54]

의사인 그가 식물에 관심을 가진 것은 생물학보다는 실용적 차원에서였다. 『식물사』를 쓸 때의 계획도 전통적인 본초학에 따른 것이었다. 그래서 그는 식물을 알파벳순으로 배열했을 뿐, 자연 분류_{생물을 분화해 온 역사적 과정에 따라 체계화하려는 생물학의 한 분야_역주}를 시도하진 않았다. 그 내용도 대개는 과거의 문헌 속에서 따온 것이었다. "그의 정의는 어느 쪽이냐 하면 애매하고 과학적 가치가 부족하다. … 푹스의 기술에는 독창적인 것은 거의 없다"는 이유로 책 내용에 대한 평가는 그저 그렇다.[55] 그럼에도 이 책이 역사적으로 높은 위상에 오른 것은 다름 아니라 500장이 넘는 잘 만들어진 도판 때문이다.그림 3.13 책의 헌사에서 푹스는 다음과 같이 썼다.

각각의 식물의 기술에는 도판을 곁들였다. 이것들은 자연의 것을 모범으로 삼아 살아 있는 듯 묘사돼 있다. 감히 말하자면 이들은 지금까지 나온 모든 그림보다 정교하게 표현돼 있다. 우리가 그렇게 그린 것은 무엇보다 도판이 사물을 보다 정확히 표현해 주고, 그 사물을 본문의 언어보다 훨씬 빠르고 깊게 이해시켜 주기 때문이다.[56]

『식물사』 도판의 특징은 두 가지다. 첫째, 이 도판은 실제의 식물을 사생했던 알브레히트 마이어Albrecht Meyer, 이를 도해판으로 손질해 목판에 밑그림을 그려 넣은 미술 직인 하인리히 퓔마우러Heinrich Füllmaurer, 또 이를 목판에 새긴 루돌프 슈페클Rudolph Speckle의 분업과 협동 작업으로 완성됐다는 것이다. 푹스는 권말에 이 세 명의 초상을 넣었다. 본문에 비해 도판이 지니는 비중이 크고, 따라서 이를 그린 화가와 직인이 행한 역할도 컸음을 인정했던 것이다. 이리하여 "예술가, 저자, 직인이 익명으로 일하던 시대는 끝났다".[57] 둘째로 표본 개체가 지니는 우연성에 고집한 바이디츠와 달리, 이들은 어떤 특수한 형상을 그대로 사생하는 대신 그 식물의 속屬이 지니는 특징적 성질을 보여 주는 식으로 묘사하려 했다. 이는 레오나르도 다 빈치의 해부도가 눈에 보이는 대로 장기를 사생한 게 아니라 재구성하고 이상화시킨 그림 — '정밀한 상상' — 이었던 것과 똑같다. 푹스의 책은 식물도감의 도판이 과연 어떤 모습이어야 하는지를 확실하게 규정했다고 말할 수 있다. 다만 책 속에는 꽃과 열매를 동시에 그려 넣은 것과 같이 좀 심하다 싶은 경우도 눈에 띈다.그림 3.13

푹스의 저서가 미친 영향은 곧 나타났다. 루터파 목사이자 의사였던 히에로니무스 보크Hieronymus Bock, 1498~1554의 『신본초학Neue Kreütter Buch』이 1539년 슈트라스부르크에서 출판됐는데, 원래 여기엔 그림이 없었다. 그러나 푹스의 책이 나온 다음인 1546년 이후의 판본에는 많은 목판화가 첨부돼 있다. 그 대다수가 브룬펠스나 푹스의 그림을 기초로 하고 있다. 보크의 책은 디오스코리데스와 플리니우스가 기록한 약초만 다룬 게 아니었다. 독일에서 자생하는 약초야말로 독일인의 몸에 좋다는 시각에 입각해 직접 눈으로 관찰한 독일산 식물을 기술했다. 이 책은 또한 생생한 독일어로 쓰였다는 점에서도 높이 평가된다.

이처럼 16세기 전반 독일에서 나타난 식물도감의 비약적 발전은 곧 이어 서유럽 여러 나라에 영향을 미쳤다. 이탈리아에선 1544년 베네치아의 마티올리Pier Andrea Matthioli가 『디오스코리데스 주해 Commentari in sex Libros Pedacii Dioscorides』를 이탈리아어로 출판했다. 여기엔 완성도 높은 도판이 딸려 있다.그림 3.14 이 책은 그 뒤 라틴어와 독일어, 체코어로 번역돼 중판을 거듭했는데, 그러는 동안 정정

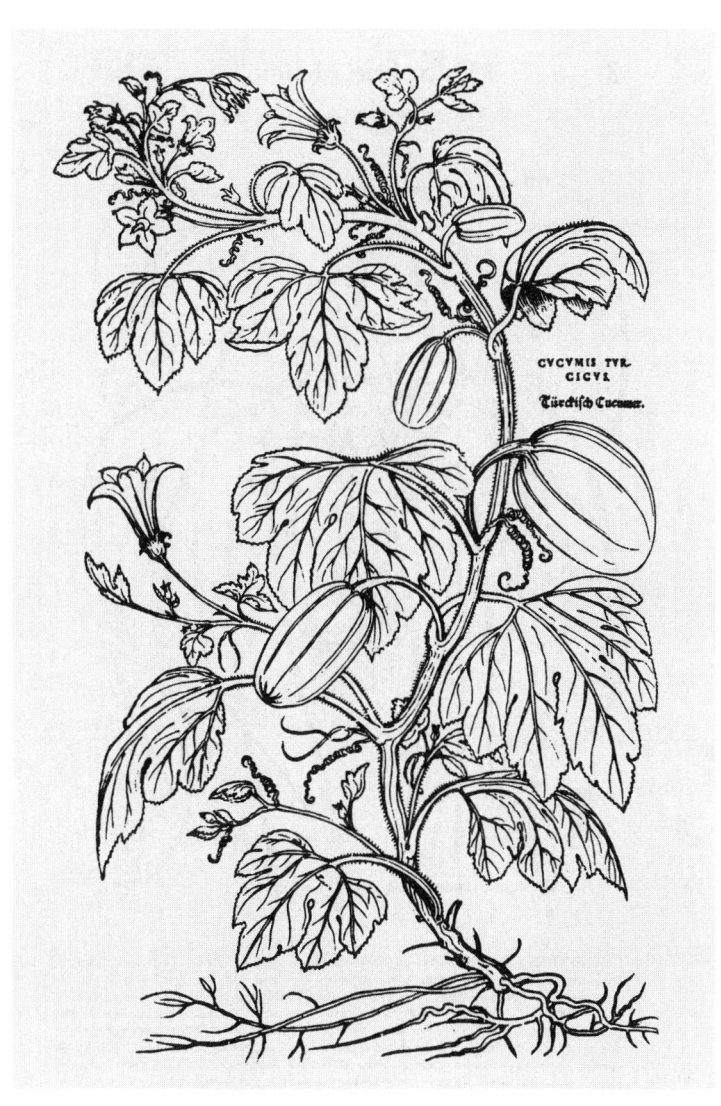

그림 3.13 레온하르트 푹스의 『식물사』(1542). 참외 일종의 그림.

그림 3.14 마티올리의 『디오스코리데스 주해』(1544).

과 증보가 계속 이뤄졌다. 시에나에서 태어난 의사 마티올리(1500~1577)는 티롤의 대공 페르디난드의 컬렉션을 관리하는 총책임자로 식물 표본 수집에 힘을 기울였던 것으로 알려져 있다. 잉글랜드에선 1551년에서 1568년에 걸쳐 윌리엄 터너William Turner의 『신본초지A New Herball』 전3권이 출판됐다. 프로테스탄트였던 터너는 헨리 8세 시대에 잠깐 투옥되었다가 메리 1세 때 유럽으로 망명했는데, 그 뒤 볼로냐와 페라라에서 의학을 공부하며 네덜란드와 독일을 여행했다. 스위스의 동물학자 콘라트 게스너Conrad Gesner, 1516~1565와 교분을 나눴고, 푹스와도 서신을 주고받는 사이가 됐다. 그의 『신본초지』의 그림은 대개 푹스의 것을 바탕으로 삼고 있다. 네덜란드에선 마티아스 드 로벨Matthias de L'Obel, 1538~1616의 『신식물지Stripium adversaria nova』(1570/71, 피에르 프나Pierre Pena와 공저), 샤를 드 라클뤼즈Charles de L'Acluse, 1526~1609의 『이스파니아 희귀 식물지Rariorum aliquot Stirpium per Hispanias observatarum Historia』(1576), 렘베르트 도도엔스Rembert Dodoens, 1517~1586의 『펨프타디스 식물지·6권Stripium Historiae Pemptades sex』(1583)이 안트워프의 플랑탱 서점에서 출판됐는데, 모두 유려한 도판을 담고 있다. 뒤에 플랑탱은 로벨의 책에 있는 도판만 따로 분리해 출판했다. 이는 다시 말해 위에 열거한 서적들이 도판 중심의 책이었음을 의미한다.[58]

16세기 중반 이후 18세기가 되자 식물학이 정비돼 식물의 부위와 형상을 정확히 설명하기 위한 전문 용어가 개발되고 확정됐다. 여기에 이르기까지 식물을 동정同定, 생물의 분류학상 소속이나 명칭을 올바르게 정하는 작업_역주하기 위한 거의 유일한 수단은 도판이었다. 식물학과 본초학에서 사실적인 도상은 불가결한 요소였다. 이처럼 근대 식물학은 예술가들의 자극을 받아 출발했으며, 화가와 밑그림 기술자나 조각사와 같은 예술가 및 직인들이 그 발전을 지탱해 주었다.

| 베렝가리오 다 카르피

잠시 이야기를 해부학으로 되돌려 보자. 레오나르도 다 빈치의 사후인 16세기 중반 볼로냐, 파도바, 페라라의 대학에선 해부학을 연구하던 학자들이 일제히 사실적인 도판을 첨부한 해부학 서적을 출판한다. 베렝가리오 다 카르피Berengario da Carpi, 조반니 바티스타 카나노Giovanni Battista Canano, 바르톨로메오 에우스타키오Bartholomeo Eustachio, 그리고 저 유명한 안드레아스 베살리우스가 바로 그들이다. 이들의 해부학서, 특히 베살리우스의 책에 다 빈치의 해부도가 영향을 미쳤는지 여부에 대해선 지금까지 부정적으로도, 긍정적으로도 논의되지 않고 있다. 원래 이들 도판을 실제로 그린 것은 화가였다. 화가는 해부에 직접 입회하거나 자신의 눈으로 해부도를 본 경험이 없으면 아무리 학자의 구두 지시에 따른다 하더라도 사실적이고 정확한 그림을 그리기가 무척 어려웠을 것이다. 그런 이유로, 예컨대 베렝가리오나 베살리우스가 직접 다 빈치의 그림을 보지 않았다손 치더라도 도판 제작을 담당한 화가는 다 빈치의 해부도를 본 적이 있거나, 더 일반적으로 말해 북이탈리아 예술가들이 행했던 해부 연구의 영향을 받았다고 보는 것이 그리 무리는 아닐 듯하다. 그런 의미에서 이탈리아 예술가들의 해부 연구가 도판이 첨부된 해부학서의 출현에 영향을 미쳤다는 점은 부정할 수 없다.

앞 장에서 본 것처럼 15세기 말부터 16세기에 걸쳐 대학 의학부, 특히 종래의 관습을 금과옥조로 여기던 파리대학에선 의학 교육이 극히 왜곡돼 있었다. 그 폐해는 대학에서 행해지던 해부학 교육 현장에서 특히 심하게 나타났다. 파리대학의 해부 강의에서 교수는 교과서를 읽고 해부 현장을 감독하는 데 그쳤으며, 실제 집도는 정규 의학 교육을 받지 않은 이발사가 행했다. 학생은 이를 지켜보기만 했다고 전해진다. 1533년부터 3년간 파리대학에서 수학한 베살리우스는 대학 해부 교육의 실태를 다음과 같이 풍자한다.

> 교수는 높은 자리에 떡하니 좌정하고는 직접 연구해 본 적도 없이 그저 책을 통해 알고 있는 데 불과한 것을 까마귀 울 듯 꽥꽥거리며 읊어 대거나, 남이 쓴 책을 소리 내 읽어 줄 뿐이다. 이처럼 의사들은 절대 자기 손으로 해부하려 하지 않고 설명서에 따라 이래라 저래라 턱짓으로 지시만 한다. 집도하는 이발사는 용어를 모르기 때문에 자신이 무슨 해부를 하고 있는지 참관인들에게 설명해 줄 수가 없다. 의사의 지시대로 학생들에게 보여 줘야 할 것을 제대로 보여 주지 못하는 것이다. 이처럼 모든 게 잘못 가르쳐지고, 뒤죽박죽 혼란에 빠진 채 매일같이 어처구니없는 질문들로 시간이 허비됐다.[59]

이 같이 해부 교육이 알맹이 없이 형식적으로 이뤄진 이면에는 권위주의가 버젓이 자리 잡고 있었다. 특히 16세기『갈레노스 저작집』이 원어인 그리스어판과, 그리스어에서 직접 번역된 라틴어판으로 출판되자 '새로운 갈레노스 보수주의' 가 생겨났다. 이로써

'갈레노스주의에 대한 맹신'은 한층 강해졌다.[60] 해부 교육은 오직 갈레노스의 책에 쓰인 것을 예증하기 위한 것이었으며, 이를 비판적으로 검증하려는 자세는 없었다. 베살리우스의 증언에 따르면, '갈레노스 이후의 사람들' 그리고 '우리 시대의 저술가들'이 모두 "만약 일독의 가치가 있는 것을 후세에 전했다손 치더라도 그것은 갈레노스에서 차용해 온 것"이었다. 그들은 스스로는 해부를 행하지 않은 채 "갈레노스의 권위를 완전하게 받아들이고 있었다". 그러므로 "갈레노스의 해부학서에서 조금이라도 오류가 발견됐다고 단언하는 의사는 과거에 한 명도 없었으며 오늘날에도 없다"는 것이었다.[61]

하지만 결국 16세기에는 고등교육을 받은 의사들 가운데서도 분연히 이에 반기를 드는 사람들이 등장했다. 이것은 르네상스 예술의 자연주의가 널리 보급됐고, 인체 해부에 대한 이탈리아 예술가들의 관심이 고조됐으며, 또한 외과의 사이에서 해부학의 중요성에 대한 인식이 확산된 데 따른 결과였다. 안드레아스 베살리우스 그리고 그보다 앞선 베렝가리오 다 카르피(1470경~1530)가 바로 그들이었다.

베렝가리오는 이탈리아 중북부 모데나에서 이발외과의의 아들로 태어났다. 부친에게 외과학과 해부 기법을 전수 받은 뒤 해부학의 뿌리가 깊은 볼로냐대학에서 수학했다. 그리고 1502년부터 1527년까지 볼로냐의 외과학과 해부학 교수로 일했다. 1525년에는 『몬디노 주해』, 1522년에는 몬디노의 교과서를 대체하는 『이사고게 Isagoge, 해부 입문』 등 두 권의 해부학서를 저술했다. 그 『이사고게』의 모두에는 다음과 같은 구절이 나온다.

나는 어릴 때부터 아버지의 지도로 외과 기술을 손에 익혔다. 그때 이후로 해부에 큰 관심을 갖게 됐고, 내 시간의 모두를 여기에 소비해 왔다. … 해부를 다룬 책들은 몇 권이나 있다. 그러나 그 어느 것도 독자를 만족시키지 못했다. 그런 책의 저자들은 제대로 된 해부학을 쓴 게 아니라 다른 책에서 잘못된 내용을 빌려다 놓은 듯하다. 이 때문에 꼭 필요한 주요 기술의 목적을 이해하는 사람들이 전혀 없다고 해도 될 정도다. 해부학에 대해 무지한 것만이 아니다. 내 생각에는 각 기관에 대한 설명이나 해부가 치졸한 데다 혐오감을 불러일으키는 것으로 보인다. 지금까지 수백 건의 해부를 해 온 나는, 현재 그리고 장래에도 도움이 되길 바라면서 몬디노의 해부학서에 대한 주해를 쓰는 게 현명하다고 생각했다.[62]

'수백 건의 해부'라 함은 다소 과장한 게 아닌가도 싶지만, 외과의의 입장에서 해부의 중요성을 강하게 피력한 것일 터이다. 그리하여 그의 『몬디노 주해』에는 "권위가 아닌 감각을 믿어라 non credant auctoritatibus sed sensui"[63]고 쓰여 있다. 라틴어로 auctoritas는 '권위'와 '문서'라는 두 가지 뜻을 지니고 있다. 따라서 이는 '권위 있는 문서'보다는 자신의 경험과 관찰을 중시하라는 의미라 할 수 있다. 스콜라학과 인문주의 양쪽으로부터의 탈각의 시초를 여기에서 찾아볼 수가 있다. 실제 『몬디노 주해』는 몬디노 해부학에 대한 당시까지의 가장 상세한 강론집으로, 빈약하고 불충분한 몬디노의 저술을 보완하고 정정하는 성격의 책이었다. 그뿐 아니라 몬디노에 대한 통렬한 비판서이기도 했다. 그렇기 때문에 베렝가리오는 현대에 이르러 '갈레노스나 이슬람과 같은 과거의 권위에 전혀 굴복하지 않았던 최초의 인물'[64]로 평가 받는다. 실제로 베렝가리오는 유제류有蹄類, 척추동물 포유류 중에서 발굽이 있는 동물_역주에서 **나타나는 괴망**怪網, rete mirabile, 동맥이 모세혈관에 이르기 전에 갑자기 여러 갈래로 갈려 기이한 모습의 혈관망을 하고 있는 것을 가리키는 학술용어_역주이 인간에게도 있다는 갈레노스 이래 신봉되던 통설을 반박했다. 그는 『이사고게』에서 이렇게 기록했다. "나는 이 괴망을 지금까지 본 적이 없다. … 이 괴망이 존재하지 않는다는 몇 가지 상이한 근거를 『몬디노 주해』에 붙여 놓았다. 그 가운데 감각을 통한 경험이야말로 내 이륜 전투 마차경험을 바탕으로 권위에 대적하려는 자신을 비유한 표현_역주의 조종 장치다."[65]

그러나 우리 관점에서 본다면, 베렝가리오가 『이사고게』라는 책에 언어적 설명을 보완할 목적으로 본문에 대응하는 도판을 몇 가지 첨부한 점은 주목할 만하다. 게다가 그 도판들이 ― 아직 세련되지는 않았지만 ― 분명 르네상스 예술의 영향을 받았기에 더욱 그렇다. 실제 그는 '해부도, 그리고 해부도와 텍스트 사이의 관계가 지닌 진정한 의의를 잘 이해했던 최초의 해부학자'이자 '해부도의 가능성을 이용했던 최초의 해부학자'였다.[66]

베렝가리오는 동시대 금세공 직인 첼리니의 『자서전』에서 "이 유능한 선생은 회화에 제법 도가 텄다"고 묘사돼 있다.[67] 예술에 관심이 많았을 뿐 아니라 당시의 예술가와도 교류가 있었던 것으로 보인다. 베렝가리오가 레오나르도 다 빈치의 스케치를 직접 봤을 가능성도 충분히 상정할 수 있다.[68] 실제 그의 책에 나온 손의 골격도와 레오나르도의 스케치를 비교해 보자. 선으로 음영을 표시해 입체감을 불어넣는 기법 등에서 분명한 유사점을 찾을 수 있다.그림 3.15 다리의 근육을 세 방향에서 그린 그림의 배치에서도 레오나르

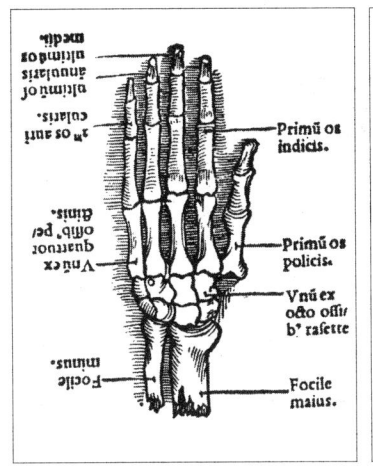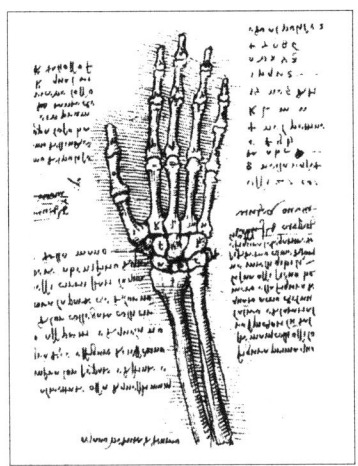

그림 3.15 베렝가리오 다 카르피의 손 골격도(왼쪽)와 레오나르도 다 빈치의 스케치(오른쪽) 비교.

도의 영향이 엿보인다.그림 3.16, 3.5

그러나 베렝가리오는 레오나르도와 달리 이를 인쇄 서적으로 출판했다. 권위에 맞서서 경험을 중시하자고 주장했다는 점에서, 그리고 해부학서에서 정확한 도판의 중요성을 보여 주었다는 점에서, 베렝가리오는 베살리우스로 이어지는 길을 열었다고 할 수 있다. 참고로 살아 있는 듯 보이는 근육질의 남자나 전신 골격을 묘사한 것도, 풍경을 해부도의 배경으로 삼은 것도 베렝가리오가 처음이다.그림 3.16의 왼쪽 그런 구도가 나중에 베살리우스에 영향을 주었다고 생각하는 것도 무리는 아니다.

1541년엔 페라라의 의학부 교수인 조반니 바티스타 카나노 Giovanni Battista Canano, 1515~79의 『인체 근육 해부도Musculorum humani corporis picturata dissecto』가 출판됐다. 이 책은 최초의 근육 해부 모노

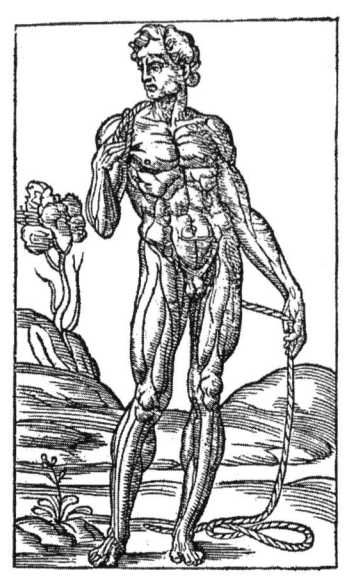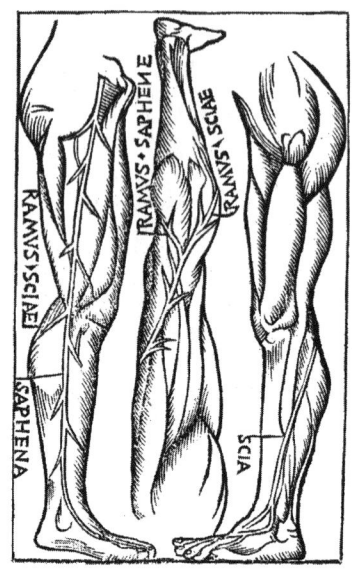

그림 3.16 베렝가리오 다 카르피의 『이사고게』에 수록된 그림. 풍경 한가운데 서 있는 근육질의 남자(왼쪽)와 다리의 근육도(오른쪽).

그래프인 동시에, 첨부된 27매의 팔 근육 그림은 동판 요철 인쇄로 제작된 최초의 해부도다. 그림 3.17 모두 7권으로 나올 예정이었으나 무슨 이유에서인지 제1권밖에 출판되지 않았다. 베살리우스는 책이 출판되기 이전에 — 아마 1542년 — 카나노와 직접 만나 이들 근육 그림을 봤다고 말하고 있다.[69] 카나노의 책 서문에는 "나머지 책도 현재 이미 제판업자가 인쇄하고 있으므로 곧 출판될 것이다"[70]고 나오므로 베살리우스는 나머지 책의 도판까지 봤는지도 모른다. 어쨌든 베살리우스가 어떤 식으로든 영향을 받았다 하더라도 결코 이상한 일은 아니다. 때는 무르익고 있었던 것이다.

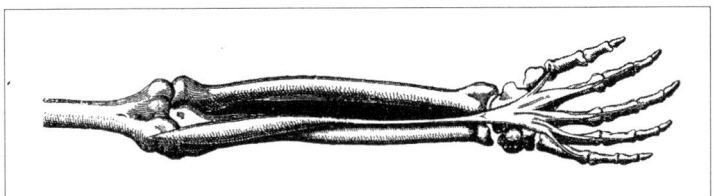

그림 3.17 카나노의 『인체 근육 해부도』(1541). 팔과 손의 근육.

| 베살리우스와 해부 교육의 쇄신

이렇게 등장해 해부학, 나아가 의학 그 자체의 연구와 교육에 근본적인 변혁을 일으킨 것이 『인체 구조에 관한 7권의 책』(통칭 『파브리카』)이다.[71] 약관 28세의 안드레아스 베살리우스가 쓴 이 책은 무려 700페이지에 이르는 해부학과 생리학 분야의 희대의 걸작이다. 푹스의 『박물지』가 출간된 다음해, 그리고 코페르니쿠스의 『천체의 회전에 대하여』가 세상에 나온 것과 같은 해인 1543년 바젤에서 출판됐다. 1555년에는 개정판이 나왔다.

베살리우스는 1514년 브뤼셀의 왕실 약제사 집안에서 태어나 1530년 루뱅대학에 입학했다. 1533년에는 파리대학 의학부에 진학해 엘리트 의사가 된다. 당시 해부학 수업의 실상은 앞에서 살펴본 바와 같다. 앞에서 인용한 것은 『파브리카』 서문에 있는 내용인데, "파리에서 의학을 배울 때 한두 번의 공개 해부에서 서툴기 짝이 없는 이발사가 얼렁뚱땅 보여 준 몇 안 되는 내장을 팔짱 낀 채 그저 멍하니 바라보고만 있었다면 나의 해부학 연구는 결코 결실을 맺지 못했을 것이다"고 돼 있다.Fab. p.320 교수가 스스로 집도하지 않을 뿐 아니라 학생들에게도 해부를 시키지 않는 풍토에선 전혀 교육이 이뤄질 수 없다고 베살리우스는 통감했다.

1546년 베살리우스는 파리대학의 해부학 선생인 야코부스 실비우스Jacobus Sylvius에 대해 술회하며 학생 시절에 받은 해부 교육의 실태를 폭로했다.

그는 언제나 (갈레노스의)『인체 각 부분의 역할』을 우리들에게 읽어 주는 것으로 강의를 시작했다. 제1권 중앙의 해부학 부분은 학습을 막 시작한 우리들에겐 너무 난해해 이해할 수가 없었다. 자기에게나 우리에게나 모두 성가신 대목이라고 말하면서 그는 제14권까지 획 건너뛰어 그다음 부분을 읽어 나갔다. 그 결과 그는 5~6일 만에 책을 다 읽었다. 하지만 갈레노스가 다른 책에서 쓴 내용과 가끔 모순되는 점이 있다는 데는 주의를 기울이지 않았다. 그러니 갈레노스의 책에 나타나는 오류를 지적할 리 없었다.[72]

1536년 신성로마제국 황제 카를 5세와 프랑스 국왕 프랑수아 1세 사이에 전쟁이 시작됐다. 플랑드르 출신의 베살리우스는 적성 외국인으로 몰려 고향으로 귀국해야 했다. 그는 고향인 루뱅에서 열여덟 살짜리 여성의 검시에 입회하는가 하면, 교외의 교수대에서 처형된 사형수의 시체를 빼돌려 해부학 공부에 사용했다. 베살리우스는 파리와 루뱅을 거치는 동안 사실상 교사의 도움 없이 해부학을 배웠던 것이다.[73]

1537년이 저물어 갈 무렵 베살리우스는 파도바대학에서 시험을 봐 의학사 자격을 받았다. 그는 그 즉시 외과학과의 해부학 강사로 임명됐다. 약관 23세 때의 일이었다.[74] 파도바에서 베살리우스가 했던 강의는 과거 자신이 파리에서 받았던 교육을 실천적으로 비판하는 게 주요 내용이었다. 즉 강사로서 강의만 한 게 아니라 스스로 집도했고, 학생들도 수술에 참여시켰다.

> 나는 공개 해부에서 학생들이 가능한 한 직접 해부를 해 보도록 하고 있다. 수련이 부족한 학생들도 많은 입회인들이 지켜보는 앞에서 해부를 해야 하므로 자기 손으로 정확히 해낼 수 있도록 만들자는 것이다. 학생들은 배운 것을 하나하나 서로 검토함으로써 의학과 자연철학에 해당하는 이 해부학을 적절히 이해하게 된다.Fab. p.342f.

이는 해부학 교육의 새로운 기원을 여는 것이었다. 베살리우스는 『파브리카』와 거의 같은 시기에 학생들이 사용하기 쉽도록 축쇄판 소책자 『에피토메Epitome』를 만들었다. 여기에서 그는 해부학을 '갖가지 의료 기술의 기초로서 철저하게 배워야 할 것'으로 규정했다. "인체를 이해하는 데에서 자기 손으로 직접 해부를 해 보고, 간단한 치료법을 익히듯 열심히 거듭 반복하지 않으면 아무 소용이 없다."[75] 베살리우스에겐 해부도 치료도 그 기본은 수작업이라는 신념이 있었다. 그리고 교육 방법에서 그 같은 변혁은 결국 학문 자체의 변혁을 촉진하게 된다.

그렇다고 해서 베살리우스가 갈레노스를 비판하기 위해 연구를 시작한 것은 아니었다. 오히려 의학 이론에 있어서 그는 상당히 충실한 '갈레노스주의자'였다. 현실적으로도 그는 갈레노스주의의 아성인 파리대학에서 의학부 교수이자 인문주의자였던 안데르나흐의 요한 귄터Johann Guenther von Andernach의 지도하에 갈레노스의

『해부기법』을 배웠다. 베살리우스는 이때 해부에 대한 기본적인 견해를 형성하게 됐다. 뿐만 아니라 1541년에는 귄터가 편집한 『갈레노스 저작집Opera Omnia』의 번역과 교정에 참가했다. 『파브리카』에도 갈레노스를 인용한 부분이 많다.

그런데 그는 실제 자기 손으로 여러 구의 시체를 해부해 직접 눈으로 관찰하는 과정에서 갈레노스의 오류를 몇 가지 발견했다. 이때 그는 갈레노스의 저서보다 자신의 눈을 믿었다. 그리고 맹목적인 갈레노스 신봉자에 대해 이렇게 말했다.

> 갈레노스도 가끔 스스로 잘못을 정정하고, 경험을 쌓은 후기 저작에선 초기 저작에서 저지른 오류를 수정했다. 갈레노스가 때로 상충되는 내용을 기술했다는 점을 굳이 지적하진 않겠다. 그래도 해부 기술이 발전하고 그의 저작 곳곳이 복원된 지금, 그의 서적을 자세히 읽어 보면 그가 직접 인체 해부를 해 보지 않았다는 사실이 명백해진다. … 게다가 갈레노스가 원숭이를 상대로 행했던 관찰조차 부정확한 점이 많은 것으로 밝혀지고 있다.Fab. p.321

베살리우스에 따르면 "갈레노스의 기술은 200곳 이상 잘못돼 있다".Fab. p.321 예를 들면 간장이 5엽 구조로 돼 있다는 갈레노스와 몬디노의 견해가 그렇다. 베살리우스도 처음엔 그렇게 생각했지만, 『파브리카』에선 그것이 오류라고 지적한다.[76]

예를 들어 갈레노스 생리학에 나오는 혈액의 흐름을 보자. 장에서 흡수된 영양분은 문맥을 통해 간장으로 보내져 거기에서 자연정기spiritus naturalis를 머금은 혈액(정맥혈)으로 변한다. 이것은 다시 정맥을 통해 전신으로 퍼져 영향을 공급한 뒤 노폐물과 함께 정맥을 역류해 심장(우심)으로 돌아간다. 혈액은 또 심장에서 폐로 보내져 노폐물을 버리고 정화된 다음, 다시 우심을 거쳐 간장으로 되돌아간다. 그 정맥혈의 일부는 심실중격심실을 좌우로 나누는 가운데 벽_역주의 작은 구멍을 통해 좌심으로 흘러가 폐에서 들어온 공기와 섞여 생명정기 spiritus vitalis를 형성하고, 동맥을 통해 심장에서 전신으로 공급된다. 생명정기의 일부는 뇌로 전해져 영혼정기 spiritus animalis[†]가 돼 사고 활동의 기반이 된다. 이것은 나아가 신경 속의 가느다란 도관을 통해 전신으로 퍼져 운동이나 감각을 관할한다.

이에 대해 베살리우스는 신경 속에서 "나는 그런 종류의 (영혼정기가 통과하는) 어떠한 통로도 발견하지 못했다"고 기록했다. 또한 "갈레노스의 결론과는 반대로 우리들은 … 심장의 우심실에 이르는 입구 부위가 대정맥 본체보다 크다는 것을 인정해야 한다"고 주장했다. 이로써 그는 "간장에 연결된 대정맥의 용량이 매우 크다고 단언한 갈레노스의 주장은 오류다"고 결론지었다. 즉 정맥이 간장이 아니라 심장에서 시작한다는, 레오나르도 다 빈치가 이미 발견했던 사실을 재발견한 것이다. 나아가 결정적으로 베살리우스는 "심실중격은 매우 두터운 소재로 돼 있어 적어도 감각적으로 확인한 범위 안에서는 우심에서 좌심으로 통하는 구멍은 없다"고 기록했다.[77] 현대의 관점에서 본다면, 이런 발견은 갈레노스 이론에서

[†] '영혼정기'의 원어는 spiritus animalis(영역은 animal spirit)이며, 종종 '동물정기'라고 번역되기도 한다. 그러나 라틴어의 animalis는 anima(공기, 영혼, 생명, 정신)에서 유래된 형용사로 '공기의'라든가 '살아 있는' 또는 '활력 있는'의 의미가 있다. 따라서 spiritus animalis를 '동물정기'로 옮기는 것은 알맞지 않다.

는 치명적인 것이다.

그러나 그럼에도 불구하고 베살리우스는 갈레노스 생리학의 기본적인 틀을 포기하지는 않았다. 그는 좌우 심실 사이를 잇는 구멍을 "발견하지 못했다"고 말했지 "존재하지 않는다"고는 말하지 않았다. 또한 정기의 존재를 부정하지 않았고, 정맥혈이 심장(우심)과 정맥의 말단 사이를 왕복한다는 점에 대해서도 의심하지 않았다. 『파브리카』를 위한 '입문편'[78]으로 제작한 학생용 『에피토메』는 현대로 말하자면 계통해부학 서적이다. 하지만 이 책에선 위장과 간장과 정맥이 같은 장에서 다뤄진 반면, 폐와 동맥은 다른 장에 편입돼 있다.[79] 문외한에게도 부자연스럽게 보이는 이 구분은 갈레노스 이론을 염두에 두면 수긍이 간다. 요컨대 『에피토메』든 『파브리카』든, 갈레노스 이론의 틀을 바탕으로 구성되었던 것이다. 이런 의미에서 분명 『파브리카』는 그 자체로 근본적으로 새로운 의학 이론을 제창했던 것은 아니다. 해부 그 자체에서도 베살리우스는 몇몇 오류를 저지른 게 사실이다.

그러나 베살리우스는 의학의 연구와 교육에서 극히 중요한 공헌을 했다. 첫째, 의학과 의료에서 수작업의 중요성을 주장하고 실천했다. 둘째, 의학 연구를 문헌 해석에서 인간 해부로 돌려놓았다. 셋째, 의학 교육에서 시각 정보의 중요성을 분명히 했다. 이 세 가지 점은 다음 절에서 더 자세히 살펴보자.

어쨌든 베살리우스가 제창한 연구와 교육 방법은 후세 사람들에게 갈레노스 교조주의를 타파하는 강력한 무기를 제공했다. 이는 결국 혈액순환의 발견에 이르는 길을 개척하게 된다. 혈액이 우심에서 중격을 거치지 않고 폐를 거쳐 좌심으로 이동하는 이른바 폐순환을 발견한 사람들 가운데 레알도 콜롬보Realdo Colombo, 1510경~1559가 있다. 원래 베네치아에서 외과의의 도제가 됐는데, 파도바에서 베살리우스의 조수로 일하다가 그 뒤 베살리우스의 후임자가 된 인물이다. 콜롬보가 미켈란젤로와 교류했다는 점은 이미 살펴봤다. 그 콜롬보의 후임이 가브리엘 팔로피오Gabriele Fallopio, 1523~1562와 그의 문하생 히에로니무스 파브리치우스Hieronymus Fabricius, 1533~1619였다. 그리고 파브리치우스 밑에서 강연을 들었던 사람이 혈액순환의 발견자인 윌리엄 하비William Harvey, 1578~1657였다. 팔로피오관(난관)이라는 명칭으로 이름을 남긴 팔로피오는 베살리우스의 숭배자였다. 그리고 파브리치우스는 정맥판의 발견자로 알려져 있다. 정맥판이 무슨 기능을 하는지는 훗날 혈액순환의 원리가 발견된 뒤에 밝혀졌다. 베살리우스의 해부 교육은 이처럼 연쇄적인 영향을 낳았다. 1628년에 출판된 윌리엄 하비의 책에는 "해부학은 책이 아니라 해부를 통해 배워야 하고, 철학적 신조가 아니라 자연이라는 일터에서 습득해야 한다"고 나온다.[80] 하비의 이런 선언에는 베살리우스의 영향이 선명하게 배어 있다고 볼 수 있다.

| 베살리우스의 해부도감

앞에서 살펴봤듯이, 『파브리카』는 현실적으로 갈레노스 패러다임에 상당히 얽매인 편이다. 또 내용상으로도 보수적인 측면이 많다. 의학 이론의 혁신성으로 말하자면 『파브리카』보다 3년 늦은 1546년에 출간된 지롤라모 프라카스토로Girolamo Fracastoro, 1478~1553의 『전염과 전염병 그리고 치료에 대하여De contaginius et contagiosis morbis et eorum curatione』가 훨씬 위다. 그러나 책의 영향력 면에서는 『파브리카』가 압도적이다. 물론 프라카스토로의 책은 시대를 너무 앞서 갔기 때문에 미생물에 대해 무지했던 당시에는 제대로 이해되지 못한 면이 있다. 그러나 『파브리카』와 『에피토메』가 나오자마자 절대적 영향력을 발휘하게 된 것은 무엇보다도 훌륭한 도판 덕분이었다. "만일 『파브리카』가 문자로만 돼 있었다면 해부학에 어느 정도 영향을 주었을지 의문"이라고 할 정도다.[81] 실제 『파브리카』의 가장 큰 특징은 텍스트가 아니라 200매가 넘는 목판 삽화다. 그 삽화 덕분에 『파브리카』는 근대 의학의 대전환점에 우뚝 솟아 있는 것이다. 베살리우스 자신도 교육적 관점에서 정확한 도판이 지니는 의의를 인식하고 도판에 커다란 역할을 부여했다. 원래 그의 저술들은 학생들의 편의를 위해 여섯 장의 해부도를 인쇄한 데서 출발했다.[82]

『파브리카』의 '서문'에는 다음과 같은 대목이 나온다.

> 그림이 이들 사실을 이해하는 데 무척 큰 도움을 준다는 것, 그리고 그림이 명쾌한 언어보다 더 정확하게 사실을 눈앞에 펼쳐 보여 준다는 것은 기하학과 다른 수학적 과학을 배우면서 누구나 경험하는 일이다. 게다가 인체 각 부위의 설명도는 해부용 인체를 쉽게 구하기 어려운 사람들에게 큰 도움이 될 것이다. … 사정이 어떻든 단 하나의 목적, 다시 말해 어렵고도 어려운 공부를 가능한 한 돕기 위해 (손에 잡힐 듯) 수천 개의 서로 다른 부위로 이뤄진 인체 구조를 정확하고 완전하게 기술할 목적으로 이 책을 썼다. 성스러운 갈레노스의 이론은 교사가

옆에서 도와줘야 배울 수 있는 분야다. 따라서 의학도들이 갈레노스의 저서를 보다 깊이 이해하는 데 실질적인 도움이 될 수 있도록 최선을 다했다('…' 부분은 1555년에 나온 제2판에는 삭제돼 있다).Fab.p.323

베살리우스가 『파브리카』와 『에피토메』에 많은 그림을 첨부한 직접적인 의도는 첫째 해부 재료의 부족을 보완하고, 둘째 해부학 용어가 무엇을 설명할 수 있을 정도로 충분히 발달하지 못했기 때문이라고 한다.[83] 그런 면에서 본다면 베살리우스 자신은 주관적으로 어디까지나 그림을 텍스트의 보조적 위치로 봤다고 할 수 있다. 그러나 "『파브리카』에선 텍스트가 아니라 도판이 기본이다", "『파브리카』는 본질적으로 해부도감으로 봐야 한다"는 현대의 평가[84]는 책의 성격을 잘 보여 준다. 실제 『파브리카』의 삽화는 질과 양에서 모두 역대의 서적을 압도한다.

양으로 말하자면 『파브리카』에는 근육인, 골격인 그리고 정맥인과 동맥인의 전신 해부도 외에도 토르소의 개복도와 개별 장기의 그림이 많이 들어 있다. 골격인은 앞면·옆면·뒷면의 3매 세트로, 근육인은 16매 연작으로 구성돼 있는데 그림 자체만으로도 박력이 있다. 골격의 경우 개개의 요소로서 뼈 그림도 다수 게재돼 있다. 블록의 조합을 절묘하게 끼워 맞춰 다양한 그림을 만든 브룬슈비히의 『외과학서』의 경우 삽화가 50매 조금 넘는다. 또 도판을 첨부한 획기적 해부학서로 일컬어지는 베렝가리오의 『이사고게』에 나온 그림도 표지를 빼면 불과 20매였다. 이를 감안하면 모두 200매 이상에 달하는 『파브리카』의 도판은 엄청나게 방대한 양으로 느껴질 것이다. 『파브리카』는 인체 구조 모두를 하나하나 해부

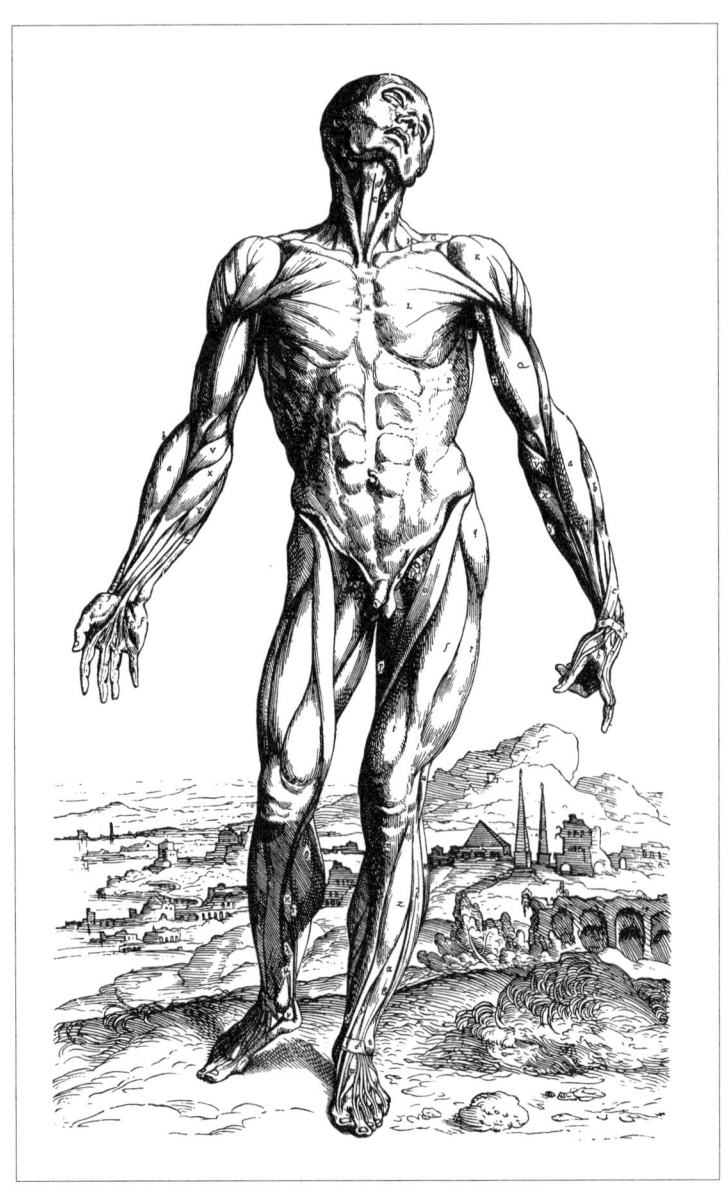

그림 3.18 베살리우스의 『파브리카』(1543), 첫 번째 근육인.

하고, 관찰하고, 기록하고, 도해하는 '매거枚擧 망라주의'를 처음으로 해부학에 도입한 것이다.[85]

질의 측면은 어떤가. 목판화라고는 생각할 수 없을 만큼 정밀한 선으로 그려져 있다. 목판화 기술의 최고 수준이자, 그 자체만으로도 감상할 가치가 있다.† 아이빈스가 말하듯, "『파브리카』와 『에피토메』의 목판은 목판화 및 서적이라는 두 분야의 미술사와 기술사에서 위대한 기념비로 꼽힌다".[86] 그 예로서 근육인과 정맥인, 토르소의 해부도를 각각 한 장씩 예로 들어 보자.그림 3.18, 19, 20 원경으로서 풍경 속에 근육인을 둔 것은 베렝가리오 다 카르피의 그림의 영향으로 보인다.[87]그림 3.17의 왼쪽 사선으로 정교하게 음영을 묘사해, 입체감을 준 것은 레오나르도 다 빈치도 많이 사용했던 기법이다. 또 골격인과 근육인의 그림처럼 갖가지 방향에서 행한 묘사에는 피에로 델라 프란체스카나 뒤러 등의 영향을 엿볼 수 있다. 그림 속에 알파벳을 넣어 각 부위를 세부적으로 지시하는 기법도 이탈리아 기술자들에게서 비롯된 것이다.

『파브리카』는 브룬슈비히와 한스 폰 게르스도르프, 베렝가리오 이후의 목판화 인쇄본 의학서를 거의 완성시킨 것이었다. 이 점에

---

† 여담이지만 이전(십수 년 전)에 도쿄 니혼바시의 대형 서점인 마루젠丸善 본점에 들렀을 때 마침 4층의 갤러리에서 외국 고서전이 열리고 있기에 별 생각 없이 이리저리 구경을 했다. 그때 유리 상자에 담긴 베살리우스의 『파브리카』 원저가 눈에 띄었다. 내가 너무나 열심히 들여다본 때문이었는지 담당 직원이 열쇠로 상자를 열어 책을 꺼내 마음대로 열람할 수 있게 해 주었다. 550년이나 전에 제작된 700쪽에 달하는 대판 사이즈의 책이었는데 보존 상태가 양호했다. 아직도 빛을 잃지 않은 도판들은 숨이 멎을 만큼 아름다웠다. 책을 되돌려주면서 유리 상자 안을 보니 2,000만 엔이라는 가격표가 붙어 있었다. 잊을 수 없는 기억이었다.

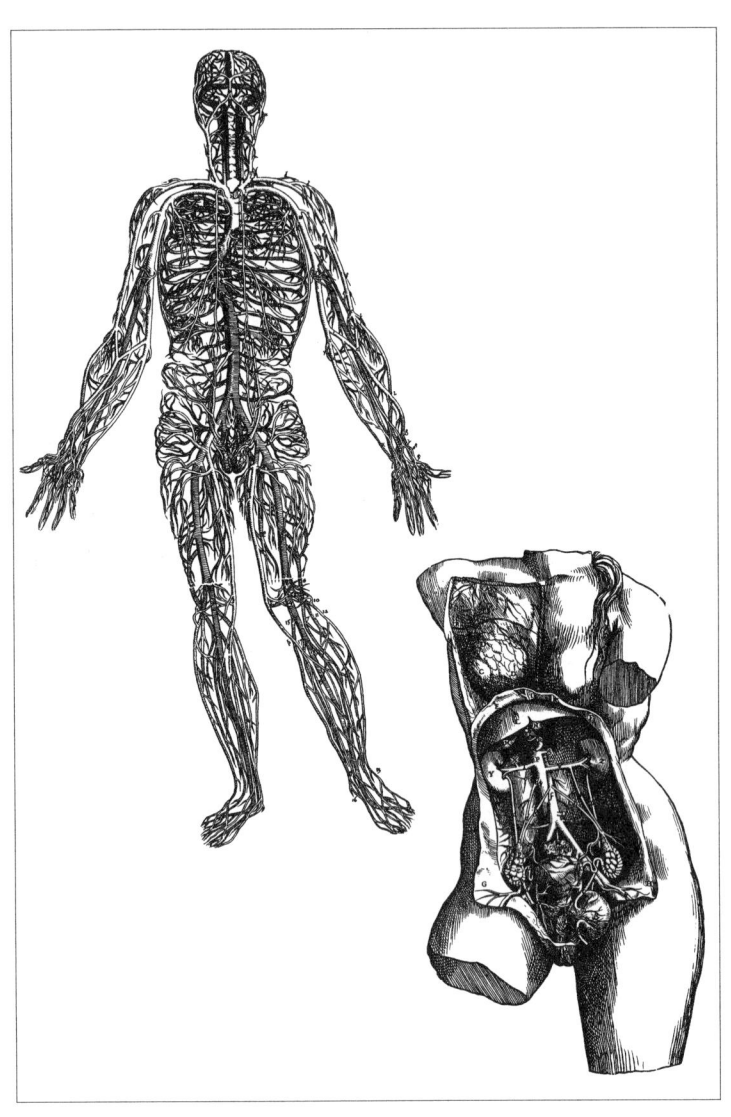

그림 3.19 정맥인(왼쪽).
그림 3.20 토르소의 해부도(오른쪽).
그림에서 알파벳을 넣어 각 세부를 지시한 것은 레오나르도 다 빈치가 즐겨 쓰던 기법이다. 그림 1.4를 보라.

대해선 의사이자 미술사가인 로베르트 헤를링거Robert Herrlinger가 쓴
『의학도감의 역사History of Medical Illustration』의 한 대목을 인용하지 않
을 수 없다.

> 현대 의학서라고 하면, 훌륭한 레이아웃, 고급 용지, 읽기 쉬운 활자 그
> 리고 정확하고 명료하게 그려지고 잘 인쇄된 많은 도상들이 갖춰져야
> 한다. 덧붙여 우리는 이들 도상에 대해 친절한 설명과 상세한 해설의
> 텍스트가 만들어져야 한다고 생각한다. 난외에 인쇄된 주석 ― 아쉽게
> 도 이는 오늘날 그다지 유행하지 않는 듯하다 ― 을 사용한다면 더 바
> 람직하겠다. 마지막으로 우리들은 가능하다면 저자 자신이 작성한 주
> 의 깊은 색인이 딸려 있기를 바란다. 베살리우스는 『파브리카』에서 이
> 모두를 독자에게 제공했다. 그뿐 아니라 그 이후 극소수 의학서의 저
> 자 이외에는 도저히 할 수 없었던 것을 제공하고 있다. 과학적으로 정
> 확할 뿐 아니라 예술적으로도 뛰어난 도판이 바로 그것이다. 애서가들
> 은 『파브리카』를 지금까지 인쇄된 가장 아름다운 서적의 하나로 꼽고
> 있다. 서적 인쇄 기술이 탄생한 지 100년도 되지 않은 시점에서 이처
> 럼 높은 경지에 도달한 것은 놀라운 일이다. 『파브리카』를 위대한 작품
> 으로 완성시킨, 행운이라고도 말할 수 있는 상황의 조합은 두 번 다시
> 나오지 않을지도 모른다. 탁월한 능력을 갖추고 혼신의 노력을 경주한
> 베살리우스, 인쇄 기술의 전문가 그리고 해부도에서 도전의 장場과 영
> 감을 얻은 예술가들. 이 삼자가 연결돼 서로 협력했다는 것 자체가 행
> 운이었다. 이는 베살리우스가 '황금시대'라 부른 일종의 펠리키타스행
> 운의 여신, 로마신화에 나오는 성공과 행운의 여신_역주의 순간이었다.[88]

베살리우스가 일으킨 해부학 개혁에 대해 과학사가 루퍼트 홀Rupert Hall은 아카데미즘 내부의 것, 즉 오로지 대학 내부에서 일어난 개혁이라고 보고 있다.[89] 분명 『파브리카』를 출간하기까지 베살리우스는 기본적으로 대학 내부에 속해 있었다. 그러나 그의 업적이 나온 배경엔 대학 외부에서 생겨난 변화가 있었다. 15세기 중반에 일어난 인쇄술의 발명, 자연주의가 꽃핀 이탈리아와 독일의 르네상스 예술, 외과의의 대두, 이탈리아 예술가들의 해부 연구, 독일에서 탄생한 목판화 예술, 또한 독일에서 일어난 목판화와 인쇄술의 결합, 그리고 1530년대부터 성공을 거둔 식물도감의 등장……. 이 같은 대학 외부의 변화는 대학 내부의 형해화된 스콜라 의학 교육, 나아가 16세기 인문주의 의학의 폐색적 상황을 송두리째 뒤흔들었다. 실제로 『파브리카』는 이를 통해 탄생한 것이었다. 그런 의미에서 홀의 주장은 편협한 관점에 입각해 있다고 할 수밖에 없다.

『파브리카』의 도판에 레오나르도 다 빈치가 얼마나 영향을 미쳤는지에 대해선 여러 의견이 있다. 예컨대 오말리C. D. O'Malley가 쓴 전기에선 그런 영향에 대해 부정적인 해석이 나온다. 하지만 의학사가 카를 주트호프Karl Sudhoff 등은 "베살리우스도 레오나르도 다 빈치의 소묘를 몇 점 봤으며, 이것이 나중에 그림을 그릴 때 그의 상상력에 어떤 작용을 했으리라는 점을 완전히 부정할 수는 없다"고 주장했다. 또 로베르트 헤를링거도 이와 유사하게 몇 가지 측면에서 다 빈치의 영향을 인정하고 있다. 이 점에서는 과학사가 허먼 랜덜J. H. Randall도 같은 견해다.[90] 그러나 도판은 원래 베살리우스 본인이 직접 그린 게 아니다. 베살리우스의 지시에 따라 화공畵工인

그림 3.21 카를로 루이니, 『말의 해부와 질병에 대하여』(1598), 말의 근육도.

화가 — 일설에는 티치아노Tiziano Vecelli의 제자 칼카르의 얀 스테판 Jan Stephan van Calcar — 가 그린 것이다. 앞서 살펴봤듯이 다 빈치의 해부도를 베살리우스는 직접 본 적이 없어도 베살리우스와 함께 일했던 화공이 보고 영향을 받았다고 간주해도 무리는 아닐 것이다. 그런 점에서 시모무라 도라타로의 다음과 같은 지적은 시사하는 바가 크다. "『파브리카』의 해부도는 우수한 무명 소묘가의 힘을 빌려 제작된 것으로 추정된다. 이 해부도는 다 빈치의 것과 매우 흡사해 베살리우스 또는 그의 조력자가 다 빈치의 그림을 보지 않았다고 생각하기는 어렵다."[91] 『파브리카』와 『에피토메』의 출판에서 화가가 한 역할은 매우 컸다. 이 점에 대한 아이빈스의 평가는 나름대로 근거를 갖추고 있다.

『파브리카』나 『에피토메』의 진정한 영웅이라고 봐야 할 사람은 화가다. … 그 화가의 이름이 무엇이었고, 그가 어떤 인물이었는가는 중요치 않다. 정말 중요한 것은 그의 아름다운 그림이 해부학의 과학적 연구 방법에 혁명을 불러일으켰다는 점이다. 지금까지 본 바에 따르면, 『파브리카』를 이 정도까지 중요한 위상으로 올려놓은 것은 텍스트를 쓴 저자가 해낸 새로운 해부학적 발견들이 아니다. 몇몇 내용상의 오류에도 불구하고 화가가 적절한 도상 표현 방법을 제시했다는 점이 『파브리카』의 위상을 높여 준 것이다.[92]

어쨌든 『파브리카』의 수많은 정밀 도판은 해부학에서 인쇄 서적 — 삽화가 딸린 — 의 엄청난 가능성을 보여 주었다. 또 실제로도 커다란 영향을 미쳤다. 인체 해부만이 아니다. 1598년 볼로냐의

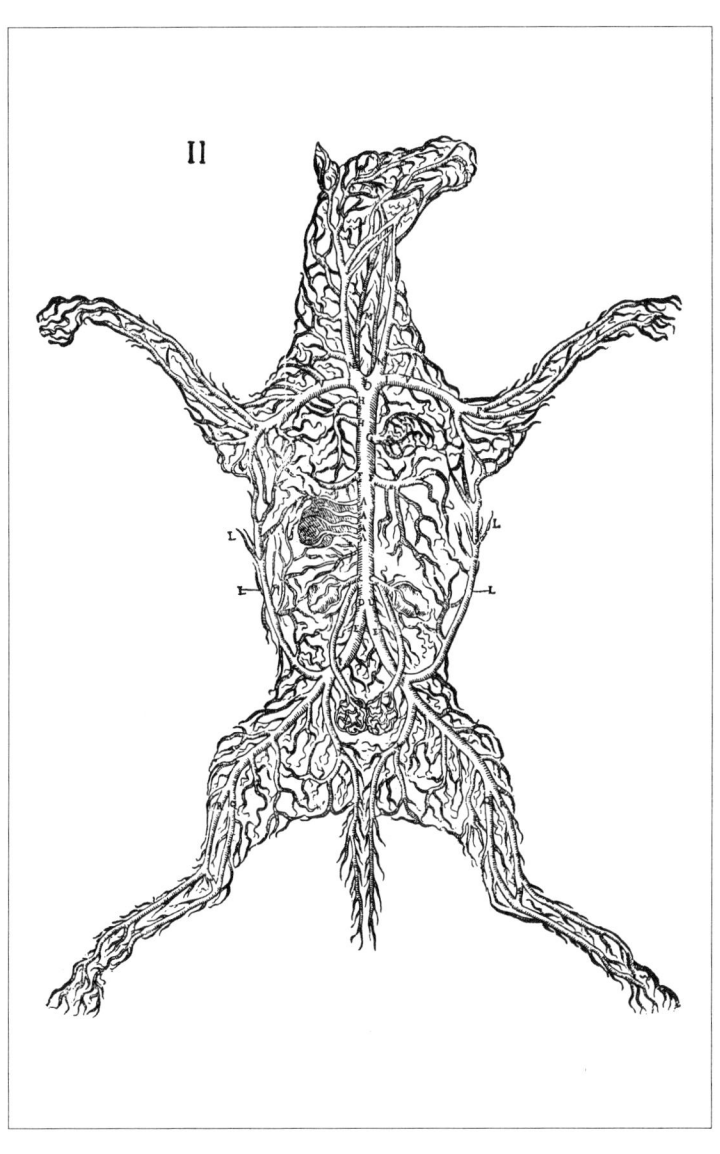

그림 3.22 카를로 루이니, 말의 혈관도.

카를로 루이니Carlo Ruini가 이탈리아어로 쓴 『말의 해부와 질병에 대하여Dell'anatomia et dell'infermità del cavallo』의 도판에선 『파브리카』의 지대하고 직접적인 영향을 읽을 수 있다.[93] 그림 3.21, 3.22 이 책은 동물해부학에서 시대의 한 획을 그었다고 일컬어진다.

✦

나중에 차근차근 살펴보겠지만, 정밀한 도판이 딸린 과학서·기술서는 그 뒤 16세기에 이르러 잇따라 인쇄돼 근대 자연과학서·공학서의 원형을 형성하게 된다. 아그리콜라Georgius Agricola의 광산학, 에르커Lazarus Ercker의 야금술, 라멜리Agostino Ramelli의 기계학, 티코 브라헤Tycho Brahe의 천체관측용 기기, 그리고 오르텔리우스Abraham Ortelius나 메르카토르Gerard Mercator의 지도책 등이 대표적이다. 이는 언어 해석에 일관하던 스콜라학을 초월한 것이었다. 또한 도구를 사용해 자연에 어떤 인위적 영향을 주려는 공학, 그리고 경험과 관찰(실험과 관측)에 의거한 새로운 자연과학으로 향하는 길을 개척한 것이었다. 이들 서적에 첨부된 도판에 대해선 "관찰적이자 기술적인 도해는 서술에 대한 설명이라기보다 바로 서술 그 자체다"는 에르빈 파노프스키의 말이 매우 적절한 표현이다.[94] 이들 도판이 지닌 전달 능력은 텍스트(본문)를 웃돌았다. 또 도판은 책을 구성하는 불가결한 요소였다. 그와 동시에 시각적 전달의 정확성을 높이는 데 공방의 수작업이나 직인들의 작업이 중요하다는 점을 인식하게 만들었다. 그때까지는 어디까지나 언어의 정밀함과 논증의 정확성만을 문제로 삼는 스콜라적 두뇌 노동이 유일하게 중요하다고 인식됐다.

그 출발점은 1542년과 1543년 바젤에서 잇따라 출판된 푹스의 『식물사』와 베살리우스의 『파브리카』다. 브룬슈비히, 푹스, 보크의 식물학 서적에 대해 찰스 싱거Charles Singer의 『생물학의 역사A History of Biology: to about the year 1900』에는 "그들에겐 새로운 생물학적 관념이 거의 결여돼 있기에, 위대한 과학의 진보를 대표한다고 해도 되는지 의심스럽다"고 돼 있다.[95] 분명 그들의 책은 내용상으로는 식물학에 대한 기여가 작을지 모른다. 그들의 책은 식물학이 약학의 일부였던 중세적 전통의 끝자락에 놓였던 것이지, 근대 생물학으로서 식물학을 다룬 서적은 아니었다. 마찬가지로 『파브리카』에 대해서도 그 방대한 텍스트의 많은 부분이 저자의 독창적 견해라기보다 오히려 타인의 연구 성과에 대한 주석에 불과하다고 논하는 사람도 있다.[96] 의학에서 과학혁명의 지표가 되는 것은 혈액순환의 발견이고, 이를 기준으로 근대와 근대 이전으로 시대 구분이 이뤄진다. 그렇다면 갈레노스 생리학에 매몰돼 있던 『파브리카』의 텍스트 또한 그 분수령을 아직 넘진 못했던 것이다.

그러나 식물학과 해부학에선 도상 표현이 앞서 등장했고, 도상이 이론을 선도해 나아갔다. 실제로 푹스와 베살리우스의 책은 식물도감과 해부도의 발전에서 한 시대의 획을 그었다. 무엇보다 그들의 그림은 실존하는 식물과 실제 해부를 관찰해 제작됐다는 점에서 근대 자연과학 서적의 성격을 지닌다. 그뿐 아니라 이 두 책을 통해 식물도와 해부도는 하드웨어 면에서 거의 완성 단계에 이른 목판화 기술과 비슷한 수준에 도달했다.

그와 동시에 이 책들은 자연과학에서 시각 정보의 중요성을 최초로 그리고 결정적으로 짚어낸 저술이었다. 단순한 예로 브룬슈비히나 윌리엄 클로스와 같은 외과의가 자기 책에 게재한 도구류 그림을 보면 된다.그림 2.2, 2.5 단순한 도구류이긴 하지만 실물을 본 적이 없는 독자에게 언어만으로 전달하기는 거의 불가능하다. 하물며 훨씬 복잡한 구조를 지닌 생물이나 그 기관의 경우엔 도판이 지니는 의의는 훨씬 크다. 실제 이번 장에서 봤듯이, 초창기 식물학과 해부학의 경우 용어가 발달하지 못해 언어적 표현은 미숙할 수밖에 없었다. 이처럼 언어에 의한 전달이 거의 절망적이던 시대에 인쇄된 도상은 거의 유일한 전달 수단이었다. 정확한 도판이 목판(나중엔 동판)을 통해 원화와 똑같이 몇 장이나 복제될 수 있게 돼서야 비로소 이들 과학이 가능하게 된 것이다.

과학사가 마리 보어스는 과학의 발전에서 인쇄 서적이 기여한 점을 두 가지로 꼽는다. 하나는 과학을 보다 많은 독자에게 개방했다는 것이다. 다른 하나는 "동일한 도상을 보급할 수 있게 함으로써 생물학의 발전에 특히 많은 영향을 미쳤다는 점"이다. 즉 "해부학, 동물학, 식물학, 자연사 부문에서 15·16세기의 저술들이 미친 영향의 대부분은 (전문 용어의 표준화는 말할 필요도 없이) 동정 작업을 용이하게 만든 도판의 효과에서 먼저 찾을 수 있다. 정확한 도판은 인쇄술을 통해 처음으로 대량 제작할 수 있게 되었지만,[97] 기술이나 공학에서뿐 아니라 생물학과 의학의 발전 과정에서도 직인과 예술가의 역할은 매우 컸다.

제4장

광산업 · 야금술 · 시금법

| 고대·중세의 철 생산

15~16세기 서유럽에서 큰 변혁을 거치며 발전했던 기술로는 항해와 전쟁 그리고 금속 제련, 특히 제철과 관련한 기술들을 들 수 있다. 이 기술들은 지중해 주변에서 맴돌던 유럽인을 지구의 지배자로 등극하도록 만든 물질적 조건이 됐다. 이 장에서는 특히 제철 기술의 변혁과 기타 금속(특히 동과 은) 생산의 비약적 증가에 대해 살펴보자.

땅속에 있는 철, 즉 철광석은 산화철을 가리킨다. 따라서 철의 생산이란 이 산화철을 철로 환원시키는 것을 뜻한다. 다시 말해 잘게 부서진 철광석을 노爐 속에서 목탄과 함께 태워, 목탄이 연소하면서 내는 고온의 일산화탄소를 통해 산화철을 환원시키는 ($Fe_2O_3 + 3CO \rightarrow 2Fe + 3CO_2$) 것이다.

고대에서 중세 전반기에 걸쳐 유럽의 노는 높이 1미터 정도의 통 모양으로 돼 있었고, 연소에 필요한 공기는 자연 통풍이나 기껏해야 간단한 수동 풀무를 사용해 얻고 있었다. 이 정도로는 고온을 제대로 내기가 어려웠다. 이런 조건의 노에서 녹아내린 철은 먼지나 불순물을 포함한 채 절반쯤 용융된 해면 상태의 덩어리가 돼 노 밑에 고인다. 이게 연철鍊鐵(단철鍛鐵이라고도 함)이다. 이것을 꺼내 모루 위에 놓고 두드려 판판하게 늘린 다음, 다시 감아 또 펴 늘리는 과정을 반복한다. 그러면서 내부에 함유된 탄소를 공기 속에서 탄산가스로 변형시켜 제거하고, 기타 불순물을 빼내는 작업을 소위 '단조'라고 한다. 이렇게 해서 성형 가능하고 사용 가능한 철이 만들어진다. 이 같은 제철 방식에는 대량의 목탄이 필요하므로 철을 제작하는 노는 목탄 생산에 적합한 삼림 지대에 들어서게 됐다.

이 제련 기술에 대해 중세에 나온 기록은 거의 남아 있지 않다. 금속 제련의 가장 오래된 — 그리고 중세에 거의 유일하다고 보이는 — 기술 서적은 1200년경 독일 서부 베네딕투스 수도원의 수사 테오필루스Theophilus가 쓴 『여러 가지 기술에 대하여De diversis artibus』 제3권이다. 이 책엔 동을 만드는 노, 귀금속 분리법 등 금속 제련 가공 기술이 기록돼 있다. 그러나 철에 대한 기술은 비교적 짤막하게만 나와 있다. 이 부분의 모두는 루트비히 베크Ludwig Beck의 『철의 역사Die Geschichte des Eisens』에 번역돼 실려 있는데, 담금질이나 땜질 또는 개별 철 제품의 간단한 제작법 설명에 그치고 있다.[1] 아마도 수도원 공방에서 이뤄지던 제철법을 그대로 기술한 듯하다.

그 밖의 중세 문헌으로는 아라비아의 연금술사 게베르Geber, 본명은 자비르 이븐 하이얀Jābir Ibn Ḥayyān, 721경~815경나 철학자이자 의사인 아비세나(980~1037)가 연금술과 관련해 언급한 것을 제외하면, 13세기 도미니쿠스 수도회의 수사 알베르투스 마그누스Albertus Magnus, 1200경~1280가 쓴 『광물론Mineralium』 정도 외에는 이렇다 할 게 없다. 알베르투스에게도 철광석에서 철을 뽑아내 강鋼으로 변환시키는 조작은 연금술의 영역이었다. 『광물론』에는 다음과 같은 대목이 나온다.

> 물질의 변성transmutation이나 어떤 금속을 다른 금속으로 변환시키는 것은 자연학이 아니라 이른바 연금술이라고 하는 기술에 의해 좌우되는 문제다. 마찬가지로 어느 지역, 어느 산에서 금속이 나올지, 또한 〔지하 광맥을 보여 주는〕 어떤 징표가 있는지 알아보는 것도 일부는 자연학에, 일부는 보물 탐지라고 불리는 마술의 영역에 속한다.[2]

실제로 꼭 유럽에 국한된 것은 아니지만 옛날부터 광산업이나 야금술은 연금술이나 마술과 밀접한 관계가 있었다. 유럽에서 대지의 태내에 있는 모든 것은 회임 상태에 있다고 간주됐다. 광석은 어떤 의미에서 태아이며, 지하 광맥은 동식물과는 다른 시간적 스케일과 리듬을 타고 있지만 마치 지중식물처럼 번식하면서 계속 생장한다고 믿었다. 15세기 중반 로마에서 수학한 뒤 스페인 궁정에서 일한 이탈리아 출신의 인문주의자 페드로 마르티르Pedro Martir는 1515년 다음과 같이 단언했다. "금광이 살아 있는 수목이라는 점은 틀림없다. 뿌리가 통하는 길만 있다면 땅속의 틈새나 부드러운 부분을 헤집고 위를 향해 가지를 계속 뻗어내며, 대기로 나올 때까지 결코 생장을 멈추지 않는다."[3] 1563년에는 프랑스의 도예공 베르나르 팔리시Bernard Palissy가 "대지의 태내에서는 광석이 매일같이 커지고 있다"고 기록했다. 1574년 출판된 보헤미아의 시금 기술자 라자루스 에르커Lazarus Ercker의 시금술 책에도 "전지전능한 창조주이신 하느님은 세상을 처음 창조하셨을 때 광물을 그 파편과 함께 바위 속에 묻으시고 다른 피조물과 마찬가지로 생장하도록 하셨다"고 돼 있다.[4] 따라서 광산은 한동안 채광하지 않은 채 내버려 두면 광석이 재생돼 생산성이 높아진다고 전해져 내려왔다. 이에 대해선 17세기 잉글랜드의 로버트 보일Robert Boyle도 기록을 남기고 있다.[5] 살아 있는 광맥이라는 관념은 유럽에서 과학혁명 시대까지 일반화돼 있었다.

종교학자 미르치아 엘리아데Mircea Eliade는 그 같은 사고방식을 다음과 같이 정리했다. "인간은 자연에 협동할 수 있으며 대지의 태내에서 일어나는 생장 과정을 도울 수 있다"는 인식을 바탕으로 그 과정에 개입하는 것이 바로 야금술이다. 즉 "금속의 생장 과정을 가속시킴으로써 야금 기술자는 시간의 리듬을 촉진시킬 수 있다"는 것이다. 또 금속의 생장 과정은 저급한 것에서 보다 고귀한 것으로 성숙해 가는 과정으로 간주됐다. "연금술사는 그 과정과 동일한 정신적 범주에 속한다"는 말도 그래서 나왔다고 한다. 그 연장선에서 "회임 과정을 방해하는 게 아무것도 없다면 모든 광석은 시간이 흘러 결국엔 금이 된다"고 여겨졌다. 그런 의미에서 모든 금속은 잠재적인 금이지만, 자연이 어떤 저항이나 장해에 부닥치면 유산이나 기형이 생겨나 하급의 금속이 만들어진다. 이에 따라 연금술사의 일은 그런 장해 요인을 배제하고 적합한 환경을 조성해 줌으로써 인위적으로 '금속의 생장을 촉진시키는 것'이었다.[6] 다시 말해 연금술이란 '광물을 성숙시켜 금속을 순화하는 기술'이었다.[7]

엘리아데가 말한 야금술과 연금술에 공통적으로 나오는 금속 변성 이론은 중세에도 기본적으론 다르지 않았다. 8세기 게베르의

『비술의 탐구』에는 "이 과학(연금술)은 불완전한 광물체를 다뤄 완전하게 만드는 방법을 가르쳐 준다"고 돼 있다. 14세기의 페트루스 보누스Petrus Bonus의 책에도 비금속卑金屬은 지금 병을 앓고 있는 존재이지만 언젠가 자연의 힘에 의해 금으로 변하게 돼 있으며, 연금술사가 해야 할 일은 그처럼 병을 앓고 있는 금속에 과다 함유된 유황을 제거해 치료하는 것이라고 돼 있다.[8] 마찬가지로 13세기 로저 베이컨Roger Bacon은 연금술을 "비금속非金屬에서 모든 불순물과 부패물을 제거함으로써 은이나 순수한 금을 만들어내는 기술"로 규정했다.[9] 베이컨과 같은 시대의 알베르투스 마그누스에 따르면, 금속의 변성은 자연의 작용이나 또는 인위적 기술에 의해서도 일어난다. 또 "(이에 대해) 직인이 경험을 통해 배운 기술은 어떤 금속의 고유한 형상을 다른 금속의 성질로 변환시키는 연금술사의 조작과 같은 것"이었다.[10]

바로 이 점이 중세 때 왜 야금술 문헌이 많이 나오지 못했는지를 설명해 준다. 즉, 비전秘傳으로서 연금술은 일상적 용어로는 표현되지 않았기 때문이다. 이미 16세기의 인문주의자 아그리콜라Agricola가 연금술사는 "사물을 가리키는 데 있어서 본래의 호칭을 쓰지 않는다"고 지적했고, 기술자 비링구초Vannoccio Biringuccio는 "그들은 비유와 베일에 싸인 표현을 써서 말한다"고 기록하고 있다.[11] 이처럼 연금술은 의도적으로 애매하고 비유적인 표현이나 다의적 상징을 통해 전승되었다. 이 또한 선택된 소수의 사람 외에는 이해할 수 없도록 하기 위해서였다. 엘리아데는 이렇게 말했다. "여기(연금술 문헌)에서 다루는 것은 샤머니즘이나 비밀결사 또는 전통적 종교의 비전 속에서나 접할 듯한 '비밀의 언어'다. 이 '비밀의 언어'는 일상적 언어로는 전달 불가능한 체험을 표현하는 동시에 상징 속에 감춰진 의미를 비밀리에 전달하는 것이다."[12] 그리고 연금술의 이 같은 은닉 체질은 비슷한 분야인 야금술에 그대로 옮겨졌다.

원래 야금술 자체엔 신비스럽고 마술적인 성격이 있었다. 고대 그리스의 디오도로스 시켈로스Diodoros Sikelos의 『세계사Bibliotheca historica』에는 철과 야금술을 발견했다는 산의 정령인 다크틸로스daktylos에 대해 "그들은 마술사였으며 주술이나 비전, 밀의를 행했다"고 나온다.[13] 이런 시각은 중세에도 변함이 없다. 칼을 제작하는 대장장이는 직인이라기보다 마술사로 통했다.[14] 이와 관련해 엘리아데는 다음과 같이 설명했다. "[채광과 야금 작업에서] 직인이 할 일은 어머니인 대지를 대신해 광석의 생장을 가속시켜 완성시키는 것이다. 노는 이른바 새로운 자궁, 광물석이 그 출생을 성취하는 인공의 자궁이다. 그렇기 때문에 용해에는 무수한 규율과 금기, 예절이 따른다. 직인들은 광산 부근에 오막살이를 짓고 모든 면에서 청정 상태를 유지한 채, 작업 기간 중 처음부터 끝까지 그곳에서 생활한다." 어디에서나 "대장장이는 하느님의 조수"이며, 그 기술을 아무 이유 없이 외부에 공개하면 안 되는 것으로 여겨졌다.[15]

비밀을 엄격히 지키려는 이 같은 자세는 중세에는 직인 조합(춘프트Zunft, 수공업자들의 동업조합 또는 길드)의 규율에 의해 한층 강화됐다. 원래 중세의 직인들은 문자 문화에서 소외당하고 있었으므로 그들에겐 지식을 문서화하는 습관이 없었다. 일반적으로 길드나 춘프트의 교육 시스템은 장인이 제자를 직접 가르치는 도제 제도였다. 내부에서 연마된 기술이나 노하우는 밖으로 유출시켜서는 안 되는 것이었으며, 보통 구전과 현장 훈련으로 전수되고 있었다. 특히 대장장이들의 직인 춘프트는 기술 관리에 엄격했다.

이런 까닭에 도검류 대장장이, 담금질 직인, 금속 연마사의 기술은 사회적으로 높은 평가를 받으면서, 다른 한편으로 일종의 경외감을 안겨 주기도 했다. 중세에는 대장장이가 검에 마법을 불어넣을 수 있다고 여겨졌다. 그래서 '도검류 대장장이는 악마의 힘을 빌려 어떠한 무기도 무찌를 수 있는 검을 만들 수 있다'고 믿는 사람이 많았다. 마찬가지로 편자를 만드는 대장장이도 철 속에 마법의 주문을 불어넣을 수 있다고 사람들은 믿었다.[16] 그런 까닭에 "장인이 되려는 대장장이는 마법을 부리지 않겠다고 서약해야" 했으며, 다른 한편으로 그런 기술은 수제자 한 명에게만 물려주는 비법으로서 엄격히 관리되었다. 이 때문에 "동업자 조합의 비법을 지키기 위해서 대장장이, 담금질 직인, 연마사 조합원은 다른 지방으로 이주하지 않는다는 서약도 해야 했다". 그뿐 아니라 자기 아들이 가업을 이어받지 못할 경우 가장 가까운 친척 이외에는 그 기술을 가르쳐 줘서는 안 된다는 규율에 묶여 있었다.[17]

한편 일반적으로 대장장이라고 불리는 직업 가운데도, 도검·식칼·낫·호미를 만드는 대장장이가 각각 따로 있었다. 또 담금질과 연마, 마무리 작업을 담당하는 기술자도 세분화돼 있었다. 중세 후기 독일에선 대장장이에만 45개의 전문 직종이 존재하고 있었다. 그리고 이 분야의 한 연구서에 따르면, "편자 기술자는 식칼 대장장이의 관할을 침해할 수 없고, 황동 기술자는 주석 직인의 영역을 침해할 수 없었다".[18] 이처럼 안으로만 꼭꼭 숨으려는 금속 가공업의 폐쇄성은 관련 기술의 비밀을 극히 한정된 집단 내부에 밀봉시키는 결과를 낳았다.

| 제철 기법의 근대화

이런 상황이 크게 변한 것은 16세기에 이르러서다. 이 시대가 되자 광산업·야금술에 관한 기술 문서가 속어로 된 것을 포함해 여러 종류 나오기 시작한다. 물론 이는 15세기 중반에 발명된 인쇄술에 힘입은 바 크다. 이와 함께 금속 제련 기술과 형태가 큰 변화를 보이고 생산 규모도 급속히 확대됐다. 또 관련 산업에서 일하는 인구가 증가해 직인 조합의 통제가 느슨해지게 됐다.

제철 기술의 변화는 수력을 이용하는 데서 비롯했다. 12세기 수차가 광석을 부수는 쇄광碎鑛에 이용되면서 노爐의 입지는 점점 하천 근처로 옮겨 갔다. 결정적 변화는 노 자체의 대형화와 함께 풀무도 대형화하면서 수차를 사용해 움직이게 됐다는 점이다. 이는 14세기의 일이라고 여겨진다.[19] 이 같은 변화를 통해 노 내부의 온도는 종전에 비해 훨씬 높아졌다. 그 결과 노 밑바닥엔 해면 상태의 철괴뿐 아니라 완전히 녹아 액상화한 쇳물이 고이게 됐다. 철은 고온에서 환원되면 일산화탄소 중의 탄소와 반응한다. 이때 철이 탄소를 빼앗아 자신의 탄소 함유량을 늘리면 철의 융점이 낮아진다. 여기에 고온이 가해져 환원된 철이 액체 상태가 되는 것이다. 물론 당시엔 이런 이론이 알려지지 않았으며, 애초에 이런 현상을 예상하지도 못했다. 그래서 처음엔 직인들도 철의 용융을 별로 반기지 않았다. 용융된 선철銑鐵(또는 용선溶銑)은 탄소를 많이 함유하고 있어 깨지기 쉬운 데다, 그대로는 단련이 불가능해 쓸모 없다고 생각했기 때문이다. 그러나 결국 용선에서 균질한 철을 만들 수 있다는 사실이 밝혀졌다. 더구나 주철의 수요가 커지자 이에 맞춰 생산을 늘려야 했다. 여기에서 이른바 고로高爐의 건설이 시작됐다.[20]

이탈리아의 필라레테가 1464년에 저술한 『건축론』에는 고로를 보고 온 소감도 기록돼 있다. 지금까지 알려진 바로는 이것이 고로에 대한 최초의 기록이다. 여기엔 꼭대기가 건물 2층에 닿을 정도인 8브라키아(약 4미터 남짓) 높이의 노에 대한 설명이 나온다. 수력으로 움직이는 대형 풀무가 불이 꺼지지 않게 계속 공기를 불어넣고, 노 위에선 일꾼들이 연신 목탄과 광석을 투입한다. 그러면 액체 상태의 선철이 노 바닥의 요철 부위로 흘러나온다고 돼 있다. 이 용선을 직접 주형에 부어 넣으면 철의 대량 주조가 가능했다. 나아가 "그들(용선을 노에서 꺼내 다루는 직인)은 그 철을 좀 더 작은 노에 넣어 다시 녹인 뒤 적당하다고 생각될 때까지 망치로 두들긴다"고도 나온다.[21] 탄소를 많이 함유한 선철은 딱딱하고 깨지기 쉽지만, 이를 다시 '정련로'에서 태워 불순물을 제거해 탄소 함유량을 줄이면 연철을 얻게 된다는 것이다. '정련'이란 적당한 풍압으로 목탄을 충분히 가열하면서 그 속에서 녹은 선철을 흘려내려 과잉 상태의 탄소와 불순물(규소·망간·인·유황 등)을 연소시켜 제거하는 과정을 말한다. 그런 의미에서 고로에서의 선철 제조와 정련로에서의 정련이라는 두 단계의 제철 방법은 '간접법'이라고 불린다. 간접제철법은 고로가 가져온 근본적인 혁신이었다. 이런 식으로 근대 제철법의 기본적 방법이 확립됐다. 그 뒤 동력에 필요한 물을 끌어 쓸 수 있는 하천 지역이 제철소의 절호의 입지로 떠오르게 되었다.

1517년에는 이 간접제철법의 공정을 정확히 기록한 라틴어 시가 파리에서 출판됐다. 저자는 니콜라스 부르봉Nicholas Bourbon이라는 인물이다. 그 전문을 산문체로 번역한 것이 루트비히 베크의 『철의 역사』에 나와 있는데, 그 가운데 제철 공정 부분을 발췌해 인용해 보자.

바세 강 연변에 고로가 있다. 모두들 고로라고 부른다. 정사각형으로, 흔히 볼 수 있는 돌로 쌓아 올려져 있다. 내부는 불길과 고열에도 무너지지 않도록 무척 강하고 튼튼한 사암으로 만들어졌다. 쇠가죽으로 만든 두 개의 큰 풀무가 노 안으로 바람을 불어넣는다. 이 풀무는 쉬지 않고 돌아가는 수차가 작동시킨다. 풀무는 한쪽이 부풀어 오르면 다른 한쪽이 납작하게 되면서, 계속 바람을 불어넣는다. 이게 끊임없이 반복된다. 노의 앞에는 용해 직인으로 불리는 노동자가 서 있다. 그는 선철이라고 하는 철을 노에서 능숙하게 흘려내리고, 풀무를 빨리 움직였다 천천히 움직였다 하며 쇠막대기로 광재鑛滓를 걷어내며 불의 강도를 조절한다. … 밤낮으로 계속 일하는 통에 잠자는 시간은 하루 1시간 정도도 안 된다. 이렇게 노에서 철이 만들어지는 두 달 동안 그처럼 힘든 일은 쉼 없이 되풀이된다. … 녹아내린 철물이 노에서 흘러나온다. … 이 작업을 하는 동안 다른 일꾼 한 명이 용해 직인을 보조해 노 꼭대기에서 끊임없이 광석과 목탄을 들어붓는다. …

그 외에 롬(loam, 모래를 함유한 점토)으로 가운데가 빈 둥그런 모습의 주형을 제작하는 일꾼이 있다. 그는 흘러나온 철물을 이 주형에 들어붓는다. 이렇게 포탄(이 지옥의 도구, 마력을 지닌 발명품, 신들의 분노를 보여 주는 증거)을 주조해 성벽을 깨부수고, 도시나 요새의 토대까지 파괴하는 대포를 주조한다. …

노에서 나온 철은 아직 순수한 철은 아니다. 즉시 다른 노동자들이 한 번 더 작업을 한다. 다른 노에서 또다시 정화시키는 것이다. 이를 통해 철은 아주 부드러워지고, 둥그런 모습이 된다. 이를 길게 늘이는 건 다른 숙련된 노동자들의 일이다. 그들은 수력으로 움직이는 커다란 철제 해머를 조작한다. 그들은 길게 늘인 철을 불집게로 집어 들어 불구덩이 속에 처넣곤 한 번 더 가열한다. 잘 달궈지면 물통 속에 푹 집어넣는다. … 그들은 이를 단단한 해머로 두드려 가공한다.²²

이런 기술혁신의 배경에는 화약의 발명에 따른 군비와 전술상의 변화가 있었다. 나중(제6장)에 자세히 다루겠지만, 화포의 경우 단철鍛鐵_불려서 가공한 쇠_역주 대포에서 시작해 나중에 주조鑄造 청동포를 거쳐 16세기에는 주철 대포가 널리 보급된다. 포탄도 15세기 후반에는 돌을 대신해 주철로 만든 것이 급속히 보급돼 갔다. 화기와 대포를 주력 병기로 삼는 전쟁 형태의 변화가 성벽과 기사에 의존하던 봉건 영주의 군사력을 무력화시켰다. 이는 중세를 붕괴시킨 원인遠因이 됐다. 그리고 16세기 왕권이 조직한 상비군은 칼과 창을 대신해 대량의 철제 대포와 포탄을 필요로 하게 됐다. 이것이 청동과 함께 주철에 대한 대량 수요를 불러일으켰다. '고로 방식'의 도입을 촉발시킨 것은 단적으로 말해 '주철 대포의 수요 증가'였다.²³

이렇게 고로에 의한 철의 대량 생산 시대가 시작됐다. 수력 사용이 가능한 곳에 건설된 노는 보다 대형화하고, 제철소의 경영 규모도 확대돼 갔다. 제철소의 경영 형태에도 변화가 나타났다. 앞서 언급한 시의 저자 니콜라스 부르봉은 샹파뉴 지방의 제철 공장주의 아들이었다. 그의 시에는 1500년부터 1510년 사이에 제철소의 모습, 목탄의 제법, 광부들이 하는 일의 내용 그리고 철공소 노동자의 생활상도 기록돼 있다. 부르봉은 공장주를 "평화롭게 제철 노동자를 지도하고 이해심 많게도 그들이 근면하게 일하도록 함으로써 실적에 따라 급료를 지불하는 부친"이라고 기록했다. 또 공장주의 일을 이렇게 묘사했다. "철이 단조되고 연마될 때 그 양을 주말에도 주의 깊게 살펴보는 게 아버지의 의무다. 주말이 되면 목탄 인부, 광부, 용해 기술자, 대장장이, 단조 직인들이 부산스럽게 아버지 옆에 모여들어 임금을 받아 들곤 기뻐하며 귀가했다." 각각의 직인이 자영업자로서 저마다 공정을 청부 받아 일하는 게 아니라 자본가가 임금노동자인 직인들에게 각각의 공정을 할당해 주는 구조였다. 이처럼 제철 공정뿐 아니라 노동 형태도 변화하고 있었다. 제철 사업이 자본주의 체제로 이행한 것은 고로의 발명과 밀접한 관련이 있었던 것이다.[24]

이쯤 되면 중세의 조합 제도는 오히려 질곡이 돼 버린다. 실제로 조합 제도는 처음엔 수공업을 촉진시키고 기술 수준을 유지하며 기술 지식을 전승하는 데 크게 공헌했다. 하지만 기술혁신의 시대로 접어들면서 '숙련된 장인의 자부심'은 '지나친 오만'으로 변질돼 오히려 기술적·경제적 진보를 가로막았다.[25] 그 변화를 단적으로 보여 주면서, 동시에 그 변화를 가속시킨 것이 16세기에 일제히 등장한 제철과 야금 관련 기술 문서들이다. 부르봉의 시에서는 나아가 "이 제철소를 시로 노래해 철의 제조 기술을 모르는 사람들에게 알려 주자"는 대목도 나온다. 기술이 길드나 춘프트의 비전秘傳이었던 시대는 점점 역사의 뒤안길로 사라지고 있었다.

| 시금과 야금의 기술이 공개되다

변화는 시금이나 야금 기술에서도 볼 수 있다. 이 변화는 특히 중부 유럽 — 티롤, 작센, 보헤미아 — 에서 광산업의 발전, 그중에서도 은과 동의 생산량 증가에 힘입어 일어났다.

유럽의 광산업은 12세기부터 성장을 계속해 14세기 중반 한 차례 절정을 맞이한다. 그러나 1348년부터 1351년에 걸쳐 흑사병의 대유행으로 유럽 인구가 격감하면서 많은 광산이 방치되고 말았다. 그 뒤 1419년부터 1436년까지 후스전쟁_보헤미아 종교개혁가 얀 후스가 콘스탄츠 공의회에서 단죄 받아 화형당하자, 그의 추종자들이 종교상의 주장을 내걸고 독일황제 겸 보헤미아 왕의 군대와 싸운 전쟁_역주이 이어졌다. 여기에 배수와 양광揚鑛, 채굴한 광물을 지면 또는 수면 위로 끌어올리는 일_역주과 관련한 기술적 문제가 15세기 초까지 해결되지 못했다는 점도 겹쳐 유럽에서 가장 매장량이 풍부한 보헤미아와 작센의 광산 지대는 침체기를 겪을 수밖에 없었다. 하지만 15세기 전반 인구가 점차 회복됨에 따라 화폐와 대포 제작을 위한 금속 수요가 공급을 웃돌게 됐다. 이에 따라 15세기 중반 이후에는 광산업이 유망한 비즈니스가 됐다. 특히 1453년까지 계속된 백년전쟁을 프랑스의 청동포가 종결시킨 것을 계기로 "대포의 수요는 장기간에 걸쳐 급성장 단계에 접어들었다."[26] 뿐만 아니라 "동과 은은 당시 서아프리카와 아시아와의 교역품이자 또한 화폐 주조나 무기 제조의 소재로서 중요성을 더해 가고 있던 이른바 국제적 상품이었다."[27] 이처럼 1450년부터 1530년까지 유럽에서 금속 광석의 생산은 계속 확대됐는데, 이는 경화 주조와 군사

목적에서 나오는 왕성한 수요를 바탕으로 한 것이었다.[28] 이렇게 청동의 주요한 원재료인 동의 생산지이자, 유럽의 통화로 사용되던 은의 대부분을 공급했던 중부 유럽에는 유례없는 광산 붐이 찾아왔다. 1450년부터 1530년 사이에 중부 유럽에서 은과 동, 기타 금속의 생산량은 실로 몇 배로 증가했다. 신성로마제국의 카를 5세는 1525년의 칙서에서 제국 영내에서 채광과 제련에 종사하는 사람을 10만 명으로 평가하기도 했다.[29]

기술면에서 본다면, 납을 써서 동광에 함유된 은을 추출하는 방법이 1451년 요하네스 푼켄Johannes Funcken에 의해 개발됐다. 이는 중부 유럽의 채광업과 야금업의 발달에 커다란 자극을 주었다. 이 기술은 은과 동의 생산을 동시에 증대시키는 결과를 낳았다. 일설에는 "르네상스 공업의 발전에서 이 발명은 수년 전 인쇄술의 발명보다 중요하다고도 말할 수 있다"고까지 한다.[30] 그런데 보헤미아의 시금 기술자 라자루스 에르커는 1574년 다음과 같이 기록했다. "동광에 함유된 은을 〔액화 상태의 납 속에서〕 추출하는 방법은 특수하고 정교한 기술이다. 공장주는 여기에 쓰이는 첨가물의 올바른 배합 비율을 비밀로 해 왔다. 그러나 그 조작이 대규모인 데다 공정도 길어 비밀의 유출을 막을 수 없었다. 오늘날에는 이 기술을 알고 있고 실제 경험을 쌓은 사람이 적지 않다."[31] 생산 규모가 확대되고 종사하는 직인 수가 증가함에 따라 16세기에 들어서는 엄격한 비밀 유지가 불가능해진 것이다.

16세기가 돼 『시금의 길잡이』와 『강과 철에 대하여』라는 책자가 출현했다는 사실은 이 같은 변화를 상징적으로 보여 준다. 둘 다 독일어로 쓰였으며 중판을 거듭하며 출판됐다. 저자는 불명이지만 두 책 모두 기술자나 직인들이 현장에서 사용하던 기술을 수록했다. 따라서 그 방면에서 경험을 쌓은 직인이 쓴 게 아닌가 짐작된다. 1524년 마크데부르크에서 인쇄된 시금법 안내서인 『시금의 길잡이』엔 다음과 같은 부제가 달려 있다. '금·은·동·납의 시금에 대한 졸저 — 모든 종류의 금속의 시금과 효과적인 처리 방법에 대하여. 화폐 주조업자, 시금 직인, 금세공사, 광산 기술자, 채광 기사, 금속 가공업자들을 위해 세심하게 편찬된 책.'

철과 강의 야금 기술을 다룬 『강과 철에 대하여』는 11개 항목의 소책자로 처음엔 1532년 뉘른베르크에서 출간된 뒤 나중에 에르푸르트와 마인츠에서 인쇄됐다. 이 책의 부제는 다음과 같다.

> 모든 무기 제조공, 금세공사, 은세공사, 인장과 금형 조각사 그리고 철과 강을 재료로 작업하는 모든 직인들이 각각의 필요에 따라 도움을 받을 것이다. 강과 철을 인공적으로 부드럽게 또는 딱딱하게 만드는 기술, 다양한 금속에 금색이나 은색을 서로 다른 방법으로 내게 하는 기술, 철과 강이나 무구에 에칭을 넣는 방법, 철이나 황동 등을 열 가공 또는 냉각 가공으로 땜질해 붙이는 기술 등에 대한 수많은 처방을 담고 있다.

이처럼 다양한 주제는 이전에는 엄격히 비밀에 부쳐졌던 대장 직인의 기술들이다. 처음으로 문자화된 철의 경화법(담금질)은 다음과 같이 특이한 방법이었다.

잎을 뜯어낸 댕댕이덩굴 줄기를 으깨 즙을 짜 병에 담아 둔다. 철을 담금질하려 할 때는 같은 분량의 사람 오줌을 받은 뒤 여기에 풍뎅이 애벌레를 으깬 즙을 조금 섞는다. (달궈진) 철이 너무 뜨겁지 않게 적당한 온도가 되면 굳을 때까지 소변 혼합액에 담가 둔다. 철에서 금색 반점이 나타날 때까지 놔둔 다음, 먼저 만들어 둔 액체에 집어넣어 완전히 식힌다. 만일 푸른색이 심하게 난다면 아직 너무 무르다는 뜻이다.[32]

그 밖에도 유사한 처방이 몇 가지 기록돼 있다. 여기에 나와 있는 처방은 수세대에 걸쳐 직인들이 시행착오를 통해 고안해낸 기술들일 것이다. 도구에 따라 사용되는 냉각액의 제조법이 조금씩 다르다는 점이 흥미롭다. 예컨대 줄칼에는 아마씨 기름 또는 수산양의 피를 사용하고, 칼에는 서양 무와 서양 고추냉이에다 지렁이와 풍뎅이 애벌레와 수산양의 피를 섞어 만든 액을 쓴다. 또 송곳을 만들 때는 오줌과 풍뎅이 애벌레와 칡의 혼합액을 사용한다는 식이다. 13세기 알베르투스 마그누스의 『광물론』에도 담금질 과정에서 냉각수를 쓴다고 나와 있다.[33] 따라서 이런 기술들이 외부에 전혀 알려지지 않았던 것은 아닌 듯하다. 그렇다 하더라도 "담금질에 사용되는 액체의 종류에 의해 강의 단단함이 달라진다는 사고방식이 오랫동안 지배적"이었으며, 어느 기술자나 "강을 특별히 단단하게 만들어 주는 액체의 제조법을 비밀에 부치고 있었다".[34] 실제 1540년 이탈리아에서 출판된 비링구초의 책에도 이런 기술들이 '비전'이었다고 기록돼 있다.[35]

또한 이 소책자에는 강에 대한 에칭(식각) 기법이 나오는데, 이것은 당시엔 상당히 최신식 기술이었다.[36] 비전으로 취급되던 종래의 기술부터 최신 기업 비밀에 이르기까지 당당히 문서화해 인쇄물로 공개했던 것이다. 물론 이 소책자가 비밀을 모두 폭로한 것은 아니었던 듯하다. 그러나 길드나 춘프트 내부에서만 전해진 내용을 ― 예를 들어 그 일부라고 해도 ― 직인이 속어로 문장화하고, 이를 인쇄 서적으로 공표했다는 것은 역시 커다란 변화라고 하지 않을 수 없다.

그렇다 해도 애벌레나 지렁이 등을 사용한 기묘한 제조법들은 마술이나 연금술을 연상시킨다. 하지만 소책자의 서두에는 다음과 같이 명기돼 있다.

이 인쇄물은 연금술사를 위해 쓰인 게 아니다. 연금술사가 하는 것은 별개의 기술이다. [이 책에 쓰인] 한 단계 아래 등급의 기술은 원래는 연금술에서 비롯된 것이긴 하지만 실제 연금술의 기술에 비하면 훨씬 초보적인 어린애 장난에 불과하다. 그런 까닭에 내가 믿을 만한 사람들에게서 이 처방을 전해 받았을 때, 이것을 나만의 것으로 하지 말고, … 이것과 관련돼 있고 앞으로 여기에서 이익을 얻을 사람들이 배울 수 있도록 하자는 게 내 바람이다.[37]

이 대목에서 야금 기술이 연금술의 신비성을 한 단계 상위의 것으로 인정하면서도 동시에 연금술의 전통에서 벗어나려 했다는 것을 읽을 수 있다. 실제 앞서 살펴본 냉각액 제조법은 일견 연금술의 냄새를 풍기는 듯하지만, 사용된 표현은 평이하고 구체적이다. 그런 점에서 애매하고 상징적인 연금술 용어와는 분명히 차이가 있다. 한 해 앞서 프랑크푸르트에서 인쇄된 독일어 책자인 『연금술의 적정한 사용』도 마찬가지다. 이 책자도 '솜씨 있는 직인'을 위해 쓰인 것인데, 비금속卑金屬을 금으로 바꾸는 방법과 철학자들의 돌 제조법뿐 아니라 연금술이 개발했던 테크닉의 실용적 사용법이 기록돼 있다.[38] 그 속에서는 중세 연금술의 비유적 표현이나 의미 불명의 상징을 찾아볼 수가 없다. 이런 책들은 연금술과 엇비슷한 기술이라 하더라도 감추려 하지 않고, 오히려 적극적으로 널리 공개했다. 이를 통해 많은 사람들의 경험의 축적과 공유화를 추구한 것이다. 바로 여기에 근대를 지향하는 의식이 명확히 드러나 있다. 이는 기술과 기술자가 근대 과학 형성에 참여하게 된 커다란 계기가 됐다. 이것이야말로 16세기 문화혁명의 상징이라고 할 수 있다.

| 비링구초에 대하여

그 뒤 등장한 것이 베네치아에서 이탈리아어(토스카나어)로 출판된 『델라 피로테크니아De la pirotechnia』(이하 『피로테크니아』)다. 초판이 출판된 게 1540년인데, 그 뒤 1550년, 1558년, 1559년, 1678년에 중판이 나왔다. 프랑스어 번역판도 1556년, 1572년, 1627년에 각각 나왔다. 적어도 한 세기 반 동안 당대의 기술서로 계속 사용됐던 것이다.[39]

저자인 반노초 비링구초Vannoccio Biringuccio, 1480~1539경는 1480년 시에나의 건축가 집안에서 태어났다. 화포와 화약 제조에 종사했으며, 특히 대포의 주조와 천공穿孔에 깊은 조예를 지닌 군사기술자로 통했다. 시에나에서는 이전에도 타콜라Taccola나 프란체스코 디 조르조Francesco di Giorgio 같은 군사공학에 해박한 기술자들이 많이 배출됐다. 강력한 이웃 도시인 피렌체가 압박을 가하고 용병대의 약탈이 끊임없이 일어나 이 지역에서 군사기술에 대한 관심이 높아진 것인지도 모른다. 비링구초는 시에나의 유력 귀족인 페트루치Petrucci 가문의 비호를 받으며 젊은 시절 이탈리아와 독일을 여행하면서 광산업과 야금업 현장을 둘러봤다. 귀국 후에는 철광산과 제철소에서 일하다 1513년 시에나의 병기 제조창에 취직했다. 1515년 시에나에 대중 봉기가 일어났을 때는 후원자인 귀족과 함께 시에나에서 추방당하기도 했다. 1523년 시에나로 되돌아오긴 했지만, 1526년 또다시 대중 봉기가 일어나자 재차 쫓겨나 1529년까지 독일에서 체류했다. 1529년에는 피렌체 공화국을 위해 거대한 컬버린culverin, 15~17세기 유럽에서 사용되던 가늘고 긴 포신의 대포. 수레바퀴가 달려 있어 이동과 조준이 편리했다_역주 대포를 주조해 주었다. 그 뒤 1530년 추방령이 풀려 시에나로 돌아와 이듬해부터 화기의 주조와 요새 건설에 종사했다. 1536년에는 교황 파울루스 3세가 로마에 일자리를 마련해 줘 1538년 교황청 주조소의 책임자로 임명됐다. 그의 유일한 저서『피로테크니아』는 1540년 출판됐는데, 그가 사망한 것은 이 책이 출판되기 조금 전이었던 것으로 전해진다. 그가 어떤 교육을 받았는지는 불분명하지만, 그의 경력으로 미뤄 대학 교육과 인연이 없었다는 점은 확실하다. 저서도 속어로 썼고, 그 내용에서도 스콜라학의 영향을 전혀 찾아볼 수가 없다. 정치적으로는 후원자인 귀족과 운명을 함께했지만 그는 타고난 기술자였다. 서간체로 쓰인『피로테크니아』는 그가 인생을 걸고 습득한 기술 지식의 집대성이었다.

이탈리아어로 'pirotechnia'는 요즘 말로 하면 '폭죽 기술'을 뜻하는데, 넓게는 불을 사용하는 기술 전체를 의미한다. 실제 『피로테크니아』는 20세기 들어 이를 영어로 번역한 스탠리 스미스 Stanley Smith가 역자 서문에서 말한 대로 '야금술의 전 분야를 섭렵한 최초의 인쇄 서적'이다.p. x 그 내용은 다음과 같이 구성돼 있다.

제1권 : 각종 금속과 그 광석의 소재지
제2권 : 야금속(수은·유황·암모니아·비소·기타)에 대한 설명
제3권 : 금속 광석의 시금과 제련의 일차 처리
제4권 : 금과 은의 분리 및 금의 정제
제5권 : 여러 종류의 금속의 합금
제6권 : 주조 기술
제7권 : 금속의 용해법
제8권 : 소품의 주조 기법
제9권 : 불을 사용한 상세한 작업 방법
제10권 : 화약의 제조와 조작

원제와 직접 관련이 있는 제9권과 제10권을 제외하면 금속의 제련과 가공 전반에 대해 당시에 쓰인, 가장 상세하고 참신한 기술서다. 제3권의 제3장에는 고로의 입지와 구조에 대한 구체적 기술이 나오는데, 풀무의 동력원으로서 수력이 강조돼 있다. 제6권의 모두에서는 "이렇게 힘을 들여 만들었으면서도 주조 기술에 대해 다루지 않는다면 내 작업은 속 빈 강정에 불과할 것이다"며 대포와 종의 주조에 대해 상세히 기술하고 있다.p. 213 제6권 제3장에선 대포의 크기와 종류가 나오는데, "이에 대해 기록하거나 논한 사람은

그림 4.1 비링구초, 『피로테크니아』(1540), 철사 제조법. 그네에 올라탄 직인이 수차의 크랭크를 회전시켜 철사를 제조하고 있다.

지금까지 아무도 없다"고 했다.p. 222 제7권에서는 철 포탄의 주조에 대해 설명하면서 같은 권의 제7장에서 수력 풀무의 작동 메커니즘을 여러 장의 도판을 사용해 묘사하고 있다. 여기에서 그는 직접 하나의 수차로 4개의 풀무를 구동시키는 구조를 고안했다고 밝혔다. 제7장에서는 활자 주조 기술에 대해서도 언급하고, 제8장에서는 수력을 사용한 철사 제조법을 설명하고 있다.그림 4.1

이 책의 첫 번째 특징은 새로운 산업 사회의 경영자적 시점에서 쓰였다는 점이다. 비링구초는 철 대장장이 일에 대해 "나에게 철 대장 기술은 위대한 지식을 구성하는 기술이라고 생각된다. … 따라서 예컨대 소재가 비싸진 않더라도 철 대장장이의 일은 그 유용성에서 금 가공보다 우월하다고 말하고 싶다"고 썼다.p. 373f. 그 밑바닥엔 철의 시대를 예감한 의욕적이고 합리적인 산업자본가의 에토스가 흐르고 있다. 실제로 다음 표현에도 그런 면이 잘 나타나 있다. "광물의 존재가 확인되고 어떤 금속이 얼마나 함유돼 있는지 판명돼, 돈을 들여도 충분한 수익을 낼 수 있다는 계산이 나온다면 과감히 착수해 세심하고 주의 깊게 채광을 계속하도록 권하고 싶다." "산은 모든 부의 모태이며, 산에는 귀중한 보물들이 묻혀 있다." 이렇듯 이 책은 기술자를 위한 기술서일 뿐 아니라 광산과 제련소 경영을 위한 지침서이자 안내서였다.pp. 16f., 21

이 책의 두 번째 특징은 당시까지 지식인들 사이에 배어 있던 육체노동에 대한 멸시가 전혀 담겨 있지 않다는 점이다. 게다가 저자는 그런 작업의 실태와 현장 노동자의 실정을 누구보다 잘 알고 있었다.

> 철 대장일은 무지하게 힘든 일이네. 동 대장일에 비해서도 무척 어렵지. 늘 무거운 것을 다뤄야 한다는 점도 그렇지만, 딱딱한 철은 불과 열을 사용해야만 부드럽게 만들 수 있어 허구한 날 불 앞에 서 있어야 하기 때문이야. 이런 처지의 철 대장장이는 때로는 커다란 집게로 쇳덩이를 불 속에 집어넣고, 다시 이를 꺼내 제대로 달궈졌는지 살펴보면서 모래나 재 또는 기타 흙을 그 위에 뿌린다네. 어떤 때는 목탄을 새로 더 넣어 불을 키우고, 또 어떤 때는 물을 뿜어 불을 약하게 만들지. 또 어떤 때는 쇳덩이를 세척하는 등 쉴 틈 없이 몸을 움직인다네. 그리고 마지막으로 쇠가 아직 뜨거울 때 커다란 나무망치나 무거운 금속 망치로 두들겨 무엇으로든 만들어내지. 이해가 됐는지 모르겠으나, 이처럼 중노동에 시달리는 노동자는 수탉이 새벽을 알릴 때 시작해 오랜 하루 일과로 지칠 대로 지친 상태에서 일이 다 끝난 밤 이외에는 쉴 수가 없다네. 때로는 저녁을 먹지도 못한 채 잠에 곯아떨어지기도 하지.p. 369f.

마찬가지로 제6권에는 주조 작업에 종사하는 노동자의 '엄청난 고통'이 극명히 드러나 있다. 실제 현장을 보지 않고서는 쓸 수 없는 내용으로 '위험하고, 더럽고, 힘든' 이른바 3D 업종의 실태가 자세히 기술돼 있다. 그뿐 아니라 그곳에서 일하는 노동자에 대한 깊은 공감이 느껴진다. 『피로테크니아』는 광범위한 주제를 다룬 방대한 서적이지만, 저자는 "내 자신의 눈으로 얻은 것 이외의 지식은 담지 않았다"고 단언한다.p. 70 실제 그 내용을 구성하는 것은 문헌에 편중된 중세의 학문과는 정반대 위치에 있는 경험과 실천에 바탕을 둔 지식이었다.

이 책의 세 번째 특징은 정성적 관찰뿐 아니라 정량적 측정의 중요성을 도처에서 지적하고, 실제 이를 실천했다는 점이다. 자연과학(화학)의 관점에서 특히 주목해야 할 것은, 이미 서문에서 기술했듯이, 금속을 태우는 것 — 고온에서 산화시키는 것 — 을 통해 질량이 증가하는 현상을 정량적으로 측정해 처음으로 기술했다는 점이다. 그 밖에도 예를 들어 제5권에는 금의 합금 제조에 대해 "원하는 결과를 내기 위해서는 그 비율을 정확한 중량비로 정해야 한다"고 돼 있다.p. 208 제6권의 종의 주조에 대한 기술에서도 마찬가지다. 당시 훌륭한 음색을 내는 종의 무게와 두께의 상관관계는 베테랑 직인들 사이에서 전승돼 왔는데, 이것을 정량적으로 표시한 것이다. 책에는 이것이 사실상 직교축의 그래프형으로 나타나 있다.그림 4.2 여태껏 알려진 한에서는 이것이 과학서·기술서가 등장한 이후 처음 나온 막대그래프다. 종의 주조가 옛날부터 전해져 내려온 기술인 데 비해, 제10권에는 새로운 기술이 나와 있다. 즉 화포에 사용되는 화약의 초석·탄소·유황의 중량비가 포의 크기에 대응해 세 종류로 제시돼 있다. 구체적으로 무거운 대형 포에는 3:2:1, 중간형 포에는 10:3:2, 화승총이나 피스톨과 같은 소화기에는 10:1:1로 나와 있다.p.413 또한 제9권에는 당시 최신 기술인 활자 주조용 합금의 성분이 정량적인 중량비와 함께 기록돼 있다.p.374 물론 이는 활자 주조 기술의 가장 초기 기술이다.

비링구초는 또한 강수強水, aqua fortis(초산)를 사용해 금을 함유한 은에서 금을 추출하는 방법도 기술하고 있다.

> 실제로 추출하기 전에 얼마만큼의 금이 증류병 속에 있어야 하는가를 은의 중량으로 정확히 알아낼 수 있는지 여부가 매우 중요하지. 이를 알고 있다면 은을 누구에게 팔든지, 또는 누구에게서 구입하든지 관계없이 그 손익을 정확히 계산할 수 있을걸세. 이를 알지 못한다면 자네는 눈먼 장님처럼 일하고 있는 셈이네.p. 188

정량적 측정의 중요성이 이처럼 경제적 이해관계에서 논의된 것은 매우 흥미롭다. 아리스토텔레스 자연학은 질의 자연학이다. 거기엔 정량화를 지향하려는 의식이 희박했다. 이에 비해 근대에 이르러 정량화를 추구하려는 인식이 나온 배경에는 다름 아니라 상품생산과 화폐경제의 확대가 존재한다. 비링구초의 책에는 이 점이 선명히 나타나 있다. 물론 기술자만이 그런 근대적 인식의 영향을 받았던 것은 아니다. 이미 니콜라스 부르봉의 시에서 보았듯이, 생산된 단철의 무게를 '주의 깊게 측정하는 것'은 자본가로서 공장주의 '의무'였다. '임금노동자에 의한 상품생산'이라는 형태로 진행된 생산 규모의 확대와 분업화. 이것은 엄밀한 정량화를 촉진

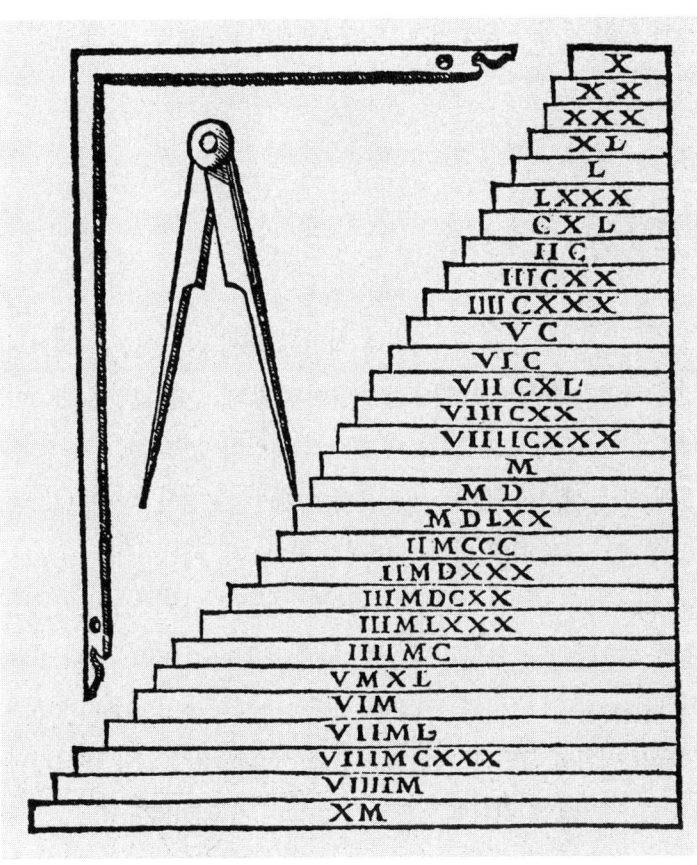

그림 4.2 종의 중량(라틴숫자). 훌륭한 음색을 내는 종의 무게와 두께의 상관관계가 그래프로 그려져 있다. 비링구초의 『피로테크니아』 중에서.

시켜 관련 당사자 모두에게 '계량과 계측의 정신'을 심어 주었던 것이다.

ㅣ연금술과 각종 기술

근대 화학이 성립되기 이전에 화학의 기본 팩트가 밝혀지고, 필요한 기술이 개발되고, 쓸 만한 이론들이 쌓인 것은 16세기 기술자들의 현실적 실천이 있었기에 가능했다. 실제 앞서 살펴본 『강과 철에 대하여』에 나온 철의 가공법(가열과 냉각을 통한 담금질)에 대해선 18세기 프랑스의 레오뮈르Rene-Antoine Ferchault de Reaumur, 1683~1757의 본격적인 연구가 나오기까지 비링구초의 책 이후에는 이렇다 할 만한 게 거의 없다. 1589년 델라 포르타Giambattista della Porta의 『자연의 마술Magiae naturalis』(제2판) 제13권 정도가 예외일 뿐이다. 이처럼 야금과 시금의 영역에선 "16세기와 17세기에 직인의 지식이 이론을 훨씬 앞서 가고 있었다".[40]

비링구초의 근대성은 연금술에 대한 그의 견해에서도 읽을 수 있다. 당시 이탈리아에는 냇가에서 캐는 사금과, 다른 금속에 함유된 것을 추출한 금 이외에 순수한 금이 존재하지 않았다. 그런데 자신의 기술로 대량의 금을 만들어낼 수 있다고 공언하는 철학자(연금술사)가 몇몇 나타났다. 게다가 그 가운데 몇 명은 대단한 권위를 지닌 사람이어서 많은 사람들이 그 말을 믿었다. 이에 대해 비링구초는 다음과 같이 반론을 제기했다. 반론 그 자체만으로도 내용이 번듯하다.

사람들이 높이 평가하고 많은 기대를 걸고 있는 그들의 기술을 좀 더 자세히 살펴보면, 공허한 기대이자 비현실적인 꿈이라는 사실을 알 수 있네. … 그들이 약속한 거창한 결과에 이르기 위한 출발점이 애매하다는 점이나, 필요한 방법과 절차가 너무나 번잡하다는 점을 고려한다면 연금술사들의 입에 발린 약속이 정말 이뤄질 것이라고는 도저히 믿을 수가 없네. 자연현상에 대해 조예가 깊고 지식이 풍부하고 경험도 많이 쌓은 철학자[연금술사]들이 지금까지 몇 세기에 걸쳐 이 세상에 얼마나 많았는가. 또 그처럼 뛰어난 기량을 지닌 인물들에게 마음껏 일을 해 보라며 재력과 권력으로 지원해 준 왕후장상들도 얼마나 많았는가. 이런 사실을 고려하면 내 결론이 옳다는 게 입증될걸세. 그들은 목적지로 삼은 항구에 이르기 위해 돛을 활짝 편 배와 유능한 선원들을 보유하고는 별의 안내에 따라 모든 가능한 항로를 항해했지. 하지만 (내가 믿기로는) 끝내 모두 난파했어. 내가 알고 있는 한 목적지(금의 생산)에 도착한 사람은 단 한 명도 없네.p. 35f.

이렇게 비링구초는 연금술사들의 감언이설을 물리쳤다. 그러나 다른 한편으로 비링구초는 "자연을 모방해 자연을 돕는다"는 연금술을 인정하고 평가했다. 그는 연금술사를 "광물에서 불필요한 것을 씻어내고, 결함을 제거하고, 그 성능을 강화함으로써 광물을 능숙하게 다루는 광물의 진정한 의사"로 표현했다. 그 같은 연금술사의 작업에 의해 새로운 의약품이나 향료와 염료, 기타 무수한 합성물이 창조됐으며 수많은 기술들도 거기에서 파생했다고 본 것이다.p. 336f. 따라서 동과 아연으로 황동을 만드는 방법과 관련해 "[황동은] 동의 본성인 붉은빛이 기술적으로 제거돼 황색으로 변해 있기 때문에, 이것이 연금술의 효과라는 점을 부정할 수 없다고 생각한다"는 견해 또한 그 범위에서 납득이 가는 대목이다.p.75 '금의 제조'는 불가능하지만, 갖가지 부산물이나 기술을 만들어냈다는 점에 한해서는 연금술도 평가를 받아야 한다는 것이다.

당시의 기술자들이 이와 같은 연금술의 기법을 받아들여 근대 화학의 기초적 준비를 한 것은 야금과 시금 분야에 국한한 것이 아니었다. 『피로테크니아』 제9권에는 이슬람의 전통 연금술에서 흔히 쓰이는 증류법이 자세히 설명돼 있다.

증류법이 유럽에 널리 알려진 것은 슈트라스부르크의 외과의 브룬슈비히의 책을 통해서였다. 브룬슈비히가 독일어로 외과학 서적을 출판했다는 것은 앞서 이미 설명했다. 그는 ― 아마도 출판사도 마찬가지인 듯한데 ― 그 성공에 고무돼 1500년과 1512년에 『증류법 소고 Kleines Distillierbuch』와 『증류의 진정한 기술서 Das Buch der Wahren Kunst zu Distillieren』를 출판했다. 식물이나 기타 재료에서 증류와 여과로 의약 물질을 추출하는 기술, 증류에 사용되는 약초나 과실, 증류로 얻어진 약의 효능과 용법, 상처 치료법과 기타 의학, 노爐나 증류 장치의 형태와 구조 및 설치 방법을 기록한 책이다. 이 책은 분별 증류 기술을 폭넓고 상세하게 논하는 데 그치지 않고 제약에까지 적용한 최초의 서적이다. 아니, 그 정도에 그치지 않고 처음부터 속어로 쓰이고 속어로 인쇄된 최초의 화학서인가 하면, 의화학의 선구를 달렸던 책이기도 하다. 이 책에는 당시의 화학 기구를 묘사한 목판 삽화가 몇 장 들어 있기도 하다.그림 4.3 여러모로 이 책은 역사적으로 근대 초기 화학의 실제를 보여 준 것으로 높이 평가된다. 초판본이 인기를 끌었던지, 16세기에는 몇 차례나 중판

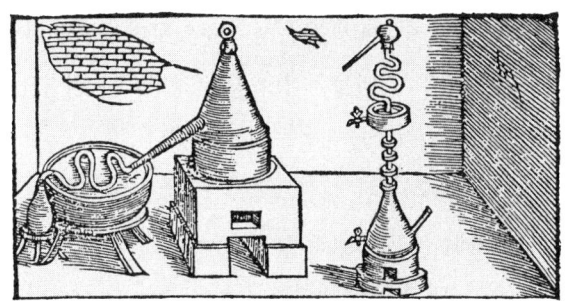

그림 4.3 증류 기술과 장치. 위에서부터 브룬슈비히의 『증류법 소고』(1500), 비링구초의 『피로테크니아』(1540), 델라 포르타의 『자연의 마술』(1589).

을 거듭하면서 다른 책들에 표절되기도 했다. 그러면서 이 책은 이 분야와 관련한 서적들의 원형이 돼 다음 세대의 화학과 양조업 발전에 기여했다.[41]

그리고 『피로테크니아』 제9권에도 연금술에서 사용되던 증류로에 대해 이런 대목이 나온다. "내가 처음 본 것은 매우 정교하게 만들어져 사용하기 쉽고 매력적이어서 직인의 발명적 재능을 강하게 자극하는 연금술을 칭찬하지 않고는 못 배길 정도였네."p.355f. 아카데미즘 세계의 인간은 연금술에 대해 부정적이었다. 신학상의 제약도 있어 스콜라학의 무대에서 내려오기가 어려웠던 것이다. 하지만 직인이나 기술자들에겐 유용성이 무엇보다 중요했다. 그래서 쓸모가 있기만 하면 "직인들은 철학상의 정당화나 변명을 고려할 필요 없이 연금술의 기술을 자유로이 사용했다".[42]

증류법에 관한 그 뒤의 서적으로는 16세기 말 델라 포르타의 『자연의 마술』(제2판) 제10권을 빼놓을 수 없을 것이다.그림 4.3 지금까지 연금술은 근대 화학을 형성한 기원 가운데 한 갈래로 종종 지적돼 왔다. 나름대로 틀린 말은 아니다. 그러나 당시 연금술에서 개발된 수많은 테크닉이 근대 화학과 근대 기술의 재산목록에 오를 수 있었던 것은 16세기 직인과 기술자들의 실제적인 노력 덕분이었다. 기술자들의 연금술 기술 계승이라는 '원 쿠션'을 찍고 나서야 비로소 연금술의 지식과 기술이 17세기 이후 화학자들의 손에 이르게 됐음을 잊어서는 안 된다.

한편 연금술이 근대 화학과 결정적으로 다른 점은 비밀주의와 은닉 체질이었다. 그러나 이를 극복했던 것도 비링구초를 필두로 한 16세기 기술자들이었다. 비링구초의 『피로테크니아』는 새로운 기술을 기록하는 데 그치지 않았다. 구식이긴 하지만, 당시까지 길드나 춘프트 내부로만 전승된 탓에 세간에 알려지지 않았던 기술들을 초등교육조차 받지 못한 직인들도 이해할 수 있도록 속어로 공개했다. 이것은 단순히 교화나 계몽 차원이 아니었다. 보다 적극적인 '비밀 폭로'적 성격이 책의 도처에 나타나 있다.

  금속 주조 기술의 상세한 내용도 이 책에 의해 처음 공개됐다. 이 대목에서 비링구초는 "용해된 금속을 흐르기 쉽게 만드는 작업에서 장인들이 비밀에 부쳐 온 몇몇 기술을 가르쳐 주겠네"라고 했다.p.364 그리고 철 대장일에서도 많은 기법이 비밀이었던 점을 인정하고 그 '비전'을 십수 개 항목에 걸쳐 기록하고 있다. 철 대장의 경우, 다루는 대상에 따라 작업이 여러 가지로 세분화되고 기술도 다양하게 나뉘어 있었다. 예를 들어 철의 연화에 대해서는 다음과 같은 방법을 소개했다.

  지금 하나의 비밀을 들자면, 철을 동처럼 부드럽고 적응성이 높게 만드는 방법이네. 먼저 풋아몬드 기름을 두르고, 아위미나릿과의 여러해살이풀로 뿌리의 진은 생약으로 사용됨_역주에 얼마간의 살 알칼리sal alkali, 재에서 나오는 자연의 알칼리 탄산염_역주를 섞은 왁스를 바른 다음, 말똥과 유릿가루를 섞은 진흙에 싸서 활활 타고 있는 목탄 위에 하룻밤 또는 목탄이 다 타 꺼질 때까지 놔두네. 그 뒤에 꺼내 보면 철이 부드럽게 변해 있을걸세.p.372

  수은을 사용해 광재나 광석 부스러기에서 금이나 은을 추출하는 당시의 비법을 처음 기록한 것도 바로 이 책이다. 그 노하우를 입수한 전말을 소개한 일화는 '비밀의 폭로'를 결심한 비링구초의 범상찮은 의욕을 제대로 보여 준다.

> 나는 이 비밀을 알고 싶었기에 이를 가르쳐 준 사람에게 25더카트나 하는 다이아몬드 반지를 주었다네. 또 이 조작법을 통해 내가 얻는 이익의 8분의 1을 주겠다고 약속했지. 이런 얘기를 꺼내는 것은 내가 가르쳐 주는 데 대해 무엇인가 보답을 바라기 때문이 아닐세. 다만 이를 잘 평가해 주길 바라기 때문일세. p.384f.

그렇게까지 해서 기술의 비밀을 손에 넣으려 했던 욕심은 물론이거니와, 그렇게 얻은 비밀을 아낌없이 공개하는 자세도 경탄할 만하다. 비링구초는 지식의 공개 자체를 중시하였던 것이다. 이 점에서 그는 연금술의 은닉 체질이나 중세 직인 조합의 비밀주의를 초월했다. 그는 도제 제도에 의존하지 않은 채 자력으로 광범위하게 지식을 습득한 기술자였다. 또한 독립된 기술자로서 귀족의 비호를 받았고, 시나 교황청에 고용돼 일하기도 했다. 때문에 길드나 춘프트의 속박을 개의치 않아도 되는 자유로운 입장에 있었다고 여겨진다. 하지만 그와 동시에 중세 조합 체제의 와해가 이미 시작되고 있었던 이유도 있을 것이다.

실제, 현대 용어로 응용화학이라고 불리는 기술 분야에서도 당시 자신의 기술적 지식을 속어로 집필하는 기술자가 하나둘 나타나기 시작했다. 기술의 비밀을 공개하겠다는 비링구초와 같은 자세는 그들 모두에게서도 공통적으로 찾아볼 수 있다.

염색 분야의 경우 1548년 베네치아의 염색 직인 조아벤투라 로

그림 4.4 조아벤투라 로세티, 『염색기술집』(1548), 서문.

세티Gioaventura Rossetti가 속어(토스카나어)로 제작한 논문집『염색기술집Plictho de Larte de Tentori』이 베네치아에서 출판됐다.그림 4.4 당시의 염색과 가죽 가공 기술을 집대성한 책이다. 여기에서도 당시의 길드 내부에서만 폐쇄적으로 전해져 내려오던 많은 기술들이 아낌없이 공개돼 있다. 저자는 서문에서 "전제적인 사람들에 의해 오랫동안 비밀에 부쳐진 내용을 공공의 이익을 위해 기록으로 남긴다"고 선언했다. 그리고 실제로 제3부에는 '견직물을 여러 아름다운 색으로 물들이는 귀중한 비전segreti의 완전한 기법'이 나온다. 이 기술은 로세티가 피렌체와 제노바에서 돈을 주고 구입한 것으로 알려져 있다.[43]

거의 같은 시기에 우르비노의 치프리아노 피콜로파소Cipriano Piccolopasso, 1524~1579는 마조르카 도자기에 대한 상세한 기술서인 『도예삼서 Tre Libri dell' Arte del Vasio』를 펴냈다.[44] 인쇄는 되지 않았으나 수고본으로 널리 읽혔던 이 책도 당시 직인들 사이에서만 전해지던 도예 기술을 속어로 공개한 것이었다. 1565년에는 금세공사 첼리니Benevenuto Cellini가『금세공에 관하여Trattato dell'oreficeria』와 『조각에 관하여Trattato della scultura』를 이탈리아어로 저술했다.『금세공에 관하여』의 서문에는 역시 "지금까지 누구도 손대지 못했던 것, 즉 금세공의 위대한 기술의 놀라운 비밀과 기법에 대해 쓰려고 시도했다"고 쓰여 있다.[45] 실제로는 테오필루스Theophilus의 책이 이전에 쓰였기 때문에 '누구도 손대지 못했다' 고는 할 수 없지만, 일반에는 비밀로 부쳐졌던 기술을 공개했던 것이다. 이런 책들은 저자의 이름이 확실히 밝혀진 것들이지만, 사실 이 밖에도 당시에 길드 내부에서만 알려져 있던 안내서나 시방서들이 여럿 인쇄됐던 것으로 전해진다. 앞에서 설명한 『강과 철에 대하여』도 그 한 예다. 익명의 저자가 쓴 것도 많다. 이들은 델라 포르타의 『자연의 마술』(초판 1558년, 제2판 1589년)에 이르기까지 이른바 '비밀의 책'으로 불린 일련의 책자들이다. 이들이 실험을 장려해 17세기 실험 과학 발전의 토대를 형성했다는 점은 과학사가 윌리엄 이먼 William Eamon이 주장하는 바대로다.[46]

수공업이 자본주의적 경영으로 이행함에 따라 직인과 기술자들은 수많은 분야에서 기술 지식을 일반에 공개하기 시작했다. 그리고 이것이야말로 연금술을 구시대의 유물로 사라지게 만들어 버렸다.

| 아그리콜라의 『데 레 메탈리카』

비링구초에 이어 광산업·야금업의 실상을 극명하게 묘사했던 것은 라틴명 게오르기우스 아그리콜라 Georgius Agricola인 게오르크 바우어 Georg Bauer, 1494~1555였다. 그는 지금의 체코 국경에 가까운 츠비카우 분지의 글라우하우에서 태어났다. 염색사였던 부친은 원단 장사로 생계를 꾸려 갔다. 그리고 거의 같은 시기에 츠비카우에서는 급진적 종교개혁가이자 농민전쟁 지도자인 토마스 뮌처 Thomas Müntzer, 1488~1525가 태어나기도 했다. 아그리콜라는 스무 살 때 라이프치히대학에 입학했는데, 당시 치고는 매우 늦은 나이였다. 대학에선 고전어를 배웠으며, 1518년 츠비카우시립학교의 부교장에 취임해 그리스어와 라틴어를 가르쳤다. 그뿐 아니라 1520년에는 라틴어 문법서를 출간해 세간의 주목을 받았다. 그 뒤 1522년부터 다시 라이프치히대학에서 의학을 공부한 데 이어 3년간 이탈리아에 유학하면서 볼로냐와 파도바, 페라라의 대학에서도 의학과 자연학을 연구했다. 독일로 돌아온 것은 1526년이었다. 귀국길에 들렀던 바젤에선 에라스무스의 눈에 들어 융숭한 대접을 받기도 했다. 아그리콜라는 가톨릭교회의 부패에는 비판적이었지만 에라스무스와 마찬가지로 교황청으로부터의 분리 — 그리스도교 세계의 분열 — 라는 루터의 노선은 따르지 않았다. 그는 프로테스탄트가 우세하던 작센에서도 평생을 가톨릭교도로 남아 있었다. 1522년 대학으로 돌아가면서 독일을 떠난 것도 그런 노선의 차이가 원인이었는지도 모른다.

귀국 후 아그리콜라는 보헤미아의 요하임스탈(지금의 체코령 야키모프)에서 의사로 일하면서 광산과 제련소에 자주 들락거렸다. 이때 그는 광산업의 현장과 실상을 자세히 알게 됐다. 또 광물학·지질학에 대해서도 지식을 쌓게 됐다. 광산에 대한 관심은 광물을 의약품에 어떻게 사용할 수 있을까, 하는 문제의식에서 출발한 것으로 보인다.[47] 앞서 살펴봤듯이, 중부 유럽의 광산은 15세기 후반부터 은과 동의 공급지로서 크게 발전하고 있었다. 특히 요하임스탈은 1510년 풍부한 은광이 발견돼 급속히 성장한 신흥 광산 도시였다. 그 역동적인 발전이 그의 탐구심에 불을 지폈던 것일까. 그는 1530년 광산학에 대한 첫 저서인 『베르마누스 또는 광물에 대하여 Bermannus : sive, de re metallica』를 발표했다. 이듬해엔 작센의 광산촌 켐니츠로 이주해 그곳에서 작센 선제후 모리츠 공작과 친밀한 관계를 맺었다. 또 켐니츠 시장으로 일하기도 했다. 그리고 지질학 서적인 『지하광석의 생성과 원인에 대하여 De ortu et causis subterraneorum』 와 광물학·광물분류학을 체계화하려고 했던 최초의 서적인 『지하에서 산출된 광석의 성질에 대하여 De natura eorum quae effluunt ex terra』를 필두로 광산업 관련 서적 몇 권을 생전에 완성했다.

주 저서인 『광물에 관하여 De re metallica』(이하 『메탈리카』) 전12권은 그가 20여 년에 걸쳐 집필한 책이다. 서문을 쓴 날짜는 1550년으로 돼 있지만, 책이 출판된 것은 그가 세상을 떠난 뒤인 1556년이었다. 『베르마누스』의 원고를 읽고 감격한 에라스무스가 출판을 추천했던 인연도 있어, 그의 많은 책들은 에라스무스와 가까운 출판사인 프로벤에서 출판됐다. 프로벤이라면 바젤을 세계 유수의 출판 도시로 만든, 인쇄·출판의 역사에서 초일류급 인사이자 르네상스 문화계의 거물인 요한 프로벤 Johann Froben, 1460~1527이 창업한 출판사를 말한다. 제2판은 1561년, 최초의 독일어 번역판은 1557년에 나왔다.

『메탈리카』는 당시의 광산업과 야금업 전반 — 독일어로 말해 Montanwirtschaft — 에 관련된 기술의 집대성이다. 제1권부터 제6권까지가 광산업 전반이고, 제7권부터 제12권까지가 야금 기술, 즉 개별 금속과 광물의 시금과 제련에 관한 내용이다. 『피로테크니아』와 비교되기도 하지만, 『메탈리카』 전반부에 나오는 광산업의 실태, 특히 갱도 굴삭, 채광, 양광, 배수 등의 기술과 기계 장치에 대한 자세하고 정밀한 설명은 『피로테크니아』에서는 찾아볼 수 없는 것이다. 반면 『메탈리카』의 후반부에는 『피로테크니아』를 기반으로 한 내용도 있지만, 철에 대한 기술이 비철금속(금·은·동)에 비해 적다. 실제로 철의 제련은 제9권에서 다른 금속에 이어

살짝 언급하는 데 그치며, 강鋼의 제법에 대한 설명은 사실상『피로테크니아』를 베껴 놓은 것이었다. 게다가 철의 주조나, 당시 이미 라인 지방에서 사용되기 시작했던 고로와 철의 간접 제법에 대해서도 다루지 않았다. 아그리콜라의 활동 무대가 은과 동을 중심으로 한 보헤미아와 슐레지엔의 광산이었기 때문이다. 또한『피로테크니아』는 철사·종·활자·대포 등 최종 제품에 이르기까지 제조 기법을 기술하고 있는 데 비해『메탈리카』는 금속 정련의 설명에 그치고 있다.[48]

『메탈리카』의 서문에서 아그리콜라는 스스로 고금의 문헌에 정통해 있음을 내비치면서, 다른 한편으로는 "나는 직접 보지 않은 것은 쓰지 않았으며, 신뢰할 수 있는 사람에게 들은 것이나 읽은 것 이외에는 쓰지 않았다"p. xxxf.[8]고 밝혔다. 이 책에 기록된 광산업의 실태는 직접적인 경험은 아니라 해도 오랜 세월에 걸친 의료 활동을 통해 보고 들은 견문 — 갱부에게 들은 말, 기술자에게 배운 지식 — 일 것이다. 라틴어로 쓰인『메탈리카』에는 도처에 고전적 학식이 담겨 있지만, 그 내용은 대학에서 가르치고 연구하던 학문과는 이질적이었다.

『메탈리카』의 서두는 무엇보다 깊은 인상을 준다. "많은 사람들이 광산업이 일확천금을 노리는 천박한 일이라고, 기술도 학문도 노력도 필요 없는 일이라고 생각한다. 그러나 채광의 각 부문을 주의 깊게 검증해 보면 결코 그렇지가 않다."p. 1[1] 아그리콜라는 "광산 기술자들의 세계는 사기와 속임수와 거짓말의 백귀야행百鬼夜行이다"는 편견에 맞서 "광산 기술자들의 직업은 지저분한 게 아니다", "광산 일은 매우 성실한 직업이다"며 거듭 강조했다.pp. 21, 22,

24 [20, 22, 23] 이는 광산업과 광산업자가 당시 세간에 어떻게 비쳤던가를 뒤집어 보여 준다. 그처럼 세상 사람들이 색안경을 끼고 보는 일을 학문적 고찰의 대상으로 삼는다는 것은 당시엔 제대로 된 학자가 할 일이 아니라고 여겨졌다. 아그리콜라의 저서가 지닌 가장 큰 의의는 광산업 전반을 학문적 고찰의 대상으로 삼았다는 점 자체에 있다고 해도 과언이 아니다.

두 번째로 주목할 점은 전편을 통해 엄밀한 정량화의 필요성을 일관성 있게 강조한 것이다. 금속의 시금에 대한 기술이 이것을 잘 보여 준다.

> 제련돼 나온 금속은 보통은 시금으로 넘어간다. 이는 1첸트너centner, 독일에서 사용되던 무게 단위_역주의 납이나 동 속에 얼마만큼 은이 함유돼 있는지, 1리브라[파운드]의 은 속엔 또 얼마만큼 금이 들어 있는지를 알아내기 위해서다. 이렇게 함으로써 일반의 금속에서 귀금속을 추출하는 일이 수지가 맞는지 아닌지를 알아낼 수 있다.p. 219[195]

시금에 대해선 『피로테크니아』에서도 마찬가지의 기술이 나온다. 경제적 합리성의 관점에서 정량화의 중요성을 주장했다는 점은 이미 살펴본 바와 같다. 그런데 여기에선 이를 보다 명백히 다루면서 정밀한 측정의 중요성을 한층 강조하고 있다. 실제 『메탈리카』 제7권에선 천칭을 사용한 매우 정밀한 시금법을 소개하고 있다. 게다가 각지의 광산과 화폐 주조업자들 사이에서 쓰이던 중량 단위를 자세히 비교한 수치까지 매우 명료하게 기록하고 있다. 이를 보여 주기 위해 ─ 원저의 라틴어판에선 아라비아 숫자를 사용

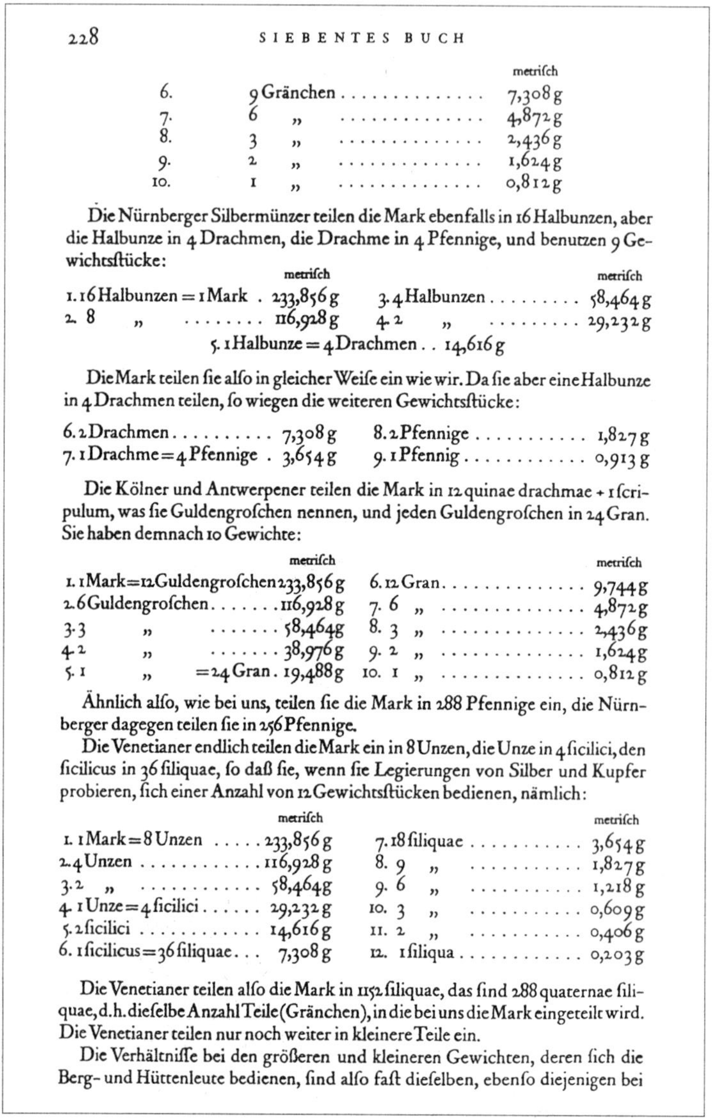
228 SIEBENTES BUCH

		metriſch
6.	9 Gränchen	7,308 g
7.	6 „	4,872 g
8.	3 „	2,436 g
9.	2 „	1,624 g
10.	1 „	0,812 g

Die Nürnberger Silbermünzer teilen die Mark ebenfalls in 16 Halbunzen, aber die Halbunze in 4 Drachmen, die Drachme in 4 Pfennige, und benutzen 9 Gewichtsſtücke:

	metriſch		metriſch
1. 16 Halbunzen = 1 Mark	233,856 g	3. 4 Halbunzen	58,464 g
2. 8 „	116,928 g	4. 2 „	29,232 g
5. 1 Halbunze = 4 Drachmen	14,616 g		

Die Mark teilen ſie alſo in gleicher Weiſe ein wie wir. Da ſie aber eine Halbunze in 4 Drachmen teilen, ſo wiegen die weiteren Gewichtsſtücke:

6. 2 Drachmen	7,308 g	8. 2 Pfennige	1,827 g
7. 1 Drachme = 4 Pfennige	3,654 g	9. 1 Pfennig	0,913 g

Die Kölner und Antwerpener teilen die Mark in 12 quinae drachmae + 1 ſcripulum, was ſie Guldengroſchen nennen, und jeden Guldengroſchen in 24 Gran. Sie haben demnach 10 Gewichte:

	metriſch		metriſch
1. 1 Mark = 12 Guldengroſchen	233,856 g	6. 12 Gran	9,744 g
2. 6 Guldengroſchen	116,928 g	7. 6 „	4,872 g
3. 3 „	58,464 g	8. 3 „	2,436 g
4. 2 „	38,976 g	9. 2 „	1,624 g
5. 1 „ = 24 Gran	19,488 g	10. 1 „	0,812 g

Ähnlich alſo, wie bei uns, teilen ſie die Mark in 288 Pfennige ein, die Nürnberger dagegen teilen ſie in 256 Pfennige.

Die Venetianer endlich teilen die Mark ein in 8 Unzen, die Unze in 4 ſicilici, den ſicilicus in 36 ſiliquae, ſo daß ſie, wenn ſie Legierungen von Silber und Kupfer probieren, ſich einer Anzahl von 12 Gewichtsſtücken bedienen, nämlich:

	metriſch		metriſch
1. 1 Mark = 8 Unzen	233,856 g	7. 18 ſiliquae	3,654 g
2. 4 Unzen	116,928 g	8. 9 „	1,827 g
3. 2 „	58,464 g	9. 6 „	1,218 g
4. 1 Unze = 4 ſicilici	29,232 g	10. 3 „	0,609 g
5. 2 ſicilici	14,616 g	11. 2 „	0,406 g
6. 1 ſicilicus = 36 ſiliquae	7,308 g	12. 1 ſiliqua	0,203 g

Die Venetianer teilen alſo die Mark in 1152 ſiliquae, das ſind 288 quaternae ſiliquae, d.h. dieſelbe Anzahl Teile (Gränchen), in die bei uns die Mark eingeteilt wird. Die Venetianer teilen nur noch weiter in kleinere Teile ein.

Die Verhältniſſe bei den größeren und kleineren Gewichten, deren ſich die Berg- und Hüttenleute bedienen, ſind alſo faſt dieſelben, ebenſo diejenigen bei

그림 4.5 아그리콜라, 『메탈리카』, 은화 제조에서 천칭을 이용한 정밀 계량법(1928년 독일어판).

SIEBENTES BUCH 229

den kleinen Gewichten, die von den Münzleuten und von den Kaufleuten benutzt werden, wenn fie Metalle oder Münzen probieren. Die größere Mark, die fie anwenden, wenn fie große Mengen von Gegenftänden wiegen, habe ich befchrieben in meinen Werken „De reftituendis menfuris et ponderibus"[59] und „De pretio metallorum et monetis[60]".

Die erfte der kleinen Waagen A. Die zweite B. Die dritte, die in einem Gehäufe fteht C.

Zum Abwiegen der Erze, Metalle und Zufchläge brauchen wir drei kleine Waagen. Die erfte zum Abwiegen des Bleies und der Zufchläge als größte der Waagen. Sie leidet keinen Schaden, wenn man in jede der beiden Waagfchalen 8 Unzen des größeren Gewichtes einlegt.

Die zweite Waage, mit der wir die zu probierenden Erze und Metalle einwiegen, ift empfindlicher. Sie kann einen Zentner der kleineren Gewichte in der einen Waagfchale tragen und in der andern eine Menge Erz oder Metall, welche ebenfalls einen Zentner wiegt. Die dritte, mit der wir die Gold- oder Silberkörner auswiegen, die beim Abtreiben in der Kapelle hinterbleiben, ift die empfindlichfte.

[59] De menfuris et ponderibus libri quinque. Bafileae. Ex officina Frobeniana Anno MDXXXIII.
[60] De pretio metallorum et monetis libri III. Bafileae. MDL. Froben.

하지 않아 알아보기 어려우므로 — 독일어판의 한 페이지를 소개한다.그림 4.5

물론 정량화는『메탈리카』가 일관성 있게 지닌 특징으로 시금에만 국한하지 않는다. 제9권에는 금의 제련에 대해 몇 가지 방법이 나오는데 예를 들면 이런 식이다. "황동광pyrites이나 금을 함유한 다른 암석을 세척해 얻은 순광 1리브라를 반 리브라의 소금, 반 리브라의 주석, 3분의 1리브라의 글래스골〔용융 상태의 유리 표면에 떠 있는 황산염의 층〕, 그리고 금이나 은의 슬래그 6분의 1리브라와 동 4분의 1시키릭스와 혼합해 도가니에 넣어라." p.397〔355〕 이처럼 정확한 용어로 사용 물질을 지시하고, 그 양을 구체적으로 지정하고 있다. 마찬가지로 동광석에서 동을 추출할 때 노에 함께 넣어야 하는 물질의 양과 연소 시간, 추출되는 물질의 질량 등 모든 사항에 대해 자세한 수치를 기입해 놓았다.

『메탈리카』의 세 번째 특징은 당시 광산이 대규모로 기계화되고 있었다는 사실을 보여 주었다는 점이다. 그리고 그런 차원에서도 엄밀한 정량화의 필요성이 요구되었다. 실제 이 책에는 기계와 도구나 건조물의 설명에도 모두 그 크기가 분명히 기록돼 있다. 복잡한 기계나 덩치 큰 구조물은 물론이고, 예를 들어 광석을 잘게 부수기 위한 절구와 같은 비교적 간단한 도구에 대해서도 다음과 같은 설명을 하고 있다. "길이 6피트(걸음)에 단면 2피트 1팜(뼘)짜리 사각형 떡갈나무 각재를 땅바닥에 내려놓는다. 그 중앙을 길이 2피트 6디지트(손가락의 폭), 깊이 1피트 6디지트의 주발 모양이 나오게 만든다. 윗부분은 열린 채로 두고 밑면을 두께 1팜, 폭 2팜 2디지트의 철판으로 깐다." p.279f. 〔249〕 이런 식으로 각 부분의 크기까지 고지식할 만큼 꼼꼼하게 기록하고 있다. "기계 기술 발달의 또 하나의 결과는 정신의 질서에 영향을 주었다. 사람들의 마음이나 생각이 정확함과 엄밀함에 익숙해졌다는 것이다. … 숫자가 예전에는 볼 수 없던 중요성을 지니게 됐다"는 것이다.[49]

그리고 『메탈리카』에는 이들 기계, 도구, 건조물 그리고 그 작업의 모습과 관련해 본문의 기술과 더불어 292매에 달하는 정밀하고 완성도 높은 목판화 삽화가 곁들여져 있다. 그래서 이 책의 가치는 더욱 빛을 발한다. 이 책은 1542년 푹스의 『식물사』, 1543년 베살리우스의 『파브리카』와 어깨를 나란히 하며 16세기 목판 삽화를 사용한 전문 서적의 최고봉을 이룬다고 할 수 있다.

기계, 특히 수력을 동력으로 삼는 기계는 이미 중세부터 발달했다고 알려져 있다. 린 화이트Lynn White Jr.에 따르면, 중세 후기 서구에서는 수차와 풍차처럼 자연의 동력을 이용하는 기술이 발달해 널리 보급됐다.[50] 그러나 이것이 정밀한 목판화로 묘사돼 수백, 수천 장씩 인쇄된 것은 『메탈리카』에 의해 처음 이뤄졌다. 예를 들어 쇄광 수차는 12세기경부터 사용되기 시작했다고 하지만 처음 그림에 등장한 것은 『메탈리카』(제8권)에서였다. 이에 대해 아그리콜라는 서문에서 다음과 같이 설명했다. "광맥, 기재, 용기, 용수로, 기계, 노 등에 대해 [말로] 기술했을 뿐 아니라, 그 얼개를 그림으로 나타내기 위해 그림쟁이를 고용했다. 말로 기술해서는 당대는 물론 미래에도 사람들이 쉽게 이해하지 못할 것이다. 모르는 부분이 없도록 하기 위해 그렇게 했다."p. xxx[71] 본초학·식물학에서부터 시작돼 해부학에서 확립된 학자와 예술가의 협업이 여기에서도 커다란 힘을 발휘했던 것이다.그림 4.6~8

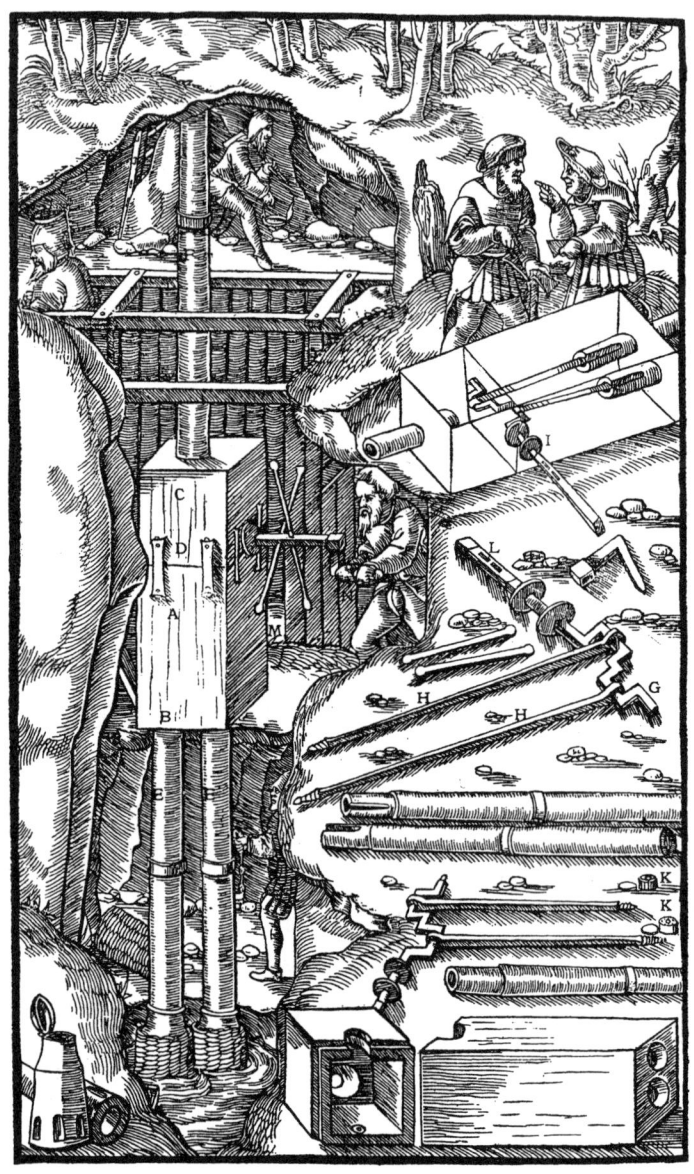

그림 4.6 아그리콜라, 『메탈리카』, 배수 펌프의 구조. 단면도, 투명도, 분해조립도가 모두 사용되었다.

그림 4.7 아그리콜라, 『메탈리카』, 수력·축력·인력으로 움직이는 기계 장치.

그림 4.8 아그리콜라, 『메탈리카』, 수력 구동의 대규모 배수 시스템. 알파벳으로 세부를 표시하고 본문에서 사용법을 설명한 것은 『파브리카』와 똑같다.

그럼 『파브리카』와 함께 『메탈리카』의 훌륭한 도판은 무엇을 보여 주는가. 오로지 세련된 용어와 치밀한 논리만을 중시하던 종래의 관념적 학문으로부터 사실의 관찰에 의거해 시각적 이해를 중시하는 실천적 학문으로의 전환을 인상 깊게 보여 준다. 참고 그림은 『메탈리카』의 것인데, 사실적이면서 동시에 내부를 볼 수 있도록 일부를 절개한 형태의 이른바 단면도를 많이 사용하고 있다. 이는 언어적 표현만으로는 정확하게 다 표현하기 어려운 복잡하고 3차원적인 구조를 한눈에 알 수 있도록 묘사해 준다. 또한 분해조립도와 투명도법도 함께 사용하고 있는데, 이것은 15세기 이탈리아에서 개발된 기법이 급속히 보급되었음을 보여 준다. 수학을 사용한 상세한 설명이 담긴 본문에, 기계 구조의 극명하고 정밀한 목판도해가 짝을 이루고 있는 『메탈리카』는 근대 최초의 기계공학 교과서로서 기술 전파의 새로운 가능성을 열었던 것이다.

| 아그리콜라와 파라겔수스

여기에다 『메탈리카』 제6권에 나와 있는 몇 장의 대규모 기계 장치 그림은 정말 볼 만하다. 물론 이들 기계는 이 책에서 처음 목판화로 묘사된 것이다. 광산이나 제련소에서 사용되고 있던 수력·축력畜力·인력으로 움직이는 기계 장치, 특히 양광·쇄광·배수·환기 장치의 엄청난 스케일과 복잡한 작동 원리 그리고 동력 전달 장치의 정밀함은 보는 이의 넋을 빼놓을 정도다. 이들 장치는 대부분 그 뒤 3세기에 걸쳐 실제로 계속 사용됐다고 전해진다.[51] 이들 도판에 묘사된 대규모 배수 장치와 양광 장치 가운데는 로마시대부터 사용되던 것도 있지만, 대개는 15세기 후반부터 사용되기 시작한 것들이다. 그리고 당시의 기술혁신 덕분에 보다 깊은 광맥에까지 갱도를 파 들어갈 수 있게 됐다. 이에 따라 방치되거나 수몰된 낡은 광산들이 재개발돼, 15세기 후반부터 중부 유럽에선 광업이 부흥의 길로 접어들었다.[52]

그러나 광산업의 대규모 기계화는 당연히 광산의 경영 형태에 변화를 몰고 왔다. 광산업은 중세에는 '자유 신분의 광산 기사'가 혼자 하거나, 몇몇이 아울러 봉건 영주나 왕에게 세금을 내고 영위하던 소규모 벤처 사업이었다. 제련에서는 몇 명이 조합을 조직하고, 이들 조합이 공동으로 노를 만들어 번갈아 사용하거나, 지주가 만들어 준 노를 함께 쓰고 있었던 듯하다. 하지만 기계화가 진행되면서 노의 건설이나 조업에 돈이 많이 드는 깊은 광산에선 보다 큰 자본이 필요하게 됐다. 이에 따라 당시 광산 기사들의 소규모 협동조합식 경영은 자본을 일반으로부터 조달하는 주식회사 방식으로 변모해 갔다. 원래 아우크스부르크 근교에서 직물업을 경영하던 푸거 가문이 저당물로 나온 군주들의 직영 광산을 손에 넣어 동광과 은광의 경영에 나선 것이 1480년대였다. 이 사업을 바탕으로 야코프 푸거Jacob Fugger는 독일 최대의 부호가 됐다. 이렇게 광산에서 형성된 부는 투자가로서 왕과 토지의 법적 권리를 지닌 자본가 사이에 배분됐다. 다른 한편으로 광산 기사들은 12·13세기에만 해도 자립 사업주로서 왕에게 많은 특권을 인정받고 있었지만, 이 시기가 되자 그 특권을 상실하면서 임금노동자로 변모했다.

그런데 신흥 투자가들에겐 광산업이나 야금술에 관한 전문 지식이 부족했다. 그들에겐 효율적인 광산 경영을 위한 안내서가 필요했다. 인쇄본으로 나온 초기 광산업 기술서로서 16세기 초반에 제작된 『시금의 길잡이』라는 책자가 있는데, 광산업 전문가인 다니엘과 초심자인 크나피우스의 대화 형식으로 쓰인 책이다. 그 속에는 다니엘이 '왕년의 철학자들의 책과 실무에 종사하는 광산 기사의 경험'에 근거해 교시를 내리자, 크나피우스가 "그에 따라 어느 광산이 유리한지 문리가 통하게 돼, 내 투자는 헛되지 않고 이익을 낳을 것이다"고 맞장구치는 장면이 나온다.[53] 이 시대엔 광산 경영이 투자가의 관심을 끌기 시작해 이미 이런 방면의 책들에 대한 수요가 형성돼 있었던 것이다. 아그리콜라의 『메탈리카』는 이러한 광산 경영의 자본주의화가 한 걸음 더 진행된 시기에 등장했다.

『메탈리카』의 도판이 보여 주듯이, 이 시대의 광산과 제련소는 동력과 기계와 노동력이 집적된 거대한 플랜트였다. 이 플랜트 계획의 입안과 관리 운영에는 기술 전체의 내용이 분명하게 담겨 있어야 했다. '돈을 불리려고 애쓰는 광산 소유자'와 '아직 숙련 기술을 지니지 못한 광산 경영자'에게 책의 목적을 설명하는 제2권에서 볼 수 있듯이[p. 26f.(26)], 『메탈리카』는 바로 그 같은 시대적 요구에 부응하기 위한 책이었다. 그 때문에 『메탈리카』에 나오는 광산업에 대한 기술은 단순히 개별 광산 기술이나 기계 장치의 설명에 머무르지 않고 광맥의 발견에서부터 측량과 굴삭 그리고 광산업자가 지녀야 할 자세나 광산 경영의 법률적 문제에 이르기까지 광범하다. 한마디로 광산 경영 전반에 대한 개설서이자 지침서였다. 실제 『메탈리카』가 라틴어로 쓰인 것은 일반 직인이나 노동자가 아니라 광산 경영자나 광산·정련소의 감독관 그리고 무엇보다 광산 경영에 관심을 보이기 시작한 상류계급을 독자층으로 상정했기 때문이었다. 현실적으로도 아그리콜라는 광산 경영자들의 고문이었으며, 스스로 광산의 지분도 소유하고 있었다.

같은 시기에 광산 지대에서 의료에 종사하던 파라켈수스와 비교한다면, 아그리콜라의 입장을 잘 이해할 수 있다(파라켈수스는 1493년 11월생, 아그리콜라는 1494년 3월생이다). 파라켈수스는 티롤 광산에서 광부병을 발견해 만성호흡기 질환으로서 그 병상을 기록하여, 광부병의 원인이 진폐와 광독에 의한 중독증임을 알아냈다. 또저 유명한 푸거 재벌이 매독의 특효약이라며 대대적으로 독점 판매했던 신대륙의 유창목癒瘡木이 아무 효능이 없다는 사실을 폭로하며 광산 지배자 푸거를 날카롭게 비판한 것도 파라켈수스였다.

한편 아그리콜라는 광산업에 비판적인 사람들의 주장에 대해 반론도 제기했다. 당시 광산업을 부정적으로 보던 사람들은 이런 비판을 많이 했다. "광부들은 때로는 호흡하면서 들이마신 유독성 공기로 명을 단축시키고, 어떤 때는 폐병을 앓기도 한다. 또 무너져 내린 바위에 깔려 목숨을 잃는가 하면, 사다리에서 갱 밑으로 추락해 팔다리나 목뼈가 부러지기도 한다. 인간의 안전과 생명보다 중요한 것은 없지 않나." 이에 대해 아그리콜라는 분명 그 같은 위험을 전혀 막을 수 없다면 광산 경영은 용납할 수 없을 것이라고 응수했다. 그러면서도 그는 "그런 일들은 거의 일어나지 않으며, 일어난다고 해도 부주의한 노동자의 경우에 한한다"고 했다.p. 6[4] 사다리에서 떨어지는 것과 같은 사고는 때로는 노동자의 부주의 때문일지도 모른다. 하지만 대개는 열악한 노동 환경과 가혹한 노동 조건 탓에 일어난 것이었다. 게다가 유독 가스나 폐질환의 경우 노동자에겐 아무 잘못도 없다. 이 점에서 같은 의사이면서도 파라켈수스와 아그리콜라의 대응은 180도 달랐다. 광산 노동자 편에서 주장을 전개한 파라켈수스에 비해, 아그리콜라는 편을 굳이 가른다면 광산 경영자 편에 섰던 것이다.

두 사람은 종교개혁이 한창이던 때 똑같이 가톨릭교회에 비판적이었으면서, 루터와도 거리를 두고 있었다. 하지만 농민전쟁에 호의적이었던 파라켈수스가 해체되는 농민층과 미성숙한 프롤레타리아 계층에 발을 디디고 있었던 데 비해, 작센 선제후 모리츠의 비호를 받던 아그리콜라는 스스로가 근대인으로서 신흥 산업자본가의 입장에 섰다.

그런 이유에서 『메탈리카』는 저자의 학문적 관심도 있었다고는 하지만, 주로 광산을 경영하고 감독하는 입장에서 쓰인 것이었다. 또 확장일로의 광산업에서 필요한 시굴 · 채굴 · 시금 · 제련 분야의 숙련 노동자와 전문 기술자 그리고 광산과 제련소의 감독 등을 육성하기 위한 책이기도 했다. 르네상스기의 대학에서 수학한 인문주의 지식인이었던 아그리콜라는 기술자와 신산업 경영자 양쪽을 모두 접하는 입장에 있었기에 근대 과학 기술의 사도使徒가 될 수 있었던 것이다.

| 라자루스 에르커

아그리콜라가 사망한 뒤 1550년대의 독일 광산 붐은 한계점에 도달한다. 광맥이 고갈되기 시작한 탓도 있지만, 신대륙에서 엄청난 양의 귀금속이 유입돼 금과 은의 가격이 폭락한 것도 큰 영향을 미쳤다. 페루의 잉카제국이 정복된 해가 1532년이고, 남아메리카의 포토시(지금의 볼리비아 남부)에서 대규모 은광이 발견된 때가 1545년이었다. 특히 포토시에는 현지의 인디오들과 나중에 아프리카에서 끌려온 수많은 흑인 노예들이 강제 노동에 투입됐는데, 이를 통해 남미산 은이 놀랄 만큼 싼 값에 채굴되고 있었던 것이다.

중부 유럽 광산 지대에서 광맥의 생산성이 떨어지자 보다 효과적인 금속 시금과 추출 기술에 대한 연구가 진행됐다. 이때 작센이나 보헤미아의 광산 지대에서 행해지던 야금과 시금 기술의 상세한 내용을 속어로 기술한 사람이 바로 시금 기술자 라자루스 에르커Lazarus Ercker였다.

에르커는 1530년경 작센의 광산촌 산 안나베르크에서 태어났다. 1547~1548년 비텐베르크대학에서 공부했다고 전해지는데, 그래 봤자 겨우 1년 정도였을 뿐 뭔가를 전문적으로 배웠다고는 할 수 없는 듯하다. 자크 베르제Jacques Verger의 책에 따르면, 중세에는 몇 년은커녕 불과 몇 달 공부한 뒤 이렇다 할 학위도 받지 않은 채 대학을 중퇴하는 학생이 많았다.[54] 에르커도 아마 그런 부류의 '중간적 지식인'에 속하는 실무가였을 것이다. 그는 1555년 드레스덴에서 시금업에 종사했고, 그 뒤에 안나베르크에서 광산 감독으로 일했다. 1558년에는 티롤을 여행하며 광산을 둘러봤다.

1563년 에르커는 『화폐주조서Münzbuch』를 썼다(인쇄되지는 않은 책이다). 직접 볼 수는 없었지만 파멜라 롱Pamela Long의 논문에 따르면,[55] 화폐 주조와 관련한 지식을 공개한 이유를 에르커는 다음과 같이 서술했다. "광산과 조폐소를 관리하는 입장의 윗분들이 실제 조작 기술을 훤히 꿰고 있지 않다면 불성실한 사용인들에게 속아 넘어갈 뿐 아니라, 성실한 사용인과 불성실한 사용인을 구분할 수도 없을 것이다. 거꾸로 시금법의 현장을 잘 이해하고 있다면 불성실한 종업원을 해고하고 성실한 일꾼을 제대로 평가할 수 있다. 그럼으로써 근거 없이 부푼 기대에만 끌려가다가 실패하는 일도 없을 것이다." 이는 아그리콜라의 생각과도 통한다. 당시 멸시당하던 수작업이 실제로는 상류계급에 얼마나 중요한지가 경제적 관점에서 다뤄졌던 것이다.

그 뒤 에르커는 보헤미아의 구텐베르크에서 시금 감독관으로 일한다. 그리고 1574년에는 프라하에서 『주요 금속 광석과 광물에 대한 서술Beschreibung allerfürnemisten mineralischen Ertzt und Bergwercksarten』을 출판하고 이를 막시밀리안 2세에게 헌정한다(1951년에 나온 영역본의 제목은 『광석과 시금 논고』인데, 이 제목이 책 내용을 잘 표현해 주므로 아래부터 『광석과 시금』으로 표기한다). 이 책은 출판된 지 2년 뒤 막시밀리안 2세의 뒤를 이은 루돌프 2세에게 높은 평가를 받은 듯하다. 1580년 제2판이 나온 뒤 에르커의 직책은 '신성로마제국과 보헤미아 왕국의 광산 주임 감독을 맡은 관리자'가 된다. 이어 1586년 그는 루돌프 2세에게 작위를 수여 받는다.

전문 서적인 『광석과 시금』은 제1권에서 은, 제2권에서 금, 제3권 동, 제4권 납 그리고 제5권에선 초석과 기타를 다룬다. 이 책은 금·은·동·암모니아·수은·비스무트·납의 합금과 광석의 시금법을 체계적으로 개관하고 있다. 또 이들 금속의 순화법, 산과 염의 정제법도 상세히 기록했다. 반면 철에 대한 기술은 거의 없

그림 4.9 라자루스 에르커, 『광석과 시금』, 플라스크를 이용한 장치.

다. 『메탈리카』와 마찬가지로 도판이 많다는 점도 특징이다. 현대적으로 말하면, 분석화학과 야금화학에 대한 최초의 안내서였다.그림 4.9

제2판에는 도판이 더 늘었지만 초판과 본질적인 차이는 없었다(1951년의 영역본은 제2판을 텍스트로 삼았다). 1598년과 1629년에 나온 것은 제2판의 재판이다. 1672년에 나온 판본은 제2판의 각 장에 수많은 각주를 첨부한 것인데, 이는 1684년과 1703년에 재판이 나온다. 1736년에는 1703년 판본에 화약에 대한 절이 추가된 것도 출판됐다. 최초의 영역본은 1683년에 나왔는데, 그동안 원래의 목판화 도판이 동판화로 바뀐 데다 16세기 독일 노동자의 복장이나 모자가 17세기 후반 잉글랜드 노동자의 것으로 수정돼 있다.[56] 그리고 이 영역본은 같은 해인 1683년과 1686년에 재판돼 나온다. 1745년엔 네덜란드어판도 나왔다. 실로 초판 이래 170년이 넘도록 야금과 시금 기술에 대한 실용적 교과서로서 계속 사용돼 왔던 것이다.

『광석과 시금』의 서문과 헌사에는 다음과 같은 대목이 나온다.[57]

작금에 몇몇 저자가 금속과 광석과 광물(특히 그 성질과 분류나 식별법)에 대해 여러 가지 책을 내고 있다. 그런데 어떻게 하면 금속과 이에 관련한 물질을 광석으로부터 훨씬 효과적이고 손쉽게 추출할 수 있을지, 또 그 원리는 무엇인지, 금속들을 어떻게 시금하고 용해해 쓸모 있게 만드는지에 대해서는 라틴어든 독일어든 상세한 설명을 해 주는 책이 거의 없다. 특히 광산과 광석을 처리하며 금속공예를 업으로 삼고 있는 곳에선 매우 중요한 문제임에도 불구하고 현실은 그런 수준이다.

그리고 또한 앞서 말한 저자들은 스스로 그런 작업에 종사하거나 그 기술을 실천해 직접 손으로 다뤄 보면서 연구하진 않았다. 단순히 다른 사람에게 들은 것을 머릿속으로 믿고 부지런히 편집했을 뿐이다. 따라서 그들은 단순한 이론가에 불과하다고 생각한다. 신참 광부나 화덕 작업을 막 시작한 초심자 그리고 생소한 분야의 지식을 원하는 독자는 그런 책에서 유용한 정보를 찾으려 해도 아무 소용이 없을 뿐 아니라, 실제로는 잘못된 길로 이끌려 갈 위험이 있다. p.3

기술자 에르커는 기술의 실제에 정통하다는 점에서 아그리콜라에 비해 자신이 우위에 있음을 넌지시 암시했다고 볼 수 있다. 그가 '라틴어와 독일어'라는 표현을 쓴 것을 보면 비링구초는 비판의 대상에 포함되지 않았는지도 모른다. 역시 에르커는 비링구초와 아그리콜라의 후계자였다.

에르커의 『광석과 시금』이 지니는 중요성은 무엇보다 비링구초나 로세티와 마찬가지로 일관성 있게 기술을 공개하려 했다는 점에 있다. 예를 들면 앞에서 말했듯이 납을 사용해 동에서 은을 추출하는 기술은 오랜 세월 비밀에 부쳐졌으나, 그 작업이 대규모화함에 따라 조금씩 외부로 새 나가게 됐다. 실제로 이는 비링구초의 『피로테크니아』(제3권 제5장)나 아그리콜라의 『메탈리카』(제2권)에도 기록돼 있다. 그러나 그 기술의 세부 내용에 대해서는 사람이나 지역에 따라 제각각이었다. 에르커는 "이것이야말로 기술에 대해 거의 또는 전혀 모르는 사람들을 상대로 내가 설명하려는 이유다"고 기록했다. p.227

그리고 결론 부분에서 에르커는 이렇게 단언했다. "나는 여러 가지 광석과 금속의 시금 그리고 이와 관련한 일에 대해 가능한 한 정확하고 주의 깊게 기술하려고 했다. 갱부나 젊은 시금업자들만이 아니라 예비지식이 없는 사람들에게도 교육적으로 도움이 되도록 했다."p.314 대규모화한 근대 경영에는 일정한 수의 전문 기술자 집단이 필요한데, 중세적인 도제 제도에 의존한 인력 양성으로는 더 이상 그런 수요를 충족시킬 수 없었다. 1951년 에르커의 책을 영역했던 스탠리 스미스Stanley Smith는 역자 서문에 다음과 같이 썼다. "에르커는 당시 사용되던 시금 기구를 매우 사실적으로 기술했고, 실험실에서 행하던 갖가지 조작법도 알기 쉽게 설명해 놓았다. 이런 명료한 기록은 16세기의 연금술 문헌에 익숙한 독자에게는 놀랄 만한 것이었다."p.x 중세의 동업자 조합은 기술을 꼭꼭 감춘 채 자기들끼리만 비전처럼 전수해 왔다. 게다가 연금술은 알아듣기 어려운 애매한 용어를 잔뜩 사용하고 있었다. 에르커의 책은 그 같은 불명료한 지식이나 기록과는 정반대의 위치에 섰다. 그에게 새로운 기술이란 일정 수준 이상의 자질을 지닌 사람이라면 누구라도 배울 수 있고, 전수 받을 수 있어야 하는 것이었다. 여기에서 첫째로 강조할 것은 에르커가 속어(고지독일어)로 책을 썼다는 점이다.『광석과 시금』은 황제에게 헌정되긴 했지만, 라틴어로 쓰인 아그리콜라의『메탈리카』와 달리 기술자와 직인이 실제로 읽고 써먹을 수 있도록 한 책이었다.

에르커의『광석과 시금』에서 두 번째로 중요한 것은 비링구초와 아그리콜라에서 나타난 정량화의 경향이 한층 더 철저해졌다는 점이다. 예를 들어 앞에서 서술한 동광에서 은을 추출하는 방법을 설명하면서 에르커는 그 함유율을 여러 경우의 수로 나누고 각각 사용해야 하는 동과 납의 양을 정확하게 기록하고 있다. 연소에 의해 금속이 무거워진다는 사실도 비링구초와 마찬가지로 기술해 놓았다.p.53 게다가 미량의 샘플을 시금할 수 있는 천칭의 제작법과 조작법, 이를 위한 분동의 제작법과 보정 기술도 상세히 기록하고 있다. 동광석에 미량 함유된 은을 추출하는 공정은 더 이상 연금술사가 실험실에서 비밀리에 하는 작업이 아니었다. 자본가가 대량의 자본을 투입해 대규모로 추출 작업을 하기 위해서는 동광석에 얼마의 비율로 은이 함유되어야 하는지를 정확히 측정해야 했다. 이처럼 대규모 산업화 과정에서 수익성을 고려하는 자세는 정성적인 연금술로부터 정량적인 분석화학으로의 탈피를 일으킨 하나의 계기가 됐다.

이렇게 에르커는 정밀한 측정과 분석의 기법을 확립하려고 했다. 그러나 그 과정에서 철학적이거나 보다 원리적인 논거를 추구하지는 않았다. 예를 들어 그는 합금에서 금을 추출하는 시멘트법의 순서를 정량적으로 자세히 설명했지만, '철학자나 연금술사'의 이론에 대해선 언급하지 않았다. 철학자나 연금술사들이 동에서 은을, 또 은에서 금을 만드는 방법이 있다고 주장한 데 대해 그는 이렇게 기술했다. "진위가 어쨌든 그에 대해 내가 뭐라고 운운할 생각은 없다. 그런 방법들은 여기에서 다루는 시멘트법과는 관계가 없다. 내 책은 믿을 만하다. 잘못된 희망을 심어 주는 법이 없는, 자연에서 검증된 기법만 담고 있기 때문이다."p.189f

연금술은 하나의 이론 체계 — 신비철학 — 에 각각의 물질을 대입해 거기에서 연역적으로 물질들의 반응을 논한다. 각각의 반응은 정성적으로 파악되며, 애매하고 비유적인 상징으로 표현된다.

이에 대해 에르커의 야금술과 시금법은 개별적 화학반응을 거대 시스템 속에서 파악하거나 불확실한 원리로 설명하려 하진 않았다. 오로지 경험과 실험을 통해 얻은 개별적 사실이나 반응만을 담담하고 명확하게 서술했다. 그러나 그 과정에서 각각의 반응은 정성적이 아니라 정량적으로 다뤄졌다. 이처럼 에르커는 철저히 경험적 사실에 근거함으로써 정량적인 근대 분석화학의 경험적 토대를 구축했던 것이다.

십진법의 탄생

비링구초, 아그리콜라, 에르커는 정밀한 측정의 중요성을 주장했다. 이에 따라 정량화의 바람이 불었고, 이것이 시금업과 관련해 강조됐음을 살펴봤다. 사실 시금을 통해 금이나 은의 함유량을 정확히 알아내는 일은 당시 광석의 샘플을 다룰 때만이 아니라 화폐와 관련해서도 매우 중요했다. 1524년 『시금의 길잡이』에도 화폐의 시금법이 나온다. 아그리콜라는 『메탈리카』 제7권에서 일반적인 금속 시금에 대해 언급한 뒤 이렇게 기록했다.

> 화폐의 품질은 제대로 유지되고 있는지, 혹시나 품질이 떨어지지 않았는지, 화폐 주조업자가 법적으로 허용된 범위 이상의 은을 금에 섞어 넣지는 않았는지, 금과 은의 합금을 만드는 데 허용량 이상의 동을 혼합하지는 않았는지 하는 문제들은 시금을 통해 판별이 가능하다. p.219

[195]

그 배경으로는 광역화한 상품경제를 들 수 있다. 당시 시장에는 몇몇 나라의 상이한 화폐가 동시에 유통되고 있었다. 그뿐 아니라 지금처럼 국가가 조폐권을 독점해 화폐의 유통을 일원적으로 관리하지도 못했다. 왕권의 권력 집중이 불완전했던 이 시대에는 국왕뿐 아니라 유력한 영방 군주도 조폐소를 보유하고 있었다. 또 그 조폐소 경영도 민간인에게 사사로이 하청을 주고 있었다. 프랑스 역사가 마르크 블로크Marc Bloch의 논문에 따르면 "조폐소가 무척 많이 있었으며, 어디에서 만들었느냐에 따라 유통 화폐는 엄청난 차이를 보였다. 그뿐 아니라 개별 조폐소에서 발행하는 화폐 자체도 끊임없이 변하고 있었다".[58] 게다가 이슬람의 디나르 금화와 딜헤르 은화도 국제통화로 유통되었기에 위조 화폐가 적지 않았다. 그런 이유로 금·은세공사나 환전상들은 "쏟아져 들어오는 외국 화폐의 무게를 재거나 순도를 검사하면서 엉터리로 주조됐거나 귀퉁이를 갉아낸 화폐와 격투를 벌여야 했다."[59] 화폐를 수령하기에 앞서 그 귀금속의 내용을 확인하기 위한 목적으로 시금이 필요해졌던 것이다. 14세기 말부터 16세기에 걸쳐 제작된 수많은 상업수학 교과서에서 응용문제로 화폐 주조에 관련한 문제가 반드시 나왔다는 점이 당시 그 문제가 얼마나 중요했는지를 잘 보여 준다.[60]

실제로 에르커는 『광석과 시금』에서 시금의 중심 임무는 오히려 화폐에 있었다고 설명하고 있다.

[금속의] 시금 기술과 그 효과적인 응용 덕분에 자칫 지금까지도 잠자

고 있었을지 모를 풍부한 대규모 광상이 많이 발견됐다. 그 때문에 많은 마을과 촌락이 건설됐고, 토지가 개발돼 인구가 증가했다. 금·은·동과 기타 금속을 다루는 중요한 공법들이 개발되고, 그로 인해 만들어진 화폐가 나라 곳곳에서 거래되면서 결국엔 상업의 융성으로 이어졌다. 금이나 은으로 화폐를 만드는 조폐소는 시금과 이를 통한 정확한 질량 계산 없이는 성립할 수가 없다. 조폐소는 시금을 특히 중요하고 필요한 것으로 여긴다. 이런 이유로 군주나 대지주 또는 유력한 도시국가들은 시금에 종사하며 그 일에 진력해 온 사람들을 높이 평가해 주었을 뿐 아니라, 다른 사람들 이상으로 중용하고 표창했던 것이다.p.10

영역자 스탠리 스미스의 말을 빌리면, "짐작건대 에르커는 과학보다도 경제에 관심이 있었다".p. xii 따라서 에르커는 시금 기술자는 광석에 대한 지식이 있고, 불을 다루는 기술에 정통해야 하며, 노와 도구나 천칭과 분동을 만들 수 있어야 하는 것은 물론, "산술과 계산을 잘하고 이에 관련한 경험을 쌓아야 한다"고 했다.p.11 이 점에 대해선 아마도 그 시대에 시금에 종사하던 모든 기술자들이 자각하고 있었을 것이다.

하지만 계산이라는 면에서 당시의 화폐 단위는 '12데나리우스denarius(페니)=1솔리두스solidus(실링)', '20솔리두스=1리브라libra(파운드)'라는 식으로 꽤 까다롭게 돼 있었다. 또 당시 직인들 사이에서 사용되던 계량 체계와 도량형 단위는 이보다 한층 더 복잡해 사용하기가 어려웠다. 아그리콜라의 『메탈리카』 제7권에는 천칭에서 습관적으로 사용되던 몇 가지 분동 체계가 기록돼 있다.

에르커의 책에도 은 시금을 위한 분동 체계로서 통상적인 은과 동의 시금 체계 두 종류와 고지독일의 것과 저지독일의 것 4가지, 나아가 금 시금을 위한 분동 세트를 기록하고 있다. 그 예로『메탈리카』의 분동 세트 가운데 하나와『광석과 시금』에 나오는 금 시금을 위한 분동 세트를 표 4.1에 소개한다. 이것만 보더라도 그 내용이 상당히 복잡함을 알 수 있다. 그러나 이는 광산 기사나 시금 기술자들이 사용하던 것의 일례에 불과하다. 실제로 광산 기사 사이에서는 지역에 따라 서로 다른 체계를 사용하는 경우도 있었다. 게다가 금화와 은화 주조 기술자 등은 자기들만의 별도의 도량형을 사용하고 있었다. 그림 4.5

각각의 체계에서 사용되던 중량단위는 다음과 같다.

- 동과 은의 시금용 중량 체계
    1첸트너 = 100(시금)파운드 = 110(갱부坑夫)파운드
    1파운드 = 2마르크 = 32롯트 = 128퀸텔린
- 고지독일의 페니 체계(은과 금의 시금에 사용)
    1마르크 = 16롯트 = 84퀸텔린 = 256페니 = 512헤라
- 저지독일의 페니 체계(화폐의 시금에 사용)
    1마르크 = 12페니 = 288그레인
- 금 시금의 캐럿 체계
    1 마르크 = 24캐럿 = 96캐럿 그레인 = 288그레인

계산의 편의도를 생각하면 이렇게 불편한 것을 잘도 사용하고 있었구나, 하는 생각이 들 정도다. 이때 10진법 체계를 고안한 것

표 4.1 16세기 광산업과 야금업에서 사용되던 분동 체계의 예

	『메탈리카』에 나온 분동 체계의 일례		『광석과 시금』의 기록 금 시금 분동세트
	중량(상형†)	경량(금형†)	
1	1 Zentner	1 Drachme=100 Pfund	24 carats=1 mark
2	1/2 Zentner	1/2 Drachme	12 carats
3	1/4 Zentner	1/4 Drachme	6 carats
4	4/25 Zentner	4/25 Drachme	3 carats
5	2/25 Zentner	2/25 Drachme	2 carats
6	1/25 Zentner	1/25 Drachme	1 carat=12 grains
7	1/50 Zentner	1/50 Drachme	6 grains
8	1/100 Zentner=1 Pfund	1/100 Drachme=1 Pfund	3 grains
9	1/2 Pfund=1 Mark	1/2 Pfund	2 grains
10	1/2 Mark	1/4 Pfund	1 grain
11	1/4 Mark	1/8 Pfund	1/2 grain
12	1/8 Mark	1/16 Pfund	1/4 grain
13	1/16 Mark	1/32 Pfund	1/8 grain
14	1/32 Mark=1 Sicilicus	1/64 Pfund=1 Sicilicus	
15	1/2 Sicilicus=1 Drachme		
16	1/4 Sicilicus=1/2 Drachme		

† 상형常衡은 16온스가 1파운드인 저울, 금형金衡은 12온스가 1파운드인 저울을 가리킨다_역주

『메탈리카』에선 단위명이 라틴어와 독일어로 서로 다르게 나온다. 독일어 번역본은 독일어 단위명을 썼지만, 영역본은 원저의 라틴어 단위명을 사용하고 있다. 일본어 번역본은 독역본에 따르고 있는데, 마르크Mark의 자리에 베스Bes를 사용하고 있다. 독일어에서 사용되던 단위이므로 여기에선 독역을 따른다. 독역본에 따르면 1Zentner=46.7712kg, 따라서 1(경량)Zentner=1Drachme=3.654g으로, 단위 Drachme만은 중량과 경량에서 공통으로 쓰인다. 한편 Pfund와 Sicilicus는 중량과 경량의 값이 다르다. 가장 작은 분동은 1(경량)Sicilicus=0.57mg이다.
아그리콜라, 『메탈리카』 제7권, 독역본 p.255f., 일역본 p.229f.
(그림 4.5의 것은 은화 주조업자가 사용하던 체계로 이것과는 다르다.)
에르커, 『광석과 시금』 영역, p.124.

은 아마도 그 같은 불편을 매일매일 피부로 느꼈을 시금 기술자였다. 이는 바이센부르크의 시금 기술자 슈라이트만Ciriacus Schreitmann이 고안해 사용하던 것인데, 1578년 출판된 『시금서Probierbüchlein』에 기록돼 있다. 책은 그가 사망한 다음 출판됐지만, 실제로 그 아이디어가 등장한 것은 1555년 이전으로 생각된다.[61]

   위에서 설명한 모든 분동 체계는 기본단위를 몇 등분인가로 나누어 가면서 값을 구한 것이다. 이에 비해 슈라이트만은 거꾸로 기본단위를 쌓아 감으로써 체계를 구성했다. 처음엔 감도가 매우 우수한 천칭도 검출할 수 없는 작은 추를 같은 무게로 10개 제작한다. "이것들은 너무 작아서 두서너 개로는 아무리 민감하고 정확한 천칭도 검출할 수 없을 정도다. 하지만 10개가 되면 제법 무게의 단위를 부여할 수 있어야 한다." 여기에서 이 추들이 '검출할 수는 없지만 서로 동질한' 질량을 지니도록 하는 것은 마치 극세 와이어를 빈틈없이 감아 굵은 와이어로 만든 뒤 한 다발씩 똑같이 떼어내는 것이나 마찬가지다. 이렇게 만들어진 질량 1mg 이하의 단위를 지닌 추를 그는 'Atomus(원자)' 또는 'Stumplin(파편)'이라고 명명했다. 다음으로 이 추 하나를 가지고 이 '원자' 10개에 해당하는 추(10단위의 추)를 만들고, 또한 20, 30, 40, …, 90 단위의 추, 똑같이 100, 200, 300, …, 900, 1,000, 2,000, 3,000, …, 9,000단위의 추를 순서대로 만들어 간다. 분명 이는 10진법이었다.

   슈라이트만의 계산 체계는 본인은 사용하였던 것으로 보이지만 널리 보급되진 못했다. 그가 사망한 지 20년이 지나도록 그가 작성한 소책자가 인쇄되지 않았다는 점 자체가 주변의 무관심을 보여 준다. 도량형 단위에 10진법이 널리 사용된 것은 사실 프랑스 혁명

때부터였다. 이 분야에선 낡은 관습에 집착하는 직인의 보수성을 짚고 넘어가지 않을 수 없다. 현실적으로 산술 기법의 합리화는 기술적 측면의 필요성에 앞서 상품경제의 발전에 의해 진전되고 있었다. 그 점에 대해선 다음 장에서 상세히 살펴보도록 하자.

15·16세기 전쟁 기술의 변혁과 화폐경제의 확대는 서유럽에서 광산업의 발전을 촉진시켰다. 이로 인해 야금술과 시금법에 대한 서적이 다수 빛을 보게 됐다. 16세기 초기 독일의 광산업·야금업에 관한 소책자(팸플릿) 그리고 비링구초·아그리콜라·에르커 등의 저서가 대표적이다. 넓은 의미의 응용화학으로 보자면, 여기에 브룬슈비히의 증류법 서적이나 로세티의 염색술 서적을 포함시킬 수 있다. 16세기의 야금술과 시금법, 염색술의 기술자들은 길드 내부에 꼭꼭 숨겨 두었던 비전으로서 기술을 자신들의 언어로 적극 공개하고 나섰다. 그 배경에 대해선 파멜라 롱의 다음과 같은 지적이 적확하다 하겠다.

> 그들(16세기 광산업·야금업 분야의 저술가들)은 지식은 공개돼야만 한다고 생각했다. 이것은 부富는 긍정해야 할 선善이며, 광산 투자는 가치 있고 권장할 만한 일이라고 본 근대 초기 광산업·야금업 부문의 자본주의적 신념과 밀접한 연관이 있다. 그들은 또 높은 생산성을 확보하기 위해선 명확한 기술 용어와 공정에 대한 알기 쉬운 설명, 주의 깊은 측정과 정직하고 정확한 시금 그리고 현장의 실천적 기술이 모두

필요하다고 봤다. 그들은 연금술을 비판했지만, 이는 [금속의] 변성과 관련한 게 아니라 공개성, 정직성, 생산성의 관점에서 비판한 것이었다. 그들은 또한 직인의 비밀주의도 비난했다.[62]

이들 서적은 기술자들에게 여러 화학변화의 처방이나 화학반응의 양상을 분명히 제시해 주는 것이었다. 이를 통해 그 내용은 근대 화학의 형성으로 이어졌다. 실제 "비링구초, 아그리콜라, 에르커의 뛰어난 기술記述은 사실에 근거해 정확했으며, 이론적 틀에는 거의 좌우되지 않은 채 화학철학이 완전한 변혁을 거치기까지 거의 2세기에 걸쳐 유용하게 사용됐다". 이는 『피로테크니아』와 『광석과 시금』의 역자인 스탠리 스미스가 에르커의 책 서문에서 지적한 것이다.p.xv

특히 시금법의 경우 "16세기에 시금법 이상으로 진보했던 응용과학 분야는 존재하지 않았다"고도 한다.[63] 기술적인 면에선 역시 스탠리 스미스가 말한 것처럼, "에르커 이후 3세기에 걸쳐 시금 기술에 기본적인 변화가 없었고, 오늘날에도 금광석이나 은광석의 시금은 거의 그의 책에 나온 대로 도가니, 회분 접시 또는 주형을 사용해 행하고 있다"는 것이다.p.xvii 근대 화학은 한편으론 연금술의 전통으로부터, 다른 한편으론 16세기 야금술·시금법, 나아가 염색술이나 의화학이 남긴 방대한 지식과 기술로부터 탄생했다. 물질과 화학반응과 관련해 연금술이 발견한 지식이나 기술은 분명 큰 비중을 차지한다. 그러나 "연금술사들과 달리 시금 기술자는 자신들의 방법을 누구라도 알 수 있는 말로 기록했고, 또한 철저하게 정량적이었다."[64] 이런 의미에서 근대 화학의 형성에서 야금술과 시금법의 영향은 연금술보다도 직접적이었다.

　이와 동시에 철학적 고려에 얽매이지 않고 오로지 유용성의 관점에서 연금술의 기술을 적극 평가하고 수용했던 것도 이들 기술자였음을 잊어서는 안 된다. 그 뒤 연금술이 쇠퇴한 것은 그 내용이 부정됐기 때문이 아니다. 그보다는 이 시대에 이르러 많은 사람들이 읽을 수 있는 속어와 누구라도 이해할 수 있는 언어로 쓰인 기술서들이 출현한 것이 더 큰 영향을 미쳤다. 이 책들이 나옴으로써 그때까지 비밀주의를 통해 지탱되던 연금술은 그 존재 이유를 상실하고 만 것이다.

　비링구초를 비롯한 저자들은 물론이고 현장 기술자들도 직접적으로는 생산성 향상을 목표로 기술적이고 개별적인 노하우를 확인하고 개량하려고 노력했다. 그들의 노력은 가설을 검증하거나 일반 법칙을 도출하기 위한 것이 아니었다. 그런 의미에서 그들이 예컨대 실험이나 측정을 했다고 해도 그 방법이 아직은 근대 과학적 방법 그 자체는 아니었을지 모른다. 하지만 이 같은 기술적 고찰이 근대 실증과학적 방법의 기원의 일부가 됐음은 분명하다. 특히 야금술과 시금법은 정밀한 정량적 측정의 중요성을 강조하며 '계량과 측정의 정신'을 심어 주었다. 이것은 나중에 분석화학으로 계승돼 갔는데, 그 의의는 매우 크다.

　그럼에도 불구하고 정량적 측정이 지닌 커다란 의의는 지금까지 과학사, 특히 화학사에서 그다지 중요시되지 않는 경향이 있었다. 그런 의미에서 야금술의 역사에 해박한 스탠리 스미스의 다음과 같은 소견은 매우 설득력이 있다. "에르커나 초기 시금업자(분석 기술자)가 쓴 책을 살펴보면, 그들의 중요성을 화학사 연구가들이 충분히 강조하지 않았다는 인상을 받는다. 그들은 수치적 데이터를 제공했다. 그들이 정확한 측정의 습관을 확립하지 않았더라면 근대 과학은 탄생하지 못했을 것이다. 그런 점에서 그들은 관측천문학자와 동등한 평가를 받아야 마땅하다."p. xv 어쨌든 정량적 측정의 중시라는 기술 세계에서의 '수량화 혁명'은 16세기 수학혁명을 탄생시킨다. 바로 상업 부문에서 발전한 계산술로부터 16세기 대수학의 비약적 발전이 이뤄진 것이다. 이 점은 다음 장에서 보기로 하자.

　어쨌든 이상에서 본 것처럼 광산업, 야금술, 시금법에서 일어난 기술적 발전은 아카데미즘과는 전혀 인연이 없는 기술자들의 실천 속에서 탄생했다. 특히 기술자가 직접 펴낸 책인 비링구초의 『피로테크니아』, 에르커의 『광석과 시금』, 로세티의 『염색기술집』은 학술 언어인 라틴어가 아니라 속어로 쓰였다. 이 같은 점에서 16세기 학문 세계의 대규모 지각변동을 읽을 수 있을 것이다. 그런 변화는 17세기 이후 과학혁명의 기반을 형성했다.

제5장

상업수학과 16세기 수학혁명

| 고대 그리스에서 중세 전기까지

17세기 과학혁명에 앞서 16세기의 과학 전반을 조감할 때 수학, 특히 대수학의 발전을 그냥 지나칠 수는 없다. 중세 후기부터 이 시기까지 수학사에 관한 논문집인 『수고본부터 인쇄에 이르기까지의 수학 — 1300~1600년』에는 '수학은 무슨 이유로 16세기에 이륙하기 시작했나'를 주제로 한 논문이 수록돼 있다. 저자 제럴드 위트로Gerald James Whitrow는 "수학사의 커다란 수수께끼 가운데 하나는 우리들이 오늘날 알고 있는 것과 같은 내용이 어떻게 16세기가 돼서야 발전하기 시작했는가에 있다"고 문제의식을 설정했다. 그리고 "이는 과학혁명이 본격화하기에 앞서 일어난 것이며, 16세기 수학혁명은 과학혁명의 일종의 전초로 볼 수 있다"고 주장했다.[1] 17세기 과학혁명을 준비한 대수학(방정식론)의 비약적 발전이 16세기에 나타났다는 것은 수학사에선 주지의 사실로 여겨지는 듯하다.

그런데 중세 말기에서 르네상스에 걸쳐 서유럽에서 가장 일찍, 그것도 가장 많은 교과서가 속어로 쓰인 분야가 바로 계산술과 대수학이었다. 실제 0(제로)을 포함한 인도·아라비아 수학의 사용을 근대 수학의 시발점이라고 본다면, 근대 수학은 '실로 놀랍도록'[2] 속어 서적을 통해 발전했던 것이다. 당시는 대학에서 라틴어와 라틴 수학이 압도적으로 지배하던 시대였음을 감안하면 '실로 놀랍도록'이라는 표현의 의미를 이해할 수 있을 것이다. 이 서적들은 상업수학 교과서로 아카데미즘의 영역 바깥에 머물던 독자 ─ 상인이나 직인 그리고 그 도제들 ─ 를 대상으로 만들어졌다. 르네상스기에는 예술가나 직인들이 기하학을 열심히 연구한 반면, 상인들은 계산술을 의욕적으로 연구하고 있었다. 그 상업수학의 보급이야말로 16세기 대수학의 비약적인 발전을 불러왔다. 먼저, 그 원천을 찾아보도록 하자.

고대 그리스에서 꽃피웠던 철학과 수학은 서로마제국 붕괴 이후 사실상 소실되고 만 셈이었다. 극소수만이 라틴어로 번역돼 수도원에 보관됐을 뿐이다. 헬레니즘 시대의 수학은 기하학의 비중이 컸기 때문이기도 했지만, 산술이라고 해 봤자 보이티우스Boethius, 470/475?~524?의 빈약하기 짝이 없는 『산술Arithmetica』이 거의 전부였다. 이 책도 기원후 100년경에 나온 니코마코스Nikomachos의 『산술 입문Introductio Arithmeticae』을 사실상 초역했거나 요약한 데 불과했다.

그리스 철학자들은 수의 과학을 단순한 계산 기술과 구별했다. 그리고 전자만을 학문의 대상으로 생각했다. 따라서 실용으로서 계산 기술을 경시했다. 플라톤은 『국가Politeia』에서 수를 '이데아로 인도하는 것'으로 파악했다. 또 '수의 학문'을 배우는 것은 "무역 상인이나 소매 상인으로서 거래를 위해 공부하고 연마하는 것이 아니라 … 영혼 그 자체의 생성계로부터 진리와 실재를 향해 쉽게 나아갈 수 있도록 하기 위해"라고 서술했다.525BC 원래 플라톤이든 플라톤의 영향을 받은 피타고라스든, 또는 후기 알렉산드리아 시대의 신플라톤주의자들이든, 수와 관련한 그들의 학문은 지금 시각으로 본다면 수학이라기보다 철학에 가까웠다. 로마제국 붕괴기에 나온 보이티우스의 책 또한 실용적인 계산 기법을 논한 것이 아니었다. 매우 초등적인 계산 이외에는 플라톤이나 피타고라스의 철학에서 다뤄진 수의 학문, 즉 수의 형이상학을 논한 책이었다. 알렉산드리아에선 이와 별도로 문제의 해법을 중시하는 디오판토스Diophantos의 대수학이 기원후 3세기에 등장했다. 하지만 서유럽에선 15세기 레기오몬타누스Regiomontanus나 16세기 봄벨리Rafael Bombelli, 시몬 스테빈Simon Stevin이 등장할 때까지 그 같은 대수학의 영향은 찾아볼 수가 없다.

    로마제국은 그리스 수학에 사실상 아무것도 더 얹어 준 게 없다. 그리고 제국 붕괴 후 서유럽에는 그리스 수학의 잔해만 남았는데, 이것조차 그리스도교 이데올로기에 물들어 갔다. 그 결과 실용성에서 더욱 멀어졌다. 그 실례를 7세기 이시도루스Isidorus의 『어원Etymologies』에서 찾을 수 있다. 이 책의 제3권에는 "수의 학문을 등한시해서는 안 된다. 성서의 많은 부분에는 분명히 수많은 수수께끼가 감춰져 있기 때문이다"고 나온다. 여기에서 "수에 능통하지 않으면 성서 속에서 전의적轉義的이고 신비적으로 서술된 많은 부분을 이해할 수 없다"고 말한 로마제국 말기의 교부 아우구스티누스의 직접적인 영향을 발견할 수 있다.[3] 이처럼 수는 우리들 현대인의 이해와는 전혀 다른 관심에서 다뤄지고 있었다. 그 가운데서도 가장 산술다운 논의를 할 때조차 수를 짝수와 홀수로 분류하거나, 인수의 합이 원래의 수와 같아지는 수인 '완전수'를 정의하는 정도였다. 이는 수론數論으로 불리는 분야에 속한다. 그러나 그 기본적 스탠스는 개개의 수가 스스로 지닌 형이상학적 또는 신비적 의미를 추구하려는 것이었다. 예를 들어 6은 완전수(6=1×2×3=1+2+3)이자 하느님이 천지창조에 걸린 일수로서, 그 자체가 특별한 가치와 의미를 지닌다고 여겨졌다. 마찬가지로 3은 삼위일체의 수, 10은 십계의 수라는 의미가 부여됐다. 하지만 이런 식의 논의에서는 근대적 산술이 태어날 수가 없다. 근대적 수학으로서 산술은 개개의 수가 저마다 지닌 고유의 의미나 가치를 따지는 것이 아니라, 오히려 수와 수가 서로 결합해 형성하는 관계를 고찰하는 데서부터 시작하기 때문이다.

학교 교육에서도 애당초 수학은 별 비중이 주어지지 않았다. 유럽에서 수학 교육의 부흥은 8세기 말 브리타니아와 히스파니아를 제외한 서유럽을 통일한 샤를마뉴Charlemagne, 카를 대제 742~814가 앨퀸Alcuin, 735~804, 앵글로색슨족의 인문주의를 서부 유럽에 소개한 중세 영국의 교육자_역주의 협력을 얻어 추진했던 개혁에서 시작한다. 이렇게 9세기 이후 교회나 수도원에 부속학교가 설치되기에 이르렀다. 그러나 당연한 얘기지만, 이곳에서의 교육은 종교색이 짙었다. 앨퀸의 교육에서는 찬송가나 라틴어가 중시됐다. 산술에 대해서는 매년 변하는 부활제의 날짜를 정하기 위한 역산曆算, computus을 제외하고는 대체로 경시하는 분위기였다.[4]

변화는 이슬람 사회와의 접촉에서 시작됐다. 그 선구자가 10세기 오리야크의 제르베르Gerbert d' Aurillac, 945경~1003다. 나중에 랭스의 주교 관할 학교에서 교편을 잡았고, 만년에는 실베스테르 2세로서 교황이 된 인물이다. 이탈리아 반도의 이슬람 사회에서 아라비아 수학을 배웠다고 전해지는 그는 당시 쓰기 불편하던 라틴 숫자 대신 인도·아라비아 숫자를 도입했다. 지금 생각하면 초등적인 수준이지만 그래도 그의 계산 방법에 당시 유럽인들은 눈이 휘둥그레질 정도로 놀랐다. 이 때문에 그가 사망한 직후 "이슬람의 마술사에게 금단의 마술을 배워 왔다"는 말이 나돌았다. 제르베르는 그만큼 시대를 앞서 갔던 것이다. 필경 "(당시의) 유럽에선 수학을 발전시킬 준비가 아직 돼 있지 않았다"고 해야 할 것이다.[5]

유럽인이 다음으로 아라비아 산술을 알게 된 것은 아라비아어로 옮겨져 이슬람 사회에 축적돼 있던 고대 그리스 철학·과학 서적들을 라틴어로 번역하는 운동 ― 12세기 르네상스 ― 이 일어나면서였다. 이때 9세기의 이슬람 수학자 알 콰리즈미Al Khwarizmi가 쓴 계산술과 대수학 서적 『알 자브르 발 무카발라Al-jabr wa al-muqabala』도 라틴어로 번역됐다(라틴어 번역본은 『알지브라와 알무카발라의 책』). '알 자브르'란 음陰의 항이 있을 때 양변에 양陽의 항을 더해 음수를 없애는 것을 가리킨다. 즉 음의 항을 이항하는 것이다. 그리고 '알 무카발라'는 양변에 있는 같은 항을 소거하는 것을 의미한다. 이는 초등 대수학, 특히 2차 방정식의 해법을 논한 것이다('알 콰리즈미'가 알고리즘alogorism, '알 자브르'가 대수학algebra의 어원이 됐다는 것은 잘 알려진 사실이다). 알 콰리즈미의 수학은 고대 그리스에서 유래한 것이 아니라 인도의 수학에서 강한 영향을 받아 이슬람 사회에서 형성된 것이었다. 이것은 특히 상속이나 상거래와 같은 구체적인 현실 문제를 다룰 경우 그리스 수학과는 근본적 차이를 보였다. 아직 농경 사회에 머물던 유럽과 달리 상업 사회로 발전한 이슬람 세계에서는 상업수학이 발전했다. 중세 이슬람 철학자 이븐 할둔 Ibn Khaldun, 1332~1406의 『역사서설Muqaddimah』에는 수학은 산술과 기하학과 음악과 천문학으로 구성돼 있으며, 산수의 분과에는 산술, 유산 분할법, 거래 산술이 있다고 나온다.[6] 여기에서 알 수 있듯이, 이슬람 사회에서 수학은 실제적이고 실용적이었다.

12세기부터 13세기에 걸쳐 유럽의 여러 도시에 잇따라 창설된 고등교육기관인 대학들은 그 시대의 번역 운동 과정에서 유럽으로 유입돼 들어온 고대 그리스나 이슬람의 철학과 과학을 흡수·계승하는 기능을 담당했다. 특히 당시 재발견된 아리스토텔레스 철학은 수많은 대학인의 마음을 사로잡았다. 그러나 이들 대학이 알 콰리즈미의 책이나 아라비아 수학을 열심히 연구했다는 흔적은 보이지 않는다. 기껏 나온 것이 13세기 중반 인도·아라비아 숫자를 사용한 산술서 『통속 알고리즘Algorismus vulgaris』 정도다. 사크로보스코 Sacrobosco, 즉 홀리우드의 존John of Holywood이 쓴 이 책도 보이티우스의 영향을 강하게 받은 것으로 실용성은 부족했다.[7]

중세 전기의 그리스도교 사회 역시 영리를 목적으로 하는 상업을 죄악시했다. 부자가 천국에 들어가는 것은 낙타가 바늘구멍을 통과하는 것보다도 어렵다고 여기고 있었다. 6세기 카시오도루스 Cassiodorus의 다음과 같은 상인 비판은 강렬하기까지 하다. "상업이란 싸게 사서 비싸게 파는 것 이외에 아무것도 아니다. 그렇기 때문에 상인이란 세상에서 없어져야 할 무리들이다. 하느님의 정의를 전혀 생각하지 않은 채, 터무니없는 물욕에 사로잡혀 거짓말로 상품을 제값보다 비싸게 팔아먹는 사람들 말이다." 이는 오구로 슌지大黑俊二의 『거짓과 탐욕 — 서구 중세의 상업과 상인관』에서 따온 인용이다. 이 책에 따르면, 상업을 그토록 전면적으로 부정하는 자세는 12세기 중반을 분수령으로 조금씩 완화됐다. 정당하게 번 것이라면 — 탐욕에 빠지지만 않으면 — 상업의 필요성을 인정하는 쪽으로 사회 분위기가 바뀌어 갔다는 것이다.[8] 그러나 이윤 추구가 영혼의 구원에 유해하다고 보는 그리스도교의 기본 입장은 변하지 않았다.[9] 아리스토텔레스 철학을 그리스도교 신학에 도입해 스콜라학을 일궈낸 13세기의 토마스 아퀴나스 Thomas Aquinas도 시민이 상업에 관심을 가지면 "시민들의 마음에 탐욕이 전파되고 … 공익이 무시돼 저마다 사욕을 채우려고 한다"[10]고 했다. 상업 기술로서 수학을 적극적으로 배우고 가르치려는 자세는 찾아볼 수 없는 것이다.

어쨌든 대학은 실용적인 것을 경시했으며, 돈 버는 일이나 돈 계산을 목적으로 하는 학문을 인정하려 하지 않았다. 그런 한에서는 상업수학의 색채가 짙은 아라비아 세계의 수학이 그 시대 유럽의 대학에 뿌리내릴 수 없었다.

| 피보나치 — 피사의 레오나르도

투철한 이론과 명확한 목적의식을 지닌 아라비아 세계의 수학을 유럽에 소개한 것은 13세기의 피보나치(Fibonacci, 보나치의 아들이라는 뜻), 즉 피사의 레오나르도 Leonardo da Pisa, 1180경~1250이후였다. 그는 중세 수학사에서 하늘을 찌를 듯 우뚝 솟은 탑과 같은 존재다. 그가 수학에 눈을 뜬 것은 알제리의 부기아(지금의 부지)에 파견돼 피사에서 온 상인들에 관한 일 — 아마도 무역관이나 영사관 업무 — 을 하던 그의 아버지가 아들을 상인으로 키우려고 이슬람 선생 밑에서 배우게 했던 데서 시작한다. 그 뒤 피보나치는 이집트, 시리아, 그리스, 시칠리아를 여행하며 상인으로서 필요한 지식을 쌓았다.[11] 당시 동서 교역로였던 지중해에 돌출한 이탈리아에는 북방의 서유럽 국가들에 비해 도시 문화가 발전해 있었다. 베네치아, 피렌체, 밀라노, 피사 등 각 도시에서는 상업·금융업·수공업이 성행했다. 그리고 이 지역의 상인들은 아프리카와 소아시아의 이슬람권까지 무역을 확대하고 있었다. 피보나치도 그런 상인의 한 사람이었다고 짐작된다.

피보나치는 상업에 종사하는 틈틈이 열심히 수학을 배워 아라비아 수학에 정통하게 됐다. 귀국 후 1202년 그 시대 상업수학을 총괄한 대백과사전이자, 중세 유럽을 통틀어 손꼽히는 걸출한 저작물인 『계산판에 대한 책 Liber abaci』를 출판했다. 전체 15장, 459항으로 구성된 이 책의 첫머리는 "인도의 9개 숫자는 9, 8, 7, 6, 5, 4, 3, 2, 1이다. 이들 9개의 숫자와 아라비아에서 제피룸 zephirum이라고 부르는 기호 0을 가지고 다음과 같이 임의의 숫자를 표시할 수가 있다"[12]고 시작한다. 인도·아라비아 숫자의 도입을 설명한 것이다. 제1장부터 제7장까지는 정수와 분수의 계산법이 0(제로)을 포함한 인도·아라비아 숫자와 십진법으로 전개돼 있다.

0부터 9까지 10개의 수를 이어 씀으로써 아무리 큰 수도 정확하고 자유자재로 표현할 수 있는 단순하고 편리한 10진법은 원래는 인도에서 유래한 것이다. 이것이 유럽에 전해진 것은 이미 12세기 알 콰리즈미의 책이 번역되면서였다. 그러나 당시의 번역자나 독

그림 5.1 산판으로 계산하는 사람.

자들은 그 중요성 — 그리고 라틴 숫자와의 원리적 차이점 — 을 깨닫지 못했던 것 같다. 특히 대학에서뿐 아니라 역산이 중요한 비중을 차지했던 그리스도교회에선 라틴 숫자와 산판算板을 사용한 불편한 구식 계산법을 계속 쓰고 있었다〔산판은 몇 줄의 평행한 선을 그은 판 위에 작은 돌이나 구슬을 배열해 셈을 하는 계산판이다. 그림 5.1 동양의 주판과는 다르므로 산판으로 부른다〕. 이에 반해 피보나치는 인도·아라비아 숫자의 유용성을 확신하고 아라비아 상업수학이나 대수학과 함께 그 사용법을 완벽하게 익혔다. 『계산판에 대한 책』제8장부터 11장까지는 상업과 관련된 문제를 설명하는 데 지면을 할애하고 있다. 인도·아라비아 숫자의 사용, 상업수학에 대한 관심,

계산 기술과 실용성의 중시가 이 책의 특징이다. 그리고 바로 이것이 '수도원이나 대학 학자들의 협소한 한계점을 근본적으로 초월한 수학적 방법의 진보'[13]를 촉발하게 된다.

또한 라틴어로 쓰인 『계산판에 대한 책』의 원제는 Liber abaci(아바코의 책)다. 아바코abaco(이탈리아어로 abaco 또는 abbaco, 영어로는 abacus)는 좁은 의미로는 산판을 가리킨다. 그러나 당시 abaco는 넓은 의미에서 산판과는 상관없이 실제적 응용, 특히 상업을 목적으로 인도·아라비아 숫자를 사용한 계산 기술 그 자체를 가리키는 말로도 사용됐다.[14] 피보나치의 저서명에서도 이처럼 넓은 의미로 쓰이고 있다. 마찬가지로 이탈리아어로 maestro d'abaco(아바코 장인)라고 하면 상업수학·실용산술을 가르치는 교사를 뜻한다. 이 같은 계산 이론에 대해서는 통상 '산술(라틴어=arithmetica, 이탈리아어=aritmètica)'이라는 표현이 사용되고 있었다. 당시 '산술'이라고 하면 대학에서 가르치던 '사과四科'의 하나인 수론의 경향이 강한 이론을 지칭했다. 실용적 계산 이론과는 조금 다른 것이었다. 그런 이유로 다음에는 넓은 의미의 abaco를, 앞에서 인용한 이븐 할둔의 용어를 본떠 '산수'라는 말로 옮긴다. 그리고 이탈리아어 scuola d'abaco(또는 bottega d'abaco)나 maestro d'abaco는 '산수교실'과 '산수교사'로 옮기기로 한다.

수학사의 견지에서 보면 피보나치의 책은 최초의 회귀 수열인 피보나치수열을 도입했고, 대수학을 논의했다는 점에서 주목된다. 대수학은 제15장에서 다루고 있다. 대수학이란 미지의 수를 도입해 문제를 방정식으로 환원하는 것을 의미한다. 예를 들어 "10을 어떤 관계를 충족시키는 두 부분으로 분해하라"는 문제를 풀기 위

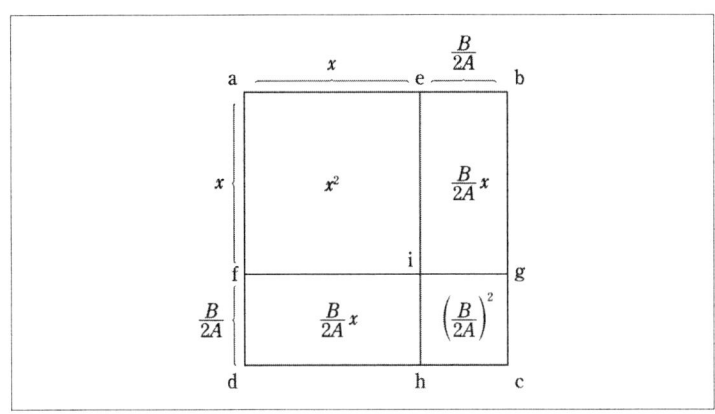

그림 5.2 피보나치가 구한 2차 방정식의 기하학적 해법.

해 피보나치는 "작은 부분을 하나의 레스, 또 다른 한 부분을 10 빼기 레스로 하라"고 지시하고 있다. 원래 '레스res'는 '물건'을 의미하는데, 여기서는 미지수를 가리킨다(같은 의미로 때로는 '근radix'이라고도 한다). 이에 따라 그의 이 해법은 미지수를 x로 두고 10을 x와 $10-x$로 나눠, 문제에 지정된 관계를 방정식으로 나타내는 것이다. 그는 또한 미지수res의 멱을 '제곱census 또는 quadratus'으로 불렀다. 예를 들어 2차방정식 $x^2+10x=39$를 "근의 제곱과 그 10배의 합은 39와 같다(Census et decem radicus equantur 39)"고 표현했다. 대수학의 발전을 '수사대수' → '생략대수' → '기호대수'의 3단계로 파악한 19세기 독일의 수학사가 네셀만G. H. F. Nesselman의 분류[15]에 따르면, 피보나치의 대수학은 대수기호를 사용하지 않은 '수사대수'의 단계였다.

그리고 그는 현대식 표기법으로 다음 방정식의 해를 제시했다.

$$ax^2=bx,\ ax^2=b,\ ax=b,\ ax^2+bx=c,$$
$$ax+c=bx^2,\ ax^2+c=bx$$

이들은 현대적으로 다루면 $Ax^2+bx+c=0$ 하나로 정리할 수 있다. 그런데 피보나치는 마이너스나 0의 계수를 인정하지 않았으므로 이들을 모두 다른 방정식으로 간주했다. 마찬가지로 그는 마이너스나 0이 되는 해도 인정하지 않았다. 따라서 $ax^2=bx$의 해는 b/a뿐이며 0은 안 된다는 것이다. $ax^2=b$의 해는 $\sqrt{b/a}$뿐이며 $-\sqrt{b/a}$는 아니다.

또한 그의 방정식의 해법은 기하학적이다. 일반적으로 $Ax^2+bx+c=0$의 해를 정리하자면 다음과 같은 순서로 할 수 있다. 그림 5.2처럼 정사각형 $abcd$의 변 ab, ad의 일부 ae, af의 길이를 x라고 하고, 나머지 부분 eb, fd의 길이를 $B/2A$로 한다.

정사각형 $aeif$의 넓이$=x^2$
직사각형 $ebgi$의 넓이$=$직사각형 $fihd$의 넓이$=Bx/2A$,
정사각형 $igch$의 넓이$=(B/2A)^2$,
∴ 정사각형 $abcd$의 넓이$=x^2+2(B/2A)x+(B/2A)^2$
$$=(C/A)+(B/2A)^2$$
∴ 변 ab의 길이$=\sqrt{(C/A)+(B/2A)^2}$

이를 통해 해는 다음과 같이 된다.

$x=ae$의 길이$=(ab$의 길이$)-(eb$의 길이$)$

$$= \sqrt{(C/A)+(B/2A)^2} - B/2A$$

더 복잡한 문제도 이렇게 2차 방정식의 기본형으로 귀착시킴으로써 풀 수 있다.[16]

피보나치는 또 1225년에는 『플로스Flos』와 『제곱수에 대한 책Libre Quadratorum』을 완성했다. 그는 3차 방정식의 해의 일반적 해법을 기술하지는 않았지만, 『플로스』에 3차 방정식 $x^3+2x^2+10x=20$의 근삿값이 60진법의 소수小數인 1;22, 7, 42, 33, 4, 40으로 써 놓았다. 이를 십진법 소수로 표기하면 1.3688081075…인데, 실제로 열 자릿수까지 정확하다. 그러나 그 정도의 계산 능력을 지녔고, 게다가 60진법 소수를 사용하던 피보나치도 10진법 표기가 정수와 똑같이 소수를 표기할 때도 확대 적용될 수 있다는 점에는 생각이 미치지 못했다.

피보나치의 이런 한계가 극복되는 데는 3세기 남짓한 시간이 필요했다. 다시 말해, +(플러스), −(마이너스), =(등호)이라는 기호가 도입된 것도, 수사대수로부터 생략대수로 발전한 것도, 방정식을 기하학에 의존하지 않은 채 다룰 수 있게 된 것도, 0이나 음수의 해가 인정된 것도, 10진법 소수가 도입된 것도, 모두 다음에 살펴보듯 16세기에 일어난 일들이다.

뒤집어 말하면, 피보나치의 책은 그 정도까지 시대를 초월했던 것이다. 쿠르트 포겔Kurt Vogel이 『과학자 전기 사전』에 쓴 글에는 "피보나치와 함께 서양 수학의 신기원이 시작된다"고 나온다. 또 판 데어 베르덴van der Waerden은 자신의 학술이론사 저술인 『대수학의 역사 A History of Algebra』에서 포겔의 평가를 "절대적으로 옳다"고

지지하고 있다.[17] 그러나 이는 현대의 시점에서 본 판단이며, 동시대인은 그렇게 보지 않았다. 특히 당시 아카데미즘의 세계에서 피보나치의 평가는 낮았다. 대학에선 거의 무시당하고 있었다. 적어도 피보나치의 책은 대학의 수학 교육에는 영향을 주지 못했다. 피보나치의 『계산판에 대한 책』은 1228년 개정판이 나왔으나 처음 인쇄된 것은 그로부터 실로 650년이 지난 1857년이었다.

참고로 피보나치의 『제곱수에 대한 책』은 상업수학과도, 수의 형이상학과도 거리가 멀었다. 17세기 페르마Pierre de Fermat의 연구로 이어지는 순수수학으로서 수학서였다. 파치올리Pacioli가 1494년 출간한 『산술집성』에는 언급돼 있지만, 그 뒤엔 세상에서 사라졌다. 이 책의 수고가 밀라노의 도서관에서 발견돼 그 라틴어 텍스트가 인쇄된 것 역시 1862년이었다.

당시 지식인들 사이에서 피보나치가 무시당했던 이유로는 대학 수학 교육의 수준이 너무 낮았다는 점을 들 수 있다. 또 피보나치의 책이 "보수적인 대학에겐 너무 앞서 가는 것이었다"[18]는 점도 이유 중 하나였다. 덧붙여, 중세부터 르네상스기에 걸쳐 지식인 세계에서 수학에 대한 관심은 오로지 신플라톤주의를 배경으로 한 철학적 ― 그보다는 오히려 신비적 ― 인 것이었다는 점도 작용했으리라 생각된다. 아카데미즘 세계는 실용수학·상업수학을 애초부터 얕잡아 보았다. 아니, 원래부터 학문적 대상으로 간주하지도 않았던 것이다.

| 이탈리아의 산수교실과 산수교사[19]

피보나치는 이슬람 사회의 계산법과 대수학, 특히 인도·아라비아 숫자의 사용과 십진법 표기에 근거한 계산법을 유럽에 소개했다. 그런데 이를 최초로 수용한 것은 상인이나 직인 자녀들을 위한 학교가 발전해 있던 14·15세기 이탈리아의 도시국가들이었다.

북이탈리아 도시국가는 14·15세기 서유럽에서 가장 강력한 경제력을 지니고 있었다. 르네상스에 대한 연구서들은 그 이유로서 '중세 십자군의 보급 물자를 공급하면서 얻은 이익'과 함께 '선불 금융, 무역 어음, 항해 자금 융자, 투기, 화폐 가격의 유지 기술, 민간 교통 통신 수단의 발달, 부기학의 탄생'을 들고 있다.[20]

틀린 말은 아니다. 하지만 그 같은 고차원적 상업 기술의 발달은 상인이 상품을 짊어지고 외국을 여행하는 '편력 상업'에서 도시에 정주하면서 무역 어음을 사용해 원격지 대리인에게 지급을 의뢰하는 '정주 상업'으로 이행하는, 이른바 '13세기 상업혁명'이 몰고 온 결과였다.[21] 이렇게 해서 신흥계급으로서 도시 상인이 형성됐다. 이와 동시에 기업 규모가 커져 14세기에는 유럽 각지에 지점망을 지닌 공동 경영 조직이 널리 세워졌다. 인적 능력과 자본을 집중시키기 위해 혈연의 한계를 넘어선 상회compagnia는 중세 이탈리아 상인의 아이디어로 나왔다고 한다. 여기엔 문서에 의한 계약이 불가결한 요소다. 이렇게 문서에 의한 의사 결정이나 거래가 점점 널리 보급됐다. 이 과정에서 정확한 정보 전달, 기장에 의한 상품과 회계의 엄격한 관리, 통화의 환전, 이익과 그 배분에 대한 꼼꼼한 계산이 중요한 문제로 떠올랐다. 이에 따라 상인에게 읽고 쓰는 능력과 계산 기능이 필요 불가결한 요소가 된 것이다.[22]

피렌체 북부 도시 프라토의 다티니Datini 상회는 14세기 말부터 15세기 초반까지 20년간 실로 12만 통이 넘는 편지 형식의 거래서와 500권 이상의 회계부와 그 원장을 남기고 있다.[23] 이 상회의 경우 우연찮게 그런 문서들이 오늘날까지 남아 있었기에 주목을 받고 있지만, 그 시대 다른 상회들도 모두 그에 못지않은 규모의 문서를 작성했으리라 추측된다. 이렇게 하여 '문자의 일상적인 사용이 시민 문화의 기초를 형성한다'는 점에서 상인은 '문서의 전문가'로서 '실천적 지식인'이 된 것이다.[24] 즉 "상업혁명에 의해 태어난 정주 상인은 유럽 사회에서 사회적·정치적으로는 물론, 지적으로도 새로운 하나의 계급을 형성했다" E. p. 56 그들이 자신의 후계자인 자녀들에게 필요한 교육을 시키기 바란 것은 자연스러운 귀결이었을 것이다.

그런데 초등교육을 위한 학교들은 샤를마뉴의 칙령 이후 수도원에 설치됐다. 이것은 나중에 고등교육기관으로서 교구성당부속학교, 나아가 대학의 창설로 이어졌다. 서유럽 교육제도는 이렇게 확충되었다. 그러나 수도원이나 교구에 속한 학교는 모두 교회의 영향 아래에 놓여 있었다. 기본적으로 성직자 양성이 목적이었으므로 라틴어와 그리스도교 사상이 교육의 중심을 이뤘다. 이에 비해 도시 시민층은 교회의 입김이 닿지 않는 실학을 중시하는 학교를 원하고 있었다. 원래 성직자에게 요구되는 금욕주의적 규범은 상인에겐 맞지 않는 것이었다. 현실적으로도 북이탈리아에서 1300년경에 이르기까지 교육에서 교회의 역할은 대폭 줄어들었다. 이를 대신해 도시 자치 정부(코무네)가 교육을 주도했다. 그 교육은 읽기·쓰기와 함께 상업을 위한 실용수학을 중시하는 것이었다.G. pp. 6-11

14·15세기 이탈리아의 여러 도시에는 일곱 살 정도에 입학해 10세에서 13세 정도가 될 때까지 알파벳과 속어의 읽기·쓰기 그리고 초급 라틴어를 배우는 '수습교실'이 있었다. 그 위에 '문법학교scuola di grammatica'와 함께 '산수교실bottega d'abaco'이 설립됐다. 문법학교는 성직자, 의사, 법률가, 공증인을 목표로 하는 소수 엘리트들을 위해 라틴어를 본격적으로 교육하는 기관이었다. 지배 엘리트나 유복한 대상인의 자녀들이 이곳에서 공부했다. 통상 여기에선 상업수학으로서 계산술은 가르치지 않았다. 이 문법학교를 나온 사람들 가운데 일정 수는 대학에 진학했다. 이에 비해 속어로 교육하는 산수교실은 상인이나 직인의 자녀들이 상업의 기초를 배우기 위한 학교였다. 수습교실을 마친 다음 2년쯤 다니는 학교였는데, 물론 수습교실에서 초급 라틴어 과정을 거치지 않고 산수교실에 바로 진학하는 경우도 많았던 것 같다. 레오나르도 다 빈치가 그랬다.[25] 상인이나 직인이 되는 데는 그 뒤 몇 년간의 현장 도제 수업을 거치면서 전문적 지식을 익혀야 했다.

피렌체와 같은 대도시에선 몇몇 산수교사가 저마다 개인적으로 교실을 열어 학생들을 모아 가르쳤다. 14세기 피렌체의 상인 조반니 빌라니Giovanni Villani의 기록에 따르면, 1338~1339년 피렌체에는 6곳의 산수교실이 있었는데 학생 수가 1,000명에서 1,200명이었다고 한다. 또 문법학교는 4곳이었으며, 학생이 550명에서 600명 있었다고 한다. 최근 연구에 따르면, 그 수는 처음부터 과장돼

액면 그대로 받아들이기는 곤란한 것으로 판명됐다.[26] 그러나 산수교실이 학생 수에서 문법학교를 앞섰던 것은 사실이다. 폴 그랜들러Paul Grandler의 『르네상스 이탈리아의 학교 교육Schooling in Renaisance Italy』에는 1480년 과세를 위해 작성된 피렌체 주민의 자산대장catasto 기록을 바탕으로 분석한 아동의 취학 상황표가 나온다. 이에 따르면 전체 취학 아동은 약 1,000명이다. 이 가운데 어느 학교에 다니는지가 불분명한 아동 약 400명과 재택 학습생 약 50명을 제외하면 수습교실에 다니는 학생이 300명(대부분 6세부터 13세), 산수교실의 학생은 약 250명(대개 10~15세) 그리고 라틴어 학교(문법학교)의 학생 수는 불과 23명(10~17세)의 비율로 돼 있다.G. p. 74f. 초등 수습교실을 마친 학생의 상당수 — 절반 이상 — 가 산수교실에 진학했음을 알 수 있다. 16세기가 돼서도 이런 경향에 변화가 없었다는 사실은 이미 서문에서 살펴본 대로다.

학생 수가 적은 소도시에선 산수교실이 시의 후원으로 설립되는 경우도 있는가 하면, 산수교실이 수습교실과 합쳐진 도시도 있었다. 물론 상인이 개인적으로 가정교사를 고용해 자녀를 교육하는 케이스도 적지 않았다. 어쨌든 상인이 수학 교육을 중시했다는 점은 분명하다. 산수교실의 출현은 또한 산수교사라는 새로운 직업과 이를 위한 교과서(산수서)를 낳았다. 이미 1265년 볼로냐에서 산수교사의 존재를 확인할 수 있고, 1277년에는 베로나의 코무네(자치정부)가 산수교사를 임명하고 있었다.G. p.5

이 교과서에 대해 좀 더 알아보자. 1300년부터 1500년 사이에 이탈리아에서 쓰인 126개 산수 교과서의 필사본 중 라틴어로 된 것은 겨우 두 개밖에 없었다. 이탈리아와 미국의 주요 도서관을 뒤진 판 에그몬트Van Egmond의 조사 결과다. 그는 또 '그 거친 표현과 여기저기 나오는 문법상의 오류'로 판단하건대, "교과서의 저자들은 문어체 표현에 대한 훈련이 부족했다"는 점을 특징으로 지적하고 있다. 덧붙여, 산수교실의 교사들은 "이 같은 언어 습관으로 미뤄 하층계급 출신임이 분명하다"고 그는 결론 내렸다.E. p.312 이 시대의 피렌체에서 상류계급이란 국제적 대상인이나 은행가, 교외에 토지를 보유한 봉건귀족의 후손들이었다. 또 중류계급의 상위층엔 제조업자와 상인이, 중류계급의 하위에는 상점주와 직인들이 있었다. 하류계급은 양모 노동자나 미숙련 노동자였다. 산수교사는 중류의 하위 계층에 위치했다.E. pp. 90~92 이와 마찬가지로 16세기의 이탈리아에서 직업적으로 수학과 인연을 맺고 있었던 사람들의 출신 성분을 조사한 연구에 따르면 대학의 교사는 대부분 대학교수, 도시의 상인, 은행가, 법률가, 의사 집안 출신이었다. 이에 비해 산수교실의 교사는 대부분이 직인의 자제로 구성돼 있었다.[27] 이처럼 사회적 계급이 역력하게 존재했는데, 산수교사는 사회적으로 직인이나 자영 소상인과 같은 레벨이었다.

이 점은 대학에서 가르치던 4개 학문의 하나인 산술과, 산수교실에서 가르치던 상업수학 사이의 커다란 간격을 고정화시키고 말았다. 엘리트를 위한 문법학교나 대학의 커리큘럼에는 상업수학이 포함되지 않았다. 당시의 많은 대학 교사들은 이들 산수교사들이 쓴 상업수학에 관심을 보이지 않았을 뿐 아니라 아예 깔보았다. 15세기 귀족이자 인문주의자인 피코 델라 미란돌라도 플라톤처럼 '신적인 산술divina arithmetica'을 우월한 존재로 치켜세웠다. 그는 이를 '최근 특히 상인들에게 매우 익숙한 기법'인 '상인의 산술mercatoria arithmetica'과 혼동하지 말아야 한다고 강조했다.[28]

그러나 상업수학은 산수교사의 교육과 그들이 만든 교과서에 의해 상인들 사이에 착실하게 보급되고 정착되었다. 실제 판 에그몬트는 1500년 이전에 나온 이 같은 산수교실용 교과서의 수고를 이탈리아에서 300개 가까이 발견했다.[29] 이들은 귀족들이 소중히 보관했던 호화 양장본과 달리, 학생이나 상인이 늘 옆에 두고 사용하던 교과서나 편람이었다. 아무렇게나 다뤄졌으므로 그만큼 분실된 것도 상당량 있을 것으로 짐작된다. 따라서 실제로는 이런 책들이 당시에 훨씬 많이 만들어졌을 것이다. 르네상스기 수학 서적에 대한 서지학사가 데이비드 스미스David Eugene Smith에 따르면, 1472년부터 1500년까지 인큐내뷸러(요람기 인쇄본) 시대만 따져 보더라도 이탈리아에서 이 같은 부류의 수학 서적이 실로 214점이나 인쇄 출판됐다고 한다.[30] 이 정도 분량의 책들이 나중에 영향을 미치지 않았다고 볼 수는 없다.

그중에서도 가장 초기의 것으로 피보나치의 『계산판에 대한 책』을 바탕으로 한 산수 서적들이 1290년에 나왔다.G. p. 308, E. p. 307 그 뒤의 책들도 모두 기본적으로 피보나치의 책을 원형으로 삼고 있다. 그리고 판 에그몬트의 조사에는 하나의 예외를 제외하곤 모두가 인도·아라비아 숫자를 사용하고 있다.E. p. 321 이렇게 상인의 세계에선 인도·아라비아 숫자와 아라비아 상업수학이 보급되고 정착돼 갔다.

당시 유럽에서는 아라비아의 새로운 기호와 숫자, 계산 체계를 옹호하던 산수가와 라틴 수학이나 산판 계산을 고집하는 산판가가 경합을 벌이고 있었다.그림 5.3 산판가는 제로 따위는 아무짝에도 쓸

그림 5.3 손 계산과 산판 계산의 경쟁. 그레고리우스 라이슈, 『마르가리타 필로소피카』 (1504) 중에서.

모없다며 산수를 바보 취급하였다. 그 같은 저항은 꽤 오래갔다.[31] 사크로보스코의 『통속 알고리즘』이라는 책을 통해 인도·아라비아 숫자가 대학에도 소개됐지만, 보수적인 대학에선 오로지 라틴 숫자와 산판이 주류를 이뤘다. 실제로 14세기 말 초서의 『캔터베리 이야기』에도 옥스퍼드 대학생의 소지품 가운데 '계산용 돌조각'이 나온다.[32] 영국의 한 역사가가 쓴 책에는 "엘리자베스 1세의 재무대신 발리 남작도 아라비아 숫자에 별로 밝지 못하다고 한다. 필시 엘리자베스 왕조 때 옥스퍼드에 다닌 대학생들도 대다수가 그럴 것이다"[33]고 나온다. 이것으로 미뤄 그 같은 상황은 잉글랜드에서 16세기까지 계속됐던 듯하다. 한편 1299년 피렌체의 환전상 조합Arte del Cambio에서는 규칙으로 인도·아라비아 숫자의 사용을 금지하고 있었다.[34] 당시 아라비아 숫자는 쉽게 고쳐 쓸 수 있다고 생각했기 때문이었다. 그러나 이 같은 규칙이 우정 만들어졌다는 사실은 거꾸로 북이탈리아 상업계에 새로운 기수법이 침투하고 있었음을 보여 준다. 실제 라틴 숫자보다 아라비아 숫자를 사용한 계산이 훨씬 빨랐다. 게다가 산판을 사용한 계산에 비해 손으로 계산하면 계산과 기록 작업이 하나로 통합되므로 검산도 용이해지는 큰 장점이 있었다. 특히 분수 계산이 실용화된 것은 아라비아 숫자를 사용한 덕분이었다. 그 뒤에도 산수교실에서 교육 받아 성장한 상인들은 광역 상업에 종사했다. 이에 따라 인도·아라비아 숫자와 이를 사용하는 계산 기법은 유럽 전역에서 라틴 숫자와 산판 계산을 내몰았다.

결국 서유럽에서 인도·아라비아 숫자가 보급되고, 산판 대신 손으로 계산하는 방법이 개량돼 널리 퍼진 것은 상업수학의 축적

덕분이었다. 이는 14·15세기 산수교실의 교사들이 갈고 닦아 교육했던 것이 쌓이고 쌓여 나온 것이었다. 나아가 베르너 좀바르트 Werner Sombart가 말한 '자본주의 정신의 하나의 중요한 요소'를 구성하는 '계산 능력'[35]을 심어 준 것도 바로 그 상업수학이었다. 그리고 이는 16세기 대수학의 발전 — 16세기 수학혁명 — 을 불러오게 된다.

| 상업수학에서 대수학으로

이들 산수 서적의 내용은 사칙연산(분수 계산을 포함한 가감승제)과 비례 계산이 주를 이뤘는데, 이를 수많은 예제로 설명하고 있다. 더하기와 빼기의 규칙은 책에 따라 그야말로 제각각의 방법이 나오는데, 이들 사이의 경합을 통해 결국 현재의 초등교육에서 가르치는 방법이 확립되었다고 여겨진다.

비례 계산은 당시 상업수학의 중심이었던 '3의 규칙 la regola del 3'으로 해를 구했다. 이는 "은 12온스가 4리라 10소르디인 경우, 은 34온스는 얼마인가", 일반적으로 말해 어떤 상품 α 분량의 가격이 a일 경우, β 분량은 얼마인가라는 문제의 해법이다. 오늘날엔 통상 단위량당 가격이 $e=a/\alpha$이므로, β 분량이면 $\beta e=\beta a/\alpha$로 구한다. 그러나 당시는 먼저 $\beta \times a$를 계산한 다음에 α로 나누라고 가르쳤다. 그 $\beta \times a$라는 양이 이해가 되지 않아, 이를 난해한 문제라고 생각했던 모양이다. 아마도 $\alpha : \beta = a : b$, 따라서 $\alpha \times b = \beta \times a$의 관계로부터 식을 구한 듯하다. 상업과 관련한 대부분의 문제는 이 규칙을 적용해 답을 구했다. 이 규칙은 매우 중요하게 여겨져 '황금률'로도 불렸다. 화폐나 도량형에 여러 종류의 단위가 함께 사용되던 시대였던 만큼, 비례 관계를 산출하는 것이 거의 모든 문제를 파악하는 기본 방식이었다.E. p.250

그리고 이들 산수 서적의 큰 특징은 구체적인 예제가 무척 풍부하다는 점이다. 예제는 상업 전반에 두루 관련된 것들이었다. 판에그몬트의 논문에서 몇몇 전형적인 예를 들어 보자.

- 도량형 문제 ― "피렌체 파운드는 피사에선 10과 2분의 1온스이고, 피사 파운드는 룻커에선 11온스다. 피렌체 파운드는 룻커에서 얼마가 될까." E. p.175
- 이자 계산 문제 ― "1리라를 매달 3디나르의 이자를 주고 빌린다. 25리라로 40디나르의 이자를 벌려면 얼마 동안의 기간이 필요한가." E. p.178
- 물물교환 문제 ― "어떤 옷감 20브래키어는 3리라이고, 후추 2파운드는 5리라다. 이 옷감 50브래키어는 얼마만큼의 후추에 해당하는가." E. p. 186
- 이익 배분 문제 ― "두 사람 가운데 한쪽은 1390년 1일 1일에 1260리라를 출자하고, 다른 한쪽은 1390년 11월 1일에 3129리라를 출자했다. 1392년 8월 1일에 2768리라 12소르디 8디나르의 이익을 얻었다. 각각의 몫은 얼마인가." E. p.185

그리고 이들 문제마다 해법이 명쾌하게 기록돼 있다. 교육도 각각의 구체적인 문제를 풀어 나가면서 유형별 해법을 익히도록 했던 듯하다. 1478년 트레비조에서 출판된 산수 서적의 제목은 '통상 아바코 기법larte del abbacho으로 불리는 상업 기법larte dela merchadantia을 다뤄야 하는 모든 사람들에게 유용한 실기'로 돼 있다. 여기에서 알 수 있듯이 당시 가르치던 '산수abaco'는 이론이 아닌 '실기pratica'로서 계산술이며, 산수 서적은 기술 서적이었다. 따라서 이들 서적은 단순히 산수교실의 교과서일 뿐 아니라 상인이 편람 삼아 늘 몸에 지니고 다니며 실제 문제에 부닥칠 때마다 참고했던 것으로 생각된다. 그 밖에 직접 상업에 종사하지 않고도 두뇌 운동 삼아 풀어 볼 만한 문제(레크리에이션 문제)도 많이 들어 있다. 예를 들어 한 노동자는 어떤 일을 나흘 만에 끝내는데, 다른 노동자는 닷새에 끝낸다. 두 사람이 동시에 하면 며칠 만에 그 일을 끝낼 수 있을까, 하는 식의 문제다.

그러나 무엇보다 중요한 것은 '르네상스기 이탈리아의 대수학 연구는 산수abaco의 전통에서 불가결한 요소'였으며, '이 시대 전반에 걸쳐 산수 학습과 대수학 연구는 서로 밀접한 관계를 주고받았다'는 점이다.E. p.222 이에 따라 '16세기 학문적 수학의 일부가 되는 대수학의 발생은 산수교실의 초등적 교과서에까지 거슬러 올라가는 게 틀림없다'는 것이다.[36] 실제 이 같은 문제에서는 대수학, 즉 방정식론이 다뤄지고 있었다.

대수학이란 문제 그 자체가 아니라 미지수를 도입해 방정식을 세움으로써 문제의 해법을 찾는 것이다. 예컨대 "10을 둘로 나눠, 그 한쪽과 다른 한쪽을 곱해 20이 되도록 하라"와 같은 문제의 해법을 풀 때 볼 수 있다. 코사(cosa, 라틴어로 res)는 미지수, 켄사(censa, 라틴어로 census)는 그 제곱을 가리킨다.

해解. 한쪽을 코사로 한다. 따라서 다른 한쪽은 '10 빼기 코사' 로 한다. 한쪽의 코사에 다른 한쪽의 '10 빼기 코사' 를 곱하면 코사의 10배에서 켄사를 뺀 값이 된다. 이렇게 '10코사 빼기 켄사' 가 20과 같은 값이 된다. 다음으로 켄사를 양쪽에 각각 더해 주면 10코사가 20과 켄사의 합과 같아진다.E. p.258f.

이것을 현대적으로 표시하면 다음과 같다.

$$x(10-x)=20 \Leftrightarrow 10x-x^2=20 \Leftrightarrow 10x=20+x^2$$

마지막의 2차 방정식의 해법은 이미 알려져 있다. 여기까지가 피보나치가 기록했던 내용이다. 판 에그몬트가 "피보나치의 책은 그 뒤의 산수 서적에 나오는 기본적인 문제의 거의 모든 형태를 담고 있다"고 말했던 대로다.E. p. 206 그러나 그렇다 하더라도, 그 200년간의 산수 서적과 산수 교육은 이 같은 문제를 되풀이해 연습 문제로 냄으로써 대수학을 널리 정착시키는 데 큰 영향을 미쳤다. 판 에그몬트가 말하듯, "산수가abacist와 그의 저작은 근대 수학의 형성에 결정적 역할을 했다".E. p.345 다시 말해 "중세와 르네상스 시대의 실용수학은 학자들 사이에서 장기간에 걸쳐 무시되었지만, 근대 수학과 근대 과학의 탄생을 이끌었던 것은 바로 그 전통이었다."E. p. 336 실제 이미 1328년 피렌체의 파올로 게라르디Paolo Gherardi가 이탈리아어로 쓴 산수 교과서『문제집성Libro di ragioni』에는 대수학(방정식론)이 다뤄지고 있다. 유럽의 속어를 사용해 처음으로 대수학을 논한 이 수고본 서적은 지금까지 유럽에서 알려진 한 처음으로 3차 방정식을 다룬 책이기도 하다. 이 책의 3차 방정식 해법은 2차로 환원할 수 있는 것을 제외하면 오류에 빠져 있긴 하다. 하지만 대수학, 특히 3차 방정식을 논했다는 점 자체가 상업수학으로 시작한 '산수abaco'가 실용의 지평으로부터 이륙해 근대 수학으로 성장해 나갈 싹을 내부에 품고 있었음을 보여 준다.[37]

이렇게 해서 15세기 후반의 인큐내불러 시대가 도래한다. 200년에 걸쳐 축적된 이탈리아 상업수학에 비약의 토대가 만들어진 것이다.

가장 일찍 인쇄된 산수 서적은 현재 알려진 바로는 1478년 트레비조에서 출판된 것이다.[38] 트레비조는 15세기 동방 무역의 거점이었던 베네치아 북방의 아드리아 해부터 남부 독일의 아우크스부르크, 뉘른베르크로 향하는 교역로 상에 있었다. 저자는 익명으로 돼 있다. 하지만 "나는 평소 알고 지낸, 직업을 아직 갖지 못한 젊은이들에게 보통 abbaco라 하는 계산술 원리를 써 달라는 요청을 자주 받았다"고 나오는 것을 보면, 저자는 산수교사라고 짐작된다. 내용은 상업수학에 역산법曆算法을 덧붙인 것으로 사칙연산(가감승제)의 상세한 설명그림 5.4 외에 '3의 법칙' 그리고 상업에 관한 예제로 구성돼 있다. 덧셈에서는 예를 들어 59+38의 십진법 표기로 한 자릿수인 9와 8을 더하면 17이 되지만, 이 가운데 7만 8의 밑에 쓰고 1을 십의 자릿수로 올리는 것을 설명하고 있다. 이 부분은 "한 개의 장소에 두 개의 숫자가 있을 때는 항상 작은 자릿수의 수만을 쓰고, 다른 한쪽의 수를 높은 자릿수의 위치로 가져간다"고 돼 있다. '가져간다portare'는 표현에는 산판 계산의 흔적이 남아 있는 셈이다.

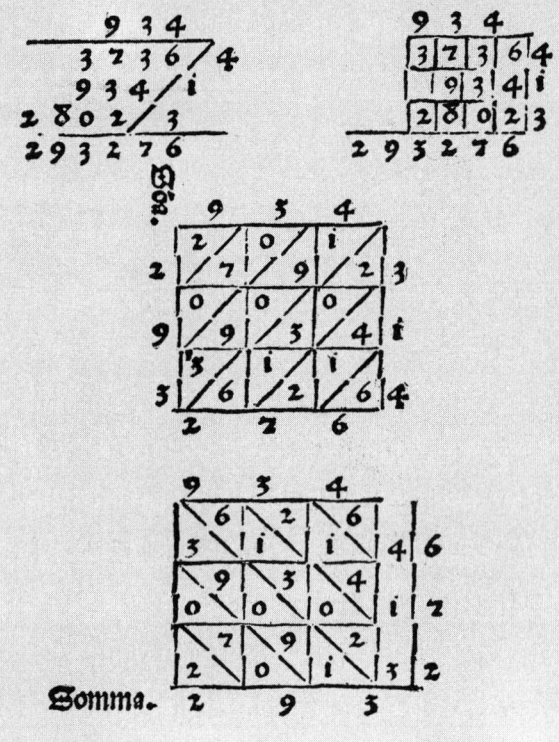

그림 5.4　1478년 트레비조에서 출판된 산수 서적의 서문. 934×314의 계산법이 소개돼 있다.

1481년에는 피렌체의 산수교사 조르조 치아리니Giorgio Chiarini가 쓴 상업 실무 서적이 출판됐다. 그리고 1484년에는 베네치아의 산수교사 피에트로 보르기Pietro Borgi의 상업 산술 서적인 『계산술의 새로운 저술Nobel opera de arithmetica』이 출판됐다. 이것도 아라비아 숫자의 세례를 받은 것이다. 따라서 보이티우스류의 수리론적 요소도, 라틴 숫자에 대한 언급도 없다. 트레비조에서 나온 책보다 훨씬 자세할 뿐 아니라, 그 시대 상인이나 직인의 도제들이 꼭 알아둬야 할 내용을 정확하고 빠짐없이 담고 있다. 2판 이후에는 『계산술의 서Libro dabacho』라는 표제를 달았다. 1488년, 1491년, 1501년, 1505년, 1509년, 1517년, 1528년, 1534년, 1540년, 1550년, 1551년, 1560년, 1561년, 1567년, 1577년 중판을 거듭했다. 이 책은 16세기를 통해 상업수학의 표준적인 교과서가 돼 오랫동안 지속적으로 이탈리아 수학 교육에 커다란 영향을 미쳤다.[39]

1491년에는 피렌체에서 산수교사 필리포 칼란드리Filippo Calandri가 산수 서적을 출간했다. 목판화 삽화를 사용한 최초의 산수 서적으로, 종래의 '갤리선 방법'으로 불리던 복잡한 필기 계산법 — 뺄셈을 여러 번 거치거나, 기묘한 방법으로 나눗셈을 하는 — 대신에 현대적인 나눗셈 필기법을 처음 기술하였다. 그리고 1492년에는 프란시스코 펠로스Francisco Pellos의 『계산술 개설Compendio de lo abaco』이 토리노에서 출간되었다. 이 책은 나눗셈을 설명하면서 사실상 십진소수와 소수점을 사용하고 있다. 예를 들어 다음과 같은 계산법이 그렇다.

$$5836943 \div 30 = 583694.3 \div 3 = 583692 \div 3 + 2.3 \div 3$$

= 194564 + 23/30

여기에서 알 수 있듯이 소수는 10의 배수를 사용한 나눗셈을 위해 편의적으로 도입된 것이었다. 저자는 소수를 사용하는 의의를 충분히 인식하지 못했던 것 같다. 그러나 소수점과 십진소수를 처음 기술했다는 점은 틀림없다.[40] 지금까지 거론한 책들은 모두가 속어로 쓰였으며, 계산도 모두 인도·아라비아 숫자와 십진법 표기에 따랐다는 점을 다시 한 번 짚어 둔다.

그리고 1494년에는 루카 파치올리Luca Pacioli가 이탈리아어로 쓴 대저 『산술, 기하학, 비율 및 비례 대전Summa de arithmetica, geometria, proporcioni e proporcionalità』(이하 『산술집성』)이 등장한다. 파치올리의 『산술집성』이야말로 피보나치 이래 300년 가까운 이탈리아 상업수학의 발전을 집대성한 16세기 이탈리아 대수학 형성의 기초가 된 저술이다.

| 루카 파치올리와 『산술집성』

『과학자 전기 사전』은 파치올리에 대해 이런 평가를 내리고 있다. "파치올리는 수학에 대해 독창적 기여를 하진 못했다. 하지만 그가 속어로 쓴 『산술집성』은 자기 나라 사람들, 특히 라틴어를 배우지 못한 이들에게 수학에 관한 현존하는 모든 지식을 담은 백과사전을 제공했다. 그의 책을 읽은 사람들은 결국 16세기 대수학의 발전에 공헌했다." 또 수학사가 위트로도 "16세기 수학혁명의 중심 문제는 대수학이며, 이에 관한 최초의 인쇄 서적은 1494년 출판된 루카 파치올리의 『산술집성』이었다"[41]고 평했다. 실제 『산술집성』은 상업수학에서 대수학에 이르기까지, 또 복식부기에서 기하학에 이르기까지, 수학의 모든 것에 대해 기술한 문자 그대로 '대전summa'이었다. 파치올리를 빼고서는 16세기 이탈리아 수학, 특히 대수학을 말할 수가 없다.

루카 파치올리는 1445년경 이탈리아 중부의 남토스카나에 있는 산세폴크로라는 마을의 넉넉지 못한 집안에서 태어났다. 어린 시절은 그 마을의 베폴치Befolci 가문에서 자랐다는 정도밖에 알려지지 않았다. 아마도 상업에 종사하는 집안에 들어가 기거하면서 일을 배우다가, 그 마을이 낳은 예술가이자 수학자인 피에로 델라 프란체스카에게 재능을 인정받아 그의 공방에서 수학 교육을 받았던 것으로 추측된다. 그 뒤 1464년 파치올리는 베네치아의 상인 안토니오 롬피아지Antonio Rompiasi의 집에 머물렀는데, 이때 그 집안의 세 아들의 가정교사로 일하면서 무역 업무를 도왔다. 또 그러는 동안 베네치아 공화국이 설립한 학교에서 수학을 배웠다고 알려져 있다.

안토니오 롬피아지가 사망한 뒤 파치올리는 레온 바티스타 알베르티와 함께 로마로 향했다. 로마에선 알베르티의 집에서 몇 달 머물렀다. 1470년경이었다. 파치올리를 알베르티에게 소개한 이는 피에로 델라 프란체스카였다고 여겨지는데, 로마에 머무는 동안 파치올리는 알베르티에게 많은 것을 배웠다. 당시 알베르티는 교황청의 비서로 일했던 관계로 파치올리에게 교황을 알현시켜 주기도 했다. 그리고 파치올리는 1470년에서 1475년 사이 프란체스코

회에 가입해 수도사가 된다. 신앙심도 물론 있었겠지만, 수도사가 되는 게 돈 없는 사람에겐 공부를 계속할 수 있는 최선의 길이라고 생각했기 때문이 아니었을까. 실제 그는 대학 강의에 열심히 참가해 동료 수도사들의 반감을 사기도 했다. 그에게는 수도사 일보다는 학업이 먼저였던 듯하다.

파치올리는 1475년부터 1480년까지 페루자의 대학에서 처음 교단에 서 수학을 강의했다. 신학 중심의 파리대학과 달리 이탈리아 대학들이 창립 이후 실학을 상대적으로 중시했다 하더라도 대학 문턱에도 가 보지 못한 파치올리가 대학의 교단에 섰다는 것은 그의 수학 지식과 재능이 그만큼 탁월했다는 얘기일 것이다. 하지만 꼭 실력만으로 된 건 아니었을 것이다. 알베르티나 교황과 같은 유력 인사의 후원이 있었다는 사실도 중요한 변수였을 것이다. 게다가 당시 대학에서 수학 강사는 주류가 아니었기 때문에 자격이 그리 엄격히 요구되지도 않았다. 그 뒤 파치올리는 당시 베네치아령이었던 달마티아의 자라(현재 크로아티아의 자다르)를 비롯해 다른 여러 도시를 편력했다. 그런 다음 페루자, 나폴리, 로마의 대학에서 다시 교편을 잡았다. 1489년 고향으로 돌아온 그는 1494년 필생의 대저 『산술집성』을 마무리 짓고 베네치아에서 출판했다. 집필하는 동안 당시 유수의 장서가로 알려졌던 우르비노 공公 페데리코 다 몬테펠트로Federico da Montefeltro의 궁정에 드나들었는데, 『산술집성』은 페데리코의 아들인 구이도발도 다 몬테펠트로Guidobaldo da Montefeltro에게 헌정됐다. 파치올리는 구이도발도 집안의 가정교사로 일하면서 '당대의 가장 유명한 도서관의 하나'로 꼽히던 페데리코의 서재에 드나들 수 있는 자유를 누렸던 것이다.

1497년 파치올리는 밀라노의 군주 스포르차의 초빙을 받는다. 『산술집성』이 세간의 호평을 받자 로도비코의 후원을 받던 레오나르도 다 빈치가 파치올리를 초청하도록 진언했기 때문이라고 한다. 파치올리는 프랑스군이 침공한 1499년까지 밀라노에 머물면서 다 빈치와 친교를 맺었다. 그리고 밀라노를 떠난 1500년 이후에도 피사, 볼로냐, 로마의 대학에서 수학 강의를 계속했다.

그 뒤 파치올리는 1509년 유클리드의 『원본(또는 기하학원본)』을 라틴어로 번역했고, 자신의 저서 『신성한 비례 Divina proportione』도 출판했다. 『신성한 비례』의 제1부는 1496~1497년 밀라노 체재 중 쓴 것인데, 전에도 언급했듯이 여기에 나오는 다면체의 삽화 제작에는 레오나르도 다 빈치가 힘을 빌려 주었다. 『원본』은 노바라의 캄파누스 Campanus of Novara가 아라비아어로 번역해 1482년에 출판됐던 것을 바탕으로 한 것으로, 파치올리는 단순 번역이 아니라 잘못된 부분을 교정하면서 새롭게 주석을 붙였다. 파치올리가 사망한 것은(여기에도 다른 설이 있으나) 1517년이라는 설이 유력한 듯한데,[42] 다 빈치가 사망하기 2년 전이다. 1523년에는 『산술집성』의 제2판이 출간돼 나왔다.

파치올리는 가난한 집안 출신이면서도 피에로 델라 프란체스코, 레온 바티스타 알베르티, 레오나르도 다 빈치와 같은 르네상스 시대의 일류 명사들과 교유했다. 교황, 우르비노 공, 밀라노 군주와 같은 성속의 권력자들의 비호도 받았다. 그는 라틴어를 자유롭게 구사하며, 우르비노 공의 장서 속에 묻혀 있던 엄청난 양의 고전을 탐독했다. 그뿐 아니라 각지의 대학에서 강의를 했고, 역사적 의미를 지닌 대저서를 남겼다. 그가 이처럼 화려한 생애를 보낼 수 있었던 것은 자신의 재능이나 인격 덕분만은 아니었다. 역시 끌어 주고 밀어 주는 사람들과 만날 수 있었던 행운도 크게 작용했다 할 수 있다. 그러나 그의 대표작인『산술집성』은 그가 아니었더라도 나왔어야 할 시기에 나온 책이었다. 시대의 요청이었던 셈이다. "갖가지 실제적 문제, 각종 기술적 문제의 열쇠는 수학에 있다는 점에 사람들의 생각이 미치는 시대가 도래하고 있었다."[43] 수학은 한편으론 미술과 건축을 포함한 기술 방면에서, 다른 한편으론 상업에서 절실히 필요했다. 그런 의미에서 아카데미즘의 영역 밖에서 성장해, 상업수학에 정통하면서 예술가와도 친교를 나눴던 파치올리는 시대의 요청에 부응할 수 있었던 안성맞춤의 인물이었다.

『산술집성』[44]은 제1권 산술과 대수, 제2권 상업 실무에 대한 산술의 응용, 제3권 부기, 제4권 화폐와 도량형, 제5권 기하학의 이론과 응용으로 구성돼 있다. 고딕 활자로 촘촘히 인쇄된 폴리오판(31cm×22cm)으로 300장(600페이지)이 넘는 대저서다. 파치올리 자신은 라틴어를 자유자재로 구사했지만,『산술집성』모두의 헌사에선 이렇게 썼다. "이 책이 라틴어로 쓰인다면 모든 사람이 이해하지는 못할 것이다. 따라서 나는 이 책을 속어로 썼다."folio 3r 이처럼『산술집성』은 일부 엘리트 지식인을 위한 책이 아니라 다수의 상인과 직인 그리고 도제들을 위한 책이었다.

실제 이 책의 중심은 제2·3·4권의 상업수학이다. 특히 제3권 제9부 제11편 '경리 및 기장의 상론Tractatus Particularis de Computis et Scripturis'은 복식부기를 다루고 있다. 바로 이 부분 때문에『산술집성』은 '세계 최초로 복식부기를 상술한 인쇄 서적'으로 회계학계에서 유명해졌다. 현실적으로도『산술집성』은 유럽 각국어로 번역돼 상업부기의 보급에 커다란 영향을 미쳤다.[45] '기장을 차변과 대변으로 표기하는 방법', 즉 오늘날 말하는 '복식부기' 그 자체는 파치올리의 발명품이 아니다. 파치올리 스스로 제1장에서 "나는 베네치아의 방법el modo de vinegia을 부기론에 채용한다"고 밝혔듯, 복식부기는 이미 베네치아 상인들 사이에 사용되고 있었다. 사실 15세기의 상인 베네데토 코트룰리Benedetto Cotrugli가 1458년에 완성한 『상업 기법에 대한 책Il libro dell'arte della mercatura』에도 복식부기가 기술돼 있다. 그러나 이 책은 1573년이 될 때까지 인쇄되지 못했다.[46] 또 14세기 이후 이탈리아 도시들의 산수교실에서 사용되던 교과서들은 부기와 회계를 전혀 다루지 않았다.E. p.190 14세기 말부터 15세기 초까지 점차 정비되고 있던 '상업부기'는 상인 세계에선 직업 현장에서만 전수되고 있었다. 그 때문에 많은 상인들에게 복식부기는 신비하고 난해한 것으로 여겨졌다고도 한다.[47] 그렇다면 파치올리의 공적은 복식부기의 이론과 실제를 누구나 배울 수 있도록 속어로 해설하고, 이를 인쇄물로 출판해 세상에 널리 영향을 주었다는 점에 있다. 입에서 입으로 전해 내려오던 비전秘傳이 공개된 이론으로 전환되는 시점을 근대 과학의 개막이라고 본다면, 파치올리는 부기의 기법을 근대 과학의 위치에 올려놓았던 셈이다. 그런 의미에서 파치올리는 '회계학의 아버지'라는 명칭을 들을 만하다.

『산술집성』의 제1권과 제2권은 사칙연산, 분수 계산, 비례론에 대해 상세히 설명하고 있다. 예를 들어 곱셈 하나만 보더라도 당시 사용되던 몇 가지 계산법을 기록해 두었다. 물론 표기는 인도·아라비아 숫자와 십진법에 따랐다. 많은 예제가 나오는데, 이 또한 상업 실무에서 따온 것이었다. 참고로 파치올리는 수도사였지만 교황 율리우스 2세의 특례 조치에 따라 재산의 사유를 인정받고 있었다. 수도사로서 대학에서 강의는 하고 있었지만, 그가 발을 붙이고 있던 세계는 어디까지나 화폐경제와 상업의 세계였다. 상품경제는 이질적인 상품들의 가치(교환가치)를 화폐에 의해 일원적으로 수량화하는 것이다. 부기론 제8장에서 파치올리는 상품 대금의 지불을 다루면서 "교환으로 건넨 상품의 세목을 수, 양, 척도, 1부셀·1파운드당 가격 등으로 특기해야 한다"고 썼다.folio 200v 그 의미를 음미해 본다면 파치올리의 선견성을 알 수 있다. 즉, "스스로 말하려는 것을 수량과 무게와 척도를 사용해 표현한다"고 했던 통계학의 창시자인 17세기 잉글랜드의 윌리엄 페티William Petty[48]와 그가 소속된 런던왕립협회의 과학 사상을 파치올리는 이미 앞서 지니고 있었던 것이다.

방정식론에 대해 말하자면, 파치올리의 『산술집성』은 "당시까지 다뤄진 것에 비해 새로운 내용을 하나도 담지 못했다"[49]는 점에는 틀림이 없다. 그러나 '최초로 인쇄된 대수학 서적'이었다는 점에서 『산술집성』은 "근대 유럽 대수학의 단초를 제공하고 있다".E. p.325 실제 파치올리는 방정식론에 대해 111쪽부터 149쪽까지 제법 많은 페이지를 할애한다. 모두에는 다음과 같은 대목이 나온다.

나는 통상 '대기법大技法'이라든가 '코사의 기법' 또는 '알제브라와 알무카발라'라고 하는, 우리들이 '사변적 실기'로 부르는 산술 실기에 필요한 가장 중요한 부분을 더 이상 미뤄 둘 수 없다고 생각한다. 제곱이나 제곱근들로 덧셈·뺄셈이 이뤄지는 이항식, 또는 이항식의 짝(공

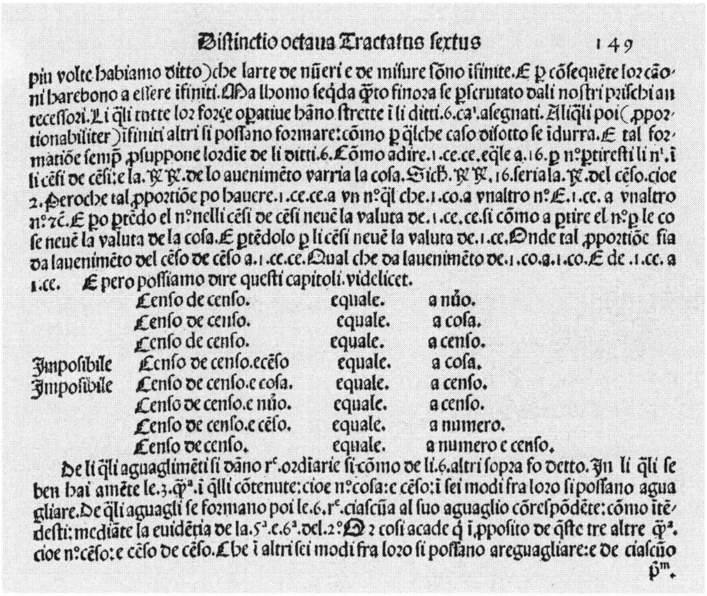

Distinctio octaua Tractatus sextus 149

piu volte habiamo ditto) che larte de nũeri e de misure sono isinite. E p cõsequẽte lor cão ni harebono a essere isiniti. Ma lhomo seqda q̃to finora se pscrutato dali nostri prischi an tecessori. Li qli tutte lor forze opatiue hãno strette i li ditti .6. ca'. asegnati. Aliqli poi (ppor tionabiliter) isiniti altri si possano formare: cõmo p qlche caso disotto se idurra. E tal for matiõe semp psuppone lordie de li ditti .6. Cõmo adire .1. ce. ce. eq̃le a .16. p n°. ptiresti li n'. i li cẽsi de cẽsi: e la. R R. de lo auenimẽto varria la cosa. Sich. R R. 16. seria la. R. del cẽso. cioe 2. Peroche tal pportiõe po hauere .1. ce. ce. a vn n°. ql che .1. co. a vnaltro n°. E .1. ce. a vnaltro n°. 7c. E po ptẽdo el n°. nelli cẽsi de cẽsi neuẽ la valuta de .1. ce. ce. si cõmo a ptire el n°. p le co se neuẽ la valuta de la cosa. E ptẽdolo p li cẽsi neuẽ la valuta de .1. ce. Onde tal pportiõe fia da lauenimẽto del cẽso de cẽso a .1. ce. ce. Qual che da lauenimẽto de .1. co. a .1. co. E de .1. ce. a 1. ce. E pero possiamo dire questi capitoli. videlicet.

	Censo de censo.	equale.	a nũo.
	Censo de censo.	equale.	a cosa.
	Censo de censo.	equale.	a censo.
Impossibile	Censo de censo. e cẽso	equale.	a cosa.
Impossibile	Censo de censo. e cosa.	equale.	a censo.
	Censo de censo. e nũo.	equale.	a censo.
	Censo de censo. e cẽso.	equale.	a numero.
	Censo de censo.	equale.	a numero e censo.

De li qli aguaglimẽti si dano r°. ordiarie si cõmo de li .6. altri sopra fo detto. In li qli se ben hai amẽte le .3. q̃a. i qlli cõtenute: cioe n°. cosa: e cẽso: i sei modi fra loro si possano agua gliare. De qli aguagli se formano poi le .6. r°. ciascũa al suo aguaglio cõrespõdẽte: cõmo itẽ desti: mediãte la euidẽtia de la .5a. e .6a. del .2°. D 2 cosi acade q̃ i pposito de q̃ste tre altre q̃a. cioe n°. cẽso: e cẽso de cẽso. Che i altri sei modi fra loro si possano areguagliare: e de ciascũo p̃m.

그림 5.5 루카 파치올리, 『산술집성』, 고차 방정식의 분류.

역형) 속에 나오는 '소기법小技法' 보다 '대기법' 이 훨씬 고급 내용을 다루고 있기 때문이다. 대기법은 또 상업 실기보다 더 높은 수준의 기법을 담고 있다. 그 내용은 수많은 새로운 세금이 부과돼 고도의 계산이 필요하지 않는 이상, 통상적 거래에서는 생기지 않는 문제다.folio 111v

앞서 언급했듯이, 이탈리아어로 'cosa' 는 당시 '미지수' 를 의미했다. 따라서 '대기법arte magiore', 다시 말해 '코사의 기법arte della cosa' 이란 방정식론을 뜻한다. 단순한 계산술로서 '소기법arte minore' 과 대치되는 개념이다. 그리고 소기법에서 대기법으로 비약하는 지점에 상업 실기pratica negotiaria로서 계산술에서 추상적 학문으로서 대수학으로 나아가는 분기점이 있었음을 알 수 있다. 이 대수학을 파치올리는 '사변적 실기practica speculativa'라고 표현했다.

파치올리의 방정식론은 양이나 음의 기호에 p나 m을 사용한 것을 제외하면 '수사대수'였다. 또한 2차 방정식에 대한 설명도 기하학적이었다.folio 144v 그런 점에서 파치올리는 피보나치의 수학을 뛰어넘지는 못했다. 고차 방정식에 대해선 그림 5.5와 같은 표를 제시하고 있다.folio 149r 그림에서 cosa는 미지수의 1차, censo(제곱)는 미지수의 2차, cubo(세제곱)는 미지수의 3차, censo de censo(제곱의 제곱)는 미지수의 4차를 표시한다. 따라서 그림의 방정식은 현대적 표현으로는 다음과 같이 표기된다. 예를 들어 네 번째 줄의 censo de censo e censo equale a cosa는 $x^4 + ax^2 = bx$이다. 또 위에서부터 순서대로 식을 표시하면 다음과 같다.

❶ $x^4 = a$
❷ $x^4 = ax$
❸ $x^4 = ax^2$
❹ $x^4 + ax^2 = bx$
❺ $x^4 + ax = bx^2$
❻ $x^4 + a = bx^2$
❼ $x^4 + ax^2 = c$
❽ $x^4 = a + bx^2$

우리가 볼 때는 ❹와 ❺ 그리고 ❻ ❼ ❽을 구별해 생각할 필요는 없다. 그러나 파치올리는 음수를 독립적인 수로 인정하지 않았다. 이 때문에 음수 계수의 방정식은 생각할 수가 없었다. 이는 알 콰리즈미와 피보나치 이후 이 시대에 이르기까지 일종의 규율처럼 지켜졌던 제약이었다. 따라서 이 시대의 방정식에는 현대의 교과서에 나오는 $Ax^2+Bx+c=0$처럼 양변 중 어느 한쪽이 0이 되는 방정식은 절대 나오지 않는다. 등호의 양변은 반드시 양의 수로 두어야 했다. 그 기본적인 사고방식은 현금과 상품의 변동을 차변과 대변의 양쪽으로 파악해 좌우로 나눠 기입하되, 전체로는 좌우가 균형을 맞춰야 한다는 복식부기의 발상에 딱 들어맞는다.

마찬가지로 방정식의 해도 음수나 0이 되는 것은 인정하지 않았다. 예를 들어 2차 방정식 $x^2+bx=c$의 해법은 '코사의 계수의 절반을 낸 다음, 그 제곱을 원래의 수에 더한 것의 제곱근에서 그 수(코사의 계수의 절반)를 뺀다'고 돼 있다. 즉, $x=\sqrt{c+(b/2)^2}-b/2$이지, $x=-\sqrt{c+(b/2)^2}-b/2$는 해로서 생각할 수가 없었다. 마찬가지로 ❸의 방정식 $x^4=ax^2$에서도 $x=\sqrt{a}$만 올바른 답이지, $x=-\sqrt{a}$ 또는 $x=0$은 인정되지 않았다. 지금은 방정식에서 음수의 계수나 음의 해가 왜 문제가 되는지 모를 정도로 자연스럽게 받아들이지만, 당시엔 무리수보다도 더 비합리적인 것으로 여겨졌던 것 같다.

그리고 ❹ ❺, 즉 3차 방정식 $x^3+ax=b$, $x^3+a=bx$에는 식의 앞에 '불가해imposibile'라고 쓰여 있다. ❷처럼 단순한 경우나 ❻ ❼ ❽과 같이 2차 방정식으로 환원할 수 있는 것을 제외하고는 고차 방정식(3차 방정식)의 일반적인 해법은 없다고 파치올리는 생각했다. 그러나 그는 풀 수 없다고 단언하지는 않았다. 그 뒤에 "지금까지로서는ancora 이들 방정식에 대해 일반적인 규칙regola generale을 부

여할 수 없다"고 함으로써 장래 해결할 수 있을 것이라는 여운을 남겼다.folio 150r

그 뒤 방정식론은 기호의 도입과 함께 수의 범위를 음수, 허수, 복소수로 확대하면서 발전해 갔다. 그리고 3차 방정식의 일반적인 해법을 찾으려는 노력이 나왔다. 바로 대수학이 상업수학의 토대를 떠나 추상적인 대수학으로 탈피해 가는 과정으로서, 그 출발점은 다름 아닌 『산술집성』의 이 문제 제기에서 찾을 수 있다. 파치올리는 1501~1502년 볼로냐의 대학에서 수학 교수로 일했는데, 뒤에 3차 방정식의 해법을 발견한 스키피오네 델 페로Scipione del Ferro가 당시의 동료였다. 볼로냐에서 파치올리와 벌인 토론이 계기가 돼 스키피오네가 3차 방정식 연구에 나섰다고 보는 시각도 있는데, 그럴듯한 이야기다.

| 니콜라 쉬케와 프랑스 대수학

앞에서 소개한 3차 방정식에 관련된 논의를 더 알아봐야겠지만, 그에 앞서 일단 다른 나라의 상황을 살펴보도록 하자. 이탈리아에 비해 다소 늦기는 했지만 15세기쯤 되면 북유럽에서도 도시들이 크게 발전한다. 상업산술은 인도·아라비아 숫자와 함께 이 지역에서도 널리 보급되었다.

그러나 프랑스에선 농경 사회의 요소가 늦게까지 남아 있었다. 상업도 소규모여서 13~15세기 상업수학의 발전은 이탈리아에 비해 확연히 뒤처졌다.[50] 하지만 남프랑스의 몇몇 도시는 예외적으로 이탈리아의 영향하에 있었다. 특히 이탈리아-독일-스위스-스페인을 잇는 유럽 상업 루트의 교차점에 위치한 리옹에선 1444년 샤를 7세 때부터 1년에 세 차례 대시大市를 여는 게 허용됐다. 게다가 1463년에는 루이 11세로부터 연간 네 차례의 대시 개최권을 부여받아 '프랑스의 피렌체'로도 불렸다. '대시'란 금전 대차 관계의 청산이나 외환 결제가 행해지는 '신용의 대시'를 말한다. "대시에선 모든 화폐·외환이 유통된다. 적대 관계의 영국인을 제외하고는 어느 나라 상인이라도 대시와 대시 사이의 기간 중 리옹에 체재할 수 있다. 대시 기간에는 세금이 면제되고, 외환·은행 업무를 영위할 수 있"었다고 한다.[51] 요컨대 리옹은 국제적 환전, 대차 계약, 청산 업무가 행해지는 거래소로서 번영했다. 그리고 '프랑스 대수학의 아버지'[52]로 불리는 니콜라 쉬케Nicolas Chuquet가 1484년 — 파치올리의 『산술집성』보다 10년이나 빠르다 — 에 『수의 과학에 있어서 세 부분Triparity en la science des nombres』(이하 『수의 과학』)을 쓴 것도 다름 아닌 리옹에서였다.

또한 리옹은 당시 유럽 유수의 인쇄·출판 도시이기도 했다. 1473년부터 1515년 사이에 리옹에선 160명 이상의 인쇄업자가 가게를 열고 있었다. 그리고 리옹의 출판물 가운데는 세속적인 서적이 많았다고 알려져 있다. 특히 "16세기에 들어서면 산술·부기·이자 계산 등 상인용 실용서의 장르는 리옹의 독무대였다". 쉬케가 관심을 보였던 것도 역시 상업수학이었다. 실제 쉬케의 저술인 『수의 과학』이외에, 이를 바탕으로 한 『문제집』이나 『수학은 어떻게 상업 문제에 적용되는가』라는 제목의 수고본들이 남아있다.[53]

쉬케의 『수의 과학』은 0을 포함한 인도·아라비아 숫자를 사용하는 데 그치지 않는다. 무엇보다 주목할 만한 것은 당시의 '수사대수'로부터 '기호대수'로의 전환점에 위치하고 있다는 점이다. 그는 덧셈을 '보다 많이(plus)'의 이니셜인 $\tilde{p}$로, 뺄셈을 '보다 적게(moins)'의 이니셜인 $\tilde{m}$으로, 제곱근을 R2로, 그리고 현대의 괄호( )를 밑줄로 표시했다. 예를 들어 R2 14 $\tilde{p}$ R2 180은 $\sqrt{(14+\sqrt{180})}$을 뜻한다. 여기에서 네셀만이 말하는 '생략대수'가 시작된다. 물론 그 생략기호는 부분적으로는 쉬케 이외에도 사용한 사례를 볼 수 있다. 그러나 그는 이를 일관적으로 사용했다는 점에서 다르다.

나아가 미지수의 거듭제곱을 표기할 때 계수에 지수기호를 붙인 것은 그의 독창적이고도 편리한 발명품이었다. 미지수 — 파치올리의 용어인 'cosa(어떤 것, 물건)'을 쉬케는 'primier(제1의 것, 물건)'으로 불렀다 — 를 x, 그 멱지수(쉬케의 용어로는 'denominacions')를 n, 계수를 a라고 할 때 현대에는 ax^n으로 표기될 것을 그는 미지수를 명기하지 않은 채 양쪽에 점을 찍어 $.a^n.$으로 표기했다. 그러나 쉬케는 그 지수에 0과 음수의 정수도 가능하다고 생각했다. 예를 들면 이런 식이다.

$$.a^1. = ax, \quad .a^2. = ax^2, \quad .a^3. = ax^3, \quad .a^0. = a, \quad .a^{1.\tilde{m}}. = ax^{-1}, \quad .a^{2.\tilde{m}}. = ax^{-2}.$$

예를 들어 방정식 $4x^2 = 2$는 $.4^2.$ egaulx $a.2^0.$로 표시된다. 쉬케는 나아가 다음과 같이 이른바 지수법칙을 기술한다.

$$.a^p. \times .b^q. = ab^{(p+q)}. \quad i.e. \quad .ax^p. \times .bx^q. = abx^{(p+q)}$$

여기에서 p와 q는 정수인데 음수라도 괜찮다. 예컨대 그가 실제로 제시한 예에는 ".8^3.〔$=8x^3$〕에 .$7^{1.\hat{m}}$.〔$=7x^1$〕을 곱하려면 먼저 8과 7을 곱해 56을 구한 다음, 지수를 더해야 한다. $3.\hat{p}$ 에 $1.\hat{m}$ 을 더하면 2가 된다〔$+3+(-1)=2$〕. 따라서 답은 .56^2.〔$=56x^2$〕이다"[54]고 돼 있다. 분수지수에까지는 생각이 미치지 못했지만 거듭제곱지수에 음수를 생각했던 것도, 지수법칙을 명기한 것도 쉬케가 처음이다. 게다가 그는 2의 0제곱부터 10제곱까지 거듭제곱의 값을 구했다. 한 세기 뒤에 나오는 대수對數 발견의 토대를 만들었다고도 할 수 있다. 참고로 쉬케는 당시 이탈리아 상업수학에서 사용되고 있던 백만, 즉 10^6을 의미하는 million의 거듭제곱인 10^{12}, 10^{18}, 10^{24}를 가리키는 billion, trillion, quadrillion 등의 용어를 만든 것으로도 유명하다(현재는 billion은 10^9, trillion은 10^{12}, quadrillion은 10^{15}이다).

또한 쉬케는 방정식의 계수 및 해에 음수를 인정했다. 그는 예를 들어 .4^1. egaulx a $\hat{m}.1^0$., 즉 $4x=-1$과 같은 형태의 방정식을 생각해, $x=-1/4$이라는 해를 허용했다. 그는 이를 '부채負債'로 해석했다. 그의 『문제집』에는 "어떤 상인이 옷감 15단을 총액 160에퀴에 구입했다. 이 가운데 일부는 한 단에 11에퀴, 나머지는 한 단에 13에퀴였다. 각각의 가격으로 얼마씩 구입했는가"[55]라는 문제가 있다. 현대적으로 쓴다면, 한 단에 11에퀴인 것을 x단, 13에퀴짜리를 y단으로 하면, $x+y=15$, $11x+13y=160$이다. 수학적인 해는 $x=17.5$, $y=-2.5$다. 당시까지의 이해력으로는 이 결과는 '불가능'으로 보였다. 하지만 쉬케는 이를 대수학적으로 가능한 해라고 봤다. 한 단에 11에퀴의 옷감 17단 반을 현금으로 구입하고, 한 단에 13에퀴짜리 2단 반을 외상으로 샀다고 해석했던 것이다. 부채를 마이너스 값으로 해석한 것이 아니라, 마이너스 값을 부채로 해석한 것이다. 이는 수학이 상업의 범주에서 이해되었다는 것을 시사한다. 베르트랑 질이 말하듯, "산술 또는 대수의 연산이 발전했던 것은 실용적인 문제에 있어서였다. 복식부기만이 음수의 관념을 제공할 수가 있었다".[56] 쉬케는 복소수 해에 대한 방정식에 대해서는 여전히 '불가능'이라고 봤다. 하지만 그는 대수의 기호화를 시작하고 음수를 도입함으로써 대수학을 크게 발전시켰다.

『수의 과학』을 필두로 한 쉬케의 수고본들은 모두 프랑스어로 쓰였는데, 실은 19세기가 돼서야 발견됐다. 이들이 인쇄된 것은 1880년이었다. 그의 저술이 처음부터 세상에 직접적으로 영향을 준 것은 아니었다는 얘기다.

그러나 쉬케의 영향은 16세기에 다른 경로를 통해 전승돼 갔다. 같은 리옹에서 태어나 쉬케에게 배웠던 에티엔 드 라 로슈Etienne de la Roche가 1520년 역시 프랑스어로 출간한 인쇄본 『신산술집성 Larismethique nouvellement composee』이 바로 그 역할을 했다. 통속적인 산술서인 이 책은 쉬케의 『수의 과학』을 바탕으로 했다. 아니, 오히려 『수의 과학』의 내용을 그대로 담고 있었다. 1538년엔 개정판도 나왔다. 그러는 동안 로슈가 쉬케의 책을 유용했다는 사실은 알려지지 않았다. 이 때문에 원본인 『수의 과학』의 수고가 발견되기 전까지 로슈는 '프랑스 대수학의 아버지'로 불렸다. 이를 두고 로슈를 표절자라 비난하는 경향도 있다. 실제 틀린 말은 아니다. 하지만 원래 15 · 16세기에는 저작권이나 지적재산권과 같은 개념도 희박했다. 따라서 너무 결벽하게 해석하는 것도 시대착오가 아닌가 싶다. 나중에 살펴볼 타르탈리아와 카르다노 사이의 이전투구, 또는 다음 장에 나오는 테스니에Jean Taisnier의 베네데티Gianbattista Benedetti 표절도 그렇다고 볼 수 있다. 오히려 그런 '표절'을 통해 그렇지 않았더라면 세상에 알려지지 않았을 새로운 이론이나 지식이 공개됐던 것이다. 그 의의가 당시로서는 결코 작다고 볼 수 없다.

이렇게 하여 뒤처졌던 프랑스에서도 16세기에는 상업수학이 보급돼 갔다. 나탈리 데이비스Natalie Davis의 논문에선 16세기 프랑스어로 출판된 상업수학 서적이 로슈의 책을 포함해 14점이 거론된다(리옹에선 1515년부터 1571년까지 5점, 파리에서는 1512년부터 1578년까지 8점, 보아티에에선 1552년 한 점).[57] 그 내용은 이탈리아의 것과 큰 차이가 없다. 어쨌든 주목할 만한 것은 나중에 프랑수아 비에트, 르네 데카르트, 피에르 드 페르마를 통해 근대 대수학의 발전을 이룬 프랑스에서도 대수학은 상업수학을 발단으로 시작됐다는 사실이다. 또 대수학 서적도 대학 아카데미즘의 영역 밖에서 당시의 비학술 언어인 프랑스어로 저술됐다.

| 독일과 네덜란드

중세 후반에서 르네상스 때까지 나타난 상품경제의 확산, 이는 인간 활동의 여러 측면에서 수량화를 촉진시키고 산술의 보급에도 기여했다. 그 영향은 또한 상업 이외의 방면에서도 눈에 띄게 나타났다.

1401년 독일 서부 모젤 호반의 쿠에스에서 태어난 니콜라우스 쿠자누스Nicolaus Cusanus는 네덜란드 동부의 한자Hansa 도시이던 데벤테르의 학교에서 교육을 받고, 하이델베르크대학과 파도바대학에서 수학했다. 추기경이 돼 역대 교황을 섬긴 그는 티롤 지방의 브릭센 대주교를 지냈고, 사상사적으로는 신플라톤주의의 영향을 받은 신비사상가로 불린다. 1450년 그는 『무학자 고찰』 삼부작인 『정신에 대하여Idiota de mente』 『지혜에 대하여Idiota de sapientia』 『계량 실험에 대하여Idiota de staticis experimentis』를 저술했다. 『지혜에 대하여』는 한 가난한 '무학자'와 책의 권위에 얽매인 유복한 '변론가'가 로마의 장터에서 만나 얘기를 주고받는다는 설정으로 돼 있다. 거기엔 다음과 같은 대화가 나온다.

> 무학자 : "당신의 눈에는 이 저잣거리에서 사람들이 무엇을 하고 있는 게 보입니까."
> 변론가 : "저기선 돈을 세고 있고, 또 다른 한쪽에서는 몸 삯을 계산하고 있고, 건너편에서는 기름이나 다른 물건들의 양을 재고 있는 게 보이는구먼."[58]

그리고 쿠자누스는 이 '무학자'의 입을 빌려 "지혜가 거리에서 외치고 있다"고 말한다. 진정한 지知가 쓰여 있는 '신의 책'은 이 시장통의 소란스러움과 거리의 잡스러움 속에서야말로 찾을 수 있는 것이라고, 그는 말한다. 참고로 '무학자'의 어원은 idiota인데, 현대 영어의 idiot(바보)의 의미가 아니라 라틴어를 할 줄 모르는 사람, 즉 고등교육을 받지 않은 사람을 가리킨다. 쿠자누스는 인간의 인식에서 정량적 측정의 중요성이 부각된 것은 플라톤이나 피타고라스의 영향에 의해서만이 아니라고 봤다. 그 이상으로 상품경제의 발전에 따라 화폐경제가 널리 퍼져 나가면서 촉발된 현상이었음을 니콜라우스 쿠자누스는 이 대화에서 명료하게 시사했다고 볼 수 있다. 현실적으로도 그의 전기에는 "쿠에스의 니콜라우스는 기민하고, 계산에 능숙하고, 절약을 강조하는 실무가였음을 생애 내내 몸으로 확인시켜 주었다. … [그의 내부에는] 상인이었던 아버지가 물려준 자질이 명확히 각인돼 있었다"[59]고 쓰여 있다. 신비 사상가로 불리는 니콜라우스 쿠자누스는 그 시대 사람들을 훨씬 앞선 근대인이었던 것이다.

　니콜라우스 쿠자누스는 『계량 실험에 대하여』와 그의 주 저서인 『학식 있는 무지 De docta ignorantia』에서 "하느님은 만물을 수와 무게와 척도에 따라 창조했다"고 말했다.[60] 이 말은 원래는 성서외전 『솔로몬의 지혜』에 나오는 것으로 당시까지만 해도 종종 사용되던 말이었다. 그러나 그리스도교 사상과 신플라톤주의로 이해하자면, 이 말은 어디까지나 천상계 또는 이데아의 세계에 대해서만 성립하는 것이었다. 또 그렇지 않으면 수의 형이상학적 의미로서 이해되던 말이었다. 이 말은 이시도루스의 『어원』에도 나온다. 성서에 감춰진 의미를 개개의 수가 지닌 의미로부터 읽어낼 수 있다는 주장을 하면서 쓴 말이었다.[61] 이에 비해 니콜라우스 쿠자누스가 "각각의 사물은 고유한 수와 양과 척도를 가지고 자존自存하고 있다"[62]고 말했을 때는 그 의미가 다르다. 그는 지상의 세계, 보고 느낄 수 있는 현실의 세계에 대해 말한 것이다. 바로 그렇기 때문에 쿠자누스에겐 현실 인식에 있어서 수학적 방법은 불가결한 요소였다. 그는 『정신에 대하여』에서 이렇게 주장했다. "우리들의 정신에 의한 이해의 범형範型은 수에 있다. 수가 없다면 비교도, 인지도, 구별도, 측정도 할 수 없다. 수가 없다면 사물을 다른 사물과 구별되는 형태로 인식할 수도 없다."[63] 여기에서 그가 말하는 사물의 인식은 감성적 세계의 사물에 대한 것이다.

현실에서도 쿠자누스는 당시의 천문학에서만 행해지던 정량적 측정을 지상의 과학 전반으로 확산시켰다. 그는 물시계를 사용해 환자의 맥박수나 호흡수를 측정하는 게 병의 진단에 매우 유용하다고 주장했다. 비중을 측정함으로써 합금의 성분비를 결정할 수 있다는 점도 지적했다. 또 식물생리학에서 중량 측정 방법을 도입했고, 천칭으로 자력강도를 정량적으로 측정하는 방법도 처음 제창했다. 그는 계측을 위해 제작된 전용 기기를 통한 측정 작업이 자연 인식에서 어떤 중요성을 지니는지에 대해 설파했다. 그럼으로써 당시의 수동적 관찰에 근거한 정성적인 '자연철학'으로부터 능동적 측정에 바탕을 둔 정량적인 '자연과학'으로의 전환을 자각적으로 주장했던 것이다. 그런 의미에서 그는 근대 과학의 예견자라고도 할 수 있다. 식물학에 대해 말하자면 원래 의학과 독립적으로 식물학을 논의한 것도, 식물생리학이라는 것을 거론한 것도 그가 효시였다. 그뿐 아니라 식물의 생장이 물과 공기와 햇볕에 의해 이뤄진다는 그의 발견은, 17세기 헬몬트Jean-Baptiste van Helmont나 18세기 스티븐 헤일스Stephen Hales의 연구보다 앞선 것이었다.[64]

이와 마찬가지로 보헤미아나 작센의 광산 지대에서 행해지던 시금업에서도 정밀한 측정이 중시되었으며, 광산업계에서 십진법 계량 체계가 고안돼 있었다는 점은 이미 제4장에서 살펴봤다. 16세기의 시금 기술자 라자루스 에르커가 말하듯, 시금업자는 "산술과 계산에 능숙하고, 경험을 쌓아야 했다".⁶⁵ 이는 물론 화폐경제의 발전이 초래한 일이었다. 어쨌든 정확한 측정은 화폐와 귀금속에 대해서만 중요한 게 아니라, 상품경제가 발전하는 한에서는 모든 상품에 대해 필요한 것이 됐다. 실제 이 분야의 전문 서적은 그런 중세 후기의 사정을 다음과 같이 설명한다. "판매는 제조와 마찬가지의 감독을 받았고, 상인은 '좋은 분동과 좋은 천칭bon poids, bonne mesure'을 갖추고 있어야 했다. 스스로 측정할 수 있는 권리를 지닌 사람의 저울은 자주 검사를 받았으며, 그런 권리가 없는 사람들은 모든 상품을 영주의 저울로 달아야 했다."⁶⁶

그런 까닭에 독일의 여러 도시에서도 14세기 이후 상인의 자제들을 위해 속어로 교육하는 '습자학교Schribeschule'가 설립됐다. 그곳에선 독일어의 읽기·쓰기와 초등산술을 가르쳤다. 한자동맹을 중심으로 상업이 크게 발전하던 북해·발트 해 연안 지방뿐 아니라 광산업으로 번영하던 중앙 유럽의 여러 도시에서도 산술 교육의 필요성이 높아졌다. 15세기 말 이후 16세기에 이르기까지 '산술교사Rechnenmeister'들은 몇 종류의 속어로 된 산수 서적을 써냈다.

비학술어인 독일어로 쓰인 상업수학의 최초의 인쇄 서적은 1483년 함부르크에서 만들어졌다고 한다. 그다음으로 출간된 것이 요한 비드만Johannes Widman의 『모든 상업을 위한 신속하고 정교한 계산법Behende und hubsche Rechnung auf allen kauffmannschaft』이다. 인도·아라비아 숫자를 사용한 이 책은 1489년 라이프치히에서 출판된 뒤 1500년, 1508년, 1519년, 1526년 각각 중판을 냈다. 수학사에서는 이 책을 +(플러스)와 −(마이너스) 기호 — 과잉과 부족을 표시하는 것으로서 ―를 처음 사용했다고 해서 자주 인용한다. 저자인 요한 비드만은 1462년경 보헤미아에서 태어나 라이프치히대학에서 공부한 의사였다. 닥터 자격을 지니고 있었다고 하니, 아카데미즘 세계에 속한 인물이었다. 실제 1497년에는 라틴어로 의학 서적을 쓰기도 했다. 그러나 이 『신속하고 정교한 계산법』은 상인과 직인 그리고 그 자제용으로 쓰인 데다, 대량으로 인쇄되고 대량으로 팔려 나간 베스트셀러 실용서였다. 독일에서도 이런 부류의 책에 대한 수요가 커지고 있었던 것이다. 1514년에는 상업 도시 아우크스부르크에서 요한 뵈셴슈타인Johann Böschensteyn과 야코프 쾨벨Jacob Köbel이 각각 쓴 두 권의 상업산술 서적이 나와 있었다. 모두 독일어로 된 것이었다. 쾨벨의 책은 그 뒤에도 중판을 냈는데, 여전히 라틴 숫자와 산판을 사용하고 있었다.

그리고 1522년에는 역시 독일어로 쓰인 아담 리제Adam Riese의 『선과 펜을 사용한 계산Rechnung auff del Liniern und Federn』이 출판됐다. 아담 리제는 15세기 말 함부르크 부근의 스타펠슈타인의 가난한 집안에서 태어나, 광부로 일하면서 학교를 다녔다. 대학 교육을 받지는 못했으나 그 시대의 가장 유명한 수학 교사가 됐다. 이 책은 1522년, 1525년, 1527년, 1528년, 1529년, 1530년, 1533년, 1535년, 1536년, 1538년, 1541년, 1544년, 1548년, 1550년, 1552년, 1554년, 1556년, 1558년, 1562년, 1564년, 1565년, 1568년, 1570년, 1571년, 1574년, 1579년, 1581년, 1585년, 1586년, 1587년, 1592년, 1598년에 각각 중판을 거듭하면서 16세기 독일에서 가장 대중적인 산술 서적이 됐다. 이탈리아에 비교하면 독일에선 인도·아라비아 숫자의 보급이 늦었다. 책 제목에

그림 5.6 아담 리제, 『선과 펜을 사용한 계산』, 1550년판.

나오는 '선Linie'은 산판 계산을, '펜Feder'은 손 계산을 각각 의미한다. 이 책은 독일에서 산판 계산이 손 계산으로 이행하는 과정에 가장 큰 영향을 미쳤다. 참고로 독일의 학교에선 숫자 계산을 정확하게 잘하는 것을 지금도 '아담 리제처럼nach Adam Riese'이라고 표현하고 있다.

그 뒤 1525년에는 크리스토프 루돌프Christoph Rudolph가 독일어로 쓴 『통상 코스로 불리는 대수학의 교묘한 규칙에 의한 신속하고 화려한 계산Behend vnnd Hübsch Rechnung durch die Kunstreichen regeln Algebre, so gemeincklich die Coss genent werden』이 출판된다. 이 역시 1526년, 1534년, 1540년, 1553년, 1557년에 중판이 나온다. '코스Coss'란 물론 파치올리의 'cosa', 즉 미지수를 가리킨다. '코스의 기법'이란 방정식의 해법을 의미한다. 이 책은 근호에 처음으로 루트($\sqrt{}$) 기호를 사용한 것으로도 알려져 있다. 또 루돌프는 1530년 다시 독일어로 『예제집Exempel Büchlin』을 출간했다. 순전히 상업에 관련된 문제 약 300개를 모아 놓은 책이다. 이 책에서는 소수점에 상당하는 기호로 | 을 사용해 소수 표기를 하고 있다.[67] 그리고 1527년에는 페트루스 아피아누스Petrus Apianus의 『모든 상업 계산의 새롭고 확실한 교육Eyn Newe und wolegründte Unterweisung aller Kauffmannsz Rechnung』이 독일어로 출판됐다. 아피아누스는 잉골슈타트의 교수였다. 그는 당시 독일어로 산술을 교육했던 몇 안 되는 대학교수였다.

이 시대 상업 중심지 가운데 하나를 꼽으라면 네덜란드를 들 수 있다. 네덜란드 남부 지역은 국제적 상업 중심지로서 이탈리아와 어깨를 나란히 할 정도로 번영을 구가하고 있었다. 특히 브뤼헤(지금의 브뤼제)는 13세기 이후 잉글랜드의 양모, 프랑스와 스페인 연안의 와인 그리고 북구와 러시아에서 들여온 목재·밀·모피의 집산지로 번성했다. 그리고 14세기에는 유럽의 가장 중요한 금융 도시의 하나가 됐다. 하지만 15세기 말 브뤼헤의 번영은 종말을 고하고, 상업의 중심은 안트베르펜으로 옮겨 간다. 안트베르펜은 잉글랜드의 모직물과 동양에서 온 상품 ― 인도 항로를 개척한 포르투갈이 실어 온 향료 ― 들이 유럽 대륙으로 들어가는 입구이면서, 동시에 남부 독일의 은과 동의 집산지이기도 했다. 이 때문에 이곳은 카를 5세의 통치하에서 북유럽의 유수한 국제 무역항으로 발전해 갔다. 그리고 이 시대 네덜란드에서도 시민들 사이에선 역시 속어가 널리 사용돼, 교회의 입김이 미치지 않는 상인들의 학교가 만들어졌다.[68]

그런 까닭에 네덜란드에서도 16세기에는 속어로 된 산술 서적이 등장하기에 이른다. 속어로 쓰여 인쇄된 최초의 산술서로는 저자 불명의 『정수와 분수에서 알고리즘의 진정한 기법에 따른 계산을 배우는 방법』이 1508년 브뤼셀에서 출판됐다. 이 책은 1510년 안트베르펜에서 재판이 나왔고, 1529년에는 프랑스어 번역본이 나왔다. 또 이 책은 1537년 영국에서 처음으로 속어로 쓰인 산술서 『펜 또는 산판에 의한 계산술 학습 입문』의 오리지널판으로도 알려져 있다.[69] 1537년엔 역시 속어(프랑스어)로 된 판 데르 후크 Gielis Van der Hoecke의 『산술의 훌륭한 기법에 대한 놀라운 기록』이 안트베르펜에서 출판됐다. 이 책은 +(플러스)와 -(마이너스)를 연산기호로 사용한 아주 초기의 책이다.[70] 이 또한 1543년 재판으로 나왔다. 이 책들은 모두 필산 이외에 '선에 의한 계산', 다시 말해 산판에 대한 설명을 담고 있다.

그리고 1543년에는 안트베르펜의 상인 얀 임핀Jan Ympijn Christoffels이 플레미시어로 된 산술 서적 『새로운 교본Nieuwe Instructie』을 출간했다. 여기에는 이탈리아의 부기(복식부기) 기법이 기록돼 있다. 이 책의 프랑스어판도 동시에 출판됐으며, 4년 뒤에는 프랑스어에서 영어로도 번역됐다. 임핀은 젊은 시절 12년간 베네치아에 체재한 것을 포함해 직업상 스페인, 포르투갈, 이탈리아를 두루 돌아다녔다. 그는 1519년부터 1540년 사망할 때까지 안트베르펜에서 직물상을 했던 상인이었다.

한편 1540년에는 루뱅대학을 나온 수학자이자 지리학자인 헤마 프리시우스Gemma Frisius의 『실용수학의 알기 쉬운 방법Arithmeticae practicae methodus facilis』이 안트베르펜에서 출판됐다. 라틴어로 쓰였지만 라틴어학교(문법학교)에서는 경멸 받던 상업수학을 다룬 책이었다. 실제 이 책의 등장은 당시까지 기껏해야 보이티우스류의 케케묵은 수론을 제외하고는 산술 교육을 거의 등한시하던 라틴어학교의 교육에서 하나의 '사건'이었다고도 한다.[71] 그리고 이 책은 1661년에 이르기까지 프랑스어·이탈리아어 번역판을 포함해 75판이라는, 경이롭다고 해도 될 만큼 중판을 거듭하면서 16세기 후반 네덜란드에 커다란 영향을 미쳤다. 앞으로 제7장에서 보겠지만, 이 시기 네덜란드에는 지도 제작이 발전하고 해외 진출도 활발해지고 있었다. 따라서 그런 분야에서도 실용수학의 수요는 높아지고 있었다.

어쨌든 16세기 전반의 네덜란드에서도 "수학을 공부해야겠다는 동력은 점점 더 상업적 필요성에 의해 직·간접적 영향을 받았으며, 또한 도시가 성장함에 따라서도 그 수요가 커졌다." 특히 "상대적으로 정체되었던 기하학과 대조적으로 산술 서적의 출판이 증가한 것은 이 시대에 상업으로부터의 압력이 수학의 발전에 얼마나 강력하게 작용했는지를 새삼 보여 준다". 그리고 물론 네덜란드에서도 '산수교사 rekenmeester'가 그 과정에 미친 영향을 과소평가할 수는 없다. 참고로 네덜란드에서도 13세기 이후 속어학교 교사 schoolmeester의 사회적 지위는 상인 수준이었다.[72]

16세기 이탈리아에서는 방정식론의 비약적 발전이 이뤄지는데, 그 토대는 이처럼 서유럽에서 상업수학이 널리 보급된 데 있다. 즉 "대수학이 발흥한 계기는 이탈리아의 롬바르디아, 북유럽 또는 레반트 등의 은행가와 상인의 회계 작업에서 나타난 극히 비속적이고 공리적인 욕구였다"고 말할 수 있다.[73] 또한 이베리아 반도에서 산술 서적은 상업뿐 아니라 항해술에도 깊이 관련돼 있었는데, 이 점은 나중에 다시 살펴보도록 하자.

타르탈리아와 카르다노

스키피오네 델 페로 Scipione del Ferro와 니콜로 폰타나 타르탈리아 Niccolò Fontana Tartaglia. 수학사에서 3차 방정식 해법의 발견에 등장하는 이름이다. 그 이론적 발전을 살펴보는 것은 수학사의 영역이지 이 책에서 다룰 문제는 아니다. 그러나 방정식의 해법 공개를 둘러싼 카르다노와 타르탈리아의 집요한 대립은 인구에 회자할 뿐 아니라 학문의 주도 세력이 당시 아카데미즘의 울타리를 뛰어넘어 확산되는 과정에, 그리고 그 활동을 보증하

그림 5.7 니콜로 타르탈리아.

는 제도적 틀이 결여된 과도기에 생겨난 알력이었기 때문에 여기에서 다룰 만한 가치가 있다.

　타르탈리아(본명 니콜로 폰타나)는 15세기 말 베네치아 공화국 브레시아의 가난한 우편배달부의 아들로 태어났다. 그의 아버지는 1506년 어머니와 형제들을 가난 속에 내버려 둔 채 세상을 뜬다. 6년 뒤 프랑스군이 브레시아 마을을 점령했을 때 타르탈리아는 마을 사람들과 함께 교회로 피난했으나, 거기까지 쫓아온 프랑스군의 칼에 턱을 찔리는 중상을 입고 목숨이 오락가락하다 어머니의 필사적인 간호로 생명을 구했다고 전해진다. 그러나 그 때문에 언어장애를 지니게 돼 '말더듬이'를 뜻하는 타르탈리아Tartaglia라는 별명이 붙었다(이탈리아어로 tartagliare는 '말을 더듬다'는 뜻이다). 별명이라고는 하지만, 그는 책과 편지에 스스로 이 이름을 사용했다.

그가 어떤 교육을 받았는지는 본인이 직접 책에서 밝혀 놓았다. 그에 따르면 부친이 살아 있을 때 몇 개월 동안은 수습교실에 다녔다. 그 뒤 열네 살이 되자 자기 힘으로 학교를 다녔지만 알파벳의 K까지 배웠을 때 학비가 뚝 떨어져, 그때부터 독학에 들어갔다고 한다. 나중에 필요에 의해 라틴어를 독학하긴 했지만, 책을 쓸 때는 거의 이탈리아어를 사용했다. 그의 이탈리아어는 매우 특이했다. 그 시대 인문주의자로서 수학자 열전을 쓴 베르나르디노 발디Bernardino Baldi는 "타르탈리아는 문체에 거의 주의를 기울이지 않아 독자들은 읽어 내려가다 엉겁결에 웃음을 터뜨리게 된다"고 야유하기도 했다.[74]

그러나 타르탈리아는 수학에서 발군의 재능을 보였다. 20세가 되기 전부터 일종의 수학 컨설턴트로서 북이탈리아의 베로나에서 상인과 직인, 측량 기사와 군인들에게 계산 기술을 가르쳤다. 또 고객들에게 의뢰 받은 수학 문제를 풀어 주며 생계를 꾸려 나갔다. 1534년에는 베네치아로 이주했고, 그 이듬해에는 볼로냐에서 안토니오 마리아 피오레Antonio Maria Fiore와 '수학 대결'을 벌이기도 했다. 이 '수학 대결'은 참가자 양쪽이 일정한 금액을 공탁한 다음 공개석상에서 서로에게 문제를 출제해, 더 많은 답을 낸 쪽이 그 공탁금을 모두 차지하는 식으로 진행됐다.[75] 당시 실력 있는 산수 교사들 사이에선 이런 시합이 자주 벌어졌던 듯하다.

이 승부의 상대자였던 피오레는 스키피오네 델 페로의 제자였다. 볼로냐대학에서 한때 루카 파치올리의 동료였던 스키피오네는 파치올리가 '불가능'이라고 판단한 $x^3+px=r$이라는 2차항이 없는 3차 방정식의 해를 처음 제시한 인물이다. 그는 그 해법을 공표하지 않은 채 1526년 숨을 거뒀지만, 제자인 피오레에게만은 가르쳐 주었다. 당시 그 같은 수학적 기법은 신이론의 발견으로 공표되지 않고, 비전처럼 제자에게만 전해졌던 모양이다. 아마도 피오레는 이것만 있으면 그 유명한 타르탈리아를 꺾을 수 있을 것으로 생각해 시합에 도전했는지도 모른다. 그러나 타르탈리아는 피오레가 제출한 모든 문제를 단시간 내에 풀어 보였을 뿐 아니라, 1차항이 없는 3차 방정식 $x^3 + qx^2 = r$의 해법도 자력으로 찾아냈다.

여기에서 등장하는 인물이 바로 카르다노다. 지롤라모 카르다노 Girolamo Cardano, 1501~1576는 1501년 태어났으므로 타르탈리아와는 거의 같은 세대였다. 하지만 출신 계층이 달랐다. 비록 카르다노가 적자는 아니었지만 그의 부친은 밀라노의 법률가이자 파비아대학에서 오랫동안 기하학을 강의했을 정도의 엘리트였다. 그런 부친에게 그는 수학을 배웠다. 또 파비아대학에서 의학을 공부했고, 1525년 닥터 자격을 땄다. 카르다노는 사생아였기 때문에 밀라노의 의학 학교에 취직할 수는 없어서 파비아 근교의 마을에서 의료업에 종사했다. 당시 그는 몇 차례 환자의 병을 기적적으로 치료함으로써 세간에서 좋은 평가를 듣기도 했다. 이를 통해 후원자를 얻은 그는 결국 대학에서 의학을 강의하게 된다. 1543년에는 파비아대학, 1562년에는 볼로냐대학의 교수로 취임했다.

르네상스 시대까지 의학은 점성술(천문학)과 밀접한 관계를 맺고 있었다. 이에 따라 대학의 수학 교사 가운데는 많은 수가 의사였다. 그들은 파치올리처럼 단순한 수학 강사보다 높은 지위를 누릴 수 있었다. 이 시대 이탈리아 수학자들의 사회적 지위를 연구한 논문에 따르면, "르네상스 초기에 지상의 교육자와 천상의 수학자 사이에는 문자 그대로 사회적·직업적 격차가 보인다".[76] 더구나 마을의 산수교실에서 계산술이나 초등 기하학을 가르치던 변변찮은 산수교사와, 대학에서 수학과 천문학을 가르치던 엘리트 의사 사이의 사회적 지위는 차이가 엄청났다. 타르탈리아와 카르다노는 서로 이질적인 세계에 속한 인간이었다.

카르다노는 1539년 『수학과 측량의 실제Practica arithmetica et mensurandi singlaris』를 펴냈는데, 이것이 호평을 받자 속편을 계획했다. 그는 그때까지 3차 방정식의 해는 불가능이라는 파치올리의 『산술집성』을 신봉하고 있었다. 하지만 피오레와 타르탈리아의 대결 소식을 전해 듣고는 그 해법에 관심을 갖게 된다. 처음엔 혼자 힘으로 풀어 보려고 애썼으나 결국 뜻을 이루진 못하자, 그는 타르탈리아를 찾아가 해법을 가르쳐 달라고 사정했다.

타르탈리아는 처음엔 가르쳐 주려 하지 않았다. 그러자 카르다노가 타르탈리아에게 회유와 설득의 편지를 보냈다. 밀라노의 군 고관에게 당신을 뛰어난 인재라고 칭찬했으며, 나중에 그 고관을 소개시켜 주겠다는 내용이었다. 이 편지에 타르탈리아는 태도를 바꿨다. 군 고위층에 줄을 대 주겠다는 말에 타르탈리아가 마음을 바꾼 데에는 당시 기하학에 능통하면 군에서 괜찮은 일자리를 얻을 수 있었던 사정이 있다. "도처에서 전쟁이 벌어지던 그 시대에 기하학자는 대개 군사기술자로서 역할을 맡고 있었던" 것이다.[77] 타르탈리아도 군사기술에 밝았다(이것에 대해선 다음 장에서 살펴본다). 그는 마을의 수학 컨설턴트보다 나은 일자리를 군사기술 방면에서 찾고 있었던 것일까. 이렇게 해서 타르탈리아는 밀라노로 가 카르다노의 집을 방문한다. 그러나 원래 만나길 바랐던 그 군인은 마침 밀라노에 없었다. 타르탈리아는 실망했다. 하지만 "당신이 스스로 공표하기 전까지는 비밀을 엄수하겠다"고 카르다노가 서약을 하자 타르탈리아는 그 해법을 알려 주었다. 증명 방법은 가르쳐 주지 않은 채 말이다.

그 뒤 카르다노와 그의 제자 로도비코 페라리Lodovico Ferrari는 타르탈리아의 해법을 스스로의 힘으로 증명해냈다. 그뿐 아니라 일반적인 3차 방정식을 2차항이 없는 형태로 변형시킬 수 있음을 보여 주었다. 나아가 4차 방정식의 해도 찾아냈다. 그러는 동안에도 타르탈리아는 자신의 이론을 책으로 출판할 움직임을 전혀 보이지 않았다. 타르탈리아는 스스로 대수학 책을 쓰면서 그 핵심 내용으로 방정식의 해법을 다룰 예정이었으나, 계획이 늦어졌다는 설도 있다.[78] 아니면 장래의 수학 대결을 위해 자신의 카드를 남에게 보여 주지 않으려는 심리가 있었을지도 모른다.

카르다노는 1543년 페라리와 함께 볼로냐로 가서 타르탈리아에 앞서 스키피오네 델 페로가 2차항이 없는 3차 방정식을 풀었다는 사실을 확인한다. 그리고 스키피오네의 공식을 발표해도 타르탈리아와 한 약속을 깨는 것은 아니라고 판단했다. 이렇게 해서 그는 1545년 근대 대수학의 출발점을 장식하는 걸작, 3차 방정식의 해와 일반적인 증명을 기술한 『위대한 예술 또는 대수학의 규칙Ars magna seu de regulis algebrae』(이하 『위대한 예술』[79])을 출간했다. 뉘른베르크의 인쇄업자 요하네스 페트레이우스Johannes Petreius를 통해서였다. 페트레이우스는 2년 전 코페르니쿠스의 대저 『천구의 회전에 대하여』를 출판했던 인쇄업자다. 『위대한 예술』은 그 뒤 바젤

(1570)과 리옹(1665)에서 재판이 나왔다.

『위대한 예술』 모두에는 다음과 같이 기록돼 있다.

> 우리들의 시대가 돼서, 볼로냐의 스키피오네 델 페로가 [미지수의] 3차와 1차의 합이 같아지는 사례[$x^3+px=r$]를 보기 좋게 해결했다. … 우리들의 친우 amicus noster, 브레시아의 니콜로 타르탈리아는 스키피오네의 제자인 안토니오 마리아 피오레와 대결했을 때 같은 문제를 풀어 보였다. 그리고 우리의 거듭되는 간청에 마음이 움직여 그 해법을 우리에게 알려 주었다. "나 스스로 풀었던 것 이외에 일반적인 해법은 찾아낼 수 없다"는 루카 파치올리의 말에 현혹돼, 나는 이미 많은 것을 발견했음에도 불구하고 [그런 문제의 해를] 포기한 채 더 이상 파고들지 않았다. 그러나 그 뒤 타르탈리아의 해법을 알게 됐고, 그 증명을 찾는 과정에서 그 밖에도 풀 수 있는 많은 경우가 있음을 이해하게 됐다. 그 발상을 계속 파고들면서 [3차 이외의] 다른 문제의 해법을 일부는 나 스스로, 일부는 이전에 내 문하생이었던 로도비코 페라리의 힘으로 찾아냈다. p.222 [p.8f.]

의사 카르다노는 『위대한 예술』의 출판으로 일약 이탈리아의 간판 수학자로 이름을 날렸다. 한편 이 책을 보고 카르다노가 서약을 깼다는 것을 알게 된 타르탈리아는 격노했다. 그는 이듬해 『다양한 질문과 발견 Quesiti et inventioni diverse』이라는 책을 출판해, 카르다노와 약속을 하게 된 경위를 상세하게 밝히며 카르다노의 배신행위를 통렬히 비판했다. 카르다노는 타르탈리아의 비난에 신경도 쓰지 않았다. 그리고 카르다노의 제자인 페라리가 그를 대신해 타르탈리아에게 수학 대결을 신청했다. 이는 카르다노가 꾸민 일이었는지도 모른다. 타르탈리아는 마음이 내키지 않았다. 베네치아의 변변찮은 수학 교사인 타르탈리아로서는 방방곡곡에 이름을 떨치고 있는 기재 카르다노를 물리치는 것은 의미가 있어도, 무명의 페라리에게 이겨 봤자 득 될 게 없었다. 타르탈리아는 어떻게든 카르다노 본인과 대결하려고 시도했으나 카르다노는 응하지 않았다.

1548년이 되자 타르탈리아는 생각을 바꿔 페라리와의 대결을 수락했다. 그때 타르탈리아는 고향 브레시아에서 수학 강사 자리를 얻어 일하고 있었으나, 정규 교육을 받지 않았다는 이유로 입지가 좁았다. 스스로 수학 강사의 자격이 충분하다는 것을 증명해 보여야 할 입장이었기 때문에 그 승부를 받아들였다고 한다. 수학 대결은 1548년 10월 밀라노에서 이뤄졌다. 자신을 과신하던 타르탈리아는 상대를 얕잡아 봤다. 그러나 페라리는 이미 3차 방정식뿐 아니라 4차 방정식에도 정통해 있었기 때문에 첫날에 단박에 승부를 갈랐다. 이 대결에서 패배한 타르탈리아는 브레시아의 수학 강사 자리를 잃고, 다시 베네치아의 가난한 교사로 돌아온다. 나중에 카르다노는 『나의 생애 De propria vita』에서 "타르탈리아는 나를 비방했지만 뒤에 밀라노에서 공개적으로 사죄했다"고 기술했다.[80] 타르탈리아가 사죄했다는 것은 사실일까. 이것이 지금까지 판명된 경위의 전부다.

카르다노가 정말 서약을 깼다고 볼 수도 있지만, 그래도 자신의 책에선 3차 방정식의 해의 발견에서 타르탈리아의 공헌을 나름대로 제대로 기재해 놓았다. 일설에 따르면 타르탈리아가 카르다노에게 비밀의 해법을 가르쳐 주는 대신 카르다노가 타르탈리아를 군 고관에게 소개시켜 군사기술자로 취직을 부탁하는, 말하자면 상류사회의 일원으로 끌어 주겠다는 약속이 두 사람 사이에 있었다고 한다. 따라서 타르탈리아가 격노한 진짜 원인은 카르다노가 이 약속을 이행하지 않은 데 있다고 보는 시각도 있다.[81]

상업산술의 보급에 따라 '산술교사'라는 직업이 등장하고, 16세기에는 그들 가운데 대수학의 발전을 주도하는 사람들이 나오기 시작했다. 그러나 학자의 세계가 누구에게나 평등하게 열려 있던 것은 아니다. 학술 잡지를 통해 연구 성과를 인정받거나, 누구나 객관적으로 알 수 있는 업적 평가 시스템이 존재하던 시대도 아니었다. 파치올리처럼 개인적 인맥이 꽤 든든하지 않을 경우 변변찮은 집안이나 돈 없는 가정의 출신들에게 아카데미즘의 문호는 사실상 닫혀 있었던 것이다. 이를 감안하면 불우한 산수교사들이 자신의 재능과 연구를 세상에 알리는 수단으로서 '수학 대결'과 같은 시합이 등장한 것도 필연적 현상이 아니었을까 싶다. 탁월한 수학적 재능을 지니고 있으면서도 신체장애를 지닌 채 가난한 홀어머니 밑에서 자란 타르탈리아가 수학 대결을 위해 자신의 연구 성과를 감춰 두려고 했던 것도, 또 연구 성과를 가르쳐 주는 대가로 유력자와 인맥을 쌓으려 했던 것도, 무리는 아니었다. 하지만 카르다노가 타르탈리아의 그런 약점을 파고들었던 측면이 있었음도 부정할 수는 없다.

타르탈리아는 고독과 가난 속에서 1559년 눈을 감았다. 과학사가 조지 사턴 George Sarton 은 타르탈리아에 대해 이렇게 평했다. "그가 교육을 받지 않았다는 점은 수학에 관한 한 거의 아무런 문제가 되지 않았다. 하지만 그의 빈약한 라틴어 실력에선 무학이라는 점이 쉽게 드러났다. 그는 수많은 수학 대결에 나섰다. 그는 자의식이 강했고, 쉽게 화를 냈으며, 질투심이 많았다."[82] 이게 사실이라면 어린 시절의 불우한 환경과 교육을 받지 못한 데 대한 콤플렉스가 그의 성격 형성에 영향을 주었는지도 모른다.

타르탈리아의 역학 연구에 대해선 다음 장에서 살펴보도록 하자.

| 카르다노와 봄벨리

카르다노의 『위대한 예술』은 자신의 수학적 발견을 포함해 당시 알려져 있던 방정식론을 집대성하는 데 그치지 않았다. 당시 방정식론은 상업상의 문제를 풀기 위한 수단으로서 논의됐기 때문에 하나하나 실제의 문제를 놓고 다뤄졌다. 파치올리의 책에서도 방정식론은 제2권의 상업 실무 강의의 일환으로 취급되었다. 또 3차 이상의 방정식은 실제의 상업에선 거의 문제가 되지 않으므로 큰 비중을 차지하지 않았다. 이에 대해 카르다노의 책은 상업 문제와의 관련성을 더 이상 의식하지 않고 방정식 그 자체를 주제로 삼아 논의를 진행시키고 있다. 그런 의미에서 『위대한 예술』은 방정식을 순수수학으로 다루려 했던 최초의 서적으로 기록해 줄 만하다.

그러나 『위대한 예술』은 방정식 이론의 기초를 기하학에서 찾으려 했던 점에서 커다란 한계를 지니고 있었다. 기하학에 의거한 방정식의 해법은 피보나치에서 파치올리에 이르기까지 이어져 내려온 일종의 전통이었다. 그러나 카르다노의 경우 기하학은 방정식을 풀기 위한 단순한 방편이나 증명의 보조 수단에 그치지 않고 방정식론의 원리적 기초를 제공하는 것이었다. 즉, 미지수 x는 더 이상 상품의 수나 가격이 아니라 단적으로 말해 선분의 길이이고, 마찬가지로 x^2은 정사각형의 넓이, x^3은 정육면체의 체적이지 그 이외의 다른 것이 아니었다. 따라서 카르다노에게 4차 이상의 방정식은 실제적 의미를 지니지 못했다. 『위대한 예술』의 제1장에서 그는 방정식론이 그때까지 어떻게 발전해 왔는가를 간단히 서술한 다음, 책 전체의 저술 방향을 다음과 같이 설명한다.

> 이들(당시까지의 이론)에 관해 일련의 장황한 규칙과 논고를 덧붙일 수 있으리라 생각된다. 하지만 상세한 논의는 3제곱까지로 끝내고, 그 외의 문제에 대해선 일반적 차원에서 잠시 훑어보는 데 그치기로 한다. positio(1제곱)는 선을, quadratum(제곱)은 면을, cubum(세제곱)은 입체를 가리킨다. 이를 넘어 논하는 것은 대단히 어리석은 일이며, 그 특성상 받아들일 수 없다utque stultus fuerit, nos ultra progredi, quo naturae non licit. 이에 따라 세제곱까지를 포함한 문제는 모두 충분히 증명하겠지만, 어쩔 수 없이, 또는 호기심에서 세제곱을 넘는 문제가 나오면 언급하는 데에만 그치고 그 이상 상세히 논하진 않겠다. p.222 [p.9]

일례로 "[미지수의] 세제곱과 미지수가 어떤 수와 같은 값인 경우De Cubo & rebus aequalibus Numero", 즉 $x^3+px=r$의 기하학적 해법을 도출하고 있는 페이지를 그림 5.8에 소개한다. 그 첫머리에는 이 방정식의 해를 볼로냐의 스키피오네 델 페로가 이전에 찾아냈다는

CAPVT XI.

De Cubo & rebus æqualibus Numero.

SCIPIO Ferreus Bononienſis iam annis ab hinc triginta fermè capitulum hoc inuenit, tradidit verò Anthonio Mariæ Florido Veneto, qui cùm in certamen cum Nicolao Tartalea Brixellenſe aliquando veniſſet, occaſionem dedit, vt Nicolaus inuenerit & ipſe, qui cum nobis rogantibus tradidiſſet, ſuppreſſâ demonſtratione, freti hoc auxilio, demonſtrationem quæſuimus, eámque in modos, quod difficillimum fuit, redactam ſic ſubiiciemus.

DEMONSTRATIO.

Sit igitur exempli cauſâ cubus g h, & ſexcuplum lateris g h æquale 20. & ponam duos cubos a e & c l, quorum differentia ſit 20. ita quod productum a c lateris, in

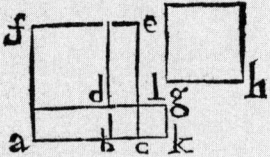

c k latus, ſit 2. tertia ſcilicet numeri rerum pars, & abſcindam c b, æqualem c x, dico, quod ſi ita fuerit, lineam a b reſiduum, eſſe æqualem g h, & ideo rei æſtimationem, nam de g h iam ſupponebatur, quod ita eſſet, perficiam igitur per modum primi ſuppoſiti

poſiti ſexti capituli huius libri, corpora d a, d e, d f, vt per d c intelligamus cubum b c, per d f, cubum a b, per d a triplum c b in quadratum a b, per d e triplum a b in quadratum b c. Habebimus igitur quatuor ſuppoſita, quorum duo dicta iam ſunt, ſcilicet quòd ex a c in c κ, vel c b fit 2. & quòd differentia cubi a c à cubo c b eſt 20. tertium deducitur ex his & eſt quòd cum id quod producitur ex a b, b c, a c ter ſit æquale differentiæ d e & d a & triplum producti ex a b, a c, b c ſexcuplum a b nam productum ex a c in c b, eſt 2. ex primo ſuppoſito, ergo triplum eius eſt ſex, & productum hoc in a b ſexcuplum ipſius a b. Hoc autem eſt differentia d e & d a. Quartum quod patet ex primo & ſecundo corollario ſexti capituli quòd d f eſt differentia cubi a c cum triplo a c in quadratum c b a cubo c b cum triplo c b, in quadratum b c. Ponatur igitur cubus a c, α, cubus a b c, triplum c b in quadratum a c, γ, triplum a c in quadratum c b, δ, differentia, α, β, ε, differentia γ & δ ζ differentia α & δ à β & γ ε. Igitur cum componatur ex ζ & ε, vt facile eſt demonſtrare in numeris quos & pro exemplo à latere propoſui autem eſt 20. ex ſecundo ſuppoſito & ζ ſexcuplum a b & θ cub. a b igitur cubus a b cum ſexcuplo a b, quod eſt cum ſex rebus, nam a b eſt latus ſui cubi, æquatur 20. igitur cum & b h cubus cum ſexcuplo b h æquetur 20. erit b h cubus cum ſexcuplo b h æqualia cubo a b cum ſexcuplo a b, igitur a b eſt res, & ipſa eſt differentia duorum laterum producentium 2. & quorum cubi differunt in 20. quod erat demonſtrandum. Ex his conficiemus regulam.

	α	δ	
	ε	ζ	η
c	γ		

	24	1	25	
20		13		7
	4	14	18	

그림 5.8 카르다노의 『위대한 예술』(1545), 3차 방정식의 해법.

점, 또 그의 제자와의 수학 대결을 계기로 타르탈리아도 해법을 발견했다는 점, 그리고 카르다노는 방정식의 해를 타르탈리아에게 들었지만 이것을 힌트로 그 증명은 자기 힘으로 했다는 점이 다시 한 번 기록돼 있다.p. 249 [p.96] 그 뒤에는 그림과 같이 '증명 Demonstratio'이 전개된다. 이 부분의 번역(일역)은 나카무라 고시로中村幸四郎의 『근대 수학의 역사』에 나오는데,[83] 번역문을 보지 않아도 기하학적 논의를 하고 있다는 점을 알 수 있다. 대수학이 독립적 수학으로서 위상을 확립하는 데에서 카르다노가 취했던 이 같은 기하학적 시각은 커다란 장애물이 됐다.

다른 한편으로 『위대한 예술』은 음수의 해도 인정했다는 점에서 파치올리의 제약을 뛰어넘었다. 실제 제1장에서 카르다노는 2차방정식 $x^2=9$의 해로서 $x=3$뿐 아니라 $x=-3$도 제시했다. 나아가 거듭제곱이 짝수인 미지수만 나오는 $x^4+12=7x^2$와 같은 방정식의 해는 어떤 양수의 해가 있다면 절댓값이 같은 음수의 해가 반드시 있다고 설명했다. 다만 카르다노는 양수의 해만을 '참(vera)'으로 생각했고, 음의 해는 '허구(ficta)'로 간주했다.p. 223 [10f.]

복소수에 대해서도 카르다노는 그 존재를 인식하였음은 물론, 계산에서 실제 사용하고 있었다. 그런 의미에서 카르다노는 복소수의 발견자라고 할 수 있다. 그러나 그는 복소수 해를 인정하지는 않았다. 그는 합이 10, 곱이 40이 되는 두 수를 구하라는 문제를 다음과 같이 풀고 있다.

10을 똑같은 두 수로 나누면 각각 5다. 그 제곱은 25가 된다. 여기에 25에서 40을 빼면 … 마이너스15가 남는다. 그 제곱근을 5에 합한 것과 5에서 뺀 것은 $5+\sqrt{-15}$와 $5-\sqrt{-15}$이며, 그 곱은 40이다. 〔카르다노의 표기법으로는 5.p.R.m.15이다〕. p.287 〔219〕

결국 구하는 두 수는 $5+x$와 $5-x$로, 다음과 같이 된다.

$$(5+x)+(5-x)=25-x^2=40 \quad \therefore \quad 5\pm x = \sqrt{25-40}$$

여기에서 카르다노는 "불합리하지만 눈 딱 감고 〔형식적으로〕 $5+\sqrt{-15}$에 $5-\sqrt{-15}$를 곱해 $25-(-15)$를 만들면 곱은 40이 된다. … 이는 대단히 궤변적이다$_{\text{vera est sophistica}}$"고 했다.p. 287 〔p. 220〕 이처럼 그는 복소수 해를 받아들이지 못했다.

마찬가지로 $x^2+N=ax$라는 형태의 2차 방정식의 해를 현대적으로 표현해 $x=(a/2)\pm\sqrt{(a/2)^2-N}$으로 제시했으나 여기에 다음과 같은 주석을 덧붙였다.

만약에 어떤 수〔N〕가 1차 계수의 절반〔$a/2$〕의 제곱에서 뺄 수 없을 때〔빼면 음수가 되므로〕는, 문제 자체가 잘못된 것이며$_{\text{quaestio ipsa est fasla}}$, 해는 불가능하다.p. 231 〔p. 39〕

또한 방정식 $x^4+12=6x^2$ (즉 $x^2=3\pm\sqrt{-3}$)에 대해서도 "진정한 해는 존재하지 않는다"고 했다.p. 223 〔p.10〕

여기에서 알 수 있듯이 카르다노가 말한 "해가 불가능하다"든가 "해는 존재하지 않는다"는 것은 '실수의 범주 내에서'라는 전제를 달고 있다. 카르다노는 복소수의 존재에 생각이 미쳤고, 때로는 이것을 계산에 사용하긴 했으나, 이를 자립적인 수로 인정하지 못했던 것이다.

또 하나, 카르다노를 고민에 빠트렸던 것은 다음과 같은 문제였다. 방정식 $x^3 = px+q$의 경우 $D = (q/2)^2 - (p/3)^3$으로서 해는 다음과 같은 식으로 주어진다는 점이 이미 나와 있었다.p. 251[p. 103]

$$x = \sqrt[3]{(q/2)+\sqrt{D}} + \sqrt[3]{(q/2)-\sqrt{D}}$$

그런데 예를 들어 방정식 $x^3 = 15x+4$의 경우, 이 공식으로는 $D = 2^2 - 5^3 = -121 < 0$이 되고, 해는 $\sqrt[3]{2+\sqrt{-121}} + \sqrt[3]{2-\sqrt{-121}}$, 즉 복소수의 세제곱근의 합이라는 — 카르다노에게는 — 무척 이해하기 어려운 결과가 나온다. 그러나 다른 한편으로는 $x=4$가 이 방정식의 해라는 점은 직접 확인할 수 있으므로, 방정식 자체가 불가능한 것은 아니다. 이 '모순'을 어떻게 이해하면 될까, 그에게는 해결할 수 없는 문제였다.

이처럼 카르다노는 복소수 앞에서 걸음을 멈췄다. 카르다노의 한계를 뛰어넘은 것이 기술자 라파엘로 봄벨리Rafaello Bombelli였다. 그가 속어로 쓴 『산술의 주요 부분으로서의 대수학 전3권 L' algebra parte maggiore dell' arithmetica divisa in tre libri』(이하 『대수학』)은 카르다노의 연구를 한 단계 뛰어넘었다.

봄벨리는 1526년 볼로냐에서 태어났다. 3차 방정식을 처음으로 풀었던 볼로냐대학의 교수 스키피오네 델 페로가 사망하던 해였다. 아버지는 양모상, 어머니는 양복점 주인의 딸이었다. 장남으로 태어난 봄벨리는 건축가 피에르 클레멘티Pier Francesco Clementi의 도제가 돼 기술자의 길을 걷는다.[84] 대학 교육을 받지 않았으므로 수학은 스승인 클레멘티에게 배웠으리라고 짐작된다. 1551년부터 1555년까지 아르노 강과 테베레 강 사이에 있는 습지대의 간척 사업에 참가해 수리기술자로서 높은 평가를 받았다. 그렇다고는 해도 당시 이탈리아 사회에서 '수리기술자$_{idrostatico}$'의 사회적 지위는 산수교사나 측량 기사와 같은 수준이었다. 따라서 카르다노와 같은 대학의 교사나 의사와는 비할 수 없이 낮은 대우를 받고 있었을 것으로 보인다.[85]

고향 볼로냐에서 그가 아홉 살 때 피오레와 타르탈리아의 수학 대결이 벌어졌다. 이 사건은 소년 봄벨리가 알 바 아니었을지 모른다. 그러나 그 뒤 3차 방정식 해법의 발견을 둘러싼 카르다노와 타르탈리아 사이의 싸움은 당연히 그의 귀에도 들어갔을 것이다. 실제 1546년에는 타르탈리아와 카르다노 사이에 있었던 일들이 타르탈리아의 책에 자세히 폭로돼 있었다. 또 1547, 1548년이 되자 수학 대결을 둘러싸고 페라리와 타르탈리아가 주고받았던 편지의 사본도 이탈리아의 주요 도시에 나돌았다. 비단 이런 일이 아니더라도 이탈리아는 상업산술이 흥했던 곳이었던 만큼 청년 봄벨리가 대수학에 강한 관심을 보인 것은 자연스러운 일이었다.

그가 대수학 서적을 집필하게 된 동기는 당시까지의 논의가 카르다노의 『위대한 예술』을 빼고는 내용이 철저하지 못하거나, 부주의한 것들이 많았기 때문만은 아니었다. 카르다노의 책도 불명료한 부분이 있었고, 수학적 소양을 웬만큼 갖추지 않으면 이해할 수 없는 대목도 있었다. 그래서 봄벨리는 누구라도 읽을 수 있도록 명료하게 쓰인 수학 서적을 쓰려고 마음먹었다.

수학사가 자야와르딘S. A. Jayawardene에 따르면, 봄벨리는 간척 사업이 거의 방치돼 공사가 중단되었을 때 대수학 서적을 쓰기로 하고, 1557년부터 1560년 사이에 집필했다고 한다.[86] 공사는 그가 원고를 마무리 짓기 전인 1560년 다시 시작돼 그해 완공됐다. 그 뒤에도 봄벨리는 로마의 테베레 강에 놓인 산타마리아 다리의 보수 공사에 나섰다. 또 폰티노 습지 간척 사업의 기술 고문도 맡았다. 그런 까닭에 봄벨리의 『대수학』은 1572년이 돼서야 겨우 1~3권이 출판됐다. 원래는 전5권으로 구상했던 책이었다. 제4·5권은 기하학을 다룰 예정이었지만, 제3권 출판 직후 봄벨리가 사망한 탓에 완성을 보지 못했다(1923년 제4·5권의 초고가 발견돼, 1929년 미완성의 원고로서 출판돼 있다). 제1권은 계산술, 제2권은 대수학으로 4차까지의 대수 방정식을 다뤘다. 그리고 제3권은 대수학 문제에 지면을 할애했다.

제3권의 첫머리에서 그는 당시의 수학 서적들이 상업이나 경화 주조, 기타 일상생활과 관련한 문제들을 다루고 있다고 지적하면서 자신은 그 같은 서술 방식을 취하지 않겠다고 선언했다. 실제 제3권에 나온 문제는 대수학 원리를 이해시키고 숙달시키기 위한 것이지 상업에 응용하려는 목적은 보이지 않는다. 그러나 남아 있는 초고를 조사한 자야와르딘에 따르면, 초고 단계에선 봄벨리도 상업수학 서적들의 문제를 많이 사용했다고 한다.[87] 덧붙여, 봄벨리의 책에서 특기할 만한 것은 3세기 중엽 알렉산드리아의 수학자 디오판토스Diophantus의 저서에 많이 의존하고 있다는 점이다. 디오판토스의 사본은 르네상스 시대에 재발견됐지만 파치올리, 카르다노, 타르탈리아 가운데 어느 누구도 그에 대한 언급을 전혀 하지 않았다. 그러나 봄벨리는 『대수학』을 집필하면서 바티칸 도서관에서 디오판토스의 책을 읽고는 커다란 영향을 받았다. 당시 이탈리아 대수학은 상업수학 발전의 연장선상에서 등장했다. 그 상업수학은 물론 아라비아에서 건너온 것이었다. 그런데 봄벨리는 이탈리아 대수학의 계승자이면서 동시에 디오판토스를 기반으로 했기 때문에 상업수학의 영향에 종지부를 찍을 수 있었던 것이다.

대수학 — 방정식론 — 에서 허수가 무엇이냐, 하는 의문에 봄벨리가 답을 준 것은 아니었다. 그러나 허수에 대한 연산 규칙을 부여함으로써 카르다노가 봉착했던 난관을 일단 해결할 수 있었다. 그는 $+\sqrt{-}=+i$를 '플러스의 마이너스 più di meno', $-\sqrt{-}=-i$를 '마이너스의 마이너스 meno di meno'로 불렀다. 그리고 이들 사이에 다음과 같은 연산 규칙을 부여했다(×, =의 기호나 허수 단위인 i를 봄벨리가 사용했던 것은 아니다).

플러스의 마이너스($+i$)플러스의 마이너스($+i$)=마이너스
플러스의 마이너스($+i$) 마이너스의 마이너스($-i$) =플러스
마이너스의 마이너스($-i$)플러스의 마이너스($+i$)=플러스
마이너스의 마이너스($-i$)마이너스의 마이너스($-i$)=마이너스

이 규칙에 따르면 $2\pm\sqrt{-121}=(2\pm\sqrt{-1})^3$으로 표시되므로 카르다노가 고심하던 방정식 $x^3=15x+4$의 해는 분명, 다음과 같이 된다.

$$x=\sqrt[3]{2+\sqrt{-121}}+\sqrt[3]{2-\sqrt{-121}}=(2+\sqrt{-1})+(2-\sqrt{-1})=4$$

해에 이르는 과정에서 복소수가 사용되고 있다 해도, 해 그 자체는 실수로 나오기 때문에 이 방정식은 '불가능'이 아니다.

그리고 봄벨리가 대수학을 기하학에 관련해 다루고 있는 부분이 아주 없는 것은 아니었지만, 카르다노와 달리 대수학의 기초를 기하학에 두려고 하지는 않았다. 따라서 4차 방정식도 3차 방정식과 같은 수준의 수학적 대상으로 취급하고 있다.

봄벨리는 상업수학의 일환으로서 발전해 온 이탈리아의 산수abaco와 여기에서 탄생한 대수학에 통달함으로써 대수학을 독립된 하나의 분과로 확립시켰다. 그런 의미에서 봄벨리의 책은 파치올리 이후 이탈리아 대수학의 클라이맥스였던 셈이다. 또 이와 동시에 "13세기 초반 이탈리아에서 피보나치가 『계산판에 대한 책』을 통해 대수학 규칙을 도입하면서 시작된 (대수학) 운동의 대미를 장식했다"고 할 수 있을 것이다.[88]

시몬 스테빈과 수 개념의 확장

지금까지 논의에서 알 수 있듯이, 방정식론의 발전은 이론상으로는 수 개념의 확장으로 총괄할 수 있다. 그런 의미에서 십진 소수를 도입한 네덜란드인 시몬 스테빈Simon Stevin, 1548~1620의 업적을 그냥 넘어갈 수가 없다.

스테빈은 1548년 남부 네덜란드의 상업 도시 브뤼헤에서 태어났다. 코페르니쿠스의 『천구의 회전에 대하여』가 세상에 나온 지 5년 뒤였다. 또 카르다노의 『위대한 예술』이 출판된 지 3년 뒤이자,

갈릴레오가 태어나기 16년 전이기도 했다. 이 시기는 근대 과학의 여명기에 해당한다. 지동설과 무한 우주를 주장하다 화형을 당했던 이탈리아의 조르다노 브루노Giordano Bruno가 스테빈과 같은 해에 태어났다. 그리고 덴마크의 천문학자 티코 브라헤와 잉글랜드에서 처음 지동설을 주장했던 토머스 디그스Thomas Digges가 태어나기 2년 전이었다.

스테빈의 생애에 대해서는 젊은 시절 브뤼헤의 세무서에서 일했다든가 안트베르펜에서 부기와 회계에 관련한 일을 했다고 전해지지만, 자세한 실상은 거의 알려져 있지 않다. 그의 존재가 처음 부각된 것은 북부 7주(홀란트, 제란트, 유트레히트, 헬더란트, 오페라이셀, 후로닝겐, 프리스란트)가 네덜란드연방공화국을 선언했던 1581년이다. 그해 스테빈은 홀란트의 라이덴에 모습을 드러낸다.

네덜란드가 당시 스페인의 글로벌 제국의 지배하에 들어간 것은 합스부르크가의 부르고뉴 공 샤를(나중에 카를 5세)이 카를로스 1세로서 스페인 왕위에 오른 1516년이었다. 1556년에는 카를 5세가 통치권을 아들인 펠리페Felipe 2세에게 넘겨 주었는데, 1565년이 되자 교조적인 가톨릭 국가 스페인의 군사 지배와 신교도 탄압에 저항하는 대중 운동이 네덜란드에서 대대적으로 일어난다. 그러자 1567년 펠리페 2세는 반란 진압을 위해 정예군〔즉 흉포한〕 1만 명을 보냈고, 이에 네덜란드는 1568년 스페인의 공포정치에 맞서 군대 철수와 종교 박해 중단을 요구하며 반격을 가한다. 그 주도 세력은 하급귀족과 도시 상인 그리고 칼뱅주의자들이었다. 이것이 1648년까지 이어진 네덜란드·스페인의 80년 전쟁 ― 네덜란드 독립전쟁 ― 의 발단이다. 1579년 북부 7주가 동맹을 맺고, 이듬해

헨트와 안트베르펜이 가세함으로써 '네덜란드연방공화국'의 원형이 형성된다. 그리고 1581년 펠리페의 폐위를 선언하는데, 이것이 사실상 네덜란드 독립선언으로 간주된다.

이와 함께 안트베르펜의 황금시대도 종말을 고한다. 경제의 중심지는 북부로 이동해 16세기 후반에는 홀란트의 암스테르담이 발트 해 지방의 곡물 무역의 중심지로 번영을 구가하게 된다. 개명적인 상인과 기술자들이 북부에 몰려들게 된 배경으로는 당시 네덜란드 북부 7주가 스페인의 탄압에서 벗어나 있었던 데다 귀족의 힘도 약했다는 점을 들 수 있다. 그 덕분에 북부에서 상업이 발전하고 시민계급이 강력한 존재로 떠오를 수 있었다.[89]

시몬 스테빈이 신교도였는지 아닌지는 불분명하다. 또 북부로 이주한 것이 종교 박해를 피하기 위해서였는지도 알 수 없다. 그러나 그가 결과적으로 네덜란드 경제의 북상과 함께 이동했다는 것은 사실이다. 그리고 1583년 2월 그는 35세로 라이덴대학에 학생으로 등록한다. 라이덴대학은 스페인에 대한 독립운동이 고양되고 있던 가운데 신생 국가의 관료와 교회 간부 육성을 위해 창설된 학교였다. 의학을 제외하고 과학과 수학은 중시되지 않았다. 실제 1575년 창설 이래 1581년까지 수학 강의가 없었다. 1581년에야 루돌프 스넬리우스Rudolf Snellius가 수학 교수로서 취임했지만 그것도 '정원 외 교수'였다.[90]

스테빈 자신은 대학에 등록한 이듬해인 1584년부터 몇 년간 수리 공사나 배수용 풍차의 개량과 같은 기술적 문제를 다루면서 특허도 신청했다. 그러면서 대학은 일찌감치 그만뒀다고 여겨진다. 어쨌든 스테빈은 대학에 들어가기 전부터 이미 수학 서적을 저술했는데, 아카데믹한 훈련을 받기 전에 상업적 실무를 통해 수학을 몸에 익혔다고 알려져 있다. 실제 스테빈은 일관성 있게 실용성·실천성을 과학의 첫째 의의로 삼았다. 그리고 1582년 『이자표 Tafelen van Interest』, 1583년 『기하학 문제 Problemata Geometrica』를 모두 안트베르펜에서 출판했다. 1585년에는 『소수 La Thiende』와 『산술 L'Arithmétique』을 완성했다.

네덜란드어로 쓰인 『이자표』에는 이런 대목이 나온다. "나는 네덜란드에서 몇몇 사람들이 이자표를 만들어 가지고 있으면서 이를 큰 비밀로 감추고 있는 데다, 많은 돈을 내지 않으면 이를 구할 수도 없다는 사실을 알게 됐다."[91] 이전부터 이자 계산에는 이자표가 사용돼 왔으나 은행업에 종사하는 사람들은 이를 공개하지 않으려 했다. 그러다 스테빈의 책이 처음으로 그 비밀을 완전히 폭로한 것이다. 그가 이자표를 만들 수 있었던 데는 실제로 상업에 종사해 본 경험이 바탕이 됐던 것으로 생각된다. 물론 이 책은 그가 대학에 적을 두기 전에 출판된 것으로 대학에서 받은 교육과는 전혀 관계가 없다. 또한 그가 나중에 저술한 『수학각서 Wisconstighe Gedachatenissen』의 제5부에는 '이탈리아식 상업부기'라는 장이 있는데, 복식부기를 논하고 있다. 여기에는 파치올리의 기술을 넘어 자본의 '상태표'와 '손익표'가 제시돼 있다. 이들은 근대적인 재무제표, 즉 대차대조표와 손익계산서에 상당하는 것으로 평가된다.[92] 그런 의미에서 스테빈의 부기론은 파치올리의 이론을 더욱 발전시켜 근대 회계학에 한층 근접했다고 볼 수 있다.

어쨌든 네덜란드는 1588년 스페인-합스부르크 제국으로부터 사실상 독립을 쟁취했다. 그리고 스테빈은 수리공학 기술자로서 관개 사업, 제방 건설, 준설 공사, 풍차의 설계·제작에 종사했다. 또 육상 요트를 고안해 군사공학 기술자로서 공화국 군대에서 복무하기도 했다. 독립운동의 지도자 오라니에 공 윌렘오렌지 공 윌리엄, Willem van Oranje 1세의 차남이자 군 최고사령관이었던 마우리츠Mauritz 공의 기술·수학·재정 고문 겸 개인교수로도 일했다. 그러다 보급장교로 일하던 중 1620년 사망한다. 그러는 동안 현장은 물론이고 이론에도 정통한 기술자로서 1585년 『변증법과 증명술Dialectike ofte Bewysconst』, 1586년 『중량기술 원리De Beghinselen der Weeg const』 『중량기술 응용De weeghdaet』 『유체중량 원리De Beghinselen des Waterwichts』, 1590년 『시민생활Vita Politica, het Burghelick Leven』, 1594년 『요새건축De Sterchtenbouwing』, 1599년 『항만 발견법De Havenvinding』 등 수많은 기술·역학·수학 서적을 발표했다. 이처럼 그는 팔방미인으로 활약하면서 '황금의 세기'로 불리던 17세기 네덜란드에서 과학 발전의 기반을 구축했다.

십진 소수를 주창했던 스테빈의 소책자 『소수』는 라이덴에서 출판됐다.[93] 여기에서 '십진 소수decimal fraction'는, 예를 들어 각도 표기에 통상 사용되는 3도 25분 47초=$3°25'47''=(3+25/60+47/3600)$도와 같은 60진법 소수 등에 대비되는 것이다. 넓은 뜻으로는 아래와 같은 표기법도 포함한다.

$$3+1/10+4/100+1/1000+5/10000$$

하지만 좁은 뜻으로는 소수점과 '자릿수 표기법positional notation'을 사용해 3.145로 표기하는 것을 가리킨다. 스테빈이 고안한 표기법은 다음과 같이 소수점 이하 자릿수의 지수를 숫자의 뒤에 붙인 것이었다.

3⓪1①4②1③5④　or　⓪ ① ② ③ ④
　　　　　　　　　　3 1 4 1 5

이런 면에선 도저히 스마트하다고 할 수 없다. 게다가 그 이전에 사실상 소수점에 해당하는 용례가 없었던 것도 아니다. 그러나 스테빈 이전의 용례는 그 의의와 가능성을 충분히 파악하고 나서 사용한 것이 아니라, 우연찮게 편리하니까 사용한 것뿐이었다. 그 의의를 충분히 이해한 다음에 십진 소수를 도입했던 것은 스테빈이 효시였다.

그는 서두에 이런 정의를 내리고 있다.

> 소수Thiende는 통상적인 아라비아 숫자를 사용하고, 십진법의 아이디어에 기초를 둔 일종의 산술이다. 이를 통해 분수의 도움을 받지 않고 정수만으로도 임의의 수를 표기할 수 있으며, 상업에서 나오는 모든 계산을 수행할 수 있다.p.23

즉 그가 제창한 것은 표기법에 그치지 않는 계산법이었다. 예를 들어 곱셈 3.78×5.4는 스테빈의 표기법으로 '3⓪7①8② 곱하기 5⓪4①'인데, 이를 우선 378×54=20412처럼 정수로 계산한다. 그리고 맨 마지막 지수인 ②와 ①을 가지고 계산하면 2+1=3이 된다. 따라서 정수로 계산한 결과의 맨 끝에 지수 ③을 붙여, 답은 20⓪4①1②2③, 즉 20.412가 된다. 거꾸로 나눗셈 20.412÷

그림 5.9 시몬 스테빈, 『소수』(1585), 표지와 서문.

5.4, 즉 '20⓪4①1②2③ 나누기 5⓪4①' 에선 20412÷54로 먼저 정수 취급을 하며 계산한다. 또 마지막 지수 ③과 ①에 의해 3−1=2가 나오므로, 답의 맨 끝에 ②를 붙여 3⓪7①8②, 즉, 3.78을 얻을 수 있다.

$$3.78 \times 5.4 = (378 \times 10^{-2}) \times (54 \times 10^{-1}) = 204123 \times 10^{-2-1} = 20.412$$
$$20.412 \div 5.4 = (20412 \times 10^{-3}) \div (54 \times 10^{-1}) = 378 \times 10^{-3-(-1)} = 3.78$$

(이것으로 알 수 있듯이, 스테빈은 알아차리지 못했지만, 실제로는 맨 끝의 지수만 붙이든지 아니면 [소수점 부분에] ⓪만 표시했으면 충분했다.)

스테빈 자신이 인정하듯, 그의 '소수'는 일견 '발명이라고 이름 붙이기 어려울 정도의 단순한 일'처럼 보일 수 있다. 그러나 이는 "가감승제의 모든 사칙연산에서 어떻게 하면 정수를 써서 산판으로 할 때처럼 간단히 계산할 수 있는지 가르쳐 준다."p.21f. 스테빈이 십진 소수를 도입한 것은 "아마도 인도·아라비아 숫자 도입 이후 산술에서 가장 중요한 발전일 것"[94]이라고 평가되기도 한다. 실제 이로써 인도·아라비아 숫자의 십진법 표기를 사용한 계산 기법이, 대수對數·로그와 표기법의 확정이라는 문제를 제외하고 거의 모든 방면에서 확립된다.

십진 소수의 유용성은 스테빈이 전문에서 밝혔듯, 당시의 도량형이나 화폐 단위가 대개 60진법이나 12진법이었다는 점을 고려하면 쉽게 판명된다. 예를 들어 천문학에선 원호나 시간에 60진법이 사용됐다. 또 앞 장에서 봤듯이 중량 측정에는 2진법이나 3진법, 5진법이 뒤섞여 사용되고 있었다. 물론 화폐의 단위도 마찬가지로 복잡해, 계산이 아마도 무척 번거로웠을 것이다. 이에 대해 『소수』의 첫머리는 "천문학자, 측량 기사, 카펫 검사관, 와인 계량사, 부피 측량사, 화폐 주조 기사 그리고 모든 상인들에게"로 시작하고 있다. 일견 기묘한 조합으로 보이지만 이들은 모두 당시의 복잡한 단위 체계를 사용해 정밀하게 양을 측정해야 하는 직업들이다. 그리고 '부록Appendice'에는 직종별로 실제 작업에서 십진 소수를 어떻게 사용할 수 있는지가 기술돼 있다. 스테빈은 경제적 합리성의 관점에서 이들 업계에서 사용되던 단위 체계를 모두 십진법으로 통일할 것을 주장하며, 그 장점을 이론적으로 밝혔던 것이다. 뿐만 아니라 스테빈은 정부가 그 같은 체계를 채택해야 한다고 주장했다.

실제 길이와 질량만 해도 스테빈의 제안이 실현된 것은 프랑스 대혁명 직후 미터(m)와 킬로그램(kg)이 채택됐을 때였다. 그런 의미에서 스테빈은 시대를 200년 이상 앞서 갔던 셈이다. 영국에서는 12펜스=1실링, 20실링=1파운드라는 12진법과 20진법이 혼합된 불편한 시스템이 실로 1971년까지 사용되고 있었다.

또한 스테빈의 『이자표』와 『소수』도 속어로 쓰인, 상인과 기술자를 위한 책이었다. 그리고 프랑스어로 쓰인 스테빈의 『산술』은 방정식론을 포함해 당시의 산술과 대수학의 발전을 기록한 책이었다. 이 책에서 무엇보다 놀라운 것은 모두의 '정의II'에 "1은 수이다l' unite est nombre"[95]라고 큼지막하게 쓰여 있다는 점이다. 지금으로선 믿기지 않겠지만, 당시 라틴 유럽에서 1은 수라고 생각하지 않았다. 7세기 이시도루스의 『어원』에는 "수는 단위로부터 만들어진다多다. Unus(1)는 수의 종자이지 수는 아니다"고 돼 있다. 파도바 대학에서 수학한 프로스도키모 데 벨다만디Prosdocimo de Beldamandi, 1370경~1428가 15세기 초에 쓴 문법학교 수학 텍스트에도 "1은 수가 아니다Unitas non est numerus"고 분명히 기술되어 있다. 이 책은 1483년에 인쇄본으로 나왔는데, 내용상 보이티우스의 영향이 강하다. 최초의 인쇄본 산수 서적인 1478년의 트레비조 판에는 "수란 몇 개의 단위로 구성된 다多, 또는 단위를 모아 놓은 것으로, 이는 최초이자 최소의 수인 2의 경우처럼 적어도 둘에서 시작한다"고 돼 있다. 여기서도 수는 역시 2부터 시작한다. 이것은 1484년 출판된 뒤 몇 차례 판을 거듭하며 16세기 내내 독자를 확보했던 피에트로 보르기Pietro Borgi의 『계산술의 서Libro dabacho』에도 나오는 내용이다.⁹⁶ 실로 1을 수에 포함시킨 것은 적어도 서양에서는 스테빈이 처음이었다.

그리고 동시에 스테빈은 $\sqrt{8}$은 제곱해 8이 되는 수인데, 이것은 4를 제곱해 16이 되는 것과 똑같으며, 여기엔 아무런 문제가 없다고 했다. 그러면서 무리수를 통상의 수와 똑같이 다뤄야 한다고 주장한다.⁹⁷ 방정식의 해에 나타나는 무리수를 올바른 해로 허용했던 것이다. 이렇게 "스테빈과 함께 르네상스 수학은 정점에 이르렀다".⁹⁸

스테빈은 역학에서도 중요한 업적을 남겼다. 그는 또 무엇보다 새로운 과학 연구에서 속어를 사용하는 게 얼마나 중요한지를 강조했다. 이 점에 대해선 나중에 다시 여러 차례 다루도록 하겠다. 실제 스테빈은 『기하학 문제』를 라틴어로 쓴 것 이외에는 모두 속어로 집필했다. 게다가 프랑스어로 쓴 『산술』이외에는 모두 의도적으로 네덜란드어로 썼다. 그는 이 시대에 속어 사용의 의의를 가장 명확하게 파악하고 있었던 것이다. 그런 의미에서 그는 16세기 문화혁명의 최대 대변자였다.

※

근대 대수학은 16세기 후반의 비에트와 17세기의 데카르트에서 출발한다. 그리고 해석기하학과 미적분도 17세기 데카르트, 뉴턴, 라이프니치의 손에 의해 만들어졌다. 이런 분야가 등장한 것은 17세기 과학혁명의 일환으로 볼 수 있다. 그러나 이런 성과는 르네상스 시대 대수학의 발전에 힘입은 바 크다. 르네상스 대수학은 상업

수학의 연장선상에 있으며, 상인과 산수교사의 손에서 시작돼 16세기 중반 하나의 결말을 봤다고 할 수 있다. 바꿔 말하면, 근대 수학의 단서는 상인들이 주도한 상업수학이었다. 실제 중세 서유럽에 아라비아 사회의 발전된 산술과 대수학을 소개했던 피보나치는 학자가 아니라 상업 실무가였다. 3차 방정식의 해를 발견한 사람 가운데 하나인 타르탈리아는 상인에게 수학을 가르치던 변변찮은 산수교사였다. 십진 소수를 고안한 시몬 스테빈도 상업 실무에서 수학을 익힌 기술자였다. 그러는 동안 대학 아카데미즘은, 볼로냐 대학을 제외하고는, 또한 페트루스 아피아누스나 헤마 프리시우스를 소수 예외로 치면, 수학의 발전과 거의 관계가 없었다. 파치올리는 대학에서 강의했지만, 출신은 상업수학이었다. 봄벨리는 현장에서 일하던 기술자였다. 수학서는 생애에 한 권 『대수학』을, 그것도 본업에 종사하면서 짬짬이 쓴 데 불과하다. 이처럼 수학 발전을 주도한 사람들은 대부분 대학 교육과는 인연이 없었다.

그 배경에는 도시 상인과 직인의 자제를 위한 학교 ─ 산수교실 ─ 에서 수학을 가르치던 산수교사라는 존재가 있었다. 그들은 실용수학 ─ 산수abaco ─ 의 전문가였다. 13세기 이후에 등장한 그들은 수학사에 이름을 남길 만큼 화려한 발견을 했던 것은 아니다. 하지만 스스로 절차탁마를 통해 계산 기술을 개량했고, 갖가지 현실적인 문제에 수학을 어떻게 적용할지 연구했다. 또 속어를 사용해 수많은 계산술의 교과서 ─ 산수 서적 ─ 를 남겼다. 이렇게 그들은 라틴 숫자와 산판에 매달려 있던 대학을 제치고 인도·아라비아 숫자와 십진법 표기 그리고 필산법을 보급시켜 나갔다. 수학사가 제럴드 위트로가 '16세기 수학혁명'이라고 부른 대수학의 발전은 13세기 이후 상인과 산술 교사의 실천적 연구를 통해 준비되고 있었다. 그리고 이것은 16세기 문화혁명의 일환으로 볼 수 있다.

제6장

군사기술혁명과
기계학·역학의 발흥

| 타르탈리아와 탄도학

　　　　　　　　　대수학과 나란히 16세기 이탈리아에서 커다란 발전을 이뤘던 또 하나의 새로운 과학은 기계학과 역학이다.† 그러나 그 기원은 대수학과 다르다. 16세기 기계학과 역학의 주요 문헌들은 드레이크Stillman Drake와 드랩킨Israel Edward Drabkin이 편집해 영역한 자료집 『16세기 이탈리아의 기계학』에 나와 있다. 드레이크는 '서론'[1]에서 기계학 발흥의 원천으로 아리스토텔레스·아르키메데스·헤론 등 고대의 전통, 아리스토텔레스가 쓴 책인 것처럼 위조된 『기계학의 모든 문제』의 발견, 그리고 중세에 성립한 '중량의 과학'의 계승을 들고 있다. 분명 이들이 커다란 계기였다는 점은 부정할 수 없다.

　그러나 이 시대 서유럽에서 나타난 전쟁의 변화, 특히 기술 발전에 따라 전략 병기로 자리매김하게 된 대포의 영향이 드레이크의

---

† '기계학'이나 '역학' 모두 영어로는 'mechanics'지만, 여기서는 지레·경사·활차에 관한 이론 ― 현대적 시각으로는 정역학靜力學 ― 을 '기계학', 액체나 포물체의 운동이론을 '역학'으로 표현했다.

'서론'에는 전혀 언급되지 않았다. 당시의 상황은 실로 "군사기술혁명의 중핵은 16세기에 있었다"[2]고 할 정도다. 군사기술혁명은 이 시기 기계학과 역학의 발흥과 발전에 매우 크고 직접적인 영향을 주었다. 그 하나는 포탄의 사정에 관한 탄도학이 등장한 것이고, 다른 하나는 무거운 포를 전쟁터에서 신속하게 운반해 포대에 재빨리 설치해야 한다는 필요성에 따라 기계학의 발전이 촉진됐다는 점이다. 나아가 전쟁의 양상이 변화함에 따라 중세의 우직한 기사들은 근대적 군사 이론을 숙지할 필요에 쫓기게 된다. 여기에선 이 시대 전쟁 기술의 변화부터 살펴보도록 하자.

앞서 '군사기술혁명'으로 지칭한 내용과 관련해, 군사사 전문가 제프리 파커 Geoffrey Parker는 ① 군함 현측포가 발전하고, ② 화기(머스켓총과 야포)의 중요성이 높아지고, ③ 급격하고 지속적으로 병력이 증강되며, ④ 공성포 방어 요새가 발전했다는 점에서 그 특징을 찾는다. 실제로는 ①과 ③, ④까지 모두 ②가 몰고 온 결과였다. 따라서 군사기술혁명의 기본은 대포와 총이 주력 병기화한 데서 찾을 수 있다. 그리고 이런 현상이 나타난 시기가 16세기였다. 즉 "유럽에서 화약 병기의 출발은 1320년대로 거슬러 올라가지만, 그 병기가 전쟁을 수행하는 데 중심 역할을 한 것은 주로 16세기에 들어서부터였다."[3]

역사적으로는 15세기 중반 백년전쟁이 큰 계기가 됐다. 전쟁이 막바지에 다다를 즈음, 잉글랜드의 대륙 방어 거점이었던 노르망디와 아키텐의 몇몇 도시와 요새를 프랑스 포병대가 단기간에 공략했다. 이 전투가 전쟁에서 대포의 중요성, 특히 높은 성벽을 갖춘 구식 요새에 대한 공격에서 대포가 매우 효과적이라는 사실을 입증했다. 15세기 말 스페인이 레콘퀴스타Recinquista, 8~15세기 이슬람에게 점령당한 이베리아 반도를 탈환하기 위해 일어났던 스페인의 국토 회복 운동_역주에서 최종적으로 승리한 것도 같은 이유에서였다. 이베리아 반도에 잔류한 이슬람교의 마지막 거점인 그라나다를 1492년 스페인군이 함락시킨 것은 180문의 공성포열의 위력이었다고 한다.[4]

그 같은 변화를 결정적으로 각인시킨 것은 15세기 말 프랑스군의 이탈리아 침공이었다. 1494년 알프스를 넘어 이탈리아로 침공한 샤를 8세의 군대는 '공성전은 시간이 걸리는 소모전'이라는 종전의 상식을 뒤엎고 이탈리아 측 요새를 술술 무너뜨릴 수 있었다. 프랑스의 공성포는 낡은 요새의 벽을 엄청난 속도로 파괴했던 것이다. 근대적 공성포의 공격에 대해 종래의 이탈리아 도시국가의 방위는 완전히 무력하다는 사실이 드러났다. 당시 피렌체 출신의 프란체스코 구이차르디니Francesco Guicciardini, 1483~1540가 쓴 『이탈리아사Stória d'Italia』에는 다음과 같은 대목이 나온다. 변화의 양상이 활자로 기록돼 있으니 잠시 들여다보자.

> [이전부터 이탈리아에서 사용되던] 이들 무기 가운데 가장 큰 것은 사석포射石砲로 불리는 것이었다. 이탈리아 전국에 보급된 이 발명품은 포위전에 사용됐다. 어떤 것은 철제였고, 어떤 것은 청동제였다. 모두 덩치가 엄청나게 큰 것뿐이었다. 기계는 너무 크고, 사수는 기술이 모자라고, 장치는 불편하게 돼 있는 탓에 다루기가 어려웠다. 이동시키는 데도 무척 시간이 걸렸다. 도시의 전면에 설치하는 데도 같은 문제가 뒤따랐다. 설치하더라도 포격의 간격이 너무 길었기 때문에 시간을 잡아먹었다. 그런데도 나중에 등장한 것(포)에 비해서 효과는 적었다. 따

라서 포위된 도시의 방어군은 충분히 시간을 가지고 요새 안에서 물자를 수선하거나, 방위를 강화할 수가 있었다. … 그러나 프랑스인은 훨씬 다루기 쉬운 청동제 포를 만들어 갖고 있었다. 그들은 이를 캐논 포라고 부른다. 포탄은 예전엔 돌을 사용했다가 지금은 철제를 사용한다. 더구나 비교가 안 될 만큼 크고 무거운 포탄이다. 프랑스인은 이 캐논 포를 수레로 이동시킨다. 이탈리아에서처럼 소가 끄는 게 아니라 말이 끄는 수레다. 이 작업에 배치된 병사와 장비는 매우 우수하기 때문에 행군에 뒤처지는 일은 거의 없다. 성벽 밑에 도달하면 믿기지 않을 정도로 빠르게 설치된다. 포격의 간격이 가능한 한 좁혀져 있어서 신속하고 강력하게 발사할 수 있다. 이 때문에 이탈리아에선 며칠씩 걸리는 작전이 단 몇 시간 만에 끝난다. 그들은 이처럼 인간적이라기보다 악마적인 도구를 도시의 포위 공격뿐 아니라 야전에서도 사용하고 있다. 그들은 다른 소형포도 함께 사용하는데, 모두 그 크기에 따라 능숙하고 신속하게 설치, 이동시켰다.[5]

얼마간의 과장이 있다손 치더라도 전쟁에서의 패배로 인해 이탈리아인들이 받은 심리적 충격이 얼마나 깊었는지를 엿볼 수 있다. 실제 이 사건은 "한 시대의 종말을 고했다"[6]고 할 수 있으며, 이를 계기로 이탈리아 도시국가의 지배층은 앞다퉈 대포의 도입과 도시 방위의 재구축에 나섰다. 어쨌든 이탈리아를 무대로 일어난 이 변화가 중세 전쟁에서 근대 전쟁으로의 전환을 촉발하게 됐다.

하드웨어 측면에서 대포의 기술혁신에 대해 말하자면, 1530년대에 이르자 "포의 최적 형태에 대해 포수와 포 제조자 사이에 어떤 합의가 이뤄졌다"고 한다. 즉 수많은 시행착오의 결과, 이 시기가 돼 일체형으로 주조된 포구砲口 장전식 구조가 확립됐던 것이다. 분말형 탄약을 포탄 무게의 절반까지 충전해 철제 포탄을 발사하는 게 기본 방식이었다. 그러나 전쟁 형태에 미친 영향으로는 오히려 소프트웨어 차원의 변화가 더 컸다. 즉 포의 대형화보다는 전술상의 변화 — 소구경 포를 대량으로 장비한 기동 부대에 의한 공격 — 가 더 중요하다는 것이다.[7] 어쨌든 대포가 주력 병기로 자리 잡은 것은 군사기술이 수학·기계학·역학과 결합하는 단서가 됐다. 타르탈리아가 1537년 『새로운 과학 Nova Scientia』을 이탈리아어로 집필해 '탄도학 ballistics이라는 학문의 창시자'[8]가 된 직접적 계기도 여기에 있다. 타르탈리아는 이 책의 헌사에서 연구의 동기와 경위를 이렇게 밝혔다.

> 내가 베로나에 있던 1531년, ⋯ 가깝게 지내던 친구이자 베키오 성의 포격 기술자가 보급 받은 대포를 훨씬 멀리 발사할 방법을 나에게 물어 왔다. 당시 나는 그런 기술에 실제로 관여해 본 적이 없었지만, 친구를 도와주기로 마음먹고 빠른 시일 내에 회답을 주겠다고 약속했다. 그 문제를 놓고 생각에 생각을 거듭한 끝에 자연학적 또는 기하학적 추론에 의거해 수평에서 45도 각도를 향하도록 포구를 일으켜 세우는 게 좋다는 결론에 이르렀고, 이를 증명했다.[9]

이처럼 『새로운 과학』의 연구는 포탄을 보다 더 멀리 날려 보내기 위한 발사 각도는 얼마일까, 하는 군인과 기술자들이 제기한 실천적 문제를 계기로 촉진된 것이었다. 앙각 45도에서 사정거리가 최대가 된다는 것은 제2부·명제8[10]에 설명돼 있다. 이 결론은 나중에 정식화된 갈릴레오의 포물선운동 이론에 따르면 공기 저항이 없는 경우엔 맞아떨어진다. 하지만 타르탈리아가 도달한 결론은 오늘날의 올바른 역학 이론을 바탕으로 한 것이 아니었다. 당시 그는 포탄이 처음엔 거의 직선으로 나아가다 어느 지점에서 그 직선에 접하는 원궤도로 바뀌며, 속도가 수직하향이 되는 지점에서 수직낙하에 들어간다고 생각했다. 원래 『새로운 과학』의 내용은 근대적인 것이 아니었다. 하지만 타르탈리아는 '자유운동'과 '강제운동'이라는 아리스토텔레스 자연학의 구별을 수용하는 데 그치진 않았다. 물체가 자유낙하하는 동안 가속이 붙는다는 점에 대해선 이렇게 설명했다. 멀리서부터 찾아온 순례자가 목적지에 가까워질수록 가슴이 벅차올라 발걸음이 빨라지듯, 중량을 지닌 물체는 본래의 장소인 지구의 중심에 근접할수록 속도가 빨라진다는 것이었다. 타르탈리아는 또 물체가 높은 곳에서 낙하할수록 이런 현상은 더 심해진다고까지 기술해 놓았다.[11]

 타르탈리아가 아리스토텔레스의 운동 이론을 무비판적으로 받아들인 것은 아니다. 실제 아리스토텔레스는 공기 중에 던져진 물체나 화살이 운동을 지속하는 것은 배후에 들어온 공기에 의해 앞으로 밀려 나가기 때문이라고 설명했다. 타르탈리아는 이와 반대로 공기가 물체의 운동에 저항한다고 이해했을 뿐만 아니라, 물체의 앞부분이 쐐기나 피라미드 모양인 경우 공기 저항이 훨씬 작아진다고도 지적했다.[12] 또한 그는 대포에서 발사된 직후 포탄의 운동이 엄밀히 말해서는 직선이 아니라는 점도 인정한다. 『새로운 과학』 제2부 · 가정2에서 "모든 강제운동의 궤도 또는 일정한 무게를 지닌 물체의 운동은 수평면에 수직인 운동(수직운동) 외에는 항상 부분적으론 직선이고 부분적으론 곡선인데, 그 곡선 부분은 원주의 일부를 구성한다"고 기술했다. 그는 이어 다음과 같은 설명을 덧붙였다.

> 정확히 말해 일정한 무게의 물체가 수평면에 수직으로 운동하는 경우 이외에는 어떤 강제운동이나 그 궤도가 완전한 직선이 되는 것은 불가능하다. 이는 물체에 내재하는 중량이 끊임없이 작용해 그 물체를 지구의 중심 쪽으로 밀어 주기 때문이다. 그럼에도 불구하고 감각적으로는 차이가 없으므로 굽어 있기는 해도 그 각도를 감지할 수 없을 정도의 곡선이라면 이를 직선으로 가정하고, 누가 봐도 굽어 있는 경우에는 그 곡선을 원호로 가정하도록 하자.[13]

당시까지 아리스토텔레스 자연학으로 이해하자면 자연운동으로서 자유낙하는 엄밀히 직선적 강제운동이 종료된 시점에서 시작하는 것이었다. 이에 대해 타르탈리아는 강제운동이라고 불리는 것이 실제로는 투사 방향의 직선운동(강제운동)과 수직 방향으로의 낙하운동(자연운동)이 겹쳐진 것임을 처음으로 설명했다. 이와 동시에 직선과 원으로만 이뤄진 궤도는 근사치에 불과하다는 점, 그 외의 물체 운동이 가능하다는 점을 처음 지적하기도 했다. 타르탈리아는 나중에 자신의 저서 『다양한 질문과 발견』에서도 당시까지 강제운동으로 여겨지던 것이 실제로는 직선으로 이뤄질 수 없다고 주장하며 보다 엄밀한 논증을 전개한다.[14] 이게 그의 확신이었다.

지동설을 주창했던 코페르니쿠스 Nicholas Copernicus는 지구 상에서 보이는 물체의 수직운동에 대해 지구 자신이 원운동을 하고 있기 때문에 "낙하하는 것과 상승하는 것의 운동은 우주에 관해선 [즉 지구의 밖에서 본다면] 이중二重이며, 모두 직선운동과 원운동의 합성으로 돼 있다"고 주장했다.[15] 과학사가 마리 보아스는 이를 두고 물체가 원운동과 직선운동을 동시에 행할 수 있다며 아리스토텔레스의 운동 이론을 수정한 최초의 사례로 보고 있다.[16] 그러나 타르탈리아의 이론은 그보다 더 앞서 나왔다. 백 년 뒤 갈릴레오는 포물선 운동을 수평 방향의 등속도운동과 수직 방향의 등가속운동의 중합으로 파악함으로써 최종적으로 규명하게 되는데, 그 첫걸음은 타르탈리아가 기록했다고 할 수 있다.

뿐만 아니라 타르탈리아는 1532년 같은 무게의 포탄과 같은 양의 화약을 넣고 포신의 앙각을 45도와 30도로 맞춰 발사해 봤다. 그 결과 각각 11,832피트와 11,232피트의 비거리가 나온다는 것을 측정했다. 타르탈리아는 이 실험을 통해 자신의 이론적 추정을 검증했다.[17] "타르탈리아는 이론가였지만 포술 전문가의 의견을 대부분 받아들였으며, 그들이 보고한 관찰이 틀렸다고 하지 않고 오히려 거기에 철학적 또는 수학적 설명을 부여하려 했다"고 지적하는 연구자도 있다.[18] 타르탈리아는 무엇에도 구애 받지 않는 자세로 현실의 현상을 직시했으며, 실제로 포탄의 운동에 대한 이미지를 제법 정확하게 그리고 있었던 듯하다. 실제로 그의 『새로운 과학』의 표지 그림에는 모르티에(포신이 구경에 비해 짧고 사각이 큰 포_역주)의 탄도가 매끈한 포물선으로 그려져 있다.그림 6.1 그는 엄밀히 말해 올바른 운동 이론을 갖추진 못했지만, 실제 사격에서는 충분할 정도로 정확한 탄도 이론을 제시할 수 있었던 것이다.

실제 "그의 탄도학은 전문적 포술가들의 경험과 합치했다".[19] 그

그림 6.1 니콜로 타르탈리아, 『새로운 과학』(1537)의 표지와 앙각계 그림. 유클리드를 습득한 사람만이 오를 수 있는 대지臺地에서 칠학七學의 여신이 지켜보는 가운데 탄도학 실험이 행해지고 있다. 아래 그림의 앙각계는 7.5도까지 측정할 수 있다.

래서 "타르탈리아의 궤도 이론은 카발리에리Francesco Bonaventura Cavalieri와 갈릴레오가 이론적으로 올바른 (그러나 실제적으로 사용하기는 어려운) 궤도의 포물체 이론을 완성시킨 뒤에도 오랫동안 병술서에서 사용됐다".[20] 반세기 뒤인 1578년 잉글랜드의 윌리엄 본William Bourne이 쓴 『대형 대포의 사격 기술The Arte of Shooting in Great Ordnaunce』은 타르탈리아가 입증한 내용을 바탕으로 한 책이다. 타르탈리아의 반半경험주의적 탄도 이론은 오랫동안 명맥을 유지해 1세기 뒤 토리첼리Evangelista Torricelli의 시대에도 포격 기술자들은 그의 이론에 따랐다고 한다.

아리스토텔레스 이후 지상 물체의 운동 이론은 몇 종류나 나와 있었다. 옥스퍼드 머턴 칼리지의 학자들이나 파리대학의 니콜 오렘Nicole d'Oresme은 수학적 운동 이론을 생각하고 있었다. 그러나 이는 모두 사변적 작업이었으며, 지금까지 알려진 바에 따르면 그들은 아무런 실험이나 측정도 하지 않았다. 이에 반해 타르탈리아의 『새로운 과학』은 정의·가정·명제와 같은 수학적 서술 방식을 취하고는 있지만, 그 이론은 실제로 물체를 투사해 본 다음 세운 것이었다. 또 그 결론은 현실의 실험과 측정에 의해 검증돼야 한다고 생각했다. 여기에서 수학적이면서도 실험적으로 검증되고, 나아가 실용적 차원에서도 의미가 있는 이론으로서 운동 이론이 처음 다뤄진 것이다. 실제 타르탈리아는 포신의 앙각을 직접 읽을 수 있는 앙각계를 고안했다. 또 포수들이 화약의 장전량을 재고 앙각에 따라 비거리를 측정한 것을 바탕으로 타르탈리아는 자신의 이론적 예측을 현장에서 확인했던 것이다.그림 6.1 수학적이고 실험적인 과학으로서 역학이 이때 싹튼 것이다.

참고로 전쟁에서 대포나 총이 대량으로 사용됨에 따라 자연스럽게 화기 자체는 물론, 포탄과 총탄에도 엄밀한 호환성이 요구됐다. 따라서 정확한 계측과 정밀한 가공이 더욱 필요해졌다. 15세기 말 피렌체에서 로렌초 기베르티Lorenzo Ghiberti의 생질이 썼다고 보이는 노트에는 대포의 구경에 대한 정교한 측정치가 정확하게 기록돼 있다.[21] 어쨌든 개인적 취향에 따라 제각각 무장한 전사 집단으로서 중세의 군대와 달리 대규모로 조직된 근대의 군대에선 장비의 규격화가 불가피했다. '계측의 정신'은 인체미의 이상을 추구했던 알베르티나 뒤러에서 출발했지만, 이젠 그 이상으로 기계 기술, 특히 군사기술에 필요해진 것이다.

| 낙하운동과 아리스토텔레스 비판

독자적으로 탄도학을 정립한 타르탈리아는 그 외에도 1534년 — 코페르니쿠스의 『천구의 회전에 대하여』가 나온 해 — 에 유클리드의 『원본』에 주석을 달아 이탈리아로 번역했다. 이어 아르키메데스의 『부유체에 대하여』와 『평면의 평형에 대하여』의 라틴어 번역판을 출판함으로써 16세기 후반 이탈리아의 수학과 역학 발전에 간접적으로 영향을 미쳤다. 아르키메데스의 번역본은 실제로는 13세기 뫼르베크의 기욤Guillaume de Moerbeke의 번역에 새롭게 도판과 주석을 덧붙인 것이다. 이것에 대해선 타르탈리아가 마치 자신이 번역자인 양 가장해 출판했다고 해서 표절이라는 비판이 나오고 있다. 그러나 타르탈리아는 1551

년 『부유체에 대하여』를 이탈리아어로 번역했을 때 이전의 라틴어 번역본이 자기 것이 아니었음을 밝혔다. 어쨌든 이 출판이 당시 아르키메데스 부흥에 기여했다는 점은 사실이다. 그뿐 아니라 이 시점에서 아르키메데스의 책이 인쇄 출판된 것이야말로 17세기 기계론 발전의 '진정한 전환점'이 됐다고 주장하는 사람도 있다.[22] 유클리드의 『원본』의 이탈리아 번역본도 사실은 라틴어 번역을 다시 옮긴 중역본이었다. 그렇긴 하지만 이 이탈리아어판은 유럽에서 최초로 근대적 언어로 번역돼 나온 『원본』이었다. 서문에서 타르탈리아는 수학적 기예技藝로서 회화·건축·측량·지리학 그리고 전쟁 기계와 축성술을 열거했다. 『원본』의 속어 번역본이 라틴어를 해독하지 못하는 측량 기사나 건축가, 기타 기술자들에게 엄밀한 수학적 연역에 근거한 기하학을 처음 제시했다는 점에선 그 의미가 결코 작지 않다. 갈릴레오가 최초로 기하학을 배운 것도 이 책을 통해서였다.

또 1546~1548년 타르탈리아에게 유클리드를 배우고, 또 아르키메데스의 책에서 커다란 영향을 받은 인물이 베네치아의 조반니 바티스타 베네데티 Giovanni Battista Benedetti, 1530~1590였다. 유복한 가정에서 태어난 그는 집에서 스페인 출신의 아버지에게 기본적인 교육을 받았지만 평생토록 대학과는 담을 쌓고 살았다. 그는 1553년 약관 22세로 『유클리드의 모든 문제의 해결 Resolutio Omnium Euclidis Problematum』을 출판했다. 그 책을 헌정하는 편지와 이듬해에 쓴 『국소 운동의 비율 증명 Demonstratio Proportinum motuum localium』이라는 책에서 그는 무거울수록 빨리 낙하한다 — 낙하속도는 중량에 비례한다 — 는 아리스토텔레스의 이론을 부정했다. 그리고 다음과 같

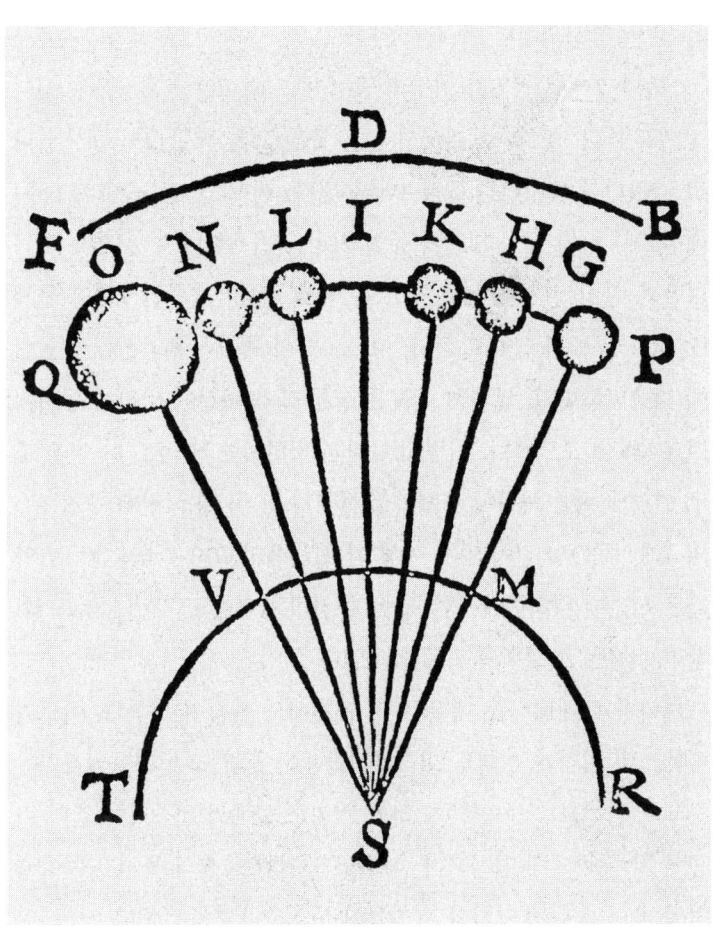

그림 6.2 베네데티의 자유낙하에 관한 사고실험.

은 기발한 '사고실험'을 제시했다.

그림 6.2에서 점 S가 지구의 중심이고, 호 PQ를 똑같은 높이의 점으로 본다. 또 그 호 위에서 같은 물질로 된 물체 O와 G가 있다고 가정한다. 단, O는 G의 4배나 된다. 이때 "자연운동(자유낙하)에선 O와 G가 동일 시간에 동일 거리를 진행한다"는 사실을 그는 다음과 같이 설명했다. G와 같은 물질, 같은 크기인 4개의 물체 H·K·L·N이 있다고 치자. 이들도 G와 똑같이 PQ 상에서 동시에 자유낙하한다. 당연히 이들은 모두 G와 똑같이 낙하해 동시에 지표 MV에 도달한다. 이렇게 나란히 낙하하는 H·K·L·N을 줄로 연결해 이를 하나의 물체라고 생각하자. 이 경우 전체 무게는 G의 4배, 즉 O와 같아진다. 이에 따라 무게가 G의 4배인 O도 G와 같은 시간에 낙하한다. 즉, "같은 물질의 물체는 크기가 달라도 〔자연낙하에서는〕 동일한 속도로 움직인다."[23]

게다가 베네데티는 매질媒質의 존재에도 생각이 미쳤다. 아르키메데스에 입각해 부력도 고려했다. 이를 통해 그는 자유낙하하는 물체가 일정 시간 동안 통과하는 거리는 물체의 비중과 매질의 비중의 차이에 의해 결정되며, 따라서 동일한 물질의 물체가 자유낙하할 때의 속도는 크기와 관계없이 동일하다고 주장했다. 또 1554년 『국소 운동의 비율 증명』의 개정판에서 매질이 중량에 영향(부력을 미치는 것)을 줄 뿐 아니라, 운동에 저항도 안겨 준다고 지적했다. 그리고 그 저항은 표면적에 비례한다며 초판의 내용 일부를 수정했다.[24]

어쨌든 베네데티는 무거운 물체일수록 빨리 낙하한다는 아리스토텔레스 이래의 통설을 부정했다. 그뿐 아니라 매질(공기)에 의한 영향이 무시할 수 있을 만큼 작은 경우에 한해 동일 밀도의 물체는 그 중량과 관계없이 같은 속도로 낙하한다고 주장했다. 이로써 그는 낙하 이론의 역사에서 중요한 위치를 차지하게 됐다. 그의 주장이 타르탈리아에게 직접 영향을 받지는 않았다고 해도, 그의 고찰은 1551년 타르탈리아가 출판했던 아르키메데스의 『부유체에 대하여』에 입각했던 것으로 보인다. 그리고 이 베네데티의 운동 이론에 커다란 영향을 받은 이가 젊은 시절의 갈릴레오였음은 알렉상드르 코이레Alexandre Koyré, 1892~1964, 러시아 출신의 프랑스 과학철학자_역주가 강조한 대로다.[25]

베네데티의 이론을 이탈리아 밖으로 널리 전파시킨 것은 아이러니컬하게도 벨기에 남부 에노 출신의 장 태스니에Jean Taisnier, 1509경~1562의 표절본으로, 이 책은 라틴어로 쓰여 1561년에 출판됐다. 1579년에는 리처드 이든Richard Eden이 이 책을 『항해에 관한 매우 중요하고 유익한 책A very necessarie and profitable Booke concerning Navigations』이라는 제목으로 영역해 출판했다. 이는 자석과 항해술에 관한 내용을 담은 책으로, 마지막 장에는 "수년 전 나는 로마와 페라라, 기타 이탈리아의 대학에서 수학적 과학의 공개강좌에 출석했다"[26]고 기록돼 있다. 베네데티는 1559~1560년 로마에서 아리스토텔레스 자연학과 기타 강의를 하고 있었다고 알려져 있다. 따라서 그 즈음 태스니에가 아마도 로마에서 베네데티의 강의를 들었던 것으로 추정된다. 그리고 자신의 책에 베네데티의 낙하 이론을, 베네데티의 것이라고 밝히지도 않은 채 그대로 수록해 놓은 것이다. 도판도 똑같다. 실은 그림 6.2도 이 책의 영어판에서 따온 것이다. 결국 태스니에의 낙하 이론은 표절이라고 할 수밖에 없다.

이와 비슷하게 1600년 윌리엄 길버트William Gilbert의 『자석론De magnete』도 자석에 대한 실험적 연구로 자석의 극성을 발견한 13세기 페트루스 페레그리누스Petrus Peregrinus의 『자기에 관한 편지Epistola: De magnete』의 표절이라고 비판 받은 바 있다. 그러나 태스니에의 책을 통해 네덜란드와 잉글랜드 사람들은 베네데티의 아리스토텔레스 비판을 접하게 됐다. 네덜란드의 기술자 시몬 스테빈도 그 가운데 한 명이었다. 스테빈은 아리스토텔레스의 낙하 이론을 처음으로 실제 실험을 통해 부정하기에 이른다.

스테빈이 1580년대 전반에 몇몇 수학서를 출판했다는 점은 앞 장에서 설명했다. 그 뒤 그는 1586년 역학에 관한 삼부작『중량기술 원리』『중량기술 응용』『유체중량 원리』를 간행한다. 이들은 역학의 역사에서 매우 중요한 저서로 모두 네덜란드어로 쓰였다. 스테빈은 이 책에서 네덜란드어의 우월성을 주장했는데, 이는 과학 네덜란드어의 형성에 커다란 역할을 했다. 이 점에 대해선 나중에 다루기로 하고, 여기에선『중량기술 원리』의 '부록'에 나오는 한 대목을 살펴보자.

> 아리스토텔레스와 그 추종자들은 두 개의 유사한 물체가 공기 중에서 낙하할 때 한쪽의 중량과 다른 한쪽의 중량의 비율과 양쪽의 낙하 시간의 비율이 동등하다〔다시 말해 낙하 시간은 무게에 반비례한다〕… 고 주장하고 있다. … 이 점에 관해 에노의 장 태스니에는 아리스토텔레스에 반대되는 견해를 내놓고 있다. … 아리스토텔레스의 주장에 반하는 실험은 다음과 같다. (자연의 비밀을 집요하게 탐구하는 박학다식한 얀 코르네트 더 흐로트 씨와 나 자신이 예전에 실행해 본 것이다.) 한쪽이 다른

한쪽보다 10배 크고, 무게도 10배 무거운 두 납 덩어리를 평평한 판이나 소리가 잘 나는 물체를 깔아 놓고 그 위 30피트 높이에서 동시에 낙하시켰다. 이때 가벼운 것이 무거운 것보다 낙하하는 데 10배의 시간이 걸린다고 보이진 않았다. 둘은 동시에 판 위로 떨어졌다. 이 때문에 이들이 바닥에 닿으면서 내는 두 개의 소리는 한 차례 쾅하는 소리로 들렸다. 무게가 10배 차이 나는 두 개의 같은 크기의 물체로 실험해도 실제로 똑같은 현상을 볼 수 있다. 그런 까닭에 아리스토텔레스의 명제는 잘못됐다.[얀 코르네트 더 흐로트Johan Cornets de Groot는 '국제법의 아버지'로 널리 알려진 휘호 그로티우스Hugo Grotius의 아버지다.][27]

통상 이런 실험은 갈릴레오가 피사의 사탑에서 했다고 전해지지만,[28] 실제로 갈릴레오가 했다는 확실한 증거는 없다. 어쨌든 갈릴레오가 피사에 있었던 것은 1589~1592년이었으므로, 설령 갈릴레오가 그 실험을 실제 했다고 하더라도 스테빈과 더 흐로트의 실험은 이보다 적어도 3년은 빨랐던 셈이다. 아리스토텔레스의 운동 이론을 비판하는 쪽의 기록물에 나오는 실험 가운데는 가장 초기의 것이다. 참고로 매질의 저항의 영향이 없다면 물체는, 적어도 동질의 물체인 한에는, 무게와 관계 없이 동일한 속도로 낙하한다는 것을 논증한 베네데티의 '사고실험'도 앞에서 본 대로 16세기에 이미 행해진 것이었다. 이와 유사한 논의를 갈릴레오가 그 유명한 대화편에 기록했기 때문에[29] 마치 갈릴레오가 고안한 것처럼 알려져 있기도 하다. 하지만 어쨌든 천재의 세기인 17세기는 16세기의 성과에서 시작됐고, 이때 건설된 토대에서 꽃을 피워 나갔던 것이다.

| 아리스토텔레스를 사칭하다

이야기를 타르탈리아로 되돌리자. 그는 1546년 『다양한 질문과 발견』을 완성했다. 이 책은 3차 방정식의 해법을 가로챈 카르다노의 배신을 규탄하려는 목적으로 둘 사이의 경위를 폭로한 서적이라고 앞 장에서 설명했다. 그러나 이 책의 내용은 거기에 그치지 않는다. 제1장에서는 『새로운 과학』의 새로운 테마로 탄도학을 다루고 있다. 이어 화약의 성질과 제조법, 측량술과 지도학, 요새 건설 이론 등 당시의 기술 전반 — 특히 군사기술 — 을 상세히 취급하고 있다. 그리고 제7장에는 아리스토텔레스의 저술이라고 날조된 『기계학의 모든 문제』(이하 『기계학』)를 소개하고, 제8장에서는 '중량의 과학'을 다뤘다. 이 제7장과 제8장이야말로 16세기 기계학의 발단이 됐다.

중세에는 기계의 제작이나 사용은 길드 내부에서 전승되던 직인들의 기술이지, 광학이나 음악과 같은 이론적 학문으로 여겨지지는 않았다. 대신 운동이나 변화는 기본적으로 자연철학의 대상으로 받아들여졌다. 또 이와 별도로 지레나 빗면을 수학적으로 다룬 '중량의 과학'이 존재하고 있었다. 이들을 통합해 하나의 학문으로서 '기계학'을 처음 언급한 것이 타르탈리아의 이 책이었다. 그는 당시 발견된 아리스토텔레스의 위서僞書 『기계학』과, 13세기 파리의 요르다누스 네모라리우스Jordanus Nemorarius가 쓴 『중량의 서Liber de Ponderibus』에서 큰 영향을 받았다.

『기계학』이 지금은 아리스토텔레스를 저자로 사칭한 위서로 간주되지만, 중세에는 이 사실이 거의 알려지지 않았던 듯하다. 요르다누스 네모라리우스 자신은 그 내용을 알고 있지 않았나 추측되지만, 현재 확인된 범위 내에서 중세 때 이 책의 라틴어 번역과 주석서는 존재하지 않았다. 그러다 이 책이 15세기에 이르러 발굴된 것은 고대 문예를 칭송하던 인문주의 운동의 산물이었다. 현재 이 책은 기원전 3세기의 아리스토텔레스주의자 스트라톤Straton이 쓴 게 아닌가 하는 설이 유력하지만, 16세기에는 진짜 아리스토텔레스의 책으로 받아들여졌다. 그리스어 본문은 1497년 베네치아의 인문주의자이자 인쇄업자 알도 마누치오Aldo Pio Manutio가 출판한 『아리스토텔레스 저작집Corpus Aristotelicum』에 수록돼 있다. 그 최초의 라틴어 번역본은 1517년 비토레 파우스토Vittore Fausto, 1480~1551?가 펴냈다. 이어 1525년에는 니콜로 레오니코Niccolo Leonico, 1456~1531의 라틴어 번역이 나왔다. 파우스토는 독학한 인문주의자였으면서도 기술 방면에 관심이 많아 베네치아의 조선소에서 고대 그리스의 갤리선을 건조했다고도 알려져 있다. 그러나 그의 번역은 인기를 모으지 못했다. 반면 레오니코는 1497년부터 1509년까지 파도바대학의 철학 교수를 지냈고, 1521년부터는 파도바에서 사사로이 사람들을 모아 가르치던 아리스토텔레스주의자였다. 레오니코가 주석을 단 번역본은 몇 차례나 중판을 거듭하며 16세기에 가장 널리 읽힌 책이 됐다고 한다.[30]

아리스토텔레스의 위서 『기계학』의 서두에는 다음과 같은 대목이 나온다.

> 그리고 이들[기계학에 관한 모든 문제]은 자연학의 문제와 완전히 같지도 않으면서, 또한 전혀 동떨어진 것도 아니다. 오히려 이들은 수학적

고찰과 자연학 고찰의 공통의 영역에 속한다. 어떻게 하면 되는가〔방법〕는 수학에 의해 밝혀지며, 무엇에 대한 것〔대상〕이냐 하는 문제는 자연학으로 밝혀지기 때문이다.[31]

본래 세상만사의 본질과 원인을 파고든 아리스토텔레스 자연학은 '질質의 과학'이다. 즉 정성적이며, 그런 한에서는 비수학적이었다. 나중에 갈릴레오의 『천문대화』에선 골수 아리스토텔레스주의자인 심플리초Simplicio의 입을 통해 "자연학적 과학에서 정확한 수학적 명증성明證性을 추구할 필요는 없다"는 말이 나오는데, 과연 그대로였다.[32] 원래 플라톤 이후 엄밀한 수학적 인식은 이데아의 세계에서만 가능하며, 감각적 물질의 세계에 속하지는 않는 것으로 여겨졌다. 하지만 이 위서에 나온 '기계학'은 그 방법론이 수학적임을 강조하고 있다. 이 점에서 '기계학'은 종래의 자연학을 뛰어넘은 동시에, 감각적 사물을 대상으로 한다는 점에서 당시의 수학과도 성격을 달리했다. 이른바 '중간적 과학scientia media'으로서 자연학과 수학의 하위에 속해 있었던 것이다.[33] 그런 의미에서 16세기 기계학은 그 뒤의 수리물리학의 전신이 됐다. 최초의 수학사서적이라고 할 만한 『수학자 열전Cronica de Matematici』을 펴낸 우르비노의 인문주의자 베르나르디노 발디Bernardino Baldi, 1533~1617는 이렇게 말했다. "수학적 증명은 물질로부터 분리된 양量에만 적용되는 데 그치지 않는다. 그런 증명은 때로는 감각적으로 인식할 수 있는 대상에도 적용돼, 그들에게서 나타나는 불가사의한 효과를 증명한다. 광학이나 기계학에서 할 수 있는 게 그런 종류의 증명이다. … 그렇기 때문에 이런 이론은, 아리스토텔레스가 『분석론 후서

Analytica posteriora』에 잘 설명하고 있듯이, 증명에 있어서 수학적이며 주제에 있어서 자연학적이다."[34] 아리스토텔레스의 위서를 계승한 그 시대 사람들의 기계학에 대한 공통적 인식이 이 대목에서 잘 드러난다.

그런데 『기계학』에는 "사람은 지렛대 없이는 움직일 수 없는 무게를, 지렛대의 무게를 더해 가면서 신속하게 움직인다"[847b15], 나아가 "기계적 운동에 관한 거의 모든 것은 지렛대에 귀결된다"[848a14]고 나온다. 따라서 기계의 원리는 모두 지레 이론에 의해 설명할 수 있어야 한다고 돼 있다. 문제는 "지렛대를 사용해 작은 힘으로 무거운 물체를 움직일 수 있는 것은 왜일까"를 설명하는 데로 귀결된다.[850a30] 그러고는 지렛대의 원리에 대해 장황하고 불명료한 설명이 지루하게 전개돼 있다. 이 가운데 지엽말단을 떼내고 불명확한 점을 보완해 현대적 감각으로 정리하면 대개 이런 내용이 된다.

긴 장대를 받침점에 놓고 회전시키면 받침점에서 먼 부분일수록 회전속도가 빠르다. 그런데 '지레의 무게를 더하면서'의 의미는 지렛대를 회전시키면 물체에 속도가 가해진다는 의미인 듯하다. 이것도 명시적으로 설명돼 있진 않지만, 아리스토텔레스 자연학에선 물체의 속도가 가해진 힘에 비례하고, 자연운동의 속도는 무게에 비례한다고 보기 때문이다. 그렇다면 장대를 받침점에 놓고 회전시키면 받침점에서 먼 부분일수록 속도가 빠르기 때문에 '지레의 무게', 즉 지레에 의한 힘의 증가율도 커진다. 따라서 장대에 닿아 있는 물체의 유효중량의 척도를 다음과 같이 생각할 수 있다.

원래의 중량×속도에 비례한 증가율 ∝ 원래의 중량×장대의 길이

따라서 (원래의 중량)×(장대의 길이)가 물체와 같은 값이면 균형이 맞게 된다.

이것은 실로 무척이나 되새겨 가며 읽고 또 읽은 다음 그 뜻을 정리하고 수정한 것이다. 원래의 책에선 '원운동의 불가사의'에서 그 근거를 찾고 있다. 그러므로 이 『기계학』에서 출발한 16세기 기계학은 수학적 자연학이라는 점에서 근대 정역학의 전신이라고 볼 수는 있겠지만, 어떤 의미에서 근대 역학과 결정적으로 다르다. 그 차이는 『기계학』의 모두에 나오는 언급에 단적으로 표현돼 있다.

> 세상일 가운데 어떤 것은 원인을 알 수 없지만 자연 이치에 따라 일어나고, 또 어떤 것은 자연에는 어긋나지만 인간을 위한 기술에 의해 일어난다는 것, 이는 참으로 불가사의하다. 왜냐하면 많은 경우 자연은 우리들의 이익에 반하는 것을 하기 때문이다. … 여기에서 우리들이 자연에 반해 무엇인가를 하지 않으면 안 될 때, 그게 어렵기 때문에 우리들은 곤혹스러워 하고, 기술이 필요하게 되는 것이다. 이런 어려움에서 우리를 도와줄 기술 부분을 기계($μηχανήν$)라고 부른다. … 그리고 이는 보다 작은 것이 보다 큰 것을 지배하고, 작은 중량의 것이 큰 중량의 것을 움직이는 현상에서, 그 존재를 보여 준다. 그리고 우리들이 기계적인 문제로 부르는 한, 거의 모두가 이에 해당한다.847a11

여기에서 '기계'로 불리는 것은 작은 중량으로 큰 중량과 균형을 맞추거나 작은 힘으로 큰 중량을 들어올리는 장치, 구체적으로

는 지레, 활차, 쐐기, 나사 등을 가리킨다. 또 '기계학'은 모든 면에서 작용하는 수학적 이론을 가리킨다. 현대적 분류로는 이를 '정역학'으로 부를 수 있다. 하지만 이 책에선 거기(기계학)에 속하는 현상을 '자연에 반한다contra naturam'고 여긴 것이다. 결국 16세기에 이르기까지 기계학은 첫째로 자연학적이기보다는 수학적이었고, 둘째로 자연에 반하는 현상을 고찰하는 것이었다. 이 두 가지 점에서 기계학은 자연학과 구별되었던 것이다.

반면 갈릴레오, 데카르트, 뉴턴으로 대표되는 17세기의 역학, 즉 근대 역학은 자연현상 속에 존재하는 질서를 확립하려는 것이었다. 이는 운동과 정지에 대한 자연법칙을 말한다. 그렇다면 기계에 의해 생겨난 '자연에 반하는' 현상을 고유의 고찰 대상으로 파악했던 아리스토텔레스의 위서『기계학』은 근대적 의미의 역학 이론은 아니었다. 이『기계학』에서 유래한 16세기의 중량과 균형에 관한 이론을 다루면서 'mechanica(영어로 mechanics)'를 '역학'으로 옮기는 대신 아예 '기계학'으로 번역한 것도 이 때문이다.

| 16세기 기계학의 출발과 빗면의 문제

인문주의자와 아리스토텔레스주의자들은 15세기 말부터 16세기 초반에 이르기까지 아리스토텔레스의 책으로 잘못 알려졌던 『기계학』을 인쇄 출판했다. 또 이를 라틴어로 번역한 것은, 굳이 따지자면 문헌학적 동기에서거나 아니면 아리스토텔레스 철학에 대한 관심 때문이었다. 이 책을 최초로 라틴어로 번역했던 비토레 파우스토를 제외하고 번역자들이 반드시 수학이나 자연학에 관심이 많았다고는 할 수 없다. 수학자 또는 자연학자로서 『기계학』에 처음 착목해 16세기 기계학을 부흥시키는 데 단서를 잡아낸 사람은 타르탈리아였다.

타르탈리아의 『다양한 질문과 발견』은 앞서 펴낸 『새로운 과학』과 달리 베네치아 주재의 스페인 대사 돈 디에고 데 멘도차Don Diego de Mendoza(D)와 타르탈리아(T)의 대화 형식으로 쓰여 있다. 위서 『기계학』을 다룬 제7권의 서두는 이렇게 시작한다.

- T. 처음으로 각하에게 중량의 과학 원리를 설명해 올리겠습니다.
- D. 내가 보기에 아리스토텔레스는 중량의 과학을 도입한 게 아닌 듯하오. 아니면 그도 이를 알지 못한 채 모든 것을 설명하고 있는 듯 보이는구려.
- T. 그가 각각의 문제를 일부는 자연학을 근거로 논의하고, 일부는 수학에 의해 설명하고 있음은 틀림없는 사실입니다. 그러나 그가 자연학에서 논의한 어느 부분은 같은 자연학의 다른 추론과 모순되는가 하면, 중량의 과학을 사용한 그의 수학적 논의를 따르다 보면 다른 부분에서 오류에 부닥친다는 점도 보여 드릴 수 있습니다.[35]

타르탈리아에게 아리스토텔레스의 위서 『기계학』의 논의는 그 자체만으로는 불충분하고 부정확했다. 『기계학』의 근거는 수학적이고 이론적인 중세의 '중량의 과학'이었다. 여기서 말하는 '중량의 과학scientia de ponderibus'은 13세기 파리대학 학예부의 요르다누스 네모라리우스를 중심으로 13·14세기에 형성된 과학이다. 중세를 경시하는 인문주의자들은 이를 무시했지만, 레오나르도 다빈치나 카르다노가 그 영향을 받았다는 점은 잘 알려져 있다.[36] 특히 1533년 독일의 수학자 페트루스 아피아누스Petrus Apianus가 요르다누스의 『중량의 서』를 인쇄함으로써 널리 알려지게 됐다. 앞에서도 봤듯이, 타르탈리아는 고대 아르키메데스의 저술에도 정통했지만 그 이상으로 '중량의 과학'에 영향을 받고 있었다. 타르탈리아가 이용한 것은 수고본 『중량의 이론에 대한 요르다누스의 책』이었다. 이 책은 요르다누스의 기록을 바탕으로 쓰였는데, 저자가 요르다누스 본인인지 아닌지는 불분명하다. 하지만 중세 과학사 전문가들은 이를 '의문의 여지 없이 중세 정역학의 가장 훌륭한 작품'[37]으로 꼽는다(처음 인쇄된 것은 타르탈리아가 사망한 뒤인 1565년이며, 그의 유품에서 나온 것을 인쇄했다).

이 『중량의 서』에서 처음으로 '빗면의 문제'가 다뤄진다. 빗면 위에 놓인 중량물체에 작용하는 유효중량의 올바른 계산법이 주요 내용이다. 현대적 시각에서 본다면 경사면이나 지레 모두 통합적으로 이해할 수 있지만, 역사적으로는 에른스트 마흐Ernst Mach가 말하듯 "경사면의 원리에 대한 인식은 지레의 원리에 대한 인식과 완전히 독립해 발전했다".[38] 즉 이는 중세의 '중량의 과학'에서 출발한 것이었다.

이 기본적 사고방식은 '위치에 따른 중량gravitas secundum situm', 다시 말해 경사면에 놓인 상태에서의 유효중량과 '낙하할 때의 중량gravitas in descendendo', 즉 자연중량의 구별에서 나온다. 요르다누스의 『중량의 서』 첫머리에는 다음과 같은 가정이 제시돼 있다.

- 가정3 — 그 운동이 (세계의) 중심을 향해 보다 똑바로 진행할수록 하강할 때 더 무게가 나간다 in descendendo gravius esse.
- 가정4 — 그 위치에 관한 한 하강 경로의 경사가 보다 작을수록 minus obliquus(수직선에 보다 가까울수록), 위치에 따른 중량은 더 무겁다 secundum situm gravius esse.
- 가정5 — (하강 경로의) 경사가 더 크다 obliquiorem [수평면에 보다 가까움]는 것은 같은 거리를 이동해도 수직선에 비해 진행 거리가 더 짧다는 것을 말한다.[39]

이를 수학적으로 표기하면 빗면이 수평면과 이루는 각을 θ로 하고, 다시 말해 자연의 중량을 W로 하면, 빗면 위의 물체의 위치에 따른 중량(유효중량)은 $W\sin\theta$가 된다.

- 가정5 — 경사 $=$ (수직거리/진행거리)$^{-1}$ $=$ $(\sin\theta)^{-1}$
- 가정4 — 위치에 따른 중량 $\propto$ (경사)$^{-1}$ $\propto \sin\theta$

이것을 현대적으로 표현하면, 경사면을 따라 빗면 상의 물체에 걸리는 힘은 빗면에 평행한 중력의 성분임을 의미한다. 그리고 『중량의 이론에 대한 요르다누스의 책』에는 경사면 위의 두 물체의 균형에 대해 다음의 명제가 제시돼 있다. 그림 6.3

- R1.9   경사가 같으면 그 중량도 같다.
- R1.10   만일 두 개의 중량물체가 서로 다른 기울기의 빗면을 하강할 경우 경사가 그 중량에 비례한다면, 이들이 하강할 때 지니는 힘은 동

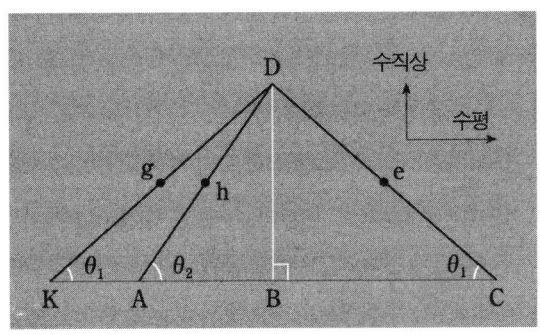

그림 6.3 위치에 따른 중량에 대한 요르다누스의 증명.

일하다. …

- 무게[중량물체] e가 빗면 DC 위에 있고, 무게[중량물체] h가 DA 위에 있다. e[의 무게]의 h[의 무게]에 대한 비율이 DC의 DA에 대한 비율과 같다면, 이들 두 개의 중량은 이 위치에서 힘이 동일하다esse unius virtutis in hoc situ.[40]

현대적으로 고쳐 쓰면 e의 중량을 W_1, h의 중량을 W_2라 하고, 균형의 조건은 $W_1 : W_2 = \overline{DC} : \overline{DA}$. 이는 $\angle DCB = \theta_1$, $\angle DAB = \theta_2$라고 한다면 $\sin\theta_1 = \overline{DB}/\overline{DC}$, $\sin\theta_2 = \overline{DB}/\overline{DA}$가 되므로, $W_1 \sin\theta_1 = W_2 \sin\theta_2$일 경우 균형이 된다는 것이다.

귀류법에 따른 증명이 그리 명확하진 않지만, 얼추 정리해 현대식으로 표현하면 다음과 같다. 실로 이어진 e와 h가 균형을 이루지 않는다고 가정한다. 빗면에 따라 e가 L만큼 미끌어져 내려왔다고 하면 h는 L만큼 상승하기 때문에 e의 수직하강은 $H_1 = L\sin\theta_1$, h의 수직상승은 $H_2 = L\sin\theta_2$가 된다. 그런데 원래의 전제에 의해

$W_1H_1 = W_2H_2$ 이므로, 이는 경사면 DC와 같은 기울기의 경사면 DK 위의 e와 똑같은 무게인 g를 L만큼 끌어올리는 것에 해당한다. 그러나 R1.9에 의해 e와 g는 균형이 맞기 때문에, g가 끌려 올라갈 이유가 없다. 따라서 최초의 가정은 잘못이며, e와 h도 균형을 이뤄야 한다. 이렇게 R1.10이 증명돼, 『중량의 서』의 가정4와 5의 근거가 되는 것이다.

명시돼 있지는 않지만, 이 증명에는 피에르 뒤엠Pierre Duhem이 『정역학의 기원Les Orgines de la Statique』에서 제시한 해석처럼 지레를 상하로 움직였을 때 중량과 [상승 또는 하강한] 거리의 곱이 같을 때 균형이 맞는다는, 현대 용어로 '가상변위의 원리' 또는 '가상작업의 원리'가 사용됐다고 봐야 한다.[41] 요르다누스는 지레의 균형에 있어서도 사실상 같은 원리에 따르고 있다.[42]

어쨌든 빗면 상의 물체의 유효중량에 관한 이 중요한 정리는 "기울어진 평면 상의 중량과 균형을 맞추기 위해서 어느 정도의 힘이 필요한가를 구하는 문제에 대한 최초의 올바른 해"이며 "그 이전의 중세 정역학의 어떤 논고에서도 전례를 찾아볼 수 없다."[43] 이는 아리스토텔레스의 것으로 잘못 알려진 『기계학』에서도 다뤄지지 않았다.

이것을 처음으로 거론한 것은 타르탈리아의 『다양한 질문과 발견』이었다. '중량의 과학'을 다룬 이 책의 제8권 첫머리에는 이런 대목이 나온다. "그 과학[중량의 과학]의 일부는 기하학에서, 또 다른 일부는 자연철학에서 도출됐다. 그 결론의 일부는 기하학적으로 증명되고, 일부는 자연학적으로 검증되기 때문이다."[44] 여기에서도 원래는 비수학적이었던 자연학을 의도적으로 수학과 결합시키려 함을 알 수 있다. 그리고 제8권에 나오는 '빗면의 문제' — 표현이 다소 꼼꼼하고 정밀해졌다는 점을 제외하면 — 는 출전을 밝히지 않은 채 거의 그대로 요르다누스의 논의를 옮겨 놓은 것이다. 타르탈리아가 여기에서 요르다누스의 이론을 빌려 왔음을 명시하지 않은 점에 대해 카르다노의 문하생 페라리는 편지에서 "당신은 제8권에서 진짜 저자 이름을 밝히지도 않은 채 요르다누스의 명제를 마치 자기 것처럼 제시하고 있는데, 이는 파렴치한 표절 아닌가"라며 몰아붙였다.[45] 이 부분에 대해서는 굳이 따지지 않기로 한다. 그보다 더 본질적인 불만은, 드레이크가 지적했듯이 "요르다누스가 제시한 증명은 차치하고라도 타르탈리아가 개량한 것에서조차도 증명 대상이 되는 주장 가운데 일부를 제외하고는 명확히 표현된 물리학적 공준公準을 어디에서도 찾아볼 수 없다"는 것이다.[46] 요컨대 결론적으로는 맞지만, 어떤 원리에 근거해 도출했는지가 명확치 않다는 얘기다.

이 점을 해결하고 빗면 상의 물체의 유효중량에 대해 물리학적으로 거의 만족할 만한 이론을 제시한 인물이 앞서 말한 시몬 스테빈 그리고 그 뒤를 이은 갈릴레오 갈릴레이였다. 그러나 그에 앞서 기계학을 둘러싼 이 시대 인문주의자와 군인 귀족들의 논의를 살펴보도록 하자.

구이도발도 델 몬테

타르탈리아는 아리스토텔레스의 저서

로 잘못 알려진 『기계학』의 한계를 중세의 '중량의 과학'으로 보완하고, 수학적으로 엄밀화함으로써 새로운 '기계학'을 구축하려 했다. 갈릴레오의 신역학 형성의 기원을 연구한 윌리엄 월레스William Wallace는 "타르탈리아가 기계학에 대해 남긴 저술은 16세기 기계학 부흥에 불을 붙이고, 갈릴레오와 그 뒤의 시대에까지 영향을 미쳤다"고 했다.[47] 여기에서 잠깐 샛길로 벗어나 보자. 1546년 태어난 갈릴레오 갈릴레이는 1581년 피사대학에 입학한다. 그러나 이는 부친의 희망에 따라 의학을 공부하기 위해서였다. 갈릴레오는 당초 독학으로 수학을 익혔다. 그 뒤 피렌체의 미술 아카데미에서 회화와 기술을 위한 실용수학을 가르치던 수학자 오스틸리오 리치 Ostilio Ricci의 지도를 받았다. 이때 사용한 텍스트는 타르탈리아가 이탈리아어로 번역한 유클리드의 『원본』과, 역시 타르탈리아가 출판한 아르키메데스의 저술들이었다. 또 리치는 타르탈리아의 제자였다는 인연도 있었기에, 타르탈리아의 책을 통해 요르다누스 네모리우스의 이론을 갈릴레오에게 가르쳤다고 한다.[48] 이처럼 간접적이긴 하지만 타르탈리아의 영향은 적지 않았다. 그러나 이탈리아에서 타르탈리아 이후의 기계학 연구는 반드시 타르탈리아의 공적을 정당하게 평가해 주었다고는 할 수 없다.

이 장의 첫머리에 밝혔듯, 이 시대 기계학의 발흥은 전쟁의 근대화, 특히 16세기 대포를 효과적으로 사용하는 기술이 확립된 데에서 커다란 영향을 받았다. 원래 유럽의 중세 사회는 싸우는 사람(귀족), 일하는 사람(농민), 기도하는 사람(성직자)으로 나뉘었다. 무사 기질의 귀족(기사)은 싸우는 게 일이었으니 대개는 학문적 교양을 경멸했다. 그중에 대학에서 공부하는 사람이 아주 없었던 것은 아니지만, 주로 영지를 상속 받을 수 없는 차남이나 삼남들에 해당하는 경우였다. 그들은 공부를 해 성직자가 되거나 법률 관계의 일자리를 얻곤 했다. 상인의 기술인 계산술이나 직인의 수공 기술을 배우는 사람은 거의 없었다. 그러나 르네상스 시대가 돼 강력해진 상인들이 도시국가의 권력을 손아귀에 넣자, 귀족에게 전쟁은 자신의 지위와 생계를 유지하는 수단이 됐다. 그러면서 귀족들도 새로운 지식을 습득해야 할 필요를 느끼게 됐다. 총포가 주요 병기로 등장함에 따라 중세에서 위력을 발휘하던 귀족 기사층의 전투 능력이나 전쟁 기술은 무의미해졌기 때문이다. 또 하나 촌구석에 흩어져 있는 귀족의 성이 아니라 도시가 방위의 단위가 됐고, 공성포에 대항할 수 있는 새로운 도시 방위 시스템의 설계와 축성 이론이 상류계급 출신의 군인에게 요구되는 시대가 됐다는 점도 중요한 배경이다.[49] 대포가 필수불가결한 병기가 됐다는 점 때문에 직접적으로 파생된 문제도 있었다. 무거운 대포를 야전에서 제대로 사용하기 위해선 신속하게 운반해 포대에 재빨리 설치하는 장비가 필요했다. 이는 필연적으로 기계 연구를 촉진시켰다.[50] 이렇게 해서 당시까지 직인들의 일로 여겨지던 것이 귀족 출신 군인들의 관심사가 돼 갔다.

어쨌든 16세기 군사기술은 중세나 초기 르네상스의 경험주의적 기술자나 직인의 수준을 초월하는 수학적 기능을 필요로 했다. 실제로 도시의 세속적인 지배자들은 예술가뿐 아니라 수학자들도 후원하고 있었다. "아마도 이는 대부분의 이탈리아 도시 방위의 신속한 재구축과 쇄신을 촉진하는 정치적 압력과 맞물려 응용수학자의 수와 지위가 현저히 상승했던 가장 중요한 원인일 것이다".[51] 이렇게 "기술상의 이유로 뛰어난 수학 실력은 군사적 그리고 경제적 우위를 안겨 주었다". 또 "포술과 도시 방위의 필요성이 커지면서 이런 재능을 지닌 사람들이 새로운 일자리를 얻게 됐다." 그 결과 "[귀족 가운데] 수학적 또는 지적 취향을 지닌 사람들은 포술이나 군사기술이라는 급속히 발전하는 신기술 분야에 끌려들었다."[52] 즉 귀족 출신의 직업 군인들이 다른 계층과 구별되는 사회적 집단으로 살아남기 위해 유클리드로 말을 바꿔 타기 시작했다는 것이다.

그 같은 귀족 출신 과학자 가운데 '새로운 기계학의 이상'을 논하며 16세기 후반에 가장 영향력 있는 기계학 서적을 썼던 사람이 인문주의의 세례를 받은 구이도발도 델 몬테Guidobaldo del Monte, 1545~1607다. 그는 페자로의 명문가에서 태어나 파도바대학에서 수학했다. 젊은 시절 터키와의 전쟁에 참전한 경력이 있는 엘리트 군인이자 토스카나 대공의 요새 감독관이기도 했다. 그는 우르비노 공의 궁정에서 페데리코 코만디노Federico Commandino, 1509~1575의 가르침을 받았다. 코만디노는 프톨레마이오스, 아리스타르코스, 아르키메데스의 저서와 함께 헤론의 『공기역학Pneumatica』을 라틴어로 번역한 인문주의자로 알려진 인물이다.

구이도발도의 저서 『기계의 서Liber mechanicorum』는 아리스토텔레스를 저자로 사칭한 위서 『기계학』의 내용을 아르키메데스 이론에 의거해 더욱 정밀하게 수정하려 했던 책이다. 라틴어로 쓰인 이 책은 1577년 출판됐다[1581년에는 필리포 피가페타Philipo Pigafetta에 의해 이탈리아어로 번역돼 나온다]. 그는 서문에서 자신이 생각하는 '새로운 기계학의 이상'을 당당히 선언했다.[53] 조금 길더라도 그 일부를 음미해 보자.

인간이 자연적으로 주어진 이상의 힘을 갖게 되는 것은 보통 두 가지 특질에서 비롯한다. 유용해서이거나, 또는 고귀해서이다. 이 둘이 합쳐진 게 기계학이다. 이로써 기계학의 주제는 매우 매력적인 게 됐다. 나는 기계학을 다른 무엇보다도 해 볼 만한 것으로 생각한다. 어떤 사물의 고귀함이 (현재 수많은 사람들이 그렇게 생각하듯) 그 기원에서 나오는 것이라고 한다면, 기계학의 기원은 한편으로는 기하학이며 다른 한편으로는 자연학이다. 이들 두 학문이 통합됨으로써 각종 기예 중에서 가장 고귀한 것, 즉 기계학이 탄생했다. (아리스토텔레스가 때로 주장했듯이) 만일 고귀함이라는 것을, 그 근본에 있는 주제나 논의의 이론적 필연성에 관련한 것으로 파악한다면 의심할 나위 없이 기계학이 모든 학문 가운데 가장 고귀하다고 생각한다. (파푸스가 증명하듯이) 기하학을 (학문의) 왕좌에 앉히면, 그걸로 모든 게 완성되는 게 아니다. 기하학은 자연의 영역을 제어하는 것이다. 수작업에 종사하는 사람들, 건축 노동자, 수송 기술자, 농부, 선원 그리고 기타 수많은 (자연의 법칙에 맞서 일하는) 사람들을 도와주는 것이라면 무엇이든 모두 기계학의 영역에 속한다. 그리고 기계학은 자연에 대항해 작동하기 때문에, 또한 자연의 법칙에 맞서기 때문에 분명 최고의 상찬을 해 줄 만한 가치가 있다. …

근래 기계학을 가볍게 여기는 투의 말을 하는 사람들이 있다. 만일 그들이 수치심을 조금이라도 지니고 있다면 그런 자세를 버리고, 자신의 말을 물리도록 하자. 그리고 기계학이 고귀하지도, 유용하지도 않다는 잘못된 비난을 중단하도록 하자. 그들이 그래도 따르지 않는다면, 그들을 무지의 상태에 그대로 내버려 두고 우리들은 철학자 중의 지도자 아리스토텔레스를 따라 나서도록 하자. 그가 기계학을 정열적

으로 애호했다는 것은 그가 후세에 남긴 이 탁월한 『기계학의 모든 문제』에 충분히 나타나 있다.[54]

그러나 구이도발도나 베네데티는 『기계학』을 수학적으로 정교화하려 하면서도 중세의 '중량의 과학'을 존중하지는 않았다. 대신 오로지 아르키메데스의 수학적 논의와 헤론Heron · 파푸스Pappus 와 같은 고대 학자들의 권위에 기대려 했다. 특히 구이도발도에게 기계학의 기원을 고대 수학과 자연학으로 삼는 것은 그 '고귀함'을 보증해 주는 것이었다. 이와 동시에 그 유용성을 강조하기 위해 그는 기계학을 업신여기는 귀족 사회의 시선을 배제하려고 했다. 그러나 그는 속어가 아니라 라틴어를 사용했다. 여기서 그가 '고귀함'을 지나치게 강조한 것도 귀족 출신인 자신이 당시 열등한 존재로 취급 받던 기계학에 관여하는 데 대한 핑곗거리가 필요했기 때문임을 알 수 있다. 또한 구이도발도는 자연학과 수학 양쪽에 모두 관련이 있는 기계학에서 수학적 측면만을 의도적으로 중시하는 경향을 보였다. 이는 아리스토텔레스의 위서 『기계학』을 복원시킨 인문주의자들에게 공통으로 나타나는 특성이다. 에른스트 마흐가 "그의 사고방식은 역학적이라기보다는 오히려 기하학적이었다"고 평가한 대로다.[55] 구이도발도에게 기계학은 경험적이고 감각적인 자연과학이라기보다는 논증적이고 수학적인 이론 과학이었다. 현실에서도 구이도발도는 오직 '기계학에 대한 수학의 엄밀한 적용'과 '기계에 대한 이론적 논의'에만 관심을 보였다. 기계학의 실천적 측면이나 기계 기술에 대한 실제적 적용에는 거의 관심이 없었다.[56]

그뿐 아니라 이들과 같은 귀족 학자들은 수학적 엄밀성을 지나치게 중시함으로써 자연과학에 필요한 직감적이고 다기다양한 논의를 배제했다. 또한 물리적으로는 거의 무의미하고 오히려 비현실적으로 보이는 논의에 함몰됐다. 이전에도 봤듯이, 알브레히트 뒤러는 직인 사이에 전해지던 정오각형이나 정구각형의 근사치 작도법을 기록했다. 이 같은 기하학의 근사치 사용법은 직인이나 기술자의 세계에선 흔히 있는 일이었다. 그러나 어디까지나 직인 기술과는 다른 '고귀한' 수학을 고집한 구이도발도는 뒤러가 썼던 '목수의 기하학'을 경멸하며 '근사치'라는 관념의 사용을 수용하지 못했던 것이다.

구이도발도와 베네데티는 이를테면 모든 수직선(중량물체가 자유낙하하는 선)은 지구의 중심이라는 한 점을 향하고 있기 때문에 엄밀히 말해 평행일 수가 없다는 점에 어처구니없게도 강한 집착을 보였다. 이것은 물체의 낙하를 논한 베네데티의 그림에서 분명히 나타난다.그림 6.2 즉 수직선들이 지구의 중심점을 향하기 때문에 엄밀히는 평행이 아니지만 "그럼에도 불구하고 작은 공간에서는 그로 인한 오차를 검출할 수 없으므로 이들이 서로 평행이고 수평면에 직교한다고 가정한다"[57]고 한 타르탈리아의 가정을 염두에 둔 주장이다. 요르다누스한테서 수학한 타르탈리아는 『새로운 과학』 제2부·가정 I에서 모든 중량물체의 자연운동 궤도를 다루면서 그같이 설명했다. 구이도발도는 "이 문제에 관해 요르다누스와 다른 연구자들이 얼마나 어처구니없는 오류를 저질렀는지 그저 놀랍기만 하다"고까지 말했다. 마찬가지로 베네데티도 타르탈리아와 요르다누스의 이름을 들먹이며 수직선을 사실상 평행으로 가정한 것을 '중대한 오류'라고 지적했다.[58] 자연과학과 기술의 관점에서 본다면 타르탈리아가 훨씬 더 건전했음을 알 수 있다.

그러나 이 기묘한 논의는 그 뒤 1세기에 걸쳐 이어진다. 그리하여 1638년 갈릴레오는 『신과학대화』에서 아르키메데스가 중량물체를 묶은 실이 서로 평행이라고 가정한 데 대해 이를 실제 실험하는 장치의 크기는 지구의 크기에 비해 너무나도 작기 때문에 그런 가정은 허용된다고 굳이 판정을 해 주기에 이르렀던 것이다. 갈릴레오는 구이도발도가 아니라 타르탈리아의 후계자였다.[59] 이 점에 대해선 20세기 초반 출간된 정역학의 발전에 관한 피에르 뒤엠 Pierre Duhem의 책에 나오는 대목을 인용하지 않을 수 없다.

> 마음 씀씀이가 좁아 터진 기하학자들은 제대로 증명할 수 있게 시간을 주지도 않은 채 직감적으로 정식화한 명제들에 대해 무턱대고 '오류'라는 각인을 찍어댔다. 그럼으로써 풍요로운 진리의 목을 조르고 과학 발전을 저해해 왔다. 우리들은 이 편협하고 노골적인 실례를 요르다누스 학파에 대한 구이도발도와 베네데티가 보인 반응에서 찾아볼 수 있다. 엄밀한 연역이라는 깃발 아래 이뤄진 이 같은 반응은 아리스토텔레스부터 레오나르도 다 빈치에 이르기까지 직감적 방법에 의해 발견된 거의 모든 것을 의문시하는 결과가 된다. … 그들[구이도발도 등]의 이 같은 기질은 13세기의 위대한 기계학자들의 직감 ― 깊이 있지만 자칫 애매하고 혼란스러워 보이는 직감 ― 에 직면했을 때 무척 분개했음이 틀림없다. 만일 이들 기하학자들이 좀 더 통찰력을 지녔더라면 13세기 기계학자들이 남긴 저작을 유익하고 풍요롭게 사용할 방법을 찾아냈을 것이다.[60]

그러나 구이도발도가 수학적으로 과도한 엄밀성을 주장한 것은 자연과학으로서 역학을 이해하지 못했기 때문만은 아니었다. 그들이 엄밀성을 주장한 것은 인문주의자들이 혐오하던 중세 과학을 배제하려는 근거인 동시에 비천한 신분의 타르탈리아와 차별화를 꾀하기 위한 것이기도 했다. 마리오 비아기올리 Mario Biagioli는 '이탈리아 수학자의 사회적 지위'라는 논문에서 이렇게 지적했다. "우리들은 구이도발도와 타르탈리아 두 사람이 수학 기능인이라는 같은 카테고리에 속한다고 생각하기 쉽지만, … 그들이 근본적으로 다른 두 세계에 살고 있었음을 잊어서는 안 된다. 그들을 갈라 놓은 것은 수학에 대한 자세의 차이가 아니라, 사회적 지위와 아이덴티티의 현저한 격차다." 그는 또 이런 설명도 덧붙였다. "코만디노나 구이도발도가 타르탈리아나 요르다누스의 추종자들을 무시했던 것은 사회적 차별을 유지하기 위한 전략이었다. 그 때문에 비군사 부문〔평민〕의 기술자는 귀족 출신 기술자들의 손에 의해 실제 이상으로 과도하게 경험주의적으로 묘사됐다."[61] 분명 빗면 상의 물체의 유효중량을 다루는 문제에선 타르탈리아가 요르다누스의 이론에 따라 올바른 결론을 이끌어냈다. 그럼에도 불구하고 구이도발도는 파푸스를 근거로 잘못된 논의를 전개했다.[62] 이 점에 대해 "구이도발도는 경사면에 관한 요르다누스의 올바른 정리를 배척했지만 이는 '지저분하다'는 이유에서였으며, 그래서 이를 대신해 그는 고대 파푸스의 우아하지만 잘못된 논리를 제시하고 말았다"고 한 비아기올리의 지적은 본질을 정확히 짚은 셈이다. 또 이는 "고대에 대한 무비판적 찬양으로 말미암아 일어난〔요르다누스〕 정역학에 대한 13세기의 과잉 반발이 빚은 최악의 결말"이라는 뒤엠의 평가도 적확하다.[63] 귀족 출신의 인문주의자 구이도발도는 '야만적' 중세가 낳은 요르다누스의 논증이나, 배운 것 없는 평민 출신의 타르탈리아의 연구보다 고대 파푸스와 아르키메데스의 권위를 더 존중했던 것이다.

| 라멜리

요컨대 구이도발도가 '기계학이 논증 가능한 이론 과학으로 정립돼야 한다'고 집요하게 강조한 것이나, 수학적 엄밀성에 비현실적일 정도로 집착했던 것은 모두 조잡한 경험주의적 기계론과의 차이를 부각시키기 위한 것이었다. 이것은 나아가 학문으로서 기계학과 실기로서 기계적 기예와의 구별을 강조하기 위한 것이었다. 그가 쓴 『기계의 서』는 '당시 가장 영향력이 컸던 기계학 논고'[64]였다. 또 이 책에서 보여 준 그의 자세는 당시 인문주의자들이 널리 공유하고 있었던 것이다. 아리스토텔레스 철학과 수학에 정통한 인문주의자 알레산드로 피콜로미니Alessandro Piccolomini에게도 기계학은 '원리와 근거'를 추구하는 사변적 학문으로서, 실제적인 직인기artes sellulariae와는 구별되는 것이었다.[65] 원래 기계적 기예artes mechanicae를 직인기로 업신여기던 엘리트 귀족은 기계학을 논함에 있어서 자신들의 기계학이 비천한 직인기와는 전혀 다른 것임을 증명할 필요성을 강하게 의식하고 있었다. 피콜로미니가 수학을 중세 대학 커리큘럼의 4과 가운데 하나로 분류하면서 상업수학을 무시했던 것도 같은 맥락이다.[66]

인문주의자들의 이 같은 자세는 당시 사회에 상당히 굴절된 형태의 영향을 미쳤다. 이는 같은 시대 군사기술자 아고스티노 라멜리Agostino Ramelli의 저서 『여러 가지 정교한 기계Le diverse et artificiose machine』에서 찾아볼 수 있다.

라멜리는 1531년경 밀라노 북부 폰테 트레사에서 태어나 젊은 시절에는 마리냐Marigna 공작 자크 데 메디치Jean Jacques De Médicis(피렌체의 메디치와는 다른 인물) 밑에서 군인으로 복무한다. 평생 딱 한 권 쓴 책이 『여러 가지 정교한 기계』다. 자필로 쓴 서문에는 "다른 모든 자유학예와 기계적 기예의 유일하고 확실한 기초인 수학"을 몸에 익혔다고 돼 있다.[67] 이는 장기간에 걸친 종군 경험과 근면한 독서로 얻은 것이었다. 그는 대학 문턱을 넘어 보지 못한 자수성가한 기술자였다. 그렇게 현장에서 일하는 사이에 아마도 군사기술자로 이름이 알려졌던 듯하다. 나중에는 앙리 당주Henri d'Anjou, 나중에 프랑스와 폴란드의 왕이 된 앙리 3세의 초청으로 프랑스로 건너가 왕실 군대의 일원으로 위그노 전쟁에 종군한다. 저서 『여러 가지 정교한 기계』의 표지에는 '대장capitano' 및 '엔지니어ingegniero'라고 기록된 것으로 미뤄 계급은 공병대 대장쯤 됐을 것으로 여겨진다.

이탈리아 전쟁이 끝난 뒤 이탈리아의 제후들은 공성포에 대항하는 방위 체제 연구에 힘을 기울였다. 그 결과 등장한 게 '이탈리아식 축성법'이었는데, 이는 16세기 후반 시대의 최첨단을 달리는 것이었다.[68] 덕분에 당시 이탈리아 군사기술자에 대한 평가는 대단히 높았다. 프랑스와 네덜란드, 나아가 스페인은 물론 신대륙에서도 그 기술을 높이 사 스카우트의 손길을 뻗쳤다. 1592년 파도바 대학에 자리를 얻은 갈릴레오도 외국, 특히 독일과 폴란드의 귀족

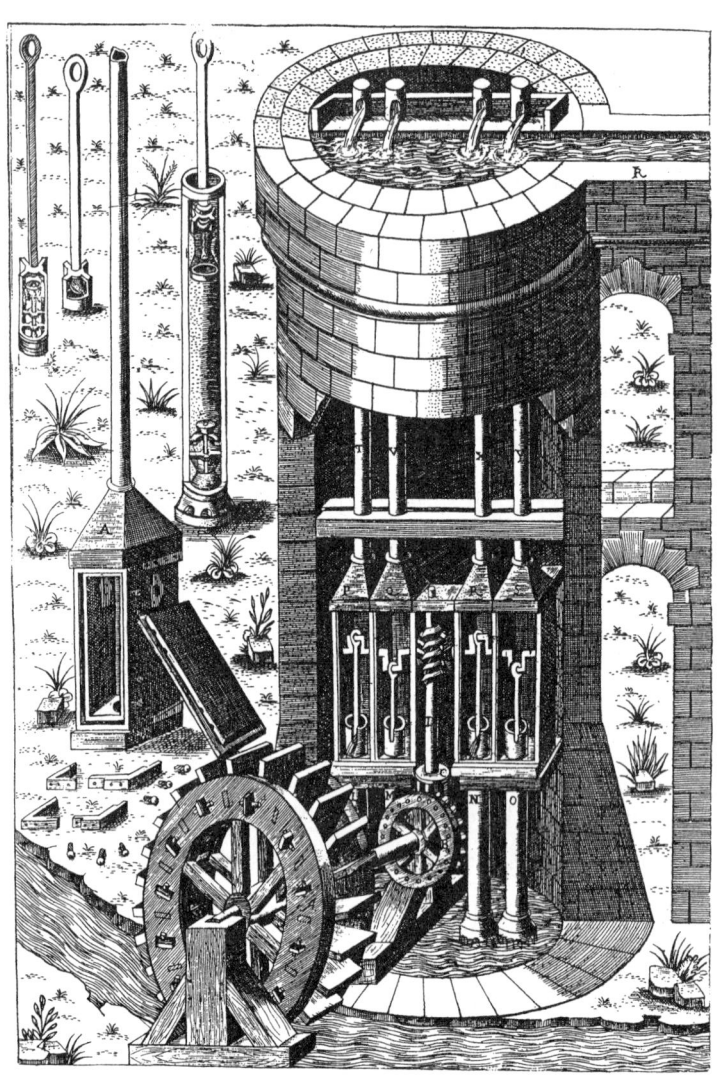

그림 6.4 아고스티노 라멜리의 『여러 가지 정교한 기계』, 양수 펌프. 단면도가 많이 사용되었다.

그림 6.5 아고스티노 라멜리의 『여러 가지 정교한 기계』, 인력 크레인. 톱니바퀴와 복도르레가 사용되었다.

들에게 군사건축학과 축성법을 개인적으로 강의하였다고 전해진다.[69]

아고스티노 라멜리의 『여러 가지 정교한 기계』는 1588년 출판됐다. 커다란 폴리오판 서적으로 예술적으로도 충분히 감상할 만한 가치가 있는 아름다운 도판을 194장이나 담은 호화본이다. 도판에는 각각 해설이 딸려 있다. 도판 하나에 한 쪽 전체 또는 두 쪽을 할애할 만큼 크고 정밀하게 제작됐다. 또 단면도와 분해조립도 같은 15세기 이탈리아에서 개발된 작도 기법이 많이 사용되었다.그림 6.4, 6.5 이들 그림은 본문을 보완하기보다는 오히려 도판이 중심을 이루고 텍스트가 부수적이어서 문자를 읽지 못해도 이해할 수 있었다. 게다가 해설에는 이탤릭체로 된 이탈리아어와 로만체로 된 프랑스어가 병기돼 있었다. 저자로서는 매우 정성을 들인 셈이다. 어느 한쪽의 말밖에 읽지 못하는 대다수의 기술자나 직인을 독자로 상정해 쓴 책이었던 것이다(고딕 활자의 독일어 번역본은 1620년에 나온다). 그런 의미에서 이 책은 16세기 문화혁명을 대표하는 책 가운데 하나다.

이 책에는 인력·수력·풍력 그리고 가축의 힘을 동력원으로 하는 양수 장치, 제분기, 기중기, 군사용 교량, 기타 기계류가 나온다. 내용은 수차나 풍차 등의 동력부와 여러 종류의 톱니바퀴, 도르래, 로터리 펌프, 로프, 체인을 복잡하게 결합시킨 대규모 기계장치의 도해로 구성된다. 특히 양수 장치가 많이 나오는 게 눈길을 끈다. 그 가운데는 독서 기계와 같은 공상적이고 유머러스한 것도 있다. 이들 기계가 실제로 제작돼 사용됐는지, 아니면 단순히 종이 위에서만 그친 발명인지는 확실치 않다. 그러나 모두 20개 정도의 군사용 기계(이 가운데 15개는 공성 기계)는 모두 현실적이다. 특히 산악 지대에서 대포를 신속히 운반하기 위한 장치에는 이런 설명이 딸려 있다. "이 장치를 여러 장소에서 사용해 본 결과, 설계 목적에 매우 적합하게 움직인다는 것을 알게 됐다."[70] 어쨌든 이는 지레나 도르래와 같은 단순한 기계 요소의 원리를 수학적으로 논하던 그 시대의 이른바 '기계학'과는 상당히 다른 취지의 것들이었다. 영역본 번역자의 해설에 따르면, 로터리 펌프는 당시까지 존재하지 않았던 것으로 라멜리의 발명품으로 보인다고 한다. 고로 영역본의 해설에 나오듯, 이 책은 "그 뒤 400년에 걸쳐 기계의 발전을 반영하고 촉진시킨 도판 중심의 여러 기술서 가운데 가장 정교하고 가장 초기의 서적 가운데 하나"[71]다. 또 기계공학의 역사에서도 한 시대의 획을 긋는 책이라 할 수 있다.

그런데 그 '서문 — 수학의 탁월성에 대하여'에서는 구이도발도 델 몬테의 직접적인 영향을 읽을 수 있다. 그리 길지도 않은 서문의 일부에서 수학과 기계학의 중요성을 역사적으로 주장한 30여 행은 구이도발도의 『기계의 서』에 나오는 내용을 거의 그대로 옮겨 놓은 것이다.[72] 게다가 다음과 같은 대목도 나온다.

> 고귀한 수학적 과학으로부터 기계의 과학이 탄생했다. 그리고 여기에서 수많은 기능의 근거와 원리를 도출할 수 있었다. 이 기능들은 보통은 기계학이라는 부적절한 이름으로 불린다. 나는 이를 직인기職人技로 부르는데, 고대인들은 이를 수작업이라고 지칭해 왔다. 수작업은 기계의 과학으로부터 커다란 혜택과 적지 않은 도움을 받고 있다. 전시나 평화시를 막론하고 매우 쓸모 있는 도구와 기계들을 만들고 발견할 수

있었던 것은 기계의 과학에 힘입은 바 크기 때문이다. 이는 〔위서〕 아리스토텔레스의 『기계학』에 나와 있는 대로다.[73]

여기에 종래의 '직인기로서 기계학' 그리고 원리와 근거를 규명하는 '기계 과학'으로서 새로운 기계학을 굳이 구별하고 대비시키려는 의도가 잘 드러나 있다. 이는 구이도발도와 피콜로미니의 주장을 그대로 빌려 온 것이었다. 그러나 그는 기계학에서 수학적 기초의 중요성을 그토록 강조했음에도 불구하고 본문에서는 수학을 전혀 다루지 않았다. 뿐만 아니라 기계 설계에 수학을 사용한 흔적도 없다. 묘사된 기계의 부분이나 부품의 정확한 크기와 비율조차 기입하지 않았다. 결국 서문에 나온 수학 예찬은 구이도발도의 차용물에 불과했다. 라멜리 본인은 순전히 경험주의적인 기술자였던 것이다. 구이도발도의 과도한 수학주의는 실제로는 기계공학은 물론이고, 물리학으로서 역학이 형성되는 데에도 별 기여를 하지 못했다. 그러나 이탈리아 인문주의자나 귀족 군인이 아르키메데스와 헤론을 소개하고 높이 평가한 것 자체에는 또 다른 의미를 인정하지 않을 수 없다. 이는 16세기 후반 이탈리아 기계학의 발전에 기여했기 때문이다.

나폴리의 귀족 잠바티스타 델라 포르타Giambattista della Porta, 1535경~1615가 쓴 『자연의 마술』이란 책이 있다. '자연마술'이라고는 해도 델라 포르타가 말한 것은 오직 자연의 힘을 기술적으로 응용하는 것을 목적으로 하는 실험마술을 가리킨다. 그의 책에는 초보적인 실험물리학에 해당하는 내용이 많이 담겨 있다. 1589년에 나온 제2판의 제18권 '무거운 것과 가벼운 것'은 유체 중에서 물체의 균형에 관한 문제를 다룬 것이다. 그 제6장에는 "나는 아르키메데스의 책에서 배운 것을 토대로 물에 떠 있는 물체에 관해 논하려고 한다"고 나온다. 제19권 '기체의 실험에 대하여'의 모두에도 "기체론에 관해서는 알렉산드리아 최고의 학자 헤론의 유명한 기념비적 저술이 있다. 나는 거기에 몇몇 새로운 내용을 덧붙여 한층 위대한 것을 발견할 기회를 줄 생각이다"고 명기돼 있다. 이 책에 나오는 델라 포르타의 실험은 기체의 물리적 성질, 즉 공기와 증기의 열팽창을 기계 장치에 이용하는 방법에 대한 것인데, 대부분은 헤론의 책을 모방했다.[74] 여기에서도 구이도발도 등의 영향을 찾아볼 수 있다.

| 시몬 스테빈과 갈릴레오 갈릴레이

빗면의 문제, 다시 말해 요르다누스 네모라리우스와 타르탈리아가 제기한 빗면 상의 물체의 유효중량(위치에 따른 무게)에 관한 문제는 네덜란드의 시몬 스테빈과 이탈리아의 갈릴레오 갈릴레이에 의해 최종적인 해결을 보게 된다.

스테빈은 구이도발도 델 몬테로 대표되는 인문주의자들이 기계학을 과도하게 수학화하려는 경향에 맞서 기계학, 즉 경험과학으로서 정역학을 구축했다. 스테빈은 이탈리아의 인문주의자나 엘리트 군인과 달리 상업실무로 수학을 익혀 나중에 기술계에 발을 들여놓은 인물이었다. 따라서 수작업과 기계적 기예에 대한 편견은 애초부터 지니지 않았다. 스스로 수리 공사에 관여하면서 풍차의 설계와 개량에 주력했다. 풍력으로 구동하는 사륜차(육상 요트)의 개발과 제작에도 몰두한 기술자였다. 앞서 설명했듯, 아리스토텔레스의 '낙하 물체에 대한 이론'을 비판할 때는 실제 실험을 행하기도 했다.

그리고 타르탈리아가 소개했던 것처럼 중세 '중량의 과학'이 아주 불분명하게 논의한 '빗면의 문제'에 대해 물리학적으로 명확한 전제 위에서 납득이 가는 증명을 제시한 것도 스테빈이었다. 이 문제는 그가 쓴 『중량기술의 원리』에서 다뤄졌다. 이 책은 『중량기술의 응용』 『유체중량의 원리』와 함께 1586년 라이덴에서 거물 인쇄업자 플랑탱Christophe Plantin의 손에 의해 출판됐다. 20세기에 나온 『스테빈 주요 저술집』의 편찬자 중 한 사람인 네덜란드의 과학사가 뒤크스텔유이스Eduard Jan Dijksterhuis는 이 책을 '물리학 역사상 위대한 고전의 하나'로 평가했다. 자기 나라 사람이라고 해서 일부러 추켜세운 말이 결코 아니다.[75] 그렇게 평가한 가장 큰 이유는 스테빈이 '빗면의 문제'의 증명을 오늘날 말하는 에너지 보존의 원리와 연결시켰을 뿐 아니라, 그로부터 힘의 분해와 합성에 관한 평행사변형 법칙을 도출했다는 데 있다. 이는 수학적 논증에 앞서, 무엇보다 자기 손으로 직접 실험하고 기계를 제작했던 기술자로서의 직감 덕분이었다. 실제 그는 구이도발도와 달리 "모든 수직선은 평행이다"고 가정할 만큼 건전한 현실감각을 지니고 있었다.[76]

스테빈은 물론 아르키메데스의 영향을 많이 받았다. 『중량기술의 원리』 제1권 제2부의 정리1·명제1[77]에는 천칭의 균형 조건이 현대적으로 정리하면 다음과 같이 도출돼 있다.그림 6.6

반듯한 막대 ABCD를 중심점 M에서 줄로 묶어 늘어뜨리면 대

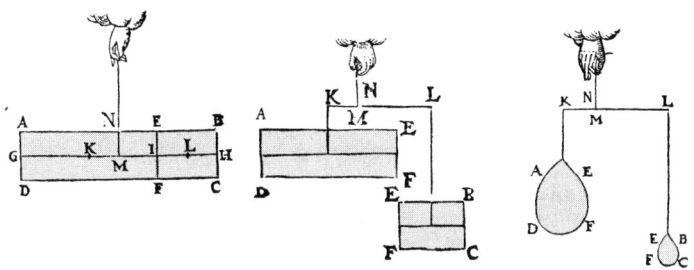

그림 6.6 스테빈의 천칭의 균형 조건에 관한 증명.

칭성에 의해 좌우가 균형이 맞는다. 이 막대를 EF에서 둘로 잘라서 생각해 보자. AEFD(무게 W_A)의 중심을 K, 다른 한쪽인 BEFC(무게 W_B)의 중심을 L이라고 하자. 각각은 마찬가지로 K와 L에서 줄로 묶어 늘어뜨리면 균형이 맞는다. 따라서 그림처럼 막대(질량은 무시하자) KML의 K쪽에 W_A의 추를, L쪽에 W_B의 추를 매달아 M에 줄을 묶어도 균형이 맞게 된다. 이때 $\overline{AE}=a$, $\overline{BE}=b$라고 하면 균형점에서 각각의 추가 묶인 지점까지의 길이는 이렇게 계산된다.

$$\overline{MK}=\overline{AB}/2-\overline{AE}/2=b/2, \overline{ML}=\overline{AB}/2-\overline{EB}/2=a/2.$$

그런데 막대의 무게는 그 길이에 비례하므로 $W_A : W_B = a : b$이다. 따라서 막대의 균형점에서 추가 멀리 떨어져 있을수록 적은 무게로도 균형이 맞는다. 즉 균형점을 중심으로 한 좌우 막대의 길이는 추의 무게와 반비례한다.

이 논증의 밑바닥에 있는 원리는 좌우대칭인 막대의 중심점을

VANDE BEGHINSELEN DER WEEGHCONST. 41

Ghelijck des driehoucx rechter fijde tot de flincker, alfo t'ftaltwicht des cloots opde flincker fijde, tottet ftaltwicht des cloots op de rechter fijde.

TGHEGHEYEN. Laet ABC een driehouck wefen diens plat fy rechthouckich op den fichteinder, ende den grondt A C euewydich vanden fichteinder, ende op de fijde A B; die dobbel fy an B C, ligghe een cloot D, ende op de fijde B C een cloot E, euewichtich ende euegroot met den cloot D. T'BEGHEERDE. Wy moeten bewyfen dat ghelijck de fijde A B 2, tot B C 1, alfo t'ftaltwicht des cloots E, tottet ftaltwicht des cloots D.

T'BEREYTSEL. Laet ons maecken rondtom den driehouck A B C eenen crans van veerthien clooten, euegroot, euewichtich, ende euewijt van malcanderen, als E, F, G, H, I, K, L, M, N, O, P, Q, R, D, al ghefnoert an een lini, ftreckende door haer *middelpunten, alfo dat fy op die middelpunten drayen mueghen; Datter

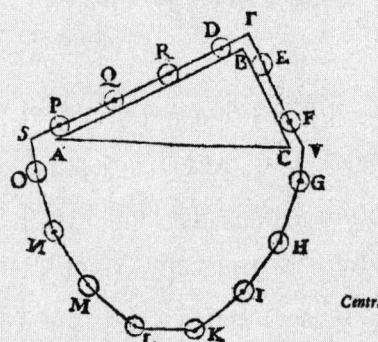

Centra.

oock twee clooten paffen op de fijde B C, ende vier op B A, dat is ghelijck lini tot lini, alfo clooten tot clooten; laet oock an S, T, V, drie vaftpunten ftaen, ouer welcke de lini ofte t'fnoer der clooten flieren mach, alfo dat de twee deelen des fnoers die bouen den driehouck ftaen,* euewydich fijn vande fijden A B, B C; Inder voughen dat alfmen den crans an d'een ofte d'ander fijde neertreft, foo rollen de clooten op de linien A B, B C. T'BEWYS. Soo t'ftaltwicht der vier clooten D, R, Q, P, niet euen en waer met het ftaltwicht der twee clooten E, F, t'een of t'ander fal fwaerder fijn, laet wefen (foot mueghelick waer) der vier D, R, Q, P; Maer de vier clooten O, N, M, L, fijn euewichtich met de vier clooten G, H, I, K, de fijde dan der acht clooten D, R, Q, P, O, N, M, L, is fwaerder na de gheftalt der fijde der fes clooten E, F, G, H, I, K: maer want het fwaerfte altijdt het lichtfte ouerweeght, de acht clooten fullen neerwaert rollen, ende d'ander fes rijfen: Laet foo wefen, ende D
F   fy ghe-

Parallels.

그림 6.7 시몬 스테빈의 '위치에 따른 무게'에 관한 증명.

잡으면 양쪽이 균형이 맞는다는 것이다. 이 기하학적 논의는 기본적으로 아르키메데스의 것이다. 그러나 스테빈은 아르키메데스에만 의존하진 않았다. 제1권·제2부의 정리11·명제19에서는 아르키메데스가 논하지 않았던 정리를 다루고 있다.

> 밑변이 수평 상태에서 수평면에 수직으로 세워진 삼각형이 있다. 밑변을 제외한 다른 두 변 위에는 서로 같은 무게의 작은 공이 놓여 있다. 좌변 상의 공의 위치에 따른 무게와, 우변 상의 공의 위치에 따른 무게에 대한 비율은 우변(의 길이)의 좌변(의 길이)에 대한 비율과 같다.[78]

여기에 나오는 '위치에 따른 무게'의 원어인 'staltwicht'는 스테빈이 만든 조어였다. 어디에서도 그 정의가 따로 나오지 않으며 현대 네덜란드어 사전에도 나오지 않는 말이다. 그러나 현대 네덜란드어의 해설로는 '유효중량effectif gewicht', 뒤크스텔유이스의 영역본이나 뒤엠의 프랑스어 번역에선 '외관상의 무게(영어로 apparent weight, 프랑스어로 pesanteur apparente)'로서 빗면 상의 물체에 작용하는 유효중량을 의미한다.[79] 그렇다면 물체가 삼각형의 빗면 상에 있다면, 그 유효중량은 삼각형 빗변의 길이에 반비례한다는 주장이다. 이것은 요르다누스와 타르탈리아가 증명했던 정리이기도 하다.

스테빈의 증명은 다음과 같이 풀이할 수 있다. 그림 6.7에서 한 줄로 엮인 14개의 구슬은 모두 같은 크기, 같은 무게다. 삼각형 ABC는 수직면에 있으며 변 AC는 수평이고 $\overline{AB} : \overline{CB} = 2 : 1$이다.

• 준비 — 한가운데 구멍을 뚫어 회전할 수 있도록 만든 14개의 무게와 크기가 같은 구슬 E, F, G, H, I, K, L, M, N, O, P, Q, R, D를 끈으로 연결해 삼각형 ABC를 둘러싸고, 같은 간격이 되도록 배열한다. 변 BC에 2개의 구슬이, 변 AB에는 4개의 구슬이 오게 한다. 즉 구슬의 수의 비가 변의 길이의 비와 같도록 한다. 고정점 STV를 통해 삼각형의 위로 놓인 끈의 좌우 두 부분을 변 AB와 변 BC와 평행이 되게 한다. 또 어느 한쪽으로 당기면 변 AB와 변 BC에 닿은 구슬이 미끄러지도록 끈을 움직이게 해 둔다.

• 증명 — 만일 4개의 구슬 D, R, Q, P의 위치에 따른 무게[의 합]가 두 개의 구슬 E, F의 위치에 따른 무게[의 합]와 같지 않아, 어느 한쪽이 다른 쪽보다 무겁다고 가정한다(그런 일이 가능하다고 치고). 예컨대 D, R, Q, P가 더 무겁다고 하자. 그러나 구슬 O, N, M, L은 구슬 G, H, I, K와 같은 무게다. 8개의 구슬 D, R, Q, P, O, N, M, L은 위치 상 6개의 구슬 E, F, G, H, I, K보다 무겁다. 그러나 무거운 물체가 항상 가벼운 물체를 이기게 되므로 8개의 구슬은 밑으로 내려가고, 이 6개의 구슬은 위로 올라갈 것이다. 그렇게 D가 현재 O의 위치로 내려간다면 E, F, G, H가 현재 P, Q, R, D가 있던 자리로 가게 된다. 또 I, K는 현재 E, F의 위치로 올 것이다. 그러나 그렇게 움직이더라도 구슬의 띠는 이전과 똑같은 상태다. 이 때문에 좌측 구슬 8개의 위치에 따른 중량은 역시 우측 구슬 6개의 위치에 따른 중량보다 무거우므로 다시 8개의 구슬은 밑으로 내려오고 6개의 구슬은 위로 끌려 올라간다. 이처럼 한쪽 구슬은 내려가고 다른 한쪽 구슬은 올라가는 현상의 원인은 항상 같으므로 언제까지나 동일한 작용이 계속된다. 구슬은 자발적으로 영구 운동을 행하는 셈인데, 이것이야말로 부조리다. 따라서 이 구

슬띠의 D, R, Q, P, O, N, M, L의 부분과 E, F, G, H, I, K 부분의 위치에 따른 중량은 동일하지 않으면 안 된다. 여기서 전자의 O, N, M, L을 떼어내고 후자의 [O, N, M, L과 같은] G, H, I, K를 떼어낸다면 남은 D, R, Q, P와 E, F는 위치에 따른 중량이 같을 것이다. 위치에 따른 중량을 따지자면 후자의 구슬 두 개와 전자의 구슬 네 개가 똑같기 때문에 E의 위치에 따른 중량은 D의 위치에 따른 중량의 두 배가 된다. 따라서 변 AB(2)의 변 BC(1)에 대한 비율은 'E의 위치에 따른 중량'의 'D의 위치에 따른 중량'에 대한 비율과 같다.[80]

요컨대 빗면 AB 상의 구슬 한 개의 위치에 따른 중량을 W^*_{AB}, 빗면 BC 상에선 W^*_{BC}라고 한다면, AB 상의 구슬 4개와 BC 상의 구슬 2개가 균형이 맞는다. 그러므로 일반적으로 다음의 결론을 얻을 수 있다.

$$4W^*_{AB} = 2W^*_{BC} \quad \therefore W^*_{AB} : W^*_{BC} = 1 : 2 = \overline{BC} : \overline{AB}$$

이를 보완해 현대적으로 표현하면, 이 증명에서 ∠B는 임의로 주어도 상관없으므로 변 BC를 수직(∠C=직각)으로 하면 W^*_{BC}는 구슬 한 개의 자연중량 W 그 자체가 된다. 따라서 이것이 빗면인 AB 위에 있을 때의 유효중량 W^*는, ∠A=θ로 하면, 위의 식으로부터 $W^* = W(\overline{BC}/\overline{AB}) = W\sin\theta$가 된다.

결론은 이미 요르다누스와 타르탈리아가 얻었던 그대로다. 하지만 뒤엠이 『정역학의 기원』에서 스테빈은 '매우 독창적인 방법'으로 해에 도달했다고 했듯이,[81] 그 결론을 이끌어낸 전제와 논리 자체는 독창적이었다.

스테빈은 증명을 위해 귀류법을 사용하고 있다. 그림의 좌우 빗면의 구슬이 만일 균형을 이루지 않는다면 구슬띠가 "자발적으로 영구 운동을 행한다Selven een eeuwich roersel maken"는 결과가 나오는데, 이는 '부조리'임을 지적하는 방식이다. 그러나 엄밀히 말해 마찰과 공기 저항을 모두 무시할 수 있다면 영구 운동 그 자체는 가능하다. 이 증명에서 스테빈이 '부조리'라고 말한 것은 운동의 영속성이 아니다. 만일 좌우 빗면의 유효중량이 균형을 이루지 않는다면 띠가 정지 상태에 있다가 운동을 '시작'하지만, 그럼에도 불구하고 구슬띠 전체의 상황에는 변화가 없다는 점, 즉 달리 변화가 없음에도 운동 에너지가 증가한다는 사실이 부조리하다는 것이다. 다시 말해 전체적인 구슬띠의 위치에는 전혀 변화가 없는데도 띠가 자발적으로 회전을 시작한다는 것은 있을 수 없는 일이다. 스테빈은 바로 이 점을 지적하려 했던 것이다. 결국 스테빈은 매우 원시적인 형태이긴 하지만 에너지 보존 원리에 상당하는 것을 직관적으로 파악하고 있었다고 할 수 있다. 에른스트 마흐의 말을 빌리면, 스테빈이 출발점으로 삼은 가정에는 "일단 완전히 본능적인 인식밖에 담겨 있지 않았다".[82] 여기에서 처음으로 빗면의 문제에 대한 해답이 물리학적으로 타당하다고 생각되는 원리에 근거해 구해졌던 것이다.

한편 요르다누스와 타르탈리아가 애매한 형태로 의존하던 가상변위의 원리를 명시적으로 그리고 보다 정확히 논의한 이 책은 갈릴레오였다. 1592년 갈릴레오는 구이도발도 등의 후원으로 파도바대학의 교수로 취임한다. 이 시절 갈릴레오는 기계학에 강한 관심을 보이고 있었다. 그리고 1593년과 1594년에는 기계학에 대한 초고를 남겼다. 1594년에 쓴 초고의 모두에는 이런 대목이 있다.

> 기계의 과학은 우리들이 늘 보듯이 매우 무거운 물체를 작은 힘forza으로 움직여 들어 올리는 등 갖가지 도구들이 보이는 놀라운 효과의 원인을 규명해 그 근거를 밝혀내는 것이다.[83]

이 대목에서 기계의 효과를 '놀라운 것'이라고 한 것은 물론이고, '원인과 근거'를 탐구한다는 기계학의 목적을 제시한 점에서도 '위서' 아리스토텔레스의 『기계학』의 영향이 현저하게 엿보인다. 그러나 갈릴레오가 1600년 이탈리아어로 완성한 노트 『기계학 Le Meccaniche』[84]은 그보다 훨씬 더 새로운 내용을 담고 있다. 이 책은 "자연적으로는 본래 불가능한 일을 기계의 힘으로 하려 한다"는 오류에 직인들이 빠져 있는 것을 봐 왔다, 하며 시작한다. 이어 그는 다음과 같이 지적한다.

> 이런 오류의 근본적 원인은 기계를 사용하면 자연을 기만해 작은 힘으로 매우 무거운 물체를 들어 올릴 수 있을 것이라는 직인들의 오래된 신념에 있다고 생각한다. … 이 같은 신념이 얼마나 잘못된 것인가를 나는 올바르고 엄밀한 논거를 통해 다음에서 분명히 하려고 할 따름이다. p. 147 [213f.]

이어 갈릴레오는 자신의 기계론을 전개한다. 다소 에둘러 표현하고 있으므로 이를 정리해 보자. 갈릴레오 자신은 사용하지 않은

'일'이라는 단어를 사용해 부연하면 다음과 같다('일의 양'은 '힘' × '힘의 방향으로 움직인 거리'로 정의된다).

어떤 중량의 물체를 중력에 거슬러 일정한 거리(높이)로 들어 올리는 일의 양이 있다고 가정해 보자. 예를 들어 그보다 10배의 중량을 지닌 물체가 있다고 치자. 이를 10등분해 각각을 10분의 1의 거리만큼 들어 올리는 일의 양을 모두 더하면, 원래의 일의 양과 다르지 않다. 즉 어떤 중량을 어떤 거리(높이)만큼 들어 올리는 일의 양과 그 10배의 중량을 10분의 1의 거리(높이)만큼 들어 올리는 일의 양은 동일하다는 게 갈릴레오의 논의의 골자다.

> 때로는 작은 힘밖에 없으면서 커다란 물체를 여럿으로 나누지 않고 한 번에 들어 올려야 하는 경우가 있다. 이럴 때 기계의 힘을 빌려 주어진 무게를 주어진 힘으로 정해진 거리(높이)만큼 운반해야 한다. 이때 그 중량이 몇 배냐에 따라 [즉, 물체를 들어 올려야 하는 높이에 대해] 기계의 힘으로 옮기는 거리를 그만큼 증가시킬 필요가 있다. p. 148f. [215f.]

즉 어떤 힘으로 그 10배의 중량의 물체를 한 번에 들어 올리기 위해서 기계를 사용하려 할 때, 빗면과 지레 등을 사용해 힘을 10배의 거리만큼 움직이지 않으면 안 된다. 거리를 10배로 함으로써 힘을 10분의 1로 할 수 있다는 것이다. 기계를 사용한다고 해서 실제로 투입한 것 이상의 힘을 얻는 것은 아니다. 다시 말해 "지레를 사용함으로써 어떤 중량체를 움직일 경우 다른 도구를 사용할 때와 마찬가지로 힘forza으로 득을 본 만큼 속도에선 손해를 보게 되는 것이다". p. 163 [242] (갈릴레오는 '거리'가 아니라 '속도'를 사용하고 있

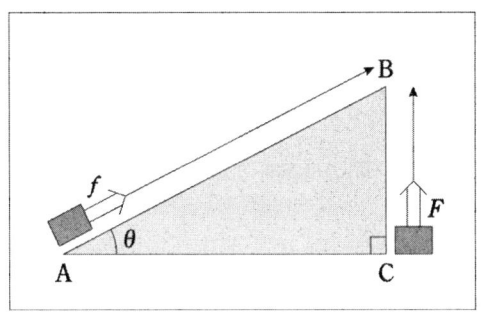

그림 6.8 갈릴레오가 증명한 '가상변위의 원리'.

으나 동일 시간으로 생각하면 이동 거리는 속도에 비례하므로 '속도'를 '거리' 또는 '변위'로 바꿔 써도 된다.)

똑같은 논리로 "빗면 상에선 무게[자연중량]에 대한 힘[유효중량]의 비율은 빗면 꼭대기부터 수평면까지의 수직거리와 빗면의 길이의 비와 같다는 결론이 나온다."p. 175 [259f.] 즉 그림 6.8에서 물체를 자연중량 W에 맞서 힘 $F=W$로 C에서 B까지 들어올리는 것은, 유효중량 W^*에 맞서 힘 $f=W^*$로 A에서 B까지 끌어올리는 것과 같다.

$$f \times \overline{AB} = F \times \overline{CB}$$
$$\therefore W^* = f = F \times (\overline{CB} / \overline{AB}) = W\sin\theta$$

갈릴레오의 논의는 '가상작업의 원리' 또는 '가상변위의 원리'를 처음 밝힌 것인데, 여기엔 아무런 막힘이나 부자연스러움이 없다. 이를 통해 갈릴레오는 '기계는 자연에 반하는 것'이라는 인식의 잔재 — 아리스토텔레스의 위서 『기계학』을 계기로 굳어진 — 를 일소했다. 기계학을 처음으로 근대적 정역학으로 끌어올리는 데 성공한 것이다. 이것이 당시 '자연을 기만한다'고 운운하는 식의 기계를 둘러싼 논의에 대해 갈릴레오가 자신만만하게 비판을 퍼부은 근거였다.

시몬 스테빈 또한 위치에 따른 중량의 문제를 해결한 자신의 논거가 지닌 의미를 자각하고 있었다. 이것은 스테빈이 삼각형을 둘러싼 구슬띠 그림을 자기 책의 속표지 그림으로 계속 사용한 데서 분명히 드러난다. 그리고 거기에는 반드시 '신기하지만 신기하지 않은Wonder en is gheen Wonder'이라는 표어가 딸려 있다.[85] 그림 6.9 이 또한 기계학이 '자연에 반하는' 현상을 다룬다는 당시의 일반적 인식을 도태시켜 버리는 것이었다.

※

이렇게 타르탈리아의 손으로 부활한 당시의 기계학은 16세기 시몬 스테빈과 갈릴레오에 이르러 근대적인 정역학으로 탈바꿈하였다. 타르탈리아가 창시한 탄도학 또한 포물체 이론의 수학적 정식화를 이뤄낸 갈릴레오에 의해 근대 역학으로 편입돼 갔다. 참고로 갈릴레오는 기계학이 수학과 자연학의 중간쯤에 있는 학문이라는 관념을 깨부쉈다. 이를 위해서는 천체관측 기법을 지상 관측에 적용한 지리학과 측량술의 발전이 필요했다. 이 점은 다음 장에서 살펴보자.

이렇게 본다면 타르탈리아가 근대 역학의 형성에 기여한 역할은

그림 6.9 시몬 스테빈의 『중량기술의 원리』(1586), 속표지.

결코 무시할 수가 없다. 비록 그가 자력으로 최종적 해결에까지 이르진 못했지만 몇몇 문제 제기와 그로부터 파생된 영향은 인정해야 한다. 어쨌든 17세기 과학혁명의 전략적 고지로서 신역학의 토대는 16세기에 만들어졌던 것이다.

이와 함께 타르탈리아에 관해 하나 덧붙이고 싶은 게 있다. 그가 1531년 한 포술 기사에게 대포의 앙각과 포탄의 사거리에 대한 질문을 받았음은 이미 설명한 바 있다. 그는 이에 대한 해법이 담긴 『새로운 과학』을 1537년에야 뒤늦게 출판했는데, 그처럼 지연된 데 대해 책의 '헌사'에 흥미로운 이야기를 남긴다.

> 이들의 발견을 통해 나는 포격 기법에 대한 규칙을 공표하고, 몇 차례 개별적인 실험을 거쳐 가능한 한 정밀한 것으로 만들 작정이었다. … 그러나 어느 날 나는 이게 비정한 일이 아닌가 하는 생각이 들었다. 즉 계속되는 전란에서 인류, 특히 그리스도교도를 살해하는 기술을 연구하고 발전시키려는 것은 비난 받을 일이다, 하느님의 엄한 벌을 받아야 한다, 잔혹한 행위로 규탄 받아 마땅하다, 하는 생각에 이르렀다. 그런 까닭에 나는 그에 관한 연구를 완전히 포기하고 다른 연구에 주력했다. 그뿐 아니라 그 문제에 관한 계산이나 문서들을 모두 파기하거나 소각했다. 이처럼 비정한 연구에 시간을 낭비한 데 대해 무척 후회하고 부끄럽게 생각했다. (많은 사람들에게 요청이 들어오긴 했지만) 우정에서건, 이익을 위해서건 (내 의지에 반해) 기억에 남아 있는 상세한 내용을 기록으로 남기진 않겠다고 굳게 다짐했다. 그 같은 내용을 가르쳐 주는 것은 정도를 벗어난 것이라고 나에겐 여겨졌기 때문이다. 그러나 오늘날 늑대가 우리의 양 떼를 습격하려고 호시탐탐 노리고 있

고, 우리 양치기들이 모두들 방어에 여념이 없는 상황이 됐다. 그러자 지금 이 문제를 더 이상 감춰 둘 수만은 없게 됐다. 그렇기에 나는 이를 일부는 문서로 그리고 일부는 구두로, 모든 충실한 그리스도교도에게 공표할 것을 결의했다.[86]

비인도적 군사기술 연구에 관한 과학자의 반성이 처음으로 (저자의 짧은 소견이긴 하지만) 표명된 것이다. 여기에서 대포의 파괴력이 당시 이탈리아인에게 안겨 준 충격이 얼마나 컸는지 엿볼 수 있다. 특히 타르탈리아에게는 어릴 때 프랑스군의 폭력으로 장애의 몸이 된 것도 여기에 영향을 주었는지 모른다. 참고로 '늑대'는 쉴레이만 대제 Süleyman I가 이끄는 오스만투르크의 군대를 가리키는 말이다. 타르탈리아의 인도주의적 반성이 미치는 범위가 그리스도교도에 한정돼 있었다는 점에서는 시대의 한계도 엿볼 수 있다.

타르탈리아에서 갈릴레오에 이르기까지 16세기 중기 이후 이탈리아에서 기계학을 둘러싸고 일어난 논의는 단순히 수학과 자연학의 중간적 학문이라는 고대적 이해의 수준에 머물지만은 않았다. 아리스토텔레스의 이론에선 자연학으로 분류돼야 할 운동물체의 운동력과 타격력에 대한 논의도 포함돼 있었다. 이 점에 대해 과학사가 W. R. 레어드 W. R. Laird는 "대포는 톱니바퀴나 지레로 작동하는 게 아니라 화약의 폭발력 그리고 자연운동과 강제운동의 법칙에 의해 작동하는 것인데, 호전적인 16세기엔 이게 가장 특징적인 '기계'였음이 확실하다"고 말했다.[87] 이 코멘트는 당시 기계학의 핵심을 정확히 표현한 것이다. 근대 물리학은 그 발단에서부터 20세기에 이르기까지 일관해서 군사적 색채를 띠고 있었던 것이다.

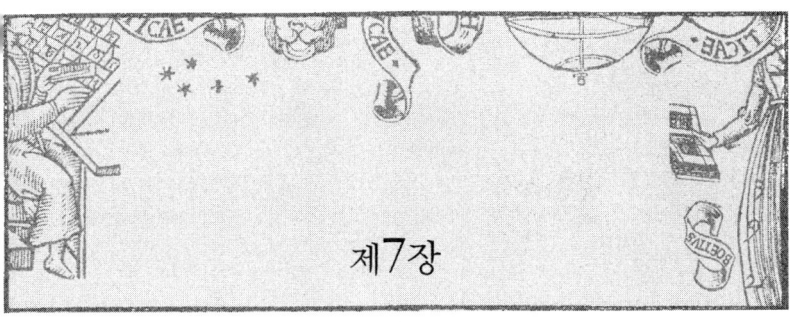

제7장

천문학, 지리학 그리고 연구의 조직화

| 프톨레마이오스의 재발견

유럽의 천문학과 지리학은 15세기에 이르러 부활을 이룩한다. 그 계기는 첫째로 고대 과학의 정점에 서 있는 2세기 프톨레마이오스Claudius Ptolemaios, ?~?의 저술이 재발견된 데서 찾을 수 있다. 이는 근대적인 수리천문학과 수리지리학을 형성하는 단서가 됐다. 두 번째 계기로는 포르투갈이 국가적 프로젝트로 추진한 아프리카 서해안 탐험 항해를 들 수 있다. 이 두 가지 변수는 측지학과 항해술의 응용과도 관련돼 있다. 둘 다 이론적 연구와 경험적 관측의 통합을 요구했으며, 나아가서는 새로운 학문 그 자체를 만들어내게 된다.

먼저 프톨레마이오스의 지리학과 천문학의 재발견부터 알아보자. 전8권으로 된 프톨레마이오스의 『지리학 안내Geōgraphiko hyphēgēsis』는 서유럽에서 13세기 로저 베이컨Roger Bacon이 언급한 것을 제외하면 거의 알려지지 않았던 듯하다. 그러다 15세기 때 비잔틴 사회로부터 서유럽에 전해지면서 새롭게 주목을 받게 됐다. 그때 소개된 것이 제1권의 총론, 제2권 이하에 나오는 각 지역의

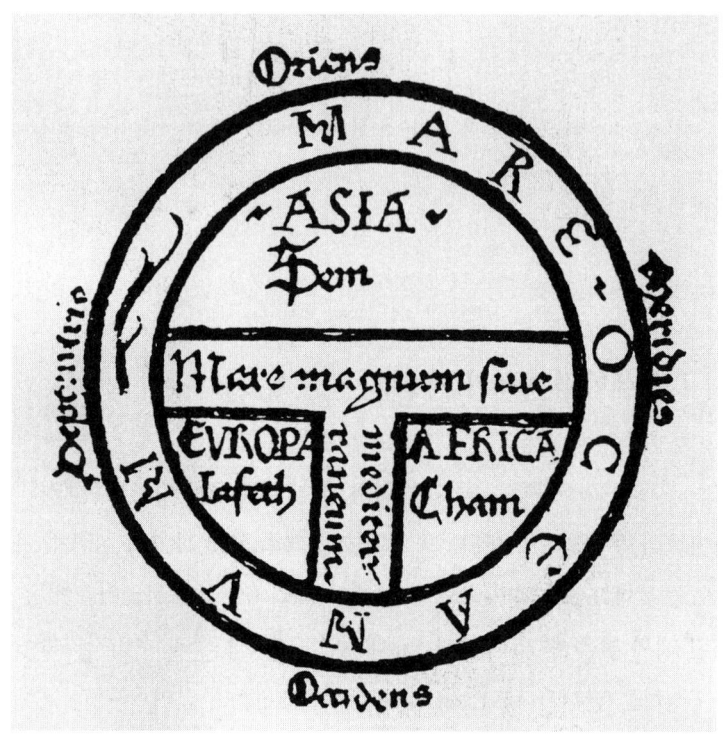

그림 7.1 중세의 세계도. 7세기 이시도루스의 『어원』(아우크스부르크, 1472)에 수록된 것으로 위쪽이 동쪽이다.

간단한 기술과 약 8,100개 지점의 위도와 경도의 목록 그리고 그 뒤 만들어진 것으로 보이는 몇 장의 지도였다. 본문은 15세기 초반 (1409년) 이탈리아의 자코부스 앙겔루스Jacobus Angelus에 의해 그리스어에서 라틴어로 번역됐다. 당초엔 지도가 없었지만, 나중에 지도와 함께 수고본 상태로 소개돼 르네상스 시대의 학자들이 널리 읽게 됐다. 인쇄본으로는 1475년 지도 없이, 1477년에는 지도와 함께, 각각 비첸차와 볼로냐에서 출판됐다. 그 뒤에도 15·16세기 이탈리아와 독일의 여러 도시에서 계속 출판됐다. 최초의 인쇄본이 나온 다음 1세기 동안 등장한 '중요한 지도 출판물'의 대다수는 이 프톨레마이오스의 『지리학 안내』의 갖가지 판본이었다고 한다.[1]

이 프톨레마이오스의 세계지도는 중세의 공상적이고 상식적인 세계도와는 완전히 다른 것이다. 원 안을 T자로 나눠 아시아·아프리카·유럽을 묘사한 중세의 유치한 세계도그림 7.1는 애초부터 지도로서 최소한의 리얼리티조차 느낄 수 없다. 이에 비해 13세기 이후 뱃사람들을 위해 만들어진 '포르톨라노portolano도'라는 실용적인 해도는 달랐다. 방위선을 사용해 해안선의 세부에 이르기까지 사실적으로 묘사한 것이 많다. 하지만 모두가 지중해, 북해, 발트 해와 같은 연안 해역의 국지적인 해도밖에 없었다. 단 1375년 유대인 아브라함 크레스케스Abraham Cresques가 제작한 『카탈루냐 지도집』을 제외하면 말이다.

이들에 비해 프톨레마이오스의 학문적 지도는 당시 지구 상에 알려진 지역 전체를 대상으로 삼았다. 망라한 영역의 넓이에서나, 표기된 실재 지명의 개수 그리고 그 위치의 상대적인 정확성 — 지금 본다면 많은 오류가 있지만 — 에서 타의 추종을 불허했다. 그뿐 아니라 위도와 경도라는 두 좌표를 사용해 기술한 데다 구면을 평면에 투영하는 기법을 이론적으로 고찰하고 있다는 점에서도 중세의 지도들과는 하늘과 땅의 차이가 있었다. 따라서 15세기 초반에 이뤄진 프톨레마이오스의 재발견이 "콜럼버스의 신대륙 발견보다도 더 격렬하게 인간의 정신을 흔들었다"고 말한 19세기 지도학자의 견해[2]가 꼭 과장이라고 할 수는 없다. 이것은 같은 프톨레마이오스의 저서임에도 다음에 살펴볼 그의 천문학서 『알마게스트

Almagest』에 비해 『지리학 안내』의 인쇄 출판이 더 빨랐고, 출판 횟수도 압도적으로 많았다는 점에서도 미뤄 짐작할 수 있다.

이렇게 부활한 지도학은 마침 그 당시 등장한 삽화 인쇄본에게 더없이 좋은 테마를 제공했다. 그래서 지도학은 목판이나 동판 인쇄 기술과 관계 깊은 장르가 됐다. 일설에 따르면 프톨레마이오스가 구면을 2차원 평면에 기하학적으로 투영한 것을 보고 즉각 반응을 보인 사람은 지도 제작자가 아니라 피렌체의 화가들이었다고도 한다.[3] 게다가 콜럼버스와 바스코 다 가마 Vasco da Gama의 활약으로 당시 유럽인들에게 알려지지 않았던 신대륙이 잇따라 발견됨에 따라 프톨레마이오스의 『지리학 안내』도 개정본이 나올 때마다 새로운 발견과 정보가 추가돼 갔다. 몇 백 장 단위로 똑같은 도판을 만들어내는 인쇄 지도는 새로 열리는 세계의 모습을 확실하고 충실하게 그리고 널리 전달했던 것이다. "16세기 초 지도학은 실천적인 수학적 과학의 일부이자, 가장 자극적인 분야 가운데 하나였다"는 지적은 사실 그대로일 것이다.[4]

한편 프톨레마이오스의 천문학이 그동안 완전히 자취를 감췄던 것은 아니었다. 그의 저서 『알마게스트』가 12세기 말 크레모나의 게라르도 Gerardo of Cremona에 의해 아라비아어에서 라틴어로 번역됐으며, 13세기엔 이를 바탕으로 한 천체표인 『알폰소표』가 만들어지기도 했다. 그러나 대부분의 내용이 수학적으로 매우 난해했기 때문에 『알마게스트』 자체를 읽은 사람은 아주 드물었다. 프톨레마이오스의 천문학은 중세가 끝날 때까지 오로지 13세기 사크로보스코 Johannes de Sacrobosco가 『알마게스트』를 초역해 대학의 표준 교과서로 사용하던 초보적인 『천구론 De Sphaera』, 그리고 역시 13세기

그림 7.2 아스트롤라베를 들고 있는 레기오몬타누스. 하르트만 셰델의 『세계연대기』 중에서.

노바라의 캄파누스Campanus of Novara가 쓴 『행성의 이론Theorica Planetarum』을 통해 알려져 있었을 뿐이다. 프톨레마이오스의 원저가 유럽에서 부활한 것은 15세기 말이었다. 15세기 중반 페라라의 조반니 비안키니Giovannni Bianchini가 『알마게스트』의 제6권까지를 해설하고, 여기에 1451년 로마의 게오르기우스 트레비존드Georgius Trebizond가 전13권을 주석을 달아 번역했다. 이들이 처음 인쇄된 해는 게라르도의 번역본이 1515년, 게오르기우스가 그리스어에서 번역한 게 1528년이었다. 참고로 사크로보스코의 『천구론』도 1472년 인쇄 출판됐는데, 이는 최초로 인쇄된 천문학서로 기록된다. 이 책은 그 뒤 15·16세기에 중판을 거듭하면서 프톨레마이오스 천문학의 보급에 크게 기여했다.

15세기 『알마게스트』를 다시 부활시킨 것은 레기오몬타누스 Regiomontanus로 불리는 요하네스 뮐러Johannes Müller von Konigsberg, 1436~1476였다. 뮐러는 출생지인 쾨니히스베르크의 독일어 뜻 그대로 '왕의 산'을 라틴어로 옮긴 레기오몬타누스라고 불렸다. 하지만 스스로는 몬테레지오의 요하네스Johannes de Monteregio라는 이름을 썼다고 한다. 1447~1450년 어린 나이에 라이프치히대학에서 수학한 레기오몬타누스는 1450년 빈대학에 입학했다. 거기에서 포이어바흐Georg Peurbach, 1423~1461에게 수학과 천문학을 배웠다. 포이어바흐는 빈에선 천문학자보다 고전 문예를 강의하는 인문주의자로 더 유명했다고 한다. 한편 1460년 그리스에서 망명한 베사리온Johannes Bessarion이 신성로마제국에 파견된 교황의 특사로서 빈을 방문했을 때 그곳의 인문주의자들에게 그리스어로 된 『알마게스트』를 번역하라고 권했다. 이를 계기로 '보다 간결하고 명료한' 요약본을 만드는 작업이 시작됐다. 여기엔 "보다 정확한 지식은 중세 스콜라학자나 이슬람학자에 의해 오염되지 않은 그리스 원전에서만 찾아야 한다"는 당시 인문주의자들의 공통적인 동기가 엿보인다. 이듬해인 1461년, 포이어바흐는 그 작업을 레기오몬타누스에 맡긴 채 사망한다. 이것을 이어받은 레기오몬타누스는 베사리온을 수행해 이탈리아로 갔다. 그리고 로마에서 『프톨레마이오스의 알마게스트 요강Epitoma in Ptolemoei Almagestum』을 완성했다. 이 책이 실제 인쇄된 것은 레기오몬타누스가 세상을 뜬 뒤인 1496년이었다.

이 『요강』은 고전의 단순한 복원이 아니었다. 프톨레마이오스 이후에 행해진 관측의 결과를 추가한 데다 프톨레마이오스의 계산을 더 정밀하게 바로잡은 탁월한 혁신판(리뉴얼)이었다. 이 책을 통해 사람들은 프톨레마이오스 천문학을 쉽게 배울 수 있었다. 『요강』은 1496년, 1543년, 1550년에 각각 중판이 나왔고, 16세기 내내 수리천문학의 표준적인 상급 교과서 역할을 했다. 특히 이것이 인쇄 서적으로 여러 부 출판돼 학생 신분으로도 구입할 수 있게 된 것은 정밀한 천문학의 부흥에 결정적 영향을 주었다. 이 점은 에이젠스타인 Elizabeth L. Eisenstein이 지적한 대로다.[5] 빈에서 인쇄된 이 『요강』의 한 부분이 당시 볼로냐대학에서 수학하던 코페르니쿠스의 눈길을 끌었다고 한다. 코페르니쿠스가 크라코프에서 공부를 마치고 이탈리아 유학을 떠난 때가 『요강』이 인쇄된 1496년이었다. 이때만 해도 프톨레마이오스의 『알마게스트』는 아직 인쇄되지 않은 상태였다. 코페르니쿠스는 『천구의 회전에 대하여』 제6권에서 포이어바흐와 레기오몬타누스를 '나의 직접적인 선행 연구자'로 기록하고 있다.[6]

고대 프톨레마이오스의 지리학과 천문학은 단순히 문헌학적 연구 대상에만 머물지 않았다. 새로운 지리적 발견 그리고 보다 정밀해진 관측을 바탕으로 수정하고 확충해야 할 살아 있는 학문으로 부활한 것이다. 이로써 프톨레마이오스의 연구는 그 뒤에 경험과 관측을 바탕으로 한 수학적 자연학의 원형을 제공했다.

| 뉘른베르크의 레기오몬타누스

남부 독일의 문화 도시 뉘른베르크가

15세기 말에서 16세기에 걸쳐 알브레히트 뒤러나 한스 작스를 배출했다는 것은 이미 제1장에서 살펴봤다. 실은 같은 시대에 뉘른베르크는 관측에 근거한 근대 천문학의 발상지가 돼 있었다. 또 코페르니쿠스와 티코 브라헤Tycho Brahe의 천문학 혁명, 나아가서는 근대 자연과학의 등장을 선도했다는 점에서 뉘른베르크는 특별한 비중을 지니는 곳이다.

그 발단은 솜씨 좋은 금공 직인과 기계 직인들이 많은 뉘른베르크를 레기오몬타누스가 천체관측 기지로 삼았다는 데서 찾을 수 있다. 이렇게 해서 뉘른베르크나 그 인근의 잉골슈타트와 아우크스부르크에선 천체관측을 위한 장치, 항해와 측량을 위한 기기 그리고 지도와 지구의 제작에 종사하는 이른바 수리기능인mathematical practitioner을 배출하게 된다. 수학과 천문학 지식을 터득한 이들은 직인 작업에 대해 이해와 관심을 지니고 있었을 뿐 아니라 스스로 직접 수작업에 종사하던 기술자들이었다. 대학 교육을 받고, 못 받고와는 상관없이 아카데미즘의 영역 밖에서 활동하던 사람들이었다. 그들의 활동 또는 그들과 직인 사이에 이뤄진 협동 작업은 전혀 새로운 연구 방식을 낳았고, 당시까지 아직 등장하지 않았던 학문 영역을 개척했다.

레기오몬타누스는 인문주의자로서 프톨레마이오스의 저술을 단순히 복원하는 데만 목표를 둔 게 아니었다. 그는 포이어바흐 밑에서 처음엔 단순한 관측 일을 하면서 『알폰소표』가 실제 별의 위치와 상당히 어긋나 있음을 발견했다. 그래서 천문학에서 관측의 전통을 회복시켜, 정밀한 관측에 의거한 천문학 이론의 재구축을 목표로 삼았던 것이다. 독일로 돌아온 그는 뉘른베르크를 거점으로

삶았다. 뉘른베르크는 알브레히트 뒤러가 생애를 보낸 곳인데, 뒤러가 태어난 1471년 레기오몬타누스는 친구에게 이렇게 전했다. "최근 나는 뉘른베르크에서 [천체] 관측을 하고 있네. … 나는 여기에 영주할 생각일세. 여기에선 관측 장치, 특히 천계에 대한 모든 과학의 기초가 되는 천문학 기기를 조달하기 쉬우이. 뿐만 아니라 이곳은 상인들이 들락거리는 유럽의 중심지로 알려져 여기저기에 흩어져 있는 박학다식한 사람들과 교류하기에도 편리하다네."[7]

실제 14세기까지 남부 독일은 북방의 한자 도시에 비해 경제적으로나 문화적으로 뒤떨어져 있었다. 하지만 15세기에는 북부 유럽, 특히 남부 네덜란드와 베네치아를 잇는 요충지가 됐다. 뉘른베르크, 아우크스부르크, 울름은 상업 도시로 대두하기 시작했다. 특히 뉘른베르크는 14세기 말 이후 외국 상인들에게 도시 내에서 자유로운 경제 활동을 하도록 보장했다. 이렇게 뉘른베르크는 16세기에 이르기까지 '유럽 상업의 중심지'로서 지위를 유지하게 됐다.[8] 더욱이 제1장에서도 언급했듯이, 이 시대 뉘른베르크는 금속 가공 기술에서도 최첨단을 달리고 있었다. 뉘른베르크는 15세기 말부터 16세기 초반까지 아우크스부르크와 어깨를 나란히 하는 시계 제조의 중심지였다.[9]

이렇게 레기오몬타누스는 뉘른베르크에 관측 기기 제작 공방이 딸린 천문대를 건설하려는 계획을 세웠다. 나아가 스스로 교과서를 출판하기 위해 인쇄기까지 설치했다. 기존의 인쇄 기술로는 전문적인 수학서와 천문학서의 수준을 충분히 맞출 수 없다는 점을 간파한 그는 스스로 천문학과 수학 문헌의 출판에 나섰다. 오류가 없는 과학 서적을 제작함으로써 과학 연구에 보탬을 주겠다고 마음먹었던 것이다. 이것은 유럽에서 처음 등장한 수학서와 천문학서 전문 출판사였다. 최초의 출판물은 포이어바흐의 『행성의 신이론Theoricae novae planetarum』 그리고 그 자신의 『천체력Ephemerides』이었다. 앞의 책은 1472년 출판됐는데, 포이어바흐가 빈에서 행한 강의를 토대로 삼은 이론 천문학서였다. 반드시 독창적인 책이라고는 할 수 없지만 사크로보스코의 『천구론』을 대신하는 프톨레마이오스 천문학의 입문서로 커다란 영향을 주었다.[10] 실제 이 책은 이탈리아어와 프랑스어로도 번역돼 여러 차례 중판을 거치면서 널리 읽혔다. 1474년 간행된 『천체력』은 1475년부터 1506년까지 주요 천체의 위치를 기록한 것으로 바르톨로메우 디아스Bartolomeu Dias나 바스코 다 가마, 콜럼버스도 사용했다. 특히 콜럼버스가 네 번째 항해에서 월식 예보를 근거로 자마이카의 인디오를 놀라게 해 굴복시킨 것은 바로 이 책 덕분이라고 한다.[11] 레기오몬타누스는 나아가 프톨레마이오스의 『지리학 안내』, 유클리드의 『원본』, 위서인 아리스토텔레스의 『기계학의 모든 문제』, 그 밖에 위텔로Witelo, 아르키메데스, 아폴로니우스의 책을 포함한 과학서를 총망라하는 야심 찬 출판 계획을 세웠다. 또한 1474년에는 자신의 출판 예정 목록을 작성했는데, 이 목록에는 13세기 요르다누스 네모라리우스의 『산술』이 들어가 있었다. 이는 레기오몬타누스가 중세를 멸시하던 당시의 여느 인문주의자와는 달랐다는 사실을 보여 준다.[12]

　1475년 레기오몬타누스는 부정확한 천체력을 정정하라는 교황의 의뢰를 받고 로마로 갔다가 이듬해 그곳에서 객사한다. 향년 40세, 이제 막 본격적으로 천문학의 개혁에 나서려고 하던 참이었다. 그의 야심 찬 출판 계획도 결국 실현되지 못했다. 그의 많은 저서는 사후에 뉘른베르크의 지인들에 의해 출판됐다. 그의 기념비적인 저서 『모든 종류의 삼각형에 관한 5권의 책De Triangulis Omnimodis libri quinque』은 원래 출판 계획에 예고돼 있었지만 결국 1533년이 돼서야 인쇄됐다. 이 책은 오로지 천문학을 위한 계산 기법으로 취급되던 삼각법(평면삼각법과 구면삼각법)을 천문학과는 독립적인 수학의 한 분야로 체계화한 최초의 서적이다. 또한 뉘른베르크의 정밀 기기 제조 직인이던 게오르크 하르트만Georg Hartmann은 레기오몬타누스의 유고에서 "별의 운동은 지구의 운동에 의해 조금씩 변하는 게 틀림없다"는 한마디를 찾아냈다. 그는 이것을 근거로 레기오몬타누스가 '지구의 운동'이라는 관념을 받아들였으며, 별의 운동에 대한 그 같은 언급도 결과적으로 그런 관념에서 나온 것이라고 판단했다.[13] 실제 레기오몬타누스가 오래 살았다면 코페르니쿠스에 앞서 지동설을 주창했을지도 모른다. 물론 이는 현대인의 상상이지 역사에서 논할 바는 아니다. 그러나 뒤에서도 살펴보겠지만, 천문학의 개혁을 위해 레기오몬타누스가 쌓아 올린 이 뉘른베르크의 전통은 결국 코페르니쿠스를 배출해냈다.

베르나르트 발터Bernard Walther, 1430~1504는 원래 뉘른베르크의 유복한 상인으로, 1471년 레기오몬타누스가 인쇄기와 관측 기기를 설치했을 때 재정적 지원을 해 주었다. 그리고 레기오몬타누스의 제자가 돼 천문학과 천체관측 기법을 배웠다. 1475년 레기오몬타누스가 로마로 출발할 때까지 공동 연구자로서 천체관측을 도왔는데, 이미 1472년 두 사람은 혜성을 관측하고 있었다. 이는 혜성을 과학적으로 관측한 거의 최초의 사례라고 한다.[14] 레기오몬타누스가 뉘른베르크에서 마지막으로 했던 관측은 1475년 7월 28일이고, 그 닷새 뒤부터는 발터 자신의 관측이 시작된다. 이것이 레기오몬타누스가 뉘른베르크에 뿌렸던 최초의 씨앗이었다.

　레기오몬타누스가 사망한 뒤 발터는 스승의 유지를 이어 천체관측을 계속했다. 그가 천체관측에서 이뤄낸 최대의 개혁은 장기간에 걸쳐 체계적인 관측을 계속했다는 점이다.[15] 그때까지만 해도 보통 하지나 동지, 춘분이나 추분과 같은 특정 시점에 산발적인 관측만 했던 것에 비하면 엄청난 변화였다. 이는 1세기 뒤에 나온 티코 브라헤의 업적에 앞서는 것이었다. 발터보다 43년 뒤에 태어난 코페르니쿠스도 "주의 깊게 제작된 장치를 사용해 몇 년에 걸쳐 행성을 추적하는 작업은 필수불가결한 일이며, 이를 통해서만 행성의 정확한 이론을 발견할 수 있다는 점에는 생각이 미치지 못했다"[16]고 한다. 이 점에서 베르나르트 발터가 시대를 앞서 갔다는 사실이 분명해진다. 게다가 그의 관측은 상당히 정확했다. 천체관측에서 빛의 굴절의 영향을 확인한 것도, 천체관측에 기계 시계를 사용해 관측 시각을 정했던 것도, 모두 그가 처음이었다.[17] 이는 당시 뉘른베르크에서 시계 제조가 발달했다는 점과 관계가 있다고 할 것이다. 그런 까닭에 "그 시대 발터는 가장 우수한 천문학자로 여겨졌다. 발터의 영향은 그 시대에만 국한된 게 아니라, 코페르니쿠스나 브라헤 같은 저명한 천문학자들에게도 인정받았다".[18] 실제 코페르니쿠스의 『천구의 회전에 대하여』 제6권에는 수성의 위치에 대해 이런 대목이 나온다. "나는 뉘른베르크의 세심한 관측 결과로부터 세 점의 위치를 빌려 왔다. 첫 번째 점은 레기오몬타누스의 제자인 베르나르트 발터가 정한 것이다."[19] 나머지 두 번째, 세 번째 점은 요하네스 쇠너Johannes Schöner가 정한 것인데, 이것도 실은 발터가 한 것이었다.

천문학의 근본적인 개혁은 물론 그 뒤에 등장한 코페르니쿠스, 티코 브라헤, 케플러에 의해 완성된다. 과학사에선 이 세 사람의 업적만 다루고 있다. 하지만 그 발단은 뉘른베르크의 레기오몬타누스와 발터가 제공했음을 간과해서는 안 된다. 두 사람은 엄밀한 수학적 이론과 정밀하고 계통적인 관측을 결합시켰다. 연구 의욕을 한창 불태울 때 쓰러지고 만 레기오몬타누스는 천문학의 개혁을 이루진 못했다. 그러나 엄밀한 수학적 천문학 이론의 전문가였던 그는 스스로 계산하고 집필하면서 동시에 천체관측까지 했다. 나아가 자기 손으로 관측 기기를 설계해 직인에게 제작하도록 지도했다. 베르나르트 발터와 같은 충실한 제자를 육성하기도 했다. 그럼으로써 그는 새로운 학문 연구의 틀을 제시했던 것이다. 그뿐 아니라 인쇄소와 제작 공방을 갖춘 관측 시설을 설립했는데, 이것은 지금으로 말하면 빅 사이언스 연구소에 해당하는 것을 종교 기관이나 대학과 무관하게 설립하려는 꿈을 꾼 것이다. 더불어 "레기오몬타누스의 실제적 관심사는 15세기 후기와 16세기 몇몇 직인 수학자mathematician-craftmen들 사이에 공유되고 있었다".[20] 여기서 수학과 천문학의 이론에 정통할 뿐 아니라 자기 손으로 직접 관측 기기를 설계하고, 지도와 천구도를 제작하는 수리기능인이라는 새로운 지식인이 등장하게 된다.

| 인도 항로 프로젝트

       그 뒤의 뉘른베르크로 넘어가기 전에 15세기 지리학과 천문학의 부흥을 불러일으킨 또 하나의 거점인 포르투갈로 눈을 돌려 보자.

 유럽에서 천문학이 항해술, 지리학과 깊은 인연을 맺게 된 것도 이 시대였다. 즉 유럽인들이 미지의 세계인 대서양으로 나아가 원양 항해를 시작했던 게 15세기다. 에바 테일러Eva Germaine Rimington Taylor가 쓴 항해술 역사서 『항만발견법Haven-Finding Art』(1971)에 따르면 중세 지중해 항해에서는 천체관측과의 연결점을 찾아볼 수 없다.[21] 실제 항해라고 해 봤자 겨우 지중해나 발트 해 내부, 아니면 기껏해야 유럽 서해안의 대륙붕 지역에 국한돼 있었다. 따라서 눈에 보이는 섬이나 산의 배치 및 형태를 통해 배의 위치를 가늠하는 연안항법 또는 항해 거리와 진행 방향으로 배의 위치를 알아내는 추측항법으로 충분했다. 이때 필요했던 것은 정확한 해안선이 그려진 연안 해역의 해도와 자기나침반, 측심기測深器 정도였다. 관측보다는 오히려 풍향이나 조류에 대한 지식이 중시되었다. 요컨대 당시의 항해 기술은 몇 세대에 걸친 경험의 축적과 전승으로 지탱되던 것이었다. 변화는 포르투갈의 '항해 왕자' 엔리케Henrique O Navegador, 1394~1460가 아프리카 서안을 따라 대서양 탐험을 결심한 데서 시작된다. 이는 결국 부를 차지하기 위한 인도 항로 개발로 발전해 간다.

 이베리아 반도의 레콘퀴스타, 즉 그리스도교도 지배의 재확립은 스페인이 그라나다에서 이슬람교도를 몰아낸 1492년에 완료되지만, 포르투갈에선 이보다 240년 일찍 마무리되었다. 그리고 포르투갈은 1385년 스페인(카스티야)의 군사 개입을 격퇴하며 주앙 1세Joao I를 국왕으로 선출해 아비스Aviz 왕조를 성립시킨다. 그리고 1411년에 카스티야와 강화조약으로 사실상 독립을 쟁취했다. 이 '독립전쟁'을 주도했던 것은 봉건귀족이 아니라 상인이나 직인층이었다. 이 때문에 전쟁의 승리는 일종의 사회혁명을 수반하게 됐다. 이렇게 성립한 포르투갈의 아비스 왕조는 시민계급의 지지를 받는 개명적인 절대 왕조였다.

한편 주앙 1세의 삼남 엔리케는 1415년 스물한 살 때 이슬람교도가 지배하던 아프리카 북부 연안의 중요한 무역항인 세우타Ceuta를 공략해 막대한 전리품을 획득했다. 동시에 그 노획품과 관련해 포로들로부터 아프리카 대륙의 내부와 연안에 대한 귀중한 정보를 얻게 된다. 그 뒤 엔리케는 아프리카 대륙 탐험의 꿈에 사로잡혔다. 그 꿈을 실현하기 위해 정보 수집, 조사, 연구, 인재 양성, 탐험 항해의 조직화에 일생을 바치게 된다. 물론 여기에는 포르투갈이 지중해에서 북유럽으로 통하는 항로의 거점에 위치했기 때문에 항상 대해와 마주하며 서쪽과 남쪽으로 진출하는 꿈을 키우고 있었다는 배경을 무시할 수 없다. 이렇게 해서 1418년 아프리카 대륙 서안을 따라 대서양을 남하하는 포르투갈의 탐험 항해가 시작된다. 계획적이고 조직적이며 지속적으로 시행된 최초의 탐험이었다.

당연한 얘기지만, 이것은 조선 기술의 향상은 물론이고 항해 기술의 혁신을 촉진시키는 일이었다. 특히 당시 "여기를 넘으면 두 번 다시 돌아올 수 없다"고 하던 '무無의 곶岬'[22]— 북위 약 28도의 주비 곶Cape Juby 아니면 그보다 조금 남쪽인 북위 약 26도의 보자도르 곶Cape Bojador — 보다 남쪽으로 넘어가는 탐험은 확실히 누구도 겪어 보지 못한, 문자 그대로 미지의 세계로의 항해였다. 이는 경험에 의존하던 당시의 연안항법을 이론에 근거한 천문항해법으로 전환하도록 촉진시켰다. 무엇보다도 배의 위치 — 특히 이 경우 위도 — 의 결정이 중요한 문제였다. 그런데 위도를 결정하는 가장 단순한 방법은 하늘의 극極의 고도를 측정하는 것이었다. 이렇게 해서 항해술은 천체관측과 직접적인 관계를 맺게 됐다.

지중해 항해 경험이 있던 베네치아의 상인 알비세 카다모스토Alvise da Cadamosto는 포르투갈에 머무르던 중 엔리케에게 발탁돼 1455년과 1456년 두 차례 포르투갈의 탐험 항해에 합류한다. 그는 이때 항해 기록을 남겼다. 북위 14도의 카보베르데Cabo Verde, 세네갈의 서해안에서 약 620km 떨어진 중부대서양에 있는 나라_역주를 넘어 남하했을 때의 기록을 보자. 첫 번째 항해에선 이런 기록을 했다. "우리가 그 하구〔갬비아 하구, 북위 13도 20분〕에 배를 정박하고 있던 며칠 사이에 북극성을 본 것은 불과 하루뿐이었다. 게다가 북극성은 바다 표면 위로 아주 낮게 나타났는데, 그 높이가 수평선 위로 1랜처〔창 한 자루의 길이〕 정도뿐이었다." 두 번째 항해에선 "그란데 강 하구〔북위 약 12도〕에 이틀간 배를 댔다. 거기에선 북극성이 매우 낮게 나타났다"고 기록돼 있다.[23] 그가 매일 북극성에 주목하고 있었음을 알 수 있는 대목이다. 그 뒤 엔리케 왕자의 시대에 디에고 고메스Diego Gomez의 항해가 역시 두 차례 행해졌는데, 이때 북위 8도 부근의 시에라리온 근처에까지 도달했다. 이 항해 때 포르투갈인들이 현지인을 참혹하게 살육했다는 사실은 스페인 역사가 라스 카사스Las

Casas, 1474~1566가 기록한 대로다.²⁴ 엔리케 왕자가 사망(1460년)한 뒤인 1462년에는 포르투갈인 페트로 다 친트라Petro da Cintra가 더 남쪽으로 항해했던 듯하다.

그 뒤 포르투갈의 아프리카 탐험 사업은 일시 정체기를 맞이하는데, 1481년 주앙 2세가 즉위하면서 다시 성행하게 된다. 그리고 카다모스토의 기록에 나오듯, 적도에 근접할수록 극고도가 낮아져 극의 측정이 곤란해졌기 때문에 종전과는 다른 위도 측정법이 필요해졌다. 라스 카사스가 1527년부터 반세기나 걸려 작성한 『인디언의 역사Historia de las Indias』에는 다음과 같이 쓰여 있다.

> 항해술에 대단한 열의를 지닌 국왕 돈 주앙[주앙 2세]은 두 의학자에게 그 연구를 맡겼다. 그중 한 사람은 로드리고Rodrigo라는 이름의 그리스도교도이고, 다른 한 사람은 호세페[요제프] 선생이라는 유대인이었다. 나아가 또 한 사람 마르틴 데 보에미아[마르틴 베하임Martin Behaim]라는 보헤미아인도 그 일을 맡았는데, 이 사람은 위대한 천문학자 후안 데 몬테 레히오[요한 레기오몬타누스]의 제자였다고 한다. 이들 학자들은 오늘날 우리들이 사용하는, 태양의 높이에 따른 항해술을 고안했다.²⁵

여기에 나오듯 주앙 2세는 1484년 왕의 시의이자 궁정 사제인 로드리고와 살라만카대학의 유대인 천문학자 아브라함 자쿠토Abraham Zacuto의 제자 호세 비지뇨Jose Vizinho를 중심으로 하는 수학자위원회Junta dos Mathematicos를 임명했다.²⁶ 주앙 2세는 이들로 하여금 적도 지방에서도 사용할 수 있는 위도 결정법을 연구하게 했다

(당시의 시의는 점성술에 능통했으며 천문학자이기도 했다). 그 성과가 태양고도에 따른 위도 결정법이다. 이는 북반구에선 다음 공식으로 얻을 수 있다.

$$위도 = 90° - (태양의 남중고도 - 당시의 적위)$$

'적위赤緯, declination'란 지구를 중심으로 하는 천구 상의 적도면으로부터 측정한 태양의 고도다. 물론 그날그날 변화하기 때문에 이에 따른 위도 결정에는 정밀한 적위표가 필요하다. 여기엔 자쿠토가 만든 『만년력 Almanach pertetuum』이 사용됐다.

엔리케 왕자에서 주앙 2세로 이어진 국가 프로젝트인 아프리카 서안 탐험과 인도 항로 개척은 당시로선 유례 없는 새로운 연구 스타일을 낳았다. 즉 특정 목적을 수행하기 위해 첫째로 천문학·수학·지리학에 정통한 학자와 지식인을 모아 싱크탱크를 조직했다. 둘째로 여기에 상인과 여행자들에게 얻은 관련 정보를 집중시켰으며, 셋째로 항해를 위한 기술혁신, 즉 원양 항해를 위한 선박과 항법을 연구했다. 그리고 넷째로 그 목적 실현을 위해 유능한 선원들을 모아 교육시키고 선단을 조직해 몇 차례에 걸친 탐험 항해를 실제로 계획적이고 조직적으로 추진했다. 이런 사업이 국가 권력의 주도로 이뤄졌던 것이다. 이것은 연구 목적에서나 그 추진 방식에서나, 중세의 대학이 하던 것과는 전혀 달랐다.

이 같은 포르투갈의 탐험 항해는 실제론 압도적인 군사력을 앞세운 해적 행위였다. 그들은 아프리카 서해안과 아라비아 해에서 파렴치할 정도의 폭력을 행사했다. 하지만 여기서 따지진 않기로 하겠다. 어쨌든 1492년 스페인 국왕의 후원으로 콜럼버스가 서인도 제도를 발견하고, 1498년 포르투갈의 바스코 다 가마가 아프리카 남단을 돌아 인도에 도달한 이후, 신대륙과 인도와 동아시아를 향한 항해는 정기적으로 이뤄졌다. 이 시점에서 포르투갈과 스페인 양국에서는 선원의 양성과 교육이 긴급 과제로 떠올랐다. 투기적인 탐험 항해가 일단 성공을 거두자, 아시아와의 교역이 국가적 비즈니스가 된 뒤에는 수학과 이론 천문학에 어두운 선원들을 조직적으로 교육시켜야 할 필요성이 생긴 것이다. 이렇게 해서 16세기에는 속어(포르투갈어, 스페인어)로 쓰인 지리학서와 항해 편람이 속속 출판됐다.

지금까지 알려진 바에 따르면 가장 오래되고, 후대에 나온 편람의 원형이 된 것이 포르투갈어로 쓰인 『아스트롤라베와 사분의의 사용 규칙Regimento do estrolabio y do quadrante』이다. 1509년 판본이 아직 현존하는데, 실제로는 훨씬 이전인 1495년께 작성된 것으로 여겨진다. 작자는 미상인데, 적위에 자쿠토의 표를 사용한 것으로 미뤄 주앙 2세의 수학자위원회가 연구 성과를 모아 놓은 것으로 생각된다. 스페인어 책의 경우 스페인 해군에 복무하던 포르투갈인 프란시스코 팔레로Francisco Falero가 쓴 『지구와 항해술에 관한 논고Tratado del esphere y del arte del marear』가 세비야에서 출판됐다. 인쇄된 해는 1535년이지만 1519년 이전에 쓰여진 듯하다. 52쪽짜리 폴리오판 책자이며, 내용은 포르투갈의 편람을 거의 그대로 답습하고 있다. 이 분야의 역사에서 이 책은 자침의 편각에서 경도를 구할 수 있다고 처음 지적한 문서로 알려져 있다. 이 점에 대해선 나중에 다시 살펴보자. 또한 1519년에는 페르난데스 데 엔시소Fernandes de Enciso가 스페인어로 쓴 『지리학대전Suma de Geographia』이 세비야에서 출판됐다. 이 책에도 태양의 적위표가 당시 알려진 지역의 위도와 함께 기록돼 있다.

다음으로 살라만카대학에서 의학과 수학을 공부한 뒤 코인브라대학의 수학 교수가 된 포르투갈의 페드로 누네스Pedro Nuñes, 1502~1578가 포르투갈어로 『지구에 대한 논고Tratado da sphera』를 1537년 리스본에서 출판했다. 원제는 다음과 같이 하염없이 길다. '태양과 달의 이론을 수반한 지구에 관한 논고. 국왕 주앙 3세의 우주형상학자cosmographo 페드로 누네스 박사에 의해 라틴어에서 포르투갈어로 번역돼, 보다 알기 쉽도록 수많은 주석과 도판을 첨부했다. 알렉산드리아의 지리학자 클라우디우스 프톨레마이오스의 『지리학 안내』 제1권 및 항해의 주요 난점이 설명돼 있는 해도에 대해 박사가 제시한 두 편의 논고, 그리고 태양의 운동과 그 적위 및 정오와 기타 시간의 고도표를 곁들인다'. 이 책은 당시에 나온 항해 편람으로서는 가장 망라적이고 동시에 가장 수준이 높았다. 적위표로서는 자쿠토의 『만년력』이 아니라, 보다 개량된 레기오몬타누스의 『천체력』을 사용하고 있다.

나침반에 의존하던 당시의 항해에선 목적지를 향해 타각舵角(진행 방향이 자오선과 이루는 각)을 일정하게 유지하면서 진행하는, 이른바 등각항법이 주류였다. 이때의 항로는 좁은 영역에선 거의 직선이지만, 먼 거리를 갈 경우에는 직선에서 벗어나 진행하게 된다. 누네스는 이것이 지구 상에선 극을 향해 나선형이 된다는 점을 발견하고, 이것을 '항정선航程線, rumbus'으로 명명했다(영어로는 rhumb 또는 loxodrome으로 불린다). 그리고 그는 이 항정선이 넓은 범위에서 엄밀하게 직선이 되도록 투영된 지도가 항해에 유용하다는 점을 시사했다. 즉 메르카토르 도법의 발견에 이르는 단서를 제공한 것이다(지구 상에서 직선이 되도록 목적지와 최단거리를 잇는 대권항로는 타각을 연속적으로 변화시킬 필요가 있지만, 당시의 항해에선 중시되지 않았다).

그 뒤 스페인에선 1544년 페드로 데 메디나Pedro de Medina가 스페인어로 『항해술Arte de Navigar』을 출판했다. 이 책은 영어·프랑스어·이탈리아어로도 번역됐다. 1551년에는 마르틴 코르테스Martin Cortés가 역시 스페인어로 된 『지구 및 항해술 개요Breve compendio de la sphera u de la arte de navegar』를 세비야에서 출판했다. 3부 — 제1부는 지구와 지리학, 제2부는 태양과 달의 운동, 제3부는 항해 매뉴얼 — 로 구성된 이 책은 포르투갈의 누네스의 책에 필적하는 포괄적인 내용을 담고 있었다. 또 항해용 관측 장치, 특히 십자간十字桿과 아스트롤라베의 구조와 제작법과 사용법을 훌륭하게 설명해 놓았다. 1561년 리처드 이든Richard Eden이 영어로 번역한 뒤 중판을 거듭한 이 책은 페드로 데 메디나의 책과 함께 엘리자베스 왕조 시절 잉글랜드에 큰 영향을 미쳤다. 나중에 살펴보겠지만 당시 잉글랜드 해운의 발전과 해군의 형성에 기여한 것은 윌리엄 본William Bourne과 에드워드 라이트Edward Wright의 책인데, 이들은 모두 코르테스의 책을 많이 참고했다. 또한 코르테스의 책에는 자침의 편각에 대한 설명이 담겨 있었다. 이것도 나중에 살펴보자.

포르투갈에서 이 시대 항해에 대한 관심이 높아진 것은, 물론 상업의 발전에 따라 촉진된 것이었다. 이는 실용수학으로서 산술서가 등장하게 된 배경이기도 하다. 포르투갈에서 나온 최초의 산술서는 카스파르 니콜라스Caspar Nicolas가 편찬한 포르투갈어의 『실용산술론Tratado da pratica d' Arismetica』인데, 1519년 초판이 나온 이후 1716년까지 적어도 10판까지 나왔다. 이 책은 포르투갈에서 실로 2세기 동안 계속 사용됐다. 니콜라스의 책에는 "내가 이 산술서를 인쇄하는 것은 인도와 페르시아, 아라비아와 이디오피아, 기타 우리가 발견한 지역과 포르투갈의 교역에 필요한 내용이기 때문이다"고 기록돼 있다.[27] 그리고 이 책은 실제 그런 목적에 입각해 인도·아라비아 숫자를 사용해 쓰였다. 기하학에 대해서도 다루고는 있으나, 주로 측량술에 대한 것이다. 그 뒤 로드리고 멘데스Rodrigo Mendes가 포르투갈어로 된 『실용수학Pratica d' Arismetica』을 1540년 리스본에서 출간했다. 그리고 1567년에는 페드로 누네스가 역시 포르투갈어로 『대수학의 서Libro de Álgebra』를 펴냈다.

   지리학, 항해술, 수학 분야에서 수많은 서적들이 이처럼 속어로 쓰인 것은 그 책들이 오로지 아카데미즘의 외부에서만 연구되었음을 보여 준다. 이렇게 16세기 포르투갈과 스페인에선 당시의 스콜라학과 전혀 이질적인 지리학과 항해술, 수학이 발전하게 되었다.

뉘른베르크의 수리기능인들

   여기서 레기오몬타누스와 베르나르트 발터 이후의 뉘른베르크로 돌아가 보자. 뉘른베르크에선 16세기에 이르러 천문학과 지리학을 혁신시켜 보려는 수많은 수리기능인들이 등장하게 된다. 그들은 수학과 천문학의 이론에 정통했음은 물

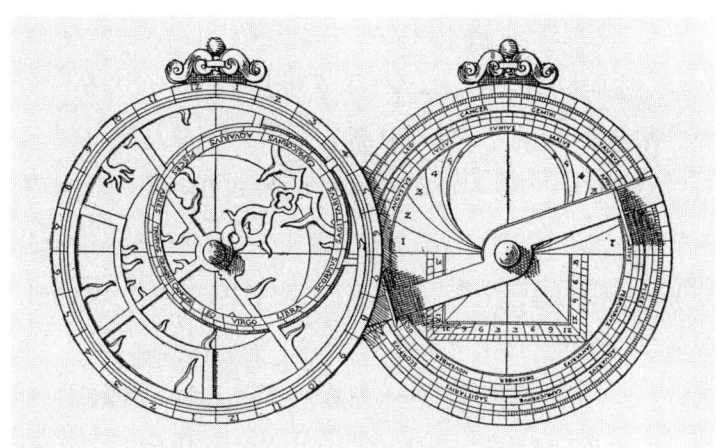

그림 7.3 아스트롤라베의 앞뒷면. D. E. 스미스, 『수학의 역사History of Mathematics』 II 중에서.

론이고, 지도나 천체관측 기구의 제작과 같은 수작업에도 종사하던 '멀티 탤런트' 기술자였다. 특히 항해술이 천문학과 깊은 관련을 맺게 되면서 그들은 원래 육상용으로 개발된 천체관측 기구들을 항해용으로 개량했다. 항해(특히 선상)에서는 사용되지 않던 십자간, 사분의, 아스트롤라베 등†을 항해에 맞게 제작한 것이다. 또한 그들은 이런 기구를 지상 측량에도 사용했다. 모두 뉘른베르크, 그리고 네덜란드의 수리기능인들이 이뤄낸 업적이었다.

---

† 십자간cross staff은 '야코프의 막대Jacobsstab'로도 불린다. 약 1미터 정도의 막대와 30센티미터 정도의 막대를 종횡으로 엮어 십자로 만든 간단한 장치다. 천체 간의 각거리를 측정하는 데 사용됐다.(그림 8.2 참조) 아스트롤라베는 중세 때 천체관측에 사용됐던 장치다. 자오선 및 수평선에 대한 태양과 행성의 위치를 계산할 수 있는 일종의 아날로그 컴퓨터다. 천체의 고도와 지상의 산이나 건물의 높이 측정에도 사용할 수 있다.[28]

먼저 뉘른베르크부터 살펴보자. 마르틴 베하임Martin Behaim, 1459~
1505은 베네치아부터 플랑드르까지 펼쳐진 광대한 사업망을 운영
하던 뉘른베르크의 부유한 상인 집안에서 태어났다. 젊은 시절 플
랑드르에서 직물상을 시작해 1480년대에는 리스본에서 상업에 종
사했다고 알려져 있다. 그가 포르투갈의 주앙 2세가 항해에 관한
연구를 위해 창설한 수학자위원회의 회원이었다는 점은 확실하다.
역사가 라스 카사스의 책에 나와 있듯이, 베하임은 스스로 레기오
몬타누스의 제자라고 칭하면서 레기오몬타누스에게 천체관측 장
치의 사용법을 배웠다고 전해진다. 하지만 이를 뒷받침해 주는 확
증은 없다. 그러나 주앙 2세의 위원회에 발을 들여놓았다는 것은
나름대로 천문학 지식이 있었기에 가능했을 것이다. 바르톨로메우
디아스나 바스코 다 가마와 같은 포르투갈의 항해자들이 레기오몬
타누스의 『천체력』을 사용하고 있었던 것은 베하임이 전해 준 덕
분이라고도 한다. 또한 아스트롤라베를 항해에 도입하자고 처음
제창했던 것도 베하임이라는 설이 있다.[29]

1491년 뉘른베르크로 돌아온 베하임은 인쇄업자 게오르크 글로
켄돈Georg Glockendon의 협조를 얻어 지구의를 제작했다. 이 지구의
는 지름 51cm의 금속 구면에 화가가 촘촘히 그려 넣은 111매의
선저형船底形 양피지를 부착한 것이다. 이는 현존하는 가장 오래된
지구의로 현재 뉘른베르크 박물관에 보관돼 있다. 여기엔 1,100개
가 넘는 지명이 기입돼 있다. 다만 적도와 황도, 남북회귀선을 제
외하고 좌표(자오선과 위선)는 기입돼 있지 않다. 또한 유럽의 서쪽
과 아시아의 동쪽 사이의 바다에는 몇몇 상상 속의 섬이 그려져 있
을 뿐이다. 바다는 현실보다 훨씬 작게 표현됐으며, 대서양과 태평

양을 가르는 대륙도 없다. 거꾸로 아시아의 육지는 현실 이상으로 크게 묘사돼 있다. 이 지구 모습은 콜럼버스가 항해에 나서기 전에 상상하던 것과 비슷하다.[30] 콜럼버스는 토스카넬리 Paolo Toscanelli, 1397~1483가 묘사한 세계상世界像에 따라 서쪽으로 돌아 인도에 도착하는 계획을 세웠다고 하는데, 마르틴 베하임과 토스카넬리가 1474년 포르투갈 국왕에게 헌상했던 해도를 보았을 가능성이 크다. 그러나 베하임의 지구의에는 바르톨로메우 디아스가 희망봉을 돌아 항해했던 경험이 이미 반영돼 있었다. 또한 제작에 협력했던 글로켄돈은 비아토르의 원근법 책인 『인위적 투시도법』의 독일어 번역을 냈던 것으로도 알려져 있다.

지도를 손으로 제작하는 게 주류였던 15세기에는 이탈리아가 앞서 있었으나, 목판 지도가 등장하면서 지도 제작의 중심지는 뉘른베르크와 플랑드르로 바뀌었다. 대량 복제가 가능한 목판화 지도의 출현은 지리학 정보를 매우 광범위하게 보급하기에 이르렀다. 1515년에는 알브레히트 뒤러가 뉘른베르크의 수학자 요한 슈타비우스 Johann Stabius 및 천문학자 콘라트 하인포겔 Conrad Heinfogel과 손잡고 경선과 위선이 기입된 아름다운 목판화 지도를 제작했다. 그림 7.4 지구를 구형으로 묘사한 지도였다. 지도사에 따르면, 이것은 '기하학적 구체로서 현실적 지구를 묘사한 최초의 지도' 다.[31] 실제 이것은 지도라기보다 3차원 구체인 지구를 2차원 평면에 모사한다면 어떻게 보일까를, 원근법을 적용해 표현한 것이라고 해야 한다. 또한 뒤러의 『측정을 위한 지침』에는 지표면을 자오선에 따라 16등분해 평면에 나열한 그림이 게재돼 있는데, 이는 분명 지구의를 제작하는 데 쓰기 위한 것이었다. 그가 지도에 큰 관심을 지니고

그림 7.4 알브레히트 뒤러와 요한 슈타비우스가 제작한 목판화 지구도(1515).

있었음을 알 수 있는 대목이다.

뒤러는 또 1515년 역시 슈타비우스와 하인포겔의 협력을 얻어 천구도도 제작했다. 여기에 묘사된 성좌는 프톨레마이오스의 『알마게스트』에 나오는 것이다. 하지만 지구의 세차에 의한 별의 황경黃經 변화를 정확히 반영하고 있어 과학 문헌으로서 가치를 지닐 뿐 아니라 최초로 인쇄 출판된 천구도다. 이 지도는 "빈이나 뉘른베르크를 거점으로 하는 지식인 그룹의 반세기에 걸친 사색의 정점"인 동시에 "이후 3세기 동안 인쇄본 성도星圖라는 장르가 형성되는 데 절대적 영향을 미쳤다"는 평가를 받는다.[32] 세계지도와 천구도는 새로이 발견된 세계를 학술적으로 기술하기 위한 수단이었다. 수

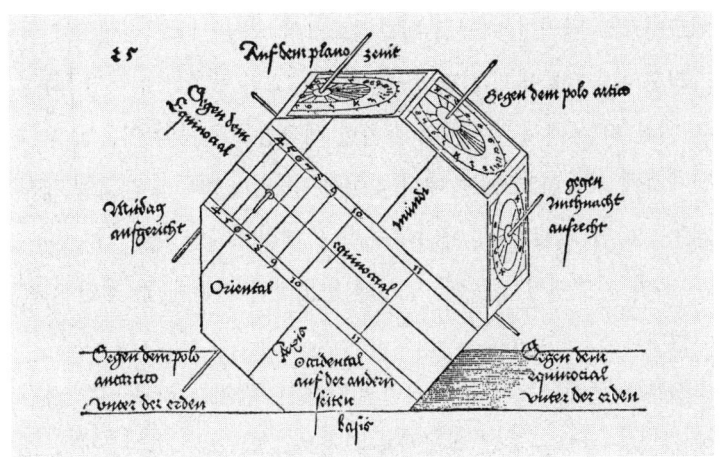

그림 7.5 뒤러의 해시계 제작법. 수직으로 세운 막대는 뉘른베르크의 위도에 맞춰 45°로 기울어져 있다. 『측정을 위한 지침』(1525) 중에서.

학 이론을 모색해 온 예술가와 수작업에 대해 이해하기 시작한 지식인, 이 두 집단은 그 같은 세계지도와 천구도의 제작에서 제휴와 협력의 장을 찾았던 것이다.

사실 알브레히트 뒤러의 양친은 베르나르트 발터와 교분이 있었다. 발터의 부인은 뒤러의 누이동생 크리스티나의 대모였다. 그리고 뒤러가 1509년 뉘른베르크에서 구입한 집 ― '뒤러의 집'으로 현존하고 있다 ― 은 발터가 생전에 살았던 집이다. 일설에는 레기오몬타누스가 천체관측 기지로 선택한 집이라고도 한다.[33] 그리고 발터가 보관하던 레기오몬타누스의 장서가 발터의 사후 일반인에게 매각됐는데, 그 가운데 많은 양을 사들인 사람이 뒤러와 평생 변치 않는 우정을 나눴던 뉘른베르크의 인문주의자 빌리발트 피르크하이머Willibald Pirckheimer, 1470~1530였다. 레기오몬타누스의 영향은 베르나르트 발터를 매개로 뉘른베르크의 지식인과 지적인 직인들 그리고 예술가들에게 전파됐던 것이다. 그 한 부분은 뒤러가 『측정을 위한 지침』에서 해시계의 정확한 제작법을 천문학 이론에 따라 상세하게 기술하고 있는 데서 찾아볼 수 있다. 그림 7.5 참고로 해시계는 그 뒤 페트루스 아피아누스나 제바스티안 뮌스터Sebastian Münster가 원고에서 썼듯이, 당시엔 천문학에 기반을 둔 첨단 기술이었다.

실은 뉘른베르크의 금속 직인 길드에선 '컴퍼스'라 불리는 자침이 부착된 여행용 휴대 해시계를 제작하고 있었다. 그 가운데 뉘른베르크의 컴퍼스 제조 직인 에르하르트 에츨라우프Erhard Etzlaub는 15세기 말 〈로마로 향하는 길RomWeg〉을 제작했다. 뉘른베르크를 중심으로 한 이 지도는 덴마크의 유란 반도[유틀란트 반도]에서 이탈리아 중부까지 담고 있으며, 독일을 횡단해 로마에 이르는 도로망을 표시했다. 인쇄는 글로켄돈이 맡았다. 여행자(순례자)를 위한 이 지도에서 도로는 1마일마다 점을 찍어 연결해 표시했고, 양측에는 위도가 기입돼 있다. 또 '컴퍼스'의 자침에 맞춰 방위를 정할 수 있도록 컴퍼스 카드가 기입돼 있다. 이는 육상의 지도에 대해서도 축도와 방위를 명확히 할 필요성이 인식되기 시작했음을 보여준다. 그뿐 아니라 에츨라우프는 위도가 높아짐에 따라 경도 간격을 넓혀 묘사한 서유럽과 북아프리카의 지도를 1511년 제작했다. 이것은 '메르카토르 도법'을 반세기 이상 앞서는 것이었다. 그림 7.6

뒤러와 같은 시대에 활동하면서 뒤러와도 친분이 있던 요하네스 베르너Johannes Werner, 1468~1522가 정밀과학에 매혹된 것 역시 뉘른베르크에서였다. 그는 1484년 잉골슈타트대학에 입학해 1490년

그림 7.6 에츨라우프가 1511년 제작한 지도 — 서유럽과 북아프리카. 위쪽이 남, 아래쪽이 북으로 돼 있다. 북으로 갈수록 위도 간격이 넓어진다. 위도 5~10도와 60~65도의 위도 간격의 비가 거의 1:2로 돼 있다. 이 비는 sec12.5도 : sec62.5도 = 1.02 : 2.16에 상당히 가깝다. 메르카토르 도법에선 이 비율이 일치해야 한다.

헤르초겐아우라흐Herzogenaurach의 사제로 임명된다. 그리고 뉘른베르크에 돌아와 성 세바르다스 교회에서 일하며 업무 틈틈이 연구를 계속했다. 천문학에선 그 역시 레기오몬타누스의 영향을 받았다. 그는 달의 관측을 통해 경도를 결정하는 방법을 1514년 처음으로 소개했다. 지상의 기준점(예를 들어 뉘른베르크)에서 관측된 달의 운행 예정표 — 달이 항성천恒星天_프톨레마이오스 천문학에서 항성이 고착돼 있다는 가장 바깥 쪽의 천구_역주의 어느 위치를 언제 통과하는지에 대한 상세한 예측 — 가 있다면, 그 예측과 해상에서 관측된 통과 시각의 차이로부터 관측점과 기준점의 위도차를 구할 수 있다는 것이다. 원리적으로는 가능하지만, 이를 위해선 정확한 달의 운행 예측과 함께 해상에서 정확한 시각을 표시해 주는 시계가 필요하다. 당시엔 그 어느 것도 갖출 수가 없어 실용화되진 못했다. 베르너는 또한 1522년 뉘른베르크에서 『원뿔곡선의 원리Libellus elementis conisis』를 출판했다. 유럽에서 최초로 나온 원뿔곡선론에 대한 책이다. 그러나 그는 이론가라기보다는 오히려 우수한 천체관측 기구 제작자였다. 그는 레기오몬타누스가 별과 별 사이의 거리(성간 거리)를 측정했던 십자간을 항해에 사용할 수 있도록 개량했다. 그 뒤 수학(구면삼각법과 원뿔곡선론)과 천문학, 기상학에 대한 초고를 남겼다. 기상학자들은 베르너를 근대 기상학과 기상예보의 선구자로 부른다. 그의 지리학 저서도 높이 평가되고 있다. 나중에 얘기하겠지만, 페트루스 아피아누스는 그에게 지리학을 배웠다. 게다가 그는 프톨레마이오스의 『지리학 안내』 제1권을 라틴어로 번역하고, 1514년 뉘른베르크에서 지도를 제외한 나머지 부분을 출판하기도 했다.

앞에서 언급했던, 뉘른베르크의 게오르크 하르트만(1498~1564)은 1510년 쾰른에서 수학을 공부했다. 1518년부터 성 세바르다스 교회의 교구 목사로, 또 1527년 이후에는 성 모리츠 교회의 목사로 일한 성직자이기도 하다. 동시에 그는 정밀기기 제조 직인이었다. 그는 휴대용 해시계, 아스트롤라베, 지구의, 사분의, 천구의, 구경 게이지를 설계하고 제작했다. 구경 게이지는 대포의 포구를 기준으로 포탄의 중량을 정하기 위해 1540년 스스로 고안한 것이었다. 이에 따라 포신 구멍의 크기가 규격화됐고, 이를 토대로 포의 등급이 매겨지게 됐다.[34] 뒤러가 1525년 펴낸 『측정을 위한 지침』에는 "탑의 높이를 측정하기 위해서는 아스트롤라베와 야코프의 막대(십자간)를 사용할 수 있다"[35]고 나온다. 나중에 이런 천체 관측 기기들을 지상 측량용으로 적극 사용한 것은 네덜란드의 수리기능인들이었지만, 그 이전에 뉘른베르크에서도 이미 널리 알려져 있었던 듯하다.

원래 우수한 금속 세공 기술력을 지니고 있었던 뉘른베르크에 레기오몬타누스가 뿌린 씨는 이렇게 개화했던 셈이다. 그리하여 "뉘른베르크는 어떠한 대학 도시보다도 우수한 학술 센터였다"는 평가를 받기에 이르렀다.[36]

남독일의 수리기능인들

물론 뉘른베르크의 영향은 인근의 여러 도시에까지 미쳤다. 뉘른베르크에서 남쪽으로 100km 정도 떨어진 아우크스부르크는 천체관측 기기와 천구의를 제작하는 데 뛰어난 솜씨를 지닌 크리스토퍼 쉬슬러Christopher Schissler를 낳았다. 또한 요하네스 쇠너Johannes Schöner, 1477~1547는 1494년 에르푸르트대학에 입학, 신학을 배워 가톨릭 사제로 서임된 뒤 뉘른베르크에서 조금 북쪽에 있는 반베르크에 근무하던 성직자였다. 요하네스 쇠너는 1515년과 1517년 지구의와 천구의를 제작했고, 이어 1523년 마젤란 함대가 귀국했을 때는 '카스티야와 포르투갈 국왕 폐하의 후원에 의해 최근에 새로 발견된 여러 섬과 육지'를 포함한 지구의를 새로 제작했다.[37] 1526년에는 루터파로 전향하여, 뉘른베르크에 문을 연 멜란히톤 김나지움에서 수학을 가르쳤다. 그와 그의 아들 안드레아스 쇠너Andreas Schöner는 하르트만의 부탁을 받아 레기오몬타누스의 유고를 출판했다. 또한 쇠너는 레기오몬타누스처럼 자기 집에 인쇄 공방을 차려 두고 있었다.

멜란히톤 김나지움은 필립 멜란히톤Phillipp Melanchton, 1497~1560이 지도한 프로테스탄트의 교육개혁에 따라 설립된 것이었다. 원래 튀빙겐대학에서 인문주의 운동의 지도자였던 멜란히톤은 루터가 '95개조의 논제'를 발표한 직후인 1518년 종교개혁의 발상지인 비텐베르크대학의 그리스어 교수로 취임했다. 그러고는 루터에게 감화를 받아, 루터의 협력자로서 프로테스탄트 강령이 된 문서인 『신학요강Hypotyposes theologicae』과 『아우크스부르크 신앙고백Augsburgriche Bekenntnis』을 저술했다. 그러나 그는 루터와 달리 가톨릭과 융화적인 관계를 유지했으며, 합리주의적인 성향이 강했다. 코페르니쿠스의 이론을 받아들이진 않았지만, 천문학과 수학을 중시하는 교육개혁을 강하게 주장했다. 또 실제로도 교육개혁을 적극

추진했다. 그의 제자들이 독일 각지의 대학에서 교편을 잡게 된 덕분에 그의 영향은 비텐베르크대학뿐 아니라 튀빙겐, 라이프치히, 프랑크푸르트, 그 외 독일 전역의 대학, 나아가서는 네덜란드와 덴마크에도 미쳤다. 이렇게 레기오몬타누스와 멜란히톤의 영향으로 16세기 독일은 천문학의 선진국이 됐으며, 17세기에는 요하네스 케플러Johannes Kepler를 배출하게 된다.

성직자를 목표로 1589년부터 튀빙겐대학에서 공부하고 있었던 요하네스 케플러를 천문학으로 이끈 것은 그 대학의 천문학 교수이자 루터파였던 미카엘 메스틀린Michael Maestlin, 1550~1631이었다. 메스틀린은 케플러에게 코페르니쿠스 이론을 설명해 주었다. 16세기 후반 코페르니쿠스의 태양중심설(지동설)을 신봉하는 사람은 열 명을 넘지 못했다고 한다. 그렇다면 케플러가 메스틀린과 만난 것은 행운이 아니었을까.[38]

또한 1530년대 비텐베르크대학의 멜란히톤 밑에서 배운 사람 가운데는 게오르크 요아킴 레티쿠스Georg Joachim Rheticus, 1514~1574도 있었다. 그는 나중에 폴란드에 온 코페르니쿠스에게 저서를 출판하라고 권유한 인물이다. 레티쿠스는 비텐베르크대학에서 2년간 교단에 선 뒤 1538년 비텐베르크를 떠났다. 그 자신의 증언에 따르면 "뉘른베르크의 요하네스 쇠너의 명성에 이끌렸기 때문"이었다.[39] 그리고 그는 쇠너에게 코페르니쿠스의 지동설에 대해 익히 들어 알고 있었던 듯하다. 당시 코페르니쿠스의 친구들은 코페르니쿠스가 쓴 수고 『주해서Commentariolus』를 돌려 읽었기 때문에, 그 이론이 조금은 세상에 알려져 있었다. 레티쿠스는 코페르니쿠스가 쓴 책의 출판 가능성에 대해 쇠너와 상의했다. 그리고 코페르니쿠스와 직접 만나 저서의 간행을 권유하기 위해 1539년 폴란드로 향했다. 폴란드에서 레티쿠스는 코페르니쿠스 이론을 옹호한 작은 책자인 『제1해설Narratio prima』을 썼다. 이 책은 레티쿠스가 쇠너에게 보내는 편지 형식을 빌렸는데, 그 제목에는 "명성이 자자한 분이신 요하네스 쇠너 씨에게, 아버지에 대해 경애를 표하듯, G. 요아킴 레티쿠스가 인사드립니다"고 돼 있다. 레티쿠스가 쇠너에게 받은 영향은 그처럼 컸던 것이다.[40]

폴란드에서 레티쿠스는 코페르니쿠스에게 저서 출판을 열심히 권유했을 뿐 아니라 코페르니쿠스의 이론을 설명한 『제1해설』을 집필해 1540년 출판했다. 이 책은 출판을 망설이던 코페르니쿠스의 마음을 움직였다. 『제1해설』은 이듬해인 1541년 곧바로 재판을 냈다. 『제1해설』이 세상 사람들에게 호의적으로 받아들여지자 당초 자신의 출판을 고집스럽게 거부하던 코페르니쿠스가 태도를 바꿨다는 것이다.[41] 코페르니쿠스에게 레티쿠스의 『제1해설』은 자신의 이론이 그리스도교 사회에 어떻게 받아들여질지 지켜볼 수 있는 관측기구의 역할을 했던 것이다. 이렇게 코페르니쿠스의 처음이자 마지막 제자 레티쿠스는 코페르니쿠스에게 저서 출판을 결심하게 하고는, 그 초고를 갖고 돌아와 1543년 뉘른베르크의 인쇄업자 요하네스 페트레이우스Johannes Petreius를 통해 출판하는 데 성공한다. 코페르니쿠스 필생의 저서 『천구의 회전에 대하여』는 이렇게 탄생했다. 페트레이우스는 에라스무스나 루터의 저서 외에도, 1533년 요르다누스 네모라리우스의 『중량의 서』와 레기오몬타누스의 『모든 종류의 삼각형에 관한 5권의 책』, 그 뒤엔 크리스토프 루돌프Christoff Rudolff의 산술서, 그리고 카르다노의 『수학과 측량의

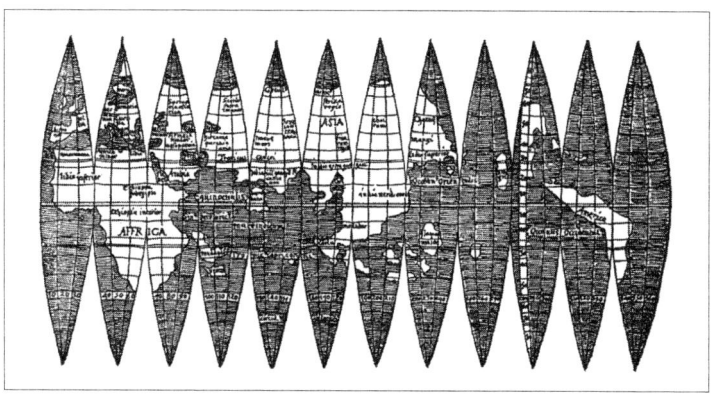

그림 7.7 마르틴 발트제뮐러의 목판화 세계지도(1507).

실제』와 『위대한 예술』을 출판한 것으로 유명하다.[42]

프톨레마이오스의 재발견 덕분에 천문학과 함께 부활한 지리학과 지도학 또한 15~16세기 원양 항해가 본격화함에 따라 비약적 발전을 이루었다. 특히 지도 제작은 하드웨어 면에서 인쇄 지도의 진보에 힘입은 바 크다. 또 신대륙과 동아시아 각지로 유럽인들이 활발하게 진출하면서 종전의 지도는 내용상으로도 급속한 수정을 거치게 됐다. 콜럼버스의 신대륙 발견과 바스코 다 가마의 인도 항로 개통이 이를 촉발시켰다. 예를 들어, 로렌의 마르틴 발트제뮐러 Martin Waldseemüller, 1470~1518가 1507년 제작한 세계도를 보자. 이는 최초의 독립적 목판인쇄 지도로, 브룬슈비히의 의학서를 출판했던 슈트라스부르크의 요한 그뤼닝거Johann Grüninger가 인쇄했다. 여기에는 유럽의 서방, 아시아의 동방 그리고 파나마 지협으로 이어진 남북 아메리카 대륙 — 남아메리카는 현실보다 길고 가느다랗게, 북아메리카는 더 빈약하게 왜곡돼 있다 — 이 묘사돼 있으며, '아메리카America'라는 지명이 사용됐다.[43] 그림 7.7 세계가 동서로 유럽의 서쪽 끝에서 아시아의 동쪽 끝으로 끝난다는 프톨레마이오스의 모델을 결국 탈피하기에 이른 것이다.

페트루스 아피아누스Petrus Apianus, 1495~1552는 라이프치히와 빈의 대학에서 수학과 천문학을 공부해 16세기 천문학과 지리학 분야에서 대중 저술가로 성공한 인물이다. 1524년 그는 독일어로 『인공적 장치 또는 태양시계Ein Künstlich Instrument order Sonnen Uhr』를 펴냈는데, 이는 해시계에 대한 최초의 독립적인 서적이었다. 물론 독일어로 쓰인 기술서로도 매우 초기의 것이었다.[44] 그는 또 측량술과 지리학을 위한 계측 기기 개발의 선구자이기도 하다. 그에게 지리학을 가르친 사람은 뉘른베르크의 요하네스 베르너였다. 지도학에서 아피아누스의 공헌은 지도 제작보다는 지도의 편찬과 출판 쪽이 더 큰데, 그의 첫 업적은 발트제뮐러의 지도를 바탕으로 1520년 펴낸 세계지도였다. 이어 그가 1524년 펴낸 『코스모그라피아Cosmographia』는 수학과 측량학을 바탕으로 한 지리학 서적이다.

결국 이 같은 업적이 평가돼 아피아누스는 뉘른베르크에서 80km쯤 남쪽으로 떨어진 잉골슈타트대학의 수학 교수 자리를 얻는다. 여기서 그는 독일어로 학생들을 가르쳤는데, 독일어로 강의하는 것 자체가 당시로선 매우 이례적인 일이었다. 그리고 아피아누스는 이곳에서 인쇄기를 설치해 20년간 출판 일을 계속했다. 이전에도 설명했듯이, 독일어로 된 상업수학 서적은 여기에서 출판됐다. 1533년에는 천체관측 기기에 대한 독일어 서적인 『도구의 서Instrument Buch』를 출판했다. 이는 전문 출판업자가 한 게 아니라 대학교수가 자신의 인쇄기를 사용해 직접 교과서를 인쇄한 것이었다. 이것은 그의 독일어 강의와 함께 커다란 변화라고 하지 않을 수 없다.

아피아누스가 1540년 펴낸 『황제의 천문학Astronomicon Caesareum』은 천문학 교과서이자, 카를 5세에게 헌정된 호화본이었다. 이 역시 그의 인쇄기로 인쇄됐다. 여기에는 책 한가운데를 중심으로 회전하도록 만든 아름다운 채색 종이 원반이 끼워져 있다. 이것은 프톨레마이오스 이론에 근거해 행성의 주기 회전운동을 보여 주는 일종의 아날로그 계산기였다. 이 부록으로 아피아누스의 책은 대단한 호평을 받았다. 이 책에서 그는 달의 관측에 근거한 경도 결정을 처음 주장했다. 이 책은 혜성의 선구적 관측으로도 유명한데, 아피아누스는 자신이 고안한 장치로 장기간 혜성 관측을 계속해 1531년부터 1539년까지 5개의 혜성을 발견했다. 그 가운데는 나중에 핼리혜성으로 밝혀진 것도 포함돼 있다. 또한 혜성의 꼬리가 항상 태양과 반대 방향을 향하고 있음을 처음으로 지적하고 있다. 그리고 이 책에 묘사된 천구도는 분명히 뒤러의 것을 모델로 하고 있다.[45]

이렇게 본다면 뉘른베르크 그리고 그 인근 남부 독일의 도시인 아우크스부르크가 천문학의 혁신과 지리학의 발전에 얼마나 큰 기여를 했는지 알 수 있을 것이다. 이는 '절반은 응용과학자, 절반은 도구 제작자'로서 수리기능인이 만들어낸 전통 — 관측기기를 설계·개량해 스스로 관측하고 때로 인쇄와 출판까지 도맡았던 전통 — 의 기반 위에서 이뤄진 것이었다.[46] 15·16세기의 뉘른베르크에선 뒤러와 같은 대예술가가 수학자에 접근해 갔던 데 비해, 다른 한편으로 레기오몬타누스와 같은 대수학자는 직인에 접근해 갔던 것이다.

| 네덜란드의 수리기능인들

아피아누스의 지리학서를 교정·편찬한 뒤 『우주지리학Cosmographicus Liber』으로 제목을 바꿔 1529년 안트베르펜에서 출판한 사람은 네덜란드의 헤마 프리시우스Gemma Frisius, 1508~1555였다. 프리시우스의 손으로 편찬된 아피아누스의 이 책은 그 뒤 1세기에 걸쳐 몇 차례나 증쇄를 거치면서 유럽 각국어로 번역돼 커다란 영향을 미쳤다.

헤마 프리시우스는 1508년 네덜란드 북부의 프리슬란트에서 태어났다(프리시우스란 이름은 여기에서 유래한다). 부모를 일찍 여의었지만, 그는 1528년 루뱅대학에서 석사학위를 땄다. 1540년 그가 유명한 실용수학 교과서를 쓴 것은 이미 제4장에서 기술했다. 그가 아피아누스의 책의 교열을 맡은 것은 겨우 스물한 살 때였다. 1530년 스물두 살이 되던 해엔 천체관측에 의한 경도 결정 방법을 제창했다. 또한 천구의와 지구의를 제작했고, 천문관측 기기(십자간)를 개량하기도 했다. 나중에 티코 브라헤는 "1564년[18세 때]에 나는 헤마 프리시우스의 지시에 따라 제작한 천체관측용 목제 십자간을 남몰래 지니고 있었다"[47]고 술회했다. 티코 브라헤가 만들어 천체관측에 혁명을 불러온 적도 아밀러리그림 7.10의 원형이 되는 천체관측용 링을 최초로 기록한 것도 헤마 프리시우스였다. 그리고 1536년 프리시우스는 베살리우스가 해부 연구를 위해 루뱅 교

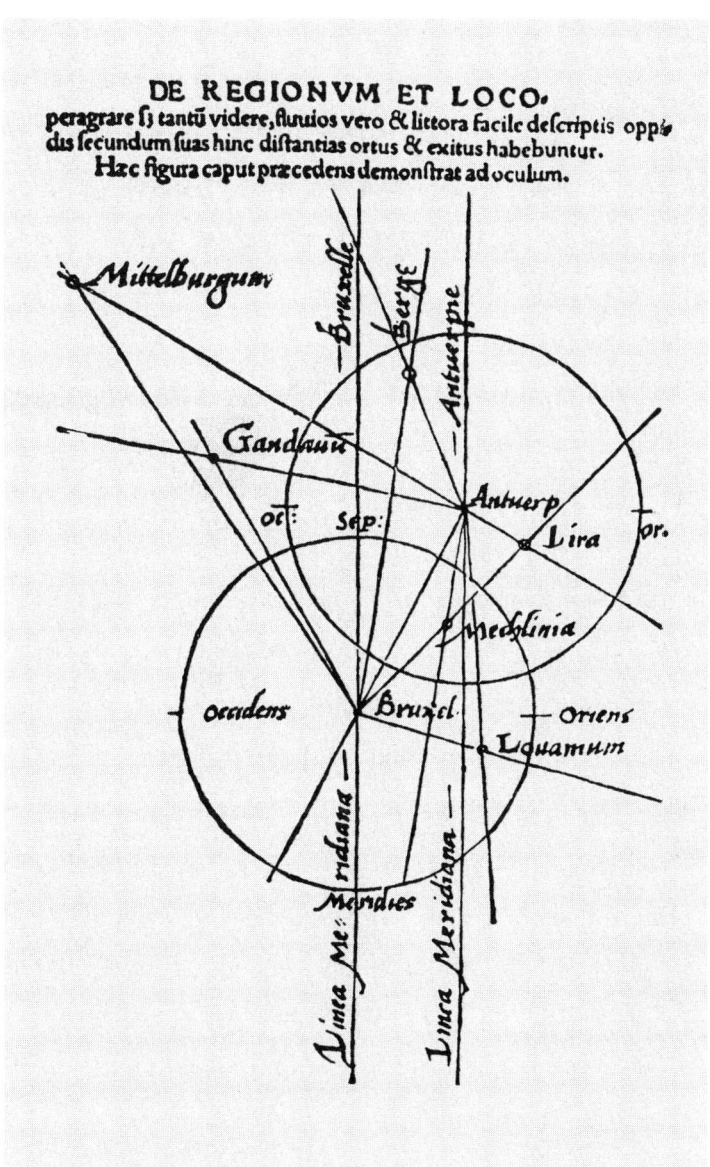

그림 7.8 헤마 프리시우스의 삼각측량도.

회의 교수대에서 사체를 훔쳐 오는 것을 도왔다.[48] 또 네덜란드의 메르카토르와 잉글랜드의 존 디John Dee에게 개인적으로 수학을 가르쳐 준 것으로도 유명하다. 1592년 존 디는 "[1547년] 몇 개월간 네덜란드에 머무른 뒤 나는 헤마 프리시우스가 고안한 놋쇠로 된 천체관측용 링을 갖고 귀국했다"고 기록했다. 또 잉글랜드에 계측기기 제작 기술을 들여온 것도 헤마의 공방에서 기술을 익힌 직인 토머스 제미니Thomas Gemini였다.[49]

『우주지리학』의 1533년판에 첨부된 부록을 통해 헤마가 처음으로 지도 제작을 위한 삼각측량 기법을 인쇄 출판한 것은 괄목할 만하다.[50] 그림 7.8 그 부록의 제목은 '두 점 사이의 거리를 어떻게 측정하는지, 지금까지 알려지지 않은 노하우를 가르쳐 주는, 모든 지리학자에게 매우 유익하고 유용한 소책자'라고 돼 있다. 근대 국민국가의 형성과 함께 도판의 모든 부분을 구석구석까지 또렷하게 살펴볼 수 있도록 정확하게 표현한 육상 지도를 제작하는 일은 지배 권력에게 매우 긴요한 일이었다. 여기에는 봉건영주의 권력 약화로 토지 소유의 형태가 변하고, 영지를 재분배할 필요성이 나타남에 따라 토지의 정확한 측량에 대한 수요가 커진 영향도 있었다. 그리고 아피아누스나 헤마 프리시우스 같은 수학자들이 당시까지 천체관측에 사용하고 있던 장치 ― 사분의, 아스트롤라베, 십자간 등 ― 가 개량을 거쳐 측량 기사들의 손에 널리 사용되고 있었다. 이 시대 항해술과 함께 측량술 또한 수리기능인의 관심을 끄는 기술로 변모하고 있었던 것이다.

이리하여 플랑드르는 16세기 후반에 두 사람의 걸출한 지도 제작자를 배출하게 됐다. 한 사람은 안트베르펜에서 독일인 부모 사이에서 태어난 아브라함 오르텔리우스Abraham Ortelius, 1527~1598였고, 다른 한 사람은 안트베르펜 부근의 마을에서 역시 독일에서 이주해 온 가난한 부모를 두고 태어난 헤라르트 메르카토르Gerard Mercator였다. 이 두 사람에 의해 진정한 의미의 실용적인 최신 지도집(아틀라스)이 제작된 것이다.[51] 1570년 오르텔리우스가 제작한 70장의 지도로 이뤄진 『세계 무대의 축도Theatrum orbis terrarum』는 지도와 본문이 통일된 최초의 근대적 지도집으로 평가된다. 이 지도집은 1612년에 이르기까지 라틴어, 네덜란드어, 독일어, 프랑스어, 이탈리아어, 영어를 포함해 41판을 헤아릴 정도로 널리 보급됐다. 또한 이 책은 알파벳순의 색인이 딸린 최초의 책이기도 하다. 80명이 넘는 제도 기술자들의 이름과 지도의 일람표도 딸려 있는데, 이는 '근대 과학 문헌 가운데 최초의 광범한 문헌 목록'으로 인정받고 있다.[52]

어린 시절에 부모를 여읜 메르카토르는 큰아버지 집에서 자랐다. 1530년 루뱅대학에 입학해 철학과 신학을 배웠고, 수학·천문학·지리학에 관심을 지니게 된 것은 대학을 마친 다음이었다. 수학은 헤마 프리시우스의 가르침을 받아 익혔다. 대학을 마치자 곧장 철학을 포기하고 지도 제작의 길을 선택한 것은 오직 경제적 이유에서였던 듯하다. 첫 작품은 팔레스티나 지도였고, 그다음에 플랑드르 지방의 지도를 제작했다. 1538년에는 세계지도를 출판했는데, 여기에는 '북아메리카' '남아메리카'라는 지명이 기입돼 있다. 1544년에는 이단의 혐의로 체포돼 몇 개월간 투옥된다. 그리고 1552년 스페인의 지배에서 탈출해 독일 서부의 뒤스부르크로 이주해 공방을 세운다. 수많은 지도를 제작한 것도 이곳에서였다.

그가 만든 유럽 각지의 지도는 정확도에서나 표현 양식에서나 매우 우수한 것이었다. 이를 통해 유럽은 프톨레마이오스 지리학을 거의 완전히 뛰어넘게 됐다.

메르카토르는 수학·천문학·지리학·신학에 정통했던 것만이 아니다. 이와 동시에 루뱅의 직인들로부터 조금彫金 기술도 습득해 자기 손으로 천구의나 아스트롤라베를 제작했다. 당시 그의 지도가 높이 평가 받은 것도 뛰어난 동판 조각 기술 덕분이었다. 그는 수작업에 대한 편견이 없었던 것은 물론, 오히려 그런 일을 즐겼다. 실제 메르카토르는 조금뿐 아니라 캘리그래피글자를 아름답게 쓰는 기술이나 기법_역주에도 뛰어난 솜씨를 보였다. 그는 서적의 타이틀이나 지도에 처음으로 이탤릭체를 사용했을 뿐 아니라 『이탤릭체 또는 흘림체로 불리는 라틴 문자의 표기법Literarum latinarum, quae italicas, cursoriasque vocat, scribendarun raio』이라는 매뉴얼을 제작해 1541년 출판하기도 했다. 작은 팸플릿에 불과했지만, 이탈리아 이외에서 처음 인쇄된 이탤릭체 안내서로서 그 뒤 이 분야에 커다란 영향을 미쳤다. 피에로 델라 프란체스카나 알브레히트 뒤러가 예술가에서 수학으로 월경했던 것에 비해 메르카토르는 역방향에서 예술의 영역에 접근했다고 말할 수 있는 것이다.

메르카토르의 이름을 드높인 것은 새로운 투영법에 의한 항해용 세계지도 『항해에서의 사용에 적합하도록 새롭게 확대한 지구의 기술』이었다. 이것은 1595년 발표됐다. 적도에서 지구를 접하는 원통에 지구 표면을 투영하는 이 투영법에선 모든 자오선(경선)이 평행으로 항상 위도와 직각을 이룬다. 당연히 그만큼 극에 가까워질수록 위도 1도의 간격이 넓어지는데, 그 넓어지는 비율을 제대로 계산하면 등각항법의 궤적인 항정선을 항상 정해진 각도에서 자오선과 만나는 직선이 되도록 하는 게 가능하다. 이것이 이른바 '메르카토르 도법'으로, 종전에 페드로 누네스가 제기한 문제를 해결하는 기법이었다. 이 도법은 이미 설명했듯이 사실상 에츨라우프가 도입했던 것으로 알려져 있다. 메르카토르 자신도 이것을 경험적으로 발견한 것으로 보이는데, 아쉽게도 그는 위선 간격을 확대하는 비율에 대해선 설명하지 않았다.† 이 때문에 이 도법이 보급된 것은 1599년 잉글랜드의 에드워드 라이트Edward Wright가 엄밀한 수학적 해석을 한 다음으로 미뤄졌다.

16세기 중기의 플랑드르는 세계 무역의 중심지 안트베르펜이나 브뤼헤를 거느리고, 또한 해양 국가 스페인의 지배하에 있으면서 스페인의 궁정과 상업에도 관계가 깊었다. 그래서 스페인이 정력적으로 추진하던 지리학상의 발견에 대한 정보가 비교적 빨리 전

---

† 항정선을 직선으로 하려면 다음과 같이 하면 된다. 모든 자오선(경선)을 평행 직선이 되도록 적도에서 지구에 접하는 원통에 지구 표면을 투영한다. 이 투영법에서 모든 위선은 늘 경선과 직교하는데, 이것만으로도 극에 가까워질수록 위도 1도의 간격은 얼마든지 넓어진다. 그런데 지구 상에서 제법 작은 면적이라면 그 면을 평면에 가깝게 근삿값으로 표현할 수 있다. 경도와 위도가 모두 1° 간격인 눈금은 반경 $R = 6400$km의 지구 상에서는 최대 한 변이 $\alpha = 6400 \times (\pi/180)$km $= 111$km의 정사각형이 된다. 그 정도라면 충분히 평면에 가깝게 표현할 수 있다. 지표에선 경도 ϕ, 위도 θ의 지점에서 미소한 경도 변화 $\Delta\phi$에 대응하는 경선 간격은 $\Delta x = R\cos\theta \Delta\phi$이며, 미소한 위도 변화 $\Delta\theta$에 대응하는 위선 간격은 $\Delta y = R\Delta\theta$이다. 특히 $\Delta\phi = \Delta\theta$라면 $\Delta x : \Delta y = \cos\theta : 1$이 된다. 이에 따라 지도상에서 경선과 위선을 똑같이 1도 간격으로 그을 때 경도의 간격 Δx에 대하여 위도의 간격이 $\Delta y = (\sec\theta)\Delta x$이 되도록 하면 지상의 사각형과 투영된 지도 상의 사각형이 비슷해진다. 지구 상에서 자오선에 일정한 각도로 교차하는 항정선은 지도 상에서도 자오선과 일정한 각도로 교차하는 직선이 된다. 이것이 메르카토르 도법이다. 에츨라우프의 지도(그림 7.6)는 꽤 훌륭한 근삿값으로 이 조건을 충족하고 있다.

해졌다. 이런저런 이유로 플랑드르는 원양 항해에 대해 깊은 관심을 지니고 있었다. 이것이 메르카토르가 원거리 항해에 매우 유용한 도법을 고안하게 된 배경이었다고 생각된다. 헤마 프리시우스나 메르카토르가 제작한 수많은 지도는 당시 '지식 교역의 중심지'[53]인 안트베르펜의 거물 인쇄 출판업자 크리스토프 플랑탱 Christophe Plantin, 1520경~1589의 손으로 판매됐다.

그런데 당시 원양 항해에서 중요한 문제는 해상에서의 위치 결정(위도와 경도의 결정)이었다. 위도는 원리적으로는 극고도의 측정을 통해 구할 수 있는데, 1도의 4분의 1(약 27km) 이내의 오차로 결정할 수가 있었다.[54] 그러나 경도의 결정은 정확도를 기대할 수 없는 항행 거리의 추측에 의존할 수밖에 없었다. 이는 매우 곤란한 문제였다. 특히 스페인과 포르투갈은 양국의 해외 영토의 경계를 카보베르데 서쪽 370레구아(약 185km)를 통하는 자오선으로 정했는데, 1494년 토르데시야스 조약탐험 항해로 새롭게 발견된 지역을 둘러싼 스페인과 포르투갈의 영토 분쟁을 해결하기 위해 로마 교황의 중재로 1494년 6월 7일 스페인의 토르데시야스에서 맺은 조약_역주에 따른 것이었다. 그런데 이 조약을 시행하기 위해선 정확한 경도 측정이 필요했다. 요하네스 베르너나 페트루스 아피아누스, 헤마 프리시우스가 경도 결정을 위한 방법을 제안하긴 했다. 하지만 이는 이론적으로는 가능했지만 해상에서 정확한 시간을 측정하는 수단이 없었던 당시로서는 사실상 실행 불가능한 것이었다.

이 문제의 해결에 대해 생각지도 못한 곳에서 빛이 비쳤다. 바로 자침의 쏠림(자침이 가리키는 방향이 자오선으로부터 동서로 벗어나는 현상) 현상이었다. 이 현상은 이미 15세기 독일의 휴대용 해시계 제조 기술자들이 발견했다고 알려져 있다. 자침이 달린 해시계를 통해 태양이 남중하는 시점(정오)에 그림자의 방향(정북쪽)과 자침이 가리키는 방향의 차이가 확인되기 때문이다. 그 편각(자침을 포함한 수직면이 자오면과 이루는 각)을 육상에서 처음 측정한 것이 뉘른베르크에서 휴대용 해시계를 만들던 게오르크 하르트만Georg Hartmann이었다. 그는 로마에서 편각 6도 동東을 관측했고, 나중엔 뉘른베르크에서도 10도 동東의 값을 얻었다.

그러나 당초 편각 현상이 세간의 이목을 끈 것은 유럽의 해안에서 서쪽으로 멀어짐에 따라 편각이 감소해, 아조레스 제도의 코르보 섬에서 제로가 된다는 것을 콜럼버스가 발견하면서부터였다. 이 때문에 콜럼버스가 편각의 발견자라고 하는 책도 있으나, 이는 잘못된 것이다. 물론 콜럼버스가 경도에 따른 편각의 변화를 발견한 것은 사실일 것이다. 특히 유럽 연안에선 동쪽으로 향하는 편각이 서쪽으로 진행함에 따라 감소해 특정 지점(코르보 섬)에서 제로가 되며, 거기에서 더 서쪽으로 나아가면 이번엔 서쪽으로 기운다는 콜럼버스의 발견은, 편각이 경도와 어떤 단순한 관계를 지니고 있으며, 그래서 편각을 측정하면 경도를 정확히 구할 수 있지 않을까 하고 기대하게 만들었다. 이런 예상을 처음 언급한 것은 앞에서 설명한 프란시스코 팔레로Francisco Falero의 『지구와 항해술에 관한 논고』다. 여기에는 코르보 섬에서 동일 위도를 유지한 채 동서로 이동해 보면 각각 자기편각이 일정한 비율로 증가해 90도에 이르는 지점에서 최댓값이 되고, 그 지점에서 더 나아가면 거꾸로 값이 감소해 코르보 섬에서 180도의 위치에서 다시 제로가 된다고 나온다. 그래서 그는 "[편각의 측정은] 항해하고 있는 지점의 경도를 알아내는 데 큰 도움이 될 것이다"고 주장했다.

원래 북쪽을 가리키는 자침의 성격(지북성指北性)에 대해선 이미 13세기 페트루스 페레그리누스가 자침의 북쪽 방향의 끝은 천극天極으로 이어져 있다고 해석한 바 있다. 그 뒤 15세기 말 피렌체의 마르실리오 피치노Marsilio Ficino에 이르기까지 자침의 지북성은 천체든 하늘의 어떤 지점이든 관계없이 어떤 식으로든 하늘에서 영향을 받은 것이라고 믿어 왔다. 그래서 편각 현상에 대해 16세기 중기 스페인의 마르틴 코르테스가 자침을 하늘의 한 점, 정확히는 항성천구의 더 바깥쪽에 있는 어떤 점(정지지구靜止地球에 대해 정지해 있는 어떤 일정한 점)을 가리키는 것으로 해석한 것은 당시로선 나름대로 자연스러운 일이었다.

자석의 지북성은 그리스나 로마 시대엔 전혀 알려지지 않았다. 유럽인이 이를 알게 된 것은 12세기경이었다. 그러므로 이 문제에는 스콜라학자나 인문주의자가 말발을 세울 만한 권위라는 것도 없었다. 선원이나 지도 제작자가 비교적 자유롭게 자기 의견을 말할 수 있었던 것이다. 그리고 코르테스의 설에 대해 자침이 가리키는 점이 지구 상의 한 점 — 지리 상의 북극과는 다른 위치에 있는 '자극磁極' — 이라는 것을 처음 생각해낸 것이 1546년 메르카토르였다. 그의 생각에 따르면 이 자극을 지나는 큰 원이 자기자오선이며, 자침은 지구 상의 어디에서나 이 자극을 가리키며, 그 지점에서의 자기자오선에 일치하게 된다. 뿐만 아니라 그는 덴마크의 셰란 섬(젤란트 섬)과 폴란드의 단치히(그단스크)에서 각각 측정한 편각값으로부터 자극의 위치를 베링 해의 북위 79도 지점이라고 측정해냈다. 그리고 실제로 1587년과 1595년 그의 지도에는 자극이 자석의 섬처럼 기입돼 있다.

  메르카토르가 말하듯, 지구 상의 모든 점에서 자침이 일정한 점을 가리킨다면 지구 상의 각 지점의 위도와 자기편각의 값으로부터 그 지점의 경도를 계산할 수 있었다. 이는 팔레로의 주장을 뒷받침해 주는 것이었다. 이런 발상은 자기편각에 대한 관심을 높였으며, 각지에서 그 값을 측정해 보려는 시도를 촉진시켰다. 그러나 많은 지점에서 편각을 측정해 본 결과, 편각과 경도에는 기대한 만큼 명확한 관계가 없다는 점이 드러나 팔레로의 단순한 주장은 설 땅을 잃게 됐다.

  그래도 메르카토르가 말한 지구 상의 자극이라는 관념은 살아남았다. 그리고 결국엔 지구 자체가 하나의 거대한 자석이라는, 영국의 윌리엄 길버트William Gilbert의 발견으로 이어졌다. 지구가 하나의 자석이라는 인식, 즉 지구가 자기自己운동의 원리와 외부에 영향을 줄 능력을 지닌 활성적인 존재라는 인식은 지구가 불활성의 흙 덩어리로 우주의 중심에 정지하고 있다는 아리스토텔레스와 프톨레마이오스의 우주관으로부터의 이탈을 자연학적으로 가능하게 만들어 주었다.[55] 이 점에 대해선 다음 장에서 다시 살펴볼 기회가 있을 것이다.

| 티코 브라헤

            근대 천체역학 또는 근대 물리학의 출발점인 '태양을 중심으로 한 행성 운동의 올바른 법칙'을 발견한 것은 독일의 요하네스 케플러Johannes Kepler, 1571~1630다. 하지만 그의 발견이 가능했던 것은 덴마크의 귀족 티코 브라헤Tycho Brahe, 1546~1601가 수집하고 축적한 관측 데이터 덕분이었다. 티코 브라헤는 만년인 1598년 『새로운 천문학의 기계Astronomiae Instauratae Mechanica』라는 색다른 책을 완성했는데, 그 말미에 간단한 자전적 회상이 나온다. 여기엔 "나는 열여섯 살 때부터 오늘에 이르기까지 35년에 걸쳐 계속 천체를 관측해 왔다"고 쓰여 있다. 그리고 인생 후반부의 거의 21년 동안 "나이가 들어 실력이 붙으면서 매우 정확한 장치를 사용해 주의 깊게 행했던 관측"이야말로 '새로운 천문학'을 구축하는 데 기초가 됐다고 그는 단언했다. 그다음 남은 문제에 대해선 이렇게 말했다.

다섯 개의 행성(당시 알려진 수성·금성·화성·목성·토성)에 대해 해야 할 일은 하나밖에 없다. 즉, (그 이전의 10년간의 관측을 제외하고도) 15년이 넘는 면밀한 천체관측에 의해 확정된 수치를 바탕으로 정확한 표를 새롭게 작성함으로써 기존 천체표의 부정확한 부분을 분명히 바로잡아야 한다는 것이다. 우리들은 이 작업을 시작해 이미 그 기초를 쌓았다. 몇 명의 계산 보조원들과 함께 이를 완성시키는 것은 어려운 일이 아닐 것이다. 그리고 그 결과는 많은 사람들이 원하는 장래의 천체력(에페메리데스ephemerides)을 계산하는 기초로 도움이 될 것이다. 같은 작업을 태양과 달에 대해서도 할 수가 있다. 우리들은 태양과 달에 대해 이미 표를 만들어 놓았다. 이처럼 우리들이 측정해 구한 갖가지 천체의 경로는 자연의 현상과 합치한다. 따라서 어느 지점에서나 정확한 수치를 구할 수 있다는 점을 후세 사람들에게 쉽게 보여 줄 수

있다.[56]

  이 천체표의 완성은 제자 케플러에게 맡겨졌다. 브라헤의 사후, 케플러는 브라헤의 777개 항성 목록을 1,005개로까지 늘렸고, 그 인쇄 작업을 직접 지휘해 1627년『루돌프표Tabulae Rudolphunae』로 출판했다. 이는 그 뒤 1세기 이상에 걸쳐 천문학 연구의 필수적인 도구가 됐다. 뿐만 아니라 케플러는 브라헤의 데이터에서 행성 운동에 대한 유명한 '케플러의 3원칙'을 도출했다. 이것이 나중에 뉴턴이 만유인력의 법칙을 확립하는 데 결정적 역할을 하게 된다. 케플러는 브라헤가 쌓아 놓은 고도로 정밀한 데이터를 기반으로 출발해, 행성의 타원궤도와 행성 운동에 대한 면적속도 일정의 법칙을 발견할 수 있었던 것이다. 그리고『루돌프표』가 그 정확도에서 타의 추종을 불허하는 군계일학이었다는 점이 브라헤와 케플러의 권위를 드높였다. 세상 사람들이 케플러의 법칙을 받아들이는 데는 이 점이 크게 기여했다.

  티코 브라헤는 관측 정밀도의 극한적 향상이라는 근대 정밀 자연과학의 전제가 되는 과제를 처음으로 현실적 과제로 받아들였다. 그는 이를 위해 관측 기기를 부단히 개량하는 데 노력했고, 다른 한편으론 매일매일 꾸준한 관측을 30여 년간 지속했다. 당시에는 베르나르트 발터를 제외하고는 어느 누구도 하지 못했던 일이었다. 이는 직인의 수작업 및 노동의 가치와 중요성을 인정함으로써 비로소 가능했던 것이다.

  명망 있는 덴마크의 귀족 가문에서 태어난 티코 브라헤는 1559년 열두 살에 코펜하겐대학에 입학했다. 그 뒤 15세에 라이프치히

대학에 들어가 자유학예와 고전 문예를 공부했는데, 천문학에 입문한 최초의 계기가 된 것은 1560년 8월에 일어난 일식이었다고 한다. 천문 현상이 예측 가능하다는 점에 커다란 감명을 받은 브라헤는 천문학을 독학하기 시작했다. 그 바탕에는 점성술에 대한 강한 관심도 깔려 있었으나 여기에선 다루지 않겠다. 브라헤가 코펜하겐대학에서 사용하던 노트를 보면, 그는 당시(1560년대 초반) 사크로보스코의 책과 함께 뒤러의 천구도, 헤마 프리시우스가 편집한 아피아누스의 『우주지리학』 그리고 레기오몬타누스의 삼각법을 배우고 있었던 듯하다. 이 시대에 "티코는 기술적인 천문학뿐 아니라 지리학과 지도 제작에 관련한 수학 이론, 항해술이나 측량술 그리고 기기 제작 기술에 숙달해 있었다"고 전해진다.[57]

그의 천문학 학습은 라이프치히대학에 진학한 뒤에도 계속됐다. 앞에서 본 자전적 회상은 16세 때 네 살 연상의 가정교사와 공동생활을 하면서 대학에서 공부하던 1563년부터 시작된다.

> 나는 이미 모국 덴마크에서 약간의 서적, 특히 천체력의 도움으로 천문학의 초보 단계에 입문했고, 라이프치히에서 천문학 고급 과정을 공부하기 시작했다. 가정교사가 이를 좋게 보지 않고 반대했지만, 그냥 밀고 나갔다. 가정교사는 부모님의 기대를 환기시키며 내가 법률 공부에 매진하도록 권유했다. 나는 천문학 서적을 몰래 사들여 가정교사가 눈치채지 못하게 읽고 있었다.[58]

이렇게 티코 브라헤는 서적뿐 아니라 관측용 도구도 사들여 스스로 관측을 시작하려 했다. 특히 1563년 16세 때 토성과 목성을 관측하고선 프톨레마이오스의 이론에 따라 13세기에 작성된 『알폰소표』엔 1개월, 코페르니쿠스 이론에 의거해 에라스무스 라인홀트Erasmus Reinhold가 1551년에 만든 『프로이센표Tabulae Prutenicae』에 선 며칠의 오차가 있다는 사실을 알아냈다. 이때의 경험이 천문학, 특히 정밀한 천체관측을 본격적으로 파고들겠다는 의지를 불태우게 된 출발점이었다.[59] 이처럼 기존의 관측값들이 부정확함을 인식한 것이 그의 연구의 원점이 됐다. 그렇다고 해도 에이젠스타인Elizabeth Eisenstein의 지적대로, 귀족이라곤 하지만 아직 학생 신분인데다 10대 소년에 불과했던 브라헤가 천문학을 독학해 프톨레마이오스와 코페르니쿠스의 계산 결과와 자신의 관측 결과를 비교할 수 있었다는 것은 인쇄 서적의 출현과 보급 덕분이었다.[60] 『알폰소표』와 『프로이센표』, 레기오몬타누스의 『모든 종류의 삼각형에 관한 5권의 책』은 모두 브라헤가 공부를 시작하던 즈음 이미 인쇄 출판돼 있었다.

천문학자로서 티코 브라헤를 일약 유명하게 만든 것은 1572년 11월의 신성 — 티코 브라헤 신성 — 의 출현이었다. 이는 1574년 초반까지 계속 밝게 빛나다가 나중에는 사라졌다. 티코는 정밀한 관측을 바탕으로 다음과 같은 결론을 내렸다. "이 신성은 달의 구면 바로 밑에 있는 대기의 상층부에 있는 것도 아니며, 지구에 가까운 어떤 지점에 있는 것도 아니다. … 달의 구면 훨씬 위쪽의 [항성들이 위치한] 8번째 천구, 혹은 거기서부터 그리 멀지 않은 3개의 상부 행성[화성·목성·토성]의 궤도보다 훨씬 상부에 있다."[61] 브라헤의 관측 결과를 두고 "이 사건은 유럽 사상계에는 코페르니쿠스의 지동설 발표 그 이상으로 커다란 충격이었다"고 보는 역사학자도 많다.[62] 브라헤는 또한 그 5년 뒤에 나타난 혜성이 달의 궤도와 화성의 궤도 중간에서 생성됐다는 관측 결과를 발표했다. 그의 관측은 달보다 윗부분의 세계는 불생·불멸·불변의 세계이며 혜성은 대기 중의 현상이라는 아리스토텔레스적 세계상을 뒤흔든 중대한 사건이었다. 티코 브라헤 자신도 "천계에서는 새로운 것이 생성되는 게 아니며 모든 혜성은 대기의 상층에서 일어나는 현상이라고 본 아리스토텔레스 철학은 이 경우 옳지 않다"고 주장했다.[63]

그러나 점성술이 널리 신봉되던 당시에는 특히 신성의 출현은 정치적·사회적 대이변의 전조로 받아들여졌다. 그런 의미에서 지배 권력에게 신성의 출현은 매우 중요한 사건으로 인식됐다. 그때부터 불과 3개월 전에는 성 바르텔레미의 대학살이 일어났기에, 예기치 못한 자연현상의 이변이 신의 진노를 알리는 전조처럼 여겨지며 민심의 동요를 불렀던 것이다. 점성술을 믿던 티코 브라헤 자신도 신성의 출현을 점성술적 예언에 연결시켜 생각했다.[64] 그 때문에 1573년 브라헤의 저서 『신성에 대하여 De Nova Stella』는 커다란 관심을 불러일으키며 국왕의 눈길도 끌었다. 티코 브라헤는 국왕의 후원으로 1574년부터 1575년까지 코펜하겐대학에서 강의를 했다. 이는 덴마크의 대학에서 코페르니쿠스 학설이 전수된 최초의 강의인데, 강의를 했다는 것 자체도 매우 이례적인 일이었다. 그는 대학에서 강의할 자격인 석사학위를 갖고 있지도 않았고, 당시 덴마크에선 귀족이 학자가 되는 것은 생각할 수도 없는 일이었다. 또 귀족이 대학에서 강의하는 관행도 없었다. 대학에서 법률을 배우고, 봉토를 하사 받아 궁정에서 왕을 모시며 군사나 외교에 종사하는 것이 귀족 자제들이 걷는 통상적인 코스였다. 티코 브라헤의 가족들도 그렇게 하길 기대했다. 그러나 천문학에 빠진 그는 통상적인 귀족으로서의 생활이나 출세에 관심을 두지 않았을뿐더러 평민 출신의 여성과 결혼하기도 해, 가족들이 골치를 많이 앓았다.

그래서 그는 천문학을 계속하기 위해 국외 탈출을 계획했다. 그를 이해하던 사람은 국왕 프레데리크Frederick 2세였다. 국왕은 브라헤를 덴마크에 묶어 두기 위해 귀족이 필수적으로 복무해야 하는 공무를 일절 부과하지 않았다. 그리고 벤 섬을 봉토로 주고 거기에 그가 희망하는 대로 천체관측 시설을 지어 주었다. 또 종신연금을 지급하며 천체관측에 전념하도록 해 주었다. 그를 위한 재정적 지원도 약속했다. 1576년 티코 브라헤가 스물아홉 살 때였다. 벤 섬은 덴마크의 셀란 섬과 스웨덴 사이의 올레손 해협에 있는 면적 약 $8km^2$의 작은 섬이다.

이 섬에서 티코 브라헤는 천체관측을 위한 우라니보르크Uraniborg — 우라노스(천공)의 보르크(성) — 를 건설해 1597년까지 조수들을 부리며 관측을 계속했다. 그러나 우라니보르크에서는 천체관측만 행해졌던 게 아니다. 당시의 관측 기기에 만족하지 못한 브라헤는 그 기기들의 개량과 개발에도 나섰다. 이를 위한 제작 공방을 두고 전속 직인들을 모집해 기기 제작을 하도록 했다. 그리고 지하에 설치된 실험실에선 연금술도 연구했다. 나아가 기상관측을 하면서 벤 섬의 삼각측량까지 실시했다. 1584년 우라니보르크에는 인쇄소도 설치됐고, 나중에는 제지 공장까지 세워졌다. 한마디로 티코 브라헤의 관측 기지 우라니보르크는 지금으로 말하면 초대형 가속기와 슈퍼컴퓨터를 갖추고, 출판사까지 거느리며 독자적인 연보를 발행하는, 다수의 연구원과 대학원생과 기술자들이 일하는

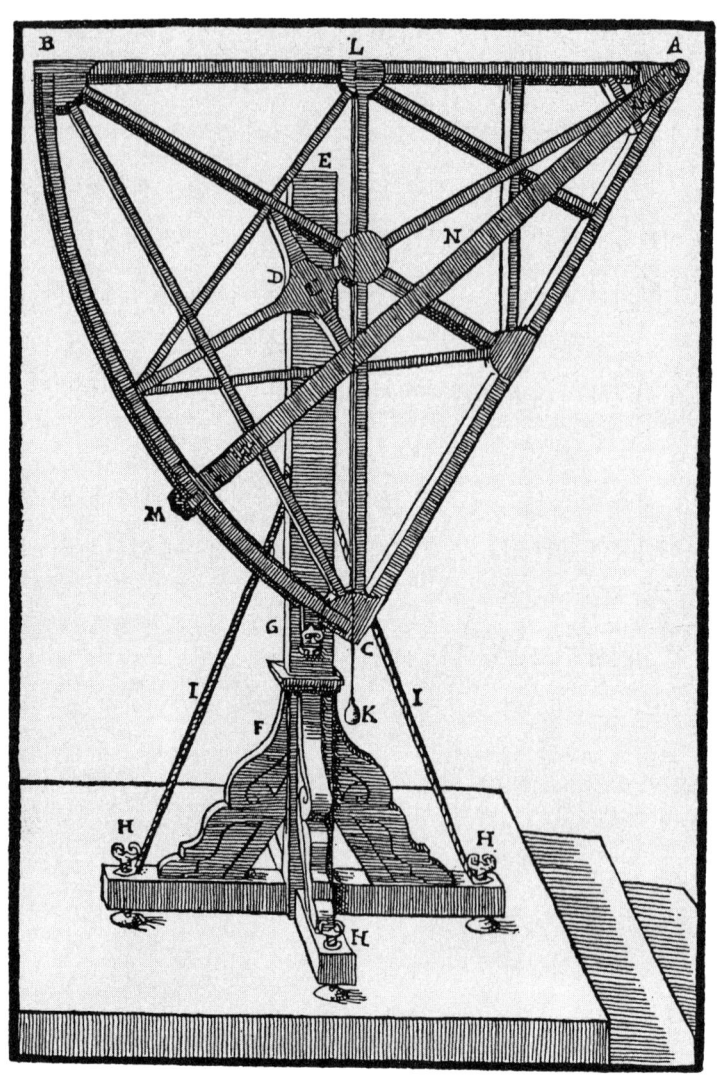

그림 7.9 티코 브라헤가 고안한 적도 아밀러리.

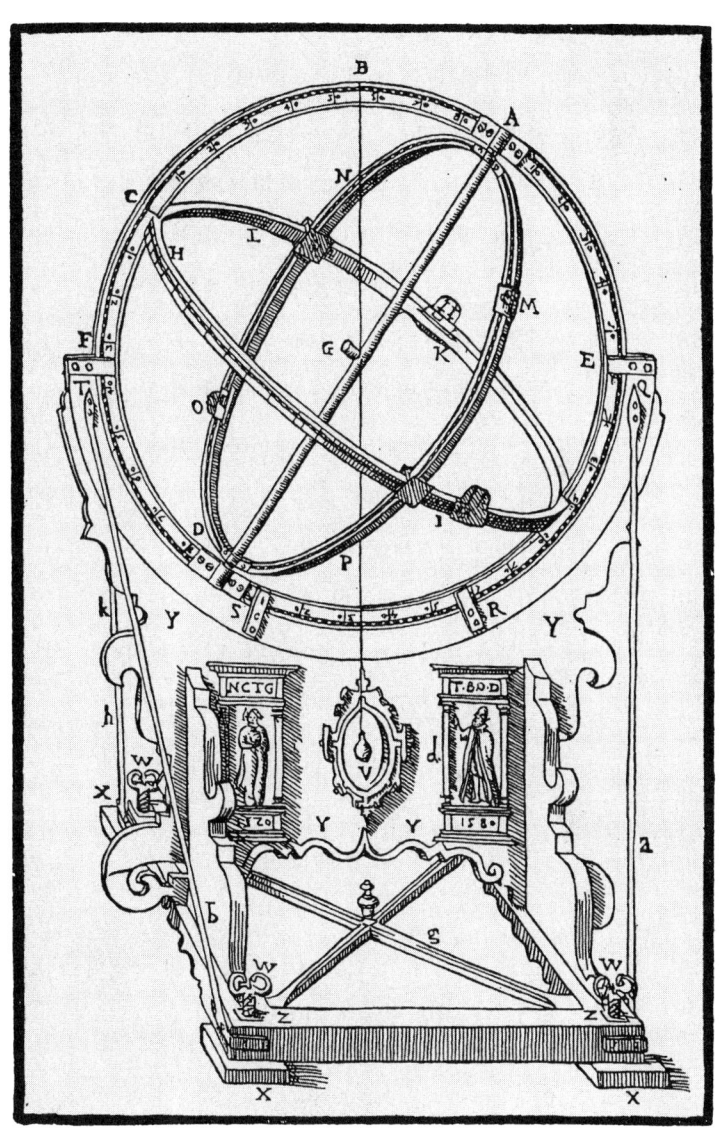

그림 7.10 티코 브라헤의 천체관측용 육분의.

대규모 첨단 연구 기관에 필적했다.

티코 브라헤가 개발한 관측 기기 가운데 하나가 천체 간의 각거리를 측정하는 육분의六分儀다. 그의 『새로운 천문학의 기계』에는 "천체관측용 육분의sextans astronomicus는 특히 사용하기 쉬우며, 약 20년 전 내가 고안한 것이다"[65]고 나온다. 또 하나는 적도 아밀러리혼천의, armillae acquatorriae다. 고대부터 사용되던 황도 아밀러리는 천체의 황경과 황위를 측정하는 기구인데, 비대칭 구조이므로 정밀도를 높이기 위해 크게 만들면 자체 무게에 눌려 찌그러짐이 생기는 문제가 있었다. 티코 브라헤는 이를 대신하기 위해 대칭적이고 단순해서 대형화할 경우 정밀도를 높일 수 있는 적도 아밀러리를 고안했다. 이는 천체의 적경과 적위 값을 구하는 기구로, 이전에 헤마 프리시우스가 고안해 스케치한 것이었다. 하지만 이것을 실제 제작해 사용한 것은 브라헤가 처음이었다. 티코 브라헤는 적도 아밀러리의 개량을 거듭해 서로 다른 세 종류를 제작했다.

이와 별도로 개량을 계속한 것이 사분의四分儀다. 그중에서도 특히 티코 브라헤가 애용해 유명해진 것이 대형 벽면사분의quadrans muralis였다. "이것은 폭 5인치, 두께 2인치로, 둘레가 매우 커서 반지름이 거의 5큐빗[약 2m]의 원호에 상당한다. 그리고 눈금이 매우 커서 1도를 육등분할 수 있다. 원호의 10분을 분명히 구별할 수 있으며, 그 절반, 즉 5분도 어렵지 않게 읽어낼 수 있다['1분'은 60분의 1도의 각도, 반지름 2m의 원호에선 거의 2분의 1mm이다]. 이는 모두 우리들이 늘 사용하던 [1분 간격의] 횡단점 방식으로 돼 있다." 이 사분의는 정확히 남쪽을 향해 벽에 고정된 채, 자오선의 수평으로부터 천정天頂, zenith, 관측 지점에서 수직선을 하늘 위로 그었을 때 천구와 만나는 점, 천정점

그림 7.11 티코 브라헤가 개량해 사용한 대형 벽면사분의. 오른쪽 아래는 횡단점.

역주까지 대응하도록 돼 있었다. "이 대형 사분의는 1도의 6분의 1 이내의 정확도로 별의 고도를 구하는 데 사용됐다. … 나는 이 사분의를 대단히 신뢰한다. … 그래도 이 같은 민감한 측정에선 오차에 대한 최소한의 우려마저 불식할 수 있도록 다른 대형 사분의를 함께 사용했다."[66] 브라헤는 개별적인 기기의 정밀도를 높였을 뿐 아니라, 몇몇 장치를 병용함으로써 오차를 한층 더 억제하려고 노력했다. 그럼 브라헤의 데이터는 얼마나 정확했을까. 그가 특히 주의를 기울였던 항성 위치의 경우 1분 이내, 보통은 2분 이내 그리고 행성 위치의 신뢰도는 4분 이내였다.[67]

프톨레마이오스 이후 코페르니쿠스에 이르기까지 관측 정밀도는 겨우 각도 10분 정도였다. 코페르니쿠스는 자신의 이론이 실제 관측을 통해 10분 이내로 합치하면 더할 나위 없이 기쁘겠다고 레티쿠스에게 말한 적도 있다. 또 케플러는 코페르니쿠스가 실제로 1도의 4분의 1, 즉 15분 정도의 오차를 무시하는 데 별로 망설이지 않았다고 기록했다.[68] 이를 감안한다면 브라헤가 보여 준 정밀도는 경이적이며, 육안으로 얻을 수 있는 값의 극한이라고 할 수 있다. 그리고 그만큼 정밀도를 확보했기 때문에 케플러가 타원궤도를 발견할 수 있었고, 나아가 뉴턴이 만유인력을 발견하는 길이 열린 것이다. 실제 케플러가 타원궤도의 개념에 간신히 도달한 것은 종전의 이론과 브라헤의 관측값이 상당히 어긋나 있었기 때문이었다.[69]

그만큼의 정밀도를 요구하는 것은 당시의 기술 수준을 훨씬 초월하는 것이었다. 이들 관측 장치의 제작에는 국내에서만 아니라 독일이나 이탈리아에서 뽑힌 유능한 직인들이 참가했다. 브라헤는 그들을 더욱 교육시키고 훈련시키면서 자신의 프로젝트에 전념하도록 했다. 그리고 실제 관측 장치를 제작할 때면 브라헤 스스로 직접 감독·지휘함으로써 소기의 목적을 달성했다. 참고로 원호를 균등하게 분할하는, 즉 사분의 둘레를 정확히 90등분하고, 이것을 또 몇 등분인가로 나누는 것은 매우 어려운 일이었다. 17·18세기가 돼서도 천체관측의 정밀도를 향상시키기 위해서는 망원경의 배율을 높이는 것보다 원의 분할 정도를 높이는 게 더 중요했다고 한다. 그리고 이것은 기본적으로 직인의 기량에 달려 있었다.[70]

브라헤는 또한 관측을 돕기 위해 코펜하겐대학의 졸업생을 대상으로 조수를 모집했다. 이와 함께 직인이나 기술자도 우라니보르크에 불러 모았다. 그리고 학생뿐 아니라 직인에 대해서도 천문학 이론과 관측 기술을 교육시켜 관측 현장에 내보냈다. 이런 경험을 통해 브라헤는 대학 교육과 우라니보르크의 연구가 본질적으로 다르다는 것을 알게 됐다. 학생들이 벤 섬으로 가져온 성적증명서는 브라헤에게 거의 아무런 가치도 지니지 못했다. 1589년 한 학생에 대해 브라헤는 이런 말을 했다. "그가 석사학위(Magister Artium = Master of Arts)를 취득했든 안 했든, 나에겐 아무런 상관도 없는 일입니다. 그가 학위를 갖고 있는지 여부보다는 그가 현실에서 아트(기술)를 마스터(습득)하고 있는지를 나는 중시합니다."[71] 실제 벤 섬에서 장기간에 걸친 관측을 하던 브라헤에게 가장 유능한 기술상의 조수는 그의 공방에서 교육 받은 독일 출신의 금공 직인 한스 크롤Hans Crol이었다.

제작 공방과 인쇄기를 구비한 영구적 천체관측 시설은 15세기 레기오몬타누스가 꿈꾸던 것이었다. 이 꿈이 1세기 뒤에 티코 브라헤에 의해 실현된 것이다. 이는 16세기 뉘른베르크와 네덜란드의 수리기능인들이 보여 준 활약의 최고 정점이자 집약점이었다. 1609년 케플러의 『신천문학Astronomia Nova』으로 시작된 17세기 과학혁명의 중심인 '새로운 우주상'의 제창은 레기오몬타누스에서 브라헤에 이르기까지 기술자와 수리기능인들의 1세기에 걸친 노력이 쌓아 올린 토대 위에서 개화한 것이었다. 그 성공은 당시 지식인들이 깔보던 기술적인 것, 기계적인 것의 중요성을 충분히 이해하고 인식하고 있었던 티코 브라헤의 노력과 성과에 힘입은 바 크다. 그는 스스로 관측 기기의 설계와 제작 그리고 부단한 개량에 몰두했다.[72] 또한 직인과 기술자들이 자신의 잠재력을 최대한으로 발휘하도록 했다. 이것이 다음 세기의 과학혁명에 기여한 티코 브라헤의 공적이다.

16세기에 부활한 수리천문학과 수리지리학은 항해술에서의 응용과 지도 제작이라는 실제적인 문제와 밀접한 관계를 지니고 있었다. 이들은 단순히 수학과 천문학의 이론뿐 아니라 관측 기기의 조작, 개량, 제작 또는 투영도법 연구와 지도 제작과 같은 다방면의 지식과 기능을 요구했다. 즉 이론적 연구만이 아니라 수작업과 기술적인 작업이 필요했다는 것이다. 이 실무를 담당한 것은 도제 수업을 받으며 자랐음에도 불구하고 자신의 기술에 대한 이론적이고 과학적인 근거를 추구했던 예술가와 직인이었으며, 또한 고등교육을 받았지만 아카데미즘의 외부로 몸을 옮겨 직인의 영역에서 직접 활동한 멀티 탤런트적인 수리기능인들이었다.

수학적인 천문학 이론, 관측 기기의 설계와 지도 제작을 위한 수학적·기하학적 이론, 이들의 제작에 필요한 기술과 기량, 정밀한 천체관측 기법의 숙달과 항해 경험, 목판이나 동판 인쇄 기술……. 이 모든 것들이 합류하는 지점에서 능동적인 실험과 정밀한 관측에 근거한 새로운 과학, 나아가 새로운 세계상으로 향하는 길이 준비돼 갔다. 그렇다 해도 천문학이 지니고 있던 수학적 성격이 지도 제작과 함께 지상의 작업에도 응용되고, 천체관측 기기가 항해나 측량에 사용되기에 이른 것은 엄청나게 중요한 변화였다. 이는 하늘의 세계에 대해서만이 아니라 지상의 세계에 대해서도 수학의 카테고리가 유효하며, 수학적 이해가 필요 불가결한 것임을 보여주었다. 이는 수학적으로 기술할 수 있는 불생·불멸·불변의 천상天上 세계와, 생성·소멸이 끊이지 않으며 수학적 법칙의 지배를 받지 않는 월하月下 세계를 구분하던 아리스토텔레스의 이원적 세계관의 파괴를 향한 커다란 한 걸음을 내딛는 것이었다.

　어쨌든 16세기의 새로운 지리학과 천문학은 이론적 연구와 저술에서 시작해, 장기간에 걸친 매일매일의 관측 그리고 관측 기기의 개발과 제작에 이르기까지를 모두 망라하고 있었다. 오로지 문헌만 파고드는 대학 아카데미즘 내부에서 개인적으로 영위되던 종래의 연구와는 전혀 이질적이었다. 즉, 과거와 달리 과학 연구의 목적의식적인 조직화를 촉발시키는 것이었다. 실제로 이는 포르투갈에서처럼 국가적 사업으로서, 또 국왕의 전면적 후원을 받은 티코 브라헤와 같은 특이한 인물의 손에 의해, 아니면 레기오몬타누스와 그를 계승한 뉘른베르크·남독일·네덜란드의 수리기능인들의 손으로 진행됐다. 말하자면 지역적으로 자연 발생적인 협동이 이루어졌던 것이다.

    그러나 그게 전부는 아니었다. 원양 항해를 위한 수학자위원회를 설치했던 포르투갈의 주앙 1세는 '국가적 문제 해결에서 과학적 지식이 지니는 잠재적 힘'을 인식하고 있었다. 또 티코 브라헤에게 벤 섬을 수여한 덴마크의 국왕도 점성술에 사로잡혀 있었다고는 해도 "과학이 국가에 위신을 안겨 주고, 나라의 방비를 강화시켜 준다는 점을 예리하게 파악하고 있었다".[73] 티코 브라헤가 배출된 것은 '새로운 과학'의 헤게모니가 국가 또는 지배 엘리트로 이행해 가는 과정이기도 했다. 이는 또한 직인들에 의해 시작된 16세기 문화혁명의 성과가 지배계급에 속한 지적 엘리트들에게 찬탈돼 가는 과정이기도 했다. 그 전형적인 경우인 잉글랜드의 예를 다음 장에서 살펴보자.

제8장

16세기 후반의 잉글랜드

| 튜더 왕조의 잉글랜드

　　　　　　　　직인과 기술자가 속어로 과학서를 쓰기 시작했던 16세기 문화혁명. 서문에서 로버트 노먼Robert Norman에 대해 설명했듯이, 이는 16세기 후반에 이르러 잉글랜드에서도 나타나기 시작했다. 그러나 잉글랜드의 양상은 대륙과 조금 달랐다. 직인들에 대한 교화는 고등교육을 받은 지식인의 헤게모니에 이끌려 위에서부터 추진됐다. 이것은 16세기 문화혁명이 향하는 종착역과 함께 그 한계성도 암시해 준다.

　16세기 잉글랜드 과학사의 경우 무엇보다 "1640년에 이르기까지 80년간 잉글랜드는 과학 후진국에서 선진국 대열로 약진했다"고 할 만큼, 이 시기의 비약적 발전에서 그 특징을 찾을 수 있다. 이 표현은 크리스토퍼 힐Christopher Hill의 책에서 따온 것이다. 이 시기의 대학이 담당했던 역할에 대해 그와 견해차를 보이는 머더차이 페인골드Mordechai Feingold도 이 점에 대해선 같은 의견이다.[1] 특히 "16세기 후반 잉글랜드에서 수학적 과학의 현저한 발전이 이뤄졌다"고 한다.[2] 이를 뒤집어 표현하면, 16세기 전반까지 잉글랜드는

"군사적 명성에선 남에게 뒤지지 않았지만, 과학적 지식의 경우엔 앞서 가던 대륙의 라이벌 국가들과 커다란 격차를 보였다"는 것이다.[3] 1588년 스페인의 무적함대를 격파한 뒤 다음 습격에 대비해 유지됐던 런던 시민군을 교육시키기 위해 수학의 공개강좌가 개설됐을 때였다. 강사로 선발된 토머스 후드Thomas Hood는 개교사에서 이렇게 말했다. "[구약성서에 나오듯 아브라함과 야고보에서 시작된] 학문은 이집트에서 출발해 마치 나일 강이 범람하듯 아프리카로 퍼져 나간 다음, 바다를 건너 그리스로 향했습니다. 또 그리스에서 다시 로마로 번역·소개됐으며, 이것이 독일·프랑스·스페인으로 전파됐습니다. 잉글랜드는 그 뒤 몇 년이 지난 오늘날에서야 비로소 이를 접하게 됐습니다."[4] 예전에는 학문적으로 대륙에 뒤져 있었으나, 이제라도 그 후진성을 극복해야겠다는 의지를 행간에서 읽을 수 있다.

잉글랜드에서 처음 인쇄된 산술 관련 서적은 1480년의 『세계의 거울』이다. 이것은 대륙에서 인쇄술과 인쇄기를 가지고 온 윌리엄 캑스턴William Caxton, 1420경~1492이 중세의 서적을 영어로 옮긴 책이다. 여기에는 '산술'이 삼학사과三學四科의 하나이며 "산술 없이는 일곱 개의 학문 중 어느 하나도 완전히 알 수가 없다. … 산술 과학을 잘 아는 사람은 모든 사물의 질서를 아는 사람이다"[5]고 쓰여 있다. 하지만 이게 전부였지 사칙연산에 대한 설명조차 없었다. 사실 순수수학과도, 실용수학과도 아무 관계가 없는 책이었다.

뒤이어 커스버트 톤스톨Cuthbert Tonstall, 1474~1559이 집필한 『계산술에 대하여The arte supputandi』가 1522년 출판됐다. 톤스톨은 헨리 8세 밑에서 기록보관소 책임자로 일했는데, 나중에 런던과 더럼의 사제가 된 인물로 옥스퍼드, 케임브리지, 파도바에서 수학한 일급 엘리트 지식인이었다. 그 자신의 말에 따르면, 이 책은 금공 세공사와 거래할 때 속아 넘어가지 않도록 스스로 알고 있는 범위 내에서 각국어로 된 모든 산술서를 독파해 얻은 지식을 총정리한 것이었다. 그러나 이 책은 라틴어로 쓰였기 때문인지 잉글랜드에선 일반에 널리 보급되지 못했다.[6]

어쨌든 이 같은 진술은 톤스톨이 그래머 스쿨이나 대학에서 산술을 배우지 않았음을 말해 준다. 옥스퍼드대학에선 13세기 로저 베이컨Roger Bacon, 14세기에는 토머스 브래드워딘Thomas Bradwardine과 같이 자연학에 수학을 적용하자고 주장한 선구자들이 등장했다. 그러나 옥스퍼드에서 천문학과 기하학의 강좌가 설치된 해는 1619년이었으며, 케임브리지에선 더 늦었다. 16세기 이들 대학에선 천문학 강의도 의학 교육의 일환으로 점성술을 가르치고 있을 정도였다. 20세기 전반에 나온 영국의 과학사가 에바 테일러Eva G. R. Taylor의 저술에는 "이 두 대학은 중세의 조잡한 커리큘럼을 초월한 어떠한 수학에 대해서도 무관심하거나, 아니면 때로 적대적이기조차 했다"고 나온다.[7] 이에 대해 1984년에 출간된 페인골드의 책은 16세기 후반이 되면 옥스퍼드에서도 의욕적인 강사와 학생들이 수학을 가르치고 배웠다는 사실을 분명히 지적하고 있다.[8] 그러나 "오늘날, 산술 … 기하학 그리고 천문학은 어느 대학에서도 경시되고 있다"고 한 1587년의 증언[9]도 있다. 당시는 많은 학생과 지식인에게 수학, 특히 실용수학은 그리 익숙지 않은 분야였음을 짐작할 수 있다. 특히 17세기 후반이 돼서도 "잉글랜드의 그래머 스쿨에서 수학을 가르쳤다는 얘기는 들어 보지 못했다"는 증언이 전

해진다.¹⁰

 그러나 상인과 직인의 세계에선 사정이 달랐다. 17세기의 존 월리스John Wallis, 1616~1703는 어린 시절을 회고하며 이렇게 말했다. "그 시절 수학은 학술적Accademical이라고 생각된 적이 거의 없었다. 오히려 기계적Mechanical인 것, 즉 무역상이나 소상인 또는 선원이나 목수나 측량 기사 그리고 달력 제작업자 등이나 하는 것으로 비쳐졌다."¹¹ 실제 이미 14세기 말 초서Geoffrey Chaucer의 『캔터베리 이야기』에는 무역 상인에 대해 "그는 프랑스 금화를 우리 돈으로 바꿔 계산하는 방법을 알고 있었습니다"는 대목이 나온다.¹² 이것은 당시 환전의 계산 자체가 상인이 지닌 특수한 기술로 여겨지고 있었음을 시사한다. 14세기 후반 이후 당시 잉글랜드 최대의 수출품인 양모를 대륙에 수출하던 이른바 스테이플 상인 — 나라가 정한 특정한 거래소staple에서 주요 상품의 무역에 종사하던 상인 — 들은 네덜란드나 이탈리아 롬바르디니아 지방의 상인과 대규모 거래를 하고 있었다. 당연히 그들은 대륙의 앞선 상업 관행에 익숙해져 환율이나 환전을 포함한 복잡한 상업 계산에 능숙했다. 이를 보여 주는 증거로 15세기 후반 대륙과의 상업에 종사하던 한 상인의 편지 한 장을 살펴보자. 잉글랜드의 중세사학자 아일린 파워Eileen Power의 『중세를 살던 사람들Medieval People』에 게재된 몇몇 편지의 일부다.

 존 딜롭스 씨는 나에게 어음 지불을 끝마쳤습니다. 애들링턴 씨는 이를 단 300파운드의 플랑드르 돈으로 넘겨주었습니다. 이에 지노 스트라반 씨에게 플랑드르화 84파운드 6실링 6펜스를 지불했습니다. 그리고 롬바르디아의 베닝 데카슨 씨에게는 잉글랜드 돈으로 180노블을 관습에 따라 일정 기간 후에 결제해 주는 환어음으로 송금했습니다. 저는 이를 1노블당 플랑드르화 11실링 2펜스 반에 넘겼기 때문에 전부 플랑드르화 100파운드 17실링 6펜스가 됩니다. 그다음에 똑같은 후불 환어음으로 런던에서 지급 받을 수 있도록 야코프 판 도베르스 씨에게 영국 돈 89파운드 6실링을 송금했습니다. 영국 돈 1노블당 플랑드르 돈 11실링 2펜스에 인도했습니다. 총계는 플랑드르 돈 50파운드가 됩니다. 당신의 300파운드의 잔금은 아직 맡아 두고 있습니다만, 올해엔 이 이상 환어음으로 송금할 수가 없습니다. 이렇게 말씀드리는 것은 지금 당장 저희들에겐 현금을 받아 줄 상인이 없기 때문입니다. 외환 거래소에선 방금 1노블이 11실링 3펜스 반이 돼 님웨겐 은화, 영국 금화, 앤드루 금화, 레니시 금화 이외에는 통용되질 않습니다. 환율은 점점 나빠지고 있습니다.[13]

11실링 2펜스 반의 180배가 100파운드 17실링 6펜스가 된다는 것은 당시로서는 제법 어려운 계산이었다. 수학에 무관심한 대학을 제쳐 두고 국제적으로 활약하던 상인들은 읽고 쓰는 능력과 함께 상당한 계산 능력을 습득하고 있었던 것이다. 마찬가지로 직인의 세계에서도 정량적 측정과 이에 따르는 계산의 중요성이 높아지고 있었다. 초서의 제자라고 하는 시인 존 리드게이트 John Lydgate, 1370경~1451가 그 이름도 '저울은 보배'라는 제목으로 다음과 같은 시를 지었다.

머나먼 나라들을, 이루 셀 수 없는 재물과 이익을 위해 헤집고 다니는 유명한 대상인, … 현란한 기술을 지닌 고향의 직인이여, 무게와 정확한 눈금 계산 없이 당신의 상상은 도대체 어디에 쓸모가 있을까. … 숙련된 외과의와 뛰어난 약종상은 중심이 잘 잡힌 저울로 무게를 잰다네. 석공, 목수, 제과공, 양조 기사 그리고 신선한 술을 파는 양조장, 이 모든 게 만일 천칭이나 저울이 없다면, 또 정확한 되가 없다면, 현실에선 아무 계산도 할 수가 없겠군.[14]

영어로 인쇄된 최초의 수학 서적은 작자 미상의 『펜 또는 산판에 의한 계산술 학습 입문』이었다.[15] 이것은 인도·아라비아 숫자와 십진법 표기로 기술된 것인데, 내용은 정수의 사칙연산, 분수 계산, 삼수 규칙 등으로 돼 있다. 예제도 이전에 살펴본 대륙의 것과 거의 다름이 없었다. 표제에서 알 수 있듯이, 필산만이 아니라 산판 계산의 설명도 담겨 있었다. 1537년에 인쇄돼 나왔고, 그 뒤 1539년, 1546년, 1552년, 1566년, 1574년, 1581년, 1629년에 이르기까지 1세기 가깝게 증판을 거듭했다. 이는 그 무렵부터 잉글랜드 경제가 급속히 발전했음을 반영한다.

잉글랜드의 상업산술이 이 시기부터 선진국 이탈리아를 급속히 따라잡기 시작했다는 사실은 복식부기의 보급에서도 볼 수 있다. 1543년에는 휴 올드캐슬Hugh Oldcastle이라는 인물이 복식부기에 대해 논한 『유익한 논고A profifable treatyce』를 썼다고 하는데, 현존하지는 않는다. 그러나 런던의 거상 토머스 그레셤Thomas Gresham이 1546년 작성하기 시작한 거래 장부는 이미 복식부기법을 사용하고 있었다. 그 이듬해엔 안트베르펜의 상인 얀 임핀Yan Ympyn이 1543년 네덜란드어로 쓴 부기책의 영역본인 『주목할 만한 우수한 저작』이 출간됐다. 그리고 1553년에는 제임스 필James Peele의 『완전한 장부 계산 방법과 양식The Maner and Fourme how to kepe a Perfect Reconyng』이, 1569년에는 같은 저자의 『대차 회계의 숙달을 위한 소책자The Pathewaye to perfections in th' Accompts of Debitour and Creditour』가 출판되었다. 모두 이탈리아 상인들 사이에 사용되던 복식부기를 다룬 것이었다. 제임스 필은 소금 생산 조합의 조합원이었는데, 1556년부터 고아들을 위한 자선 시설인 크라이스트 호스피탈의 사무직원으로 일했다. 그곳에서 그는 로마 숫자를 아라비아 숫자로 바꾸고, 복식부기를 도입했다고 전해진다.[16]

상업수학 발전의 배경에는 1540년부터 1세기 사이의 '선구적인 공업혁명'과 함께 '제1차 산업혁명'이라고도 불리는 잉글랜드 경제의 비약적 발전이 있었다.[17] '선구적인 공업혁명'이라고 명명한 것은 존 네프John Nef이다. 이것은 본질적으로 미술공예 이외에 각 부문의 공업 생산의 양적 발전 — 공업 생산의 목표는 질적 향상으로부터 양적 확대로의 전환 — 을 의미한다. 1485년 장미전쟁이 종결되고, 튜더 왕조가 성립한 뒤부터 엘리자베스 1세(엘리자베스 여왕)가 1603년 사망하기까지 약 1세기 동안 잉글랜드에선 강력한 왕권이 성립해 중상주의 정책을 실시한다. 영국은 대륙, 특히 독일과 이탈리아로부터 광산 · 제철 · 화약 제조 · 제지 · 인쇄 · 유리 제조 기술자들을 불러 모았다. 나아가 독점적 산업의 육성과 특허 회사의 설립을 추진했다. 이를 가능케 했던 조건을 꼽으라면, 대륙의 국가들이 종교전쟁이나 왕위 계승전으로 날을 새고 있었는 데 비해 잉글랜드에서는 국내가 대체로 평화로웠다는 점을 먼저 들 수 있다.[18] 잉글랜드에선 1534년 "국교회를 지상 유일의 최고 수장으로 한다"는 '수장법Act of Supremacy'이 공포됐다. 이로써 잉글랜드는 대외적으로 교황청의 지배에서 이탈했다. 국내에서는 특히 엘리자베스 1세 때 왕의 지배를 흔들지 않는 한에서 구교도를 심하게 박해하지 않으면서도, 동시에 원리주의적인 청교도주의를 배척했다. 온건 중도 노선을 취함으로써 통합을 꾀했던 것이다. 이를 통해 잉글랜드는 종교개혁에 뒤따르는 혼란을 최소한으로 막을 수 있었다. 그리고 1540년부터 1640년 사이에 잉글랜드의 인구는 두 배로 늘었다.[19]

이렇게 잉글랜드는 국민국가로 발전을 이뤘다. 1588년에는 저 유명한 스페인의 무적함대를 격파함으로써 강력한 해군을 거느린 해양 국가로 성장, 해외 진출에 나선다. 엘리자베스 1세가 험프리 길버트Humphrey Gilbert의 아메리카 식민 계획에 칙허장을 내준 게 1578년이었다. 이어 1584년에는 월터 롤리Walter Raleigh가 북아메리카에 최초의 영국 식민지를 건설했다. 1600년에는 동인도회사가 설립됐다. 유럽의 서쪽에 위치한 잉글랜드는 그 한 세기 동안 유럽 경제활동의 중심에서 멀리 떨어진 후진적 봉건국가에서, 새로운 부의 원천인 아시아와 신세계로 이어지는 대서양 상의 정치·군사·경제 대국으로 발돋움했던 것이다. 이미 장미전쟁에서 봉건귀족이 몰락했고, 대토지 소유자로서 수도원도 소멸했다. 그 뒤 자본주의 발전의 기간 부대인 젠트리gentry가 사회의 주도 세력이 됐고, 동시에 요먼리yeomanry, 즉 비교적 유복한 독립 자영 농민층이 광범위하게 나타났다. 젠트리는 주로 지주계급이었는데 대상인, 법률가, 관료, 고위 성직자, 대학교수, 의사도 거기에 속해 있었다. 자본주의가 발달할 조건은 모두 갖추고 있었던 것이다.

우리의 문제의식으로 본다면, 특히 이 시대의 잉글랜드에서 주목해야 할 것은 토지를 소유한 대부분의 젠트리가 차남 이하의 아들을 도시의 상인이나 수공업자의 도제로 내보냈다는 점이다. 이런 습관은 "외국에서 온 방문자들을 놀라게 했다".[20] 이와 관련한 전문적 학술 논문에 따르면, "무역과 상업 세계에서 잉글랜드 중산계급의 야망은 그들을 새로운 과학, 특히 기계학과 항해 분야에서 공리적 가치에 대한 전향적인 관심을 육성하게 됐다".[21] 이는 잉글랜드만의 특징이었다. 그리고 그런 관심이 있었기에 그들은 직인과 기술자의 노동에 대해 나름대로 높은 평가를 하게 됐으며, 대륙의 국가들에서 볼 수 없는 기술자 교육에 대한 열의를 지니게 됐던 것이다.

잉글랜드의 또 다른 특징은 속어 서적의 비중이 컸다는 점이다. 9세기 잉글랜드의 정치적 통일의 기반을 닦은 앨프레드 대왕(871년 즉위)은 역사를 속어로 쓰게 했다. 또 라틴어 문헌을 속어로 번역시켰는데, 그 자신이 직접 번역을 하기도 했다. 이로 인해 고기古期 영어(서부 색슨 방언)가 나름의 문장어(글말)로 사용되고는 있었다. 그러나 1066년 노르만의 정복으로 노르만족이 잉글랜드를 장악한 이래, 종교와 학문의 언어는 라틴어가 사용됐다. 그뿐 아니라 지배층의 언어가 노르만 프랑스어로 바뀌자 문장어로서 고기 영어는 종말을 맞는다. 그러나 지배당하는 입장이 된 앵글로색슨의 민중들에게까지 프랑스어가 침투하지는 못했다. 그 뒤 영국과 프랑스 사이의 백년전쟁(1339~1453) 중 에드워드 3세(재위 1327~1377)가 의도적으로 영어 사용을 권장했던 것도 영향을 주면서, 지배층에서도 프랑스어는 점차 설자리를 잃게 됐다. 사법이나 행정 분야에서는 영어(중기 영어) 사용이 확대돼 갔다. 그리고 1362년 소송에서는 '영국에서 거의 통하지 않는 프랑스어'가 아니라 "영어로 항변·논증·변호·답변·논쟁·판결하고 라틴어로 기입·기록해야 한다"고 의회가 결의했다. 공용어가 프랑스어와 라틴어에서 영어와 라틴어로 바뀐 것이다. 1385년경에는 대부분의 그래머 스쿨에서 라틴어 교육이 프랑스어가 아닌 영어로 이뤄졌다. 이때 비로소 귀족에게도 프랑스어는 학교에서 배워야 하는 '외국어'가 되었다.[22]

그 뒤 15세기에 들어서자 영어는 문장어로도 사용되기 시작했다. 이는 프랑스의 멍에에서 벗어난 독립국가 잉글랜드의 아이덴티티의 확립을 의미하는 것이었다. 1413년 사망한 헨리 4세(재위 1399~1413)의 유언장이 영어로 쓰였다는 점이나, 1414년 백년전쟁이 재개된 이듬해 아쟁쿠르에서 프랑스군에 대승한 헨리 5세(재위 1413~1422)가 1417년 영어로 편지를 썼던 것이 그 변화를 상징한다. 그리고 헨리 6세(재위 1422~1461) 시대에는 영어가 잉글랜드 대법관청(The Chancery, 고등법원)의 공식어로 사용됐던 것이 문장어로서 영어 확립에 크게 기여했다. "대법관청이 발행하는 문서는 권위가 있었던 만큼 영어 보급에 큰 영향을 주었다. 법률가, 정부 관청 그리고 툭하면 소송으로 문제를 해결하려던 젠트리들은 영어의 표준적 형식을 필요로 하게 됐다. 그래서 속어를 업신여기던 과거의 풍조는 가시고, 대신 애국주의적이고 실용적인 관점에서 영어를 긍정적으로 보게 됐다. 이런 요인 덕분에 대법관청의 영어는 15세기 중반 점차 잉글랜드 전역에 보급되었다. 결국 보다 일반적으로 널리 수용되는 글말이 됐으며, 현대 표준 영어의 조형祖型이 됐다."[23] 문학의 세계에선 이미 14세기 말 영문학의 기초를 쌓은 초서의 『캔터베리 이야기』가 나왔다. 같은 시기에 나온 윌리엄 랭런드William Langland의 『농부 피어스Piers Plowman』나 존 가워John Gower의 『사랑의 고백Cofessio Amantis』도 역시 영어로 쓰였다.

16세기에 영어로 된 서적이 많이 등장하게 된 기반은 이미 15세기에 마련된 것이었다. 실제 15세기 도시 상인과 직인들의 속어 구사 능력은 상당히 높았던 것으로 알려져 있다.[24] 특히 직물 상인이었던 윌리엄 캑스턴이 1476년 웨스트민스터에서 인쇄 서적의 출판을 시작한 뒤 잉글랜드에선 속어(영어) 서적의 출간에 한층 스피드가 붙게 된다. 원래 캑스턴의 출판 사업은 대륙에서 출간된 서적을 영어로 옮기기 위한 것이었다. 그 뒤에도 그의 출판물은 인문주의자나 성직자를 위한 라틴어본이 아니라 영어 서적이 주종을 이루었다. 15세기 유럽 전역에서 출판된 인쇄 서적(요람기본)의 8할 가까이(77%)가 라틴어였던 데 비해, 당시 캑스턴이 출판했던 94점의 서적 가운데 74점(78%)이 영어였다.[25] 인문주의자가 많았던 대륙의 인쇄업자들과 달리 근본부터가 상인이었던 캑스턴은 고전어에 특별한 감회를 지닌 인물이 아니었다. 그는 상품으로서 보다 많이 팔리는 것을 당연히 중시했다.

이렇게 해서 잉글랜드에선 16세기 중기 이후 속어로 된 과학 서적이 많이 등장했다. 르네상스 시대 잉글랜드의 천문학 사상에 관한 프랜시스 존슨Francis R. Johnson의 책에 따르면, "과학적 저술에서 속어화의 경향은 1540년대까지는 찾아볼 수 없었지만, 그 이후 16세기 말까지 보급이 확산되고 영향력이 확대돼 나갔다". 양적으로만 그랬던 게 아니다. "총괄해 말하자면 이들 통속어 서적의 질은 매우 높았으며, 속어로 인쇄된 과학서의 관점에서 본다면 잉글랜드는 아마도 이탈리아를 제외하고 다른 어떤 나라보다 창의적인 저작물을 많이 보유하고 있었다."[26]

여기에는 나름대로 원인이 있었다. 16세기 잉글랜드에서는 고등교육을 받은 지식인들 가운데 도시 중산계급의 관심사에 공명하는 사람들이 등장했다. 그 지식인들은 직인과 선원에게 영어로 수학과 천문학을 교육함으로써 그들의 자질을 향상시키는 데 공헌했다. 이와 관련해선 서문에서도 살펴본 것처럼, 크리스토퍼 힐은 엘리자베스 1세(재위 1558~1603) 시대에 과학은 오로지 런던의 상인과 수공업자가 전담하고 있었다고 말한다.[27] 하지만 이 견해는 한쪽 면만 본 것이다. 분명 16세기 후반의 잉글랜드에서 과학 활동은 런던을 중심으로 한 아카데미즘의 외부에서 영위됐다. 그러나 이것은 상인이나 기술자만의 자립적 활동이 아니라 대학 교육을 받은 지식인들의 계몽 활동과 교화 활동, 특히 이들이 집필한 속어 서적에서 추진력을 받아 이뤄졌다는 점을 잊어선 안 된다. 존슨의 연구에 나오듯, "모두가 그렇다고 말할 수는 결코 없지만, 영어로 쓰였던 가장 우수한 천문학서의 저자는 대부분 대학을 나온 사람들이었다."[28]

지금 돌이켜 보건대, 자연과학과 관련된 영어 인쇄 서적으로는 15세기 『세계의 거울』의 영역본, 1530년대에 초서의 『아스트롤라베 논고』 등을 꼽을 수 있다. 이들은 중세에 나온 서적을 재판하거나 번역한 것이었다. 속어로 쓰인 과학서가 등장한 데는 앞서 설명한 1537년의 산술 서적에 이어 로버트 레코드Robert Recorde가 펴낸 일련의 저서가 그 기점이 됐다.

| 로버트 레코드

　　　　　　　　1510년경 웨일스에서 태어난 로버트 레코드는 1531년 옥스퍼드를 졸업하고 1545년 케임브리지대학에서 의학 박사가 된 당당한 지식인이었다. 그는 또 수학, 천문학(그리고 점성술), 의학, 야금술, 광산업, 조폐 기술, 신학, 법률에 정통한 르네상스적 만능인 중 한 사람이기도 하다. 실제로 한때 에드워드 6세와 메리 1세의 시의를 지냈던 경력으로 보면 의사로서도 일류였던 것 같다. 그는 조폐국의 감독과 광산의 검사관으로도 일했다. 한마디로 서재에 틀어박힌 학자는 아니었다. 수학사에서는, 아래에서 보겠지만 일련의 수학 교과서를 남겼다. 처음으로 등호(=)를 사용했다고도 알려져 있다. 그 밖에도 의학서(소변에 대한 연구서)를 1574년 런던에서 출판했다. 게다가 천문학, 항해술, 광물학, 자연지리학 등에 관한 서적을 집필할 계획을 세우고 있었으며, 유클리드를 영어로 옮기는 작업도 생각하고 있었다고 한다. 하지만 1558년 세상을 떠나는 바람에 뜻을 이루진 못했다. 사우스워크의 감옥에서 옥사했다는데, 그가 왜 투옥됐는지 자세한 내용은 알 수 없다.[29]

　　어쨌든 1581년 로버트 노먼이 『새로운 인력The newe Attractive』에서 "우리나라의 직인과 선원은 대수학에 대한 레코드의 영어책들을 여러 권 가지고 있다"고 언급했듯이, 레코드가 수학서를 모두 영어로 썼다는 사실에 우선 주목할 만하다. 최초의 저서는 1542년 『모든 기예의 기초The Ground of Artes』였다. 영어로 쓰인 산술서로서는 앞서 소개한 『펜 또는 산판에 의한 계산술 학습 입문』에 이은 것

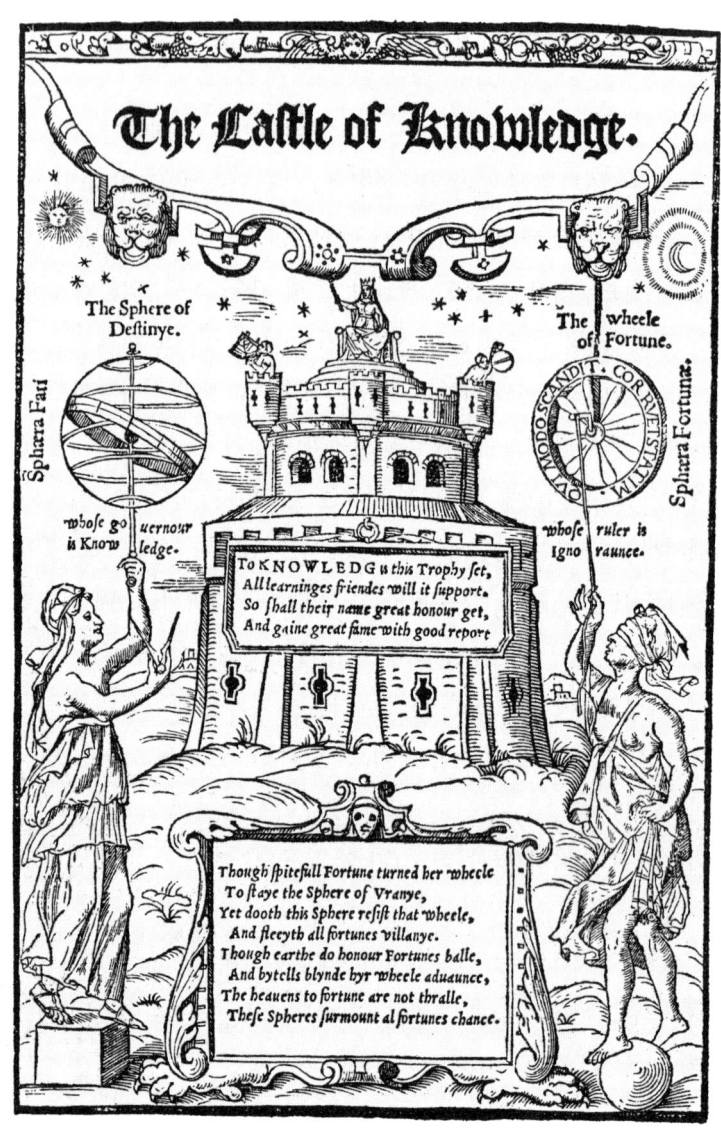

그림 8.1 로버트 레코드의 『지식의 성』(1556), 앞표지.

이다. 『모든 기예의 기초』는 레코드의 저술로서는 매우 대중적인 것이었다. 1699년까지 계속 판을 거듭했으며, 실제 18세기에 이르기까지 널리 읽혔다. 그다음으로 쓴 『지식에의 길 The Pathway of Knowledge』은 유클리드의 『원본』 첫 4권을 재구성해 영역한 것이다. 이것도 1551년 초판이 나온 이래 1602년까지 계속 중판이 나왔다. 이는 영어로 쓰인 최초의 기하학서였다.

1556년 초판이 나온 레코드의 『지식의 성 The Castle of Knowledge』은 역시 영어로 쓰인 최초의 천문학서인데, 기본적으로는 프톨레마이오스 천문학을 논한 책이다. 하지만 여기엔 이런 기록이 나온다.

> 대단히 학식 있고 경험도 풍부하며 부지런한 관측자인 코페르니쿠스는 사모스의 천문학자 아리스타르코스의 견해를 부활시켜 지구가 그 중심을 축으로 회전하고 있을 뿐 아니라, 우주의 정확한 중심으로부터 항상 380만 마일 떨어진 지점에 있는지도 모른다고, 아니 그 지점에 있다고 주장하고 있습니다. 그러나 이 논쟁을 이해하는 데는 이 입문서에 나온 것 이상의 깊은 지식이 필요하기 때문에 그 논의를 나중으로 미루도록 하겠습니다.[30] 〔380만 마일은 9,380만 마일의 오기 아닐까?〕

이처럼 이 책은 코페르니쿠스의 지동설에 대해 간단하지만 잉글랜드에선 처음으로 호의적인 언급을 했다. 이 문맥으로 본다면 로버트 레코드는 코페르니쿠스 이론의 해설서를 집필할 예정이었던 듯하지만, 실제 쓰지는 못했다.

마지막 저서 『지혜의 숫돌 The Whetstone of Witte』은 1557년에 초판이 출판됐다. 이 기묘한 책 이름의 유래는 수학이 지혜를 연마시켜 준다는 데서 나온 것인데, 이것도 영어로 쓰인 최초의 대수학 서적이었다. 대수학이라는 학문을 처음으로 잉글랜드에 들여온 책이었던 것이다. 실제 이 책에서 그는 "나는 이 미개척 분야의 최초의 모험자다"고 주장한다.[31] 그리고 이 책에서 처음으로 등호(=)를 사용했다.

레코드가 '무지에 대한 성벽으로서 as a forte against ignorance' 일련의 교과서를 집필했다고 그 동기를 밝혔듯이, 이는 무엇보다도 일반 대중의 교화와 실제 수학을 사용해 일하는 직인과 기술자의 교육을 위한 책이었다. 그는 『지혜의 숫돌』에서 "영어밖에 이해하지 못하는 우리나라 사람들에게 suche of my countrie menne, that vnderstand nothyng but Englishe"라고 썼다. 또 『모든 기예의 기초』의 부제에서는 '모든 계층의 사람들에게 필요한 산술의 작용과 실무를, 지금까지 유사한 서적보다 평이하고 더 정확한 방법으로 가르치는 것'이라는 표현을 썼다. 그리고 그 서문의 주석에선 "스승을 두지 못한 사람들을 위해 나는 평이하고 명확한 사례를 제시했다"고도 했다. 이 같은 표현은 모두 그의 집필 의도를 잘 드러내 준다.[32]

또한 『지식의 성』에는 이런 대목도 나온다. "나는 모든 사람들이 보기에 분명하고, 그래서 모두가 더욱 잘 납득할 수 있는, 단순하고 알기 쉬운 증명을 사용했다."[33] 이는 레코드의 저술의 성격을 분명히 보여 준다. 또 『지식에의 길』의 부제는 다음과 같다. '기하학의 제1원리를, 기하학적 도구와 천문학 도구의 사용에 있어서, 또 모든 종류의 지도의 투영에 있어서 결국엔 모든 부류의 사람들에게 절실하게 필요한 것을 실제로 가장 적용하기 쉬운 형태로 담고 있다.' 그 헌사에는 "엄밀한 지식을 배울 시간이 없는 사람이 이해하는 데 도움이 될 것이다"고 나와 있다. 실제로 한 가지 예를 들어보자. '점'은 당시 '부분을 지니지 않는, 즉 길이도 폭도 깊이도 없는, 작고 감지할 수 없는 형태'라고 정의돼 왔다. 이는 '이론적 사변'으로밖에는 할 수 없는 유클리드 이래의 정의다. 이를 대신해 레코드는 "실용적 목적을 위해선, 움직이지 않거나 최초의 접촉에서 죽 긋지 않은 상태의 펜이나 연필 또는 기타 필기도구로 눌러, 감지할 수 있을 정도의 길이도 폭도 없는 작은 자국을 점이라고 부르는 게 보다 적합하다고 생각한다"고 기술했다.[34] 이처럼 수학의 유용성을 강조하는 그의 교과서는 학자들이 즐겨 하는 추상적이고 현학적인 논의가 아니라 알기 쉽고 구체적인 말로 기술돼 있었다.

그러나 레코드는 그 내용에서 타협을 하진 않았다. 권위에 대한 맹종을 철저히 경계하면서 스스로의 머리로 생각할 것을 강력히 촉구했다. '스승 Maister'과 '학생 Scholar'의 대화 형식으로 쓰인 『지식의 성』에서 로버트 레코드는 프톨레마이오스의 위대함을 설명한 뒤 이렇게 강조했다. "그러나 자네든 다른 학생들이든, 프톨레마이오스나 다른 모든 사람들의 저서의 권위에 눌려 오류에 빠지는 일은 없도록 해야 하네. 그 논거에 한층 주의를 기울임으로써, 누가 말했는가가 아니라 무엇을 논하고 있는가를, 또 그것이 어떻게 증명되었는가를 음미해야 하지. 권위는 가끔 제군들을 기만하기 때문이라네."[35] 그런 의미에서 "『지식의 성』은 16세기에 출판된 천문학의 걸출한 입문서에 랭크될 가치가 있다".[36]

로버트 레코드가 집필한 일련의 교과서들이 16세기 후기 잉글랜드의 기술자와 선원, 상인들의 교육에 미친 역할은 대단히 크다.

| 존 디

　　　　　　　　1561년과 1570년 로버트 레코드의 『모든 기예의 기초』의 증보판을 낸 이는 엘리자베스 왕조의 잉글랜드가 낳은 만물박사 존 디John Dee, 1527~1608였다.

　존 디는 1542년 케임브리지의 세인트 존스 칼리지에 입학해 자유7과와 고전어를 공부했지만, 스콜라학에도 인문주의에도 끌리지 않았던 듯하다. 그 뒤 1547년부터 1550년까지 그는 루뱅에 머무르며 브뤼셀·안트베르펜·파리를 여행했는데, 이때 헤마 프리시우스나 메르카토르, 오르텔리우스를 필두로 하는 대륙의 수리기능인이나 지리학자들과 교분을 쌓았다(오르텔리우스는 나중에 영국으로 건너가 존 디를 방문한다). 그는 또 이 여행에서 대륙의 새로운 학문이던 지도학, 항해술, 헤르메스 사상, 카발라중세에서 근세에 이르기까지 퍼졌던 유대교의 신비주의적 교과 또는 그 가르침_역주, 기계공학, 건축 이론을 배웠다. 1540년 존 디가 스스로 밝혔듯이[37], 그의 고국에는 지리학과 지도학에 대한 제대로 된 전문 지식의 소유자가 없었으며, 어떤 학문도 당시의 잉글랜드에 뿌리내리지 못하고 있었다. 지도학에 관해 말하자면, "해상웅비의 영광이 늦게 찾아온 영국의 경우 엘리자베스 1세 시대 이전에는 영국인 해도 제작자가 한 사람도 배출되지 못했다"[38]고 한다. 존 디는 헤마 프리시우스가 설계한 항해용 천체관측 기기나 메르카토르가 제작한 지구의와 함께 이들 학문 자체를 대륙에서 잉글랜드로 가져왔던 것이다.

　그 시대 잉글랜드 과학에 가장 커다란 영향을 미친 존 디의 글은 1570년 영어로 초역된 유클리드의 『원본』에 기고한 '수학적 서문

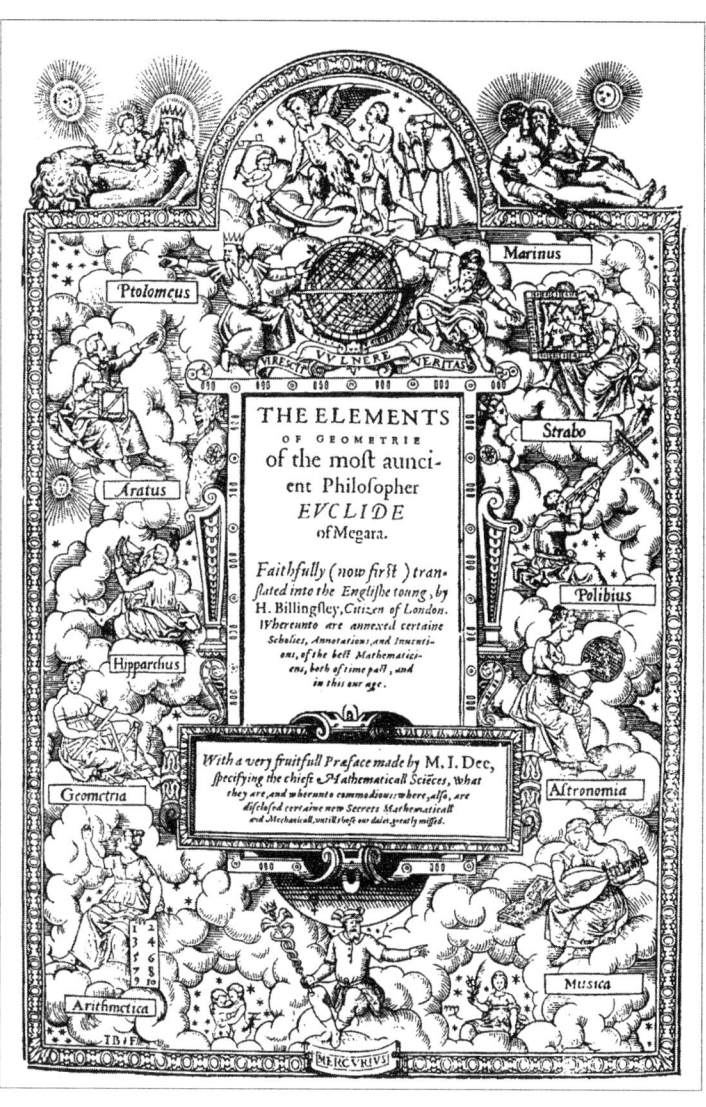

그림 8.2 헨리 빌링슬리가 번역하고 존 디가 서문을 붙인 유클리드의 『원본』(1570) 표지. 그림에서 오른쪽 가운데쯤 폴리비우스가 손에 들고 있는 것이 십자간이다.

The Mathematicall Praeface'이었다. 그림 8.2 이 책의 번역은 나중에 런던 시장이 된 헨리 빌링슬리Henry Billingsley가 했다. 존 디는 이 야심 찬 글에서 그가 대륙의 수리기능인들과 교류하면서 배운 수학의 유용성에 대한 확신을 표명했다. 연구자에 따라선 이 '서문'이 "과학사가들에 의해 부당하게 무시돼 왔다"고도 말한다. 그래도 "르네상스기의 잉글랜드에서 과학적·철학적 사상이 발전해 나가는 데 이 서문이 미친 진정한 영향력은 이루 헤아리기 어렵다"는 평가를 받는다. 이렇게 존 디는 로버트 레코드가 사망한 뒤 20년간에 걸쳐 잉글랜드 과학계에서 최고의 권위자로 인정받았다.[39]

영어로 쓰인 이 '수학적 서문'에서 특기할 만한 것은 존 디가 '라틴어를 모르는 사람들, 그리고 대학의 학자가 아닌 사람들unlatined people, and not Universitie Scholers'의 주의를 환기시키고 있다는 점이다.[40] 존 디는 새로운 학문의 담당자를, 스콜라학의 문헌 해석에 몰두한 학자들이 아니라 실용적이고 실제적인 기술을 생업으로 하는 기술자나 선원에서 찾았던 것이다. 존 디는 1563년에 쓴 편지에서 대학에는 신학과 헤브라이어나 라틴어 학자는 많으나, '계수와 중량과 측정number, weight and measure'에 숙달된 사람은 없다고 개탄했다.[41] 그는 일찍부터 잉글랜드의 대학에 대해서 희망을 접었다. 그런 까닭에 1570년 이 '수학적 서문'을 신흥 중산계급의 기술자들을 위해 집필했던 것이다. 따라서 이는 적극적으로 영어로 쓰지 않으면 안 되는 성격의 글이었다. 실제로 "이 서문이 중산계급의 청년, 즉 상인이나 직인들의 자제에게 미친 임팩트는 매우 컸다."[42]

그러나 존 디의 수학에는 윌리엄 레코드와 달리 대륙의 신플라톤주의나 마술 사상과도 통하는 일면이 있었다. 존 디에 따르면,

사물은 '초자연적인 것'과 '자연적인 것' 그리고 '제3의 존재'로 분류된다. "초자연적인 것은 비물질적이고, 순일적純一的이며, 불가분이자 불멸·불변이다. 자연적인 것은 물질적이고, 복합적이고, 분해 가능하고, 부서지기 쉬우며, 가변적이다. 초자연적인 것은 정신에 의해서만 파악할 수 있지만, 자연적인 것은 외감外感으로 지각한다. 초자연적인 것에서는 최고의 명증성과 정확한 예지를 얻을 수 있지만, 자연적인 것에서는 개연성 있는 이론과 추측이 전부다." 분명 '초자연적인 것'과 '자연적인 것'의 구별은 플라톤이 말한 이데아와 감각적 지각의 대상인 사물의 구별에 대응하는 것이다. 플라톤은 엄밀한 학문으로서 수학이 적용될 수 있는 것은 전자에 대해서만이라고 생각했으나, 존 디는 '제3의 존재'로서 '수학적인 것thynges mathematicall'이라는 개념을 받아들였다. '수학적인 것'은 '초자연적인 것과 자연적인 것의 중간'에 있으며, 그 자체는 비물질적이지만 '지각할 수 있는 보다 낮은 수준의 것', 즉 '자연적인 것'에도 적용된다.[43] 따라서 감각으로 파악되는 물질세계에 대해서도 수학의 적용이 가능해진 것이다.

분명 존 디의 수학은 일면으론 수의 비술秘術이나 마술로 흐르는 경향을 보인다. 특히 당시 광의의 '마술사'로 불렸던 네테스하임의 아그리파Cornelius Agrippa von Nettesheim의 오컬트 철학의 영향이 뚜렷하게 나타난다.[44] 그런 이유에서 존 디에겐 '요술쟁이conjurer'라는 그리 아름답지 않은 꼬리표가 붙게 됐고, 더욱이 천사와 교신을 시도했다는 일기가 사후에 공표되어 물의를 일으킨 일도 있었다. 이 때문에 특히 계몽주의 시대 이후에는 그가 행한 역할이 매우 인색하게 평가돼 왔다. 그러나 16세기에는 마술 사상 그 자체가 자연계에 감춰진 갖가지 힘 — 숨겨진 힘 — 의 존재와 작용을 경험적·실험적으로 조사해 인간 생활에 도움이 되도록 하는, 경험주의적이고 실용주의적인 경향을 더해 갔다. 게다가 존 디의 수학 사상은 현실에선 지도 제작이나 천체관측 기기의 개량에 힘쓰고 있던 헤마 프리시우스, 메르카토르와 같은 대륙의 수리기능인 그리고 항해술에 밝은 수학자 페드로 누네스Pedro Nuñes 등의 영향도 강하게 받았다. 그의 수학은 그만큼 현실적이고 실천적인 측면을 많이 지니고 있었던 것이다.

실제 이 「수학적 서문」에는 다음과 같이 그 목적이 명기돼 있다. "수와 크기에 대한 수학적 사변[산술과 기하학]은 편리하고 정확하고 불가결한 수단이자 보조 도구이며 안내자다. … 나는 수학의 이 두 가지 원천에서 '자연'의 여러 분야에 대해 도출되는 수많은 기예를 계통적으로 열거하고 기술하고 논할 것이다." 이 '수학적 기예artes mathematicall'에는 천문학, 우주학, 음악, 항해술, 수리학, 기체역학, 건축학과 나란히 '도상술Zographie'이 포함돼 있다. 존 디에 따르면, "도상술의 완성에는 기하학, 산술, 투시화법[원근법], 인류학 그리고 그 외의 많은 개별적 기예가 필요하다". 즉, 이는 레온 바티스타 알베르티나 피에로 델라 프란체스카 또는 알브레히트 뒤러의 연구를 토대로 형성된 근대 회화를 가리킨다. 존 디에 따르면, 그런 의미에서 훌륭한 화가란 '도상술의 기계공'인 셈이다. 마찬가지로 '동력술Menadrie'이 예로 나오는데, 이것은 '어떻게 하면 자연의 힘이나 단순한 힘을 뛰어넘어 힘을 강화시킬 수 있는가를 논증하는 기예'라고 설명돼 있다. 구체적인 예로 크레인 등이 거론됐다. 요컨대 타르탈리아나 구이도발도 델 몬테가 연구했던 지레와 활차, 빗면의 원리와 응용을 다룬 기계학이었던 것이다. 참고로 지금도 사용되고 있는 Geodesy(측지학)라는 말은 존 디가 만들어 냈다고 한다. 이런 사례를 통해 존 디가 생각하던 과학이 어떤 성격이었는지 추측할 수 있을 것이다.[45]

그리고 존 디는 '수학적 기예'의 최상의 형태를 '모든 수학적 기예에 의해 도출되고 진정한 자연철학을 통해 얻어진 가치 있는 결론을, 지각 가능한 현실의 경험으로 표출하도록 교시하는 것'이라고 했다. 그는 이것을 '지상기예 Archemastrie'로 불렀다.[46] 이는 '기예 art'라기보다는 오히려 '과학 science'이라 할 수 있다. 그리고 그는 이것이 때로는 '경험학 Scientia Experimentalis'으로 불린다고 하면서, "경험학이라는 명칭은 니콜라우스 쿠자누스가 명명했던 것이다"고 덧붙였다. 그리고 난외에는 RB, 즉 로저 베이컨이라고 썼다. 이 점으로 미뤄 보건대, 존 디에 대한 두 사람의 영향은 명백하다고 볼 수 있다. 존 디는 자연 연구에서 정량적 측정의 중요성을 강조했던 15세기의 쿠자누스와, 자연 인식에서 수학과 경험의 중요성을 강조하며 과학에 근거해 자연의 힘을 사용할 수 있다고 주장한 13세기 로저 베이컨의 직접적인 후계자였다.

즉 이「수학적 서문」은 새로운 과학으로서 '응용수리과학'에 대한 찬가이자 제언이었다. 존 디는 대학이 학문의 실용적 가치에 관심을 보이지 않던 시대에 수학적 과학의 기술적 응용 가능성과 중요성을 일찌감치 꿰뚫어 보고 있었던 것이다.

그러나 그의 시선은 직인과 기술자에게만 향하지는 않았다. 그는「수학적 서문」을 영어로 썼지만, 다른 저서는 라틴어로도 집필했다. 존 디에게 과학의 가치는 오직 잉글랜드의 번영과 국력의 증강을 위한 것이었다. 실제 그는 영국 왕실의 해군 고문으로서 엘리자베스 1세의 브레인이기도 했다. 특히 제국주의 정책의 열렬한 추진론자였으며, 제국주의적 입장에서 지리학의 진보와 항해술의 개량에 대단한 관심을 지녔다. 현실에서도 그는 거의 30년에 걸쳐 마틴 프로비셔Martin Frobisher, 험프리 길버트Humphrey Gilbert, 월터 롤리Walter Raleigh와 같은 엘리자베스 왕조의 항해가나 식민주의자의 고문이었다. 항해사들을 교육시켜 주었고, 탐험 항해에 대한 조언도 해 주었다. 1570년대에 계속 시도됐던 마틴 프로비셔의 서북항로 발견을 위한 항해에 대해서도 그는 열성적인 권고와 지도를 아끼지 않았다. 1577년에는 『완벽한 항해술The Perfect Arte of Navigation』을 집필해 출판했는데, 이 책은 강대한 해군력을 갖춰 해외 영토 확장을 통해 웅비하는 대영제국을 수립하자며 엘리자베스 1세에게 바친 건의서였다.

존 디는 또 자기 주변에 과학과 문예에 관심을 지닌 사람들을 불러 모아 일종의 사립 아카데미를 조직했다. 뿐만 아니라 수도원의 파괴로 장서들이 흩어져 사라지는 것을 막기 위해 국립도서관의 창설을 여왕에게 진언했는데, 이것이 받아들여지지 않자 스스로 4,000권이 넘는 서적을 수집해 지인들에게 개방하기도 했다. "만일 대학의 본질적이고 진정한 중심을 도서관이라고 본다면, 존 디의 모임은 1560년부터 1583년 사이에 잉글랜드의 '과학 대학'이었다고 봐도 좋다"고 할 정도였다.[47]

존 디는 불특정 다수의 독자들을 상대로 쓴 저서뿐 아니라, 이처럼 사적인 모임에서 개인적인 인간관계를 통해서도 과학 기술 발전에 영향을 미쳤다. 여기에서 배출된 인물이 항해사이자 기술자인 리처드 챈슬러Richard Chanceller, 수학자이자 천문학자인 토머스 디그스Thomas Digges, 잉글랜드 르네상스를 대표하는 시인 필립 시드니Philip Sidney였다. 존 디와 거의 같은 세대인 챈슬러(1527경~1556)는 브리스톨 출신의 선원이었다. 대학을 나오진 않았으나, 동아시아를 향한 북극해 경유의 북동항로 탐험에 참가한 주임 항해사로 존 디에게 수학을 배웠다. 그는 수학적 재능만이 아니라 엔지니어로서도 훌륭한 능력을 갖추고 있어서, 항해용 기기의 개량과 설계에 큰 힘을 발휘했다.

디그스 부자

수학자이자 천문학자인 레너드 디그스Leonard Digges, 1502경~1558는 토지를 소유한 켄트 지방의 젠트리였다. 옥스퍼드에서 공부했으나 학위를 따진 못했다. 그는 존 디와 오랜 세월 친구로 지내면서, 그와 마찬가지로 로저 베이컨의 영향을 받았다. 이는 광학렌즈에 관한 그의 실험과 고찰에서 알 수 있다. 일설에 의하면 그는 반사망원경을 고안했다고도 하고,[48] 또 지상 측량에도 사용할 수 있는 경위의經緯儀, theodolite를 최초로 고안했다고도 알려져 있다. 이것으로 알 수 있듯이, 디그스는 이론에 밝았을 뿐 아니라 손기술도 뛰어난 수리기능인이었다.

그러나 무엇보다 디그스가 했던 과학 활동의 가장 큰 특징은 역시 자신의 지식을 혼자만의 것으로 감추려 하지 않고 만천하에 공표하려는 태도에서 찾을 수 있다. 당시 "미지의 언어로 봉인돼 있다"고 하던 수학적 기예에 관한 지식을 직인과 장인들에게도 알려주자는 게 그의 일관된 방침이었다. 따라서 그는 존 디와 달리 모든 저서를 영어로 썼다. 이 점에서 레너드 디그스는 오히려 로버트 레코드의 후계자라고 해야 할 것이다. 디그스가 1553년에 쓴 『일반적 예측A Generall Prognostication』과 그 개정판으로 1555년 출간한 『훌륭한 효과의 예측A Prognostication of right good effect』은 그런 정신에 입각한 것이었다. 그리고 기하학과 측량술의 입문서로 1556년 출간한 『기술의 책A Boke of Tectonicon』은 측량사, 건축 기사, 목수, 석공을 위해 쓴 책이었다.

사후인 1571년에 출판된 디그스의 『범측량술Pantometria』은 존 디의 「수학적 서문」과 함께 널리 읽혔다. 이 책을 완성해 출판하고, 『예측』의 개정판을 1576년 출간한 이는 1548년 태어난 아들 토머스 디그스였다. 레너드 디그스는 메리 1세 때 와이엇의 반란(1554)에 연루돼 아들을 친구인 존 디에게 맡긴 채 1558년 사망했다. 토머스가 열세 살 때였다. 그래서 토머스는 수학 교육을 존 디에게 받았다. 토머스 디그스는 1572년 이른바 티코 브라헤 신성을 관측해 과학계에서 일약 유명해졌다.

코페르니쿠스 이전의 세계상, 즉 아리스토텔레스-프톨레마이오스의 우주상은 지구를 우주의 중심으로 간주했다. 당시의 우주상은 두 개의 측면, 즉 자연학[물리학]적으로는 달을 기준으로 천상과 월하의 세계를 본질적으로 구분하던 아리스토텔레스 이론과, 수학적으로는 행성 운동에 대한 프톨레마이오스의 정교하고 복잡한 이론으로 이뤄져 있었다. 코페르니쿠스의 지동설은 수학적 측면으로만 본다면 행성의 위치에 대한 프톨레마이오스의 이론과 사실상 똑같은 것을 좀 더 세련된 계산으로 구한 것이었다. 따라서 코페르니쿠스 이론을 실제로 지구가 움직이고 있는지 아닌지를 따지지 않고 단지 계산을 위한 수학적 가설이나 방편이라고 본다면, 당시로서도 이를 받아들이는 데 그리 큰 저항은 없었다.

그러나 지동설을 단순한 수학적 가설이 아니라 새로운 우주상으로 받아들인다는 것은 완전히 다른 차원의 얘기다. 이를 위해서는 생성·소멸이 끊이지 않는 월하 세계와 불변·불멸의 천상 세계의 존재를 전제로 한 아리스토텔레스의 이원적 세계상을 자연학(물리학)적으로 타파해야 했다. 이 세계상을 뒤흔든 최초의 충격적인 현상이 1572년 신성의 출현이었다. 신성은 여남은 달 동안 반짝이다 사라졌지만, 앞에서도 언급했듯이 이를 처음 발견한 덴마크의 천문학자 티코 브라헤는 정밀한 관측을 통해 신성이 항성에 대해 위치를 바꾸지 않는다는 사실을 보여 주었다. 그리고 그는 신성의 출현이 — 아리스토텔레스 이론에서는 있을 수 없는 — 천상 세계의 현상이라고 결론 내렸다.

이 신성을 티코 브라헤와 같은 시기에 관측하고, 같은 결론에 도달한 이가 토머스 디그스였다. 아니, 디그스는 지구의 부동성에 집착했던 브라헤를 넘어 이 현상이 코페르니쿠스의 이론을 자연학적으로도 입증하는 것이라고 이해했다. 그는 이 내용을 이듬해인 1573년 출판한 『수학의 사다리 또는 날개 Alae seu scalae Mathematicae』에 발표했다. 토머스 디그스의 이 책은 '신성에 관해 출간된 티코 브라헤의 책에 이은 가장 탁월한 관측'이라는 평가를 받고 있다.[49] 그리고 이 책의 출판을 계기로 토머스 디그스는 존 디와 어깨를 나란히 하며 잉글랜드에서 가장 우수한 천문학자이자 수학자라는 평

판을 얻게 됐다. 동시에 그는 "잉글랜드에서 코페르니쿠스 이론의 지지자들의 리더로 인정받았다".[50]

토머스 디그스는 아버지 레너드의 『영속적 예측Prognostication euerlasting』의 개정판을 1576년에 내면서 영어로 된 자신의 논고 「최고의 피타고라스 이론에 따른, 그리고 코페르니쿠스 이론에 의해 개정된, 천구에 대한 완전무결한 기술A Perfit Description of the Caelestiall Orbes」을 추가했다. 나아가 코페르니쿠스의 『천구의 회전에 대하여』 제1권의 몇몇 장을 영역해 첨부했다. 물론 이는 코페르니쿠스의 책을 처음 영역한 것이었다. 이 책에서 토머스 디그스는 코페르니쿠스 이론을 행성의 위치를 구하는 단순한 수학적 가설로서가 아니라, 실제의 행성 운동을 의미하는 물리학적 이론으로 다루고 있다. 또 지동설에 대한 비판에 대해 다음과 같은 반론을 전개했다. 당시 지동설의 비판론자들은 "만일 지구가 운동하고 있다면 높은 탑의 꼭대기에서 떨어뜨린 물체는 지구의 운동의 영향으로 탑의 밑부분에서 약간 떨어진 지점에 낙하해야 할 텐데, 이는 있을 수 없는 일이다"고 주장했다.

> 이 [지구 상에서 보는] 세계에 대해 상승·하강하고 있는 물체의 운동을 생각해 보자. 이게 수직의 직선운동으로 보이더라도, 직선운동과 원운동의 결합이라고 생각해야 할 것이다. 이것은 항해 중인 배의 마스트 꼭대기에서 추를 갑판으로 떨어뜨릴 때와 같은 이치다. 이 추는 [배에 탄 사람들의 눈에는] 마스트를 따라 똑바로 수직으로 떨어지는 것처럼 보인다. 그러나 이성적으로 생각하면 추의 운동은 [낙하하는] 직선운동과 [해상을 움직이는 배의 운동에 따른] 원운동의 합성이 된다.[51]

이와 똑같은 논의를 갈릴레오가 전개한 때가 1632년이었다.[52] 그런 면에서 토머스 디그스가 갈릴레오보다 반세기나 빨랐던 셈이다. 그뿐 아니라 토머스 디그스는 「완전무결한 기술」에서 "항성천은 그 높이를 무한히 넓혀 가고 있으며, 그런 의미에서 부동不動이다"고 기술했다. 또 최대 구면의 외측에 몇몇 별이 표시된 삽화를 게재했다.[53] 당시 항성의 연주시차年周視差 annual parallax, 지구가 태양을 공전하기 때문에 생기는 관측 각도의 차이_역주가 관측되지 않아 이론 전개에 다소 어려움을 겪었던 코페르니쿠스는 항성천은 충분히 커서 지구로부터 매우 멀리 떨어져 있다고만 했다. 그래도 그는 유한 우주의 개념을 놓지 않았다. 그 코페르니쿠스를 뛰어넘어 토머스 디그스는 우주가 무한하다는 대담한 주장을 내놓았던 것이다. 같은 주장을 이전에 니콜라우스 쿠자누스가 했지만, 쿠자누스의 논의는 신학적·형이상학적인 것으로 물리학적 근거가 있었던 것은 아니었다. 또 쿠자누스가 새로운 우주상을 제창한 것도 아니었다.[54] 이에 비해 디그스는 지동설(태양중심설)과 세트로 물리학적으로 우주의 무한성을 주장했던 것이다. 그런 의미에서 우주의 외측에 있는 벽을 깨부숨으로써 종래의 우주론을 완전히 분쇄할 만한 용기를, 디그스는 지니고 있었다. "그는 항성이 무한 공간 내부에 다양한 거리를 두고 분포하고 있는, 태양 중심의 무한한 우주를 그려낸 근대 최초의 천문학자다"고 할 수 있다.[55]

이 「완전무결한 기술」이 곁들여진 『영속적 예측』은 그 뒤 1578년, 1583년, 1585년, 1592년, 1596년, 1605년, 1628년 중판이 나왔다. 코페르니쿠스의 저서를 볼 기회도 없었을 뿐 아니라, 그를 이해할 정도의 학력(어학력과 수학력)도 없었던 보통의 영국인들은 토머스 디그스의 책에서 새로운 태양중심설과 이를 지지하는 논의에 대한 권위 있는 설명을 처음 읽을 수 있었던 것이다. 이 책은 잉글랜드에서 코페르니쿠스 이론의 보급에 크게 공헌했다. 유럽 사회에서 지동설이 수용되는 데 토머스 디그스가 했던 역할은 결코 갈릴레오에 뒤지지 않는다. 1600년 윌리엄 길버트가 『자석론』에서 무한 우주의 가능성을 언급했고, 유작인 『세계론 De mundo』에서 토머스 디그스와 마찬가지로 원근감을 표시한 항성 분포도를 남긴 점으로 미뤄 그가 디그스의 영향을 크게 받았음을 알 수 있다. 또한 토머스 디그스는 아버지 레너드 디그스가 고안했던 반사망원경을 천체관측에 사용했다고도 전해진다.[56] 토머스 디그스는 1595년 눈을 감는다.

| 윌리엄 본

잉글랜드에서 항해와 측량을 위한 기기의 제작은 대륙에서 헤마 프리시우스에게 기술을 배운 직인 토머스 제미니 Thomas Gemini와 그의 도제 험프리 콜 Humfrey Cole의 손에 의해 시작된다. 에바 테일러의 『튜더 및 스튜어트 왕조 시절 잉글랜드의 수리기능인들 The Mathematical Practitioners of Tudor & Stuart England』에는 다음과 같은 설명이 나온다.

> 16세기 중반에 이르러 [잉글랜드에선] 항해술, 측량술, 시계 제작 기술, 지도 제작 기술, 포술, 요새 건설 기술 등과 같은 고급 기술의 진보

를 위해 기하학과 천문학이 필요해졌다. 이에 따라 교육의 수요가 높아지기 시작했으며, 이를 배경으로 수학을 독학으로 익힌 '교사'가 등장하게 됐다. 그들 가운데 일부는 대학 교육을 받기도 했으나, 대부분은 그렇지가 못했다. 그들의 출신 성분은 달력 제작업자, 점성술사, 은퇴한 선원, 측량 기사, 포술 기사, 계측 기사 등이었다. 분명 그들은 자신의 기술을 단지 남에게 전달해 줄 만한 능력을 지닌 수리기능인 mathematical practitioners이었다. 쉽게 상상할 수 있듯이, 그들은 모두 무엇인가 장치를 제작하는 직종과 밀접한 관련이 있었다. 또 그런 장치를 다룰 줄 안다는 것은 수학교사라는 새로운 직업의 자격 증명이기도 했다. 따라서 당시 교사가 스스로 새로운 장치를 고안해, 자신이 가르치는 제자들에게만 그 사용법을 알려 주는 건 매우 흔한 일이었다. 그리고 그들의 교과서는 교수 노트나 이전에 종사했던 일에서 축적된 소재를 바탕으로 만들어졌다. 교과서의 출판도 그들이 직접 했다.[57]

마찬가지로 프랜시스 존슨Francis R. Johnson의 책 『르네상스 시대 잉글랜드의 천문학 사상Astronomical Thought in Renaissance England』에는 "이 시대 과학 서적의 많은 저자들은 대학 교육과 관계가 없었다. 그들은 로버트 레코드나 존 디, 토머스 디그스에게 받은 도움 덕분에 적절한 수학적 원리를 자신의 실제적 경험과 지식에 응용할 수 있었다"[58]고 나온다. 이제 살펴볼 윌리엄 본William Bourne 또한 그야말로 '수학을 독학한 교사'이자 '대학 교육과는 무관한 저자'의 한 사람으로서 항해술과 측량술, 포술에 관한 저서들을 영어로 써냈다.

윌리엄 본의 직업이 원래 무엇이었느냐에 대해선 설이 엇갈린다. 하숙집 주인inn-keeper이라는 얘기도 있고, 포수gunner였다고도 한다. 본이 태어나 평생을 지냈던 그레이브센드는 런던과 템스 강 하구의 거의 중간에 위치한 수상 교통의 요충지였다. 런던에서 바다로 향하는 선박이 날씨가 좋아지길 기다리며 정박하고, 여행객들이 잠시 쉬어 가던 항구였다. 1537년 헨리 8세는 런던 방어용 요새를 이곳에 건설했는데, 당시 잉글랜드 해군의 근거지와도 가까웠다. 실은 본의 집은 그레이브센드의 유력한 집안에 속했다. 그래서 그는 시의 참사관으로 임명됐으며, 1571~1572년에는 시장portreeve을 지내기도 했다. 그는 평상시엔 하숙집을 운영하고 유사시에는 요새로 뛰어가 방위에 임하는 시민병으로서, 평소부터 포술 훈련을 받았던 듯하다.

1561년 스페인의 마르틴 코르테스가 쓴 『항해술』이 리처드 이든의 손으로 영역됐다. "이것이 의욕적인 젊은 선원에겐 독학의 길을 연 첫걸음이 됐다." 이 책을 읽은 윌리엄 본은 수학의 응용에 대해 강의와 저술을 시작해, '잉글랜드에서 알려진 한 수학 실무 교육을 받지 않은 최초의 (비아카데믹한) 강사이자 저술가'가 됐다.[59] 당시 군사·항해·측량에 필요한 수학적 실무를 가르치는 곳은 어디에도 없었던 것이다.

본은 1567년 3년분의 달력을 만들었고, 여기에 『항해의 몇몇 규칙Sertain Rules of Navigation』이라는 제목으로 코르테스의 책의 요약을 곁들였다. 다시 3년 뒤 본은 1571~1573년에 사용할 수 있는 달력을 출판했다. 이 달력이 매우 유용하다고 평가되자 그는 1574년 교육을 받지 않은 선원들을 위해 코르테스의 『항해술』을 알기 쉽게 고쳐 쓰고 다듬어 완성도 높은 『항해 규칙A Regiment for the Sea』을

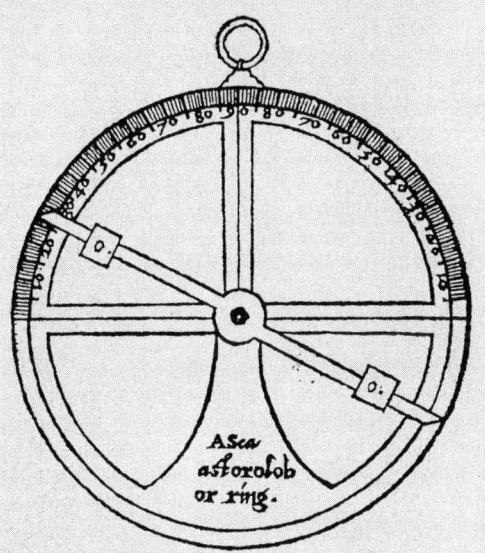

그림 8.3 윌리엄 본의 『항해 규칙』(1574), 앞표지.

새로 출판했다.그림 8.3 이는 영국인의 손에 의해 출간된 최초의 인쇄본 항해술 서적이었다. 이 책은 1576년, 1577년, 1580년에 각각 중판이 나왔다. 본의 사후에는, 토머스 후드가 이를 이어받아 1592년, 1596년에 다시 출판했다. 1594년과 1599년에는 네덜란드어로도 번역돼, 몇 세대에 걸쳐 선원들에겐 필수적인 휴대용 매뉴얼이 됐다.

『항해 규칙』은 항해에 필요한 천체관측 기법에 대한 설명 외에도 항해술에 관한 16세기 잉글랜드의 발명품 — 해상에서의 선속 측정법 — 인 로그라인log-line을 인쇄물로 처음 공표했다는 점 때문에 항해술의 역사에서 크게 주목 받고 있다. 이 시대에 이르러 육지를 볼 수 없는 원양 항해가 자주 이뤄지면서 해상에서의 위치 파악이 매우 중요한 문제가 된 것이다. 특히 경도를 파악하는 확실한 수단이 없는 기술 발전 단계에서 유일한 방법은 추측항법dead-reckoning이었는데, 이를 위해선 반드시 항행 거리를 측정해야 했다. 프랑스의 자크 베송Jacques Besson이나 잉글랜드의 험프리 콜은 톱니바퀴를 사용한 기계를 고안했는데, 너무나 정교했기 때문에 오히려 실용화되지 못했다. 이에 비해 로그라인은 원리나 조작이 모두 단순해 매우 실용적이었는데, 원래는 본의 책이 출판되기 직전에 잉글랜드에서 고안된 것이었다. 로그라인은 같은 간격으로 매듭knot을 지은 긴 끈(보통 250~300m)의 한쪽 끝에 나무토막log을 묶어 놓은 게 전부다.그림 8.4 이 나무토막을 항해하는 동안 뱃고물에서 바다 속으로 던져 넣고, 모래시계를 뒤집어 위의 모래가 아래로 다 내려갈 때까지 끈을 쥔 손을 통과한 매듭의 수를 세면, 일정 시간 동안 배가 통과한 거리, 즉 배의 속도를 구할 수 있었다. 바람이 바

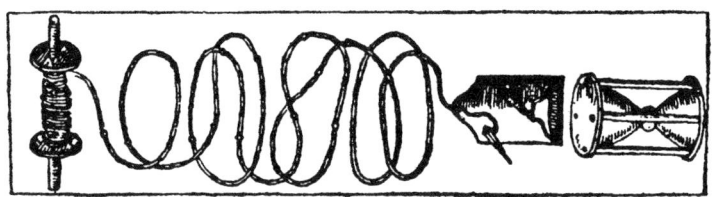

그림 8.4 로그라인과 모래시계. E. 테일러의 『The Haven Finding Art』 중에서.

낄 때마다 이것으로 배의 속도를 측정해, 항행 시간을 함께 기록해 두면 통과 거리를 구할 수 있는 것이다. 본은 "배의 항로를 알기 위해서 몇몇 선원이 이것을 사용하고 있다. (내가 실제로 사용해 봤는데) 매우 사용하기 쉽다"고 기록했다.[60] 구조가 매우 간단하고 사용법도 쉬웠기 때문에 네덜란드나 프랑스의 선박들도 사용했다. 참고로 배의 속도 단위인 '노트knot'나 '항해일지'를 의미하는 logbook(영국), logboek(네덜란드), Logbuch(독일)라는 말도 여기에서 유래한다.

또한 윌리엄 본은 학자의 영역을 침범해 『항해 규칙』과 같은 서적을 출판한 데 대해 (학계의) 배척을 받았던 것 같다. 이는 당시 외과의였던 윌리엄 클로스가 당했던 것과 비슷하다. 본은 1578년 『여행자의 보물The Treasure for Travellers』을 펴내면서 '독자를 위한 서문'에서 "자신은 신분도 낮고 학식도 전혀 없는 인간이다"며 몸을 납작 낮췄다. 그리고 "이 책은 교육 받은 지식인들을 위해 쓴 것이 아니라, 그저 신분이 낮고 배우지 못한 사람들을 위해 쓴 것이다"고 해명했다.[61] E. 테일러는 이에 대해 다음과 같이 말했다. "그는 학자도 아니고 젠트리 출신도 아니지만, 학자나 젠트리의 점유지로 여겨지던 저술의 영역으로 넘어 들어갔다. 과학 서적은 아직까지 고전적 교양에 토대를 둔 것이며, 이는 대학에서 출판돼 라틴어에 능통한 독자들만 읽는 것으로 여겨지던 시절이었다. 그러나 여기에 일련의 기술 안내서를 영어로 작성한 하숙집 주인이 등장한 것이다."[62] 하지만 대학의 학자들이 라틴어에 능통했다고 해서, 수학적 실무에 관한 저술가로서 윌리엄 본이 그들에게 뒤진 것은 결코 아니었다. 속 좁은 학자들의 간섭에 굴하지 않고 『항해 규칙』의 출판에 성공하자, 힘을 얻은 본은 그 뒤 수학 실무에 관련한 갖가지 주제에 대해 집필을 계속했다.[63]

본은 기술적 지식이 없는 포술사들에게 기술 교육이 더 필요하다고 보고, 타르탈리아의 책을 바탕으로 『대형 대포의 사격 기술』을 출판했다. 이게 1578년인데, 본은 그해 자크 베송의 기계학 서적을 참고로 한 『발명과 고안 Inventions and Devices』, 측량 기법을 다룬 『여행자의 보물』을 연속해 출판했다. 『여행자의 보물』에는 헤마 프리시우스가 제창한 삼각측량이 도판과 함께 기술돼 있는데, 이 그림은 최초의 인쇄본 삼각측량 도판이었다. 당시 잉글랜드에선 접수된 수도원 영지의 재분배를 위해서도 측량 기술이 필요했다.

일련의 저서에서 윌리엄 본이 다룬 주제들은 대개 잉글랜드에서 최초로 기술된 것들이었다. 그 내용은 당시의 수학적 실무에 필요한 수학을 거의 모두 망라하고 있다. 테일러가 말하듯, 윌리엄 본은 '새로운 형태의 독자를 위해 새로운 형태의 교과서를 쓰는 데 성공한 집필자'였다.[64] 비록 그의 책이 타르탈리아나 자크 베송 또는 페트루스 아피아누스의 저서를 바탕으로 했다고는 해도, 대학의 울타리 밖에서 그 같은 인물이 배출됐다는 것은 커다란 변화라고 하지 않을 수 없다.

| 로버트 노먼과 윌리엄 버로

로버트 레코드, 존 디, 디그스 부자는 영어로 수학서와 과학서를 집필함으로써 직인·기계공·선원·상인·군인에게 필요한 지식을 제공했다. 이로써 그들은 16세기 후반 잉글랜드에서 배출된 수리기능인들을 직·간접적으로 육성했다. 1602년 거물인 대공 리처드 모어Richard More는 목재 측정을 위한 매뉴얼을 만들면서 노동자들의 수준 향상을 위한 길을 연 사람으로서 레코드와 디, 디그스에 대한 칭송을 잊지 않았다.[65]

그러나 직인과 기술자가 자신의 언어(영어)로 저술을 쓰기 시작한 것이 이처럼 '위로부터의' 움직임에만 의존한 것은 아니었다. 직인 출신의 로버트 노먼Robert Norman은 실제 20년간 선원 경력을 쌓은 뒤 항해용 기기 제조업에 종사하면서 복각伏角을 발견해 『새로운 인력The Newe Attractive』을 출판했다. 영국 해군의 회계 검사관 윌리엄 버로William Borough는 노먼에게 그 책의 집필과 출판을 권유한 동시에, 그 자신도 편각을 측정하고 이에 대한 논고를 저술했다. 그들이 한 일은 분명 윌리엄 레코드나 존 디의 영향을 받은 것이었지만, 기본적으로 스스로의 경험과 실천 그리고 그에 대한 자립적 고찰에서 나온 것이었다.

유럽인이 자석과 자침의 지북성을 알게 되고, 이것을 항해용 컴퍼스(나침의)에 사용한 것은 12세기 이전으로 추측된다. 그 자침이 실은 정북을 가리키는 게 아니라 약간 동서로 흔들리는 이른바 '편각'이 있다는 사실을 발견 — 정확히는 자침이 자오선과 이루는 각인 편각이 0이 아니라는 사실의 발견 — 한 것은 앞 장에서 보았듯이 유럽 대륙의 여행용 해시계 제조 직인으로 전해진다. 그러나 그 발견이 이뤄진 시기와 장소, 발견자의 이름은 물론 알려져 있지 않다. 당시의 직인들에게는 자신의 발견이나 발명을 글로 남기는 습관이란 게 없었다. 애초부터 자신이 무엇인가를 '새롭게 발견했다'는 데 대한 자각이 직인들에게 있었는지조차 의심스럽다. 기술적 고안이나 개량은, 예컨대 풀무를 수차로 구동해 고온의 노爐를 만드는 것 같은 극히 중요한 기술을 포함해, 보통 거의 대부분이 무명씨들의 업적으로서 역사의 퇴적물 밑에 묻혀 있다. 항해용 자기 컴퍼스의 경우도 지식인이 이것을 기록해 남긴 시점은 선원들이 실제로 사용하기 시작하고 나서 상당한 시간이 흐른 뒤였다고 보인다.

  기술자가 발견했던 내용을 그 기술자 스스로 주목할 가치가 있는 새로운 현상이나 발견임을 인식해, 이를 자신의 언어로 기록하고 공표한 최초의 케이스가 자침의 '복각'을 발견한 로버트 노먼이었다. 런던에서 자기 컴퍼스 제조업으로 먹고살던 직인 노먼은 철침을 중심점 위에 균형을 맞춘 뒤 자석으로 문질러 자성을 띠게 하면 북쪽을 가리키는 끝 부분이 반드시 아래쪽으로 기운다는 것을 관찰했다. 이것을 계속 반복한 결과 자침이 수평면과 이루는 각도(복각)가 0이 아니라는 점을 알아냈다. 뿐만 아니라 노먼은 이 문제를 연구하기 위해 특별한 장치를 고안해 스스로 런던에서 복각을 측정했다. 그 값은 71도 50분이었다. 나아가 그는 자침에 대해 몇 가지 복잡한 실험을 해 봤는데, 천평을 사용해 측정함으로써 자침의 중량은 자기화磁氣化에 의해 변화하지는 않는다는 사실을 확인했다. 따라서 복각 현상이 자기화 과정에서 중량을 지닌 물질이

침에 유입돼 일어난 것이 아니라는 점을 보여 주었다. 또 자침은 한쪽으로 당겨져 있는 게 아니라 그저 특정 방향을 향할 뿐이라는, 즉 현대 용어로 말하면 자침이 받는 작용은 인력引力이 아니라 우력 偶力(짝힘. 크기가 같고 방향이 반대인 두 힘)이라는 사실도 발견했다. 그리고 노먼은 그 일부를 시종일관 영어로 기록해, 1581년『새로운 인력』으로 출판했다.[66]

과학사학자 J. A. 베넷Bennett은 노먼의 이 연구를 당시 정성적인 과학뿐이었던 자연철학에서, 연구를 위해 특별한 측정 장치를 활용하는 정량적 측정으로의 출발점으로 파악한다.[67] 참고로 베넷은 17세기 기계론 철학의 형성에서 16세기 직인 기술자와 수리기능인들이 해낸 역할을 높이 평가한다. 어쨌든 자연적 사물의 정량적 측정은 이미 알베르티나 뒤러가 인체미의 추구 과정에서 행했으며, 또한 니콜라우스 쿠자누스가 주장했던 바다. 이것이 노먼에 이르러 자연학에서 처음 실행된 것이다. 그 의미 ― 복각의 발견 그 자체가 지니는 의미와 별도로 ― 는 결코 작지 않다.

그런데 이 자침의 편각은 당초 포르투갈의 프란시스코 팔레로 Francisco Falero의 주장처럼 경도에 따라 규칙적으로 변화하는 것이 아니면, 메르카토르의 주장과 같이 자침이 지구 상의 한 점(자극)을 가리킨 결과로 여겨졌다. 따라서 편각의 값을 통해 경도를 산출할 수 있다는 기대감이 높아졌다. 당시 원양 항해가 빈번해짐에 따라 해상에서의 위치 파악이 매우 중요한 문제가 됐다. 정확한 시계가 없었던 이 시대에는 특히 위도를 정확히 파악하는 게 미해결 상태의 난제였다. 따라서 편각으로 경도를 측정할 수 있다는 주장은 항해술에서 중요한 문제 제기였다.[68]

실제 포르투갈의 군인 주앙 데 카스트루Joao de Castro는 1538~1541년 유럽에서 아프리카 남단을 돌아 인도에 이르기까지 다양한 지점에서 편각을 정밀하게 측정했다. 그 결과 편각이 팔레로나 메르카토르가 말한 것처럼 단순한 법칙에 따르지는 않는다는 사실을 알아냈다. 잉글랜드에선 1576년 토머스 디그스가 여러 지점에서 자침이 가리키는 방향을 선으로 죽 이을 경우 한 점에서 만나지 않는다고 설명하면서, 편각의 규칙적인 변화를 부정했다.[69] 마찬가지로 노먼은 『새로운 인력』에서 다음과 같이 결론을 내렸다.

> 몇몇 여행자는 편각이 일정 비율로 변화한다고 생각하지만, 이것은 잘못된 생각이다. 그들은 실제 항해를 하고 있음에도 불구하고 이 점에 대해선 경험이 아니라 책에 의존하고 있다. … 편각의 〔공간적〕 변화는 특정 장소에선 급격히, 또 어떤 장소에선 완만하게 변한다. 거기에선 비례성이나 일정성을 찾아볼 수 없다.[70]

그러나 이것이 편각에 대한 관심을 감소시키진 않았다. 편각에 대해 단순한 법칙성이 나타나지 않은 것은 오히려 더 많은 지점에서 편각을 정밀하게 측정하도록 유도하는 요인이 됐다. 이를 강력히 주장했던 것이 노먼의 『새로운 인력』의 부록으로 쓰인, 윌리엄 버로William Borough의 「컴퍼스 또는 자침의 치우침에 대한 논고A Discourse of the Variation of the Compass, or Magneticall Needle」였다.

윌리엄 버로는 엘리자베스 1세의 해군 검사관이었는데, 대학을 나오진 않았다. 그는 최말단에서 책임자급의 지위에 오른 자수성가형 선원이었다. 북동항로를 발견하기 위한 항해에 나선 함대에

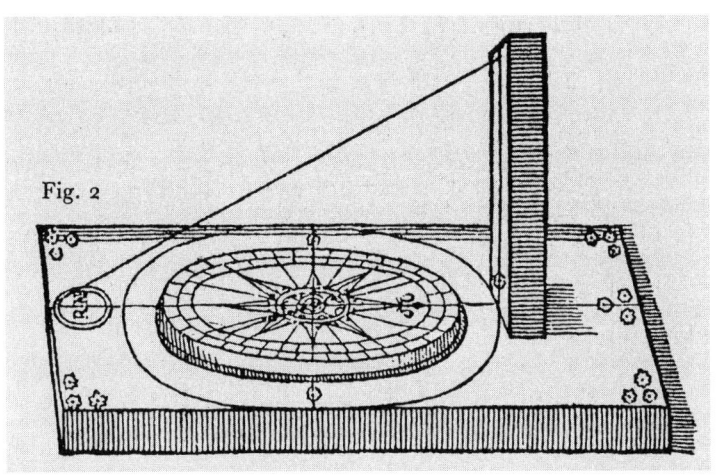

그림 8.5 윌리엄 버로의 편차 컴퍼스.

그가 일개 수부로 승선한 게 1553년, 열여섯 살 때였다. 그런데 젊은 윌리엄이 승선한 배에는 존 디에게 천문학을 바탕으로 한 항해술에 대해 완벽하게 교육 받은 리처드 챈슬러Richard Chancellor가 상급 항해사로 있었다. 버로는 거의 마흔이 될 때까지 러시아 연안으로 항해를 하면서 주임 항해사까지 승진했는데, 그러는 동안 천문학과 라틴어를 숙달했다.

윌리엄 버로의 「논고」는 자석의 편차의 정확한 측정법, 북방 항해에서의 관측 기록 그리고 런던에서의 편각 측정치 11도 4분의 1을 기록했다. 이를 통해 자침이 정해진 자극을 가리키는 것이 아니라는 점을 다시 한 번 확인했다. 그는 또 여행자나 선원들에게 세계의 각 지점을 지날 때마다 편각을 측정해 달라고 호소했다. 뿐만 아니라 이 책에는 편각 측정용 '편차 컴퍼스variation compass'의 그림이 게재돼 있다.그림 8.5 특히 흥미로운 것은 '잉글랜드의 여행자, 원양 항해자, 그리고 수부에게'라고 쓰인 '서문'에 "자신의 일에 숙달하고 싶다는 열의를 지닌 선원과 여행자라면 모든 과학과 기예의 기초인 산술과 기하학 지식을 먼저 몸에 익혀야 한다"는 구절이 나온다는 점이다.[71] 여기에는 모든 과학의 기초가 수학이라는 새로운 인식과 함께 학습 의욕이 넘치는 그 시대 선원들의 열의가 선명하게 나타나 있다.

이 같은 학습 의욕과 지적 향상심은, 반드시 로버트 노먼이나 윌리엄 본과 같은 소수의 돌출적인 인물에 국한된 것은 아니었다. 데본셔 출신의 선원 존 데이비스John Davis, 1552~1605는 태양고도의 측정에 편리한 백스태프backstaff, 태양의 고도를 측정하기 위한 기구_역주의 고안자로 알려져 있다.[72] 보통 사분의나 육분의로 천체의 고도를 측정할 때는 눈을 관측 대상으로 향해야 하는데, 태양 관측의 경우 눈이 상할 위험이 있었다. 백스태프는 이를 해결하기 위해 태양을 등지고 측정할 수 있도록 한 기구다. 실제 선상에서 측정을 해 본 사람만이 할 수 있는 발명이었다. 데이비스는 1595년 항해술 서적인 『선원의 비밀Seaman's Secrets』을 쓰면서 다음과 같이 설명했다.

> 수학적 기예에 대해 우수한 지식을 지니고, 이를 잘 해설하고 매끄럽게 응용할 수 있는 사람으로 말하자면, 우리나라는 결코 남에게 뒤지지 않습니다. 도대체 어느 나라 사람이 최고기예Archimastrie의 달인인 우리나라의 토머스 디그스 선생과 어깨를 견줄 수 있겠습니까. 그리고 이론적 고찰과 계산의 정교함에 대해 말하자면, 존 디 선생과 토머스 해리엇Thomas Hariot 선생에 비할 사람이 없습니다.[73]

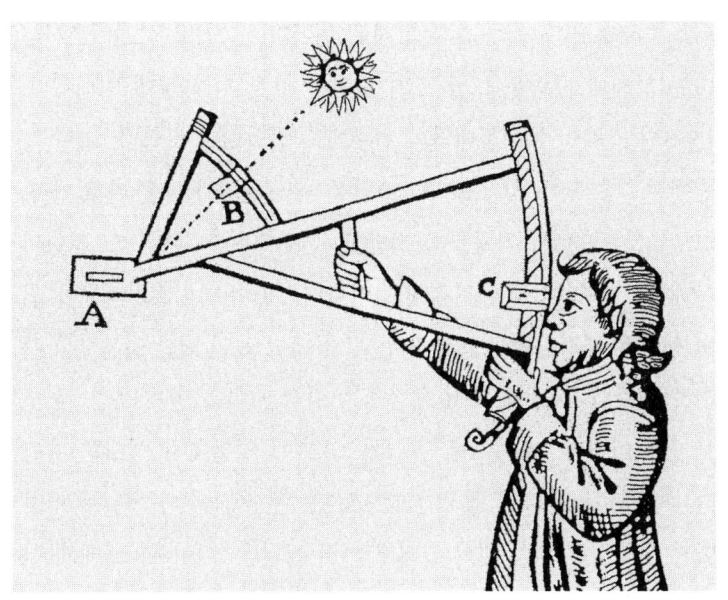

그림 8.6 존 데이비스의 개량형 백스태프.

이처럼 잉글랜드에서 로버트 레코드가 활동하던 시절부터 속어 과학서가 등장했다는 점은 잉글랜드의 직인이나 선원의 교육 수준을 끌어올리는 데 크게 공헌했다. 물론 대부분이 무명이었던, 당시 직인과 선원 개개인이 어느 정도 수준의 수학과 천문학 지식을 지니고 있었는지 보여 주는 기록은 남아 있지 않다. 그러나 특기할 만한 사례로 1600년 일본에 표류한 선원 윌리엄 애덤스(일본명 미우라 안진三浦按針)에 대해선 어느 정도 알려져 있으므로 간단히 살펴보도록 하자.

윌리엄 애덤스는 1564년 잉글랜드 켄트 주의 질링엄에서 태어나, 1576년 열두 살에 런던 라임하우스의 선박 제작 장인인 니콜러스 디긴스Nicholas Diggins의 도제로 들어간다. 그러나 그는 조선보다는 항해에 매력을 느껴 도제 수업을 마친 뒤 해군에 입대했다. 1588년 스페인 무적함대와의 전투에도 참가했던 듯하다. 그런 측면에서 그는 당시 잉글랜드의 평범한 여느 선원과 다를 바 없었다. 그 뒤 선원으로서 기량을 인정받았는지 1598년 네덜란드 선단의 항해사로 부임해 극동 원정에 참가한다. 그러나 마젤란 해협을 건넌 선단은 태평양에서 표류하다, 그가 타고 있던 배만 일본으로 흘러 들어갔다. 이렇게 해서 애덤스는 귀국 허락을 받지 못한 채 도쿠가와 이에야스德川家康를 돕다가 1620년 일본에서 생애를 마친다. 애덤스가 1611년 영국인 앞으로 쓴 편지에는 "나는 일부 기하학과 수학적 기예의 지식 그리고 기타 사항을 그[이에야스]에게 전수해 주었다 I learned him some points of jeometry, and vnderstanding of the arts of mathematickes, with other things"고 돼 있다.[74]

어릴 적부터 도제 수업에 나간 선원이 일본 최고 권력자에게 강의를 할 정도의 수학과 기하학의 지식을 지니고 있었던 것이다. 설사 윌리엄 애덤스가 실력 있는 항해사였다 해도, 어쩌다 일본에 표류하게 된 것을 제외하면 특별한 인간이었다고 할 수도 없다. 이를 고려한다면 당시 잉글랜드 선원의 수준이 얼마나 높았는지 알 수 있을 것이다(애덤스가 사용한 영어 단어가 어색한 것은 학력이 없었기 때문이라기보다 당시 영어 철자법이나 문법이 확실히 정해지지 않았기 때문일 것이다. 대학 출신의 로버트 레코드나 존 디의 영어도 지금 본다면 마찬가지로 어색한 부분이 있다).

어쨌든 광범한 분야에 걸친 편각의 측정과 복각의 발견은 지구 자기장이라는 관념을 낳았다. 나아가서는 지구가 거대한 하나의 자석이라는 윌리엄 길버트의 대발견으로 이어졌다. 길버트는 이를 1600년 『자석론』에서 공표하는데, 이는 과학혁명 시대에 잉글랜드에서 대륙을 향해 최초로 발신된 과학적 발견이었다. 그리고 지구가 불활성의 흙덩어리〔토괴土塊〕가 아니라 외부에 대한 작용 능력과 자기운동 원리를 지닌 자석이라는 길버트의 발견은, 당시 코페르니쿠스 이론이 필요로 하던 지구 운동의 자연학적 근거를 부여하는 것이라고 여겨졌다. 게다가 지구의 자력이라는 관념은 케플러에게 수용돼 천체 간의 인력이라는 관념을 낳기에 이르렀다. 그것은 결국 로버트 훅Robert Hooke과 아이작 뉴턴Isaac Newton이 제창한 만유인력 그리고 그에 근거한 '세계 체계'의 확립 ─ 17세기 과학혁명의 정점 ─ 으로 이어졌다.

그러나 윌리엄 길버트의 발견에 가장 중요한 계기가 된 것은 로버트 노먼의 복각 발견이었다. 실제, 길버트는 복각을 단순히 육지 분포의 불규칙성에 의해 빚어진 왜곡으로 보고 그리 중시하지 않았다. 그러나 북반구에서 자침의 북단이 밑으로 향하는 복각 현상을 보고선, 이것이야말로 지구가 구형球形 자석임을 보여 주는 직접적 증거라고 이해했다.[75] 그런 의미에서 과학사가 리처드 존스Richard Foster Jones의 평가는 결코 과찬이 아니다. "이〔자석에 관한 실험의〕 분야에서 누군가가 선취권을 주장한다면, 그는 길버트가 아니라 노먼이다. 노먼의 발견은 진정으로 길버트의 보다 커다란 업적을 예고한 것이다."[76] 로버트 노먼의 업적은 동시대 앙브루아즈 파레의 외과학 그리고 라파엘로 봄벨리의 대수학과 어깨를 나란히 하는 16세기 문화혁명의 정점이라 할 수 있다.

| 위로부터의 기술 교육

그러나 16세기 후반 잉글랜드에서 직인과 기술자 사이에 학문적 관심이 고조된 것은 지배층의 헤게모니에 의해 실시된 기술 교육과 맞물려 있다.

엘리자베스 왕조의 잉글랜드에선 국가권력이 강화되고 경제가 비약적으로 발전했다. 군사기술도 고도화되고, 해외로 향한 정치적·경제적인 관심이 높아졌다. 이에 따라 지배층에서도 기술자나 선원, 군인에게 조직적으로 수학 교육과 기술 교육을 실시할 필요성을 통감하게 됐다. 아니, 이는 지배 엘리트 자신에게도 필요한 일이었다. 앞에서 봤던 존 디의 「수학적 서문」에는 '숫자와 자, 컴퍼스를 다루는 보통의 기술자 common Artificer'를 위해 쓰였다고 나온다. 하지만 그와 동시에, "이 서문에서 나는, … 그 판단력을 신의 영광과 국익의 증진과 자신의 커다란 만족과 이 지상의 정당한 영달을 위해 사용할 수 있는(사용할 의욕이 있는) 사람에게 말해 두겠다"고도 했다. 이는 '국익의 증진'과 '지상의 영달'을 동일선상에서 볼 수 있는 상류 시민 계층이 이미 탄생했음을 보여 준다.[77]

예를 들면 대륙과 양모 거래를 하던 상인 집안에서 태어나 케임브리지에서 수학한 리처드 이든 Richard Eden은 『새로운 인도에 대한 논고』(1553)나 『신세계 또는 서인도의 수십 년 Decades of the Newe Worlde or West India』(1555)이라는 영어책을 남겼다. 이들은 오비에도 Gonzalo Fernandez de Oviedo, 고마라 Francisco Lopez de Gomara, 베스푸치 Amerigo Vespucci 또는 제바스티안 뮌스터의 책을 바탕으로 쓰인 것이지만, 당시 잉글랜드에 별로 알려지지 않았던 신세계의 정보를 소개한 책들이었다. 그는 그 뒤 헤마 프리시우스의 논문이나 마르틴 코르테스의 『항해술』을 영역했다. 또한 이미 설명했듯이, 장 태스니에의 책을 『항해에 관한 매우 중요하고 유익한 책』이라는 표제로 영역하기도 했다. 이와 같은 저술 활동은 16세기의 마지막 사반세기에 시작된 잉글랜드의 해외 진출을 선도하는 것이었다.

1558년에는 윌리엄 커닝엄William Cuningham이 로버트 레코드의 『지식의 성』을 바탕으로 『우주의 거울The Cosmographical Glasse』을 영어로 저술했다. 이는 우주형상론cosmography 이외에 수리학, 항해술, 측량 기술 등에 대해서도 언급한 책이었다. 그리고 피혁업자 집안 출신인 리처드 해클루트Richard Hakluyt, 1552~1616는 옥스퍼드에서 수학한 뒤 파리의 영국대사관에서 목사로 근무하며 외국의 식민지나 무역 정보를 수집했다. 그는 귀국 후 문필 활동을 통해 잉글랜드의 식민지 건설 사업에 진력했는데, 대학에 진학했을 때 학비는 피혁조합과 직물가공조합에서 받았다. 저서로는 『아메리카 발견에 관한 여러 항해Divers Voyages touching the Discourse of America』 (1582), 『서방 식민론Discourse of Western Planting』(1584), 『잉글랜드 국민의 주요한 항해와 발견The Principall Navigation : Voiages and Discoveries of the English Nations』(1589)이 있다. 이 마지막 책에는 토머스 해리엇의 「버지니아 보고A brief and true report of the new found land of Virginia」가 수록돼 있다. 또 에드워드 라이트Edward Wright, 1558~1615는 원래 케임브리지에서 공부하고 그곳에서 교편을 잡았지만, 항해 과학의 중요성을 깨닫고는 런던으로 나가 동인도회사의 고문으로 일했다. 거기서 항해술을 강의한 것으로 알려져 있는데, 1599년 완성한 『항해에서의 약간의 오류Certaine Errors in Navigation』에서 메르카토르 도법의 수학적 원리를 해설하고, 나아가 자기 컴퍼스와 십자간의 사용법을 다루고 있다. 같은 해 그는 시몬 스테빈의 『항만 발견술』을 영역했다. 그리고 그는 길버트에게 『자석론』의 집필을 권하고, 직접 그 서문을 쓴 것으로도 알려져 있다. 이것도 오로지 항해에 대한 관심에서 비롯된 일이었다.

그런데 존 디가 스스로 자각하고 있었듯이, 기존의 잉글랜드 대학은 해외 진출을 위해 잉글랜드의 기술력을 향상시키는 데는 아무 쓸모가 없는 상태였다. 무엇보다 "그 당시 옥스퍼드나 케임브리지에서 가르치던 과학은 실제적 문제나 탐구와는 거리가 멀었다".[78] 이 때문에 "16세기에는 잉글랜드의 대학을 졸업한 사람조차 자연과학에 대해서 극히 일부분밖에 교육 받지 못했고, 그런 문제의 원리를 이해하기 위해서는 보통은 통속적인 서적에 의존했다"는 게 현실이었다.[79]

군인이자 식민지주의자 험프리 길버트Humphrey Gilbert, 1539경~1583가 '귀족과 젠틀맨의 자제'를 위한 교육기관으로 '엘리자베스 여왕의 아카데미'의 설립을 제창한 것은 그야말로 그런 요청에 부응하려는 것이었다. 1572년 작성된 설립 취지서에는 "대학에서는 오직 스콜라 학문을 공부하지만, 이 아카데미에선 전쟁과 평화, 그 어떤 경우에도 현재의 실천에 적합한 내용을 배우게 될 것이다"[80]고 돼 있다. 지주·상인·외교관 등의 자제를 위해 전쟁이나 상업 또는 항해에 필요한 지식을 교육시키기 위한 학교였다. 그 구체적인 구상을 보기 위해 취지서의 일부를 인용해 보자.

두 사람의 수학 강사가 배치될 것이다. 한 사람이 하루는 산술을, 다른 한 사람이 그 다음 날에 기하학을 강의한다. 기하학 강의는 포술의 실기와 함께 전투, 요새 건설, 군사에 관련한 사항 그리고 이들에 관한 장치의 사용법으로 구성된다. … 수학 강사는 첫날 우주형상론과 천문학을 강의했다면, 다음 날에는 그 응용으로서 항해술 및 이에 필요한 별에 대한 지식을 측정 기기를 사용해 강의한다. 또 이 학교에선 완전한 장비를 갖춘 갤리선과 범선의 모형을 구비해, 수강생에게 모든 부품의 명칭과 사용법, 선박 제작공의 완전한 기술을 가르칠 것이다. … 또한 지도와 해도 그리고 모든 물체의 전망도의 제작법을 가르칠 것이다. 이에 관한 비례와 투시도법, 측정법의 규칙과 근거를 강의하는 강사가 한 사람 배치될 것이다.[81]

상류계급 자제들을 위한 것이긴 하지만 철두철미 실용 지식을 가르치려는 학교였다. 이 학교에서 다루는 지식은 모두 16세기 예술가나 기술자 또는 수리기능인들이 창안한 것들로만 구성돼 있었다. 잉글랜드의 지배 엘리트는 당시까지 업신여겨졌던 기술적 지식의 중요성을 깨닫기 시작했던 것이다. 그리고 이 아카데미의 사용 언어는 영어로 정해져 있었다. 그뿐 아니다. 각 과목의 강사는 6년마다 적어도 한 권의 전문 서적을 집필해야 하며, 언어 과목 강사는 해외의 유명 저서를 3년에 한 권꼴로 번역(영역)해야 한다는 규정도 있었다.[82] 당시 라틴어는 새로운 학예에 대처할 힘을 잃어가고 있었다. 인문주의자들이 순수 고전 라틴어를 과도하게 찬미하고, 중세 스콜라학에서 생성된 신조어의 사용을 야만이라고 매도했던 탓이 크다. 그리고 상류계급의 자제들에게도, 단순한 교양에 불과한 사어死語(라틴어)를 습득하는 데 시간을 소비하는 것보다는 군사나 항해에 필요한 실천적 지식을 속어(영어)로 익히는 게 더 중요했다.

이 아카데미의 구상은 곧바로 실현되지 못했다. 그래도 그 필요성이 부정된 것은 아니었다. 1582년에 아메리카 식민지 건설의 제창자인 리처드 해클루트가 선원을 위한 항해술 공개강좌를 개설할 것을 주장했다. 그 2년 뒤에는 월터 롤리가 버지니아에 최초의 식민지를 건설했다. 해외 진출을 위한 인재 양성은 급박한 과제가 됐다.

군인이나 선원을 위한 수학과 그 응용에 관한 공개강좌가 실제 런던에 개설된 것은 1588년 스페인 무적함대의 습격에 대비해 런던 시민군이 조직됐을 때였다. 추밀원, 런던의 상인 집단, 시당국이 유효적절한 도시 방위에 필요한 수학을 강의하기 위한 기금 창설에 찬동했던 것이다. 무적함대를 격파한 뒤에도 스페인 함대가 또 습격해 올 때에 대비해 시민군은 유지됐다. 공개강좌는 바로 이 시민군의 교육을 위해 시작됐다. 강사에는 머천트 테일러 스쿨에서 1573년 케임브리지의 트리니티 칼리지에 들어가 1581년 석사학위를 취득한 토머스 후드Thomas Hood가 선임됐다. 후드는 수학과 천문학의 전문적 학자는 아니었지만 1598년 측량용 기기의 제작과 사용법에 관한 책을 영어로 썼다. 그는 또 뛰어난 교사였다. 교육할 때는 로버트 레코드의 방법이나 커리큘럼을 사용했다. 그러나 스페인이 재차 습격해 올 위험성이 희박해짐에 따라 강좌는 군사기술보다 해외 진출을 목적으로 한 상인의 이해와 관심에 맞춰 항해 기술 쪽으로 기울었다. 어쨌든 "스페인과의 전쟁에서 승리한 데 이어 호전적인 해양 모험, 탐험 항해, 새로운 무역 시장의 개척과 조사 그리고 식민지화 계획이 추진됨에 따라 다방면에서 수학자가 필요해지고 있었다".[83] 1579년 수학자 토머스 해리엇이 월터 롤리에게 고용된 것이나, 케임브리지를 나온 에드워드 라이트가 16세기 말 동인도회사에서 수학을 강의했던 것이 그 예다.

  토머스 후드의 공개강좌 자체는 단명으로 끝났지만, 상인 토머스 그레셤Thomas Gresham, 1519~1579의 유지를 이어받은 그레셤 칼리지가 1595년 개교했다. 이로써 결국 기술자 교육을 위한 기관이 런던에 뿌리를 내린 것이다. 토머스 그레셤은 이른바 '그레셤의 법칙'으로 유명한 학자가 아니라, 1565년 왕립 거래소의 설립을 제창했던 런던의 거상이다. 그의 유언에 따라 창설된 칼리지는 신학, 천문학, 음악, 기하학, 법률학, 의학, 수사학의 7개 강좌로 구성됐다. 천문학과 기하학의 경우 잉글랜드 대학에서 처음 설치된 자연과학과 수학 분야의 정규 강좌였다. 수강은 무료였다. 하루에 두 번, 오전과 오후에 한 번씩 각각 라틴어와 영어로 행해졌다. 강의 내용은 실용성을 최대한 존중한 것이었다. 예를 들어 천문학 교수는 천문학 이론뿐 아니라 지리학과 항해술도 가르쳤다. 관측용 아스트롤라베나 십자간, 기타 뱃사람들을 위한 관측 기기의 사용법을 실물을 사용해 가르치도록 규정돼 있었다. 17세기 조지프 글랜빌Joseph Glanvill의 발라드에는 다음과 같은 구절이 있다. "이 칼리지는 세계를 측정할 것이다The Colledge will the whole world measure." 이는 종래의 대학과 그레셤 칼리지의 차이 — 즉 문헌 해석이 아니라 측정을 중시하고, 문서가 아니라 세계를 연구한다는 연구 방법과 대상 양면에서의 차이 — 를 간명하게 표현하고 있다.[84] 그레셤 칼리지는 교육의 면에서는 실제적 경험을 중시하면서도, 다른 한편으로는 경험에만 의존하던 종래의 항해술이 수학적 기초를 갖추는 데 크게 기여했다.

그레셤 칼리지의 창설은 "튜더 왕조 하에서 이뤄진 잇따른 진보와 잉글랜드의 과학적 정신의 성숙을 보여 주는 정점"이라고도 한다.[85] 실제, 17세기 초기 그레셤 칼리지의 수학과 천문학 교수진은 잉글랜드에서도 가장 유능한 학자들로 짜여 있었다. 이곳에선 스콜라학과는 다른 실천적 학문이 교육되고 연구됐다. 100% 실용수학인 대수를 발명한 것은 존 네이피어John Napier, 1550~1617인데, 이에 일찌감치 눈을 떠 상용대수표를 작성하고 대수의 실용화와 보급에 진력한 헨리 브리그스Henry Briggs는 그레셤 칼리지의 초대 기하학 교수였다. '건터 자'로 불리는 계산자와 기타 각종 항해용 기기를 만든 에드먼드 건터Edmund Gunter는 제3대 천문학 교수였다. 그가 고안한 측량용 '건터 자'는 19세기 중반까지 사용됐다. 자침의 편각의 영년변화secular variation, 자기의 세기 등이 오랜 시간에 걸쳐 서서히 변하는 현상_역주를 발견한 헨리 겔리브랜드Henry Gellibrand는 제4대 천문학 교수였다. 제3대 기하학 교수였던 존 그리브스John Greaves도 항해 기술에 강한 관심을 지니고 있었다. 그레셤 칼리지는 대중 교육이라는 점에서 반드시 소기의 목적을 달성했다고 할 수는 없지만,[86] 나중에 이들 교수진 속에서 왕립협회가 탄생하게 된다. 이것이 잉글랜드 과학혁명의 축이 됐다는 것은 잘 알려진 사실이다. 그러나 이것은 더 이상 직인과 기술자의 운동이 아니었다. 과거에는 기술을 멸시했으나, 이젠 그 중요성을 충분히 깨달은 지식인들이 그 운동을 주도했다는 점을 잊지 말아야 한다.

잉글랜드에서 일어난 16세기 문화혁명은 대륙과는 어느 정도 달리 전개됐다. 애초부터 로버트 레코드, 존 디, 토머스 디그스와 같은 지식인의 헤게모니에 의해 진행되고 있었다. 이는 사회적으로 차별 받고 지적으로도 소외당하던 직인들의 일종의 자기표현 운동이었던 16세기 문화혁명이 크게 변질돼 버린 원인遠因이기도 하다. 존 디의 「수학적 서문」은 국가 번영과 국력 증진이 과학의 발달과 함께 진행된다는 점을 일찌감치 인식하고 있었음을 보여 준다. 그렇다면 선진적 직인들의 의식적 운동이 국민국가의 새 지배계급(젠트리)과 중상주의적 산업자본가들이 지도하는 운동에 엮여 들어가는 것은 이제 피하기 어려운 현상이 된 것이다. 그리고 이것이 내셔널리스틱한 색채를 띠게 된 것도 불가피한 결과로 보인다. "우리 브리튼 제국은 지금까지 우월성을 자랑해 왔으며, 이후에도 이를 유지할 것이다. 그렇다면 우리 브리튼 제국은 인간이 창조된 이래 지상에 존재해 온 그 어떤 왕국도 능가한다는 점은 당연하다고 할 수 있다." 이렇게 말한 이는 존 디였다.[87]

어쨌든 잉글랜드에서 지식인들이 속어 서적으로 대중을 교화시킨 것과, 이에 호응해 선원과 기술자들이 의욕적으로 학습하고 집필 활동을 한 것은, 실용적인 기술의 고찰이 자연학 연구에 매우 중요하고 유효하다는 인식을 널리 전파시켰다. 그리고 이는 대학에서 영위되던 스콜라학과는 다른 새로운 학문의 가능성을 열었다. 지배층 내부에서도 수작업이나 기계적 장치를 경멸하기는커녕 오히려 수공 기술의 중요성을 적극적으로 인정하려는 기운이 강해졌다. 이렇게 해서 16세기 말 런던에 그레셤 칼리지가 창설되고, 이어 17세기 중반에는 런던 왕립협회가 발족하면서 로버트 훅이나 로버트 보일 그리고 아이작 뉴턴이 배출되었다. 이로써 잉글랜드는 유럽에서 17세기 과학혁명의 선두에 서게 됐다. 그러나 이는 지식인의 헤게모니에 의해 진행됨으로써 학문을 다시 한 번 지배 엘리트의 독점 상태로 넘겨주는 과정이기도 했다. 그 뒤의 잉글랜드에 대해선 마지막 장에서 또 다루기로 한다.

제9장

16세기 유럽의 언어혁명

중세 전기의 속어와 라틴어

　　　　　　　　　16세기 문화혁명의 지표는 대학과 인연이 없던 직인, 예술가, 외과의들이 속어로 과학서와 기술서를 쓰기 시작했다는 데서 찾을 수 있다. 즉, 당시까지 문자 문화에서 소외되었던 사람들이 자신의 언어로 자신의 경험과 사고를 공표함으로써 학문 세계로 월경해 지식의 독점 구조에 바람구멍을 뚫기 시작했던 것이다. 그러나 이를 위해서는 그들의 언어였던 속어 자체가 변혁을 거치지 않으면 안 됐다. 다시 말해, 16세기 문화혁명은 언어혁명과 병행해 진행됐다. 이번 장에서는 속어란 무엇인가, 또 속어에 대해 라틴어는 어떠한 기능을 해 왔는가, 그리고 16세기 언어혁명이 어떻게 진행되고 무엇을 초래했는지 살펴보자.

　카이사르가 갈리아, 즉 현재의 프랑스 전역과 벨기에, 나아가 독일과 스위스의 일부를 포함한 광대한 지역을 정벌했던 것은 기원전 50년이었다. 히스파니아(스페인)는 그 이전에 로마의 지배하에 있었다. 이로써 분산된 부족으로 구성된 지역 ― 지금의 서유럽의 대부분 ― 에 문명과 통일이 찾아왔다. 로마인의 언어인 라틴어는 이 지역에서 처음부터 통치를 위한 공용어가 됐으며, 동시에 문명의 언어이기도 했다. 로마인은 라틴어를 강제하지 않았다. 하지만 토착의 왕이나 귀족들이 선진적인 로마 문화에 동화하려는 움직임이 있었던 데다,[1] 처음부터 문화적으로나 경제적으로 격차가 너무나 심했기 때문에 라틴어는 비교적 단시일 내에 지역 토착어를 밀어낼 수 있었다.

그리스도교는 원래 로마제국 속주의 노예나 학대 받던 민중들 사이에서 등장했기 때문에 초기에는 반로마·반권력 의식을 강하게 지니고 있었다. 그런데 도시 시민을 대상으로 한 사도 바울로Paulos의 포교 과정에서 그 성격이 변하면서 로마의 지배계급에도 수용돼 갔다. 결국 4세기 말에는 로마제국의 국교가 된다. 이렇게 그리스도교는 지배계급의 종교가 됐으며, 그 지도층은 교육 수준이 가장 높은 부유층 출신자들로 구성되었다. 476년 서로마제국이 붕괴하고 갈리아 지역은 프랑크족의 지배하에 들어갔는데, 그리스도교는 이때도 생명력을 유지하며 갈리아 지역에 광범위하게 확산됐다. 그리고 로마제국의 행정과 교육제도가 붕괴하자, 여전히 자신의 조직을 유지하던 그리스도교회가 문자 문화를 독점하게 됐다.[2]

그리스도교가 갈리아와 게르만 지역에 침투해 가는 과정에서 포교는 토착 지배계급을 먼저 그리스도교로 교화하는 형태로 진행됐다. 현실에서도 '이교도pagani'가 기본적으로 농민을 가리키는 말이었듯이, 그리스도교로의 개종은 많은 지역에서 '지배층'에 국한되었다.[3] 여기에는 지배층에게 "교회의 발달한 계급제도가 자신들의 통치에도 이용될 수 있다고 인식되었다"는 사정도 있었다.[4] 갈리아에선 프랑크족의 통합을 달성한 메로빙거 왕조의 시조 클로비스Clovis, 재위 481~511가 5세기 말 세례를 받았다. 브리튼 섬에서는 켄트의 왕 에서버트Etherbert, 550경~616가 6세기 말 세례를 받았다. 히스파니아에서도 교화의 물결은 지배계급에서 시작됐다. 그래서 사제는 대개 귀족 출신이었다.[5] 북이탈리아에 침입해 온 랑고바르드족 롬바르드족. 568~774년에 이탈리아 반도의 한 왕국을 다스렸던 게르만족의 한 일파_역자도 7세기 초 왕이 교황과 화해했을 때 가톨릭교도가 되라는 권유를 받기도 했다.

속권과 교권의 제휴는 이렇게 시작됐다. 그러는 동안 우위에 선 것은 대체로 교권이었다. 즉 중세 서유럽 사회는 초월적 권력으로서 교황이 세속적 권력에 군림하는 이중의 지배 구조를 지니고 있었다. 이는 브리타니아, 히스파니아, 남이탈리아를 제외한 나머지 서유럽을 통일한 샤를마뉴(샤를 1세)가 직접 바티칸을 찾아가 교황으로부터 제위를 받았다는 사실에서 상징적으로 나타난다. 샤를마뉴는 교권의 우월성을 받아들였다. 오히려 프랑크 사회, 나아가 전 유럽을 그리스도교로 교화시키겠다는 투철한 목적을 지닌 교회 권력은 그 실행을 세속의 권력인 샤를마뉴에게 맡겼던 것이다(이하에서 '유럽'이란 서로마제국 붕괴 이후 그리스도교 지배하의 북서유럽 지역 — 라틴 · 그리스도교 사회 — 을 가리킨다).

800년에 신성로마제국의 왕위에 오른 샤를마뉴는 강력한 지도력을 발휘해 신생 통일국가 카롤링거 왕조의 질서를 수립하려 했다. 당시 규범으로 삼았던 것은 구로마제국의 질서였던 그리스도교 조직이었다. 이처럼 샤를마뉴는 '로마제정'의 부흥을 목표로 했는데, 이는 정치적 현상이었을 뿐 아니라 문화 현상이기도 했다.

즉 샤를마뉴는 당시의 지식인이던 성직자를 궁정에 불러 모아 라틴어를 교육하는 '궁정 학교'를 창설했다. 여기에는 요크에서 초빙된 앨퀸Alquin이 적극 협력했다. 또 당초엔 일부에서만 실행했던 것으로 알려져 있지만, 수도원에 학교 설치를 촉구하는 칙령을 내리기도 했다.

샤를마뉴가 라틴어 교육에 힘을 기울인 것은 민중의 그리스도교화에 필요한 성직자 집단을 양성하기 위해서였다. 다른 한편으로는 문서주의 행정을 부활시키기 위해 인재가 필요했기 때문이기도 했다. 당시 행정을 하는 데는 그 시대 유일의 문자언어인 라틴어를 사용할 수밖에 없었다. 또 당시엔 각 민족에 구전으로 내려오던 관습법이 점차 로마의 성문법으로 대체되고 있었다. 이런 상황에서 샤를마뉴의 개혁으로 '새로운 서류, 상세하게 규격화한 수도원, 정교하게 만들어진 문서'가 발달했으며, 문자언어로서 라틴어가 중시되기 시작했던 것이다.[6]

여러 분야에서 그리스도교와 라틴어는 유럽의 권력자들에게 지배 이데올로기와 수단을 제공했다. 샤를마뉴의 사후, 그의 제국은 해체의 길로 접어들었지만 유럽 전역의 그리스도교화를 위해 학교교육을 보급하겠다는 그의 뜻은 계속 이어졌다. 교회와 수도원의 부속학교는 서서히 그 수를 늘여 갔다.[7] 유럽의 문명화는 이렇게 흘러가기 시작했다. 물론 성직자의 보충은 교회의 목적과도 합치하는 것이었다. 그래서 유럽의 학교제도는 뒤에 만들어진 고등교육기관인 성당 부속학교에 이르기까지 기본적으로는 교회 조직이었다. 이탈리아에 존재했다는 몇몇 일반 학교를 제외하면 그렇다는 말이다. 12세기 이후엔 대학이 창설되기 시작했는데, 나폴리대학처럼 보기 드문 예외를 빼고는 대개 교회의 영향력하에 놓여 있었다. 파리대학처럼 속권에 의한 간섭을 피하기 위해 적극적으로 교권 밑으로 들어간 사례도 있다. 옥스퍼드도 대학과 마을 주민의 대립을 계기로 그와 유사한 길을 가게 된다. 원래는 일반 학교로 출발한 볼로냐대학도 자유도시와의 교섭을 유리하게 이끌기 위해 교권에 힘을 구했다. 이렇게 대학은 단적으로 "교회의 한 제도로 유지되고 있었다".[8] 교육은 교회의 지배하에 있는 교육기관에서만 행해졌다. 그곳에선 라틴어와 그리스도교 사상을 가르쳤다. 전 인구에 비춰 매우 소수의 사람들만이 학교에서 배워 문자 문화를 향유했으며, 사법·행정·정치에 종사할 수 있었다. 교회는 종교적 영역뿐 아니라 사회의 상부구조 전반에 라틴어 사용을 강제함으로써 유럽 전역에서 헤게모니를 지키고 있었던 것이다.

이처럼 중세에 지배 종교 및 사법과 행정을 위한 문서 언어로서 라틴어는 소수의 지적 엘리트, 주로 교회에 속한 계급의 언어였다. 이는 민중의 생활과는 단절된 존재였다. 수도원 내부에서도 라틴어를 읽고 쓸 줄 아는 '수도사'에 비해 '무학', 즉 라틴어를 해독하지 못하는 사람은 '노무勞務 수사'로 불리며 오로지 육체노동과 잡일에 종사했다. 라틴어 구사 능력의 유무가 사회적 지위를 결정했던 것이다.[9]

그런데 한마디로 유럽이라고는 해도, 실제론 서로 다른 풍속과 문화와 언어를 지닌 민족과 지역의 집합체로 봐야 한다. 샤를마뉴 이후 카롤링거 왕조의 해체도 그 내부에 언어적·민족적 차이가 내재하고 있었던 데 기인한다. 10세기부터 11세기경에 게르만의 전승으로 이어진 서사시 「발타르의 노래Waltharlied」는 "(아시아와 아프리카에 이어) 세계 제3의 지역은 유럽이라고 불리는데, 거기엔 관습과 언어와 명칭이 다른 여러 민족이 살고 있으며, 이들은 제례 의식이나 신앙에 따라서도 구분된다"고 시작한다.[10] 13세기 잉글랜드에서 대륙으로 건너간 로저 베이컨도 "바로 이웃한 갈리아인과 피카르디인조차 관습과 언어에 이처럼 커다란 차이를 지니고 있다는 데 놀라움을 금할 수 없다"고 기록했다.[11]

그럼에도 이들 지역을 통틀어 '유럽'이라고 부를 수 있었던 것은 그리스도교가 사회 상층부를 지배한 데다, 라틴어가 공통 언어 lingua franca로 존재했기 때문이다. 종교개혁 시대까지 성직자들은 어디에서 태어났든 간에 가톨릭교회가 유일한 '조국'이었다. 또 교회의 언어인 라틴어가 학문과 사상 표현의 유일하고 자연스러운 언어 ― 지적 생활에서의 모어母語 ― 로 간주되었다. 실제 성직자들은 유럽 어디를 가더라도 그 지역의 성직자나 지배 엘리트들과 라틴어로 의사소통을 할 수 있었다. 모든 곳에서 라틴어는 정규 문서 언어였고, 교회와 문화 활동의 공용 언어였으며, 유럽 통합의 요인이었다.[12]

이상에서 말한 '라틴어'는 원래 로마제국에서 법률과 행정을 위해 사용했던 라틴어(고전 라틴어)를 가리킨다. 로마제국은 이민족을 차례차례 정복해 영토를 확장했기 때문에 엄밀한 성문법과 문서에 근거한 강력한 행정기구가 필요했다. 고전 라틴어는 주로 그런 목적의 문자언어로서 사용됐다. 초기인 기원전 3세기경부터 서로마제국의 말기까지는 라틴어에 별다른 변화가 없었다. 이에 비해 제국의 민중 ― 학교교육과 문학 서적의 영향을 받지 못한 계층 ― 사이에서 사용되던 구어로서 '통속 라틴어'가 있었다. 이는 틀이

잡히지 않아 수시로 변하곤 했는데, 이미 제정 말기에는 고전 라틴어와 상당히 다른 모습을 띠고 있었다고 한다. '속어'란 그 통속 라틴어가 시대와 함께 더욱더 변천하면서 형성된 로망스어(프랑스어, 이탈리아어, 스페인어, 루마니아어, 포르투갈어) 또는 토착의 프랑크족 언어(게르만어)를 가리킨다. 게르만어는 라틴어로는 '민중의 언어lingua theotisca'로 불렸는데, 'theotisca' 또는 'theodisca'가 '독일어Deutsch'나 '네덜란드어Dutch'의 어원이다. 이렇게 민중들이 사용하는 구어로서의 속어와 지배층의 문자언어인 라틴어 사이의 괴리는 수세기에 걸쳐 깊어져 갔다.

786년 교황의 대사가 잉글랜드에서 열린 두 개의 교회 회의를 교황 하드리아누스Hadrianus 1세에게 보고한 문서에는 이런 기록이 나온다. 첫 번째 회의에서 결의된 것을 두 번째 회의에선 모두가 이해할 수 있도록 '라틴어와 함께 민중의 언어로tam latine quam theodisce' 낭독했다는 것이다. 또 813년 투르에서 열린 교회 회의에선 논의된 내용을 신도들이 쉽게 이해할 수 있도록 필요한 경우 '조야한 로망스어 또는 민중의 언어로in rusticam romanam linguam aut theotiscam' 설교하도록 성직자에게 지시가 내려졌다.[13] 물론 위에서 이 같은 지시가 있었다는 것은 그 이전부터 언어상의 괴리 현상이 이어지고 있었음을 인정했다는 뜻이다.

어쨌든 9세기 초반에는 교회의 공용어로서 라틴어든, 카롤링거 왕조의 교양인이 구사하던 라틴어든 민중이 이해할 수 있었던 것은 아니다.[14] 샤를마뉴가 라틴어 교육에 힘을 기울였다고는 하지만, 이는 극소수 지배 엘리트와 고위 성직자를 대상으로 한 것이었다. 압도적 다수의 민중은 문자 문화와 아무런 인연이 없는 생활을 하고 있었다. 지배계급에 속한 속인(俗人) 귀족 가운데도 라틴어에 능통한 사람은 극히 소수였다. 대다수는 속어를 겨우 읽을 수 있을 정도였을 뿐, 글로 쓰는 수준엔 전혀 미치지 못했다.[15] 7세기 에스파냐의 대주교 이시도루스Isidorus Hispalensis는 『어원』에서 '야만인 barbarus'으로 불리는 것은 "라틴어의 순수함을 알지 못하기 때문이다"고 기록했다. 한마디로 라틴어를 구사하는 사람들만이 문명인인 시대였던 것이다.[16]

| 유럽 사회의 변화

로마제국의 그리스 정복에서부터 서로마제국의 붕괴 그리고 그리스도교의 북진. 그 격변의 소용돌이 속에서 그리스 과학과 철학, 또 이를 겨우 계승한 로마의 자연학과 의학은 대부분 소실돼 갔다. 플라톤의 『티마이오스Timaios』나 플리니우스의 『박물지』 등이 소수 예외에 속한다. 6세기 카시오도루스Cassiodorus가 그리스도교의 성전뿐 아니라 고대의 텍스트까지 필사하는 사본 제작 공방을 남이탈리아의 수도원에 세운 이래, 수도원에는 고대의 학예가 찔끔찔끔이나마 전해지고 있었다. 그러나 수도원은 유럽 사회에 점재하는 고립된 공간에 불과했다. 운 좋게 소실을 면한 고대의 문헌과 필사본도 르네상스 시대의 인문주의자들이 발굴하기 전까지는 사실상 수도원 내에 사장돼 있었다. 서로마제국의 몰락으로부터 약 수백 년간 유럽의 문자 문화는 극소수의 성직자와 일부 지배층에 의해 독점돼 왔던 것이다.

변화는 12세기를 전후해 나타나기 시작한다. 11세기부터 13세기에 걸쳐 유럽에선 일종의 산업혁명과 농업혁명이 진행됐다. 여기에는 비교적 안정된 고온성 기후의 덕도 있어 농업 생산성이 크게 향상됐다. 개간과 간척을 통해 농토가 확대되자 자급자족형 경제에서 잉여생산물의 교환경제로 이행이 시작됐다. 인구는 증가하고 영주의 속박은 느슨해졌다. 이 시대 유럽은 유례없는 도시화의 물결로 뒤덮였다. 그 결과 종전까지 성직자, 기사, 농민으로 구성된 사회에 도시 거주 상인과 직인이라는 새로운 계층이 추가됐다. 12세기 말에 쓰인 크레티앵 드 트루아Crétiens de Troyes의 『페르스발 : 성배 이야기Perceval, ou le conte du Graal』에는 금속 세공사와 환전상 등 갖가지 직종의 직인과 상인으로 북적거리는 도시가 묘사돼 있다.[17]

상업은 초기 단계에는 상인 스스로 상품을 들고 여기저기 돌아다니는 편력 상업으로 영위되었다. 그러다 나중에 상인들은 상품과 함께 움직이는 일을 중단한다. 그리고 상업은 도시에 정주하며 환어음 — 먼 거리에 있는 대리인 앞으로 일정 금액의 지불을 의뢰한 편지 — 으로 거래하는 '문서주의'로 이행해 갔다. 이것이 '13세기 상업혁명'이다.[18] 일상적 업무에서도 정확한 기장에 의한 상품과 회계 관리가 불가결한 요소가 됐다. 견적서나 청구서가 중시되고, 고객이나 거래처와 편지를 주고받는 일도 늘어만 갔다. 이렇게 해서 14세기에 이르러 큰 거래를 하는 상인들은 문자와 숫자로 일을 처리하는 것을 당연시하게 됐다. 수학과 법률, 지리학을 익힌 '글쟁이 상인'이 등장한 것이다. 이들은 성직자와 궁정 귀족에 의한 문자 문화의 독점 구조를 허물어 간다. 상인은 '중세의 속인 가

운데 가장 일찍부터 문자를 손에 넣은 계층'으로서 '문서의 전문가'가 됐던 것이다.[19]

한편 왕권은 국고를 윤택하게 만들기 위해 도시의 유력 상인의 지원을 받았으며, 그 대가로 도시에 몇몇 특권을 부여했다. 나아가 왕은 중앙집권을 강화하기 위해 지배 기구 내부에 도시 시민 출신의 엘리트를 등용했다. 이렇게 해서 새로운 지식 계층인 관료층이 형성돼 갔다. 물론 통치·행정 기구가 비대해지고 복잡해짐에 따라 문서에 대한 의존도도 높아졌다.

프랑스에서 공문서에 프랑스어를 처음으로 사용한 시기는 12세기 말로 거슬러 올라간다고 할 수 있다. 그러다 13세기에 프랑스어의 사용 빈도가 점점 늘어났다.[20] 또 독일어사에 관한 연구 서적에 따르면, 쾰른 시의 공문서는 이미 12세기에 독일어로 쓰였다고 한다.[21] 그리고 이 같은 추세는 13세기에 급속히 확산되었다. 게르만법의 집대성이라고 알려진 『작센법』은 원래 라틴어로 쓰였지만, 1224년부터 1230년 사이에 독일어로 번역됐다.[22] 1235년에는 독일어로 쓰인 최초의 제국법과 왕의 증서가 간행됐다.[23] 이 방면의 전문 서적에 따르면, "13세기 중반 공문서가 라틴어에서 독일어로 갑자기 바뀌면서 독일어는 법률 언어로서 능력을 지니게 됐다"고 한다. 아마도 "독일 법률 언어의 역사에서 이런 혁명이 일어난 데는 분명히 어떤 근본적인 힘이 작용했을 테지만, 그것이 무엇인지는 아직까지 해명되지 않았다"고 볼 수 있다.[24] 그렇지만 영방領邦 국가 사이의 외교 언어로서 사용됐던 이 '관청어 Kanzleisprache'의 등장은 문자언어로서 독일어의 평준화를 크게 촉진시켰다.

사실 속어를 문자언어로 사용한 것은 12세기의 '궁정문학'과

'기사문학'의 등장에서 비롯한다. 이미 11세기 말에는 『롤랑의 노래』라는 프랑스 서사시가 지어졌다. 12세기 중반에는 북프랑스를 중심으로 '이야기 문학', 즉 '로망스'가 출현했다. '로망스romance'의 어원이 '로망스어로romance'에서 유래하듯이 이 이야기들은 속어로 쓰였다. 로베르 드 보롱Robert de Boron과 웨이스Wace가 프랑스어(앵글로노르만어) 운문인 『브뤼 이야기』를 쓴 것이 1155년경이었다. 또 토마Thomas가 『트리스탄』을 쓰고, 마리 드 프랑스Marie de France가 브르타뉴에 전승되던 『레Lais』와 『이소페Isopet』를 당시의 프랑스어 운문으로 고쳐 쓴 것도 12세기 후반이었다. 그 뒤 1180년 전후에는 크레티앵 드 트루아가 『랑슬로』 『페르스발』을, 거의 같은 시대에는 베룰Beroul이 『트리스탄』을 역시 프랑스어로 썼다. 이들은 아주 일찌감치 독일어로도 쓰였다. 또한 볼프람Wolfram von Eschenbach이 1205년경에 『파르치발Parzival』을, 그리고 고트프리트 폰 슈트라스부르크Gottfried von Strassburg가 『트리스탄과 이졸데』를 모두 독일어로 완성했다. 그리고 12세기 후반부터 13세기 초반까지 『엘시드의 노래』가 스페인어(카스티아어)로 쓰였다. 영어의 경우 13세기 중반 『혼Horn 왕』 그리고 13세기 말에는 『덴마크인 하벨록』이 등장했다(단, 여기서 '프랑스어' '독일어' '스페인어' '영어'란 단순히 한정된 지역의 공통 언어를 가리키는 말이며, 당시 표준어화된 '국어'가 있었다는 뜻은 아니다).

이들 세속적 귀족 문화로서 속어 문학은 기사, 즉 소귀족을 독자로 삼고 있었다. 그 내용도 군주에 대한 충성과 전투에서의 용기 등 기사의 사상과 감정을 표현하는 것이었다. 사실상 군대 생활을 하고 있었던 기사 계층은 대부분 라틴어 문화에서 소외돼 있었다.

어쨌든 12·13세기 궁정문학과 기사문학에서 속어의 사용은 속어에 나름의 권위를 부여하였다고 할 수 있다.[25]

그러나 중세 문학의 걸작으로 불리는 『장미 이야기Roman de la Rose』가 나온 13세기 중반 기사문학의 번성기는 종말을 맞이했다. 그 이후 속어 문학은 시민의 관심을 끌려는 방향으로 흘러갔다. 12세기 말부터 14세기 중반에 이르기까지 프랑스에서 유행하던 『파브리오』로 불리는 익살스러운 우화는 그야말로 '서민 문학'이었다. 실제 속어 문자 문화의 확대라는 점에선 상업적 목적에서 읽고 쓰는 능력을 익혔던 상인들의 역할이 크다. 읽고 쓰는 능력은 "귀족에게는 지적 사치에 불과했지만 시민에게는 일상에서 없어서는 안 되는 것"이었기 때문이다.[26] 14세기 단테가 『신곡』을, 보카치오가 『데카메론』을 모두 토스카나어로 썼고, 또한 존 맨드빌John Mandeville이 프랑스어로 여행기를 썼다. 이들이 널리 수용되고 확산돼 나갈 기반은 이미 형성돼 있었던 것이다.

이 같은 배경 속에서 도시 시민의 초등교육에서도 속어가 중시되기 시작했다. 또 웬만큼 살 만한 생활환경을 갖춘 도시의 시민층은 자녀 교육을 위해 교회의 영향에서 벗어난 학교를 원했다. 그리고 장기간의 투쟁을 거쳐 학교의 관리권은 점차 도시 시민에게 이동해 갔고, 그에 따라 도시의 학교는 서서히 교회의 영향에서 벗어나게 됐다. 14·15세기 이탈리아에서 상인과 직인 자제의 교육을 목적으로 각 도시 자치체에서 '견습교실'이나 '산수교실'이 설립된 사정에 대해선 이미 살펴봤다. 독일과 플랑드르에서도 현재의 초등학교에 해당하는 학교에선 초보적인 라틴어를 가르쳤지만, 속어의 읽기와 쓰기, 초등산술을 보다 중시했다. 나아가 14세기에는 상인과 직인의 자제를 속어로 교육시킬 목적에서 교회로부터 독립한 '습자학교Schribschule'가 출현했다. 그 운영은 지방의 행정 당국이 했다. 1418년 뤼베크의 독일어 학교 협정에는 "습자학교는 모든 아이들에게 독일어로 읽기와 쓰기를 가르치는 곳이며, 그 외의 언어를 사용하지는 않는다"고 명기돼 있다.[27] 잉글랜드에서도 중세 후기에는 일곱 살 정도 때 다니기 시작하는 초등학교 위에, 엘리트를 위한 그래머 스쿨과 상업 학교 같은 것이 있었다고 알려져 있다. 초등학교에선 알파벳과 라틴어의 초보적인 읽기와 쓰기, 시 암송을 가르쳤다. 그래머 스쿨은 라틴어를 본격적으로 교육했던 데 비해 상업 학교에선 상업 문서의 작성 방법과 같은 실용적인 읽기와 쓰기를 속어로 가르치고 있었다.

이렇게 15세기 말에는 유럽 전역에서 문자언어로서 속어 사용이 확대됐다. 이에 따라 도시 시민의 식자율 — 물론 현재의 수준에서 보면 매우 초라한 것이지만 — 도 높아져 갔다. "1500년이 되자 서유럽에선 문맹자의 수가 확 줄었다".[28]

| 학문 언어로서 라틴어

그러나 학문과 종교의 세계는 여전히 라틴어의 성역으로 남아 있었다. 12세기부터 13세기에 걸쳐 유럽에선 고대 학문을 아라비아어나 그리스어에서 라틴어로 번역하는 데 엄청난 에너지를 소비했다. 이 방대한 신지식을 집약하고 소화하고 전수하는 기능은 새로운 고등교육기관으로 창설된 대학이 하게 됐다. 그런데 이 번역을 담당한 이는 유럽 각지에서 이베리아 반도의 톨레도나 시칠리아 반도의 팔레르모로 모여든 학자들이었다. 이들은 지금으로 말하면 영국인, 독일인, 프랑스인, 이탈리아인 등으로 구분할 수 있지만 번역 작업은 모두 라틴어로 했다. 번역자의 모국어로 번역되는 일은 없었다. 그리고 대학 교육도 모두 라틴어로 이루어졌다. 라틴어는 범유럽적인 학문 언어였으므로 학문과 사상이 전 유럽 차원에서 유통될 수 있도록 만들었다. 나아가 문화적 단위로서 '유럽'이라는 관념을 성립시켰다. 즉 "아리스토텔레스 철학의 지배력이 중세 르네상스 시대의 서유럽을 통일했다면, 유럽에 또 다른 차원의 결집력을 부여한 것은 아리스토텔레스가 사용했던 그리스어가 아니라 그 번역자들이 사용한 라틴어였다."[29]

그러나 학문 세계에서 지역 간의 언어 장벽을 없앴던 라틴어는 동시에 민중과의 사이에서는 높은 장벽을 쌓았다. 그래서 라틴어는 민중을 학문 세계로부터 배제하는 유효한 수단이기도 했다. 이 시대에 속어는 이미 도시의 공문서나 속어 문학에 사용되고 있었으며, 속어라면 읽고 쓸 줄 안다는 ― 적어도 읽을 수는 있는 ― 시민층이 증가하고 있었다. 때문에 라틴어만을 유일하게 사용하던 학문 세계의 관행은 속어가 학문적 사용에 불충분하고 부적합하다는 소극적 이유에서만 생겨난 게 아니었다. 라틴어의 사용은 오히려 학문과 사상을 독점하기 위한 수단으로서 성격을 강하게 갖고 있었다.

원래 대학이라고 해 봤자 중세에선 일종의 길드였다. 따라서 교회 권력의 방패 뒤에서 몇몇 특권을 유지했다는 것 외에는 다른 직종의 길드와 큰 차이가 없었다.[30] 크래프트(장인) 길드가 구전과 현장 훈련으로 길드 고유의 지식과 공예 기술을 전수했듯이, 대학 길드는 강의와 토론으로 지식과 논증 기술을 전수했던 것이다. 여러 직종의 크래프트 길드가 고유의 기술 지식을 비전秘傳으로 삼아 기술의 독점 구조를 유지했던 것과 마찬가지로 대학 길드도 학문 세계의 은어인 라틴어의 사용을 강제함으로써 스콜라학과 스콜라의 학을 독점하였다. 르네상스 시대에는 대학에서 학생들끼리 라틴어로 대화하는지 감시하는 스파이가 있었다고도 전해진다.[31]

르네상스 시대 최초로 중세 스콜라학에 이의를 제기한 것은 인문주의였다. 그러나 인문주의는 기본적으로 학문 세계의 배타성을 타파하지는 못했다. 인문주의자를 학문적으로 따지면, 지금으로 말해 문헌학자 내지는 언어학자였다. 경직화한 스콜라학에 대해 그들이 대안으로 제기했던 것은 고대 문예였다. 그 때문에 많은 인문주의자들이 중세 대학보다도 오히려 더 고전어를 중요시했다. 12·13세기 그리스 철학서와 과학서는 아라비아어를 거치거나 그리스어에서 직접 라틴어로 번역됐는데, 이 과정에서 아라비아어를 어원으로 하는 단어도 몇몇 사용됐다. 원래 라틴어에는 없는 말들이 끼어든 것이다. 이는 그리스 철학과 과학이 본래 이질적이었던 그리스도교 신학에 포섭되는 과정에서 생겨난 부자연스러운 용법들이었다. 그리스 철학과 과학에 라틴어를 무리하게 사용하려다 그렇게 됐던 것이다. 인문주의자들은 그 같은 중세 스콜라학자들의 라틴어를 '야만'으로 간주했다. 반면 그들은 키케로Marcus Tullius Cicero나 베르길리우스Vergilius가 사용했다고 하는 고대의 순수하고 단아한 라틴어를 이상적인 것으로 숭앙했다.

그런 이유로 인문주의자들은 속어는 말할 것도 없고, 속어가 섞인 라틴어조차 저급한 것으로 간주하며 경멸했다. 16세기 초반 수학자 열전을 쓴 우르비노의 귀족 베르나르디노 발디는 평민 수학자 루카 파치올리에 대해 "그는 언어에 관한 한 속어와 라틴어를 뒤섞어 쓰는 야만인barbaro이다"고 폄하했다.[32] 또 잉글랜드의 엘리트 인문주의자 커스버트 톤스톨Cuthbert Tonstall은 라틴어의 '천'을 의미하는 mille에 이탈리아어로 확대를 뜻하는 어미 -one을 붙인 million(백만)이라는 상업수학 용어에 대해 "천의 천 배, 이를 민중은 야만스럽게도 millione이라고 한다millena millia : vulgus millionem barbare vocat"며 조소했다.[33]

어쨌든 르네상스 인문주의자 가운데도 프랑수아 라블레, 레온 바티스타 알베르티, 토머스 엘리엇, 안토니오 드 네브리하와 같은 속어 옹호론자가 있긴 했다. 하지만 전체적으로 본다면, 그들은 지知의 독점을 지켜 주던 라틴어의 성벽을 오히려 강화시켰다. 북유럽의 인문주의를 대표하는 로테르담의 에라스무스Desiderius Erasmus, 1466~1536는 네덜란드어를 모국어로 했지만, 자기 나라 사람에게 보내는 편지조차 항상 라틴어로 썼다. 그는 국제적이긴 했지만 '엘리트 지식인 공화국'만을 향해 발언하고 있었던 것이다. 민중에게 직접 자기 생각을 전파한 적은 한 번도 없다. 이처럼 인문주의 운동은 고전어의 소양과 고전 문헌의 지식을 불가결한 기초로 삼았으며, 사회적으로는 극소수의 폐쇄적 엘리트 집단이 장악하고 있었던 것이다.

유럽 지식층이 지니고 있던 '지적 비닉 체질'이라는 것의 뿌리는 고대로까지 거슬러 올라간다. 고대 유럽에서는 신으로부터 부여된 진리는 불충한 사람의 손에 들어가지 못하도록 함부로 공개해서는 안 된다는 관념이 널리 퍼져 있었다. 피타고라스의 제자 리시스Lysis는 철학의 공개를 스승이 금지했다고 전하고 있다.[34] 마찬가지로 프랑스 철학자 알렉상드르 코이레Alexandre Koyré에 따르면, "플라톤의 철학적 가르침이라는 것은 선택된 소수에게만 전해졌으며, 다분히 비장의 지식이라고 부를 만했다".[35] 실제 플라톤은 대화편 『파이드로스Phaidros』에서 소크라테스의 입을 빌려 다음과 같이 경종을 울린다. "말이란 일단 써 놓으면, 어떤 말이든, 그를 이해하는 사람이건 아무런 관계가 없는 사람이건 가리지 않고 이리저리 옮아 다니게 된다. 그리고 반드시 필요한 사람만 말하고, 그렇지 않은 사람은 입을 다물고 있으리라는 법이 없다."[36]275DE 그리스도교에서도 사정(지적 비닉 체질)은 별반 다르지 않았다.[37] 3세기의 교부 오리게네스Adamantius Origenes는 이렇게 말했다. "하느님의 일은 인간에게 일부 감춰진 채로 알려지게 된다. 신앙심이 없거나 경건하지 못한 사람들일수록 더욱더 알기 어렵다."

13세기 로저 베이컨이 썼다고 전해지는 『내밀한 작용에 대한 서간Epistola de secretis operibus』이라는 책이 있다. 베이컨 본인이 정말 썼는지 불분명하지만 중세 때 널리 읽혔던 것은 분명하다. 거기엔 이런 대목이 나온다.

> 현인들이 쓴 글 가운데 불명료한 부분이 있는 것은 민중이 지혜의 비밀을 무시하고 거들떠보지 않게 함으로써, 매우 중요한 것인데도 그 의미를 알아차리지 못하도록 하기 위한 것이다. 만일 어떤 중요한 진리를 민중이 알게 된다면, 민중은 이를 남용해 사회에 엄청난 피해를

줄 것이다. 현명하고 식견 있는 사람이 노력을 해야만 이해할 수 있도록, 비밀을 민중의 눈으로부터 감춰 두는 것을 게을리 하면 곤란하다.[38]

이 같은 태도 또한 1400년대 인문주의자에게 전파됐다. 실제 '초기 르네상스 사상에서 가장 널리 알려진 문서'[39]라고 하는 피코 델라 미란돌라의 『인간의 존엄성에 대한 연설 De hominis dignitaate oratio』에도 다음과 같은 기록이 있다.

> 지고한 신성神性의 감춰진 의의를 민중에게 알리는 것은 성스러운 것을 개에게 던져 주는 것이나 다름없고, 돼지우리에 진주를 뿌리는 것이나 마찬가지일 것이다. 이는 '완성된 인간들'에게 전해져야만 하는 것으로 범속의 대중에게는 내밀하게 해 둬야 한다. 이는 사려 깊은 행동이라기보다 그 자체가 신이 정해 둔 규칙이다.[40]

이렇게 중세 말기까지 학문의 큰 특징은 비닉 체질에서 찾을 수 있다. 자연의 비밀에 관련한 것이 민중의 눈에 띄지 않도록, 조심조심 숨겨 둬야 한다는 것은 지식계급의 '도덕적 책무'로까지 여겨졌다.[41] 그리고 과학사가 조지 사턴 George Sarton 은 "라틴어란, 자질 없는 사람들이나 악용할지도 모르는 사람들에게 학문적 지식이 전파되는 것을 막기 위한 비밀스러운 언어였다"[42]고 말했다. 이처럼 학문 세계에서 라틴어의 배타적 사용이야말로 그런 목적을 위한 가장 직접적이고 유효한 수단이었다.

| 가톨릭교회와 라틴어

1199년 교황 인노켄티우스 3세는 "수많은 남녀 신도가 성서 속의 복음서, 바울로의 편지, 시편, 교훈서, 욥서 등을 프랑스어로 번역하고 싶다는 바람으로 자신들만의 비밀 집회에서 번역한 글을 스스로 해석하고 설교하려고 한다"는 메츠 교회의 보고에 다음과 같이 답했다.

> 신앙의 깊은 뜻은 모든 곳에서 모든 사람들에게 설명해야 할 게 아니다. 사실 모든 곳에서 모든 이에게 이해되는 게 아니라, 이해력을 지닌 신도만이 이해하는 것이다. … 우둔하거나 배우지 못한 사람이 성서의 숭고한 뜻에 도달하려 하거나, 이를 타인에게 설교하려 해서는 안 된다. … 몸에는 여러 부분이 있는데, 모든 부위가 똑같은 기능을 하는 것은 아니다. 그와 마찬가지로 교회 속에서도 많은 계급이 있는데, 모든 사람이 똑같은 책무를 지니는 것은 아니다. … 교회에서 교사 계급은 학식 있는 우수한 사람들이다. 따라서 아무나 스스로 이런 임무를 맡겠다고 나서서는 안 된다.[43]

그때부터 350년 뒤 종교개혁에 대항해 가톨릭 진영을 수습하며 반격에 나서기 위해 개최된 1546년의 트렌트 공회의는 이렇게 선언했다.

> 어느 누구도 그리스도교의 교의에 관한 신앙과 도덕에 대해 자기 개인의 판단에 의존해서는 안 된다. 또한 성스러운 어머니로서 교회가 예

로부터 지지했고, 지금도 지지하고 있는 해석에 반해 자기 나름의 해석으로 그 의미를 곡해해서도 안 된다. 성서의 진정한 의미와 해석을 판단하는 것은 교회의 직무이기 때문이다.[44]

중앙집권화된 가톨릭교회에서 성서 해석의 권한은 이처럼 상급 성직자가 독점하고 있었다. 그리고 그 독점은 오로지 라틴어만을 사용함으로써 유지되고 있었다. 뒤집어 말하면 교회 권력에 있어서 속어의 사용은 그 자체가 잠재적 이단이자 금기를 건드리는 것이었다. 이는 이단의 '발도교'로 탄압당한 리옹의 상인 페터 발도 Peter Waldo, 1140~1216의 사례에서 이미 나타나 있다. 속어(프로방스어)로 번역된 성서를 읽은 그는 예수의 설교와 교황청이 가르치는 그리스도교 사이의 엄청난 괴리를 인식하고, 스스로 이를 설파해 민중의 지지를 얻다 이단에 몰렸다.

잉글랜드에서도 사정은 다르지 않았다. 이는 14세기 성서의 영역을 시도했던 종교개혁의 시조 존 위클리프 John Wycliffe, 1330경~1384에서 찾아볼 수 있다. 위클리프와 그 제자들이 시도한 성서의 영역은 종교개혁의 일환이었다. 당시는 윌리엄 랭런드가 『농부 피어스』에서 민중의 고달픈 생활과 종교적 고뇌를 묘사했던 시대였다. 위클리프 개혁의 기본 사상은 그리스도교에서 일체의 진리와 최고의 규범은 신의 말씀으로서의 성서, 그중에서도 복음서에 있으며, 성직자건 일반 신도건 관계없이 모든 그리스도교도는 성서를 스스로 음미할 권리가 있다는 주장에 있다. 이를 위해선 성서의 텍스트(본문)에 사람들이 직접 접근할 수 있도록 하고, 신학적 문제에 대해 스스로 판단할 수 있도록 해야 했다. 위클리프는 성서를 속어로 번역하는 작업의 의의를 충분히 자각하고 있었던 것이다. 그의 사상은 직인을 중심으로 한 하층 민중에 전파돼 갔다.

위클리프의 제자들이 성서를 처음 영역한 직후인 1382년 런던에서 열린 종교회의는 위클리프를 이단으로 단정했다. 그 결과 의회는 모든 영문판 성서를 금지했다. 수많은 관련자들이 구속돼 고문당하고 처형됐다. 이미 정치와 문학의 영역에선 영어 사용이 침투하고 있었던 시대이지만, 의회와 교회는 위클리프 일파와 그의 영문판 성서를 허용하지 않았다. 직인들의 운동이 계급투쟁의 성격을 띠었다는 점도 하나의 원인이 됐다. 이와 함께 이는 대중을 어디까지나 종교적으로 무지한 상태에 묶어 두려는 교회의 결의를 보여 준 것이기도 하다. 마찬가지로 보헤미아에서도 성서를 체코어로 번역해 교회 쇄신 운동을 일으킨 프라하의 얀 후스Jan Hus가 1412년 교황청으로부터 파문당했고, 1415년엔 이단으로 낙인찍혀 화형당하고 말았다. 그해 가톨릭교회는 콘스탄츠 공의회에서 위클리프를 이단으로 공식 선언했다.

그 뒤 15세기 중반 인쇄 서적의 출현은 가톨릭교회의 경계심을 불러일으켰다. 교회는 달갑지 않은 사상이 대중 속으로 급속히 전파될 위험이 있다고 인식했던 것이다. 1458년에는 인쇄술의 발상지인 마인츠의 대주교 베르트홀트Berthold가 검열에 관한 포고령을 내렸다. 여기에는 이런 구절이 나온다. "그저 돈벌이만을 생각하는 사람들이 유해한 서적을 제조함으로써 본래 장려할 만한 인쇄술이라는 하느님의 기술이 악용되고 있다. 이에 따라 그리스어, 라틴어, 기타 언어에서 독일어로 번역되는 모든 서적에 대해 사전 검열을 하고, 이미 인쇄된 책에 대해서는 심사를 실시한다."[45] 여기에서도 알 수 있듯이, 문제는 인쇄 서적 일반이 아니라 속어로 쓰인 서적이었다.

그 이면의 사정은 좀 달랐다. 당시 인문주의자가 이단적인 주장을 하더라도, 이것을 라틴어로 기록해 그 영향이 엘리트층 내부에 국한된다고만 하면 교황청은 사실상 이를 묵인해 주고 있었다. 역사 서적에 따르면, "페트라르카Francesco Petrarca부터 피치노Marsilio Ficino나 피코 델라 미란돌라에 이르기까지 이탈리아 인문주의자들은 종종 교회와 교황권 그리고 스콜라철학을 공격했다"고 한다. 그럼에도 불구하고 "피우스 2세Pius II, 재위 1485~1464부터 레오 10세Leo X, 재위 1513~1521 때까지 르네상스 시대의 교황들은 대개 인문주의자를 보호했다"는 것이다.[46] 에라스무스도 라틴어 저서를 통해 그리스도교회의 부패를 신랄하게 비판했지만, 그는 일생을 통해 다수의 고위 성직자들과 매우 우호적인 관계를 유지했으며 생전에 교회로부터 공격 받아 본 적도 없다.[47] 종교상의 교리가 한 줌의 지식인 엘리트 사이에서만 논의되는 한에서는 교회 권력은 잠자코 있었던 것이다.

에라스무스와 마르틴 루터Martin Luther, 1483~1546의 결정적 차이는 루터가 교회를 분열시키려고 결심했다는 점에 있다. 이는 루터가 속어를 사용해 민중에게 직접 호소했다는 데서 단적으로 나타난다. 1517년 가을 비텐베르크에서 마르틴 루터는 면죄부를 비판하는 '95개조 논제'를 발표했다. 학자들은 이를 종교개혁의 발단으로 간주하는데, 나중에 보니 그렇다는 뜻이다. 루터는 '95개조 논제'를 라틴어로 썼다. 즉 그 단계에서 루터는 성직자 세계의 내부에서 교회 비판을 할 생각이었다고 보인다. 그러나 이게 엄청난 반향을 불러일으킨 것은 이듬해인 1518년 봄 루터가 이것을 독일어로 번역·요약해 인쇄하면서부터였다. 이는 눈 깜짝할 사이에 독일 전역으로 퍼져 나갔다. 2주일쯤 지나자 도처에 나붙으면서 대중들이 읽을 수 있게 됐다. 이렇게 종교개혁은 처음으로 민중의 세계로 파고들게 됐다. 그리고 루터는 1520년 개혁의 이념을 설파한 강령적 문서인 『독일 민족의 그리스도교도 귀족들에게 보내는 연설Anden Christichen Adei deutscher Nation』과 『그리스도교도의 자유에 대하여Von der Freiheit eines Christenmenschen』를 처음부터 독일어로 발표했다. 그해 초 화가 알브레히트 뒤러는 루터파 목사에게 "만일 루터 박사가 독일어로 쓴 새 책을 출판하셨다면, 합당한 비용을 드릴 테니 제게 보내 주시기 바랍니다"고 부탁하기도 했다.[48] 이미 이 시점에서 루터의 저작물은 출판 전부터 수요가 넘쳤던 것이다. 실제 『독일 민족의 그리스도교도 귀족들에게 보내는 연설』은 나오자마자 며칠 만에 4,000부가 매진돼, 15판을 더 찍었다고도 한다.

이와 동시에 수많은 속어 전단과 팸플릿이 제작돼 배포되기 시작했다. 이미 독일에는 인쇄업의 중심지가 몇 곳 존재하고 있었으므로 이런 서적과 팸플릿은 인쇄 공방의 협력을 얻어 제작됐고, 상인들은 이를 독일 전역으로 퍼뜨렸다. 이 인쇄물들은 집회에서 낭독돼 글을 읽지 못하는 대중에게도 그 영향을 널리 미치게 됐다. 인쇄공이나 인쇄업자들 사이에 루터에 호응하는 사람들이 배출됐던 영향도 있지만, 루터의 책을 필두로 개혁파의 각종 선전 문서가 불티나듯 팔렸으므로 이는 비즈니스로도 할 만한 일이었다. 이렇게 해서 "독일어로 된 인쇄물의 출판 건수는 루터의 등장 이후 비약적으로 증가했다".[49] 표 9.1

또 독서 인구도 확대되었다. 1527년엔 『속성 읽기 학습법Die rechte weis auffs kürzist lesen zu lernen』이, 1534년에는 『혼자서 공부하는 독일어 문법Teutsche Grammatica Darauss einer von jm selbs mag lesen lernen』이 이켈자머Valentin Ickelsamer에 의해 간행됐다. 이는 당시 읽기 능력에 대한 욕구가 대중들 사이에서 얼마나 높았는지를 보여 준다.

이처럼 프로테스탄트 측은 반세기 전에 등장한 인쇄 기술을 적극 이용해 대중에게 호소했다. 이에 대해 가톨릭 측은 인쇄에 소극적이라기보다 오히려 경계적이었다. 인쇄술의 이용을 둘러싼 두 진영의 차이는 단순한 전술의 차이가 아니었다. 이것은 신앙의 방식에 대한 차이 그리고 성직자와 민중의 관계에 대한 이해심의 기본적 차이에서 유래했다.

사실 당시 교회에서 신앙과 교리의 기본이 성서에 있다고 명확히 규정한 것은 아니었다. 4세기 성 히에로니무스가 중심이 돼 라

표 9.1 16세기 독일에서 급증한 독일어 서적.[50]

인쇄연도	출판종수	증가율
1513	90	
1514	106	
1515	145	105.4 (평균)	100%
1516	105	
1517	81	
1518	146	139%
1519	252	239%
1520	571	542%
1521	523	496%
1522	677	642%
1523	944	896%

틴어로 번역한 우르가타 성서를 교회 공인의 성서로 삼은 것도, 프로테스탄트의 속어 번역에 대항하기 위해 1546년 트렌트 공의회에서 겨우 선언됐을 정도였다.[51] 여기에 가톨릭교회에서 텍스트를 읽는 것은 오직 성직자에 국한됐고, 대중은 교회 상층부의 결정이나 상급 성직자의 해석에 따르기만 하면 된다고 여겨졌다.

이에 대해 프로테스탄트 측에선 루터가 말했듯, '신의 말씀'이란 "복음서에 담긴 그리스도의 설교 이외엔 아무것도 아니다"고 봤다. 또 루터의 영향을 받아 성서를 스웨덴어로 옮긴 라우렌티우스 안드레이Laurentius Andrae는 "그리스도의 말씀은 … 누구에게도 비밀로 해서는 안 된다"고 했다.[52] 이처럼 오직 성서만을 슬로건으로 내건 프로테스탄티즘은 복음서를 통해 신의 말씀에 직접 접하는 것을 신앙의 기초로 여겼다. 개개인이 스스로의 양심에 따라 행하는 성서 읽기가 신앙생활에서 가장 중요한 행위로 간주됐다. 이에 따라 또한 신과 신도 사이를 중개해 주는 특권적 성직자나 권위주의적 교회 조직은 필요치 않았다. 그렇다면 대중들이 읽을 수 있는 성서가 존재한다면, 일반인과 성직자를 구별하기 위한 특수한 언어 ― 라틴어 ― 도 필요 없게 되는 셈이다(그러나 현실에서는 루터파도 재세례파의 등장이나 농민전쟁의 격화 과정에서 지도부가 작성한 교리문답의 사용을 장려했던 것이 사실이다).[53]

그리스어로 된 신약성서를 처음 영어로 옮긴 이는 옥스퍼드의 고전학자였다가 유럽 대륙으로 망명한 윌리엄 틴달William Tyndale, 1492~1536이었다. 1526년과 1534년의 일이었는데, 이 일은 "교회의 권위자들이 부들부들 떨 만큼 충격을 안겨 주었다."[54] 약간의 예를 들자면, 신약성서에 나오는 그리스어의 '에클레시아'를 당시까지 교회는 '성직자들의 조직 단체', 즉 '교회'의 의미로 설명하고 있었다. '교회'를 뜻하는 그리스어 '큐리아콘'이라는 단어는 신약성서에는 나오지 않으며, 실제로도 기원후 3세기까지 사용되지 않았는데도 그렇게 설명했던 것이다. 이에 대해 고전학자 윌리엄 틴달은 '에클레시아'에 대해 '모임congregation'이라고 역어를 사용했다. 또한 그때까지 '사제priest'로 번역되던, 그리스도교의 교직자를 의미하는 '프레스비테로스presbyteros'를 그는 '연장자senior'로, 나중엔 '장로elder'로 번역했다.[55] 이는 교회 조직이 중앙집권화된 게 그리스도교가 로마제국의 국교가 된 4세기 말임에도 불구하고 중앙집권적이고 계급적인 교회 조직이 이미 그리스도교 탄생 당시부터 존재했던 것처럼 설명한 가톨릭교회의 허위를 폭로한 셈이었다. "그들〔교황과 성직자들〕이 모든 것을 라틴어로 한 것은 우리를 진리의 지혜로부터 멀어지도록 하기 위해서다"고 틴달이 갈파한 대로였다.[56] 대륙에서 출판된 그의 번역본 성서는 비합법적인 것으로 간주됐다. 그래도 해안선의 경계망을 뚫고 잉글랜드로 전파돼 널리 읽혔고, 윌리엄 틴달 자신은 안트베르펜에서 붙잡혀 이단의 죄로 1536년 교수형에 처해졌다. 영국 국교회가 그에 2년 앞서 이미 교황청으로부터 이탈했음에도 불구하고 말이다.

가톨릭의 힘이 강했던 프랑스에선 인문주의자 르페브르 데타플Jacques Lefevre d'Etapl, 1455경~1536이 1523년 프랑스어판 성서를 만들어 1528년 안트베르펜에서 출판했다. 그 뒤 그는 구약성서도 번역했다. 그가 지도한 프랑스 종교개혁은 상당히 온건한 것이었지만, 14세기 이후 정통파 교의의 수호자로 자부하던 소르본, 즉 파리대학 신학부로부터 이단시됐다. 1525년에는 성서에 관한 저작물은 미리 파리대학 신학부의 검열을 받지 않고서 간행할 수 없다는 판결이 고등법원에서 나왔다. 소르본은 1525년 에라스무스의 저서 4권을 고발했는데, 모두 프랑스어로 번역된 것이었다. 번역자인 루이 드 베르켕Louis de Berquin은 1529년 금서 은닉죄로 체포돼 파리에서 화형에 처해졌다.[57] 반면 종교개혁이 한창인 독일에서 몰래 유입된 종교개혁파의 인쇄물조차 라틴어로 돼 있기만 하면 프랑스에선 대체로 봐주는 분위기였다고 한다.[58]

16세기 후반 더 이상 속어 서적의 보급을 억누르는 게 불가능해진 단계에서 교회가 취한 수단은 1559년부터 시작된 『금서목록』의 작성이었다. 1564년 교회령으로 정한 『금서목록』의 작성 기준에는 "각국어로 번역된 성서의 사용을 무차별로 허가한다면 득보다는 해가 더 많다는 게 경험에 비춰 명백하다"고 돼 있다. 그리고 다음과 같은 지시가 담겨 있다.

> 구약성서의 번역은 신심이 두터운 학자에게만 사제가 판단해 허가해줄 수 있다. … 신약성서의 번역은 이 『금서목록』 제1급에 속하는 사람들이 하는 것이라면 절대 허용될 수 없다. … 가톨릭의 저술가와 현대의 이단자 사이에 벌어진 논쟁을 자국어로 기록한 책을 무차별적으로 허가해서는 안 된다.[59]

여기에서도 역시 속어 사용이 문제시되고 있다. 참고로 1600년 이단으로 화형당한 조르다노 브루노Giordano Bruno가 1583년부터 2년 남짓 잉글랜드에 체재하는 동안에 썼던 스콜라학 비판의 대화편은 모두 이탈리아어로 돼 있다. 그 하나인 『원인, 원리, 일자一者

에 대하여De la causa, principio, et Uno』에는 이런 구절이 있다. "이탈리아어를 아는 사람, 그대들은 모두 노라의 인간(브루노)의 철학을 이해하는가? 아무렴, 그렇고말고."⁶⁰ 이로 미뤄 그는 의도적으로 속어로 집필했음을 알 수 있다. 물론 마르실리오 피치노의 시대와 달리 라테라노 공의회 이후 가톨릭 측이 강경 노선으로 치달았다는 점도 있지만, 교회의 입장에서 볼 때 브루노를 받아들이기 어려웠던 이유는 그의 과격한 사상뿐 아니라 그가 자신의 사상을 이처럼 이탈리아어로 썼다는 점에 있었던 것은 아닐까. 이 점에선 갈릴레오가 종교재판에 처해진 배경에도 비슷한 사정이 있었다고 생각된다. 그가 지동설을 그냥 주장하기만 한 것이 아니라 오히려 『천문대화』를 이탈리아어로 저술함으로써 그 내용을 누구라도 알 수 있도록 설파했다는 게 그 이상으로 문제시됐던 것으로 보인다.⁶¹ "가톨릭교회는 라틴어로 된 한에선 새로운 발견을 담은 서적이라도 허용했으나, 반대로 학자들이 누구라도 이해할 수 있는 국어로 자기주장을 세상에 전파하려 하면 즉시 고발하는 경우가 많았다".⁶²

| 16세기의 언어혁명과 국민의 형성

　　　　　　　　　　지금까지 16세기에 이르러 속어로 쓰인 과학서가 등장했다는 점이 학문 세계에서는 매우 중대한 변화였음을 설명해 왔다. 그러나 이는 기존의 '국어'를 사용해 집필됐다는 단순하고 평면적인 의미에 그치는 게 아니다. 실제로는 그 과정을 통해 원래 민중의 대화체 언어였던 속어가 어휘를 풍부하게 더해 가며 사상과 학문의 기술에도 적합하게 성숙되었다. 동시에 다른 한편으로는 문법의 정비나 철자법의 확정을 통해 표준화가 이뤄졌다. 이것은 '국어'로서 자리 잡을 요건을 갖춘 언어가 형성돼 갔다는 사실을 의미한다.

이 시대까지 속어는 어휘도 빈약하고, 문법도 제대로 갖추고 있지 못했다. 따라서 복잡한 사상이나 추상적 학문을 표현할 매개체로 인정받지 못했다. 1552년 스페인의 지식인 고마라Francisco López de Gómara는 『인디언 통사Historia general de las Indias』를 썼는데, 그 헌사에는 다음과 같이 나온다.

> 요즘 제가 스페인어로 집필하고 있는 이유는 우리 스페인 사람 모두가 즐겨 읽을 수 있도록 하기 위해서입니다. 또 두툼한 책을 라틴어로 쓰고 있는데, … 곧 탈고할 예정입니다. 그 책에선 이 책에서 제쳐 둔 것들을 많이 담을 계획입니다. 왜냐하면 라틴어라는 언어가 이를 허용하고 또한 요구하고 있기 때문입니다.[63]

속어로는 정확하고 상세한 기술이 불가능하다고 생각하고 있음을 솔직하게 보여 준 것이다. 속어를 학술적으로 사용할 수 있으려면 우선 어휘 수를 증가시킬 필요가 있었다. 14세기 말 옥스퍼드의 고전어 학자였던 위클리프와 그 제자들이 만든 영어판 성서는 라틴어와 외국어로부터 1,000개가 넘는 말을 차용했다. 마찬가지로 16세기에 영어의 중요성을 강조하며 스스로 영어로 집필했던 토머스 엘리엇Sir Thomas Elyot은 라틴어와 프랑스어에서 빌려 와 영어의 어휘를 확대해야 했다. 이는 당시 기묘한 언어 — '잉크통 용어

inkhorn terms'—라는 야유를 받았는데, 그 많은 부분이 현대 영어의 불가결한 부분을 구성하고 있다. 16세기 중반의 로버트 레코드나 윌리엄 커닝엄의 수학서와 과학서도 영어를 풍요롭게 만드는 데 큰 힘이 됐다고 한다.[64] 1604년 로버트 코드리Robert Cawdrey가 만든 최초의 영영사전 『알파벳표Table Alphabetical』의 부제는 '자주 쓰이는 난해한 영어의 이해와 올바른 표기법의 교수'라고 돼 있다.그림 9.1 '난해한 영어hard English words'란 당시 전문 서적에 사용되고 있던 라틴어나, 외국어에서 빌려 와 만든 영어 단어를 가리킨다. 당시 일상어에서는 대응하는 표현을 찾기 어려운 개념을 표기하기 위해 16세기 내내 수많은 단어가 그렇게 만들어졌던 것이다.

16세기 마르틴 루터가 성서를 독일어로 번역했을 때도 그는 그 목표에 걸맞게 독일 민중의 언어를 사용했을 뿐 아니라, 경우에 따라서는 새로운 용어를 만들어내지 않으면 안 됐다.[65] 파라켈수스도 라틴어나 그리스어에서 몇몇 특이한 말을 만들어냈다. '아연'을 가리키는 Zinc라는 말을 사용한 것도 그가 처음이었다.[66] 그가 만든 조어에 대해 일부에선 실소를 하기도 했지만 정신의학 분야에서는 "언어의 창조자로서 그의 영향은 획기적이었다"고 평가하기도 한다.[67] 또 뒤러가 독일어로 『측량을 위한 지침』을 썼을 때 직인들이 사용하는 용어를 빌려 수학 용어를 만들어냈다는 점은 이미 앞서도 살펴본 바 있다.

마찬가지로 신생 네덜란드 공화국의 기술자 시몬 스테빈은 스스로 수많은 네덜란드어 학술 용어를 만들어야 했다. 'driehoek'(삼각), 'aftrekken'(빼다), 'delen'(나누다), 'wortel'(근)과 같은 용어는 스테빈이 만든 것으로 지금도 사용되고 있다.[68] 현대 네덜란

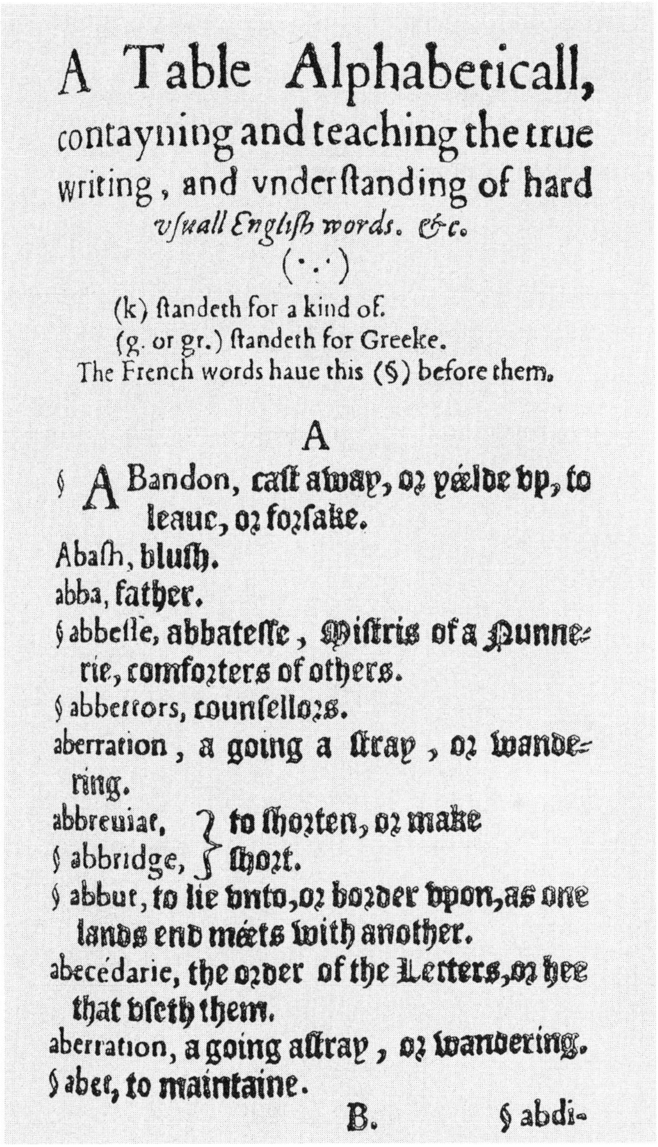

A Table Alphabeticall,

contayning and teaching the true writing, and vnderstanding of hard *vsuall English words. &c.*

(∵)

(k) standeth for a kind of.
(g. or gr.) standeth for Greeke.
The French words haue this (§) before them.

A

§ Abandon, cast away, or yælde vp, to leaue, or forsake.
Abash, blush.
abba, father.
§ abbesse, abbatesse, Mistris of a Nunnerie, comforters of others.
§ abberrors, counsellors.
aberration, a going a stray, or wandering.
abbreuiat, ⎫ to shorten, or make
§ abbridge, ⎭ short.
§ abbut, to lie vnto, or border vpon, as one lands end mæts with another.
abecedarie, the order of the Letters, or hee that vseth them.
aberration, a going astray, or wandering.
§ abet, to maintaine.

B.   § abdi-

그림 9.1 로버트 코드리, 『알파벳표』(1604)의 서두 부분.

드어의 'meetkunde'(기하학)나 'wiskunde'(수학)도 스테빈이 만든 'meetoconst'나 'wisconst'에서 유래한다. 이렇게 스테빈은 네덜란드어로 된 과학기술 용어의 창시자로서 17세기 이후 네덜란드에서 자연과학 발전의 토대를 쌓았다.

플레야드파La Pleiade, 16세기 프랑스에서 형성된 시인들의 한 유파_역주 시인 뒤 벨레Joachim du Bellay가 1549년 "모든 학문이 프랑스어로 충실하고 풍요롭게 행해질 수 있음을 증명하겠다"는 취지로 『프랑스어의 옹호와 고양Deffence et Illustration de la langue francoyse』을 펴냈을 때도 마찬가지였다. 그는 라틴어에서 수많은 어휘를 차입해 프랑스어의 어휘를 풍부하게 만들어야 했다. 또한 16세기 이탈리아 전쟁의 영향도 있어서 이 시기 프랑스어는 라틴어뿐 아니라 이탈리아어에서도 수많은 어휘를 따온 듯하다. 폼프pompe나 피스톤piston과 같은 기술 용어도 이 시대 이탈리아어에서 따온 것이다.[69]

어디에서든, 어떤 언어든, 조야하고 빈약한 종래의 속어를 개량하고 학문 언어로서 사용할 수 있게 하려면 우선 단어를 보다 많이 만들어야 했다. 그러나 이를 뒤집어 보면, 속어 사용자의 그 같은 유연성이야말로 속어가 발전하는 학문과 사상의 표현 매체로서 잠재력을 보유하고 있음을 입증한 것이라 할 수 있다. 이 점에서 그들은 고대의 순수한 라틴어에 매달린 채, 키케로와 같은 고대 사상가가 쓰지 않은 말은 아예 입에 담지도 않겠다던 인문주의자들과 큰 대조를 이룬다.

그뿐 아니다. '이탈리아어'라든가 '스페인어' 또는 '영어'나 '독일어'나 '프랑스어'라고 해도 당시는 표준화된 실체가 존재했던 것이 아니다. 현실적으로 지역에 따라 서로 다른 방언 — 한정된 지역의 공통 언어 — 만이 있었을 뿐이다.

예를 들어 독일어의 경우 1538년 루터는 다음과 같이 설명하면서 그 같은 현실을 인정했다. "독일 내에는 여러 방언이 사용되고 있으므로 사람들이 서로 말을 이해하지 못하는 경우가 왕왕 있다. 예컨대 바이에른 사람이 작센 사람 말을 이해하지 못하거나, 자기 지방에서만 살던 사람들은 타 지방 사람의 말을 알아듣지 못하는 경우가 있다."[70] 프랑스어에선 16세기 피카르디 지방의 교회 참사 회원이던 샤를 드 뷔엘Charles de Buuelles이 1533년 라틴어로 국어론을 집필했는데, 이때 그는 "오늘날의 프랑스에는 주민·지방·도시의 수만큼 관습과 언어가 존재한다"고 기록했다.[71] 이탈리아어의 경우에도 14세기 초 쓰인 『속어 시론』에 그와 비슷한 대목이 나온다. "이탈리아 내에서만 적어도 14개의 속어가 있다. … 게다가 모든 속어는 예컨대 토스카나에선 시에나 사람과 알레츠 사람으로, 롬바르디아에선 페라라 사람과 비젠차 사람으로 갈라지듯, 각자 내부에서 또 분화하고 있다."[72] 잉글랜드에서도 사정이 크게 다르지 않았다. 14세기 말 영국의 시인 초서는 『트로일로스와 크리세다Troilus and Criseyde』에서 "라틴어 표현을 국어로 옮겨 가면서 이야기하겠다"고 밝혔다. 또 그와 동시에 "우리나라 말은 음이나 철자가 각양각색이다"며 잘못 읽히지는 않을까 걱정하기도 했다.[73] 잉글랜드 최초의 인쇄 출판업자로서 스스로 번역에도 열심이던 윌리엄 캑스턴은 1490년 베르길리우스의 『아이네이스Aeneis』를 영역하면서 이렇게 개탄했다. "오늘날 어떤 주에서 일상적으로 말하는 영어는 다른 주에서는 전혀 다른 말이 된다. 그 차이가 워낙 커서……."[74]

따라서 16세기에 이르러 속어가 '국어'로 사용되기 위해서는 어느 나라에서나 방언들의 경쟁과 도태 과정을 필연적으로 거쳐야 했다. 당시 봉건국가는 여러 영방領邦들로 이뤄져 있었고, 각 지역에선 저마다 나름의 방언을 사용하고 있었다. 따라서 이들 가운데 유력 언어가 하나 부상해, 다른 언어들을 누르고 전국적 권위를 획득한 국민국가의 국어로 결정화되는 과정을 거쳐야 했다는 것이다. 이렇게 해서 이베리아 반도에선 유력 언어였던 카르타냐 방언을 누르고 왕권의 언어인 카스티야 방언이 스페인어가 됐다. 프랑스에서는 일 드 프랑스 지방(카페 왕조의 직할지였던 파리 지방)의 언어인 프랑시안어가 프랑스어로, 이탈리아에선 토스카나 방언이 이탈리아어가 됐다. 그리고 잉글랜드에선 런던 방언(중동부 방언)이 영어로 격상돼 갔다. 실제 영어에 대해선 "표준 영어의 역사는 거의 런던 방언의 역사다"고도 할 수 있다.[75]

이상의 변화, 즉 지역적으로 사용되던 구어였던 속어 방언 가운데 하나가 다른 방언들을 압도하는 유력 언어로 규범화되고, 이것이 나아가 문법적으로 정비되고 표준화돼 '국어'로 성장하고, 동시에 어휘가 풍부해져 복잡한 사상 표현에 적합하도록 정제되며, 결국 절대적으로 라틴어만 사용하던 영역에까지 통용되기에 이르는 일련의 과정은 언어혁명이라고 할 만큼 근본적인 변화였다. 16세기 문화혁명에는 이 언어혁명이 수반됐던 것이다.

이 언어혁명에는 몇몇 요인이 배경으로 작용했다고 볼 수 있다. 첫째는 인쇄 서적의 출현이고, 둘째는 종교개혁, 그리고 마지막으로 국민국가의 형성이 내셔널리즘을 불러일으켰다는 점이다. 첫째 원인부터 차례차례 살펴보자.

국어 형성에서 인쇄 서적의 역할

유럽에서 도시가 형성된 12세기경까지 유럽은 기본적으로 농경 사회였다. 제대로 먹지도 못하며 농사일에 짓눌려 하루하루를 보내는 압도적 다수의 농민들이나, 사실상 군대 생활을 하던 기사들이나, 모두 문자 문화와는 인연이 없었다. 필사본 서적의 제작과 유통은 수도원과 기타 교회 부속 시설에서 거의 독점했다. 따라서 서적 문화의 역사에서는 이 시대를 필사본의 '수도원 시대'로 부른다.

변화는 유럽에 도시가 등장한 12·13세기에 시작된다. 이 시대에 상업이 발전하고 지배 기구가 복잡해지면서 상업과 행정 언어에 문자언어로서 속어가 침투했다는 점은 이미 살펴봤다. 나아가 이때쯤이 되어 몇몇 도시에 대학들이 설립됐다. 대학은 당시 재발견된 그리스 철학과 과학 — 특히 아리스토텔레스의 철학과 윤리학 — 을 그리스도교 신학에 접목시킴으로써 스콜라학, 나아가 스콜라 문화(즉 학교 문화)를 만들어내는 데 성공했다. 이에 따라 대학에서 배우는 학생이나 오로지 전문 지식을 가르치면서 생활하는 '지식인'처럼 종전의 유럽에선 보지 못했던 사회계층이 등장했다. 새롭게 등장한 이들 학생과 재속在俗 지식인 또한 문자 문화의 중요한 일익을 형성하게 됐다. 그리고 대학은 말할 것도 없이 서적의 발전에 크게 공헌했다.

이런 변화에 의해 문자 문화가 수도원의 테두리 속에 갇혀 있었던 시대는 종언을 고한다. 책의 역사에 초점을 맞춰 본다면 이때에 이르러 수도원이 필사본 제작을 독점하던 시대는 끝나고, 이른바 필사본의 '세속화 시대'가 시작됐다.[76] 13세기에는 대학과 제휴한 민간의 공방에서 필사본 제작이 이뤄지게 되면서 서적 간행이 크게 늘었다. 왕실이나 상인을 고객으로 하는 사본 제작 공방이 파리, 런던, 브뤼제(브뤼헤), 쾰른, 밀라노에 등장했다.[77] 인쇄 서적이 출현하기 직전인 15세기 피렌체의 서적상(필사본 제조업자) 베스파시아노 다 비스티치Vespasiano da Bisticci, 1421~1498가 교유 관계를 기록한 초록[78]이 남아 있는데, 이에 따르면 그의 고객은 교황에서부터 나폴리 국왕, 유력 귀족이나 정치가에서부터 저명한 인문주의자나 대상인에 이르기까지 실로 다양한 계층을 망라하고 있었다. 그렇다고 해도 이 시대에는 서적이 아직 고급품이요 사치품이었다. 대학 교육에서 하는 강의와 토론도 주로 구두로 이뤄지고 있었으며, 독서는 대개 다수의 앞에서 하는 낭독의 형식을 취했다. '문자 문화'라고 해도 '구전 문화'를 보완하는 정도에 불과했던 것이다.

16세기가 돼 이 상황을 결정적으로 바꾼 요인의 하나는 15세기 인쇄 서적의 출현이었다. 인쇄술의 발명은 15세기 중반이었는데, 중세 말기 유럽에 전파된 제지 기술의 기반 위에서 서적의 인쇄 출판이 기업화됐다. 그리고 이는 15세기 말까지 불과 반세기 동안 놀랄 만한 속도로 서유럽 전역으로 확산됐다.

이미 1480년에는 유럽 각국별로 여러 도시에서 인쇄 공방이 가동되고 있었다. 이탈리아에선 약 50개 도시, 독일에선 약 서른 곳, 스위스 다섯 곳, 보헤미아 두 곳, 프랑스 아홉 곳, 네덜란드 여덟 곳, 벨기에 다섯 곳, 스페인 여덟 곳, 폴란드 한 곳, 잉글랜드 네 곳 등……. 그리고 일설에 따르면 최초의 활자체가 등장한 때부터 반세기 동안 3만 내지는 3만 5,000종의 서적, 적게 잡아도 1,500만

그림 9.2 16세기의 인쇄소.

에서 2,000만 부에 이르는 서적이 출판됐다고 한다. 다른 연구서에 따르면, 2만 7,000종의 서적이 1,000만 부에서 1,500만 부 정도 출판됐다고도 한다.[79] 문헌별로 숫자에는 차이가 있지만 대체로 만 단위의 종류와 1,000만 단위의 발행 부수는 공통적이므로 믿어도 될 듯하다. 당시 인쇄술의 확대가 '불을 뿜을 듯한 기세'[80]였다는 것은 이들 숫자로도 실감할 수 있다.

그러나 인쇄 기술(하드웨어)의 출현이 서적 문화(소프트웨어)의 내실에 직접 변화를 일으켰던 것은 아니다. 초기에 나온 인쇄물 가운데 많은 부분은 종전처럼 라틴어로 된 종교 서적이었다. 이 분야의 역사 연구서에 따르면, 전체의 약 45%가 종교 서적이었다. 그 외에 문학서 30%, 법률서 10%, 교과서 10% 정도의 비중이었다. 그리고 1500년 이전에 간행된 서적 전체의 80% 가까이를 라틴어 서적이 차지하고 있었다.[81] 요컨대 인쇄 서적의 대부분은 종전의 필사본에 대한 대체물이었던 것이다. 그래서 서적의 형태도 필사본을 충실히 복원하는 식으로 돼 있었다. 인쇄본의 요람기에는 고급 미술품과 같은 중세의 아름다운 필사본에 얼마나 가깝게 만드느냐가 중요시됐다. 따라서 책의 대량생산 능력은 중시되지 않았다. 서적 출판은 여전히 중세 서적 문화의 연장선에 불과했던 것이다.

그러나 대량생산 능력이야말로 인쇄술이 지닌 진정한 위력임을 결국엔 여러 사람들이 인식하게 됐다. 이에 따라 문자 문화가 대중에게도 개방돼 갔다. 인쇄의 진정한 위력은 16세기에 이르러 현실로 나타났다. 필사본은 도저히 따라가지 못할 정도로 많은 부수를 제작할 수 있게 된 것이다. 이로써 서적은 새로운 대량 독자를 창출하게 됐다. 인쇄본은 1520~1540년 종래의 필사본을 본뜬 사본이라는 모델로부터 탈피해 갔다.[82] 특히 1530년대부터 속어로 된 출판물이 증가하기 시작해 1540년대에는 속어와 라틴어의 비율이 확연하게 역전됐다.그림 9.3 인쇄업자가 서적을 생산할 때 상정하는 독자의 층과 수가 본질적으로 변화했다는 것이다.

이처럼 인쇄 출판업은 원래 발단부터 시장원리에 지배된 근대적 산업으로 형성됐다. 당연히 출판업자는 "본질적으로는 이윤을 목

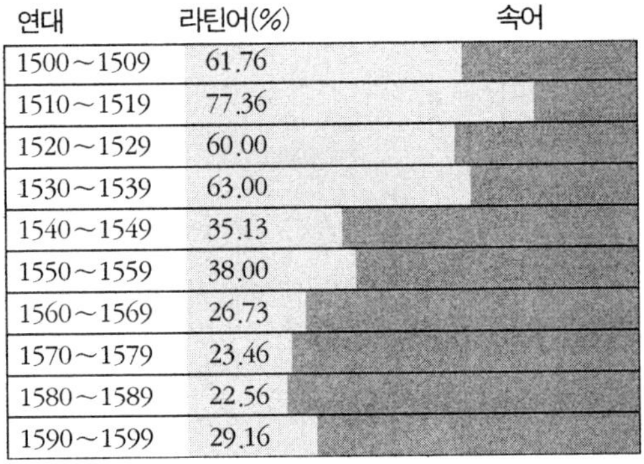

연대	라틴어(%)	속어
1500~1509	61.76	
1510~1519	77.36	
1520~1529	60.00	
1530~1539	63.00	
1540~1549	35.13	
1550~1559	38.00	
1560~1569	26.73	
1570~1579	23.46	
1580~1589	22.56	
1590~1599	29.16	

그림 9.3 16세기 프랑스에서 출판된 라틴어 서적과 속어(프랑스어) 서적의 비율의 변천.[83]

적으로" 서적을 생산하고 "확실하게 팔리는 작품을 탐욕스럽게 찾아다녔다"고 한다. 때문에 독자 수가 많은 속어 서적의 출판에 가속도가 붙었다. 반면 독자 수가 한정된 라틴어 서적은 기피 대상이 되는 경향이 있었다.[84] 원래 라틴어로 쓰인 서적이라도 수요가 있을 것 같으면 줄줄이 각국어로 번역돼 출판됐다. 학술서의 경우도 그렇다. 1530년대, 1540년대 기 드 숄리아크의 책이 영역돼 나왔고, 갈레노스의 책은 프랑스어 번역판으로 나왔다. 이는 "학문상의 요구보다는 오히려 출판하는 측의 이니셔티브에 따른 것"이었다.[85] 그림 2.6 이탈리아의 인문주의자 코만디노Federico Commandino와 레오나르디Tomaso Leonardi가 수학서의 출판을 둘러싸고 1556년에 주고 받은 편지에는 "인쇄업자는 라틴어로 인쇄하는 것을 꺼리고 속어로 내고 싶어 한다"고 기록돼 있다.[86]

잉글랜드에서도 "라틴어보다 영어로 쓰인 책의 시장이 컸다."[87] 전에도 말했듯, 잉글랜드에 인쇄술을 가지고 들어와 서적 출판을 시작했던 윌리엄 캑스턴은 태생이 상인이었기에 영어 서적을 우선적으로 출판했다. 따라서 그가 최초로 출판한 책은 당연히 영어로 된 것이었다. 또 그의 손으로 잉글랜드에서 인쇄된 최초의 대작도 영어 작품인 『캔터베리 이야기』였다. 그가 출판한 책 가운데 80% 가까이가 영어 서적이었다. 유럽 대륙에 비해 서적 인쇄의 출발이 늦었던 잉글랜드에선 처음부터 속어 서적 출판이 더 많았던 것이다. 이렇게 해서 어느 나라에서나 기업으로서 인쇄 출판은 속어 저술을 촉진시키고, 속어 서적의 양을 증가시켰다.

같은 서적을 수백, 수천 단위로 만들어내는 인쇄 서적의 출현은 속어의 보급뿐 아니라 그 표준화, 즉 '국어화'를 촉진시키는 결과를 낳았다. 상품으로서 인쇄 서적은 유력한 특정 방언을 선별해, 이를 광역 언어로 끌어올리는 기능을 지니고 있었다고 생각된다. 어쩌면 이는 당연한 일이었다. 통용 지역이 넓은 언어로 제작할수록 그 책은 많이 팔려 나가기 때문이다.

예를 들어 스페인어의 형성 과정은 이베리아 반도의 한 지방 언어였던 카스티야어가 스페인 국어로서 지위를 획득해 표준화돼 가는 과정이었다. 이와 관련한 전문 서적에 따르면, 16세기 초반에 "카스티야어 사용 지역 내에서 언어적 통일이 현저히 진전됐으며, 인쇄술이 그 언어 규칙을 보급함으로써 (국어로서의) 정착이 크게 촉진됐다".[88] 마찬가지로 16세기 프랑스에서도 속어 출판물의 대부분은 프랑시앙어로 돼 있었다. 이것은 궁정에서 일하던 사람들의 거주지인 파리의 방언이었다. 다른 방언으로 출판된 서적은 극히 적었던 것으로 알려져 있다.[89] 그런 의미에서 프랑시앙어가 가장 유력한 언어로 선별되고 표준화되는 과정에서 인쇄 서적이 했던 역할은 무시할 수가 없다. 잉글랜드에선 런던이 정치와 경제의 중심이었을 뿐 아니라, 대법관청의 서기관들이 런던 영어(중동부 방언)를 발달시켰다. 그리고 최초의 인쇄업자 윌리엄 캑스턴이 자신의 출판물에 당시의 런던 영어를 사용한 것이 "런던 영어를 확실하고 급속히 보급시켰다".[90]

인쇄 서적이 한 또 하나의 기능에 대해 말하자면, 인쇄업자가 업무상 필요에 의해 문법의 정비와 문체의 통일, 철자법의 확립에 힘을 기울였다는 점이다. 1540년 리옹의 인쇄업자 에티엔 돌레Etienne Dolet, 1509~1546는 프랑스어 번역 안내서인『훌륭한 번역의 실체 Maniere de bien traduire d'une langue dan l'autre』를 펴냈다. 1550년에는 최초의 본격적인 프랑스어 문법이라고 불리는『프랑스어 문법론』이 루이 메그레Louis Meigret의 손으로 만들어졌다. 이어 역시 인쇄업자인 로베르 에티엔Robert Estienne이 똑같은 이름의 책을 냈으며, 1562년에는 페트루스 라무스Petrus Ramus가『문법Gramere』을 출판했다. 인쇄업자들의 이 같은 공헌은 인쇄 출판업 종사자들에게 사용 언어의 규격화, 즉 문법과 철자와 문체의 표준화 및 통일화가 얼마나 중요했는지 보여 준다. 그렇게 16세기 내내 국어로서 프랑스어가 만들어졌다.

유년 시절 프랑스어를 못하는 독일인 가정교사 밑에서 라틴어만으로 대화하며 공부했던 몽테뉴의 예를 들어 보자. 그는 마치 '고대 로마 시민'이라도 되는 듯이 자랐으며, 프랑스어를 마치 외국어라도 되는 듯이 배웠다. 그리고 고민 끝에『에세Les Essais』를 프랑스어로 집필키로 한 것이 1580년대였다. 이는 문자언어로서 프랑스어가 라틴어에 뒤지지 않는다는 점이 인정되기 시작했음을 상징적으로 보여 준다. 몽테뉴는 이렇게 단언했다. "나는 우선 내 나라 말을 잘 알고 싶다. … 그리스어나 라틴어는 분명 아름답고 매우 장식적임에 분명하다. 그러나 사람들은 이에 너무나도 비싼 대가를 치르고 있다."⁹¹

잉글랜드에서도 인쇄본의 보급은 종전에 중구난방으로 사용되던 관습적 영어 표기법의 규격화를 촉진시켰다. "문자언어에 어울리는 어형語形에 대해 작가들이 의견 일치를 보기 전에 인쇄업자들이 런던의 길거리에서 주워들은 말을 문자언어로 결정하고 말았다"⁹²는 것이다. 특히 당시 제각각으로 쓰이던 철자법을 개혁하는 일은 인쇄업의 발전을 위해 매우 절박한 문제였다. 존 하트John Hart의 『정자법An Orthographie』(1569), 윌리엄 벌로커William Bullokar의 『문법 해설 — 영어 정서법 개혁을 위해』(1580)와 『간이 문법』(1586), 리처드 멀캐스터Richard Mulcaster, 1530~1611의 『초등교육의 첫 단계First Part of the Elementarie』(1582)가 그런 요청에 부응해 등장했다. 이 서적들은 뒤에 '철자법 교본spelling book'의 선구가 됐다.

역사 연구서에 따르면, 네덜란드어도 마찬가지의 과정을 거쳤다. 즉 "네덜란드어가 완전히 독립적인 문화적 표현 수단이 되는 과정에서 인쇄술이 얼마나 중요한 비중을 차지했는지, 그리고 인쇄술이 문자언어의 표준화에 얼마나 큰 역할을 했는지는, 아무리 높이 평가해도 지나침이 없다".⁹³ 실제 플랑드르어의 어형을 네덜란드어 문장어의 표준으로 삼은 것은 안트베르펜을 중심으로 한 인쇄업자들의 힘이었다. 스칸디나비아 제국에서도 뤼베크를 경유해 전파된 인쇄술이 각각의 국어 형성에 매우 큰 역할을 했던 것으로 확인된다.⁹⁴ 이처럼 인쇄술은 "국어를 중시하는 분위기가 조성되는 데 영향을 주었다"는 수준에 그치지 않고, "국어의 형성과 그 고정화 과정에서 본질적 역할을 했다".[95]

| 종교개혁과 성서의 속어화

이 시기에 속어의 국어화가 일제히 진행된 또 다른 큰 요인은 종교개혁, 특히 성서의 국역 작업에 있었다. 마르틴 루터는 1522년 『신약성서』를 독일어로 번역하고, 그해 9월 비텐베르크의 인쇄업자의 협조로 이를 출판했다. 초판은 3,000부 인쇄됐는데, 일찌감치 같은 해 12월 제2판이 나왔다. 그 뒤 11년간 고지독일어로 14회, 저지독일어로 7회 중판을 냈다. 루터가 살아 있는 동안 모두 10만 부 이상 인쇄됐다고 한다. 루터는 나아가 『구약성서』도 독일어로 번역했다. 1534년엔 신약과 구약의 완역본이 나와 1622년까지 85판을 헤아렸다. 놀랄 만한 숫자다. 그것도 판을 거듭했던 데 그치지 않고, 계속 개정을 더했다.

사실 독일에서는 인쇄 서적이 출현하기 이전부터 속어가 문자언어로서 어느 정도 통일화돼 있었다. 정확성과 명료성을 중시하는 독일인 특유의 기질을 지닌 실무가들의 노력 덕분이었다. 특히 13세기 중반 공문서가 라틴어에서 독일어로 바뀜에 따라 16세기 초에는 관청 언어 수준에서 문자언어로서 독일어의 평준화가 꽤 진행돼 있었다.[96] 루터의 일련의 저서와 성서의 독일어 번역은 그 같은 기반 위에서 가능했던 것이며, 동시에 그런 움직임(평준화)을 더욱 촉진시키는 결과도 낳았다.

나는 작센의 관청을 기준으로 삼아 말하고 있다. 독일의 모든 제후나 왕이 이에 따르고 있다. 제국 도시나 제후의 관청도 모두 작센, 즉 우리 영주의 관청에서 배워 문서를 작성하고 있다. 다시 말해 이는 공통의 독일어die gemeinste deutsche Sprache라고 할 수 있다.[97]

이렇게 말한 이는 루터다. 그 결과 루터가 사용한 '작센 관청어'로 불리는 언어가 인쇄물로서 전 독일에 유포돼, 유력 언어로 부상했다. 이것은 매우 수준 높은 독일어였으며, 이를 규범으로 '국어'로서 근대 표준 독일어(신고독일어)가 형성돼 갔다.

잉글랜드에서도 '국어'로서 영어의 확립은 거의 같은 시대에 이뤄졌는데, 이 또한 성서의 영역에 큰 영향을 받았다. 앞에서도 말했듯이, 위클리프와 그 제자들이 1380년대 영역본 성서를 만든 것이 종교개혁의 선구였다. 그리고 16세기에 이르자 독일의 종교개혁의 진전에 발맞춰 잉글랜드에서도 다시 성서의 영역 작업이 활발해졌다. 뛰어난 언어학자였던 윌리엄 틴달은 1526년 그리스어 원전을 토대로 영역 성서를 만들었다. 또 1534년에는 개정판을 냈는데, 위클리프의 것과 달리 영어가 본래 지니고 있는 단어native word를 많이 사용했고 문체도 뛰어났다. 이 때문에 이 책은 그 뒤에 나온 영역본 성서의 틀을 형성하게 됐다.

1535년과 1539년엔 라틴어학자 마일스 커버데일Miles Coverdale, 1488~1568이 최초의 인쇄본 완역성서(윌리엄 틴달의 번역본을 토대로 라틴어에서 중역한 것)를 처음으로 합법적으로 출판했다. 이미 1534년엔 수장법이 시행돼, 영국 국교회가 성립돼 있었던 때였다. 그리고 국교회를 교황청으로부터 이탈시키는 데 공헌한 토머스 크래머

Thomas Crammer, 1489~1556는 1539년 커버데일의 성서에 서문을 쓰면서, 이것을 국교회의 모든 교회에 구비해야 한다고 주장했다. 1560년에는 가톨릭에 복귀한 메리 1세의 치하에서 박해를 피해 제네바로 피신한 윌리엄 위팅엄William Whitingham, 1524경~1579과 그의 동료들이 신약과 구약의 원전을 모두 번역해, 이른바 '제네바 성서'를 냈다. 이 성서는 읽기 쉬운 로마체 활자로 인쇄된 것으로 그 뒤 널리 보급됐다. 또 1568년에는 캔터베리 대주교를 중심으로 한 십여 명의 주교들이 번역한 이른바 '주교역 성서'가 등장했다. 많은 부분에서 제네바 성서를 계승한 성서였다. 그리고 1611년에는 제임스 1세의 특명으로 '공인 영역본(흠정역欽定譯)' 성서가 만들어졌다. 이런 일련의 영역본 성서의 등장은 문자언어로서 영어의 형성에 크게 공헌했다. 특히 그 출발점인 윌리엄 틴달의 영향이 컸다. 실로 영국인들에게 틴달은 셰익스피어보다도 더 익숙한 존재다. 그는 잉글랜드를 위한 언어를 만들었던 것이다.[98]

　프랑스에선 인문주의자 르페브르 데타플에서 출발한 전前종교개혁 운동이나 루터파의 운동이나, 1534년에는 모두 이미 사그라진 상태였다. 이때쯤 가톨릭에서 이탈한 칼뱅Jean Calvin, 1509~1564이 새롭게 속어를 사용해 대중의 교화에 나섰다. 칼뱅의 종형제인 피에르 올리베탕Pierre Robert Olivetan이 1535년에 성서를 프랑스어로 번역해 출판했다. 칼뱅 자신도 1536년 라틴어로 『그리스도교 요강Institutio christiance religionis』을 썼고, 5년 뒤에는 프랑스어로 옮겼다. 그 뒤 라틴어의 신판을 낼 때마다 프랑스어판도 개정했다. 그때마다 라틴어적인 표현은 보다 평이한 프랑스어로 고쳤다. 이 『요강』의 프랑스어 번역본은 "프랑스 산문문학의 발전사에서도 중요한 이정

표였다". 칼뱅 자신도 '근대 학문적 프랑스어 산문의 창조자'로 평가되고 있다.[99] 그리고 1588년에는 테오도르 드 베즈Theodore de Beze를 중심으로 '제네바 성서'가 만들어졌다. 이것은 '근대 성서 번역사상 최고의 산물 가운데 하나'로 평가된다.[100] 또 프랑스에서 인쇄 출판업자는 대개 프로테스탄트에 호의적이었다고 전해진다.[101]

성서의 속어화는 북구와 동유럽에서도 같은 시기에 일제히 진행됐다. 독일에서 타오른 종교개혁의 열기는 즉시 네덜란드에도 파급됐다. 1526년에는 판 리스펠트van Liesveldt가 최초의 네덜란드어판 성서를 선보였다. 스칸디나비아 제국도 루터파가 전도에 힘을 기울이던 지역이었다. 이 지역은 정치적 통치자로서 왕이 교회의 통치권을 장악하는 '국교회 체제'를 일찍부터 구축한 것으로 알려져 있다. 덴마크에선 일찌감치 1520년대에 『신약성서』가 덴마크어로 번역됐고, 1550년에는 크리스티에른 페제르센Christiern Pedersen과 페저 팔라디우스Peder Palladius가 크리스티안 3세의 왕실 공인 흠정역 성서를 만들었다. 그리고 스웨덴에서도 1520년대에 신약성서가 번역됐다. 1541년에 대주교 라우렌티우스 안드레이Laurentius Andrae와 올라우스 페트리Olaus Petri가 구스타브 바사Gustav Vasa, 스웨덴 바사 왕조의 시조_역주 흠정역판 성서를 간행했다. 아이슬란드어로 된 것으로는 1540년 고트스칼프손Oddur Gottskalksson이 번역한 신약성서가 있다. 또 1548년에는 솔라우프슨Guobrandur Þorlaksson의 번역판 성서가 아이슬란드에서 인쇄됐다. 이들은 모두 근대 덴마크어, 스웨덴어, 아이슬란드어의 출발점이 됐다. 이로써 당시 속어 문학의 전통이 빈약했던 지역에 노르드어를 공통 기원으로 삼는 세 언어가 명확히 다른 언어로 갈라져 확정되기에 이르렀다. 비텐베르크

대학에서 수학한 뒤 처음으로 신약성서를 핀란드어로 옮긴 미카엘 아그리콜라Mikael Agricola, 1510경~1557는 근대 핀란드 문학의 아버지로 추앙 받고 있다. 이들 나라에선 자국어로 된 성서를 지님으로써 독자적 국어를 획득해 문화적으로나 언어적으로 통일을 이루게 됐다. 이것은 단적으로 말하면 국가로서의 독립을 상징하는 것이었다.[102]

이상과 같은 의미에서 "당시 출판됐던 것 가운데 무엇이 가장 중요한가를 따진다면 성서의 번역이며, 이는 종교개혁사나 언어사의 관점에서도 그렇다"[103]는 주장 ― 적어도 프로테스탄트 국가에서는 ― 은 충분히 수긍할 수 있는 것이다.

| 국민국가와 국어의 형성(프로테스탄트 국가들)

종교개혁의 정치적 의미는 초월적인 교황 권력으로부터 국가권력이 자립한 데서 찾을 수 있다. 중세 유럽에는 이교도에 둘러싸인 단일한 그리스도교 사회라는 귀속 의식이 있었다. 하지만 유럽의 해외 진출과 이슬람 사회의 후퇴에 따라 그런 의식은 엷어지는 대신, 이미 개별 국가에 대한 귀속 의식이 높아지고 있었다. 1492년 그리스도교의 스페인이 이베리아 반도에서 이슬람교도의 마지막 거점인 그라나다를 함락시키고, 같은 해 콜럼버스가 신세계를 발견한 것이 그 같은 전환점을 상징한다.

이미 1520년 『독일 민족의 그리스도교도 귀족들에게 보내는 연설』에서 루터는 다음과 같이 선언했다. "세속의 권력자는 상대방이 교황이든 주교든 사제든 상관없이 아무 방해를 받지 않고 자유롭게 자신의 직무를 수행해야 한다." "교황은 황제에 대해 어떠한 권력도 지녀서는 안 된다. … 황제권에 대한 교황권의 우위가 담긴 과거의 솔리타에Solitae 조항 따위는 일고의 가치도 없다." 그리고 루터는 이 책에서 "그리스도교에게, 특히 역사적으로 찬미할 만한 고귀한 성품과 변치 않는 신심과 성실함을 지닌 독일 국민에게……"라는 표현을 썼다. 여기에서 볼 수 있듯이, 루터는 교황청을 공격할 때는 음으로 양으로 독일인의 민족적 감정에 호소했던 것이다.[104] 이처럼 종교개혁은 정치적으로는 교황권에 대한 국가주권의 투쟁으로서 내셔널리즘을 조장했다. 이것은 또한 각국에서 국어 형성을 촉진시킨 요인이 됐다.

원래는 인문주의자였다 나중에 루터의 사상에 감복해 라틴어로써 두었던 시를 속어로 옮긴 울리히 폰 후텐Ulrich von Hutten, 1488~1523은 1520년 이런 기록을 남겼다. "이전에 내가 쓴 라틴어는 모든 사람이 이해할 수 있는 글이 아니었다. 오늘 나는 조국 독일의 국민을 위해 그들의 언어로 쓰겠다."[105] '조국 독일의 국민을 위해an das vatterlandt Teutsch nation'라는 표현을 사용한 데서 내셔널리즘의 발로를 찾아볼 수 있다. 이 시기 이켈자머Valentin Ickelsamer 등의 몇몇 문법서가 등장한 것도 "독일어의 문법 체계를 제시하려는 이들 문법가의 뜻을 배경으로 학문적 관심보다도 종교적·애국적 동기가 더 컸다"고 보인다.[106] 루터 스스로 1540년에는 다음과 같이 말했다. "독일 민족은 프랑스, 이탈리아, 스페인, 영국보다도 성품이 소박하고 진리를 사랑한다. 이는 무엇보다 말하는 방식이 증명해 준다. … 독일어는 모든 언어 가운데 가장 완전하고 그리스어와 매우 비슷하다."[107]

종교개혁, 특히 자국어 성서 제작이 지녔던 국민적 성격은, 당시에 아직 유럽의 소국이었던 잉글랜드나 네덜란드 그리고 북구의 제국에서 특히 두드러졌다.[108] 이 지역의 사정은 스웨덴어로 성서를 번역했던 루터파의 올라우스 페트리 Olaus Petri가 자국어 사용에 대한 소신을 밝힌 글에도 소개가 돼 있다.

> 우리 스웨덴인도 다른 민족과 마찬가지로 주님의 종이며, 우리가 지닌 국어는 주님이 헤브라이인, 그리스인, 라틴인에게 각자의 국어를 부여했듯이 우리들에게 부여한 것이다. … 주님은 다른 민족처럼 우리 스웨덴인을 업신여기지 않고, 다른 나라들과 마찬가지로 우리의 국어도 업신여기지 않는다. 주님은 모든 민족이 주님을 받아들여 영원한 행복을 맛볼 수 있기를 바라시므로 그 성스러운 말씀이 모든 국어로 전파되고 설교되기를 원하시는 것이다.[109]

잉글랜드에선 헨리 8세(재위 1509~1547)의 이혼이라는 세속적 문제가 종교개혁의 방아쇠가 됐다. 하지만 헨리 8세가 로마 가톨릭에서 이탈했던 본질적 이유는 자신의 권력이 미치지 않는 조직인 교회가 자신의 왕국 내부에 존재하는 것을 인정할 수 없었기 때문이었다.

그 대립은 이미 위클리프 시대부터 싹텄다. 가톨릭교회가 존 위클리프의 강의와 저술에서 그의 오류라며 골라낸 명제 중에는 다음과 같은 것들이 있다. "교회가 퇴폐했느냐 아니냐를 판단하는 것은 세속 군주의 임무다." "퇴폐한 교회의 재산을 세속 군주가 몰수하는 것은 합법적이다." "왕은 이 세상의 재화를 상시 악용하는 성직자로부터 그 재화를 몰수할 수 있다."[110] 위클리프는 정당한 군주권은 신의 은총에 의해 부여된다는 점에서 국가에 의한 교회 재산의 몰수를 정당하다고 인정했던 것이다. 위클리프가 태어난 때가 1328년경이고, 그 10년 뒤에는 영국과 프랑스의 백년전쟁이 시작됐다. 이때 교황청은 아비뇽에 있으면서 사실상 프랑스 왕의 지배하에 있었다. 따라서 잉글랜드 국내에서 왕권과 교권의 대립은 영국과 프랑스의 국가권력의 대립을 반영한 것이기도 했다. 단적인 예를 들자면, 잉글랜드의 교회가 교황청에 보내는 공납금은 프랑스군의 전비로 충당됐다. 이 문제로 위클리프는 잉글랜드 국왕 편에 서서 교황이 요구해 온 공납금을 거부하도록 진언했다. 위클리프의 교황청 비판에는 종교적 측면만이 아니라 이처럼 국민적 동기도 강하게 담겨 있었다. 그리고 위클리프의 성서 번역에는 라틴어에서 벗어나는 것뿐만 아니라 외국에서 강요된 언어로서 당시 귀족 사회에서 사용되던 프랑스어를 대신해 토착 영어의 지위를 향상시키려는 의도도 있었다.[111] 마찬가지로 종교개혁의 선구로서 15세기 보헤미아에서 일어났던 후스파의 반란 또한 위클리프의 사상에 영향을 받은 동시에 체코 민족주의 운동의 성격도 강하게 띠고 있었다.

　교회를 국가의 지배하에 두려는 헨리 8세의 의도는 1533년의 '상고금지법'과 이듬해의 '수장법'에서 명백히 드러난다. 상고금지법은 국내에서 일어난 분쟁을 교황에게 해결해 달라고 상고하는 것을 금지한 법으로, 모든 재판권을 국왕에게 귀속시켰다. 수장법은 국왕이 잉글랜드 내 교회의 최고 수장임을 선언한 법이었다. 잉글랜드나 네덜란드의 경우 종교개혁은 초월적 권력으로서 가톨릭 교회로부터 왕권의 이탈을 목표로 삼은 것이었다. 그게 종교개혁의 본질적 특성이었다. 그리고 가톨릭을 이데올로기적 지주로 삼던 글로벌 제국 스페인으로부터의 정치적 독립이 양국 종교개혁의 현실적 귀결이었다. 서유럽 사회가 교황청의 지배를 받는 단일한 그리스도교 사회에서 각각의 국왕을 수장으로 하는 국민국가의 집합체로 분해되기 시작했던 것이다. 자국어의 확립은 그런 내셔널리즘의 매우 중요한 요소였다.

앞에서도 말했듯, '노르만 정복Norman Conquest' 이래 프랑스어를 지배층의 언어로 삼아 온 잉글랜드는 프랑스의 영향에서 벗어나는 과정에서 의식적으로 영어 사용을 고취시켰다. 그 영향으로 잉글랜드에서 영어 사용은 애초부터 국민적 성격을 지니고 있었다. 그런 경향은 물론 종교개혁의 시대에 더욱 두드러졌다. 이런 색채는 잉글랜드의 서적 출판업에서도 마찬가지로 나타났다. 윌리엄 캑스턴에 대한 연구 서적은 잉글랜드의 인쇄술에 '다른 곳에선 볼 수 없는 국수적이고 애국적이라고 할 만한 특성'이 있었다고 분석하고 있다.[112]

16세기 전반에 토머스 엘리엇이 라틴어에서 빌려 온 말을 토대로 영어의 어휘를 확대했을 때 많은 지식인은 이것을 '기묘한 용법'이라고 야유했다. 하지만 헨리 8세는 엘리엇을 옹호했다. 당시 잉글랜드는 아직 유럽의 끝자락에 있는 약소국이었으며, 유럽에서 영어 사용 인구의 비율은 극히 낮았다. 이를 감안한다면 영어를 강력한 언어로 만들어야 한다는 토머스 엘리엇과 헨리 8세의 주장은 내셔널리즘의 각성이라고도 볼 수 있다. 같은 시기에 영어로 과학서를 집필한 로버트 레코드 또한 『각종 기예의 기초』의 서두에서 왕에 대한 헌사를 달았다. 이 글은 "우리의 공순한 영국 동포들My mean English Country-men은 이성을 사랑하는 법을 배우고, 기꺼이 모든 과학을 의욕적으로 받아들일 것이다"로 시작된다. 레코드가 수학서를 영어로 썼던 데에는 대중의 계몽뿐 아니라 애국주의도 무시할 수 없는 요소로 작용했던 것이다.[113]

그리고 16세기의 마지막 사반세기가 되자, 공업화가 급속하게 진전된 잉글랜드는 해외로 웅비하며 대국 스페인을 맹렬히 추격했다. 1580년대 윌리엄 벌로커의 『문법해설』이나 리처드 멀캐스터의 『초등교육의 첫 단계』 또한 국가에서 국어의 확립이 급선무라는 인식 위에서 만들어졌다. 특히 멀캐스터는 다음과 같은 소감을 피력했다.

> 원래 학문을 위해서라고 하면서 모국어 이외의 강요된 언어를 위해 오래도록 많은 시간을 들여야 한다는 것은 정말 어처구니없는 일이 아닌가. 모국어를 사용해 같은 성과를 훨씬 짧은 시간에 얻을 수 있는데도 말이다. 우리의 모국어는 우리가 지닌 자유의 빛나는 상징이다. 다른 한편으로 라틴어는 우리가 속박된 노예와 같은 신분임을 상기시켜 준다. 로마를 사랑하지 않는 게 아니다. 런던을 더욱 사랑하는 것이다. … 라틴어를 존중하지 않는 게 아니다. 영어를 더욱 존중하는 것이다.[114]

머천트 테일러 스쿨의 초대 교장이었던 리처드 멀캐스터는 헤브라이어 전문가였고, 게다가 그리스어와 라틴어에도 능숙한 언어학자였음을 고려한다면 그의 발언의 배경에는 강렬한 내셔널리즘이

그림 9.4 플리니우스, 『박물지』, 1601년 영역판.

있었음을 알 수 있다. 실제 『초등교육의 첫 단계』에는 "우리 국어는 유능하다Our tung is capable"고 분명히 선언돼 있다. 멀캐스터는 수업 과목 중에 영어를 고전어보다 위에 올려놓도록 노력했다. 그에게 영어 교육, 즉 국어 교육은 "우리가 태어난 조국을 위해 봉사하는 데 도움이 되기" 때문에 더욱 중요했던 것이다.[115] 그리고 1591년 과학자 토머스 디그스는 앞으로 낼 책은 '내가 자란 나라의 언어만으로onely in my Natiue Language' 쓰겠다고 약속했다.[116] 잉글랜드가 스페인의 무적함대를 격파한 지 3년이 흘러 내셔널리즘이 더욱더 고양되던 때의 일이었다.

이렇게 잉글랜드는 16세기 말부터 17세기에 이르는 동안 시인 필립 시드니Philip Sidney, 1554~1586와 에드먼드 스펜서Edmund Spenser, 1552경~1599, 극작가 크리스토퍼 말로Christopher Marlowe, 1564~1594와 윌리엄 셰익스피어William Shakespeare, 1564~1616, 벤 존슨Ben Jonson, 1572~1637을 배출해, 영문학의 찬란한 르네상스를 꽃피우게 됐다. 아름답고 적절하게 표현하는 능력에 있어서 우리들의 국어는 "세계의 어느 나라에도 뒤지지 않는다"고 호언했던 것은 필립 시드니였다.[117] 문학뿐 아니다. 고대 이후 가장 널리 읽혔던 자연학의 백과사전인 플리니우스의 『박물지』가 1601년 영어로 번역됐다.그림 9.4 1605년에는 프랜시스 베이컨이 『학문의 진보The Advancement of Learning』를 영어로 발표했다. 이는 영어가 자연학과 철학을 충분히 표현할 수 있는 언어로 성장했음을 보여 준다.

네덜란드에서도 사정은 비슷했다. 네덜란드어는 라인 강 하류(플랑드르, 브라반트, 홀란트)에서 사용되던 프랑크족의 언어를 가리킨다. 독일어과 공통의 게르만 조어祖語에서 갈라져 나왔다. 네덜란드에 문자 문화가 등장한 것은 그리스도교가 침투한 뒤였다. 네덜란드어 자체는 중세 시대 내내 역시 민중의 구어로 사용됐는데, 네덜란드어가 문자언어로 성장한 것은 도시가 발달하고 교역이 확대되면서였다. 13세기에는 부유한 플랑드르 지방이나 브라반트 지방의 도시에서 상업적 용도의 언어가 발달했다. 네덜란드어가 근대어로 틀을 잡은 것은 16세기인데, 이는 종교개혁의 진행 및 합스부르크제국으로부터의 독립 과정과 일치한다.

16세기 전반에는 안트베르펜이 알프스 이북의 유럽에서 가장 큰 도시이자 세계적 교역의 중심지로서 경제적 번영을 자랑하고 있었다. 대학은 유일하게 루뱅대학이 있었다. 그러나 펠리페 2세의 압정에 대항해 1568년 스페인과의 독립전쟁이 발발하자, 남부 네덜란드(지금의 벨기에)의 유복하고 교양 있는 시민계급이 북부로 이동해 갔다. 이 과정에서 1575년 라이덴대학이 신설됐다. 그리고 1581년 북부 7주는 '네덜란드연방공화국'의 성립을 선포했다. 완전한 독립은 1648년 베스트팔렌 조약 때까지 기다려야 했으나, 어쨌든 "신성로마제국으로부터의 정치적 분리와 독립국가의 건설은 대륙 북서부에서 통용되던 방언을 기초로 독자적인 공통 언어의 발달을 가속시켰으며, 결과적으로 네덜란드어의 형성을 촉진시켰다."[118] 실제로는 이 과정에 남부 지역 출신들이 경제에서만이 아니라 행정·교육·군대에서 중요한 지위를 차지했다. 이 때문에 언어적 측면에선, 피난 온 남부 지역 사람들이 쓰던 플랑드르 방언과 브라반트 방언이 북부의 홀란트 방언(암스테르담에서 사용되던 말)에 영향을 주었다. 이게 모체가 돼, 16세기 후반에 표준 네덜란드어가 형성돼 갔다.

시몬 스테빈도 남부에서 이주해 온 플랑드르 사람으로, 홀란트어를 즐겨 썼다고 한다. 그리고 스페인에 대해 독립을 선언한 신흥 공화국의 기술자로서 스테빈 역시 고양된 내셔널리즘을 배경으로 네덜란드어의 우수성을 주장했다. 그는 순수한 네덜란드어로 학술 용어와 기술 용어를 만들어냈고, 네덜란드어를 사용한 과학 서적의 집필에 주력했다.

결국 잉글랜드와 네덜란드 그리고 북구 제국에서 국어의 형성은 종교개혁을 통해 국민국가가 자립해 가는 과정의 일환이었다. 독일 종교개혁의 경우, 최종적으로는 1648년 베스트팔렌 조약으로 30년전쟁이 종결됨으로써 합스부르크제국이 붕괴돼 영방 국가로 분열되는 결과를 불러왔다. 그러나 영방 국가라 하더라도 국가 위에 군림하는 보편적 권력으로서 교황청으로부터 독립을 쟁취했다는 사실은 역시 내셔널리즘을 고무시켰다. 국어로서 독일어의 확립은 바로 그 결과였다.

| 국민국가와 국어의 형성(가톨릭 제국)

주권국가의 확립 움직임과 이에 상응해 진행된 국어의 형성은 가톨릭 세력이 강하고 민중의 언어가 라틴계 로망스어였던 프랑스, 스페인, 이탈리아에서도 명백히 나타났다. 특히 프랑스에서는 국어의 형성이 위로부터의 주도로 추진됐다. 실제 "프랑스의 역대 군주들은 번역을 장려했고 국내 통일 정책을 실현시키기 위해서도 라틴어를 대신해 프랑스어를 사용하도록 적극 노력했다."[119] 이것은 이전에 언급했듯이, 일 드 프랑스 지방의 방언인 프랑시안어가 프랑스어로 발전해 가는 과정이었다. 이 움직임은 프랑수아 1세(재위 1515~1545) 때 현저하게 나타난다. 프랑수아 1세가 1539년 서명한 '빌레르코트레 칙령'의 제110~111조는 "모든 판결문 그리고 모든 소송 절차는 … '모국어인 프랑스어'만으로 작성되고 공포되고 교부되어야 한다"고 돼 있다. 이는 국왕의 판결문에서 라틴어와 이탈리아어, 스페인어를 추방하려는 의도였다. 기본적으로는 프랑스어(프랑시안어)를 국가 공용어로 선언한 것이었다.[120] 또한 이것은 법률과 행정 분야에서 프랑스어가 라틴어를 대체하면서 공용어로 자리 잡는 단초가 됐다.

그리고 1549년에는 플레야드파 시인 뒤 벨레가 『프랑스어의 옹호와 찬양』을 완성했다. 프랑스어로 작품을 써야 하고, 프랑스어를 풍요롭고 아름다운 언어로 만들어야 한다고 제창한 글이다. 이것은 플레야드파의 공통된 특징인 국민적 감정을 배경으로 한 것인데, 당시 커다란 반향을 불러일으키며 한 시대의 획을 긋는 선언문이 됐다. 인쇄업자 로베르 에티엔의 아들이자 그리스어 학자 겸 플레야드파 시인과도 교류하던 앙리 에티엔Henri Estienne은 1565년 『프랑스어와 그리스어의 유사성에 대하여Conformité de langage français avec le grec』를 완성했다. 여기에서 그는 프랑스어가 다른 모든 언어보다 그리스어에 가까우며, 그렇기 때문에 현존하는 언어들 가운데 가장 우수한 언어라고 주장했다. 에티엔은 1579년에도 『프랑스어의 우월성에 대한 시론Essai sur la Précellence du langage français』을 썼는데, 여기에서도 프랑스어가 어떤 언어보다 뛰어나다는 주장을 되풀이했다.

이처럼 프랑스어를 고취시키려는 움직임의 배경에는 물론 프랑스에서 국가 의식이 고양되고 있었다는 점을 들 수 있다. 이미 14세기에는 필리프 4세가 교황청과 싸워 교황을 아비뇽에 유폐시킴으로써 사실상 프랑스 왕권의 지배하에 두었다. 1438년에는 샤를 7세가 '프랑스의 성직자는 교회의 행정과 조직에 관한 한 교황과는 독립적 입장에 있다'고 주장함으로써 성직자에게 왕권의 우위를 인정토록 했다. 이처럼 국가교회주의는 프랑스의 역사적 전통이었다. 16세기에는 왕권의 강화와 함께 그 경향이 한층 강하고 명확하게 나타났다. 1516년에는 프랑수아 1세가 교황 레오 10세와 맺은 '볼로냐 협정'에서 주교와 수도원장의 임명권을 수중에 넣었다. 이로써 프랑스의 왕권은 성직자에게까지 미치게 됐다. 프랑수아 1세는 절대주의의 기초를 닦았던 것이다. 이렇게 프랑스에서도 국어의 형성은 교회 권력에 대항해 국가주권을 확립하는 과정에서 이뤄졌다.

스페인에서도 15세기 인문주의자 사이에선 당초 속어인 로망스어가 라틴어나 그리스어에 비해 거칠고 무미건조하다고 여겨지고 있었다. 그런데 1479년 아라곤과 카스티야가 합동으로 스페인(에스파니아) 왕국을 세움으로써 스페인의 국가 의식이 고조됐다. 또 15세기 말이 가까워지면서 문화적으로 앞서 있던 카스티야 말이 국어(스페인어)로 적합하다는 자각이 높아졌다. 안토니오 드 네브리하가 『카스티야어 문법』을 쓴 것도 그 같은 움직임에 따른 것이었다. 실제 네브리하를 움직인 것은 "언어는 항상 제국의 반려가 돼야 한다"는 의식이었다.[121] 그가 이 책을 출판한 것이 1492년 8월이었는데, 그해 1월에 그라나다가 함락돼 이베리아 반도 전체가 그리스도교의 지배하에 들어갔다. 국가 의식이 점점 더 고무되던 시대였다. 여기서 '제국'으로 번역한 imperio는 '지배·지배권' 정도의 의미로 해석해야 한다는 지적도 있다.[122] 실제 이 '제국'은 신세계로 펼쳐진 스페인 제국을 뜻한다는 논의도 있는 듯하지만, 콜럼버스가 첫 항해에 나섰던 것이 같은 해 8월이었으므로 네브리하가 거기까지 염두에 뒀을 것이라고 보기는 어렵다.

어쨌든 스페인 왕녀의 아들 카를로스 1세Carlos I가 1519년 카를 5세로서 신성로마제국 황제가 됨에 따라 스페인이 독일에 걸친 대제국으로 군림했을 때, 스페인어는 이른바 그 시대의 '세계어'로서 자리매김하였다. 스페인이 신대륙을 군사적으로 정복했을 때였다. 스페인 왕실의 역사가 카브레라 데 코르도바Cabrera de Cordoba는 "그리스어, 라틴어라고 해 봤자 스페인어만큼 넓은 지역에서 사용되지는 못했다"고 호언한 적이 있다.[123] 스페인어는 문자 그대로 내셔널리즘에 의해 형성돼, 언어의 제국주의를 표방했던 것이다. 후앙 데 발데스Juan de Valdes가 『국어문답Diálogo de la Langua』을 저술해 스페인어의 우수성을 주장한 때가 1535년이었으니, 뒤 벨레의 『프랑스어의 옹호와 찬양』보다 14년 앞선다. 같은 해인 1535년 『인디언 박물지 및 정복사Historia Natural y General de las Indias』를 쓴 오비에도Oviedo는 "카스티야어는 속어 가운데 가장 훌륭한 언어로 생각된다"고 기록했다.[124] 그리고 16세기 이후 '카스티야어lengua castellena'를 대신해 '스페인어lengua espanola'가 국어를 가리키는 명칭으로 시민권을 획득해 갔다.[125] 더 이상 지역 언어가 아니라 국가의 언어로 인정되었던 것이다.

이탈리아에서도 국어 형성의 기반은 16세기에 만들어졌다. 특히 이탈리아에선 라틴어가 자기들의 모체가 되는 언어, 즉 시조의 언어라는 신화적 의식이 뿌리 깊게 남아 있었다. 실제 이탈리아의 인문주의자 로렌초 발라Lorenzo Valla, 1407~1457가 1444년 쓴 『라틴어의 우아함에 대하여Elegantiae linguae Latinae』는 라틴어를 '로마의 언어', 즉 민족의 언어로 찬양했다. 현실적으로도 이탈리아어는 로망스어 가운데 라틴어에 가장 가까운 언어다. 이 때문에 "이탈리아에서는 고전 라틴어를 정확히 할 줄 안다는 것은, 단순히 역사의식을 지니는 데 그치지 않고 자국어에 그만큼 정통하다는 것을 의미했다."[126] 따라서 이탈리아에선 고대 문예의 발견과 부흥을 추구했던 인문주의자의 경우 속어 사용의 비중이 다른 나라보다 높았다.

그러나 이탈리아는 소국가로 분열돼 있었기 때문에 언어 문제는 다른 나라에 비해 훨씬 골치 아픈 문제였다. 15세기 초반에는 이미 '이탈리아'라는 지리적 개념이 존재하고는 있었지만, 이게 사회적으로 하나의 단위가 되지는 못했다. 그럼에도 아니 오히려 바로 그 때문에, 훨씬 더 일찍 국어를 문제 삼은 것도 이탈리아였다. 다시 말해 수많은 방언 가운데 이탈리아의 국어로 어느 것이 적합한지, 어느 것이 가장 바람직한지를 둘러싼 '언어의 문제'는 곧 정치의 문제이기도 했다. 따라서 일찍부터 그에 대한 논의가 시작됐던 것이다. 단테는 14세기 초 『신곡』을 속어(토스카나어)로 썼다. 그뿐 아니라 『속어시론』을 저술해 방언을 초월한 이탈리아어를 발전시키자고 호소했다. 언어 문제를 일찍감치 파악하고 있었던 것이다. 또 이미 살펴봤듯이, 1436년 레온 바티스타 알베르티는 전해에 출판한 『그림에 관하여』를 토스카나어로 고쳐 썼으며, 이듬해엔 『가족에 관하여』 제3권에서 속어로 글을 쓴다는 게 얼마나 중요한지 설명하고 있다.

　1400년대에는 이탈리아의 인문주의자들이 순수하고 우아한 라틴어를 존중하는 경향이 있었으므로 자국어에 대한 관심은 일시 후퇴하게 된다. 그러나 15세기 말 산발적으로 등장한 이탈리아 속어 문학은 16세기에 들어서면서 급속히 확산돼, 결국 라틴어 문학을 압도하기에 이른다.[127] 아리오스토Ludovico Ariosto가 『성난 오를란도Orlando furioso』를 쓰기 시작한 게 1502년이고, 구이차르디니Francesco Guicciardini가 『피렌체사Storie fiorentine』를 쓴 게 1508년에서 1509년 그리고 마키아벨리Niccolo Machiavelli가 『로마사론』과 『피렌체사』를 쓴 때가 1516~1525년 사이였다. 이 책들은 모두 이탈리아어로 쓰였다. 그 배경에는 이탈리아 지식 계층의 내셔널리즘이 깔려 있었다. 이런 정서는 1494년 프랑스군의 이탈리아 침공, 그리고 이탈리아의 지배권을 둘러싼 프랑스, 스페인, 신성로마제국의 오랜 투쟁에 영향을 받아 숙성된 것이었다. 적어도 1494년의 위기 ― 샤를 8세의 이탈리아 침입과 이탈리아 정쟁의 발발 ― 는 1400년대의 인문주의적 이상주의와 코스모폴리타니즘을 깨부수기에 충분했다.

　문학에서만 그런 게 아니었다. 1547년 비평가 스페로네 스페로니Sperone Speroni는 『언어에 대한 대화Dialogo della Lingua』에서 과학 분야의 저술은 속어로 써야 한다고 강력히 주장했다. 많은 사람들이 라틴어를 해독하지 못한다는 이유에서만이 아니었다. 인위적으로 습득한 과거 문화의 언어로 자신의 사고를 표현할 경우 사상의 독립성과 공평성이 흔들릴 위험이 있다는 이유에서였다. 스페로네에게는 과거의 문화가 현재의 문화보다 우수하다는 점 자체가 의심스러웠다.[128] 그리고 "자연철학을 처음으로 이탈리아 속어로 썼다"고 스스로 인정한 시에나의 알레산드로 피콜로미니 Alessandro Piccolomini, 1508~1579는 1550년 고전어 학습에 소비하는 시간이 너무 많다고 개탄하면서 이렇게 말했다. "우리들의 국어는 … 모든 학문에 걸맞고, 지식의 내용을 서술하는 데 적합하므로 이 국어를 사용하면 이해하기가 쉽다."[129] 학문의 세계에서도 국어의 중요성이 인정되기 시작했던 것이다. 시에나의 비링구초가 기술서 『피로테크니아』를 속어로 출판한 지 10년 후의 일이었다. 그리고 피콜로미니는 1558년에 『행성론 La prima parte dele theorique ovvero speculationi dei pianete』을 '우리의 토스카나어'로 기술했다. 이를 가리켜 그는 "과학을 익히기 위해 익숙하지도 않은 언어를 학습해야 하는 필요성으로부터 이탈리아인들을 해방시키기 위해서"라고 기록했다.[130]

그러나 자국어 중시 풍조가 이렇게 다시 생겨났을 때 문제시된 것은 역시 '언어의 문제'였다. 이 논의는 16세기 초반 최고조에 이른다. 1525년 토스카나어를 옹호하는 베네치아의 피에트로 벰보 Pietro Bembo, 1470~1547가 『속어독본 Prose della volgar lingua』을 출판했다. 또 1564년에는 역시 토스카나어의 추진을 필생의 사업으로 삼은 레오나르도 살비아티 Leonardo Salviati, 1540~1589가 『피렌체어 찬미의 연설 Orazione in lode lella fiorentina favalla』을 펴냈다. 이로써 큰 흐름은 토스카나 방언인 피렌체어를 국어로 삼으려는 쪽으로 흘러갔다. 유력한 인쇄업자 알도 마누치오 Aldo Manuzio, 1450~1515가 벰보와 밀접한 협력 관계에 있었던 영향도 컸다.[131] 그리고 1583년에는 국어 순화를 교육 방침으로 내건 학회 아카데미아 델라 쿠르스카가 발족했다. 살비아티가 그 창시자의 한 사람이었다. 이 학회는

1591년 이탈리아어 사전을 편찬하기로 결정한다. 여기에 근거해 1612년 벰보가 제창한 국어 원리에 따라 이탈리아어 사전인 『어휘』가 간행됐다. 이로써 문자언어로서 이탈리아어의 표준화는 일단 한 단계를 넘어서게 된다. 이탈리아에서 종교개혁 그 자체의 영향은 작았지만, 국어의 형성은 역시 국민적 감정의 뒷받침을 받으며 16세기에 이뤄진 것이다. 이것은 16세기 말부터 17세기에 걸쳐 갈릴레오가 자신의 저서를 이탈리아어로 집필하는 데 큰 도움을 주었다.

이탈리아의 경우, 실은 독일에서도 그랬지만, 이 시점에서 단일 정치권력이 지배하는 국민국가의 형성에는 이르지 못했던 것이 사실이다. 그러나, 아니 그럼에도 불구하고 이탈리아다, 독일이다, 하며 각각 하나의 존재로 지칭할 수 있었던 것은 '국어'로서 이탈리아어, '국어'로서 독일어가 형성됐기 때문이라고 할 수 있다.

이렇게 해서 17세기 유럽 각국에서 '국어의 결정화結晶化'[132] 현상이 나타나게 된다.

국어와 과학 연구

그렇지만 대학에서 교육 받은 학자들이 영위하고 있던 과학 분야에선 여전히 라틴어가 계속 사용되었다. 이는 당시 대학 교육에 국경이란 게 존재하지 않았고, 학자들이 코스모폴리탄적 성격을 지니고 있었기 때문이다. 학생들은 유럽 여러 도시의 대학을 순례하며 공부했다. 예컨대 폴란드의 코페르니쿠스는 이탈리아에서 수학했고, 저서는 뉘른베르크에서 출판했다. 브뤼셀의 해부학자 베살리우스는 파리에서 공부하고 파도바에서 연구와 교육을 했으며, 그 성과를 바젤에서 출판했다. 영국인 윌리엄 하비는 케임브리지와 파도바에서 배우고, 저서를 프랑크푸르트에서 출판했다. 네덜란드인 호이헨스Christiaan Huygens, 1629~1695는 프랑스 국왕 루이 14세의 초빙을 받아 신설 왕립과학아카데미에 자리를 얻었으며, 런던왕립협회 최초의 외국인 회원으로 선발됐다. 프랑스 왕립과학아카데미는 호이헨스 이외에도 볼로냐대학에서 교수를 하고 있던 이탈리아 천문학자 카시니Gian Domenico Cassini와 덴마크인 올레 뢰머Ole Christiansen Römer를 회원으로 선정하기도 했다. 뢰머는 코펜하겐대학에서 수학한 뒤 목성의 위성에 대한 카시니의 관측을 토대로 광속을 구하는 데 처음 성공한 인물이다.

   국어의 국민적 성격은 대학 교육과 과학 연구의 이 같은 국제적 성격과 융화될 수 없는 측면이 있었다고 할 수 있다. 학문에서 속어를 사용함으로써 사회적 계층 사이에서 학문은 수직 방향으로 공개돼 갔다. 하지만 반대로 속어의 사용은 지역적, 즉 수평적인 학문의 유통에는 부적합했다.

   그런 이유로 17세기에는 이탈리아의 조반니 보렐리Giovanni Alfonso Borelli와 마르첼로 말피기Marcello Malphighi, 영국의 험프리 길버트와 윌리엄 하비, 존 레이John Ray, 독일의 요하네스 케플러와 요한 글라우버Johann Rudolf Glauber, 라이프니츠 그리고 프랑스의 피에르 가생디Pierre Gassendi, 1592~1655와 데카르트가 주로 라틴어로 저술을 계속했다. 당초 이탈리아어로 집필하고 있던 갈릴레오도 망원경을 사용한 최초의 천체관측 결과를 유럽인들에게 알리기 위해 그 기록물인 『별 세계에 관한 보고Sidereus Nuncius』(1610)를 라틴어로 썼다. 뉴턴은 『광학Opticks』을 처음엔 영어로 쓰고 곧 라틴어로 옮겼다. 그의 대표작인 『프린키피아Principia』(1687)는 처음부터 라틴어로 썼다. 이처럼 일류 학자가 자신의 업적을 유럽 전역에 알리려 할 때는 역시 라틴어로 집필했다. 언어의 문제만이 아니다. 실은 17세기에는 라틴어를 구사하는, 대학 출신의 지식인들이 새로운 과학의 주도권을 다시 가져갔다. 이 점에 대해선 다음 장에서 살펴보도록 하자.

그러나 이처럼 초일류급 업적만 보고 결론을 내릴 수는 없다. 실제 17세기의 과학 분야에서는 국어로서 속어가 압도적으로 많이 사용되었다. 적어도 자연과학의 영역에선 라틴어에 능통하다는 점이 연구를 하기 위한 절대적이고 필수적인 조건이 더 이상 되지 못했다. 속어로 쓰인 것 가운데도 마찬가지로 학문적 평가 대상이 되는 것들이 나오게 됐다. 이는 16세기를 통해 이뤄진 커다란 전환이자, 과학 활동의 기반을 확연히 넓고 깊게 확대시킨 것이었다. 갈릴레오는 『천문대화』(1632)를 시작으로 수많은 저서를 이탈리아어로 저술했고, 프랑스인 마랭 메르센Marin Mersenne은 갈릴레오의 기계학 논문을 프랑스어로 옮겼을 뿐 아니라 본인이 직접 『보편적 조화Harmonie Universelle』(1635~1636), 『갈릴레오의 신사상Les Nouvelles pensées de Galilée』(1639)과 같은 귀중한 학술서를 프랑스어로 집필했다. 네덜란드인 호이헨스는 프랑스에 머무르던 중 『빛에 대한 논문Traité de la Lumière』을 1690년 프랑스어로 출판했다. 그리고 스왐메르담Jan Swammerdam, 1637~1680은 해부곤충학 서적인 『무혈동물총론』

(1669)과 『하루살이의 일생』(1675)을 네덜란드어로 남겼다. 레벤후크Antonie van Leeuwenhoek, 1632~1723도 자신의 책을 네덜란드어로 썼다. 아니, 네덜란드어밖에 몰랐던 레벤후크도 학술서를 쓸 수 있었다고 말하는 게 더 정확할는지 모른다. 마찬가지로 로버트 보일, 로버트 훅, 월터 찰턴Walter Charleton, 헨리 파워는 영어로, 그리고 파스칼, 로벨발Gilles Personne de Robelval, 말브랑슈Nicolas Malebranche, 마리오트Edme Mariotte, 레메리Nicolas Lemery는 프랑스어로 각각 저서를 남겼다.

1665년 1월에는 최초의 학술 잡지 《주르날 데 사방Journal des savants》이 프랑스어로 간행됐다. 그리고 1662년 창립된 런던왕립협회의 사무국장 헨리 올든버그Henry Oldenburg가 1665년 3월에 학술 잡지 《필로소피컬 트랜색션Philosophical Transactions》을 간행했는데, 대부분의 논문은 영어로 쓰였다. 올든버그는 "이 철학적 비망록을 영어로 출판했는데, 이는 아직 라틴어를 배우지 못한 영국인도 관심을 지닐 수 있도록 하자는 생각에서다"고 하는 편지를 남겼다.[133] 또한 왕립협회 발족 당시 유력한 회원이던 수학자 존 월리스John Wallis가 1653년에 완성한 『영어문법』은 영어의 구조가 라틴어와 다르다는 것을 처음 밝혔다. 이 책은 라틴어 문법과는 독립적으로 영문법을 논한 선구적 서적으로 18세기 내내 높이 평가됐고, 그 이후 수많은 문법서의 원형이 됐다.[134] 그러나 월리스의 책은 원래 영어를 공부하는 외국인을 위해 쓰인 것이었다. 이는 영어가 학문적 연구의 대상이 됐다는 데 그치지 않는다. 영어가 학술 잡지에 사용되고, 외국인이 라틴어를 매개로 하지 않은 채 이를 직접 읽을 것이라는 점을 이미 상정했다는 데 더욱 의미가 있다.

이탈리아에선 1657년 발족해 10년에 걸쳐 실험 연구를 계속했던 피렌체의 아카데미아 델 치멘토Accademia del Cimento의 활동 기록이 1667년 이탈리아 서적으로 출판됐다. 바로 아카데미의 비서 역이던 로렌초 마갈로티Lorenzo Magalotti가 쓴 『자연의 실험Saggi di naturali esperieza』이라는 책이다. 이 책은 10년 뒤 영어로 옮겨졌다. 그리고 1668년에는 《주르날 데 사방》을 본떠 이탈리아에서도 이탈리아어로 된 학술 잡지 《조르날레 데 리테라티Giornale de Literati》가 간행됐다.[135]

1635년 아카데미 프랑세즈의 창립 선언에는 "아카데미의 중요한 임무는 모든 배려와 노력을 다하여 우리 국어에 올바른 법칙을 부여하고, 순화시키며, 옹호해 학술과 과학을 표현하는 데 충분한 힘을 지니도록 하는 것이다"고 돼 있다.[136] 프랑스어의 순수성을 지키는 수호신이 되겠다고 자임했던 것이다. 아카데미 프랑세즈는 프랑스 절대왕정의 기초를 닦은 루이 13세의 총리 리슐리외Richelieu의 노력으로 만들어졌는데, 프랑스의 국위 선양을 설립 목적의 하나로 삼았다. 콜베르Jean-Baptiste Colbert의 주선으로 1666년 루이 14세가 창설한 왕립 과학아카데미도 그 성격은 마찬가지였다. 왕립 과학아카데미에서 초기에 이뤄졌던 동물해부학과 식물학의 공동 연구 보고서는 모두 프랑스어로 출판됐다. 그리고 17세기 말에는 『1666년 창설부터 1699년까지 프랑스 왕립과학아카데미의 역사』 총 11권이 역시 프랑스어로 출판됐다.[137] 이리하여 17세기 말의 상황은 다음과 같이 전개되었다.

17세기 후반 대부분의 과학 연구 기관은 속어를 채택했고, 이에 따라

간행물을 각각 이탈리아어, 영어 혹은 프랑스어로 발행했다. 〔프랑스 왕립과학〕 아카데미 회원의 저서나 기고문의 대부분은 프랑스어였다. … 〔1699년 아카데미의 종신서기가 된〕 폰테넬Fontenelle은 아카데미의 역사와 회고 그리고 회원의 추도문을 프랑스어로 썼다. 17세기의 막바지에 이르러 과학은 통상 프랑스어로 영위됐다.[138]

이제 국어가 된 속어의 사용은 확실하게 널리 확대돼 갔다. 이와 함께 과학과 기술의 연구 기반을 닦은 사람들의 수도 압도적으로 증가했다. 이는 16세기 문화혁명의 커다란 성과이자, 17세기 과학혁명의 전개와 확대를 밑에서부터 지탱해 주었던 것이다.

옥스퍼드의 의학 교육은 19세기 중반까지 라틴어로 행해졌다고 전해진다. 이처럼 학문 세계에서 라틴어가 완전히 추방되기에는 많은 시간이 필요했다.[139] 그러나 변화의 시작은 분명 16세기에 나타났다. 그리고 17세기 후반 런던왕립협회는 회원들에 대해 '재인才人과 학자의 언어'를 배격하고 '기계공과 직인의 언어'를 본떠 보다 명료하고 단순한 문체를 사용하도록 권장했다.[140] 바로 이때 라틴어의 사용 여부와 관계없이 중세 스콜라학과 르네상스 인문주의로부터의 탈각이 이뤄졌던 것이다.

과학 연구에 속어가 사용되기에 이른 것은 언어적 차원에서 본다면 단순하지만은 않은 일이었다. 이것은 속어가 여러 분야의 전문용어나 라틴어 또는 외국어에서 어휘를 빌려 와 표현을 풍부하게 만들고, 학문에서도 사용할 수 있도록 다듬어졌음을 의미한다. 이렇게 된 속어는 규범화와 표준화를 통해 국어로 승화되었다. 이는 유럽의 언어와 문화에서 나타난 근본적 변화였다. 또한 문자 문화를 많은 계층에 전파시켜 학문의 기반을 비약적으로 확대시키는 결과를 낳았다. 16세기 문화혁명은 그 시기의 언어혁명과 평행을 이루며 진행됐던 것이다.

제10장

16세기 문화혁명과
17세기 과학혁명

| 스콜라학의 특이성

　　　　　　　　　지금까지 개별 학문 분야에서 전개된 '16세기 문화혁명'을 살펴봤다. 이는 외면적으로는 학문의 주역 교대, 그리고 그 표현 언어의 변화로 나타났다. 다시 말해 직인, 예술가, 상인들이 속어로 자기표현을 시작해, 당시까지 라틴어가 단독으로 지배하던 문자 문화의 영역으로 월경해 들어감으로써 지(知)의 독점 구조의 일각을 허물었던 것이다. 그들이 이뤄낸 것은 여기에 그치지 않는다. 시각예술에서의 표현 기법, 자연을 분석하고 변형시키려는 기술자와 직인의 기술 그리고 자본과 상품을 관리하는 상인의 기법……. 이런 분야에서 그들은 무엇보다 적확한 관찰과 정밀한 측정 그리고 정확한 기록을 중시했다. 전체적으로 볼 때 그런 방식으로 자연과 세계를 마주하려는 그들의 자세 그 자체가 자연에 관한 지식 획득에 보다 효과적이다, 하는 새로운 인식이 나타났다. 나아가 이는 자연에 대한 지식이 어떠한 것이어야 하느냐는 진리관에 근본적 전환이 일어났음을 의미했다. 이것이 16세기 문화혁명의 기본적인 의미다. 그 의의와 한계를 분명히 하기 위해 당시의 학문의 특성을 살펴보는 일부터 시작하자.

　말할 것도 없이 당시까지 유럽 지식 계층의 세계관을 지배하고 있었던 것은 그리스도교였다. 중세 전기의 자연관의 기반은 『구약성서』 창세기와 플라톤의 대화편 『티마이오스』가 거의 전부였다. 그 밖에는 기껏해야 플리니우스의 『박물지』와 같은 단편적 지식의 모음집 정도가 있었다. 그리스도교에 따르면, 모든 자연현상은 신의 계시이며 인간에게는 거기에 상징적 또는 우의적으로 담긴 신의 의지를 읽어내는 것만이 허용된다. 원래 성서에 따르면 세계는 신의 계획에 의해 창조됐고, 그 뒤에도 신의 뜻에 맡겨져 온 것이므로, 자연이 나름의 독자적 원리에 의해 자기 전개를 한다는 것은 생각할 수가 없었다.

　어쨌든 그리스도교 원리주의에서는 자연 속에서 자립적 법칙성을 찾아내 개별 자연현상에 대해 그 자연적 원인을 구명하려는 노력은 애초부터 없었다. 로마제국 붕괴 이후 서구에서 학예의 쇠퇴는 야만족의 침입 탓으로만 돌릴 수는 없으며, 그 같은 그리스도교 사상의 영향도 무시할 수 없다. 789년 샤를마뉴가 칙령으로 수도원에 학교 설립을 명하고, 이를 계기로 중세의 교육은 궤도에 오르게 된다. 그러나 그 교육의 기본 목표는 오로지 성서의 높은 뜻을 향해 인간을 계도하는 데 있었다. 자연학에 관한 한 성서는 여러 가지 수식이나 비유로 가득 차 있었다. 따라서 성서를 바르게 해석하기 위해서는 자연을 이해해야 했다. 자연 탐구는 바로 그런 면에서만 인정됐던 것이다. 그 이상의, 단순히 지적 호기심을 만족시키려는 자연 연구는 억제됐다. 중세 유럽 사상에 절대적 영향을 미친 교부 아우구스티누스Augustinus, 354~430는 이것을 '눈의 욕심'으로 표현하며 육체적 욕망과 마찬가지로 억누르고 이겨내야 할 욕구로 간주했다.[1] 이는 12세기 시토 수도회1098년 설립된 로마 가톨릭 수도회_역주의 지도자로서 커다란 영향력을 지녔던 성 베르나르Bernard de Clairvaux, 1090~1153의 다음과 같은 발언으로 이어진다. "단순히 모르기 때문에 배우려 하는 사람이 있다. 이런 호기심은 인간의 품위를 더럽힌다."[2] 원래 지식은 '뱀의 유혹'이었다.

 이 같은 자연관과 학문관을 크게 뒤흔든 것이 12·13세기 번역 운동, 즉 '12세기 르네상스'를 통한 고대 그리스 철학과 과학의 발견이었다. 소수이긴 했지만 선진적 유럽인은 아라비아어나 그리스어를 배워, 이슬람 사회와 비잔틴제국에서 전해 내려오던 그리스 철학을 앞다퉈 번역했다. 특히 열심히 연구된 것이 아리스토텔레스 철학이었다. 거기엔 당시 유럽인들이 알지 못했던, 또는 눈이 미치지 못했던 자연의 현실이 기록돼 있었다. 그뿐 아니라 자연현상을 통일적으로 파악하는 개념적 장치와 논리적 도식, 요컨대 그리스도교와는 이질적인 합리적 시각과 분석이 담겨 있었다. 중세 유럽의 학자들에게 아리스토텔레스 철학이 충격을 준 것은 정교한 논리와 장대한 체계가 전개되고, 그 속에서 갖가지 현상이 정합적으로 설명돼 있었기 때문이었다. 또한 당시의 그리스도교 사상과 아리스토텔레스 철학의 차이는 지식에 대한 자세 그 자체에서도 나타났다. 아리스토텔레스는 『형이상학Methaphisica』의 서두에서 직설적으로 "모든 인간은 태생적으로 무엇이든 알고 싶어 한다"고 단언했다.980a 지知를 종교에 종속시킨 그리스도교 사상과 달리 아리스토텔레스는 지적 욕구 그 자체를 전면적으로 긍정했던 것이다. 그리스도교 이데올로기에 묶여 있었던 중세에서 그 선언은 사람들의 마음을 크게 흔들었다.

하지만 이에 가톨릭교회가 팔짱만 끼고 있었던 것은 아니다. 아리스토텔레스 철학이 침투해 있던 파리대학에 대해 상스 교구의 교회회의는 1210년 자연철학에 관한 아리스토텔레스의 견해와 그 주석의 교육을 금지했다. 1215년에는 교황의 특별 사절이 아리스토텔레스 자연학의 교육에 대한 금지령을 발표했다. 또 1228년에는 교황 그레고리우스 9세가 파리의 신학자들 앞으로 편지를 보내 "일부 학자가 자연철학의 교설에 기울고 있다"고 탄식하면서, 그들이 "자연현상의 지식에 중점을 두고 있다"고 비판했다.[3] 그러나 새로 발견된 학문의 매력에 눈을 뜬 사람들의 도도한 움직임을 막을 수는 없었다. 13세기에 창설된 탁발수도회(도미니쿠스 수도회와 프란체스코 수도회)는 면학을 수도에 필요한 계율의 중심 요소의 하나로 지정했다. 이렇게 유럽의 선진적 지식인은 그리스 철학과 과학의 수용에 힘썼으며, 이를 통해 유럽은 지적 이륙기를 맞이하게 된다.

그리고 본래는 양립할 수 없는 아리스토텔레스 철학과 그리스도교 신학을 정교하고 원대한 이론으로 통합한 인물이 13세기 도미니쿠스회 수사 토마스 아퀴나스Thomas Aquinas다. 이렇게 해서 만들어진 것이 본질적 의미의 스콜라학이었다. 우여곡절이 있었지만 이는 14세기에 이르러 교회의 공인 이론이 됐으며, 그리스도교 신학의 중심을 이루었다. 이와 동시에 학예 학부에서의 커리큘럼은 아리스토텔레스 논리학과 자연학, 철학 중심으로 자리 잡아 갔다. 요컨대 아리스토텔레스 논리학과 철학이 모든 고등교육의 기초가 된 것이다. 이는 그 뒤 르네상스 때까지 유럽인들 — 적어도 유럽의 대학인들 — 의 자연관을 규정하게 된다. 서구 그리스도교 사회는 그 정신적 연속성을 깨뜨리지 않고 그리스 철학을 수용하는 데 성공했던 것이다. 그러나 여기선 그 상세한 부분까지 들어가지 않고 유럽이 획득한 지식의 역사적 특이성을 살펴보도록 하자.

원래 12세기와 13세기 유럽인이 발견해 수입했던 학문은 모두 천 년도 더 묵은 것이었으므로, 당시 유럽인에게는 문서 속의 세계에 불과했다. 그런 까닭에 대학에서 연구와 교육은 라틴어로 번역된 고대 문헌의 해석으로 일관하고 있었다. 즉 지식의 대상은 인간이나 세계가 아니라, 인간과 세계에 대해 고대 문헌들이 기록해 놓은 것들이었다. 강사로서 대학교수 — 스콜라학자 — 의 역할은 고대 저술가들의 텍스트를 해설하고 해석하는 데 국한돼 있었던 것이다. 이를 보여 주듯 '강의lectio'와 '강사lector'는 모두 '읽다legere'를 어원으로 한다. 의학에서도 교육의 기본은 히포크라테스나 갈레노스와 같은 고대 의사의 책, 아니면 이슬람 학자들이 쓴 주석서에 대한 해석과 강독이 중심이었다. 임상 교육이나 해부 실습은 등한시되었다.

그 텍스트의 해독 기술은 결국 중세 말기에는 정교하긴 하지만 현실과 동떨어진 '스콜라학'의 방법론으로서 흔적만 남기고 무의미해진다. 학생은 '토론', 즉 공개 장소에서 어떤 명제를 비판하거나 또는 옹호해야 했으며, 그 논쟁 능력으로 학업 성적을 평가 받았다. 하지만 현실에선 대개 서로 억지를 쓰거나 말꼬리를 붙잡고 늘어지는 식이었다. 15세기 바젤대학에서 수학한 독일인 제바스티안 브란트Sebastian Brant, 1457경~1521는 당시의 대학이 "낮이 먼저인가, 밤이 먼저인가"와 같은 "쓸데없는 논의에 날을 지새고 있다"고 야유행다.⁴ 또 16세기 말 루뱅대학에서 공부한 네덜란드인 의사 헬몬트는 "대학에서 공부함으로써 나는 상당히 성장했지만, … 배운 것이라곤 어떻게 하면 매끄럽게 논쟁하느냐 하는 것뿐이었다"고 술회했다.⁵ 어쨌든 "16세기 중기에 이르기까지 대학은 그 시대의 기술 진보나 인문주의에 거의 영향을 받지 않았다"고 한다.⁶

고대 신앙, 문서 신앙

그러나 아리스토텔레스 철학은 본래 그리스도교 신학과는 이질적인 것이었다. 아리스토텔레스와 그리스도교의 세계상의 차이는 한마디로 말해 내재적 원리에 따라 자기운동을 하고 있는 처음도 끝도 없는 세계와, 외부에 있는 초월적 존재(신)의 의지에 의해 어느 날 창조돼 결국 종언을 맞게 되는 세계의 차이다. 원래 아리스토텔레스를 필두로 그리스 철학자는 모두 그리스도교가 등장하기 이전의 인간이었다. 따라서 그들은 그리스도교에 있어서는 단적으로 말해 '이교도'인 셈이었다. 16세기 마르틴 루터는 "[대학에서는] 오로지 이교적인 아리스토텔레스가 예수 그리스도마저 제치고 활개를 치고 있다"고 탄식했다. 이것은 그리스도교의 입장에서 본다면 오히려 당연하다고 할 수 있다.⁷ 그럼에도 아리스토텔레스 철학이 수용됐던 것은 물론 그 철학 자체의 매력과 박력에도 큰 이유가 있었을 것이다. 하지만 교부 아우구스티누스가 성서를 이해하기 위해 이교도의 지혜를 학습하는 것을 장려했고, 걸출한 학자인 토마스 아퀴나스가 아리스토텔레스 철학에 교묘하게 '세례'를 해 주었던 사정도 있다. 그뿐만이 아니다. 오비디우스나 베르길리우스 같은 이교도 시인들에 대해서조차 중세 그리스도교는 예상 밖의 관용을 베풀었다. 학교 교육(라틴어 교육)에도 이교도의 작품이 많이 사용되었다.[8] 그 배경에는 유럽인들의 심층 심리에 내재된 특이한 고대 숭배의 감정이 있었다.

중세 후기부터 르네상스에 걸쳐 유럽에는 '인류 역사는 오랫동안 쇠퇴의 역사였다'는 퇴보 사관이 지배하고 있었다. 즉 당시 사람들은 고대 그리스와 로마의 인간이 자기들보다 우수하다고 생각했다. 더 거슬러 올라가 대홍수 이전의 예언자들은 하느님과 더욱 가까운 탁월한 인간이었으므로 하느님에게 받은 진리를 자유롭게 사용했다고 진심으로 믿고 있었다. 아리스토텔레스 철학과 그리스 과학을 유럽에 도입한 선구자의 한 사람인 12세기 콩슈의 기욤 Guillaume de Conches, 1100경~1154은 "고대인은 현대인보다 훨씬 훌륭하다"고 했는데, 이 한마디가 당시의 분위기를 직설적으로 표현해 준다.[9] 거의 동시대의 샤르트르 학파 프랑스의 샤르트르 대성당 부속학교의 학자들을 중심으로 한 스콜라학의 일파로 플라톤 철학과 아라비아 자연과학을 통합했다_역주 의 멤버인 솔즈베리의 요하네스 Johannes Saresberiensis 와 이 학파의 창시자인 베르나르두스 Bernardus Carnotensis, ?~1130 도 이런 말을 남겼다. "우리들은 거인의 어깨에 앉은 난쟁이와 같은 존재다. 우리들은 거인보다 수가 많고, 더 멀리 있는 것을 볼 수 있지만, … 이는 거인의 커다란 몸집 덕에 높은 곳으로 들어 올려졌기 때문이다."[10] 이 말은 지식의 누적적 확대를 말하기보다는 오히려 고대인의 위대함을 찬양하며, 갖가지 지식이 고대로부터 출발했음을 강조한 것으로 이해해야 한다. 그 반향을 14세기 잉글랜드의 존 가워 John Gower 의 문학

작품에서 찾아볼 수 있다.

> 하늘이신 주님은 이 지구 상의 인류를 현명하게 만들려고 생각하시어, 영감에 의해 갖가지 지혜를 형식과 내용 모두 완비된 형식으로 인간에게 내려 주셨다. 이렇게 해서 하느님에게 받은 그 학문을 이해한 고대인들에 의해, 책이나 기타 인류에게 유익한 것에 대한 최초의 지식이 나온 것이다. 그리고 그 덕분에 현재 살고 있는 인간은 매일 새로운 것을 배울 수가 있다.[11]

그렇다면 진정한 지혜, 진정한 학문, 진정한 종교는 우선 고대인이 글로 남긴 것 속에서 찾아야 한다는 뜻이 된다. 13세기에 솔선하여 아리스토텔레스를 받아들인 로저 베이컨은 중세 내내 아리스토텔레스의 저술로 잘못 알려지면서 널리 읽혔던 『비밀 중의 비밀』에 커다란 영향을 받았다. 베이컨의 『대저작Opus Majus』에는 그 책의 한 구절이 인용돼 있다.

> 하느님은 예언자들과 의로운 사람들과 미리 선택한 사람들에게 갖가지 지혜를 계시해 주고, 신성한 지혜의 숨결을 불어넣어 주고, 학문이라는 지참금으로 그들의 출가를 준비했다.[12]

이를 바탕으로 로저 베이컨 자신도 "철학의 충일이 세상의 탄생과 함께 주어졌다"고 했다. 또 "인도 사람이든, 라틴 사람이든, 페르시아 사람이든, 그리스 사람이든, 뒤이어 등장한 철학자들은 철학의 출발과 기원을 그런 사람들로부터 손에 넣었다"고 기록했다.

그렇다면 예컨대 철학이 '이교도의 것'이라고 해도, '인류가 하느님의 진리를 이해하도록 하느님이 인류에게 부여한 하느님의 족적'인 이상 '철학이 지닌 힘은 신의 예지와 완전히 일치한다'는 게 분명하다는 뜻이다. 그리고 다름 아닌 아리스토텔레스가 고대인들의 확실한 지식을 갱신해 분명히 표현했기 때문에 그의 철학은 '신의 진리', 다시 말해 성서의 가르침과 모순될 수가 없다는 것이다.[13] 그 같은 시각은, 철학은 이교도가 '창출해낸 것'이 아니라 이교도가 '신의 섭리라는 광산에서 발굴해낸 것'이라는 아우구스티누스의 가르침[14]에까지 거슬러 올라갈 수 있다. 중세사 연구가 자크 르 고프의 말마따나 중세인들에게 "그리스·로마의 위대한 작가들은 모두 어떤 의미로 장래의 계시를 예고하고 있었다"고 여겨졌던 것이다.[15]

이와 똑같은 발상은 "태고에는 지知와 신앙을 연결하는 성스러운 인연이 온전히 유지돼 있었다"고 말한 마르실리오 피치노나, "플라톤과 피타고라스의 모든 원리는 그리스도교 신앙과 관계가 매우 깊다"고 논한 피코 델라 미란돌라 등 15세기 피렌체의 신플라톤주의자들에게서도 찾아볼 수 있다.[16] 16세기 프랑수아 라블레의 『가르강튀아 이야기』에는 그리스도와 거의 동시대에 태어난 로마인 오비디우스의 『변신 이야기』 속에 『복음서』의 비적秘蹟이 예언돼 있다고 주장하는 '바보 녀석'에 대한 언급이 나오는데,[17] 이는 당시의 상식으로는 그리 바보스러운 것만은 아니었다.

결국 고대의 현인들이 쓴 책은 태고에 하느님에게 부여 받은 인류의 본원적 지혜의 일부를 발견하고 전파한 것으로 간주됐다. 따라서 그 내용은 진실이며, 예컨대 그리스도 탄생 이전의 것들이라

해도 제대로 이해하기만 하면 반드시 그리스도교로 접합될 것이라고 여겨졌다. 이처럼 중세에서 15세기에 이르기까지 유럽의 지식 계층에는 고집스러우리만큼 고대 숭배와 고대 신앙이 이어져 내려왔다. 그 고전 시대에 대한 동경의 염, 고대의 지혜에 대한 경의야말로 중세 그리스도교로 하여금 그리스의 이교 철학을 수용할 수 있도록 한 심리적 요인이었다.

이와 더불어 중세 유럽인들의 심성에는 문서 숭배·문서 신앙 — 문서화된 정보에 대한 무비판적이고 과도한 신뢰 — 이 있었다. 라틴어의 'auctoritas'는 '믿을 만한 것'과 '권위'라는 뜻 외에 '문서'라는 의미도 있었는데, 문서화된 것은 다시 말해 권위를 지니는 것으로 받아들여졌다. 따라서 이 단어는 '믿을 만한 가치가 있는 것'이라든가 '믿어야 할 것'으로 통했다. 그런 경향은 중세 이전으로까지 거슬러 올라간다. 2세기 로마에서 신흥 종교인 그리스도교는 포교 활동을 하면서 『구약성서』에 나오는 메시아의 도래에 대한 예언에 많이 의존했다. 그 당시엔 아직 무명이었던 예수의 말보다도 당시로선 비교할 수 없을 만큼 오래된 책인 『구약성서』의 권위가 훨씬 큰 힘을 지녔던 것이다.[18]

그 때문에 중세에 이르기까지 유럽에선 최고의 지식인들조차 현대의 시각으로 본다면 믿기 어려울 만큼 문서에 대해 경박한 신뢰를 보내고 있었다. 예를 들어 중세 내내 널리 읽히던 플리니우스의 『박물지』에는 현실의 관찰에 근거했다고 여겨지는 사실 외에도 황당무계할 만큼 비현실적인 내용도 상당수 나와 있지만, 그 대부분이 천 년이 넘도록 진실로 전해져 내려왔다. 마찬가지로 로마 시대 갈레노스의 의학서는 그 내용이 예컨대 임상 경험이나 해부의 소견과 어긋나는 점이 있다 하더라도 16세기까지 그 진실성에 대해 전혀 의심을 받지 않았다.

| 르네상스 인문주의

역사가 필리프 월프Philippe Wolff는 저서 『유럽의 지적 각성The Cultural Awaking』에서 "유럽 문화는 [10세기 카롤링거 왕조의 르네상스 이후] 일련의 르네상스를 거듭하면서 탄생했는데, 이는 목표를 과거에 맞춘 기묘한 전진이었다"고 요약했다.[19] 그런 특질은 1500년대 르네상스까지 이어진다. "르네상스의 기본적 성격은 중세 시대에 오랜 시간을 걸쳐 고대 사상을 회복하고 흡수하는 과정을 완성시켜, 정점에까지 도달했다는 점이다"고 한 허버트 버터필드Herbert Butterfield의 말 그대로다.[20] 스콜라학 비판으로 등장했던 르네상스 인문주의자도 상고주의尙古主義에 빠져 있기는 마찬가지였다. 그들은 중세의 고대 신앙, 고대 숭배에 반성을 하기는 커녕 오히려 이를 조장했다.

이탈리아에서 발상한 초기 인문주의는 분명 형해화되고 폐색 상태에 빠진 스콜라학에 이의를 제기했다. 그러나 이를 대신할 새로운 학문과 철학을 제창한 것은 아니었다. 인문주의가 이상으로 그린 인간상은 고대 그리스 도시국가나 로마 공화정의 주역이었던 실천적 시민이었다. 또 인문주의가 규범으로 삼은 것은 고대 작가가 묘사한 인간상이었다. 인문주의는 스콜라학을 고대 문예로 대치시켰던 것이다. 물론 중세 때 고대 문화가 전혀 알려지지 않았던 것은 아니다. 그러나 중세 스콜라학이 고대인의 저서를 그리스도교 중심주의적 입장에서 자의적으로 손을 보거나 단편화시킨 측면이 있었다. 그래서 인문주의는 고전 작가의 작품을 하나의 완성된 저작으로 복원하고, 거기에 나오는 수많은 인간의 다양성을 있는 그대로 받아들이려 했다. 이렇게 중세를 '야만'으로 간주해 '원천으로 돌아가자'는 슬로건을 내건 인문주의는 결과적으로 "고대 그 자체를 문화적 우월성을 상징하는 수준으로까지 끌어올렸다."[21]

이 점은 미술에서도 마찬가지였다. 14세기 말 첸니노 첸니니의 회화론은 "하느님, 성처녀 마리아, 성 유스타키우스, 성 프란체스코, 세례자 요한, 파도바의 성 안토니오, 그 밖에 널리 하느님의 축복을 받으신 모든 성자, 성녀에 대한 경배의 상징으로서……"로 시작한다.[22] 이 시대까지 미술은 종교의 시녀였고, 회화는 그리스도교에 봉사해야 했다. 이에 대해 15세기 인문주의자 레온 바티스타 알베르티가 『그림에 관하여』에서 규범으로 든 것은 오직 고대의 화가였으며, 중세의 종교회화는 전혀 거론하지 않았다. 건축에서도 그는 고대 로마의 건축 유적을 답사해 비트루비우스Marcus Vitruvius의 건축서를 재발견하고선, 그에 따라 자신의 건축 이론을 전개했다. 알베르티의 영향을 받은 필라레테는 저서 『건축론』에서 "나는 고대의 관행과 양식의 답습을 극구 칭송한다"고 밝혔다.[23] 그런 분위기는 중세 고딕미술의 영향이 남아 있던 독일의 화가 공방에서 교육 받은 알브레히트 뒤러의 판화가 베네치아에선 '고대풍이 아니다'는 이유로 '좋지 않다'고 비판 받았다는 일화에서도 잘 알 수 있다.[24] 중세 회화의 속박에서 벗어나려 했던 이탈리아의 예술가들은 남성미의 기준을 고대 로마의 아폴론 상에서, 건축의 이상을 비트루비우스의 비례론에서 찾았던 것이다.

그런 경향은 물리학이나 천문학에서도 찾아볼 수 있다. 앞에서 살펴봤듯이, 빗면 위의 물체의 균형을 맞추는 힘에 대한 올바른 해답은 이미 13세기 요르다누스Jordanus Nemorarius가 찾아냈다. 이게 16세기 타르탈리아에 의해 소개됐다. 그럼에도 16세기 구이도발도 델 몬테 등 귀족 출신 인문주의자들은 요르다누스의 해답을 '지저분하다'고 외면했다. 대신 그는 고대 그리스의 파푸스Pappus의 잘못된 풀이를 받아들였다. "그들의 마음속에서 [고대] 그리스의 권위가 '가까운 시대modern'의 수학자를 능가하고 있었음은 의심할 나위가 없다."[25]

천문학에 혁명을 몰고 온 코페르니쿠스 — 그는 젊은 시절 파도바와 페라라에서 수학한 르네상스인의 한 사람이었다 — 조차도 지동설을 고대 필로라오스Philolaos 설의 리바이벌 수준으로 다뤘다. 이론적 관점에서 프톨레마이오스 설에 만족할 수 없었던 코페르니쿠스는 다음과 같이 회고했다.

"학교에서 수학을 전문으로 삼은 사람들이 규정한 것과는 달리, 우주의 모든 구체에는 저마다의 운동이 존재한다"고 누군가가 생각했는지 여부를 알아보려고 작정했다. 그러고는 나는 입수할 수 있는 모든 철학자들의 서적을 정독하는 일에 착수했다. 그리고 우선 처음으로 키케로의 책에서 나케타스[히케타스의 오기]가 "대지는 움직인다"고 생각하고 있었음을 발견했다. 그다음으로 플루타르코스의 책에서도 몇몇이 같은 의견을 가지고 있었다는 사실을 찾아냈다.[26]

코페르니쿠스에게도 진리는 무엇보다 고대 문서 속에서 찾아야만 하는 것이었다. 그리고 실제로 코페르니쿠스는 프톨레마이오스의 『알마게스트』를 철저히 정독하고 있었다.[27] 의학에서도 마찬가지였다고 볼 수 있다. 베살리우스는 『파브리카』의 서문에서 고대의 탁월한 의학이 황폐화한 것은 고트족의 침입 이후라고 기록했다. 갈레노스의 의학서는 중세 후기에는 아라비아어판에서 중역돼 유럽에 알려졌고, 아비세나(이븐 시나)나 라제스 등 이슬람 학자의 의학서나 주석서와 함께 읽히고 있었다. 그러나 16세기가 되자 인문주의자들이 그리스어 직역본을 출간하면서 중세의 저작물(아라보 갈레니즘)은 무시당하게 됐다. '새로운 갈레노스 보수주의'가 시작됐던 것이다. 인문주의는 아라비아어와 이슬람 의학의 영향으로 '오염된' 중세 문헌을 '보다 순도 높은' 고대 문헌으로 대체함으로써 중세 스콜라 의학을 극복하려 했던 것이다.

중세 시대에 무비판적으로 읽혀져 내려온 플리니우스의 『박물지』에 대해 인문주의자 가운데 최초로 비판을 가한 사람이 베네치아의 에르몰라오 바르바로Ermolao Barbaro, 1454~1493였다. 자신의 저서 『플리니우스 교정Castigationes Plinianae』에서 그는 『박물지』 전권에 걸쳐 5,000곳 이상의 기술을 바로잡았다. 이는 계속된 필사 작업 과정에서 섞여 들어간 오류를 걸러낼 목적으로 한 것이었다. 그는 라틴어와 그리스어에 대한 깊은 조예를 바탕으로 문헌학 기법을 사용해 플리니우스가 준거로 삼은 고대 문헌을 다시 조사했다.[28] 이처럼 원전을 추구하려는 인문주의자의 정열은 성서를 포함해 아리스토텔레스 등의 저작물들이 가능한 한 올바른 교정본으로 인쇄되도록 했다. 그 같은 성과는 인정하지 않을 수 없다. 그리고 인문주의자의 문헌 비판은 『콘스탄티누스의 기진장Donatio Constantini』이 위조됐음을 밝혀낸 로렌초 발라Lorenzo Valla, 1407~1457의 쾌거(1440년)로 이어졌다. 분명히 그 기법은 후세의 역사학에서 중요한 무기가 됐다. 그러나 자연과학에서는 별 도움이 안 되는 것이었다.

어쨌든 르네상스 인문주의는 스콜라학의 권위에 대항하기 위해 또 다른 권위를 만들어내야 했다. 이것이 고전 작가의 저서, 즉 '고색창연함과 면면한 전통 때문에 경외시되던 문헌'이었다. 그리고 그 근저에는 "예지를 찾으려면 머나먼 과거로 거슬러 올라가야 한다"는 고대 숭배 정신이 있었다.[29]

이 점에서 실은 그 시대 종교개혁의 지도자들도 오십보백보였다고 할 수 있다. 종교개혁 또한 과거의 '진실한 그리스도교'로 복귀하는 것을 기본 이념으로 삼고 있었다. 루터의 협력자인 필리프 멜란히톤Philipp Melanchton은 1521년 작성한 프로테스탄티즘의 강령적 문서인 『신학요론Loci communes』의 서문에서 이렇게 설명했다. 성서가 만들어진 뒤 여러 '주석'이 쓰였는데, 히에로니무스 이후 "시간이 지날수록 한층 불순해졌으며, 결국 그리스도교의 가르침은 스콜라학의 번잡하기 그지없는 요설饒舌로 추락했다"는 것이다.[30] 그런 까닭에 프랜시스 베이컨의 말을 빌리면, "마르틴 루터는 … 현대에 우뚝 선 당파를 만들기 위해 고대의 작가들을 다 불러 모아, 고대에서 자신의 원군을 찾아야 했다."[31] 1543년 칼뱅은 아우구스티누스 시대에 대해 언급하면서 "세계는 그 시절부터 놀랄 만큼 추락해, 계속 악화의 길을 걷다가 결국 극점에 이르고 있다"고 단언했다.[32] 여기에서 가톨릭교회의 부패가 퇴보 사관에 투영돼 있음을 알 수 있다. 마르실리오 피치노와 같은 15세기 신플라톤주의자가

'고대 신학prisca theologica'에서 그리스도교의 기반을 찾으려 했던 것도 마찬가지의 경향을 보인 것이라 할 수 있다.

인문주의이든 종교개혁이든, 시대의 흐름과 함께 더덕더덕 덧붙여진 야만적 요소를 벗겨내고 혼입된 불순물들을 여과함으로써 순수한 원초적 모습으로 되돌아가는 것을 그 이상으로 삼았던 것이다. 중세 이후 유럽인의 학문은 단적으로 말하면, 고대 신앙 위에서 성립된 문서 편중의 학문이었다.

| 대항해 시대의 충격과 고대 권위의 실추

고대인이 남긴 저술이 반드시 옳은 것은 아니며, 나아가 근대인은 경험의 축적을 통해 고대인을 능가할 수 있다는 점을 유럽인들은 언제 어떻게 인식하기 시작했을까. 이를 보여 주는 최초의 표현은 14세기 중반 흑사병이 유럽을 휩쓸고 지나간 뒤에 나타난다. 흑사병이 지나가고 나서 몇 년 뒤 저지低地 독일의 한 의사는 "페스트에 관해선 우리들 14세기 유럽 의사들이 고대나 이슬람 의사 그 누구보다도 많은 지식을 지니고 있다"고 기록했다.[33] 이와 비슷한 시기에 부르고뉴의 장Jean de Bourgogne도 솔직하게 속내를 밝혔다. "히포크라테스 이래 권위 있는 의술의 거장이 아무리 많이 나왔다 해도, 페스트에 관해선 지금 세계 각지에서 활동하는 의사들이 선인들의 기량을 능가한다. … 선인들 어느 누구도 이처럼 널리, 오랫동안 창궐한 역병을 본 적이 없을뿐더러 장기간에 걸친 경험을 통해 여러 처치 방법에 대한 검증을 해 보지도 못했다. 역병에 대해 그들 대부분이 언급하거나 시술한 것은 히포크라테스의 말에 따른 것에 불과하다. 여기에 비해 오늘날의 의사들은 선인들보다 많은 경험을 쌓고 있다. 흔히 일컫듯, 지식은 경험에서 나온다."[34]

16세기가 되자 지리상의 발견도 커다란 영향을 미치게 됐다. 1492년부터 1502년에 이르기까지 크리스토퍼 콜럼버스가 신세계를 향해 네 차례에 걸친 항해를 하고, 1498년 바스코 다 가마는 인도 항로를 개척했다. 그 이후 유럽인들은 마치 둑이 터지듯 앞다퉈 해양 탐험에 나섰다. 그리고 아메리카와 동아시아로 유럽의 제국주의적 진출이 이뤄졌다. 이를 계기로 아리스토텔레스나 프톨레마이오스 등 고대인들이 알지 못했던 세계와 대륙, 민족과 사회 그리고 동식물들이 유럽인의 시야에 들어오게 됐다. 1537년 포르투갈의 페드로 누네스가 감탄조로 말했듯, 유럽인은 "새로운 섬, 새로운 대륙, 새로운 바다, 새로운 사람들 그리고 새로운 하늘과 새로운 별을 발견했다."[35] 참으로 적절한 표현이다. 이는 고대부터 전해 내려온 지구상地球像이 결정적으로 잘못돼 있다는 점을 분명히 했다. 또한 고대인이 하느님에게 지혜를 물려받았다고 믿는 고대 숭배 사상을 뿌리부터 뒤흔들었다.

아리스토텔레스의 『기상학Meteorology』에는 "회귀선의 건너편[남북회귀선의 사이]에는 사람이 살 수 없다"고 기록돼 있다.362b6 디오도로스 시켈로스Diodoros Sikelos, ?~BC 21의 『고서기Archaiologia』에는 우리들과 대척점에 서 있는 사람들 사이에는 "무더위 탓에 사람이 살 수 없는 지대가 존재한다"고 나온다.[36] 스트라본Strabon, ?~AD 21의 『지리지Geographia』에는 훨씬 구체적으로 "[회귀선에서부터] 적도를 향해 똑바로 약 3,000스타디온stadion. 고대 그리스의 길이 단위로 1스타디온은 약 180미터_역주 정도 나아가면 더위 때문에 사람이 거주하기에 적합한 지역이 전혀 없다"고 돼 있다.[37] 물론 이런 주장은 로마 시대로 이어져 내려온다. 로마의 시인 오비디우스는 『변신 이야기 Metamorphoses』에서 신이 최초로 지구를 만들 때 다섯 개의 지대 — 두 개의 극지와 두 개의 습지 그리고 한 개의 열대 — 로 나눴는데, "중앙의 지역〔열대〕은 덥기 때문에 살 수가 없다"고 했다.[38] 플리니우스의 『박물지』에도 이런 대목이 나온다.

> 태양의 궤도가 지나는 육지의 중앙 부분은 태양의 화염에 그을었고, 태양의 열에 모조리 타 버렸다. 이곳은 불타는 듯 뜨거운 대역帶域이다. 이 대역과 〔극지의〕 얼어붙은 대역 사이에 온난한 대역이 있다. 이 두 대역은 서로 오갈 수가 없다. 천체의 가혹한 열이 이를 가로막고 있기 때문이다.[39]

이들은 모두 중세 내내 널리 읽힌 서적이었던 만큼, 사람들은 열대에선 살 수 없으며 열대를 넘어갈 수도 없다고 믿었다. 5세기의 신플라톤주의자인 마크로비우스Macrobius가 쓴 『스키피오의 꿈에 대한 주석Commentarii in somnium Scipionis』에도 지구는 다섯 개의 지대로 나뉘어져 "중앙에 있는 가장 큰 지대는 끊임없는 열풍으로 초토화되고, … 맹렬한 더위 탓에 사람이 살 수 없다"고 돼 있다.[40] 7세기 이시도루스도 이와 똑같은 말을 했다.[41] 12세기에 이르러 콩슈의 기욤Guillaume de Conches도 그와 유사한 내용을 거듭 주장했다. "우리가 살기에 적합한 대지는 두 부분으로 나뉘어 있다. … 그 가운데 윗부분에는 우리들이 살고 있고, 아랫부분에는 우리와 대척인들이 살고 있다. 하지만 우리들은 어느 누구도 그들이 살고 있는 곳으로 갈 수 없다."⁴² 그리고 콜럼버스는 1498년에 쓴 제3차 항해 보고서에서 북위 5도의 지점에서 겪었던 일을 이렇게 기록했다. "바람이 사라져, 작렬하는 더위의 바다로 들어갔다. 너무나 뜨거워서 배도 사람도 불타 버리지나 않을까 전전긍긍했다."⁴³ 여기에서도 고대부터 전해 내려온 고정관념이 그림자를 드리우고 있음이 분명히 드러난다.

그러나 스페인 궁정에서 일하던 페드로 마르티르Pedro Martir는 1493년 11월 13일 콜럼버스가 첫 번째 항해에서 귀국한 지 불과 8개월 후에 "지구의 크기나 항해 가능한 세계에 관한 고대인의 견해와 콜럼버스의 견해 사이엔 서로 들어맞지 않는 부분이 있는 듯하다"고 기록했다. 그리고 1514년엔 "극히 일부의 예외를 빼고 옛날 사람들은 태양이 수직의 위치에 있다는 이유로 적도를 '무인無人지대'로 간주했다. 그러나 이 예외적인 의견은 포르투갈인들의 체험을 확인시켜 주는 것이다"며 한 걸음 더 나아갔다.⁴⁴ 16세기에 들어서서 변화가 생겨나기 시작했던 것이다. 실제 콜럼버스가 발견한 땅을 '신세계'라고 기록한 1503년의 아메리고 베스푸치Amerigo Vespucci, 1454~1512의 편지에는 이렇게 나온다.

우리 선조들의 대부분은 적도의 건너편 남쪽에는 대륙이 존재하지 않고, 다만 대서양이라 불리는 대해가 있을 뿐이라고 여겼다. 예컨대 그쪽에서 대륙의 존재를 보여 주는 사실들이 발견됐다 하더라도, 그것이 인간이 거주할 수 있는 곳이라는 점에 대해선 여러 논증을 통해 부정했다. 그러나 그러한 주장이 오류이며 사실과 전혀 다르다는 점을 우리는 지난 번 항해를 통해 증명했다.[45]

네 번에 걸쳐 대서양을 횡단해 모두 22년간 신세계에 머물렀던 스페인 왕실 관리 오비에도Oviedo, 1478~1557. 그가 1535년에 쓴 책에는 "플리니우스는 열대지방이나 적도 지역에는 사람이 살 수 없다고 말했지만, 이는 그런 주장을 한 다른 학자들과 마찬가지로 모두 오류다"고 나온다. 오비에도는 또 신세계가 대륙이고, 게다가 이것은 프톨레마이오스나 아리스토텔레스도 몰랐던 것이라고 분명히 지적했다.[46] 그 뒤에도 실제로 신세계나 아프리카로 건너간 사람들에게 같은 내용의 보고가 속속 유럽으로 전달됐다.

프랑스인 자크 카르티에Jacques Cartier, 1491~1557가 세인트로렌스 강을 발견하고, 그 지방을 캐나다로 명명한 것이 1534년과 1535~1536년 두 차례에 걸친 항해 때였다. 두 번째 항해 기록에는 열대와 극지에는 사람이 살 수 없다는 고대인들의 주장에 대해 "당대에 이름조차 없는 일개 수부들도 … 그들 고대 철학자들이 틀렸음을 몸으로 증명해 주고 있다"고 나온다.[47] 또 1555~1556년 신대륙으로 건너간 프랑스인 앙드레 테베André Thevet는 1557년 『남극 프랑스의 별난 이야기Les Singularites de la France Antartique』를 썼는데, 그 마지막에는 이런 내용이 담겨 있다.

우리들은 정말 오랫동안 여러 섬과 대륙의 존재를 모르고 지냈다. 고대인이 보고 듣고 기록해 남긴 지식의 범위 안에서만 만족했기 때문이다. 그러나 최근 들어 사람들이 대담한 항해에 나서면서 오늘날엔 또 하나의 반구半球가 발견됐고, 그곳에도 사람이 살 수 있음이 판명됐다. 프톨레마이오스를 비롯한 고대인은 이 같은 땅에 관한 지식을 우리들의 절반 정도도 지니지 못했다.[48]

그리고 '신세계의 아리스토텔레스'라고 불린 예수회 소속 스페인 신부인 호세 데 아코스타José de Acosta는 1590년 『신대륙 자연문화사Historia natural y moral de las Indias』를 저술해, 고대인의 오류를 총체적으로 지적했다. 즉 "열대로 불리는 지방이 사실은 매우 습윤하며, 곳에 따라서는 매우 온난하다"고 하면서, 그 때문에 "자연에 관한 것은 고대에 수용되고 설파되던 철학과 합치하지 않는다"고 했다. 그는 또 열대는 더위 탓에 사람이 살 수 없다고 한 고대인의 견해에 대해 "아리스토텔레스도 같은 생각이었는데, 그처럼 위대한 철학자이면서도 이 문제에선 오류를 범하고 있다"고 단언했다. 이어 그는 "고백하지만 나는 아리스토텔레스의 기상학과 철학을 조소하고 경멸한다"고까지 선언했다.[49]

이처럼 신대륙으로 건너간 사람들은 자신의 직접적인 경험을 근거로 고대인의 오류나 무지를 지적했다. 그런 기록들이 인쇄 서적으로 만들어져 세간에 전파되자 유럽 세계에만 묶여 있던 사람들도 신대륙으로 건너간 사람들의 경험을 공유하게 됐다. 1483년 피렌체에서 태어나 페라라의 대학에서 수학하고 스페인 대사가 된 프란체스코 구이차르디니가 1537년부터 1540년 사이에 쓴 『이탈리아사』에는 다음과 같은 문장이 나온다.

이런 항해 결과 명백해진 것은 고대인들이 지구에 관한 지식에서 수많은 오류를 범하고 있었다는 점이다. 인간은 주야평분선the equinoctial circle을 넘어갈 수 있다는 점, 인간은 초열의 지대에서도 살아갈 수 있다는 점이 밝혀진 것이다.[50]

특히 16세기가 되면서 착착 업데이트된 목판·동판 세계지도가 다수 제작됐다는 점도 여기에 큰 영향을 미쳤다. 1540년에는 제바스티안 뮌스터Sebastian Münster, 1489~1522가 새로 번역한 『프톨레마이오스 지리』가 바젤에서 출판됐다. 이 책에 맨 먼저 나온 도판은 플로리다부터 마젤란 해협에 이르는 남북아메리카 대륙을 포함해, 아프리카 대륙의 남단까지 그려진 최신 지도였다. 그리고 두 번째 도판은 동서로 이베리아 반도에서 시작해 동아시아에서 끝나는데, 남반구의 거의 전역이 '미지의 토지terra incognita'로 표기된 원래의 프톨레마이오스 지도였다.그림 10.1 이 두 지도를 대조해 보면 글을 읽지 못하는 사람도 프톨레마이오스의 지식의 한계와 오류를 한눈에 알아볼 수 있다.

그리고 콜럼버스의 첫 번째 항해로부터 꼭 반세기가 지난 1542년에는 프랑스인 의사 장 페르넬Jean Fernel이 보다 넓은 시야에서 다음과 같이 선언했다.

우리 시대엔 고대인이 꿈도 꾸지 못했던 일들이 이뤄지고 있다. … 우리 시대의 용감한 선원들은 대양을 헤쳐 나갔고, 새로운 섬들을 발견했다. 저 멀리 있는 인도의 오지도 우리에게 모습을 드러냈다. 신세계로 불리는, 우리 선조들이 모르고 있던 신대륙의 많은 부분을 우리는 알게 됐다. … 이는 당대의 항해자들이 새로운 지구를 발견함으로써

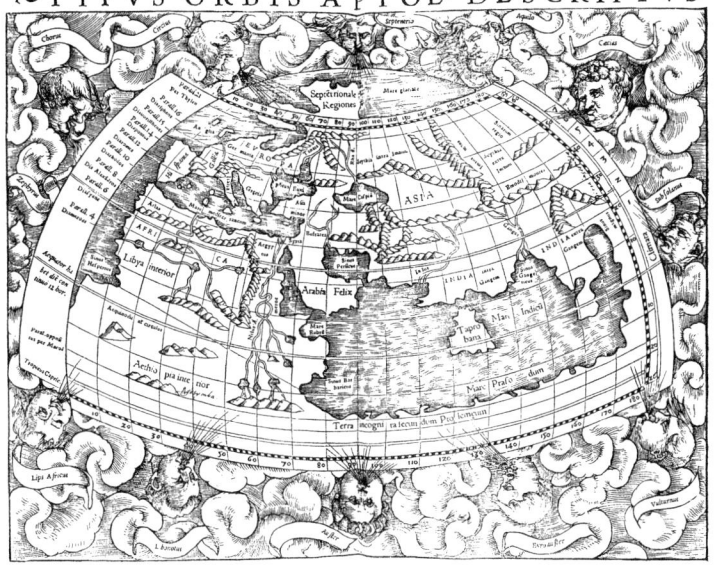

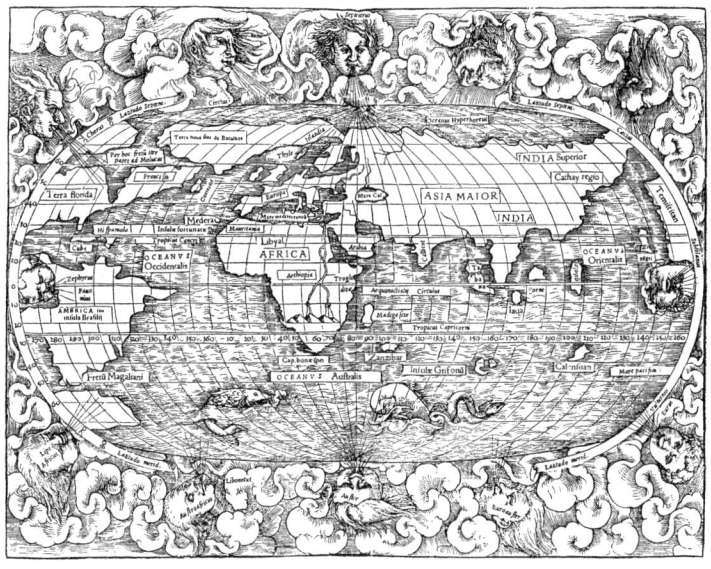

그림 10.1 프톨레마이오스의 세계지도(위)와 1540년의 세계지도(아래). 제바스티안 뮌스터 편, 『지리GEOGRAPHIA』(바젤, 1540).

우리들에게 알려 준 것이다.⁵¹

1551년 『자연철학』을 쓴 이탈리아의 알레산드로 피콜로미니는 교황 율리우스 3세에게 바친 헌사에서 이렇게 기록했다. "저는 아리스토텔레스의 가르침을 따르고 있습니다만, 제 감각이 명백히 반대를 가리킬 때는 아리스토텔레스를 잊는 게 낫다고 생각합니다. 이를테면 적도 바로 밑에서도 사람이 살고 있다는 사실을 생각하면 그럴 필요가 있다는 겁니다."⁵²

스페인 출신의 고마라Francisco Lopez de Gomara는 1552년 『인디언 통사』에서 다음과 같이 단언했다. "고대의 여러 철학자들 사이에선 우리가 사는 반구로부터 대척의 반구로 건너가는 것은 혹서 지대와 대해로 가로막혀 있기 때문에 논외로 다뤄져 왔다. … 그러나 우리 스페인인들이 이를 무시하고 계속 앞으로 나아가, 반구의 대척 지역을 충분히 답사해 그 실정을 소상히 알게 됐다. 그러자 실제의 체험과 철학의 내용이 서로 어긋나게 돼 버렸다."⁵³ 그는 스페인에 거주하던 지식인이었다. 그의 『인디언 통사』는 신세계에서 전파된 정보를 집약해 완성한 것이지, 자신이 직접 신세계를 둘러보고 쓴 것은 아니었다.

그리고 1580년 몽테뉴는 고대인의 '예지가 깃든 환상'을 다음과 같이 비꼬아 표현했다. "위대한 프톨레마이오스는 세계의 한계를 규정했고, 고대의 모든 철학자는 자신의 지식이 미치지 않는 몇몇 먼바다의 섬들을 제외하고 세계를 구석구석까지 측정해냈다고 생각했다. … 그런데 금세기에 들어 하나의 섬이나 지역 정도가 아니라, 우리가 알고 있는 대륙과 거의 비슷한 크기의 끝없이 광대한 대륙이 발견되지 않았는가."⁵⁴ 이미 프랑스 의사 장 페르넬은 앞서 인용한 1542년의 문서에서 이렇게 선언했다. "우리들의 시대는 12세기까지의 잠에서 깨어난 뒤 예술과 과학을 찬란하게 부흥시켰다. 예술과 과학은 고대에서 보여 주었던 광채에 버금가거나, 그를 능가하기까지 했다. 우리들의 시대는 어떤 점에서도 자신을 비하할 필요가 없다. 고대인의 깊은 지식에 눌려 탄식할 필요도 없다. … 철학은 모든 영역에서 고대를 아래로 내려다보고 있다." 대항해의 경험은 '신으로부터 부여 받은 고대인의 지혜'에 대한 고정관념을 사실적 근거에 의해 깨부쉈을 뿐 아니라, 근대인이 고대인을 앞섰다는 자신감마저 부여하기에 이르렀던 것이다.

| 문서 편중에서 경험 중시로

고대인의 무지는 물론 지리학에만 국한된 게 아니다. 스페인 신부 호세 데 아코스타는 항상 북쪽을 가리키는 자석의 지북성에 대해 "그 같은 자석의 괄목할 만한 특성을 고대인이 깨닫지 못한 채 근대인이 발견했다는 것은 놀랄 만한 사실이다"⁵⁵고 기록했다. 여러 분야에서 근대인의 지知는 고대인의 지를 뛰어넘기 시작했다.

1500년경 출생한 포르투갈인 가르시아 도르타Garcia d'Orta는 스페인의 대학에서 공부한 뒤 1534년 인도로 건너가, 36년간 인도에서 의사로 일했다. 그가 1536년 고아에서 포르투갈어로 출판한 『인도의 약초와 의약에 대한 대화』라는 책이 있다. 여기에선 가르시아 본인이 박학다식한 인물과 대화하는 형식으로 당시 유럽인에게 알려지지 않은 아시아의 몇몇 식물을 다루고 있다. 대화 상대는 하필이면 디오스코리데스나 테오프라스토스Theophrastos, BC 372~287와 같은 권위 있는 고대인의 서적을 거론한다. 이에 대해 가르시아는 예컨대 다음과 같이 반론한다.

> 갈레노스나 디오스코리데스가 이 문제를 완전히 해결한 것은 아닐 수도 있다는 점, 그리고 그들이 몰랐기 때문에 쓰지 않은 것들이 많다는 점, 이것에 대해선 당신도 생각이 미치지 못한 것 아닙니까.[56]

그리고 가르시아는 자신의 경험에 비춰 고대인의 오류와 무지를 몇몇 지적한다. 예를 들어 카시아로 불리는 동남아시아의 향신료에 대해 이렇게 기술했다. "고대의 저술가들은 이 향신료를 먼 곳에서 전해진 것이라고밖에 보지 않았으므로, 그에 대한 올바른 지식을 지닐 수가 없었던 것이다. ⋯ 그들은 실제론 전설에 불과한 것을 사실처럼 얘기했다." 나아가 아리스토텔레스의 제자로 『식물탐구Peri phyton historia』를 쓴 테오프라스토스에 대해서도 "그의 생각은 잘못됐다. 그는 인도 사람이 아니었으므로, 그 나무가 어떤 것인지 알지 못했다"고 단정했다.[57] 기원후 1세기의 디오스코리데스의 『약물에 대하여』는 중세 내내 널리 읽혔을 뿐 아니라, 1531년 스페인의 인문주의자 후안 루이스 비베스Juan Luis Vives가 학생들이 꼭 공부해야 할 서적으로 꼽은 책이기도 했다. 그의 목록엔 아리스토텔레스의 『동물사』와 테오프라스토스의 『식물 탐구』도 들어 있었다.[58] 16세기에 이르러서도 디오스코리데스나 테오프라스토스는 의학, 약초학, 식물학에서 권위를 유지하고 있었던 것이다. 그러나 인도의 자연을 자신의 눈으로 본 가르시아에게 이들 고대의 권위는 더 이상 아무런 힘을 지니지 못했다. 아니 굳이 현지에 가지 않더라도 잉꼬, 토마토, 옥수수, 담배와 같은 신대륙의 진기한 동식물들이 속속 유럽으로 전해지고 있었던 것이다.

이렇게 해서 16세기 유럽인들은 대항해의 경험을 통해 '지식이란 인간의 실천에 의해 그 내용이 수정되고 분량도 증가한다'는 사실을 실감하게 됐다. 이는 인류에게 여태껏 알지 못했던 사실이 수없이 남아 있다는 자각을 자연스럽게 가져다주었다. 앞서 서술한 아메리고 베스푸치의 편지는 "지상에 존재하는 것은 아직까지 모조리 발견된 게 아니다"[59]고 분명히 인정하고 있다. 오비에도도 "사람은 누구든 지식욕을 지니고 있다"고 썼고, 고마라는 "사람은 저마다 날 때부터 무엇인가를 알려고 한다"고 기술했다. 그렇듯 대항해로 얻은 새로운 경험들은 당시 유럽인의 지식욕을 한층 자극했다.[60]

콜럼버스의 첫 번째 항해가 있었던 해인 1492년에 태어난 스페인의 비베스는 이미 1531년 『교육론De tradendis disciplinis』에서 프톨레마이오스 지리학을 공부하라고 권장했다. 그와 동시에 "우리나라 사람들이 서쪽과 동쪽의 먼 곳에까지 이르러 행한 발견들이 프톨레마이오스의 저술에 덧붙여져야 할 것이다"고 기술했다. 이 한마디에는 지리학적 인식이란 경험의 발전과 함께 확대되고 축적돼간다는, '지의 누적적 진보'의 관념이 담겨 있다. 그리고 비베스는 이렇게 밝혔다. "곰곰 생각해 보면 생활과 자연에 관한 모든 사항에 대해 우리들은 아리스토텔레스나 플라톤 그리고 기타 고대인들보다도 훌륭한 판단을 내릴 수가 있다. … 진리의 많은 부분은 앞으로 발견해 가야 할 것이며, 이는 미래 세대에 남겨진 일이다." 여기엔 고대인보다 근대인이 우월하다는 자각, 그리고 지식이 장차 더욱 확대될 것이라는 기대감이 표명돼 있다. 비베스의 이 발언은 아마도 학문의 진보에 대한 확신을 최초로 표명한 것이다.[61] "이 항해와 발견에서의 진보는, 모든 학문이 한층 더 진보하고 발달할 것이라는 기대를 사람들의 마음에 심어 주었다"는 프랜시스 베이컨의 발언이 나온 것은 그때부터 70년 이상이 흐른 1605년이었다.[62]

1599년 사망한 잉글랜드의 시인 에드먼드 스펜서Edmund Spenser는 『요정 여왕』에서 페루, 아마존, 버지니아의 '발견'을 가리켜 이렇게 표현했다. "이 모두 아무도 아는 사람이 없었던 시절부터 존재하고 있었던 것이면서, 지혜가 가장 넘치던 시대에조차 알려지지 않은 채 있었네. 앞으로는 미지의 것이 더욱더 많이 밝혀지리라." 역시 장래에 있을 '지知의 확대'를 노래한 것이다.[63] 유럽의 지식인들은 그때까지만 해도 오직 문서의 세계에 머물러 있었다. 그러던 그들에게 '과학의 진보' '학문의 발전'이란 관념을 가져다준 것은 대항해 시대의 경험이었다. 종전까지 알려지지 않았던 새로운 땅이 매일처럼 그 존재를 드러내고, 나아가 프런티어의 저편에서 미답의 대지와 미지의 대해가 유럽인의 발길을 기다리고 있던, 그런 시대였다.

물론 이것은 사물을 알기 위해선 실제로 직접 찾아가서 눈으로 봐야 한다는 점을 강하게 인식시켜 주었다. 앞서 소개한 앙드레 테베는 『남극 프랑스의 진기한 이야기』에서 "실제 보는 것이야말로 모든 사물에 관한 가장 정확한 지식을 보증해 준다"고 직설적으로 주장했다.⁶⁴ 또한 16세기 포르투갈의 시인 루이스 데 카몽이스Luis de Camoës는 대항해 시대의 민족적 서사시 『우즈 루지아다스Os Lusiadas』에서 '폭풍의 곶'인 '희망봉'의 정령을 등장시켜 이렇게 말했다. "나는 너희들이 폭풍의 곶이라 부르는, 감춰진 커다란 곶이다. 프톨레마이오스, 폼포니우스Pomponius Mela, 스트라본Strabon, 플리니우스와 같은 고대인들은 아마도 모를 것이다." 고대인의 무지를 탄식하는 표현이다.⁶⁵ 1572년의 일이었다. 그리고 이 장대한 시는 다음과 같이 끝을 맺는다. "폐하, 수많은 세월을 겪어 온 경험자에게만 조언을 들을 일입니다. 왜냐하면 학자가 많은 것을 안다 해도 구체적인 일에선 경험이 더 중요하기 때문입니다."⁶⁶

그처럼 경험을 중시하는 자세는 문서 편중의 학문에 대한 비판을 내포하고 있었다. 1602년 옥중에서 톰마소 캄파넬라Tommaso Campanella가 쓴 『태양의 나라La cittàdel sole』는 콜럼버스의 항해사로 일했던 한 제노바 사람이 세계를 일주한 뒤 아시아의 한 섬에 있는 '태양의 도시'에 표류했을 때의 경험을 들려주는 설정으로 돼 있다. 그 플롯 자체에는 대항해 시대의 경험이 짙게 투영돼 있는데, 캄파넬라는 거기서 '태양의 도시'에 사는 주민의 입을 빌려 제노바 사람에게 이렇게 말한다.

> 당신네들이 생각하는 학식 있는 분이라 함은 어학에 능통한 사람, 아리스토텔레스나 기타 유명한 학자의 논리학에 정통한 사람을 말합니다만, 이는 그저 달달 외우면 되는 것입니다. 이 때문에 사람들은 활력을 잃고 맙니다. 현실의 사물에는 눈길을 주지 않은 채 그저 책만 보고 있으니, 혼이 책 속의 죽어 있는 사물에 묻혀 생기를 잃고 마는

것입니다.[67]

같은 시기에 프랜시스 베이컨은 고대 그리스 철학을 '세상물정 모르는 젊은이들에게 들려주는 한가한 노인의 이야기'라고 단정했다.[68] 오래됐다는 이유만으로 고대의 예지가 권위를 지니던 시대는 끝난 것이다. 16세기 말부터 17세기에 걸쳐 '새로운'이라는 수식어가 붙은 과학서나 철학서가 다수 출판됐다. 예컨대 티코 브라헤의 『새로운 천문학 기계』(1598), 케플러의 『신천문학』(1609), 프랜시스 베이컨의 『노붐 오르가눔(신 오르가논)』(1620), 갈릴레오의 『신과학대화』(1638) 그리고 파스칼의 『진공에 관한 새로운 실험』(1647)이 그렇다. 이것은 '새롭다'는 것이 긍정적 가치를 지니게 됐다는 점을 단적으로 보여 준다.

| 도공 베르나르 팔리시

문서 편중의 학문에서 경험 중시의 지식을 추구하는 자세의 전환, 즉 이론적 학문보다 실천적 지식이 우월하다는 자각은 비단 항해나 신대륙에서의 경험만 가지고 하는 얘기가 아니다. 또 이는 고등교육을 받은 지식인에게만 한정된 문제도 아니었다. 그 같은 변화는 종래 문자 문화의 외부로 밀려나 있던 탓에 고전에 대한 학식이나 라틴어 소양과는 인연이 없었던 직인들에게도 자신감을 안겨 주었다. 이것은 또 그들이 적극적으로 자기주장을 할 수 있게 이끈 자극제이기도 했다. 그 단적인 사

례를 우리는 프랑스인 도공 베르나르 팔리시Bernard Palissy, 1501경~1589의 저서와 생애에서 찾을 수 있다.

팔리시는 혼자 힘으로 유약釉藥 연구에 몰두했는데, 그 실험을 위해 가구와 마룻바닥까지 뜯어 연료로 사용했고, 결국 백유白釉 기법을 개발했다는 일화가 전해진다. 농사를 지으며 벽돌을 제조하던 집안의 아들로 태어난 그는 유리공예 직인의 길로 들어섰다. 정규 교육을 받지 못했기에 고전어는 물론 고대 학예에 대해서도 아는 바가 없었다. 그러나 도제 수업 시대에 프랑스 각지를 돌아다니며 현장에서 지질학에서 농학에 이르기까지 각종 지식을 몸에 익혔다. 이렇게 그는 혼자 힘으로 지질학, 광물학, 박물학, 수문학 연구에 열중하면서 광물과 박물학 표본을 수집했다. 만년에는 공개강좌를 열어 자신의 연구 성과를 발표했으며 프랑스어로 저서도 남겼지만, 1588년 위그노라는 이유로 체포돼 바스티유에서 옥사했다. 1575년 시작된 그의 공개강좌는 "그런 분야의 것으로는 파리에서 최초, 또 세계적으로도 아마 최초였을 것"이라고 한다.[69]

팔리시는 1580년 『물의 성질 및 인공과 자연의 샘에 대하여, 금속과 염류와 염수에 대하여, 암석·흙·불·유약 등에 대한 찬탄할 만한 이야기Discours admirables』를 프랑스어로 완성했다(일본에선 와타나베 가즈오渡辺一夫의 소개로 『삼라만상 예찬』으로 옮겨졌으므로 앞으로는 그렇게 부르기로 한다). 그 서두의 '독자에 대한 주의'에서 그는 "철학자들의 라틴어 서적을 읽지 않은 채 자연의 사물에 대해 뭔가를 안다고 하는 건 있을 수 없는 일이라고 말하는 사람들의 입을 틀어막기 위해"라고 전제를 달면서 이렇게 기술했다.

상상 속의 이론이나 편견에 사로잡힌 이론을 토대로 연구해 쓰여진 과학, 또는 실천은 전혀 해 보지 않은 채 상상으로만 쓴 책에서 취한 지식으로 여러분의 판단을 흐리게 해서는 안 될 일이다. 이론이 실천을 낳는다고 말하는 사람들의 의견을 믿어서는 안 된다. … 상상하는 것만으로 그 상상을 그대로 실행할 수 있다면, 그런 사람들의 주장이나 의견에 찬동해도 좋다. 그러나 이는 대체로 무리한 이야기다. … 전쟁 지도자들의 공상이 그대로 실현될 수 있다면, 그들이 전쟁에서 패배하는 일은 있을 수조차 없을 것이다.[70]

팔리시가 이처럼 자신 있게 말한 데에는 배경이 있다. 그는 도기를 제조하면서 10여 년간 혼자 힘으로 노력해 백유 기법을 개발했던 것이다. 이 책은 권위주의적이고 현실에서 아무것도 배우려 들지 않는 돌머리의 '이론Theorique' 씨와 팔리시 자신의 분신인 '실천Pratique' 씨의 대화 형식으로 쓰였다. 그 한 부분에서 '이론' 씨는 아예 이렇게 말한다. "이처럼 훌륭한 책을 쓴 수많은 박식한 철학자들에게 거스르려 하는 네놈의 근거가 도대체 무엇이냐. 그리스어도 라틴어도 하지 못하는 주제에, 게다가 프랑스어도 잘한다고는 할 수 없는 네놈 아니냐."[71] 이에 대해 팔리시는 '헌사'에서 "라틴어도 할 줄 모르면서 자연에 대한 지식을 얻는 것은 불가능하다며 비웃는 사람이 있다는 점을 잘 안다"며 자신의 작업을 소개했다. "나는 진열대를 만들어 지구의 태내에서 모아 온 수많은 사물들을 진열했다. 모두 놀랄 만한 것들이다. 이것들은 내가 주장하는 내용에 대한 믿을 만한 증거물이다. 이것들을 본다면 누구나 내 말이 옳다고 받아들일 것이다. 그 밖에는 내가 쓴 글을 믿으려 하지 않는 사람들을 납득시키기 위해 진열해 놓은 것들이다.[72] 자연에 대한 과학은 실제의 경험과 관찰에 근거해야 하며, 그렇지 않고서는 과거 학자들이 쓴 책을 신뢰할 수가 없다는 점을 분명하게 지적한 것이다. 그는 이것을 일반론으로서가 아니라 구체적인 사항을 고찰하는 과정에서도 철저히 실천에 옮겼다. 그는 시대의 통설에 맞서 화석이 고생물의 유해라는 점 그리고 샘은 땅속에 스며든 빗물이 분출되는 것임을 이해하고 있었다.[73]

한 예를 들어 보자. 예부터 의사들은 금을 강장제로 사용하고 있었다. 실제 초서의 『캔터베리 이야기』에는 "의학에선 금이 강장제 Gold in phisik is a cordial"라는 표현이 나온다. 17세기 초 벤 존슨Ben Jonson의 희곡에도 비슷한 기록이 나온다.[74] 이에 대해 팔리시는 1563년 『올바른 처방Recepte Véritable』에서 금은 물에 녹지 않으므로 위에서 흡수되지 않으며, 따라서 인체에 영향을 주지 못한다는 매우 합리적이고(현대의 관점에서 보더라도) 명쾌한 비판을 가하며 이렇게 덧붙였다. 조금 길지만 흥미로운 내용이므로 눈여겨보자.

아마 자네는 이렇게 말할 것이네. 학자와 고대인을 믿어야 한다고. 그들은 훨씬 이전에 이런 문제에 대한 책을 썼기 때문이라면서. 또한 내 말에 귀를 기울여선 안 된다고도 말하겠지. 나는 그리스어도 라틴어도 할 줄 모르고, 의사들의 책을 읽어 본 적도 없기 때문이라고 하면서 말일세. 그렇다면 나는 이렇게 대답하겠네. 고대인도 현대인과 마찬가지로 역시 인간이었다네. 그리고 그들 또한 우리처럼 잘못을 범했을지도 모르지. 그렇지 않다고 말하겠다면 이시도루스, 디오스코리데스, '보석 시인', 기타 고대 저술가들의 저서를 조금쯤 읽어 보기 바라네. 보석에 대해 얘기할 때 그들은 어떤 돌은 악마를, 또 어떤 돌은 마녀를 물리치는 데 효험이 있다 하네. 또 남자의 기를 북돋워 외모를 멋있게 만들어 주고, 전쟁터에서 승리하도록 만들어 주는 돌도 있다고 하더군. 어디 그뿐이던가. 그들은 보석이 여러 헤아릴 수 없을 만큼 다양한 효력을 지니고 있다고 말하네. 내 한 가지 묻겠네만, 이는 잘못된 생각 아닌가? 그리고 성서의 권위 있는 말씀과도 정면으로 배치되는 것 아닌가? 고대의 위대한 학자들이라 하더라도 돌에 대해서는 오류를 범했던 것이라네. 그렇다면 왜 자네는 그들이 금에 대해 얘기할 때 잘못을 범할 수도 있다는 점을 부정하려 하는 건가?[75]

베르나르 팔리시가 고대 문헌을 무비판적으로 수용하던 당시 유럽인의 타성에서 완전히 벗어나 있었음을 알 수 있는 대목이다. 게다가 그 탈각의 방법도 합리적이었다. 예를 들어 보석 토파즈를 둘러싼 논의를 보자. 디오스코리데스의 『약물에 대하여』는 수은 추출법을 처음 기술한 책으로, 화학사와 약물사에 기재될 만큼 내용도 많다. 그럼에도 토파즈에 관한 항목에선 "이것을 가지고 스승을 찾아가면 같은 잘못을 자꾸 저질러도 스승이 잊어 주시며 살갑게 받아들인다"고 돼 있다.[76] 이시도루스의 『어원』에 나오는 토파즈 관련 내용도 부실하다. 토파즈의 색채와 광채, 발견 경위와 어원 정도다. '토파즈'란 '야만족'의 말로 '탐색'을 뜻하는 말에서 유래한다는 '어원'을 기록한 데 불과하다.[77] 또 '보석 시인'으로 불리던 렌의 주교 마르보두스 Marbodus, 1035~1123의 시에는 "사람이 토파즈를 몸에 지니면 어떠한 적도 그를 다치게 할 수 없으며, 이를 집에 놔두면 잡귀를 제거할 수 있다"고 나온다.[78] 디오스코리데스와 마르보두스 모두 보석의 생리학적 약효와 보석의 초자연적 마력을 같은 차원에서 논하고 있다. 특히 이시도루스의 경우, 말의 기원을 규명하면 그 말이 가리키는 것의 본질이 밝혀진다는 정도에 머물렀다.

그에 대해 팔리시는 모든 보석은 '응고된 물eau congelée'이라고 주장했다. "토파즈도 일종의 물인데, 이 또한 어딘가의 철광을 통과하면서 황색 빛을 흡수하고 금속의 실질적 속성의 영향을 받아 한층 더 견고해진 상태로 생겨난 결과물인 것이다."[79] 보석에 대한 논조가 종전에 비해 분명히 바뀐 셈이다. 물론 보석이 물의 응고물이라는 논의는 지금의 시각으로는 유치하기 짝이 없다. 그러나 현대 과학의 입장에서 볼 때 팔리시의 논의는 그 옳고 그름과는 별도로, 적어도 현대 과학의 잣대로 시비를 판정할 수 있을 정도의 수준은 된 셈이다. 이에 비해 그 이전의 논의들은 현대 과학과는 완전히 다른 세계를 헤매고 다녔다고 할 수밖에 없다.

게다가 팔리시의 논의 — 물론 공상적 요소가 아주 없다고는 할 수 없지만 — 는 단순한 사변에 그치는 게 아니었다. 예컨대 그는 초석에 대해 다음과 같은 실험을 했다.

> 나는 초석을 대량으로 구해 가마솥에 넣고 물에 녹이며 비등시켜 보았다. 그리고 물이 끓어 초석이 다 녹아 버리자 이를 다시 식혔다. 물이 일단 식은 뒤에는 초석이 솥 바닥에 응고해 붙어 있는 것을 발견했다. 솥의 물을 밖으로 부어 버리면 초석의 결정이 아주 멋진 뾰족한 장방형으로 형성됨을 알아냈다.[80]

『삼라만상 예찬』에도 기록된[81] 이 실험은 프랑스 광물학자 아위 Abbe Rene Just Hauy, 1743~1822의 결정학 연구에 200년 앞서는 것이라고 한다. 어쨌든 액체의 결정화(응고)는 이 사례로 확인됐다. 보석은 '응고된 물'이라는 그의 주장은 나름대로 실험적 근거를 지니고 있었던 것이다(팔리시는 도공이 되기 전에는 스테인드글라스의 밑그림을 그리는 직인이었는데, 당시 색유리 제조 경험이 액체가 응고돼 투명한 돌이 된다는 확신을 안겨 주었는지도 모른다).

이처럼 팔리시는 고대의 권위보다 자신의 경험을 우위에 두었다. 자연 인식에 대한 이 같은 새로운 자세가 16세기 직인들에게서 나타나고 있었던 것이다.

| 실험과 정량적 측정

중세 스콜라학은 "제1원리로부터 연역적으로 도출되는 것만이 옳은 인식을 부여한다"고 여겼다. 사물의 성질은 그 본질(자연 본성)로부터 논증되어야만 하는 것이었다. 아리스토텔레스의 『분석론 후서』에 나오듯, "사물을 안다는 것은 우리가 논증이라 부르는, 본성에 대한 추론을 통해 이뤄지지 않으면 안 된다"는 것이다.72a25ff. 그리고 엄밀한 논증은 오류에 빠지는 법이 없는 반면, 감각은 불안정하고 주관적이어서 인간을 오류로 인도하기 쉽다고 인식됐다. 그래서 중세에 실험이란 그 같은 본질을 이해하는 단계에서 사물의 성질을 잠정적으로 알아내기 위한 차선책이었다. 실험을 통해 얻은 사물의 성질은 확실한 근거가 결여된 것으로 간주되었다. 19세기 로젠베르거Ferdinand Rosenberger는 『물리학사Die Geschichte der Physik』에서 이렇게 썼다. "17세기 이전에 자연학은 두 가지 방법, 즉 자연철학의 방법과 수학의 방법밖에 없었다. … 실험은 과학에 포함되지 못했다."[82] 현실적으로도 중세에는 13세기 페트루스 페레그리누스의 자석 실험과 같은 사례가 없지 않았지만, 대개 실험은 자연마술이나 연금술의 영역에 속하는 것들이었다.[83]

이에 비해 베르나르 팔리시나 로버트 노먼과 같은 16세기 직인들의 실천적 연구는 실험을 자연 인식의 정당하고 중심적인 수단으로 자리매김하려는 것이었다. 이 점에 대해 부언하자면 예를 들어 과학사가 루퍼트 홀Rupert Hall은 이렇게 주장했다. "수공 직인의 경험주의가 성공을 거둔 것은 후기 중세나 근대 초기에 특별히 새로운 현상은 아니었다. … 또한 그 성공이 이전에 비해 특별히 극적인 것도 아니었다."[84] 그러나 16세기 직인과 기술자는 단순한 경험이나 수동적 관찰에 그친 게 아니었다. 그들은 정량적 측정의 중요성을 제기하며, 정밀한 측정을 실행에 옮겼다. 그럼으로써 종전의 정성적 자연학을 초월해 정량적 물리학에 이르는 길을 개척했던 것이다. 이는 역시 '극적'이라고 보아야 하지 않을까.

르네상스 시대에 이르기까지 유럽에서 나름의 이론 체계를 지녔던 지상의 거의 유일한 자연학physics은 아리스토텔레스 자연학이었다. 이에 대해 덧붙일 필요가 굳이 있겠는가마는, 그것이 기본적으로 '질의 자연학'이었다는 점만큼은 짚고 넘어가도록 하자. 이에 따르면 '월하月下 세계'는 두 쌍의 대립적 성질(열·냉, 건·습)을 기본형으로 한 4원소, 즉 흙(土, 차고 건조한), 물(水, 차고 습한), 공기(空氣, 뜨겁고 습한), 불(火, 뜨겁고 건조한)로 이뤄져 있다. 그리고 흙과 물은 절대적으로 무겁고, 불과 공기는 절대적으로 가볍다. 그런데 아리스토텔레스의 『형이상학』에 따르면, 수학자는 '추상적 사물에 대해 연구하는 자'이므로 연구에 앞서 "모든 감각적인 것, 예컨대 무거움과 가벼움, 딱딱함과 부드러움, 뜨거움과 차가움, 기타 감각적으로 대립하는 모든 성질들을 버리고 생각한다"는 것이다.1061a28 즉, 뜨거움과 차가움, 건조함과 습함, 무거움과 가벼움이라는 각각의 대칭적 조합은 양적으로 일원화할 수 없는 대립적 성질로 여겨졌다. 따라서 정량적이고 상대적인 온도나 습도, 중량의 개념 형성으로 연결될 수가 없었다. 아리스토텔레스 자연학에선 위치운동의 기술을 제외하면 모든 논의가 정성적이었으며, 정량적 측정은 요구되지 않았다.

이에 비해 17세기에 만들어진 새로운 물리학physics은 수학적으로 표현되고, 실험과 측정을 통해 검증된 법칙의 확립을 목적으로 삼고 있었다. 영어로는 같은 'physics'지만, 과거와는 확연히 달랐던 것이다.

르네상스 시대 자연학이 수학화했던 배경을 당시의 플라톤주의에서 찾으려는 논의도 있다. 그러나 원래 플라톤주의에서 엄밀한 수학은 지각 세계의 것이 아니라 그 배후의 이데아의 세계에서만 적용 가능한 것으로 여겨졌다. 이에 대해 르네상스 시대 마술사로 불렸던 네테스하임의 아그리파Cornelius Agrippa von Nettesheim는 『오컬트 철학』에서 '지상적(원소적) 세계'와 '초월적(예지적) 세계'의 중간에 '천공적天空的 세계'가 존재한다고 생각했으며, 수는 이 중간적 세계에 속한 것으로 두 세계를 매개해 준다고 봤다.[85] 잉글랜드의 존 디도 아그리파의 생각을 따라 사물을 '자연적인 것'과 '초자연적인 것' 그리고 그 중간에 있는 '제3의 존재'로서 '수학적인 것'으로 분류했다. 그리고 '수학적인 것'은 '자연적인 것'으로도 적용된다고 보고, 현실 세계에서도 "수를 통해 알 수 있는 모든 것을 조사하고 이해할 수 있다"고 주장했다.[86] 그러나 이 같은 주장이 현실에서 일어난 현상을 사후적으로 인식하는 것이긴 해도, 그런 이론을 통해 현실 세계에 대한 정량적 이해가 증진되는 것은 아니었다. 존 디 자신도 네덜란드의 헤마 프리시우스나 메르카토르와 같은 수리기능인 그리고 항해술에 밝은 수학자 페드로 누네스 등과의 교류를 통해 항해, 지도 제작, 측량 기술에서 수학의 중요성을 깨우쳤던 것이다.

실제 16세기 수학의 발전은 이미 살펴봤듯이, 그 이전부터 상인이나 기술자 사이에서 상업수학과 실용수학의 보급을 통해 이뤄졌다. 지상의 자연에 대한 정량적 측정은 역시 직인이나 기술자들의 활동에서 비롯했다. 존 디는 영어로 번역된 유클리드의 『원본』에 덧붙인 「수학적 서문」에서 당시 단순한 직인 기술로 여겨지던 건축에서 특히 수학적 이론이 요구되고, 회화에 기하학이 적용돼야 한다고 주장했다. 이는 이탈리아 르네상스에서 한 세기 이전부터 논의되고 실천되던 것이었다.

육상에서 자침의 편각을 최초로 정량적으로 측정한 것은 뉘른베르크의 컴퍼스 제조업자 게오르크 하르트만이었다. 하르트만과 런던의 컴퍼스 제조 직인 로버트 노먼은 각각 독립적으로 자침의 복각을 발견했고, 역시 정량적으로 그 값을 측정했다. 특히 노먼은 복각을 측정하기 위한 장치까지 고안했다. 선원 출신인 윌리엄 버로도 편각 값을 측정하기 위한 '편차 컴퍼스'에 대한 기술을 남겼다. 그런데 이들은 천체관측을 위한 것도 아니며, 측량이나 항해와 같은 실용적 목적을 지닌 것도 아니었다. 육상에서 나타나는 특정한 자연현상을 측정할 목적으로만 고안되고 제작된 것이었다. 그리고 포르투갈의 군인 주앙 데 카스트루Joao de Castro는 윌리엄 버로가 말한 방법으로 인도양의 수많은 지점에서 편각을 4분의 1도 이내의 정밀도로 측정해냈다.[87] 이는 곧 지구물리학의 출발점이 됐다.

실용적 목적을 떠나 육상의 물리 현상을 정량적으로 측정하고, 이를 위한 장치를 따로 제작했던 로버트 노먼과 윌리엄 버로가 보여 준 자세는 자연 연구 분야에서 나타난 새로운 흐름이었다.[88] 마찬가지로 독일의 화가 알브레히트 뒤러는 인체 각 부위에 대한 방대한 측정 작업에 나섰다. 이를 위한 장치를 고안한 것은 레온 바티스타 알베르티였다. 유체역학이나 재료역학에서도 그 같은 목적의 장치를 만들어 정량적 측정을 시작한 인물이 있었으니, 바로 레오나르도 다 빈치였다. 뉘른베르크의 상인 베르나르트 발터는 천체관측을 몇 년간 계속했는데, 그 같은 관측에서 처음으로 시계를 사용한 것으로 알려져 있다.

그리고 야금이나 시금 기술자는 천평을 사용한 정밀한 중량 측정 기법을 발전시켰다. 실제 시에나의 기술자 비링구초는 정밀한 측정을 통해 납이 연소된 뒤에 그 질량이 증가한다는 사실을 밝혀냈다. 이 사실은 18세기 라부아지에Antoinne Laurent Lavoisier가 주장한 새로운 연소 이론의 기초를 제공하게 된다. 보헤미아의 시금업자 라자루스 에르커도 비슷한 측정을 했다. 이들은 정량적 분석화학의 단초를 제공했다. 참고로 최초로 십진법을 제창했던 것도 날마다 정밀한 측정 작업에 종사하던 시금 기술자였으며, 이를 이론화한 사람도 네덜란드 기술자 시몬 스테빈이었다. 그리고 또한 의약의 효능을 조사하기 위한 대조 실험과 반복 실험 기법을 창안한 인물은 외과의 앙브루아즈 파레였다. 약초에서 의약용 에센스를 추출하는 증류법은 외과의사 히에로니무스 브룬슈비히가 인쇄 서적에 기록함으로써 세상에 널리 보급됐다. 증류 기술이나 증류 기구는 연금술사뿐 아니라 약종상들도 많이 사용했는데, 이를 통해 점점 개량을 거듭하게 됐다.

한편 베네치아의 산술 교사 타르탈리아는 앙각계를 고안해 포탄의 사정과 포신의 앙각 관계를 측정했다. 그뿐 아니라 '자연학적이고 수학적인 추론'에 의해 최대 사정거리가 나오는 각도를 산출했고, 실험으로 그 결과를 확인했다. 기계 장치의 설계와 제작에서 엄밀한 수량화는 현실의 실질적 필요성에서 시작된 것이었다. 예컨대 대형 배수펌프를 만들 때 피스톤을 실린더에 밀착시켜야 한다는 기계 제작상의 필요성이나, 대량의 포탄과 탄환을 엄밀하게 규격화해야 한다는 군사적 필요성 등이 그렇다. 또한 적도 아밀러리를 최초로 고안한 것은 헤마 프리시우스였다. 그를 포함해 남부 독일이나 네덜란드의 수리기능인들은 아스트롤라베나 십자간과 같은 천체관측 기기를 육상과 해상에서 활발히 사용했다. 이를 통해 그들은 아리스토텔레스 자연학이 천상 세계와 지상 세계 사이에 설정한 엄격한 구별을 사실상 뛰어넘었다. 그리고 헤마 프리시우스가 제창했던 지상의 삼각측량을 실행에 옮긴 인물은 잉글랜드의 포수 윌리엄 본이었다. 본은 또 타르탈리아의 탄도 이론을 잉글랜드에 소개했으며, 선속 측정법인 '로그라인'을 자신의 책에서 처음 밝혀 두기도 했다.

그들은 직종에 관계없이 수학의 중요성을 절실하게 인식하고 있었다. 16세 때부터 선원 생활을 하며 자수성가한 윌리엄 버로는 1581년 자신의 저서에 첨부한 '잉글랜드의 여행자, 항해자 그리고 선원에게'라는 '서문'에서 '모든 과학과 특정한 기술의 기초'인 수학이 선원에게 얼마나 중요한 학습 대상인지 써 놓았다.

> 부지런하고 의욕적인 정신의 소유주라면 산술과 기하학을 숙달하는 데 충분한 서적이 영어로 나와 있으므로, 이를 공부하면 된다. 그럼으로써 다른 사람들이 제시한 도구나 규칙이나 지시를 스스로 판단할 수 있게 될 것이다. 그뿐 아니라 그런 것들을 개선하고, 자신의 손으로 새로운 것을 고안할 수도 있다. 그리고 이는 항해에만 국한된 게 아니라, 모든 기계적 과학에 대해서도 그렇다고 할 수 있다.[89]

인간의 감각을 초월한 정밀도와 객관성과 안정성을 지닌 관측 기기로 정밀한 측정을 하는 것은 근대 자연과학 연구의 필수 요건이다. 이게 지상의 자연학에서 처음 충족된 것은 16세기의 기술자나 예술가 또는 실용수학에 숙달된 수리기능인들의 손에 의해서였다. 그들은 정밀하고 정량적인 측정을 위해 각종 기법과 기기를 개발해, 측정을 처음으로 실행에 옮겼던 것이다. 그리고 그들의 기법 — 관측과 측정 장치를 매개로 한 자연 인식 — 은 마침내 17세기 과학혁명의 전개에서 지극히 중요한 역할을 하게 된다.

| 지식의 공공화와 점진적 개선

그런데 경험적 지식은 완전한 것일 수가 없고, 또한 완전함을 표방할 수도 없는 것이다. 따라서 '경험 중시'란 지식의 끊임없는 개정을 요구하는 것이며, 이는 필연적으로 '과학의 진보'라는 관념으로 이어졌다. 그리고 이 과학적 진보라는 개념이 형성되면서 지식의 공공성에 대한 인식이 불가결한 요소가 됐다.[90]

예술가, 외과의, 직인, 기술자들이 속어로 책을 쓰게 된 것도 '연구의 성과나 실험의 결과는 공개돼 사회적으로 공유돼야 한다'는 생각에서였다. 그들은 그런 지식이 사회적으로 이용되면서 검증돼야 한다고 여겼다. 그들이 공개와 검증의 대상으로 삼은 것은 전승돼 내려온 기술만이 아니었다. 우리가 그동안 살펴본 사례들은 대부분 그런 맥락이었다. 기술자 비링구초가 자신이 알아낸 기술 지식을 아낌없이 적극적으로 공개하려 했던 것이 그런 예다. 화가 뒤러가 자신의 연구 결과를 모국의 직인과 화가들에게 그토록 열심히 가르치려 했던 것은 또 어떤가. 외과의 앙브루아즈 파레는 오랜 경험을 후배 외과의에게 전해 주기 위해 얼마나 정력적으로 집필 활동을 했는가. 그러한 자세는 16세기에 속어로 기술 문헌을 저술했던 수많은 저자들에게서 공통적으로 찾아볼 수 있다.

1548년 베네치아의 염색 직인 로세티Gioaventura Rossetti가 이탈리아어로 발표한 『염색기술집성』의 '전문'에는 이런 회고가 담겨 있다.

이 책은 내가 공공의 이익을 위해 아무 대가를 바라지 않고 쓴 것이다.

전제주의적인 사람들 탓에 오랜 세월 비밀로 취급됐던 것, 그래서 교회의 분노의 표적이 됐던 것들을 감추지 않고 대명천지에 밝히려는 것이다. … 나는 여기에 담긴 세 권의 책이 세상에서 감춰지는 일이 없기를 바란다. 나는 위험과 불편에 구애 받지 않고 나의 심혈과 얼마 안 되는 재산을 바쳐 몇 년 몇 개월 동안이나 불철주야 집필에 매달렸다. 어려운 일이었으나 하느님의 가호로 완성을 볼 수 있게 됐다. 나중에 어디선가 언급하겠지만, 여기엔 실로 16년의 세월이 걸렸던 것이다.[91]

마찬가지로 1565년 첼리니Benevenuto Cellini의 『금공론』의 서문에는 "지금까지 누구도 손대지 않았던 일, 즉 금공金工이라는 위대한 기술의 놀라운 비밀과 훌륭한 기법에 대해 책을 쓰려는 계획을 세웠다"고 나온다.[92] 또한 군사기술자 라멜리Agostino Ramelli는 1588년 『여러 가지 정교한 기계』의 머리말 '독자에게'에서 다음과 같이 기록했다.

고대의 많은 철학자들은 이들 과학(수학과 기계학)에 대한 경이와 외경의 마음에서 무지한 사람들로부터 과학을 감추려고 해 왔습니다. 과학을 만인에게 알리는 것이 그들의 눈에는 마치 아름다운 진주나 동양의 보석을 내팽개쳐 버리는 것처럼 여겨졌기 때문입니다. 그래서 그들은 자신이 발견한 가장 고상한 지식을 상형문자나 수수께끼나 우화나 상징을 통해, 자연 자체가 과학을 감춰 온 것 이상으로 더 이해하기 어려운 것으로 만들어 버린 겁니다. … 저는 늘 공공의 복지를 열렬히 희망해 왔기 때문에 보편적 유용성을 지닌 이들 과학을 감춰 두는 것을 바람직하게 생각하지 않습니다. 그래서 여기에 이를 제시하려는 것입니

다.⁹³

또 컴퍼스 제조 직인 로버트 노먼은 『새로운 인력』의 서문에서 이렇게 썼다.

> 저는 직업상 자석에 대해 갖가지 실험을 행했고, 결국 자침의 기울기〔복각〕라는 지금까지 알려지지 않았던 신비한 성질을 발견했기에, 변변치는 않지만, 이 책에 그 내용을 간략히 공개하는 바입니다. … 저는 이 같은 비밀이 감춰지고 사용되지 않기보다는 저의 평판이 나빠지고 저를 탐탁지 않게 보는 사람들에게 비판을 당하더라도, 이를 공표하는 게 제 책무라고 생각했습니다.⁹⁴

거의 같은 시기에 베르나르 팔리시는 "효험이 좋은 치료법, 농경술의 비법, 항해의 장해 요소나 위험 등은 모두 공개돼야 한다"고 말했다. 이는 '서문'에서 살펴본 대로다. 이처럼 지식의 공개가 필요하다는 인식은 16세기 선진적인 직인들에게 널리 공유되었다.

물론 그들이 이구동성으로 '공공의 이익'을 표방했다고 하더라도 그들의 집필 활동에는 개인적 영광을 추구하려는 사적인 의도나 타산도 담겨 있었다. 필사본 시대와 달리 한 번에 수백에서 수천 부를 만들 수 있는 인쇄본 시대에는 자신의 연구 결과를 적극적으로 공개하는 게 훨씬 유리해졌기 때문이다. 그를 통해 발견자로서 지명도와 발명의 선취권을 확보하거나, 집단적 연구 성과에서 개인의 기여도를 널리 알려 자신의 권위를 확립시킬 수 있게 됐다는 얘기다.⁹⁵ 어쨌든 이처럼 지식을 공개하려는 자세는 중세의 크래프트 길드의 폐쇄성이나 마술·연금술의 비닉 체질과는 극명한 대조를 보였다.

그런 자세에는 또한 저자와 독자 사이에 상호 비판과 협력을 촉진함으로써 기술을 개량하고 이론을 심화시키려는 목적도 있었다. 이미 1486년에 레겐스부르크의 석공 장인 마테스 로리처Mathes Roritzer가 건축 안내서를 스스로 인쇄했는데, 그는 자신의 의도를 다음과 같이 기록했다.

> 내가 이 계획을 실행에 옮기게 된 것은 특별히 명성을 얻기 위해서가 아니라 오직 공익을 위해서다. 즉 개량해야 할 점을 개량해, 기술을 더욱 완벽하고 명료하게 만들기 위해서다.[96]

알브레히트 뒤러 또한 『회화론』 서문의 1508년도 초고에서 독자를 향해 이렇게 호소했다. "나는 여기 작은 불씨를 피우려 한다. 제군 모두가 이론적 측면에서 개선을 더해 간다면, 그로부터 전 세계를 비추는 불꽃이 타오를 것이다. 내가 말하는 것을 들었다면, 각자의 작품에 내 의견을 개선해 보려는 시도를 하길 바란다." 나아가 유고 『인체균형론』의 헌사에는 또 이렇게 썼다. "내 견해와 발견을 책으로 발표했지만, 이 때문에 내가 비난 받아야 할 이유는 없다. … 이렇게 우리 자손들은 자신의 손으로 증보 개정을 더하게 될 것이며, 그럼으로써 회화 이론은 시대와 함께 그 완성점에 도달하게 될 것이다."[97] 속어로 직인들의 주의를 환기시켰던 뒤러는 독일 회화 이론의 향상을 처음부터 독자와의 협동 작업의 형태로 실천하려 했던 것이다.

1532년 독일에서 출판된 익명의 저자가 쓴 야금술 서적인 『강과 철에 대하여』에서도 강의 경화법에 대한 기술 뒤에 이런 대목이 이어진다. "만일 이 처방 어딘가에서 잘못이 발견되었더라도, 이 책의 내용 전부를 내팽개치지는 말고 독자 자신의 실천과 경험에 근거해 그 처방의 개량에 기여해 주기를 바란다."[98] 그리고 1555년 사망한 바이센부르크의 시금 기술자 슈라이트만Ciriacus Schreittmann도 저서 『시금소저』에서 독자에 대해 "내가 써 놓은 것에 시비를 걸려고 덤벼들지 말고 이를 바로 고쳐 보다 좋은 것으로 만들기 corrigiren und bessern 위해 활용하기 바란다"고 호소했다.[99]

이탈리아에선 비링구초가 서간체로 쓴 『피로테크니아』에서 금광과 금의 성질에 대해 기술하면서 다음과 같이 말하고 있다.

내가 이를 기술한 것은 여러분이 보다 많은 지식을 익힐 수 있도록 하기 위해서입니다. 새로운 정보는 항상 사람의 마음에 새로운 발견을 가져다주고, 그렇기 때문에 한층 더 새로운 정보를 창출하게 된다고 나는 확신하기 때문입니다.[100]

프랑스 외과의 앙브루아즈 파레 또한 1550년 해부학서의 서문에서 마찬가지의 기록을 남겼다.

만일 우리보다 훨씬 앞서 가는 분이 이 책을 보고 납득하지 못하고, 내가 쓴 것이 불완전해 만족할 수 없다거나 틀렸다고 한다면, 나는 그분에게 내가 신이 아니라 사람이라는 점을 상기시키고 싶습니다. 공공의 이익을 위해 이 분야를 나보다 더 명확히 규명하려고 시도하거나, 아니면 외과의 지망생들을 더 훌륭하게 교육시켜 보거나, 그 어느 하나라도 직접 해 보기를 마음 속 깊이 희망합니다. 이런 말을 한다고 내가 감정을 해치려는 것은 결코 아닙니다. 오히려 나는 그런 분에게 감사하며, 그런 가치 있는 일을 애써 해 주었다는 점에 찬사를 드립니다.[101]

그들 모두에게 공통적으로 나타나는 것은 현 단계의 지식이 완전한 것일 수는 없다는 자각이요, 독자의 비판을 통해 개선돼 갈 것이라는 기대다. 서적으로 저술된 내용이 항상 완성된 체계일 필요는 없다, 오히려 장차 정정되고 개량되고 축적돼 가야 할 것이라는 그들의 주장은 실은 완전히 새로운 것이었다. 과학사가 에드거 질젤Edgar Zilsel이 말하듯, "지식의 점진적 개선의 필요성에 대한 어떠한 언명도 고전 시대, 스콜라 시대 그리고 인문주의 시대의 문헌에서는 찾아볼 수가 없다". 또 '협동에 의한 진보'라는 근대적 사상은 "다른 근대적인 과학적 방법들과 마찬가지로 15~16세기 고급 직인들에게서 유래한다".[102] 여기에 질젤이 말하는 '고급 직인 superior artisan'이란 수학을 포함한 교양을 몸에 익힌 이 시대 직인과 기술자를 가리킨다. 그리하여 16세기 직인과 예술가, 외과의들은 '연구의 협동적 추진'과 '과학의 누적적 발전'이라는 이념을 창출한 것이다.

실제 1544년 초판을 낸 이탈리아의 마티올리의 본초학 서적 『디오스코리데스 주해』는 고전으로서 디오스코리데스에 대한 단순한 주해가 아니라, 고대에는 알려지지 않았던 수많은 식물들에 대한 기술을 담고 있다. 게다가 판을 거듭하면서 그 수는 더욱 늘어났다. 그리고 그 증보 작업의 많은 경우는 독자로부터 나온 의견에 근거한 것이었다. 이와 유사하게 오르텔리우스는 적극적으로 독자들에게 비판과 조언을 구해 지도집 『세계 무대의 축도』를 개정했다. 그는 지리학의 발전을 독자와의 협동 사업으로 삼았던 것이다. 이를 통해 그에게는 각지로부터 조언이나 새로운 정보가 실제 모여들었으며, 그 결과 『세계 무대의 축도』는 단기간에 개정을 거듭할 수 있었다. 이처럼 지리학이나 박물학은 다수의 협력을 통해 16세기 내내 진화해 갔다. 오르텔리우스의 지도집이든 마티올리의 본초학 서적이든, 거듭된 증보 개정은 기본적으로 유럽인의 활동 범위의 확대라는 시대적 조류에 힘입은 바 크다. 인쇄 서적을 매개로 '연구의 협동적 추진'과 '과학의 누적적 발전'이 실현된 것이었다.[103]

그리고 1638년 갈릴레오는 『신과학대화』에서 운동을 논하기에 앞서 자신의 발견에 대해 언급했다. "내가 더욱 중요하다고 생각하는 것은 보다 훌륭한 과학으로 이르는 단서를 보다 널리 제공하는 것이다. 결국엔 더 우수한 재능의 소유자가 보다 깊은 곳으로까지 파고들게 될 것이다.[104] 17세기의 선진적 지식인은 16세기 직인들이 제기했던, '항상 불완전하고, 그렇기 때문에 부단하게 개량돼야 하는 과학'이라는 새로운 이념을 수용해 갔던 것이다.

| 시몬 스테빈

지식의 공개와 공공화에 입각한 협동적 연구, 그리고 이것이 지식의 축적과 개선에서 지니는 의의는 네덜란드의 기술자 시몬 스테빈이 명쾌하게 규정했다. 스테빈은 천문학의 사례를 들면서 구체적으로 설명했다.

> 우선 첫째로, 행성의 위치나 기타 모든 필요 사항을 몇 년에 걸친 세월 동안 끊임없이 계속 관측해야 하는데, 이는 혼자서는 도저히 해낼 수가 없다. 하지만 많은 사람들이 하면, 혼자 관측하면서 빠트린 것을 다른 사람이 관측해 발견할 수 있을 것이다. 둘째, 혼자서 얻은 데이터는 예컨대 그 자체로서는 정확하다손 치더라도 타인에게는 어떤 이론을 구축할 수 있을 만큼 확실한 기반을 제공하지 못한다. 그 데이터가 검증되지 않은 것이기 때문이다. 그러나 아주 많은 사람들이 얻어낸 데이터는 서로 비교와 조회를 거치게 된다. 그럼으로써 그 데이터가 특정한 문제에 필요한 만큼 잘 합치된다고 판명된다면, 거기에 의거해 이론 구성이 가능해진다. … 셋째, 어떤 곳에선 하늘이 흐린 탓에 몇 주일간이나 천체가 보이지 않을 때가 종종 있다. 이 경우에는 하늘이 맑은 지역에서 다른 사람이 얻은 데이터에 의존할 수가 있다. 그리고 넷째, 관측자 사이에서 각자가 자신의 일에 최선을 다하려는 야심과 경쟁심이 싹트게 된다. 통상적으로 이것이야말로 (도덕적으로 떳떳하지 않은 행동을 하는 경우가 왕왕 있기는 하지만) 과학을 상당히 발전하도록 만든다. 이에 반해 극소수의 사람이 담당한 과학 분야에선 각자가 자신의 발견을 사장시키고 은닉하게 된다. … 내가 천문학에서 든 것과 똑같은 사례들을 다른 과학에서도 볼 수 있을 것이다.[105]

여기에 쓰인 것을 그 시대를 배경으로 읽어 보자. 그 의미 하나 하나가 극히 구체성을 지니지 않는가. 그 당시 최고의 천체관측 데이터는 1601년 사망한 티코 브라헤가 생애 내내 수집한 것이었다. 실제 그의 관측은 정확성에서 종전의 정밀도를 훨씬 웃돌았다. 그뿐 아니라 오랜 세월에 걸쳐 끊임없이 지속된 것이어서 그의 데이터는 통계적 신뢰성에서도 차원을 달리할 만큼 우수했다.

그런데 그는 전속 기술자를 몇 명이나 고용해 관측 정밀도를 한없이 향상시키기 위해 줄기차게 관측 기기의 개량을 거듭했다. 또 수많은 조수를 동원해 오랜 세월 동안 끊임없이 천체관측을 계속했다. 그가 이렇게 할 수 있었던 것은 다름 아니라 국왕의 비호를 받는 덴마크 귀족으로서 풍부한 재력을 지니고 있었던 데다, 수많은 사용인을 거느리며 그들 위에서 거의 절대적 권력을 행사할 수 있었던 덕분이다. 한마디로 말해 브라헤는 관측 기지 벤Hven 섬에선 사실상 왕이었다. 근대적 시민으로서 학자는 도저히 흉내 낼 수 없는 일이었으며, 일개 기술자나 직인은 견줄 바가 못 됐다. 시몬 스테빈은 브라헤의 관측 데이터가 지닌 가치를 확실하게 인정했다. 그러면서도 시민이 이와 동등한 것을 모으기 위해서는 다수의 협력이 절대적으로 필요하다는 점을 이해하고 있었다. 그뿐이 아니었다. 스테빈은 관측 데이터란 서로 검증 가능하도록 복수의 세트로 있어야 한다고 주장했다. 그는 브라헤가 관측한 데이터의 근본적 결함, 즉 그것이 유일한 것이기에 검증 불가능하다는 중대한 사실도 간파하고 있었던 것이다.

나아가 또한 관측에 종사한 사람이 적으면 데이터가 사장되고 은닉된다는 스테빈의 지적은 그야말로 브라헤에 적용되는 것이다. 실제 티코 브라헤의 제자로 들어간 케플러는 1600년 지인에게 보낸 편지에서 이런 불만을 토로했다. "티코는 간혹 밥 먹는 자리에서 오늘은 어떤 혹성의 원일점遠日點에 대해, 그 다음 날은 다른 별의 교점에 대해 말하는 식으로 슬쩍 비치는 것 외에는 그의 경험을 나눌 기회를 주지 않습니다." 그 이듬해에도 "티코는 아주 깍쟁이로 관측 결과를 가르쳐 주지 않는다"고 털어놨다.[106] 브라헤에게 관측 데이터는 매우 소중한 사유재산이므로, 함부로 공개하는 것은 당치도 않은 일이었다. 그리고 그와 같은 자세는 근대 과학에서 당장 부정돼야 한다는 점을 스테빈은 자각하고 있었던 것이다.

동시대 인물이라고는 하지만 봉건귀족 티코 브라헤와 공화국 시민 시몬 스테빈 사이에는 이처럼 결정적 단절이 존재했다. 스테빈에게 관측과 실험은 재력과 권력을 누리는 특수한 개인이 하는 것이 아니라, 수많은 사람의 협동 작업으로 이뤄져야 하는 것이었다. 실제로 그는 지구 각지에서 자침의 편각 측정이 중요하다고 주장하면서, 선원들에게 협력을 호소했다. 새로운 과학을 영위하는 데 기술자나 직인의 광범한 참가와 협력이 결정적으로 필요하다는 점을 그는 확신하고 있었다. 그리고 이를 위한 불가결한 수단이 속어를 사용한 집필이라고 믿어 의심치 않았다. 앞서 소개한 시몬 스테빈의 인용문은 『수학각서』의 한 구절인데, 거기엔 또 이런 대목이 나온다.

우리가 결여하고 있는 것은 실험적 경험에 의해 얻어진 대량의 데이터다. 이는 과학을 탄탄하게 구축하기 위해 필요한 것이다. 그처럼 대량의 데이터를 획득하기 위해서는 많은 사람들의 협동과 참가가 필요할 것이다. 필요한 만큼 많은 사람들의 참여를 이끌어내려면 일국의 경험과 과학의 추구는 그 나라의 언어를 통해 이뤄져야만 한다.[107]

지금까지 살펴본 이탈리아, 독일, 프랑스, 잉글랜드의 수많은 예술가와 직인과 외과의들도 속어로 책을 썼다. 그들은 스테빈과 마찬가지로 속어 사용의 적극적 의미를 자각하고 있었다. 하지만 그 중에서도 스테빈은 괄목할 만하다. 실제 그의 경우 저서의 수가 타의 추종을 불허할 만큼 많은 데다, 분야도 다방면으로 뻗어 있다. 그뿐 아니라 초기의 『기하학의 문제』(라틴어)와 『산술』(프랑스어)을 제외하면, 그 수많은 저서를 모두 속어(네덜란드어)로 썼다. 물론 그는 라틴어도 구사할 줄 알았기 때문에 그가 특정 시기부터 네덜란드어로만 집필한 것은 분명 의도적이었다.

그의 『중량기술의 원리』에는 모두에 '네덜란드어의 가치에 대한 논고'가 게재돼 있다. 거기에선 네덜란드어가 예로부터 얼마나 강력한 언어였는가, 또 간결하고 명징한 네덜란드어가 학술어로서 얼마나 탁월한가를 열정적으로 주장하고 있다. 그 배경에는 앞 장에서 살펴봤듯이 네덜란드의 내셔널리즘이 있었음이 분명하다. 사실 이 시대는 네덜란드가 독립을 향한 전쟁으로 치달았을 뿐 아니라 국력 강화와 함께 해외 진출을 시작하던 시대였다. 시민 스테빈이 '세계로 웅비하는 조국'이라는 시대의식을 공유하고 있었음은 상상하기 어렵지 않다. 그의 네덜란드어 예찬은 유럽 열강에 대한 신흥 국가의 자기의식의 표명으로도 해석할 수 있다.

그러나 스테빈이 네덜란드어를 사용한 것은 국민적 감정에 근거한 것만은 아니었다. 그는 "통상적인 사람들이 과학을 배울 때는 과학을 기술하고 있는 언어를 이해하지 않으면 안 되는데, 그 언어는 그들 자신의 언어이어야 한다"[108]고 강조했다. 이처럼 그는 대학 아카데미즘의 울타리 밖에 있는 사람들에 대해서도 학문을 널리 공개하려 했던 것이다. 실제 스테빈의 저서는 수학서라고 해도 상아탑의 학자를 위한 게 아니라 기술자나 직인이나 상인을 위해 쓰였다는 특징이 있다. 그의 저서 『소수』 서두가 '천체관측자, 측량기사, 융단 검사관, 와인 계량사, 부피 계측사, 화폐 주조사 그리고 모든 상인들에게'[109]로 시작하는 것도 이를 잘 보여 준다. 그의 다른 모든 저서도 그 집필 의도는 기본적으로 마찬가지다. 스테빈에게 '학문의 진보'라는 개념은 '지식의 공개'와 한 짝을 이뤘던 것이다. 아니, 오히려 방점은 공개에 있었다.

그리고 이런 특성은 뒤러에서부터 노먼이나 팔리시, 파레에 이르기까지 16세기 속어를 사용하며 저술하던 사람들 사이에 공통적으로 나타난다. 미국의 역사학자 나탈리 데이비스Natalie Zemon Davis는 이렇게 말했다. "중세에는 책을 쓰는 데 필요한 자질도 갖추지 못한 수많은 사람이 자신의 책을 인쇄할 수 있게 됐고, 그럼으로써 독자도 얻게 되었다. 그들이 주장하던 것은 … 다양했지만, 모두 자신의 기술이나 시각이나 판단이 다른 사람들에게도 전파할 가치가 있다고 확신하고 있었다."[110] 그들은 자신의 발견이나 연구 성과를 동업자인 직인과 외과의들에게, 나아가서는 널리 사회에 알리려 했다. 따라서 그들이 저서를 집필한 최우선 목표는 지식의 공개에 있었던 것이다.

| 프랜시스 베이컨과 학문의 진보

"아는 것이 힘이다Scientia potentia." 16세

기 후반 잉글랜드의 프랜시스 베이컨이 주창한 슬로건이다. 산업 사회 시대의 과학의 위상을 소리 높여 강조한 것이다. 그는 17세기 초반 산업 발전을 배경으로 아리스토텔레스를 필두로 한 고대 철학을 강하게 비판했다. "서구 과학의 태두에 매우 중요한 역할을 했던 베이컨의 계획에는, 초기 자본주의가 본래부터 지닌 성장과 진보의 경향을 강화시키려는 일련의 자세가 담겨 있었다. … 그는 시대의 흐름과 방향에 매우 민감하게 그에 대해 웅변적으로 발언했다".[111]

베이컨이 고대 철학을 부정했던 가장 큰 근거는 그것이 아무리 장대하고 아무리 정교하게 구성돼 있다 해도, 한결같이 관념적인 그 철학은 자연에 대한 인간의 행위에 아무런 도움이 되지 못한다는 점이었다. 그뿐 아니라 고대 철학이 인간의 실천으로부터는 배운 게 아무것도 없다는 점도 중요한 비판 근거가 됐다. 그러나 베이컨은 이를 대체하는 새로운 과학을 창조했던 것은 아니며, 개별 과학 분야에서 독창적 업적을 남겼던 것도 아니다. 그가 주장한 것은 인간의 자연 이용, 나아가 자연의 수확에 도움이 되며, 그러한 실천에 발맞춰 발전해 가는 과학이라는 관념이었다. 그가 주장한 새로운 학문이란 자연에 대한 작용이나 행위에 유용할 뿐 아니라 그 경험이 유효한 피드백으로 돌아와야 한다는 것이었다. 이것은 그가 과학을 끊임없이 수정되고 몇 세대에 걸쳐 축적돼 가는 존재로 파악했음을 의미한다.

프랜시스 베이컨은 『노붐 오르가눔』에서 자연철학 연구를 위한 기초 데이터가 되는 자연지自然誌와 실험지實驗誌를 작성하자고 강력히 주장했다. 이 책에서 그는 "내가 생각하는 것과 같은, 그리고 마땅히 있어야 할 자연지와 실험지를 확보하는 것은 많은 노력과 비용이 필요한 대사업이다"고 밝혔다. 나아가 "이 사업이 일 대에서 완성될 수 있다고는 믿지 않으며, 다음 시대로 이어져 내려가야 한다"고 명기했다.[112] 그리고 베이컨은 자신이 이상으로 삼은 '학문의 진보'의 바람직한 형태를 기계적 기술의 발전에 비견했다. 그는 『사색과 소견 Cogitata et Visa』에서 기계적 기술과 종전의 철학을 대비하면서 인상적인 주장을 하고 있다.

> 기계적 기술은 마치 생명력이라도 있는 것처럼 완성을 향해 하루하루 성장한다. 이에 비해 철학은 마치 조각상처럼, 찬미하는 사람들에게 둘러싸여는 있지만 스스로는 움직이는 일이 결코 없다. 기계적 기술은 처음 만들어졌을 때는 세련되지 못하고 거칠기 때문에 사용하기 어려운 면도 있으나, 결국 보다 사용하기 좋고 보다 강력한 것으로 개선돼 간다. 철학의 경우 개별 학파의 창시자의 손에 있을 때 절정의 활력을 보이지만, 그 뒤에는 하루하루 쇠퇴해 간다. 기계에 있어선 하나의 목적을 향해 수많은 재능이 규합되는 데 비해, 철학은 한 사람의 권위가 다른 많은 사람의 재능을 쓸모없는 것으로 만들어 버린다는 점에서 그 대조적 운명이 잘 설명된다. 철학이 그런 길을 가게 되는 것은 이유가 있다. 사람이란 권위자에게 몸을 의탁할 경우, 그의 추종자로서 비굴한 입장에 안주하게 됨으로써 창조성을 상실하기 때문이다. 이렇게 철학은 애초에 힘차게 싹을 틔워 자라났던 토양으로부터 뿌리째 뽑혀 나가게 된다.[113]

이는 프랜시스 베이컨의 일생 동안 변치 않았던 견해였다. 1605

년 『학문의 진보』에서 1620년 『노붐 오르가눔』에 이르기까지 이와 거의 같은 취지의 발언이 계속 반복돼 나온다.[114] 베이컨이 이런 주장을 한 배경의 하나는 역시 15세기 말 이후 대항해의 경험이 안겨다 준 임팩트였다. 『노붐 오르가눔』에는 "기나긴 항해와 여행을 통해 자연계의 수많은 발견들이 알려지게 됐고, 이들이 철학에 새로운 빛을 던져 줄지도 모른다"고 돼 있다.[115] 또 다른 하나는 인쇄와 항해, 화기 등에서 볼 수 있는 그 시대 기술적 발전의 경험이었다. 『노붐 오르가눔』에는 "기술은 부단히 성장을 계속한다"[116]고 나온다. 그런 한에서 지식인 프랜시스 베이컨의 지적 '선동'은 16세기의 선진적 예술가와 직인들의 실천을 언어로 표현한 것에 지나지 않는다고 생각된다.

그러나 시몬 스테빈을 포함한 16세기 직인과 기술자들의 주장과 베이컨의 주장 사이에는 간과할 수 없는 차이가 존재한다. 다소의 위험을 감수하고 단순화시켜 말하자면, 16세기의 직인들은 '공개'에 악센트를 뒀지만, 베이컨은 '진보'에 역점을 두었다. 페미니즘적 시각에서 과학혁명을 조명한 캐롤린 머천트Carolyn Merchant는 『자연의 죽음The Death of Nature』에서 이렇게 지적했다. "이들 16세기의 논고에서 진보라는 공리적 개념은 단순히 서론이나 의견으로 주장됐을 뿐이지만, 프랜시스 베이컨의 유토피아 사상에선 진보가 대대적인 계획이나 이데올로기가 됐다."[117]

실제 뒤러와 노먼이나 파레가 저서를 집필했던 것은 자신들의 직업상 발견이나 업무에 관련한 연구의 성과를 많은 사람들에게 알리고 싶었기 때문이었다. 지식이 공개돼 널리 공유되고 논의된다면, 그 결과로서 진보가 저절로 이뤄질 수는 있다. 하지만 16세기 직인들은 진보를 최우선으로 생각하지는 않았다. 비링구초나 라자루스 에르커와 같은 기술자들도 마찬가지였다.

이에 비해 자신의 저서를 『학문의 진보』로 명명한 프랜시스 베이컨에겐 '진보' 야말로 제1의 목적이었으며, '공개' 는 '진보' 에 이바지하는 정도로만 생각되었던 듯하다. 베이컨은 '지의 공개' 에 상당하는 것을 "우리의 지식을 타인에게 표현하거나 전달하는 것 the expressing or transfering to others"이라며, 이를 '전승 또는 양도라는 일반적 명칭the general name of tradition or delivery' 으로 불렀다. 베이컨이 사용하고 있는 이 용어에는 불특정 다수에게 널리 공개한다는 어감이 희박하다. 오히려 특정한 사람에게 전수한다는 뉘앙스가 강하다. 실제 그는 이렇게 말했다. "전승tradition의 방법 또는 그 본성은 지식의 사용에서 매우 중요할 뿐 아니라 지식의 진보에서도 중요하다. 한 사람의 노력과 생애로는 완전한 지식에 도달할 수 없기 때문이다."[118] 베이컨에게 지식의 전승은 지식의 공유를 위해 동시대 사람들에게 공개한다는 뜻보다, 오히려 지식의 진보를 향한, 다음 세대로의 전수를 의미했다.

자주 나오는 말이긴 하지만, 프랜시스 베이컨이 자연과학에서 수학의 중요성을 이해하지 못했다는 것은 사실이다. 베이컨에게 자연학의 목표는 근대적 의미에서 '법칙의 확립' 이 아니라, 오히려 스콜라학적인 '본질의 구명究明' 에 있었다. 또 그러한 논의 역시 아리스토텔레스의 개념들에 의거했다. 그런 측면에서 그의 과학사상은 근대 자연과학으로 직접 연결되는 것은 아니었다. 그러나 베이컨의 관념 — 자연에 대해 효과적으로 작용하는 과학 그리고 자연과의 교류가 유효하게 피드백되는 연구 — 은 17세기, 특히 잉글랜드에서 적극적으로 수용됐다. 그럼으로써 그의 사상을 지도 이념으로 과학의 조직화가 진척돼 나아갔다.

베이컨은 자신이 이상으로 삼은 과학 연구 조직을 만년의 저서 『뉴 아틀란티스 New Atlantis』에서 '벤살렘의 솔로몬 학술원' 베이컨이 유토피아로 상정한 벤살렘이라는 가상의 왕국에 있는 학술 연구 조직을 가리킴_역주 으로 묘사했다. 이는 국가로부터 선택돼 봉급을 받는 탁월한 연구자 집단이 국가의 확장주의적 정책을 추진하는 대가로 국가로부터 연구비를 받아 연구에 전념하는 조직이다. 그 연구자들은 전원이 상류계급에만 허용되는 옷을 입는다. 그곳에서 연구자는 "우리가 발견한 발명이나 실험 결과 가운데 무엇을 발표하고 무엇을 발표하지 않을까를 서로 상의하며, 비밀로 해 두는 게 적당하다고 생각되는 것은 감추고 그 비밀을 누설하지 않을 것을 서약한다"고 돼 있다.[119] 요컨대 연구는 국가로부터 생활을 보장 받아 연구에 전념하는 엘리트 연구자들의 일이며, 그들만이 자연의 비밀을 쥐고 있다는 것이다. 그들이 얻은 정보나 연구 성과는 아무 통제 없이 공개되는 게 아니다. 무엇을 비밀로 하고, 무엇을 공개하는가는 그들 스스로 결정하는 것이다.

1662년 발족한 런던의 왕립협회는 이 솔로몬 학원을 모델로 만들어졌다. 협회는 '왕립'이라고 해도 국왕 찰스 2세의 칙허만 받았을 뿐 민간 기관이었다. 하지만 그 핵심적 회원들은 국가·공공을 위해 연구를 담당한다는 의식을 강하게 지니고 있었다. 협회 회원이었던 윌리엄 페티 William Petty 가 1665년 대형 범선의 건조에 대한 논고를 제출했을 때, 회장이던 귀족 윌리엄 브라운커 William Brouncker 경은 "이는 일반에게 열람시키기에는 너무나도 커다란 국가 기밀"

이라며 남들이 못 보게 자기 것으로 소장했다고 한다. 그 시대의 존 오브리John Aubrey가 기록으로 남긴 에피소드다.[120] 또 1666년 발족한 프랑스의 왕립과학아카데미는 버젓한 국가기관이었다. 그런 의미에서 '솔로몬 학술원'에 한층 가까웠다. 실제 아카데미의 회합은 모두 비공개였으며, 1667년에는 "아카데미의 업무는 비밀에 부쳐지며 … 기관의 인가를 받은 것만 외부에 공개될 수 있다"는 규약을 두었다.[121]

물론 베이컨은 과학 연구가 조직적·계획적으로 수행돼야 한다고 주장했다. 그런데 이는 동시에 종전의 직인과 기술자에 의한 몇몇 발명이 "철학이나 이성적 기술에 의해서가 아니라 우연찮게 이뤄졌다"는 인식에 근거한 것이었다. 베이컨은 직인과 기술자들의 성과를 불충분하며, 한계를 지닌 것으로 인식했다.[122] 국가에게 기술과 그 혁신은 매우 중요하기 때문에 이를 종전처럼 이론적 훈련을 받지 않은 직인들에게 맡겨 둬서는 안 된다고 베이컨은 생각했다. 이에 대해 덧붙일 점은 베이컨이 단지 경험의 중시나 수작업의 가치를 말했던 게 아니라는 것이다. 베이컨이 말했던 것은 경험에 이론을 부여하는 것, 그리고 이론에 의해 기술 개발을 이끌어 가는 것이었다. 즉 선진적 연구와 기술혁신은 선발된 전문 연구자 집단에 의해 조직적이고 목적의식적으로 수행돼야 한다는 것이었다. 직인이나 기술자의 협력은 어디까지나 종속적인 것이며, 이는 전문가의 연구를 위한 기초가 될 자연지나 실험지의 데이터 수집 단계에서만 생각할 수 있었다. 프랜시스 베이컨 연구가인 벤저민 패링턴Benjamin Farrington이 말하듯, '자연현상에 대한 방대한 명세 목록의 작성'은 '수많은 사람들의 공동 작업'을 통해 이뤄지는데, 가장 중요한 목록 작성의 입안과 그 해독은 오로지 '탁월한 지성'이 담당해야 할 업무로 간주됐던 것이다.[123]

결국 국새상서國璽尚書, Lord Keeper of the Great Seal였던 부친 밑에서 태어나 대법관에까지 오른 베이컨은 지적·사회적으로 자신과 같은 레벨의 계층밖에는 보지 못했다. 그는 이렇게 말했다. "내가 제시한 이정표에 따라 시간적 여유가 있는 사람들이 공동으로 노력하고, 이것이 수세대에 걸쳐 계속된다고 생각해 보자. 그럼 어떤 성과를 기대할 수 있는지."[124] 베이컨이 말한 협동과 공개 또한 지적 엘리트나 지배계급인 '시간 여유가 있는' 젠트리들 사이의 협동이자 공개였다. 베이컨이 연구의 협동적 추진과 과학의 누적적 발전이라는 관념을 발명했던 것은 아니다. 그의 관념은 이미 16세기 문화혁명 과정에서 직인들의 실천에서부터 자연발생적으로 등장했다. 베이컨은 이를 국가 주도로 추진하자고 주장했다. 그리고 그 실천은 고등교육을 받아 연구에 전념하는 엘리트 과학자들에게 맡겼던 것이다.

| 수작업을 피하지 않는 지식인

프랜시스 베이컨의 사상이 공업화를 급속히 추진하며 제국주의를 향해 매진하던 국가 지도층에게 강렬한 호소력을 지녔다는 점은 쉽게 이해가 간다. 특히 잉글랜드에선 이미 16세기의 단계에서 존 디나 에드워드 라이트Edward Wright와 같은 일류 지식인이 스콜라학을 초월하는 실천적 과학을 모색하고 논의하고 있었다. 이는 베이컨의 주장을 수용할 수 있는 새로운 형태의 지식 계층이 등장했음을 의미한다. 실제 17세기가 되면 몸을 사용하는 일(수작업)을 마다지 않던 선진적 지식인을 몇몇 손에 꼽을 수 있을 정도가 된다. 과학혁명 과정에서 기술자나 직인이 행한 역할에 대한 과대평가를 경계하는 루퍼트 홀은 자신의 논문에서 "태도를 변화시켰던 것은 직인이 아니라 철학자다"[125]고 분명히 지적한다. 하지만 직인이 영위하던 일에는 중세 이래 변화가 없었다는 루퍼트 홀의 논점은 그대로 받아들이기 어렵다. 단, 지식인 측에서 변화가 생겨났다는 점은 분명하다. 에드거 질젤이 말했듯, "고급 직인의 방법을 아카데믹한 훈련을 쌓은 학자들이 채용하게 된" 것이다.[126]

잉글랜드에선 시인 에드먼드 스펜서의 친구이자 케임브리지를 나온 게이브리얼 하비 Gabriel Harvey, 1545~1630가 1593년 다음과 같이 말했다.

> 수학에 밝은 기계공 험프리 콜 Humfrey Cole, 선박 대공 매튜 베이커 Matthew Baker, 건축사 존 슈트 John Shute, 선원 로버트 노먼, 포수 윌리엄 본, 약종상 존 헤스터 John Hester, 기타 마찬가지로 수작업에 능하고 경험이 풍부한 사람들을 생각한다면, 훈련으로 숙달된 직인과 현명하고 근면한 기능인을, 교육 못 받고 책 못 읽는다는 이유로 업신여기는 것은 건방진 일이다.[127]

이미 16세기 예술가나 외과의들로부터 압박도 있었던 관계로, 해부학에선 베렝가리오 다 카르피와 베살리우스처럼 스스로 손을 더럽혀 가며 집도하는 해부학자가 등장해 있었다. 남부 독일이나 네덜란드에선 고등교육을 받은 뒤 천체관측 기기나 측량 기기의 개량과 설계, 또는 지도나 지구의 제작에 종사하는 수리기능인도 속속 등장하고 있었다. 평생을 천체관측에 바쳤던 귀족 티코 브라헤는 한편으론 프톨레마이오스를 뛰어넘는 태양계 이론을 제창하면서도, 다른 한편으론 관측 기기의 개량에 힘써 『새로운 천문학의 기계』라는 책도 저술했다. 라이프치히와 빈의 대학에서 수학과 천문학을 배우고 잉골슈타트의 대학교수가 된 페트루스 아피아누스는 스스로 관측 장치를 개발했고, 자신의 인쇄기를 갖춰 자기 손으로 저서를 인쇄했다. 광산 지대에선 아그리콜라 같은 대학 출신의 인문주의자가 광산업의 실정에 커다란 관심을 기울이고 있었다. 그는 광산 경영에 종사하는 광산 소유자에게 이렇게 충고했다. "가끔은 자신의 손으로 직접 일을 할 필요가 있다. 그런 열의로 광부들을 격려해 그들의 기술을 발휘토록 하기 위해서다. 그런 일을 한다고 해서 자신의 격을 떨어뜨리는 것은 아니다."[128] 분명히 광산업에 관한 아그리콜라의 시점은 경영자 측의 것이지만, 그의 저서에는 광물학과 지질학, 기계와 기술 그 자체에 대한 강한 관심이 나타나 있다. 16세기 이탈리아에서 마조르카 도자기 제작 기술에 대해 저술했던 것은 우르비노의 귀족 치프리아노 피콜로파소 Cipriano Piccolopasso였다. 1548년경에 쓰인 그의 『도예삼서』는 직인들에게 전해져 내려오던 기술의 상세한 내용을 밝히고 있다.[129]

그리고 이런 경향은 17세기에 들어 급속히 확대돼 간다. 프랜시스 베이컨 자신이 눈 오는 날 닭고기 냉동 실험을 시도하다, 폐렴에 걸려 앓다가 사망했다는 것은 잘 알려져 있다. 1638년 갈릴레오가 이탈리아어로 썼던, 그래서 새로운 운동의 과학의 기초를 닦은 『신과학대화』는 다음과 같은 대화로 시작한다.

- 사르비아치 : 우리 베네치아의 친구 여러분, 여러분의 저 유명한 조선소에서 매일매일의 끊임없는 경험은 연구심에 불타는 사람의 머리에 철학적 고찰, 특히 기계학을 위한 광활한 분야의 문을 열어 줄 것으로 생각됩니다. 그곳엔 여러 형태의 장치와 기계가 쉬지 않고 돌아가고 있기 때문입니다. 그리고 여러 직인들 가운데는 대대로 경험을 이어받아, 여기에 자신의 관찰을 덧붙여 상세하고 구체적인 지식을 지닌 데다 이를 능숙하게 설명하는 기술까지 몸에 익힌 사람이 있습니다.
- 사그레도 : 정말 말씀하신 그대로입니다.[130]

물론 그렇다고 해서 갈릴레오의 과학이 직인적 기술의 고찰에서만 태어난 것은 아니다. 그러나 그 형성 과정에서 갈릴레오가 직인의 실천에서 많은 것을 배우고 자극을 받았다는 점은 사실이다. 실제 이 책에서 갈릴레오는 수면에서부터 일정한 깊이를 넘어서면 펌프가 물을 퍼 올리지 못하게 되는데, 이는 펌프의 고장 탓이 아니라는 사실을 직인에게 들은 내용을 토대로 밝힌 적이 있다. 이를 가리켜 1648년 프랑스인 블레즈 파스칼Blaise Pascal, 1623~1662은 "단순히 직인 정도만 돼도 세상이 철학자라 칭하는 그 잘난 선생님들의 오류를 훌륭하게 입증할 수 있다"고 기록했다.[131]

직인의 일에 대한 이 같은 평가의 전환은 같은 시대에 창설된 런던의 왕립협회나 파리의 과학아카데미라는 엘리트 연구 조직에서도 특징적으로 나타난다. 왕정복고 시대(1660년부터 17세기 말까지)

의 잉글랜드 과학을 논한 마이클 헌터Michael Hunter는 저서 『영국의 과학혁명』에서 당시의 정황에 관해 보다 분명히 설명하고 있다.

> 생활의 개선을 지향하는 것은 당시 과학의 특성이었다. 또 거의 모든 과학자들은 예전이었다면 오히려 천한 일로 받아들여지던 일에서 지적 가치를 인정했고, 기술이 그들의 관심과 밀접히 연관돼 있다고 생각했다. …
>
>   실용과 관련한 일은 사회적으로 낮은 계층에 속한다고 전통적으로 생각되었다. 특히 젠틀맨은 육체노동으로 손을 더럽히지 않는 사람이라고 정의되기도 했다. 그러나 르네상스 이후가 되자 지식인은 그런 일에도 나서야 한다는 견해가 설득력을 얻게 됐다.[132]

이에 딱 들어맞는 사례가 옥스퍼드에서 수학한 로버트 훅Robert Hooke, 1635~1703이었다. 그는 그레셤 칼리지의 기하학 교수로 일했는데, 장서가이기도 했다. 그런 면에서는 서적계의 인간이었던 셈이다. 실제 그는 만유인력이 거리의 제곱에 반비례해 감소한다는 것을 뉴턴에 앞서 주장했다. 또 행성의 운동을 궤도 접선 방향의 관성운동과 힘의 중심을 향한 가속운동의 합성으로 파악하는 시각을 처음 제기했다. 이렇게 그는 근대 태양계 연구에 이론적으로도 결코 작지 않은 기여를 했다.[133] 그러나 훅은 이와 동시에 로버트 보일Robert Boyle과 협력해 당시의 최첨단 테크놀로지인 진공펌프를 완성함으로써 기술자로서도 뛰어난 솜씨를 보여 주었다. 그뿐 아니라 왕립협회의 실험 주임으로서 매주 서너 차례씩 일관성 있게 실험을 행하면서, 현미경으로 관찰한 벼룩, 이, 파리를 자기 손으로 보기 좋게 그려냈다. 나아가 시계 직인과도 교류했을 뿐 아니라, 스스로도 유니버설 조인트 등과 같은 몇몇 기계 장치를 고안하기도 했다.그림 10.2 현미경 관찰의 상세한 기록인 그의 저서 『미크로그라피아 Michrographia(작은 도면들)』(1665)가 강한 임팩트를 준 것 또한 영어로 쓰였다는 점 외에, 118매에 이르는 정밀하고 아름다운 자필 도판이 담겨 있다는 점이 크게 작용했을 것이다. 한마디로 훅은 르네상스 시대 예술가의 전통과 직인의 기량을 동시에 이어받은 인물이었다.

또한 훅은 각별한 손재주가 있었기에 실험물리학의 기량이 탁월했던 듯하다. 그러나 기술에 관한 관심은 로버트 훅에 국한하지 않고 자연학에 흥미를 지닌 일반 지식인 사이에서도 높아지고 있었다. 조심스럽게 말한다 해도 "새로운 자연철학자 자신이 '직인'이었던 경우는 거의 없었지만, 그래도 전통적인 학자에 비하면 직인적 지식이나 생산적 관심을 지니고 있었을 가능성이 매우 크다".[134]

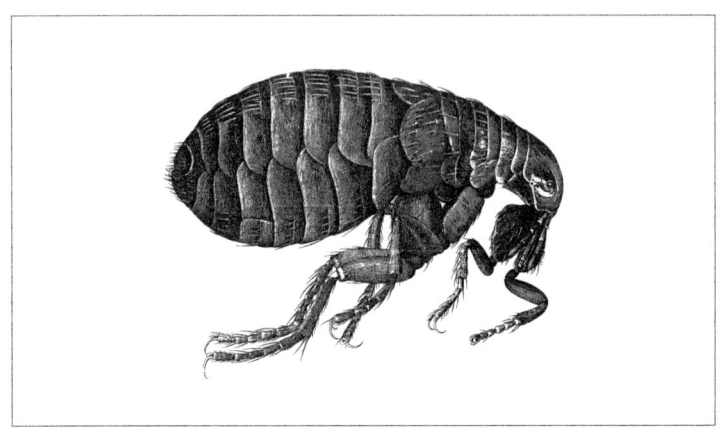

그림 10.2 로버트 훅이 세밀하게 묘사한 벼룩.

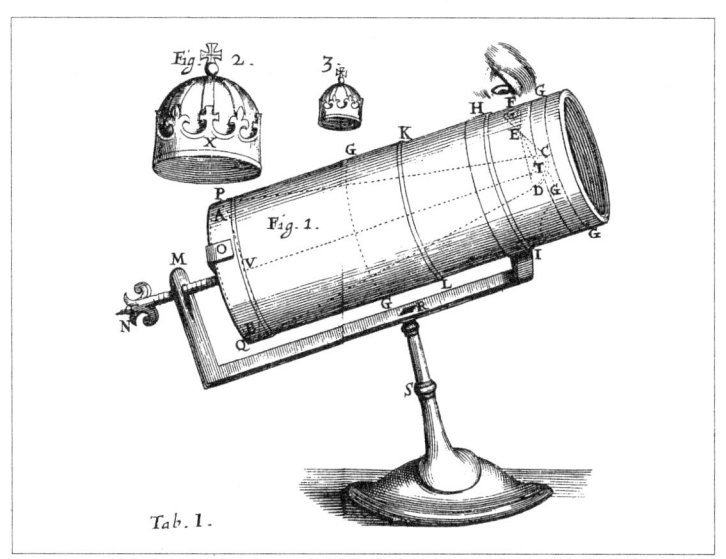

그림 10.3 뉴턴이 제작한 반사망원경.

라이덴대학에서 법률과 수학을 공부한 크리스티안 호이헨스 Christiaan Huygens, 1629~1695는 렌즈 연마기를 개량하고, 추시계나 용수철이 달린 템포속도를 조절하는 시계의 부품_역주를 발명했다고 알려져 있다. 망원경으로 천체, 특히 달 표면을 관찰한 것으로 알려진 헤벨리우스Johannes Hevelius, 1611~1687도 렌즈 연마에 뛰어난 솜씨를 지니고 있었다. 파스칼은 '원뿔곡선에 대한 파스칼의 정리'를 발견한 수학자로서도 알려져 있지만, 동시에 계산기 발명에 몰두하기도 했다. 그는 나아가 기체나 액체에 대한 몇몇 실험을 해 기록으로 남겼다. 철학자 라이프니츠Gottfried Wilhelm von Leibniz, 1646~1716도 계산기를 제작했을 뿐 아니라, 할츠 광산의 배수용 풍차 펌프의 설계에도 손을 댔다. 케임브리지대학의 수학 교수였던 아이작 뉴턴Isaac Newton, 1642

~1727도 왕립협회에 맨 처음 연구 과제를 제출할 때 반사망원경의 설계와 제작을 주제로 정했다.그림 10.3 그는 또한 프리즘을 갖고 빛에 대한 실험을 하고 있었다.

한편 로버트 훅은 옥스퍼드에서 수학한 친구 크리스토퍼 렌Christopher Wren에 대해 이렇게 표현했다. "그처럼 기계적인 손a Mechanical Hand의 위대한 완전성과 철학적 정신을 겸비한 인물은 아르키메데스 이래로 찾아볼 수 없다."[135] 건축가 겸 수학자였던 렌은 그레셤 칼리지와 옥스퍼드의 교수로 일했다. 훅보다 9년 연상의 존 오브리John Aubrey도 자신의 저서 『명사전기Brief Lives』에서 런던왕립협회의 창립 입안자인 존 윌킨스John Wilkins를 "재능 있는 인물로 기계적 두뇌mechanical head를 지니고 있다"고 묘사했다.[136] '기계적'이란 말이 긍정적 의미로 변했음을 알 수 있다.

요컨대 변증법이나 자연철학에 정통하고, 추상적 개념의 조작과 치밀한 논증 기술에 뛰어났던 대학 출신의 지식인들이 차츰 변화를 보이게 됐던 것이다. 그들은 스스로 관측 기기를 제작하고 조작했으며, 종전엔 상인의 영역으로 여겨지던 계산 기술을 배워 익혔다. 또한 직인, 예술가, 외과의, 약종상, 연금술사, 마술사의 것으로나 간주되던 관찰과 실험에 열중하기 시작했다. 과학과 기술의 관계는 19세기 이후에는 과학의 성과를 기술적으로 응용하는 형태가 통상적이었다. 하지만 17세기에는 거꾸로 과학이 기술로부터 배우거나, 선행하는 기술을 과학 연구에 도입하는 형태로 이뤄졌다. 이는 16세기에 직인과 기술자들이 제기했던 것들을 17세기 선진적인 지식인들이 받아들였던 데서 비롯한다.

왕립협회와 과학아카데미

이처럼 종래 스콜라학의 세계에선 찾아볼 수 없었던 형태의 지식인이 등장하게 됐는데, 17세기 과학의 조직화는 그들을 주역으로 시작된다. 그들은 본래 대학에서 교육을 받은 문자 문화의 담당자로서, 논증 기술에 정통하면서 동시에 기계적 기술 문제에도 관심이 많아 몸으로 하는 작업을 마다지 않았다.

1662년 창설된 런던왕립협회는 공개를 표방하긴 했지만 현실에서는 지배층인 젠트리의 헤게모니를 관철시킨 배타적 조직이었다. 앞서 서술한 마이클 헌터의 책에 따르면, 왕립협회는 "회원 구성이 전문직이나 지주층에 확연히 기울어 있으며, 상인이나 직인 회원은 거의 없었다". 실제 회원은 꽤 고액의 회비를 낼 수 있을 만한 여유가 있어야 했다. 현실적으로 신분이 낮은 사람은 어지간한 재능이 있지 않는 한 회원이 될 수 없었다.[137] 역사학자 크리스토퍼 힐이나 스티븐 셰핀 Steven Shapin도 그 같은 사실을 지적하고 있다.[138] 그 점에서는 중앙집권국가를 구축했던 루이 14세가 중상주의 정책의 추진자 콜베르 Jean-Baptiste Colbert의 진언을 토대로 1666년 창설한 파리의 왕립과학아카데미도 그 성격을 훨씬 분명히 하고 있다. 파리의 아카데미는 애초부터 회원을 소수 엘리트에 한정시킨 폐쇄적인 국가기관이었다.

토머스 스프라트 Thomas Sprat의 『런던왕립협회사 The History of Royal Society of London』는 협회의 자기주장으로서의 역사인데, 1702년 판의 제3부에는 다음과 같은 대목이 나온다.

직인은 젊을 때부터 정해진 방법으로 일하도록 훈련 받기 때문에, 예컨대 그렇게 하고 싶어도 종래의 방법을 변경해 새로운 방식을 택할 수가 없다. 게다가 새로운 고안이 결실을 맺는 데는 보통 오랜 시간이 걸리는데, 그들은 나날의 생계를 위해 일하는 처지이므로 그 기간 중에 자신의 기대가 실현되는 것을 기다릴 수가 없다. … 이에 비해 자유로운 삶을 살고 있는 사람들은 그와 반대의 강점을 지닌다. 그들은 진절머리가 날 정도의, 도저히 빠져나올 길이 없는 꽉 짜인 직업으로서가 아니라 재미 삼아 그런 일을 한다. 그들은 그런 작업에 그리 숙달돼 있지는 않으므로 종종 실수도 범한다. 그리고 그런 실패나 일탈이 오히려 새로운 관점을 촉발시키며, 새로운 착상으로 인도한다. 마지막으로 그들은 직인들처럼 끊임없는 고생에 찌들지 않은 채 정신적 풍요로움이라는 특권을 지닌다. 발명이란 고결한 것이며, 비천하고 교양이 결여된 정신으로는 이룰 수가 없는 것이다.[139]

이와 같이 왕립협회는 기술 문제에서조차 직인은 시야가 좁고 보수적이라고 봤다. 그리고 새로운 과학의 건설과 기술혁신의 주역은 역시 '자유로운 삶을 사는 사람들the men of free lives', 즉 시간 여유가 있는 젠트리라고 간주했던 것이다. 이렇게 영국과 같이 엘리트 과학자의 주도에 의하든 프랑스처럼 국가 주도에 의하든 관계없이, 베이컨주의에 근거한 연구 조직으로서 왕립협회나 과학아카데미가 창설됐을 때 직인들은 사실상 배제되었다.[140] 신과학 형성의 주역은 16세기에는 도제 수업으로 배출된 예술가와 직인이었으나, 17세기에는 대학에서 고등교육을 받은 엘리트 지식인과 유한계급의 과학 애호가 — '비르투오소virtuoso' — 로 옮아갔던 것이다.

앞서 서술한 마이클 헌터의 책에는 17세기 잉글랜드 학자에 대해『과학자 전기 사전』에 게재돼 있는 인물의 조사 내용이 나온다. 그에 따르면 "압도적 대다수가 대학 교육을 받았다"고 한다. 즉 "주요 과학자의 대부분은 대학에서 교육을 받아, 옥스퍼드 아니면 케임브리지에 다니는 동안 과학에 대한 관심을 발전시킬 기회를 충분히 접할 수 있었다"는 것이다. 하지만 이와 반대로 "과학 기기를 제작했다는 점에서 직인들이 과학에서 기술적으로 아무리 공헌했다고 하더라도, 교육을 받지 못한 직인이나 다수의 상인들은 '비르투오소'에 비해 과학의 영역에서 철저히 제외돼 있었다".[141]

그리고 나아가 16세기 선진적 직인들이 주장한 과학에서의 경험주의도 이젠 엘리트 학자가 주도하기에 이른다. 왕립협회 사무국장이 발행하는 《필로소피컬 트랜색션》과 같은 학술 잡지가 탄생해, 거기에서 실험과 관측 결과가 발표되면서부터였다. 즉 인쇄 서적의 영향으로 경험의 현장에 직접 입회하지 않더라도 '문서를 매개로 한 간접 경험'이 가능해졌던 것이다. 소박한 경험주의에 의거한 현장의 우월성은 이렇게 퇴색돼 갔다. 엘리자베스 에이젠스타인Elizabeth Eisenstein의 『인쇄혁명』에 따르면, "자신의 눈을 통해 책보다 자연을 신뢰해야 한다는 경험주의의 슬로건은 인쇄의 출현으로 어느새 시대에 뒤떨어지게 됐다".[142]

중세에는 서적으로 말하자면 오기와 탈자도 많았고, 도판이라해도 신용하기 어려울 정도의 수사본밖에 없었다. 게다가 그나마 그 수도 적어 책은 그야말로 귀중품으로 여겨졌다. 오로지 그 같은 서적의 의미 해석에 몰두하던 중세 스콜라학에 대해 '서적 편중의 학문에서 경험 중시의 지식으로'라는 16세기 문화혁명의 슬로건은 분명 유효하고 유의미했다. 그러나 인쇄 서적의 등장과 보급으로 상황은 크게 변하고 있었다. 정밀하고 정확한 도판을 담은 서적이 수백 부에서 수천 부 단위로 만들어지게 됐던 것이다. 이젠 런던의 자택에 있으면서 뉘른베르크의 기술자가 작성한 천체관측 기구의 구조를 살펴보고, 스페인의 선교사가 전하는 신대륙의 지리와 자연을 공부하며, 이탈리아 박물학자가 묘사하는 지중해 연안의 식물을 볼 수 있었다. 또 의학도는 하숙집에서 베살리우스의 책을 한 손에 들고 인체의 구조나 장기에 대해 공부하며, 산업자본가는 아그리콜라나 라자루스 에르커의 책을 통해 광산업이나 야금업에 필요한 시설을 시찰할 수 있게 됐던 것이다.

인쇄 서적은 한편으론 경험을 다수가 공유할 수 있도록 했으며, 다른 한편으론 경험을 다수가 검증할 수 있는 장을 제공했다. 존 헨리John Henry의 『17세기 과학혁명The Scientific Revolution and the Origins of Modern Science』에 따르면, 17세기의 새로운 실험적 자연과학에 대해 종전의 자연철학과 동등한 레벨의 권위를 부여하기 위해 다음과 같은 방법이 실행됐다고 한다.

공공의 장소에서 실험을 함으로써 이 과제를 해결하려는 시도도 있었다. 그러나 이보다 훨씬 많이 쓰이던 방법은 출판물 속에 실험의 상세한 내용을 기록하는 것이었다. 많은 경우 설명은 기하학 교과서의 형식을 취했다. 저자는 실험 장치의 조립 방법, 실험 순서 그리고 일어날 결과에 대해 각각 구체적으로 설명을 했다. 해당 실험은 이미 몇 차례나 반복돼 시행된 것으로, 많은 전문가들도 지켜봤다고 기록돼 있다. 결국 이런 형식이 실험 보고의 틀을 정착시켜 갔다.[143]

(60)

divisions in the shorter Tube, the several Observations that were thus successively made, and as they were made set down, afforded us the the ensuing Table.

A Table of the Condensation of the Air.

A	A	B	C	D	E
48	12	00		$29\frac{2}{16}$	$29\frac{2}{16}$
46	$11\frac{1}{2}$	$01\frac{7}{16}$		$30\frac{9}{16}$	$30\frac{6}{16}$
44	11	$02\frac{13}{16}$		$31\frac{13}{16}$	$31\frac{12}{16}$
42	$10\frac{1}{2}$	$04\frac{6}{16}$		$33\frac{1}{16}$	$33\frac{7}{7}$
40	10	$06\frac{2}{16}$		$35\frac{5}{16}$	35--
38	$9\frac{1}{2}$	$07\frac{14}{16}$		37--	$36\frac{11}{19}$
36	9	$10\frac{2}{16}$		$39\frac{5}{16}$	$38\frac{7}{8}$
34	$8\frac{1}{2}$	$12\frac{8}{16}$		$41\frac{10}{16}$	$41\frac{2}{17}$
32	8	$15\frac{1}{16}$	makes	$44\frac{3}{16}$	$43\frac{6}{16}$
30	$7\frac{1}{2}$	$17\frac{15}{16}$		$47\frac{1}{16}$	$46\frac{3}{3}$
28	7	$21\frac{5}{16}$	$29\frac{2}{8}$	$50\frac{7}{16}$	50--
26	$6\frac{1}{2}$	$25\frac{3}{16}$	to	$54\frac{5}{16}$	$53\frac{12}{13}$
24	6	$29\frac{11}{16}$	Added	$58\frac{13}{16}$	$58\frac{2}{8}$
23	$5\frac{3}{4}$	$32\frac{3}{16}$		$61\frac{5}{16}$	$60\frac{21}{23}$
22	$5\frac{1}{2}$	$34\frac{15}{16}$		$64\frac{1}{16}$	$63\frac{3}{11}$
21	$5\frac{1}{4}$	$37\frac{15}{16}$		$67\frac{1}{16}$	$66\frac{4}{7}$
20	5	$41\frac{9}{16}$		$70\frac{11}{16}$	70--
19	$4\frac{3}{4}$	45--		$74\frac{2}{16}$	$73\frac{5}{19}$
18	$4\frac{1}{2}$	$48\frac{12}{16}$		$77\frac{14}{16}$	$77\frac{7}{3}$
17	$4\frac{1}{4}$	$53\frac{1}{16}$		$82\frac{3}{16}$	$82\frac{2}{17}$
16	4	$58\frac{2}{16}$		$87\frac{14}{16}$	$87\frac{7}{8}$
15	$3\frac{3}{4}$	$63\frac{15}{16}$		$93\frac{1}{16}$	$93\frac{3}{5}$
14	$3\frac{1}{2}$	$71\frac{5}{16}$		$100\frac{7}{16}$	$99\frac{2}{7}$
13	$3\frac{1}{4}$	$78\frac{11}{16}$		$107\frac{13}{16}$	$107\frac{7}{13}$
12	3	$88\frac{7}{16}$		$117\frac{9}{16}$	$116\frac{4}{8}$

AA. The number of equal spaces in the shorter leg, that contained the same parcel of Air diversly extended.
B. The height of the Mercurial Cylinder in the longer leg, that compress'd the Air into those dimensions.
C. The height of a Mercurial Cylinder that counterbalanc'd the pressure of the Atmosphere.
D. The Aggregate of the two last Columns *B* and *C*, exhibiting the pressure sustained by the included Air.
E. What that pressure should be according to the *Hypothesis*, that supposes the pressures and expansions to be in reciprocal proportion.

For the better understanding of this Experiment it may not be amiss to take notice of the following particulars:

1. That the Tube being so tall that we could not conveniently make use of it in a Chamber, we were fain to use it on a pair of Stairs, which yet were very lightsom, the Tube being for preservations

그림 10.4 '보일의 법칙'을 검증한 보일의 1662년 논문. 가설에 의한 예측값(E)과 실험값(D)이 함께 표기되어 서로 비교할 수 있었다.

특히 왕립협회나 과학아카데미와 같은 기관이 조직돼 정기적으로 간행물을 발행하고, 회원이나 통신원의 실험과 연구 성과를 공개했다. 그러자 이를 매개로 과학 연구가 협동적으로 추진됐고, 경험은 이론으로 피드백될 수 있었다. 당시 자연과학 논문을 보면 실험 장치의 그림이나 설명과 함께 관측 결과가 객관적 수치로 표기돼 있었다.그림 10.4 이를 통해 독자는 타인의 실험 절차를 검증하고, 그 측정 결과를 음미할 수 있었다. 경우에 따라서는 논문에 기술된 기기를 스스로 제작해 실험을 따라 해 볼 수도 있었다. 나아가 새로운 테스트 방법을 고안해 그 결과를 다시 저자에게 투고하는 경우도 나오게 됐다. 즉 학술 잡지의 간행은 다른 연구자들의 기고를 더욱 촉진시켰다.[144]

마이클 헌터에 따르면, 이런 현상은 현실적으로 왕립협회의 의사록을 통해서도 잘 나타난다. '실험철학'의 추진을 내세우며 설립된 왕립협회는 초기엔 '공동 실험'에 기울어 있었으나, 설립 후 20년간 그와 같은 공동 실험의 기록이 점점 감소했다. 그 대신 다른 장소에서 행해진 연구의 보고와 이를 둘러싼 토론의 기록이 증가했다.[145] 그 결과에 대해선 다시 한 번 에이젠스타인을 인용해 보자.

> 훈련을 쌓은 관찰자나 실험자, 수학자가 합의해 정당성을 확인하도록 하는 데는 당연히 만인에게 복음을 전파하려는 경우와는 달리, 인쇄술이 이용됐다. 결국 전문 교육을 받은 엘리트 이외에는 과학 잡지나 과학 협회로부터 내몰리게 됐던 것이다.[146]

이상에서 서술한 두 요인, 즉 지식인 집단에서 수작업의 가치를 평가하려는 기운이 무르익고, 인쇄된 정기 간행 학술 잡지가 출현했다는 점, 이는 서적의 세계를 쥐락펴락하던 지적 엘리트에게로 신과학 형성의 헤게모니를 다시 이동시켰다.

| '한계를 넘어'

이렇게 해서 현미경·망원경·온도계·습도계·기압계·진공펌프가 17세기 전반에 만들어져 실용화됐다. 앞서 거명했던 사람들은 이를 사용해 관측과 실험을 할 수 있었다. 처음으로 검전기(베르소리움versorium)를 고안해 많은 물질이 호박과 같은 정전기를 지니고 있음을 발견한 이는 케임브리지를 졸업한 의사 윌리엄 길버트William Gilbert, 1544~1603였다. 1592년부터 파도바대학의 교수로 일했던 갈릴레오가 타르탈리아가 고안했던 앙각계를 개량하고, 기술자와 군인을 위한 아날로그 계산기를 제작하는가 하면, 망원경을 만들어 천체관측에 사용했다는 사실은 잘 알려져 있다. 옥스퍼드를 졸업한 토머스 해리엇Thomas Hariot, 1560~1621은 17세기 초반 영국 최고의 수학자였는데, 그 또한 스스로 망원경을 제작해 천체관측을 하고 있었다. 기압계를 처음 만들어 대기 실험을 했던 사람은 갈릴레오의 제자 토리첼리Evangelista Torricelli, 1608~1647였다. 육안으로는 볼 수 없는 작은 생물이나 물질의 조직을 현미경으로 관찰한 이는 케임브리지에서 공부한 헨리 파워Henry Power, 1623~1668와 옥스퍼드에서 수학한 로버트 훅이었다.

이 두 사람은 수은주를 사용해 압력계의 실험도 실시했다.

이처럼 지식인이 기술의 유용성을 인정하고 스스로 몸을 움직이는 수작업에 나서게 됨으로써 16세기 직인과 기술자가 시작했던 관찰과 측정이 새로운 차원으로 올라서게 됐다. 나아가 자연과 자연학에 대한 시각이 업데이트되기에 이르렀다.

그 하나가 자연의 수학적 이념화다. 17세기 초반 갈릴레오는 공기온도계를 고안했는데, 로버트 훅의 『미크로그라피아』에는 온도계만이 아니라 습도계도 나온다.그림 10.5 이것은 아리스토텔레스가 말한 절대적인 대립 성질로서 온·냉·건·습으로부터, 상대적이고 정량적인 온도와 습도 개념으로의 전환을 상징한다. 그리고 여기에서 수학적이고 실험적인 물리학이 출발한다.

또 다른 하나는 자연의 확대다. 온도계와 같은 단순한 장치도 인간의 감각을 대폭 확대해 식별 능력을 크게 향상시켰다. 1607년 갈릴레오는 공기의 열팽창을 이용한 온도계를 제작했는데, 이에

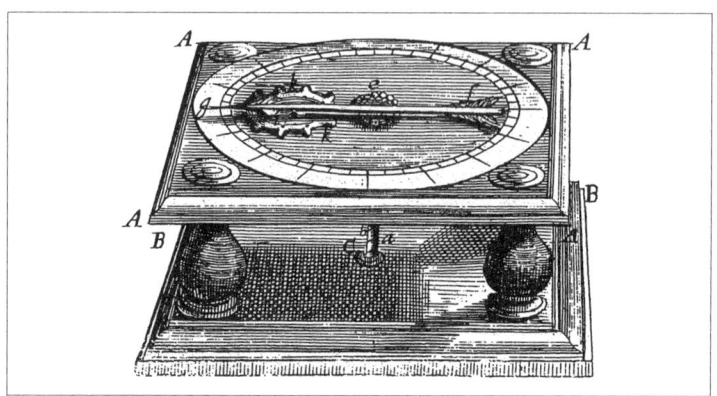

그림 10.5 로버트 훅의 습도계.

대해 프랜시스 베이컨은 "공기가 지닌 감각은 열과 냉에 관한 한 지극히 미묘하고 예민해 인간의 촉각 능력을 한참 벗어난다"고 기술했다.[147] 하물며 현미경과 망원경의 효과는 더욱 두드러졌다. 1609년 갈릴레오는 스스로 만든 망원경을 사용해 달 표면과 은하를 관측했다. 이를 통해 그는 달 표면이 울퉁불퉁하다는 점, 즉 지구와 마찬가지로 산이나 계곡이 존재한다는 사실, 그리고 목성이 4개의 위성을 지녔다는 점을 발견했다. 이로써 천공天空의 세계는 일대 변화를 맞이했다.

갈릴레오가 망원경을 사용해 실시했던 우주 관측이 얼마나 선풍적인 관심을 모았는지는 1610년 3월 출판된 관측 기록인 『별 세계에 관한 보고』가 대형 베스트셀러가 됐다는 사실에서도 엿볼 수 있다. 케플러는 그해 5월 일찌감치 『별 세계에서 온 사자와의 대화 Dissertatio cum Nuncio Sidereo』를 저술해 갈릴레오의 발견에 찬사를 보냈다. 케플러는 이듬해인 1611년에 『굴절광학Dioptrice』을 탈고했다. 이 책에서 그는 갈릴레오가 말했던 볼록렌즈와 오목렌즈를 사용한 망원경(갈릴레오식 망원경)의 원리를 밝혔을 뿐 아니라, 볼록렌즈를 두 장 사용한 망원경(케플러식 망원경)의 가능성을 보여 주었다. 1613년 출판된 마크 리들리Marke Ridley의 『자기물체와 자기운동 소론A Short Treatise of Magneticall Bodies and Motions』의 표지에는 4개의 위성을 지닌 목성이 그려져 있다. 『별 세계에 관한 보고』에 대한 반응은 물론 학계에서만 나온 게 아니었다. 1611년 2월 초연된 벤 존슨Ben Jonson의 희곡에는 '달에 있는 신세계'에 대한 묘사가 나온다. 뒤에 영국 국교회의 목사가 된 시인 존 던John Donne 역시 1611년 "행성에서나 항성에서나 지금까지 알려져 있지 않았던 것이 속속 발견된다"고 노래했다.[148] 1612년에 완성된 로마의 산타마리아 마조레 사원의 예배당 돔의 벽화에는 울퉁불퉁한 달 표면에 서 있는 성모상이 그려져 있다.

망원경이나 현미경은 17세기 자연철학에 종래 알려지지 않았던 천공이나 극미세의 세계를 열어 보였다. 그럼으로써 거기엔 전혀 새로운 사물과 현상이 존재한다는 점을 알려 주었다. 고귀하고 불변하다고 여겨지던 천상 세계의 물체인 태양에 반점과 같은 흑점이 있음이 발견되고, 완전한 구체로 생각되던 달의 표면에 기복이 심하게 있음이 판명됐다. 또 다른 한편으로는 극히 하찮것없는 작은 곤충들의 기관이 복잡하고 정교한 구조를 지니고 있음이 밝혀졌다. 이는 대항해가 당시까지 알려지지 않았던 세계와 사물의 존재를 유럽인에게 알려 준 것과 똑같은 과정을 보다 근본적인 단계에서 재현하는 것이었다. 잉글랜드에서 최초로 현미경 관찰 기록을 남긴 헨리 파워가 1664년에 펴낸 『실험철학Experimental Philosphy』의 첫머리 서문에 잠시 귀를 기울여 보자.

> 광학렌즈 계통(Dioptrical Glasses, 현미경이나 망원경)은 근년의 발명이다. 고대인은 그에 대해선 전혀 아는 게 없었다. 그들은 망원경이나 현미경과 관련해 우리들의 발명에 선행하는 것을 아무것도 기록으로 남기지 못했다. 이런 우수한 기술을 보유하지 못했기 때문에 고대인들은 우리를 둘러싸고 있는 결정질結晶質의 회전 천구라는 천계에 대한 어리석은 가설을 세웠던 것이다. 그뿐 아니라 우리 주위의 미세한 사물과 극소형의 피조물의 관찰에서도 그들은 임시변통으로 아주 일부밖에 그려내지 못했다. 게다가 고대인들은 그런 피조물들이 창조 과정

에서 대단찮게 다뤄졌다고 간주하는 오류를 범했다.[149]

그 이듬해 로버트 훅은 『미크로그라피아』에서 망원경을 통해 "막대한 수의 새로운 항성과 새로운 운동과 새로운 생성 물질이 하늘에 나타났으며", 현미경을 통해서는 "물질의 극히 작은 입자 속에서도 일찍이 우주 전체에서 헤아릴 수 있었던 것과 같은 정도로 다양한 피조물을 볼 수가 있다"는 인식을 보여 주었다.[150] 현미경과 망원경은 인간의 자연 인식에 완전히 새롭고 광대한 가능성을 열어 주었다. 이 점에서도 근대인은 고대인을 뛰어넘었던 것이다. 이를 두고 프랜시스 베이컨은 이렇게 말했다. "대륙과 해양과 별과 같은 물질세계가 이 정도로 확대됐음에도 불구하고 지의 세계가 고대인에게 알려졌던 범위에 국한된다면, 이는 인류의 불명예다." 그리고 그는 망원경을 사용한 갈릴레오의 천체관측을 높이 평가하며, 나아가 "데모크리토스가 현미경을 봤다면 아마도 날아오를 듯 기뻐하며, 원자atom를 보는 방법이 발견됐다고 생각했을 것이다"고까지 말했다.[151] 헨리 파워 또한 "원자론과 입자론에 관해 빛나는 지성들이 상상밖에 할 수 없었던 것을 우리는 눈으로 볼 수가 있다"고 단언했다.[152] 이렇게 해서 17세기엔 기술적인 것에 대한 열광적 분위기마저 일어나게 됐다. 기술사 연구가 베르트랑 질이 말하듯, "기술자가 자신의 과학을 자랑했던 것과 마찬가지로 과학자는 기술에 빠져들었다."[153] 인간이 새로운 힘을 획득했음을 자각했던 것이다.

왕립협회 발족 5년 뒤인 1667년, 토머스 스프라트가 쓴 『런던왕립협회사』에는 왕립협회 내지는 그 회원이 고안 또는 개량한 관측 기구의 방대한 목록이 나온다.[154] 그 이듬해 옥스퍼드 출신의 조지프 글랜빌Joseph Glanvill은 신과학의 옹호자로서 『플러스 울트라Plus Ultra ― 아리스토텔레스 시대 이후 지식의 진보와 발전』이라는 제목의 책을 공표했다. 이 책의 표제 '플러스 울트라'는 유럽인이 자기 컴퍼스와 마스트가 세 개 달린 캐러벨caravel 선을 타고 지브롤터 해협의 한계를 뛰어넘었듯이, 새로운 기술을 통해 인간의 감각과 인식이 종래의 육체적 한계를 초월했음을 찬미하는 것이었다. 그 가운데 다음과 같은 대목이 나온다.

> 사물의 시원과 내부 깊숙한 곳을 탐구해 이제껏 알려지지 않은 자연의 움직임을 밝혀내는 데 매우 유용한 세 가지 뛰어난 학예 그리고 수많은 도구가 있다. 이는 아리스토텔레스나 고대인들은 거의, 아니 전혀 알지 못했던 것이며, 후세에 이르러서야 알려진 것들이다. 그 학예란 화학과 해부학과 수학이다. 또 그 도구는 현미경, 망원경, 온도계, 습도계 그리고 진공펌프다. 이들 가운데 몇몇은 왕립협회에서 발명됐으며, 그 모든 도구들은 눈에 띄게 개선됐다.[155]

예를 들면 혈액순환의 발견은 조지프 글랜빌의 이 같은 견해를 단적으로 뒷받침해 준다. 윌리엄 하비William Harvey는 인간의 심장이 한 번 수축할 때 반 온스의 혈액이 뿜어져 나오고, 심장은 반 시간 동안 1,000회 이상(1분에 33회 이상) 수축한다고 생각했다. 이를 통해 그는 반 시간 동안 심장에서 동맥으로 흘러 들어가는 혈액은 적어도 500온스를 넘는다고 추정했다. 그는 "이 분량은 온몸에서 찾아볼 수 있는 [혈액의] 양보다 많다"고 말했다. 또한 이를 통해 다음과 같이 혈액순환 가설의 타당성과 필연성을 논했다. "음식 섭취 또는 다른 방법으로 공급할 수 있는 것보다 훨씬 많은 혈액이 동맥이나 신체로 운반되려면 순환로를 통해 심장으로 다시 되돌아오는 것 외에는 심장에 혈액을 채울 수 있는 방법이 없다."[156] 1628년의 일이었다. 그리고 윌리엄 하비의 이 추론은 육안으로는 볼 수 없었던 모세혈관 내의 혈행을 1661년 말피기 Marcello Malpighi가 현미경을 사용해 발견함으로써 확인됐다. 윌리엄 하비 자신은 기본적으로 아리스토텔레스주의자였다. 때문에 그는 소우주와 대우주를 대비시켜 생각하는 등 당시의 헤르메스주의적 15세기 이후 『헤르메스 전집』의 번역을 계기로 재등장한 그리스 시대의 신비주의적 자연관_역주 입장을 취하고 있었으며, 그 사상적 기반도 반드시 근대적인 것은 아니었다. 또 그가 혈액순환을 이끌어낸 논거도 그처럼 과학적인 것만 있었던 것도 아니다. 그럼에도 그가 자신의 발견에 이 같은 의미를 부여하고 있다는 점에서 당시의 시대적 배경을 엿볼 수 있다.

17세기 과학자들은 자신의 손으로 망원경, 현미경과 같은 관측기기를 개발하고 개량함으로써 경험의 세계를 일변시켰다. 진공펌프처럼 자연계에는 존재하지 않는 상황을 인위적으로 만들어낼 수 있는 장치를 고안함으로써 실험 과학을 전혀 새로운 경지로 이끌었던 것이다.

| 17세기 과학혁명의 진실

기술자에 의해 이뤄졌던 16세기 문화

혁명은 자연 인식에서 경험의 중요성을 강조하고, 자연 연구의 주요한 수단으로서 정량적 측정과 실험적 방법을 부각시켰다. 그러나 17세기에 이르러 '시간 여유가 있는' 지식인이 그 방법을 자신의 것으로 사용해 '실험 과학'을 창안했다. 이때부터 지적 활동에서 실험의 위상이 변화하게 됐다. 17세기의 학자는 이론과 실험의 관계를 새로운 맥락에서 파악했던 것이다.

이 방면의 사정을 17세기 과학혁명의 주요 전장戰場이었던 근대 역학의 형성을 통해 살펴보도록 하자. 근대 역학과 이에 기반한 우주상(태양계상)은 두 개의 큰 갈래로 형성됐다. 하나는 데카르트와 갈릴레오가 세운 운동 이론의 기초이고, 다른 하나는 케플러에서 뉴턴에 이르기까지 이루어진 태양계의 질서 해명이다. 1638년 갈릴레오가 『신과학대화』에서 "정지 상태에서 등가속도운동으로 낙하하는 물체의 경우 통과 거리는 그 거리를 지나는 데 필요한 시간의 제곱에 비례한다"[157]는 '낙하 물체의 법칙'을 확정했다. 그 위에 포물운동의 궤도로서 포물선을 수학적으로 도출해낸 것은 근대 역학 형성의 한 이정표가 됐다.

등가속도운동에 대한 갈릴레오의 연구 결과는 그 수학적 공식만이라면 실은 스콜라학 내부에서 이미 14세기에 논의되고 있었다. 실제 운동 이론의 수학화는 옥스퍼드대학의 머턴 학파가 시작했으며, 갈릴레오의 공식에 상당하는 것도 파리대학의 니콜 오렘Nicole d'Oresme, 1325~1382의 손으로 사실상 구해져 있었다. 오렘은 14세기 중반 『질質의 도형화에 대하여De configurationibus qualitatum』에서 '질의 강도'라는 관념을 도입했는데, 그는 '질의 강도'를 기선(가로축)에 수직으로 그은 선분의 길이(세로축)로, 그리고 그 강도 변화(강화와 약화)를 기선에 따라 이동시킨 선분의 길이 변화로 각각 표시했다.[158] 사실상 이는 시간과 거리의 추이에 따른 양의 변화를 직교좌표의 그래프로 표현한 것에 해당한다. 이것은 또한 본래 질의 과학이었던 아리스토텔레스 자연학 내부에 양과 함수 관계를 도입하려는 선구적인 시도였다. 특히 그 증가율이 일정해 그래프가 일정한 기울기의 직선이 될 때를 오렘은 '한결같은 부등不等'이라고 부르며 자세히 논했다. 그 경우 가로축(기선)을 시간축, 세로축을 속도라고 각각 본다면, 이 직선 그래프는 등가속도운동에서 속도의 시간 변화를 나타내며, 그 그래프가 둘러싼 사다리꼴의 면적으로부터 통과 거리를 구할 수 있다.[159]

갈릴레오가 논한 등가속도운동의 경우, 즉 속도의 증가율이 일정한 경우 통과 거리의 공식을 도출하는 것은 그 기본적 과정이 오렘의 것과 같다. 거기에 한해서는 멘델스존Kurt Mendelssohn의 말도 일리 있는 지적이다. "이론적 추론이 필요한 문제에 직면했을 때의 사고 방법에 대해 르네상스가 무엇인가 변화를 몰고 왔다고 믿을 필요는 없다. … 중세 스콜라학의 훈련은 자연의 힘에 정통해지는 것을 방해하기는커녕, 장래의 사업을 위한 귀중한 준비였다."[160] 하지만 갈릴레오가 그보다 앞선 파리의 스콜라학자들과 결정적으로 달랐던 점은 그 공식 자체도, 그에 도달한 방법도 아니었다. 그 차이는 그가 공식에 부여한 위상에 있었다. 즉 갈릴레오는 그 공식을 현실의 물체 운동을 나타내는 것, 그래서 실험적으로 검증 가능하고 실험과 측정으로 검증돼야 하는 것으로 이해했던 것이다. 이에 비해 스콜라학자들의 것은 현실의 자연과는 관계없는 가상의 논의, 즉 지적 실험 이외에는 아무것도 아니었다. 오렘 스스로도 질의 강도를 나타내는 직선은 상상 속의 것이라고 분명히 선을 그었다.[161] 그리고 스콜라학자는 실험은 말할 것도 없이 무엇인가를 측정하는 일조차 하지 않았다. 중세 과학사 전문가가 말하듯, 스콜라학에서는 "모든 것이 자연의 서열에 의해서가 아니라 상상에 의해 secundum imaginationem 정식화되고 분석되었던" 것이다.[162]

스콜라학의 논술 방식은 어떤 명제에 대해 항상 이를 부정하는 논거와 긍정하는 논거를 들고, 마지막에 논자의 견해로서 그중 한 편을 골라 논하는 형식으로 이뤄진다. 예컨대 오렘은 『천상과 지상론 Livre du ciel et du monde』에서 지구의 자전을 설파했다고 전해지는 고대 폰토스의 헤라클레이데스 Herakleides Pontikus의 이론에 대해 "천계가 아니라 오히려 땅이 태양 주위로 회전운동을 한다는 견해를 지지하며, 이를 더 정교하게 발전시킬 가능성이 충분하다고 생각한다"고 기록했다. 이어 지구가 태양 주위를 회전한다는 가능성과 논거를 자세히 설명한다. 그러나 마지막에선 이렇게 밝혔다. "그럼에도 불구하고 모든 사람들은 땅덩이가 아니라 하늘이 그렇게 움직이고 있다고 주장하는데, 나도 그렇게 믿는다. 실제 '하느님은 땅덩어리를 움직이지 않게 단단히 고정해 놓으셨다.' 그 반대의 논거가 있음에도 불구하고 그렇다는 말이다. … 내가 지금까지 그 같은 방식으로 기분 전환 삼아 논하던 사항은, 우리의 신앙을 그런 논거에 의거해 비난하려 하는 사람들을 논박하고 배척하는 데 도움이 될 것이다."[163] '기분 전환 삼아'의 원어는 'par esbatement'이다. 앨리스테어 캐머론 크롬비 Alistair Cameron Crombie의 책에는 'for amusement'(장난삼아)로 돼 있다. 그리고 『중세 과학의 원천이 된 책 A Source Book in Medieval Science』의 영역에서는 'by way of diversion or intellectual exercise'로 나온다. 요컨대 이 논의는 지적 유희에 지나지 않는다는 것이다. 결국 14세기 스콜라학의 운동 이론이라는 것은 17세기에 실현된 근대 역학 이론에 얼마간 접근한 듯 보이더라도, 현실과는 유리된 '논리적 가능성' 밖에는 없는 것이었다. 거기에선 실험에 의한 검증이라는 발상이 나오지 않았다.[164]

이에 대해 갈릴레오는 『신과학대화』에서 '자연 가속도운동'을 다루면서 다음 논의를 전개하고 있다.

> 누구라도 임의의 운동을 머릿속으로 생각해, 그 특성을 이론적으로 살펴볼 수 있다. … 그러나 자연은 중량물체의 낙하에 대해 어떤 특정의 가속을 적용하고 있다. 따라서 우리는 그 성질을 탐구해 우리가 보여줄 수 있는 가속운동의 정의가 자연의 가속운동의 본질에 일치하는지 확인하도록 하겠다.[165]

그리고 정지 상태에서 시작하는 등가속도운동에 있어서 통과 거리가 경과 시간의 제곱에 비례한다는 이론적 결론에 대해 갈릴레오는 굳이 아리스토텔레스주의자의 입으로 다음과 같은 얘기를 하게 만든다. "일단 등가속도운동의 정의가 받아들여진 이상, 사정은 분명 그대로일 것이라고 믿습니다. 그러나 이 가속도가 중량물체의 낙하 과정에서 자연현상으로서 나타나는 것인지 여부에 대해선 나는 여전히 의문을 지니고 있습니다." 이에 대해 갈릴레오는 실험에 의한 검증으로 대답한다. 갈릴레오는 미끄러운 빗면에 놋쇠 구슬을 굴려 내리면서 개량된 물시계로 그 낙하 시간을 측정한 그 유명한 실험에 대해 기술하며 이렇게 결론 내렸다. "이 실험을 백 회에 걸쳐 충분히 반복했습니다. 이 실험에 의해 우리는 늘 통과 거리가 시간의 제곱에 비례한다는 점, 또한 이것이 판의 경사에 따라 달라지지 않는 참값임을 발견했습니다." 결국 갈릴레오에게 "[어떤 명제의] 절대적 진리성은 앞으로의 추론이 분명히 실험에 대응하고, 실험과 정확히 일치한다고 확인되는 경우에 확립되는 것"이었다.[166]

이처럼 갈릴레오는 지상에서 등가속도운동의 수학적 법칙을 확립했다. 그리고 다른 한편으로 교묘한 사고실험을 사용해 수평 방향의 등가속도운동(관성운동)을 논증했다. 나아가 수직 방향의 등가속도운동과 조합시킴으로써 순수하게 수학적으로 포물운동의 궤도를 결정하는 데 성공했다. 1세기 전에 타르탈리아가 제창했던 탄도학의 문제에 최종적 해답을 부여했던 것이다. 이렇게 기술적 전통으로부터 우러나온 실험과 측정이 이제는 이론에 의해 선도되며 방향을 잡아 나갔다. 반면 스콜라학적인 또는 신플라톤주의적인 전통에서 이어진 이론은 역으로 실험에 발목을 묶이게 됐다.

그러나 갈릴레오는 자신의 논의의 핵심인 가속도의 자연학적 원인을 추구하진 않았다.

지금 여기서 자연 운동의 가속의 원인이 무엇인지에 대해 연구하는 것은 적당하지 않다고 생각합니다. 이에 대해선 여러 철학자가 갖가지 의견을 제출하고 있습니다. … 이런 모든 것의 공상은 다른 것과 함께 검토를 더 하지 않으면 안 됩니다만, 그럼으로써 얻을 수 있는 것은 매우 적습니다. 현재 우리의 저자[갈릴레오]가 추구하는 것은 (그 원인이

무엇이든) 그와 같이 가속된 운동의 몇몇 성질을 연구하고 설명하는 것입니다.[167]

즉 갈릴레오는 물체는 '왜' 낙하하는가, 또 낙하하는 동안 '왜' 가속되는가, 하는 종래의 자연학의 의문 자체를 피해 갔다. 적어도 일시적으로 답을 미뤄 둔 것이다. 그럼으로써 물체는 이상적 상황에서 '어떻게' 낙하하는가에 관한 문제 ─ 낙하의 양태에 대한 수학적 표현의 확정 ─ 에 자연과학의 수비 범위를 한정시켰다. 이리하여 물리학은 본질의 탐구를 중단하고, 실용주의와 현상주의에 만족하게 됐다. 여기서 말하는 '실용주의'는 이렇고 이런 실험을 하면 이렇고 이런 결과를 얻을 수 있다는 의미의 예측에 채택되는 실용주의를 가리킨다. 그리고 물리학의 목적을 그처럼 스스로 한정시킨 데 대한 보상은 예측의 '수학적 정확성(정량적 엄밀성)'을 통해 이뤄진다. 자연에 대한 그런 태도는 뒤에 프랑스의 마랭 메르센 Marin Mersenne, 1588~1648으로 이어진다. 메르센은 이렇게 말했다. "우리는 열의 본성을 알지 못해도, 혹은 왜 자기를 띤 침이 움직이는지 알지 못해도, 이를 기술하고 정확히 실험하면 몇 번이나 반복할 수가 있다." "우리는 빛의 본성이 무엇인지, 빛이 왜 반사하는지, 왜 굴절하는지, 왜 흡수되는지 알 수는 없겠지만, 그런 현상을 이용할 수는 있다."[168] 그 메르센도 자연 세계를 수, 직선, 도형, 중량 등 수학적으로 처리할 수 있는 것에 한정해 파악했다. 이리하여 물리학에서 존재론이 추방당하게 된 것이다.

분명 갈릴레오는 가속도의 원인에 대한 탐구를 포기했다. 또 기계론에 얽매어 원격력으로서 중력을 받아들이기를 거부하기도 했다. 이 때문에 그는 근대 물리학의 성립에서 열쇠가 되는 중력 개념을 놓치고 말았다. 게다가 갈릴레오가 논의한 수평 방향의 관성 운동은 사실은 지구 표면을 따라 일어나는 원운동인데, 그는 그 원운동의 관성을 천체의 운동으로까지 확장시켰다. 즉 갈릴레오에게 태양 주위를 도는 행성의 회전은 자연 운동으로서 원운동이므로, 태양이 행성에 미치는 힘이 필요하지 않았다. 이렇게 갈릴레오는 행성의 운동에 대한 케플러의 법칙이 지니는 의의를 간과함으로써 천체역학을 형성하는 데엔 이르지 못했다.

중력(만유인력)의 개념과 천체역학은 케플러, 로버트 훅 그리고 뉴턴에 의해 확립돼 갔다. 뉴턴은 1687년 『자연철학의 수학적 원리Philosophie naturalis principia mathematica』(이하 『프린키피아』)에서 케플러의 제3법칙으로부터 모든 물체 사이엔 거리의 제곱에 반비례해 서로 질량에 비례한 인력이 작용한다는 중력의 수학적 법칙을 이끌어냈다. 그는 이것을 가지고 태양계의 질서를 해명했다. 이렇게 뉴턴은 이전에는 정성적인 것으로 간주되던 '자연철학'을 그 표제가 보여 주듯 '수학적 원리'에 기반을 두도록 하는 데 성공했다. 이는 현대의 관점에서 본다면 17세기 과학혁명의 절정일 것이다. 그러나 뉴턴이라 해도 중력의 '본질'을 밝혀낸 것은 아니다.

그렇기 때문에 애초엔 광대한 공간을 사이에 두고 작용하는 중력이라는 뉴턴의 표상에 대해 신과학을 표방하는 기계론의 옹호자들은 엄중한 비판을 가했다. 케플러는 중력 개념을 자력에서 유추해 구상했으며, 일설에 따르면 뉴턴은 연금술의 능동 원리에서 얻었다고도 한다. 물질이 그처럼 다른 대상에 작용하는 특별한 능력을 지닌다는 관념은 확실히 기계론으로부터의 일탈을 의미했다.

기계론은 물질을 불가투입성不可透入性만을 지닌 불활성적 존재로 간주했기 때문이다. 어쨌든 원격 작용은 자연마술에서 말하는 '감춰진 질'이며, 힘의 전파 메커니즘의 해명 없이 그와 같은 정체 모를 작용을 주장하는 것은 새로운 기계론적 자연관에 대한 배반으로 여겨졌다. 이에 대해 뉴턴은 1713년 『프린키피아』 제2판에서 "중력이 현실에서 존재하며, 우리들 앞에 펼쳐진 그 법칙에 따라 작용하고, 천체와 바다에서 일어나는 모든 운동을 설명하는 데 도움이 된다면, 그걸로 충분하다"고 응수했다.[169]

원래 뉴턴은 『프린키피아』 초판의 서문에서 자연철학(물리학)의 목적을 "각종 운동 현상으로부터 자연계의 여러 힘을 연구하는 것, 그리고 나서 그런 힘으로부터 다른 현상을 설명 논증하는 것"에 한정하고 있다. 또 "힘의 자연학적 원인이나 소재를 고찰하고 있는 것은 아니다", "힘은 자연학적으로가 아니라 수학적으로만 생각해야 한다"고 분명히 밝혔다. 그리고 자신의 계획을 다음과 같이 설명했다. "나는 물체가 태양이나 각 행성을 향하도록 만드는 중력을 천체 현상으로부터 도출했다. 다음에는 그런 힘으로부터 다른 명제들 — 이 또한 수학적인 것이지만 — 에 따라 행성, 혜성, 달, 바다의 운동을 이끌어내겠다."[170] 즉 행성의 운동에 관한 관측 사실로부터 만유인력의 수학적 함수형이 도출됐으니, 앞으로는 이 공식에 의해 역으로 여러 다른 자연현상이 정량적으로 설명된다는 뜻이다. 지상 물체의 낙하와 지구 주위의 달의 회전이 그렇게 밝혀지고, 조석潮汐 현상이 해명되고, 지구의 형상이 계산되고, 나아가 혜성의 회귀 현상이 정확히 예측된다면, 이것으로 만유인력의 법칙이 옳음이 입증되는 것이다. 그 이상으로 "만유인력의 본질은 무엇인가"라는 존재론상의 문제는 파고들지 않는다. 또 "만유인력은 공간을 통해 어떻게 전파되는가" 또는 "만유인력은 무엇을 매개로 대상 물체에 전달되는가"와 같은 사항 — 힘의 기계론적 설명 — 에 골치를 썩일 필요는 없었다. 이것이 뉴턴의 공식 입장이었다.

데카르트는 우주 공간에 충만한 가상적인 미세 물질의 소용돌이로 중력을 설명하려 했다. 그러나 뉴턴은 "나는 가설을 만들지 않는다"고 선언하며 그와 같은 공상적 논의를 피했다. 필경 뉴턴에게는 물체들이 '왜' 서로를 끌어당기는지는 연구 대상이 아니었던 것이다. 뉴턴은 궁극적으로 불가해한 것을 인정했으며, 물리학의 과제를 수학적 법칙의 확정에만 한정시켰다. 갈릴레오가 운동학에 대해 취했던 수학적 현상주의와 실용주의의 입장을 뉴턴은 동역학으로까지 확장시켰던 것이다.

| 근대 과학의 공격성

근대 과학, 특히 물리학이 성공을 거둔 근거는 무엇일까. 그 하나는 인간의 감각을 비약적으로 확대시킨 관측 장치와 정교한 측정 기구를 구사한 실험 기술의 개발을 들 수 있다. 또 다른 하나는 스콜라학이 말하는 '본질'의 추구를 포기하고, 그 목적과 수비 범위를 수학적 법칙의 확정에 한정했다는 것이다. 그리고 셋째는 이론과 실험을 교묘하게 결합시켰던 데 있다. 이 세 번째 근거에 대해 좀 더 자세히 살펴보자.

갈릴레오는 자유낙하의 수학적 법칙의 전제가 된 일정가속도에 대해 한편으로는 "아무리 무거운 물체라 해도 매우 높은 곳에서 낙하한다면 공기저항 때문에 속도 증가가 방해 받아 결국은 일정한 등속도운동이 되고 만다"는 점을 인정하면서 동시에 다음과 같이 말했다.

중량물체는 늘 일정하게 빨라지는 운동을 하면서 공통의 중력중심(지구의 중심)을 향해 움직인다는 고유한 내재적 성향을 지니고 있다. 같은 시간 동안에는 운동량 및 속도가 똑같이 증가한다. 이는 우연적이고 외적인 모든 장해를 제거하기만 한다면 틀림없이 입증될 것이다. 그러나 이들 장해 가운데는 제거할 수 없는 것이 하나 있다. 바로 낙하물체가 뚫고 지나가야 하는 매체의 저항이다.[171]

그가 이런 말을 한 배경에는 다음과 같은 인식이 자리하고 있다. 즉 '제거할 수 없는' 공기저항이 만일 작용하지 않는다면, 바꿔 말해 현실의 자연계에는 존재하지 않는 진공 속에서 낙하한다면, 그것이야말로 순수한, 따라서 수학적으로 법칙화할 수 있는 낙하운동이라는 인식이다. 플라톤주의적 입장에서 본다면 그것이야말로 진정한 낙하운동이다. 그런 의미에서 진정한 자연법칙을 검증하기 위해서는 여러 가지 얽혀 있는 요인들이 동시에 겹쳐 영향을 주는, 있는 그대로의 자연을 수동적으로 관찰하는 것만으로는 곤란하다. 현실에서 존재하지 않는, 이상에 가능한 한 가까운 상황을 인위적 — 강제적 — 으로 만들어낼 필요가 있다는 얘기다. 갈릴레오가 이 낙하 법칙의 검증을 위해 평평하고 미끄러운 빗면에 구슬을 굴려 내려보냈던 것은 그와 같은 이상적 상황에 근접하기 위해서였다.

즉 현실의 자유낙하로는 고도차가 작으면 정밀한 시간 측정이 어렵고, 거꾸로 고도차가 크면 공기저항의 영향을 무시할 수 없다. 빗면을 이용한 것은 인위적으로 속도 증가를 억제함으로써 낙하 시간을 늘려 시간 측정을 용이하게 만드는 동시에, 공기저항의 영향을 억제함으로써 실현 불가능으로 여겨지던 진공 속의 장시간 낙하에 가까이 가기 위해서였다.

결국 갈릴레오에게 지상 물체의 운동, 예컨대 낙하운동을 둘러싼 문제의 연구 절차는 세 단계로 이뤄진다. 첫째로 공기저항과 기타 장해는 '참 운동'을 은폐시키는 외적 요인이며, 이들 저해 요인이 제거된다면 지상의 물체는 모두 일정한 가속도로 낙하한다고 가정했다. 둘째로 그 가정에 기반해 낙하의 법칙, 즉 정지 상태로부터 등가속도로 낙하하는 물체의 낙하 거리는 낙하 시간의 제곱에 비례한다는 명제를 순전히 수학적으로 도출했다. 셋째로 그 논증 결과를 특별히 고안된 장치를 사용한 실험과 측정에 의해 검증했다. 이로써 해야 할 일은 모두 다 한 셈이다. 갈릴레오는 '가설 → 논증 → 실험'이라는 근대 과학의 방법론을 창출했던 것이다.

일정한 온도라면 기체의 압력과 부피는 반비례한다는 유명한 '보일의 법칙'을 이끌어낸 보일과 훅의 실험도 같은 절차에 의해 이뤄졌다. 실제 수은주를 사용해 대기압보다 높고 낮은 비현실적 상황을 보기 좋게 만들어낸 실험이었다. 여기에서 압력이 부피에 반비례한다는 가설이 세워졌고, 그 검증을 위해 그림 10.4에서 볼 수 있듯이 각각의 부피별로 그 가설에 의해 예상되는 압력(표의 E열)과 실측된 압력(표의 D열)이 비교돼 있다.

이렇게 실험은 종전까지 직인들이 행했던 것처럼 기술의 유용성을 확인하고 향상시키기 위한 수단이 아니었으며, 연금술에서 하던 것처럼 닥치는 대로의 시행착오도 아니었다. 또한 마술사처럼 자연의 신비로움을 인위적으로 재현해 사람을 놀래기 위한 것도 아니었다. 실험은 특정한 이론적 가설의 검증을 목적으로 하는 것으로, 이론과의 결합이 불가결했다. 이론적 가설 그 자체는 그 과정에서 복잡하게 뒤섞인 자연현상을 머릿속에서 순화시키고 이상화시킴으로써 나오는 것이다. 이어 직접적인 감각의 지평으로부터 벗어난 상태에서 그 현상을 사고실험함으로써 이론적 가설이 형성된다. 따라서 이를 실험적으로 검증하기 위해서는 이론의 전제를 인위적으로 만들어내려는 실험 주체의 목적의식 그리고 첨단 기술과의 결합이 필요했다. 16세기의 예술가와 직인이나 기술자는 정량적 측정을 지향했고 또 이를 위한 기술을 만들어냈는데, 갈릴레오는 이를 가설의 검증 프로그램에 집어넣음으로써 근대적 실험 사상을 완성했던 것이다.

18세기의 철학자 임마누엘 칸트Immanuel Kant는 "갈릴레오가 일정한 무게의 공을 빗면 위에서 낙하시켰을 때 자연과학자들의 마음에 한 줄기 빛이 번득였다"고 말했다. 갈릴레오의 실험을 자연 의식의 전환점이라고 평가한 것이다. 칸트에 따르면, "이성이 일정불변의 법칙에 따르는 이성판단의 원리를 갖춘 채 앞장서며, 자연을 강요해 자신의 질문에 답하게 해야 한다"는 점을 자연과학자들은 알고 있었던 것이다.

이는 물론 자연으로부터 배우기 위한 것인데, 하지만 그 경우에 이성은 생도의 자격이 아니라 정식 재판관의 자격을 지닌다. 생도라면 교사가 생각하는 대로 무엇이든 듣고 따라야 할 뿐이다. 그러나 재판관이 되면 자신이 제출하는 질문에 대해 증인에게 답변을 강요할 수 있게 된다.[172]

근대 물리학의 법칙은 있는 그대로의 자연을 허심탄회하게 관찰하거나, 아무 전제 없이 닥치는 대로 측정함으로써 도출되는 것이 아니다. 그 검증은 인간의 사고 틀에 적합하도록 자연에 강제적인 작용을 가함으로써 비로소 가능해진다. 그런데 칸트의 이런 표현은 '인간은 자연보다 상위에 있다' 는 의식을 강하게 드러내 보인다. 이런 의식은 다른 논객들에게서도 비슷하게 나타난다.

자연의 비밀 또한 스스로의 길을 갈 때보다도 기술에 의해 괴롭힘을 당할 때 per vexationes artium 한층 그 정체를 잘 드러낸다.[173] ― 프랜시스 베이컨

내가 원소의 혼합을 통해 생겨난다는 여러 물체를 시험하고, 그들을 고문해 그 구성 원질原質을 자백시키기 위해 to torture them into confession of their constituent principle 인내심을 가지고 노력했을 때……. [174] ― 로버트 보일

자연은 보다 부드러운 도발 provocation 로는 드러내 보여 주지 않는 감춰진 부분을, 정교하게 조작된 불의 폭력 the violence of those artful fires 에 의해 자백한다 confess. [175] ― 조지프 글랜빌

이처럼 17세기 논객들이 공통적으로 지닌 의식은 능동적이라기보다 오히려 공격적인 실험 사상으로 발전해 간다. 재판 용어와 심문 용어를 많이 사용하는 것은 프랜시스 베이컨으로부터 글랜빌이나 보일, 칸트에 이르기까지 공통으로 나타난다. 이는 그들이 '인간은 자연에 대해 우월한 능력과 권한을 지닌다'는 입장에 서 있음을 보여 준다. 그런 입장은 "기술은 자연을 모방한다"고 하던, 자연과 기술에 대한 16세기까지의 시각을 넘어선 것이었다.

더 앞으로 거슬러 올라가면, 12세기의 샤르트르 학파였던 솔즈베리의 요하네스는 『메탈로기콘』에서 "자연은 모든 학예의 어머니다"고 했다. 같은 학파에 속했던 콩슈의 기욤도 "모든 기술은 창조주의 기술 아니면 자연의 기술, 또는 자연을 모방한 직인의 기술 중 하나다"고 주장했다. 그는 또 "창조주의 작품이 완전하다"면서 이에 비해 "인간의 작품은 불완전하다"고 기록했다. 같은 시대의 생 빅토르의 위그Hugues de Saint Victor는 『디다스칼리콘』에서 "업에는 세 종류가 있는데, 바로 하느님의 업, 자연에 존재하는 업, 자연 존재를 모방한 기술자의 업이다"고 했다. 그러면서 기술이 만든 것을 '모조품adulterinum'이라고 치부했다. 중세에선 기술은 자연을 모방하지만, 그럼으로써 만들어진 것은 자연 그 자체가 아니라 자연보다 열등한 것, 불완전한 것으로서 자연과는 엄연히 구별되었던 것이다.[176]

또한 중세 서유럽에 커다란 영향을 미쳤던 이슬람의 철학자 아비세나(이븐 시나)는 "연금술은 자연에 미치지 못하며, 자연을 대체할 수 없다"고 말했다.[177] 마찬가지로 13세기 중반의 『장미 이야기』에는 "'기예'는 자연 앞에서 무릎을 꿇고 원숭이처럼 '자연'을 흉내 낸다"면서도 "결코 '자연'에는 도달하지 못한다"고 나온다.[178] 그리고 14세기 초반 단테 Dante Alighieri는 『신곡』에서 이렇게 표현했다. "인간의 기법은 가능한 한 자연의 법을 따르고 있다. 꼭 제자가 스승을 따르는 것과 마찬가지다."[179] 1535년 스페인의 오비에도가 쓴 신세계의 박물지에 대한 책에서도 '자연이라는 교사'라는 표현이 나온다.[180] 이런 관점은 16세기의 기술관, 나아가 기술로서 연금술이나 마술 사상에 일관성 있게 나타난다. 1540년 비링구초는 『피로테크니아』에서 "연금술로 만들어진 금이란 것은 존재하지 않는다"고 단언했을 때 그 논거를 이렇게 말했다.

> 자연은 모든 사물의 내부로부터 작용해, 그 모든 기본적 실체를 어떤 것에서 다른 어떤 것으로 완전히 변환시킨다. 반면 기술은 자연에 비해 지극히 무력하다. 자연을 모방하려고 하면서 자연에 따르고는 있으나, 사물에 대해 외부에서 표면적으로 작용하는 데 그쳐, 사물의 내부로 파고들기는 지극히 어렵고 불가능하기까지 하다.[181]

중세 말기부터 르네상스 시대에 걸쳐 마술이 융성했던 것은 그런 이면을 반영한다. 원래 마술은 통상의 기계적 기술로는 이르지 못하는 자연의 감춰진 힘을 제어해 사용할 수 있는 수단을 찾아냄으로써, 자연에 대한 지배권을 얻으려 했던 것이다. 그러나 결국 마술은 16세기 시행착오를 통해 자연에 감춰진 힘을 찾아내려는 자연마술(실험마술)로 순화됐다. 그럼으로써 종래의 기술과 동일한 지점에 이르게 된 것이다. 마술사로 불리던 아그리파 폰 네테스하임 Cornelius Agrippa von Nettesheim이 1530년 완성한 『예술과 과학의 허영과 불확실성에 관하여』에는 "기술은 자연에 대해 시종처럼 봉사한다"고 나온다. 그리고 1544년 피렌체에서 출판된 베네딕트 바르키Benedict Varchi의 『연금술의 문제』에는 "기술도 연금술사도 금을 만들 수는 없다. 다만 연금술사와 기술의 도움을 받은 자연만이 이를 가능하게 한다"고 돼 있다.[182] 극히 기술적인 마술관을 피력했던 델라 포르타도 1589년의 『자연의 마술』에서 "마술의 작용이란 자연의 작용과 다름없으며, 마술은 자연에 충실하게 봉사하는 것이다"고 기술하고 있다.[183] 이 모든 인용에서도 우위에 선 것은 분명히 자연이었다.

의학의 세계에서도 그렇다. 1568년 외과의 앙브루아즈 파레는 역병을 맞이해 의사와 외과의는 무엇을 할 수 있느냐는 문제에 대해 "자연의 시종이자 조수인 의사와 외과의로선 자연이 가는 대로 따르는 길밖에 없다"고 말했다.[184] 그리고 파라켈수스 또한 "의사로 지칭되는 자는 자연이 자신의 기술보다 우월하다는 점을 이상하게 생각해서는 안 된다"고 했다.[185]

그 배경에는 중세의 인간이 지닌 세상에 대한 이미지가 있다. 즉 "그들[중세의 사람들]은 두 개의 우주 속에서 살고 있었다. 쉽게 말하면, 자연계의 온갖 힘을 인간이 겨우겨우 제어할 수 있다고 생각되는 영역이 소우주였고, 그 외부에 인간이 도저히 제어할 수 없는 온갖 혼령이나 거인, 소인, 죽음 등을 지배하는 대우주가 펼쳐져 있었다".[186] 아직 몸을 써서 일하는 직인으로 멸시당하던 16세기의 기술자와 외과의는 자연마술사나 연금술사와 마찬가지로 한쪽 발은 중세 세계에 남겨 놓은 채, 자연에 대해 그 같은 경외의 염을 지니고 있었다. 근대인 아그리콜라조차도 빈발하는 광산 사고에 대

해 광산에는 '산령'과 '땅의 정령'이 살고 있다는 미신을 광부들과 공유하고 있었다.[187]

이에 비해 기계론 철학은 자연의 소산과 기계적 기술의 소산 사이에 차이를 인정하지 않는다. 17세기 과학혁명의 주도자는 인간의 기술을 자연과 대등하거나 자연을 웃도는 것으로 간주했다. 실제로도 신과학의 대변자였던 로버트 보일은 "화학자들이 불을 사용해 만든 산물이 왜 자연물이 아니라 인공물로 간주돼야 하는지 이해할 수 없다"며 자연물과 인공물의 구별을 무의미한 것으로 봤다. "기술은 자연과 같이 광물 그 자체를 생성할 수 있다"는 것이다. 아니, 그 정도가 아니라 화약과 유리의 예를 들면서 기술이 자연을 넘어섰다고도 생각하고 있었다.

> 초석, 목탄, 유황을 단순히 분쇄해 혼합함으로써 … 자연 스스로가 혼합한 어떠한 물체보다도 한층 강력하고 거대한 작용을 지닌 새로운 물체 — 화약 — 가 생성된다. 또 유리는 인공의 응고물에 지나지 않지만, 그럼에도 이는 매우 귀하고 유용한 인공 응고물이다. 자연 스스로는, 예컨대 그보다 내구력이 강하고 변치 않는 여러 유리를 만들었다고 해도, 극히 소량밖에 산출하지 않는다.[188]

이리하여 보일은 로버트 훅의 협력을 받아 완성한 진공펌프를 사용해 종전에 자연 상태로는 존재하지 않던 진공을 강제적으로 만들어냈다. 그뿐 아니라 그 속에서 갖가지 현상을 관찰해, 이를 바탕으로 자연의 과학을 논한다. 이는 인간의 기술적 산물이 자연에 비해 열등한 것이 아니라, 오히려 보다 본질적인 자연의 질서를 만들어낸다는 인식을 전제로 한다. 즉 보일 스스로 인정하듯이 "사람의 힘으로 자연의 상태가 만들어진다면, 그것은 우리가 관찰을 통해 가장 많은 것을 배울 수 있는 상태인 것이다."[189] 그 뒤 근대 물리학의 실험은 20세기의 핵융합 원자로나 대형 가속기를 사용한 원자핵과 소립자의 실험에 이르기까지 인공적으로 만들어진 상황 하에서만 볼 수 있는, 완전히 제어된 현상을 순수한 자연현상으로 간주해 왔다.

근대 자연과학은 이렇게 탄생했다. 그리고 그 과정에서 16세기 기술자들이 지니고 있었던 자연에 대한 외경의 염을 17세기 이후 엘리트 과학자들은 내팽개쳐 버렸다. 더 이상 자연은 모방해야 할 대상으로도, 우러러 배워야 할 스승도 아니었다. 자연은 심문의 대상이 됐고, 인간은 자연에 대해 검사나 판사의 입장에 서게 됐다. "기술이 자연과 경쟁해 승리를 얻는 데 모든 것을 건다 omnia in victoria cursus artis super naturam ponimus"고 했던 것은 프랜시스 베이컨이다.[190] 기술은 자연보다 열등하다는 종전의 기술관과 결별했던 베이컨에게 자연 연구의 목적은 '행동에 따라 자연을 정복하는 opere naturam vincere 것'이었으며, '기술과 학문 art et scientia'은 '자연에 대한 지배권 imperium'을 인간에게 부여하기 위한 것이었다.

인류 자체의 권력과 지배권을 우주 전체에 대해 확대하도록 노력하는 사람이 있다면, 그 같은 야심은 다른 어떤 것보다 더 건전하고 고귀하다.[191]

베이컨은 이에 그치지 않고 "인간의 노력이나 기술에서 자연을 지배하고 복종시키려는 그 어떠한 것도 기대해선 안 된다"는 소극적이고 연약한 사상을 비난하기까지 했다.[192] "인간의 능력을 부당하게 제한하고, 고의로 부자연스러운 절망을 안겨 준다"는 이유에서였다. 그리고 "자연을 알게 됨으로써 자연을 지배master하고, 관리manage하며, 인간의 생활을 위해 이용하게 된다"고 말한 것은 조지프 글랜빌이었다.[193] 데카르트 또한 1637년 『방법서설』에서 신과 학이 일으킨 '실천적 철학'에 의해 "우리들은 자연의 주인공이자 소유자가 될 것이다"고 내다봤다.[194]

20세기에 이르기까지 근대 과학이 '승리의 진군'을 할 수 있었던 비결은 두 갈래로 나타난다. 우선 한편으로 근대 과학은 실제 내용상으론 매우 제한된 문제에 스스로의 영역을 한정했다. 그렇게 함으로써 비로소 근대 과학은 우수한 설명 능력을 만들어냈던 것이다. 아울러 다른 한편으로 근대 과학은 이데올로기로서 진보사상을 골격으로 하면서 자연에 대해 극히 공격적인 자세를 지니고 있었다. 결국 이는 19세기에 '과학 기술'을 낳고, 고도 공업화 사회를 형성하는 추진력이 돼 인간 사회에 거대한 영향을 끼쳤다. 일면 인간 생활을 크게 향상시켰다는 점은 사실이다. 그러나 내부적 문제로의 자기 한정과 외부에 대한 공격적 성질, 이는 근대 과학이 지닌 모순이었다. 이 모순은 과학에 기초한 기술이 무절제하게 확대되고, 생산이 대규모화하면 결국 겉으로 드러날 수밖에 없는 것이었다. 그러므로 '승리의 진군'인 공업화 과정에서 고려되지 않은 채 방치돼 온 부정적 유산도 적지 않았다. 그런 마이너스의 유산은 이미 20세기 후반부터 일제히 저항의 목소리를 높이기 시작했다. 21세기는 그 뒤처리에 쫓기게 될 것이다.

17세기 중반 영국 작가 토머스 브라운Thomas Brown, 1605~1682은 고대·중세의 사람들이 과거의 권위를 얼마나 무비판적으로 받아들였는지 개탄했다. 그리고 근대에 들어 그로부터 탈각할 수 있었던 이유의 하나로 신세계의 발견이 고대인의 지리적 지식의 오류를 폭로했다는 점을 들었다.[195] 대항해 시대의 경험은 당시까지 유럽인을 옭아맸던 고대의 권위와 문서 신앙을 깨부수고, 경험 중시의 풍조를 강력하게 불어넣었던 것이다. 이는 기술적 실천에 숙달돼 있던 예술가와 외과의를 포함한 직인들이 자신의 목소리를 낼 수 있게 된 배경이 됐다. 이와 동시에 그들의 발언이 유통되고 수용될 수 있는 토양을 배양했다. 직인들은 스콜라학에서부터 인문주의에 이르기까지 유일한 학문 언어였던 라틴어에는 익숙지 않은 사람들이었다. 그런 그들이 속어를 사용해 스콜라학과는 이질적으로, 새로운 자연과의 작용에 대해 발언하기 시작했던 것이다. 이는 지知의 발생 현장을 상아탑에서 직인의 공방으로 옮겨 놓았다. 조심스럽게 말하자면, 적어도 그 외연을 확대시킨 셈이다. 도구를 사용한 관찰과 정량적 측정이라는 근대 과학의 기본적 수단 그리고 도해를 첨부한 지식의 전달 방법, 이는 바로 직인들의 손에서 출발한 것이었다.

이토 슌타로伊東俊太郎의 논고 「이탈리아 르네상스와 근대 서구 과학」에는 르네상스 시대의 예술과 과학에 대해 다음과 같이 기술돼 있다. 다만 인용에서 '예술'을 '기술'로 바꿔 읽는 게 좋겠다.

지금까지 오로지 직인적 경험에만 의존한 채 이론에 근거하지 않던 예술이 처음으로 그리스 이래의 학문적 전통과 연결돼 지성화됐으며, … 다른 한편에선 오래도록 사변적 연구만을 중시해 수공적 기술을 경멸하던 과학이 처음으로 직인적 실천에 주목해, 조작적·실험적인 것으로 변모했고, … 이 두 조류가 융합되는 지점에서 등장한 예술과 과학의 상호 교류가, 한편으로는 완전히 새로운 예술을 낳았고, 다른 한편으로는 완전히 새로운 과학을 만들어냈다.[196]

17세기 들어 과학자가 직인의 기술과 실천에 착목했던 것은 분명한 사실이다. 하지만 이는 반쪽짜리 사실에 불과하다. 16세기의 단계에선 주도권이 직인들 쪽에 있었고, 기술이 앞서 가고 있었다. 적어도 직인들이 보여 준 주체성은 보다 분명히 인정해야 할 것이다. 과학자와 지식인이 직인과 기술자의 실천적 결과물을 끌어올렸다고 말하는 것은 정확치 않다. 그보다는 직인들이 자신들의 언어로 스스로의 작업에 대해 발언함으로써 경험지經驗知의 우위를 주장했고, 자신들의 방법의 유효성을 학자들에게 호소했던 것이다. 이렇게 직인들은 종래 자신들이 소외당하던 문자 문화의 세계로 월경해 들어가, 학문 세계와 관계를 맺기 시작했다. 이는 '16세기 문화혁명'으로 불릴 만한 지知의 세계의 지각변동이었다.

그러나 그들의 소박한 경험주의는 나름의 한계를 지니고 있었다. 따라서 그들이 신과학 형성에 기여했던 역할을 과대평가할 수는 없다. 왜냐하면 결국 새로운 과학의 형성을 위해선 경험주의 이외에도 여러 가지가 필요하기 때문이다. 우선 실험과 측정의 결과를 수학적으로 이론화된 '법칙'으로서 확정해야 한다. 또 이를 하나의 지식 체계 — 즉 과학 — 로 끌어올리는 수완 — 즉 논증 능력 — 이 있어야 한다. 그리고 이론 체계에서 나온 가설로서의 법칙을 제창함으로써, 실행해야 할 실험의 계획을 세우고 그 방향을 정하는 기술 — 이론에 근거한 목적의식성 — 도 필요하다. 새로운 과학은 법칙 형성을 위한 이론적 작업과 논증에 실험과 측정이 적용됨으로써 비로소 탄생했다. 갈릴레오가 포물운동의 올바른 해답에 도달했던 것도 그와 같은 절차를 거쳐서였다. 17세기 과학혁명의 중추를 이루는 것은 실험을 통해 수학화한 과학이었다. 이게 17세기에 등장해 가장 큰 성공을 거뒀다고 볼 수 있다. 그중에서도 가장 중요한 것은 실험을 입안하고 그 결과를 해석하는 단계였다. 그 과정은 역시 이론이 주도했다. 그런 한에서 "과학혁명이란 무엇보다 먼저 이론과 설명에서의 혁명으로 나타났다"[197]고 한 루퍼트 홀의 주장에 동의할 수 있다. 16세기의 직인들은 바로 그 직전에 걸음을 멈췄다.

과학사가 에드거 질젤Edgar Zilsel은 뒤러와 노먼과 비링구초처럼 스스로 과학서를 집필한 직인들을 '고급 직인'으로 규정했다. 과학혁명에서 담당했던 그들의 역할을 높이 평가하는 질젤 역시 "직인은 방법적·지적 훈련이 결여돼 있었다"고 지적하며, 이 때문에 "직인의 실험만으로는 과학상의 성과를 낳지 못했을 것이다"고 인정했다.[198] 그러고는 다음과 같이 기술했다.

모든 고급 직인들은 기계학, 음향학, 화학, 야금술, 도법기하학, 해부학에서 이미 상당한 이론적 지식을 발전시켰다. 그러나 그들은 어떻게 해야 이를 더 체계적으로 진척시킬 수 있을지 알지 못했다. 따라서 그들의 성과는 고립된 발견의 모음집에 불과했다. … 그런 이유로 그들 고급 직인들을 과학자로 부를 수는 없다. 하지만 그들은 과학자의 바로 앞을 걸었던 사람들이다.[199]

17세기의 지식인들은 16세기에 고급 직인들이 멈춰 선 바로 그 지점을 넘어섰다. 미술사학자 에르빈 파노프스키Erwin Panofsky는 예술가들이 회화의 이론적 기초를 추구했던 르네상스가 '구분-철거decompartimentalization'의 시대였던 데 비해, 17세기에는 또다시 '구분-설정compartimentalization'이 시작됐다고 했다.[200] 분명 16세기 예술가, 직인, 기술자, 상인들은 새로운 과학에서 추구하던 갖가지 기법 — 도상 표현 기법, 인도 · 아라비아 숫자를 사용한 계산법과 대수학, 계측기의 제작과 정량적 측정 — 을 고안해냈다. 그리고 그들은 자기 분야의 작업을 영위하는 데 사용하는 기법과 절차가 단순한 기술적 유용성을 넘어 자연적 실재實在에 관한 지식을 얻는 데 매우 유용하다고 주장했다. 이는 새로운 지知의 모습을 제시한 것이었다. 그러나 17세기에는 논증력과 종합력을 지닌 지식층이 직인들의 기법과 시각을 받아들여 자신들의 것으로 만들었다. 이를 통해 지식층은 주도권을 회복해 갔다.

이리하여 선진적인 예술가, 직인, 상인, 외과의의 손으로 추진됐던 16세기 문화혁명은 17세기 들어 그 성과를 엘리트 지식인에게 넘겨줌으로써 종언을 맞는다. 물론 17세기에도 잉글랜드의 윌리엄 페티William Petty나 독일의 오토 폰 게리케Otto von Guericke, 네덜란드의 레벤후크와 같은 예외가 있긴 하지만, 전체적으로 본다면 그렇다는 얘기다. 고등교육을 받고 논증에 대한 훈련을 쌓은 지식인들은 경험 과학의 기법을 몸에 익혀 16세기에 시작된 지적 세계의 변혁에서 헤게모니를 탈환했다. 그럼으로써 과학혁명의 '승리의 진군'이 화려하게 개시된 것이다.

하지만 그렇다고 해서 근대 과학의 성립, 특히 17세기 과학혁명의 발흥에 대해 16세기의 예술가, 직인, 기술자, 상인, 외과의, 군인들이 담당했던 역할을 무시할 수는 없다. 그들이 전체적으로 지의 세계에 일으킨 지각변동은 '16세기 문화혁명'으로 부를 수 있을 만큼 근본적인 변동이었다. 특히 16세기 직인들은 자연이 기술보다 우위에 있다고 받아들였다. 자연에 대한 경외심을 유지하고 있었다는 것은 16세기의 한계로서 부정적으로 봐야 할 게 아니다. 17세기 이후 근대 과학의 '승리의 진군'이 그 같은 감정을 '극복'하도록 만든 건 사실이다. 하지만 실제 근대 자연과학은 극히 제한된 문제에 대해서만 답을 제공해 줄 뿐이다. 따라서 과학이 설정한 협소한 범위 이상으로 영향을 미치는 공업화를 브레이크도 없이 매진하도록 하는 것은 너무나도 위험한 일이다. 프랜시스 베이컨이 지녔던 것과 같은 자연에 대한 공격적인 자세는 현재 어떻게든 제동을 걸어야 할 정도에 이르렀다. 그 제동은 기본적으로 자연에 대한 외경심에 뿌리를 내리지 않으면 안 되는 것이다.

□ 저자 후기

  출판사에 재교 교정본을 전달하고는 '끝났다' 는 기분으로 솔직히 한숨 났다. '끝났다' 는 것은 물론 직접적으로는 교정과 색인처럼 잔신경이 쓰이는 단기 집중 작업이 종료됐음을 말하는 것이지만, 좀 더 긴 시점으로 보자면 3년간에 걸친 집필 작업이 완료됐음을 의미한다. 그리고 본질적으로는 전작인 4년 전의 『자력과 중력의 발견』의 '후기'에서 약속한 '숙제'를 마침내 끝내게 됐음을 가리킨다. 그 '후기'의 말미에 나는 이렇게 썼다.

  이 책을 쓰는 과정에서 1500년대 르네상스라고 불리는 시기의 서양에서, '16세기 문화혁명' 이라고 할 만한 지知적 세계의 지각변동이 일어나진 않았는가, 하는 점에 생각이 미쳤다. 이 점을 한층 명확히 하는 과제에 대해선 앞으로의 숙제로 남겨 두고 싶다.

  '숙제' 란 바로 이것을 말한다. 이야기를 더 거슬러 올라가면, 꼭 10년 전 일본평론사에서 완성한 『고전 역학의 형성』의 말미에서도 이런 문제 설정을 했다. "현재 전 세계를 제패하기에 이른 근대의 과학 기술이 왜 서양의 근대에서만 탄생했는지는 과학사 · 기술사의 끝없는 의문이다. 아니, 과학사와 기술사라는 학문은 요컨대 이 문제의 해결을 위해서만 존재하는 것이 아닐까." 현재는 이 문제에 대해 전작 『자력과 중력의 발견』과 함께 이번 저서로 미력하나마 나름대로의 해답을 낼 수 있었다는 생각이 든다. 실제 이 해답이 어떻게 평가되든 간에, 나로서는 인생의 숙제에 한 획을 그었다고 생각한다.

실은 전작에서 '숙제'라는 표현을 쓸 때는 그저 먼 앞날의 일이겠거니 하며, 곧바로 달려들 생각을 하지 않았다. 전작을 마쳤을 때는 역사학이라는 생소한 '어웨이away' 게임에서 철수해, 물리학이라는 '홈'(적어도 내게는 그렇다) 게임으로 빨리 돌아가고 싶은 심정이었다. 게다가 원래 전작은 표제에서도 짐작할 수 있듯이 꽤 특수한 주제에 대해 쓴 책이어서 그리 많은 사람들에게 읽히리라고 생각하지 않았다. 하지만 예상과 달리 많은 분들이 읽어 주셨고, 나아가 생각지도 못했던 몇몇 상까지 받게 됐다. 그렇게 해서 드디어는 '오사라기지로大佛次郎 상'의 수상 기념 강연을 하기에 이르렀다. '16세기 문화혁명'이라는 주제로 한 시간 정도 요코하마의 개항자료관에서 강연했는데, 이게 잡지 《론자論座》(2004년 5월호)에 게재됐다. 그러자 주위에서 '숙제'의 공약을 실현하라는 요청이 자꾸 들어오기도 했다.

그처럼 전작은 여러모로 호평을 받았는데, 이는 저자로서 매우 감사한 일이며, 솔직히 말해 기쁘기도 하다. 특히 반가웠던 일은 한국에서 번역 제의가 들어와, 동아시아출판사에서 한성봉 사장과 번역자 이영기 씨의 노력으로 한국어판이 출간된 일이다. 이런 일들이 나에겐 큰 격려가 돼 '숙제'를 뒷날로 미루지 않고 공약 실현에 나서기로 한 것이다. 이게 3년 전이었다.

3년이라는 단기간에 써낸 것 치고는 내가 봐도 잘했다는 생각이 든다. 하지만 실은 자료를 모으고 훑어보는 기본적인 작업은 이미 전작을 집필하는 도중에 어느 정도 해 두었다. 게다가 전작의 원고에는 써 두었지만 결국 사용하지 않았던 부분도 몇몇 남아 있었다. 또 사실 이 주제에 대해선 이노 슈지猪野修治가 주재하는 '쇼난湘南 과학사 간담회'의 잡지 《쇼난 과학사 간담회 통신》의 제7호(2001년)에서 '시몬 스테빈과 16세기 문화혁명'이라는 제목의 원고를 기고함으로써 논의를 시작한 셈이었다. 그렇다 해도 지금 생각하면 인상이 선명하게 남아 있을 때 작심하고 달려들기를 잘한 것 같다.

물론 이 책을 쓰기 위해 새롭게 모은 자료나 새로 읽은 서적도 매우 많다. 집필 최종 단계에서 읽은 피터 버크Peter Burke 편저의 논문집 『뉴 히스토리의 현재』에는 의학사가 로이 포터Roy Porter의 논문 '신체의 역사'가 수록돼 있다. 그 가운데 "학자들은 늘 정신적·영적·이념적 의미를, 순수하게 물질적·육체적·감각적인 것보다 기계적으로 우선시하는 해석상의 전통 속에서 연구하고 있다"는 구절이 눈에 들어왔다. 역시 그렇구나, 하고 고개가 끄덕여졌다.

예를 들어 본문에서도 나오듯, 에우제니오 가린Eugenio Garin의 『르네상스의 교육』은 라틴어로 이뤄지던 인문주의 엘리트 교육의 이념만 온통 논하고 있다. 반면 그 시대에 훨씬 더 많은 수의 학생들을 가르쳤던 거리의 산수교실들, 그곳에서 속어로 행해지던 직업 기술로서의 수학 교육은 다루지 않고 있다.

또 마르크스주의자였던 프란츠 보르케나우Franz Borkenau의 『봉건적 세계상에서 시민적 세계상으로』라는 대저도 마찬가지다. 미스즈쇼보에서 출간된 번역본에는 없으나, 원저에는 '매뉴팩처 시대의 철학사 연구'라는 부제가 달려 있다. 여기에서 보르케나우는 신과학을 이렇게 파악했다. "질적인 철학의 기각, [정량적인] 기계론적 세계상의 창조는 하나의 격렬한 변혁이었다. 이는 1615년경에 시작해 데카르트의 『방법서설』과 갈릴레오의 『천문대화』 그리고 홉스의 『법의 원리The Elements of Law, Natural and Politic』를 정점으로 한다." 이 책의 기본적 주장을 한마디로 말하면, '기계론적 세계상'은 "매뉴팩처에서 일어나는 사태를 전 우주적으로 투영한 것"이라는 테제에 요약돼 있다. 그 주장에 대해선 지금까지 의문과 비판도 제법 나왔다. 그러나 그런 추상적이고 딱딱한 논의는 제쳐 두고라도, 이 책은 문자 그대로 '손manus'으로 '만들다facere'는 어원적 의미를 지니는 '매뉴팩처'가 자연관에 미친 영향을 논하면서도 수작업과는 거의 인연이 없을 법한 초일류 지식인의 언설을 추적하는 데에만 일관하고 있다.

실제 이 책에는 내가 소개한 16세기 예술가, 기술자, 수리기능인이 전혀 나오지 않는다. 즉, 공방에서 교육 받은 레오나르도 다 빈치는 물론이고, 화가이자 수학자인 피에로 델라 프란체스카, '대공大工의 기하학'을 쓴 독일의 화가 알브레히트 뒤러, 상업수학을 기초로 복식부기를 널리 보급한 루카 파치올리, 유리 직인 출신의 도공으로서 지질학과 고생물학을 연구한 베르나르 팔리시, 탄도학에서부터 정역학에 이르기까지 연구를 거듭해 갈릴레오를 선도한 독학의 산수교사 타르탈리아, 수리기술자이면서 일하는 틈틈이 대수학의 기초를 닦아 비에트와 데카르트로 이르는 길을 닦은 라파엘 봄벨리, 지상에서 나타나는 자연현상의 정량적 측정을 시작한 윌리엄 길버트, 그리고 그의 등장을 준비했던 선원 출신의 직인 로버트 노먼과 자수성가형 선원 윌리엄 버로, 정밀한 분석화학의 기초를 닦은 야금·시금 기술자인 이탈리아의 비링구초와 보헤미아의 라자루스 에르커, 정확한 천체관측을 처음으로 장기간 지속한 상인 베르나르트 발터, 천체관측은 물론이고 측량술과 지도학에도 정통한 덕분에 천체관측용 기구를 지상의 정량적 관측에 활용할 수 있었던 남부 독일과 네덜란드의 수리기능인들 그리고 응용수리과학의 중요성을 일찌감치 깨달은 잉글랜드의 존 디와 디그스 부자……. 이와 같은 사람들은 보르케나우의 책 어디에도 등장하지 않는다. 관측 기기의 개량에 부단히 노력해 관측 정밀도의 향상을 시도함으로써 케플러의 등장을 촉발시킨 티코 브라헤에 관해서도 프랑스의 피에르 가생디 Pierre Gassendi가 그의 전기를 썼다는 지적에 그칠 뿐, 사실상 아무것도 논하지 않았다. 17세기에 들어서도 뛰어난 학자이자 수작업에도 능숙했던 로버트 훅과 헨리 파워, 이들은 직접 현미경과 기압계를 만들어 자연을 연구했지만 이 보르케나우의 책에는 얼굴을 드러내지 않는다.

 이 같은 인물들의 업적에 눈을 돌리지 않은 채, 지식인이 관념적으로 서재에서 써 내려간 텍스트만을 따라간다고 해서 기계론적 세계상의 발생을 정말로 이해할 수 있을까, 하는 의문이 들었다. 실험과 관측을 숫자와 논증에 병합시켰던 17세기 새로운 과학의 형성은 당시 아카데미즘 세계가 일고의 가치도 없다고 여겼던 직인들의 수작업과 기계적 기예를 평가해 줌으로써 가능해진 것이었다. 과학사에서 적어도 17세기 신과학의 등장은 그 이전의 기술사 — 직인들의 실천 — 를 빼놓고는 언급할 수가 없는 것이다.

이 부분, 즉 기술과 과학의 관계를, '후기'라는 지면을 빌려 어느 정도 상상을 담아 조금 자유롭게 써 보도록 하겠다.

게르만 민족의 대이동과 로마제국의 붕괴로 인해 서유럽에서 소실된 고대 그리스 철학과 과학을 이어받아 보존하고 있었던 것은 비잔틴 사회와 이슬람 사회였다. 중세 기술사 연구자인 린 화이트가 말하듯, "기원후 750년부터 1150년에 이르기까지 이슬람은 과학 활동에서 내내 선두를 달리고 있었다."『기계와 신』, p. 100 실제 이슬람 사회는 9세기 이후 그리스 철학과 의학만이 아니라 인도의 수학과 천문학을 아라비아어로 옮겨 자신의 것으로 만들었다. 이슬람 사회는 또 기술에서도 급성장을 이룩했다. 19세기의 미국 소설가 워싱턴 어빙의 『알함브라 The Alhambra』에는 13세기 그라나다의 알함브라 궁전을 건설한 알라흐마르 왕의 공적에 대해 다음과 같이 나온다.

그는 왕국의 요새를 강화했고, 무기고를 보충했으며, 부를 생산해 진정한 의미의 국력을 증강시켜 주는 산업 기술의 개발을 장려했다. … 맹인, 노인, 병자, 부상자를 위한 병원을 짓고, 종종 그들을 위문하러 갔다. … 학교와 대학도 지었다. … 도축장과 빵 굽는 공용 화덕을 각지에 설치했고, 왕국의 전 주민이 영양가 있는 음식을 적절한 가격에 구할 수 있도록 배려했다. 물을 도시 안으로 풍부하게 끌어들여 욕장과 분수를 만들었고, 수도관과 운하를 뚫어 없는 사람들에게도 널리 물을 보급하고, 경지를 적셔 비옥하게 만들었다. … 덧붙여 왕은 각 부문의 명공에게 포상을 내림으로써 특권을 부여해 보호했고, 말이나 기타 가축의 품종 개량을 연구시켰으며, 축산물과 농산물의 증산을 장려했다. 경작지의 지질 개량을 위해선 돈을 아끼지 않았으며, 왕국의 아름다운 계곡이라는 계곡을 모두 정원처럼 개간해 꽃으로 넘치게 했다. 양잠업의 육성에도 열심이었는데, 그 덕분에 그라나다의 견직물은 좋은 품질과 아름다운 가공으로 시리아의 명산품 견직물을 능가하기에 이르렀다. 그뿐 아니다. 왕은 영지의 산악 지대에서 발견된 금광과 은광, 기타 금속 광산의 발굴과 야금 기술의 개발에도 큰 힘을 쏟았다.

무척 앞서 있었던 셈이다. 그리스도교 지배의 유럽에선 선구자로서 베이컨이 자연력의 사용과 과학의 기술적 적용을 꿈꿔 보는 수준에서 논하고 있던 시대였다. 그러나 기술의 면에서는 중세의 라틴 유럽이 뒤처져 있었다고는 해도, 완전히 무無에서 시작한 것은 아닌 듯하다. 로마 시대의 수공예 기술의 많은 부분은 단절되지 않고 게르만 사회에 전승됐다.구스타프 프라이타크Gustav Freytag, 『독일 사회문화사』, p. 186ff. 그리고 서구는 결국 이슬람 사회를 따라잡는다. 앞서 소개한 린 화이트의 책에는 다음과 같은 대목이 나온다.

적어도 기원후 1000년쯤에 서양은 수력을 곡식 빻는 것 이외의 산업적 용도로 응용하기 시작했다. 그다음에 나온 게 12세기 후반 풍력이다. 서양은 극히 단순한 출발점에서 시작해 동력 기구, 생력 장치, 자동화를 발전시켜 왔다. 중세 후기 라틴어권의 서양은 수작업에서뿐 아니라 기본적인 기술 능력에서도 비잔틴이나 이슬람을 훨씬 능가하고 있었

다.『기계와 신』, p. 82

　이렇게 14세기경에는 유럽이 이슬람 사회에 대해 기술적 우위에 서게 됐다. 특히 이때쯤 시작된 수력 구동형 풀무를 갖춘 고로의 건설과 주철의 생산은 16세기 이후 유럽에 기술적 우위와 그에 따른 경제적·군사적 우위를 안겨 준 원동력이었다.
　학문의 경우, 중세 서유럽은 로마제국 붕괴 이후 고대의 학예를 거의 이어받지 못하는 바람에 당초 이슬람에 비해 완전히 지체돼 있었다. 원래 중세 전기의 라틴 유럽에선 우리가 '과학'이라고 부를 만한 게 존재하지 않았다. 그러나 12세기경 이후 내부 대립으로 피폐해진 이슬람 사회에서 학문에 대한 관심이 쇠약해진 반면, 서유럽에선 '12세기 르네상스'라는 번역 운동 — 이슬람과 비잔틴으로부터의 번역 — 이 시작됨으로써 고대의 학문적 전통이 부활한다. 자연에 대한 학문이라는 넓은 의미의 자연과학이 서유럽에 탄생한 것은 그때 이후다.
　이렇게 중세 후반에 이르면 유럽은 학문적으로나 기술적으로나 이슬람을 추월해 나아갔다고 할 수 있다. 그러나 중세 유럽에도 학문과 기술의 결정적 문제점이 있었는데, 대학에서 교수되고 있던 학문과 공방에서 영위되며 전승되던 기술이 서로 전혀 소통되지 않는 '몰교섭' 상태에 있었다는 점이다. 로저 베이컨과 같은 선구자가 있었음에도 불구하고 "기술상의 성과와 문제가 중세 과학의 발전에 직접적 자극을 주었다고는 보이지 않으며, 과학상의 발견도 기술의 진보에 영향을 주지 못했다".Lynn White Jr., *Medieval Religion and Technology*, p. 83 대학의 학문 — 스콜라학의 '자유학예' — 는 고대의 문헌에 의거하던 사변적 학문이었으며, 다른 한편으로 직인들의 기술 — '기계적 기예' — 은 과학적 근거를 수반하지 못한 채 경험에 기반을 두고 있었다. 그리고 기술이 앞서 있었음에도 불구하고 학문은 수작업을 깔보고 있었다. 17세기의 신과학은 그 같은 학문을 크게 전환시킴으로써 형성됐다.

여기까지 기본적으로 린 화이트의 논거에 따라 중세 서유럽의 과학과 기술의 특징을 살펴봤다. 화이트는 17세기의 신과학을 중세의 학문에 연속적으로 이어진 것으로 파악하면서 다음과 같이 말했다.

17세기 과학혁명은 여러 의미에서 후기 중세 과학이 낳은 아이다. 그러나 그는 반역아이기도 하다. 그는 사변적 과학에 만족하지 못하고 실험의 필요성을 자각했다. 그는 실험과 함께 이끌어내야 할 작용가설에 대한 직감을 길렀던 것이다. 여기에서 우리는 커다란 변화를 찾아볼 수 있는데, 이는 불연속적인 게 아니다.같은 책, p. 86

연속적인지 불연속적인지 따지는 일은 제쳐 두자. 그런데 이것만으로는 중세 과학이 돌연, 자발적으로 기술에 눈을 돌려 자기변혁을 이뤄낸 것처럼 들린다. 하지만 실제 그 변화는 중세의 배타적인 학문 세계와 문자 문화의 외부에서, 즉 직인과 기술자들의 실천적 행위에 의해 촉발된 것이었다.

내가 이 책에서 말하고 싶었던 것은 16세기의 단계에선 오히려 직인으로서 예술가나 기술자에게 그 변혁의 헤게모니가 있었다는 점이다. 다시 말해 그 변화를 불러일으킨 동력으로서 '16세기 문화혁명'이 있었다는 점이 전부다. 중세에서 과학과 기술의 단절 상황을 타파했던 것은 예술가, 직인, 기술자, 외과의, 나아가 시장통의 산수교실 교사나 뱃사람들이었다. 그들이 학문 세계의 경계를 타 넘어 들어감으로써 그 장벽이 와해됐던 것이다. 그들은 속어로 책을 씀으로써 라틴어로 굳게 보호 받고 있던 대학 아카데미즘의 지적 독점에 바람구멍을 냈다. 그런데 이는 종래의 스콜라 문화를 대신하는 새로운 지知의 모습을 보여 준 것이었다. 즉 그들은 자신이 지닌 기술의 비밀을 문서로 만들어 공개했고, 종전까지 천시되던 수작업과 기계적 기예의 가치를 분명히 밝혔다. 여기에 그치지 않고 그 과정에서 봉착한 갖가지 문제에 대해 합리적 고찰을 했다. 그리고 이를 통해 실험적 관찰과 정량적 측정이야말로 자연 연구의 기본 방법이어야 한다는 점을 주장했다. 그들은 당시 문서에 편중된 사변적 학문을 대체할 경험 중시의 과학의 중요성과 유효성을 명백히 해 나갔던 것이다.

이리하여 논증에 기반을 둔 정성적 자연학에서 측정에 의거한 정량적 물리학으로 이르는 길이 닦였다. 이 16세기 문화혁명이 학문 세계에 일으킨 지각변동 끝에 17세기 과학혁명이 완수되기에 이른 것이다.

이참에 진도를 좀 더 나가 보자. 17세기 과학혁명은 지식인이 직인·기술자의 주장을 받아들여, 신과학 형성의 헤게모니를 수중에 넣음으로써 달성됐다. 그 지식인들은 대학에서 고등교육을 받고 중세 스콜라학을 통해 배양된 엄밀한 논증 기술을 몸에 익힌 사람들이었다.

17세기 과학혁명이 오로지 신플라톤주의에 의해 주도됐던 순수한 사상적 사건이었고, 기술 측으로부터의 자극은 보잘것없었다고 주장하는 사람들도 있다. 분명 16세기 말 케플러가 행성의 궤도는 플라톤이 말한 5개의 정다면체에 내외접하는 구면 상에 있으며, 따라서 행성은 6개밖에 없다고 말했을 때, 그는 플라톤주의자였을지도 모른다. 그러나 케플러는 티코 브라헤의 20년에 이르는 정밀한 관측 데이터를 토대로 플라톤이 선호한 원궤도의 대칭성을 버리고 타원궤도라는 비대칭적 형상을 받아들였다. 이는 실제의 측정 결과를 플라톤주의적 이념보다 상위에 올려놓은 것이었다. 그 토대에는 직인의 작업이나 기계적 기예를 높이 평가했던 티코 브라헤의 관측 결과가 자리하고 있었다. 직인의 작업과 기계적 기예는 관측 기기의 개량과 측정 기술의 향상으로 이어지는 것인데도, 당시 아카데미즘 세계에선 멸시당하고 있었다. 원래 현실적 감각을 통해 자연현상을 측정하고, 이로부터 수학적 자연법칙을 도출한 다음 이를 다시 자연의 측정에 의해 검증하는 작업은 플라톤주의로부터의 이반을 뜻한다. 갈릴레오도 그렇다. 실제 "갈릴레오의 수학은 아테네의 철학자들이 경시하던 측량 기사의 기하학과 회계장부의 산술에 더 가까운 것이었다." Geymonat, *Galileo*, p. 32

이처럼 고등교육을 받고 논증 기술에도 능숙했던 갈릴레오, 로버트 훅, 호이헨스를 필두로 한 신과학의 추진자들은 자기 손으로 관측 장치를 제작해, 직접 측정과 실험을 했다. 그러나 이는 동시에 자연에 대한 경외심을 바탕으로 인간의 기술은 자연에 미치지 못한다고 본 16세기 직인들의 자연관으로부터, 과학과 기술로 자연을 지배할 수 있다고 하는 17세기 과학자들의 자연관으로의 전환을 함께 가져왔다. 그 배후에는 프랜시스 베이컨이 부추긴 이데올로기가 있었다. 즉 새로운 자연과학은 자연을 관상(觀想)적으로 이해하는 데 그치는 게 아니라, 인간이 자연을 지배하고 자연력을 사용하기 위한 것이어야 한다는 이념 말이다. 데카르트가 한 다음의 말은 신과학의 야심을 제대로 표현해 준다.

> 우리는 직인들의 여러 기능을 분명 알고 있다. 이와 마찬가지로 이 실천적 철학을 바탕으로 불, 물, 공기, 천체, 천공 그리고 기타 우리를 둘러싼 모든 물체의 힘과 작용을 분명히 인식하고, 각각 어떤 용도로나 똑같이 적절히 사용하면 우리가 '자연'의 주인이자 소유자처럼 되지 않겠는가. 『방법서설』 제6부

이렇게 과학의 뒷받침을 받은 기술이라는 의미의 '과학 기술' 사상이 마침내 탄생하게 됐다. 16~17세기에는 과학이, 앞서 가던 기술로부터 배웠다. 하지만 18세기 이후엔 거꾸로 과학이 기술의 기초를 닦았을 뿐 아니라 기술을 선도하게 됐다. 게다가 그 기술은 무엇보다 자연을 인간에게 복종시키고, 자연을 인간에게 도움이 되게 만드는 일, 즉 자연의 수탈을 목적으로 삼는 것이었다.

실제로 '과학 기술'이라는 것이 공업으로서 실천되기 시작했던 때는 근대 화학과 열역학이 태어난 18세기 후반 이후다. 공과계 대학이나 대학의 공학부가 설립된 것도 19세기 들어서부터다. 그 이후 과학은 기술과 적극적 결합을 시도함으로써 고도 공업 사회 형성의 추진력이 됐으며, 인간 사회에 커다란 영향을 미쳤다. 그러나 이는 일정한 기본적 모순을 내포하고 있었다.

원래 근대 자연과학, 특히 물리학과 화학은 법칙의 확립을 목적으로 삼았다. 하지만 그 법칙이라는 것은 직접적 응용과 관계없는 천문학을 제외하면, 주변 세계로부터 분리되고 순화된 소세계에 한정돼 있었다. 바꿔 말해 근대 자연과학은 환경과의 상호작용이 극소화되도록 제어된 자연의 작은 부분에만 착목해, 그 속에서 인위적이고 강제적으로 창출된 현상을 통해 비로소 법칙을 인정했던 것이다. 자연과학은 그러한 법칙의 체계로서 존재하면서 실제로는 상당히 제한된 문제에 대해서만 해답을 제시해 왔다. 그런데도 그같은 과학에 기반을 둔 기술이 생산의 대규모화를 향해 무절제하게 확대된다면 어찌 될까. 실험실 차원에서는 무시해도 될 만한 효과나 예측하지 못했던 사태가 겉으로 드러나는 것을 피할 수 없다. 그리고 그와 같은 효과나 사태는 왕왕 부정적인 결과를 초래한다. 원래 근대 서구의 과학 기술은 자연의 지배와 지구의 수탈을 목적으로 했던 것인 만큼, 자연 파괴와 생태계의 혼란을 낳는 것은 거의 필연적이지 않을까 싶다. 그 부정적 유산은 20세기 후반 들어 일제히 저항의 목소리를 높이기 시작했다.

한편 대규모화한 과학 기술이 강력한 국가나 유력한 사회집단의 권력과 결합하는 것도 불가피한 현상이다. 과학 기술의 힘과 거기에 들어가는 비용 때문이다. 이는 16세기 아그리콜라가 묘사한 광산업에서도 이미 나타나 있다. 그러므로 문제는 일반적으로 과학 기술에 양과 음의 양면이 있다는 점이 아니다. 문제는 플러스 측면의 혜택을 입는 것은 대체로 지구 상의 일부 지역에 한정된 사람들 — 단적으로 잘사는 나라의 사람들 — 인 데 반해, 마이너스 측면은 오히려 가난한 계층과 가난한 나라의 국민들에게 더 많은 부담을 지워 왔다는 점일 것이다. 즉, 화석 연료를 대량으로 소비함으로써 높은 수준의 생활을 유지하고 있는 인구는 세계 전체로 본다면 극소수이지만, 그 때문에 생겨나는 대기와 환경의 변화는 지구 상의 모두에게 미치고 있다.

그런 '과학 기술', 즉 '과학이 기초를 닦아 주고, 과학이 선도하는 기술'의 가장 극단에 핵에너지 문제가 있다. 경험주의적으로 시작했던 수력과 풍력과 같은 자연 동력과 달리 '원자력'으로 통칭되는 핵에너지의 기술적 사용, 다시 말해 핵폭탄(통상 '원자폭탄'으로 불리는 핵분열 폭탄과 '수소폭탄'으로 통하는 핵융합 폭탄) 및 원자로(이것도 올바르게 쓰자면 핵반응로)는 순수하게 물리학 이론만을 기반으로 태어났다. 원래 핵에너지의 사용은 원폭 제조를 유일한 목적으로 삼았던 제2차 세계 대전 당시의 맨해튼 계획에서 시작됐다. 당시의 모든 무기가 기술자나 군인에 의해 경험주의적으로 만들어졌던 것과 달리, 핵폭탄은 그 가능성이나 작동 원리가 100% 물리학자의 뇌에서 이론적으로 태어났던 것이다. 원자로도 그 부산물이다. 그런 의미에서 처음으로 완전히 과학이 주도한 기술이라는 게 생겨났던 것이다.

물론 여기에 개량이 더해져 현재 미사일 기술과 결합한 핵폭탄이 나와 있으며, 이것이 인간의 신체와 사회, 자연에 대해 지닌 파괴력의 위험성은 두말할 나위가 없다. 원자로의 경우 한 번 사고가 일어나면 무시무시한 영향을 준다는 점은 이미 체르노빌에서 실증됐다. 그 사고가 미친 영향의 크기는 종래의 기술의 영향과는 차원이 다르다. 이는 아직도 사고 현장에 사람이 접근하기 어렵고, 인근 지역의 거주도 제한돼 있다는 점으로도 충분히 알 수 있다. 그뿐 아니다. 원자로는 예컨대 무사고로 가동을 마친다고 해도 방사선에 오염된 폐로가 돼 버린다. 대량의 플루토늄을 포함해 운전 기간 중에 축적된 방사성 폐기물과 함께 인간의 시간 감각으로는 반영구적으로 격리되지 않으면 안 된다.

고대 이집트의 파라오는 사막에 피라미드를, 로마제국의 황제들은 지중해 연안의 여러 도시에 대형 건축물을, 동양의 권력자는 각지에 사원을, 그리고 중세 게르만의 군주들은 라인 호반에 아름다운 고성을 남겼다. 이 모두 관광 자원으로 지금까지도 활용되고 있다. 그러나 20세기와 21세기의 인류 — 아니, 일부 '선진국' 사람들 — 는 여기저기 폐로와 방사성 폐기물 저장소를 남겨, 몇 백 년 뒤에도 후세 사람들이 그 관리와 방사선 누출 대책에 쫓기지나 않을까 하는 불길한 생각을 누를 수 없다.

방사성 원자핵의 반감기를 단축시키려는 기술이 발견되리라고는 도저히 생각하기 어렵다. 백보 양보해 장래 그와 같은 해결책이 나온다고 가정하더라도, 그 역시 코스트와 에너지를 필요로 할 것이다. 그렇다면 어쨌든 현대인이 혜택을 본 에너지 사용의 뒤처리를 몇 세대 뒤에나 태어날 우리 자손에게 떠넘기는 셈이 된다. 이는 자손에 대한 배신이 아닐까.

문제의 근원을 더듬어 가면, 16세기까지 직인들이 지니고 있던 자연에 대한 외경심을 17세기의 엘리트 과학자들이 팽개쳐 버리고, 인간의 기술이 자연과 대등하거나 자연을 능가한다고 과신했던 데에서 찾을 수 있지 않을까. 그와 관련해 기술이 자연에 손을 대는 데에서, 훌륭한 직인 기술자가 경험적으로 몸에 익혔던 인간

용량capacity의 허용 범위에 대한 통찰은 의외로 정확했던 것 같다. 그래서 그런 감성이 과학 기술의 폭주를 억제할 수 있을지도 모른다고 말하고 싶을 정도다. 그러나 나노테크놀로지나 유전자공학의 현상을 보면, 현실은 그와 같은 소박한 신뢰를 비웃으며 훨씬 앞을 내달려 나가고 있는 듯하다.

당장 근원을 파헤쳐 해결책을 찾을 수는 없지만, 17세기 과학혁명이 낳은 '과학 기술'의 무제약적 성장을 수정해야 할 시대에 와 있다는 점은 확실하다. 해결은 역시 '과학'에서 구할 수밖에 없겠지만, 그땐 '과학' 자체가 변화해 있지 않으면 안 될 것이다. 그게 어떤 것인지는 아직 불명확하다. 하지만 과학과 기술에게 그에 대한 재검토를 촉구하는, 또 한 차례의 문화혁명이 일어나야 하지 않을까 생각된다.

이 책을 만드는 과정에서 여러 분들에게 신세를 졌다. 일찍이 《쇼난 과학사 간담회 통신》에 기고를 권하며, '16세기 문화혁명'을 구상하도록 계기를 만들어 주신 이노 슈지에게는, 그 뒤의 집필 기간 내내 큰 격려를 받았다. 도서의 경우 물론 사비로 구입한 것도 많지만, 주로 국립국회도서관과 도립중앙도서관을 이용했다. 기타 필요한 문헌 수집에는, 특히 존경하는 친우인 나카무라 고이치와 나의 형 야마모토 시게노부에게 큰 신세를 졌다. 야금술에 대해선 쓰지카와 시게오가 조언을 해 주셨다. 이탈리아 르네상스 연구가인 사와이 시게오에게는 카르다노의 『위대한 예술』의 복사본을 얻었다. 그 밖에 사카타 슌, 다시로 마유리, 하야시 마사에, 요시모토 가즈키 그리고 내가 일하는 슨다이駿台예비학교의 티칭 어시스턴트 여러분들도 자료 수집에 도움을 주셨다. 이분들의 협력이 없었다면 아마도 이 책을 쓸 수 없었을 것이다. 이분들과 함께 미스즈쇼보 편집부의 모리타 쇼고, 이시가미 준코 그리고 오랜 교분을 나눠 온 아라이 다카시에게 다시 한 번 감사의 인사를 드린다.

한겨울을 느껴 보지도 못한 채 봄이 올 것만 같은
2007년 봄의 피안彼岸에서
야마모토 요시타카

◻ 역자 후기

 내용과 깊이에 비해 너무도 소박한 제목의 책이다. 16세기 문화혁명이라. 르네상스 시대의 문화를 다룬, 또 하나의 평범한 역사책 같지 않나.
 그러나 주제와 시각이 특이하다. 우선 저자가 언급한 문화는 우리가 보통 말하는 문화의 범주를 넘는다. 르네상스 시대의 문화라고 하면, 흔히 인문주의 운동에 입각한 사상이나 예술을 떠올리게 된다. 이에 비해 저자는 그를 포함한 지적 활동 전반으로 외연을 넓힌다. 당연히 과학과 기술 분야가 중요한 비중을 차지한다.
 그리고 저자가 혁명이라고 표현한 것은 16세기에 일어난 지적 지각변동을 의미한다. 분야는 그야말로 다양하다. 의학, 해부학, 식물학, 천문학, 수학, 탄도학, 지리학, 역학, 기계학, 항해술, 인쇄술, 회화, 건축, 야금과 시금⋯⋯.
 이런 분야에서 동시다발적으로 일어난 지적 지각변동은 17세기 과학혁명, 18세기 산업혁명의 토대가 됐다는 게 저자의 기본 시각이다. 그런 의미에서 저자는 16세기 지적 활동의 근본적인 변화를 '혁명'으로 부른 것이다. 그런데도 역사학계에서 16세기의 중요성은 15세기(르네상스)나 17세기(과학혁명)에 비해 소홀히 다뤄져 왔다고 저자는 문제를 제기한다. 이 시대를 연구하는 학자들이 주로

문과 계열 출신이기 때문에 과학기술의 역사적 변화를 제대로 포착하지 못한 것 아닌가 싶다. 그런 문제 제기에 대해 저자는 스스로 답을 찾아 나선다. 그 역정歷程을 담은 게 바로 이 책이다.

저자가 말하는 16세 문화혁명의 주도자는 걸출한 한두 명의 위인이 아니다. 현장의 실천가라고나 할까. 화가, 조각가, 건축가, 목수, 직인, 장인, 대장장이, 외과의, 뱃사람, 상인, 광부, 약종상 등 모두 몸을 움직여 먹고살던 사람들이 주인공이다. 그중에는 비천한 계층에서 태어나 자수성가한 사람이 있는가 하면, 귀족 집안 출신도 더러 있었다. 그들의 왕성한 지적 호기심과 치열한 향상심 그리고 지적 성과물을 나눠 가지려는 연대 의식이 문화혁명에 추동력과 파급력을 더해 주었다고 한다.

저자가 지적하듯이, 그들 중 일부는 자기가 어떤 업적을 남겼는지 깨닫지 못하는 경우도 많았다. 그저 호기심에서 만들어 본 것, 직업적 경험을 토대로 찾아낸 것, 아니면 좀 더 효율적이고 편리하게 일해 보려는 욕심에서 고안해낸 것들이 나중에 돌이켜 보니 역사적인 발명·발견이더라, 하는 식이다. 대단한 목적의식을 지니지 않고 시작했을 법한 개별 작업들이 '문화혁명'이라는 거대한 흐름으로 수렴됐다고 하는 저자의 설명은 대단한 설득력을 지닌다.

언어의 변천사를 따로 다룬 것도 참신하다. 현장의 실천적 언어인 속어가 지배계급의 배타적 언어인 라틴어를 대체하며, 각 지역의 국어로 뿌리내리는 과정을 저자는 문화혁명의 중요한 흐름으로 포착했다. 지금의 영어, 독일어, 프랑스어, 스페인어, 이탈리아어 등이 문화적 헤게모니의 거대한 이동 속에서 형성됐다는 설명이 흥미롭기 그지없다.

저자는 그런 변천을 이끌어낸 혁명가, 즉 현장의 실천가들에게 각별한 애정을 표시한다. 누가 언제 뭘 했고, 하는 식으로 단순 팩트의 나열에 그치지 않는다. 개개인의 인생역정에서부터 그들의 고민이나 희로애락에 이르기까지 손에 잡힐 듯이 묘사한다. 그 행간에서 독자들은 낮은 곳에 빛을 비추려는 저자의 따스한 눈길을 충분히 느낄 수 있을 것이다.

반면 저자의 비판 대상에 오르면 그 논리의 화살을 피해 갈 수가 없다. 중세적 우주관, 고전 지상주의, 편협한 종교의식, 지적 독점과 비닉 체질, 선민사상과 엘리트주의 등이 주요 비판 대상이다. 레오나르도 다 빈치조차 저자의 시각으론 비판 받을 구석이 있다. 즉 자신의 지적 성과를 꽁꽁 감춰 둔(지적 비닉) 탓에 당대에서의 영향력을 스스로 제한했다는 것이다. 또 다 빈치는 인쇄술에 대한 이해가 떨어져 지적 전파 자체에 별 기여를 하지 못했다고 연타를 맞는다.

저자는 특히 지배층에 속한 엘리트 지식인에 대해 쌀쌀맞은 입장을 보인다. 그들이 과학혁명을 주도하는 과정을 두고 지적 헤게모니의 '찬탈'이라는 표현까지 쓴다. 16세기 직인들이 애써서, 자발적으로 일궈낸 문화혁명의 성과를 지배층이 국가권력의 뒷받침을 받아 접수했다는 것이다. 여기에서 어렴풋이나마 계급론의 냄새가 풍긴다고 한다면 지나친 비약일까.

저자 야마모토 요시타카의 경력을 보면 그럴 수도 있겠다, 하는 생각이 든다. 도쿄대 박사과정의 물리학도이던 그는 일찌감치 일본의 차기 노벨상 수상자 감으로 두각을 나타냈다. 그러나 동시에 그는 1960년대 말 학생운동의 카리스마적 존재이기도 했다. 그는 도쿄대 전학공투회의全學共鬪會議(전공투) 대표로 당국과 대치하면서 학교의 상징인 야스다 강당을 점거했다. 그러다 1969년 1월 경찰의 진압 작전으로 강제 해산당한 뒤 도피, 체포, 수감으로 이어지는 고난의 길을 걷는다. 1973년 7월 집행유예 판결을 받았지만, 제도권 물리학자의 길에선 벗어나고 말았다. 그 뒤 지금까지 입시 학원의 물리 강사로 일하고 있다.

그러는 동안에도 재야 학자로서 혼자 연구에 정진해 십여 권의 책을 펴냈다. 그의 진지함과 치열함, 지식인으로서의 올곧음은 일본의 지성계에서도 알아준다. 광범위한 자료 수집, 치밀한 고증, 자기 자신에 대한 철저한 비판 그리고 그 비판에 대한 역비판을 통해 논리를 차근차근 쌓아 나가는 스타일이다. 그의 연구자로서 열정과 깊이와 치밀함은 이 책에 달린 주석과 방대한 참고문헌 목록에 잘 나타나 있다. 그는 1차 자료를 직접 독해하기 위해 뒤늦게 라틴어를 배우기도 했다. 하루 24시간 중 적어도 3분의 1 이상을 먹고사는 일에 투입해야 하는 생활인으로선 도저히 엄두를 못 낼 일이다.

그런 열정이 결실을 맺어 나온 저서 중에서 '세계적 업적'으로 절찬을 받은 게 2003년 『과학의 탄생』(국내 번역은 2005년, 동아시아) 이다. 자력과 중력의 발견 과정을 통해 본 과학사다. 이번에 소개된 『16세기 문화혁명』은 그 후속편, 또는 전편에서 제기된 문제에 대한 해답을 추구한 책이라고 보면 된다.

두 권 모두 어느 누구도 흉내 낼 수 없는, 그만이 쓸 수 있는 책이다. 몇 세기에 걸친 메가트렌드를 조망하면서, 그를 구성하는 세밀한 디테일을 모두 살려낸 것은 글재주만으로 때울 수 있는 일이 결코 아니다. 구도자적 자기 연마가 있었기에 가능했다고 봐야 한다. 그저 고개가 숙여질 따름이다.

저자는 이 책의 말미에서 새로운 문제의식을 제기한다. 즉 과학 문명의 폭주에 대한 경고인데, 모두가 귀 기울일 만한 대목이다. 그의 지적대로 서양 과학 문명은 본질적으로 자연에 대해 폭압적 성격을 지닌다고 볼 수 있다. 그렇다면 요즘 시대정신으로 등극한 녹색 성장이란 과연 그에 대한 투철한 자성에서 출발한 것인가, 아니면 색깔만 달리한 또 다른 과학 문명의 폭주인가, 하는 의문이 떠오른다. 어느 쪽이 됐든 저자가 촉구한 '또 한 차례의 문화혁명'은 반드시 필요하지 않을까.

돌이켜 보면 이 책의 번역은 즐거움과 괴로움이 교차하는 작업이었다. 즐거움이란 곧 지적 자극을 말한다. 생전 처음 보는 지식과 인명과 저술이 넘쳐났다. 과학과 역사의 문외한이기에 그 자극이 더 컸을지도 모른다. 휴대전화의 배터리 잔량 표지처럼 사람의 교양의 양을 보여 주는 표지가 있다면, 독자들도 이 책을 펴는 순간 급속 충전등이 켜지는 느낌을 받을 것이다.

그러나 즐거움은 다른 한편으로 괴로움이기도 했다. 쉽게 이해가 되지 않는 내용이 불쑥불쑥 튀어나오는 바람에 여러 번 벽에 부딪혔다. 번역자가 모르는 걸 어찌 독자에게 설명하겠는가. 관련 분야의 참고 서적을 읽어 나름대로 해결한다고는 했지만, 놓치고 지나친 오류가 있다면 전적으로 역자의 잘못이다.

변명처럼 들리겠지만 저자의 일본어를 우리말로 옮기는 것은 결코 쉬운 작업이 아니었다. 우아하게 말하면 자기 절제의 스토익한 글쓰기, 거칠게 말하면 구속이나 다름없었다. 사람마다 글솜씨와 문투라는 게 있다. 남의 글을 옮기는 번역자라고 해서 그런 게 없으란 법이 없다. 저자와 역자 사이에 그 갭이 작으면 좋으련만, 이번엔 그게 너무나 컸다고 고백해야겠다. 그래서 황새를 따라가려는 뱁새의 신세가 이런 건가, 하는 심정으로 졸역에 참담해 하며 고개를 파묻을 수밖에 없었다.

끝으로 지적 지평을 넓힐 기회를 준 동아시아출판사의 한성봉 사장, 그리고 하염없이 질질 끄는 역자의 게으름을 초인적인 인내심으로 참아 준 서영주 편집장에게 감사의 말을 전한다. 평소에 그런 말을 했어야 하는데, 역자 후기를 빌려 한다는 게 죄송할 따름이다.

2010년 2월 남윤호

□미주

◎ 잡지, 서적의 약자

BHM = Bulletin of the History of Medicine
BJHS = British Journal for the History of Science
DMA = Dictionary of the Middle Ages
DSB = Dictionary of Scientific Biography
HLB = The Huntington Library Bulletin
JBAA = Journal of the British Astronimical Association
JEEH = Journal of European Economic History
JHA = Journal for the History of Astronomy
JHI = Journal of the History of Ideas
JHM = Journal of the History of Medicine and Allied Sciences
SHMS = Studies in the History and Method of Science
SHPS = Studies in History and Philosophy of Science

◎ 서문—전체를 조망하다

1 하야시 다쓰오, 「文藝復興」, 『林達夫著作集』 1, pp. 149, 200, 151.
2 위의 책, p. 201f.
3 Bronowski & Mazlish, 『유럽의 지적 전통』, p.10.
4 Green, 『영국 국민의 역사』, pp.50~60.
5 Hill, *Intellectual Origins of the English Revolution*, p.15.
6 위의 책, p. 69.
7 시모무라 도라타로, 『저작집』 4, p. 170.
8 Huizinga, 『호이징가 선집』 4, p. 31f.
9 Aries, 『교육의 탄생』, p.155. 르네상스 인문주의자에 의한 교육으로 상세한 것은 이탈리아에 관해서는 Garin, 『르네상스의 교육』, 잉글랜드에 관해서

는 鈴木,「튜더 초기의 옥스퍼드대학과 휴머니즘」등 참조. 또 당시 교육에 서 체벌에 대해서는 Zaccagnini,『중세 이탈리아의 대학 생활』, p. 162f.; 齋 藤,『레오나르도 다빈치의 수수께끼』, pp. 95~97; Aries,『어린이의 탄생』, p.244~246 등 참조.

10 Garin, 위의 책, p. 192.
11 De Roover, 'The Commercial Revolution of the Thirteenth Century,' 참조.
12 Grendler, *Schooling in Renaissance Italy*, p. 308. Cf. Zaccagnini, pp. 190~194; Aries,『어린이의 탄생』, p. 283.
13 Grendler, pp. 51, 43, 75. Cf. pp. 311, 319, 406, 409.
14 Whitrow, 'Why did mathematics begin to take off in the 16th century?', p. 264.
15 Crosby,『수량화 혁명』, p. 282f.
16 White Jr., *Medieval Religion and Technology*, p. 90.
17 Drake, 'An Agricultural Economist of the Late Renaissance,' p. 53. Cf, Butterfield, 'Renaissance Art and Modern Science,' p. 12.
18 저자의『과학의 탄생』, 제2부 제12장 참조
19 Norman, *The Newe Attractive*, To the Reader, Biv.
20 Hill, p. 148.
21 Hugues de Saint Victor,『디다스칼리콘』, p. 69. 단, 인용문은 Alford, *Centennial Review*, Vol. 23(1979), p. 382에 나오는 영문에 의거했음.
22 Leonardo da Vinci, *Treaties on Paintings*, 44, p. 31.
23 Palissy, *Oeuvres*, p. 392, 영역본은 *Admirable Discourse*, p. 202.
24 Drake & Drabkin, *Mechanics in 16th Century Italy*, p. 256에서.
25 Brizon, *Histoire du Travail et des Travailleurs*, p. 142.
26 F. Bacon, *The Advancement of Learning*, Vol. II-1-5, p. 75.
27 Platon,『법률』, 846D.
28 Aristoteles,『정치학』, Vol. 1, Ch. 13.
29 Plutarcos,『플루타르코스 영웅전』4, p. 162.
30 Cicero,『의무에 대하여』I-42,『선집』, 9, p. 214.
31 Tacitus,『게르마니아』, pp. 77~79; Seibt,『중세의 빛과 어둠』상, p. 128.

32 Martindale, 『중세의 예술가들』, p. 6에서. Cf. Le Goff, 『중세의 지식인』, p. 142; Eamon, *Science and the Secrets of Nature*, p. 82.
33 Gaxotte, 『프랑스인의 역사』 2, p. 3237.
34 Campanella, 『태양의 도시』, p. 28.
35 Duby & Mandrou, 『프랑스 문화사』 2, p. 95.
36 Luther, 『선한 일에 대하여』, p. 9.
37 Descartes, 『방법서설』, 『저작집』 1, p. 75.
38 Leonardo da Vinci, *Treaties on Painting*, 19, p. 11.
39 『소크라테스 이전 철학자 단편집』 II, Ch. 28, A 1 ; Diogenes Laertius, 『그리스 철학자 열전』 하, p. 109.
40 Thorndike, *A History of Magic & Experimental Science*, Vol. IV, p. 501 에서.
41 Verger, 『유럽 중세 말기의 학자들』, p. 35.
42 Norman, Ch. 1, p. 4, The Epistle, Aiijv.
43 Taylor, *Journal of Institute of Navigation*, Vol. 3(1950), p. 40.
44 Biringuccio, *The PIROTECHNIA*, p. 58.
45 Parker, *The Military Revolution: Military Innovation and the Rise of the West, 1500~1800*, p. xiv.
46 Galileo, *Two New Sciences*, p. 158f., *Dialogue Concerning the Two Chief World Systems*, p. 164.
47 Mendelssohn, 『과학과 서양의 세계 제패』, p. 105f.
48 Eamon, *Minerva*, Vol. 23(1958), p. 333.
49 Luther, 『욥기』, 서문. Schmidt, 『독일어의 역사』, p. 230에서.
50 Palissy, *Oeuvres*, p. 373, 영역본은 *Admirable Discourse*, p. 188.
51 Panofsky, 'Artist, Scientist, Genius,' p. 128
52 Stevin, *Principal Works*, Vol. III, p. 608.
53 시모무라 도라타로, p. 234.
54 Singer, 『과학 사상의 발자취』, p. 205; 二宮, 『프랑스 르네상스의 세계』, pp. 107~112.
55 Edgerton, *Heritage of Giotto's Geometry*, p. 178.
56 Rossi, *Birth of Modern Science*, p. 44.

57 Boas, *Scientific Renaissance*, p. 345.
58 Garin, p. 220.
59 Boas, p. 348.
60 Henry, 『17세기 과학혁명』, p. 1.
61 Kearney, 『과학혁명의 시대』, p. 101. 중세 후기부터 르네상스에 이르기까지의 마술과 기술의 관계에 대해서는 Eamon, *Janus*, Vol. 70(1983) 및 그 책에 나와 있는 문헌들을 참고하길 바람.

◎ 제1장 예술가에서 시작되다

1 Plutarchos, 『플루타르코스 영웅전』 3, p. 8f.
2 Antal, 『피렌체 회화와 그 사회적 배경』, p. 338.
3 Gimpel, 『교회를 지은 사람들』, p.130.
4 Antal, p. 351. Cf. Martindale, 『중세의 예술가들』, 제1장 ; Antal, p. 341 ; Burke, 『이탈리아 르네상스의 문화화 사회』, pp. 74, 102, 405f. ; 下村寅太郎, 『著作集』4, p. 140.
5 望月, 『日伊文化硏究』, No.22(1984), 同 No.30(1992) ; Cole, 『르네상스의 예술가 공방』, pp. 35, 38, 62f. ; Antal, p. 466.
6 Cole, pp. 58, 69 ; Faure, 『르네상스』, p.100 ; Blunt, 『이탈리아의 미술』 Ch.4.
7 Burke, pp. 72f., 122. Ch. Antal, p. 344 ; Cole, p. 42 ; 下村寅太郎, pp. 196f., 412.
8 Condivi, 『미켈란젤로전』, p. 28, Cf. Vasari, 『르네상스 화가열전』, p. 217.
9 佐久間, 『ドイツ手工業・同職組合の硏究』, p.107.
10 Dürer, 『네덜란드 여행일기』, p. 36.
11 Burke, p. 89.
12 Cennino, 『예술의 서』의 경우 인용 부분을 장 번호(Ch. **)만 기입하며, 별도로 주석을 달지 않음.
13 Johnson, 『르네상스를 살았던 사람들』, p. 87 ; Butterfield, 'Renaissance Art and Modern Science,' p. 5.

14 石鍋, 『成城短期大學紀要』第12號(1981), p. 59f. 길베르티의 『코멘타리』 제2권에 대해선 上田, 『金沢吠太美術工芸大學學報』 26(1982), 27(1983), 30(1986), 『日伊文化研究』 No.26(1988) 참조.

15 下村寅太郎, p. 196.

16 알베르티의 『회화론』은 해당 대목을 '원전(Opere Volgari Vol. 3)의 패러그래프 번호로 기입하며, 별도 주석을 달지 않음. 『건축론』도 마찬가지임.

17 Alberti, *Family in Renaissance Florence*, p. 153. 그다음의 인용도 마찬가지.

18 池上, 『万能人とメディチ家の世紀』, p. 65. Cf. Garin, 『르네상스 문화사』, p. 100.

19 Borsi, *Leon Battista Alberti*, p. 12 ; Long, ISIS, Vol.88(1997), p.25, n.54.

20 Borsi, p. 360f. Cf. Alberti, 『예술론』, p.110 ; Bernal, 『역사에 있어서의 과학』 II, p.227 ; Clark, 『휴머니즘의 예술』, p. 82.

21 Spencer, 'Introduction,' p. xx ; Gille, 『르네상스의 공학자들』, p. 122.

22 Filarete, *Treatise on Architecture*, p. 228. 그다음의 인용은 p. 231.

23 Vives, *On Education*, p. 209.

24 Rablais, 『가르강튀아 이야기』, Ch.24, p. 125.

25 Edgerton, *Heritage of Giotto's Geometry*, pp. 126~131 ; Crombie, *Styles of Scientific Thinking*, p. 460f. ; Ferguson, 『기술자들의 심안』, p. 116. 타콜라와 그의 저서에 대해선 이 밖에 Gille, pp. 105~112 ; Long, ISIS, Vol.88(1997), pp. 13~16 참조.

26 Vasari, 『르네상스 화가열전』, p.72 ; Butterfield, op. cit., p.9.

27 Focillon, 『피에로 델라 프란체스카』, pp. 106~108.

28 Piero, *De Prospectiva Pigendi*, 초역은 石鍋, 『ピエロ デッラ フランチェスカ』의 권말부록에 『遠近法論』으로 수록돼 있음. 인용은 원전 p.128

29 Piero, p.65.

30 本田, 『パチョリ簿記論』, p. 201.

31 Field, 'Mathematics and Craft of Paintings,' p. 82.

32 Vasari, pp. 71, 76.

33 케플러가 『우주구조의 신비』(1596)에서 묘사한 태양계 그림. 저자의 『과

학의 탄생』 제3부에 수록.
34 Gille, p.156. Cf. Long, op. cit., p.35f.
35 Rossi, *Birth of Modern Science*, p.44 Cf. 『철학자와 기계』, p. 51.
36 Reti, *Technology and Culture*, Vol.4(1963) ; Gille, pp. 135~165 ; Edgerton, p.133 ; Eamon, *Minerva*, Vol.23(1985), p. 328, *Science and the Secrets of Nature*, p. 88.
37 Ferguson, pp. 138~145.
38 Viator, 『비아토르의 투시도법』, p.59.
39 Ibid., p.59.
40 Ivins, *Metropolitan Museum of Art Bulletin*, Vol.7(1948), p. 56.
41 Duhem, *Les Origines de la Statique*, Tome 1, p.192f. [영역본은 p. 137] ; Randall 『과학혁명의 신연구』, pp. 41~59 참조.
42 Gille, p. 209. Cf. pp. 106, 156, 202~210.
43 이하에선 레오나르도 다 빈치의 『회화론』 인용. 참조한 부분은 McMahon (tr.) *Treatise on Painting*의 패러그래프 번호로 'McM. **'으로 기입함.
44 裾分, 『レオナルド ダ ヴィンチの「繪畵論」攷』, p. 84f.
45 레오나르도 다 빈치의 '자천장' 은 Reti ed. 『알려지지 않은 레오나르도』, p.7 ; Gille, pp. 174~176 ; 加茂, 『レオナルド ダ ヴインチ伝』, pp. 88~90 ; 林, '文藝復興', pp. 169~171에 전문 번역돼 있다.
46 『프랑스 학사원 소장 수고집』, 통칭 『파리 수고』는 A부터 G까지 있으며, 이하에선 인용 구절을 'G, 8r' 과 같이 '종류, folio 번호와 겉장(r)과 속장 (v)'으로 기입한다.
47 Richter 편, 『레오나르도 다 빈치의 회화론』, pp. 53~138 참조. 다 빈치의 '공기 원근법' 에 대한 상세한 내용은 辻, 『遠近法の誕生』, pp. 22~27 참조.
48 下村寅太郎, pp. 381, 410f.
49 Richter 편, p. 136. 인용은 下村寅太郎, p.379에서.
50 Gille, pp. 234, 240.
51 Clark, 『레오나르도 다 빈치』, p. 87.
52 Rossi, 『철학자와 기계』, p. 50.
53 Rossi, *The Birth of Moden Science*, p. 34. Cf. Idem, 『철학자와 기계』, p. 49 ; Sarton, *Six Wings*, p. 229.

54 下村寅太郎, p. 395.
55 Reti, 그림175/4 ; Feldhaus,『기술자, 발명가 레오나르도 다 빈치』, p. 81, 그림53 ; 加茂, p. 208.
56 Febvre & Martin,『서적의 출현』하, pp. 36~38.
57 Nuland,『레오나르도 다 빈치』, p. 90.
58 下村寅太郎, p. 245.
59 Dürer, 1523년의 수취인 불명의 편지,『뒤러의 수기』, p. 146.
60 Dürer,『'회화론' 주해』, p. 84.
61 Dürer, *Painter's Manual*, p. 36 ; 下村耕史,『デューラーの藝術』, p. 146.
62 Dürer,『인체균형론』, p.3,『'회화론' 주해』, p. 110.
63 『デューラーの手紙』, p. 71.
64 Dürer,『네덜란드 여행일기』, p. 128.
65 브루넬레스키와 타콜라의 대화 전문(라틴어 원문과 그 영역)은 Prager, *Proceeding of the American Philosophical Society*, Vol. 112(1968), pp. 131~149에 있다. 인용 부분은 라틴어의 경우 p. 138, 영역문의 경우 p. 141.
66 Eisenstein, *Printing Press*, p. 552.
67 『뒤러의 편지』, p. 71.
68 宮田,『デューラーとその時代』, p. 129.
69 Dürer,『'회화론' 주해』, p. 13, 1523년의 서한,『뒤러의 편지』, p. 149.
70 Dürer, *Painter's Manual*, p. 346.
71 Dürer,『'회화론' 주해』, pp. 19, 98.
72 Dürer, Ibid., pp. 95, 97, 99.
73 Dürer, *Painter's Manual*, p. 36f.,『'회화론' 주해』, pp.121, 125, 127.『뒤러의 편지』, p. 147 ; 下村耕史,『デューラーの藝術』〔부록1. 뒤러의『예술론』발췌〕, pp. 307, 311, 312, 同〔부록2〕p. 329.
74 『뒤러의 편지』, p.146,『인체균형론』, p. 271, *Painter's Manual*, p. 436. 초기 특허권에 대해서는 Eamon, *Minerva*, Vol.23(1985), pp. 321~347, *Science and the Secrets of Nature*, p.89f. 참조.
75 Rossi,『철학자와 기계』, p.50. Cf. Eisenstein, *Past and Present*,

Vol.45(1969), p.67.
76 Rörig, 『중세 유럽의 도시와 시민 문화』, p. 94. Cf. Ibid., p. 125.
77 Febvre & Martin, 상, p. 64 ; Elton, 『종교개혁의 시대』, p. 40.
78 Febvre & Martin, 하, p. 35 ; 戶叶勝也, 『ドイツ出版の社會史』, p. 32.
79 Hind, History of Woodcut, Vol. 1. p. 370. 코베르거에 대한 상세한 내용은 Landau & Parshall, Renaissance Printing, pp. 38~42 참조. Cf. Febvre & Martin, 상, p. 318 ; Grolier, 『서적의 역사』, p. 78 ; 戶叶, Ibid., p. 39, 『ヨーロッパの出版文化史』, p. 98.
80 Panofsky, Life of Albrecht Dürer, p. 20 ; Anzelewsky, 『뒤러』, p. 22 ; Landau & Parshall, pp. 39 ; 宮田, p. 44f. Hind의 책은 이 같은 추측에 회의적이다. Hind, Vol.1, p. 379.
81 Arber, 『근대 식물학의 기원』, p. 149 ; Bruno, Landmarks of Science, pp. 55, 78, 103.
82 宮田, p. 34 ; Faure, 『르네상스』, p. 96.
83 Panofsky, p. 18f.
84 Hutchinson, Albrecht Dürer, p.59 ; Long, Openness, Secrecy, Authorship, p. 216.
85 Gimpel, 『교회를 지은 사람들』, p. 169f.
86 Shelby, '소책자론' 『고딕 건축의 설계 기술』, p. 136.
87 Shelby, 'The "Secret" of the Medieval Masons,' p. 214.
88 Harvey, 『중세의 직인』, p. 105.
89 Harvey, p. 186.
90 Shelby, '소책자론'. 선진국 피렌체에서 '건축가'라는 직능이 싹튼 것은 15세기 전반이라고 한다. 石川, 『日伊文化研究』, No.22(1985) 참조.
91 Eisenstein, 『인쇄혁명』, p.149. Past and Present, Vol.45(1969), p. 75f.
92 Eamon, Minerva, Vol.23(1985), p. 329f. Cf. Idem, History of Science, Vol.22(1984), Science and the Secrets of Nature, Pt.2, Ch.3.
93 Kepler, 1605-10-11 to D. Fabricius, Gesammelte Werke, XV, No.358, p. 249 ; Caspar, Kepler, p. 170, note.
94 White, Jr. 『기계와 신』, p. 106.
95 Panofsky, p. 244.

96 Dürer, *Painter's Manual*, p. 94.
97 Clark, 『휴머니즘의 예술』, p. 92.
98 Vitruvius, 『건축론』, p.69 ; Cennino, Ch.70. 기타 인체 비례 이론에 대해선 뒤러의 『'회화론' 주해』 부록 pp. 329~356을, 인체 비례 이론의 역사에 대해선 파노프스키의 『시각예술의 의미』 제2장을 참조할 것. 특히 레오나르도 다 빈치의 인체 비례 연구에 대해선 Hopstock, *SHMS*, Vol.2(1921), pp. 182~186이 상세하다.
99 Panofsky, 『시각예술의 의미』, p. 94. Cf. Blunt, 『이탈리아의 예술』, Ch. 1.
100 Alberti, 『조각론』, p. 20f.
101 Dürer, 『'회화론' 주해』, p. 91 ; 下村耕史, op. cit., p. 290.
102 Dürer, 『인체균형론』, p. 226f. ; 下村耕史, op. cit., p. 339f.
103 Alberti, 『건축론』, p. 160.
104 Dürer, 『인체균형론』, p. 228 ; 下村耕史, op. cit., p. 342.
105 Dürer, 『'회화론' 주해』, p. 89 ; 下村耕史, op. cit., p. 288 ; Dürer, 『인체균형론』, p. 229 ; 下村耕史, op. cit., p. 343.
106 Panofsky, 『시각예술의 의미』, p. 100f.
107 Dürer, 『인체균형론』, p. 224 ; 下村耕史, op. cit., p. 337f. ; Cf. Panofsky, *Albrecht Dürer*, p. 274 ; Vasari, 『르네상스 화가열전』, p. 17 ; Anzelewsky, p. 247f.
108 Dürer, *Painter's Manual*, p. 370. Cf. Panofsky, 『'상징형식'으로서의 원근법』, p. 8.
109 Dürer, 『'회화론' 주해』, pp. 108, 121 ; 下村耕史, op. cit., pp. 299, 307.
110 Dürer, *Painter's Manual*, p. 36 ; 下村耕史, op. cit., p. 329.
111 宮田, pp. 119f., 129, 182 ; 下村耕史, 『デューラーの藝術』, Ch. 2.
112 Coolidge, *Mathematics of Great Amateurs*, p. 69f.
113 Dürer, 『'회화론' 주해』, pp. 111 ; 下村耕史, op. cit., p. 302.
114 Whitfield, 『세계지도의 역사』, p. 52f., 『천구도의 역사』, pp. 70, 76 ; Anzelewsky, p. 186f.
115 Panofsky, 'Artist, Scientist, Genius,' p. 140.
116 Butterfield, op. cit., p.11.
117 Dürer, *Painter's Manual*, p. 36, 『인체균형론』, p. 3.

118 Panofsky, 'Artist, Scientist, Genius,' p. 128.

◎ 제2장 : 외과의의 대두와 외과학의 발전

1 O' Malley, *Andreas Vesalius*, Appendix, p. 318f.
2 Paracelsus, Spital-Buch, Samtliche Werke, Bd. VII, p. 374. 파라켈수스의 주 저서인 『파라그라눔』에도 같은 취지의 기술이 나온다. Cf. Pagel, *Paracelsus*, pp. 15~17.
3 Roux, 『중세 파리의 생활사』, p. 161.
4 Amundsen, *Medicine, Society and Faith*, pp. 197, 237 ; Bullough, *BHM*, Vol. 31(1957), p. 210 ; Jetter, 『서양의학사 핸드북』, p. 180 참조.
5 Le Goff, 『또 다른 중세를 위하여』, p. 104 ; 『중세의 몸』, pp. 50~53 ; Gottfried, *Doctor and Medicine*, p. 55f.
6 川喜田, 『近代医學の史的基盤』上, p. 100.
7 Park, 'Medicine and Society,' pp. 65~75 ; Riche, 『유럽 성립기의 학교 교육과 교양』, pp. 286~290.
8 河原, 「'老いと病い'を生きる」, 『中世ヨーロッパを生きる』, p. 175. Cf. Amundsen, pp. 192~196 ; Le Goff, 『중세의 몸』, p. 171f.
9 Verger, 『중세의 대학』, p. 82.
10 Diels, 『고대기술』, p. 40.
11 Plinius, 『박물지』, Bk. 30~31.
12 Henry, 'Doctors and Healers,' p. 194 ; Bylebyl, *OSIRIS*, 2nd ser., Vol.6(1990), p. 16.
13 Hugo, 『디다스칼리콘』, p. 69. Cf. Bylebyl, p. 30.
14 『가톨릭 교회 문서 자료집』, 815, p. 190 ; Park, p. 64f.
15 Shank, *Unless You Believe, You shall not Understand*, p. 23.
16 Thorndike, *Science and Thought in the Fifteenth Century*, Ch. 2 : Cassire, 『개체와 우주』, p. 193 & p. 280, n. 16 ; Antal, 『피렌체 회화와 그 사회적 배경』, p. 147. 볼로냐대학에서 법학 교수가 높은 권위를 지니고 있었다는 점에 대해선 Zaccagnini, 『중세 이탈리아의 대학 생활』, p. 54f. ;

Dawson, 『중세 유럽 문화사』, pp. 216~221 참조.
17 Pomian, 『유럽이란 무엇인가』, p. 68 ; Ornstein, *The Role of Scientific Societies*, p. 213f.
18 川喜田, op.cit, p. 152 ; Alford, *Centennial Review*, Vol. 23(1979), p. 383 ; Park, p. 79.
19 Malgaigne, *Surgery and Ambroise Paré*, p. 65.
20 小松, 「中世の医學と自然哲學」, 『講座科學史』 I, pp. 161~165 ; Talbot, 'Medicine,' p. 403 ; Siraisi, *ISIS*, Vol. 68(1977), pp. 27~39.
21 볼로냐대학의 의학 교육에 대한 상세한 내용은 Bullough, *BHM*, Vol. 32(1958) ; Castiglioni, *History of Medicine*, p. 335f. 참조.
22 Talbot, *Medicine in Medieval England*, p. 98 ; Schipperges, 『중세의 의학』, p. 112 ; Jetter, p. 181 ; Meyer-Steineg & Sudhoff, *Illustrierte Geschichte*, p. 141.
23 Talbot, ibid., p. 99.
24 Talbot, 'Medicine,' p. 402f. 굴리엘모 다 살리체토의 외과학과 그의 저서에 대한 상세한 내용은 Agrimi & Crisciani, 'Science and practice of medicine,' 및 Siraisi, 'How to write a Latin book on Surgery,' 참조.
25 Malgaigne, p. 34.
26 Guy de Chauliac, 『외과학총론』 영문초역(모두의 외과학사 부분)은 Grant ed., *Source Book in Medieval Science*, pp. 791~795에 있으며, 인용은 p. 794. 기 드 숄리아크에 대해선 Thorndike, *History of Magic & Experimental Science*, Vol. III, Ch.30, pp. 518~520 ; O'Boyle, 'Surgical texts and social contexts,' pp. 176~178 ; Malgaigne, pp. 51~61 ; Gordon, *Medieval and Renaissance Medicine*, pp. 352~355 ; Castiglioni, pp. 345~347, 또한 그의 저서에 대해서는 O'Boyle, ibid., p. 156f. ; Sarton, *OSIRIS*, Vol.5(1938), pp. 112, 157 참조.
27 몽펠리에대학의 의학 교육에 대해선 Malgaigne, pp. 49~66 ; Bullough, *BHM*, Vol. 30(1956), *JHM*, Vol. 15(1960) ; Demaitre, *JHM*, Vol. 30(1975) 참조.
28 Kibre, *BHM*, Vol. 27(1953), p. 17. 1271년의 학칙에 대해선 O'Boyle, op.cit., pp. 163f., 172 ; Kibre, ibid., p. 5f. ; Jacquart, 'Medical practice

in Paris,' p. 188 ; Fabre & Dillemann, 『약학의 역사』, p. 33 참조. 1350년 과 1408년의 조치에 대해선 O' Boyle, p. 160. Cf. Castiglioni, p. 402.
29 Bullough, BHM, Vol. 31(1957), p. 197f.
30 Demaitre, p. 118 ; Verger, op. cit., p. 221.
31 Lanfrance, Source Book in Medieval Science, p. 799. Cf. Malgaigne, p. 36f. ; O' Boyle, p. 178 ; Castiglioni, p. 337.
32 Gordon, p. 382.
33 Verger, 『유럽 중세 말기의 학자』, p. 188 ; McVaugh, 'History of Medicine,' p. 254 ; Byrne, Daily Life during the Black Death, p. 46.
34 Bullough, BHM, Vol. 36(1962), p. 63.
35 Schipperges, op. cit., p. 101 ; O' Boyle, p. 158 ; Park, p. 83 참조.
36 Schipperges, ibid., p. 101~108. 중세 유럽의 유대인 의사에 대해선 Gordon, Ch. XI ; O' Boyle, p. 159f. ; Malgaigne, pp. 18~20 참조.
37 Jacquart, p. 188 ; Bullough, JHM, Vol. 14(1959), p. 448 ; 중세의 여성 의료 종사자에 대해선 Green, SIGNS, Vol. 14(1989) ; Talbot, 'Medicine,' p. 408 ; Schipperges, op. cit., p. 102f. ; Byrne, pp. 41~43 ; Ruggiero, JHM, Vol. 36(1981), p. 170f. 등 참조.
38 佐久間, 『ドイツ手工業・同職組合の研究』, p. 286.
39 Hartmann von Aue, 『Erec』, line 5129~5152, p. 84, 『Iwein』, line 3419-3504, p. 324f.; Wolfram von Eschenbach, 『Parzival』, p. 305 ; 작자 미상 『Eger & Grime』, line 244 이하, p. 14 ; Gottfried von Strassburg, 『Tristan Und Isolde』, line 7767~7784, p. 129.
40 Fernando de Rojas, 『라 셀레스티나』, 제4막, p. 103 ; Rablais, 『가르강튀아 이야기』, p. 49 ; Spencer, 『요정여왕』 제3권 제5편, p. 448, 『선녀왕』 제5권 제5장, p. 391.
41 Fontana, 『거울 속의 유럽』, p. 127.
42 Porter, Diseases, Medicine and Society, p. 13. Cf. Taglia, 'Delivering a Christian Identity,' p. 83 ; Le Goff, 『중세의 몸』, p. 148.
43 Bullough, JHM, Vol. 14(1959), p. 448 ; Malgaigne, pp. 115~117 ; Jacquart, p. 186f.
44 Bullough, ibid., p. 452f. ; O' Boyle, p. 181.

45 van Helmont, 『의술의 탄생』, p. 81f.
46 Leonardo da Vinci, 『해부수고』, p. 486, 136r (p. A2r).
47 Montaigne, 『에세』, Vol. 1, Ch. 25, I, p. 100, Vol. 2, Ch. 37, II, p. 131.
48 Bacon, 『학문의 진보』, Vol. II, 10-10, p. 106.
49 Pouchelle, *Body and Surgery*, p. 16에서. Cf. Bullough, *JHM*, Vol. 14(1959), p. 447 ; O'Boyle, p. 183 ; Castiglioni, p. 402.
50 Verger, 『중세의 대학』, p. 50.
51 Sachs, 『서양의 직인』, p. 132f. Cf. Ell. 'Barbers, Barber-Surgeons,' p. 99.
52 Bullough, *JHM*, Vol. 14(1959), pp. 447, 456 ; Faure, 『르네상스』, p. 79.
53 Boas, *Scientific Renaissance*, p. 155, footnote ; Byrne, p. 36.
54 川喜田, op.cit, p. 183 ; Schipperges, 『중세의 환자』, p. 144, 『중세의 의학』, p. 84 ; Cantor, 『흑사병』, p. 13 ; 村上, 『ペスト大流行』, pp. 118~132 ; Bergdolt, 『유럽의 흑사병』, p. 296.
55 佐佐木, 「黒死病の記憶」, p. 3.
56 파리대학 의학부의 『페스트 의견서』는 2부로 돼 있는데, 제1부의 영역은 Horrox ed., *The Black Drath*, pp. 158~163. Cf. Schipperges, 『중세의 환자』, pp. 147~149 ; Bergdolt, p. 104f. ; Schmölzer, 『빈 페스트 연대기』, pp. 39~41.
57 Guy de Chauliac, *Source Book in Medieval Science*, pp. 773. Cf. Schipperges, 『중세의 의학』, p. 89.
58 Haggard, *Devils, Drugs and Doctors*, p. 189f. ; Gottfried, *Doctors and Medicine*, p. 56.
59 Schmölzer, p. 36 ; Alexander Brunschwig, *Annals of Medical History*, Vol. 1(1929), p. 644 ; 宮下, 『本の都市リヨン』, p. 332.
60 Gabriel de'Mussis, 『역병의 역사』, 石坂, 『人文學』, 第179號(2006) p. 172f.
61 Bartsocas, *JHM*, Vol. 21(1966), p. 396. 이 논문에 칸타쿠제노스의 연대기에서 페스트에 관한 부분의 전문이 영문으로 번역돼 있다.
62 Guy de Chauliac, p. 773f.
63 Horrox ed., p. 188. Cf. Talbot, *Medicine in Medieval England*, p. 167f.

64 Horrox ed., p. 194.
65 Schipperges, 『중세의 의학』, p. 102 ; 宮本, 『医學思想史』 I. p. 197 ; Byrne, p. 37.
66 Gottfried, *Doctors and Medicine*, p. 3, Black Death, pp. 110, 118. Cf. Idem, *BHM*, Vol. 58(1984).
67 宮本, p. 282.
68 O' Boyle, pp. 168~170.
69 Montaigne, Vol. 1, Ch. 24, I, p. 91, Vol. 2, Ch. 37, II, p. 125.
70 川喜田, op.cit, p. 196. Cf. Idem 「医療と医學の發生」, 『知の革命史』 6, p. 11.
71 Bullough, *BHM*, Vol. 36(1962), p. 67.
72 Talbot, 'Medicine,' p. 418 ; Meyer-Steineg & Sudhoff, p. 152.
73 Le Goff, 『또 다른 중세를 위하여』, p. 104 ; 阿部, 『中世を旅する人びと』, pp. 93~96 ; Pleticha, 『중세로의 여행』, p. 140 ; 佐久間, 『ドイツ初期近代市民社會』, p. 158f. ; Irsigler & Lassotta, 『중세의 아웃사이더들』, Ch. 5. Cf. Malgaigne, p. 201 ; Gordon, p. 397f. ; Johannsen, 『철의 역사』 p. 35.
74 Huizinga, 『호이징가 선집』 6, p. 10.
75 Talbot, 'Medicine,' p. 421.
76 B. H. Hill, *JHM*, Vol. 20(1965), p. 334f.
77 Sigerist, 'Hieronymus Brunschwig amd his Work,' p. IX.
78 Boas, op. cit., p. 156. Cf. Malgaigne, p. 206.
79 Sigerist, op. cit., p. XVI.
80 Alexander Brunschwig, *Annals of Medical History*, Vol. 1(1929), p. 642.
81 Sigerist, op. cit., p. IVf.
82 Herrlinger, *History of Medical Illustration*, p. 49.
83 Castiglioni, p. 372 ; Rosenfeld & Rosenfeld, 『중세 후기의 독일 문화』, p. 161.
84 게르스도르프와 그 책에 대해선 Malgaigne, pp. 207~209 ; Chrisman, *Lay Culture, Learned Culture*, pp. 132~135 ; Herrlinger, pp. 140~144

참조.
85 Chrisman, p. 136.
86 Thorndike, *History of Magic & Experimental Science*, V, p. 432. 프리스에 대한 상세한 내용은 이 책 pp. 430~438 참조.
87 예를 들어 Ernst Bloch, 『르네상스 철학』, p. 79에는 '무면허 의사'로 돼 있다. Cf. Chrisman, p. 225 ; 種村, 『パラケルススの世界』, pp. 49~51.
88 Talbot, 'Medicine,' p. 407.
89 大橋, 『パラケルススの生涯と思想』, p. 48f.
90 Paracelsus, *Selected Writings*, p. 61.
91 Idem, 『기적을 일으키는 의료』, p. 38.
92 Ibid., p. 139f.
93 Gordon, p. 598.
94 Paracelsus, *Grossen Wundarzney, Sämtliche Werke*, Bd. X, p. 10.
95 Paracelsus, *Selected Writings*, p. 57.
96 Paracelsus, *Grossen Wundarzney, Sämtliche Werke*, Bd. X, p. 115.
97 川喜田, 『近代医學の史的基盤』上, p. 219f. ; 大橋, p. 90 ; Schipperges, 『중세의 의학』, p. 112 ; Singer & Underwood, 『의학의 역사』I, p. 106f. ; Gordon, p. 600 ; Pagel, p. 200.
98 Paracelsus, 『기적을 일으키는 의료』, p. 55f.
99 Pagel, p. 15.
100 Schipperges, 『중세의 의학』, p. 135.
101 Paracelsus, 『기적을 일으키는 의료』, p. 23.
102 Schildt, 『독일어의 역사』, p. 126.
103 Goldammer, 『파라켈수스 — 자연과 계시』, p. 38.
104 1585년에 쓴 자서전 『변명과 여행기』에는 36년이라고 돼 있지만, 이는 오류인 듯하다.
105 앙브루아즈 파레가 1545년에 쓴 논문 『화승총이나 기타 총으로 인한 상처 치료법』의 영역은 *Apologie and Treatise of Ambroise Paré*, ed. by Keynes에 수록돼 있다. 인용은 이 영역본의 p. 137f. 또한 『변명과 여행기』의 영역은 Keynes, ibid., pp. 3~88 또는 Packard, *Life and Times of Ambroise Pare*, pp. 127~277에 있다.

106 Malgaigne, p. 182 ; Meyer-Steineg & Sudhoff, p. 208. Cf. Wangensteen & Wangensteen, *Rise of Surgery*, p. 24, p. 586, n. 19.
107 Gordon, p. 679f. ; Meyer-Steineg & Sudhoff, p. 208 ; Malgaigne, p. 259f.
108 Keynes, p. 140. 해당 부분은 Sigerist, *BHM*, Vol. 15(1944), p. 144에도 인용돼 있다.
109 Malgaigne, p. 318.
110 Stone, *Bibliotheque d'humanisme et Renaissance*, Vol. 15(1953), p. 318.
111 Malgaigne, p. 318.
112 Sherrington, *Endeavour of Jean Fernel*, p. 110. Cf. Davis, 『우둔한 자의 왕국, 이단의 도시』, p. 280f.
113 Malgaigne, p. 294.
114 宮下, 『本の都市リヨン』, p. 73. 전체적인 상황에 대해선 Stone의 전게 논문 참조. 그림 2.6은 이 책의 p. 197.
115 Getz, *BHM*, Vol. 64(1990), p. 3 ; Robbins, *Speculum*, Vol. 45(1970) n. 2 ; H. S. Bennett, *Modern Language Reivew*, Vol. 39(1944), p.3. Cf. Talbot, *Medicine in Medieval England*, Ch. 15.
116 Langland, 『농부 피어스』, p. 84.
117 Gottfried, *Doctors and Medicine*, p. 3f.
118 Mustain, *BHM*, Vol. 46(1972), p. 469.
119 van Helmont, 『의술의 탄생』, p. 69
120 Mustain, *BHM*, Vol. 46(1972), p. 469~476. Cf. Talbot, *Medicine in Medieval England*, p. 190f. 존 크로필의 수기에 대해선 Robbins, op. cit., p. 413도 참조.
121 Gottfried, *Doctors and Medicine*, p. 55f., *Black Death*, p. 118 ; H. S. Bennett, op. cit., p.4.
122 '왕립의사협회(The Royal College of Physicians)'의 성립에 대해 자세한 내용은 村岡, 『ヴィクトリア時代の政治と社會』, pp. 263~270 참조.
123 K. Thomas, 『종교와 마술의 쇠퇴』 상, pp. 13~15 ; Porter, op. cit., p. 18. Cf. Mustain, p. 469. 중세 잉글랜드의 의사의 보수에 대해선

Hammond, *JHM*, Vol. 16(1960) 참조.
124 Hill, *Intellectual Origins*, p. 29 ; Poynter, 'Introduction,' in *Selected Writings of William Clows*, p. 16.
125 Gordon, p. 681. 클로스의 생애에 대해선 Rothe, *CIBA Symposium*, Vol. 14(1966) 참조.
126 Debus, *English Paracelsian*, p. 70, 『근대 연금술의 기원』, p. 167.
127 Clowes, *Booke of Observations*, p. 221, *Selcted Writings*, p. 161. 이후의 인용은 ibid., p. 223, p. 164.
128 Packard, *Life and Time of Ambroise Paré*, p. 110.
129 Davis, op. cit., p. 279f. Cf. Malgaigne, pp. 242~244.
130 Chaurand, 『프랑스어사』 p. 60 ; Febvre & Martin, 『서적의 출현』 하, p. 327 ; Malgaigne, p. 293 ; Gordon, p. 454f. Cf. Malgaigne, p. 243f.
131 Getz, p.2 ; Sarton, *Six Writings*, p. 110.
132 Siraisi, 'How to wright Latin Book on surgery,' p. 94.
133 Sherrington, p. 105. Cf. Burke, 『이탈리아 르네상스의 문화와 사회』, p. 86.
134 Securis, *A Detection of the Dairy Enormities*, p. Blr-v. Cf. Hill, p. 75, n. 2.
135 H. S. Bennett, *English Books and Readers*, p. 101 ; Baugh & Cable, 『영어사』, p. 252 ; Kaplan, Ph.D. Thesis, p. 60f.
136 Alford, *Centennial Reivew*, Vol. 23(1979), p. 384.
137 H. S. Bennett, p. 101f.
138 Beier, *Sufferers and Healers*, p. 21 ; Davis, p. 280, p. 424, n. 99.
139 O'Malley, *Andreas Vesalius*, p. 44.
140 Galenus, 『자연의 기능에 대하여』, p. 134.
141 Le Goff, 『중세의 몸』, p. 156.

◎ 제3장 : 해부학과 식물학의 도상 표현

1 Sarton, *Six Wings*, p. 151.

2　Singer, *SHMS*, Vol. 1(1917), p. 92,『해부, 생리학 소사』, p. 111f., 'Historical Essay,' p. 21-C ; Castiglioni, *History of Medicine*, p. 341.
3　Singer가 영어로 옮긴 Mondino의 해부학 초역은 *Source Book in Medieval Science*, pp. 729~939에 있다. *Guy de Chauliac*, ibid., p. 794. Cf. Gordon, *Medieval and Renaissance Medicine*, p. 355 ; Castiglioni, p. 347 ; Talbot, *Medicine in Medieval England*, p. 117.
4　Singer, *SHMS*, Vol. 1(1917), p. 79 ; 藤田,『人体解剖のルネサンス』, p. 78f. 참조.
5　Singer,『해부, 생리학 소사』, p. 126, 'Historical Essay,' p. 21-H ; Castiglioni, p. 344; 藤田, p. 70.
6　Singer,『해부, 생리학 소사』, p. 126, 'Historical Essay,' p. 21-H ; Castiglioni, p. 344; 藤田, p. 70 ; Meyer-Steineg & Sudhoff, *Illustrierte Geschichte*, fig. 55, p. 89.
7　Achillini, *Anatomical Notes, in pre-Vesalian Anatomy*, ed. by Lind, p. 46 ; Berengario, *Short Introduction to Anatomy*, p. 59.
8　Choulant, *History and Bibliography of Anatomin Illustration*, p. 126.
9　Boas, *Scientific Renaissance*, p. 131.
10　Singer,『해부, 생리학 소사』, p. 116~118, 122~125, 'Historical Essay,' p. 21-F ; Castiglioni, p. 344; 藤田, p. 72.
11　O'Malley, *Andreas Vesalius*, p. 58.
12　Boas, op. cit.,
13　Singer, 'Historical Essay,' p. 21-Kf.
14　Singer, *SHMS*, Vol. 1(1917), p. 79 ; 藤田, p. 79.
15　O'Malley, p. 245.
16　Alberti,『예술론』, p. 24, *De Pictura*, 36, p. 62. 원어로 '근육'은 muscolo(이탈리아어) musclus(라틴어), '살'은 carne(이탈리아어), caro (라틴어)다. 이 같은 번역은 Clark,『휴머니즘의 예술』, p. 95에 따른 것인데, muscolo와 carne의 구별은 다소 불분명하다.
17　Vasari,『속 르네상스 화가열전』, p. 142,『르네상스 화가열전』, p. 204.
18　Choulant, p. 106~108 ; Condivi,『미켈란젤로전』, p. 95f.

19 川喜田,『近代医學の史的基盤』상, p. 190.
20 Dürer,『인체균형론』, p. 233.
21 藤田, p. 95f.
22 Leonardo, *Treatise on Painting*, paragraph, 124, p. 67.
23 『수고L』Folio, 79r. 또는『수고E』Folio, 19v. 참조.
24 Hopstock, *SHMS*, Vol. 2(1921), p. 189f. ; Clark,『레오나르도 다 빈치』p. 188 ; Singer,『해부, 생리학 소사』, p. 136f.
25 Leonardo,『해부수고』의 인용 부분은 Keele-Pedretii가 편집한 폴리오 Folio의 저술에 나오는 번호로 기입한다.
26 Hopstock, p. 189 ; Choulant, p. 105 ; Singer,『해부, 생리학 소사』, p. 142 ; 岩井 & 森本,『レオナルドと解部』, pp. 105, 130 ; 松井,'レオナルドの解部研究', p. 57.
27 『해부수고』의 일본어 번역판 감수자이자 해부학자인 山田致知는 파라핀을 뇌실에 주입해 그 형상을 연구했다는 데 대해, 실행 가능성에 의문을 표한다. '레오나르도 해부학에 대한 주해' Folio 104 recto의 주해, p. 48f. '레오나르도 다 빈치의 인체 해부',『日伊文化研究』No. 23(1985), p. 13. Cf. Hopstock, p. 165. 또한 山田의 이 두 논문은 다 빈치의『해부수고』에 대한 해설과 함께 그 오류에 대해서도 상세히 지적해 놨다.
28 Choulant, p. 105 ; Hopstock, p. 190, 下村寅太郎,『著作集』4, p. 383f.
29 Randall, '근대 과학의 탄생에서 레오나르도 다 빈치의 의의,' p. 45.
30 Nuland, '레오나르도 다 빈치,' p. 122 ; 松井,'レオナルドの解部研究', p. 48.
31 Nuland, p. 132. Cf. Ivins, 'What about the Fabrica of Vesalius?,' p. 99.
32 下村寅太郎, p. 282.
33 Herrlinger, *History of Medical Illustration*, p. 67.
34 Singer,『해부, 생리학 소사』, p. 142 ; 岩井 & 森本, pp. 106, 113.
35 Cassirer,『개체와 우주』, p. 198f.
36 『수고C』Folio 23v.
37 Anzelewsky,『뒤러』, p. 136 ; Meyer-Steineg & Sudhoff, p. 198 ;

Clark, op. cit., p. 114 ; Herrilinger, p. 74 ; 岩井 & 森本, p. 122 ; 松井, p. 56.

38 Ivins,『비주얼 커뮤니케이션의 역사』, pp. 29, 14.

39 Vasari,『르네상스 화가열전』, p. 61. 조토에 대해선 이 책의 p. 17 참조.

40 Blunt,『식물도감의 역사』, p. 47, n. 11 ; Singer,『생물학의 역사』, p. 82.

41 Oviedo,『카리브 해 식민지의 표정』, p. 256.

42 Plinius,『박물지』, Bk. 25-4.

43 Singer, SHMS, Vol. 2(1921), pp. 61~63. Cf. 大槻,「ディオスコリデス'ウィーン寫本'」.

44 Blunt, p. 23.

45 Plinius, Bk. 25-5, Bk. 25-10.

46 Arber,『근대 식물학의 기원』, p. 148. 중세부터 인큐내블러 시대까지의 식물도감의 변천에 대해선 Singer, SHMS, Vol. 2(1921), pp. 76~79 참조.

47 Arber, Ibid., p. 151.

48 Ibid., p. 29.『독일 본초』의 서문은 이 책 pp. 27~30에 전문이 번역돼 있다.

49 Ibid., p. 50. Cf. Landau & Parshall, Renaissance Print, pp. 247~253.

50 Blunt, p. 57. 브룬펠스와 그의 책에 대한 상세한 내용은 Chrisman, Lay Culture, Learned Culture, pp. 174~179 참조.

51 Arber, p. 158.

52 Arber, p. 159f.

53 Dürer,『인체균형론』pp. 229, 227 ; 下村耕作,『アルブレヒト・デューラーの芸術』, '付禄3', pp. 343, 341. Cf. Landau & Parshall, p. 254f. ; Oglivie, Science of Describing, p. 194.

54 푹스에 대한 상세한 내용은 Great Herbal of Leonhart Fuchs, Vol. 1, Commentary, Ch. 2, 'The Life of Leonhart Fuchs,' 참조.

55 Arber, p. 125. Cf. Landau & Parshall, p. 253f. ; Morton, History of Botanic Science, p. 124.

56 Fuchs, Vol. 1, p. 47.

57 Anderson, An Illustrated Histroy of the Herbals, p. 145.

58 이 단락에 나오는 네덜란드의 식물학 서적에 관한 기술은 주로 Arber와 Blunt의 책에 의거한다.
59 베살리우스의 『파브리카』(1543)의 서문에서. 이 책의 인용은 O'Malley, *Andreas Vesalius*, Appendix, pp. 317~377의 영역에 의거한다. 인용 부분은 p. 319f.
60 O'Malley, p. 47.
61 Vesalius, *Fabrica*, p. 321.
62 Berengario, *Short Introduction of Anatomy*, p. 35.
63 Idem, *Commentary on Mundinus*, in *Studies in Pre-Vesalian Anatomy*, ed. by Lind, p. 10.
64 O'Malley, p. 19.
65 Berengario, p. 147.
66 O'Malley, p. 20 ; Boas, p. 140 ; Singer, *SHMS*, Vol. 1(1917), p. 95f. 『해부, 생리학 소사』, p. 147.
67 Cellini,『첼리니 자서전』상, p. 88.
68 Herrlinger, pp. 70, 74, 83 ; 岩井 & 森本, p. 122 ; 松井, p. 56.
69 O'Malley, p. 136.
70 Canano, *An Illustrated Dissection of the Muscles of the Human Body*, in *Studies in Pre-Vesalian Anatomy*, ed. by Lind, p. 310.
71 주69 참조. 이후부터 이 책에서의 인용은 이 영역본에 따른다. 인용 부분은 Fab. p. ***식으로 표기한다.
72 O'Malley, p. 51.
73 Ibid., p. 50.
74 이때 베살리우스의 지위에 대해선 Ivins, 'What about the Fabrica of Vesalius?', Appendix, 1 참조.
75 Vesalius,『인체구조론』, pp. 7, 6.
76 O'Malley, plate 17, pp. 85, 172.
77 Ibid., pp. 170, 167, 177. Cf. p. 281.
78 Ibid., p. 184.
79 坂井,「解部學書としてのヴェサリウスの'ファブリカ'と'エピトメ—'」및『謎の解部學者ヴェサリウス』참조.

80 Harvey, 『동물의 심장 및 혈액의 운동에 관한 해부학적 연구』, p. 22.
81 坂井, 『謎の解部學者ヴェサリウス』, p. 24.
82 『파브리카』와 『에피토메』의 삽화나 '6매의 해부도(Tabulae Sex)'는 이미 Saunders & O'Malley, *The Illustrations from the Works of Andreas Vesalius of Brussels*에 수록돼 있다.
83 O'Malley, p. 121.
84 Ivins, op. cit., pp. 89, 99. Cf. Giard, 'Remapping Knowledge, Reshaping Institutions,' p. 31.
85 坂井, 「解部學書としてのヴェサリウスの'ファブリカ'と'エピトメー'」, p. 424.
86 Ivins, op. cit., p. 83.
87 Herrlinger, p. 108.
88 Ibid., p. 119f.
89 Hall, 'The Scholar and Craftman,' *Critical Problems in the History of Science*, p. 7.
90 O'Malley, p. 18 ; Meyer-Steineg & Sudhoff, p. 198 ; Randall, p. 52. Cf. Herrlinger, p. 74 ; 岩井 & 森本, pp. 113, 122 ; Singer, 『해부, 생리학 소사』, p. 143f. ; 松井, p. 56.
91 下村寅太郎, p. 285.
92 Ivins, op. cit., p. 99. Cf. Eisenstein, *Past and Present*, Vol. 45(1969), p. 72.
93 Bruno, *Landmarks of Science*, pp. 72f., 82f. Ruini에 대해선 Cole, *History of Comparative Anatomy*, pp. 83~97 ; Boas, p. 60f. 참조.
94 Panofsky, 'Artist, Scientist, Genius,' p. 147.
95 Singer, 『생물학의 역사』, p. 87.
96 Ivns, op. cit., p. 82.
97 Boas, p. 29. Cf. Eisenstein, *Printing Press*, p. 520f. ; Butterfield, 'Renaissance Art and Modern Science,' p. 12f. ; Giard, pp. 28~32.

◎ 제4장 : 광산업 · 야금술 · 시금법

1 Beck, 『철의 역사』 II(1), pp. 95~104.
2 Albertus Magnus, *Book of Minerals*, p. 154.
3 Pedro Martir, 『신세계와 우마니스터』, p. 120.
4 Palissy, Oeuvres, p. 54, 『르네상스 박물문답』, p. 52 ; Ercker, *Treatise on Ores and Assaying*, p. 11.
5 Boyle, 'Observations about the Growth of Metals in their Ore,' *Works*, IV, pp. 79~84. 고대에 대해선 Forbes, 『고대 기술사』 중, p. 385 를 참조.
6 이상, Eliade, 『대장장이와 연금술사』에서. 인용은 『저작집』 제5권, pp. 54, 46, 55, 57, 58.
7 Idem, 『요가』, 『저작집』 제10권, p. 140.
8 Holmyard, *Alchemy*, pp. 135, 143.
9 Bacon, *Opus Majus*, p. 627.
10 Albertus Magnus, p. 201.
11 Agricola, *De Re Metallica*, 서문, p. 6 〔영역본은 p. xxvii〕; Biringuccio, *The PIROTECHNIA*, p. 341. Cf. Holmyard, Ch. 7 ; Taylor, 『연금술사』, p. 13f.
12 Eliade, 『대장장이와 연금술사』, p. 200.
13 Diodoros, 『신대지지』 V, 64. Cf. Forbes, 『기술의 역사』, p. 31f., 『고대 기술사』 상, p. 538. ‖ '신대지지神代地誌' 는 디오도로스의 『세계사 Bibliotheca Historica』의 전40권 중 제1~6권의 총칭인 『아르카이올로기아Archaiologia』의 일본어 역어임_역주.
14 Le Goff, 『또 다른 중세를 위하여』, p. 107f.
15 Eliade, 『대장장이와 연금술사』, pp. 68f., 31.
16 Beck, 『철의 역사』 I(3), pp. 340, 379f. ; 阿部, 『中世の窓から』, p. 132 ~142 ; Johannsen, 『철의 역사』, p. 66.
17 Beck, ibid., pp. 340, 344, Cf. Idem, p. 383f. ; Johannsen, p. 67.
18 Rosenfeld & Rosenfeld, 『중세 후기의 독일 문화사』, p. 82 ; Johannsen, p. 35, Cf. Idem, p. 67 ; Beck, p. 342f. ; 阿部, p. 134f. ; Pleticha, 『중세

로의 여행』, p. 123f.
19 Borst, 『중세 유럽의 생활사』 2, p. 49에 의하면 수력식 풀무를 갖춘 노에 대한 최초의 언급은 1323년, 대형 고로가 처음 출현한 것은 1380년이라고 한다. Cf. Forbes, '야금술', 『기술의 역사』 3, 제2장, p. 60.
20 Beck, II(1), pp. 68~85 참조.
21 Filarete, *Treatise on Architecture*, p. 220f. 이 부분은 영역자인 스펜서 Spencer의 논문 *Technology and Culture*, Vol. 4(1963), pp. 201~206에 수록돼 있다. 또한 Klemm, *History of Western Technology*, p. 137에도 별도의 영역문이 나온다. Cf. Nef, *Journal of Political Economy*, Vol. 49(1941), p. 10.
22 Beck, II(1), pp. 149f., Klemm, p. 138f.에 영역문이 있다.
23 Sombart, 『전쟁과 자본주의』, p. 155.
24 Beck, II(1), pp. 151 ; Sombart, p. 155.
25 Johannsen, p. 124.
26 Cipolla, 『대포와 범선』, p. 25 ; Sombart, pp. 146~152.
27 諸田, 『フッガー家の時代』, p. 323.
28 Braunstein, *JEEH*, Vol. 12(1983), p. 580.
29 Nef, p. 6f. ; 諸田, 『フッガー家の遺産』 p. 55 ; 三枝, 『技術の哲學』 p. 57.
30 Nef, p. 7, 『공업 문명의 탄생과 현대 세계』, p. 57. Cf. Armytage, 『기술의 사회사』, p. 35 ; Braunstein, *JEEH*, Vol. 12(1983), p. 574.
31 Ercker, *Treatise on Ores and Assaying*, p. 224f., 같은 페이지의 노트 참조.
32 *On Steel and Iron*, Smith ed., *Sources for the History of the Science of Steel*, pp. 7, 9.
33 Albertus Magnus, p. 133.
34 Beckmann, 『서양 사물의 기원』 III, p. 1073. Cf. Beck, I(3), pp. 328, 388.
35 Biringuccio, p. 371f.
36 Eamon, *Science and the Secrets of Nature*, p. 119f. ; *History of Science*, Vol. 22(1984), p. 120f.

37 *On Steel and Iron*, p. 7f.
38 Eamon, *Science and the Secrets of Nature*, pp. 114~116, *History of Science*, Vol. 22(1984), p. 116f.
39 비링구초의 『피로테크니아』에서의 인용은 영역본 *The PIROTHECNIA*에서 따옴. 이하의 인용도 마찬가지.
40 Forbes & Smith, '야금술과 시금법', 『기술의 역사』 5, 제2장, p. 28f.
41 Debus, 『근대 연금술의 역사』 p. 34f. ; Chrisman, *Lay Culture, Learned Culture*, p. 131 ; Sarton, *OSIRIS*, Vol. 5(1938), p. 116f.
42 Eamon, *Science and the Secrets of Nature*, p. 117.
43 Rosetti, *The Plichto*, pp. 1, 40(원전) [pp. 89, 131(영역본)].
44 Piccolopasso, *I tre libri dell' Arte del Vasio*.
45 Cellini, *Treatise on Goldsmithing and Sculpture*, p. 1.
46 Eamon, *History of Science*, Vol. 22(1984), *Sudhoffs Archive*, Vol. 69(1985) 등 참조.
47 Beck, II(1), p. 155.
48 아그리콜라의 『메탈리카』에 대한 인용은 기본적으로는 일본어 번역본을 참고하면서 영역본에서 옮겨 왔다. 때로는 독일어 번역본과 원전 복각판도 참조했다. 인용 부분은 영역본에 따른다.
49 Faure, 『르네상스』, p. 73.
50 White Jr. 『기계와 신』, p. 82.
51 Craddock, *Endeavour*, Vol. 18(1994), p. 69.
52 Molenda, *Journal of European Economic History*, Vol. 17(1988) 참조.
53 Long, *Openness, Secrecy, Authorship*, p. 177f.
54 Verger, 『유럽 중세 말기의 학자』, p. 190.
55 Long, *Technology and Culture*, Vol. 32(1991), p. 348.
56 Armstrong & Lukens, *Journal of Chemical Education*, Vol. 16(1939) 참조.
57 이하 Lazarus Ercker's *Treatise on Ores and Assying*의 인용은 항 번호를 기입할 뿐 별도로 주석을 달지 않음.
58 Bloch, 『중세 서구의 자연경제와 화폐경제』, p. 8. Cf. Idem, pp. 11, 80.

; Cipolla, *Money, Prices and Civilization*, p. 28.
59 Duby & Mandrou,『프랑스 문화사』2, p. 66.
60 D. E. Smith, *ISIS*, Vol. 6(1923), p. 330 ; van Egmond, Ph.D. Thesis, pp. 175~177.
61 이 책을 직접 볼 수가 없었기 때문에 이하에선 C. S. Smith, *ISIS*, Vol. 46(1955), pp. 354~357에 따름.
62 Long, *Technology and Culture*, Vol. 32(1991), p. 353.
63 Forbes & Smith, p. 51.
64 Ibid., p.51.

◎ 제5장 상업수학과 16세기 수학혁명

1 Whitrow, 'Why did Mathematics begin to take off in the sixteenth century?', p. 264.
2 Karpinski, *OSIRIS*, Vol. I (1936), p. 411.
3 Isidorus, *Etymologies*, p. 126 ; Augustinus,『그리스도교의 가르침』, p. 106.
4 Riche,『유럽 성립기의 학교 교육과 교양』, p. 281f.
5 Boyer,『수학의 역사』2, p. 191. 제르베르의 수학에 대한 자세한 내용은, Smith & Karpinski, Hindu-Arabic Numerals, pp. 110~116 ; Cajori,『초등교육사』, pp. 158~164 ; Wolff,『유럽의 지적 각성』제2부, 제5장 등 참조.
6 Ibn Khaldun,『역사서설』(3), p. 331.
7 사크로보스코의 수학에 대한 자세한 내용은, 三浦, '中世西歐의 計算法' 참조. 또한 이 논문에는『통속 알고리즘Algorism vulgaris』의 일부가『일반 알고리즘』이라는 제목으로 번역돼 있다.(pp. 149~173) 이 논문에 수록된 伊東 編,『中世の數學』, pp. 331~341에는 알 콰리즈미의『알제브라와 알 무카발라』의 일본어 번역문이 수록돼 있다.
8 大黑,『噓と貪欲』, p. 13ff. Cf. Le Goff,『또 다른 중세를 위하여』, pp. 201~203.

9 Pirenne,『중세 도시』, p. 106.『중세 유럽 경제사』, p. 16f.
10 Thomas Aquinas,『군주의 통치에 대하여』, p. 95.
11 피보나치의 생애에 대해선 1228년에 나온『계산판에 대한 책』제2판에 본인 스스로가 붙인 간단한 회상 외에는 알려진 게 없다. 이 회상의 라틴어 원문과 영역문 및 상세한 해설이 Grimm의 논문 'The Autobiography of Leonard Pisano'에 있다.
12 Struik ed., *Source Book in Mathematics 1200～1800*, p. 2.
13 Kol'man & IUshkevich,『수학사』2, p. 530.
14 van Egmond, Ph.D. Thesis, p. 17, *Practical Mathematics in the Italian Renaissance*, p. 5f. ; Grendler, *Schooling in Renaissance Italy*, p. 307f.
15 中村,『近世數學の歷史』, p. 14 ; Cajori, pp. 150～152 참조.
16 피보나치의 대수학에 대한 자세한 내용은 Franci & Rigatelli, *Janus*, Vol. 72(1985), pp. 19～28 ; Vogel, *DBS*, Vol. IV, pp. 604～613 ; van der Waerden,『대수학의 역사』, pp. 50～64 등 참조.
17 Vogel, p. 612 ; van der Waerden, p. 64.
18 Smith & Karpinski, p. 131.
19 이번 절과 다음 절은 van Egmond, Ph.D. Thesis와 Grendler, *Schooling in Renaissance Italy*에 크게 의존했다. 두 문헌에서 인용했거나 참조한 것은 해당 부분에 각각 E. p. ＊＊, G. p. ＊＊으로 기입했다.
20 Faure,『르네상스』, p. 24.
21 '13세기 상업혁명'에 대해선 De Roover, 'Commercial Revolution of the Thirteenth Century' ; Rörig,『중세 유럽의 도시와 시민 문화』, p. 29 ; Kedar, *Merchant in Crisis*, Ch. 2 참조.
22 清水,『中世イタリア商人の世界』. p. 97 ; Pirenne,『중세 도시』, p. 198,『중세 유럽 경제사』. pp. 150f., 192f. ; Sombart,『부르조아』, p. 177.
23 Datini 상회와 그 자료에 대해선 Origo,『프라토의 상인』에 자세히 나와 있다.
24 Le Goff,『중세란 무엇인가』, p. 132 ; Pomian,『유럽이란 무엇인가』, p. 71. Cf. 大黒,『噓と貪欲』p. 29, '商人と文化' ; Rörig, p. 32f.

25 清水, pp. 26, 252 ; Grendler, p. 71f.
26 齋藤,『レオナルドの謎』, Ch. 8.
27 Biagioli, *History of Science*, Vol. 27(1989), p. 56.
28 Pico della Mirandola,『인간의 존엄에 대하여』, p. 59.
29 van Egmond, 'How Algebra came to France,' p. 129.
30 Smith, D. E. *ISIS*, Vol. 6(1923), p. 311. 중세의 산판 계산에 대한 구체적인 예는 Mahoney, 'Mathematics,' p. 147에 나온다.
31 Smith & Karpinski, p. 120f. ; Cajori, p. 164f. 참조.
32 Chaucer,『캔터베리 이야기』상, p. 149.
33 Thomas,『역사와 문학』, p. 99.
34 Struik, *Archives Internationales d'Histoire des Sciences*, Vol. 21(1968), pp. 291~294 ; Smith & Karpinski, p. 133 ; Cajori, p. 168f.
35 Sombart,『부르조아』, p. 714.
36 Field, 'Mathematics and the Craft of Painting,' p. 74.
37 van Egmond, *Physics*, Vol. 20(1978), pp. 155~189에 Gerardi의 방정식론의 원문과 영역문, 해설이 실려 있다. Cf. Franci & Rigatelli, pp. 30~32.
38 초역抄譯은 Smith ed., *Source Book in Mathematics*, pp. 1~12. 이하의 인용 부분은 p. 1, p.5. 이 책에 대해선 Smith, D. E., *ISIS*, Vol. 6(1923)에 자세한 내용이 나온다.
39 이 책에 대한 자세한 내용은 Smith, *ISIS*, Vol. 8(1925) 참조.
40 Ginsburg, *American Mathematical Monthly*, Vol. 35(1928) ; Smith, *History of Mathematics*, Vol. 2, p. 238f. ; *Rara Arithmetica*, pp. 50~52 참조.
41 Jayawardene, *DSR*, Vol. X, p. 271 ; Whitrow, p. 267.
42 RIcci,『루카 파치올리의 생애』, p. 46.
43 Gille,『르네상스의 공학자들』, p. 171.
44 파치올리의『산술집성』의 인용 부분은 folio 번호와 앞장(r) 뒷장(v)으로 표기한다.
45 岸,『會計前史』, p. 54f. ; 小島,『商業論究』, 第20券(1973), p. 28.
46 ten Have,『회계사』, p. 3 ; 岸, ibid., p. 6 ; 片岡,『パチョーリ簿記論』

の硏究』, pp. 18~20. 또 코트룰리의 이 책의 원제는『상업기법에 대한 책 Il libro dell'arte di mercatura』으로 돼 있지만, 1573년 인쇄됐을 때는 『상업과 완전한 상인에 대하여Della mercatura et del mercante perfetto』라는 제목으로 바뀌었다.

47 Yamey, *Economic History Review*, 2nd series, Vol. I(1949), p. 113, n. 2.
48 Petty,『정치산술』, p. 24.
49 Franci & Rigatelli, p. 65f.
50 van Egmond, 'How Algebra came to France,' pp. 130, 133.
51 宮下,『本の都市リヨン』, pp. 65, 24. ; Faure,『르네상스』, p. 36.
52 Flegg, 'Nicolas Chuquet,' p. 72.
53 香內,『活字文字の誕生』, p. 61. 인용 부분은 宮下, p. 86. 같은 책 p. 79 참조. 쉬케의 수학의 상업적 성격에 대해선 Benoit, 'The Commercial Arithmetic of Nicolas Chuquet,' 참조.
54 Struik ed., op. cit., p. 61에서.
55 Flegg, p. 67에서.
56 Gille, p. 328.
57 Davis, *JHI*, Vol. 21(1960), p. 19, n. 3.
58 Nicolaus Cusanus,『지혜에 관한 무학자의 대화』, p. 544.
59 Meuthen,『니콜라우스 쿠자누스』, p. 7.
60 Nicolaus Cusanus, *De Statics Experimentis*, p. 127,『학식 있는 무지』 II-13, p. 150.
61 Isidorus, p. 126.
62 Nicolaus Cusanus,『학식 있는 무지』 III-1, p. 158.
63 Nicolaus Cusanus, *Idiota de mente*, p. 50f.
64 이 문단의 내용에 대해 보다 자세한 것은『과학의 탄생』제2부 참조.
65 Ercker, *Treatise on Ores and Assaying*, p. 11.
66 Brizon,『중세 직인사』, p. 25.
67 Smith, *History of Mathematics*, Vol. 2, pp. 240f., 384, 408.
68 Donaldson,『네덜란드어지誌』, p. 157. 또 이 시대의 네덜란드 경제에 대해 자세한 내용은 Aerts,『중세 말 남네덜란드 경제의 발자취』, pp. 19~

40 참조.
69 Bockstaele, *ISIS*, Vol. 51 (1960).
70 Smith, *Rara Arithmetica*, p. 183, *History of Mathematics*, Vol. 2, pp. 399~401.
71 Struik, *ISIS*, Vol. 25 (1936), p. 48.
72 Struik, ibid., pp. 46, 52, 50 ; Donaldson, p. 157.
73 Bochner, 『과학사에 있어서 수학』, p. 29.
74 타르탈리아가 받은 교육에 대해선 Keller, 'Mathematics, Mechanics, and Experimental Machines in Northern Italy,' p. 19에서. Baldi의 평은 Biaggioli, p. 63에서.
75 Sarton, *Six Wings*, pp. 29, 246, n. 19.
76 Biagioli, p. 43. Cf. Ibid., pp. 50, 53 ; Grendler, p. 38. 대학 내에서 나타나던 의학 교수와 수학 교수 사이의 지위 격차에 대해선 Westman, *History of Science*, Vol. 18 (1980), p. 63에서.
77 Duhem, *Les Origines de la Statique*, I, p. 195 [영역본은 p. 138].
78 Drake, 'Introduction,' p. 20f.
79 Cardano, Artis Magnae의 인용 및 참조는 해당 페이지를 '원전(*Opera Omnia*, Vol. IV)' 의 항[영역항]으로 표기한다.
80 Cardano, 『나의 생애』, p. 301.
81 Biagioli, p. 55.
82 Sarton, *Six Wings*, p. 32.
83 中村, 『近世數學の歷史』第2章, pp. 22~24, 해설은 pp. 24~28. 카르다노의 3차 방정식의 해법에 대한 알기 쉬운 설명은 Pesic, 『아벨의 증명』, pp. 35~39에 나온다. 카르다노의 방정식론, 특히 복소수 해의 이해에 대해선 Kenny, *Philosophia Mathematica*, Ser. 2. Vol. 4 (1984) 참조.
84 봄벨리의 생애에 대해서 Jayawardene의 일련의 논문(문헌참조)에 자세히 나온다.
85 Biagioli, p. 52.
86 Jayawardene, *ISIS*, Vol. 56 (1965), p. 304.
87 Jayawardene, *ISIS*, Vol. 64 (1973) 참조
88 Jayawardene, ibid., p. 510. Cf. Tanner, *Annales of Science*, Vol.

37(1980).
89 Beaud,『자본주의의 세계사』, p. 39.
90 van Berkel,『네덜란드 과학사』, pp. 17~19, 'Note on Rudolf Snellius,' p. 157.
91 Stevin, *Principal Works*, Vol. IIa, p. 28f.
92 中西,『近代財務表の萌芽』참조.
93 Stevin,『소수 De Thiende』는 영란대역본(1608년 영역)이 *Principal Works*, Vol IIa, pp. 386~425에 실려 있다. Smith ed., *Source Book in Mathematics*, pp. 20~34에 수록된 영역문 On Decimal Fractions은 스테빈 스스로 프랑스어 번역본을 새롭게 번역한 것이다. 여기서는 후자에 의거해 인용이나 참조 부문의 항 번호를 표기한다. 또한 프랑스어 번역본은 Sarton, *ISIS*, Vol. 23(1935)의 말미에 Appendice까지 포함해 복사본이 전문 수록돼 있다.
94 Carter & Muir, *Printing and the Mind of Man*, p. 60.
95 Stevin, *Principal Works*, Vol. IIb, p. 495.
96 이시도루스에 대해선 *Etymologies*, p. 125. 프로스도키모에 대해선 Smith, Rara Arithmetica, p. 13f., 트레비조 판본에 대해선 Smith, *ISIS*, Vol. 6(1923), p. 314f. & n. 5. 피에트로 보르기에 대해선 Smith, *ISIS*, Vol. 8(1925), p. 44.
97 Stevin, *Principal Works*, Vol. IIb, pp. 530~535. Cf. Dijksterhuis, Simon Stevin, p. 22.
98 Gille, p. 331.

◎ 제6장 : 군사기술혁명과 기계학·역학의 발흥

1 Drake, 'Introduction,' in *Mechanics in Sixteenth Century Italy*, pp. 3~60.
2 Parker,『군비 혁신의 세계사』, p. xiv.
3 Hall, B. S.『화기의 탄생과 유럽의 전쟁』, p. 15.
4 Ibid., 백년전쟁에 대해선 pp. 180~193, 레콘퀴스타에 대해선 pp. 193~

204 참조.
5 Guicciardini, 『이탈리아사』, I, p. 132f.
6 Gille, 『르네상스의 공학자들』, p. 295f. Cf. Hall, B. S., p. 247.
7 Hall, B. S., 인용은 p. 162, 하드웨어적인 면에서 대해선 pp. 141~153, 소프트웨어적인 면에 대해선 pp. 204~209 참조.
8 Hall, A. R., *Ballistics in the Sixteenth Century*, p. 33.
9 Tartaglia, *New Science*, in *Mechanics in Sixteenth Century Italy*, p. 63f.
10 Ibid., pp. 91, 94.
11 Ibid., p. 75.
12 Ibid., p. 70.
13 Ibid., p. 84f.
14 Tartaglia, *Questions and Inventions*, in *Mechanics in Sixteenth Century Italy*, p. 103.
15 Copernicus, 『천구의 회전에 관하여』 제1권, 제8장, p. 31.
16 Boas, *Scientific Renaissance*, p. 79.
17 Tartaglia, *New Science*, p. 65.
18 Hall, A. R., ibid., p. 41.
19 Hall, A. R., ibid., p. 42.
20 Drake, 'Introduction,', p. 26 ; 青木, 『ガリレオの道』 p. 80.
21 Sombart, 『전쟁과 자본주의』, p. 120f. ; Forbes, 『기술의 역사』, p. 121 ; Gille, p. 128.
22 Kearney, 『과학혁명의 시대』, p. 55 ; Drake, 'Introduction,' p. 22 ; Rose & Drake, *Studies in the Renaissance*, Vol. 18(1971), p. 70. Cf. Clagett, *ISIS*, Vol. 50(1959), p. 428 ; Garin, 『르네상스 문화사』, p. 211.
23 Benedetti, *The Resolution*, in *Mechanics in Sixteenth Century Italy*, pp. 150~153.
24 Benedetti, *A Demonstration*. Cf. Drake, 'Introduction,' p. 39.
25 베네데티가 아르키메데스에 의거하고 있었다는 점, 특히 1551년 탈르탈리아의 번역이 중요한 역할을 했다는 점에 대해선 Drake, *Galileo Studies*, p. 30, 'Introduction,', p. 32f. 갈릴레오에 대한 베네데티의 영

향에 대해선 Koyre, 『갈릴레오 연구』 제1부, 제4장 ; Geymonat, *Galileo Galilei*, pp. 13, 31 ; 青木, p. 17f., p. 77 ; Drake, 'Introduction,', pp.31~41 등 참조.

26 Taisnier, *A very Necessarie and Profitable Booke*, p. Dj.
27 Stevin, *Principal Works*, Vol. I, pp. 508~511.
28 Ornstein, *Role of Scientific Societies*, p. 24 ; Armytage, 『기술의 사회사』, p. 33 ; Drake, *Galileo at Work*, p. 19f.
29 Galileo, 『신과학대화』 상, pp. 97~99〔영역본 pp. 66~68〕. Cf. Wallace, *Galileo and his Sources*, p. 317f.
30 Laird, *OSIRIS*, 2nd ser., Vol. 2(1986) 및 Rose & Drake 참조.
31 『機械學』, 福島民雄 譯, 『アリストテレス全集(10)小品集』(岩波書店)에 수록됨. p. 159, 847a25(Bekker판의 항과 행 번호에 따름).
32 Galileo, 『천문대화』 상, p. 343 〔영역본 p. 230〕.
33 Gabbey, 'Between ars-and philosophia naturalis,' p. 134.
34 Rose, *Italian Renaissance of Mathematics*, p. 247.
35 Tartaglia, *Questions and Inventions*, p. 105.
36 Duhem, *Les Origines de la Statique*, I, Ch. 7, §3 ; Clagett, DSB, Vol. VIII, pp. 215~217 ; Hart, 『레오나르도 다 빈치의 과학』, p. 103f. ; 下村, 『著作集』 4, p. 374.
37 Brown, 'The Science of Weights,' p. 197.
38 Mach, 『마흐 역학사』 상, p. 64.
39 Jordanus, *De ponderibus*, in *The Medieval Science of Weights*, p. 154f.
40 Idem, *De ratione ponderis*, in ibid., pp. 188~191.
41 Duhem, p. 147 〔영역본 p. 107〕 ; Crombie 『중세에서 근세로의 과학사』 상, pp. 108~110 ; 伊東, 『近代科學の源流』 pp. 237~243 ; Dijksterhuis, *The Mechanization of the World Picture*, p. 250.
42 Jordanus, *De ponderibus*, pp. 138f., 182f.
43 Moody, 'Introduction,' in *The Medieval Science of Weights*, p. 169.
44 Tartaglia, *Questions and Inventions*, p. 111.
45 Duhem, p. 202 〔영역본 p. 143〕.

46 Drake, 'Introduction,' p. 55.
47 Wallace, *Galileo and his Sources*, p. 203.
48 Drake, *Galileo Studies*, p. 35, *Galileo at Work*, pp. 2~4 ; Geymonat, p. 6f. ; 青木, pp. 61~90.
49 Hall, B. S., p. 254.
50 Keller, 'Mathematics, Mechanics and Experimental Machines,' p. 24. *Minerva*, Vol. 23(1985), p. 356.
51 Biagioli, *History of Science*, Vol. 27(1989), p. 44.
52 Keller, p. 16.
53 Keller, p. 21.
54 Guido Ubaldo, *The Book of Mechanics*, Preface, p. 241f.
55 Mach, 상, p. 98.
56 Drake, 'Introduction,' p. 13 ; Rose, p. 232. Cf. Henninger-Voss, *ISIS*, Vol. 91(2000).
57 Tartaglia, *New Science*, p. 84.
58 Guido Ubaldo, pp. 246, 262. Cf. pp. 275, 278~282. Benedetti, *A Demonstration*, p. 176f. ; Wallace, p. 206.
59 Galileo, 『신과학대화』 하, p. 156 (p. 223). Cf. Geymonat, p. 32.
60 Duhem, pp. 210~212 (p. 149f.).
61 Biagioli, pp. 50, 61.
62 Guido Ubaldo, p. 323f. ; Drake, 'Introduction,' p. 45f.
63 Biagioli, p. 65 ; Duhem, p. 225f. (p. 159).
64 Laird, *OSIRIS*, 2nd. ser., Vol. 2(1986), p. 55.
65 Ibid., pp. 49~51.
66 Grendler, *Schooling in Renaissance Italy*, p. 310.
67 Ramelli, *Various and Ingenious Machines*, p. 52. 라멜리의 생애에 대해선 Keller, *Technology and Culture*, Vol. 19(1978) 참조.
68 Parker, p. 20 ; Hall, B. S., pp. 249~258.
69 Drake, *Galileo at Work*, p. 35.
70 Ramelli, Ch. 189, p. 510.
71 Gnudi & Ferguson, 'Introduction,' in *Various and Ingenious*

Machines, p. 13. Cf. Keller, op. cit.
72 Ramelli, p. 47f. Cf. p. 594, n. 59 ; Gnudi & Ferguson, p. 15.
73 Ramelli, p. 54.
74 Della Porta, *Magiae Naturalis*, p. 284 〔영역본 p. 382〕, p. 287 〔p. 385〕. 델라 포르타의 『자연의 마술』에 대한 상세한 내용은 저자의 『과학의 탄생』 제2부, 제16장을 참조.
75 Dijksterhuis, *Simon Stevin*, p. 50.
76 Stevin 『중량기술의 원리』 제1권 제1부 공준5, *Principal Works*, I, p. 112.
77 Ibid., p. 116.
78 Ibid., p. 174f.
79 Devreese & Vanden Berghe, 'Wonder en is gheen Wonder,' p. 172 ; *Principal Works of Simon Stevin*, Vol. I. p. 177 ; Dijksterhuis, *Simon Stevin*, p. 52, 'Origin of Classical Mechanics,' p. 178 ; Duhem, p. 274.
80 Stevin, p. 176f.
81 Duhem, p. 272 〔p. 189f.〕.
82 Mach, 상, p. 68. Cf. Dijksterhuis, *Simon Stevin*, p. 53.
83 Drake, *Galileo at Work*, p. 34.
84 갈릴레오의 『기계학』의 인용문은 영역본에 나온 것을 일본어판을 참고해 따온 것이다. 인용한 부분의 항 번호는 영역본에 따른다.
85 스테빈이 쓴 일련의 저서의 속표지 복사본은 Sarton, *ISIS*, Vol. 21(1934) pp. 291~301에 있다.
86 Tartaglia, *New Science*, p. 68f.
87 Laird, *Renaissance Quarterly*, Vol. 40(1987), p. 221.

◎ 제7장 : 천문학, 지리학 그리고 연구의 조직화

1 1883년까지 나온 프톨레마이오스 『지리학 안내』의 인쇄본(56점)은 Nordenskiord, *Facsimile-Atlas to the Early History of Geography*,

pp. 12~29에 상세히 나와 있다(그 가운데 15세기 것이 7점, 16세기 것이 34점). 인큐내뷸러 시기(15세기)에 인쇄된 것의 일람은 Bagrow, *History of Cartography*, pp. 91~93에 나온다. Cf. Penrose, 『대항해 시대』, p. 314.

2 Nordenskiord, p. 9.
3 Edgerton, *Heritage of Giotto's Geography*, p. 154, Cultures, Vol. 3(1976), p. 94 ; Crosby, 『수량화혁명』, p. 234.
4 J. A. Bennett, 'Challenge of Practical Mathematics,' p. 184.
5 Eisenstein, *Printing Press*, p. 581f., 『인쇄혁명』, pp. 224~234.
6 Copernicus, *On the Revolutions*, p. 129.
7 Rosen, *DSB*, Vol. XI, p. 351.
8 Rörig, 『중세 유럽 도시와 시민 문화』, Ch. 5, pp. 86~95 ; Faure, 『르네상스』, p. 28.
9 Cipolla, 『시계와 문화』, pp. 42, 51f. ; Beckmann, 『서양 사물의 기원』 I, p. 81 ; Rosenfeld & Rosenfeld, 『중세 후기의 독일문화』, p. 248.
10 포이어바흐의 『행성의 신이론Theoricae novae planetarum』의 영문 번역은 Aiton, *OSIRIS*, 2nd. ver., Vol. 3(1987) pp. 9~43에 있다.
11 Morison, *Admiral of the Ocean Sea*, Vol. 2, pp. 400~403, p. 406, n. 17. Cf. Ibid., Vol. Ⅰ, pp. 242f., 251, Vol. 2, p. 158 ; Randles, *Mariner's Mirror*, Vol. 81(1995) p. 403.
12 레기오몬타누스의 출판 계획 리스트의 사본은 Eisenstein, 『인쇄혁명』, p. 227 ; Sarton, *OSIRIS*, Vol. 5(1938), p. 163에 있다. Cf. Thorndike, *History of Magic & Experimental Science*, Vol. V, p. 336f.
13 Rosen, p. 351.
14 Berry, *Short History of Astronomy*, p. 88.
15 Thorndike, Vol. V, p. 366 ; Beaver, *JHA*, Vol. I(1979), pp. 39, 42.
16 Dreyer, *Tycho Brahe*, p. 8.
17 Beaver, pp. 39~43 ; Dreyer, pp. 336, 323 ; Berry, p. 90.
18 Beaver, p. 39.
19 Copernicus, p. 285 ; Beaver, p. 42.
20 J. A. Bennett, op. cit., p. 177.

21 Tylor, *Haven Finding Art*, p. 122.
22 Cadamosto, 『항해의 기록』 p. 488f. ; Azurara, 『기니 발견 · 정복지』, Chs. 8, 9, pp. 163~169. Cf. Morison, Vol. I, p. 42.
23 Cadamosto, pp. 574, 595.
24 Las Casas, 『인디언의 역사』 제1권, Chs. 22~25 참조.
25 Las Casas, p. 288.
26 Tylor, op. cit., p. 162 ; Morison, Vol. I, p. 92f. ; Penrose, p. 55.
27 Frick, *Scripta Mathematica*, Vol. 11(1945), p. 333.
28 십자간, 사분의, 아스트롤라베에 대해선 『과학대박물관』의 각 항목을 참조. 아스트롤라베의 구조에 대해 더 자세한 내용은 North, *Scientific American*, Vol. 230(1974), 및 宮島, 『科學史硏究』 II, Vol. 14(1975) 참조.
29 Hewson, *History of Practice of Navigation*, p. 71.
30 Morison, Vol. 1, pp. 85~92, 100.
31 Whitfield, 『세계지도의 역사』, p. 52f. ; Crane, Mercator, p. 56f. ; Anzelewsky, 『뒤러 — 인생과 작품』, p. 187, fig. 176.
32 Whitfield, 『천구도의 역사』, pp. 71, 75f. ; Anzelewsky, p. 186, fig. 175. 또한 뒤러의 천구도의 미술적 가치에 대해선 Burnham, 'Celestial Images,' p. 13f. 참조.
33 Hutchison, *Albrecht Dürer*, p. 98 ; Anzelewsky, p. 154 ; Long, *Openness, Secrecy, Authorship*, p. 218.
34 Sombart, 『전쟁과 자본주의』, p. 120 ; Forbes, 『기술의 역사』, p. 121.
35 Dürer, *Painter's Manual*, p. 242f.
36 Boas, *Scientific Renaissance*, p. 244.
37 Crane, p. 57.
38 Westman, *History of Science*, Vol. 18(1980), p. 106, p. 136, n. 6. Melanchiton에 대해선 ibid., p. 121. Cf. Idem, *ISIS*, Vol. 66(1975).
39 Westman, *ISIS*, Vol. 66(1975), p. 183.
40 Hooekaas, 『최초의 코페르니쿠스 체계 옹호론』, p. 257, n. 4. Cf. p. 17f.
41 高橋, 『解說-コペルニクスと革命』, p. 171. Cf. Westman, *ISIS*, Vol.

66(1975).
42 Shipman, 'Johannes Petreius,' pp. 154~162.
43 Bagrow, *History of Cartography*, p. 109 ; Whitfield, 『세계지도의 역사』, p. 48f., Wolff, *America*, pp. 7, 112~126 ; Landau & Parshall, *Renaissance Print*, p. 242f.
44 Kusukawa, 'Incunables and Sixteenth-Century Books,' p. 140.
45 Gingerich, *JHA*, Vol. 2(1971), pp. 168~177 ; Whitfield, 『천구도의 역사』, p. 72f.
46 Boas, p. 21.
47 Tycho Brahe, *Astronomiae instrumentae mechanica*, F 2r 〔영역본 p. 108〕.
48 O'Malley, *Andreas Vesalius*, p. 64 〔p. 142〕 ; Crane, p. 89.
49 존 디의 인용은 Tylor, *Tudor Geography*, p. 256 ; J. A. Bennett, *History of Science*, Vol. 24(1986) p. 10에서. Thomas Gemini에 대해선 Moran, *Technology and Culture*, Vol. 22(1981), p. 273f. 참조.
50 Pogo, *ISIS*, Vol. 22(1935). 헤마 프리시우스의 삼각측량에 대해 자세한 내용은 Haasbroek, *Gemma Frisius, Tycho Brahe and Snellius and their Triangulations*, pp. 8~15 참조.
51 Landau & Parshall, p. 244. 오르텔리우스에 대해선 Koeman, 『근대 지도의 탄생』 참조. 또한 메르카토르의 생애에 대한 이하의 기술은 Crane, op. cit.에 많이 의존했다.
52 Zilsel, 『과학과 사회』, p. 113, *JHI*, Vol. 6(1945), p. 344.
53 Burke, 『지식의 사회사』, p. 99.
54 Koeman, p. 112.
55 자침의 편각의 발견과 자극 개념의 형성 그리고 편각과 경도 결정의 문제, 나아가 길버트의 발견에서부터 근대 태양계상이 형성되기까지 과정에 대한 자세한 내용은 저자의 『과학의 탄생』 제2부, 제3부를 참조.
56 Tycho Brahe, F2v-3r〔p. 110〕, F4v〔p. 115f.〕. '5개의 행성'이란 당시 알려져 있던 수성, 금성, 화성, 목성, 토성을 가리킨다. 천왕성, 해왕성은 당시엔 알려지지 않았다.
57 Christianson, *ISIS*, Vol. 58(1967), pp. 202, 200f. ; Thoren, *Lord of*

 Uraniborg, pp. 10~18.
58 Tycho Brahe, F1v(p. 107).
59 Berry, p. 130 ; Dreyer, *Tycho Brahe*, p. 18.
60 Eisenstein, *Printing Press*, pp. 580~582, 『인쇄혁명』, pp. 40, 224f.
61 Christianson, *On Tycho's Island*, p. 17. Cf. Thoren, op. cit., p. 57f.
62 Butterfield, 『근대 과학의 탄생』 상, p. 103. Cf. Boas, p. 110f.
63 'Tycho Brahe's German Treatise on Comet of 1577,' in Christianson, *ISIS*, Vol. 70(1979), p. 136. Cf. Thoren, op. cit., pp. 125~127 ; Dreyer, pp. 158~160.
64 Dreyer, p. 49f. ; Boas, p. 170f. 티코 브라헤의 점성술에 관한 견해에 대해선 Christianson, *ISIS*, Vol. 59(1968) 참조.
65 Tycho Brahe, A4r (p. 25).
66 Ibid., A5r (pp. 29, 31). 1cubit = 388mm, 따라서 반지름 5큐빗의 원호에선 1도가 약 34mm, 1분이 0.57mm. 여기서 '도' 나 '분' 으로 번역한 단위의 원어는 minuta, secunda(영어로는 minute, second)다. 그렇다고 이를 '분' 이나 '초' 로 옮기면 현실과 잘 어울리지 않기에 '도' 와 '분' 으로 옮겼다. 또한 티코 브라헤의 관측 기기에 대한 상세한 내용은 Chapman, *JBAA*, Vol. 99(1989) 참조.
67 Berry, p. 142 ; Kuhn, 『코페르니쿠스 혁명』, p. 285. 티코 브라헤의 관측 정밀도에 대한 상세한 내용은 Thoren, *History of Science*, Vol. 11(1973), p. 273f., JHA, Vol. 4(1973), p. 42, *Lord of Uraniborg*, p. 155f. 참조.
68 Kepler, 『우주구조의 신비』, pp. 253, 248. Cf. Koestler, *Sleepwalker*, p. 125 ; Berry, p. 128.
69 Kepler, *New Astronomy*, p. 286.
70 Chapman, *Dividing the Circle*, Ch. 1.
71 Thoren, *Lord of Uraniborg*, p. 197.
72 Chapman, *JBAA*, Vol. 99(1989), *Dividing the Circle*, Ch. 2.
73 Waters, *Mariner's Mirror*, Vol. 78(1992), p. 403 ; Christianson, *On Tycho's Island*, p. 27.

◎ 제8장 16세기 후반의 잉글랜드

1 Hill, *Intellectual Origins*, p. 15 ; Feingold, *Mathematician's Apprenticeship*, p. 7.
2 J. A. Bennett, *History of Science*, Vol. 24(1986), p. 10.
3 Taylor, *Mathematical Practitioners*, p. 16.
4 Hood, *The Speache*, p. 102 ; J. A. Bennett, *History of Science*, Vol. 24(1986), p. 10.
5 작자 미상, *The Mirrour of the World*, p. 36f.
6 H. S. Bennett, *English Books and Readers*, p. 113.
7 Taylor, op. cit., p. 18.
8 Feingold, Ch. II, III, IV.
9 Hill, p. 303.
10 Taylor, op. cit., p. 5. Cf. K. Thomas, 『역사와 문학』, p. 88f,
11 J. A. Bennett, *Mathematical Science of Christopher Wren*, p. 6 ; Taylor, op. cit., p. 4.
12 Chaucer, 『캔터베리 이야기』 상, p. 28.
13 Power, 『중세를 살았던 사람들』, p. 231f.
14 Harvery, 『중세의 직인』 I, p. 89f.
15 Richeson, *ISIS*, Vol. 37(1947) ; Bockstaele, *ISIS*, Vol. 51(1960).
16 얀 임핀의 부기서의 영역은 *A notable and very excellent woorke*. 또한 제임스 필의 *The maner and fourme how to kepe a perfecte reconyng, The pathewaye to perfectnes in th' accomptes of Debitour and Creditour*는 각각 1975년 과 1980년 교토의 大學堂書店에서 팩시밀리 복각판으로 나왔다. 얀 임핀과 제임스 필에 대해선 각각 첨부된 논문, 小島, 『イムピンとその簿記書』, 『ジェームス・ピールとその簿記書』 참조.
17 Nef, 『공업 문명의 탄생과 현대 세계』, p. 49 ; Farrington, *Francis Bacon*, p. 12f.
18 Hill, p. 22 ; Cipolla, 『시계와 문화』, p. 57 ; Trevelyan, 『영국 사회사』, I, pp. 121f., 135, 159.
19 Nef, p. 63.

20 Trevelyan, 『영국 사회사』 I, pp. 108. Cf. pp. 67, 140.
21 Stearns, *ISIS*, Vol. 34(1945), p. 297.
22 Baugh & Cable, 『영어사』, pp. 180~183 ; Fisher, Speculum, Vol. 52(1977), p. 879, n. 34 ; 宇賀治, 『英語史』, p. 50 ; 寺沢 & 河崎, 『英語史綜合年表』 pp. 78, 74 ; Orme, *English Schools in the Middle Age*, p. 73.
23 Richardson, *Speculum*, Vol. 55(1980), p. 726. Cf. Fisher, op. cit. ; Baugh & Cable, p. 237 ; Crystal, *The Stories of English*, pp. 230~237 ; Wakekin, 『영어 고고학』, pp. 31, 133.
24 H. S. Bennett, pp. 9, 19f. ; Orme, p. 56.
25 Favre & Martin, 『서적의 역사』 하, p. 163 ; Baggioni, 『유럽의 언어와 국민』, p. 131f. ; Vickery, 『역사 속의 과학 커뮤니케이션』, p. 86.
26 Johnson, *Astronomical Thought*, pp. 76, 3. Cf. Stearns, p. 297 ; Hill, p. 16.
27 Hill, p. 15.
28 Johnson, op. cit., p. 12. Cf. Patterson, *ISIS*, Vol. 42(1951), p. 209 ; Feingold, V.
29 레코드의 생애에 대해선 주로 Kaplan, Ph.D. Thesis, Ch. 1에 의거했다. 그리고 Clarke, *ISIS*, Vol. 8(1926), pp. 50~70 ; D. E. Smith, *American Mathematical Monthly*, Vol. 28(1921), pp. 296~300, 특히 그의 저서와 교육에 대해선 Johnson & Larkey, *HLB*, No. 7(1937) 참조.
30 Recorde, *Castle of Knowledge*, p. 165.
31 Recorde, *Whetstone of Witte*, Preface, p. biijv.
32 Recorde, ibid., Preface, p. biijr, *Ground of Artes*, Preface, p. avr.
33 Recorde, *Castle of Knowledge*, Preface 5항째.
34 Recorde, *Path-way to Knowledge*, p. Ar.
35 Recorde, *Castle of Knowledge*, p. 127.
36 Johnson, op. cit., p. 132.
37 J. A. Bennett, 'Challenge of Practical Mathematics,' p. 184.
38 Penrose, 『대항해시대』 p. 309.
39 French, 『존 디』 p. 186 ; Johnson, op. cit., p. 135.

40 Dee, 'Mathematical Praeface,' p. Aiijv.
41 J. A. Bennett, *History of Science*, Vol. 24(1986), p. 10.
42 Taylor, op. cit., p. 170.
43 Dee, p. *v.
44 저자의 『과학의 탄생』 제2부 참조.
45 이 패러그래프의 인용은 순서대로 Dee, p. aiijr, p. dijv, p. djr.
46 Ibid., p. Aiijr.
47 Johnson, op. cit., p. 139.
48 Ronan, *Endeavour*, new series, Vol. 16(1992), p. 92f.
49 Johnson & Larkey, *HLB*, No. 5(1934), p. 108.
50 Johnson, op. cit., p. 161.
51 Digges, *Perfit Description of Caelestiall Orbes*는 Johnson & Larkey, op. cit.에 수록돼 있다. 인용 부분은 p. 92f.
52 Galileo, 『천문대화』 제2일.
53 Digges, p. 78.
54 Cusanus, 『학식 있는 무지』, p. 85. 『과학의 탄생』 제2부 제9장 참조.
55 Johnson, op. cit., p. 164.
56 Ronan, p. 93f.
57 Taylor, op. cit., p. 9f.
58 Johnson, op. cit., p. 171.
59 Taylor, op. cit., pp. 33, 176.
60 Bourne, *Regiment for the Sea*, p. 237. Cf. 『科學大博物館』, 「測程儀」 항목 ; Hewson, *History of Navigation*, p. 154f.
61 Bourne, *Booke called the Treasure for Traveilers*, 'The Preface,' 4 항목. Cf. Taylor, op. cit., p. 319.
62 Taylor, 'General Introduction,' in Bourne, *Regiment for the Sea*, p. xiii.
63 Taylor, *Tudor Geography*, p. 158.
64 Taylor, 'General Introduction,' p. xiii.
65 Kaplan, op. cit., p. 74.
66 자세한 것은 『과학의 탄생』 제2부 제12장 참조.

67 J. A. Bennett, *History of Science*, Vol. 24(1986), pp. 13~16, 'Challenge of Practical Mathematics,' p. 187.
68 『과학의 탄생』 제2부 제11장 4절.
69 Harradson, *Terrestial Magnetism and Atmospheric Electricity*, Vol. 49(1944), p. 197 : Pumfrey, *BJHS*, Vol. 22(1989), p. 191f.
70 Norman, *New Attractive*, p. 21.
71 Borough, *Discourse of the Variation of the Cumpas*, 'The Preface,' p. *iijv.
72 Hewson, pp. 75~77 ; Freiesleben, 『항해술의 역사』, pp. 146~148.
73 Johnson, op. cit., p. 226 ; Taylor, *Mathematical Practitioners*, p. 178 ; Hill, op. cit., p. 33.
74 Adams, *Original Letters of the English Pilot*, William Adams, p. 10.
75 『과학의 탄생』 제3부 제17장 7절 참조.
76 Jones, *Ancients and Moderns*, p. 16.
77 Dee, pp. Aiiijr, aiijr.
78 Johnson, *JHI*, Vol. 3(1942), p. 96.
79 Johnson, *Astronomical Thought*, p. 10.
80 H. Gilbert, *Queene Elizabethes Achademy*, p. 10.
81 Ibid., p. 4f.
82 Ibid., p. 9.
83 Taylor, *Mathematical Practitioners*, p. 42.
84 Stimson, *ISIS*, Vol. 18(1932), p. 116.
85 Stearns, p. 298. Cf. Johnson, *JHI*, Vol. 1(1940), Vol. 4(1943).
86 Feingold, p. 181.
87 French, p. 200.

◎ 제9장 16세기 유럽의 언어혁명

1 Wolff, 『유럽의 지적 각성』, p. 27.
2 Mills, 『이교적 중세』, p. 20 ; Pomian, 『유럽이란 무엇인가』, p. 27f.

3 Fontana,『거울 속의 유럽』p. 54. Cf. Le Goff,『또 다른 중세를 위하여』, p. 154.
4 De Reu, '선교사', p. 58.
5 Fontana, p. 43.
6 Seibt,『중세의 빛과 어둠』상, p. 26. Cf. Riche,『유럽 성립기의 학교 교육과 교양』, p. 66 ; Wolff, p. 38.
7 Riche, p. 99 ; Wolff, p. 165.
8 Verger,『중세의 대학』, pp. 26f., 40, 38, 82f. ; Le Goff,『중세의 지식인』, pp. 95~98.
9 Wolff, p. 88 ; Freytag,『독일 사회문화사』, pp. 195~198 ; Knowles,『수도원』, p. 101f. ; Milis,『천사와 같은 수도사들』, p. 75.
10 작자 미상,『발타르의 노래』, p. 9.
11 Bacon, Opus Majus, p. 159.
12 Wollf, pp. 178, 93. 6세기부터 11세기까지 이와 같은 사정에 대해선 Riche, p. 190 ; Duby & Mandrou,『프랑스 문화사』, I, p. 36f. 참조.
13 W. Schmidt,『독일어의 역사』, p. 173 ; Walter,『서구 언어의 역사』, p. 157 ; Riche, p. 335f.
14 Riche, pp. 108, 320.
15 Riche, p. 307f. ; Wolff, p. 176.
16 Isidorus, Etymologies, Bk. I, Ch. 32, p. 100.
17 Chretien de Troyes,『페르스발 : 성배 이야기』, p. 250.
18 De Roover, 'Commercial Revolution of the Thirteenth-Century' ; Aerts,『중세 말 남네덜란드 경제의 발자취』, p. 30 ; Rörig,『중세 유럽 도시와 시민 문화』, p. 32 ; Kedar, Merchants in Crisis, p. 24f.
19 大黑,『嘘貪欲』, p. 29 ; Rörig, p. 29f. ; Le Goff,『중세란 무엇인가』, p. 132. Cf. 大黑,「商人と文化」.
20 Chaurand,『프랑스어사』, p. 27 ; Dauzat,『프랑스어의 발자취』, p. 70.
21 Schilt,『독일어의 역사』, p. 68.
22『カトリック教會文書資料集』, p. 225 ; Rosenfeld & Rosenfeld,『중세 후기의 독일 문화』, p. 273.
23 Rosenfeld & Rosenfeld, p. 218.

24 W. Schmidt, p. 216.
25 Pomian, 『유럽이란 무엇인가』, p. 71.
26 Pirenne, 『중세 도시』, p. 198. Cf. Idem, 『중세 유럽의 경제사』, p. 150f. ; Rörig, p. 32f.
27 W. Schmidt, p. 214. 또 이 점에 대해 오구로 슌지의 논문 「商人と文化」에 따르면 13세기 이후 이탈리아 상인의 서한은 모두 속어로 쓰였지만, 15세기 이전에는 학교에서 오로지 라틴어만 가르쳤다고 한다. 실제, 1370년경 뤼베크의 학교에서 연습용으로 사용되던 라틴어 문장이 기입된 '글자판'이 발견됐다. 속어 교육이 시작되기 전까지 상인들은 초보적인 라틴어를 배우면서 알파벳과 문장을 쓰는 순서나 규칙을 익혔고, 이를 바탕으로 속어로 편지를 썼던 것 같다.
28 Faure, 『르네상스』 p. 145. 특히 잉글랜드에 대해선 H. S. Bennett, *English Books and Readers*, pp. 9, 19f. ; Orme, *English Schools in the Middle Ages*, p. 56.
29 Copenhaver & Schmidt, 『르네상스의 철학』, p. 11.
30 Eamon, *Minerva*, Vol. 23(1985), p. 322.
31 Burke, 『이탈리아 르네상스의 문화와 사회』, p. 86 ; Trevelyan, 『영국 사회사』 I, p. 66f. ; Sherrington, *Endeavour of Jean Fernel* p. 105.
32 Biagioli, *History of Science*, Vol. 27(1989), p. 63.
33 Struik, *ISIS*, Vol. 25(1936), p. 50, n. 9 ; Cajori, 『초등교육사』, p. 205f.
34 Koestler, Sleepwalker, p. 153 ; 『코페르니쿠스 — 천구회전론』, p. 66, n. 157.
35 Koyre, 『플라톤』, p. 15.
36 『파이드로스』 275DE, 『플라톤전집』 5, p. 257f.
37 Origenes, 『모든 원리에 대하여』, p. 283.
38 Roger Bacon's Letter, p. 39.
39 Kristeller, 『이탈리아 르네상스의 철학자』, p. 99.
40 Pico della Mirandola, 『인간의 존엄성에 대한 연설』, p. 66.
41 Eamon, *Minerva*, Vol. 23(1985), p. 325, Sudhoff Archiv, Vol. 69(1985), p. 30.
42 Sarton, *Six Wings*, p. 110.

43 『カトリック教會文書資料集』771, p. 174f.
44 Ibid., 1507, p. 271.
45 戶叶, 『ドイツ出版の社會史』, p. 69 ; Vickery, 『역사 속의 과학 커뮤니케이션』, p. 89f.
46 Elton, 『종교개혁의 시대』, p. 13.
47 Dickens, 『유럽 근세사』, p. 151.
48 Dürer, 『뒤러의 편지』, p.123.
49 W. Schmidt, p. 225.
50 Gilmont, '종교개혁과 독서', p. 296ff.
51 田川, 『書物としての新約聖書』, pp. 491f., 516 ; 『カトリック教會文書資料集』1506, p. 271.
52 Luther, 『그리스도교도의 자유에 대하여』 p. 55. Laurentius Andreae의 인용은 Wessen, 『북구의 언어』, p. 132.
53 W. Schmidt, p. 224 ; 戶叶, p. 44.
54 J. Green, 『독서의 세계사』, p. 113.
55 Daniell, 『윌리엄 틴달』, p. 254f. ; Bobrick, 『성서의 영역』, p. 88f. ; Bradley, 『영어발달소사』, p. 232f.
56 Daniell, p. 398.
57 Febvre & Martin, 『서적의 출현』 하, pp. 264, 280f.
58 Ibid., 하, p. 255.
59 『カトリック教會文書資料集』, 1853~1856, p. 318.
60 Bruño, 『원인, 원리, 일자에 대하여』, p. 101.
61 Ornstein, *The Role of Scientific Societies*, p. 31.
62 Febvre & Martin, 하, p. 327.
63 Gomara, 『넓어져 가는 시야』, p. 9.
64 寺澤 & 川崎, 『英語史総合年表』, p. 80 ; Baugh & Cable, 『영어사』, pp. 225, 263~289 ; 土家, 『立正大學文學部論叢』 Vol. 69(1981) ; Patterson, *ISIS*, Vol. 42(1951), p. 209.
65 Febvre & Martin, 하, pp. 313~315.
66 Gibbs, '화학 공업에서의 발명', 『기술의 역사』 6, 제25장, p. 583 ; Smith & Forbes '야금술과 시금법', 『기술의 역사』 5, 제2장, p. 26. Cf. 島

尾, 『中國化學史』, p. 93.
67 Goldammer, 『파라켈수스』, p. 38.
68 Donaldson, 『네덜란드어지』, p. 167.
69 Chaurand, p. 65f. ; Dauzat, p. 74f. ; Faure, p. 67.
70 Luther, 『식탁 담화』 p. 167. Cf. Idem, 『탁상어록』, p. 285.
71 Davis, 『어리석은 자의 왕국, 이단의 도시』, p. 299.
72 Dante, 『속어 시론』, p. 36f.
73 Chaucer, 『트로일로스와 크리세다Troilus and Criseyde』, pp. 38, 265. Cf. Crystal, *Stories of English*, p. 226.
74 Baugh & Cable, p. 239f. Cf. Trevelyan, p. 72f. ; Green, 『영국 국민의 역사』, p. 44 ; Crystal, p. 208.
75 Baugh & Cable, p. 237. Cf. Baggioni, 『유럽의 언어와 국민』, p. 182 ; Crystal, pp. 202, 226.
76 Febvre & Martin, 상, pp. 70, 78 ; Grolier, 『서적의 역사』, p. 48 ; Zacagnini, 『중세 이탈리아의 대학 생활』, pp. 202~209 ; Le Goff, 『중세의 지식인』, pp. 114~118 ; Duby & Mandrou, 『프랑스 문화사』, 1, p. 179f.
77 『西洋中世史辭典』, 「寫本」 항목, p. 237
78 Vespasiano da Bisticci, 『르네상스를 빛낸 인물들』, '목차' ; Burke, 『이탈리아 르네상스의 문화와 사회』, p. 106f. 참조.
79 Febvre & Martin, 하, pp. 37~41, 160 ; Verger, 『유럽 중세 말기의 학자』, p. 120 ; 戶叶, p. 30 ; 宮下, 『品の都市リヨン』, p. 77.
80 Rosenfeld & Rosenfeld, p. 230.
81 Febvre & Martin, 하, p. 163 ; Rosenfeld & Rosenfeld, p. 230 ; Baggioni, p. 131f. ; 戶叶, p. 31 ; 宮下, p. 77f.
82 Gilmont, p. 286f.
83 문학에 국한하지 않고 모든 분야의 프랑스 저술가 200명을 각 연대기별로 추출해 그 저술 속의 용어 가운데 프랑스어의 비율을 백분비로 기록한 것. 데이터는 二宮, 『フランス・ルネサンスの世界』, p. 110. 그래프 제작은 저자.
84 Febvre & Martin, pp. 하 162, 상 297, 하 222, 하 315 ; Gilmont, p.

288. Cf. Thorndike, *History of Magic & Experimental Science*, Vol. V, p. 6.
85 Erler, *Huntington Library Quarterly*, Vol. 48(1985), p. 165.
86 Rose, *Physics*, Vol. 15(1973), pp. 405, 408.
87 Baugh & Cable, p. 251.
88 Lapesa,『스페인어의 역사』, p. 290.
89 Davis, p. 252. Cf. 二宮, p. 110f.
90 Baugh & Cable, p. 237f. 대법관청 영어의 영향에 대해서는 Fisher, *Speculum*, Vol. 52(1977) ; Richardson, *Speculum*, Vol. 55(1980) ; Baggioni, p. 182 참조. Cf. Trevelyan, p. 73.
91 Montaigne,『에세』, Vol. I, Ch. 26, I, p. 128.
92 Walter,『서구 언어의 역사』, p. 472.
93 Donaldson, p. 157. Cf. 河崎 & Cryns,『低地諸國の言語事情』, p. 46 ; Walter, p. 423.
94 Baggioni, p. 195.
95 Gilmont, p. 288 ; Febvre & Martin, 하, p. 307f.
96 W. Schmidt, p. 217f.
97 Luther,『식탁 담화』, p. 171.
98 Daniell, p. 3f.
99 Elton, p. 174 ; Saulnier,『16세기 프랑스 문학』, p. 75.
100 田川, p. 526.
101 Febvre & Martin, 하, p. 54f.
102 百瀨他,『北歐史』pp. 137~139 ; Dickens, p. 171 ; Wessen, pp. 55, 95, 131f. ; Baggioni, pp. 128f., 195f. ; Elton, p. 216.
103 Elton, p. 216.
104 Luther,『독일 민족의 그리스도교도 귀족들에게 보내는 연설』, pp. 90, 124, 155. '솔라타에' 조항은 '황제권은 교황권의 하위에 있으며, 교황권에 복종한다'고 한「그레고리우스 9세 교황 칙령」에 있는 조항이다.
105 Schildt, p. 118. Cf. Flake,『후텐』, p. 284.
106 W. Schmidt, p. 237.
107 Luther,『식탁 담화 Tischreden』, p. 284f.

108 Pomian, p. 92f.
109 Wessen, p. 133.
110 『カトリック敎會文書資料集』1127, 1126, 1137, p. 227f.
111 Baggioni, p. 181.
112 Hellinga, 『캑스턴 인쇄의 수수께끼』, p. 127.
113 Kaplan, Ph. D. Thesis, p. 96 ; Patterson, ISIS, Vol. 42(1951), p. 209.
114 Baugh & Cable, p. 249 ; J. Green, p. 168. 번역은 후자에 따름. 이 이후의 인용은 Gneuss, 『영어학사를 배우는 사람들을 위하여』, p. 28에서.
115 寺澤 & 川崎, p. 140 ; Garin, 『르네상스의 교육』, p. 170 ; Crystal, p. 297.
116 Kaplan, p. 100. Johnson, *Astronomical Thought*, p. 170에서.
117 Sidney, 『시의 변호』, p. 114f.
118 Schildt, p. 139 ; Walter, p. 423.
119 Febvre & Martin, 하, p. 213.
120 Chaurand, p. 63 ; Walter, p. 298 ; Dauzat, p. 89 ; 二宮, p 110f.
121 Lapesa, p. 296 ; Baggioni, pp. 91, 137 ; Trend, 『스페인 문명사』, p. 85.
122 五十嵐, 「ネブリハ『カスティーリア誤文法』と'帝國'」 참조.
123 Lapesa, p. 312.
124 Oviedo, 『카리브 해 식민자들의 시선』, p. 14.
125 Lapesa, p. 312.
126 Garin, p. 96.
127 淸水, 『ルネサンス』, p. 185f., 『ルネサンスの偉大と退廢』, p. 52.
128 Dijksterhuis, *The Mechanization of the World Picture*, p. 245.
129 Garin, p. 149.
130 Suter, ISIS, Vol. 60(1969), p. 211.
131 Baggioni, p. 154.
132 Febvre & Martin, 하, p. 307.
133 Hunter, 『영국 과학혁명』, p. 65.
134 Gneuss, p. 40f. ; Baugh & Cable, p. 344 ; Wakelin, 『영어 고고학』,

p. 167.
135 Ornstein, pp. 83, 202.
136 Pevsner,『미술 아카데미의 역사』, p. 14 ; Baggioni, p. 161f.
137 Ornstein, pp. 150, 153.
138 Stroup, *A Company of Scientists*, p. 184.
139 C. Schmidt, *SHPS*, Vol. 1(1970), p. 167.
140 Nicolson,『원주의 파괴』, p. 187.

◎ 제10장 16세기 문화혁명과 17세기 과학혁명

1 Augustinus,『고백』, Vol. 10, Ch. 35, 하, p. 70.
2 Wollf,『유럽의 지적 각성』, p. 248. Cf. Verger,『유럽 중세 말기의 학자』, p. 31.
3 『カトリック敎會文書資料集』, p. 192.
4 Brant,『바보들의 배』, p. 104.
5 van Helmont,『의술의 탄생』, p. 76.
6 Zilsel, 'Sociological Roots of Science,' p. 90,『과학과 사회』, p. 9.
7 Luther,『독일 민족의 그리스도교도 귀족들에게 보내는 연설』, p. 162.
8 Riche,『유럽 성립기의 학교 교육과 교양』, pp. 257~259 ; Saulnier,『16세기 프랑스 문학』, p. 12.
9 Gurevich,『중세 문화의 카테고리』, p. 179.
10 Johanness Saresberiensis,『메탈로기콘』, p. 730f.
11 Gower,『사랑의 고백』, p. 346.
12 R. Bacon, *Opus Majus*, p. 53.
13 Ibid., 순서대로 p. 52, p. 53, p. 793, p. 793, p. 129.
14 Augustinus,『그리스도교의 가르침』제2권 40장, p 141.
15 Le Goff,『중세란 무엇인가』, p. 76.
16 피치노에 대해선 淸水,『ルネサンス』, p. 162에서. Pico della Mirandola,『인간의 존엄성에 대한 연설』, p. 71.
17 Rablais,『가르강튀아 이야기』, p. 21.

18 田川,『書物としての新約聖書』, p. 50.
19 Wolff, p. 304.
20 Butterfield,『근대 과학의 탄생』하, p. 96f.
21 Copenhaver & Schmitt,『르네상스 철학』, p. 63.
22 Cennino,『회화술의 서』, p. 1.
23 Filarete, *Treatise on Architecture*, p. 102.
24 Dürer,『뒤러의 편지』, p. 36. 이탈리아 르네상스 미술에서 고대의 부흥에 대해 더욱 자세한 내용은 Panofsky,『르네상스의 봄』Ch. 4 참조.
25 Biagioli, *History of Science*, Vol. 27(1989), p. 65 ; Drake, 'Introduction,' in The Medieval Science of Weights, p. 169.
26 Copernicus,『천구의 회전에 관하여』, p. 15.
27 Boas, *Scientific Renaissance*, p. 74.
28 Ogilvie, *Science of Describing*, pp. 122~126 ; Debus,『르네상스의 자연관』p. 61 ; Boas, p. 53 ; Thorndike, *History of Magic & Experimental Science*, Vol. IV, pp. 601~603.
29 Copenhaver & Schmitt, pp. 198, 137. Cf. Kristeller,『르네상스의 사상』, p. 129.
30 Melanchton,『신학요강』, p. 176.
31 F. Bacon,『학문의 진보』, Vol. I, 4-2, p. 26.
32 Calvin,『성유물에 대하여』, p. 59.
33 Meyer-Steineg & Sudhoff, *Illustrierte Geschichte*, p. 160.
34 Crombie, *Style of Scientific Thinking*, p. 398,『중세에서 근대에 이르기까지의 과학사』상, p. 229.
35 Hooykaas, *Humanism and Voyages of Discovery*, p. 102.
36 Diodoros,『신대지지』제1권, 40, p. 59f.
37 Strabon,『그리스 로마 세계지지』제2권, 제5장 7, p. 194.
38 Ovidius,『변신 이야기』상, p. 13.
39 Plinius,『박물지』Bk. 2-68. Cf. Acosta,『신대륙 자연문화사』, p. 106f.
40 Macrobius, *Commentary on the Dream of Scipio*, p. 202.
41 Riche, 권말 '사료 41' p. 393.
42 Guillaume de Conches,『우주의 철학』, p. 367.

43 Columbus, '제3 항해에 대해 보고하기 위해 가톨릭의 두 왕 앞으로 보낸 편지', 『콜럼버스 항해지』, p. 384.
44 Pedro Martir, 『신세계와 우마니스타』, pp. 12, 156.
45 Amerigo Vespucci, 『신세계』, p. 321.
46 Oviedo, 『카리브 해 식민자들의 시선』, p. 26.
47 Cartier, 『항해의 기록』, pp. 52~54.
48 Thevet, 『남극 프랑스의 경이로운 이야기』, p. 500f.
49 Acosta, 『신대륙 자연문화사』 순서대로 pp. 65, 99, 194.
50 Guicciardini, 『이탈리아사』 III, p. 212.
51 Sherrington, *Endeavour of Jean Fernel*, p. 17.
52 Suter, *ISIS*, Vol. 60(1969), p. 219.
53 Gomara, 『넓어져 가는 시야』, p. 23.
54 Montaigne, 『에세』 Vol. 2, Ch. 12, I, p. 414.
55 Acosta, p. 133.
56 Garsia d'Orta, *Colloquies of the Simples & Drugs of India*, p. 170f.
57 Ibid., pp. 119, 129.
58 Vives, *On Education*, p. 169.
59 Amerigo Vespucci, p. 338.
60 Oviedo, p. 5 ; Gomara, p. 11.
61 Vives, pp. 169, 8f.
62 F. Bacon, 『학문의 진보』 Vol. II-2-14, p. 75. Cf. 『노붐 오르가눔』 Vol. I-84, p. 263, Vol. I-93, p. 272.
63 Spenser, 『요정 여왕』 제2권 서가, p. 193, 『선녀왕』, p. 159.
64 Thevet, p. 500.
65 Luis de Camoēs, 『우즈 루지아다스Os Lusiadas』 제V가, 50, p. 198.
66 Ibid., 제X가, 152, p. 419.
67 Campanella, 『태양의 나라』, p. 30.
68 F. Bacon, 『노붐 오르가눔』 Vol. I-71, p. 254.
69 Sarton, *Six Wings*, p. 167.
70 Palissy, *Oeuvres*, p. 165f. 영역은 *Admirable Discourses*, p. 26.
71 Ibid., p. 253, 영역은 p. 94.

72 Ibid., p. 164, 영역은 p. 24.
73 Thompson, *Annales of Science*, Vol. 10(1954); Gohau, 『지질학의 역사』, pp. 52~54, 88f. ; Gascar, 『장인 베르나르의 비밀』, p. 267 참조.
74 Chaucer, 『캔터베리 이야기』 상, p. 38 ; Jonson, 『연금술사』 제3막 I장, p. 110.
75 Palissy, *Oeuvres*, pp. 71f. 74. Cf. pp. 274~283. 영역 *Admirable Discourse*, pp. 111~117.
76 Dioscorides, 『약물에 대하여』 p. 817.
77 Isidorus, *Etymologies*, p. 253f.
78 Marbodus, *Medical Prose Lapidary*, *Sudhoffs Archiv*, Beihefte, 20(1977), p. 123.
79 Palissy, *Oeuvres*, pp. 64, 68.
80 Ibid., p. 61.
81 Palissy, *Oeuvres*, p. 253. 영역 *Admirable Discourse*, p. 95.
82 Rosenberger, *Geschichte der Physik*, Bd. II, p. 3.
83 Crombie, *Style of Scientific Thinking*, Vol. I, p. 332.
84 Hall, 'The Scholar and the Craftman,' (인용은 Marsak ed.의 논문집의 항목으로 지정), p. 34.
85 Agrippa, *Occult Philosophy or Magic*, Ch. 1, Ch. 2.
86 Dee, 'Mathematicall Praeface,' p. *jv.
87 Harradson, *Terrestial Magnetism and Atmospheric Electricity*, Vol. 49(1944) ; 合田, 『西洋史學』 Vol. 144(1986) 참조.
88 J. A. Bennett, 'Challenge of Practical Mathematics,' §3, *History of Science*, Vol. 24(1986), pp. 12~16.
89 Borough, *A Discourse of the Variation of the Cumpas*, Preface, p. *iijv.
90 Rossi, 『철학자와 기계』, p. 26.
91 Rossetti, *The Pictho*, p. 1(원문) [p. 89f.(영역)].
92 Cellini, *Treatise of Goldsmithing*, p. 1.
93 Ramelli, *Various and Ingenious Machines*, p. 54f.
94 Norman, *The newe Attractive*, The Epistole, Aijv-iijr.

95 Eisenstein, *Printing Press*, p. 559f. ; Eamon, *Minerva*, Vol. 23(1985), p. 329.
96 Roriczer, 『피너클의 올바른 취급에 관한 소책자』, p. 13.
97 Dürer, 『회화론』, p. 89, 『인체균형론』, p. 3.
98 *On Steel and Iron*, p. 8.
99 Long, *Technology and Culture*, Vol. 32(1991), p. 343, n. 63.
100 Biringuccio, *The PIROTECHNIA*, p. 28.
101 Malgaigne, *Surgery and Ambroise Pare*, p. 318f.
102 Zilsel, *JHI*, Vol. 6(1945), pp. 332, 325, 『과학과 사회』, pp. 96, 88. Cf. Rossi, 『철학자와 기계』, p. 81.
103 Arber, 『근대 식물학의 기원』, p. 78f. ; Sarton, op. cit., p. 137 ; Eisenstein, 『인쇄혁명』, pp. 81~83 ; Koeman, 『근대 지도집의 탄생』, p. 28f.
104 Galileo, 『신과학대화』 하, p. 4 〔영역 p. 147〕.
105 Stevin, *Principal Works*, Vol. III, p. 610f.
106 Baumgardt, *Johannes Kepler : Life and Letters*, pp.61, 64.
107 Stevin, *Principal Works*, Vol. III, p. 608.
108 Ibid., p. 612.
109 Stevin, *Principal Works*, Vol. IIa, p. 388.
110 Davis, 『바보의 왕국, 이단의 도시』, p. 271.
111 Merchant, 『자연의 죽음』, p. 347.
112 F. Bacon, 『노붐 오르가눔』 Vol. I-III, p. 281, '대혁신의 서언' p. 214.
113 Idem, *Thoughts and Conclusions*, p. 97.
114 Idem, 『학문의 진보』 Vol. I-4-12, p. 32, '대혁신의 서언', p. 208. 『노붐 오르가눔』 Vol. I-74, p. 256.
115 Idem, 『노붐 오르가눔』 Vol. I-84, p. 263. Cf. Vol. I-93, p. 272.
116 Ibid., Vol. I-74, p. 256.
117 Merchant, p. 338.
118 F. Bacon, 『학문의 진보』 Vol. I-16-1, p. 123, 17-2, p. 126. 번역문은 원전(*The Advancement of Learning*, p. 140, p. 144)에 의거해 새롭게 옮긴 것임.

119 Idem, 『뉴 아틀란티스』, p. 442.
120 Aubrey, *Brief Lives*, p. 402.
121 Stroup, *Company of Scientists*, p. 205. Cf. Ornstein, *Role of Scientific Societies*, p. 147.
122 F. Bacon, 『노붐 오르가눔』 Vol. I-109, p. 280. Cf. Vol. I-85, p. 264.
123 Farrington, *Francis Bacon*, p. 118.
124 F. Bacon, 『노붐 오르가눔』 Vol. I-113, p. 282.
125 Hall, op. cit., p. 34.
126 Zilsel, 'The Sociological Roots of Science,' p. 94, 『과학과 사회』, p. 16.
127 Taylor, *Tudor Geography*, p. 161. Cf. Bernal, 『역사에서의 과학』 II, p. 256 ; Armytage, 『기술의 사회사』, p. 42.
128 Agricola, *De Re Metallica*, p. 26.
129 Piccolopasso, *Three Books of the Potter's Art*.
130 Galileo, 『신과학대화』 상, p. 21 〔영역 p. 11〕.
131 Galileo, ibid., p. 40 〔p. 24f.〕 ; Pascal, 『과학논문집』 p. 162.
132 Hunter, 『영국의 과학혁명』, pp. 19, 114. Cf. p. 112.
133 저자의 『과학의 탄생』 제3부 제21장 5절 참조.
134 Shapin, 『'과학혁명' 이란 무엇이었나』, p. 180.
135 Hooke, *Micrographia*, Preface, p. 27f.
136 Aubrey, p. 478.
137 Hunter, pp. 84~86.
138 Hill, *Intellectual Origins*, p. 128 ; Shapin, p. 170f.
139 Sprat, *History of the Royal Society*, p. 391f.
140 Shapin, p. 157f.
141 Hunter, pp. 75, 152, 90.
142 Eisenstein, 『인쇄혁명』, p. 209.
143 Henry, 『17세기 과학혁명』, p. 66. Cf. Shapin, p. 139f.
144 Eisenstein, op. cit., p. 262.
145 Hunter, pp. 49, 54.
146 Eisenstein, op. cit., p. 288.

147 F. Bacon, 『노붐 오르가눔』 Vol. II-13, p. 318.
148 Donne, 『존 던 시집』 p. 176. 벤 존슨에 대해선 Nicolson, 『달 세계로의 여행』, p. 61 참조.
149 Power, *Experimental Philosophy*, p. a3f.
150 Hooke, *Micrographia*, Preface, a4.
151 F. Bacon, 『노붐 오르가눔』 Vol. II-39, p. 362.
152 Power, p. b2r.
153 Gille, 『르네상스의 공학자들』, p. 325.
154 그 목록은 Ornstein, pp. 112~114에 있다.
155 Glanvill, *Plus Ultra*, p. 10.
156 Harvey, 『동물의 심장과 혈액의 운동에 관하여』, pp. 96~99.
157 Galileo, op. cit., 하, p. 37 (p. 166).
158 Oresme, *On the Configurations of Qualities*, in *Science of Mechanics in Middle Ages*, pp. 347~381, *Source Book in Medieval Science*, pp. 243~253.
159 高橋憲一, 「一四世紀スコラ自然學の樣相」, 「中世スコラ學における運動論」; 伊東俊太郎, 「近代科學の源流」 第10章 ; Crombie, 『중세에서 근대에 이르기까지 과학사』 하, pp. 86~98 참조.
160 Mendelssohn, 『과학과 서양의 세계 제패』, p. 63. Cf. Kuhn, 『코페르니쿠스 혁명』, p. 175.
161 Oresme, p. 348(영역) (라틴어는 p. 369), *Source Book in Medieval Science*, p. 245.
162 Murdoch and Sylla, 'The Science of Motion,' p. 247. Cf. Crombie, 『중세에서 근대에 이르기까지 과학사』 하, pp. 96~98 ; Crosby, 『수량화 혁명』, p. 93f.
163 Oresme, 『'천상과 지상론' 으로부터의 발췌』, pp. 332, 342f., 영역 *Source Book of Medieval Science*, pp. 504, 510 ; Crombie, 『중세에서 근대에 이르기까지 과학사』 하, p. 83 (원전은 p. 95).
164 Grant, 『중세의 자연학』, pp. 101, 145 ; Kuhn, pp. 163~166 참조.
165 Galileo, op. cit., 하, p. 14 (p. 153).
166 Ibid., 하, pp. 41, 43, 34f. (pp. 169, 170, 164).

167 Ibid., 하, p. 24f. 〔p. 158f.〕.
168 川田,「メルセンヌの學問擁護論」,『化學史硏究』Vol. 22(1995), p. 276.
169 Newton,『자연철학의 수학적 원리』, p. 565. 케플러와 뉴턴의 중력론에 대한 상세한 내용은『과학의 탄생』제3부 참조.
170 Ibid., pp. 56f., 64, 57.
171 Galileo, op. cit., 하, p. 158 〔p. 224f.〕, 상, p. 112f. 〔p. 77f.〕. Cf. Idem,『천문대화』상, p. 223f. 〔p. 146〕.
172 Kant,『순수이성비판』상, p. 29f.
173 F. Bacon,『노붐 오르가눔』Vol. I-98, p. 275. Cf.『학문의 진보』Vol. I-6, p. 70.
174 Boyle,『회의적인 화학자』, p. 15.
175 Glanvill, p. 11.
176 Johannes Saresberiensis,『메탈로기콘』, p. 622 ; Guillaume de Conches,『티마이오스 축어 주해』, p. 421f. ; Hugo de Sancto Victore,『디다스칼리콘』, p. 45f.
177 Forbes,『고대 기술사』중, p. 385.
178『장미 이야기』16000, 16035-16045, p. 376f.
179 Dante,『신곡』'지옥편' 제11가, 100.
180 Oviedo,『카리브 해 식민자들의 시선』, p. 15.
181 Biringuccio, *The PIROTECHNIA*, pp. 42, 37.
182 Rossi, *Francis Bacon*, pp. 19, 20.
183 Della Porta, *Magiae naturaris*, Vol. 1, Ch. 2.
184 Paget, *Ambroise Paré and his Time*, p. 268.
185 Paracelsus, 'Herbarius,' p. 106.
186 阿部,『中世賤民の宇宙』, p. 196.
187 Agricola, p. 217 〔p. 193〕. 영역은 p. 217, n. 26 ; Beck,『철의 역사』II(1), p. 158 참조.
188 Boyle,『형상과 질의 기원』, p. 101f.
189 보일의 인용은 Hall, '서구의 흥륭',『기술의 역사』6, p. 604. Cf. Shapin, p. 126f.

190 F. Bacon, 『노붐 오르가눔』 Vol. I-117, p. 284f.
191 Ibid., '서언' p. 230, Vol. I-129, p. 294.
192 Ibid., Vol. I-88, p. 267. Cf. *Thoughts and Conclusions*, p. 73f.
193 Glanvill, p. 87.
194 Descartes, 『방법서설』 제6부, 『저작집』 1, p. 62.
195 Browne, *Pseudodoxia Epidemica*, Bk. 1, Ch. 6, *The Works*, Vol. 2, p. 46f.
196 伊東, 『文明における科學』, p. 146.
197 Hall, 'The Scholar and Craftman,' p. 39.
198 Zilsel, 『과학과 사회』, pp. 1, 198.
199 Idem, 'Sociological Roots of Science,' p. 93f. 『과학과 사회』, p. 14.
200 Panofsky, 'Artist, Scientist, Genius,' p. 128.

□참고문헌

◎ 1차 자료

Acosta, José de., *Historia Natural Y Moral De Las Indias*(1590).

Adams, William. *The Original Letters of the English Pilot, William Adams*(Yokohama, Japan Gasette Office, 1878).

Agricola, Georg, *De Re Metallica Libri XII*(1561 ; ristampa dell'ed. di Basiliea, 1959), *De Re Metaliica* : Translated from the First Latin Edition of 1556, tr. by H. C. Hoover & L. H. Hoover(1912 ; Dover Pub. Inc., 1950).

Agrippa, Henry Cornelius, *Occult Philosophy or Magic*, Book One : Natural Magic, ed. by W. F. Whitehead(1898 ; AMS Press, 1982).

Alberti, Leon Battista, *Libri della Famiglia*, in *Opere Volgari*, Vol. 1, a cura di C. Grayson(Gius, Laterza & Figli, 1960), *The Family in Renaissance Florence*, tr. by R. N. Watkins with an Introduction by the translator(University of South Carolina Press, 1969).

＿＿, *De Pictura*, in *Opere Volgari*, Vol. 3, a cura di C. Grayson(Gius, Laterza & Figli, 1973), pp. 10~107.

＿＿, *De re aedificatoria*, English version *On the Art of Building*(The MIT Press, 1991).

Albertus, Magnus, *Book of Minerals*, tr. by D. Wyckoff(Clarendon Press, 1967).

Amerigo Vespucci, *Mundus Novus*(New World)(1502 or 1503).

Aristotles, *Complete Works of Aristotle*, 2 Vols.(Princeton University Press, 1971).

Aubrey, John, *Aubrey's Brief Lives*, ed. by O. L. Dick(Penguin Books, 1962).

Augustinus, *Confessiones*(397~398).

＿＿, *De doctrina christiana*(397).

Azurara, Gomes Eannes de., *Chronica do Descobrimento e Conquista da Guine*(the *Chronicle of the Discovery and Conquest of Guinea*)(1453).

Bacon, Francis, *Thoughts and Conclusions*, in Farrington, *The Philosophy of Francis Bacon*(Liverpool Univ. Press, 1964), pp. 73~102.

_____, *The Advancement of Learning*(1605, The Modern Library, 2001).

_____, *Novum Organum*(1620).

_____, *New Atlantis*(1627).

Bacon, Roger, *The Opus Majus of Roger Bacon*, Vol. I, II, tr. by R. B. Burke(1928 ; reprinted, Thoemmes Press, 2000).

_____, *Roger Bacon's Letter ; Concerning the Marvelous Power of Art and Nature and Concerning the Nullity of Magic*, tr. by T. L. Davis(The Chemical Publishing Co., 1923 ; AMS Press, New York, 1982).

Benedetti, Giovanni Battista, *The Resolution of all Geometrical Problems of Euclid and Others*(1553), in *Mechanics in Sixteenth-Century Italy*, ed. by Drake & Drabkin, pp. 147~153.

_____, *A Demonstraion of the Ratios of Local Motions in Opposition to Aristotle and all Philosophers*(1554), in ibid., pp. 154~196.

Berengario da Carpi, Jacopo, *A Short Introduction to Anatomy(Isagogae Breves)*, Translated with an Introduction and Historical Notes by L. R. Lind, and with Anatomical Notes by P. G. Roofe(original 1522 ; Kraus Reprint Co., New York, 1969).

Biringuccio, Vannoccio, *The PIROTECHNIA of Vannoccio Biringuccio*, tr. by C. S. Smith(The MIT Press, 1942).

Borough, William, *A Discourse of the Variation of the Cumpas*(London, 1581 ; The English Experience No. 571, W. J. Johnson INC., Amsterdam, 1979).

_____, *A Regiment for the Sea and other Writings on Navigation*, ed. by E. G. R. Taylor(Cambridge Univ. Press, 1963).

Boyle, Robert, *The Works of the honourable Robert Boyle*, 6 Vols., ed. by T. Birch(London, 1772 ; George Olms, 1967~66).

_____, *The Sceptical Chymist*(1661).

_____, *Origin of Forms and Qualities according to the Corpuscular Philosophy*(1666).

Brant, Sebastian, *Das Narrecschiff*(A Ship of Fools)(1494).

Browne, Thomas, *The Works of Sir Thomas Browne*, ed. & enl. in four Vols. by G. Keynes(University of Chicago Press, 1964).

Bruno, Giordano, *De la causa, principio, et Uno*(1584).

Brunschwig, Hieronymus, *The Book of Cirurgia by Hieronymus Brunschwig*, with a study of Hieronymus Brunschwig and his Work by H. Sigerist(1497 ; reprinted R. Lier & Co., 1923).

Cadamosto, *Itinerarium Portugallensium e Lusitania in Indiam et Inde in Occidentem et Demum ad Aquilonem*(1507~1508). The Voyages of Cadamosto. Series II Vol. LXXX, ed. by G. R. Crone(1937).

Calvin, Jean, *Supplex exhortatio ad Caesarem*(1543).

Campanella, Tommaso, *La città del dole*(The City of the Sun)(1602).

Cardano, Girolamo, *Artis Magnae in Hieronymi Cardani Opera Omnia*, Vol. IV(1662 ; Johnson Reprint, 1967), pp. 221~302, *The Great Art or the Rules of Algebra*, tr. and ed. by T. R. Witmer(The MIT Press, 1968).

_____, *De vita propria*(The Autobiography)(1576).

Cartier, Jacques, *Bref récit et succincte narration de la navigation faite en MDXXXV et MDXXXVI*.

Cellini, Benvenuto, *The Autobiography of Benvenuto Cellini*, tr. by John Addington Symonds(Dolphin Books edition, 1961).

_____, *The Treatises of Benvenuto Cellini on Goldsmithing and Sculpture*, tr. by C. R. Ashbee(London, 1898).

Cennino, Cennini, *Il libro dell' arte*(1437).

Chaucer, Geoffrey, *The Canterbury Tales*.

_____, *Troilus and Criseyde*.

Cicero, Marcus Tullius, *De Legibus*.

Clowes, Willian, *Booke of Observations*(London, 1596 ; The English Experience No. 366, Da Capo Press, 1971).

_____, *Selected Writings of William Clowes 1544~1604*, ed. with an

Introduction and Notes by F. N. L. Poynter(Harvey & Blythe LTD., London, 1948).

Columbus, Christopher, *The Four Voyages : Being His Own Log-Book, Letters and Dispatches with Connecting Narratives*(Penguin Classics, 1992).

Condivi, Ascanio, *Vita di Michelagnolo* [sic] Buonarroti(1553).

Copernicus, *On the Revolutions*, Translation and Commentary by E. Rosen(The Johns Hopkins Univ. Press, 1978).

Crestiens de Troyes, *Perceval*, the Story of the Grail.

Dante, *De vulgari eloquentia*.

____, *The Divine Comedy*.

Dee, John, *The Mathematicall Praeface to the Elements of Geometrie of Euclid of Megara*(1570), with an Introduction by A. Debus(Scientific History Pub., New York, 1975).

Della Porta, *Magiae naturalis*(1589), *Natural Magick*(London, 1658 ; Basic Books, 1957).

Descartes, *Discours de la méthode*(1637).

Digges, Thomas, *A Prefit Description of the Caelestiall Orbes* in Johnson & Larkey, *HLB*, No. 5(1934), pp. 78~95.

Diodoros, *Bibliotheca historica*.

Diogenes Laertius, *Lives and Opinions of Eminent Philosophers*.

Dioscorides, *De Materia Medica*.

Donne, John, *Collected Poems of John Donne*(Wordsworth Editions Ltd., 1999).

Dürer, Albrecht, T*he Painter's Manual*, tr. and with a commentary by W. L. Strauss(Abaris Book, INC., 1977).

____, *Vier Bücher von Menschlicher Proportion*(1528).

____, *Netherlandish diary 1520~1521*.

____, *The History of the Life of Albrecht* Dürer *of Nürnberg : With a translation of his letters and journal, and some account of his works*(Adamant Media Corporation, 2005).

Ercker, Lazarus, *Lazarus Ercker's Treatise on Ores and Assaying*, tr. from the German Edition of 1580, by A. G. Sisco and C. S. Smith(University of Chicago Press, 1951).

Fernando de Rojas, *La Celestina*(1499).

Filarete, *Filarete's Treatise on Architecture : Being the Treatise by Antonio di Piero Averlino, Known as Filarete*, translated with introduction and notes by J. R. Spencer, Vol. 1(Yale University Press, 1965).

Fuchs, Leonhart, *The Great Herbal of Leonhart Fuchs : De historia stirpium commentarii insignes*, by F. G. Meyer, F. E. Tweblood, & J. L. Heller, Vol. 1, Commentary, Vol. 2, Facsimile(Stanford University Press, 1999).

Galenos, *On The Natural Faculties*(Kessinger Publishing, 2004).

Galileo, Galilei, *Le Meccaniche*, tr. as *On Mechnics, in On Motion and On Mechanics*, Translated with Introduction and Notes by S. Drake(The University of Wisconsin Press, 1960), pp. 133~186.

_____, *Sidereus Nuncius*(1610), tr. as *The Starry Messenger*.

_____, *Dialogue Concerning the Two Chief World Systems*, tr. with revised notes by S. Drake(original 1632 ; Univ. of California Press, 1974).

_____, *Two New Sciences*, A new Translation with Introduction and Notes by S. Drake(The University of Wisconsin Press, 1974).

Garcia d'Orta, *Colloquies on the Simples & Drugs of India*, translated with an introduction and index by Sir Clements Markham, New ed.(London ; Henry Sotheran, 1913)

Gilbert, Humphrey, *Queene Elizabethes Academy*, Early English Text Society, Extra Series, No. 8(London, 1869), pp. 1~12.

Glanvill, Joseph, *Plus Ultra or The Progress and Advancement of Knowledge since the Days of Aristotle*(1668), a facsimile reproduction with an Introduction by J. I. Cope(Scholar's Facsimiles & Reprints, 1958).

Gomara, Francisco Lopez de, Hispania Victrix ; *First and Second Parts of the General History of the Indies, with the whole discovery and notable things that have happened since they were acquired until the year*

1551, with the conquest of Mexico and New Spain(1552).

Gottfried von Strassburg, Tristan(1210).

Gower, John, Confessio Amantis(English, c. 1386~1393).

Guicciardini, Francesco, Storia d'Italia, tr. as History of Italy(1537~1540).

Guido Ubald del Monte, The Book of Mechanics(1577), in Mechanics in Sixteenth-Century Italy, ed. by Drake & Drabkin, pp. 241~328.

Guillaume de Conches, De philosophia mundi.

Guillaume de Lorris & Jean de Meun, Romance of the Rose(1230).

Hartmann von Aue, Erec(1191~1192).

____, Iwein.

Harvey, William, Exercitatio Anatomica de Motu Cordis et Sanguinis in Anumalibus, tr. as An Anatomical Exercise on the Motion of the Heart and Blood in Living Beings(1628).

Hood, Thomas, The Speache(1588), in F. Johnson, 'Notes and Documents : Thomas Hood's Inaugural Adress as Mathematical Lecture of the City of London,' JHI, Vol. 3(1942), pp. 99~106.

Hooke, Robert, Micrographia(London, 1665 ; Dover Pub. INC., 2003).

Hugo de Sancto Victore, Didascalicon.

Ibn Khaldun, The Muqaddimah : An Introduction to History(Princeton University Press, 2004).

Isidorus, The Etymologies, tr. by E. Brehaut, Studies in History, Economics and Public Law, Vol. 48(1912), pp. 89~269. A Source Book in Medieval Science, ed. by Grant, pp. 2~16.

Johannes Saresberiensis, Metalogicon.

Jonson, Ben, The Alchemist(1612).

Jordanus Nemorarius, Liber Jordani de Ponderibus, in The Medieval Science of Weights, Moody & Clarett ed., pp. 143~165.

____, Elementa Jordani, in ibid., pp. 127~142.

____, Liber Jordani de Nemore de Ratione Ponderibus, in ibid., pp. 12~227.

Kant, Immanuel, *Kritik der reinen Vernunft*(1787).

Kepler, Johannes, *Mysterium Cosmographicum(The Cosmographic Mystery)*(1596).

____, *New Astronomy*, tr. by W. H. Donahue(original 1609 ; Cambridge Univ. press, 1992)

____, *Gesammelte Werke*, Bd. 15(München, 1951).

Langland, William, *Piers Plowman*(1360~1387).

Las Casas, *Historia de las Indias*(1875).

Leonardo da Vinci, *Treatise on Painting* [Codex Urbinas Latinus 1270], translated and annotated by A. P. McMahon, with an Introduction by L. H. Heydenreich(Princeton University Press, 1956).

____, *Codex Leicester*.

Luis de Camoes, *Os Lusíadas*(1572).

Luther, Martin, *Von der Freyheith eines Christenmenschen*(1520).

____, *An den christlichen Adel deutscher Nation*(1520).

____, *Von den guten Werkenn*(1520).

____, *Colloquia Mensalia*.

Macrobius, *Commentary on the Dream of Scipio*, translated with an Introduction and Notes by B. H. Stahl(Columbia University Press, 1952).

Manetti, Antonio, *Vita di Filippo Brunelleschi*(1480).

Marbodus, *De Lapidivus and Minor Works on Stones*, in J. M. Riddle, *Sudhoffs Archiv Zeitschrift fur Wissenschaftgeschichte*, Beiheft 20(1977), pp. 34~138.

Melanchton, *Loci Communes or Loci communes rerum theologicarum seu hypotyposes theologicae(Latin for Common Places in Theology or Fundamental Doctrinal Themes*, 1521).

Montaigne, Michel de, *Essays*(1580, 1588).

Newton, Isaac, *Philosophiae Naturalis Principia Mathematica(Latin for Mathematical Principles of Natural Philosophy*, 1687).

Nicolaus Cusanus, *De docta ignorantia(Latin for On learned ignorance*,

1440).

_____, *Idiota de staticis experimentis(1450), De Staticis Experimentis of Nicolaus Cusanus*, tr. by H. Viet, in *Annales of Medical History*, Vol. 4(1922), pp. 115~135.

_____, *Idiota de mente*(1450), *Der Laie uber der Geist*(Felix Meiner Verlag, 1995).

Norman, Robert, *The New Attractive*(London, 1581 ; The English Experience No. 616, W. J. Johnson INC., Amsterdam, 1974).

Oresme, Nicole, *De configurationibus qualitatum*, in *Science of Mechanics in Middle Ages*, Clagett ed.(1959), pp. 347~367, or in *A Source Book in Medieval Science*, Grant ed.(1974), pp. 243~253.

_____, *A Source Book in Medieval Science*, Grant ed.(1974), pp. 503~510.

Origenes, *De Principiis*.

Ovidius, *Metamorphoses*.

Oviedo, Gonzalo Fernández de, *La Historia general de las Indias*(1535).

Pacioli, Luca, *Summa de Arithmetica, Geometria, Proportioni* et Proportionalita(1494 ; Parma 복각판, 간행연도 미상).

Palissy, Bernard, *Oeuvres*(Paris, 1880 ; Slatkine Reprints, Geneve, 1969).

_____, *The Admirable Discourses of Bernard Palissy*, tr. by Aurele La Rocque(University of Illinois, 1957).

_____, *Recepte Veritable*(1563).

Paracelsus, *Selected Writings*, ed. by J. Jacobi(Princeton University Press, 1942).

_____, Spital-Buch, in *Paracelsus Samtliche Werke*, K. Sudhoff & W. Matthiessen ed., Bd. 7, pp. 367~412.

_____, Das erste Buch der Grossen Wundarzney, in *Paracelsus Sämtliche Werke*, K. Sudhoff & W. Matthiessen ed., Bd. 10, pp. 7~200.

_____, 'The Herbarius,' *Pharmacy in History*, Vol. 35(1993), pp. 104~127.

_____, *The Archidoxes of Magic*.

Paré, Ambroise, *The Apologie and Treatise of Ambroise Pare containing the Voyages made into divers Places with many of his Writings upon*

Surgery, ed. with an introduction by G. Keynes(Falcon Educational Books, London, 1951).

Pascal, Blaise, 『科學論文集』, 松浪信三郞譯(岩波文庫, 1953).

Pedro Mártir, *De orbe novo decades cum Legatione Babylonica*(1516).

Petty, William, *Political Arithmetic*(1690).

Peurbach, 'Peurbach's *Theoricae novae planetarum*, A Translation with Commentary' by E. J. Ation, *OSIRIS*, 2nd series, Vol. 3(1987), pp. 5~44.

Piccolopasso, Cipriano, *The Three Books of the Potter's Art*, A facsimile of the manuscript in the Victoria and Albert Museum, London, translated and introduced by Ronald Lightbown and Alan Caiger-Smith, 2 Vols(London, Scolar Press, 1980).

Pico della Mirandola, *De hominis dignitate*(1486).

Piero della Francesca, *De Prospectiva Pigendi*, edizione critica a cura de G. Nicco Fasola(G. C. Sansoni editore, Firenze, 1942).

Platon, *Plato Complete Works*(Hackett Pub Co. 1997).

Plinius, *Naturalis Historia*.

Plutarchos, *Plutarch's Lives 4 vols*(Echo Library, 2006).

Power, Henry, *Experimental Philosophy in three Books*(1664 ; Johnson Reprint, 1966).

Ptolemaios, Claudios,

____, *Geographia*, ed. by Sebastian Münster(Basel, 1540 ; Theatrum Orbis Terrarum LTD., Amsterdam, 1966).

Rabelais, Francois, *La vie de Gargantua et de Pantagruel*(1534).

Ramelli, Agostino, *The various and ingenious Machines of Agostino Ramelli*(1588), tr. from the Italina and French with a biographical study of the author by M. T. Gnudi ; Technical annotations and a pictorial glossary by E. S. Ferguson(The Johns Hopkins Univ. Press, 1976).

Recorde, Robert, *The Grounde of Arte*(1542 ; The English Experience No. 174, Da Capo Press, Amsterdam, 1969).

____, *The Path-way to Knowledge, containing the first Principles of Geometrie*(1551 ; The English Experience No. 687, W. J. Johnson INC.,

Amsterdam, 1974).

_____, *The Castle of Knowledge*(1556 ; The English Experience No. 760, W. J. Johnson INC., Amsterdam, 1975).

_____, *The Whetstone of Witte*(1557 ; The English Experience No. 142, Da Capo Press, Amsterdam, 1969).

Roriczer, Mathes, *Booklet Concerning Pinnacle Correctitude*(1486) with Hanns Schumuttermayer.

_____, *Gothic Design Techniques : The Fifteenth-Century Design Booklets of Mathes Roriczer and Hanns Schmuttermayer* by Lon R. Shelby (Southern Illinois University Press, 1977).

_____, *Geometria*.

Rosetti, Gioanventura, *The Plictho of Gioanventura Rosetti ; Instructions in the Art of the Dyers which teaches the Dyeing of Woolen Cloths, Linens, Cottons and Silk by the Great Art as well as the Common*, Translation of the first edition of 1548, by S. M. Edelstein and H. C. Borghtty(The MIT Press, 1969).

Sachs, Hans, *Meisterlieder*(1568).

Schumuttermayer, Hanns, *Booklet Concerning Pinnacle Correctitude* (1486) with Mathes Roriczer.

_____, *Gothic Design Techniques : The Fifteenth-Century Design Booklets of Mathes Roriczer and Hanns Schmuttermayer* by Lon R. Shelby (Southern Illinois University Press, 1977).

Securis, John, *A Detection of the Daily Enormities Comitted in Physick*(London, 1566 ; The English Experience No. 830, W. J. Johnson INC., Amsterdam, 1976).

Sidney, Philip, *The Defence of Poetry*.

Spenser, Edmund, *The Faerie Queen*.

Sprat, Thomas, *The History of the Royal Society of London*(London, 1702).

Stevin, Simon, *The Principal Works of Simon Stevin*, Vol. I~III(Amsterdam).

_____, *On Decimal Fractions*, tr. by V. Stanford, in *A Source Book in*

Mathematics, ed. by Smith, pp. 20~34.

_____, *The Haven Finding Art*(1599 ; The English Experience, Da Capo Press, 1968).

Strabon, *Geographica*.

Tacitus, *Germania*.

Taisnier, Joannes, *A very Necessarie and Profitable Booke concerning Navigation*(1579?), Translated by R. Eden, Reproduced in Facsimile with an Introduction by J. Parker(John Cater Brown Library, 1999).

Tartaglia, Niccolò, 영문초역판 *New Science*(1537), in Mechanics in *Sixteenth-Century Italy*, Drake & Drabkin ed., pp. 63~97.

_____, 영문초역판 *Various Questions and Inventions*(1546), in ibid., pp. 98~143.

Thevet, André, *Les singularitez de la France antarctique*(1556).

Thomas Aquinas, *De regno (De regimine principum), ad regem Cypri(Latin for On Kingship, to the King of Cyprus*, 1267).

Tycho Brahe, 영역본 *Tycho Brahe's German Treatise on the Comet of 1557*, tr. by J. R. Christianson, *ISIS*, Vol. 70(1979), pp. 132~140.

_____, *Astronomiae instauratae mechanica*(Wandesburg, 1598 ; Culture et Civilisation, 1969). 영역 *Tycho Brahe's Description of his Instruments and Scientific Work as given in ASTRONOMIAE INSTAURATAE MECHANICA*, tr. and ed. by H. Raeder, E. Strömgren and B. Strömgren(København, 1946).

van Helmont, Johann Baptista, *Dageraad ofte Nieuwe Opkomst der Geneeskunst*(1644). 영역본 The New Rise of Medicine.

Vasari, Giorgio, *Le Vite de' più eccellenti pittori, scultori, e architettori*(1550). 영역본 *Lives of the Most Excellent Italian Painters, Sculptors, and Architects, from Cimabue to Our Times)*.

Vesalius, Andreas, *De humani corporis fabrica librorum epitome*(1543).

_____, *De Humani Corporis Fabrica* 영문초역, O' Malley, *Andreas Vesalius of Brussels 1514~1564*, Appendix, pp. 317~377.

Vespasiano da Bisticci, *Vite di uomini illustri del secolo XV*, 영역본 *The*

Vespasiano Memoirs : Lives of Illustrious Men of the XV Century(Renaissance Society of America Reprint Texts, 1997).

Viator, Jian Pélerin, De Artificiali Perspectiva.

Vitruvius, De Architectura.

Vives, Juan Luis, 영역 On Education ; A Translation of the DE TRADENDIS DISCIPLINIS of Juan Luis Vives together with an Introduction, by F. Watson(Cambridge Univ. Press, 1913).

Wolfram von Eschenbach, Parzival.

작자 미상, Eger and Grime(중세 영국 로망스).

작자 미상, Von Stahel und Eysen(1532). 영역 On Steel and Iron, tr. into English by A. G. Sisco, in Sources for the History of Science of Steel 1632 ~1786, ed. by C. S. Smith, Ch. 1, pp. 1~19.

작자 미상, Caxton's Mirrour of the World, ed. by Oliver H. Prior(Oxford Univ. Press, 1913, reprinted 1966).

작자 미상, Walther's song.

작자 미상, 영역 The First Printed Arithmetic(Treviso, 1478) in A Source Book in Mathematics, ed. by D. E. Smith, pp. 1~12.

◎ 자료집 · 사전

Bud, Robert, Instruments of Science : An Historical Encyclopedia (Routledge, 1997).

Clagett, Marshall, The Science of Mechanics in the Middle Ages(The University of Wisconsin Press, 1959).

Denzinger & Schönmetzer ed., Enchiridion Symbolorum et Definitionum(first edition, Wurzburg, 1854).

Drake & Drabkin ed., Mechanics in Sixteenth Century Italy, Selections from Tartaglia, Benedetti, Guido Ubalds & Galileo(The University of Wisconsin Press, 1969).

Gillispie, Charles Coulston, editor in chief, Dictionary of Scientific

Biography, 16 Vols.(Charles Scribner's Son, New York, 1970~1980).

Grant, Edward ed., *A Source Book in Medieval Science*(Harvard University Press, 1974).

Horrox, Rosemary ed. and tr. *The Black Death*(Manchester University Press, 1994).

Isizaka(石坂尙武) ed. and tr.「イタリアの黑死病關係史料集」,『人文學』(同志社大學人文會), 제174호(2003), pp. 22~73, 제176호(2004), pp. 26~83, 제179호(2006), pp. 139~236.

Moody, E. A. & Clagett, M. ed., *The Medieval Science of Weights(Scientia de Ponderibus)*(The University of Wisconsin Press, 1960).

Lind, L. R., *Studies in Pre-Vesalian Anatomy*, Biography, Translation, Documents(American Philosophical Society, 1975).

Loyn, Henry R. ed., *The Middle Ages : A Concise Encyclopaedia*(Thames & Hudson Ltd., 1989).

Smith, Cyril Stanley ed., *Sources for the History of the Science of Steel 1532~1786*(The Society for the History of Technology and the MIT Press, 1968).

Smith, David Eugene ed., *A Source Book in Mathmatics*(1929 ; Dover Pub., INC., New York, 1959).

Strayer, Joseph R. editor in chief, *Dictionary of the Middle Ages*, 13 Vols(Charles Scribner's Son, New York, 1982~1989).

Struik, D. J., ed., *A Source Book in Mathematics*, 1200~1800(Princeton University Press, 1969).

Uchiyama(內山勝利) ed.,『ソクラテス以前哲學者斷片集』全6券(岩波書店, 1996~1998).

◎ 연구서 및 연구논문

Abe(阿部謹也),『中世を旅する人びと―ヨーロッパ庶民生活点描』(平凡社, 1978).

____,『中世の窓から』(朝日新聞社, 1981).

____,『中世賤民の宇宙―ヨーロッパ原点への旅』(筑摩書房, 1987).

Abrahams, Harrold J., 'Modern English Version of Brunschwig's *Book of Distillation*,' *American Philosophycal Society Yearbook*(1967), pp. 445~447.

Aerts, Erik,『中世末南ネーデルラント經濟の軌跡― ワイン・ビールの歷史からアントウェルペン國際市場へ アールツ敎授講演會錄』(2004), 藤井美男譯(九州大學出版會, 2005).

Agrimi, Jole & Crisciani, Chiara, 'The science and practice of medicine in the thirteenth century according to Guglielmo da Saliceto, Italian surgeon' in *Practical Medicine from Salerno to the Black Death*, ed. by Garcia-Ballester et al.(1994), pp. 60~87.

Aiton, E. J., 'Peurbach's Teoreticae novae planetarum : A Translation with Commentary,' *OSIRIS*, 2nd ser., Vol. 3(1987), pp. 5~44.

Alford, John A., 'Medicine in the Middle Ages : The Theory of a Profession,' *Centennial Review*, Vol. 23(1979), pp. 377~396.

Amundsen, Darrel W., *Medicine, Society, and Faith in the Ancient and Medieval Worlds*(The Johns Hopkins Univ. Press, 1996).

Anderson, Frank J., A*n illustrated History of the Herbals*(Columbia University Press, 1977).

Antal, Frederick, *Florentine Painting and Its Social Background*(1947).

Anzelewsky, Fedja, *Dürer, His Art and Life*(Konecky & Konecky, 1980).

Aoki(青木靖三),『ガリレオの道―近代科學の源流』(平凡社, 1980).

Arber, Agnes, Herbals, *Their Origin And Evolution : A Chapter In The History Of Botany, 1470~1670*(1912).

Aries, Philippe, L'*Enfant et la Vie Familiale sous l'Ancien Régime*(1960).

Armstrong, E. V. & Lukens, H. S., 'Lazarus Ercker and his *"Probierbuch,"* Sir John Pettus and his *"Fleta Minor",*' *Journal of Chemical Education*, Vol. 16(1934), pp. 553~562.

Armytage, W. H. G., *A Social History of Engineering*, 2nd edition(The MIT Press, 1966).

Baggioni, Daniel, *Langues et nations en Europe*(Payot & Rivages, 1997).

Bagrow, Leo, *History of Cartography*, 2nd ed.(Precendent Pub. Inc., 1985).

Bartsocas, Christos S., 'Two Fourteenth Century Greek Descriptions of the "Black Death",' *JHM*, Vol. 21(1966), pp. 394~400.

Baugh, Albert C. & Cable, Thomas, *History of the English Language*, 5th edition(Prentice Hall, 2001).

Baumgardt, Carola, *Johannes Kepler : Life and Letters*(Philosophical Library, New York, 1951).

Beaud, Michel, *A History of Capitalism 1500~2000*(original, 1981 ; Aakar Books, 2006).

Beaver, Donald, 'Bernard Walther : Innovator in Astronomical Observation,' *JHA*, Vol. 1. 1970, pp. 39~43.

Beck, Ludwig, *Die Geschichte des Eisens in technischer und kulturgeschichtlicher Beziehung*, Band 1~5(Braunschweig, 1884~1903).

Beckmann, Johann, *Beiträge zur Geschichte der Erfindungen*(1780~1805). 영역본 *A History of Inventions, Discoveries, and Origins*.

Beier, Lucinda McCary, *Sufferers & Healers : The Experience of Illness in Seventeenth-Century England*(Routledge & Kegan Pau, 1987).

Bennett, H. S., 'Science and Information in English Writings of the Fifteenth Century,' *Modern Language Review*, Vol. 39(1944), pp. 1~8.

____, *English Books and Readers 1475~1557*, 2nd ed.(Cambridge University Press, 1989).

Bennett, J. A., *Mathematical Science of Christopher Wren*(Cambridge University Press, 1982).

____, 'The Mechanics' Philosophy and the Mechanical Philosophy,' *History of Science*, Vol. 24(1986), pp. 1~28.

____, 'The Challenge of Practical Mathematics,' in *Science, Culture and Popular Belief in Renaissance Europe*, ed. by S. Pumfrey, P. L. Rossi and M. Slawinski(Manchester University Press, 1991), pp. 176~190.

Benoit, Paul, 'The commercial arithmetic of Nicolas Chuquet,' in *Mathematics from Manuscript to Print 1300~1600*, ed. by Hay, pp. 96~116.

Bergdolt, Klaus, *Der Schwarze Tod in Europa*(C. H. Beck, 2000).

Bernal, J. D., *Science in History, Vol. 2 : The Scientific and Industrial Revolution*(The MIT Press, 1971).

Berry, Arthur, *A Short History of Astronomy : From earliest Times through the nineteenth Century*(1898 ; Dover Pub. INC., 1961).

Biaglioli, Mario, 'The Social Status of Italina Mathematicians, 1450~1600,' *History of Science*, Vol. 27(1989), pp. 41~95.

Bloch, Ernst, *Zwischenwelten in der Philosophiegeschichte : Aus Leipziger Vorlesungen*(Suhrkamp, 1977).

Bloch, Marc, *Éonomic-nature ou économie-argent*(1939).

Blunt, Anthony, *Artistic Theories in Italy, 1450~1600*(1945).

Blunt, Wilfrid, *The Art of Botanical Illustration*(1951).

Boas, Marie, *The Scientific Renaissance 1450~1630*(Collins, 1962).

Bobrick, Benson, *The Making of the English Bible : The Story of the English Bible and the Revolution it Inspired*(Weidenfeld & Nicolson, 2001).

Bockstael, P., 'Note on the First Arithmetics Printed in Dutch and English,' *ISIS*, Vol. 51(1960), pp. 315~321.

Bochner, Salomon, *The Role of Mathematics in the Rise of Science*(1966).

Borsi, Franco, 영역 *Leon Battista Alberti Complete Edition*, tr. by R. G. Carpini(Phaidon Press Limited, 1977).

Borst, Otto, *Alltagsleben im Mittelalter*(Insel Taschenbuch, 1983).

Boyer, Carl B., *A History of Mathematics*(Wiley, 1968).

Bradley, Henry, *The Making of English*,(1904).

Braunstein, Philippe, 'Innovations in Mining and Metal Production in Europe in the Late Middle Ages,' *Journal of European Economic History*, Vol. 12(1983), pp. 573~591.

Brizon, Pierre, *Histoire du Travail et des Travailleurs*, quartième

edition(Bruxelles, 1926).
Bronowski, J. & Mazlish, B., *Western Intellectual Tradition : From Leonardo to Hegel*(Harper Perennial, 1960).
Brown, Joseph E., 'The Science of Weights,' in *Science in the Middle Ages*, ed. by Lindberg, pp. 179~205.
Bruno, Leonardo C., *The Landmarks of Science*(Facts on File, 1989)
Brunschwig, Alexander, 'Hieronymus Brunschwig of Strassburg,' *Annals of Medical History, new series*, Vol. 1(1929), pp. 640~644.
Bullough, Vern L., 'The Development of the Medical University at Montpellier to the end of the Fourteenth Century,' *BHM*, Vol. 31(1956), pp. 508~523.
____, 'The Medieval Medical University at Paris,' *BHM*, Vol. 31(1957), pp. 197~211.
____, 'Mediecal Bologna and the Development of Medical Education,' *BHM*, Vol. 32(1958), pp. 201~215.
____. 'Training of the Nonuniversity-Educated Medical Practitioners in the Later Middle Ages,' *JHM*, Vol. 14(1959), pp. 446~458.
____, 'The Teaching of Surgery at the University of Montpelier in the Thirteenth Century,' *JHM*, Vol. 15(1960), pp. 202~204.
____, 'Population and the Study and Practice of Medieval Medicine,' *BHM*, Vol. 36(1962), pp. 62~69.
Burke, Peter, *The Italian Renaissance : Culture and Society in Italy* (Princeton Univ. Press, 1987).
____, *A Social History of Knowledge : From Gutenberg to Diderot*(Polity Press, 2000).
Burnham, Patricia M., 'Celestial Images : An Overview,' in *Celestial Images : Antiquarian Astronomical Charts and Maps from the Mendillo Collections*(Boston University Art Gallery, Boston, 2005), pp. 11~16.
Butterfield, Herbert, 'Renaissance Art and Modern Science,' in *Origins of the Scientific Revolution*, Kearney ed., pp. 3~17.
____, *The Origins of Modern Science*(1957).

Bylebyl, Jerome, 'The Medical Meaning of Physica,' *OSIRIS*, 2nd ser., Vol. 6(1990), pp. 16~41.
Byrne, Joseph, *Daily Life during the Black Death*(Greenwood Press, 2006).
Cajori, Florian, *A History of Mathematics*(1917).
Cantor, Norman F., *In the Wake of the Plague : The Black Death and the World It Made*(Harper Perennial, 2002).
Carter, John & Muir, Percy H. ed., *Printing and the Mind of Man*, 2nd ed., revised & enlarged(Karl Pressler, München, 1983).
Caspar, Max, 영역 *Kepler*, tr. and ed. by C. D. Hellman, with a new Introduction and Reference by O. Gingerich(original 1959 ; Dover Pub. INC., 1993).
Cassirer, Ernst, *The Individual and the Cosmos in Renaissance Philosophy*(1927).
Castiglioni, Arturo, 영역 *A History of Medicine*, tr. from Italian and ed. by E. B. Krumbhaar(original 1969 ; Jason Aronson, Inc., New York, 1975).
Chapman, Allan, 'Tycho Brahe ; Instrument Designer, Observer and Mechanician,' *JBAA*, Vol. 99(1989), pp. 70~77.
____, *Dividing the Circle : the Development of Critical Angular Measurement in Astronomy 1500~1850*(Ellis Horwood, 1990).
Chaurand, Jacques, *Histoire De La Langue Francaise*(Presses Univ. de France, 1969).
Choulant, Ludwig, 영역 *History of Bibliography of Anatomic Illustration*, translated and annotated by M. Frank, further essays by F. H. Garrison, M. Frank and E. C. Streeter, with a new historical essay by C. Singer(original 1852 ; reprint, Maurizio Martino-Publisher).
Chrisman, Marian Usher, *Lay Culture, Learned Culture : Book and Social Change in Strassburg 1480~1599*(Yale University Press, 1983).
Christianson, John Robert, 'Tycho Brahe at the University of Copenhagenm 1559~1562,' *ISIS*, Vol. 58(1967), pp. 198~203.

____, 'Tycho Brahe's Cosmology from the *Astrologia* of 1591,' *ISIS*, Vol. 59(1968), pp. 312~318.

____, 'Tycho Brahe's German Treatise on the Comet of 1577 : A Study in Science and Politics,' *ISIS*, Vol. 70(1979), pp. 110~140.

____, *On Tycho's Island : Tycho Brahe and his Assistants, 1570~1601*(Cambridge University Press, 2000).

Cipolla, Carlo M., *Guns, Sails, & Empires : Technological Innovation and the Early Phases of European Expansion 1400~1700*(Pantheon, First American Edition, 1965)

____, *Clocks and Culture, 1300~1700*(Collins, 1967).

____, *Money, Prices and Civilization in the Mediterranean World fifth to seventeenth Century*(Gordian Press INC., 1967).

Clagett, Marshall, 'The Impact of Archimedes on Medieval Science,' *ISIS*, Vol. 50(1959), pp. 419~429.

____, 'Leonardo da Vinci : Mechanics,' *DSB*, Vol. VIII(1978), pp. 215~234.

Clagett, M. ed., *Critical Problems in the History of Science*(The University of Wisconsin Press, 1959).

Clark, Kenneth, *Leonardo Da Vinci*, 2nd Edition(1967).

____, *The Art of Humanism*(1970~1981).

Clarke, Frances Marguerite, 'New Light on Robert Recorde,' *ISIS*, Vol. 8(1926), pp. 50~70.

Cole, Bruce, *The Renaissance Artist at Work : From Pisano to Titian* (Icon, 1983).

Cole, F. J., *A History of Comparative Anatomy from Aristotle to the Eighteenth Century*(London Macmillan & Co. LTD., 1944).

Coolidge, Julian Lowell, *The Mathematics of Great Amateurs*, 2nd ed.(Clarendon Press, Oxford, 1990).

Copenhaver, Vrian P. & Schmitt, Charles B., *Renaissance Philosophy : A History of Western Philosophy*(Oxford University Press, 1992).

Craddock, P. T., 'Agricola, *De re metallica* : a landmark in the history of metallurgy,' *Endeavour*, new series, Vol. 18(1994), pp. 67~73.

Crane, Nicholas, *Mercator : The Man who mapped the Planet*(A Phoenix Paperback, 2002).

Crombie, A. C., *Augustine to Galileo : Science in the Late Middle Ages and Early Modern Times, Thirteenth to Seventeenth Centuries*(1959).

____, *Style of Scientific Thinking in the European Tradition*, Vol. 1(Duckworth, 1994).

Crosby, Alfred W., *The Measure of Reality : Quantification in Western Europe, 1250~1600*(Cambridge University Press, 1997).

Crosland, Maurice ed., *The Emergence of Science in Western Europe*(Science History Pub., New York, 1976).

Crystal, David, *The Stories of English*(Allen Lane, 2004).

Daniell, David, *William Tyndale : A Biography*(Yale University Press, 1994).

Davis, Natalie Zemon, 'Sixteenth-Century French Arithmetics on the Business Life,' *JHI*, Vol. 21(1960), pp. 18~48.

____, *Society and Culture in Early Modern France : Eight Essays*(Stanford University Press, 1975).

Dawson, Christopher, *Religion and the Rise of Western Culture*(Image Books, 1957).

Dauzat, Albert, *Histoire de la langue française*(2nd edition, 1948).

Debus, Allen G., *The English Paracelsian*(Franklin Watts, Inc., 1965).

____, *The chemical philosophy : Paracelsian science and medicine in the sixteenth and seventeenth centuries*(Science History Publications, 1977).

____, *Man and Nature in the Renaissance*(Cambridge University Press, 1978).

Demaitre, Luke, 'Theory and Practice in Medical Education at the University of Montpellier in the Thirteenth and Fourteenth Centuries,' *JHM*, Vol. 30(1975), pp. 103~123.

De Roover R., 'The Commercial Revolution of the Thirteenth Century,' in *Enterprise and Secular Change, Readings in Economic History*, ed. by

F. C. Lane & J. C. Riemersma(London, 1953), pp. 80~85.

Devreese, Jozef T. & Vanden Berghe, Guido, 'Wonder en is gheen wonder,' De Geniale Wereld van Simon Stevin 1548~1620(Leuvan, 2003).

Dickens, Arthur Geoffrey, *Age of Humanism and Reformation : Europe in the 14th, 15th and 16th Centuries*(Prentice Hall, 1972).

Diels, Hermann, *Antike Technik*(1924).

Dijksterhuis, E. J., 영역 *The Mechanization of the World Picture*, tr. by C. D. Dikshoorn(original 1950 ; Oxford University Press, 1961).

____, 'The Origins of Classical Mechanics,' in *Critical Problems in the History of Science*, Clagett ed., pp. 163~184.

____, *Simon Stevin : Science in the Netherland around 1600*(Hague, 1970).

Donaldson, B. C., *Dutch : A Linguistic History of Holland and Belgium* (Kluwer Academic Pub., 1983).

Drake, Stillman, 'Introduction,' in *Mechanics in Sixteenth Century Italy*, Drake and Drabkin ed., pp. 3~60.

____, *Galileo Studies : Personality, Tradition and Revolution*(The University of Michigan Press, 1970).

____, 'An Agricultural Economist of the Late Renaissance,' in *On Pre-Modern Technology and Science*, ed. by B. S. Hall & D. C. West (Undena Pub., Malibu, 1976), pp. 53~73.

____, *Galileo at Work : His Scientific Biography*(The University of Chicago Press, 1978).

Dreyer, J. L. E., *Tycho Brahe : A Picture of Scientific Life and Work in the Sixteenth Century*(1890 ; Dover Pub. INC., 1963).

Duby, Georges & Mandrou, Robert, *Histoire De La Civilisation Francaise* (Armand Colin, 1958).

Duhem, Pierre, *Les Origines de la Statique*, I, II(Paris, 1905, 1906) 합본 영역 *The Origins of Statics*, tr. by G. F. Leneaux, V. N. Vagliente & G. H. Wagener, with a foreword by S. L. Jaki(Kluwer Academic Publisher,

1991).

Eamon, William, 'Technology as Magic in the Late Middle Ages and the Renaissance,' *Janus*, Vol. 70(1983), pp. 171~212.

____, 'Arcana Disclosed : The Advent of Printing, The Books of Secret Tradition and the Development of Experimental Science in the Sixteenth Century,' *History of Science*, Vol. 22(1984), pp. 111~150.

____, 'Books of Secrets in the Medieval and Early Modern Science,' *Sudhoffs Archive*, Vol. 69(1985), pp. 26~49.

____, 'From the Secrets of Nature to Public Knowledge : The Origins of the Concept of Openness in Science,' *Minerva*, Vol. 23(1985), pp. 321~347.

____, *Science and the Secrets of Nature : Books of Secrets in Medieval and Early Modern Culture*(Princeton University Press, 1994).

Edgerton, Samuel Y. Jr., 'Linear Perspective and the Western Mind : The Origin of the Objective Representation in Art and Science,' *Cultures* Vol. 3(1976), pp. 77~104.

____, *The Heritage of Giotto's Geometry : Art and Science on the Eve of the Scientific Revolution*(Cornell University Press, 1991).

Eisenstein, Elizabeth L., 'The Advent of Printing and the Problem of the Renaissance,' *Past and Present*, Vol. 45(1969), pp. 10~89.

____, *The Printing Press as an Agent of Change : Communications and Cultural Transformations in early-modern Europe*, 2 Vols(Cambridge University Press, 1979).

____, *The Printing Revolution in Early Modern Europe*(Cambridge University Press, 1983).

Eliade, Mircea, *Blacksmiths and Alchemists*.

____, *Yoga : Immortality and Freedom*.

Ell, Stephen R., 'Barber, Barber-Surgeons,' *DMA*, Vol. II, pp. 96~101.

Elton, Geoffrey Rudolph, *Reformation Europe, 1517~1559*(New York : Harper & Row, 1963).

Erler, Mary C., 'The First English Printing of Galen : The Formation of the

Company of Barber-Surgeons,' *Huntington Library Quarterly*, Vol. 48(1985), pp. 159~171.

Fabre, Rene & Dillemann, Georges, *Histoire de la Pharmacie*, 3rd edition(1961).

Farrington, Benjamin, *Francis Bacon : Philosopher of Industrial Science* (London, 1951).

Faure, Paul, *La Renaissance*(Presses Universitaires de France, 1949).

Febvre, Lucien & Martin, Henri-Jean, *L'Apparition du Livre*(Albin Michel, 1958).

Feingold, Mordechai, *The Mathematician's Apprenticeship : Science, Universities and Society in England, 1560~1640*(Cambridge University Press, 1984).

Feldhaus, Franz Maria, *Leonardo der Techniker und Erfinder*(1922).

Ferguson, Eugene S., *Engineering and the Mind's Eye*(MIT Press, 1992).

Field, J. V., 'Mathematics and the Craft of Painting : Piero della Francesca and Perspective,' in *Renaissance and Revolution*(1993), ed. by Field & James, pp. 73~95.

Field, J. V. and James, F. A. J. L. ed., *Renaissance and Revolution : Humanists, scholars, craftsmen and natural philosophers in early modern Europe*(Cambridge University Press, 1993).

Fisher, John H., 'Chancery and the Emergence of Standard Written English in the Fifteenth Century,' *Spectrum*, Vol. 52(1977), pp. 870~899.

Flake, Otto, *Urlich von Hutten*(1929).

Flegg, Graham, 'Nicolas Chuquet : an introduction,' in *Mathmatics from Manuscript to Print 1300~1600*, Hay ed., pp. 59~72.

Focillon, Henri, *Piero della Francesca*(1951).

Fontana, Josep, *Europe before the mirror*(1994).

Forbes, Robert J., *Man the Maker : A History of Technology and Engineering*(Constable, 1951).

____, *Studies in Ancient Technology*, 9 vols(1964~1972).

Forbs, R. J. & Singer, C., *A History of Technology, Vol IV, The Industrial Revolution*(Oxford University Press, 1958).

Franci, Raffaella & Rigatelli, L. Toti, 'Towards a History of Algebra from Leonardo of Pisa to Luca Pacioli,' *Janus*, Vol. 72(1985), pp. 17~82.

Freiesleben, Hans-Christian, *Geschichte der Navigation*(Steiner, 1976).

French, Peter J., *John Dee : The World of the Elizabethan Magus* (Routledge, 1972).

Freytag, Gustav, *Bilder aus der deutschen Vergangenheit*(1897).

Frick, Bertha M., 'The First Portuguese Arithmetic,' *Scripta Mathematica*, Vol. 11(1945), pp. 327~339.

Fujita(藤田尙男), 『人体解剖のルネサンス』(平凡社, 1989).

Gabbey, Alan, 'Between *ars* and *philosophia naturalis* : reflections on the historiography of early modern mechanics' in *Renaissance and Revolution*(1993), ed. by J. V. Field and F. A. J. L. James, pp. 133~145.

Garcia-Ballester, French, Arrizabalaga & Cunningham ed., *Practical Medicine from Salerno to the Black Death*(Cambridge University Press, 1994).

Garin, Eugenio, *L'educazione in Europa 1400~1600*(1957).

____, *La Cultura del Rinascimento*(1967).

Gascar, Pierre, *Les secrets de Maître Bernard : Bernard Palissy et son temps*(Gallimard, 1980).

Gaxotte, Pierre, *Histoire des Français*(Flammarion, 1957).

Getz, Faye Marie, 'Charity, Translation, and the Language of the Medical Learning in Medieval England,' *BHM*, Vol. 64(1990), pp. 1~17.

Geymonat, Ludvico, *Galileo Galilei : A Biography and Inquiry into his Philosophy of Science*, Translated, with additional notes and appendix, by S. Drake(original 1957 ; MaGraw-Hill Book Company, 1965).

Giard, Luce, 'Remapping Knowledge, Reshaping Institutions,' in *Science, Culture and Popular Belief in Renaissance Europe*, ed. by S. Pumfrey, P. L. Rossi & M. Slawinski(Manchester University Press, 1991), pp. 19~47.

Gille, Bertrand, *Les ingénieurs de la Renaissance*(Seuil, 1978).
Gimpel, Jean, *Les Batisseurs De Cathedrales*(Le Temps Qui Court, 1958).
Gingerich, Owen, 'Apianus's *ASTRONOMICUM CASESAREUM* and its Leipzig Facsmile,' *JHA*, Vol. 2(1971), pp. 168~177.
Ginsburg, Jekuthiel, 'On the early History of the Decimal Point,' *American Mathematical Monthly*, Vol. 35(1928), pp. 347~349.
____, 'On the early History of the Decimal Point,' *Scripta Mathematica*, Vol. 1(1932), pp. 84~85.
Gneuss, Helmut, *English Language Scholarship : A Survey and Bibliography from the Beginnings to the End of the Nineteenth Century*(Medieval & Renaissance Texts & Studies, 1996).
Gnudi, Martha Teach & Ferguson, Eugenes, 'Introduction,' in *The Various and Ingenious Machines of Agostino Ramelli*(The Johns Hopkins University Press, 1976), pp. 13~39.
Gohau, Gabriel, *Histoire de la Géologie*(1987).
Gohda(合田昌史),「ルネサンスの航海と科學―ジョアン・デ・カストロの實驗的方法」,『西洋史』(日本西洋史學會), Vol. 144(1986), pp. 261~275.
Goldammer, Kurt, *Paracelsus, Natur und Offenbarung*(1953).
Gordon, Benjamin L., *Medieval and Renaissance Medicine*(Philosophical Library, New York, 1959).
Gottfried, Robert S., *The Black Death : Natural and Human Disaster in Medieval Europe*(Macmillan, 1983).
____, 'English Medical Practitioners, 1340~1530,' *BHM*, Vol. 58(1984), pp. 164~182.
____, *Doctors and Medicine in Medieval England* 1340~1530(Princeton University Press, 1986).
Grant, Edward, *Physical Science in the Middle Ages*(Cambridge University Press, 1977).
Green, John Richard, *A Short History of the English People*(1874).
Green, Jonathon, *Chasing the Sun : Dictionary-Makers and the*

Dictionaries They Made(Henry Holt & Co., 1996).

Green, Monica, 'Women's Medical Practice and the Health Care in Medieval Europe,' *SIGNS : Journal of Women in Culture and Society*, Vol. 14(1989), pp. 434~473.

Grendler, Paul F., *Schooling in Renaissance Italy : Literacy and Learning 1300~1600*(The Johns Hopkins University Press, 1989).

Grimm, Richard E., 'The Autobiography of Leonardo Pisano,' *Fibonacci Quarterly*, Vol. 11(1973), pp. 99~104.

Grolier, Eric de, *Histoire du Livre*(1954).

Gurevich, A. Y., *Categories of Medieval culture*, tr. by G. L. Campbell(London : Routledge & Kegan Paul, 1985).

Haasbroek, N. D., *Gemma Frisius, Tycho Brahe and Snellius and the Triangulations*(Netherlands Geodetic Commission, 1968).

Haggard, Howard W., *Devils, Drugs, and Doctors : The Story of the Science of Healing from Medicine-Man to Doctor*(William Heinemann LTD., London, 1929).

Hall, A. Rupert, *Ballistics in the Seventeenth Century*(Cambridge University Press, 1952).

_____, 'The Scholar and the Craftman in the Scientific Revolution,' in *Critical Problems in the History of Science*(1959), Clagett ed., pp. 3~22, *Origins of the Scientific Revolution*(1964), Kearney ed., pp. 67~86, *The Rise of Science in Relation to Society*(1964), Marsak ed., pp. 21~41.

Hall, Bert S., *Weapons and Warfare in Renaissance Europe : Gunpowder, Technology, and Tactics*(The Johns Hopkins University Press, 1997).

Hammond, E. A., 'Incomes of Medieval English Doctor,' *JHM*, Vol. 15(1960), pp. 154~169.

Harradon, H. D., 'Some early Contributions to the History of Geomagnetism VII,' *Terrestian Magnetism and Atmospheric Electricity*, Vol. 49(1944), pp. 185~199.

Hart, Ivor B., *The Mechanical Investigations of Leonardo Da Vinci* (Chapman and Hall, 1925).

Harvey, John, *Medieval Craftsmen*(1975).

Hay, Cynthia ed., *Mathematics from Manuscript to Print 1300~1600*(Clarendon Press, Oxford, 1988).

Hayashi(林達夫),「文芸復興」,『林達夫著作集』(平凡社, 1971), pp. 142~228.

Hellinga, Lotte, *Caxton in Focus : The Beginning of Printing in England* (British Library, 1982).

Henninger-Voss, M., 'Working Machines and Noble Mechanics : Guidobaldo del Monte and the Translation of Knowledge,' *ISIS*, Vol. 91(2000), pp. 233~259.

Henry, John, *The Scientific Revolution and the Origins of Modern Science*(St. Martin's Press, 1997).

____, 'Doctors and healers : Popular culture and the medical profession,' in *Science, Culture and Popular Belief in Renaissance Europe*, ed. by Pumfrey et al., pp. 191~221.

Herman, Joseph, *Le Latin vulgaire*(Presses Universitaires de France, 1967).

Herrlinger, Robert, 영역 *History of Medical Illustration from Antiquity to A. D. 1600*(Pitman Medical & Scientific Pub. Co. LTD., 1970).

Hewson, J. B., *A History of the Practice of Navigation*(Glasgow, Brown, Son & Ferguson, Limited, 1951).

Hill, Christopher, *Intellectual Origins of the English Revolution*(Oxford University Press, 1965).

Hill, Jr., Boyd H., 'A Medieval German Wound Man : Wellcome MS 49,' *JHM*, Vol. 20(1965), pp. 334~357.

Hind, Arthur Mayger, *An Introduction to a History of Woodcut*, 2 Vols.(1935 ; Dover Pub. INC., 1963).

Holmyard, Eric John, *Alchemy*(1957, Dover Pub. INC., 1990).

Honda(本田耕一),『パチョリ簿記論』(現代書館, 1975).

Hooykaas, R., *Humanism and the Voyages of Discovery in 16th Century Portuguese Science and Letters*(Amsterdam ; North-Holland, 1979).

____, *G. J. Rheticus' Treatise on Holy Scripture and the Motion of the Earth*(North-Holland, 1984).

Hopstock, H., 'Leonardo as Anatomist,' tr. from the Norwegian by E. A. Fleming, *SHMS*, Vol. 2(1921), pp. 151~191.

Huizinga, Johan, *Das Problem Der Renaissance, Renaissance Und Realismus*(1930).

____, *The Autumn of the Middle Ages*(1919).

Hunter, Michael, *Science and Society in Restoration England*(Ashgate Publishing, 1993).

Hutchinson, Jane Campbell, *Albrecht* Dürer : *A Biography*(Princeton University Press, 1990).

Igarashi(五十嵐一成), 「ネブリハ『カスティーリャ語文法』と「帝國」」, 『經濟と經營』(札幌大學經濟經營學會) Vol. 35(2005), pp. 239~244.

Ikegami(池上俊一), 『万能人とメディチ家の世紀―ルネサンス再考』(講談社, 2000).

Irsigier, Franz & Lassotta, Arnold, *Bettler und Gaukler, Dirnen und Henker : Randgruppen und Aussenseiter in Koln 1300~1600*(Greven, 1984).

Ishikawa(石川淸), 「フィレンツェ十五世紀前半の建築家像―その職能の成立過程」, 『日伊文化硏究』 No. 22(1985), pp. 75~98.

Ishinabe(石鍋眞澄), 「ロレンツォ・ギベルティの『コンメンターリ』第二書」 『成城短期大學紀要』 第12號(1981), pp. 34~68.

____, 「ピエロ・デルラ・フランチェスカの『遠近法論』」, 『成城短期大學紀要』 第13號(1982), pp. 118~143.

____, 『ピエロ・デルラ・フランチェスカ』(平凡社, 2005).

Itoho(伊東俊太郞), 『近代科學の源流』(中央公論社, 1978).

____, 『文明における科學』(勁草書房, 1976).

Itoho(伊東俊太郞)他編, 『中世の論社』(共立出版, 1987).

Ivins, William M. Jr., 'A neglected aspect of early print-making,'

Metropolitan Museum of Art Bulletin, Vol. 7(1948).

____, 'What about the *FABRICA* of Vesalius?', in *Three Vesalian Essays to Accompany the ICONES ANATOMICA of 1934*(The Macmillan Company, New York, 1952), pp. 45~130.

____, *Prints and Visual Communication*(Harvard University Press, 1953).

Iwai & Morimoto(岩井寛, 森本岩太郎), 『レオナルドの解剖』(岩崎美術社, 1977).

Jacquart, Danielle, 'Medical practice in Paris in the first half of the fourteenth century,' in *Practical Medicine from Salerno to the Black Death*(1994), ed. by Garcia-Ballester et al., pp. 186~210.

Jayawardene, S. A., 'Unpublished Documents Relating to Rafael Bombelli in the Archives of Bologna,' *ISIS*, Vol. 54(1963), pp. 391~395.

____, 'Rafael Bombelli, Engineer-Architect : Some unpublished Documents of the Apostolic Camera,' *ISIS*, Vol. 56(1965), pp. 298~306.

____, 'Bombelli,' *DSB*, Vol. II, pp. 279~281.

____, 'Pacioli,' *DSB*, Vol. X, pp. 269~272.

____, 'The Influence of Practical Arithmetics on the *Algebra* of Rafael Bombelli,' *ISIS*, Vol. 64(1973), pp. 510~523.

Jetter, Dieter, *Geschichte der Medizin*(1992).

Johannsen, Otto, *Geschichte des Eisens*(1925).

Johnson, Francis R., *Astronomical Thought in Renaissance England : A Study of the English Scientific Writings from 1500 to 1645*(The Johns Hopkins Press, Baltimore, 1937).

____, 'Gresham College : Presursor of the Royal Society,' *JHI*, Vol. 1(1940), pp. 413~438.

____, 'Preparation and Innovation in the Progress of Science,' *JHI*, Vol. 4(1943), pp. 56~59.

____, 'Notes and Documents : Thomas Hood's Inaugural Adress as Mathematical Lecture of the City of London(1588),' *JHI*, Vol. 3(1942), pp. 94~106.

Johnson, F. R. and Larkey, S. V., 'Thomas Digges, The Copernican System and the Idea of the Infinity of the University in 1576,' *HLB*, No. 5(1934), pp. 69~117.

____, 'Robert Recorde's Mathematical Teaching and Anti-Aristotelian Movement,' *HLB*, No. 7(1935), pp. 59~87.

Johnson, Paul, *The Renaissance*(Weidenfeld & Nicolson, 2000).

Jones, Richard F., *Ancients and Moderns : A Study of the Rise of the Scientific Movement in Seventeenth Century England*(1961, reprinted, Dover Pub. Inc., 1982).

Kamo(加茂儀一), 『レオナルド・ダ・ヴィンチ伝―自然探求と創造の生涯』(小學館, 1984).

Kaplan, Edward, 'Robert Recorde(c. 1510~1558) : Studies in the Life and Works of a Tudor Scientist,' New York University Ph. D. Thesis(1960).

Karpinski, Louis, 'The First Printed Arithmetic in Spain,' *OSIRIS*, Vol. 1(1936), pp. 411~420.

Karrow, Robert, *Mapmakers of the Sixteenth Century and Their Maps*(Chicago : Newsberry Library and Speculum Orbis, 1993).

Kataoka(片岡義雄), 『パチョーリ「簿記論」の研究』(森山書店, 1965).

Kawada(川田勝), 「メルセンヌの學問擁護論」, 『化學史研究』 Vol. 22(1995), pp. 263~287.

Kawahara(河原溫), 「「老いと病い」を生きる」 甚野宏志, 堀越宏一編, 『中世ヨーロッパを生きる』(東京大學出版會, 2004), pp. 173~191.

Kawakita(川喜田愛郎), 『近代醫學の史的基盤』上 (岩波書店, 1977).

____, 「醫療と醫學の發生」, 『知の革命史(6)醫學思想と人間』 村上陽一郎編 (朝倉書店, 1979), 第1章, pp. 1~29.

Kawasaki(河崎靖) & Cryns, Frederik, 『低地諸國(オランダ・ベルギー)の言語事情―ゲルマンとラテンの間で』(大學書林, 2002).

Kearney, Hugh F., *Science and Change*, 1500~1700(McGraw-Hill, 1971).

Kearney, Hugh F. ed., *Origins of the Scientific Revolution*(Longman, 1964).

Kedar, Benjamin, *Merchants in Crisis : Genoese and Venetian Men of*

Affairs and the Fourteenth Century Depression(Yale University Press, 1976).

Keller, Alexander G., 'Mathematicians and Experimental Machines in Nothern Italy in t*he Sixteenth Century,*' in *The Emergence of Science in Western Europe*(1976), Crosland ed., pp. 15~34.

____, 'Renaissance Theaters of Machines,' *Technology and Culture*, Vol. 19(1978), pp. 495~508.

____, 'Mathematicians, Mechanics and the Origins of the Culture of Mechanical Invention,' *Miverva*, Vol. 23(1985), pp. 348~361.

Kenney, Emelie, 'Cardano : "Arithmetic Subtlety" and impossible Solutions,' *Philosophia Mathematica*, Ser. 2, Vol. 4(1989), pp. 195~216.

Kibre, Pearl, 'The Faculty of Medicine at Paris, Charlatanism, and Unlicensed Medical Practices in the Later Middle Ages,' *BHM*, Vol. 27(1953), pp. 1~20.

Kishi(岸悦三), 『會計前史〔增補版〕―パチョーリ簿記論の解明』(同文館, 1990).

Klemm, Friedrich, 영역 *A History of Western Technology*, tr. bu D. W. Singer(original 1954 ; George Allen and Unwin LTD., 1959).

Knowles, D., *Christian Monasticism*(Littlehampton Book Services Ltd., 1969).

Koeman, C., *The history of Abraham Ortelius and his Theatrum orbis terrarum*(American Elsevier Pub. Co., 1964).

Koestler, Arthur, *The Sleepwalker : A History of Man's Changing Vision of the Universe*(1959 ; Penguin Books, 1969).

Kojima(小島男佐夫), 「『ズムマ』について」, 『商學論究』第20券(1973), pp. 27~51.

____, 「イムピンとその簿記論」, Ympyn, *A Notable and very Excellent Woorke*(1547), Appendix II.

____, 「ジェームス・ピールとその簿記論」, J. Peele, *The Pathewaye to Perfectnes in th' accompts of Debitour and Creditour*(1569), Appendix

II.

Kol'man & IUshkevich, *History of Mathematics*(1961).

Komatsu(小松眞理子),「中世の醫學と自然哲學―スコラ醫學者と人間の發生の問題」, 伊東俊太郎・村上陽一郎編集, 『講座科學史1 西歐科學史の位相』(培風館, 1989), pp. 159~182.

Kouuchi(香內三郞),『活字文化の誕生』(昌文社, 1982).

Koyre, Alexandre, *Études galiléennes*(Paris : Hermann, 1939).

____, *Introduction à lecture de Platon*(1945).

Kristeller, Paul Oskar, 'The School of Salerno,' *BHM*, Vol. 17, 1945, pp. 138~194.

____, *The Classics and Renaissance Thought*(Harvard University Press, 1955).

____, *Eight Philosophers of the Italian Renaissance*(Stanford University Press, 1964).

Kuhn, Thomas, *The Copernican Revolution : Planetary Astronomy in the Development of Western Thought*(Harvard University Press, 1957).

Kusukawa Sachiko, 'Incunables and Sixteenth-Century Books,' in *Thronton and Tully's Scientific Book*, Libraries and Collectors, ed. by A. Hunter, 4th ed.(Ashgate, 2000), pp. 115~163.

Laird, W. R., 'The Scope of Renaissance Mechanics,' *OSIRIS*, 2nd ser., Vol. 2(1986), pp. 43~68.

____, 'Giuseppe Moletti's *Dialogue on Mechanics*(1576),' *Renaissance Quarterly*, Vol. 40(1987), pp. 209~223.

Landau, David & Parshall, Peter, *The Renaissance Print 1470~1550*(Yale University Press, 1994).

Lapesa, Rafael, *Historia de la Lengua Española*(1981).

Le Goff, Jacques, *Les Intellectuels au Moyen-Age*(1957).

____, *Pour un autre Moyen-Age*(1977).

____, *À la Recherche du Moyen-Age*(2003).

____, *Un Histoire du Corps au Moyen-Age*(2003).

Lindberg, David C. ed., *Science in Middle Ages*(The University of Chicago

Press, 1978)

Long, Pamela O., 'The Openness of Knowledge : An Ideal and Its Context in 16th-Century Writings on Mining and Metallurgy,' *Technology and Culture*, Vol. 32(1991), pp. 318~355.

____, 'Power, Patronage, and the Authorship of Ars—From Mechanical Know-how to Mechanical Knowledge in the Last Scribal Age,' *ISIS*, Vol. 88(1997), pp. 1~41.

____, *Openness, Secrecy, Authorship : Technical Arts and the Culture of Knowledge from Antiquity to the Renaissance*(The Johns Hopkins University Press, 2001).

Mach, Ernst, *Die Mechanik in ihrer Entwicklung : Historisch-kritisch Dargestellt*(1883).

____, *Ernst Mach : Die Mechanik In Ihrer Entwicklung*(1883).

Mahoney, Michael S., 'Mathematics,' in *Science in the Middle Ages*, Lindberg ed., pp. 145~178.

Malgaigne, J. F., *Surgery and Ambroise Paré*, tr. and ed. by W. B. Hamby(original 1840 ; University of Oklahoma Press, 1965).

Marshak, Leonard M. ed., *The Rise of Science in Relation to Society*(The Macmillan Company, 1964).

Martindale, Andrew, *The Rise of the Artist in the Middle Ages and Early Renaissance*(McGraw-Hill, 1972).

Matsui(松井喜三), 「レオナルド解剖研究」, 『レオナルド・ダ・ヴィンチ解剖圖集』(みすず書房, 1971), pp. 1~59.

McVaugh, Michael, 'Medicine, History of,' *DMA*, Vol. VIII, pp. 247~254.

Mendelsohn, Kurt, *The Secret of Western Domination : How Science became the key to global power, and what this signifies for the rest of the world*(Praeger Publishers, 1976).

Merchant, Carolyn, *Death of Nature : Women, Ecology, and the Scientific Revolution*(Harper, 1982).

Meuthen, Erich, *Nikolaus von Kues 1401~1464 — Skizze einer Biographie*(Verlag Aschendorff, 1967).

Meyer-Steineg, Th. & Sudhoff, K., *Illustrierte Geschichte der Medizin*, herausgegeben von R. Herringer und F. Kudlien(Gustav Fuscher Verlag, Stuttgart, 1965).

Milis, Ludo, *Angelic Monks and Earthly Men : Monasticism and Its Meaning to Medieval Society*(Boydell Press, April 1992).

Milis, Ludo ed., *The Pagan Middle Ages*(Boydell Press, 1998).

Milis, Ludo J. R. ed., *The Pagan Middle Ages*(Boydell Press, 1998).

Miura(三浦伸夫), 「中世西歐の計算法 - サクロボスコ『一般アウゴリズム』-」, 『中世の數學』, 伊東俊太郎編(共立出版, 1987), pp. 143~174.

Miyajima(宮島一彦), 「アストロラーベについて」, 『科學史研究』II, Vol. 14(1975), pp. 16~21.

Miyamoto(宮本忍), 『醫學思想史』I (勁草書房, 1971).

Miyashita(宮下志朗), 『本の都市リヨン』(昌文社, 1989).

Miyata(宮田嘉久), 『デューラーとその時代―精神史の中のドイツ・ルネサンス』(隆文館, 1992).

Mochizuki(望月一史), 「ネーリ・ディ・ビッチの工房―ルネサンス期フィレンツェの一畫家工房」, 『日伊文化研究』No. 22(1984), pp. 57~81.

_____, 「十五世紀フィレンツェの金銀細工師の工房」, 『日伊文化研究』No. 30(1992), pp. 31~39.

Molenda, Danuta, 'Technological Innovation in Central Europe between the XIVth and the XVIIth Centuries,' *Journal of European Economic History*, Vol. 17(1988), pp. 63~84.

Momose, Kumano & Murai(百瀨宏, 熊野聰, 村井誠人), 『北歐史』(山川出版社, 1998).

Moody, E., 'Introduction,' in *The Medical Science of Weights*(1960), ed. by Moody & Clagett, pp. 169~174.

Moran, Bruce T., 'German Prince-Practitioners : Aspects in the Development of Courtly Science, Technology, and Procedures in the Renaissance,' *Technology and Culture*, Vol. 22(1981), pp. 253~274.

Morison, Samuel Eliot, *Admiral of the Ocean Sea : A Life of Christopher Columbus*, 2 Vols.(Little, Brown and Company, Boston, 1942).

Morota(諸田實), 『フッガー家の遺産』(有斐閣, 1989).

____, 『フッガー家の時代』(有斐閣, 1998).

Morton, A. G., *History of Botanical Science*(Academic Press, 1981).

Murakami(村上陽一郎), 『ペスト大流行―ヨーロッパ中世の崩壞』(岩波新書, 1993).

Muraoka(村岡健次), 『ヴィクトリア時代の政治と社會』(ミネルヴァ書房, 1980).

Murdoch, John E. & Sylla, Edith D., 'The *Science of Motion*,' in *Science in the Middle Ages*(1978), Lindberg ed., pp. 206~264.

Mustain, James K., 'A rural medical Practitioner in fifteenth-century England,' *BHM*, Vol. 46(1972), pp. 469~476.

Nakamura(中村幸四郎), 『近世數學の歷史―微積分の形成をめぐって』(日本評論社, 1980).

Nakanishi(中西旭), 「近代財務表の萌芽―シモン・ステヴィンの著述」, 『商學論纂』(中央大學商學硏究) Vol. 12(1971), pp. 139~154.

Nef, John, 'Industrial Europe at the time of the Reformation(ca. 1515~ca. 1540),' *Journal of Political Economy*, Vol. 49(1941), pp. 1~40, 183~224.

____, *Cultural Foundations of Industrial Civilization*(1953).

Nicolson, Marjorie Hope, *Voyages to the moon*(Macmillan Co., 1948).

____, *Breaking of the Circle : Studies In the Effect of the New Science Upon Seventeenth Century Poetry*(Northwestern University Press, 1950).

Ninomiya(二宮敬), 『フランス・ルネサンスの世界』(筑摩書房, 2000).

Nordenskiörd, Niels Adolf, *Facsimile-Atlas to the Early History of Cartography*, tr. by J. A. Ekelof and C. R. Markham(Stockholm, 1989 : Kraus Rep. co., New York, 1961).

North, John D., 'The Astrolabe,' *Scientific American*, Vol. 230(1974), pp. 96~106.

Nuland, Sherwin B., *Leonardo da Vinci*(Weidenfeld Nicolson, 2000).

O'Boyle, Cornelius, 'Surgical texts and social contexts : physicians and surgeons in Paris, c. 1270 to 1430,' in *Practical Medicine from Salerno* to the Black Death(1994), ed. by Garcia-Ballester et al., pp. 156~185.

Ogilvie, Brian W., *The Science of Describing Natural History in Renaissance Europe*(University of Chicago Press, 2006).

Oguro(大黒俊二),「商人と文化—「ことば」をめぐって」, 朝治啓三・江川温・服部良久(編集),『西歐中世史(下)—危機と再編』(ミネルヴァ書房, 1995).

____,『嘘と貪欲—西歐中世の商業・商人觀』(名古屋大學出版社, 2006).

Ohohashi(大橋博司),『パラケルススの生涯と思想』(思索社, 1976).

Ohotuki(大槻眞一郎),「ディオスクリデス「ウィーン寫本」—"Codex Vindobonensis, Medicus Graecus I "についての解說」,『明治藥科大學紀要(人文科學, 社會科學)』, Vol. 8(1978), pp. 1~13.

O'Malley, Charles D., *Andreas Vesalius of Brussels 1514~1564* (University of California Press, 1964).

Origo, Iris, *The Merchant of Prato*(Alfred A. Knop, 1957).

Orme, Nicholas, *English Schools in the Middle Ages*(London, 1973).

Ornstein, Martha, *The Role of Scientific Societies in the Seventeenth Century*(The University of Chicago Press, 1938).

Packard, Francis R., *Life and Times of Ambroise Paré [1510~1590] with a new translation of his Apoplogy and an Account of his Journey in Divers Places*(New York, Paul B. Hoeber, 1921).

Pagel, Walter, *Paracelsus : An Introduction to Philosophical Medicine in the Era of Renaissance*(Basel, 1958).

Paget, Stephen, *Ambroise Paré and his Time 1510~1590*(G. P. Putman's Sons, 1897).

Panofsky, Erwin, *Perspective as Symbolic Form*(1924~25).

____, *The Life and Art of Albrecht Dürer*(Princeton University Press, 1955).

____, 'Artist, Scientist, Genius : Notes on the 'Renaissance-Dämmerung'', in *The Renaissance : Six Essays*(Harper Torchbooks, 1962), pp. 123~182.

____, *Meaning in the Visual Arts : Papers in and on Art History*

(Doubleday Anchor, 1955)

____, *Renaissance and Renascences in Western Art*(1960).

Park, Katharine, 'Medicine and Society in medieval Europe, 500~1500,' in *Medicine in Society : Historical Essays*, A. Wear ed.(Cambridge University Press, 1992), pp. 59~90.

Parker, Geoffrey, *The Military Revolution : Military Innovation and the Rise of the West, 1500~1800*(Cambridge University Press, 1989).

Patterson, Louise Diehl, 'Recorde's Cosmology, 1556,' *ISIS*, Vol. 42(1951), pp. 208~218.

Penrose, Boies, *Travel and discovery in the Renaissance, 1420~1620*(Harvard University Press, 1952).

Pesic, P., *Abel's Proof : An Essay on the Sources and Meaning of Mathematical Unsolvability*(MIT Press, 2003).

Pevsner, Nikolaus, *Academies of Art, Past and Present*(1940).

Pirenne, Henri, *Medieval Cities : Their Origins and the Revival of Trade*(1927).

____, *Economic and Social History of Medieval Europe*(1933).

Pleticha, Heinrich, *Bürger, Bauer, Bettelmann*(1971).

Pogo, A., 'Gemma Frisius, his method of determining differences of longitude by transporting timepieces(1530), and his treatise on triangulation(1533), with 4 plates and a facsimile reproduction(no. xvi) of *Gemma's Libellus de locorum describendorum ratione*, Antwerp, 1533,' *ISIS*, Vol. 22(1935), pp. 469~507.

Pomian, Krzysztof, *L'Europe et ses nations*(Gallimard, 1990).

Porter, Roy, Disease, *Medicine and Society in England, 1550~1860 in the Middle Ages*, tr. by R. Morris(original 1983 ; Rutgers University Press, 1990).

Power, Eileen, *Medieval People*(original, 1924 ; BiblioLife, 2008).

Prager, Frank D., 'A Manuscript of Taccola, Quoting Brunelleschi, on Problems of Inventors and Builders,' *Proceedings of the American Philosophical Society*, Vol. 112(1968), pp. 131~149.

Pumfrey, Stephen, "O tempora, O magnes!" A Sociological Analysis of the Discovery of Secular Magnetic Variation in 1643,' *BJHS*, Vol. 22(1989), pp. 181~214.

Pumfrey, Rossi & Slawinski ed., *Science, Culture and Popular Belief in Renaissanve Europe*(Manchester University Press, 1991).

Randall, J. H., *The Making of the Modern Mind*(1940).

Randles, W. G. I., 'Portuguise and Spanish Attempts to measure Longitude in the Sixteenth Century,' *The Mariner's Mirror*, Vol. 81(1995), pp. 402~408.

Reti, Ladislao, 'Francesco di Giorgio Martini's Treatise on Engineering and its Plaigiarists,' *Technology and Culture*, Vol. 4(1963), pp. 287~298.

Reti, Ladislao ed., *The Unknown Leonardo*(McGraw-Hill, 1974).

Ricci, D. Ivano, *Luca Pacioli, l'uomo e lo scienziato*(San Sepolcro, 1940).

Richardson, Malcom, 'Henry V, the English Chancery, and Chancery English,' *Speculum*, Vol. 55(1980), pp. 726~750.

Riche, Pierre, *Education and culture in the barbarian West, sixth through eighth centuries*(University of South Carolina Press, 1976).

Richeson, A. W., 'The First Arithmetic Printed in English,' *ISIS*, Vol. 37(1947), pp. 47~56.

Robbins, Rossell Hope, 'Medical Manuscripts in Middle English,' *Speculum*, Vol. 45(1970), pp. 393~415.

Ronan, Colin A., 'Leonard and Thomas Digges,' *Endeavour*, New Series, Vol. 16(1992), pp. 91~94.

Rorig, Fritz, Die *Europäische Stadt und die Kultur des Burgertums im Mittelalter*(Vandenhoeck & Ruprecht, 1964).

Rose, Paul Lawrence, 'Letter's illustrating the Career of Federico Comandino,' *Physis*, Vol. 15(1973), pp. 401~410.

____, *The Italian Renaissance of Mathematics : Studies on Humanists and Mathematicians from Petrarch to Galileo*(Librarie Droz, 1975).

Rese, P. L. & Drake, S., 'The Pseudo-Aristotelian *Questions of Mechanics* in Renaissance Culture,' *Studies in the Renaissance*, Vol. 18(1971), pp.

65~104.

Rosen, Edward, 'Regiomontanus,' *DSB*, Vol. XI, pp. 348~352.

Rosenberger, Ferd, *Die Geschichte der Physik*, Bd. II(Braunschweig, 1884).

Rosenfeld, Hans-Friedrich & Rosenfeld, Hellmut, *Deutsche Kultur im Spatmittelalter, 1250~1500*(Wiesbaden, 1978).

Rossi, Paolo, *Francis Bacon from Magic to Science*, tr. by S. Robinovitch(original, 1957 ; The University of Chicago Press, 1968).

____, *I Filosofi e Le MacChine(1400~1700)*(Feltrinelli Editore, Milano, Italy, 1962).

____, *The Birth of Modern Science*, tr. by C. N. Ipsen(original, 2000 ; Blackwell Publishers, 2001).

Rothe, Hans, 'William Clowes : An Elizabethian Surgeon,' *CIBA Symposium*, Vol. 14(1966), pp. 67~71.

Roux, Simone, *Paris au Moyen-Âge*(Hachette Litteratures, 2003).

Ruggiero, Guido, 'The Status of Physicians and Surgeons in Renaissance Venice,' *JHM*, Vol. 36(1981), pp. 168~184.

Saegusa(三技博音), 『技術の哲學』(岩波書店, 1951, 復刻版, 2005).

Saito(齋藤泰弘), 『レオナルド・ダ・ヴィンチの謎』(岩波書店, 1987).

Sakai(坂井建雄), 「解剖學書としてのヴェサリウスの『ファブリカ』と『エピトメー』」, 『日本醫學者雜誌』第43號 第3券(1997), pp. 423~455.

____, 『謎の解剖學者ヴェサリウス』(筑摩書房, 1999).

Sakuma(佐久間弘展), 「ドイツ初期近代市民社會」, 野崎直治編, 『概說西洋社會史』(有斐閣, 1994), pp. 155~172.

____, 『ドイツ手工業・同職組合の研究—14~17世紀ニュルンベルクを中心に』(創分社, 1999)

Santillana, Giorgio de, 'The Rise of Art in the Scientific Renaissance,' in *The Rise of Science in Relation to Society*(1965), ed. by Marshak, pp. 6~20.

Sarton, George, 'Simon Stevin of Bruges(1548~1620),' *ISIS*, Vol. 21(1934), pp. 241~303.

_____, 'The first explanation of decimal fractions and measures(1585), Together with a history of the decimal idea and a facsimile(no. XVII) of Stevin's Disme,' *ISIS*, Vol. 23(1935), pp. 153~244.

_____, 'The Scientific Literature transmitted through the Incunabula,' *OSIRIS*, Vol. 5(1938), pp. 41~245.

_____, *Six Wings : Men of Science in the Renaissance*(Indiana University Press, 1957).

Sasaki(佐佐木博光), 「黒死病の記憶―14世紀ドイツの年代記の記述」, 『人間文化學研究集錄』(大阪府立大學大學院人間文化學研究科) 2003年 第13號, pp. 1~16.

Saulnier, Verdun L., *La litterature française de la Renaissance*(1942).

Saunders, J. B. de C. M. & O'Malley, Charles, *The Illustrations from the Works of Andreas Vesalius of Brussels*(Dover Pub. INC., 1973).

Schildt, Joachim, *Kurze Geschichte der deutschen Sprache*(Volk und Wissen, 1991).

Schipperges, Heinrich, *Der Garten der Gesundheit : Medizin im Mittelalter*(München : Artemis, 1987).

_____, *Die Kranken im Mittelalter*(C. H. Beck, 1990).

Schmidt, Charles, 'A fresh Look at the Mechanics in 16th Century Italy,' *SHPS*, Vol. 1(1970), pp. 161~175.

Schmidt, Wilhelm, *Geschichte der deutschen Sprache*, 8th edition(2000).

Schmölzer, Hilde, *Die Pest in Wien*(Osterreichischer Bundesverlag, 1985).

Seibt, Ferdinand, *Glanz und Elend des Mittelalters : Eine endliche Geschichte*(Siedler, 1987).

Shank, Michael H., *"Unless You Believe, You shall not Understand" Logic, University, and Society in Late Medieval Vienna*(Princeton University Press, 1988).

Shapin, Steven, *The Scientific Revolution*(University of Chicago Press, 1996).

Shelby, Lon, 'The "Secret" of the Medieval Masons,' in *On Pre-Modern Technology and Science : A Volume of Studies in Honor of Lynn White*

Jr., ed. by B. S. Hall & D. C. West(Undena Pub., 1976), pp. 201~219.

____, *Gothic Design Techniques : The Fifteenth-Century Design Booklets of Mathes Roriczer and Hanns Schmuttermayer*(Southern Illinois University Press, 1977).

Sherrington, Charles, *The Endeavour of Jean Fernel with a List of the Editions of his Writings*(Cambridge University Press, 1946).

Shimao(島尾永康), 『中國化學史』(朝倉書店, 1995).

Shimizu(清水純一), 『ルネサンスの偉大と退廢―ブルーノの生涯と思想』(岩波書店, 1972).

____, 『ルネサンス 人と思想』近藤恒一編(平凡社, 1994).

Shimizu(清水廣一), 『中世イタリア商人の世界―ルネサンス前夜の年代記』(平凡社, 1993).

Shimomura(下村耕史), 『アルブレヒト・デューラーの芸術』(中央公論美術出版, 1997).

____, 「デューラーの「繪畫論」について」, Dürer, 『『繪畫論』注解』第1部, pp. 5~83.

Shimomura(下村寅太郎), 『下村寅太郎著作集4 ルネサンス研究』(みすず書房, 1989).

Shipman, Joseph C., 'Johannes Petreius, Nuremberg Publisher of Scientific Works, 1524~1550,' in *Hommage to a Bookman*(Berlin, 1967), pp. 147~162.

Sigerist, Henry E., 'Hieronymus Brunschwig and his Work,' in *The Book of Cirurgia by Hieronymus Brunschwig*(1923).

____, 'Ambroise Pare's Onion Treatment of Burns,' *BHM*, Vol. 15(1944), pp. 143~149.

Singer, Charles, *A Short History of Anatomy and Physiology from the Greeks to Harvey*(1928).

____, *A short history of scientific ideas to 1900*(Clarendon Press, 1959).

____, *A History of Biology to About the Year 1900*(1959).

____, 'A Study in Early Renaissance Anatomy,' *SHMS*, Vol. 1(1917), pp. 77~164.

____, 'Greek Biology and its Relation to the Rise of Modern Biology,' *SHMS*, Vol. 2(1921), pp. 1~101.

____, 'Historical Essay : Beginings of Academic Practical Anatomy,' in L. Choulant, History and Bibliography of Anatomic Illustration, pp. 21A~21R.

____, *A History of Technology Vol. 2 : The Mediterranean Civilization and the Middle Ages*(Clarendon Press, 1956).

Singer, Charles et al., *A History of Technology, Five Volumes*(Oxford University Press, 1954).

Singer, C. & Underwood, E. A., *A short history of medicine : introducing medical principles to students and non-medical readers*(Clarendon Oxford, 1962).

Siraisi, Nancy G., 'Taddeo Alderotti and Bartolomeo da Varignana on the Nature of Medical Learning,' *ISIS*, Vol. 68(1977), pp. 27~39.

____, 'How to write a Latin book on surgery : organizing principles and authorial devices in Guglielmo da Saliceto and Dino del Garbo,' in *Practical Medicine from Salerno to the Black Death*(1994), ed. by Garcia-Ballester et al., pp. 88~109.

Smith, Cyril Stanley, 'A Sixteenth-Century Decimal System of Weights,' *ISIS*, Vol. 46(1955), pp. 354~357.

Smith, David Eugene, *Rara Arithmetica*(Ginn and Company Publishers, Boston and London, 1908).

____, 'New Information respecting Robert Recorde,' *American Mathematical Monthly*, Vol. 28(1921), pp. 296~300.

____, 'The First Printed Arithmetic(Treviso, 1478),' *ISIS*, Vol. 6(1923), pp. 311~331.

____, 'The First Great Commercial Arithmetic,' *ISIS*, Vol. 8(1925), pp. 41~49.

____, *Addenda to Rara Arithmetica*(Ginn and Company Publishers, Boston and London, 1939).

____, *History of Mathematics*, Vol. 1(1923, Dover Pub. INC., 1951).

____, *History of Mathematics*, Vol. 2(1925, Dover Pub. INC., 1953).

Smith, David Eugene & Karpinski, Louis Charles, *The Hindu-Arabic Numerals*(1911 ; Dover Pub. INC., 2004).

Sombart, Werner, *Krieg und Kapitalismus*(Duncker & Humblot, Munchen, 1913)

____, *Vom Menschen, Versuch einer geisteswissenschaftlichen Anthropologie*(Duncker & Humblot, Berlin, 1938).

Spencer, John R., 'Documents : Filarete's Description of A Fifteenth Century Italian Iron Smelter at Ferriere,' *Technology and Culture*, Vol. 4(1963), pp. 201~206.

____, 'Introduction,' in *Filarete's Treatise on Architecture*, Vol. 1(1965), pp. xvii~xxxvii.

Sprague, T. A., 'The Herbal of Otto Brunfels,' *The Journal of the Linnean Society of London, Botany*, Vol. 48(1928), pp. 79~124.

Stearns, Raymond Phineas, 'The Scientific Spirit in England in Early Modern Times(c. 1600),' *ISIS*, Vol. 34(1945), pp. 293~300.

Stillman, John Maxson, 'Chemistry in Medicine in the Fifteenth Century,' *Scientific Monthly*, Vol. 6(1918), pp. 167~175.

Stimson, Dorothy, 'Ballad of Gresham Colledge,' *ISIS*, Vol. 8(1932), pp. 103~117.

Stone, Howard, 'The French Language in Renaissance Medicine,' *Bibliothèque d'humanisme et Renaissance*, Vol. 15(1953), pp. 315~346.

Stroup, Alice, *A Company of Scientists : Botany, Patronage, and Community at the Seventeenth-Century Parisian Royal Academy of Sciences*(University of California Press, 1990).

Struik, D. J., 'Mathematics in the Netherlands during the first half of the XVIth century,' *ISIS*, Vol. 25(1936), pp. 46~56.

____, 'The Prohibition of the Use of Arabic Numerals in Florence,' *Archives Internationales d'Histoire des Sciences*, Vol. 21(1968), pp. 291~294.

Susowake(据分一弘),『レオナルド・ダ・ヴィンチの「繪畫論」巧』(中央公論美術出版, 1977)

Suter, Rufus, 'The Scientific Work of Allesandro Piccolomini,' ISIS, Vol. 60(1969), pp. 210~222.

Suzuki(鈴木利章),「チューダー初期のオックスフォード大學とヒューマニズム―その書誌學的考察」, 村岡健次‧鈴木利章‧川北稔編,『ジェントルマン・その周岡とイギリス近代』(ミネルヴァ書房, 1987), pp. 41~71.

Tagawa(田川建三),『書物としての新約聖書』(勁草書房, 1997).

Taglia, Kathryn, 'Delivering a Christian Identity : Midwives in Northern French Synodal Legislation, c. 1200~1500,' in *Religion and Medicine in the Middle Ages*, ed. by P. Biller & J. Ziegler(York Medieval Press, 2001), pp. 77~90.

Takahasi(高橋憲一),「十四世紀スコラ自然學の樣相」, 伊東俊太郎‧村上陽一郎 共編,『講座科學史1 西歐科學の位相』(培風館, 1989), pp. 133~155.

____,「中世スコラ學における運動論」, 渡辺正雄編,『科學の世界―その形成と展開』(共立出版, 1982), pp. 22~43.

____,「解說 コペルニクスと革命」,『コペルニクス・天球回天論』(みすず書房, 1993), pp. 121~232.

Talbot, Charles H., *Medicine in Medieval England*(Oldbourne Book Co. LTD., London, 1967).

____, 'Medicine,' in *Scinece in the Middle Ages*, Lindberg ed., pp. 391~428.

Tanemura(種村季弘),『パラケルススの世界』(青士社, 1996).

Tanner, R. C. H., 'The Alien Realm of the Minus : Deviatory Mathematics in Cardano's Writings,' *Annales of Science*, Vol. 37(1980), pp. 159~178.

Taylor, E. G. R., *Tudor Geography 1485~1583*(Methuen & Co. LTD., London, 1930).

____, 'An Elizabethan Compass Maker,' *Journal of Institute of Navigation*, Vol. 3(1950), pp. 39~42.

_____, *Mathematical Practitioners of Tudor & Stuart England*(Cambridge University Press, 1954).

_____, *The Haven-Finding Art : A History of Navigation from Odysseus to Captain Cook*(London, Hoolis & Carter, 1956).

_____, 'General Introduction,' in *A Regiment for the Sea and other writings on navigation by William Bourne*, ed. by Taylor(Cambridge University Press, 1963), pp. xiii~xxxv.

Taylor, Frank Sherwood, *Alchemists : Founders of Modern Chemistry* (Henry Schuman, 1949).

Ten Have, O., *The history of accountancy*(Bay Books, 1976).

Terasawa & Kawasaki(寺澤芳雄 & 川崎潔), 『英語史總合年表―英語學史, 英語學史, 英米文學史, 外面史』(硏究社, 1993).

Thomas, Keith, *Religion and the Decline of Magic*(Charles Scribner's Sons, 1971).

_____, *History and Literature*(University of Wales, 1989).

Thompson, H. R., 'The Geographical and Geological Observations of Bernard Palissy the Potter,' *Annales of Science*, Vol. 10(1954), pp. 149~165.

Thoren, Victor E., 'New Light on Tycho's Instruments,' *JHA*, Vol. 4(1973), pp. 25~45.

_____, 'Tycho Brahe : Past and Future Research,' *History of Science*, Vol. 11(1973), pp. 270~282.

_____, *The Lord of Uraniborg : A Biography of Tycho Brahe*(Cambridge University Press, 1990).

Thorndike, Lynn, *A History of Magic & Experimental Science*, 8 Vols.(Columbia University Press, 1923~1958).

_____, *Science and Thought in the Fifteenth Century*(Hafner Publishing Company, 1963).

Tokano(戶叶勝也), 『ドイツ出版の社會史―グーテンベルクから現代まで』 (三修社, 1992).

_____, 『ヨーロッパの出版文化史』(朗文堂, 2004).

Trend, J. B., The civilization of Spain, 2nd edition (Oxford University Press, 1967)

Trevelyan, G. M., English Social History (1944).

Tsuji(辻茂), 『遠近法の誕生 —ルネサンスの芸術家と科學』(朝日新聞社, 1995).

Tsutiya(土家典生), 「英語の必然的膨張 – 新語採擇者としての Sir Thomas Elyot」, 『立正大學文學部論叢』Vol. 69(1981), pp. 33~67.

Ueda(上田恒夫), 「ギベルティの「コメンタリオ第二書」について 研究ノート—そのジョット批評とdoctoの意味をめぐって」, 『金澤美術工芸大學學報』通號26(1982), pp. 25~30.

____, 「ギベルティの「コメンタリオ第二書」について 研究ノートII—「第二書」の評価の歴史(ヴァザーリから19世紀まで)」, 『金澤美術工芸大學學報』通號27(1983), pp. 9~16.

____, 「ギベルティの「コメンタリオ第二書」について 研究ノートIII—doctoと〈storia〉の間—」, 『金澤美術工芸大學學報』通號30(1986), pp. 11~21.

____, 「ロレンツォ・ギベルティの「コメンタリオ第二書」におけるジョット像」, 『日伊文化研究』No. 26(1988), pp. 78~100.

Ukaji(宇賀治正朋), 『英語史』(開拓社, 2000).

van Berkel, K., 'A note on Rudolf Snellius and the early history of mathematics in Leiden,' in *Mathematics from Manuscript to Print 1300~1600*(1988), Hay ed., pp. 156~161.

____, *In het voetspoor van Stevin : Geschiedenis van de natuurwetenschap in Nederland, 1580~1940*(Boom, 1985).

van der Waerden, *A History of Algebra : From Al-Khwarizmi to Emmy Noether*(Springer, 1985).

van Egmond, Warren, 'The Commercial Revolution and the Beginnings of Western Mathematics in Renaissance Florence, 1300~1500,' Indiana University Ph. D. Thesis, 1976.

____, 'The Earliest Vernacular Treatment of Algebra : *The Libro di ragioni* of Paoro Gerardi(1328),' Physis, Vol. 20(1978), pp. 155~189.

____, *Practical Mathematics in the Italian Renaissance, A Catalog of*

Italian Abbacus Manuscripts and Printed Books in 1600, Instituto e Museo di Storia della Scienza, Monografia, No. 4(1980).

____, 'How Algebra came to France,' in *Mathematics from Manuscript to Print 1300~1600*(1988), Hay ed., pp. 127~144.

Verger, Jacques, *Les Universites au Moyen Age*(1973).

____, *Les gens de savoir dans l'Europe de la fin du Moyen Age*(Presses universitaires de France, 1997).

Vickery, Brian, *Scientific Communication in History*(The Scarecrow Press, Inc., 2000).

Vogel, Kurt, 'Fibonacci Leonardo or Leonardo of Pisa,' *DSB*, Vol. IV, pp. 604~613.

Wakelin, Martyn F., *The Archeology of English*(Rowman & Littlefield Publishers, Inc., 1989).

Wallace, William A., *Galileo and his Sources : The Heritage of the Collegio Romano in Galileo's Science*(Princeton University Press, 1984).

Walter, Henriette, *L'aventure des Langues en Occident*(Librairie generale francaise, 1994).

Wangensteen, Owen H. & Wangensteen, Sarah D., *The Rise of Surgery : From Empiric Craft to Scientific Discipline*(University of Minnesota Press, 1978).

Water, David, 'Columbus's Portuguise Inheritance,' *The Mariner's Mirror*, Vol. 78(1992), pp. 385~405.

Wessen, Elias, *Die nordischen Sprachen*(1968).

Westman, Robert S., 'The Melanchton Circle, Rheticus, and the Wittenberg Interpretation of the Copernican Theory,' *ISIS*, Vol. 66(1975), pp. 165~193.

____, 'The Astronomer's Role in the sixteenth Century : A preliminary Study,' *History of Science*, Vol. 18(1980), pp. 105~147.

White Jr., Lynn, *Machina ex deo : Essays in the dynamism of Western culture*(MIT Press, 1968).

____, *Medieval Religion and Technology : Collected Essays*(University of

California Press, 1978).
Whitfield, Peter, *The Image of the World : 20 Centuries of World Maps*(British Library, 1994).
____, *The Mapping of the Heavens*(Pomegranate Communications, 1995).
Whitrow, G. J., 'Why did mathematics begin to take off in the sixteenth century?,' in *Mathematics from Manuscript to Print 1300~1600*(1988), Hay ed., pp. 264~269.
Wolff, Filippe, *L'eveil intellectuel de 'Europe*(1968).
Wolff, Hans ed., *America : Early Maps of the New World*(Prestel, 1992).
Yamada(山田到知), 「レオナルド・ダ・ヴィンチの人体解剖」, 『日伊文化研究』No. 23(1985), pp. 3~21.
____, 「レオナルドの解剖學についての注解」, 『レオナルド・ダ・ヴィンチ解剖手稿』別冊(岩波書店, 1982), pp. 1~90.
Yamamoto(山本義隆), 『磁力と重力の發見』全3券(みすず書房, 2003).
Yamey, B. S., 'Scientific Bookkeeping and the Rise of Capitalism,' *The Economic History Review*, Second Series, Vol. 1(1949), pp. 99~113.
____, 'The Authorship and Sources of the "Nieuwe Instructie"' in *A Notable and very excellent woorke*(1975), by Ympyn, Appendix II, pp. 60~73.
Zaccagnini, Guido, *La vita dei maestri e degli scolari nello Studio di Bologna*(1926)
Zilsel, Edgar, 'The Genesis of the Concept of Scientific Progress,' *JHI*, Vol. 6(1945), pp. 325~349.
____, 'The Sociological Roots of Science,' in *Origins of the Scientific Revolution*(1964), ed. by H. Kearney, pp. 86~99.
____, *The Social Origins of Modern Science*.

인명 찾아보기

ㄱ

가르시아 도르타(Garcia D'Orta) 713
가르시아, 페드로(Pedro Garcia) 27
가린, 에우제니오(Eugenio Garin) 36, 797
가브리엘 데 무시스(Gabriele de Mussis) 150
가생디, 피에르(Pierre Gassendi) 680, 799
가와키타 요시오(川喜田愛郎) 156, 216
가워, 존(John Gower) 571, 695
갈레노스(Claudios Galenos) 10, 26, 129, 134, 145, 169, 181, 195, 201, 251, 654
갈릴레오 갈릴레이(Galileo Galilei) 463, 479~490, 769~778
갓프리드, 로버트(Robert S. Gottfried) 154
건터, 에드먼드(Edmund Gunter) 612
게라르도(Gerardo de Cremona) 131, 500
게라르디, 파올로(Paolo Gerardi) 374
게리케, 오토 폰(Otto von Guericke) 792
게베르(Geber, Jabir Ibn Hayyan) 280
게스너(Conrad von Gesner) 249
게오르기우스 트레비존드(Georgius Trebizond) 501
게일, 토머스(Thomas Gale) 192
고마라(Francisco Lopez de Gomara) 606, 645, 712
고메스, 디에고(Diego Gomes) 512
고트스칼프손(Oddur Gottskalksson) 662
고트프리트 폰 슈트라스부르크(Gottfried von Strassburg) 142, 627
구르멜랑, 에티엔(Etienne Gourmelen) 182
구이도발도 다 몬테펠트로(Guidobaldo da Montefeltro) 380
구이도발도 델 몬테(Guido Ubaldo del Monte or Guidobaolo dal Monte) 22, 463~472
구이차르디니, 프란체스코(Francesco Guicciardini) 437, 677, 709
구텐베르크, 요하네스(Johannes Gensfleish Gutenberg) 239, 331
굴리엘모 다 살리체토(Guglielmo da Saliceto) 135, 199, 208
그레고리우스 9세(Gregorius IX) 692
그레셤, 토머스(Thomas Gresham) 566, 611
그랜들러, 폴(Paul E. Grendler) 15
그로신, 윌리엄(William Grocyn) 11
그뤼닝거, 요한(Johann Grüninger) 159, 531
그리브스, 존(John Greaves) 612
글라우버, 요한 루돌프(Johann Rudolf Glauber) 680
글랜빌, 조지프(Joseph Glanvill) 611, 768, 782, 788
글로켄돈, 게오르크(Georg Glockendon) 520
기베르티, 로렌초(Lorenzo Ghiberti) 48, 445
기욤(Guillaume de Conches) 695, 706,

기욤 드 뫼르베크(Guillaume de Moerbeke) 445
길버트, 윌리엄(William Gilbert) 18, 450, 543, 605, 763
길버트, 험프리(Humphrey Gilbert) 568, 584, 608, 680

ㄴ

나카무라 고시로(中村幸四郎) 415
네브리하, 안토니오 드(Antonio de Nebrija) 60, 632, 674
네셀만(G. H. F. Nesselmann) 359, 390
네프, 존(John Nef) 567
네이피어, 존(John Napier) 612
노먼, 로버트(Robert Norman) 18, 573, 597~605, 725, 733
누네스, 페드로(Pedro Nuñes) 516, 580
뉴턴, 아이작(Isaac Newton) 4, 36, 430, 554, 605, 681, 755
니코마코스(Nicomachos of Gerasa) 350
니콜라스(Caspar Nicolas) 518

ㄷ

다크틸로스(Daktylos) 284
다티니(Datini) 364
단테 알리기에리(Dante Alighieri) 628, 676, 784
더 호로트, 얀(Johan Cornets de Groot) 451
더 호로트, 휘호(Hugo de Groot, 그로티우스Hugo Grotius) 451
던, 존(John Donne) 765
데메트리우스(Demetrius) 109
데모크리토스(Demokritos) 767
데이비스, 나탈리(Natalie Zemon Davis) 197, 393, 742
데이비스, 존(John Davis) 602
데카르트, 르네(René Descartes) 25, 119, 393, 778, 806
도도엔스, 렘베르트(Rembert Dodoens) 249
도쿠가와 이에야스(德川家康) 604
돌레, 에티엔(Etienne Dolet) 657
뒤 벨레, 요아킴(Joachim du Bellay) 648, 673, 675
뒤러, 알브레히트(Albrecht Dürer) 16, 28, 45, 87~108, 116, 119, 121, 123, 242, 504, 521, 728, 734
뒤러, 크리스티나(Christina Dürer, 뒤러의 여동생) 523
뒤엠, 피에르(Pierre Duhem) 462, 470, 483
뒤크스텔유이스, 에두아르드 얀(Eduard Jan Dijksterhuis)
드 라 로슈, 에티엔(Estienne de la Roche) 392
드 라클뤼즈, 샤를(Charles de L'Acluse) 249
드랩킨, 이즈레이얼(Israel Edward Drabkin) 435
드레이크, 스틸만(Stillman Drake) 17, 435, 463
디, 존(John Dee) 536, 578~585, 591, 597
디그스, 레너드(Leonard Digges) 585, 590, 591, 597

디그스, 토머스(Thomas Digges) 422, 585
~591, 597, 670
디긴스, 니콜러스(Nicholas Diggines) 604
디아스, 바르톨로뮤(Bartolomeu Dias) 506
디오도로스 시켈로스(Diodoros Sikelos)
284, 705
디오스코리데스(Pedanius Dioscorides)
130, 234, 714, 736
디오판토스(Diophantos) 351, 419

ㄹ

라멜리(Agostino Ramelli) 274, 472~479
라무스(Petrus Ramus) 657
라부아지에, 앙투안 로랭(Antoinne Laurent Lavoisier) 28, 728
라블레, 프랑수아(François Rabelais) 24, 64, 142
라스 카사스(Bartolomé de Las Casas) 512, 520
라우렌티우스 안드레이(Laurentius Andrae) 641, 662
라이트, 에드워드(Edward Wright) 517, 539, 607, 749
라이프니츠, 고트프리트 빌헬름 폰 (Gottfried Wilhelm von Leibniz) 755
라인홀트(Erasmus Reinhold) 547
라제스(Rhazes al-Razi) 131, 702
라파엘로(Sanzio Raffaello) 38, 217
랑프랑코(Lanfranco of Milan) 135, 190
랜덜, 허먼(Herman Randall) 222
랭런드, 윌리엄(William Langland) 571, 636
레기오몬타누스(Regiomontanus, Johannes

Muller) 96, 351, 502, 503~509, 523
레벤후크, 안토니 반(Antoni van Leeuwenhoek) 682, 792
레어드(W. R. Laird) 493
레오 10세(Leo X) 638, 674
레오나르도 다 빈치(Leonardo da Vinci)
10, 74, 75~86, 117, 122, 216~231
레오나르도 데 피사(Leonardo de Pisa) 16, 43, 355
레오나르디, 토마소(Tomaso Leonardi) 655
레오니코, 니콜로(Niccolo Leonico) 453
레오뮈르(Rene-Antoine Ferchault de Reaumur) 304
레이, 존(John Ray) 680
레코드, 로버트(Robert Recorde) 573~577
레티쿠스(Georg Joachim Reticus) 529, 530
렌, 크리스토퍼(Christopher Wren) 756
로드리고(Rodrigo) 513
로리처, 마티스(Mathes Roritzer) 100, 734
로벨, 마티아스 드(Matthias de Lobel) 249
로벨발(Gilles Personne de Robelval) 682
로세티, 조아벤투라(Gioaventura Rossetti)
310, 731
로시, 파올로(Paolo Rossi) 35, 72, 84
로젠베르거(Ferdinand Rosenberger) 725
로젠플뤼트, 한스(Hans Rosenplut) 95
롤리, 월터(Walter Raleigh) 568, 584
롬피아지, 안토니오(Antonio Rompiasi) 379
롱, 파멜라(Pamela O. Long) 330, 343
뢰머(Ole Christiansen Römer) 680
루돌프 2세(Rudolf II) 331
루돌프, 크리스토프(Christoff Rudolff) 400,

530
루이 11세(Louis XI) 74, 389
루이 13세(Louis XIII) 683
루이 14세(Louis XIV) 680, 683, 757
루이 드 베르켕(Louis de Berquin) 643
루이니, 카를로(Carlo Ruini) 271, 273, 274
루터, 마르틴(Martin Luther) 25, 32, 638~644, 659, 663
르 고프, 자크(Jacques Le Goff) 128, 697
르페브르 데타플(Jacques Lefevre d' Etaple) 642, 661
리너커, 토머스(Thomas Linacre) 11, 201
리드게이트, 존(John Lydgate) 565
리들리, 마크(Marke Ridley) 765
리슐리외(Richelieu) 683
리시스(Lysis) 633
리제, 아담(Adam Riese) 16, 398, 400
리치, 오스틸리오(Ostilio Ricci) 464

ㅁ
마갈로티, 로렌초(Lorenzo Magalotti) 683
마누치오, 알도(Aldo Manuzio) 453, 678
마르보두스(Marbodus) 722
마르칸토니오 델라 토레(Marc' Antonio della Torre) 218
마르티르, 페드로(Pedro Martir) 281, 707
마리 드 프랑스(Marie de France) 627
마리 보어스(Hall Marie Boas) 36, 148, 276, 442
마리아노 디 야코포(Mariano di Jacopo) 67
마리오트, 에듬(Edme Mariotte) 682
마사초(Masaccio) 51, 232
마우리츠 공(Maurits, Prins van Oranje)

425
마즐리시, 브루스(Bruce Mazlish) 10, 17
마지, 바르톨로메오(Bartolomeo Maggi) 177, 250
마크로비우스(Macrobius) 706
마키아벨리, 니콜로(Niccolo Machiavelli) 32, 677
마티올리, 피에르 안드레아(Pier Andrea Matthioli) 246
마흐, 에른스트(Ernst Mach) 495, 468
막시밀리안 2세(Maximilian II) 331
만테냐, 안드레아(Andrea Mantegna) 233
말브랑슈, 니콜라스(Nicolas Malebranche) 682
말피기, 마르첼로(Marcello Malpighi) 680, 769
맨드빌, 존(John Mandeville) 628
머천트, 캐롤린(Carolyn Merchant) 745
멀캐스터, 리처드(Richard Mulcaster) 658, 668
메그레, 루이(Louis Meigret) 657
메디치(Medici) 95
메르센, 마랭(Marin Mersenne) 681, 775
메르카토르, 제라드(Gerard Mercator) 274
메리 1세(Mary I) 201, 249, 573, 586, 661
메스틀린, 미카엘(Michael Maestlin) 529
마이어, 알브레히트(Albrecht Meyer) 245
멘데스, 로드리고(Rodrigo Mendes) 518
멘델스존, 커트(Kurt Mendelssohn) 31, 771
멜란히톤(Phillipp Melanchton) 244, 526, 703
모리츠, 작센 선제후(Moritz, Herzog von Sachsen) 314, 329

모어, 리처드(Richard More) 597
모어, 토머스(Thomas More) 12
몬디노(Mondino de' Luzzi) 208
몽주, 가스파르(Gaspard Monge) 66, 119
몽테뉴(Michel de Montaigne) 146, 155,
   657, 712
뮌스터, 제바스티안(Sebastian Münster)
   524, 710
뮌처, 토마스(Thomas Müntzer) 313
뮐러, 요하네스(Johannes Muller) 502
미켈란젤로 부오나로티(Michelangelo
   Buonarroti) 43

ㅂ
바르바로, 에르몰라오(Ermolao Barbaro)
   702
바르키, 베네딕트(Benedict Varchi) 785
바빈스키, 요세프(Joseph Babinski) 218
바사리, 조르조(Giorio Vasari) 68, 217,
   232
바스코 다 가마(Vasco da Gama) 500,
   506, 520, 531, 703
바울로(The Apostle Paul) 618
바우어, 게오르크(Georg Bauer) 313
바이디츠, 한스(Hans Weiditz) 242
발도, 페터(Peter Waldo) 636
발디, 베르나르디노(Bernardino Baldi)
   405, 454
발라, 로렌초(Lorenzo Valla) 676, 703
발터, 베르나르트(Bernard Walther) 507,
   518, 728, 799
발트제뮐러, 마르틴(Martin
   Waldseemuller) 531

버로, 윌리엄(William Borough) 597~605,
   728
버크, 피터(Peter Burke) 46, 797
버터필드, 허버트(Herbert Butterfield) 122,
   699
벌로커, 윌리엄(William Bullokar) 658,
   668
베네데토 코트룰리(Benedetto Cotrugli)
   383
베네데티, 조반니 바티스타(Giovanni
   Battista Benedetti) 393, 446~451
베넷(J. A. Bennett) 599
베렝가리오 다 카르피(Jacopo Berengario
   da Carpi) 209, 250~256, 267, 750
베로키오, 안드레아 델(Andrea del
   Verrochio) 78, 217
베루게테, 페드로(Pedro Berruguete) 233
베룰(Beroul) 627
베르길리우스(Vergilius) 14, 631, 649, 695
베르나르(Bernard de Clairvaux) 691
베르나르두스(Bernardus Carnotensis) 695
베르너, 요하네스(Johannes Werner) 524
베르제, 자크(Jacques Verger) 140, 330
베르트홀트(Berthold) 637
베사리온, 요한네스(Johannes Bessarion)
   502
베살리우스, 안드레아스(Andreas Vesalius)
   127, 250, 252, 257~274
베송, 자크(Jacques Besson) 594, 596
베스파시아노 다 비스티치(Vespasiano da
   Bisticci) 652
베스푸치, 아메리고(Amerigo Vespucci)
   606, 707
베이커, 매튜(Matthew Baker) 750

베이컨, 로저(Roger Bacon) 497, 563,
583, 622, 633, 696
베이컨, 프랜시스(Francis Bacon) 22, 147,
670, 703, 716, 742~749, 782
베첼리오, 티치아노(Tiziano Vecellio) 272
베크, 루트비히(Ludwig Beck) 280, 288
베폴치 가(Befolci Family) 379
베하임, 마르틴(Martin Behaim) 513, 520
벰보, 피에트로(Pietro Bembo) 678
보누스, 페트루스(Petrus Bonus) 283
보렐리, 조반니 알폰소(Giovanni Alfonso Borelli) 680
보르자, 체사레(Cesare Borgia) 78
보르기, 피에트로(Pietro Borgi) 377, 429
보이티우스(Boethius) 350, 429
보일, 로버트(Robert Boyle) 282, 614, 753, 780
보카치오, 조반니(Giovanni Boccaccio) 38
보크, 히에로니무스(Hieronymus Bock) 246
보티첼리, 산드로(Sandro Botticelli) 232
본, 윌리엄(William Bourne) 444, 517, 590 ~596
볼게무트, 미카엘(Michael Wohlgemuth) 87, 96
볼프람 폰 에셴바흐(Wolfram von Eschenbach) 142, 627
봄벨리, 라파엘로(Rafael Bombelli) 351, 412~421
뵈셴슈타인, 요한(Johann Böschensteyn) 398
부르봉, 니콜라스(Nicolas Bourbon) 288, 302
브라운, 토머스(Thomas Brown) 789

브라운커, 윌리엄(William Brouncker) 747
브라헤, 티코(Tycho Brahe) 274, 422, 504, 543~556
브란트, 제바스티안(Sebastian Brant) 99, 693
브래드워딘, 토머스(Thomas Bradwardine) 563
브로노프스키(J. Bronowski) 10
브루넬레스키, 필리포(Filippo Brunelleschi) 51, 91
브루노, 조르나노(Giornado Bruno) 422, 643
브루니, 레오나르도(Leonardo Bruni) 9
브룬슈비히, 히에로니무스(Hieronimus Brunschwig) 157~166, 306, 729
브룬펠스, 오토(Otho Brunfels) 167, 246
브리그스, 헨리(Henry Briggs) 612
블로크, 마르크(Marc Bloch) 338
비고, 조반디 데(Giovanni de Vigo) 176
비드만, 요한(Johann Widman) 397
비링구초, 반노초(Vannoccio Biringuccio) 29, 283, 296
비베스, 후안 루이스(Juan Luis Vives) 9, 24, 64, 714
비아기올리, 마리오(Mario Biagioli) 471
비아토르, 요한네스(Johannes Viator, Jian Pelerin) 73, 116
비안키니, 조반니(Giovanni Bianchini) 501
비에트, 프랑수아(Francois Viete) 393, 799
비지뇨, 호세(Jose Vizinho) 513
비트루비우스, 폴리오 마르쿠스(Pollio Marcus Vitruvius) 48, 58, 109, 700
빌라니 조반니(Villani Giovanni) 365
빌링슬리, 헨리(Henry Billingsley) 580

ㅅ

사크로보스코(Johannes de Sacrobosco, John of Holywood) 354, 500
사턴, 조지(George Sarton) 411, 634
살루타티(Lino Coluccio di Piero Salutati) 9, 134
살비아티, 레오나르도(Leonardo Salviati) 678
샤를, 부르고뉴 공(Charles, Duc de Bourgogne) 422
샤를 5세(Charles V) 144
샤를 7세(Charles VII) 389
샤를 8세(Charles VIII) 677
샤를 9세(Charles IX) 180
샤를 드 뷔엘(Charles de Buuelles) 649
샤를마뉴(Charlemagne, 카를 대제Karl der Grosse) 352, 364, 619, 290
셰핀, 스티븐(Steven Shapin) 757
셰델, 하르트만(Hartmann Schedel) 96
셰익스피어, 윌리엄(William Shakespeare) 670
셸비, 론(Lon K. Shelby) 100
소크라테스(Sokrates) 633
손다이크, 린(Lynn Thorndike) 166
솔라우프슨(Guobrandur Porlaksson) 662
쇠너, 안드레아스(Andreas Schöner) 508
쇠너, 요하네스(Johannes Schöner) 508 528
쇠퍼, 페터(Peter Schöffer) 239
숄리아크, 기 드(Guy de Chauliac) 137, 149, 176, 183, 197, 208, 655
쉬케, 니콜라(Nicolas Chuquet) 388~393
슈라이트만, 시리아쿠스(Ciriacus Schreittmann) 342, 735
슈뮐처, 힐데(Hilde Schmölzer) 150
슈무터마이어, 한스(Hanns Schmuttermayer) 101
슈타비우스, 요한(Johann Stabius) 119, 521
슈트, 존(John Shute) 750
슈페클, 루돌프(Rudolf Speckle) 245
쉴레이만 대제(Süleyman I) 493
스넬리우스, 루돌프(Rudolf Snellius) 423
스미스, 시릴(Cyril Stanley Smith) 298, 339, 344
스왐메르담, 얀(Jan Swammerdam) 681
스콧, 마이클(Michael Scot) 26
스키피오네 델 페로(Scipione del Ferro) 388, 403, 408, 417
스테빈, 시몬(Simon Stevin) 33, 351, 421~430, 479~490, 646, 737~742
스트라본(Strabon) 705, 717
스트라톤(Straton) 453
스페로니, 스페로네(Sperone Speroni) 677
스펜서, 에드먼드(Edmund Spenser) 142, 670, 716, 750
스포르차, 로도비코(Lodovico Sforza) 78
스포르차, 프란체스코(Francesco Sforza) 11, 63
스프라트, 토머스(Thomas Sprat) 757, 767
시드니, 필립(Philip Sidney) 585, 670
시모무라 도라타로(下村寅太郎) 13, 49, 82, 223, 270
쉬슬러, 크리스토퍼(Christopher Schissler) 528
시큐리스, 존(John Securis) 200
실베스테르 2세(Sylvester II) 352
실비우스, 야코부스(Jacobus Sylvius) 258

싱거, 찰스(Charles Singer) 275

ㅇ
아그리콜라(Georgius Agricola) 274, 312,
　313~325, 325~329,
아그리콜라, 미카엘(Mikael Agricola) 663
아그리파(Cornelius Agrippa von
　Nettesheim) 581, 726
아니키아 율리아나(Anicia Juliana) 235
아던, 존(John Ardern) 191
아르키메데스(Archimedes) 23, 67, 435,
　445
아리스타르코스(Aristarchos of Samos)
　466, 575
아리스토텔레스(Aristoteles) 23, 32, 105,
　131, 202, 302, 435, 445, 452, 649, 728
아리오스토(Lodovico Ariosto) 677
아머바흐, 요한(Johann Amerbach) 97
아버, 아그네스(Agnes Arber) 236, 241
아베를리노, 안토니오(Antonio Averlino)
　63
아비세나(Avicenna, 이븐 시나) 131, 146,
　201, 280, 702, 783
아우구스티누스(Augustinus) 351, 690,
　703
아위, 르네 주스트(Abbe Rene Just Hauy)
　724
아이빈스, 윌리엄(William Ivins Jr.) 74,
　231, 272
이켈자머, 발렌틴(Valentin Ickelsamer)
　640, 664
아코스타, 호세 데(Jose de Acosta) 709,
　713

아킬리니, 알레산드로(Alessandro
　Achillini) 209
아폴로니우스(Apollonius) 506
아플레이우스 플라토니쿠스(Apuleius
　Platonicus) 236
아피아누스, 페트루스(Petrus Apianus)
　400, 429, 524, 532, 751
안드레아스 데 라구나(Andreas de Laguna)
　215
알데로티, 타데오(Taddeo Alderotti) 135
알베르투스 마그누스(Albertus Magnus)
　280, 294
알베르티, 레온 바티스타(Leon Battista
　Alberti) 24, 51~66, 107, 109, 110,
　113, 379, 582, 632, 728
알 콰리즈미(Al-Khwarizmi) 353, 387
앙리 3세(Henri III, 앙리 당주Henri d'
　Anjou) 473
앙리 드 몽드빌(Henri de Mondeville) 135,
　138, 147, 196
애덤스, 윌리엄(William Adams) 603
앨퀸(Alcuin) 351, 620
앨프레드 대왕(Alfred the Great) 569
야코포 데 바르바리(Jacobo de' Barbari)
　92, 109
얀 스테판(Jan Stephan van Calcar) 272
에드거턴, 새뮤얼(Samuel Edgerton Jr.) 34
에드워드 3세(Edward III) 188, 569
에드워드 6세(Edward VI) 573
에라스무스(Desiderius Erasmus) 9, 168,
　314, 315, 547, 632
에르커, 라자루스(Lazarus Ercker) 29, 274,
　281, 329~337, 728, 746, 760, 799
에서버트(Etherbert) 619

에우스타키오, 바르톨로메오(Bartolomeo Eustachio) 250
에이젠스타인, 엘리자베스(Elizabeth Eisenstein) 101, 503, 759, 762
에츨라우프, 에르하르트(Erhard Etzlaub) 524, 539
에티엔, 로베르(Robert Estienne) 657, 673
에티엔, 앙리(Henri Estienne) 673
엔리케 왕자(Dom Henrique) 512
엘리아데, 미르치아(Mircea Eliade) 282
엘리엇, 토머스(Sit Thomas Elyot) 200, 632, 645, 667
엘리자베스 1세(Elizabeth I) 192, 370, 567, 578, 600
오구로 슌지(大黑俊二) 354
오라니에 공 윌렘(Willem van Oranje) 425
오렘, 니콜(Nicole d'Oresme) 444, 770
오르텔리우스(Abraham Ortelius) 274, 537, 578, 737
오리게네스(Oregenes Adamantius) 633
오브리, 존(John Aubrey) 738, 756
오비디우스(Ovidius) 695, 697, 706
오비에도(Oviedo) 233, 606, 678, 706
올든버그, 헨리(Henry Oldenburg) 682
올드캐슬, 휴(Hugh Oldcastle) 566
올라우스 페트리(Olaus Petri) 662, 665
올리베탕, 피에르 로베르(Pierre Robert Olivetan) 661
외콜람파디우스, 요한(Johann Oecolampadius) 168
요르다누스 네모라리우스(Jordanus Nemorarius) 452, 458
요한네스 드 케탐(Johannes de Ketham) 209
요한네스(Johannes Saresberiensis) 695
월레스, 윌리엄(William Wallace) 464
월리스, 존(John Wallis) 564, 682
월프, 필리프(Philippe Wolff) 699
웨이스(Wace) 627
위그(Hugues de Saint Victor) 21, 783
위클리프, 존(John Wycliffe) 636, 645, 660
위텔로(Witelo) 506
위트로(G. J. Whitrow) 349, 378, 431
위팅엄, 윌리엄(William Whitingham) 661
윌킨스, 존(John Wilkins) 756
유클리드(Euclid) 103, 381, 445, 572, 727
율리우스 2세(Julius II) 176, 384
율리우스 3세(Julius III) 712
이든, 리처드(Richard Eden) 449, 517 606
이먼, 윌리엄(William Eamon) 32, 313
이븐 시나(Ibn Sina) 131, 280, 702, 786
이븐 할둔(Ibn Khaldun) 354, 358
이시도루스(Isidorus Hispalensis) 129, 351, 395, 429, 624, 706, 721, 723
임펀, 얀(Jan Ympijn) 402, 566

ㅈ
자야와르딘(S. A. Jayawardene) 419
자코부스 앙겔루스(Jacobus Angelus, 자코모 단젤로Giacomo d'Angelo) 498
자쿠토, 아브람(Abraham Zacuto) 513
작스, 한스(Hans Sachs) 95, 147, 504
장 드 부르고뉴(Jean de Bourgogne) 704
장 드 장댕(Jean de Jandun) 24
장 자크 데 메디치(Jean Jacques de' Medici) 473
제르베르 드 오리야크(Gerbert de Aurillac,

Sylvester II) 352
제미니, 토머스(Thomas Gemini) 536, 590
제임스 1세(James I) 661
조르조, 프란체스코 디(Francesco di Giorgio) 72, 77, 122, 225, 296
조토(Giotto) 232
존(John of Burgundy) 152
존(John of Mirfield) 140
존스, 리처드 포스터(Richard Foster Jones) 605
존슨, 벤(Ben Jonson) 670, 721, 765
존슨, 프랜시스(Francis R. Johnson) 571, 591
좀바르트, 베르너(Werner Sombart) 371
주트호프, 카를(Karl Sudhoff) 270
주베르, 로랑(Laurant Joubert) 186
주베르, 이삭(Isaac Joubert) 186
주앙 1세(Joao I) 511, 558
주앙 2세(Joao II) 513, 520
주앙 3세(Joao III) 516
질, 베르트랑(Bertrand Gille) 63, 67, 83, 392, 767
질젤, 에드거(Edgar Zilsel) 736, 750, 791

ㅊ

찰턴, 월터(Walter Charleton) 682
챈슬러, 리처드(Richard Chanceller) 585, 601
첸니니, 첸니노(Cennino Cennini) 46, 700
초서, 제프리(Geoffrey Chaucer) 564

ㅋ

카나노, 조반니 바티스타(Giovanni Battista Canano) 250, 255
카나프, 장(Jean Canappe) 197
카다모스토, 알비세(Alvise da Cadamosto) 512
카르다노, 지롤라모(Girolamo Cardano) 406, 412~421, 490~493
카르티에, 자크(Jacques Cartier)
카를 5세, 카를로스 1세(Charles V, Carlos I) 708
카몽이스, 루이스 데(Luis de Camoes) 171
카발리에리(Francesco Bonaventura Cavalieri) 444
카브레라 데 코르도바(Cabrera de Cordoba) 675
카스트루, 주앙 데(Joao de Castro) 600 728
카시니, 잔 도메니코(Gian Domenico Cassini) 680
카시러, 에른스트(Ernst Cassirer) 229
카시오도루스(Cassiodorus) 129, 354, 624
칸타쿠제노스(Ioannes Cantacuzenos) 151
칸트, 임마누엘(Immanuel Kant) 781
칼뱅, 장(Jean Calvin) 661, 703
캄파넬라, 톰마소(Tommaso Campanella) 24, 717
캄파누스(Campanus of Novara) 381, 501
캑스턴, 윌리엄(William Caxton) 562, 571, 649, 656
커니, 휴(Hugh Kearney) 39
커닝엄, 윌리엄(William Cuningham) 607, 646
커버데일, 마일스(Miles Coverdale) 660

케플러, 요하네스(Johannes Kepler) 36, 72, 105, 529, 544, 680
켈수스(Aulus Cornelius Celsus) 129
코드리, 로버트(Robert Cawdrey) 646
코르테스, 마르틴(Martin Cortes) 517, 542, 592, 607
코만디노, 페데리코(Federico Commandino) 466, 471, 655
코베르거, 안톤(Anton Koberger) 95
숄랑, 루트비히(Ludwig Choulant) 222
코이레, 알렉상드르(Alexandre Koyré) 449, 633
코페르니쿠스, 니콜라스(Nicholas Copernicus) 36, 257, 408, 420, 441, 503, 528, 587, 678
콘디비, 아스카니오(Ascanio Condivi) 45
콘라트(Konrad von Megenberg) 97, 159, 236
콘스탄티누스(Constantinus Africanus) 131
콜, 험프리(Humfrey Cole) 590, 594, 750
콜럼버스, 크리스토퍼(Christopher Columbus) 499, 521, 541, 663, 675, 705
콜롬보, 레알도(Realdo Colombo) 217, 263
콜릿, 존(John Colet) 11
콜베르, 장 바티스트(Jean-Baptiste Colbert) 683, 757
쾨벨, 야코프(Jakob Köbel) 398
쿠자누스, 니콜라우스(Nicolaus Cusanus) 394, 583, 589, 599
크라테우아스(Krateuas) 234
크래머, 토머스(Thomas Crammer) 660
크레스케스, 아브라함(Abraham Cresques) 499

크레티앵 드 트루아(Cretiens de Troyes) 625, 627
크로필, 존(John Crophill) 189
크롤, 한스(Hans Crol) 555
크롬비, 앨리스테어 캐머론(Alistair Cameron Crombie) 772
클레멘스 6세(Clemens VI) 137
클레멘티, 피에르 프란체스코(Pier Francesco Clementi) 417
클로비스(Clovis) 619
클로스, 윌리엄(William Clowes) 192, 276, 595
치아리니, 조르조(Giorgio Chiarini) 377
키케로(Marcus Tullius Cicero) 14, 23, 631

ㅌ

타르탈리아(Tartaglia, 본명 Niccolò Fontana) 393, 402, 403~412, 435~446, 452, 458~463, 490~493
타콜라(Taccola, Mariano di Jacopo) 67, 72, 93, 122, 224, 296
타키투스, 코넬리우스(Cornelius Tacitus) 23
태스니에, 장(Jean Taisnier) 449, 607
터너, 윌리엄(William Turner) 201, 249
테베, 앙드레(André Thevet) 708, 716
테오도르 드 베즈(Théodore de Bèze) 662
테오프라스토스(Theophrastos) 714
테오필루스(Theophilus) 208, 312
테일러(E. G. R. Taylor) 28, 510, 563, 590
토리첼리, 에반젤리스타(Evangelista Torricelli) 444, 763
토마(Thomas) 627

토마스 아퀴나스(Thomas Aquinas) 355,
  692, 694
토스카넬리(Toscanelli) 521
톤스톨, 커스버트(Cuthbert Tonstall) 562,
  632
틴달, 윌리엄(William Tyndale) 641, 660

ㅍ

파노프스키, 에르빈(Erwin Panofsky) 33,
  110, 114, 120, 274, 790
파라켈수스(Paracelsus) 10, 128, 167~
  174, 325
파레, 앙브루아즈(Ambroise Paré) 148, 174
  ~187, 735
파르메니데스(Parmenides) 26
파브리치우스, 히에로니무스(Hieronymus
  Fabricius) 263
파스칼, 블레즈(Blaise Pascal) 682, 718,
  752, 754
파우스토, 비토레(Vittore Fausto) 453
파울루스 3세(Paulus III) 297
파워, 아일린(Eileen Power) 564
파워, 헨리(Henry Power) 682, 763, 767
파치올리, 루카(Luca Pacioli) 70, 376, 378
  ~388
파커, 제프리(Geoffrey Parker) 29, 436
파푸스(Pappus) 468, 699
판 데어 바에르덴(Van der Waerden) 361
판 데르 후크(Gielis Van der Hoecke) 401
판 리스펠트(Van Liesveldt) 662
판 에그몬트(Van Egmond) 367
팔라디우스, 페저(Peder Palladius) 662
팔레로, 프란시스코(Francisco Falero) 515

팔로피오, 가브리엘(Gabriele Fallopio) 263
팔리시, 베르나르(Bernard Palissy) 13, 22,
  32, 281, 718~724, 733
패링턴, 벤저민(Benjamin Farrington) 748
퍼거슨, 유진(Eugene S. Ferguson) 73
페제르센, 크리스티에른(Christiern
  Pedersen) 662
페데리코 다 몬테펠트로(Federico da
  Montefeltro, 우르비노 공Duke of
  Urbino) 380, 466
페드로 데 메디나(Pedro de Medina) 517
페라리, 로도비코(Lodovico Ferrari) 408
페르난데스 데 엔시소(Fernandez de
  Enciso) 515
페르넬, 장(Jean Fernel) 200, 710
페르디난트(Ferdinand) 725
페르마, 피에르 드(Pierre de Fermat) 362
페이디아스(Pheidias) 43
페이어, 토머스(Thomas Phayer) 202
페인골드, 머더차이(Mordechai Feingold)
  561
페트라르카, 프란체스코(Francesco
  Petrarca) 9, 146
페트레이우스, 요하네스(Johannes
  Petreius) 408, 530
페트로 다 친트라(Petro da Cintra) 513
페트루스 페레그리누스(Petrus Peregrinus)
  26, 450, 725
페트루치가(Petrucci Family) 297
페티, 윌리엄(William Petty) 384, 747, 792
펠로스, 프란체스코(Francesco Pellos)
펠리페 2세(Felipe II) 377
포겔, 쿠르트(Kurt Vogel) 361
포이어바흐, 게오르크 폰(Georg von

Peurbach) 502
포르타, 잠바티스타 델라(Giambattista della Porta) 304, 478
폰테넬(Fontenelle) 684
폴라이우올로(Antonio del Pollaiuollo) 217
폴리클레이토스(Polykleitos) 43
폴스포인트, 하인리히 폰(Heinrich von Pfolspeundt) 158
폴츠, 한스(Hans Folz) 95, 152
폼포니우스(Pomponius Mela) 717
푸거, 야코프(Jacob Fugger) 326
푸나, 피에르(Pierre Puna) 249
푸스트, 요한(Johann Fust) 239
푹스, 레온하르트(Leonhard Fuchs) 216, 244
푼켄, 요하네스(Johannes Funcken) 292
퓔마우러, 하인리히(Heinrich Füllmaurer) 245
프라카스토, 지롤라모(Girolamo Fracastro) 263
프란체스코 멜치(Francesco Melzi) 76, 231
프랑수아 1세(Francois I) 174, 258, 673
프로벤, 요한(Johann Froben) 97, 168, 315
프로비셔, 마틴(Martin Frobisher) 584
프로스도키모 데 벨다만디(Prosdocimo de Beldamandi) 429
프리스, 로렌츠(Lorenz Fries) 163
프리시우스, 헤마(Gemma Frisius) 402, 431, 534, 552, 590
프톨레마이오스(Claudius Ptolemaios) 466, 497~503, 516, 522
플라톤(Platon) 11, 23, 53, 103, 350
플랑탱, 크리스토프(Christophe Plantin) 480, 540

플루타르코스(Ploutarchos) 23, 43, 701
플리니우스(Gaius Plinius Secundus) 48, 129, 232, 624, 670
피가페타, 필리포(Filippo Pigafetta) 22
피르크하이머, 빌리발트(Willibald Pirckheimer) 523
피보나치(Fibonacci, Leonardo de Pisa) 16, 355~362, 368
피에로 델라 프란체스카(Piero della Francesca) 68, 83, 122, 223, 267, 379, 538
피오레, 안토니오 마리아(Antonio Maria Fiore) 405
피우스 2세(Pius II) 638
피치노, 마르실리오(Marsilio Ficino) 9, 167, 542, 638
피코 델라 미란돌라(Giovanni Pico della Mirandola) 367, 634, 697
피콜로미니, 알레산드로(Alessandro Piccolomini) 472
피콜로파소, 치프리아노(Cipriano Piccolopasso) 312, 751
피타고라스(Pythagoras) 351, 395, 588, 697
필, 제임스(James Peele) 567
필라레테, 안토니오 아베를리노(Antonio Averlino Filarete) 63, 287, 700
필리프 4세(Philippe IV) 136, 674
필리프 6세(Philippe VI) 149

ㅎ
하드리아누스 1세(Hadrianus I) 623
하르트만(Hartmann von Aue) 96, 138

하르트만, 게오르크(Georg Hartmann) 507, 527
하비, 게이브리얼(Gabriel Harvey) 750
하비, 윌리엄(William Harvey) 36, 263, 680
하야시 다쓰오(林達夫) 10, 11, 17, 811
하인포겔, 콘라트(Conrad Heinfogel) 120, 521
하트, 존(John Hart) 658
한스 폰 게르스도르프(Hans von Gerssdorff) 163, 166, 167
해리엇, 토머스(Thomas Hariot) 602, 607, 763
해클루트, 리처드(Richard Hakluyt) 607
헌터, 마이클(Michael Hunter) 753, 757, 762
헌터, 윌리엄(William Hunter) 222
헤라클레이데스(Herakleides Pontikus) 772
헤론(Heron) 435, 466, 468
헤를링거, 로베르트(Robert Herrlinger) 269
헤벨리우스, 요한네스(Johannes Hevelius) 755
헤스터, 존(John Hester) 750
헤일스, 스티븐(Stephan Hales) 396
헨리 4세(Henry IV) 570
헨리 5세(Henry V) 570
헨리 6세(Henry VI) 570
헨리 8세(Henry VIII) 188, 191, 201
헨리, 존(John Henry) 37, 760
헬몬트(Jan Baptista van Helmont) 145, 189, 396
호이징가, 요한(Johan Huizinga) 13
호이헨스, 크리스티안(Christiaan Huygens) 680, 755
홀, 루퍼트(Rupert Hall) 270, 725, 750, 791

홉스토크, 할프단(Halfdan Hopstock) 220
화이트, 린(Lynn White Jr.) 17, 106, 800
후드, 토머스(Thomas Hood) 562, 594, 610
후스, 얀(Jan Hus) 291, 637
후앙 데 발데스(Juan de Valdes) 675
후텐, 울리히 폰(Ulrich von Hutten) 664
훅, 로버트(Robert Hooke) 605, 614, 682, 753, 754, 764, 767
훈트, 마그누스(Magnus Hundt) 211
히에로니무스(Hieronymus) 157
히케타스(Hicetas) 701
히포크라테스(Hippokrates) 129, 131, 132, 136, 146, 169, 183, 190, 207, 693, 704
힐, 크리스토퍼(Christopher Hill) 12, 20, 561, 572, 757
힐데가르트(Hildegard von Bingen) 142

□ 지은이 **야마모토 요시타카**山本義隆

일본의 비판적 지식인이자 행동하는 양심으로 평가 받는 야마모토 요시타카는 1964년 도쿄대학교 물리학과를 졸업했다. 같은 대학원 석사를 거쳐 박사과정에 재학 중, 일본인 최초로 노벨상을 수상한 유카와 히데키 선생의 부름으로 교토대학교에서 소립자 물리학 연구를 하면서 '차세대 노벨상 유력자'로 불리기도 했다. 또 1960년대 말 일본의 가장 격렬했던 학생운동 시대에 도쿄대 전공투全共鬪 의장으로 그 격량의 중심에 있었던 것으로 유명하다. 시대의 폭풍은 장래가 촉망되는 한 과학자를 비켜 가지 않았다. 그는 행동하지 않는 지성은 더 이상 지성이 아니라 믿었고, '지식인의 자기부정'과 '공격적 지성의 부활'을 외치며 학문이 무엇을 할 것인가에 앞서 인간이 무엇을 할 것인가를 물었다. 그 후 격정의 시대가 끝나갈 무렵인 1969년 2월 《아사히저널》에 "나도 자기부정에 자기부정을 거듭해, 평범하지만 자각한 인간이 되어 한 사람의 물리학도로서 인생을 살아가고 싶다"는 수기를 싣고 학자로서 미래가 보장된 대학에서 조용히 떠난다. 그리고 자신과의 약속을 지켰다. 대입학원인 '예비교'에서 물리를 가르치며 재야에서 외로운 학문의 길을 걸었다. 몇 권의 물리학 관련 저서와 번역서를 출간했고, 마침내 세계적 업적이라 불리는 『자력과 중력의 발견』(한국어판 『과학의 탄생』, 2005, 동아시아)을 20여 년의 노력 끝에 완성했다. 이는 결코 대학 강단에서는 이룰 수 없는 것이었다. 책은 일본 학계에 신선한 충격을 주었다. 도쿄대학교 사사키 지카라 교수(과학사)는 "세계적 수준의 독창적 업적이며 학문 세계에 대한 준엄한 도전으로, 일본 지식인층에 커다란 임팩트를 주었다"고 평가했다. 이 전3권의 방대한 물리학 도서는 저자에게 '오사라기지로大佛次郎 상'(아사히신문사 저술상, 2004) '마이니치 출판상'(2003) 등 묵직한 상을 안겨 주었다. 그리고 10만 부가 팔리는 베스트셀러로 자리매김하며 일본 과학 출판계의 경이로운 책이 되었다.

그로부터 4년. 17세기 과학혁명을 가져온 16세기 유럽의 지식 생산의 구조 변동을 치밀하게 추적하고 담대하게 통찰한 『16세기 문화혁명』은 과학사뿐만 아니라 문화사 전반에 걸친 노작으로, 다시 한 번 《요미우리신문》《아사히신문》 등 전 매스컴의 주목을 받았으며 독자들의 뜨거운 사랑을 받고 있다.

□ 옮긴이 **남윤호**

서울대학교 정치학과와 행정대학원을 졸업했다. 1988년 중앙일보사에 입사한 뒤 《중앙경제신문》을 거쳐 1993년 이후 《중앙일보》 경제부에서 주로 재정·금융 분야를 취재했다. 1999년부터 4년간 도쿄 특파원으로 일하면서 일본어와 일본 문화에 친숙해졌다. 2003년 일본의 신흥 비즈니스를 다룬 『넥타이 맨 넝마주이』를 펴냈고, 이 밖에 『6공 경제실록』 『니하오 중국 경제』 등 선후배 기자들과 함께 쓴 책이 몇 권 있다. 옮긴 책으로는 21세기 생물공학의 윤리적 딜레마를 통찰한 『인간의 미래』가 있다. 현재 《중앙일보》 경제부장으로 《중앙일보》와 《중앙선데이》에 고정 칼럼을 쓰고 있다. 경제·과학사·진화론 분야의 책을 주로 읽고, 추리소설도 좋아한다.